신약신학

신약신학

2022년 2월 15일 1쇄 발행
2022년 2월 20일 1쇄 인쇄

지은이 | 크레이그 블롬버그
옮긴이 | 조호형, 홍요한, 이기운, 이원우
펴낸이 | 박영호
펴낸곳 | 도서출판 솔로몬

주소 | 서울시 동작구 사당로 143
전화 | 599-1482
팩스 | 592-2104
직영서점 | 596-5225

등록일 | 1990년 7월 31일
등록번호 | 제 16-24호

ISBN 978-89-8255-602-9 03230

신약신학

크레이그 블롬버그

조호형, 홍요한, 이기운, 이원우 옮김

A NEW TESTAMENT THEOLOGY

솔로몬

| 차 례 |

달린 씰(Darlene Seal)에게,

그녀가 아니었으면 이 책이

이렇게 빨리 또는 행복하게 나올 수 없었을 것이다.

저자 서문

친애하는 한국인 독자 여러분들께

먼저 이 책이 한국어로 번역될 수 있도록 수고해 주신 조호형, 이기운 교수님과 홍요한, 이원우 목사님께 깊은 감사를 드립니다. 저는 2013년에 서울에서 여러 연설과 강의를 맡게 되어서 한국을 한 번 방문해 본 경험밖에 없지만, 저는 미국을 비롯하여 잠시 거주하였고 여행하였던 전 세계 다른 나라들에서 많은 한국인 그리스도인들을 알게 되는 특권을 누릴 수 있었습니다. 저는 수년간 덴버 신학교를 비롯하여 미국 전역, 캐나다, 아일랜드, 호주, 뉴질랜드, 싱가포르, 남아프리카 공화국, 독일, 헝가리, 알바니아, 우크라이나 및 과테말라에 있는 여러 신학 교육 기관에서 강의할 때 여러 한국인을 만날 수 있었습니다.

저는 한국 기독교 공동체가 교육, 확고한 성경적 및 신학적 가르침, 출판, 가정과 전 세계 교회 사역에 걸쳐서 주 예수 그리스도를 향한 섬김과 헌신을 지속해서 감당해왔다는 사실에 깊은 감사를 표합니다. 특히 제가 저술한 여러 권의 책들이 한국어로 번역되어서 영광이며, 결과적으로 그 책들의 가치가 더욱 빛나기를 소망합니다. 또한, 제가 저술한 책들 가운데 어떤 책들은 한국 신학자들에게 동기부여가 되어서, 제가 결코 할 수 없는 방식으로 한국 문화에 맞게 더욱더 많은 저술 활동을 하시거나, 다른 사람들이 성경 신학을 더욱 깊이 연구할 수 있도록 격려할 수 있으시기를 소망합니다.

신약성경 신학은 오랜 시간 동안 저의 관심사였습니다. 사람들은 내가 쓴 책의 분량과 여기에서 다루는 여러 주제를 볼 때, 얼마나 많은 시간을 보냈는지 제게 종종 물어봅니다. 진실한 마음으로 그 질문에 답하자면, 저는 이 책을 위해서 팜비치 아틀란틱 대학(Palm Beach Atlantic College, 현재는 대학교[University]입니다)에서 학부생들을 가르쳤던 3년과 덴버 신학교에서 대학원생들을 가르쳤던 35년 동안, 즉, 저의 강의 경력 전체에 걸쳐서 작업해왔습니다. 평균적으로 2년마다 한 번씩 저는 한 학기 과정을 가르쳐오면서(또는 연속되는 두 학기 과정) 이 주제에 대해서 다루었고, 그러는 동안에 여러 자료를 모을 수 있었습니다. 저는 독자들이 이 책이 유용하게 사용될 수 있기를 소망합니다.

성경신학(구약신학과 신약신학을 포함하여)은 많은 기독교인에게 조직신학만큼 친숙한 분야는 아닙니다. 조직신학에서는 특정 주제에 대한 성경의 모든 가르침을 모아서 논리적으로 또는 주제별 개요를 기준으로 나눕니다. 성경신학은 한 권이나 저자 또는 성경의 일부분이 어떻게 성경 전체에 기여하고, 그 지배적이고 독특한 주제들을 강조하는지에 초점을 맞춥니다. 예를 들어 야고보가 정경에 포함되지 않았다면, 우리는 신자로서 또는 전 세계적으로 퍼져 있는 교회로서 이 서신이 제공하는 풍성함을 누릴 수가 있었겠습니까? 유다서나 요한서신은 어떻습니까? 때때로 바울처럼 한 사람이 여러 권을 저술하였을 경우, 바울신학의 개요가 조직신학의 개요처럼 보일 수도 있지만, 그것은 사실 이 한 명의 저자에게만 해당합니다. 저는 여기에서도 조직신학으로부터 미리 결정된 개요를 선택하기보다 그리고 그것을 적합성에 상관없이 각 저자에게 부과하기보다, 신약성경 각 권으로부터 발견할 수 있는 개요나 구조를 찾아보려고 노력하였습니다.

요약하자면, 성경신학은 개별 본문에 대한 해석과 성경 전체에 대한 조직신학의 집합 사이에서 중요한 다리 역할을 합니다. 성경신학 없이는 너무나도 많은 성경적 가르침들이 길을 잃게 될 수 있고, 적합하지 않게 강조될 수도 있거나 과도하게 강조될 수 있으며, 또는 단순히 잘못 해석될 수도 있습니다. 저는 이 책을 저술해 온 저의 노력이 이러한 실수들을 줄이는 데 도움이 되고, 독자들을 격려하며, 모든 사람이 성경의 핵심 주제를 견지하면서 얼마나 많은 것들이 그리스도 안에서 성취되었는지 그리고 우리가 그리스도 안에서 얼마나 많은 특권을 누리고 있는지를 이해할 수 있도록 도울 것이라고 소망합니다. 그래서 우리는 기독교 신자로서 더 승리하고 실수를 줄여나가는 삶을 살아갈 수 있게 될 것입니다. 모든 영광을 하나님께 돌려드립니다!

크레이그 블롬버그

옮긴이 서문

역사적으로 수많은 해석자는 고대의 성경 저자가 의도한 바를 파악하기 위하여 나름의 방법론과 해석학을 사용해오면서, 원저자가 의도한 바를 고찰하는 동시에, 21세기라는 환경 속에서 그 의미를 적용해 왔다. 신학생들과 목회자들은 신약성경의 의미를 파악하기 위하여 조금 더 세분화하여 신약서론, 신약개론, 그리고 성경 각 권에 대한 전문적이고 기술적인 서적들과 주석서들을 활용한다. 그렇다면 과연 신약신학은 무엇인가? 신약신학이라는 분야는 어떠한 목표를 지향하고 있으며, 다른 신약학 분야의 책들과 비교할 때 어떠한 특징을 지니는가? 이러한 질문에 대한 답을 찾아가는 과정에서 신약연구 역사의 흐름과 그 궤적에 대한 이해가 필요하며, 역사 속에서 제기된 여러 질문에 대한 반응을 살펴보기도 해야 한다. 이처럼 신약성경을 세부적이면서도 종합적으로 아우른다는 면에서 신약신학이 지닌 무게감은 절대로 가볍지 않다. 계몽주의 시대 이후로 순수 역사 비평을 추구하는 학자들이 새로운 변화를 가져왔다. 그들은 신약성경을 객관적, 서술적, 순수하게 역사적으로 연구할 수 있다고 주장하였고, 역사와 신학, 이성과 신앙으로 이분화되는 경향을 보였다. 아울러, 신약성경의 중심성에 관하여 질문이 제기되면서 '신약성경 각 권에 대한 이해를 바탕으로 전체를 어떻게 엮어내어야 하는가?'에 대한 질문에 대한 답이 요구되었다. 이에 대해 학자마다 각기 다른 중심성이 제안되기도 하는 과정에서 "정경 속의 정경"이라는 현상이 나타나기도 한다.

신약신학의 역사적 흐름이 이어지는 가운데, 가장 최근 우리는 여기 또 다른 한 권의 신약신학책을 손에 쥘 수 있게 되었다. 본서 역시 이러한 역사적 흐름 속에 자리를 차지하며, 독자들은 지금까지 제기된 신약신학적 질문들을 염두에 두면서 어떻게 저자 나름의 신약신학을 전개해 나가는지를 확인하는 것이 또 다른 묘미라고 할 수 있다. 블롬버그는 지난 1986년부터 덴버 신학교(Denver Seminary)에서 섬기면서 자신이 추구해온 가치를 구현하고자 한다. 그는 확고한 기반 없는 자유주의와 자유가 없는 독단주의를 배제하고, 생기가 넘치는 복음주의를 추구하고자 한다. 그리고 신약 전체의 통합 주제를 고려하는 동시에 각 저자의 지배적이며 독특한(dominant and distinctive) 메시지와 의미를 찾고자 한다. 저자는 숲과 나무를 동시에 보는 것과 같은 방법이 신약신학의 핵심을 확인할 수 있는 길이라고 믿는다. 숲은 신약의 통합적인 주제로서 "성취"라고 할 수 있으며, 한편으로는 나무에 해당하는 신약성경 27권의 저자들이 보여주는 독특성과 다양성을 연구한다. 이러한 연구를 위한 구체적인 방법론을 설명할 때 저자는 성경신학(더욱 구체적으로는 신약신학에도 적용될 수 있는)을 다루는 여섯 가지의 방법론을 간략히 소개하고, 자신의 방법론은 구속사적 방법론에 가장 가깝다고 명시한다.

저자 크레이그 블롬버그는 이전에 출간된 신약신학 책들(예를 들어, 슈라이너와 G.K. 빌의 저서들)의 저자들이 본서에서 펼치는 주장과 크게 다르지 않음을 확인하면서도, 그들이 전개한 주제적 접근 방식에 이의를 제기한다. 블롬버그의 신약신학의 독특성은 각 신약성경 본문을 철저하게 귀납적 연구한 후에 도출해내고, 자주 등장하고 눈에 띄는 것들을 드러냄으로써 신약성경의 통일성을 증명하는 것이다. 실제로 세부적인 해석적 논의들을 포함하기는 쉽지 않았을 테지만, 저자는 신약학에서 다루는 세부적 논의들을 제공하였고 각 논의가 저자가 추구하는 신약성경의 종합적이고 거시적인 그림의 퍼즐 조각의 일부로 온전히 기능하는 것을 확인할 수 있다. 아울러, 그는 단지 이론적이거나 난해한 주해 작업에 그치는 것이 아니라, 오늘날 교회에 실천적인 함의와 적용을 이끌어 낼 수 있는 기회를 제공함으로써 신약신학적 비전을 제시하였다는 점에서 본서의 가치를 찾을 수 있다.

본서의 구성은 연대기적 방법을 택하고 있다. 신약성경의 각 권 혹은 각 저자에 대해 연대기적으로 재구성하면서, 각 저자나 책에 대한 고유한 특징을 파악하고, 비슷한 시기에 쓰인 다른 책에 나오는 유사한 주제와의 비교 연구를 통하여 그 주제의 발전상도 살펴본다. 저자는 신약성경 각 권의 저작 시기와 관련하여서는 내재적 증거와 외재적 증거 모두를 유심히 고찰하였으며, 각 저자의 신학을 해당 책의 저작 시기에 대한 논쟁과는 상관없이 다룬다. 거시적인 관점에서 이 책 구성의 특징은 두 가지로 살펴볼 수 있다. 하나는 목회서신(디모데전후서, 디도서)을 다룰 때, 누가가 대필자라는 가정을 염두에 두고서 누가복음-사도행전에 나오는 수많은 공통된 주제들과의 연관성을 함께 다룬 것이다. 또 하나는 유다서가 매우 이른 시기에 저술되었다고 이해함으로써 이 서신과 베드로전후서와의 연속성과 유사성을 함께 살펴본 것이다.

또 한 가지 본서의 특징들 가운데 하나는 다양한 독자 계층을 아우른 것인데, 저자는 깊이 있는 논의가 필요한 논쟁적인 사안들을 다루기도 한다. 예를 들어, 학자들은 Q문서, 여성안수, 바울서신(특히, 목회서신)의 저작설에 관하여 각기 다른 관점을 가진다. 블롬버그가 신약신학을 전개해나가는 방식과 그 세밀함에 있어서 신약신학적인 기여를 한 것이 인정된다고 할지라도, 본서의 역자들은 위에 언급된 세부적인 사안들에 관한 블롬버그의 견해에 동의하지 않는다는 사실을 미리 밝혀둔다.

본서는 조호형 교수가 3, 4장을, 홍요한 목사가 머리말, 들어가는 글, 1, 5, 9, 11장을, 이기운 교수가 6, 7, 8, 10장과 결론을, 그리고 이원우 목사가 2장을 번역하였다. 아무쪼록, 본서를 통하여 독자들께서 신약성경이 담아내고 있는 신학적 주제들과 가르침을 풍성하게 경험하시기를 소망한다.

옮긴이 조호형, 홍요한

이기운, 이원우

머리말

신약신학에 관해 저술해 줄 것을 수년 전 나에게 제안해 준 베일러 대학 출판사(Baylor University Press)편집장인 뉴먼(Carey C. Newman) 박사에게 깊은 감사를 표한다. 지난 수 년 동안 가끔 몇몇 친구들이 나에게 이런 저술 과제에 관심이 있는지 물어보았었지만 나는 이 일에 전혀 준비가 되지 않았다고 생각했다. 또한, 적어도 둘 이상의 출판사에서 비슷하면서도 비공식적인 요청을 해왔었지만 케리(Carey)의 진심어린 부탁을 받고서야 그가 얼마나 이 일을 진지하게 생각하는지 알게 되었다. 그렇다. 아마도 지금은 이에 대해 알 수 있을 것인데 왜냐하면 이 작업을 마칠 때 쯤 이면 내가 60대가 되어 있을 것이기 때문이다. 나는 이 주제에 대해 한 학기 과정과 일 년 과정으로 덴버 신학교(Denver Seminary)에서 다양한 방식으로 수업을 가르쳐왔었고 신약에 관해 연구하여 소개하는 참고서들을 써오고 있었다.[1] 마태복음, 요한복

---

1 Craig L. Blomberg, *Jesus and the Gospels: An Introduction and Survey*, 2nd ed. (Nashville: B&H; Nottingham: IVP, 2009); Craig L. Blomberg, *From Pentecost to Patmos: Acts to Revelation—An Introduction and Survey* (Nottingham: Apollos [=*From Pentecost to Patmos: An Introduction to Acts through Revelation* (Nashville: B&H)], 2006).

음, 고린도전서와 야고보서에 대해 쓴 주석들,[2] 그리고 다양하고 다른 성격의 주해 작업들[3]과 더불어 내가 신학교에서 여러 번 가르친 누가복음-사도행전 신학 수업이 나로 하여금 신약의 대표적인 부분들에 대해 더 깊이 탐구하게 만들고 있었다. 나는 마가복음, 로마서, 고린도후서, 갈라디아서, 베드로전서, 그리고 요한계시록 주해 수업을 위해 신약성경의 다른 본문들도 연구하고 있었다.

하지만 나의 귀에 계속 울렸던 것은 내 친구이자 제자이기도 한 웨스트모어랜드-화이트(Michael Westmoreland-White) 박사의 말이었다: "성경의 신뢰성에 대한 그 모든 책들을 써서 우리가 그것을 믿을 수 있다는 것을 알게 하는 것은 모두 좋고 잘하는 것이지만, 우리가 무엇을 믿고 따라야 하는지 알 수 있는 그 신학에 대한 것은 언제 쓸 건가요?" 훌륭한 재세례파주의자(Anabaptist)로서 그의 강조점은 언제나 순종에 있었다! 게다가 당시에는 프라하(Prague)에 있었고 지금은 암스테르담(Amsterdam)에 위치하고 있는 국제침례신학교(International Baptist Theological Seminary)에서 선교학 박사 과정을 마친 내 아내 블롬버그(Fran Blomberg) 박사는 중유럽(Central Europe)의 다양한 재세례파주의적 강조점들에 의해 큰 영향을 받아왔기 때문에 어떻게 내가 이 질문을 잊어버릴 수 있었겠는가? 비록 내 책에서 뚜렷하게 재세례파적인 요소는 매우 적을지라도, 독자들이 내 결론 부분을 읽을 때 쯤 이면 단순히 좀 더 분명한 통찰에 대한 것 이상으로, 내가 교회에 더 큰 순종에 대한 영향을 주려는 소망을 가지고 이 책을 썼다는 것을 그들이 알아주기를 바란다. 그러므로 마이클, 나는 이 책이 적어도 자네가 나로 하여금 가기를

2 Craig L. Blomberg, *Matthew* (Nashville: Broadman, 1992); Craig L. Blomberg, *The Historical Reliability of John's Gospel: Issues and Commentary* (Leicester and Downers Grove: IVP, 2001); Craig L. Blomberg, *1 Corinthians* (Grand Rapids: Zondervan, 1994); Craig L. Blomberg and Mariam J. Kamell, *James* (Grand Rapids: Zondervan, 2008).

3 Craig L. Blomberg, *Neither Poverty nor Riches: A Biblical Theology of Possessions* (Grand Rapids: Eerdmans; Leicester: IVP, 1999; Downers Grove, Ill.: IVP, 2001); Craig L. Blomberg, *Contagious Holiness: Jesus' Meals with Sinners* (Downers Grove, Ill.: IVP, 2005).

원했던 그 길을 안내하는 역할을 할 수 있기를 바라네!

완성하는 데에 적어도 한 번의 안식년 기간이 필요했던 나의 긴 책들의 서문에서 항상 그러했던 것처럼, 나는 나에게 연구와 저술을 위한 이 특별한 기간을 허락해 준 덴버 신학교(Denver)의 교원, 직원, 그리고 이사회에 감사할 것이다. 이 책의 경우에 2015년 가을, 프란(Fran)과 나는 현재 윌리엄스(Peter Williams) 박사의 관리 하에 있는 캠브리지(Cambridge)에 소재한 틴데일 하우스(Tyndale House)의 훌륭한 시설과 환경, 그리고 그곳의 엄청난 도서관과 학자들 사이에서의 교제를 십팔 년 만에 처음으로 또 다시 누렸다. 그런 일은 별로 없었으나 내가 필요한 책이 그곳에 없던 경우에는, 나는 불과 몇 블록(blocks) 아래 위치한 캠브리지 대학교 도서관(Cambridge University Library)에 의지할 수 있었다. 때때로 그곳에서의 도전 과제는 예전보다 더욱 커졌는데 왜냐하면 책이 넘쳐나는 곳조차도 다른 곳에서 옮겨 온 또 다른 넘쳐나는 책들이 도서관의 같은 위치가 아닌 전혀 다른 곳에 더해져서, 혹자는 종종 책상 밑으로 기어 들어가서 바닥에 쌓여있는 책들을 일일이 파헤쳐야만 했기 때문이며, 이것은 누군가 칠백 만권의 책들을 원래는 이 절반 정도의 규모로 설계 된 도서관 안으로 밀어 넣어야만 했다면, 나는 이것은 피해갈 수 없는 일이라 생각한다!

다시 고향 동네로 돌아와서, 덴버 신학교의 토마스 도서관(Carey S. Thomas Library)의 웰즈(Keith Wells) 박사와 그의 실무진(staff)은 최고로 우호적이며 협조적이었다. 덴버에 위치하고 있는 일리프 신학교(Iliff School of Theology)의 테일러 도서관(Ira J. Taylor Library)은 정말 놀라운 자료들을 가지고 있고 피셔(Katie Fisher) 관장은 항상 협조적이다: 그 곳에서의 유일한 도전 과제는 비록 공부 책상(a study carrel)이 거의 차지는 않는 것 같지만, 성서 연구 관련 구역 근처의 열람석 중 일리프 신학교의 학생에 의해 예약되지 않은 공부 책상을 찾는 것이다. 2년 간 나의 연구 보조원이었던 마누엘(Emily Gill Manuel)은 큰 도움을 줬고 나의 연구 초기 단계에 자료를 모으고 병합하는데 아주 유능했다. 크렌쇼(Ben R. Crenshaw)는 비록 내가 그에게 다른 과제를 맡기긴 했었으나 그 위치에 있던 그 해에는 그와 비슷한 일을 조금 더 했다. 뒤프레(Alicia Duprée)는 그 다음 해에 몇 가지 최종 마무리 작업에 도움을 줬는데 특히 그 해 가을, 원고 마감이 가까웠을 때 그러했다. 신약 분과의 나의 동료 매튜슨(David Mathewson) 박사는 원고의 초안 전체를 읽었고 개선을 위해 도움이 되는 많은 제안들을 해 주었다. 그러나 달린 씰(Darlene M. Seal)에 대한 어떤 많은 감사도, 틴데일 하우스(Tyndale)에서 돌아온 이후에도 여전히 진행되어야 했던 연구에 도움을 주고, 그리고 꼼꼼하게 교정을 보며 원고의 형식과 명료성을 높이기 위해 수많은 제안들을 해 준 그녀에게, 절대로 충분할 수 없을 것이다. 그녀의 전문 분야(특히 바울 연구)에서 그녀는 그 내용들을 개선시키는 데에도 상당한 도움을 주었다. 이 일의 상당수는 온타리오(Ontario) 해밀턴(Hamilton)에 소재한 맥메스터 신학대학교(McMaster Divinity College)에서 그녀의 박사 과정 첫 두 해 사이의 여름 기간 동안에 해내었고, 이것으로 인해 나는 대단히 감사하게 생각한다. 이 모든 기간 동안에 보여준 그녀의 뛰어난 영성과 유머 감각은 그저 여기에 더해지는 보너스였다. 그러므로 나는 이 책을 너와의 우정에 매우 감사하며 너에게 바친다 달린(Darlene).

들어가는 글

최근 몇 년간 내 친구들은 나에게 내가 어떤 저술 과제에 매달리고 있는지 물어보았다. 그들에게 나의 가장 큰 모험은 신약신학이라고 하자 두 가지 반응이 압도적이었다. 신약신학의 유형에 대해 약간의 의식이 있는 친구들은 "그럼 그것의 통일된 주제 혹은 주제들은 무엇이지?"라고 물어보았다. 이런 것을 모르는 친구들은 주로 "신약신학이 뭐야?"라고 물었다. 그런데 첫 번째 질문이 두 번째 질문보다 대답하기 훨씬 쉽다!

지난 수년간, 신약신학에 대한 다양한 핵심 주제들이 제기되었다. 세기가 바뀌면서 선택지(options)들에 대해 속속들이 조사를 했을 때 나는 다음과 같은 목록을 수집했다: "왕국, 복음, 의, 칭의, 화해, 믿음, 새 창조, 구원 혹은 구속사, 종말론, 이스라엘 혹은 새 이스라엘, 십자가 그리고/또는 부활, 하나님의 사랑, 존재론적 인류학, 그리고 언약."[1] 그리고 나서 나는 "아마 예수(혹은 좀 더 일반적으로 기독론)가 이 모든 것들 중 가장 공통적인 핵심(centre) 주제로 자리매김해 왔다"라고 덧붙였다.[2] 특히 이러한 제안이 너무 많아서 여전

---

1 Craig L. Blomberg, "The Unity and Diversity of Scripture," in *New Dictionary of Biblical Theology*, ed. T. D. Alexander and Brian S. Rosner (Downers Grove, Ill.: IVP, 2000), 65.

2 기술적으로 나는 "center"라고 썼지만 주 출판사가 영국에 있는 IVP였기 때문에 "centre"로

히 다른 학자들은 다양한 주제들의 조합을 제안해 오고 있다. 육십 년도 더 전에 헌터(A. M. Hunter)는 기독교인 메시지의 핵심을 설명하는 초기 기독교의 강론(sermon)에 대한 뉴스 기자의 요약본을 다음과 같이 비슷한 것으로 생각했다:

> 예언들은 성취되었고 새 시대가 밝았다. 다윗의 후손으로 태어난 메시아가 나타났다. 그는 나사렛 예수, 나가서 선한 일을 하고 하나님의 능력으로 사람들을 치료하신 하나님의 종, 하나님의 목적에 따라 못 박히신 분, 지금 하나님의 우편에 계신 분, 그리고 영광 중에 심판하러 다시 오실 분이다. 그러므로 모두 회개하고 믿어 죄를 용서하는 세례와 성령의 선물을 받아라.[3]

렘시오(Eugene Lemcio)는 좀 더 간소화된 여섯 개의 선포들을 신약성경의 주요한 부분에서 모두 발견한다: "(1)하나님(God who) (2)복음을 보내신(sent Gospels), 혹은 살리신(or raised) (3)예수를(Jesus). (4)응답(A response) (영접, 회개, 믿음) (5)하나님을 향한(towards God) (6)(여러 형태의) 유익을 가져오는(brings benefits)."[4]

헌터(Hunter)가 만든 매우 구체적이고 상세한 요약본과 렘시오(Lemcio)가 제작한 좀 더 간략하지만 불분명한 요약본 사이 어딘가에 웬햄(David Wenham)의 네 가지 구성의 요약이 있는데 이것은 문맥, 중심, 공동체, 그리고 절정을 가리킨다. 문맥은 창조주 하나님이 예수를 통하여 그의 백성들을 향한 구원을 완성하시는 것이고 중심은 성령으로 충만한 메시아이자 하나님의 아들이신 예수이다. 공동체는 예수를 믿고 성령을 받아 하나님과 이웃

바뀌었다.

3 A. M. Hunter, *Introducing New Testament Theology* (London: SCM, 1957; Philadelphia: Westminster, 1958), 66.

4 Eugene C. Lemcio, "The Unifying Kerygma of the New Testament," *Journal for the Study of the New Testament* 33 (1998): 6.

을 사랑하며 사는 자들로 구성된다. 절정은 그리스도의 재림시의 완전한 회복과 최후의 심판이다.[5]

이같이 좀 더 세부적이고 다양한 요약이 지닌 문제는 이것이 틀림없는 공통된 중심 주제가 아니라 오히려 너무나도 다양한 주제들의 다발들로써 언어적인 기교를 통해 표현되어 신약신학의 "핵심들"이라고 불린다는 사실이다. 아마도 이 모든 다양한 결과들이 보여주는 것은 우리가 이제 신약성경에서 제법 돋보이거나 아니면 적어도 다른 모든 것들을 통합하는 단 하나의 주제를 찾는 일을 그만두어야 한다는 것이다. 좀 더 직설적으로 말하자면 중심 주제를 찾는 것은 어쩌면 신약성경을 구성하는 스물일곱 권의 책에 실제로 존재하는 것 이상의 통일성을 가정하는 것일지도 모른다. 가능하다면 우리는 그 모든 탐색을 배제하고, 하나의 중심 주제를 말하기에는 신약 저자들과 문헌들 사이에 너무나도 많은 다양함이 존재한다는 사실을 순순히 인정해야 할 것이다. 아마도 이렇게 해야 할 것이다.

내가 구약성경(구약) 신학을 처음 접했을 때는 신학생 시절, 그러니까 카이저(Walter Kaiser)의 구약성경 신학(*Toward an Old Testament Theology*)이 막 출간되었을 때였고 그때 나는 그가 가르치던 트리니티 복음주의 신학교(Trinity Evangelical Divinity School)의 학생이었다.[6] 놀랄 것도 없이 이 책은 필수 교과서였다. 카이저는 약속(promise)의 주제를 구약의 통일된 핵심 주제로 활용하였고, 이것을 적용하여 만약 그가 신약신학에 대해 쓴다면 성취(fulfillment)의 주제를 바탕으로 구성될 것이라고 했다.[7] 신약보다 구약을 하나의 중심

5 David Wenham, "Appendix: Unity and Diversity in the New Testament," in George E. Ladd, *A Theology of the New Testament*, ed. Donald A. Hagner, rev. ed. (Grand Rapids: Eerdmans, 1993), 12-13.

6 Walter C. Kaiser Jr., *Toward an Old Testament Theology* (Grand Rapids: Zondervan, 1978).

7 흥미롭게도 그의 주장에 기초가 되었던 학자들이며 적어도 어느 정도는 그와 비슷하게 주장했던 구약 학자들은 특히 웨스터만(Westermann), 짐머리(Zimmerli), 그리고 라드(von Rad)였다. 카이저(Kaiser)는 그의 *The Promise-Plan of God: A Biblical Theology of the Old and New Testaments* (Grand Rapids: Zondervan, 2008에서 부분적으로 그렇게 시도했으나 여전

주제로 요약하는 어려움이 훨씬 더 크다는 것을 알고 있지만, 성취에 대한 개념이 나의 관심을 사로잡았고 가까운 미래에 누군가에 의해서 최신이면서 모든 관련된 연구의 수준에 도달해 있으며 신약의 통합 주제로써의 성취를 지지하는 신약신학이 나오기를 간절히 기대했다. 하지만 이것이 적어도 20세기 안에는 전혀 등장하지 않았다.

이십 오년 후 내가 처음으로 신약신학에 대해 저술해 보는 것을 어렴풋이 생각하고 있었을 때 나는 통합 주제로써의 성취에 대해 심사숙고해 보았다. 처음에 약간의 기초 연구를 하고 나서 그 주제를 잠시 내려놨었다. 수업을 가르칠 때 나는 학생들에게 통합을 추구하는 데 초점을 맞추기보다는 신약 각 부분의 지배적이고 고유한 주제에 대해 소개하는 것에 대해 훨씬 더 신경을 쓰고 있었다. 학생들 대부분은 신약성경의 많은 내용들을 알고 있지만 그 각각이 어디서 발견되는지는 모르고, 거기서 한 저자나 책이라도 빠졌다면 이것이 성경 전체에 얼마나 영향을 주었을지에 대해서는 잘 모른다. 각 권에서 반복되는 고유한 주제들을 공부하는 것이 이러한 상황에 대한 해법이 될 수 있다. 그래서 다른 사람에 의해 저술된다 하더라도 내가 생각할 수 있는 이상적인 하나의 신약신학이 어떤 모습일지에 대해 상상해 보았을 때 각 장의 내용들에 대한 생각이 나의 머리를 지배했다. 하지만 나는 그 장들의 개요도 고려했다. 나는 항상 래드(George Ladd)의 저술 같은 중요한 작품의 구조에 감사했고 그것이 곧 혹은 나중에 개정되기를 기대했었다.[8] 해그너(Donald Hagner)가 그렇게 하고 있다는 말을 듣고 기뻤지만 나중에 드러났듯이 그 모든 시간이 그에게 허락했던 것은 참고 문헌과 몇몇 도입 자료들을 갱신하고, 공관복음의 세 저자 각각에 대한 것과(프랑스[R. T. France]에 의해) 통일성과 다양성에 대하여(웬햄[David Wenham]에 의해) 두 장을 추가로 위임한 것이었다.[9]

히 초점은 주로 구약에 두고 있었다.

8 George E. Ladd, *A Theology of the New Testament* (Grand Rapids: Eerdmans, 1974).

9 R. T. France, "Matthew, Mark, and Luke," in Ladd, *Theology of the New Testament*, 212-

하지만 래드 이후 몇 년 동안의 추세는 신약의 각 권들을 함께 다루는 것과는 전혀 동떨어진 것이었다.[10] 사람들은 바울의 모든 편지들을 따로 다루면서 가끔은 그의 생각을 통일하는 간략한 부분들을 포함하는 책들을 쓰곤 했다. 그리고 종종 이러한 경향은 요한 문헌에까지 확장되기도 했다.[11] 베드로후서는 유다서와 매우 비슷하여 이 두 짧은 편지들은 꽤 오랜 기간 지속적으로 함께 다루어지거나 적어도 연속적으로 취급되면서도 아무도 베드로전서와 후서가 어떤 공통점이 있는지에 대해서도 물어보지 않았다. 이 책들의 일부가 가명으로 쓰였다고 취급되었던 사실은 통일성을 희생하면서 다양성을 강조하는 이러한 경향을 더욱 강화시켰다.[12] 나는 래드가 생각했던 것처럼 왕국이 통일된 주제라는 사실을 전혀 납득하지 않았었지만 그가 공관복음서를 함께 다루면서 그 책들이 서로 동의하는 것 거의 대부분이 역사적 예수 자신에게로 돌아간다는 것을 인식했던 것에 대해 매우 감사했다.[13] 그의 책에서 단순히 사도행전의 신학 뿐만 아니라 초대 교회에 대해서도 일

---

45. 웬햄(Wenham)의 것은 위의 각주 5번을 보라.

10 고펠트(Leonhard Goppelt)의 두 권짜리 *Theology of the New Testament* (Grand Rapids: Eerdmans, 1981-82)가 독일어 원판으로 발간된 때는 래드(Ladd)보다 1년 후였는데(1975) 그의 역사적 예수에 대한 집중과 바울에 대한 입장은 매우 확신이 있었으나 이후 나머지 신약성경의 증언에 대해서는 거의 주의를 기울이지 않았다.

11 특히 I. Howard Marshall, *New Testament Theology: Many Witnesses, One Gospel* (Downers Grove, Ill.: IVP, 2004); Frank Thielman, *Theology of the New Testament: A Canonical and Synthetic Approach* (Grand Rapids: Zondervan, 2005); Frank J. Matera, *New Testament Theology: Exploring Diversity and Unity* (Louisville: Westminster John Knox, 2007)을 보라.

12 다른 면에서 비교적 보수적인 James D. G. Dunn, *Unity and Diversity in the New Testament: An Inquiry into the Character of Earliest Christianity*, 3rd ed. (London: SCM, 2006)에도 나타나듯이 말이다.

13 예레미야스(Joachim Jeremias)는 여러 권으로 계획된 그의 *New Testament Theology*의 첫 번째 책인 *The Proclamation of Jesus* (London: SCM; New York: Scribner's, 1971)를 통해서 이미 이 길을 열어 놓았었다. 안타깝게도 그는 계속해서 책을 쓰지는 못했다. 역사적 예수와 (유추해 보건데 초대 교회의) 가르침이 신약신학의 한 권에 속해야 하는지에 대한 신학적 질문에 대해서는 Christopher Tuckett, "Does the 'Historical Jesus' Belong within a 'New Testament Theology'?" in The Nature of New Testament Theology, ed. Christopher Rowland and Christopher Tuckett (Malden, Mass.: Blackwell, 2006), 231-47를 보라.

정 부분 할애한 사실은 매우 반가운 것이었다. 그러나 나는 마태복음, 마가복음, 그리고 누가복음-사도행전을 별개로 다루지 않은 그의 원판과 같은 책으로 되돌아가고 싶지는 않았다.

슈넬레(Udo Schnelle)가 저술한 완전체적인(full-orbed) 신약신학이 나오기 전까지는 내가 기대하고 있던 것이 등장하지 않았다.[14] 사뭇 회의적인 skeptical 학풍의 독일 전통을 따르는 저술답게, 그가 단순히 마태복음, 마가복음, 누가복음에 대해서 뿐만 아니라 더욱 열심으로 예수와 초대교회를 생각하고 있는 것을 나는 기쁨과 놀라움으로 보았다. 그럼에도 불구하고 그가 초대 교회로부터 멀어지는 다양한 단계들을 말할 때에는 더욱 회의적인 영향들이, 종종 익명 저자의 문제에서, 그리고 다양한 신약성경 책들의 저작 시기를 불필요하게 늦추는 것에서 다시금 파고 들어오고 있었다. 그리고 전체적인 궤도는, 어떻게 팔레스타인 유대 기독교가 헬라주의 유대 기독교로, 그리고 마침내 헬라주의 이방 기독교로 서서히 변화했는지에 대해 조목조목 나열했었던 오래된 연구들을 여전히 너무 많이 반영하고 있었다.[15]

그중에서도 주목할 만한 것은, 후타도(Larry Hurtado)와 보컴(Richard Bauckham)에 의해 다양한 방면으로 산출되어 점점 커가고 있던 문학 연구에 대해서 좀 더 진보적인 진영에서(심지어 예전의 독일보다 현재의 미국에서 더욱!) 얼마나 적은 관심을 갖고 있는가인데, 이러한 연구는 고귀하고 신격화된 기독론이 예수의 선언과 사역에 대한 자신의 주장을 통해 가장 잘 이해될 수 있는 방법으로 초대 교회 전반에 지배적으로 존재했음을 보여준다.[16] 신약성

---

14 Udo Schnelle, *Theology of the New Testament* (Grand Rapids: Baker, 2009).

15 특히 Reginald H. Fuller, *The Foundations of New Testament Christology* (London: Lutterworth; New York: Scribner's, 1965); Ferdinand Hahn, *The Titles of Jesus in Christology: Their History in Early Christianity* (London: Lutterworth; Cleveland: World, 1969)를 참조하라.

16 특히 Larry W. Hurtado, *Lord Jesus Christ: Devotion to Jesus in Earliest Christianity* (Grand Rapids: Eerdmans, 2003)와 Richard Bauckham, *Jesus and the God of Israel: God Crucified and Other Studies on the New Testament's Christology of Divine Identity* (Milton Keynes: Paternoster, 2008; Grand Rapids: Eerdmans, 2009)를 보라.

경의 다양한 책들을 대부분 1세기 아니면 2세기 초의 마지막 10년에 배열하는 것은 신학적 발전의 진화론적 궤도(volutionary trajectories)에 대한 다양한 형태를 인식하고 있는 것에 기초를 두고 있으며 이 반대의 경우도 마찬가지이다.[17] 이러한 전통에 입각한 연구는 해석학적 순환 고리에 자기도 모르는 사이 쉽게 걸려들 수 있다. 왜 우리는 어떤 책이 초대 기독교 전통이 일치하게 생각했던 것보다 더 늦은 것으로(그래서 그 결과 그 책이 익명으로 쓰인 것으로) 생각하는가? 왜냐하면 그 책이 오직 그 이후의 시점에 발전된 신학을 담고 있기 때문이다. 그럼 우리는 어떻게 그 신학이 오직 그 이후의 시기에 발전되었다고(그래서 그 결과 그러한 신학을 담고 있는 책들은 익명으로 쓰였다고) 알 수 있나? 왜냐하면 그것이 그 이후의 신학을 담고 있기 때문이다![18] 예수의 죽음 이후 즉시 발생한 혁명적 발전(revolutionary developments)에 대한 가능성은 그것이 통째로 무시되지 않았다면 많이 인정한다 해도 극히 제한된 관심만을 받았다.[19] 그리고 익명 저작에 대한 가정들은 초기 기독교에서 일반적으로 용납되는 개념과 이것을 신약성경의 개별적 문서에 적용하는 이유에 대하여 늘어나던 수 많은 반박들에도 불구하고 알다시피 지속적으로 채택되어 왔다.[20]

우리는 이미 두 번째 질문에 대한 의논에 조금씩 접근하기 시작했다: 신

---

17 예를 들어 Udo Schnelle, *The History and Theology of the New Testament Writings* (London: SCM; Minneapolis: Fortress, 1998); Georg Strecker, *Theology of the New Testament* (New York: de Gruyter; Louisville: Westminster John Knox, 2000)를 참조하라.

18 이같은 해석학적 순환 고리는 적어도 19세기 중반 바우어(Ferdinand Christian Baur)와 같이 이른 시점에 시작했다. Peter Balla, *Challenges to New Testament Theology: An Attempt to Justify the Enterprise* (Tübingen: Mohr Siebeck, 1997), 153-54를 보라.

19 "혁명적 발전"이라는 용어는 Larry W. Hurtado, "The Gospel of Mark: Evolutionary or Revolutionary Document?" *Journal for the Study of the New Testament* 40 (1990): 15-32에서 온 것이다.

20 특히 Terry L. Wilder, *Pseudonymity, the New Testament, and Deception: An Inquiry into Intention and Reception* (Lanham, Md.: University Press of America, 2004)와 Jeremy N. Duff, "A Reconsideration of Pseudepigraphy in Early Christianity" (D. Phil. thesis, Oxford University, 2008)을 보라. 또한 Stanley E. Porter, ed., *Paul and Pseudepigraphy* (Leiden: Brill, 2013)도 참조하라.

약신학은 무엇인가? 클링크(Edward Klink)와 라켓트(Darian Lockett)은 성경 전체에 대한 성경 신학들의 유용한 분류법을 만들어 냈는데 이것은 제법 직접적으로 신약신학에도 적용된다.[21] 첫째, 거기에는 오직 역사적 설명만 포함하는 부분들이 있다. 이들은 정경적 문서를 우선시할 수도, 그렇지 않을 수도 있다. 이것들은 2세기 특정 시기까지의 정경적 혹은 비정경적인 문서를 포함하는 기독 문서를 연구한다. 이것의 목적은 단순히 그러한 문서에 나오는 믿음과 헌신, 교리와 행함이 이후에 얼마나 다양한 혹은 상반된 형태로 발견된다 하더라도 가능하다면 이들을 정확하게 묘사하는 것이다.[22] 두 번째 방법은 신약성경에 드러난 구속사로 여겨지는 것을 묘사한다. 이것은 대부분 연대기적으로 구성되고 한 시기에서 다음 시기로의 발전에 대해 초점을 맞춘다. 이것은 발전적 계시나 구원 역사와 연관될 수 있고 명백히 기독교적인 시도이다.[23]

세 번째 접근법은 클링크와 라켓트가 세계관 혹은 이야기 방법이라고 부르는 것이다. 이것은 기독교인이나 비기독교인에 의해서 동일하게 행해질 수 있다. 연대기적 모델이 뒤따르든 뒤따르지 않든, 신약성경의 모든 책 뒤에는 내재된 이야기들이 있다. 이 이야기들과 세계관 혹은 그들이 암시하는 실재에 대한 접근법들은 독자적으로 나타난다.[24] 네 번째는 정경적 접근

21 Edward W. Klink III and Darian R. Lockett, *Understanding Biblical Theology: A Comparison of Theory and Practice* (Grand Rapids: Zondervan, 2012).

22 라이사넨(Heikki Räisänen, *Beyond New Testament Theology: A Story and a Programme* [London: SCM; Philadelphia: Trinity Press International, 1990], 93-141)은 꼭 이같은 신약신학의 원리와 모델들을 제시한다. 하지만 이러한 관점의 대변자들은 성경 신학을 저술한다기보다 종교적 관점들에 대해 연구하고 좀 더 일반적으로 실천하는 경향에 가깝다. 전통적 성경 신학에 대한 반 근본주의적 비평들을 다룬 다양한 연구는 Thomas R. Hatina, *New Testament Theology and Its Quest for Relevance: Ancient Texts and Modern Readers* (London: Bloomsbury T&T Clark, 2013)를 보라.

23 이것은 계속 발간되고 있는 New Studies in Biblical Theology, ed. D. A. Carson (Downers Grove, Ill.: IVP, 2001-) 시리즈의 많은 단권들이 취하고 있는 접근법이다. 또한 이것은 Goppelt, *Theology of the New Testament*, 2 vols과 Studies in Biblical Theology (London: SCM; Naperville, Ill.: Allenson, 1952-73) 시리즈의 초기 연구물들과 상당한 유사성이 있다.

24 라이트(N. T. Wright)가 이에 해당하는 전형적인 예인데 아직 두 권이 더 작업 중인 Christian

법으로써 책들이 저술된 시점부터 시작하여 내내 지속된 역사적 사건들에 초점을 덜 맞추고 완성된 책들의 형태와 왜 그리고 어떻게 그 책들이 신약성경의 정경에 포함되었는지에 더 집중한다. 사도행전이 복음서와 바울 서신 사이에 나오는 중요성은 무엇이며 중반 이후에 요한복음의 삽입으로 나눠질 때 누가복음-사도행전에는 어떤 일이 일어나나? 우리는 예수의 위대한 설교의 두 변형(마 5-7; 눅 6:20-49)을 어떻게 이해하고 있나? 각각의 구별된 부분의 독특한 강조점들은 무엇인가? 이와 비슷한 많은 질문들이 관심을 요구하고 있다.[25] 마지막으로 신학적 구조의 접근법이다. 밝혀내기 가장 어려운 것이지만 이 접근법은 그 결과들을 교회에 적용하는 것에 가장 큰 관심을 두고 교회에 의해 책임을 갖게 되며 특정한 본문의 해석에 대한 모든 역사와 교회가 그 본문을 역사적, 교리적 틀 안의 문맥 속에서 사용해 온 방법을 인정하면서 이 일을 수행한다. 이 접근법은 단순히 신약을 구약에 비추어 읽는 것 뿐만 아니라 신약에 비추어 구약을 읽는 것에 큰 관심을 갖는다.[26] 또한 혹자는 위더링톤(Ben Witherington)이나 에스콜라(Timo Eskola)의 이야기 신학이 여섯 번째 분류를 차지한다고 주장할 수 있겠지만 클링크(Klink)나 라켓트(Lockett)가 동의할지는 모르겠다.[27]

Origins and the Question of God (London: SPCK; Minneapolis: Fortress, 1992-)의 첫 네 권에서 특히 그러하다.

25 가장 대표적인 예는 단연코 Brevard S. Childs, *The New Testament as Canon: An Introduction* (Philadelphia: Fortress, 1984)이다.

26 이 접근법은 왓슨(Frances Watson, *Paul and the Hermeneutics of Faith*, 2nd ed. [London: Bloomsbury T&T Clark, 2016])이 대표적이다. 내가 알기로 이 관점으로 쓰인 총체적인 신약신학은 아직 존재하지 않는다. Two Horizons NT Commentary Series (Grand Rapids: Eerdmans, 2005-)가 각 권에서 이러한 가능성을 함께 설명하고 있다.

27 위더링톤(Ben Witherington III)의 완결된 신약신학(*The Indelible Image: The Theological and Ethical Thought World of the New Testament*, 2 vols. [Downers Grove, Ill.: IVP, 2009-10])은 한 권은 개별적 증언들을 다루고 다른 한 권은 이야기적 관점을 포함하여 다양한 각도에서의 종합적 증언들을 다루는 혼합물이다. 그의 *Paul's Narrative Thought World: The Tapestry of Tragedy and Triumph* (Louisville: Westminster John Knox, 1994)가 그가 이해하는 이야기적 신약신학을 좀 더 잘 설명한다. 또한 Timo Eskola, *A Narrative Theology of the New Testament: Exploring the Metanarrative of Exile and Restoration* (Tübingen:

나의 접근법은 여섯 모델 모두의 요소들을 포함하고 있지만 구속사적 접근법(redemptive-historical approach)과 가장 가깝다. 신약성경의 문헌들은 처음부터 끝까지 반 세기 내에 저술되었음이 틀림없기에, 신약신학에서 발전적 계시(progressive revelation)는, 천년 이상에 걸쳐 저술되고 편집된 구약의 책들을 이 같은 방법론으로 연구하는 구약 신학에서만큼 중요한 것으로 크게 다가오지는 않는다. 또한 나는 신약성경 책들의 저술 시기에 대하여 내재적 증거(그 문서들 자체로부터 우리가 배우거나 유추할 수 있는) 뿐만 아니라 가장 이른 시기의 외재적 증거(이, 삼, 사세기 기독교인 저술가들의 증언)를 신중하게 택하는 것에서부터 출발하여 다루었다. 각 저자의 지배적이고 고유한 신학에 대한 나의 결론들에 대한 그 어떤 것도 이러한 저술 시기로 인해 영향을 받지 않으나 만약 내가 택한 저작 시기가 상당히 그리고 지속적으로 잘못 생각한 것이라면 나의 전체적 결론들 중 일부 소수는 다시 수정되어야 할 것이다.

신약신학에 대해 쓰는 저자는, 비록 각각이 다양한 방법으로 수정될 수 있으나, 전체적 구조에 관하여 고를 수 있는 세 가지 기본 선택지(options)를 가진다. 첫째, 혹자는 신약성경 저자들에 의해 다뤄지는 주요 주제들의 목록을 가지고 시작한 후, 그 주제들에 대한 설명을 각 권 혹은 해당 문헌에 따라 분할하는 것이다. 다른 말로 하면, 예를 들어 혹자는 먼저 하나님에 대한 교리를 살피고 마태복음, 마가복음, 누가복음, 바울서신, 히브리서, 야고보서, 베드로서신, 유다서, 그리고 요한문헌 각각이 이에 대해 무엇을 말하는지 본 후 기독론, 성령론, 죄, 구원 등과 같은 세부 주제에 대하여 계속 진행하는 것이다. 이 예에서 보듯이 그 항목들이 크게는 조직신학의 세계에서부터 올 수도 있고 성경 자체에서 지배적인 것으로 나타날 수도 있으며(율법, 복음, 왕국, 언약 등), 또는 이 둘의 어떤 결합된 형태에서도 나올 수 있다.[28]

Mohr Siebeck, 2015)도 보라.

28 전자를 위해서는 Donald Guthrie, *New Testament Theology* (Downers Grove, Ill.: IVP, 1981)를 보라. 이 접근법에 대한 축약된 변형은 James D. G. Dunn, *New Testament Theology: An Introduction* (Nashville: Abingdon, 2009)에 나온다. 후자를 위해서는

둘째, 혹자는 주요 구분을 신약성경 책들 혹은 저자들에 따라 나누고 방금 설명한 것과 같은 구성의 주제적 배열에 따라 다시 세분할 수 있다. 그러나 주요 구분은 연대기적으로(chronologically) 혹은 정경적으로(canonically) 진행될 수 있고 그 결과는 충분히 그것이 다른 방법이라고 생각될 정도로 달라 질 수 있기 때문에, 우리는 이것을 각각 두 번째, 그리고 세 번째 접근법이라고 명한다.[29] 만약 우리가 마태복음부터 시작해서 그의 신학을 하나님, 그리스도, 성령, 죄, 구원 등등의 기준을 따라 세분하면 저자의 지배적이고 고유한 주제들에 대해 훌륭하게 배울 수 있겠으나 이것들은 마태복음과 가장 가까운 시기에 쓰인 신약성경 문헌들에 나타나는 동일한 주제와의 비교를 바로 구성하는 전반적인 과정에는 등장하지 않을 것이다. 반면에 책이나 저자에 따라 연대기적으로 진행해 나간다면 각각의 지배적이고 고유한 주제를 발견할 수도 있고 또한 시간이 지남에 따라 이것이 어떤 발전의 과정을 거쳐 존재하는지도 볼 수 있다.

그러므로 이 세 번째 모델이 우리의 신약신학이 채택하는 방법이다. 또한 우리는 사복음서와 사도행전의 첫 부분이 각각 강조하고 있는 역사적 예수와 초대 교회의 핵심적 가르침과 주장들을 합리적인 가능성을 가지고 분별할 수 있다는 확신을 가지고 진행한다.[30] 우리의 연구는 야고보서와 유다

Thomas R. Schreiner, *New Testament Theology: Magnifying God in Christ* (Grand Rapids: Baker, 2008)와 G. K. Beale, *A New Testament Biblical Theology: The Unfolding of the Old Testament in the New* (Grand Rapids: Baker, 2011)를 보라. 세분화된 항목도 주제적인 접근법에 대한 연구로는 G. B. Caird, *New Testament Theology*, ed. Lincoln D. Hurst (Oxford: Clarendon, 1994)를 보라.

29 예를 들어 Strecker, *Theology of the New Testament*와 Thielman, *Theology of the New Testament*를 각각 보라. 때로 저자나 신약성경에서 가장 중요하다고 여겨지는 부분만 다뤄지기도 한다. 예로 Werner G. Kümmel, *The Theology of the New Testament according to Its Major Witnesses* (Nashville: Abingdon, 1973; London: SCM, 1974)를 보라.

30 만약 누군가 이 부분에 대하여 한편으로 제법 다양한 학자들의 작품들, 예를 들어 E. P. Sanders, *The Historical Figure of Jesus* (London: Allen Lane, 1993); Gerd Theissen and Annette Merz, *The Historical Jesus: A Comprehensive Guide* (London: SCM; Minneapolis: Fortress, 1998); James H. Charlesworth, *The Historical Jesus: An Essential Guide* (Nashville: Abingdon, 2008); Armand Puig i Tàrrech, *Jesus: A Biography* (Waco,

서가 매우 일찍 저술된 것으로 보는 소수의 입장들을 받아들이고, 바울 서신 모두를 함께 대할 때 도출되는 장점들 특히 그의 편지들 몇몇 혹은 대부분에서 발견되는 특정 주제들을 함께 다루기를 선호하며[31] 비슷하게 요한문헌의 다섯 작품 모두도 역사적으로 요한과 함께 연관시키면서 복음서, 서신, 그리고 묵시 문헌을 전체적인 요한문헌 신학의 주요 주제들 아래에서 독립적으로 다룬다.[32] 이 책 구성의 큰 틀에서 두 가지 독특한 특징은 목회 서신과 베드로 서신에 대한 것이다. 디모데전후서와 디도서가 바울에게서 왔다는 초대 교회의 만장 일치적 견해를 거부하지 않으면서 우리는 이 셋을 바울에게 기인(ascribed)하고 있는 다른 열 권의 책들과 구분하여 교회사에 정기적으로, 그리고 최근 연구들 사이에서 좀 더 자주 나타난 제안에 대해 탐험해 보려고 하는데 그것은 누가가 바울의 동의하에 그 만의 언어와 강조점을 가지고 바울의 생각과 관심사에 대해 문학적, 문체적 자유를 갖고서 쓸 수 있었던 바울의 대필자 혹은 서기관이었을지도 모른다는 것이다. 누가복음과 목회 서신이 공유하는 놀랄 정도로 많은 수(number)의 독특한 주제들은 목회 서신을 누가복음-사도행전에 대한 우리의 토론 직후에 따로 구별된 한 장에서 다룸으로써 가장 잘 연구될 수 있다. 마지막으로 유다서의 저술 시기를 일찍 잡음으로써 우리는 자유롭게 베드로전후서를 그와 연속적으로 고려할 수 있다. 유다서와 베드로후서, 특히 베드로후서 2장과의 아주

Tex.: Baylor University Press, 2011); Gerald L. Borchert, *Jesus of Nazareth: Background, Witnesses, and Significance* (Macon, Ga.: Mercer University Press, 2011); Gerhard Lohfink, *Jesus of Nazareth: What He Wanted, Who He Was* (Collegeville, Minn.: Liturgical, 2012); Helen K. Bond, *The Historical Jesus: A Guide for the Perplexed* (London: T&T Clark, 2012); José A. Pagola, *Jesus: An Historical Approximation*, rev. ed. (Miami: Convivium, 2014); and Jens Schröter, *Jesus of Nazareth: Jew from Galilee, Savior of the World* (Waco, Tex.: Baylor, 2014)과 비교해 보면 거기에는 놀라운 유사성이 있음을 알게 되고 또한 이 목록은 훨씬 더 확장될 수도 있다.

31 그러나 이러한 접근은 한 편지에서 다른 편지 사이에 충분한 신학적 연관성과 일치성이 존재하여 이러한 작업을 시도할 만하게 만든다는 전제적인 결론에서부터 출발한다.

32 그러므로 같은(same) 저자가 쓴 다른 신약 책들보다 공통(common) 저작과 연관된 불확실성이 더 있다는 것을 인식하면서도 동시에 다양한 요한 문헌들을 한 그룹으로 묶었다.

명백한 유사성을 어떤 식으로든 거부하거나 최소화하지 않으면서 우리는 그전에는 거의 발표되지 않았었으나 백년 조금 전에 몇몇 학자들이 정기적으로 무엇을 주장했었는지 연구해 볼 수 있다. 베드로전서와 후서라고 부르는 편지들 사이에는 놀랄 정도로 많은 유사성이 있다.

그렇다면 성경의 각 책 혹은 동일 저자의 책들의 주제나 제목들이 어떤 식으로 구성되어야 하나? 이러한 국면에서, 성경적으로 가장 신실한 신약신학자도 조직신학의 전통적인 분류 순서들 중의 하나로 되돌아간다. 이와는 다른 방식으로 해야하는 합당한 이유가 없을 때 나도 종종 그렇게 한다. 하지만 그 전통으로 돌아가기 전에 나는 성경의 각 책, 혹은 저자 자신의 논리를 이해하려고 노력하는데, 특히 저자가 생각을 펼쳐나가는 순서를 따라가면서 그렇게 하며, 특히 이것은 각 권의 시작 부분에서 그러하다. 그러므로 독자들은 다양한 주제들이 어디서 등장하는지 알아내기 위해서, 좀 더 예측가능하게 구성된 책들의 내용 혹은 주제의 목차나 성구 색인을 계속적으로 살펴보는 것이 좋을 것이다. 한 예로 종말론(Eschatology)은 종종 그러할 지라도 주제들의 순서상 항상 마지막에 나오지는 않을 것이다.[33] 각 섹션의 초기 주제들은 각 책 혹은 책의 모음집(corpus)이 어떻게 시작하느냐에 따라 시종일관 다양하게 나올 것이다. 대개 나는 내가 제시한 주제들의 순서를 채택한 이유에 대해 명백한 문장을 포함하든지 아니면 적어도 함축적인 단서를 포함하고 있다. 만약 모든 설명들이 몇몇의 사례에는 없다면 독자는 내가 나만의 이유가 있다는 것으로 안심할 수 있을 것이다. 종종 그것은 바로 나에게 두 세 개의 주제들이 남아 있고, 이들이 내가 만약 조직신학 책을 저술하고 있다면 등장했을 순서에서 벗어날만한 어떤 합당한 이유도 생각해 내지 못했을 경우이다!

내가 더 많이 연구할수록 통합적 주제(integrating theme)로써의 성취

33 또한 종말론은 전통적으로 마지막에 등장해야 한다는 지배적 의견 대신에 이것을 그의 여덟 개의 섹션 중 세 번째로 배치한 Michael F. Bird (*Evangelical Theology: A Biblical and Systematic Introduction* [Grand Rapids: Zondervan, 2013], 233-339)을 참조하라.

(fulfillment)에 대한 초기의 생각이 나에게서 더욱 자라났다. 우리는 현재, 이십 세기 초중반의 성경연구를 너무나도 퇴색시킨 반유대주의로부터 충분히 멀찌감치 동떨어져 있어서 신약성경의 모든 책에 구약의 인용(quotations), 암시(allusions), 또는 반향(echoes)이 깊이 스며있다고 말해도 전혀 논쟁거리가 되지 않는다.[34] 하지만 이러한 것 이상으로 구약성경은 결말을 크게 열어 놓은 책들의 모음이다. 특히 누군가 후기 선지서들(영어 성경의 순서로는 이사야-말라기)에 이르면 선지자의 일은 모든 하나님의 약속들이 성취되는 장기적 미래를 소망하며 끝나는 경우가 훨씬 더 자주 있는데, 이것은 전에 자주 예언되었던 단기적 심판이 하나님의 백성과 세상에 대한 회복과 재창조로 전환된 이후 더욱 그러하다. 심지어 이것은 이사야 65:17-25에서 새 하늘과 새 땅을 망라하는데 까지 확장된다.

이와는 뚜렷하게 대조를 이루며, 모든 신약성경은 이러한 약속들이 성취되는 시대가 이미 도래했다고(보통은 제법 명백하게, 하지만 가끔은 함축적인 방법으로) 선언한다. 메시아가 오셨다. 이스라엘의 구원자가 나타나셨다. 그들의 영적인 포로 시대는 끝나게 된다. 이스라엘 백성들은 다시 예수를 따르는 자들이 되고 있다. 세상의 모든 사람들을 평등하게 끌어안는 새로운 시대기 시작되었다. 아직 구약의 마지막 예언 전부가 이뤄진 것은 아니지만 성취되지 않고 남아있는 모든 것이 완성되면서 절정을 맞이할 마지막 때는 이미 시작되었다. 사실 우리는 더 나아가 이러한 확신이(위와 같은 단어들로 혹은 다른 것으로 표현되는) 신약 27권의 모든 저자와 각 책들 전반에 걸쳐서, 저자와 그 글이 표현하고자 하는 것의 가슴 깊은 곳을 비추고 있다고 말할 수 있다. 나는, 신학적 중심 혹은 통합 주제에 대한 자기들의 제안과 함께 간 몇몇 학자들만큼 멀리 나아가서 나의 제안이, 즉 하나님의 말씀과 그의 약속들의 성

34 베르메스(Géza Vermes)가 쓴 책의 *Jesus the Jew*라는 제목은 상당한 동요를 불러 일으켰고 심지어 이것이 1973년 런던의 William Collins에서 처음 등장했을 때 이에 대한 내용이 *Time* 지의 기사로 실리기까지 했다. 신약 학계에서 반유대주의의 정점으로는 Susannah Heschel, *The Aryan Jesus: Christian Theologians and the Bible in Nazi Germany* (Princeton: Princeton University Press, 2010)을 보라.

취가 신약성경의 가장 중심적이고 통합적인 주제에 대한 유일하고 진정한 대답이라고 주장하고 싶지는 않다.[35] 내가 일찍이 나열했던 다른 많은 제안들도 역시 중심적인 것이라고 강하게 주장할 수 있다. 이것이 내 책의 제목을 바로 그 신약신학(*The Theology of the New Testament*)이 아니라 하나의 신약신학*A Theology of the New Testament*이라고 지은 중요한 이유 중 하나이다.

그럼에도 불구하고 나의 주장에 동조하는(sympathetic) 것으로 보이는 가장 큰(largest) 두 신약신학이 오랜 기간에 걸쳐 슈라이너(Tom Schreiner)와 빌(Greg Beale)에 의해 등장한 것은 흥미롭다.[36] 빌(Beale)은 새 창조라는 범주를 선호하면서도 가능하면 이것을 다른 누군가 전에 발견한 것보다는 좀 더 많은 구약과의 연결을 통해 지지한다.[37] 구약이 함축적이면서 명시적으로, 예표적이면서 예언적으로 약속한 것이 신약에서 거대한 규모로 성취된다. 하지만 슈라이너와 빌의 연구는 우선, 주제별로 구성되어 있어 학생들이 신약성경의 각 개별 단위(unit)의 지배적이고 고유한 주제들에 대해 배우는데 한계가 있다. 그래서 나의 연구는 비록 내가 슈라이너나 빌의 주요한 업적에 매우 감사해 하지만, 그들의 것을 단순히 모방하는 것과는 차원이 다르다. 또한 내가 그들의 주요 저서들과 같이 제법 광범위하게 저술하지 않음으로써 누군가들처럼 자신들의 두꺼운 책들에 대한 "요약본" 버전을 만들 필요도 없이 이 책이 실제로는 더 유익하게 사용되기를 바란다.[38]

나의 지도교수(*Doktorvater*)인 마샬(I. Howard Marshall)은 정경적 순서(canonical sequence)를 따라 모든 책들을 순서대로 따르며 살핀 상당한 분량

---

35 한 세대 이전까지 있었던 논의의 역사에 대한 유익한 연구를 위해서는 Gerhard Hasel, New Testament Theology: Basic Issues in the Current Debate (Grand Rapids: Eerdmans, 1978)를 보라.

36 Schreiner, *New Testament Theology*, 23; Beale, *New Testament Biblical Theology*, 16.

37 Beale, *New Testament Biblical Theology*, 16.

38 예를 들어 Thomas R. Schreiner, *Magnifying God in Christ: A Summary of New Testament Theology* (Grand Rapids: Baker, 2010); I. Howard Marshall, *A Concise New Testament Theology* (Downers Grove, Ill.: IVP, 2008).

의 신약신학을 저술하면서도 공관복음, 복음서와 사도행전, 바울서신, 그리고 요한 문헌들간의 통합을 시도하기도 했다. 마샬은 선교(mission)가 중심 주제라고 결론을 내렸는데[39] 이것은 마치 라이트(Christopher Wright)가 성경 전체를 *missio Dei*(하나님의 선교)를 가지고 보려고 했던 것과 같다.[40] 어떻게 내가 이들과 함께 논할 수 있겠는가? 나는 그렇게 하지 않는다. 단지 나는 선교를 새 시대 즉, 성취의 시대가 도래하면서 자연스럽게 그리고 필수적으로 생겨난 결과물이라고 본다. 그러므로 그 자체의 중요성처럼 선교는 근본적인 개념이기보다는 여전히 파생적인 것이다. 또한 나는 종종 다양한 시대 속에서, 혹은 구원사에서, 혹은 메시아적 시대에서, 혹은 마지막 날 등에서의 전환으로 성취의 주제에 대해 말한다. 구속사는 한 세대 혹은 그보다 좀 더 전에 혹평을 받았는데, 그것은 구속사 자체가 몇몇 범주 내에서 지속되고 있던 거의 후천년주의적 믿음과 비슷한 동의어가 되었을 때, 혹은 연약해 보이고 19세기 옛날의 사회적 복음의 자유주의로 후퇴하는 것 같이 보이는 사회발전주의(아니면 적어도 기독교 사회)에서, 혹은 그것이 성경 후 역사(postbiblical history)에서 하나님의 개입 혹은 감독(superintendence)에 초점을 맞추었을 때, 혹은 그것이 어떤 특정한 교단이나 신학적 전통의 변성과 밀접하게 연결되었을 때 그랬었다.[41] 내가 그 용어를 사용할 때 내 마음에 있는 것은 이러한 것들이 아니라 오히려 단순히 성경에서 강조되고 점진적으로 서술되며 그의 언약과 또한 그의 왕국과 약속의 성취가 도래하는 다양한 단계들과 밀접히 연결되어 있는 인류를 위한 하나님의 구원 활동의 역사이

39 Marshall, *New Testament Theology*, 34-37.

40 Christopher J. H. Wright, *The Mission of God: Unlocking the Bible's Grand Narrative* (Downers Grove, Ill.: IVP, 2006); Christopher J. H. Wright, *Salvation Belongs to Our God: Celebrating the Bible's Central Story* (Downers Grove, Ill.: IVP 2008; Carlisle: Langham Trust, 2013).

41 이러한 것들에 대한 기록과 다른 발전들, 그리고 비슷한 진단을 보려면 Robert W. Yarbrough, *The Salvation-Historical Fallacy? Reassessing the History of New Testament Theology* (Blandford Forum, UK: Deo, 2004)을 참조하라.

다.[42] 몇몇이 그렇게 하더라도 나는, 하나님이 오직 한 방법으로만 일하신다고 가정하면서 구원 역사를 계시적인 것과 상충시켜서 마치 하나님의 다른 두 종류의 감독-첫번째는 점진적이고 섭리적인 것, 그리고 두 번째는 갑작스럽고 초자연적인 것-으로 취급하지 않는다. 하나님이 인간 역사에 그분의 재림으로 종결될 그리스도의 오심과 함께 마지막 시기를 개시하셨다는 것은 그 시기가 어떻게 자연스럽게 혹은 특별하게 시작됐는지 아니면 어떻게 그 시기가 끝날지에 대해 그 어떤 것도 미리 결정하지 않는다. 다만 내가 구분할 수 있는 것은 신약 저자들이 매우 일관적으로 구속사적이면서 동시에 계시적이라는 사실이다.[43]

또한 나는 내가 미리 결정한 다른 가정들과 원리들에 대해서도 솔직해야만 한다. 나는 나의 서술을 역사적으로 기독교회의 모든 주요 진영에서 동의하고 있는 신약의 스물일곱 권으로 제한시켰다. 나는 정경의 형성에 대해 다른 곳에서 간략하게 다루었고[44] 다른 이들은 더 길게 다루기도 했지만 더 본질적인 변호는 4세기의 교회가 당시 이미 공통적으로 사용되고 있던 것을 인준한 것은 유익한 결정이었고, 정경으로 채택되었을지도 모를 다른 모음집들 보다 더 우월하다는 것이다.[45] 나는 정경적인 문서들의 내용 자체에 초

---

42 Geerhardus Vos, *Biblical Theology: Old and New Testaments* (Grand Rapids: Eerdmans, 1948); Herman N. Ridderbos, *Redemptive History and the New Testament Scriptures*, 2nd ed. (Phillipsburg, N.J.: P&R, 1988); Jeong Koo Jeon, *Biblical Theology: Covenants and the Kingdom of God in Redemptive History* (Eugene, Ore.: Wipf & Stock, 2017) 참조.

43 계시적 관점에 대하여는 특별히 Benjamin E. Reynolds and Loren T. Stuckenbruck, eds., *The Jewish Apocalyptic Tradition and the Shaping of New Testament Thought* (Minneapolis: Fortress, 2017)을 보라.

44 *Can We Still Believe the Bible? An Evangelical Engagement with Contemporary Questions* (Grand Rapids: Brazos, 2014), 43-82.

45 신약성경에 대하여는 Michael J. Kruger, *Canon Revisited: Establishing the Origins and Authority of the New Testament Books* (Wheaton, Ill.: Crossway, 2012); Bruce M. Metzger, *The Canon of the New Testament: Its Origin, Development and Significance* (Oxford: Oxford University Press, 1987) 그리고 F. F. Bruce, *The Canon of Scripture* (Downers Grove, Ill.: IVP, 1988)를 더 참조하라. 비록 브루스(Bruce)가 구약성경에 대해서도 간략히 다루지만 그의 책은 불균형적으로 신약성경에 대해 많이 다루고 있다. 지식적이

점을 두었고 추정되는 전통 역사(tradition histories)나 저술 배경의 단계에 대해서는 극히 일부만 다루었다. 나는 저자들이 그것을 이야기하는 단계에 어떻게 이르게 되었는지 보다는 그들이 무엇을 이야기하는지에 대해 훨씬 더 많은 관심이 있다. 또한 이 책의 주요한 목표가 다양한 저자들 사이에 얼마나 많은 통일성 혹은 다양성이 있는지 결정하는 것이 아니며 나는 이것을 독자들의 판단에 맡긴다. 한 사람의 강조점의 차이는 다른 사람에게는 상충되는 부분인데 이 대부분은 혹자가 의심의 해석학으로 시작했느냐 아니면 동의로 시작했느냐에 달려있다.[46] 나는 나의 저술이 광범위하지 않도록 노력했으나 충분한 각주를 포함하여 관심 있는 독자들이 거의 모든 국면에서 좀 더 자세하고 포괄적인 접근들을 참조할 수 있게 하였다. 나는 이 책이 충분히 짧아서 대학교나 신학교의 한 학기짜리 신약신학 수업에서 사용될 수 있기를 바란다. 또한 각주의 부연설명들은 그 형식이 맘에 들든지 그렇지 않든지 상관없이 동료 학자들에게 도움이 될 것이라 믿는다. 우선적으로 나는 독자들이 성경의 내용과 친숙하도록 돕는 것에 관심이 있기 때문에 역사적 배경과 영향에 대한 것이라든지 아니면 신약성경의 관점을 오늘날 고를 수 있는 다른 종교들과 비교 혹은 대조하는 것에는 주안점을 누지 않았다. 그렇게 했다면 이 책은 훨씬 더 두꺼워지고 아마 훨씬 덜 광범위하게 사용되었을 것이다.

바울의 열 세 편지 중 열 개를 함께 묶어 구성함으로써 나는 그 편지들이 공통적으로 바울이 실제 쓴 것으로 받아들인다. 이것은 어떤 가정이 전혀 아니라 수 십 년에 걸친 연구의 결과이며, 이것은 데살로니가후서, 골로새서, 그리고 에베소서를 두 번째 바울서신이라는 어떤 구별된 그룹으로 취

고 계시적인 복음서들에 대한 생생한 질문을 다룬 책으로는 특히 C. E. Hill, *Who Chose the Gospels? Probing the Great Gospel Conspiracy* (Oxford: Oxford University Press, 2010)을 보라.

46 특히 Peter Stuhlmacher, *Historical Criticism and Theological Interpretation of Scripture: Toward a Hermeneutics of Consent* (Philadelphia: Fortress, 1977) 안의 논의를 보라.

급하는 것을 설득적이지 않게 했다. 반대로 바울에 대한 나의 주요한 신학적 결론은 어쨌든 논란 가능성이 없는 그의 일곱 서신서들로부터 오기 때문에 그 나머지 세 서신서들이 다르게 취급되었더라도 그렇게 큰 변화는 없었을 것이다. 이 같은 이유로 또한 목회서신을 바울 부분에 포함시키지 않은 것에 대해 나는 염려하지 않는데, 만약 그렇게 했다면 누가복음-사도행전에 대한 설명 직후, 불필요하게 자료를 중복시켜야만 했을 것이다. 요한문헌이 만약 두 세 명의 구별된 저자가 쓴 것으로 드러났더라도 이 책의 내용은 거의 달라지지 않았을 것인데 이것은 내가 이미 복음서, 세 서신서, 그리고 묵시문헌을 적어도 요한문헌 전체를 특징짓는 주제 제목 내에서 개별적으로 다루었기 때문이다. 누가복음과 사도행전도 누가복음-사도행전을 다루는 곳에서 이렇게 똑같이 했는데 다만 이 부분은 사도행전 하나, 누가복음 하나, 이렇게 개별 항목 하에 각각의 주제로 시작하지는 않았다. 베드로전서와 후서의 저자가 다르더라도 나의 신학적 요약은 전혀 변하지 않을 것인데 왜냐하면 내가 그 둘을 같은 종합적인 장 안에서 전적으로 구별하여 다루었기 때문이다. 야고보서와 유다서를 살펴볼 때에도 이들이 공동 저작권을 가질 수도 있다는 것을 전혀 제안하지 않으면서도, 정확히 똑같은 것을 시도하였다.

나는 다른 출판물에서 신약성경의 저자들에 대한 전통적인 취급이 왜 합리적인지 설명했다(저자에 대해 일치하는 전통이 없는 히브리서를 제외하고).[47] 하지만 그러한 취급이 정확한지 여부가 신약 책들에 대한 나의 신학적 설명과는 거의 상관이 없기 때문에 이러한 논쟁에 대해 나는 거의 시간을 쓰지 않으며, 편리성만을 위해서라도 각 권의 저자들에 대해 얘기할 때 전통적 명명을 사용한다. 요한문헌과 같이 다수의 저자에 의해 쓰였을 수도 있는 전집(corpus)의 경우에도(만약 전통적 견해가 틀렸다면), 다시 말하지만 복음서, 서신서, 묵시문헌 각각의 신학에 대한 나의 설명은 거의 달라지지 않았을 것이다. 너무

47 특히 Peter Stuhlmacher, *Historical Criticism and Theological Interpretation of Scripture: Toward a Hermeneutics of Consent* (Philadelphia: Fortress, 1977) 안의 논의를 보라.

나 종종 나는 다수의, 무명의, 혹은 가명의 저자에 대한 가정들이 너무 쉽게 한 학자로 하여금 책들 간에 논쟁이 되는 차이점들을 부풀리게 하고, 그 책들이 실제로는 얼마나 많은 공통점을 갖고 있는지 보지 못하게 하는 것이 무섭다. 물론 이 반대의 경우도 가능한데 공동 저작권(common authorship)에 대한 가정들이 두 개 혹은 그 이상의 책에서 동일한 주제들을 가진다고 하는 다소 과장된 인식으로 인도할 수도 있다. 그러나 이 두 번째 위험성은 지난 한 두 세기의 학계를 첫 번째 것이 그랬던 것처럼 자주 오염시킨 것 같지는 않다.

나는 외국 언어로 쓰인 자료에 대해 아주 드물게만 언급했는데 그것이 중요하지 않아서가 아니라, 다시 말하지만 책을 마쳤을 때 그 범위와 크기를 제한하기 위해서였다. 영어권의 성경 학계는 불과 한 세대 전까지만 해도 머물고 있던 독일 학계의 엄지 손가락 아래서 성숙되어 나왔기 때문에, 오늘날 영어로 연구될 수 없는 주요한 국제적인 다른 견해는 거의 없다. 하지만 여전히 몇몇은 존재하기 때문에, 그 결과 나의 책은 제한적이다. 내가 따로 명시하지 않는다면 나의 성경 번역본은 자동적으로 2011년 판 New International Version이다. 내가 지난 십 년 동안 이 성경의 번역 위원회에 있었으므로 이 번역이 얼마나 "최적으로 대응하는" 번역인지 감사하게 되었는데, 이 번역의 결과가 전반적으로 직역에 비하면 정확성을, 의역에 비하면 명료성을 떨어뜨릴 수 있음을 인식하면서도 정확성과 명료성 간에 가능한 한 최고의 균형을 목표로 삼았기 때문이다.[48] 그러나 의도적으로 정확성 혹은 명료성 중 하나를 우선시한다면 나머지 다른 요소는 항상 소외되고 만다.[49]

---

48 더 나아가 Blomberg, *Can We Still Believe the Bible?* 93-118와 144-48에 인용된 문헌들을 보라.

49 Douglas J. Moo, "The New International Version (NIV)," in *Which Bible Translation Should I Use? A Comparison of 4 Major Recent Versions*, ed. Andreas J. Köstenberger and David Croteau (Nashville: B&H, 2012), 78-116. 또한 Bill Mounce, *What I Have Learned about Greek and Translation since Joining the CBT* (Grand Rapids: Zondervan, 2017)도

신약신학에 대한 최근 동향의 역사를 찾고 있다면 다른 곳을 보아야 하는데 유익한 연구들이 이미 존재하기 때문이다.[50] 더욱 새로운 사회적 newer sociological), 문예적, 제국 비평적empire-critical), 식민 독립 후의 postcolonial), 그리고 해방주의자적 훈련liberationist disciplines의 방법들의 당위성을 무척이나 인식하고 있지만 이 책에서 이러한 분야에 깊이 파고들지 않았는데, 책의 분량이 네 배가 되면 안 되었기 때문이다. 모든 전환마다 설교적 혹은 적용적인 통찰을 원하는 사람들에게는 또 다른 실망감이 찾아 올 것이다. 21세기에 걸맞은 적용에 대한 간단한 언급이 책 전반에 걸쳐 가끔씩 등장한다. 그러나 책 전체의 주제에 대한 주요한 결론의 현대적 중요성에 관한 내 생각 대부분은 마무리하는 장concluding chapter)에 나온다. 우선 우리는 각 저자들이 그들의 용어와 원래적인 상황에서 쓴 것에 귀를 기울여야 한다. 그러므로 이제 우리 연구의 몸통으로 시선을 돌려 신약성경의 각 권과 가장 초기의 기독교에 대해 탐구하여, 신약 전체 그리고 각 저자들의 "지배적이며 독특한" 메시지를 밝힘으로써 내가 생각하는 신약신학의 핵심이라고 할 수 있는 바로 그것을 얻을 때가 왔다.[51]

참조하라.

50 예를 들어 Balla, *Challenges to New Testament Theology*, 5-47과 Ladd, *Theology of the New Testament*, 1-28에 있는 Ladd and Hagner, "Introduction"을 보라.

51 이것이 내가 1986년에 덴버 신학교의 교수로 합류했을 때 Donald W. Burdick, Kermit A. Ecklebarger, 그리고 William W. Klein로 구성된 신약 분과가 사용했던 바로 그 접근법이었다. 내가 지난 수년간 신약신학을 가르치며 어떤 수정과 보완을 했더라도 신약신학을 위해 이것보다 더 사리에 맞고 중요한 근본적 작업을 찾지는 못했다.

1

예수

많은 신약신학 저서들이 예수에 대한 신학에 따로 한 장을 할애하지 않는다. 아마도 역사적 예수에 대한 물음에 대해 고찰하는 것과, 오로지 마태, 마가, 누가, 그리고 요한복음에서 역사적으로 가장 안전한 부분에만 의존하여 예수에 대해 논술하는 것이 너무 복잡하다고 생각해서, 어떤 책들은 단순히 사복음서 각각의 신학을 보여주는 것을 더 선호하기도 한다.[1] 이전 세대에는 몇몇이 단순히 신약성경에 나오는 예수에 관한 모든 것을 무비평적으로 다뤘었는데 이 모든 것이 그로부터 직접적으로 나온다고 가정했기 때문이다; 심지어 그 중 몇몇은 복음서 저자들 각각의 신학에 대한 개별적 논

---

1 예를 들어 마테라(Frank J. Matera, *New Testament Theology: Exploring Diversity and Unity* [Louisville: Westminster John Knox, 2007])는 사복음서 각각에 대한 장이 있지만(누가복음과 사도행전을 같이 다룬 장을 포함하여) 그 어느 장도 그들 중 둘 혹은 그 이상의 것들을 통합하는 것이 아니며 예수에 대해 따로 다루는 장도 없다. 마샬(I. Howard Marshall, *New Testament Theology: Many Witnesses, One Gospel* [Downers Grove, Ill.: IVP, 2004])도 똑같이 그렇게 하지만 누가복음과 사도행전을 다른 장으로 분리시킨다. 그리고 나서 그는 공관복음과 사도행전의 신학에 대해 한 장을 추가하지만(184-206), 이것은 사복음서 내에서의 예수에 대해 저술하는 것과는 같은 것이 아니다. 틸만(Frank Thielman, *Theology of the New Testament: A Canonical and Synthetic Approach* [Grand Rapids: Zondervan, 2005], 181-216)에 사복음서의 공통점에 대해 언급하는 한 장이 있으나 재차 말하지만 이것은 예수에 대한 신학과 동일한 것이 아니다.

의들을 배제하기도 하였다.[2] 흥미로운 것은 실제로 역사적 예수에 대해 진지하게 취급했던 것은 종종 더 진보적인 독일의 연구들이었으나 그들이 확실하거나 정확하다고 여겼던 "자료들(databases)"은 대개 너무 제한적이었다.[3] 고전적인 예는 불트만(Rudolf Bultmann)이 두 권으로 된 그의 저술에서 그가 "신약신학의 가정과 동기들(presuppositions and motifs of NT theology)"이라 부르는 것의 일부로써 예수에 대해 단지 삼십 쪽만을 할애한 것이다.[4]

우리는 이번 장에서 복음서의 가장 오래된 자료들인 마가복음이나 큐(Q)에 드러나는 것들을 주로 다룰 것이다. 마가복음의 내용 거의 대부분이 마태복음이나 누가복음, 혹은 둘 모두에 나타난다. 다른 말로 하면, 주어진 전통에 대해 하나 이상의 자료를 요구하는 자들의 눈에 의심이 갈 정도로 마가복음에만 유일한 것은 거의 없다.[5] 첫 세 복음서간의 가장 개연성 있는 문학적 관계는 마가복음 우선설(Markan priority)과 Q 가정설(Q hypothesis, 마태와 누가에 공통적으로 있지만 마가에는 없는 예수 어록의 존재)을 포함하나 Q를 구별된 혹은 심지어 상충하는 층(conflicting layers)으로 분리해 놓는 시도들은 아직 설

2 예를 들어 래드(George E. Ladd, *A Theology of the New Testament* [Grand Rapids: Eerdmans, 1974])에는 주제상 하위 항목으로 세분된 공관복음에 대한 하나의 항목만이 있었는데 이것이 사실상 그의 예수에 대한 신학이었다. 개정판(ed. Donald A. Hagner [Grand Rapids: Eerdmans, 1993], 212-45)에 프랑스(R. T. France)가 저술한 마태, 마가, 누가 각각의 신학에 대한 장이 추가되었으나 이 외로 공관복음을 다루는 구조는 변하지 않고 그대로였다.

3 Georg Strecker, *Theology of the New Testament* (New York: de Gruyter; Louisville: Westminster John Knox, 2000), 217-62의 사례에서 분명하게 볼 수 있듯이 말이다. 우리가 되찾을 수 있는 것에 대해 이보다 훨씬 더 낙관적인 것은 Udo Schnelle, *Theology of the New Testament* (Grand Rapids: Baker, 2009), 61-162이다.

4 Rudolf Bultmann, *Theology of the New Testament* (New York: Charles Scribner's Sons, 1951; London: SCM, 1958; 재출판, Waco, Tex.: Baylor University Press, 2007), 1:3-32.

5 우리는 마가복음과 마태복음, 마가복음과 누가복음, 그리고 심지어는 마가, 마태, 누가복음의 삼중 전통이 종종 단 하나의 독립된 증언을 대표할 수도 있음을 인식한다. 그러므로 보통은 오직 마가와 Q만이 진실로 독립된 이중적 증언을 제공한다. 예수 전통에 대한 다양한 부분들의 확실성에 대해 방법론적으로 가장 적절한 연구는 Darrell L. Bock and Robert L. Webb, eds., *Key Events in the Life of the Historical Jesus: A Collaborative Exploration of Context and Coherence* (Tübingen: Mohr Siebeck, 2009; Grand Rapids: Eerdmans, 2010)와 Craig S. Keener, *The Historical Jesus of the Gospels* (Grand Rapids: Eerdmans, 2009)을 보라.

득력을 얻지 못하고 있다.[6] 예수 당대와 그 이전의 허다한 사람들은 현인과 예언자의 속성을 받아들였고[7] 그래서 Q를-예수를 침묵하는 현인으로 묘사하며 그를 묵시적 예언자로 만드는 구절들로-분리시키는 가장 흔한 방법들은 매우 빈약하다.[8] 우리는 또한 Q의 일부 혹은 모든 부분이 하나의 문헌 자료가 아닌 하나 혹은 그 이상의 구전 자료였을 수도 있다는 사실을 주지해야 한다.[9] 게다가 많은 이들이 우리로 하여금 믿게 했을 만큼 마가와 Q가 신학적으로 그렇게 다르지 않다는 사실은 흥미롭다.[10] 더 큰 차이는 마태나 누가에 고유한 자료들에, 특히 요한 문헌만의 특유한 신학에 있다. 물론 혹자는 특정 주제들이 반복되는 것이나 이것이 더 작은 규모로 하나 혹은 그 이상의 다른 복음서에서 등장할지라도 그 주제들을 전략적으로 다르게 배치하는 것을 보는 것만으로도 마가만의 독자적인 강조점들을 알아 볼 수 있을 것이다.

그러므로 우리는 합리적인 연구의 실재적인 예로써 신빙성 있게 그 확실성을 주장하지 않는다면, 마가와 Q에 등장한다는 이유 하나만으로 예수

---

6 특히 Robert H. Stein, *Studying the Synoptic Gospels: Origin and Interpretation*, 2nd ed. (Grand Rapids: Baker, 2001), 49-152을 보라. 또한 *Rethinking the Synoptic Problem*, ed. David A. Black and David Beck (Grand Rapids: Baker, 2001), 17-40에 나오는 Craig L. Blomberg, "The Synoptic Problem: Where We Stand at the Start of a New Century"도 참조하라.

7 Keener, *Historical Jesus of the Gospels*, 239. 키너(Keener)는 이러한 양자택일의 분리를 야기한 것은 고대의 실재들(ancient realities)이 아니라 현대의 분류임을 주목한다.

8 이러한 견해들에 대한 최근에 나온 유익한 개관으로는 Benedict Viviano, *What Are They Saying about Q?* (New York: Paulist, 2013)을 보라. 전반적으로 Q에 대한 가장 강력한 반박은 Mark Goodacre and Norman Perrin, eds., *Questioning Q: A Multidimensional Critique* (Downers Grove, Ill.: IVP, 2004)에 나온다. 이 책의 가장 두드러진 점들은 가정 자체에 대한 개연성이 아니라 단순히 Q의 존재에 대해 더해지는 가정들의 모든 층들에 대해 일관되게 언급한다는 것이다.

9 각별히 James D. G. Dunn, *The Oral Gospel Tradition* (Grand Rapids: Eerdmans, 2013)에서도 특히 80-108을 보라.

10 Rainer Riesner, "From the Messianic Teacher to the Gospels of Jesus Christ," in *Handbook for the Study of the Historical Jesus*, ed. Tom Holmén and Stanley E. Porter, 4 vols.(Leiden: Brill, 2011), 1:408. 특히 Edward P. Meadors, *Jesus the Messianic Herald of Salvation* Tübingen: J. C. B. Mohr, 1995; Peabody, Mass.: Hendrickson, 1997)을 참조하라.

의 것이라고 여기는 그 가르침이나 행동을 다루지는 않는다. 우리가 논하는 예수의 모든 말이나 행동에 대해 이렇게 했던 모든 연구들을 언급하는 것은 지면 관계상 불가능하지만, 적어도 우리가 다루는 그의 사역의 각 주요 항목과 하위 분야들의 해설들은, 관심 있는 독자들을 예수의 가르침과 활동의 확실성에 대한 좀 더 구체적인 의논들로 인도할 것이다. 소수의 경우에 우리는 마태 혹은 누가에만 고유한 자료를 첨가할 것이지만, 재차 언급하자면 그것의 역사적 신뢰성(historical reliability)을 지지하는 상당히 중요한 증거들이 있을 경우에만 한해서이다. 보통 이 증거들은 형태와 내용면에서 복합적으로 증언된(multiply attested) 자료와 근접한 일관성(coherence)을 지니는데, 잠재적으로 초기 기독교인들을 부끄럽게게 하거나 혹은 예수와 그를 따르는 제자들의 시대와 충분히 불일치하기 때문에 이것들은 예수 자신이 아닌 다른 누군가에 의해 개발되지는 않았을 것이다.[11]

역사적 예수(Historical Jesus)에 대한 연구는 요한복음을 무시하고 전적으로 공관복음에만 치중하는 경향이 있다. 1950년대 후반 로빈슨(John Robinson)이 요한복음에 대해 "새로운 광경"이라고 별명을 붙인 것은 더 이상 새로운 것이 아니지만, 비록 요한복음에서 예수가 말하고 행한 것에 대해 오직 역사적 근거들에만 의존한 매우 신빙성 있는 사례들이 나오고 있지만, 대부분의 학계는 이 네 번째 복음서를 여전히 무시하고 있다.[12] 성경 문

---

11 확실성을 가리기 위해 보편적으로 차용되는 기준들을 제시한 것으로는 James H. Charlesworth, "The Historical Jesus: How to Ask Questions and Remain Inquisitive," in Holmén and Porter, *Handbook for the Study of the Historical Jesus*, 1:102-4을 보라. 찰스워스(Charlesworth)는 불일치성(dissimilarity), 곤혹성(embarrassment), 다중 증언(multiple attestation), 그리고 일관성(coherence)에 대해 다루고 나서 열 두 개의 "가능성 있는(possible)" 예수의 삶과 가르침에 대한 국면들과 쉰 다섯 개의 "상대적으로 확실한(relatively certain)" 것들을 항목화한다(114-23). 그는 예수 연구 학계의 많은 지도자들이 이러한 쟁점들에 대해 동의하고 있는 것에 감동을 받으며 마무리한다(125쪽). 그 기준을 좀 더 다듬은 중요한 연구로는 Gerd Theissen and Dagmar Winter, *The Quest for the Plausible Jesus: The Question of Criteria* (Louisville: Westminster John Knox, 2002)을 보라. 그 전통들이 온전히 개연성 있기 위해서는 이전부터 지속된 유대주의와 뒤따라 나오는 기독교 사이 적당한 분량의 연속성이 이 두 동향에 대한 차이점들과 함께 연계되어야 한다.

12 John A. T. Robinson, "The New Look on the Fourth Gospel," *Texte und*

헌 연구 학회(The Society of Biblical Literature)의 요한, 예수, 그리고 역사 세미나가 이런 사항들을 확인하고 있는 근례의 중요한 행보이다.[13] 게다가 이 연구의 상당 부분 선두에 서 있는 앤더슨(Paul Anderson)은 역사적으로 확실성이 있을만한 요한복음의 자료를, 학자들이 역사적 예수를 재건하는 중에 공관복음에서 나오는 자료들과 견줄 수 있는 "역사적 예수에 대한 네 번째 탐색"으로써 반복적으로 호소한다.[14] 그러므로 우리는 예수의 신학을 다룰 때 네 번째 복음서에서 일반적으로 가장 진위성 있는 것이라고 여겨지는 항목들에 대한 짧은 목록도 포함시킬 것이다. 내가 요한복음에 대해 한권 분량으로 쓴 책에서 그러한 항목들에 대한 좀 더 긴 목록을 주장하였지만, 여기서는 역사성에 대하여 좀 더 광범위한 지지를 받고 있는 항목들로만 나 자신을 제한시킨다.[15]

예수에 대한 이 장(chapter)에서 네 번째 복음서의 몇 가지 요소들을 포함하지 않았는데, 그것들이 비진위적(inauthentic)이라고 생각했기 때문이 아님을 확실하게 밝혀두고 싶다. 이것은 단지 내가 포함한 것에 비해서 그것들의 신빙성을 입증할 유력한 사례가 역사적 근거만으로는 찾아 볼 수 없다는 의미이다. 학자들은 "역사적 예수"를 수 많은 다른 것들을 의미하는 것으로 사용해 왔다. 하지만 가장 일반적으로 이것은, 주요하나 국한적이지는 않은 신약의 복음서와 같은 고대 자료들, 즉 고대의 문서와 인물에 대해 연구할 때 사용되는 진위성의 표준적 기준에 따라, 역사적으로 신빙성이 있을 큰 가능성을 지닌 자료들에 기록된, 나사렛 예수의 삶의 구체적 사항들에서 나

Untersuchungen 73 (1959): 338-50.

13 Paul N. Anderson, Felix Just, and Tom Thatcher, eds., *John, Jesus, and History*, 3 vols. (Atlanta: SBL, 2007-2016).

14 Paul N. Anderson, *The Riddles of the Fourth Gospel: An Introduction to John* (Minneapolis: Fortress, 2011), 195-219에서 이러한 윤곽을 약술하고 있다. 또한 James H. Charlesworth, "The Historical Jesus in the Fourth Gospel: A Paradigm Shift?" *Journal for the Study of the Historical Jesus* 8 (2010): 3-46도 참조하라.

15 Craig L. Blomberg, *The Historical Reliability of John's Gospel* (Downers Grove, Ill.: IVP, 2001).

타나는 예수에 대한 모습을 가리킨다.[16] 최근 수년 간 자주 강조되어 온 것처럼, 이것은 항상 그가 사람들에게 기억되었던 것과 같은 예수에 대한 모습일 것이며 그의 삶에 대한 총체적이고 공정한 연대기는 아닐 것이지만, 우리 모두는 일상적으로 사람들이 행동했고 말했던 것을 재건할 수 있을 정도로 충분히 정확한 기억들과 유용하지 않을 만큼 왜곡된 기억들 간의 차이점을 이해하고 있다.[17] 다른 곳에서 이 자료에 대해 일반적으로 신뢰할 만한 특성에 대해 반복적으로 주장해 왔기 때문에 그것을 여기서 반복하지는 않을 것이다.[18] 역사적 예수는 진정한 예수의 부분집합일 것이지만 이것이 그를 심각하게 왜곡하는 것이어서는 안 된다.

시작점: 성취

"이르시되 때가 찼고 하나님의 나라가 가까이 왔으니 회개하고 복음을 믿으라 하시더라"(막 1:15). 예수께서 갈릴리 지역에서의 공적 사역 초기에 이 공언을 하실 때 마다 그 분위기는 열광적이었을 것이다. 이것이 마가복음에 기록된 예수의 첫 번째 말이며 이것은 그의 모든 가르침의 표제

---

16 특히 John P. Meier, *A Marginal Jew: Rethinking the Historical Jesus, vol. 1, The Roots of the Problem and the Person* (New York: Doubleday, 1991), 21-40을 보라. 표준적 기준의 강점과 약점 그리고 추가적 기준에 대한 제안을 담은 저술은 Stanley E. Porter, *The Criteria for Authenticity in Historical-Jesus Research: Previous Discussion and New Proposals* (Sheffield: Sheffield Academic Press, 2000)을 보라.

17 특히 James D. G. Dunn, *Jesus Remembered* (Grand Rapids: Eerdmans, 2003)을 보라. 또한 Anthony Le Donne, *The Historiographical Jesus: Memory, Typology, and the Son of David* (Waco, Tex.: Baylor University Press, 2009)와 Rafael Rodriguez, *Structuring Early Christian Memory: Jesus in Tradition, Performance and Text* (London: T&T Clark, 2010)도 참조하라.

18 특히 Craig L. Blomberg, *The Historical Reliability of the Gospels*, 2nd ed. (Nottingham: IVP, 2007)을 보라. 또한 Paul R. Eddy and Gregory A. Boyd, *The Jesus Legend: A Case for the Historical Reliability of the Synoptic Jesus Tradition* (Grand Rapids: Baker, 2007)도 참조하라.

(headline)의 역할을 한다. 시간에 해당하는 말은 종종 신약에서 특별히 지정되었으며, 하나님이 인류를 대할 때 중요한 순간을 일컫는 용어인 카이로스이다. "그리스도인 누구에게든 결정적으로 새롭고 구조적인 시간에 대한 요소는, 다른 모든 시간이 의미를 갖게 되는 특별한 카이로스가, 예수의 오심과 함께 도래했다는 확신이다."[19] '페프레로타이'(*peplērōtai*)를 좀 더 직역하면 "왔으니(has come)"보다는 "성취되었으니(has been fulfilled)"가 될 것이다. 이 순간, 구원사의 새로운 시대가 시작된 것이다. 예수의 아람어를 마가가 번역한 것에 따르면 완료시제로 쓰인 '엔기조'(*engizō*)는 사건들의 새로운 단계가 도착했음을 가리킨다.[20] 그의 왕적 통치 영역인 "하나님의 나라"가 도래했다.

의문이 드는 하나님은 이스라엘의 하나님, 족장들-아브라함, 이삭, 그리고 야곱의 하나님이다. 때때로 장차 올 시기에 숭앙받는 개인이나 권세를 허락하기도 했던 그런 변화가 많은 유일신 사상이었지만, 제 이 성전 시기의 유대교의 믿음은 시종일관 유일신 신앙이었다.[21] 그러나 아무도 피조물과 창조주의 확고한 경계를 넘은 적이 없었다.[22] 좀 더 일반적으로 유대교에서 예수가 가진 하나님에 대한 개념은 거룩과 사랑이라는 두 개의 넓은 범위 아래로 요약될 수 있다.[23] 그는 자비와 긍휼이 풍성하지만 또한 반드시

---

19 Moisés Silva, *New International Dictionary of New Testament Theology and Exegesis*, rev. ed., 5 vols. (Grand Rapids: Zondervan, 2014), 2:590.

20 Stanley E. Porter, *Verbal Aspect in the Greek of the New Testament, with Reference to Tense and Mood* (New York: Peter Lang, 1989), 251-59. 특히 George R. Beasley-Murray, Jesus and the Kingdom of God (Grand Rapids: Eerdmans, 1986), 71-75를 참조하라.

21 특히 Larry W. Hurtado, *One God, One Lord: Ancient Jewish Monotheism and Early Christian Devotion*, 3rd ed. (London: Bloomsbury T&T Clark, 2015)를 보라. 또한 그의 *How on Earth Did Jesus Become a God? Historical Questions about Earliest Devotion to Jesus* (Grand Rapids: Eerdmans, 2005)도 참조하라.

22 특히 Richard Bauckham, *Jesus and the God of Israel: God Crucified and Other Studies on the New Testament's Christology of Divine Identity* (Grand Rapids: Eerdmans, 2008)을 보라.

23 Scot McKnight, *A New Vision for Israel: The Teachings of Jesus in National Context* (Grand Rapids: Eerdmans, 1999), 22-49.

죄를 벌하셔야 하는데, 왜냐하면 거룩하지 않은 것은 어떤 것도 그 앞에 설 수 없기 때문이다. 아마도 하나님에 대한 예수의 가르침에 나오는 그 어떤 요소와도 버금갈 정도로 구별되며 특징적인 것은, 그가 하늘에 계신 아버지를 애정 어리게 아바(*Abba*)라고 부른 것(막 14:36)에 있는데 이것은 완전히는 아니나 "아빠(Daddy)"의 방향으로 기울어진 것이다.[24] 비록 네 복음서에서 오직 이 한 번의 경우에만 헬라어 음역으로 보존되었지만, 추정컨대 이것은 다른 곳에서 특히 직접 언급을 위해 호격(vocative, '파테르'[*pater*])으로 쓰인 '파테르'(*patēr*)의 근간일 것이다. 그러나 하나님은 친밀하시면서도 초월적이시므로 그의 이름은 또한 거룩하게 취급되어야 한다(특히 둘 다의 쟁점에 대하여는 Q 11:2의 "주기도문" 시작 부분을 보라[25]).

하나님의 거룩함(holiness) 때문에 예수가 그의 나라의 도래를 알리기 시작할 때, 그는 그의 청중이 그들의 죄로부터 돌아서기를 요구한다. 히브리 성경의 회개는 "언제나 관점 뿐만 아니라 행실을 바꾸는 것을 의미하며 이것은 단순히 도덕적 개선만이 아닌 하나님과의 관계를 항상 염두에 두는 행실의 변화를 말한다."[26] 청중들도 역시 좋은 소식(복음, the gospel)이라고 표현되는 메시지를 믿어야 한다. 시저(Augustus Caesar)는 그의 통치가 복음이라고 불릴 수 있을 만큼의 충분한 평화와 번영을 가져왔다고 생각했지만, 예수의 생각에는 이사야 52:7("좋은 소식을 전하며 평화를 공포하며 복된 좋은 소식을 가져오며 구원을 공포하며 시온을 향하여 이르기를 네 하나님이 통치하신다 하는 자의 산을 넘는 발이 어찌 그리 아름다운가")과 같은 구약의 언급들이 먼저 자리했을 것이다.[27]

무엇이 이런 소식들을 그렇게 좋은 복음으로 만들었나? 하나님은 영원

---

24 McKnight, *New Vision for Israel*, 49-65.

25 나는 Q 어록을 인용할 때 기호 *Q*를 넣고 이후에 장과 절을 누가에 나오는 형식으로 제공하는 학술적 관행을 따를 것이다.

26 Leonhard Goppelt, *Theology of the New Testament*, vol. 1, *The Ministry of Jesus in Its Theological Significance* (Grand Rapids: Eerdmans, 1981).

27 Michael F. Bird, *The Gospel of the Lord: How the Early Church Wrote the Story of Jesus* (Grand Rapids: Eerdmans, 2014), 5-13, 특히 10-11쪽.

전 과거 이래로 그의 하늘 보좌에 계셨지 않은가? 이스라엘의 곤경은 유배의 문제로 요약될 수 있다는 관점을 대중화시킨 라이트(N. T. Wright)가 이것을 설명한다.[28] 많은 유대인들이 그 땅에 살았으나 여전히 다수는 이스라엘 밖에 분산되어 있었다. 그 땅 안에 머물던 모든 자들도 하나님이 그들에게 약속했던 독립된 나라로써의 평화와 번영을 맛보지 못하고 있음을 알고 있었다. 라이트는 무엇이 잘못되었고 그 상황이 어떻게 시정될 수 있는지에 대한 물음과 답을 향한 모든 유대의 접근들에 대한 도움이 되는 분류를 제공한다.[29] 그리고 이 모든 것들과 반하여 라이트에게 있어서 예수의 메시지는 본질적으로, 한 명의 로마 군인도 자기 지위를 떠나지 않은 상황에서도 맞는 유배 생활의 종말에 대한 선언으로 요약될 수 있다![30] 이와 상당부분 비슷하게 탄(Kim Huat Tan)은 예수를, 비록 그 나라의 정부에 제도적 혹은 구조적 변화가 일어나지 않고 있음에도 불구하고 시온이 그의 사역 중에 회복되고 있음을 선언하는 분으로 본다.[31] 이러한 접근은 점점 더 "회복의 종말론(restoration eschatology)"이라고 불리고 있다. 혹자는 이것이 예수의 가르침 전반을 분류하는 가장 좋은 방법이라는 것에 대해 논쟁할 수도 있겠으나 "유배의 종료(end of exile)"라는 주제는 예수가 이스라엘이라는 무대에 갑자기 등장하여 개시한 그의 공언을 달리 묘사할 수 있는 하나의 유익한 방법이다.[32]

---

28 N. T. Wright, *The New Testament and the People of God* (Minneapolis: Fortress, 1991), 167-81, 268-72.

29 Wright, *New Testament and the People of God*, 181-214.

30 N. T. Wright, *Jesus and the Victory of God* (London: SPCK; Minneapolis: Fortress, 1996), 126-29.

31 Kim Huat Tan, *The Zion Tradition and the Aims of Jesus* (Cambridge: Cambridge University Press, 1997), 특히 138-43.

32 Carey C. Newman, ed., *Jesus and the Restoration of Israel: A Critical Assessment of N. T. Wright's* Jesus and the Victory of God (Downers Grove, Ill.: IVP, 1999)에 나오는 탁월하면서도 광범위한 논평들을 보라.

예수의 선구자: 세례 요한

예수 이야기의 예고편은 비록 네 복음서들이 예수 자신을 제외한 다른 인물들보다는 그 자신에 대해 더욱 이야기함에도 불구하고, 종종 충분히 보도되지 않은 한 개인의 사역에 근접해 있다. 심지어 예수 세미나도 요한이 회개를 전하고 세례를 주었다는 것에 동의했다.[33] 복음의 좋은 소식의 전령(herald)은 유명한 선구자(forerunner)를 가지고 있었다. 우리는 요한으로 시작할 수도 있었지만 이 장이 예수 신학을 다루기 때문에 우리는 회상(flashback)을 통해 예수의 고유한 사역에 바탕이 되는 것만 조명해 보려고 한다. 세례자 요한은 이미 이스라엘에 파동을 일으키고 있었다. 그 나라 전체 국민에게 그들의 죄를 회개하며 하나님의 용서를 받고 이것을 요단 강에서 몸을 담그는 것으로 나타내라고 강조했던 것은 이성적으로 신실했던 유대인들, 즉 예루살렘 성전에서 자신들의 죄 사함을 위해 규칙적으로 동물 제사를 드림으로써 율법에 신성하게 제정된 방식들을 따르고 있다고 생각했던 그들 다수를 충격에 빠뜨렸을 것이다(마가복음 1:4).[34] 그러나 그 나라의 평범한 사람들 다수가 요한의 부름에 긍정적으로 응답했다(5절). 그의 옷차림과 식습관은 구약에 나오는 엘리야 선지자나 광야의 다른 은둔자들 혹은 대중을 선동하던 사람들을 의도적으로 빼닮은 것이었다(6절; 왕하 1:8, 슥 13:4 참조).[35] 후에 예수는 이것에 대해 변화산에서 내려오면서 그의 제자 중 일부에게 설명한다(마가복음 9:11-13). 요한의 유명세는 아마도 그가 메시아의 선구자로서 새로운 엘리야의 역할을 수행하는 것처럼 보인다는 사실에서 유래했을 것이

---

33 Robert W. Funk and the Jesus Seminar, *The Acts of Jesus: The Search for the Authentic Deeds of Jesus* (New York: HarperCollins, 1998), 51.

34 Joan E. Taylor, *The Immerser: John the Baptist within Second Temple Judaism* (Grand Rapids: Eerdmans, 1997), 106-11 참조.

35 이에 대하여는 특히 James A. Kelhoffer, "'Locusts and Wild Honey' (Mk 1:6c and Mt 3:4c): The *Status Quaestionis* Concerning the Diet of John the Baptist," *Currents in Biblical Research* 2 (2003): 104-27를 보라.

다. 말라기는 주의 길을 그분 전에 미리 예비하는 한 "사자"에 대해 예언했었고(말 3:1 [출 23:20도 참조]; Q 7:27 참조), 나중에 그 사자를 엘리야와 같은 인물로 동일시하려고 나타났었다(4:5). 심지어 "오실 자"(막 1:7)에 대한 요한의 언어도 아마 메시아적 어조를 지니고 있었을 것이다(시 118:26 참조).[36] 마가복음 1:3(마 3:3에서는 요한에 대한 것임을 명시적으로 나타냄)에서 이사야 40:3을 인용한 것은 곧 모든 유배자들이 다시 모이게 될 것을 암시하고 있다.[37] 과연 지금이 하나님의 기름부음 받은 자가 나타나서 그 땅의 로마 사람들과 다른 모든 외세를 한 번에 그리고 영원히 몰아낼 시간인가?

여러 고대의 자료들은 예언(prophecy)이, 히브리 성경에 나오는 기록하는 예언자들(writing prophets)의 사역 이후 중지되었다는 유대인들의 확신을 설명한다.[38] 이러한 관점이 보편적이지 않았을 수도 있고, 수많은 중간기 유대 문헌들, 특히 묵시적 장르가 이러한 예언적 요소들을 포함하고 있다. 절반 가까운 위경(Pseudepigrapha)이 바로 이 장르에 속한다.[39] 그러나 이것이 그 저자들과 독자들이 그 문헌들을 성경의 작품들과 유사한 것으로 여겼다는 의미는 아니다.[40] 요한의 메시지를 듣던 많은 사람들이 아마도 기록되지 않은 계시라는 관점에서의 하나님의 상대적인 침묵의 시간이 끝나간다고 생각했을 가능성이 높다. 요한은 장차 이스라엘에서 유명세를 얻게 된 서기관

36 Gordon D. Kirchhevel, "He That Cometh in Mark 1:7 and Matthew 24:30," *Bulletin for Biblical Research* 4 (1994): 105-11.

37 Tucker S. Ferda, "John the Baptist, Isaiah 40, and the Ingathering of the Exiles," *Journal for the Study of the Historical Jesus* 10 (2012): 154-88.

38 Benjamin D. Sommer, "Did Prophecy Cease? Evaluating a Reevaluation," *Journal of Biblical Literature* 115 (1996): 31-47을 보라.

39 James H. Charlesworth, *The Old Testament Pseudepigrapha*, vol. 1, *Apocalyptic Literature and Testaments* (Garden City, N.Y.: Doubleday, 1983).

40 후기 랍비 문서들에 기록된, 무엇이 정경화되어야 하는가에 대한 논쟁들은 나중에 결국 받아들여진 몇 권의 책들을 포함하고 있으나, 결과적으로 분실된 다른 문헌들도 제안되었었는지에 대한 근거는 거의 제공하지 않는다. 특히 Roger Beckwith, *The Old Testament Canon of the New Testament Church and Its Background in Early Judaism* (Grand Rapids: Eerdmans, 1985), 274-433을 보라.

적인 종교와는 구별되는 대안을 제안했으나, 이것은 열심당 운동의 선구자들이 1세기 첫 60년 동안 이따금씩 그러했던 것과 같이, 반역과 폭력을 옹호하는 것에 대한 대안은 아니었다.[41] 요한의 접근법은 독특하게 구속사적(salvation-historical)이었다. 새로운 시대가 도래하고 있었다.

요한의 메시지는 나라의 모든 것이 옳지 않다는 것을 분명히 한다. 그가 전한 회개의 메시지는 특히 유대 지도자들에게 초점을 맞춰서, 이스라엘이 하나님의 진노에 의해 소멸하는 나라가 되지 않도록 진정한 회개를 의미하는 행동을 보여줄 것을 촉구한다(Q 3:7-8a, 9). 하나님의 선택된 백성들의 구성원이 아닌 이들도 아브라함의 영적 후손이 될 것이지만, 단순히 민족적 이스라엘에 속하는 것이 그 선택을 보증하지는 않을 것이다(8b). 비록 그곳의 토착적인 실세들의 부패가 줄어든다 할지라도 가난한 사람들의 평범한 예배는 여전히 기쁘게 받아들여졌을 것이다. 요한의 사역 대부분이 이러한 정화(purification)와 심판(judgment)의 대조로 요약될 수 있다. 특히 성전의 관할 내로 들어가기 전 자신을 의식적으로 깨끗하게 하기 위해, 수많은 유대 미크바옷(*mikvaoth*, 정통 유대교 신자의 종교 의례로써의 목욕탕-옮긴이)이나 세례탕의 물에 들어가 세례를 주는 것이 이미 일반적인 의식으로 자리잡고 있었다.[42] 쿰란 서약자들은 이것을 정기적으로 시행하였는데 근래에 지은 죄들을 씻는 것을 상징하기 위함이었다(1QS III, 4-9; V, 13-14; VI, 14-23). 그러므로 요한이 물에서 세례를 받으라고 호소한 것은 그 자체로 혁명적인 것은 거의 아니었다. 하지만 여기에 더하여 더욱 놀라운 것은 그가 자기 다음에 오실 분이 성령으로 세례를 베풀 것이라고 약속한 것이다(막 1:8). Q 3:16은 "그리고

---

41 Robert L. Webb, *John the Baptizer and Prophet: A Socio-historical Study* (Sheffield: JSOT Press, 1991)를 보라.

42 Urban C. von Wahlde, "Archaeology and John's Gospel," in *Jesus and Archaeology*, ed. James H. Charlesworth (Grand Rapids: Eerdmans, 2006), 560-66, 568-70; Urban C. von Wahlde, "The Pool of Siloam: The Importance of the New Discoveries for Our Understanding of Ritual Immersion in Late Second Temple Judaism and the Gospel of John," in Anderson, Just, and Thatcher, *John, Jesus, and History*, 2:155-73.

불로"를 추가한다. 17절의 문맥으로 보아 이것은 심판의 불임이 확실한데, 이것은 밀이 분리되고 난 후 겨는 불타버리는 것과도 같다. 그러나 요한이 언급한 불은 꺼지지 않는 것으로 그 심판이 영원함을 나타낸다. 하지만 그 문법은 하나의 동일한 사역이 어떤 이에게는 구원을, 다른 이에게는 심판을 의미하는 것임을 시사한다. 데이비스(Davies)와 엘리슨(Allison)은 "세례 요한에게 불과 성령은 둘이 아닌 하나-'불타는 숨(fiery breath)'(hendiadys, 이사일의-두 명사 또는 형용사를 그리고[and]로 연결하여 하나의 뜻을 나타내는 수사법-옮긴이)이다. 그는 새로운 시대의 경계에서 모든 사람이, 거룩한 자는 정결하게 하고 불의한 자는 멸망시키는 불타는 루아흐(*rûaḥ*)를 통과하리라고 선포하였다"라고 설명한다.[43]

신약에서 "세례주다(baptize)"가 '엔 프뉴마티 하기오'(*en pneumati hagiō*)(성령 안에, 성령과 함께, 성령으로)와 함께 쓰인 일곱 번의 용례 중 여섯 번이 복음서 혹은 사도행전에서 나타나며, 그 모두가 요한의 이 특정한 말을 가리킨다(마 3:11; 막 1:8; 눅 3:16; 요 1:33; 행 1:5, 11:16). 일곱 번째 용례는 고린도전서 12:13에 나오는데 모든 고린도인들, 즉 대다수가 제법 세상적인 그들이 한 성령 안에, 한 성령과 함께, 혹은 한 성령으로 세례를 받은 자들이라고 불리는 곳이다. 그러므로 신약에 나오는 성령 세례는 성령과의 만남의 시작이지, 몇몇의 신자들만 경험하는 두 번째(second) 혹은 반복되는 축복(repeated blessing)은 아님이 분명하다.[44] 이 말은, 그리스도인들이 그들의 회심과 구별되는 특별

---

43 W. D. Davies and Dale C. Allison Jr., *A Critical and Exegetical Commentary on the Gospel according to Saint Matthew*, 3 vols. (Edinburgh: T&T Clark, 1988-97), 1:317. 이 구조는 그랜빌 샤프 규칙(Granville Sharp Rule, 하나의 관사가 카이[καί]로 연결된 두 개의 단수 부적합(non-proper) 주격 인칭 명사를 지배할 때, 이 둘은 종종 같은 인물이다-옮긴이)에 해당하는 것들과 동일하지는 않으나 이와 유사하다. 이러한 묘사는 아마도 마가복음 9:49에 불로 세례를 받는다고 한 예수만의 은유적 표현에 영감이 되었을 것이다. Daniel Frayer-Griggs, "'Everyone Will Be Baptized in Fire': Mark 9.49, Q 3.16, and the Baptism of the Coming One," *Journal for the Study of the Historical Jesus* 7 (2009): 특히 271-74을 보라.

44 특히 James D. G. Dunn, *Baptism in the Holy Spirit: A Re-examination of the New Testament Teaching on the Gift of the Spirit in Relation to Pentecostalism Today* (London: SCM; Philadelphia: Westminster, 1970)을 보라.

하고 강력한 성령 체험을 할 수 없거나 하지 않는다는 말이 아니라 단지 신약성경이 이러한 현상을 절대 성령-세례(Spirit-*baptism*)라고 언급하지 않는다는 것이다. 대신 우리가 누가의 신학을 다룰 때 보겠지만 그것은 성령의 충만함(filling of the Spirit)을 나타낸다.

정결(cleansing)과 심판(judgment)에 대한 요한의 두 갈래의 메시지는 심판의 주제에 좀 더 초점이 맞춰진 듯 한데, 적어도 회개에 대한 그의 호소가 사람들로 하여금 하나님의 임박한 대격변(cataclysm)을 피할 수 있도록 하기 위한 것이었다는 점에서 그러하다. 이후에 예수는 시장에서 어린아이에 대한 작은 비유를 말하는데, 여기서 그는 요한의 메시지를 그의 축하 사역(ministry of celebration)보다 훨씬 더 진지한(austere) 것으로 비교하고 있다(Q 7:31-35).[45] 던(James Dunn)은 두 사람의 메시지 사이의 차이를 요약하면서 심판에 대한 예수의 태도를 요한의 것과 비슷하나 "은혜로 완화된(tempered by grace)"것으로 비유한다.[46] 하지만 우리는 두 사람의 차이를 과장해서는 안 된다. 둘 모두 하나님 나라의 도래 때문에 회개를 선포했고 역시 구원과 심판이라는 두 갈래로 그 나라가 시작되었음을 공언했다.[47] 더욱이 그의 사역 말기에 예수는 요한을 전진하게 했던 권위가 바로 자신을 고무시키고 동기를 준 것과 같은 것임을 시사했을 것이다(막 11:27-33).

요한은 그가 예언했던 나라의 도래를 볼 때까지 살지 못했을 것인데 이것은 예수가 왜 인류 역사에 요한의 시기까지 있었던 모든 사람 중 아무도 그보다 위대한 자가 없었다고 말할 수 있었는지를 설명한다. 그럼에도 불구

---

45 풍자스러우나 역사적으로 정확한 설명으로써의 이러한 대조에 대하여는 Petr Pokorny , "Demoniac and Drunkard: John the Baptist and Jesus according to Q 7:33-34," in *Jesus Research: An International Perspective*, vol. 1, *The First Princeton-Prague Symposium on Jesus Research, Prague 2005*, ed. James H. Charlesworth and Petr Pokorný, with Brian Rhea (Grand Rapids: Eerdmans, 2009), 170-81을 보라.

46 Dunn, *Jesus Remembered*, 455.

47 그들의 유사점과 차이점에 대한 균형있는 접근은 Jens Schröter, *Jesus of Nazareth: Jew from Galilee, Savior of the World* (Waco, Tex.: Baylor University Press, 2014), 90-93을 보라.

하고 하나님 나라에서 가장 작은 자 조차도 요한보다 클 것이다(Q 7:28). 예수의 삶, 죽음, 부활, 그리고 오순절 성령의 보내심까지의 사건들 모두의 시기에 살았던 사람들은, 하나님의 왕적 통치가 온 것을 보고 새롭고 전무한 방법으로 영적인 능력을 경험했을 것이다.[48] 이미 요한의 죽음 이후의 사역에서 예수는 그의 제자들에게 "너희가 보는 것을 보는 눈은 복이 있다. 내가 너희에게 이르노니 많은 선지자들과 왕들이 너희가 보는 것을 보고자 하였으나 보지 못하였고 너희가 듣는 것을 듣고자 하였으나 듣지 못하였다"라고 선포할 수 있었다(Q 10:23-24).[49] 그럼에도 불구하고 요한은 하나님 나라의 도래와 오고 있는 왕에 대해 절정적으로(climactically) 예고하였기에 위대한 선지자였고 선지자 이상이었다.[50] 백하우스(Knut Backhaus)의 요약이 도움이 된다:

> 만약 요한이, 세례자로서 당대의 정결 예식을 대중화하고 급진화했다면, 설교자로서 그는 그의 날의 종말론적 시나리오를 급진화하고 단순화했다. 하나님이 악한 자를 멸하고 이스라엘을 회복하기 위해 즉시 올 것이었고, 이러한 임박한 혁명은 인생 전체를 결부시키며 어떤 인간 보호자도 인준(qualify)해야만 한다. 그가 인식했던 것과 같이 요한은 메마르고 석화된 종교적 대지에 화산 폭발을 예고했다.[51]

그의 사역이 전개됨에 따라 예수는 이 여호와의 도래에 대한 개념에 더

---

48 그 시대들 사이의 "경첩(hinge)"으로써의 요한의 역할에 대하여는 John T. Carroll, *Luke: A Commentary* (Louisville: Westminster John Knox, 2012), 172을 참조하라.

49 Carroll (*Luke*, 242)은 이것을 "이스라엘에 대한 신적 계시의 특이한 순간"이라고 일컫는다.

50 슈넬(Schnelle, *Theology of the New Testament*, 74)은 훌륭하게 요약한다: "*세례자의 메시지*의 골자는 상대적 확실성과 함께 확인될 수 있다. 그것은 마지막이 가까이 왔다는 종말론적 기대에 의해 전적으로 결정되는 심판에 대한 선포와 회개에로의 부름이다" (기울임은 그의 것).

51 Knut Backhaus, "Echoes from the Wilderness: The Historical John the Baptist," in Holmén and Porter, *Handbook for the Study of the Historical Jesus*, 2:1773.

큰 복잡성(complexity)을 추가했을 것이다. 그러므로 이제 우리가 바로 이 사역에 관심을 돌려야 한다.

예수의 세례와 시험

요한과 예수의 사역은 직접적으로 그의 세례에서 교차한다(막 1:9). 현재까지 살펴본 내용은 만들어졌다(invented)고 보기 어려운데, 왜냐하면 초대 교회가 예수에 대해 독점적으로 증가하던 관심에 편승하여 요한의 중요성을 경시하던 반면, 이것은 요한을 매우 강하고 유명한 설교자로 묘사하기 때문이다.[52] 요한복음은 예수의 첫 번째 제자들 중 몇몇은 요한의 추종자들 내에서 나왔으며(요 1:35-40) 예수가 무대 중앙을 차지할 수 있기 위해 요한은 주목 받는데서 내려왔어야 했음을 언급한다(3:25-30). 예수는 그의 사역 초기에 요한에 비해 유명하거나 알려지지 않았을 것이다. 요한에 의해 베풀어진 예수의 세례에 대한 자료는 역사적인 것이라고 볼 수 있겠는데, 바로 요한을 예수 위의 권위자로 부각시키는 요한의 초기 사역의 특징과 같은 이유 때문이다.[53] 더욱이 세례는 죄 용서를 나타낸다. 초기 기독교는 예수가 죄 없는 분이라고 믿었을 것이므로(고후 5:21, 히 4:15), 교회는 예수를, 그 자신이 행한 것들에 대해 사죄를 받아야 할 필요가 있는 분으로 부각시키는 불필요한 문제를 만들 필요가 없었을 것이다.[54] 반면에 이것은 예수의 세례를

---

52 심지어 초기의 예수가 요한의 제자와도 같은 자였을 것이라는 관점에 대하여는 Meier, *Marginal Jew*, vol. 2, *Mentor, Message and Miracles* (New York: Doubleday, 1994), 116-30을 보라.

53 Craig S. Keener, *The Gospel of John: A Commentary* (Peabody: Hendrickson, 2003), 1:465-67, 578-81 참조.

54 Robert L. Webb, "Jesus' Baptism by John: Its Historicity and Significance," in Bock and Webb, *Key Events in the Life of the Historical Jesus*, 104-6. Helen K. Bond (*The Historical Jesus: A Guide for the Perplexed* [London: T&T Clark, 2012], 85는 이것을 간결하게 표현한다: "예수가 요한에 의해 세례 받은 것은 확실하다."

의미없게 하지는 않는데 그도 분명 자신을 그의 사람들과 동일시할 수 있었고 그들과 협력하여 그의 나라를 위해 하나님의 용서를 구할 수 있었기 때문이다.[55]

예수의 세례 때 비둘기 형상으로 내려 온 성령(막 1:10)이 몇몇의 해석자들에게는, 창조의 시작 때 하나님의 영이 새와 같이 수면 위에 운행한 것을 상기시킨다(창 1:2).[56] 하늘로부터의 소리는 발전되고 있었던 메시아적 신분의 개념에 매우 영향력이 있었던 적어도 두 개, 그리고 아마 세 개의 구약 본문의 조각들을 결합시킨다(막 1:11). "너는 내 아들이라"는 왕적이고 아마도 메시아적 시편인 시편 2:7을 암시(alludes)한다. "내 사랑하는"은 아마 이삭이 아브라함에게 특별히 사랑받는 아들이라고 불리는 창세기 22:2의 반향(echo)인지도 모른다. "내가 너를 기뻐하노라"는 원래 이스라엘의 역할을 묘사했던 이사야의 종의 노래 중 첫 번째인 이사야 42:1을 생각나게 한다. 이러한 암시(allusions)의 맥락에서 예수는 메시아적 왕이자 새로운 이삭(비록 예수는 실제로 희생되지만 이후 죽음에서 살아난다)이며 그의 생애와 사역에 나라 전체를 구현하는 새로운 이스라엘이다.[57]

혹자는 예수의 극적인 세례가 그를 사역의 현장으로 즉시 나아가게 할 것이라고 예상할 수 있으나, 그 대신 성령은 그를 광야로 내몰아 마귀에게 시험을 받으시게 한다(막 1:12-13; Q 4:1-13 참조). 예수가 사십 일간 금식하는 동안 사탄은 세 가지의 경우로 예수로 하여금 그의 인생에 대한 하나님의 부르심을 무시하도록 도전한다.[58] 이 세 가지 시험 모두는 높은 가치의 보상

55 타레흐(Armand Puig i Tàrrech, *Jesus: A Biography* [Waco, Tex.: Baylor University Press, 2011], 212는 "예수는, 하나님으로부터 파송 받은 가장 근래의 선지자 요한에 의해 행해진 세례의 두 기초(foundations)를 향한 그의 열심(devotion)을 확실하게 하기를 원했는데, 그것은 회심을 향한 일반적인 호소와 하나님의 궁극적 용서에 대한 환영이다"라고 덧붙인다.

56 Adela Yarbro Collins, *Mark: A Commentary* (Minneapolis: Fortress, 2007), 148.

57 Joel Marcus, *Mark 1-8* (New York: Doubleday, 2000), 165-66.

58 이 두 서술의 일치성과 그들이 물려받은 역사적 전통에 대한 정확성에 대하여는 특히 Luigi Schiavo, "The Temptation of Jesus: The Eschatological Battle and the New Ethic of the First Followers of Jesus in Q," *Journal for the Study of the New Testament* 25 (2002):

을 얻기 위해 "더 쉬운" 길을 추구하라고 예수를 유혹하려고 한다. 그는 계속 금식하기 보다는 기적적으로 돌들을 음식으로 바꿔야 할 것이다(Q 4:3). 그는 마귀를 경배해서 즉각적으로 세계의 모든 나라에 대한 권세를 받아야 할 것이다(5-7절). 그리고 그는 천사로 하여금 성전 지붕에서 기드론(Kidron) 골짜기 밑의 가장 깊은 곳으로 뛰어 내린 후의 특정한 죽음으로부터 초자연적으로 그를 구하게 해야 할 것이다(9-11절). 마귀는 예수를 하나님의 아들로 알아본다. 여기에 일등급 조건(first-class condition)은 조건절에 그 어떤 의심도 불러오지 않으며(3절), 복음서들은 일관되게 귀신들이 예수의 정체를 알아보는 것으로 묘사하고 있다(막 1:24, 3:11, 5:7, 등).[59]

요한의 사역과 예수의 세례에도 나오는 히브리 성경은 유혹 에피소드에 대해서도 중요하다.[60] 예수는 말씀을 인용함으로써 마귀의 유혹을 물리쳤는데 세 번 모두 신명기의 앞쪽 장들에서 나온다. 문자적 의미의 음식은 생명 유지를 위해 인간이 필요로 하는 것 전부가 아니다; 적용하면, 영적인 양육(spiritual nurture)이 훨씬 더 중요하다(Q 4:4; 신 8:3 참조). 오직 하나님만이 경배를 받기에 합당하시다(8절; 신 6:13 참조). 그리고 아무도 하나님에게 기적적 도움으로 간섭하시도록 요구함으로써 그를 시험해서는 안 된다는 말이다(12절; 신 6:16 참조). 물론 마귀도 성경 말씀을 인용할 수 있으며, 10-11절에서 시편 91:11-12을 언급한다. 그러나, 마치 하나님이 그의 신실한 자들을 육체적 위험으로부터 항상 지켜주셨기에, 그것 자체로 "믿을 수 없을 만큼 나약한(unbelievably naïve)" 것으로 보이는 시편은, 이전 시편의 맥락에서 그러한

141-64와 Charles A. Kimball, *Jesus' Exposition of the Old Testament in Luke's Gospel* (Sheffield: Sheffield Academic Press, 1994), 82-84를 보라.

59 "조건절(conditional protasis)에 의해 소개된 의심의 정도의 일부는 조건절의 형태에 달려 있으나, 전반적인 맥락(context)에 주로 달려 있다." K. L. McKay, *A New Syntax of the Verb in the New Testament Greek: An Aspectual Approach* (New York: Peter Lang, 1994), 163.

60 이에 대하여는 특히 Birger Gerhardsson, *The Testing of God's Son (Matt. 4:1-11 & Par.): An Analysis of an Early Christian Midrash* (Lund: Gleerup, 1966)을 보라.

절대적 모습(absolute fashion)으로는 올바르게 이해될 수 없다.[61] 예수는 이스라엘 백성이 광야에서, 초자연적 음식을 요구하고(출 16), 우상 신들을 경배하며(출 32), 여호와의 명령을 대담하게 거역했기 때문에(민 16) 위험에서 항상 보호받지 못함으로써 실패한 바로 그 시험들을 통과하신다.[62] 이에 따라 아담과 하와가 금지된 열매를 "먹음직도 하고 보암직도 하고 지혜롭게 할 만큼 탐스럽기도 한"(창 3:6) 것으로 봄으로써 불순종했을 때에도, 예수는 하나님께 대하여 신실했음은 명확해 질 것이다. 시험받으셨을 때에도 신실하셨기 때문에 예수는 그의 제자들에게 "우리가 유혹에 굴복하지 않게 하소서"(Q 11:4)라는 의미에서 "우리를 시험에 들게 하지 마시옵고"라고 기도하라고 가르칠 수 있다.[63] 이제 그는 그의 공적 사역에 착수할 준비가 되었다.[64]

하나님의 나라

우리가 이 장을 함께 시작한 마가복음 1:15의 서두가 예수의 핵심적이고 실제적인 가르침, 즉 하나님 나라의 도래에 대한 공언을 담고 있다는 것은 널리 받아들여진다.[65] 요한의 메시지가 하나님 나라의 긴박성을 전했다면 예수와 함께 그 나라는 현재화 되었다. 하지만 이 하나님의 대변자들이

61 Beth LaNeel Tanner, "Psalm 91," in Nancy deClaissé-Walford, Rolf A. Jacobson, and Beth LaNeel Tanner, *The Book of Psalms* (Grand Rapids: Eerdmans, 2014), 697, 701.

62 Grant R. Osborne, *Matthew* (Grand Rapids: Zondervan, 2010), 136-38 참조.

63 Osborne, *Matthew*, 230.

64 또한 그는 에스겔, 이사야, 그리고 에녹의 초기 경험들과도 같은 역할을 한 그의 세례와 유혹의 경험을 통해 하나님으로부터 적합하게 위임받았다. David Mathewson, "The Apocalyptic Vision of Jesus according to the Gospel of Matthew: Reading Matthew 3:16-4: 11 Intertextually," *Tyndale Bulletin* 62 (2011): 89-108을 보라.

65 켁(Leander Keck, *A Future for the Historical Jesus* [Nashville: Abingdon, 1971], 32)은 "이것이 교회의 표현임과 동시에 예수가 말해야만 했던 것의 정확한 요약이라는 것은 거의 전 세계적으로 인정되고 있다"라고 진술한다.

그 표현을 통해 의미한 바는 정확히 무엇이었을까? "하나님의 나라"라는 구절은 구약성경 어디에도 나오지 않고 제 이 성전 문헌에도 흔하지 않으나, 하나님이 왕으로 다스리는 신정의 개념은 연합 군주국의 날 이래, 계속해서 이스라엘 종교 안에 깊숙이 스며있다. 스가랴 14:9은 이를 잘 요약한다: "여호와께서 천하의 왕이 되시리니 그 날에는 여호와께서 홀로 한 분이실 것이요 그의 이름이 홀로 하나이실 것이라." 그러므로 그 나라는 영역 보다는 통치의, 그리고 장소보다는 힘의 나라이다.[66] 이것은 어디든 있을 수 있지만, 특별히 하나님의 백성들이 함께 모여 그분의 세상에서 그분의 일을 열심히 하고 있는 곳에서 그 자체가 드러난다. 하지만 하나님의 왕권 혹은 통치는 우주 전반에 걸쳐 확장되어 있으며, 그분에 대한 충성을 분명하게 고백하는 자들을 통해 이뤄지는 하나님의 사역에 제한받지 않는다. 이 개념이 구약성경이나 제 이 성전 문헌에 등장할 때 이것은 "하나님의 구속적인 목적이 완전히 실현되었을 때 역사 속으로의 하나님의 침입(inbreaking)"을 일컫는다.[67]

현재와 미래의 하나님 나라

특히 19세기 말 슈바이처(Albert Schweitzer)와 결부된 생각이 지속적으로 미래적(futurist)이거나 혹은 종말적인 학파가 우세하던 시기 이후, 20세기 초에서 중반까지의 동향은 실현된 종말론(realized eschatology)으로 기울었는데 특히 도드(C. H. Dodd)의 영향 아래서였다. 그러나 지난 50년 동안에는 sich realisierende Eschatologie("그 자체를 실현하는[realizing itself]" 혹은 "성취되어 가고 있는[in the process of coming to fruition]" 종말론)을 주장한 예레미야스

---

66 특히 I. Howard Marshall, "The Hope of a New Age: The Kingdom of God in the New Testament," *Themelios* 11, no. 1 (1985): 5-15을 보라. 공간적 요소들이 들어오는 곳에서는 그것들이 예수의 장소와 그를 따르는 자들인 교회와 연관되어야 한다. 예를 들어 Patrick Schreiner, *The Body of Jesus: A Spatial Analysis of the Kingdom in Matthew* (London: Bloomsbury T&T Clark, 2016)을 보라.

67 Ladd, *Theology of the New Testament*, 58.

(Joachim Jeremias)가 옳았다는 의견이 널리 퍼졌다.[68] 큄멜(Werner Kümmel)과 래드(George Eldon Ladd)가 강조했듯이 그 나라는 시작되었으나 아직 완성되지는 않았다. 그것은 이미이지만 아직(already but not yet)이다.[69] 심지어 고전적인 세대주의(classic dispensationalism)도 오늘날 대부분 "진보적(progressive)" 세대주의로 교체되었다. 다시 말하면 그 나라가 예수 시대에 이스라엘에 주어졌으나, 이후 예수의 유대 청중들 대부분이 그것을 거절함으로써 뒤로 미루어졌다고 보는 19세기에 시작된 보수적인 신학적 체계는, 적어도 그 나라가 이미 영적으로 존재했고 종종 사회적으로도 그랬었다고 보는 시각으로 크게 대체되었다.[70] 최근에 하나님 나라를 현재와 미래 모두의 것으로 보는 것에 주도적으로 반대하는 유일한 무리들은 현대의 실존주의(modern existentialism)를 시대에 걸맞지 않는 방법으로 예수의 가르침에 적용함으로써, 그를 "동요하는 세계(shattering worlds)"에 대한 불변의 진리를 말하며 "영원한 종말론(permanent eschatology)"을 설파하는 현자나 권위자로 바꾸지만, 우리가 아는 바와 같은 인류 역사의 실재적인 마지막을 기대하지는 않는다.[71]

마가복음과 Q에 스물아홉 번 나오는 "하나님의 나라"를 대충 훑어보아도 그 나라가 현재적이며 미래적임을 알 수 있다. 때로 이것은 사람들

68 이에 대한 역사는 Wendell Willis, ed., *The Kingdom of God in 20th-Century Interpretation* (Peabody, Mass.: Hendrickson, 1987)을 보라.

69 Werner G. Kümmel, *Promise and Fulfillment: The Eschatological Message of Jesus* (London: SPCK; Naperville, Ill.: Allenson, 1957); George E. Ladd, *The Presence of the Future: The Eschatology of Biblical Realism* (Grand Rapids: Eerdmans, 1974). 둘 모두는 Oscar Cullmann, *Christ and Time: The Primitive Christian Conception of Time and History* (Philadelphia: Westminster, 1950; London: SCM, 1951)에 의존한다.

70 특히 Craig A. Blaising and Darrell L. Bock, *Progressive Dispensationalism* (Grand Rapids: Baker, 1993)와 Robert L. Saucy, *The Case for Progressive Dispensationalism* (Grand Rapids: Zondervan, 1993)을 보라.

71 예를 들어 John Dominic Crossan, *In Parables: The Challenge of the Historical Jesus* (New York: Harper & Row, 1973); Robert W. Funk, *Honest to Jesus: Jesus for a New Millennium* (San Francisco: HarperSanFrancisco, 1996).

이 현재 들어가고 있는 하나님의 활동의 영역으로 묘사되기도 하고(예를 들어 막 10:14, 24-25; Q 18:24-25), 다른 때에는 이것이 사람들이 미래에 들어가는 곳으로 그려진다(예를 들어 막 9:47, 14:25; Q 13:28-29). 예수가 "미래의 현존(the presence of the future)"을 드러내는 가장 중요한 언급 세 가지는 Q 11:20, 16:16, 그리고 17:20-21이다. 이 중 첫 번째 것은 예수의 축사(exorcisms)가 하나님의 왕권이 도래했음을 나타낸다고 선포한다. 분명 마귀는 상반되는 기적을 일으킬 수 있고 예수의 반대자 몇몇은 그의 권세에 대하여서 정확히 이 논쟁에 호소한다(Q 11:14-15; 막 3:22). 그러나 그는, 사탄이 자신의 부하를 사람들로부터 몰아내는 것은 자기 파괴적인 것이라고 받아친다. 그러므로 이것은 하나님의 "손가락" 혹은 "권세"가 일한 것임이 틀림없다(11:17-20; 막 3:23-26; 사 49:24-25 참조).[72] 더욱이 축사는 예수의 사역의 중요한 부분을 차지하며(막 1:23-28, 5:1-20, 9:14-29 참조) 그러므로 그 나라의 도착에 대한 반복적인 증거를 제공한다. Q 16:16에 나오는 두 번째 말은 특히 제법 동일한 것을 의미 할 수도 있고 그렇지 않을 수도 있는 마태복음 11:12의 유사 구절과 비교해 볼 때 이것이 더 복잡하다는 것을 증명한다. 그러나 우리가 이 구절들을, 힘 있는 자들이 그 나라를 공격하고 사람들이 그 곳에 강제적으로 들어가는 것 혹은 이 둘 모두를 가르치는 것이라고 이해하는 것에 상관없이 예수가 현재적 활동을 하고 있음은 확실하다.[73] 세 번째 말인 Q 17:20-21은 종종 그 나라가 사람들 "안에" 있다는 가르침으로 오해되었다. 그러나 다시금 예수가 그들 사이에서 사역을 했다는 이유로, 그가 이것이 그들 중에 혹

---

72 Eric Sorensen, *Possession and Exorcism in the New Testament and Early Christianity* (Tübingen: Mohr Siebeck, 2002), 128-29.

73 Craig A. Evans, *Matthew* (Cambridge: Cambridge University Press, 2015), 238-39. 에반스(Evans)는 "예수는 요한의 등장과 더불어 예언적 역사가 그 절정에, 완성에 도달했다고 가르치고 있다," 그리고 "하나님의 나라가…완성될 수 있기 전, 더 이상의 예언은 필요하지 않다"라고 덧붙인다(239). 예수가 이 말을 할 때 헤롯 안티파스(Herod Antipas)를 염두에 두어 적절히 위장함으로써 그의 반대자로 하여금 그의 의도를 확신할 수 없게 했다는 관점에 대하여는 Matthew W. Bates, "Cryptic Codes and a Violent King: A New Proposal for Matthew 11:12 and Luke 16:16-18," *Catholic Biblical Quarterly* 75 (2013): 74-93을 보라.

은 그들 "사이에" 있음을 의미한 것으로 보는 것은 예수의 청중들이 바리새인이라는 사실 때문에 거의 그럴 가능성이 없다. 보본(François Bovon)은 전치사 '엔토스'(entos)가 "어느 공간에"를 의미하는 것으로 정하여 "하나님의 나라는 너에게 속한 그 장소에 있다(the kingdom of God is in the space that belongs to you)"라고 이해할 때, 바로 이 의미와 정확히 평행하는 것을 찾기는 어렵다고 말한다.[74]

예수의 위대한 설교에서 나오는 산상수훈은 역전된 운명의 약속을 나타내는 가난한 자와 핍박받는 제자들의 현재적 복에 대한 선포들과 더불어, 현재의 상태와 미래의 보상의 동일한 조합을 보여준다(Q 6:20-23; 특히 마 5:3-12의 더 완벽한 형태를 참조).[75] 제자들은 하나님께 "당신의 나라가 임하시고"(Q 11:2)라고 기도해야 하는데 이것의 마태판은 "뜻이 하늘에서 이루어진 것같이 땅에서도 이루어지이다"(마 6:10)이다. "이미 그러나 아직"의 긴장이 여전히 남아있다 하더라도 예수를 통한 하나님의 통치는 이전에 일어났을 때보다도 훨씬 더 그의 뜻을 이 땅에서 성취한다. 반대로, 다양한 서기관과 바리새인들은 예수의 사역을 통해 접근 가능했던 하나님의 통치의 영역에 들어가는 것에 실패하고 또한 다른 이들도 그렇게 하는 것을 막고자 애쓴다(Q 11:52; "나라"가 명시적으로 등장하는 마 23:13 참조). 이 현재-미래 조합의 가장 놀라운 절반은 단연코 현재에 해당하는 절반이다. 하나님의 백성은 이제 그의 통치를 시행할 수 있는 그의 능력에 전례 없는 수준으로 접근할 수 있다.

---

74 François Bovon, *Luke 2: A Commentary on the Gospel of Luke 9:51-19: 27* (Minneapolis: Fortress, 2013), 각각 515-17 그리고 511. 또한 McKnight, *New Vision for Israel*, 88도 참조하면 그 용어는 "(1)그의 임무를 통해 예수 자신이 그 나라를 시작한다는 의미에서 '너희 중에,' 혹은 (2)결정에 대한 예수의 호소가 혹자를 지금 그 나라에 들어갈 수 있게 한다는 의미에서 '너희 손 안에'"를 의미한다.

75 더 나아가 Michael H. Crosby, *Spirituality of the Beatitudes: Matthew's Vision for the Church in an Unjust World*, rev. ed. (Maryknoll, N.Y.: Orbis, 2005)을 참조하라.

하나님 나라에 대한 비유들

공관복음에 나오는 예수의 비유들, 특히 그들 각각의 맥락에서 그들을 구성하는 자료와 구분되었을 때, 그 또한 역사적 예수에 대한 핵심적 자료라고 지속적으로 고려되어 왔다.[76] 복음서에 나오는 비유들 중 오직 절반 정도만이 하나님의 나라를 묘사하고 있다고 명시적으로 밝힌다. 그러나 평행하는 내용들과 나머지 비유들의 구조들은 그들도 역시 그러함을 암시하고 있으며, 예수가 단지 그것을 모든 본문에서 말하고 있지 않을 뿐이다. 심지어 우리의 초점을 마가복음과 Q로 제한하더라도 우리는 여전히 예수가 묘사하는 것처럼, 그 나라의 독특한 요소를 이루는 하나님의 현재적 활동의 새로움에 대한 강조를 발견할 수 있다.[77] 하지만 비유들은 또한 일반적으로 의인에게는 축복이, 악인에게는 형벌이 있는, 다가오는 심판의 추가적인 요소를 나타낸다. 씨 뿌리는 자가 다양한 모든 종류의 땅에 씨를 흩뜨리고 많은 씨앗들이 뿌리를 내리며 그 중 다수가 열매 맺는 식물로 자라지만 모두가 생존하지는 않는다(막 4:3-9). 등불은 그 주위를 비치는 어딘가에 놓여져야 하지만 어떤 사람들은 분명 그것을 감춰둔다(21-25절). 농부는 어떻게 씨

---

76 전통적으로는 Joachim Jeremias, *The Parables of Jesus*, 3rd ed. (London: SCM; Philadelphia: Westminster, 1972)을 보라. 특히 Arland J. Hultgren, *The Parables of Jesus: A Commentary* (Grand Rapids: Eerdmans, 2000)을 참조하라. 전반적으로 Meier (*Marginal Jew*, vol. 5, *Probing the Authenticity of the Parables* [New Haven: Yale University Press, 2016])에 나오는 비유들에는 "무료 입장권"이 주어져서 진위성에 대한 표준적 준거를 통해 평가되지 않는다는 주장은 이해할 수 없는 것이다. 특히 Craig L. Blomberg, *Interpreting the Parables*, 2nd ed. (Downers Grove, Ill.: IVP, 2012)에 정확히 이 주제에 대해 내가 자세하게 분석한 것과 거기에 인용한 문헌을 보라.

77 특히 Pino di Luccio, *The Quelle and the Targums: Righteousness in the Sermon on the Mount/Plain* (Rome: Pontifical Biblical Institute, 2009)과 Joel Marcus, "Entering into the Kingly Power of God," *Journal of Biblical Literature* 107 (1988): 663-75을 보라. 또한 Beasley-Murray (*Jesus and the Kingdom of God*, 108-43)와 "종말론은 동시에 더욱 세계화 그리고 더욱 개인화(개별화) 되었다"고 덧붙이는 Petr Pokorný ("Jesus Research as Feedback on His *Wirkungsgeschichte*," in Holmén and Porter, *Handbook for the Study of the Historical Jesus*, 1:358)도 참조하라.

앗들이 자라는지 정확하게 알 수 없고 그 모두가 생존하는 것도 아니지만, 그 중 몇은 분명 거둘 수 있는 열매를 맺는다(26-29절).[78] 겨자씨와 누룩은 잘 알려진 대로 작은 형태로 시작하고 때로는 아무것도 아닌 것처럼 보이나 그들이 얼만큼 자라날 수 있는지를 통해 모두를 깜짝 놀라게 한다(Q 13:18-21). 문예적 관점에서 이들 모두는 여전히 실패보다는 승리에, 그리고 마지막에는 성공에 궁극적인 초점을 맞추는 "희극적인(comic)" 비유들이다.[79]

반대로 악한 농부의 비유는 좀 더 "비극적(tragic)"임을 보여준다. 다른 종들은 주인이 받아야 할 열매를 드리는 것은 사실이나, 궁극적인 관심은 하나님의 왕적 통치에 다가가지 못하는 자들에 대한 심판에 맞춰져 있다(막 12:1-9).[80] 비슷하게 마지막에 최종 심판을 강조하는 것이 Q에 나오는데 두 건축자(Q 6:47-49)와 선하고 악한 종(Q 12:42-46)에 대한 것이다. 두 비유는 좋고 나쁜 사례에 동일하게 주목하지만 나쁜 사례가 마지막에 나오면서 여기에 가장 큰 강조점을 둔다. 쌍둥이 비유인 마태복음 22:1-14의 결혼 잔치와 누가복음 14:16-24의 큰 잔치 비유 역시 마태복음 25:14-30의 달란트 비유와 누가복음 19:11-27의 므나 비유처럼, 심판 받는 비극적 인물(들)을 이야기의 끝에 배치한다. 예수가 비슷한 주제로 그의 사역의 다른 시기에 구별

---

78 마가복음 4장에 나온 비유들의 신학에 대하여는 특히 Morna D. Hooker, "Mark's Parables of the Kingdom (Mark 4:1-34)," in *The Challenge of Jesus' Parables*, ed. Richard N. Longenecker (Grand Rapids: Eerdmans, 2000), 79-101을 보라.

79 Dan O. Via Jr., *The Parables: Their Literary and Existential Dimension* (Philadelphia: Fortress, 1967), 145-76.

80 *Parables*, 110-44에 걸쳐서. 이 특정한 비유에 대해서는 특히 Klyne R. Snodgrass, *The Parable of the Wicked Tenants* (Tübingen: J. C. B. Mohr, 1983)을 보라. 이 비유나 다른 어떤 비유도, 불의한 권위자의 실생활에서의 관행에 대한 통탄(lament)으로 이해되어서는 안 되나, 이것은 이 본문에 대해 책 분량으로 최근에 나온 논문과는 상반된다. John S. Kloppenborg, *The Tenants in the Vineyard: Ideology, Economics, and Agrarian Conflict in Jewish Palestine* (Tübingen: Mohr Siebeck, 2006). 클로펜보그(Kloppenborg)는 전반적으로 William R. Herzog II, *Parables as Subversive Speech: Jesus as Pedagogue of the Oppressed* (Louisville: Westminster John Knox, 1994)의 관점을 따라간다. 나는 이것을 Craig L. Blomberg, "Poetic Fiction, Subversive Speech, and Proportional Analogy in the Parables," *Horizons in Biblical Theology* 18 (1996): 115-32에서 비평하였다.

되어 사용한 것이라는 주장도 제기될 수 있으나 대부분이 이 본문들을 우리의 Q 자료 목록에 포함시킬 것이다.[81] 어느 쪽이든, 그들은 여기에 포함될 만큼 Q의 주제들과 충분히 잘 일치한다.

비슷하게, 공관복음에 나오는 하나님 나라에 대한 가르침의 일관성(coherence)과 편재성(ubiquity)에 대한 기준은, 우리로 하여금 마태복음이나 누가복음에만 나오는 많은 비유들을 우리가 역사적 예수의 속성이라고 생각하는 결합물(mix)로 생각해 볼 수 있게 한다.[82] 심지어 그의 비유들에 대한 예수의 다양한 해석들도 충분한 유대적 전례를 가지고 있다.[83] 율법 학자들의 비유들을 충분히 연구하지 않은 많은 비평적 학자들과 달리 놀라운 것은 예수의 비유들이 적어도 이와 결부된 간략한 해석을 종종 갖고 있다는 점이 아니라 반대로 그렇게 하지 않고 있는 것들이 거의 없다는 것이다. 비유 각각이 단 하나의 요점만을 가지고 있는 것으로 제한하지 않는다면, 혹자는 그것을 구성하는 자료가 대부분 그것들의 의미의 전부는 아니더라도, 논리적인 부분(*part*)을 요약하고 있음을 발견한다. 내가 다른 곳에서 주장하였듯이 비유들이 핵심 인물이나 인물들의 모임에 대하여 한 가지 요점만을 말하고 있다면 주어진 비유의 하나의(*one*) 요점에 대한 가장 공통적인 후보들에 관한 주요한 논쟁의 대부분은 증발해 버리고 만다.[84] 그럼에도 불구하고 비

81 Craig L. Blomberg, "When Is a Parallel Really a Parallel? A Test Case: The Lucan Parables," *Westminster Theological Journal* 46 (1984): 78-103.

82 특히 Klyne R. Snodgrass, *Stories with Intent: A Comprehensive Guide to the Parables of Jesus* (Grand Rapids: Eerdmans, 2008)를 두루 참조하라.

83 대표적 본문들의 표본을 얻으려면 Harvey K. MacArthur and Robert M. Johnston, *They Also Taught in Parables: Rabbinic Parables from the First Centuries of the Christian Era* (Grand Rapids: Zondervan, 1990)을 보라. 첫 3세기 랍비 문헌에 나오는 수 백개의 비유들을 종합적으로 모아놓은 것으로는 Robert M. Johnston, "Parabolic Interpretations Attributed to Tannaim" (Ph.D. diss., Hartford Seminary Foundation, 1978)을 보라.

84 Blomberg, *Interpreting the Parables*. 또한 Craig L. Blomberg, *Preaching the Parables: From Responsible Interpretation to Powerful Proclamation* (Grand Rapids: Baker, 2004)도 참조하라. 이것이 사실일 수 있는 다양한 단계들에 대한 흥미진진한 토론을 위해서는 Suk Kwan Wong, *Allegorical Spectrum of the Parables of Jesus* (Eugene, Ore.: Wipf & Stock, 2017)을 보라.

유로 소개된 예수의 하나님 나라에 대한 가르침에 대한 적절한 대답의 신학적 요약이 다음과 같이 만들어질 수 있다는 것은 충분히 분명하다. 바로 우리는, 그들의 상을 획득하기 위해 모든 것을 판 보화를 찾는 사람 혹은 조개잡이 어부와도 같이, 최근에 도래한 나라에 참여하기 위해 필요한 어떤 것이든 희생해야 한다(마 13:44-46).

예수의 하나님 나라 비유들의 새로운 강조점 중 하나는 그들이 드러내는 하나님의 은혜와 용서의 정도(extent)이다. 고전적인 설명은 잃은 양, 동전, 그리고 두 아들 비유 삼총사와(눅 15:1-32) 바리새인과 세리에 대한 이야기이다(18:9-14). 첫째 아들과 바리새인의(적어도 겉으로 보기에) 경건-장기간 보여줄 수 있는-은 결국 아무것도 아닌 것으로 취급되지만, 탕자와 세리와 같이 용서받은 자들은 그들의 드러난 회개가 진정한 것인지 조차 증명되지 않더라도 겉으로 보이는 그대로 즉시 받아들여진다. 예수는 자기의 청중을 놀라움으로 사로잡는다. "갑자기 그는 모든 틀들을 깨부수는 새로운 세계를 연다. 이것은 단순히 두 사람의 경건을 비교하는 것이 아니다…만약 예수가 옳다면, 아무도 그 어떤 것에 대해서도 확신할 수 없다. 그들 모두는 하나님의 자비에 호소해야 한다."[85] 이 자비와 은혜는 그들이 장려하는 성전 예식, 율법, 그리고 신앙심을 상대화(relativizes)시킨다. 세리의 간구는 문자 그대로 "죄인인 저에 대한 화를 누그러뜨리소서"(13절)이며 예수는 어떤 동물 제사도 없이 그를 의롭다고 선포하신다.[86] 우리 모두가 알 듯이 탕자는 더 많은 돈을 사취하여 자기 아버지를 속일 수도 있었고, 아니면 적어도 자기 아버지의 선한 은혜로 돌이킬 수 있는 길을 얻을 수 있는 곳으로 자신을 위치시킬 수도 있었을 것이다.[87] 하지만 그의 아버지는 그 어떤 것도 요구하지 않을 것

85 José A. Pagola, *Jesus: An Historical Approximation* (Miami: Convivium, 2009), 143.

86 Kenneth E. Bailey, *Through Peasant Eyes: More Lucan Parables* (Grand Rapids: Eerdmans, 1980), 145; Snodgrass, *Stories with Intent*, 473.

87 Kenneth E. Bailey, *The Cross and the Prodigal: Luke 15 through the Eyes of Middle Eastern Peasants*, 2nd ed. (Downers Grove, Ill.: IVP, 2005), 59-62.

이며 즉시로 살진 송아지를 잡고 그 어떤 전통적 근신이나 참회의 기간을 거치지 않고 그가 다시 살아났음을 선언(declares)한다(15:24, 32).[88]

예수가 하나님의 나라를 설명하는 비유를 통해 드러내는 하나님의 은혜는 비슷한 방식으로 계산(calculation)과 공로(merit)를 거부한다. 하나님을 위해 일한 자는 아무도 약속된 것보다 덜 받지는 않으나 다수는 훨씬 더 많이 얻는다(마 20:1-16). 하나님의 은혜와 용서를 경험하는 것이 나중에 하나님의 사람들이 그것들을 다른 이들에게 나누어 주는데 필수적이다(18:23-35; Q 17:3-4 참조). 용서는 화해와 동일한 것이 아니다. 화해는 관계가 회복되기 위하여 서로 멀어진 두 그룹 모두가 적절히 반응해야 한다. 그러나 신자들은 일방적으로 그들 마음에 미움을 품고 계속 복수를 공모하며, 또는 그들 자신을 희생의 자리에 "갇혀" 버리게 하는 것을 거절하는 차원에서 용서할 수 있다. 적어도 이런 차원의 용서가 아니고서는 하나님이 우리를 용서하기를 기대할 수 없다. 그가 예수 안에서 우리의 죄를 용서하기 위해 한 일을 이해할 때, 다른 사람이 범한 그 어떤 죄도 그들을 용서할 수 없게 할 만큼 큰 것은 아니다(Q 11:4).[89]

하나님의 은혜와 용서는 더 많이 죄를 지었기 때문에 바리새인보다 더 많이 용서받은 외관상 창녀와 같은 악명 높은 죄인들에게까지 영향을 끼친다(눅 7:36-50). 이러한 속성은 정통 유대교 지도자들에게 멸시 받는 외부인으로 대표되는 사마리아인을 통해서 드러난다(눅 10:25-37).[90] 재판관과 과부의 비유에 나오는 영웅은 가난하고, 상처받기 쉬우며 버려진 자이다(눅 18:1-

88 특히 Greg Forbes, "Repentance and Conflict in the Parable of the Lost Son (Luke 15:11-32)," *Journal of the Evangelical Theological Society* 42 (1999): 225-26을 보라.

89 Craig L. Blomberg, "On Building and Breaking Barriers: Forgiveness, Salvation and Christian Counseling with Special Reference to Matthew 18:15-35," *Journal of Psychology and Christianity* 25 (2006): 137-54. Tobias Hägerland, *Jesus and the Forgiveness of Sins* (Cambridge: Cambridge University Press, 2012) 참조.

90 더 나아가 Craig L. Blomberg, "The Parable of the Good Samaritan: Redefining 'Israelite' or Redefining 'Neighbour'?" *Foundations* 64 (May 2013): 24-37을 참조.

8).[91] 모든 상황에서 예수는, 심지어 율법과 선지자들에게 완전히 부합하면서도 이스라엘 역사에 이전까지 전례 없을 정도로 버려진 자들을 포함시킨다. 이 사람들을 축복하면서 "예수는 그들이 선하거나 도덕적이라고 절대 말하지 않았고, 단지 그들이 불의하게 고난을 받고 있다고 말했다. 하나님은 그들이 받을 만하기 때문이 아니라 그들이 필요로 하기 때문에 그들의 편을 들으신다."[92]

그러나 은혜의 반대쪽은 형벌이며 그래서 하나님의 사랑을 계속 거부하고 자기들이 지음 받은 목적에 부합하는 그 어떤 일도 하지 않으면서 그분과 다른 사람들을 학대하는 자들에게는 끔찍한 운명만이 기다리고 있다(마 25:31-46, 눅 13:6-9). 사람에게 끝없이 두 번째 기회를 주는 하나님의 선하심을 이용해 먹는 태만조차도 한 사람을 돌이킬 수 없는 지점으로 인도 할 수 있다(마 25:1-13, 눅 16:19-31). 이것은 다른 모든 죄와 모독하는 일이 사하심을 받을 때에도 용서받지 못하는 성령을 모독하는 죄, 즉 그분을 신성하기보다 신경질 나는 분으로 생각하며, 회개에 대한 갈망이 조금도 없이 죽을 때 까지 이 반항에 계속 머물려고 할 정도로, 예수 안에서 성령을 통해 직접적으로 드러난 하나님의 은혜를 무칙이나 오해한다(막 3:28-30).[93]

예수의 비유가 분명하게 설명하고 있음에도 불구하고 마가복음 4:11-12은 이 수사적 형태의 한 가지 목적이, 마치 이사야 때처럼 외인들에게 감추기 위한 것임이라고 단언하는 그분을 묘사한다(사 6:9-10). 그렇지라도, 악한 농부들의 비유의 결과는 예수의 대적자들이 그가 의도한 정확한 의미를 알아챘음을 보여준다(12:12). 그러므로, 제자들만이 보여준 독특한 이해는, 그들이 종종 그분께 그 이야기들에 대해 물어보았기 때문에 예수의 이야기들

91 Barbara E. Reid, "A Godly Widow Persistently Pursuing Justice: Luke 18:1-8," *Biblical Research* 45 (2000): 25-33 참조.

92 Pagola, *Jesus*, 112.

93 R. T. France, *The Gospel of Mark* (Grand Rapids: Eerdmans; Carlisle: Paternoster, 2002), 177 참조.

이 만들어내는 인지적 혹은 의도된 내용들에 대한 것이 아니며, 단지 그들이 예수의 제자로서 그 이야기들의 내용에 따라 행하도록 인도하는 그들만의 의지적인 이해이다.[94] 천국의 "신비(mystery)"(4:11)는 한 때 모두에게 숨겨졌지만 이제 들을 귀 있는 자들에게 나타났고, 그래서 하나님 나라는 현재적이지만 아직 저항할 수 없는 능력과 함께하는 것은 아니다(특히 마 13:24-30을 보라).[95] 예수의 오심은 로마 군주들을 그 땅에서 쫓아내기 위함이 아니라 사탄을 멸하시기 위함이며(막 3:27; 눅 10:17-20) 또한 현재에 부분적으로, 그리고 미래에 온전히 이루어지는 두 단계를 거친다. 그는 그를 따르는 자들에게 마귀와 그의 부하들을 제압할 수 있는 권세를 주시며(막 6:13), 그들이 필사적으로 노력하지만 엉망진창이 되는 와중에도 그러하다(4:15).[96]

주권자와 아들의 나라

칠튼(Bruce Chilton)은 현안들을 요약할 때 특히 탈굼에 드러나 있는 하나님 나라에 대한 유대인들의 공통적인 관점의 다섯 가지 특징들을 예수의 다섯 가지 강조점들과 대비시킨다. 전통적인 유대주의적 관점은 하나님의 왕적 통치를 종말론적, 초월적, 심판적이며, 의례적인 정결에 선점되어 있고 민족주의적인 것으로 보았다. 이 중 첫 세 가지 특징들의 요소가 예수의 가르침에도 등장하지만, 그의 강조점은 현재적이고 내재적이며, 기쁘고 도덕

94 Blomberg, *Interpreting the Parables*, 44-46. Douglas S. McComiskey, "Exile and the Purpose of Jesus' Parables (Mark 4:10-13; Matt. 13:10-17; Luke 8:9-10)," *Journal of the Evangelical Theological Society* 51 (2008): 84-85 참조.

95 Ladd, *Theology of the New Testament*, 92. Joel Marcus, *The Mystery of the Kingdom of God* (Atlanta: Scholars, 1986) 참조.

96 Craig A. Evans, "Inaugurating the Kingdom of God and Defeating the Kingdom of Satan," *Bulletin for Biblical Research* 15 (2005): 49-75. 컬만(Cullmann)의 유명한 은유를 가져와서 복(Darrell L. Bock, *Luke 9:51-24:53* [Grand Rapids: Baker, 1996], 1008)은 이것을 "사탄과의 전쟁에서 예수의 사역은 공격 개시일이다"라고 간단명료하게 정리한다.

적인 회개가 따르며 전우주적인 데에 있다.[97] "아버지의 나라"는 후기 영지주의와 외경 문헌, 특히 콥트 교회의 도마 복음서에 공통으로 등장하는 표현이지만, 이것이 정경 복음서에는 단 한 번도 나오지 않는다(비록 마태복음 13:43에서 의인들이 "자기 아버지 나라에서 해와 같이" 빛날 것이라고 말하고 있지만). 하지만 이 표현은 예수가 나타내는 것처럼, 하나님 나라에 대한 중요하고 적법한(canonical) 진리를 나타낸다; 그의 주권적 왕은 또한 사랑의 아버지였다.

마가복음이나 Q에서 예수는 자신을 단 한번도 "하나님의 아들"이라는 완전한 호칭으로 부르지 않지만 아버지로서의 하나님과의 관계에서 그는 "아들"이라는 간단한 용어는 사용하고 있다. 마가복음 13:32에서 그는 "그 날과 그때는 아무도 모르나니 하늘에 있는 천사들도, 아들도 모르고 아버지만 아시느니라"라고 주장한다. 악한 농부들의 비유에서도 그는 땅 주인의 유일한 상속자의 모습으로 나온다. 그리고 Q 10:22에서 그는 "아버지께서 나에게 모든 것을 위임하셨다. 아버지 외에는 아들을 아는 자가 없고 아들과 아들이 자신을 드러내기로 정한 자들 외에는 아버지를 아는 자가 없다"라고 단언한다.[98] 주기도문에서 유도하는(derivative) 대로 그의 제자들도 이제 하나님을 "아버지"(Q 11:2)라고 부를 수 있는 특권을 가진다. 이 모든 새로운 전개들로 보아 예수가, 그가 이해한 하나님의 나라를 "그 때가 이르렀다"라는 선언으로 요약할 수 있었던 것은 지극히 당연하다.

---

97 Bruce D. Chiton, *Pure Kingdom: Jesus' Vision of God* (Grand Rapids: Eerdmans, 1996), 56-101. 특히 공관복음에 나타난 천국에 대한 중요한 최근의 접근법들은 Richard A. Horsley, *Jesus and Empire: The Kingdom of God and the New World Disorder* (Minneapolis: Fortress, 2003); Mary Ann Beavis, *Jesus and Utopia: Looking for the Kingdom of God in the Roman World* (Minneapolis: Fortress, 2006); and Ben Witherington III, *Imminent Domain: The Story of the Kingdom of God and Its Celebration* (Grand Rapids: Eerdmans, 2009)을 포함하고 있다.

98 이 세 언급들에 대해서는 Graham N. Stanton, *The Gospels and Jesus* (Oxford: Oxford University Press, 1989), 226-27을 보라.

기독론

만약 하나님으로부터 왕국이 임했다면 하나님의 기름부음 받은 왕이 존재해야 한다. 만약 메시아적 시기가 도래했다면 메시아가 즉위하는 단계가 있어야 한다.[99] 그러므로 우리는 논리적 맥락으로 미루어, 하나님 나라에 대한 예수의 가르침으로부터 시작하여 기독론으로 넘어간다. 예수는 자신을 누구라고 생각했을까? 전통적으로 근대의 학자들은 공관복음서 저자들이 사용하는 주요한 호칭들, 특히 하나님의 아들, 인자, 주, 그리스도(메시아)의 진위성과 의미에 집중하여 이 문제를 논의하였다.[100] 더 최근에는 이 접근법이 호의를 잃었는데 왜냐하면 (1)인자(Son of Man)를 제외하고 나머지 모든 호칭의 진위성에 대한 의심이 있고, (2)(복음서 저자들의 저술에 빈번하게 등장하는 것에 비해) 예수 자신은 인자를 제외하고는 그 어느 것도 자주 사용하지 않았으며, (3)인자의 의미에 대해서는 뜨거운 논쟁이 있어왔기 때문이다.[101] 대신에 여전히 그 주제를 다루기 원하는 사람들은 덜 공통적으로 사용되거나 기독론적 호칭으로 보기 어려운 것들보다는 의도적으로 상징적인 것을 포함한 예수의 행동들(actions)에 좀 더 초점을 두는 경향이 있다.[102]

---

99 David Seccombe, *The King of God's Kingdom: The Solution to the Puzzle of Jesus* (Carlisle: Paternoster, 2002)을 두루 보라. Suzanne Watts Henderson, "Jesus' Messianic Self-Consciousness Revisited: Christology and Community in Context," *Journal for the Study of the Historical Jesus* 7 (2009): 168-97 참조.

100 고전적으로 Reginald H. Fuller, *The Foundations of New Testament Christology* (London: Lutterworth; New York: Scribner's, 1965)와 Ferdinand Hahn, *The Titles of Jesus in Christology: Their History in Early Christianity* (London: Lutterworth; Cleveland: World, 1969)을 보라.

101 논쟁의 역사에 대한 개관으로는 Delbert R. Burkett, *The Son of Man Debate: A History and Evaluation* (Cambridge: Cambridge University Press, 1999)와 Mogens Müller, *The Expression "Son of Man" and the Development of Christology: A History of Interpretation* (London: Equinox, 2008)을 보라.

102 총체적인 가장 최근의 연구로는 Sigurd Grindheim, *God's Equal: What Can We Know about God's Self-Understanding in the Synoptic Gospels?* (London: T&T Clark, 2013)을 보라.

예수의 죽음에서부터 거꾸로(Backward)

예를 들어 라이트(N. T. Wright)는 산헤드린 재판에서 명백하게 드러난 예수의 메시아적 고백에서 시작해서 거꾸로(backward) 연구하면서, 어떤 사건들이 그러한 고백을 촉발시켰을지, 그리고 나면 어떤 것이 그런 사건들을 야기했을지 등에 대해 계속 질문하면서 결국 예수가 메시아적 인식 같은 것을 얼마나 이른 시기에 갖고 있었을지를 결정해 보려고 한다.[103] 예수는 그 어디서도 자신을 메시아로 분명하게 가리킨 적이 없지만 가장 일찍 등장하는 표현은 그가 그런 인물인지 아닌지 물어보는 대제사장의 질문에 "내가 그니라"라고 대답한 것이다(막 14:62).[104] 오늘 날 고난 주간이라고 부르는 기간에 그가 회당에서 가르친 것이 예수가 붙잡히기 전의 마지막 공적 활동이었다. 그곳에 있던 대화 상대자들을 침묵시켰던 질문은 그들 중 많은 사람들이 믿고 있었던 것처럼 메시아가 단순히 다윗의 인간적 후손이라면 시편 110:1에서 그는 왜 메시아를 그의 주라고 불렀는가였다(막 12:35-37).[105] 그러한 예수의 어법은 그가 메시아의 다윗 선조 정통성을 모두 다 부인하는 것을 의미하는 것으로 쉽게 오해될 수 있었다.[106] 너욱이 예수가 이미 그의 메시아직을 일컫는 것들을 행하고 말해왔다면, 그는 여기서 암묵적으로 그의 신성에 대한 힌트를 주고 있었을 것이다. 이것은 악한 농부들의 비유(12:1-

---

103 Wright, *Jesus and the Victory of God*, 489-539. 심지어 그는 빌라도에게 예수가 대답하는 마가복음 15:2부터 시작할 수도 있었지만 역사적 토대만으로 그 말을 확증하기는 더욱 어렵다.

104 마태와 누가는 예수의 대답의 톤을 낮춰서 좀 더 베일에 가려진 증언으로 만드는데, 아마도 그의 단어들을 조금 더 문자적으로 이해하는 것을 포함하기 때문일 것이다. Davies and Allison, *Critical and Exegetical Commentary on the Gospel according to Saint Matthew*, 3:528-29을 좀 더 참조하라.

105 고대 유대교에서는 누구도 메시아의 인간됨이나 다윗의 후손임을 부정하지 않았기 때문에, 우리는 유대교 지도자들이 어떻게 "주"를 다윗의 "자손"이라고 보았는지에 대한 이 질문에 함축되어 있는 "단순히"에 대한 의미를 이해해야 한다. Ben Witherington III, *The Gospel of Mark: A Socio-rhetorical Commentary* (Grand Rapids: Eerdmans, 2001), 335; Craig A. Evans, *Mark 8:27-16:20* (Nashville: Nelson, 2001), 274 참조.

106 Keener, *Historical Jesus of the Gospels*, 270.

9), 즉 예수의 비유들 대부분에 대해서 의구심을 품는 흔하지 않은 학자들에게서도 받아들여질 만큼 그 진정성(사 5:1-7에 나오는 구약의 배경을 보라)이 널리 알려져 있는 핵심적인 부분에서도 나타난다.[107] 하지만 여기서 죽임 당해 포도원 밖에 내던져지는 아들은(막 12:7-8) 거의 확실하게 예수를 나타낸다. 예수가 이 비유의 세 가지 핵심, 즉 주인, 원래 농부들, 그리고 대체 농부들에 대한 사항을 강조하면서 아들에 대한 부분은 그렇게 크게 드러나지 않으나, 바로 이러한 이유 때문에 이야기에 나오는 아들과 그 자신의 관계는 더욱 실제적인 것으로 다가온다.[108]

예수의 공생애 마지막 주간의 초기로 거슬러 올라가면, 우리는 마가가 예수를 죽음에 이르게 할 음모의 마지막 촉매제로 인식하고 있는(18절) 성전 정화 사건(막 11:15-17)을 마주하게 된다. 여기서 예수는 주가 갑자기 그의 성전에 임하신다는(말 3:1) 예언을 재현하는 것처럼 보인다. 이 이야기는 이스라엘의 임박한 심판을 나타내는 마른 무화과나무 이야기의 두 부분 사이에 끼어 있다(막 11:12-14, 20-25). 누가복음 13:6-9에 나오는 포도원의 열매 맺지 못하는 무화과나무에 대한 의외적 언급은 이러한 해석을 강화하는데, 구약에서 사람이 그의 무화과나무 아래에 앉아 있는 것을 평화와 번영의 때에 있는 이스라엘에 대한 상징으로 사용하는 것으로 보아 그러하다(왕상 4:25, 왕하 18:31, 사 36:16, 미 4:4, 슥 3:10).[109] 이러한 본문들에 나오는 예수의 가르침과 행동은 단순히 예언하는 것이 아니라 신적 심판의 개시를 행동으로 표현함으로써 단순한 선지적 의도 이상의 것을 나타내는 것임이 틀림없다.[110] 성전 청결은 동시에 회개에 대한 호소, 회개하지 않는 자들에게 미칠 심판에 대한 경고, 그리고 예언을 성취하고 예수의 메시아적 인식을 보여주는 메시아

---

107 특히 Meier, *Marginal Jew*, 5:240-53을 보라.

108 Keener, *Historical Jesus of the Gospels*, 283-87.

109 Steven M. Bryan, *Jesus and Israel's Traditions of Judgement and Restoration* (Cambridge: Cambridge University Press, 2002), 48.

110 특히 Klyne R. Snodgrass, "The Temple Incident," in Bock and Webb, *Key Events in the Life of the Historical Jesus*, 429-80을 보라.

적 행동이다.[111] 결국 우리가 종려주일이라고 부르는 날에 예수는 의도적으로 스가랴 9:9(막 11:7; 마 21:4-5와 요 12:15에는 명시적으로 나옴을 참조)에 나오는 시온의 왕의 역할을 하면서 예루살렘에 들어갔다. 시편 118:25-26을 인용하는 많은 사람들의 찬송은 이러한 주장에 대한 이해를 어느 정도 나타냈다(막 11:9-10). 그러나 이 메시아적 왕의 통치는 전 세계적일 것이며 우주적 평화를 가져오고(슥 9:10) 단순한 다윗의 혈통에서는 결코 찾아볼 수 없었던 무언가일 것이다.[112]

가이사랴 빌립보로 가는 길에서 예수에 대한 베드로의 고백으로 되돌아가 보면 아래에서 논의될 마태복음의 완전한 서술에 비해 마가복음의 기록은 현저히 간결하다. 하지만 마가복음에서조차 예수는 그가 메시아라고 하는(막 8:29) 베드로의 확신에 대한 진리를 말없이 인정하면서도 그의 제자들에게는 아직 아무에게도 말하지 말라고 경고 한다(30절; 언제 제자들이 말할 수도 있는지에 대해 나오는 9:9도 참조).[113] 하지만 이 인식이 전적으로 추정적이었을 것이라는 논의는 개발(invented)되지 않았을 것이다.[114] 예루살렘을 향한 예수의 여정에 계속 나오는 세 번의 수난 예고(8:31, 9:31, 10:33)는 그에 대한 적개심의 증가와 또 다른 메시아적 반항이라고 여겨질 수 있는 모든 것들에 대한 로마의 진압에 비추어 보건데 확실히 일어났었을 것이다. 프레인(Sean Freyne)은 "예수는 그의 상징적 행동이 그 자신의 미래에 가져 올 결과에 대해 모르고 있었을 리가 없다. 요세푸스(Ant. 18.118)가 주장하듯이 만약 그의

111 Jostein Ådna, "Jesus and the Temple," in Holmén and Porter, *Handbook for the Study of the Historical Jesus*, 3:2635-75.

112 더 나아가 Brent Kinman, "Jesus' Royal Entry into Jerusalem," in Bock and Webb, *Key Events in the Life of the Historical Jesus*, 383-427을 보라.

113 예수 자신이 그 질문을 제기하고 있다(27절)는 바로 그 사실은 그가 제자들을 바른 답으로 인도하려고 시도하고 있음을 보여준다. 예수가 받아들이지 않은 자신에 관한 관점들에 대한 훌륭한 연구로는 Scot McKnight and Joseph B. Modica, eds., *Who Do My Opponents Say That I Am? An Investigation of the Accusations against the Historical Jesus* (London: T&T Clark, 2008)을 보라.

114 Michael J. Wilkins, "Peter's Declaration concerning Jesus' Identity in Caesarea Philippi," in Bock and Webb, *Key Events in the Life of the Historical Jesus*, 369.

선생 요한이 율법과 그가 외딴 베뢰아에서 설파한 질서에 대한 잠재적 위협 때문에 죽은 것이었다면, 그는 이보다 더 작은 운명, 즉 예루살렘 성전인 부싯깃 상자 안에서 끝날 운명을 결코 바라지 않았을 것이다"라고 표현한다.[115] 하지만 한편으로 예수의 수난 예고들은 하나님으로부터 예수에게 주어진 특별한 영감을 어느 정도 드러낼 만큼 충분히 자세히 기록되어 있다.[116]

라이트(Wright)는 계속해서 시간을 거슬러 뒤로 가면서 우리가 이 장에 다른 제목 아래 다루는 많은 가르침과 이적들에 대해 고찰한다. 결국 그는 나사렛 회당에서의 설교(눅 4:16-21)와 이것의 이사야 61:1-2a의 사용에 도달한다.[117] 비록 이 본문은 누가복음에만 유일한 것이나, 예수의 하늘나라 가르침과 긴밀하게 일치하며 진위성이 있는(authentic) 것으로 폭넓게 받아들여진다. 분명 예수는 그 자신을 이사야에서는 빈번하게 이스라엘 국가이나(사 41:8; 44:1, 21; 45:4; 49:3-7), 다른 곳에서는 그의 백성의 죄를 위해 죽는 개별적 인간이어야 하는 하나님의 종으로 본다(52:13-53:12).[118] 마지막으로 라이트(Wright)는 요한에게 세례를 받는 예수의 공적 사역의 제일 처음으로 간다. 그가 진실로 하나님이 사랑하는 아들이자 메시아라면, 로마에 대항하기 위해 군대를 규합하는 지도자를 넘어선 그 누군가가 조명되어야 한다.[119]

---

115 Sean Freyne, *Jesus, A Jewish Galilean: A New Reading of the Jesus-Story* (London: T&T Clark, 2004), 165-66. Michael V. Zolondek, "The Authenticity of the First Passion Prediction and the Origin of Mark 8:31-33," *Journal for the Study of the Historical Jesus* 8 (2010): 237-53 참조.

116 특히 Hans F. Bayer, *Jesus' Predictions of Vindication and Resurrection: Their Provenance, Meaning and Correlation of the Synoptic Predictions* (Tübingen: J. C. B. Mohr, 1986)을 보라. 또한 Michael R. Licona, "Did Jesus Predict His Death and Vindication/Resurrection?" *Journal for the Study of the Historical Jesus* 8 (2010): 47-66도 참조하라.

117 Wright, *Jesus and the Victory of God*, 535-36.

118 특히 *The Gospel according to Isaiah 53: Encountering the Suffering Servant in Jewish and Christian Theology*, ed. Darrell L. Bock and Mitch Glaser (Grand Rapids: Kregel, 2012), 61-83에 나오는 Michael Brown, "Jewish Interpretations of Isaiah 53"을 보라.

119 Wright, *Jesus and the Victory of God*, 536-37.

무직위적(Nontitular) 기독론

위더링턴(Ben Witherington)은 예수의 기독론을 다루면서 그에 대한 어떤 직위나 호칭도 사용하고 있지 않은 함축적 요소들로부터만 시작한다. 그는 예수와 다른 사람들과의 관계들을 고려하는 것에서부터 출발한다.[120] 어떤 종류의 개인적 권한이 누군가로 하여금, 세례 요한이 그전에 살았던 모든 사람들보다도 더 위대하지만 곧 태어나서 하나님의 나라에서 살게 될 모든 사람보다 작은 자라고 선포할 수 있게 하는가(Q 7:28을 생각해 보라)? 무엇이 예수로 하여금, 몇몇의 경우 그 적용이 영원할 것이라고 한때 언급된 금지 명령(예를 들어 33-42절)을 배제시키는 것을 포함하면서도, 어떻게 구약의 핵심 율법들이 적용되어야하는지(특히 마 5:21-48) 독단적으로 말할 수 있게 하는가?[121] 무엇이 그로 하여금 그의 열 두 사도들에게, 그들이 언젠가 이스라엘의 열 두 지파를 심판할 것이라고 약속하는 것을 허락하는가(마 19:28, 눅 22:30)?[122] 어떻게 그는 그 자신을 솔로몬, 요나, 그리고 성전 자체와 함축적으로("누군가" 혹은 "무엇"의 언어만을 사용하여) 비교하면서 그가 더 위대하다고 말할 수 있나(Q 11:31-32; 마 1:6 참조)? 이 모든 것은 요한복음 2:19에서 그가 자신을 하나님의 새 성전이라고 어렴풋이(elliptical) 언급한 것과 긴밀히 연결된다. 요한복음의 새로운 모습이 이른(early) 성전 청결사건을 정확한 연대기에 근거하여 역사적인 것으로 올바르게 포함시키고 있다는 점에서, 예수 자신

---

120 Ben Witherington III, *The Christology of Jesus* (Minneapolis: Fortress, 1990), 33-143.

121 한때 맹세는 허락되었으나 지금은 그렇지 않다. 한때 복수법("눈에는 눈")이 요구되었으나 지금은 금지되었다. 혹자는 여기서, 예수의 명령들이 다른 대조구와 마찬가지로 하나님의 요구들의 고조(escalation) 혹은 강화(intensification)라는 것을 알지만, 이것은, 적어도 이 두 사례의 경우에 "폐지와 대체(repeal and replace)" 기술이 정식적으로(formally) 있다는 사실을 바꾸지는 않는다.

122 Meier (*Marginal Jew*, vol. 3, *Companions and Competitors* [New York: Doubleday, 2001], 154)는 이것을 이스라엘 열 두 지파의 재결합의 예언적 상징으로써의 열 두 제자들의 역할의 일부로 본다.

에 대한 주장에 관한 우리의 자료는 심지어 더욱 극적으로 증가한다.[123] 요한복음에서 다양한 유대 절기들-안식일(요 5:9-18), 유월절(6:4), 초막절(7:37-39; 8:12), 그리고 하누카(10:22-39)를 성취하는 예수에 의한 다른 주장들 역시 반드시 여기에 포함되어야 한다. 점점 더 우리는 예수의 자기 이해에 담긴 신성(divinity)에 대한 힌트들에 대해 이야기해야 한다. 아마 함축적이거나 무직위적 기독론에 대해 가장 공통적으로 접근하는 방법은 그것을, 예수의 사역에 대한 제법 침묵적인 부분들이면서 그럼에도 여전히 모두 결합되어 상대적으로 극적인 결과를 만드는 관찰들의 단순한 목록으로 보는 것일 것이다.[124] 이미 언급된 것들에 더하여 우리는 지붕 아래로 내려진 중풍병자를 치유하는 에피소드에서 나타난 죄를 용서하는 그의 권위에 대해서도 언급할 수 있다(막 2:1-12). 죄 사함을 받았다는 단순한 선포가 신성 모독이라는 비난을 가져온 것이 아닌데, 왜냐하면 성전 제사장들은 희생 제물을 가져오는 자들에게 그들의 죄가 사해졌다고 어김없이 확신시켜 주었기 때문이다.[125] 그러나 제사장들은 적합한 자격을 갖추고 있었고 예배자들도 적법한 절차를 따르고 있었다. 예수는 인증을 받은 제사장이 아닌 단순히 자기 스타일의 랍비였으며 고침받은 사람도 성전에서 희생 제물을 드리지 않았다. 오직 하나님만, 아들 자신이 정해놓은 과정을 정당하게 인증할 수 있었으며 그 사람의 죄가 사해졌다고 확실하게 선포할 수 있었다.[126]

예수의 선지자적 역할이 함축적 혹은 무직위적 기독론을 일컫는 세 번

---

123 John A. T. Robinson, *The Priority of John*, ed. J. F. Coakley (Oak Park, Ill.: Meyer-Stone, 1987), 128-31을 보라.

124 Witherington, *Christology of Jesus*, 145-262(행동과 말을 구별함); Grindheim, *God's Equal*(이 둘을 전반적으로 배치함).

125 요한슨(Daniel Johansson, "'Who Can Forgive Sins but God Alone?' Human and Angelic Agents, and Divine Forgiveness in Early Judaism," *Journal for the Study of the New Testament* 33 [2011]: 351-94)은 심지어 이러한 제사장적 전례에 대해서도 도전하고 있다. 만약 그가 옳다면 예수의 선포는 훨씬 더 충격적인 것임이 분명하다.

126 Nicholas Perrin, *Jesus the Temple* (Grand Rapids: Baker, 2010), 152-54.

째 방법을 형성하며 이것은 상대적으로 논쟁거리가 되지 않는다.[127] 마가복음 6:4에서 예수는 자기 자신을 고향(혹은 아마도 고국)에서 존경받지 못하는 선지자와 연결시킨다. Q 13:34-35에서 그는 자신을 자기 백성들이 거부한 선지자들의 연속으로 본다. 이 구절들은 누가복음에 유일하게 나오는 앞선 구절과 충분히 밀접한 연관성이 있으므로 우리는 아마 이 구절도 포함시켜야 할 것이다: "그러나 오늘과 내일과 모레는 내가 갈 길을 가야 하리니 선지자가 예루살렘 밖에서는 죽는 법이 없느니라"(눅 13:33).[128] 그러나 때때로 예수는 어느 구약 선지자가 말하거나 행했던 것을 넘어서기도 한다. 마가복음 8:38과 Q 12:8-9와 같은 구절에서 그는 "하나님의 마지막 종말론적 대리자(God's final eschatological agent)"가 된다.[129] 최후 심판의 날에 공언될 남자와 여자의 영원한 운명은 그들이 예수를 영접했는지 아니면 거부했는지와 연결되어 있다! 그는 히브리 성경에서 샬리아크(*shaliach*)인 "보냄 받은 자"로서, 신성한 행위자로서의 역할을 한다(예수가 "나를 보내신 이"를 말하는 막 9:37 참조, 또한 Q 10:16, 마 15:24을 보라). 게다가 구약에서 주로 여호와를 위해 지정된 핵심 은유들을 자신에게 적용한다.[130] 그는 비록 나중에 빼앗김을 당하여 사람들이 금식하며 슬퍼한다 하더라도(막 2:19-20) 기쁨을 합당하게 하는 신랑(사 62:5 참조)이다.[131] 그는 추수의 주인(Q 10:2; 사 62:9, 호 6:11, 욜 3:13 참조), 선한 목자(막 6:34, 14:27; Q 15:4-7; 요 10:11, 14-16; 그리고 특히 겔 34 참조), 씨를 뿌리는 자(막 4:3-9, 26-29; 요 4:36 그리고 사 55:10 참조), 그리고 자기 병아리들과 함께 있는 암탉(Q 13:34; 신 32:11, 시 36:7, 룻 2:12 참조)이나, 보통은 간접적으로 그

---

127 특히 Ben Witherington III, *Jesus the Seer: The Progress of Prophecy*, rev. ed. (Minneapolis: Fortress, 2014)을 보라.

128 Stanton, *Gospels and Jesus*, 179.

129 이에 대해 특히 Marinus de Jonge, *God's Final Envoy: Early Christology and Jesus' Own View of His Mission* (Grand Rapids: Eerdmans, 1998)을 보라.

130 Philip B. Payne, "Jesus' Implicit Claim to Deity in His Parables," *Trinity Journal* 2 (1981): 3-23.

131 Robert H. Stein, *Mark* (Grand Rapids: Baker, 2008), 137-38.

러하다. 이 구절들 중 다수에서 하나님 자신이 주요 대상이다. 그러나 문맥을 보면 예수가 간접적으로 자신을 가리키기 위해 이 은유들을 사용하고 있음을 알 수 있다. 좀 더 직접적으로 그는 건축자들이 내버린 놀라운 모퉁이돌(cornerstone, 막 12:10-11; 시 118:22-23; 사 28:16 참조)이자 몇 사람은 그 위로 넘어지는 거치는 돌(stumbling stone)이지만, 또한 그에게 저항하는 자를 가루로 만들 머릿돌(capstone)이다(눅 20:18; 사 8:14 참조).[132]

종종 예수는 그가 왜 왔는지 알리는 말을 통해 자신의 임무를 설명한다. 어떤 가르침이든지 그 자체로, 여행 중인 그가 왜 특정한 지역에 왔는지를 의미할 수 있었다. 그러나 이 반복되는 진술들("나는 …을 위해 왔노라")의 전반적인 효과는 어떤 상황에 특정화된 문맥을 초월하며, 그 자신이 세상에서의 삶 이전부터 이미 어떻게든 존재해 왔음을 이해하면 좀 더 이치에 잘 들어맞는다(특히 막 1:38, 2:17; Q 12:49).[133] 때때로 그로 하여금, 사람들이 무언가 말하기 전에 그들이 가진 생각을, 혹은 사람들이 실행하기 전에 그들이 무엇을 할 것인가를 알게 하는 그의 통찰은, 구약의 선지자들이 성취했던 그 어떤 것도 능가하는 신적 의식을 보여준다. 추가적으로 예수는 마가복음과 Q에서만 열다섯 번에 걸쳐 이 공언을 진지한 "아멘"("진실로," "참으로," 그리고 "참으로 너희에게 말하노니"와 같이 다양하게 표현된)으로 시작하는데 이것은 유대인들의 특징적인 화법이 전혀 아니다. 요한은 강조의 목적으로 예수의 "아멘"을 두 번 말하기로 정할 수도 있었지만 그렇게 소개된 말이 요한의 독자적 관

132 Mark L. Strauss, *Mark* (Grand Rapids: Zondervan, 2014), 317-18; Timothy C. Gray, *The Temple in the Gospel of Mark: A Study in Its Narrative Role* (Grand Rapids: Baker, 2008), 76. 원래 이 문맥에서 예수가 이 인용구절을 언급했다는 것을 변호하는 연구물로 Greg R. Lanier, "The Rejected Stone in the Parable of the Wicked Tenants: Defending the Authenticity of Jesus' Quotation of Ps 118:22," *Journal of the Evangelical Theological Society* 56 (2013): 733-51을 보라. 탈굼에 나오는 모퉁이돌 주제에 대한 메시아적 해석은 J. C. de Moor, "The Targumic Background of Mark 12:1-12: The Parable of the Wicked Tenants," *Journal for the Study of Judaism* 29 (1998): 77-78을 보라.

133 특히 Simon J. Gathercole, *The Pre-existent Son: Recovering the Christologies of Matthew, Mark, and Luke* (Grand Rapids: Eerdmans, 2006), 83-176을 보라. 또한 Aquila H. Lee, *From Messiah to Preexistent Son* (Tübingen: Mohr Siebeck, 2005)도 참조하라.

용구적 표현이라 하더라도 실제적인 것(authentic)으로 관철될 것이다.[134] 그러나 이 같은 독창적이고 성경적이며 신적인 것처럼 여겨지는 도입을 지속적으로 사용하여 그의 가르침을 시작하는 선생은 상당히 괴짜이거나 독창적으로 영감을 받았었을 것이다!

마태가, 산상수훈 이후 예수가 서기관들과 다르게 권위 있는 자와 같이 가르친 것으로 인해 무리가 놀랐다고 기록하고 있는 것은 전혀 놀라운 것이 아니다(마 7:28-29). 사실 이 언급 자체가 놀라운 것인데, 왜냐하면 그 지도자들이 권위가 자기들의 것이라고 계속 우겨왔기 때문이다. 후기 랍비의 글들은 그들의 가르침을 입증하기 위해 지속적으로 구약 자체나 다른 존경받는 랍비를 인용한다. 반면 예수는 성경시대 이후의 그 어떤 선조들도 인용하지 않았고 그의 성경 인용은 적어도 당시 지배적 해석들에 대해서, 그리고 때로는 그들의 적용이 지속적인지에 대해서도 계속 의문을 제시한다.[135] 또는 슈넬(Udo Schnelle)의 말을 빌려 표현하자면 "예수는 자신만의 권위로 [하나님의] 뜻을 구성한다; 그는 그것을 구약에서 얻지 않는다…그렇다고 예수가 율법을 폐하거나 율법에 근거해서 생각하고 논쟁하는 것도 아니다–실제로 이것은 율법의 상대화를 의미한다."[136] 예수는 분명 선생이고 그러므로 자기만의 스타일을 가진 랍비이다. 그러나 다시 말하지만 그는 널리 인정된 보증이나 그가 속한 사회로부터의 공적인 허락을 갖고 있지 않았었다.

---

134 Barnabas Lindars, *The Gospel of John* (London: Marshall, Morgan & Scott, 1972; Grand Rapids: Eerdmans, 1981), 42 참조. 좀 더 신중하게는 R. Alan Culpepper, "The AMHN, AMHN Sayings in the Gospel of John," in *Perspectives on John: Method and Interpretation in the Fourth Gospel*, ed. Robert B. Sloan and Mikeal C. Parsons (Lewiston, N.Y.: Edwin Mellen, 1993), 57-101.

135 Grindheim, *God's Equal*, 101-16; Witherington, *Christology of Jesus*, 186-89를 참조. Craig S. Keener (*A Commentary on the Gospel of Matthew* [Grand Rapids: Eerdmans, 1999], 256-57)는 "다른 유대 교사들은 이른 시기의 현자들의 의견을 정기적으로 인용했고 후기 교사들이 때때로 그들의 전통을 하나님의 말씀과 동등한 것으로 대하였으나, 예수와 동시대에 살던 그 누구도 예수처럼 그들이 어떻게 특정한 교사의 말을 다루는지에 따라 심판을 받을 것이라고는 절대 말하지 않았을 것이다"라고 설명한다(7:21-27 참조).

136 Schnelle, *Theology of the New Testament*, 139.

마가복음 14:14에서 예수는 자신을 단지 그러한 선생이라고 암묵적으로 가리키고 있으며 또한 그렇게 자신이 불리는 것을 반복해서 허용하고 있으나(4:38; 9:17; 10:20, 34; 12:14, 19, 32; 13:1), "랍비"는 아직 공식적 직함이 아니며 그는 10:17에서 "선한 선생님"이라는 직함의 적절성에 도전한다. 비록 그 관점이 종종 과도한 해석으로 분류되어 왔지만 예수가, 자기의 신성에 대해 그 부자가 어떤 식으로든 이해하는 것을 보려고 한 것이 아니었더라면 그의 대답을 이해하기는 어렵다("네가 어찌하여 나를 선하다 일컫느냐 하나님 한 분 외에는 선한 이가 없느니라," 18절).[137] 예수가 지속적으로 고기독론(high Christology)을 반영하는 그의 유명한 "나는…이다(I am)" 발언을 여덟 번 말하는 곳은 요한복음이지만 심지어 마가도 '에고 에이미'(*egō eimi*, 직역하면 "내가 그이다"보다 "나는…이다"에 더 가까운)를 6:50과 13:6에 나오는 명백한 신현과 거짓 선지자들을 각각 가리키는 문맥에서 사용하고 있다. 또한 산헤드린 공회에서 메시아직에 대해 질문하는 대제사장에게 준 예수의 확신에 찬 대답도 동일한 두 헬라어 단어로 구성되어 있다.[138]

그러므로 함축적이고 비직위적 신학에만 의거하여 라코크(André LaCocque)는 "그의 사역 마지막에, 그리고 아마 종종 그 전에도 예수는 자기가 성육신 혹은 하나님의 실체의 존재(쉐키나, Shekinah)라고 주장했던 것임이 명백하다"라고 결론짓는다. 더 나아가 "만약 우리가 출 3:14에 모세를 향한 극적 계시에 나오는 '에흐예흐'(*'ehyeh*)와 '야훼'(*yhwh*)의 미완료적 시상을 제대로 취한다면 예수 자신도 하나님이 역사 속에서 존재했던 바로 그러한 자라고 주장한 것이다. 예수의 자기 선포가 유대 지도자들의 눈에는 그의 사형을 합당하게 한 신성모독이었다."[139] 하지만 예수는 어떤 복음서에

---

137 John M. McDermott, "Didn't Jesus Know He Was God? Mark 10:17-21," *Irish Theological Quarterly* 73 (2008): 307-33.

138 Stein, *Mark*, 326, 598; and Ethelbert Stauffer, *Jesus and His Story* (New York: Alfred Knopf, 1960), 124-26 참조.

139 André LaCocque, *Jesus the Central Jew: His Times and His People* (Atlanta: SBL, 2015), 242. 혹자는 문법적 결론에 의문을 제기할 수 있겠으나 그 유사점은 상당히 놀랍다.

서도, 심지어는 외경이나 영지주의 글들 속 그 많은 말에도 "내가 하나님이다"라고 절대로 말하지 않는다. 아마도 바넷(Paul Barnett)의 설명이 맞을 것이다 "만약 그가 그렇게 했었다면, 그가 세상에 오면서 하늘에 있는 하나님의 보좌를 비우고 그곳에 생명과 역사를 다스리는 어떤 자도 남겨놓지 않고 하늘을 탈출한 것이라고 주장하는 것이었을 것이다. 그 대신 예수는 하나님을 기능적으로(*functionally*), 선포적으로(*declaratively*), 그리고 관계적으로(*relationally*) 드러내기 위해 그렇게 주장했다." 이런 방법으로 "예수는 그의 신성과 아들됨을 양태론(Modalism)을 무효화하는 방법으로 확언했다."[140]

직위적(Titular) 기독론: 하나님의 아들

우리가 살펴 본 함축적(implicit) 기독론의 중요한 단편이 진정성이 있을수록, 좀 더 표면적인(explicit) 기독론을 받아들이는 것은 더욱 쉬워진다. 복음서가 말하는 예수의 호칭들 대부분은, 각 호칭을 가장 많이 사용하는 다양한 복음서 기자들의 뚜렷한 신학에서 다뤄질 것이다. 그러나 우리는 "하나님의 아들"을 여기서 다뤄야만 하는데 왜냐하면 이것이 신약의 복음서에서 전적으로 예수의 입을 통해 드러나기 때문이다. 이 표현은 사복음서를 통틀어 일흔 다섯 번 나타나며 그 중 예순 한 번은 공관복음에서 나오는데 그 중 스물다섯 번은 마가복음이나 Q에 나온다.[141] 그러므로 이 호칭은

---

140 Paul Barnett, *Messiah: Jesus—the Evidence of History* (Nottingham: IVP, 2009), 120, 125. 그러나 신약의 나머지 부분은 직접적으로 예수를 하나님이라고 종종 언급한다. 특히 Murray J. Harris, *Jesus as God: The New Testament Use of Theos in Reference to Jesus* (Grand Rapids: Baker, 1992)을 보라. 더 나아가 간접적인 증거는 예수가 자신에 대해 말할 때 구약에 나오는 여호와의 비슷한 양식을 놀랍게 빼닮은 삼인칭(third person)을 사용하는 것이다. Roderick Elledge, *Use of Third Person for Self-Reference by Jesus and Yahweh: A Study of Illeism in the Bible and Ancient Near Eastern Texts and Its Implications for Christology* (London: Bloomsbury T&T Clark, 2017)을 보라.

141 신약 나머지 부분에서 이 표현은 오직 행 7:56과 계 1:13과 14:14에서만 나온다. 전자의 경우는 하늘의 인물이 하나님 옆에 서 있는 환상을 보는 스데반의 입을 통해서이고 후자는 요한이 승귀된 예수에 대한 환상을 보았다는 것을 독자들에게 알려주기 위한 의도이다.

예수의 신학에 있어 지배적이면서도 구별되는 것이다. 이 표현의 의미에 대한 주요 논쟁은 그것이 가진 구약의 배경에 대한 것이다. 이 호칭은, 하나님이 "그저 유한한 존재"와도 비슷한 단어들로 선지자를 칭하고 있는 에스겔 전반에서 발견되는 표현과 같은 종류인가(겔 2:1, 3, 6, 8; 3:1, 3, 4, 10, 17, 25 등등)? 아니면 단순히 "인간," 또는 아마도 "나와 같은 사람"이나 "나의 위치에 있는 사람"을 의미하는가?[142] 혹은 선지자가 환상 가운데 "인자 같은 이"가 하나님의 임재 가운데로 인도되고 세상의 모든 나라에 대한 우주적이고 영원한 통치가 주어지는 것을 보는 다니엘 7:13-14에 나오는 핵심적인 성경적 선제(precedent)인가(단순히 인간보다 훨씬 그 이상인)?[143]

공관복음에 나오는 "하나님의 아들"에 대한 언급들은 전통적으로 예수를 세상에서 진정한 인간처럼 행하고 있는 것으로 묘사하고 있는 부분(예를 들어 Q 9:58), 그에게만 유일한 고난과 죽음을 예견하거나 이와 관련된 부분(예를 들어 마가복음 8:31), 그리고 다니엘에서처럼 하늘의 인자를 나타내는 부분(예를 들어 마가복음 14:61-62)으로 나뉘어져 왔다. 이 마지막 분류를 진정성이 없는 것으로 제외해야만, 직위에 대한 예수 자신의 의미를 단순히 인간에 대한 것으로 제한할 수 있다. 세속적이고 고난 받는 "인자"에 대한 언급들이 가진 일관성과 통렬함(poignancy)은, 사실 그것들을 하늘의 인자의 배경에서 읽을 때 더욱 증가한다. 그 같은 근원을 갖는 이가 머리 둘 곳이 없거나(세속적 언

142 Walter Wink, *The Human Being: Jesus and the Enigma of the Son of Man* (Minneapolis: Fortress, 2002); Douglas R. A. Hare, *The Son of Man Tradition* (Minneapolis: Fortress, 1990); 그리고 Barnabas Lindars, *Jesus Son of Man: A Fresh Examination of the Son of Man Sayings in the Gospels in the Light of Recent Research* (London: SPCK, 1983; Grand Rapids: Eerdmans, 1984).

143 특히 Larry W. Hurtado and Paul L. Owen, eds., *"Who Is This Son of Man?" The Latest Scholarship on a Puzzling Expression of the Historical Jesus* (London and New York: T&T Clark, 2011); Michael B. Shepperd, "Daniel 7:13 and the New Testament Son of Man," *Westminster Theological Journal* 68 (2006): 99-111; Karl A. Kuhn, "The 'One Like a Son of Man' Becomes the 'Son of God,'" *Catholic Biblical Quarterly* 69 (2007): 22-42; and Chrys C. Caragounis, *The Son of Man: Vision and Interpretation* (Tübingen: J. C. B. Mohr, 1986)을 보라.

급, Q 9:58), 고난 받고 죽어야 한다는 것은 얼마나 반어적이고 비극적인가![144]

케이시(Maurice Casey)가 단순히 인간을 의미하는 표현에 대한 독특한 관점이 인자의 의미에 관한 "해결책"이라고 한 압도적인(sweeping) 견해에도 불구하고[145] 우리는 아마 김(Seyoon Kim)의 안내를 따라야 할 것이다: 복음서가 계속해서 헬라어 정관사를 사용한 것은 다니엘에서(이미 형성된 인물인) "바로 그" 인자를 가리키는 것으로 가장 잘 이해될 수 있다.[146] 이런 방식으로 그 용어는 에녹일서(1 Enoch)에서 확실하게 사용되었고, 상당한 논쟁 이후에 그 책의 선 기독교적(pre-Christian) 기원을 다루는 바로 그 부분이 이제는 정립이 된 것처럼 보인다.[147] 그러나 만연했던 제 이 성전기 유대적 용례나, 수정 혹은 보완되어 따라왔던 의미들 때문에 예수는 그가 원했던 특별한 중요성을 가지고 이 표현을 사용했다.[148] 그럼에도 불구하고 이것은 그의 메시아적, 그리고 그의 신적인 메시아적 인식을 가리키는 정보 "데이터베이스(database)"의 일부로 보관되어야 한다. 구약의 가장 극적인 약속들 중 일부의 성취로 특정지어 질 수 있는 시대가 도래한 것이다.

144 Robert H. Gundry (*Matthew: A Commentary on His Handbook for a Mixed Church under Persecution*, 2nd ed. [Grand Rapids: Eerdmans, 1994], 152)는 여기서 "인자"는 직위여야만 하며 "그렇지 않으면 그 표현은 효과가 없다"라고 주장한다.

145 Maurice Casey, *The Solution to the "Son of Man" Problem* (London and New York: T&T Clark, 2009).

146 Seyoon Kim, *"The 'Son of Man'" as the Son of God* (Tübingen: J. C. B. Mohr, 1983; Grand Rapids: Baker, 1985).

147 Darrell L. Bock and James H. Charlesworth, eds., *The Parables of Enoch: A Paradigm Shift* (London: Bloomsbury T&T Clark, 2013).

148 F. F. Bruce, "The Background to the Son of Man Sayings," in *Christ the Lord: Studies in Christology Presented to Donald Guthrie*, ed. H. H. Rowdon (Leicester and Downers Grove, Ill.: IVP, 1982), 50-70.

메시아적 공동체

그러나 메시아적 공동체가 없는 메시아는 상상하기 어려울 것이다.[149] 근대 학계 역사에서 두 일탈적인 시도가 신학적 노선의 각 극단에서부터 이 문제에 대해 도전해 왔다. 한쪽 진영에서는 예수의 교회에 대한 세 언급(마 16:18, 18:17[두 번])의 진정성을 부정하는 자들이, 예수가 하나님 나라에 대해 전했으나 교회가 대신 나타난 것이라고 주장할 것이다. 20세기 초기 자유주의의(liberal) 로지(Alfred Loisy)가 이 관점의 가장 유명한 대변자였다. 그는 교회가 예수의 계획 속에 없었던 것이라고 주장했다. 예수는 역사가 곧 종료될 것을 계획하고 있었으나 그의 예언은 실패했다. 교회는 예수의 흔적 일부를 보존하고자 했던 그의 제자들의 사후 생각이었다.[150] 이와는 달리 교회는 이스라엘 전체가 하나님 나라(그의 "최선책[plan A]")를 부정할 경우를 대비한 예수의 "차선책(plan B)"이라고 믿는 전통적인 세대주의자들도 있다.[151] 두 경우 모두에 있어서 예수는 원래 자신보다 더 오래 지속될 어떤 운동을 만들 추종자들의 무리를 소망하지 않았고, 대신 하나님 나라의 완전한 형태로의 즉각적인 성취를 소망했던 것으로 본다.

이러한 관점들은 설득적이지 않다. 비록 마가복음이나 Q에는 나오지 않지만 마태복음 16:18-19에는 확실성 있는 많은 증거들이 있다.[152] 베드로가 예수를 메시아로 알아 본 이후에 예수는 "또 내가 네게 이르노니 너는 베드로라 내가 이 반석 위에 내 교회를 세우리니 음부의 권세가 이기지 못하리

149 Gerhard Lohfink, *Jesus and Community* (Philadelphia: Fortress, 1984), 26쪽과 전반에 걸쳐서.

150 Alfred Loisy, *The Gospel and the Church* (London: Isaac Pitman & Sons, 1908), 166.

151 예를 들어 J. Dwight Pentecost, *The Words and Works of Jesus Christ* (Grand Rapids: Zondervan, 1981), 253.

152 Ben F. Meyer, *The Aims of Jesus* (London: SCM, 1979), 185-97. John Nolland (*The Gospel of Matthew* [Grand Rapids: Eerdmans, 2005], 661-82)는 16:16-19에 대한 그의 주해 전반에 걸쳐 유대적인, 특히 구약적 배경에 대해 총체적으로 논하고 있다.

라 내가 천국 열쇠를 네게 주리니 네가 땅에서 무엇이든지 매면 하늘에서도 매일 것이요 네가 땅에서 무엇이든지 풀면 하늘에서도 풀리리라"고 대답한다. 단어 유희(베드로[*Petros*]; 반석[*petra*])가 헬라어로는 잘 들어맞지만 아람어가 정확하다(둘 모두의 의미로 쓰인 '게바'[*Kēpha*]).[153] "교회"에 해당하는 단어('에클레시아'[*ekklēsia*])는 칠십인경에서 히브리어 '카할'(*qāhāl*)을 번역한 것인데 하나님의 백성들의 모임인 공동체를 가리키는 구약의 대표적인 용어이다. "음부의 권세(대문)"는 구약의 표현(사 38:10)이며 "천국 열쇠"는 "다윗의 집의 열쇠"(사 22:22)라고 한 이사야의 언급을 생각나게 한다. 이 중 어떤 표현도 신약 다른 곳에 나오지 않기 때문에(그러나 일부 대응하는 계 3:7을 보라), 어느 것도 예수가 만들어 낸 것이 아니다. 이사야 22:22은 이 열쇠가 여는 것을 누구도 닫을 수 없고 닫은 것을 아무도 열 수 없다고 설명하는데, 이것은 마태복음 16:19와 18:18(16:18에 있는 것을 제외하면 복음서에 등장하는 "교회"에 대한 유일한 나머지 언급이 등장하는 17절 직후)의 매고 푸는 것과 사실상 동일한 것이다.[154] 그러므로 예수는 자신보다 오래 지속하고, 어떤 조직체의 특성을 갖고 있으며, 그의 나라의 목표를 하나님의 유일한 권세로 시행하면서 또한 그것이 제대로 달성되었을 때 그 업적을 인준하는, 어떤 공동체를 계획하고 있었음을 우리는 확실히 짐작해 볼 수 있다.

그럼에도 불구하고 만약 이 구절들이 여전히 신뢰할 만하지 않다면 우리는 예수의 공적 사역 초기로 되돌아가야 한다. 이스라엘 열 두 지파라는 유대적 배경은 예수가 실제로 열 두 제자를 부른 것을 개연성 있게 하는데, 이것은 특히 교회가 만들어내지는 않았을 것으로 보이는 잠재적으로 치욕적인 부분, 즉 배신자 유다가 그 수에 포함된 것을 볼 때 더욱 그러하다(막

153 Keener, *Commentary on the Gospel of Matthew*, 426-27. 또한 R. T. France, *The Gospel of Matthew* (Grand Rapids: Eerdmans, 2007), 620-22도 참조.

154 이 부분에 관해 특히 Joel Marcus, "The Gates of Hades and the Keys of the Kingdom (Matt 16:18-19)," Catholic Biblical Quarterly 50 (1988): 443-55을 보라.

3:16-19).[155] 열 둘 제자의 최종판은 초기의 부름이 기록된 마가복음 1:16-20과 요한복음 1:37-51을 볼 때 더욱 이해가 된다; 그들은 사전에 예수에 대한 어떤 노출도 없이 고기 그물과 다른 직업에서 뛰쳐나오지 않았다.[156] 대신 열 둘을 부르는 것은 예수가 새로운, 참된 이스라엘을, 혹은 위더링턴(Ben Witherington)이 붙이기 좋아하듯이 "자유롭게 된 이스라엘"을 의식적으로 성립하는 것을 의미한다.[157] 예수가 그의 추종자들을 "적은 무리"라고 부른 은유는 그들이 촘촘하게 짜여져서 지속적인 돌봄을 필요로 하는 조직체를 형성했음을 시사한다.[158] 이스라엘 집의 잃어버린 양에 대한 언급은 목자 없는 양으로써의 이스라엘에 대한 묘사와 함께(민 27:17; 사 13:14; 겔 34:5, 8 참조) 이와 동일한 구약의 이미지를 불러 온다(렘 50:6). 잃어버린 양의 비유는 예수가 그 부족함을 해결하려고 함을 시사한다(Q 15:4-7). 더 나아가 예수의 도덕적 명령들-결혼, 이혼, 그리고 재혼(막 10:1-10), 로마에 세를 바치는 것(막 12:13-17), 그리고 연장되는 고난과 핍박(막 13:9-13)에 대한-의 본질과 다양성은, 그가 제자들이 지속적인 간격의 시간 동안에 하나의 공동체로 작용할 것으로 예견하고 있음을 보여준다.[159] 더욱이 쿰란의 의의 선생(Teacher of Righteousness)은 가장 마지막 날에 존재했었다는 비슷한 생각에도 불구하고, 두 세기 이상 지속된 공동체를 설립했기 때문에 예상컨대 예수도 그와 같이 쉽게 했을 것이다.

교회와 이스라엘의 관계는 종종 논쟁이 되어 왔다. 기독교인들은 교회사 대부분의 기간에 교회가 이스라엘을 대체했다고 주장했다. 분명 상당히

155 Meier, *Marginal Jew*, 3:141-46

156 Mark Appold, "Jesus' Bethsaida Disciples: A Study in Johannine Origins," in Anderson, Just, and Thatcher, *John, Jesus, and History*, 2:27-34.

157 Witherington, *Christology of Jesus*, 131.

158 다시 한번, 여기에 하나님의 선택이 한 무리의 양떼와 연결되는 풍부한 구약 배경이 있다. 이에 대한 참조 문헌과 논의 사항은 James R. Edwards, The Gospel according to Luke (Grand Rapids: Eerdmans; Nottingham: Apollos, 2015), 376-77을 보라.

159 Goppelt, *Theology of the New Testament*, 1:77-119.

중복되는 부분이 있지만 Q 13:35는 예수가 재림할 때 민족적 유대인들에게 이와 연계된 어떤 미래가 있음을 시사한다. 그들이 "찬송하리로다 주의 이름으로 오시는 이여"라고 말하기까지 그들이 예수를 다시 볼 수 없을 것이라는 사실은, 예수가 두 번째로 올 때 그에 대한 집단적 믿음이 부어질 것임을 가르쳐 주는 것 같다.[160] 잠재적인 은사중지론자(supersessionist)의 글 모두는 예수 시대에 살아있던 모든 이스라엘인을 비난하는 것에 미치지 못한다. 이들 중 가장 험한 것은 마태와 요한에게만 있고 각각의 신학을 다룰 때 논의될 것이다. 그러나 예수와 그의 모든 제자들이 유대인이었다는 사실에 미루어 보면, 비록 이스라엘 나라 대부분이 결국에는 그를 거부했다 하더라도, 반유대적이라는 혐의는 성립될 수 없다. 때로 논쟁이 거칠기도 하지만(Q 11:39-52, 막 12:38-40), 이 단계에서의 논쟁은 유대교 안에만 머문다.[161] 이것을 복(Darrell Bock)이 누가복음 11:39에 대해 언급하며 설명하듯이 "꾸지람의 어조는 구약과도 같다(사 1:10-17; 58:4-8; 암 5:21-24; 미 6:6-8…). 그것의 예언적 배경이 예수의 언급을 문화적으로 무례한 것으로 만드는데 이스라엘을 그렇게 칭했던 선례가 있었기 때문이다. 유대교 또한 이 문제를 알고 있었다."[162]

반유대주의가 추악한 머리를 들고 있는 것이 여전히 쉽다면 정치적 정확성의 시대에 유대 지도자들의 핵심 그룹과 그들의 추종자들이 그리는, 전적으로 끔찍한 예수의 태도를 최소화하는 것 역시 너무 쉽다. 윌킨스(Michael Wilkins)가 그 중요성에 대해 잘 포착하고 있다.

---

160 Davies and Allison, *Critical and Exegetical Commentary on the Gospel according to Saint Matthew*, 3:323-24; John Nolland, *Luke 9:21-18:34* (Dallas: Word, 1993), 742.

161 특히 Craig A. Evans and Donald A. Hagner, eds., *Anti-Semitism and Early Christianity: Issues of Polemic and Faith* (Minneapolis: Fortress, 1993)을 보라. Amy-Jill Levine, *The Misunderstood Jew: The Church and the Scandal of the Jewish Jesus* (New York: HarperCollins, 2006)의 대부분(전부는 아니고)도 참조하라.

162 Bock, *Luke* 9:51-24: 53, 1113.

이스라엘 역사의 이 세대는 구속사의 완성을 목도하는 특권을 누렸다. 그들은 하나님 나라의 복음을 받아들이고 하나님이 이스라엘에 그의 의를 성립하는 것을 보는 기회를 가졌었다. 그러나 대신에 이스라엘 역사 속에서 무고한 피를 흘렸던 다른 악한 사람들과 마찬가지로, 이 세대의 종교적인 사람들은 계속해서 순교자의 피-예수와 그를 전하는 자들의-를 흘릴 것이다.[163]

그러므로 만약 모든 유대인들이 예수를 거부한 것이 아니었고 우리가 보았듯이 적어도 한 곳에서는 예수가 민족적 이스라엘의 미래를 꿈꿨다면 교회가 전적으로 이스라엘을 대신하거나 필요 없게 하지는 않는다.

또한 교회는 하나님 나라와 동일하지도 않다. 교회는 사람이며 하나님 나라는 힘이다. 더욱 구체적으로 교회는 예수를 믿는 신자들이 모인 공동체이고 하나님 나라는 하나님이 우주를 역동적으로 통치 혹은 지배하는 것이다. 래드(Ladd)가 이 관계를 다섯 가지로 정확하게 요약하였다: (1)"교회는 하나님 나라가 아니다"; (2)"하나님 나라는 교회를 창조한다"; (3)"교회는 하나님 나라를 증언한다"; (4)"교회는 하나님 나라의 도구이다"; 그리고 (5)"교회는 하나님 나라의 관리인이다."[164]

교회와 하나님 나라를 구분하는 것이 가장 중요하게 다뤄지는 본문은 아마도 곡식과 가라지의 비유일 것이다(마 13:24-30, 36-43). 예수는 제자들에게 마치 누군가를 교제권 밖으로 밀쳐내는 경우들이 전혀 없었던 것처럼 밀과 잡초가 그의 교회 안에서 함께 자라는 것을 놔두라는 것이 아니라, 그들이 예수가 이 세상과 동일시하는 그의 나라에서 함께 자라는 것을 허용하라는 것을 말하고 있다(마 13:38과 41절 참조). 우리는 이 시대의 모든 악이나 모든 악한 자들을 뿌리 뽑고자 애쓰면서 우리 자신의 손으로 미성숙한 판단을 내리는 시도를 하지 말아야 한다.[165] 이 비유 역시 그물 비유처럼(47-50절) 어

---

163 Michael J. Wilkins, *Matthew* (Grand Rapids: Zondervan, 2004), 757.

164 Ladd, *Theology of the New Testament*, 109-17.

165 밭은 교회가 아니라 41절에 나오는 나라와 평행하는 세상이라고 예수가 명확하게 선포하고

떻게 하나님 나라가 교회를 창조하는지 보여준다: 예수의 제자들은 추수를 기다리거나 고기를 잡으러 간다. 모든 것이 그들이 원하는 대로 되지는 않지만 그들의 노력은 그 중 몇을 예수의 진정한 추종자가 되게 한다. 마가복음 6:7-13에 나오는 열 두 제자와 누가복음 10:1-20에 등장하는 칠십 (이)인의 사역은 아마도 교회가 어떻게 하나님 나라를 증언하는지 가장 잘 보여주는 예일 것이다.[166] 그 제자들의 선포에 있어서 핵심은 하나님의 왕적 통치가 그들의 삶 가운데 이룬 일이었다. 또한 이같은 선교 사명은 제자들이 하나님 나라의 도구임을 보여주고 있다; 그들은 사람들을 고치고 귀신을 내쫓아 그들이 전하는 메시지를 강조한다. 마지막으로 마가복음 9:37은 하나님 나라의 관리자-보호자와 집행자-로서의 교회를 훌륭하게 보여준다: "누구든지 내 이름으로 이런 어린 아이 하나를 영접하면 곧 나를 영접함이요 누구든지 나를 영접하면 나를 영접함이 아니요 나를 보내신 이를 영접함이니라."[167] 만일 예수를 영접하는 것이 하나님을 영접하는 것을 의미한다면, 예수를 따르는 자들의 공동체는 이제 하나님 백성의 새로운 공동체가 된 것이다.

메시아적 윤리들

어떤 종교 지도자가 공동체를 성립한 후에는 구성원들이 어떻게 살아야 하는지 가르쳐야 한다. 그러므로 이제 당연히 다뤄야 할 주제는 예수가

있는 마태복음 13:38에도 불구하고, 이 비유는 어거스틴(Augustine)이 정확하게 이것을 가르친 이래로 종종 잘못 해석되어 왔다. 아이러니하게도 스노드그래스(Snodgrass, *Stories with Intent*, 199)가 지적하듯이 이러한 우의적 해석(allegorizing)은 오늘날 다른 면에서는 우의적 해석을 반대한다고 하는 주석가들에 의해 시도되고 있다. 비록 마태에만 유일하지만 이 본문의 진위성(그리고 의미)에 대해서는 Blomberg, *Interpreting the Parables*, 244-50을 보라.

166 본문의 차이(70과 72)는 각각 마소라 본문과 칠십인역의 창 10에 나오는 나라들의 다른 수를 잘 반영하는 것이다. 가장 초기의 크리스찬 해석자였던 필사자들은 이 본문이 확실히 이방인 선교를 준비하는 것이라고 보았다.

167 Ladd, *Theology of the New Testament*, 116.

그의 제자들에게 가르치려고 했던 메시아적 혹은 하나님 나라의 윤리들이다.[168] 우리는 이 논의를 예수의 윤리들 전체를 아우르는 몇 가지 원리들을 조금씩 다룬 이후 구체적인 사항에 대해 좀 더 길게 다룰 것이다.

전반적인 원리들

어떤 이들이 예수의 윤리를 그의 신학과 분리하려고 하지만 이 둘은 반드시 함께 가야 한다. 이어지는 주제들은 이 둘의 결합이다.

더 위대한 의

하나님의 은혜가 그의 요구보다 선재(precedes)한다. 예수는 바리새인보다 더 나은 의를 요구할지 모르지만(마 5:20) 그같이 높은 기준에는 더욱 위대한 권한 부여가 따라온다. 예수가 그를 따르는 모든 이들이 세례 요한 보다 더 크게 될 것이라고 설명하던 때처럼, 여기의 더 위대한 의는 예수가 시작한 성취의 시대와 성령에 의해 가능하게 된 새로운 권한 부여(10:20)로 인한 것이다.[169] 그래서 예수는 그의 "멍에는 쉽고" 그의 "짐은 가벼움이라"고 외칠 수 있다(마 11:30)[170] 또한 그의 윤리가 이 세상에서는 절대 실현될 수 없

---

168 특히 Ben Wiebe, *Messianic Ethics: Jesus' Proclamation of the Kingdom and the Church in Response* (Scottdale, Pa.: Herald, 1992); A. E. Harvey, *Strenuous Commands: The Ethics of Jesus* (Philadelphia: Trinity, 1990); 그리고 Bruce Chilton and J. I. H. McDonald, *Jesus and the Ethics of the Kingdom* (Grand Rapids: Eerdmans, 1988)을 보라.

169 Don Garlington, "'The Better Righteousness': Matthew 5:20," *Bulletin for Biblical Research* 20 (2010): 479-502; Ed Condra, *Salvation for the Righteous Revealed: Jesus amid Covenantal Messianic Expectation* (Leiden: Brill, 2002), 328-29 참조.

170 Donald A. Hagner, *Mattew 1-13* (Dallas: Word, 1993), 325 참조: "둘 모두 율법의 진정한 의미를 파헤친다고 주장하나 예수와 바리새인의 차이는 놀랍다: 바리새인이 그 의미에 대한 정교하고 복잡한 풀이로 율법 주변에 담을 치는 반면, 예수는 율법에 대한 성실함(5:17-48 참조)으로 그 중심부([마] 22:37-40 참조)에 직접 들어간다. 이 같은 차이는 단순히 예수가 바리새인보다 더 나은 주석가이어서가 아니라(다른 이들 중의 한 선생으로), 그가 메시아적 왕이며 하나님 나라가 그의 말과 행동을 통해 도래했기 때문이다. 오직 이것으로만 28-30절을 설명할 수 있다."

는 이상을 나타낸다는 차원도 있다: "그러므로 하늘에 계신 너희 아버지의 온전하심과 같이 너희도 온전하라," 마태복음 5:48. "이 말을 이해하는 가장 좋은 방법은, '하늘에 계신 너희 아버지의 선하심에 끝이 없듯이 너희의 선함에도 한계가 없다'는 것이다."[171] 그러나 예수의 윤리는 여전히 그리스도인의 목표를 나타내며(누가의 대응구절에서 "온전하심"을 "자비로우심"으로 대체한 것을 참조, 눅 6:36), 우리는 성숙에 대한 상당한 진보를 이룰 수 있다(하나님이 거룩하므로 거룩하라는 레 19:2 참조). 다른 말로 하면, "이미 그러나 아직"의 틀은 하나님 나라의 도래에 적용되는 만큼 윤리에도 적용되며 이미 여기 있고 가능한 것은 가장 놀라운 것으로 존재한다.[172] 그리스도인으로서 우리의 행동은 하늘의 상을 포함하나(막 10:21, Q 12:33) 이것이 신자들을 영원히 구별시키는지는 분명하지 않다(동등하지 않은 일을 했지만 모두가 똑같이 삯을 받는 마 20:1-16을 떠올려보라).

영적이고 사회적인 윤리

영적인 것과 사회적인 것을 구별시키려는 시도 역시 거부해야 한다. 우리는 Q 6:20에 나오는 복의 참된 의미가 물질적인 가난함에 대한 것인지(누가복음처럼) 아니면 영적 파산을 인식하는 자들에 대한 것인지(마 5:3처럼)에 대해 논쟁할 필요가 없다. 구약의 시편, 지혜 문학, 그리고 선지서에 나오며 헬라어 '프토코이'(*ptōchoi*)의 배경이기도 한 '아나윔'(*anawim*)은 가난에 처한 상황, 그리고 그들의 유일한 소망인 하나님께로 돌이키는 이 둘 모두를 가리키는 것이었다.[173] 또한 누가복음 4:16-21에서 이사야 61:1을 인용하며 58:6도 첨가하는 예수의 나사렛 선언과 비교해 보라. "가난한 자에게 복음을,"

---

171 David Flusser with R. Steven Notley, *The Sage from Galilee: Rediscovering Jesus' Genius* (Grand Rapids: Eerdmans, 2007), 57.

172 Allen Verhey, "Ethics in Scripture," in Dictionary of Scripture and Ethics, ed. Joel B. Green (Grand Rapids: Baker, 2011), 5-11의 훌륭한 도입을 참조.

173 I. Howard Marshall, *The Gospel of Luke* (Exeter: Paternoster; Grand Rapids: Eerdmans, 1978), 249.

"포로 된 자에게 자유를," "눈 먼 자에게 다시 보게 함을," "눌린 자를 자유롭게," 그리고 "주의 은혜의 해"를 전파하게 하려 하심이라는 곳에서 사회적 그리고 영적인 부분들이 같이 짜여있다. 예수가 그의 사역 전반에 영적이고 육적인 치유를 모두 제공한 것처럼 우리는 복음, 자유, 그리고 보게 함에도 역시 육체적이고 영적인 부분 모두가 있을 것으로 기대할 수 있다.[174] 비슷하게 누가복음에 나오는 한 쌍의 비유도 기도라는 맥락에서 사회적이고 영적인 부분을 나란히 배치한다. 처음에 사회적 부분이 먼저 나오는데 간절한 과부가 마침내 법정에서 불의한 재판장으로부터 원한이 풀어지는 것에서이다; 예수가 말하기를 하나님은 계속해서 구하는 자에게 공의를 훨씬 더 허락해 주신다(눅 18:1-8).[175] 그러나 바로 이어지는 비유에서 예수는 자비와 용서를 구하는 바리새인과 세리의 기도의 대조에서 영적인 요소를 강조한다(9-14절).[176]

이렇게 예수의 윤리의 영적이고 사회적인 요소는 다른 곳에서도 밀접하게 연관되어 나타난다. 그리스도를 경배하기 위해 풍성하게 쓸 시간과 장소가 있겠지만, "승리의 입성" 전 토요일 밤 그에게 기름 부은 마리아에 대한 예수의 대답은 그의 가르침 모두에서 가장 남용된(abused) 말 중 하나이다. "가난한 자들은 항상 너희와 함께 있으니"(막 14:7a) 직후에는 그들이 아무 때라도 도움을 얻을 수 있음을 상기시키는 내용이 따라온다(7b). 여기서 예수는 신명기 15:11을 암시하는데 이스라엘이 가능한 한 가난한 자들을 도

---

174 John Nolland, *Luke 1-9:20* (Dallas: Word, 1989), 196-97; David E. Garland, *Luke* (Grand Rapids: Zondervan, 2011), 198-200. 이 주제에 대한 좀 더 넓은 범위의 연구로는 Sharon H. Ringe, *Jesus, Liberation and the Biblical Jubilee* (Philadelphia: Fortress, 1985)을 보라.

175 이 논리는 더 작은 것에서 더 큰 것으로 가는 것이다. Snodgrass, *Stories with Intent*, 455: "만약 불의한 재판장도 그에게 계속 찾아오는 과부의 원한을 풀어준다면 하물며 하나님이 그의 백성들의 부르짖는 호소를 듣고 그 원한을 풀어주지 않으실까?"

176 복음서의 가르침에 대한 바울 신학의 가장 근접한 본문은 예수의 것이다. F. F. Bruce, "Justification by Faith in the Non-Pauline Writings of the New Testament," *Evangelical Quarterly* 24 (1954): 66-69. Ruth Etchells, *A Reading of the Parables of Jesus* (London: Darton, Longman & Todd, 1998), 49 참조.

우라는 명령을 받는 문맥이다! 빈곤을 절대 뿌리 뽑을 수 없을 것이라는 사실이 그들이 할 수 있는 대부분을 하지 않는 핑계가 될 수는 없다.[177] 예수가 사회적 사역(가난한 자들을 돕기) 대신 영적인 사역(그를 경배하는 것)을 지지하는 것이 아니다; 그것은 항상 둘 모두였다!

예수의 사회적 관심을 뚜렷한 요점과 중요성을 가지고 드러내는 복음서의 가르침들은 독자적으로 누가의 문헌에 나오므로 우리는 이 주제의 대부분을 누가 신학에서 다룰 것이다. 하지만 이 사회적 관심이 주로 원래의 자료로 여겨지는 정말 많은 비유들에서 나타나므로, 아마도 어떤 맥락에서는 그 주제 자체도 다른 곳에서 나오는 역사적 예수에 대한 확실한 자료일 것이다. 비록 예수가 현재 다스리고 있는 정치 체제에 대하여 직접적으로 도전하지는 않지만, 그를 따르는 자들의 공동체가 지향하기를 바란 그의 모델은 문화를 거스르는, 잠재적으로 전복적인 특성을 띤다. 불의한 재판관의 비유(눅 18:1-8)가 사회적 정의를 위해 기도와 일을 모두 해야 할 것을 주장하고 있다면 선한 사마리아인의 비유(눅 10:25-37)는 이 정의와 긍휼의 모델을 국가적, 민족적, 그리고 종교적 범위 안에서 제시함으로써 "율법의 더 중한 바 정의와 긍휼과 믿음"(마 23:23)을 우선시한 예수의 명령을 잘 설명하고 있다. 같은 본문에 대한 누가의 표현(따라서 Q에서 비롯된)은 "공의와 하나님께 대한 사랑은 버리는도다"라고 기록한다(눅 11:42). 그리스도인들이 자기가 속한 사회를 좀 더 정의로운 곳으로 만들 수 있을 때 그들은 그렇게 해야만 한다; 또한 그렇게 할 수 없을 때에라도 그들은 온 세상에서 나타나야 할 바로 그 공의를 교회 안에서 보여주어야 한다.[178]

---

177 더 나아가 Craig L. Blomberg, *Christians in an Age of Wealth: A Biblical Theology of Stewardship* (Grand Rapids: Zondervan, 2013), 55-56을 비롯해 전체를 두루 보라.

178 더 나아가 Donald B. Kraybill, *The Upside-Down Kingdom*, rev. ed. (Scottdale, Pa.: Herald, 2003); William Herzog II, *Jesus, Justice and the Reign of God: A Ministry of Liberation* (Louisville: Westminster John Knox, 2000); 그리고 Juan Luís Segundo, *The Historical Jesus of the Synoptics* (Maryknoll, N.Y.: Orbis, 1985)을 보라.

기도의 중요성

예수의 윤리는 기도에 대해 어김없이 가르치며 그 본(models)을 제시한다. 이 주제에 대해 말하는 복음서 대부분의 내용은 뚜렷하게 누가의 자료에 나오는데 누가복음과 사도행전의 신학을 다룰 때 같이 논할 것이다. 그러나 이 장의 여러 제목 아래 다루고 있는 주기도문의 간구에 더하여, 이미 Q 11:9-13에 찾고, 구하고, 두드리는 것과 이에 따라 하나님에 의해 받고, 찾고, 문이 열리는 내용이 있음을 볼 수 있다. 마태와 누가의 문맥 모두에서 이 약속은 인간 부모가 그들의 자녀를 위해 기꺼이 준다는 더 확실한 예화와 함께 주기도문 이후에 바로 등장한다(마 6:9-13 이후 7:7-11 그리고 눅 11:1-4 이후 9-13절). 결국 이것은 "백지 수표"(blank check, 받기를 원하는 어떤 금액도 써 낼 수 있다는 의미-옮긴이)가 아니라, 하나님의 나라가 임하고 그의 뜻이 이루어지기를(마 6:10) 기도하라는 예수의 가르침의 맥락에서 이해되어야 한다.[179]

내면화된 윤리

예수의 하나님 나라 윤리의 지속적인 특성은 율법을 하나님 백성의 마음에 새기는 예레미야의 새 언약의 약속(렘 31:33)을 지키는 차원에서 하나님의 도덕적 원리들이 내면화 되는 것이다(특히 마 5:21-48, 막 7:1-23을 보라). 이것은 원수 사랑과 같이 어떤 내면화된 원리들의 외부적 적용이 그때 그때의 상황에 따라 바뀔 수 있음을 의미한다. 예를 들어, 다른 뺨을 돌려대는 것(Q 6:29)은 복수하지 말라는 것이었지 폭력의 희생자가 앞으로의 폭력에도 계속 희생되어야 한다는 것이 아니다. 혹은, 다시 말하지만, 맹세하지 않는 것(마 5:34)은 한 사람의 말이 어떤 진지한 맹세와도 같이 진실되라는 의미였다; 사람이 법정에서 진실을 말할 것을 절대로 맹세하지 말아야 한다는 의미는

179 Robert A. Guelich, *The Sermon on the Mount: A Foundation for Understanding* (Waco, Tex.: Word, 1982), 378-79; David E. Garland, *Reading Matthew: A Literary and Theological Commentary on the First Gospel* (New York: Crossroad, 1993), 87.

아니다.[180] 더욱이 스타슨(Glen Stassen)이 계속해서 언급하듯이 산상 수훈(마 5:21-48)에 나오는 여섯 개의 소위 대조구 중 다섯 개는 사실 삼중 구조를 지니고 있다. 예수는 "하였다는 것을 너희가 들었으나"와 "나는 너희에게 이르노니"를 말할 뿐만 아니라, 바라지 않는 행동에 대한 긍정적인 방어 수단도 덧붙인다("너를 고발하는 자와 급히 사화하라," 25절; "[실족하게 하는] 눈을 빼어 내버리라," 29절; 그 외).[181] 거룩을 향해 선제적으로 취하는 긍정적 단계는 단지 연속적인 악한 행위들을 피하는 것보다 항상 더 낫다.

공동체 중심

현대 서구 문화보다는 훨씬 더 명확하게 단체적(corporate) 혹은 협동적(communal)인 문화에서, 예수의 윤리가 어김없이 제자들의 전체 공동체에 가장 좋은 것이 무엇인지 늘 염두에 두고 있었다는 것을 아는 것이 중요하다.[182] 제자들을 총칭하는 복수 대명사는 종종 그들이 핵심으로써 함께 해나가야 하는 의무를 가리킨다. 마가복음 10:29는 신실한 제자들이 현세에 있어서도 집이나 형제나 자매나 전토를 그렇지 않았을 때 가지고 있었을 것보다 백배나 더 받을 것이라는 약속들을 가지고 이것을 표현한다. 예수의 핵심은 그를 따르는 자들이 교회 안에서 그들이 가진 것을 남과 나눈다는 것이다.[183] 이렇게 그들은 새로운 가족 구성원들을 정말 많이 받을 수 있고, 또한 그들 자신을 위한 여력이 없을 때에도 이런 식으로 주거지와 재산에

---

180 Charles Quarles, *Sermon on the Mount: Restoring Christ's Message to the Modern Church* (Nashville: B&H, 2011), 135-44 (특히 143-44).

181 Glen H. Stassen, *Just Peacemaking: Transforming Initiatives for Justice and Peace* (Louisville: Westminster John Knox, 1992), 44-45. 더 일반적으로는 Miroslav Volf, "Christianity and Violence," in *War in the Bible and Terrorism in the Twenty-First Century*, ed. Richard S. Hess and Elmer A. Martens (Winona Lake, Ind.: Eisenbrauns, 2008), 1-17을 참조하라.

182 David A. deSilva, *Honor, Patronage, Kinship and Purity: Unlocking New Testament Culture* (Downers Grove, Ill.: IVP, 2000), 199-239.

183 David M. May, "Leaving and Receiving: A Social-Scientific Exegesis of Mark 10:29-31," *Perspectives in Religious Studies* 17 (1990): 141-54.

대한 접근이 가능했던 것이다. 이런 비슷한 해석이 Q 12:31에도 적용된다. 교회가 하나님 나라의 정의-그의 통치가 요구하는 바로 그 정의-를 추구할 때 그들은 근접한 신자들의 공동체에 있는 가난한 자들을 마땅히 돕는다. 이런 식으로, 그리고 오직 이런 방식으로만, "[음식, 음료, 그리고 거주지]가 너희에게도 주어질 것이다"는 예수님의 말씀이 진리로 들리는 것이다.[184]

구체적 주제들

이것은 예수가 언급한 모든 주제를 총망라한 것이 아니고 단지 가장 많이 나타나고 두드러진 것들에 불과하다.

가족의 가치

옛 유대교의 특징인 가족의 가치는 하나님 나라에 중요한 요소이다. 예수를 따르는 자들은 그들의 부모를 공경하고(막 7:10, 10:19; 출 20:12, 신 5:16 참조) 그들의 배우자에 대한 결혼 서약에 충성해야만 한다(막 10:1-12). 간음이 죄이나 음욕도 그러하다(마 5:27-30). 어린 아이들은 마땅히 환영받고 공동체의 소중한 구성원으로 대우받음으로써(13-16절) 아무도 그들로 하여금 죄를 짓지 않게 해야 한다(9:42-48). 예수는 늙은 부모들에게 사용되어야 할 돈을 성전에 바치도록 허락한 고르반 관행에 대해 종교 지도자들을 몹시 꾸짖는다(막 7:9-13). 그러나 이 비난은 그들이 전통을 따라 씻지 않은 손으로 먹는 예수의 제자들을 꾸짖는 문맥에서 나온다(5절). 그러므로 여기서 예수의 요점은 가정을 돌보는 것에 대해서가 아니라 바리새적인 할라카(halakah, 유대교의 의식법-옮긴이)의 위선에 대한 것이다.[185]

적어도 마태복음에서 예수는 이혼의 근거를 말하면서 더 보수적인 샤마

184 더 나아가 Craig L. Blomberg, "On Wealth and Worry: Matthew 6:19-34—Meaning and Significance," *Criswell Theological Review* 6 (1992): 83-84을 보라.

185 Keener, *Historical Jesus of the Gospels*, 217-18.

이(Shammai)와 힐렐(Hillel, 유대교 법의 전반에 대해 격론을 펼친 1세기 전후의 유대교 학자들-옮긴이)과의 논쟁까지 넘어선다. 예수는 이혼을 간음의 경우에만 한정시킨다는 면에서 샤마이와 의견을 같이 하지만 오직 이혼을 허락할 뿐이다(마 19:9). 그는 샤마이와 힐렐 모두가 그랬듯이 이혼을 절대 명령하지는 않는다.[186] 한 쪽 혹은 두 쪽 모두 이미 재혼하지 않았다면 언제나 본래 혼인의 재결합이 이상적이다.[187] 예수는 남자와 여자 사이에 서로에 대하여 영구한 헌신으로써 하나님이 창조 때 정해 놓은 결혼의 방침을 일깨운다(막 10:6-8; 창 1:27, 2:24). 마가복음 10:11-12에 어떤 예외 조항도 전혀 나타나지 않으나 이것이 아마도 가정되었을 것인데 왜냐하면 간음으로 인한 이혼은 고대 지중해 세계에서 거의 공통적으로 요구되었었기 때문이다.[188] 그러나 이 둘 모두에서 우리는 핵심을 놓치지 말아야 한다. 율법 시대(예를 들어 신 24:1-4)에는 사람들의 마음이 완악함으로 말미암아 허용이 되었으나 이러한 면책 사항은 더 이상 적용되지 않는다. 도래하는 새 시대에는 창조 때 놓여진 원리로 돌아간다-생명을 위한 한 남자와 한 여자의 결합(창 2:24).[189] 그렇게 함으로써 예수는 여성들의 지위를 높였고 그들을 무시하고 싶어하는 남자로부터 그들이 쉽게 희생되지 않게 했다. 또한 그는 자신이 "인간의 행복을 위한 하나님의 본래의 뜻을 재확인하는 권위"라고 단언하였다.[190] 이런 방식으로 잠재적 기독론이 다시한번 존재하고 있다. 게다가 요한복음은 예수가 십자가 위에서의 고통 중에도 자기 어머니를 봉양할 것을 신경 쓰고 있는 것

---

186 더 나아가 Craig L. Blomberg, "Marriage, Divorce, Remarriage and Celibacy: An Exegesis of Matthew 19:3-12," *Trinity Journal* 11 (1990): 178을 보라.

187 신 24:1-4는 두 번째 결혼이 시작된 이후 다시 첫 번째 배우자에게 되돌아가는 것을 명백하게 금지한다.

188 David Instone-Brewer, *Divorce and Remarriage in the Bible: The Social and Literary Context* (Grand Rapids: Eerdmans, 2002), 187.

189 성경에 나온 결혼과 이혼 구절에 대해 전반적으로 가장 잘 해석한 것은 Craig S. Keener, ... *And Marries Another: Divorce and Remarriage in the Teaching of the New Testament* (Peabody, Mass.: Hendrickson, 1991)에 있다.

190 Schnelle, *Theology of the New Testament*, 112.

으로 묘사하는데(요 19:26-27), 이것은 예수와 그 제자들의 "떠돌이 급진주의(wandering radicalism)"의 핵심을 거스르는 봉양이므로, 신뢰할만한 자료일 것이다. "이것은 자녀들이 나이가 든 부모를 봉양한다는 기대를 충족시키는 특별한 방법으로 볼 수 있다."[191]

반면 예수가 가르치는 많은 부분은 전통적 유대교의 지혜와 행위를 상대화시키는 것으로 보이며 또한 동시대 기독교 가치들에 대해서도 의문을 제시한다.[192] 가치와 우선순위 중 어느 부분에 더 헌신할 것인지의 갈등 상황에서 영적인 관계가 생물학적 관계보다 우선이다(막 3:31-33). 때로는 예수에 대한 헌신이 가족 안에서 구성원과의 싸움을 가져오기 때문에 예수가 온 것은 가정의 평화보다 불화를 야기할 것이다(Q 12:51-53; 미가 7:6 참조).[193] 좀 더 놀라운 것은 "무릇 내게 오는 자가 자기 부모와 처자와 형제와 자매와 더욱이 자기 목숨까지 미워하지 아니하면 능히 내 제자가 되지 못하"는 것이다(Q 14:26). 주석가들은 유대인에게 있어 "미움"과 "사랑"은 각각 종종 "덜 선호"하는 것과 "더 선호"하는 것을 의미할 수도 있음을 규칙적으로 우리에게 상기시켜 주며, 마태가 기록하는 말은 예수가 감정에 대한 것이 아니라 어디에 한 사람의 가장 큰 충성이 머무는지에 대해 말하고 있는 것임을 분명히 한다(마 10:37).[194] 그러나 결과적인 원리는 여전히 매우 구체적이며 행동을 요구한다.

---

191 Peter Balla, "Did Jesus Break the Fifth (Fourth) Commandment?" in Holmén and Porter, *Handbook for the Study of the Historical Jesus*, 4:2956.

192 또한 Craig L. Blomberg, "The Family Values of the Synoptic Gospels: Not Quite Your Typical Conservative Agenda," *Criswell Theological Review* 13 (2016): 61-76을 보라.

193 에드워즈(Edwards, *Gospel according to Luke*, 385)는 예수가 가져오는 분리를 "전적인 차원의 구원과 다르거나 혹은 이를 방해하는 조건들로부터 제자들을 구분시키는 성숙한 상태"로 인해서 야기되는 것과 효과적으로 연결시킨다.

194 예를 들어 Robert H. Stein, *Luke* (Nashville: B&H, 1992), 397. McKnight (*New Vision for Israel*, 183)은 사회학적 분석을 통해 예수가 "분리(disattachment)"와 "그룹 애착(group attachment)"을 각각 말하는 것이라고 제안한다.

온 마음을 다해 하나님께 충성하는 것에 대해 예수가 명하는 것은 아마도 그가 잠재적인 제자들과 연속적으로 만나는 Q 9:57-60와 누가복음 9:61-62에 가장 잘 함축되어 있을 것이다. 예수는 앞으로 곧 제자가 될 사람에게, 순회하며 사역하는 것은 그가 잠을 자려고 몸을 누일 수 있는 고정적인 집을 갖지 않는 것을 의미하는 것이라고 설명한다(57-58절).[195] 예수가 나를 따르라고 불렀으나 먼저 가서 아버지를 장사하게 해 달라고 하는 또 다른 사람에게는, 그렇게 하기에는 그의 사역이 너무 급하다고 강조한다(59-60절).[196] 주를 따르겠다고 약속하지만 다만 먼저 그 가족과 작별했으면 하는 세 번째 사람에게, 예수는 "손에 쟁기를 잡고 뒤를 돌아보는 자는 하나님의 나라에 합당하지 아니하니라"라고 분명하게 밝힌다. 문화적 배경이 각 선언들의 다소 무뚝뚝한 설득을 좀 더 가다듬을 수도 있다. 제자들은 결국 집에 돌아갈 것이고 그들의 가족과 재산이 손상되지 않은 것을 발견하게 될 것이다. 부모를 장사한다는 것은 관을 파내고 뼈를 더 작은 납골당에 다시 묻기까지 일 년 가까이 기다려야 함을 의미할 수도 있다.[197] 그리고 작별 인사는 여러 날이 걸리는 긴 과정을 포함할 수도 있다(창 24:53-55, 삿 19:4-9 참조). 그럼에도 불구하고, 이런 예수의 가르침들은 충격적이다. 이에 대한 보본(Bovon)의 요약은 심오하다:

> 목적이 뚜렷하나 동시에 머뭇거리고 있는 후보들에게 제공된 이 이미지들은 가혹하지만 동시에 사랑의 표시들이다. 첫째 후보에게 예수는, 너가 만약 나를 "따라 나서(go off)"고자 한다면, 간절히 추구하고 싶은 어머니로부터의

195 "예수의 진지한 대답은 제자도의 무게감을 주의 깊게 이해시킨다. 인자는 노정에 있다; 그는 머물 곳, 집, 가족이 없는-어떤 것도 사람들이 평범한 삶에 필요한 것이라고 여기지 않는, 집 없는 방랑자의 삶을 살아간다." Joseph A. Fitzmyer, *The Gospel according to Luke I-IX* (Garden City, N.Y.: Doubleday, 1981), 834.

196 "그 말의 힘은 이제 마침내 '다른 일들은 스스로 해결되게 하고 너에게는 더 중요한 의무가 있다'는 것으로 다가온다." Nolland, *Luke 9:21-18:34*, 543.

197 Byron R. McCane, "'Let the Dead Bury Their Own Dead': Secondary Burial and Matt 8:21-22," *Harvard Theological Review* 83 (1990): 31-43.

보호가 결여된, 성숙한 그리스도인의 삶을 믿어야 한다고 말한다. 그는 둘째 후보에게, 한 사람의 과거, 조상, 뿌리, 그리고 전통으로부터의 지적이고 실존적인 분리를 필요로 하는 믿음의 삶을 기대할 것을 확실하게 설명한다. 셋째 후보에게 그는, 그를 따르는 것이 모든 그리움을 배제하고 그의 영혼이, 절반은 하나님 나라를 향해 힘껏 전진하면서 나머지 절반은 유익이 되었었던 과거의 경험인 그의 뿌리에 대한 이상적인 이미지를 향해 후퇴함으로써, 서로 다른 방향으로 찢어지고 나눠지는 것을 거부함을 통해서 사회적으로 맺고 있는 모든 관계들과 작별하는 것을 포함한다고 알려준다.[198]

영생에 들어가고자 하는 자에게 그 문이 좁다고 한 예수의 가르침은 놀라운 일이 아니다(Q 13:23-24).[199]

물질적 소유

예수의 윤리적 가르침의 주요 주제 중 하나는 물질적 소유에 관심을 갖지 않는 것이다.[200] 제자들은 그들의 일용할 양식만을 구해야 한다(Q 11:3; 잠 30:8 참조). 엘리슨(Dale Allison)은 이 영역을 역사적 예수가 금욕적 경향을 나타내는 그의 성 윤리(sexual ethics)와 함께 분류한다.[201] 삼중 예화는 누가에만

198 Bovon, *Luke 2*, 17. 키너(Keener, *Historical Jesus of the Gospels*, 206)는 "소수의 선생들은 제자들이 그들의 부모보다 선생을 더 존경했다고 주장했지만, 삼십대의 젊은이(분명 예수도 그 시기를 지났으나)가 그 같은 공경을 추구하는 것은 건방지고 부끄러운 일이었을 것이다."라고 언급한다.

199 예수의 가족 가치(family values)에 대해 좀 더 일반적으로 연구한 것으로는 Stephen Barton, Discipleship and Family Ties in Mark and Matthew (Cambridge: Cambridge University Press, 1994); and Cynthia Long Westfall, "Family in the Gospels and Acts," in Family in the Bible: Exploring Customs, Culture and Context, ed. Richard S. Hess and M. Daniel Carroll R. (Grand Rapids: Baker, 2003), 125-47을 더 보라.

200 Craig L. Blomberg, *Neither Poverty nor Riches: A Biblical Theology of Possessions* (Grand Rapids: Eerdmans; Leicester: IVP, 1999; Downers Grove, Ill.: IVP, 2001), 111-46.

201 Dale C. Allison, *Jesus of Nazareth: Millenarian Prophet* (Minneapolis: Fortress, 1998), 174-75. Simon J. Joseph, "The Ascetic Jesus," *Journal for the Study of the Historical Jesus* 8 (2010): 146-81 참조.

나오지만 마가와 Q에 나오는 비슷한 내용과 일치하는 점으로 보아 진위성이 있는데 위의 요점을 잘 이해시키고 있다. 기대하지 않게 웃돈이 생긴 사람은 단순히 자기의 미래를 위해 저축하는 대신 그 대부분을 반드시 가난한 사람과 나누어야 한다. 결국 누구도 죽음의 날을 알 수 없고 "그는 그것을 그와 함께 가져갈 수 없다"(눅 12:16-21).[202] 회개의 진짜 표시는 누군가의 문 앞에 있는 정말 가난한 자들을 돌보아주는 것이다; 이런 부드러운 마음조차 없는 자는 하나님과 바른 관계에 있다고 말할 수 없다(눅 16:19-31).[203] 반면에 선한 청지기직이란, 수중의 물질적 소유를 불의한 청지기와 같이 현명하게 그러나 그의 불의를 되풀이하지는 않으면서 사용하는 것이다(눅 16:1-9).[204]

한 사람의 소유를 어떻게 사용할 것인지 구체적으로 알려주는 본문의 세 이야기는 또한 칭찬받은 어떤 구체적인 사례도 절대화될 수 없음을 보여준다. 마가복음 10:17-31에는 예수가 젊고 부한 관리를 만나 모든 것을 가난한 자들에게 주고 자기를 따르라고 그를 부르는 내용이 나온다. 율법의 모든 대인적 계명들(interpersonal commandments)을 지킨 여부에 대한 물음에 대해서는 의문의 여지가 없으나 예수는 그것에 하나를 더 추가한다(21절). 여전히 이 사람은 성경 전체를 통틀어서 상당히 극단적인 율법이 주어지는 유일한 경우이다.[205] 이에 대한 누가복음의 대응 본문 그 이후에는 삭개오가 회심하는 내용이 나온다. 여기서 예수는 자원해서 그 소유의 "단지" 절반만을 포기하고 속여 빼앗은 것을 네 갑절로 갚겠다고 약속하는 이 세리장을

---

202 Brad H. Young, *The Parables: Jewish Tradition and Christian Interpretation* (Peabody, Mass.: Hendrickson, 1998), 278.

203 Outi Lehtipuu, *The Afterlife Imagery in Luke's Story of the Rich Man and Lazarus* (Leiden: Brill, 2007), 165-66 참조.

204 Dave L. Mathewson, "The Parable of the Unjust Steward (Luke 16:1-13): A Reexamination of the Traditional View in Light of Recent Challenges," *Journal of the Evangelical Theological Society* 38 (1995): 29-39.

205 건드리(Gundry, *Matthew*, 388)는 "예수가 그의 모든 제자들에게 그들의 모든 소유를 팔라고 하지 않았다는 사실은 예수가 그것을 *명령했*을 사람들에게만 편안함을 가져다준다"고 통찰력 있게 말한다(기울임은 그의 것).

칭찬한다(눅 19:1-10).[206] 당시 세리가 악평이 높고 인기가 없었다는 점으로 보아 예수가 그와 "잔치"를 했다는 이야기는 나중의 그리스도인들에 의해 만들어지지(invented) 않았을 것이다. 마지막으로 예수는 주인의 돈을 투자하여 더 많이 번 종은 칭찬하고 그런 시도조차 거절한 종은 꾸짖는 비유를 말한다(Q 19:11-27). 물론 이 이야기가 아프도록 찌르는 것은 모든 것이 주인의 돈으로 남게 되며 종들은 그들의 행동에 대해 책임져야 한다는 사실이다.[207] 그러나 청지기직에 대한 어떤 하나의 사례가 다른 것보다 우선하지는 않으며 자기 자신보다 더 필요가 있는 사람들에게 관대해야 하고 심지어 희생적인 관심도 아끼지 않아야 한다. 중요한 것은 사람이 누구에게 가장 궁극적인 충성을 갖느냐이다-하나님이냐 아니면 물질적 소유(KJV: "맘몬")이냐. 오직 이것 아니면 저것 둘 중에 하나이다(Q 16:13).[208] 우리의 재물이 있는 곳에 우리의 마음도 있다(Q 12:34). 고펠트(Leonhard Goppelt)는 그의 글에서 무엇이 우리의 최종 주인인지 진단할 수 있도록 돕는다: "예수가 마 6:25-34에서 금하는 염려는 미래에 필요한 공급에 대한 것이 아니다. 대신 그것은 인생의 안정감을 소유 그 자체에서 찾으려고 하는, 두려움에서 시작된 시도이다."[209]

의식적, 도덕적으로 버려진 이들

버려진 이에 대한 하나님의 긍휼은 공관복음의 많은 부분에서 분명히 나

206 누가복음 18:18-30과 19:1-10 사이의 다양한 유사점들(두 사람 모두 지도자요 부자이며 하나님의 계명을 지키는 것과 관련하여 묘사되고 있고 구원에 관한 대화에 참여하고 있다는 점)이 그 차이점들을 더욱 뚜렷하게 드러낸다. Joel B. Green, *The Gospel of Luke* (Grand Rapids: Eerdmans, 1997), 666-67.

207 에드워즈(Edwards, *Gospel according to Luke*, 538)가 간결하게 요약한다: "강조점은 *이득*이 아니라 그들이 자기의 소명과 은사에 따라 행동했는지에 대한 *입증*에 있다"(기울임은 그의 것).

208 이에 대해서는 특히 Markus Barth, "The Dishonest Steward and His Lord: Reflections on Luke 16:1-13," in *From Faith to Faith: Essays in Honor of Donald G. Miller on His Seventieth Birthday*, ed. Dikran Y. Hadidian (Pittsburgh: Pickwick, 1979), 65-73을 보라.

209 Goppelt, *Theology of the New Testament*, 1:82.

타나는데 다른 곳보다 아마 예수가 추방당했거나 심각한 죄인으로 낙인이 찍힌 많은 다양한 사람들과 식사를 즐긴데에 더욱 분명하게 그리고 지속적으로 나올 것이다.[210] 방금 전에 언급한 삭개오의 이야기 외에도 혹자는, 예수가 자기를 제자로 부른 직후에 그를 위한 연회를 연 레위의 이야기를 바로 떠올릴 것이다(막 2:13-17). 그보다 좀 덜하게는 군중을 먹인 기적이 나오는 마가복음 6:30-44과 8:1-10일 것이다. 이 동떨어진 지역의 무리 중에 의식적으로 부정한 이들이-성전 구역 밖에서 자연스럽게 다같이 모인 거대한 유대 군중 속의 상당수 소수 민족들이-그들 자신을, 아니면 심지어 그들의 손을 씻어서 깨끗하게 될 수 있는 기회는 전혀 없었을 것이다. 그러나 예수는 그들 모두를 먹이며 이러한 문제를 신경쓰지 않았다.[211] 특히 손 씻는 의식을 무시하는 그의 모습이 나오는 한 본문(막 7:1-13)에서 예수는 작은 비유(14-16절)를 통해 식사 의식에 대한 법이 더 이상 강요되지 않을 때를 미리 내다보고 있음을 분명히 말한다(18-23절; Q 11:41 참조).[212] 예수를 묘사하며 그에게 "먹기를 탐하고 포도주를 즐기며 세리와 죄인들의 친구"라는 딱지를 붙이는 것이 놀라운 일이 아니다(Q 7:35). 예수는 습관적으로 의식적이고 도덕적으로 부정한 이들과 친하게 지냈다. 그러나 그 자신을 부정하게 하는 대신에 부정한 자를 정하게 하였다. 더러움이 부산물이 되는 대신에 완전함과 거룩함이 더욱 "전염성이 있는" 것으로 밝혀졌다.[213]

---

210 E. P. Sanders, *Jesus and Judaism* (Philadelphia: Fortress; London: SCM, 1985), 174-211; Mark A. Powell, "Was Jesus a Friend of Unrepentant Sinners? A Fresh Appraisal of Sanders's Controversial Proposal," *Journal for the Study of the Historical Jesus* 7 (2009): 286-310에는 미묘한 차이가 있음.

211 Wilson C. K. Poon, "Superabundant Table Fellowship in the Kingdom: The Feeding of the Five Thousand and the Meal Motif in Luke," *Expository Times* 14 (2003): 228.

212 Yarbro Collins, *Mark*, 356; Stein, *Mark*, 345-46 참조.

213 Craig L. Blomberg, *Contagious Holiness: Jesus' Meals with Sinners* (Downers Grove, Ill.: IVP, 2005), 특히 97-163쪽. Tom Holmén, "Jesus and the Purity Paradigm," in Holmén and Porter, *Handbook for the Study of the Historical Jesus*, 3:2743 참조: "예수의 접근 방법은 (부)정함의 전달력을 뒤바꾼 것으로 예수가 정결을 위한 보통의 수단에 의지하지 않고서도 더러운 이를 깨끗하게 할 수 있는 것을 보여준다: 더러운 자의 부정은 예수에게 전달되지

죄인들과의 식탁 교제는 진위성 있는 예수 자료들에 안정적으로 나타나는데 왜냐하면 이것이 누구와 어울려야하는지에 대한 전통적인 유대 관습과 다르며 그리고 교회가 재빠르게 예수 관습의 지속적 유산으로써의 성만찬 의식에만 거의 초점을 맞추면서 신약의 나머지 부분에서 잘 나타나지 않기 때문이다. 이러한 식탁 교제는 또한 신학적으로 중요한 의미를 갖는 식사의 주요한 형태인 유대 축제들과 대조된다. 더욱이 슈넬(Udo Schnelle)은 이러한 차이를 뚜렷하게 부각시킨다: "성전 안에서의 희생 제사가 아닌 갈릴리 동네에서의 식탁 교제는 하나님의 새로운 현실의 도래를 의미한다." 다시금 "예수는 이스라엘에 어떤 경계선도 긋지 않는다: 소외된 이들을 중심부로 데려온다-가난한 자, 차별로 고통 받던 여자, 아이, 세리, 창녀; 그는 병든 자, 의식적으로 부정한 자, 문둥병자, 귀신 들린 자, 그리고 심지어는 사마리아인을 하나님의 거룩한 백성과 통합시킨다."[214]

마태복음 21:31-32에 두 번 등장하는 "세리들과 창녀들"의 기묘한 결합은 로마를 위해 일하는 세금 징수원이 그들의 유대 동포로부터 최소한의 세금 그 이상을 거두었을 뿐만 아니라 때때로 포주(pimps)의 역할을 하거나 그들과 연합하여 로마 군인들에게 매춘부(courtesans)를 제공했었다는 사실로부터 비롯된다.[215] 그 어떤 복음서도 막달라 마리아가 창녀였다고 말하지는 않으나, 후기 교회 전승과 같이 누가복음 7:36-50에 나오는 무명의 여자는 아마도 그런 사람이었을 것이다.[216] 아마 빚진 자의 비유가 진위성 있고 여

않는다; 대신 예수의 정함이 더러운 이에게 전달된다. 이제부터는 그를 통해 이러한 종말론적 정함이 부정을 다스리기 시작할 것이다. 그러므로 의식적으로 부정한 이도 하나님 나라의 구성원이 될 것이다." 더 일반적으로는 Peter-Ben Smit, *Fellowship and Food in the Kingdom: Eschatological Meals and Scenes of Utopian Abundance in the New Testament* (Tübingen: Mohr Siebeck, 2008)을 보라. 이러한 해석을 강하게 거부하는 것으로는 Cecilia Wassen, "Jesus' Table Fellowship with 'Toll Collectors and Sinners': Questioning the Alleged Purity Implications," *Journal for the Study of the Historical Jesus* 14 (2016): 137-57을 보라.

214 Schnelle, *Theology of the New Testament*, 108.

215 Kathleen E. Corley, *Private Women, Public Meals: Social Conflict in the Synoptic Tradition* (Peabody, Mass.: Hendrickson, 1993), 89-93 참조.

216 Darrell L. Bock (*Luke 1:1-9: 50* [Grand Rapids: Baker, 2004], 695)는 모든 가능성들을 언

기에서 이 여자는 많이 탕감 받은 빚진 자로 대표되므로 그 비유와 이것이 깔려있는 이야기와의 일관성은 이 본문에서 그녀의 역할이 역사적으로 신뢰할만하다는 사실을 가능성 있게 한다.[217] 여자들이 예수와 그의 남성 제자들과 함께 다녔다는 사실(눅 8:1-3)은 이것이 나중에 만들어진 것이 아니라고 생각될 만큼 잠재적으로 충분히 수치스러운 것이다. 예수가 "여자 제자들을 이런 식으로 받아들인 행태는 그로 하여금 성적으로 부적절하다는 비난을 받게 했다. 이제 그는 비단, 먹기를 탐하고 포도주를 즐기는 사람일 뿐만 아니라 세리, 그리고 특히 성적 행동이 의심되는 여자들을 가리키는 마지막 항목인 죄인의 친구로 불리게 되었다(마 11:19; 눅 7:34)."[218] 이런 구체적인 예시들에 더하여 누가복음 14:26-34은 구체적으로 "가난한 자들과 몸 불편한 자들과 맹인들과 저는 자들"을 하나님 나라로 초대하면서 일반화한다(21절; 13절 참조). 종종 그렇듯이 여기에 나오는 결혼 잔치의 배경은 구약에 기초하고 있다. 이 경우에 위대한 잔치는 이사야의 마지막 날에 있을 종말론적이고 심지어는 메시아적인 잔치의 화려한 그림을 반영한다(사 25:6-8).[219]

겸손

에반스(Craig Evans)는 예수의 하나님 나라 윤리를 겸손의 하나로 요약한다.[220] 예수가 유대교나 심지어 때로는 동시대의 그리스-로마 세계와 공유했던 많은 다른 품성들과는 달리, 유대교 범주 밖의 겸손(humility)은 대개 신

급하나 매춘이 가능성 있다는 것에 동의한다.

217 Blomberg, *Interpreting the Parables*, 220-26.

218 Bruce Chilton, "Jesus and Sinners and Outcasts," in Holmén and Porter, *Handbook for the Study of the Historical Jesus*, 3:2832.

219 이것은 몇몇이 최근에 제안한 것처럼 그리스-로마의 토론(symposium)이라는 맥락에서 해석되어서는 안 된다. 만약 이 복음서가 이러한 습관을 염두에 두고 묘사하는 것이라면 그것은 예수가 참여한 잔치가 "반토론적"(anti-symposia)이라는 것이다. 특히 Willi Braun, *Feasting and Social Rhetoric in Luke 14* (Cambridge: Cambridge University Press, 1995)을 보라.

220 Craig A. Evans, "Jesus' Ethic of Humility," *Trinity Journal* 13 (1992): 127-38.

앙심(godliness)보다는 약함(weakness)의 표시로 여겨졌었다.[221] 그러나 예수가 제자들을 묘사하는 중심에는, 그들이 만약 그들 자신이 하나님의 왕적 통치 아래 있고자 한다면 어린 아이와 같이 자신을 낮춰야 한다는 내용이 있다. 적어도 작은 아이들은 그들이 자신들의 돌봄과 안전을 위해 전적으로 어른의 세계에 의존하고 있음을 잘 알고 있다는 맥락에서 예수는 어른답지 못한 것(childishness)이 아니라 어린아이 같음(childlikeness)을 칭찬한다(특히 Q 18:16-17을 보라). 예수는 어떻게 모든 사람이 하나님에게로 와야만 하며 그들의 인생 동안 그에게 계속 의지하고 있어야 함을 비유로 들면서 어린이들의 어떤 주관적인 태도나 품행이 아닌 겸손한 상황에 있는 그들의 객관적인 지위나 상태를 예로 들고 있다.[222] 우리는 남성적(macho)이기보다 "온유한"(meek)자가 "땅을 기업으로 받을 것"이라고 하는 산상수훈의 원리로 돌아가야 한다(마5:5). 더욱이 마태복음과 누가복음의 팔복 모두 예수 시대에 반문화적인 성품이 어떤 것인지 보여준다.

마가복음 10:35-45은 전통적인 문화적 가치의 또 다른 극적 반전을 드러낸다. "섬김의 리더십"(servant leadership)이라는 표현은 특히 42-44절에 두드러진 생각에 적용되어야 한다: "이방인의 집권자들이 그들을 임의로 주관하고 그 고관들이 그들에게 권세를 부리는 줄을너희가 알거니와 너희 중에는 그렇지 않을지니 너희 중에 누구든지 크고자 하는 자는 너희를 섬기는 자가 되고 너희 중에 누구든지 으뜸이 되고자 하는 자는 모든 사람의 종이 되어야 하리라." 여전히 리바네월(Michelle Lee-Barnewall)이 강조하듯이 섬김의 리더십이라는 개념은 "섬김"(servant)을 수식하는 형용사로써의 하

221 생산적인(productive) 어른이 될 잠재성을 제외하고 어린이들 역시 본질적으로 귀하게 여겨지지 않았다. 이 두 관점 모두에 대하여는 Bruce J. Malina and Richard L. Rohrbaugh, *Social-Science Commentary on the Synoptic Gospels* (Minneapolis: Fortress, 1992), 237-38을 참조하라.

222 Strauss, *Mark*, 409-10, 433. Geza Vermes, *The Authentic Gospel of Jesus* (London: Penguin, 2003), 393 참조. 그러나 마샬(Marshall, *Gospel of Luke*, 682-83)은 비교의 핵심이 "하나님 나라 입장권을 얻기 위해 스스로 어떤 것도 하지 못하는, 특히 유아들과 같은 어린이들의 완전한 수용성"이라고 생각한다.

위 역할(subordinate role)로 강등시킨다. 문제의 사람은 여전히 지도자이다(그렇게 될 때 명사로써 수식을 받는). 반면에 여기 나온 예수의 표현에서는 "섬기는 자"(servant, 43절)와 "종"(slave, 44절)은 모두 명사이다. 그리스도인들은, 심지어 교회 내에서 권위 있는 위치에 있는 자들도, 무엇보다 먼저 하나님과 다른 이들에게 복종하는 종이며 특정한 상황에서 이끌게 되는 것이지, 가끔씩 섬길 뿐인 지도자들인 것은 아니다.[223]

사랑

사실 공관복음에 나오는 단어 "사랑"의 형태들은 요한복음에서보다 흔하지 않다. 그럼에도 불구하고 예수는 분명하게 신명기 6:5와 레위기 19:18에 나오는 이중의 사랑 계명(double love commands)-한 사람의 전 존재로 하나님을 사랑하고 이웃을 자신과 같이 사랑하라는 것-을 지지한다(막 12:29-31). 그러므로 사랑이 예수 윤리의 주요 특징이라고 충분히 공정하게 말할 수 있다.[224] 이러한 종류의 사랑은 "종종 동경(admiration)과 함께 가며 동경이 될 수도 있는 깊은 존경(deep respect)"으로 정의될 수도 있다. 이것은 "기쁜 일일 것이며 이미 행복을 미리 맛보는 것이다. 마지막으로, 그리고 아마 무엇보다도, 우정이 동등한 이들 사이에서의 관계에만 제대로 사용되는 반면 '아가페'(agapē)는 다른 상황의 사람들을 연결한다: 지도자들, 후원자들, 그리고 아버지들; 이것은 사심없고 후한 사랑이며 사려 깊음과 관심으로 가득 차 있다."[225] 이것은 예수 자신이 본을 가장 잘 보여준 행동이며 원래의 사랑 계명의 진정한 의미를 완성시킨다.[226]

---

223 Michelle Lee-Barnewall, *Neither Complementarian nor Egalitarian: A Kingdom Corrective to the Evangelical Gender Debate* (Grand Rapids: Baker, 2016), 117-18.

224 Thomas W. Ogletree, "Love, Love Command," in Green, *Dictionary of Scripture and Ethics*, 490-94; Schnelle, *Theology of the New Testament*, 118 참조.

225 Ceslas Spicq, *Theological Lexicon of the New Testament*, ed. James D. Ernest (Peabody, Mass.: Hendrickson, 1994), 1:12-13.

226 George Keerankeri, *The Love Commandment in Mark: An Exegetico-Theological Study of*

그러나 예수의 가장 유명한 비유 중 하나인 선한 사마리아인 비유에서는 심지어 원수도 한 사람의 이웃이기에 긍휼과 사랑을 받기에 마땅하다고 가르친다(눅 10:25-37).[227] Q 6:27-35는 특히 원수에 대한 사랑을 명령하며 이것을 일반화한다. 마태복음 5:44은 예수를 따르는 자들에게 그들을 박해하는 자를 위하여 기도하라고 덧붙인다. 이러한 것들은 고대 지중해 세계 안의 어디에서든 가장 적게 상응하는 예수의 가르침이며 그러므로 거의 확실히 신뢰할만한 내용이다.[228] 비록 "사랑"이라는 단어 그 자체를 사용하지는 않으나 소위 황금율이라고 하는 것은 이러한 머리말 아래 예수의 윤리를 가장 훌륭히 요약할 것이다: "남에게 대접을 받고자 하는 대로 너희도 남을 대접하라"(Q 6:31).[229] 마태복음은 구약과의 상관성을 "이것이 율법이요 선지자니라"(마 7:12)를 추가함으로써 나타내고 있다.

율법(Torah)

그렇다면 사랑이 율법을 파기하는가? 홀로코스트 후세대(post-Holocaust age)의 학자들이 예수와 그 시대의 보편 유대교 사이의 차이점을 최소화하고 성문화되지 않은(unwritten) 조항들에 대한 근소한 차이를 빼고는, 그가 율법을 전적으로 지원하는 것으로 보기 원하는 것은 현대적이며 이해될 만하다. 그러나 예수가 그의 윤리를 강조하기 위해 율법이나 그 사항에 대한 다

Mk 12,28-34 (Rome: Pontifical Biblical Institute, 2003).

227 Robert W. Funk, "The Good Samaritan as Metaphor," *Semeia* 2 (1974): 74-81. Philip F. Esler, "Jesus and the Reduction of Intergroup Conflict: The Parable of the Good Samaritan in the Light of Social Identity Theory," *Biblical Interpretation* 8 (2000): 325-57 참조.

228 Reinhard Neudecker, "'And You Shall Love Your Neighbor as Yourself—I Am the Lord' (Lev. 19,18 in Jewish Interpretation)," *Biblica* 73 (1992): 496-517 참조.

229 데비스와 엘리슨(Davies and Allison) (*Critical and Exegetical Commentary on the Gospel according to Saint Matthew*, 1:689-90)은 핵심은 율법의 모든 계명의 흔적을 추론해 볼 수 있는 어떤 것이나 그것을 해석하는 열쇠, 혹은 다양한 계명들의 지속적인 유효성을 결정하는 기준이 아니라 "단순히 율법의 가장 기초적 혹은 중요한 요구, 즉 어떤 경우에도 토라를 대체하지 않으나 그 대신 그것의 진정한 목적을 확실하게 말하고 있는 요구"라고 언급한다.

른 성경을 비교적 드물게 인용하는 것은 놀라운 일이다. 그가 그렇게 할 때는 대개는 어떤 모양으로든 그것을 비판하기 위해서이다. 그러므로 율법에 대한 예수의 태도를 전통적인 유대교 내의 많은 부류 중의 또 다른 새로운 해석으로 보는 것은 적합하지 않다.[230] 밭에서 이삭을 먹기 위해 밀을 "추수"함으로써 안식일 율법을 어긴 그의 제자들을 정당화하기 위해, 다윗과 그와 함께한 자들이 시장할 때에 전(tabernacle)에서 제사장을 위해 예비된 진설병을 먹은 구약의 선례에 호소한 것은 사실이다(막 2:23-26; 삼상 21:1-6 참조). 그러나 이 갈등 이야기의 극적 결론은 "그러므로 나의 제자들 역시 안식일에 그들이 필요하면 이삭을 잘라 먹을 수 있다"가 아니다. 본문은 그들이 어떤 종류의 필요가 있었다든지 심지어는 배가 고팠다든지를 말하지 않는다! 대신 예수는 "안식일이 사람을 위하여 있는 것이요 사람이 안식일을 위하여 있는 것이 아니니 이러므로 인자는 안식일에도 주인이니라"라는 압도적인 선언을 한다(막 2:27-28).

프랑스(R. T. France)가 인지하듯이 이 같은 결론은 이스라엘 종교의 열 가지 주요 계명 중 하나를 상대화시키기까지 하므로 이론적으로 안식일에 하는 거의 모든 종류의 일을 정당화할 수 있다(출 20:8-11). 프랑스(France) 자신이 이 구절에서 그같은 결론을 끌어낼 수 없으므로 멈추지만 예수의 가르침이 "예수에 의해 실현된(exercised) 독특한 '엑쑤시아'(ἐξουσία)로 다른 종류의 강화(escalation)를 나타낸다: 그는 지속적으로 그의 가르침과 행동을 통해 '큐리오스'(κύριος)로 드러난다…기독론적 분야가 이보다 더 높게 묘사되기는 거의 어렵다."고 분명히 강조한다.[231] 똑같은 것이 마가복음 3:4의 예수의

230 특히 Phillip Sigal, *The Halakah of Jesus of Nazareth according to the Gospel of Matthew* (Lanham, Md.: University Press of America, 1986); Thomas Kazen, *Scripture, Interpretation, or Authority: Motives and Arguments in Jesus' Halakic Conflicts* (Tübingen: Mohr Siebeck, 2013)을 보라. 또한 Meier, *Marginal Jew*, vol. 4, *Law and Love* (New Haven: Yale University Press, 2009), 1-25을 참조하라.

231 그러나 고펠트(Goppelt [*Theology of the New Testament*, 1:95])는 예수의 가르침과 행동이 지닌 급진적 영향력 전부를 묘사한다: "주로 예수의 치유를 통해서 안식일을 지키는 것을 취소(suspension)한 것은 기본적인 인간의 필요에 우선권을 두거나 심지어는 사랑의 계명을 안

말에 적용된다. 안식일에 손 마른 사람을 고치기 전에 회당에 있던 자들에게 "안식일에 선을 행하는 것과 악을 행하는 것, 생명을 구하는 것과 죽이는 것, 어느 것이 옳으냐"라고 묻는다. 아무도 대답하지 않자 그는 나아가 그 사람의 손을 고친다(5절). 하지만 많은 종류의 일은 단지 생명을 구하는 것이 아니라 좋은 일을 성취하며 이 남자의 상태는 생명을 위협하는 수준이 거의 아니었다. 그러므로 예수는 분명 광범위한 선언을, 최소(at the very least) 하나님이 그의 백성들에게 요구하는 것에 다가오는 변화를 기대하는 선언을 하고 있다.[232]

요한복음 5:1-15와 9:1-12에 나오는 두 치유 사건은 공관복음의 안식일 치유 사건과 밀접하게 연관되는데 이것은 요한의 본문들에 신빙성을 더해주기도 한다. 어떤 경우에도 예수는 당장 죽을 위험에 처해있는 자의 생명을 살려주는 것이 아니다. 병은 이미 오래되었기에 예수가 치유하기 전에 하루를 더 지체했다 하더라도 이미 무능력하게 된 개인들("서른여덟 해 된 병자"[5:5]와 "날 때부터 맹인 된 사람"[9:1])에게는 조금의 변화도 없었을 것이다. 분명 예수는 그가 당대 율법 전문가들 사이에 촉발할 적대감을 완전히 알고 있으면서도 그가 치유를 통해 요점을 말할 날을 정한다. 그 갈등을 단순히 율법에 대한 바리새인 내의 논쟁으로 제한시키려는 시도들은 논점을 한참 벗어난다.[233] 예수는 정녕 "바리새인과 다른 이들에 의해 해석되는 것으

식일 계명보다 우위에 두는 것을 추구했던 것이 아니다. 대신 이것은 정결 계명의 취소처럼 종말론적 중요성을 지녔다: 생명을 주는 것을 추구하는 하나님의 뜻이 예수를 통해 제한없이 성취되어야 했던 것이다." France, *Gospel of Mark*, 144; Mary A. Tolbert, "Is It Lawful on the Sabbath to Do Good or to Do Harm: Mark's Ethics of Religious Practice," *Perspectives in Religious Studies* 23 (1996): 209 참조.

232 "안식일이 존재했던 이유인 손 마른 사람을 고친 사건은 분명 선한 일을 한 것으로 생각될텐데, 그렇다면 치유를 위해 안식일을 범하도록 하라. 예수의 질문의 도덕적 견고함(robustness)은 의학적으로 궤변에 가까운 바리새인들의 의견을 어리석은 것으로 만든다." Robert H. Gundry, *Mark: A Commentary on His Apology for the Cross* (Grand Rapids: Eerdmans, 1993), 151.

233 가장 최근의 연구로 Nina L. Collins, *Jesus, the Sabbath, and the Jewish Debate: Healing on the Sabbath in the 1st and 2nd Centuries CE* (London: Bloomsbury T&T Clark, 2014)이

로써의 안식일 계명"을 위반하였다. 그러나 그는 또한 "안식일을 '아크리보스'(ἀκριβῶς, '완벽하게'라는 뜻–옮긴이)하게 지키는 것에 관심을 보이지 않았다. 그는 순응하지 않는 자(nonconformist)였으나 급진적 풍유가(allegorists)와 같은 방식으로, 아니면 그가 무시하거나, 애매하게, 아니면 자유주의적인 방식으로도 아니었는데, 왜냐하면 그가 "왕의 실무(business), 즉 '바실레이아'(βασιλεία)의 업무를 시행하고 있었기 때문이다." 그가 비난받을 때면 "그는 율법적인 방법으로 자신을 변호하지 않았으나 하나님의 뜻에 대한 즉각적 인식을 [가지고 있었다]."[234]

똑같은 것이 누가만의 독특한 안식일 치유 사건에도 해당된다(13:10–17, 14:1–6). 첫 번째 사건에는 "열여덟 해 동안이나 귀신 들려 앓으며 꼬부라져 조금도 펴지 못하는 한 여자"가 나온다(11절). 그러고 나서 누가는 예수를 비난하는 자들의 논리를 분명하게 설명한다: "일할 날이 엿새가 있으니 그 동안에 와서 고침을 받을 것이요 안식일에는 하지 말 것이니라"(14절). 그들은 그 여자의 건강이 놀랍게 회복되는 것에 대하여는 거의 반대하지 않는다. 예수는 동물의 건강을 사람의 것보다 더 챙기는 위선을 지적하지만, 그 회당의 지도자는 동물들은 하루 동안 먹거나 마시지 않으면 병들게 될 수도 있으나 여자의 상황은 그다지 달라질게 없다고 쉽게 되받아칠 수도 있었다. 그러므로 16절은 예수의 첫 번째 주장에서 전진한 것(advance)이다: "열여덟 해 동안 사탄에게 매인 바 된 이 아브라함의 딸을 안식일에 이 매임에서 푸는 것이 합당하지 아니하냐?" 무슨 이유로 하루 동안 더 고통 받도록 해야 하는가? 다시 말하지만 이러한 논리를 지속적으로 확장시킬 때 그 결과는 압도적이다.[235] 이 같은 논리는 대화가 동일한 방향으로 진전되는(3–5절) "수

있다.

234 Sven-Olav Back, "Jesus and the Sabbath," in Holmén and Porter, *Handbook for the Study of the Historical Jesus*, 3:2633.

235 마샬(Marshall, [*Gospel of Luke*, 559]) 참조: "비록 안식일이었으나 아마도 그 여자가 즉시 놓여져야 했던 것이 안식일에 더욱 합당했었을 것인데 왜냐하면 분명 사탄도 그의 일을 안식일에 멈추지 않기 때문이다; 이런 식으로 안식일이 긍정적으로 거룩히 여김을 받았다." 다시 말

종병 든 한 사람"(14:2)의 치료 사건에도 적용된다.[236] 이 두 상황 모두에서 예수의 적대자들은 어떤 대답도 할 수 없었다; 사실 그들은 공개적으로 모욕을 당한다(13:17, 14:6).

비슷한 패턴이 우리가 이미 살펴 본 마가복음 7:1-23에도 선명하게 드러난다. 비록 본문이 손 씻는 문제에 대한 내부적인 논쟁으로 시작되었으나 예수가 "무엇이든지 밖에서 사람에게로 들어가는 것은 능히 사람을 더럽게 하지 못하되"라고 선언할 즈음에는 단순히 의식적인 정결에 대한 바리새적 율법이 아니라 성경에 나온 식이(dietary)에 관한 율법과 충돌(broadside)한 것이다(또한 Q 11:39-41 참조). 에드워즈(James Edwards)가 표현한 바에 의하면 "이러한 선언은 구두(oral)법과 성문(written)법의 식사 규례에 대해 우위를 점한 것이다(예를 들어 레 11, 신 14)."[237] 주석가들은 예수가 이런 급진적인 어떤 것을 의미했을 리가 없다고 생각하는데 왜냐하면 그의 제자들이 "코셔(kosher, 유대교에서 정결한 음식-옮긴이)를 지키는 것"을 사도행전 10장에 나오는 베드로의 환상 전까지는 금하지 않았기 때문이라고 반복적으로 주장한다. 그러나 예수의 제자들은 그의 생애동안 자주 그를 오해했으므로 이것은 놀랄 일이 아니다. 마가복음 7:19b의 예수의 선언은 그가 바리새인들과 논쟁할 때 제자들이 이해했던 것이 아니다; 이것은 마가가 복음서를 기록하던

하면, "사탄의 패배는 하나님의 통치가 진전된다는 신호이다(11:20). 징표(evidence)는 경미(slight)할지도 모르나-불구 여성의 치료처럼 분명 사소한(trivial) 사건-그 잠재성은 상상을 초월한다. 예수가 사역하는 동안 겪는 반대에도 불구하고 작은 시작은 확실한 승리에 대한 징조이다."

236 종종 묘사되는 것처럼 이 고통이 수종(dropsy)이라면 이 남자의 상황은 충분히 악화되고 있었을 것이고, 비록 그가 하루의 시간 안에 죽지는 않겠지만 그의 고통은 아주 쉽게 악화될 수 있었을 것이다. 더 나아가 Braun, *Feasting and Social Rhetoric in Luke 14*, 41; Green, Gospel of Luke, 547을 보라.

237 James R. Edwards, *The Gospel according to Mark* (Grand Rapids: Eerdmans; Leicester: Apollos, 2002), 213. Schnelle, *Theology of the New Testament*, 140 참조: "예수는 단순히 하나님 앞에서 부정한 것에 대한 형식적인 생각을 없어지게 한 것이 아니라 어떤 형태로든지의 부정함이 밖에서 사람에게로 들어갈 수 있다는 것을 부정한 것이다. 사실 이것은 레 11-15의 정결법을 상대화시킨(relativizing) 것이다."

관점을 벗어나 사도행전 10장의 사건의 적어도 십 년 혹은 이십 년 후의 삽입구(parenthetical aside)이다. 예수는 그의 생애 기간에 성문법을 절대 깨뜨리지 않았기에, 이것 역시 제자들로 하여금 그가 더욱 극적인 변화를 암시하고 있는 것임을 깨닫지 못하게 했을 것이다.[238] 그러나 이러한 변화가 인식되면, 마가복음 7:19b는 "추가 삽입구 이상이 된다. 의식적 정함/부정함과 도덕적 정함/부정함 사이를 구분하기를 거절함으로써 예수는 카슈루트(kashrut, 유대교의 식사 계율-옮긴이)의 원리를 끄집어내었다. 적어도, 그는 코셔 식습관 뒤에 있는 윤리적 근거에 대한 질문을 제기한다…언제 모든 음식들이 코셔 범주 안으로 통합될 것인가?"[239]

예수는 또한 마태복음 5:21-48의 대조구와 일부 평행하는 마가복음 9:43-48과 누가복음 6:27-30, 32-36; 16:18에 나오는 율법을 재해석하는데 이것은 이러한 자료 그 이상의 것이 Q에 서 있었을지도 모르거나 적어도 일관성의 기준으로 보았을 때 역사적 예수에게로 되돌아간다.[240] 예수가 율법

---

238 관습적인 유대 의식에 대한 예수의 관점은 그들의 관례에 대한 경외심(reverence)에서, 혹은 그 경외심의 부족에서 생겨난 것이 아니었다. 이것은 그 각각이 예수의 사역의 목적과 부합(compatibility)하는지 아니면 그렇지 않은지로부터 유래한다. Robert Banks, *Jesus and the Law in the Synoptic Tradition* (Cambridge: Cambridge University Press, 1975), 237.

239 LaCocque, *Jesus the Central Jew*, 112. 특히 Christian Stettler, "Purity of Heart in Jesus' Teaching: Mark 7:14-23 par. as an Expression of Jesus' Basileia Ethics," *Journal of Theological Studies* 55 (2004): 467-502 참조. 또한 "6-13절에서 예수는 모세의 율법을 하나님의 말씀과 동일시했고 그들의 전통으로 하나님의 말씀을 파기(nullify)한 바리새인들을 꾸짖었다. 그런데 이제는 예수 자신이 음식에 대하여 하나님의 말씀을 파기하고 있다. 그러나 이것은 하나님의 아들로서의 예수가 율법을 바꿀 수 있는 특권이다. 예수의 말이 신성하므로 이같은 변화는 인간의 전통의 하나로 이해되지 않는다"(Gundry, *Mark*, 356).

240 시니어(Donald Senior, "The Special Material in Matthew's Gospel," in Holmén and Porter, *Handbook for the Study of the Historical Jesus*, 3:1899)는 특히 마태만의 고유한 비유들과 산상 수훈에서 마태의 독자적 부분에는 "가장 이른 기독교적 운동-전도자에 의해 최종적으로 형성되고 그의 복음서에 소개된 전통들-에 대한 역사적 예수의 가르침과 영향력에 기원을 두고 있는 자료가 있을지도 모른다. 이러한 자료들은 마태의 주요 자료들에 이미 나오지 않은 나사렛 예수에 대한 새로운 역사적 정보를 드러내지는 않는다. 그러나 그것들은 하나님 나라 동기(motif)의 특징적 사용을 강조하고 예수의 가르침이 지닌 종말론적 성격과 그가 제자들의 공동체를 형성했다는 사실을 입증하며 그의 가르침과 믿음에 대한 유대적 요소(flavor)를 총괄적으로 그린다"라고 결론을 내린다.

을 획일적으로 취하지 않는다는 것은 또한 진정성을 증명한다.[241] 살인, 간음, 그리고 이혼에 대하여 그는 율법을 강조한다; 맹세하는 것과 보복에 대하여는 율법의 특정 부분들을 대체한다. 원수 사랑에 대하여 그는 율법 자체는 아니더라도 율법의 주요 해석과 상충한다. 그의 입장들을 하나로 묶어주는 것은,그가 자신을 율법에 대한 최고의 해석가로 나타낸다는 사실이다.[242] 그러므로 일점 일획도 없어지거나 파기되지 않는다는 마태복음 5:17-20에 나오는 율법의 완성이라는 예수의 주장과 가장 가까운 평행 구절이 누가복음 16:17이지만, 예수의 주장에 대한 신학적 주제-마태가 그 설교의 중심 문단에 배치한-는 여전히 다른 곳에서 증언되는 예수의 여러 가르침과의 일치성의 범주를 만족시킨다. 예수는 율법을 완성시키고 그럼으로써 그가 개시하는(inaugurating) 새 언약의 시대에 그것을 어떻게 적용할 것인지도 결정한다.[243]

마태복음 5:18의 시작과 종료 구문에 균형을 이루는 것이 중요하다. 율법은 "천지가 없어지기 전…모든 것이 이루어지기 전까지" 유효하다. 예수의 죽음은 희생에 대한 율법의 의도를 성취하였고 그러므로 그의 제자들은 아직 천지가 없어지지는 않았지만 그 법을 문자적으로 따르려고 시도해서

---

241 로더(William Loader, *Jesus' Attitude toward the Law: A Study of the Gospels* [Tübingen: J. C. B. Mohr, 1997], 523-24)는 이러한 다양성을 잘 포착한다: "율법에 대한 예수의 태도의 재구성을 할 때는 이제 전통의 다양한 갈래를 고려할 필요가 있다: 급진적으로 인간적인 예수; 문화적으로 보수적인 예수; 도덕적 이슈들에 대해 신학적으로 엄격한 예수; 유대적 그리고 비유대적인 유명한 헬라 설교가들과 같은 예수; 의식적(ritual)이고 제례적(cultic)인 것보다 도덕적인 행동과 태도들을 우선시하는 예수; 요한의 종말론을 가지고 있으나 그것의 부분적 성취를 주장하는 예수."

242 Douglas J. Moo, "Jesus and the Authority of the Mosaic Law," *Journal for the Study of the New Testament* 20 (1984): 1-48 참조.

243 더 나아가 Frank Thielman, *The Law and the New Testament: The Question of Continuity* (New York: Crossroad, 1999), 47-110; Tom Holmén, Jesus and Jewish Covenant Thinking (Leiden: Brill, 2001); Peter G. Nelson, "Christian Morality: Jesus' Teaching on the Law," *Themelios* 12 (2006): 4-17; David A. Dorsey, "The Use of the Old Testament Law in the Christian Life: A Theocentric Approach," *Evangelical Journal* 17 (1998): 1-19; 그리고 John P. Meier, "The Historical Jesus and the Historical Law: Some Problems within the Problem," *Catholic Biblical Quarterly* 65 (2003): 52-79 참조.

는 안 된다.[244] 마찬가지로 율법의 다른 모든 범주나 주제에 대한 합당한 순종은 오직 그것이 예수 안에서 어떻게 완성되었는가의 맥락에서 가능하다. 또는 크레플린(Matthias Kreplin)이 표현하듯이 "원칙적으로 예수는 율법이 하나님의 뜻의 적법한 전달임을 절대 부정하지 않는다. 그럼에도 불구하고 그의 설교의 결과는 율법의 상대화이다."[245] 율법에 대해 예수가 보여주는 권위와 하나님이 진정 원하는 것이 무엇인지 말할 때 그가 지니는 확실성은 우리가 아는 그 어떤 랍비와 같지 않은 것이다. 그는 단순히 자기의 주석을 제공하는 것이 아니다; 그는 그 어떤 합법성에 대한 언급 없이 그저 하나님의 뜻을 발표할 뿐이다! 예언이 성취되면 그 예언의 일이 일어나기를 기다리는 시간이 끝나는 것처럼, 율법이 성취(fulfillment)되면 율법이 과거에 그랬던 것처럼 여전히 효력을 발휘하는 시간도 끝난다.[246] 성취는 시대-기대하는 시기-가 끝나고, 그것의 목적인 새 시대가 도착하게 한다.

이적들(Miracles)

메시아적 시기의 도래를 알리며 명백하게 이스라엘을 재구성하며 그가

244 D. A. Carson, "Matthew," in *Expositor's Bible Commentary, Revised*, ed. Tremper Longman III and David E. Garland, vol. 9, *Matthew and Mark* (Grand Rapids: Zondervan, 2010), 172-77. Simon J. Joseph, "'For Heaven and Earth to Pass Away?' Reexamining Q 16,16-18, Eschatology, and the Law," *Zeitschrift für die neutestamentliche Wissenschaft* 105 (2014): 169-88 참조.

245 Matthias Kreplin, "The Self-Understanding of Jesus," in Holmén and Porter, *Handbook for the Study of the Historical Jesus*, 3:2506.

246 이런 맥락으로 라코크(LaCocque, *Jesus the Central Jew*, 71)는 약속이 "우리가 예언 문헌 전체에서 찾는 것처럼, 곧 다가올 소망의 성취를 위해 분투하는" 방식으로 율법을 초월하는 예수에 대하여 말한다. 고플트(Goppelt, *Theology of the New Testament*, 1:91)는 자연적인 인과적 결론들을 설명한다: "예수에게 정결법의 거부는 더 나아가 정결 계명 전체의 취소를 이끌었고 안식일법의 거부는 더 나아가 안식일 계명 전체의 취소를 가져왔다." 또한 Alan Watson, *Jesus and the Law* (Athens, Ga.: University of Georgia Press, 1996) 참조.

보기에 적합한 대로 율법과 선지자를 해석하는 권위를 주장하는 메시아적 청구인(claimant)은 역시 이사야에 나오는 또 다른 중요한 예언의 더 나은 성취를 가지고 있었다. 이사야 35:5은 "그 때에 맹인의 눈이 밝을 것이며 못 듣는 사람의 귀가 열릴 것이며 그 때에 저는 자는 사슴 같이 뛸 것이며 말 못하는 자의 혀는 노래하리니"라고 약속한다. 세례 요한의 제자들이 옥중에 있던 그를 방문하고 예수에게 돌아와 그가 메시아인지 물어보았을 때 예수는 정확히 이 본문을 언급한다(Q 7:18-23).[247] 그래서 우리가 보통 사건들이 어떤 사람의 신학을 형성한다고 생각하지 않지만 예수의 이적들의 경우에는 분명히 그러하다. 물론 혹자는 반초자연주의자(antisupernaturalist)의 가정에 기초하여 이적들을 불가능한 것으로 거부할 수도 있고[248] 역사학의 한계를 벗어난 것으로 그들을 따로 분류할 수도 있다.[249] 그러나 마이어(John Meier)가 보여주었듯이 이러한 선험적 선택들과는 다르게 복음서에 나오는 이적 기사 전체는 공관복음서의 그 어떤 다른 부분처럼 진정성(authenticity)의 표준적 범주들과 부합한다-여러 번 증언되었고, 다양한 문예적 형태로 드러났으며, 고대 유대교와 초기 기독교와 다르며, 부끄러운 요소들을 포함하고 있고, 예수의 하나님 나라 가르침과 부합하며, 그의 십자가형을 이끈 요소 중 일부이다.[250]

---

247 이 본문은 쿰란의 사해 분파(Dead Sea Sect)에서 메시아에 대해 기대되는 징표로써 언급되기도 했다. 4Q521과 특히 Hans Kvalbein, "The Wonders of the End-Time: Metaphoric Language in 4Q521 and the Interpretation of Matthew 11.5 par.," *Journal for the Study of the Pseudepigrapha* 18 (1998): 87-110을 참조하라.

248 본드(Bond, *Historical Jesus*, 108)는 "결국 우리가 이적 기사의 얼만큼을 역사적인 것으로 받아들일 것인지는 아마 우리의 세계관과 우리가 가능성의 범주 어디에 선을 그을 것인가에 의해 결정될 것이다"라고 제대로 언급한다.

249 그러나 Michael R. Licona, "Historians and Miracle Claims," *Journal for the Study of the Historical Jesus* 12 (2014): 106-29을 보라.

250 Meier, *Marginal Jew*, 2:617-45. 특히 Graham H. Twelftree, *Jesus the Miracle-Worker: A Historical and Theological Study* (Downers Grove, Ill.: IVP, 1999) 참조. 또한 Hendrik van der Loos, *The Miracles of Jesus* (Leiden: Brill, 1965); Leopold Sabourin, *The Divine Miracles Discussed and Defended* (Rome: Catholic Book Agency, 1977); 그리고 René Latourelle, *The Miracles of Jesus and the Theology of Miracles* (New York: Paulist, 1988)

우리는 이미 Q 11:20에서 예수의 축귀(exorcisms)를 통해 악한 영들이 하나님의 영에 의해 대체되었을 때 어떻게 하나님 나라가 임했음을 보여주는지 살펴보았다(Q 11:24-26 참조). 마가는 예수가 육신의 치유를 행한 다른 형태의 많은 본문들을 포함한다: 열병에 든 베드로의 장모를 고친 일(막 1:29-31); 피부병이 걸린 나병환자(1:40-45); 만성적, 간헐적 출혈을 겪은 한 여자(5:25-34); 맹인의 시력을 회복시킨 일(8:22-26, 10:46-52); 그리고 심지어는 야이로의 딸을 살린 일(5:21-24, 35-43). 몇몇 학자들이 예수의 축귀와 육신을 치유한 이적들을(막 1:32-34; 3:10-12; 6:12-13, 53-56; Q 11:24-26 참조) 진짜 초자연적인 현상이 아니라 심신의(psychosomatic) 과정들 혹은 고대 사회학과 연관된 것으로 해석하고 있지만 많은 학자들은 적어도 일반적인 범위 내에서 그것들의 진위성을 인정할 준비가 되어있다. 그러나 이 기적들은 어떤 추가적 도구(paraphernalia)나 심지어는 기도를 사용하지 않는다는 면에서 그것들이 예수와 동시대에 활동했던 다른 이적가들과 구분되는 직접성(directness)을 드러낸다.[251] 심지어 이후의 교회도 예수의 이름을 부름으로써 덜 직접적으로 이적들을 나타냈다(행 3:16, 16:18).[252]

마가복음 2:8-13은 죄를 사하는 예수의 권세를 드러내기 위해, 지붕을 통해 내려 온 중풍병자를 고치는 예수를 그리고 있다. 그가 풍랑을 잔잔케 하는 모습(4:35-41)은 구약에서 바람과 파도를 명할 수 있는 유일한 권세("광풍을 고요하게 하사 물결도 잔잔하게 하시는도다," 시 107:29; 시 104:7과 욥 1-2 참조)를 갖는 여호와의 역할을 하는 것으로 비쳐준다.[253] 그는 광야에서 오천 명과 사

을 보라.

251 Graham H. Twelftree, *Jesus the Exorcist: A Contribution to the Study of the Historical Jesus* (Tübingen: J. C. B. Mohr, 1993; Peabody, Mass.: Hendrickson, 1994)을 전체적으로 보라.

252 Graham H. Twelftree, *In the Name of Jesus: Exorcism among Early Christians* (Grand Rapids: Baker, 2007).

253 Craig L. Blomberg, "The Miracles as Parables," in *The Miracles of Jesus*, ed. David Wenham and Craig Blomberg, vol. 6 of *Gospel Perspectives* (Sheffield: JSOT Press, 1985), 340-42. Kent Brower, "'Who Then Is This?'—Christological Questions in Mark

천 명을 빵으로 먹임으로써(막 6:30-44, 8:1-10; 출 16 참조) 새로운 모세로, 그리고 배고픈 자들에게 기적적으로 빵을 제공해 주었던(왕하 4:42-44) 새로운 엘리사처럼 행하고 있다. 신명기 18:18의 관점으로 볼 때 많은 유대인들은 메시아가 이 기적을 더 큰 규모로 다시 행할 것을 기대하고 왔다(또한 시 132:15와 왕상 17:9-16 참조).[254] 제 이 성전기 유대교가 지녔던 왕적 혹은 군사적 메시아에 대한 기대로 보아, 먹이는 이적에 나오는 무리들은 그곳에 모인 군중들을 "광야에서의 반란"으로 쉽게 볼 수 있었을 것이다. 그러므로, 달리 보면 요한복음(요 6:15)에만 고유할 수 있었던, 강제로 와서 예수를 왕으로 삼으려는 자들에 대한 언급의 진위성은 지지를 얻는다.[255]

다른 이적들도 마찬가지로 예수가 예언을 성취하거나 아니면 그의 정체성에 대한 통찰을 제공하는 모습을 보여준다. 예수는 여호와가 욥 9:8에서 바다 위를 성큼성큼 걸었듯이 물 위를 걷는다(막 6:45-52).[256] 마가복음 7:31-34에 나오는 "귀 먹고 말 더듬는 자"에 대한 표현은, 헬라어 성경 다른 곳에서는 오직 위에서 언급했듯이 메시아의 이적들 모음의 한 부분으로써의 이사야 35:6에만 나온다. 마찬가지로 마가복음 8:22-26와 10:46-52에서 맹인이 시력을 회복한 것은 이 예언적 목록(사 35:5)에 나오는 초자연적 일들 중 하나와 평행한다. 변화산 사건(막 9:2-8)과 9:1의 수수께끼와도 같은 예언("내가 진실로 너희에게 이르노니 여기 서 있는 사람 중에는 죽기 전에 하나님의 나라가 권능으로 임하는 것을 볼 자들도 있느니라")의 병치(juxtaposition)로 보아, 예수는 그의 기적적

4:35-5: 43," *Evangelical Quarterly* 81 (2009): 291-305 참조.

254 Marcus, *Mark 1-8*, 404-21 참조.

255 Paul N. Anderson, *The Fourth Gospel and the Quest for Jesus: Modern Foundations Reconsidered* (London: T&T Clark, 2008), 138-40. Paul W. Barnett, "The Feeding of the Multitude in Mark 6/John 6," in Wenham and Blomberg, *Miracles of Jesus*, 273-93 참조.

256 더 나아가 John P. Heil, *Jesus Walking on the Sea: Meaning and Gospel Functions of Matt. 14:22-23, Mark 6:45-52 and John 6:15b-21* (Rome: Biblical Institute Press, 1981)와 Dane Ortlund, "The Old Testament Background and Eschatological Significance of Jesus Walking on the Sea (Mark 6:45-52)," *Neotestamentica* 46 (2012): 319-37을 참조하라.

인 자기 현시(self-revelation)를 베드로, 야고보, 그리고 요한에게 그 예언의 성취로써 드러냈을 것이다.[257] 예수가 모세와 엘리야와 함께 나타났던 것은 이스라엘의 소망의 성취와 더불어, 율법과 선지자들의 핵심 인물들과의 연속성(continuity)과 그들에 대한 예수의 우월성(superiority)을 보여준다. 에드워즈(Edwards)의 언급을 길게 인용할 필요가 있다:

> 선구자들인 모세와 엘리야가 나타난 것은 이스라엘의 역사 속에서 하나님의 아들의 목적을 지닌 계시가 정점에 도달했음을 증명한다. 더 나아가, 모세와 엘리야가 예수와 더불어 말하였으나 그들은 그와 함께 계속 머물지 않았는데 8절에서 구름이 사라졌을 때 이 둘 모두는 사라졌기 때문이다. 그러므로 모세와 엘리야의 증언은 예수를 가리키며 그를 통해 완성되나 그들의 증언은 예수의 것에 비교되지 않는다. 그들의 말과 행동은 궁극적으로 예수를 통해 성취된다.[258]

이방인 선교

우리는 지금까지 예수의 메시지와 사역이 메시아적인 것이었다는 충분한 근거를 주로 마가복음과 Q에서 살펴보았다. 또한 우리는 전통적인 메시아적 기대들을 거스르는 다양한 예들을 보았다. 그렇다면 우리는 메시아적 시대인 하나님 나라의 도래에 대한 예수의 가르침이 비전통적이라고 특징짓는, 여전히 더 많은 이유들을 발견하게 되는 것에 놀랄 필요가 없다. 이것

257 특히 C. E. B. Cranfield, *The Gospel according to St. Mark*, 3rd ed. (Cambridge: Cambridge University Press, 1977), 285-88. France, *Gospel of Mark*, 344-46와 Evans, *Mark 8:27-16:20*, 29 참조.

258 Edwards, *Gospel according to Mark*, 266. 하나님의 영광이 예수의 영광과 어떻게 합쳐지는지에 대해서는 Armand Puig i Tàrrech, "The Glory on the Mountain: The Episode of the Transfiguration of Jesus," *New Testament Studies* 58 (2012): 157-72을 보라.

의 정점은 하나님 나라의 복들이 이방인들에게까지 확장된다는 것에 있다. 물론 선지서들은 세상 사람들이 이스라엘의 하나님을 예배하고 그의 율법에 순종하는 것을 배우기 위해 예루살렘으로 쏟아져 들어가는 기대로 가득 차 있다(예를 들어 사 55:5; 56:3-7; 60:3-11; 66:18-20). 그러나 예수는 이 무대를 구심적(centripetal)이기보다는 원심적(centrifugal) 선교로 구성하는데 종국에는 제자들이 예수에 대한 복음을 가지고서 알려진(known) 세계로 두루 퍼지도록 인도한다.[259]

예수가 그의 제자들의 선교를 이스라엘 밖으로 묘사한 적이 있는가가 종종 논쟁이 되어 왔다. 하지만 마가복음과 Q에 나오는, 더 멀리 떨어진 곳에서의 사역에 대한 힌트만을 보아도 예수가 정확히 바로 그러한 사역을 의도했음이 더욱 분명해진다.[260] 우리는 이미 돌들로부터도 아브라함의 자녀들을 불러 일으킬 수 있는 하나님의 능력에 대한 세례요한의 가르침을 보았으므로 민족성은 더 이상 택함(election)을 보증하지 않는다(Q 3:7-9). Q 7:1-10에서 예수는 이방인 백부장의 종을 치유하고 치유를 간구하러 온 그의 주인의 태도를 칭찬한다: "내가 너희에게 이르노니 이스라엘 중에서도 이만한 믿음은 만나보지 못하였노라"(9절). 이 Q 본문과 평행일 수도, 아닐 수도 있는 요한복음 4:46-54의 치유 기사는 '바실리코스'(*basilikos*, 왕의 신하)가 필연 이방인이었을 것이므로 동일한 역동성을 나타낸다.[261]

마가복음 7:24-8:26 전체는 전통적으로 예수의 "갈릴리로부터의 철수"

---

259 총체적인(thorough) 연구로 Eckhard J. Schnabel (*Early Christian Mission* [Downers Grove, Ill.: IVP, 2004], vol. 1, *Jesus and the Twelve*)의 "Promise: Israel's Eschatological Expectations and Jewish Expansion in the Second Temple Period" (55-172)와 "Fulfillment: The Mission of Jesus" (177-382)을 보라.

260 특히 Michael F. Bird, *Jesus and the Origins of the Gentile Mission* (London: T&T Clark, 2007)을 보라. 또한 Michael P. Knowles, "Mark, Matthew, and Mission: Faith, Failure, and the Fidelity of Jesus," in *Christian Mission: Old Testament Foundations and New Testament Developments*, ed. Stanley E. Porter and Cynthia Long Westfall (Eugene, Ore.: Pickwick, 2010), 64-92도 참조하라.

261 A. H. Mead, "The *βασιλικός* in John 4,46-53," *Journal for the Study of the New Testament* 23 (1985): 69-72.

라고 불려져 왔다. 예수는 8:11-12에서 묘사된 짧은 기간 외에는 이 전체 본문에서 갈릴리의 북쪽과 남쪽을 두루 다니며 사역을 한다. 수로보니게 지역에서 그는 헬라인 여자의 귀신 들린 어린 딸을 고친다(막 7:24-30). 그녀의 간구에 예수의 즉각적인 현답은 매우 민족 중심적이나(27절), 제안된 여러 설명들 중에서 예수가 여자의 믿음이 끈질기다는 것을 알고 있었고 그녀를 밖으로 이끌어 주위 사람들에게 일을 분명하게 하려고 했다는 것이 가장 그럴듯하다.[262] 데가볼리 지방에서 예수는 귀 먹고 말 더듬는 자를 고쳤는데 이것은 이사야 35:6의 예언을 다시금 성취하는 것이나 추측컨대 유대인을 위해서가 아닌 이방인을 위해서 지금 이 일을 하고 있는 것이다. 비슷하게, 오천 명을 먹이는 것과 구분되는 사천 명을 먹이는 기사의 자세한 묘사들은(막 8:1-10) 예수가 주로 유대인을 대상으로 일찍이 행했던 일을 되풀이하면서 아직 이방인 지역에 있음을 시사한다. 벳새다에서 그는 맹인 한 사람을 다시 보게 한다(8:22-26). 비록 벳새다도 단지 요단강 건너의 갈릴리 바닷가 북쪽 끝자락에 위치하고 있었고, 꽤 많은 유대인들이 그곳에 살고 있었다 하더라도 다시금 예수가 한 이방인을 치유했다고 보는 것이 좀 더 자연스럽다.[263] 이 모든 것이 예수가 이제 곧 다가 올 좀 더 완전한 이방인 선교에 대해 매우 의식적으로 예시(foreshadowing)하고 있음을 나타낸다(마 28:18-20 참조).

Q 10:1-15에서는 예수가 칠십 이 명을, 일찍이 열 두 명을 보냈을 때보다 좀 더 멀리 떨어진 곳으로 보내면서 이러한 선교를 한걸음 더 전진시킨다. 이 두 선교는 서로 매우 밀접하게 연관되어 있다. 규모가 더 큰 그룹이 실제 이방인 구역에 들어갔는지를 우리가 증명할 수는 없지만, 그 수(number)와 더불어, 예수가 열 두 명을 보낼 때 제한했던 내용(적어도 마 10:5-6

---

262 Witherington, *Gospel of Mark*, 251 참조: "마가복음에서 핵심은 여자의 구두 대답이 지닌 적절성이다. 그녀는 자존심(honor) 시험을 통과했고 좋은 대답에 대한 상을 받는다. 그러므로 이 장면은 예수가 단지 그 당시의 지역적 편협성(parochialisms)을 드러내는 것이 아니라 그가 한 외국인을 시험(testing)하고 있는 것으로 보아야 한다."

263 M. Eugene Boring, *Mark: A Commentary* (Louisville: Westminster John Knox, 2006), 222; Mary Ann Beavis, *Mark* (Grand Rapids: Baker, 2011), 131.

에서)이 없다는 것으로 미루어보아 자연스러운 추측이다.[264] 적어도 이 선교는 하나님의 자비의 확장성, 민족주의의 결여, 그리고 예수와 제자들의 사역이 점점 더 원심적이 되어간다는 것을 상기시킨다는 면에서 앞서 열 두 명이 나간 선교를 보충한다.

칠십 이 명이 돌아온 후 얼마 지나지 않아 예수는 요한문헌에서 천둥번개(Q 10:21-22)라고 불리는 것을 선언하는데, 왜냐하면 여기에 나온 언어적 표현이 요한복음의 특징적인 면과 매우 유사하고 나머지 공관복음에 나타난 그의 가르침과는 크게 다르기 때문이다.[265] 하나님이 지혜롭고 슬기 있는 자들에게는 진리를 숨기고 어린아이와 같은 자들에게는 나타낸다는 주제는 요한복음의 큰 그림과 잘 들어맞는다(21절). 더욱 가깝게 들어맞는 것은 "내 아버지께서 모든 것을 내게 주셨으니 아버지 외에는 아들이 누구인지 아는 자가 없고 아들과 또 아들의 소원대로 계시를 받는 자 외에는 아버지가 누구인지 아는 자가 없나이다"라는 예수의 주장이다(21-22절). 요한을 새롭게 보는 관점이, 요한복음에 나오는 이 같은 언어적 표현의 상당 부분 역시 진위적인 것으로 본다는 사실은 놀랍지 않다.[266]

유대 지도자들과의 갈등과 고난 받는 종

그러므로 예수의 메시아적 사역은 비록 문자적으로 그들 모두가 이스라

264 Green, *Gospel of Luke*, 412.

265 특히 Adelbert Denaux, "The Q-Logion: Mt 11,27/Lk 10,22 and the Gospel of John," in *John and the Synoptics*, ed. Adelbert Denaux (Leuven: Peeters, 1992), 163-99을 보라.

266 예를 들어 Anderson, *Fourth Gospel and the Quest for Jesus*, 117-19. 요한문헌에 나오며 공관복음과 평행하는 예수의 여섯 가지 주요 담화의 언어 표현에 대한 자세한 비교는 Philipp Bartholomä, *The Johannine Discourses and the Teaching of Jesus in the Synoptics: A Contribution to the Discussion concerning the Authenticity of Jesus' Words in the Fourth Gospel* (Tübingen: Francke, 2012), 특히 표로 요약되어 있는 415-28을 보라.

엘로 몰려들지는 않는다 하더라도 세계의 나라들 혹은 사람들의 모임에 대한 구약의 예언들을 성취하기 시작한다. 샌더스(E. P. Sanders)는 잘 알려진 바와 같이 예수에 대한 바리새적인 반대 대부분의 역사적 개연성(probability)을 부정했는데, 오직 대제사장들만이 예수의 유대인 적대자들이었고 그것도 대부분 그의 사역 마지막에 그러했기 때문이다.[267] 그러나 스크뢰터(Jens Schröter)는 샌더스와 같이 시작하고 "만약 바리새인들이 의식적인 순결도 매일의 삶을 결정해야 한다고 인정했다면, 이것은 위에서 묘사한 것과 같이 예수가 설파한, 외부로 퍼져나가던 '공격적인' [즉, 방어적이지 않은] 순결 표본에 맞서는(competing) 것이었다"라고 판단한다.[268] 여전히, 예수와 유대인 지도자들 사이에 증가하는 적개심의 이유는 한 두 가지가 아니다. 그가 자신을 신적으로 묘사했던 것이 결정적인 역할을 했음은 분명하다. 율법에 대한 그의 급진적인 해석 또한 그러하다. 우리는 마가복음 2:18-22에서 이 두 요소가 작용하고 있음을 쉽게 찾아볼 수 있다.[269] 비록 이러한 예수의 가르침의 일부분은 금식에 대한 유대교 내의 율법 논쟁으로 시작하나(18절), 예수의 대답은 금식하는 것이 적절하지 않은 그의 결혼 잔치에서 자신이 신랑이라고 말하고 있다(19-20절; 위에 여호와의 은유들 안의 내용들을 기억해 보라). 그렇다면 기운 옷과 낡은 가죽부대의 간단한 비유에서는 명백한 구속사적 대조가 나타난다(21-22절).[270] 이같은 역동성은 요한이 묘사하듯이 정결 예식을 위한 여섯 개의 돌 항아리가 변화된 액체(transformed liquid)를 담는 그릇으로 사용되는, 물을 포도주로 바꾸는 예수의 모습에도 나타난다(요 2:6).[271] 율법의 낡

---

267 Sanders, *Jesus and Judaism*, 270-93.

268 Schröter, *Jesus of Nazareth*, 120.

269 특히 Michael Tait, *Jesus, the Divine Bridegroom, in Mark 2:18-22: Mark's Christology Upgraded* (Rome: Gregorian Biblical Press, 2010)을 보라.

270 비비스(Beavis, *Mark*, 62)는 이 본문을, 이 장이 함께 시작했던 마가복음 1:15의 내용과 확실하게 연결한다: "마가복음 1:15에서 선언된 성취의 종말론적 내막은 새롭게 행할 것을 요구한다; 다른 형태의 행동은 파괴와 손실을 가져 올 것이다."

271 Colin G. Kruse, *The Gospel according to John* (Leicester: IVP, 2003; Grand Rapids: Eerdmans, 2004), 91-96; Herman N. Ridderbos, *The Gospel of John: A Theological*

은 시대는 하나님의 새 언약과 그의 백성들의 시기에 길을 내준다.

예수의 치유 사역이 육체적 그리고 영적으로 새 생명을 가져와도 그의 대적자들은 얄궂게도 이 일이 안식일에 일어난 것을 문제 삼는다. 그래서 예수가 안식일에 손 마른 자를 고친 것을 옹호하고 난 후에도 "바리새인들이 나가서 곧 헤롯당과 함께 어떻게 하여 예수를 죽일까 의논"한다(막 3:6). 심지어 예수의 친족들은 그가 "미쳤다"고 생각하고(21절), 예루살렘에서 내려온 서기관들은 그가 귀신이 들렸다고 생각한다(22, 30절). 예수 안에 있는 성령의 능력을 받는 매우 직접적인 경험에 대한 그 같은 끔찍한 오해는 그 적대자들을 용서받지 못하는 죄를 범할 위험에 빠뜨린다: 예수가 신성한 자가 아니라 귀신 들린 것으로 그를 거부하는, 회개하지 않는 파렴치한 태도(28-29절).[272] 몇몇 친족들의 적대는 그의 고향 나사렛에서 더 많은 이들의 총체적인 거부(6:1-6a)로 변하여 예수로 하여금 그 유명한 "선지자가 자기 고향과 자기 친척과 자기 집 외에서는 존경을 받지 못함이 없느니라"(4절)라는 교훈을 하게 한다.[273] 어찌하여 그의 제자들이 바리새인의 손 씻는 전통을 따르지 않는지 질문을 받았을 때 예수는 그에게 질문하는 자들이 단순히 사람의 전통을 위해 하나님의 계명을 저버렸다고 질책함으로써 긴장을 고조시킨다(7:6-8). 여기서 예수는 그의 시대에 재 실현된 이사야 29:13을 인용한다.[274] 마가복음 8:15에서 예수는 그의 제자들에게 바리새인들의 누룩과 헤롯의 누룩-그들의 부패에 대해 구약에 기반한 은유-을 주의하라고 경고한다(특히 출 12에 나오는 유월절의 준수 사항들을 보라).

Commentary (Grand Rapids: Eerdmans, 1997), 107 참조.

272 스트라우스(Strauss, *Mark*, 173)는 이것을 잘 요약한다: 성령을 모독하는 것은 "도전적이고 의도적이며 한 사람의 인생에 역사하는 성령에 대한 최종적인 거부이다."

273 이 교훈은 비슷한 형태로 모든 공관복음서들, 요한복음, 그리고 도마복음에까지 나타나면서 이에 대해 상당한 진위성을 부여한다. 마 13:57; 눅 4:24; 요 4:44; 도마 31을 보라.

274 이 인용문의 진위성과 의미에 대해서는 Thomas R. Hatina, "Did Jesus Quote Isaiah 29:13 against the Pharisees? An Unpopular Appraisal," *Bulletin for Biblical Research* 16 (2006): 79-94을 보라.

우리가 이미 살펴보았듯이 성전 정화 사건은 유대인 지도자들이 예수를 없애기로 결심하게 만드는 마지막 징조로써의 기능을 한다(막 11:18). 그러나 예수는 서기관과 바리새인 지도자들의 위선에 대한 저주를 퍼부으면서 그들을 화나게 하는 더 많은 이유를 제공한다. 그들은 악한 생각과 동기를 그들 가운데 두고서 외부적으로는 화려한 종교적 쇼를 만들어 낸다(Q 11:37-54). 이 모든 것이 예수가 "창세 이후로 흘린 모든 선지자의 피를 이 세대가 담당하되 곧 아벨의 피로부터 제단과 성전 사이에서 죽임을 당한 사가랴의 피까지 하리라 내가 너희에게 이르노니 과연 이 세대가 담당하리라"라고 하는 깜짝 놀랄만한 선언을 하는 Q 11:50-51에서 절정에 이른다. 정확하게 한 세대 혹은 사십 년 후인 주후 70년 로마에 의한 예루살렘의 멸망이 이 예언을 잘 성취한 것일 수 있다.[275] 심판과 구원 모두가 역사적 절정에 이르게 된다. 예수가 그 같은 사회적 대변동(cataclysm)을 그리고 있었을 수도 있다는 것은 요세푸스(Josephus)에 의해 증언된 것처럼, 비슷하게 62년 아나니아(Jesus ben Ananias)가 성전 파괴에 대한 경고를 하는 것보다 더 어려운 일이 아니다(유대 전쟁사 6.300-309).[276]

물론 무리들에게 있었던 예수에 대해 점차 증가하는 실망감과 그의 처형에 찬성하는 지도자들의 확고한 의지는 그의 사역이 진전되면서 그가 군사적 혹은 정치적 메시아가 되고자 하는 어떤 의도도 없었다는 것으로 인해 확실하게 굳혀졌다.[277] 특히 그의 공생애 사역이 마지막 단계에 접어들고 예루살렘에서의 여정이 길어지면서 예수는 세 번의 다른 경우에 그의 죽음을

275 이 본문을 역사 속 모든 유대인들을 향한 비난이 아니라 "예수와 그 제자들과 동시대의 사람들"에 대한 것으로 보는 것이 중요하다. 그러므로 예수가 한 말의 "부분적 혹은 일시적 성취"가 "주후 70년의 비극" 때 일어났다. Davies and Allison, *Critical and Exegetical Commentary on the Gospel according to Saint Matthew*, 3:319.

276 이에 대해 특히 Craig A. Evans, "Jesus and the 'Cave of Robbers': Toward a Jewish Context for the Temple Action," *Bulletin for Biblical Research* 3 (1993): 93-100을 보라.

277 아마 이것이 여전히 유다의 배신에 대한 가장 적합한 설명일 것이다. 전체적 범위의 선택지는 Kim Paffenroth, *Judas: Images of the Lost Disciple* (Louisville: Westminster John Knox, 2001)을 보라.

자세하게 예언했다(막 8:31; 9:31; 10:33-34). 그는 제자들을 불러 고난과, 심지어는 필요하다면 그에 대한 헌신을 위해 죽을 것도 각오하고 그를 따라올 것을 준비하라고 명령했다(막 8:34).[278] 이 세상의 모든 안위와 쾌락은 하나님을 떠난 영원과 모든 좋은 것을 비교해 볼 때 중요하지 않게 된다; 비슷하게 모든 고난과 일찍 죽음을 맞는 것은 예수를 따르는 자들에게 다가 올 삶의 영광과 위엄과 비교하면 그 중요성이 약해진다(35-38절). 여기에도 가능한 구약의 성취가 있다. "사람이 무엇을 주고 자기 목숨과 바꾸겠느냐"는 그의 수사학적 질문은 아마도 시편 49:7-9를 암시하는 것일 것이다: "아무도 자기의 형제를 구원하지 못하며 그를 위한 속전을 하나님께 바치지도 못할 것은 그들의 생명을 속량하는 값이 너무 엄청나서 영원히 마련하지 못할 것임이니라 그가 영원히 살아서 죽음을 보지 않을 것인가."[279]

세 번째 수난 예고 이후에도 제자들은 여전히 무지한 듯 하고 하나님 나라가 임할 때의 가장 영광스러운 자리를 놓고 논쟁하기 시작한다. 예수는 그들을 꾸짖고 나서 대신 그들 각자가 수행해야 할 낮은 종의 역할에 대해 자세히 설명한다(막 10:35-44). 그러고 나서 예수는 신학적으로 가장 중요한 그의 말 중 하나인 "인자가 온 것은 섬김을 받으려 함이 아니라 도리어 섬기려 하고 자기 목숨을 많은 사람의 대속물로 주려 함이니라"(45절)를 선언한다. 비록 세 관점 모두 논쟁이 되었으나 학계는 (1)이 말의 진위성은 거의 확실하며, (2)이것은 예수의 대속적 죽음의 핵심을 잘 설명하고, (3)이사야 53:10-12의 고난 받는 종의 역할이 성취되었음을 나타낸다는 주장을 확고

---

278 "중요한 구분은 예수를 메시아로 본 자들과 그렇지 않은 자들 사이에서가 아니라, 고난의 길에서도 그를 따를 준비가 된 제자들과 그렇지 않은 자들 사이에서이다. 대가는 광범위하나 상급 역시 그러하다. 이 부르심의 태도에는 자기중심적인 것과 개인적 욕망이 더 이상 핵심에 있지 않다." Morna Hooker, *The Gospel according to Saint Mark* (London: A. & C. Black; Peabody, Mass.: Hendrickson, 1991), 208.

279 Rikk E. Watts, "Mark," in *Commentary on the New Testament Use of the Old Testament*, ed. G. K. Beale and D. A. Carson (Grand Rapids: Baker, 2007), 181-83.

하게 지지한다.[280] 유월절 예배의 하나로 그의 마지막 만찬에서 잔을 대하여 말한 예수의 언급에서 대속의 주제가 다시 나타난다: "이것은 많은 사람을 위하여 흘리는 나의 피 곧 언약의 피니라"(막 14:24).[281] 예수는 상징으로 가득 찬 그의 잔과 떡이 "성전에서 바쳐진 것보다 더 나은 희생"임을 암시하는데 그것들이 "사제들만의 지배의 징표가 아닌 이스라엘 백성들의 것이었"기 때문이다.[282]

메시아로서의 예수에게 이사야 52:13-53:12를 적용하는 것은 유대교-기독교 간의 대화에 거대한 인화점(flashpoint)을 형성한다. 자유주의적 기독교 저자들 중 다수는 이같은 메시아적 해석이 유대교가 아닌 기독교에서 시작되었고 이사야 본문 자체로부터는 지지를 받을 수 없다는 점에 관하여 대부분의 비기독교적 유대인들과 생각을 같이 한다. 하지만 기독교 이전의 다양한 유대 자료들은 비록 소수의 입장이라 하더라도 이같은 믿음을 증언하는 것으로 보인다.[283] 고난 받는 메시아라는 개념을 거의 찾아볼 수 없다는 사실은 예수의 제자들이 단순히 그것을 유대 전통에서 떼어다가 그와 비슷한 내용의 예수의 어떤 실재적인 가르침도 없이 그에게 덧붙이고 있다고 보

280 각각에 대하여 Sydney H. T. Page, "The Authenticity of the Ransom Logion (Mark 10:45b)," in *Studies of History and Tradition in the Four Gospels*, ed. R. T. France and David Wenham, vol. 1 of *Gospel Perspectives* (Sheffield: JSOT Press, 1980), 137-61; Timo Eskola, *A Narrative Theology of the New Testament: Exploring the Metanarrative of Exile and Restoration* (Tübingen: Mohr Siebeck, 2015), 177-80; 그리고 Watts, "Mark," in Beale and Carson, *Commentary on the New Testament Use of the Old Testament*, 203-6을 보라. 예수 자신이 원래 그만의 정체성을 설명하기 위해 이사야의 고난 받는 종 모티프를 사용한다는 것에 대한 총체적인 변론은 R. T. France, *Jesus and the Old Testament: His Application of Old Testament Passages to Himself and His Mission* (London: Tyndale, 1971; Grand Rapids: Baker, 1982), 110-32을 보라.

281 Eskola, *Narrative Theology of the New Testament*, 172; Evans, *Mark 8:27-16:20*, 388.

282 Bruce D. Chilton, "Method in a Critical Study of Jesus," in *Handbook for the Historical Study of Jesus*, 1:137.

283 Martin Hengel with Daniel T. Bailey, "The Effective History of Isaiah 53 in the Pre-Christian Period," in *The Suffering Servant: Isaiah 53 in Jewish and Christian Sources*, ed. Bernd Janowski and Peter Stuhlmacher (Grand Rapids: Eerdmans, 2004), 75-146.

는 것을 어렵게 만든다. 고펠트(Goppelt)가 설명하듯이 이것은 예수의 대속에 대한 초기의 믿음으로부터 만들어진 무언가를 "대표하는" 말이 아니다. 대신 그의 대속적 죽음에 대한 믿음은 예수의 말(sayings)에서부터 생겨난 것임에 틀림없다.[284]

우리는 예수가 공생애 마지막에 가서는 이스라엘에서 극소수의 무리를 빼고 거의 모두에게로부터 거절당했다고 단정 짓지 말아야 한다. 그를 추종하는 사람들 대부분은 숨어서 어떤 일이 일어날지 보고 있었을 것이다. 예수의 부활 직후 예루살렘의 교회가 빠르게 성장한 것은 사도들의 증언만으로는 설명될 수 없고 또는 모두가 부활한 예수를 보아서가 아니었다; 그들 모두가 보지는 못했다. 다시 말하지만 이미 부활 이전에 예수의 신성에 대한 충분한 증언과 행동들이 있었기 때문에 부활은 단순히 그것들을 확증했었을 것이다; 부활이 그것들을 새롭게 만들어낸 것이 아니다.[285] 전에 그를 동정하던 사람들이 아마도 지금 공적으로 그를 따르는 사람들보다 더 큰 비율을 차지할 것이다. 몇몇은 그의 제자들에게서 독립적으로 예수의 이름으로 여전히 사역을 하고 있었을 것이다(막 9:38-41).[286] 하지만 지배 계급에게

---

284 Goppelt, *Theology of the New Testament*, 1:196. 더 나아가 Daniel J. Antwi, "DidJesus Consider His Death to Be an Atoning Sacrifice?" *Interpretation* 45 (1991): 17-28와 Peter Stuhlmacher, "Isaiah 53 in the Gospels and Acts," in Janowski and Stuhlmacher, *Suffering Servant*, 153 참조.

285 더 나아가 N. T. Wright, *Resurrection of the Son of God* (London: SPCK; Minneapolis: Fortress, 2003), 719-38을 보라. Larry W. Hurtado ("Resurrection-Faith and the Historical Jesus," *Journal for the Study of the Historical Jesus* 11 [2013]: 35-52)는 사도행전에서 제자들이 성령을 처음으로 경험한 것(experiences)이 좀 더 결정적인 것이라고 보지만 그럼에도 불구하고 여전히 예수의 부활이 "땅에서의 예수를 보여주는 증언"을 제공한 것으로 생각한다(35).

286 마태복음 12:30은 이와 정반대의 것을 말하는데 예수를 위하지 않는 자들은 그를 반대하는 자라는 것이다. "각각은 중립적 위치를 허용하지 않으나 마태의 방식(formula)은 배타적이고 거부적인 반면 마가는 포함하고 환영한다. 누가에는 두 가지 방식이 모두 있기에(9:50; 11:23) 아마도 이 둘을 서로 상충하는 것으로 여기지 않았던 것 같다. 두 가지 방식이 축귀에 대한 논쟁에서 나오지만 문맥에서 드러나는 차이는 중요한 것인데, 마태의 방식은 예수만의 고유한 축귀가 바알세불에게서 오는 것이라고 취급하는 반면, 마가는 귀신을 쫓는 자가 예수의 이름을 사용하며 보이는 진실성(*bona fides*)을 보고 있다. 중립적 위치가 없는 곳에서 이미 드러난 원

서도 믿음은 빠르게 퍼져나갔다(행 6:7). 그렇지만 예수의 죽음 이전에 있던 반대가 너무나도 만연했었기 때문에 예수는 그의 제자들에게 바리새인들과 헤롯의 누룩을 주의하라고 경고했던 것이다(막 8:15). 바리새인들이 헤롯의 규율을 따르기를 꺼려했다는 것은 예수가 권세나 이념 같은 다른 면에 있어서는 상극인 이 둘을 여기서는 같이 묶었음을 의미하는데, 마치 마가복음 12:13이 바리새인과 헤롯당이 연합해서 예수의 말을 책잡으려 애쓰는 것을 그리고 있는 것과 유사하다. 이것은 협력의 관계가 거의 아닌 그들이 힘을 합쳐서 예수를 대적한 힘(strength)을 상징하는 것이다.[287]

심판

메시아의 대속적 고난은 그를 따르는 자들에게는 복을, 그를 대적하는 자들에게는 심판을 가져온다. 오늘날 많은 사람들이 심판이라는 것을 계몽된 마음에 부합하지 않은 것으로 통틀어 거부한다. 그 결과 예수 세미나(Jesus Seminar) 복음서들에서 예수가 가르친 심판에 대한 모든 말의 신위성을 거절했는데 왜냐하면 참가자들은 역사적 예수가 상당히 계몽된 인물이었다고 믿었기 때문이다.[288] 그러나 이런 접근은 역사적 연구의 정당한 방법론이 아니라 그저 현대의 편견을 배반한다. 고대 지중해 세계의 모든 주요 선생들은 그것이 존재하지 않는다고 결론을 내릴지라도, 사후 세계에 대해 할

수는 비동조자와 같은 범주에 속하지 않는다." France, *Gospel of Mark*, 377.

287 Edwards, *Gospel according to Mark*, 101-2; Gundry, *Mark*, 154.

288 Robert W. Funk, Roy W. Hoover, and the Jesus Seminar, *The Five Gospels: The Search for the Authentic Words of Jesus* (New York: Macmillan, 1993), 4, 32-34, 159 그리고 전반적으로. 엘리슨(Allison, *Jesus of Nazareth*, 65)은 "그러나 종말론, 기독론, 그리고 구원론이 기독교 근본주의자들이 중요하게 생각하고 있는 것들 중에 포함되어 있다는 사실은 주목할 만한다. 때때로 보수적 종교에 대한 개인적 혐오가 이것들을 예수에게서 떼어 놓는 것을 장려하고 있는가? 경우야 어찌되었든 [심판이 중심인] 계시적 종말론을 가장 초기의 전통에서부터 제거하는 것은 사실상 불합리한 것이다"라고 응수한다.

말을 가지고 있었다. 그러나 여러 헬라 로마 종교(Greco-Roman religion)와 거의 대부분의 유대교는 그것이 어떤 형태이든 죽음 이후에 계속되는 존재에 대한 믿음이 있었고 그래서 상급과 형벌, 구원과 심판에 대해 가르쳤다.[289] 다니엘 12:1-2은 모든 사람이 죽음에서 일어나고, 그들의 이름을 생명책에서 찾아보고 만약 발견되면 영생으로 옮겨지고 그렇지 않은 나머지는 영원한 형벌로 넘겨질 때를 명백하게 예언하고 있다. 예수가 그 당시 만연하던 이러한 주제들을 비중있게 다루지 않았다고 보는 것은 아주 이상한 일일 것이다.

사실 예수는 거의 확실히 그러한 주제들에 대해 언급했고 구약의 많은 이스라엘 선지자들과 같은 태도를 취했다. 심판은 하나님의 집에서부터 시작된다(겔 9:6). 그러므로 예수가 놀라울 정도로 이스라엘 밖의 사람들과 이스라엘 안에서 쫓겨난 자들을 신경 쓰지만, 초보수적인(ultraconservative) 이스라엘 내부의 종교인들, 특히 성경을 총체적으로 연구하여 더 많이 알고 있어야 할 지도자의 위치에 있는 자들에 대하여는 거의 관용하지 않는다.[290] 분명 예수는 그를 거부하는 자들 모두를 그가 "누구든지 이 음란하고 죄 많은 세대에서 나와 내 말을 부끄러워하면 인자도 아버지의 영광으로 거룩한 천사들과 함께 올 때에 그 사람을 부끄러워하리라"(막 8:38)라고 말했듯이 일반화시킬 수 있었다.[291] 그리고 그는 명백한 그의 제자들 중 어느 하나라도 다른 사람을 영적으로 넘어지게 한다면 목에 연자 맷돌이 매여 깊은 바다에

---

289 Wright, *Resurrection of the Son of God*, 32-84, 129-206을 보라. 또한 R. Gregory Jenks, *Paul and His Mortality: Imitating Christ in the Face of Death* (Winona Lake, Ind.: Eisenbrauns, 2015), 35-59, 123-38도 참조하라.

290 Craig L. Blomberg, "The New Testament Definition of Heresy (or When Do Jesus and the Apostles Really Get Mad?)," *Journal of the Evangelical Theological Society* 45 (2002): 59-72. 파골라(Pagola, *Jesus*, 312)는 간단히 요약한다: "예수는 종교가 잊어버린 자들에게 다가온다." 고펠트(Goppelt, *Theology of the New Testament*, 1:127)는 이것을 "예수는 먼저 죄인을 걱정했고 회개에 대한 요구는 의인들에게 먼저 시작했다"라고 설명한다.

291 누군가는 인자로서의 예수를 부끄러워 할 것이라는 것은 그가 그들의 눈에 부끄러운 존재가 될 것임을 보여주는데 이것은 다니엘 7:13에 나오는 호칭의 배경만을 가지고는 추론할 수 있는 것이 아니다. Hooker, *Gospel according to Saint Mark*, 210-11 참조.

던져지는 것이 나을 것이라고 확실히 말할 수도 있었다(9:42).[292] 극적인 과장법을 써서 예수는 범죄한 손, 발을 찍어버리고 혹은 눈을 빼 버리는 것이, 죄로 가득한 인생이 지옥-구약 시대 때 이방 신들에게 어린이를 희생했던 장소이자 영원한 심판의 비유인 게헤나(혹은 힌놈의 골짜기)-에서 끝나는 것보다 나을 것이라고 강조한다(43-48절).[293]

그러나 복음서들의 가장 초기의 결들(strata)은 그가 유대 지도자 그룹의 선생들, 특히 바리새인들과 사두개인들 그리고 그들과 함께 일한 서기관들과 법률가들에게 초점을 맞추고 있던 것으로 기억한다. 더욱이 이들 중 몇몇에 대한 강한 욕설을 길게 담고 있는 Q 11:37-52은 자기도 하나님 나라에 들어가지 못하고 다른 이도 그렇게 하지 못하도록 막거나 방해하는 자들에 대한 비난을 포함하고 있다(52절). 성전에서의 사건 역시 열심당 운동의 전조(proto-Zealot movement)를 형성한 이들을 비판한다. 마가복음 11:17b에 나오는 "강도의 소굴"(렘 7:11 참조)이라는 표현은 "민족주의자 요새"를 느슨하게 번역한 것일텐데 왜냐하면 이 레스타이(*lēstai*)들은 강도나 도둑들이 아니라 반란자들이었기 때문이다.[294] 이들이 무역과 상업을 위해 안 뜰(court)을 사용하던 때에 하나님을 경외한 이방인들은, 정확히 하나님을 예배하는 그 목적으로만 출입이 유일하게 허용된 그 뜰에서 하나님을 예배할 수 없었다(17a; 또한 구약-이번에는 사 56:7-을 인용하면서).[295] 샌더스(Sanders)는 예수가 문

---

292 "이 조건의 영향력(force)은 어린 아이를 괴롭힌 한 사람이 묘사된 바와 같은 끔찍한 죽음을 받는 것이, 죄 값을 이미 치르지 않은 상태로 최후의 심판을 당하는 것보다 낫다는 것이다. 여기에 흐르는 논리는 이생의 심판이 영원한 심판보다 낫다는 것이다." Yarbro Collins, *Mark*, 450.

293 "유대 묵시문헌은 명백히 힌놈의 (아들의) 골짜기가 최후의 심판 이후에는 불타는 지옥이 될 것이라고 가정하면서 '깊고 불타는 한 계곡'(에녹1서 54.1; 그리고 56.3도 참조)을 가리킨다(그리고 이것은 그 골짜기가 폐기물이나 범죄자의 시신을 태우는데 사용되었다는 명백한 사실에 영향을 받아서 그럴 것이다)." Silva, *New International Dictionary of New Testament Theology and Exegesis*, 1:548.

294 C. K. Barrett, "The House of Prayer and the Den of Thieves," in *Jesus und Paulus*, ed. E. Earle Ellis and Erich Grässer (G ttingen: Vandenhoeck & Ruprecht, 1975), 16.

295 더 나아가 Donald A. Hagner, *Matthew 14-28* (Dallas: Word, 1995), 601을 참조.

자적으로 재건축되고 정결케 된 성전을 그리고 있었다고 말할 때 근거보다 앞서 간 것일 수도 있으나 그가, 예수는 단순히 존재하고 있는 건물과 예식의 정결에 대해 호소하는 것이 아니라 어떤 회복 이전에 전체적 체계에 대한 심판과 파괴를 예언하는 것이라고 주장할 때 그것은 거의 확실히 맞을 것이다(막 13:2 참조).[296] 요한복음 2:13-22의 연대기가 역사적으로 정확하다고 판명(shown)되면, 19절에서 예수가 사람들이 추구해 온 회복으로써 그의 생애와 희생을 성전의 희생 제사를 대체하는 것으로 예상하고 있음을 받아들이는 것이 자연스러워진다.[297] 비슷한 해석이 요한복음 1:51에서 예수가 자신을 하늘과 땅을 잇는 사다리로 형성하는 것과 잘 들어맞는다. 우리는 하나님이 그가 영원히 그의 성전에 머물면서 그 곳을 그의 영광으로 거룩하게 할 것을 야곱과 벧엘-야곱이 사닥다리가 하늘에 닿았고 하나님의 사자들이 그 위에서 오르락내리락 하던 꿈을 꾼 장소-에서 한 약속에 근거하여 약속하고 있는 성전두루마리(11QTemple) 29(XXIX), 8-10을 기억한다.[298] 동시에 예수는 마찬가지로 그의 제자들의 공동체도 성전의 어떤 역할을 성취할 것을 그리고 있었는지도 모른다. 죠셉(Simon Joseph)은 "만약 예수가 성전예식에 참가하지 않았고 성전을 허물기를 구하지 않았으며 동물 제사를 '폐지'(abolish)할 것을 원하지 않고-단지 원리적으로 그것을 반대했-다면 예수는 정녕 현존하는 성전과 공존하며 경쟁하는 새로운 성전 공동체를 자신이 '건축'할 것을 그리고 있었을 지도 모른다"는 의견을 펼친다.[299]

---

296 Sanders, *Jesus and Judaism*, 77-88. 또한 Cecilia Wassen, "The Use of the Dead Sea Scrolls for Interpreting Jesus's Action in the Temple," *Dead Sea Discoveries* 23 (2016): 280-303 참조.

297 Perrin, *Jesus the Temple*, 106. 조심스럽게 Eskola, *Narrative Theology of the New Testament*, 69.

298 Eskola, *Narrative Theology of the New Testament*, 72.

299 Simon J. Joseph, *Jesus and the Temple: The Crucifixion in Its Jewish Context* (Cambridge: Cambridge University Press, 2016), 166.

이 표면적이고 내재적인 판단 모두를 고려해 볼 때 자주 인용되는 Q 6:37a("판단하지 말라 그러면 너희도 판단받지 않을 것이다")에서 우리는 무엇을 발견해야 할까? 이 구절은 마태복음의 형태인 "비판을 받지 아니하려거든 비판하지 말라"로 더 잘 알려져 있고 좀 더 구체적으로 흠정역(King James Version)에서는 "너가 판단받지 않기 위해 판단하지 말라"(마7:1)로 나타나 있다. 그러나 누가의 본문은 Q 6:37b에서 즉시로 이 구절을 설명한다: "비판하지 말라 그리하면 너희가 비판을 받지 않을 것이요." 크리노(*krinō*)가 다른 곳에서는 "진단하다" 혹은 "분석하다"로 해석되지만 이 본문에서는 특히 맹렬히 혹은 혹독하게 비난하는 것을 의미한다.[300] 마태의 문맥(context)은 예수가 모든 비판을 반대 할 수 없음을 드러내는데 왜냐하면 사람들이 그들의 눈 속에서 들보를 빼내고 난 이후에 남의 눈에 있는 티를 밝히 보고 빼낼 수 있기 때문이다(2-5절; 눅 6:38-42 참조). 그들은 심지어 그들의 상식도 충분히 정화(sanctified)시켜서 복음을 전하는 것이 진주를 돼지 앞에 던지거나 거룩한 것을 개에게 주는 것(그래서 불필요한 남용을 더하게 하는 것, 6절)보다 더 낫지 않은 때를 판단할 수 있어야 한다.[301]

그러므로 판단은 한 사람의 열매에 달려있다(Q 6:43-45). 이 말이 구원은 행위에 달려있다는 것처럼 들리지 않기 위해 우리는 비유 전체를 보아야 한다. 좋은 나무는 좋은 열매만을 맺고 나쁜 나무는 나쁜 열매만을 맺는다. 이것은 하나님의 은혜에 힘입어 의로움 가운데 자라난 한 사람의 성품에서 흘러나오는 의로운 행위이거나, 아니면 이미 오랫동안 경작되어 한 사람의 성

---

300 Silva, *New International Dictionary of New Testament Theology and Exegesis*, 2:749. 마샬(Marshall, *Gospel of Luke*, 265-66)은 이것을 다음과 같이 잘 표현했다: "날마다의 행실에서 제자들은 하나님의 장소를 다른 사람을 판단하거나 비난하는 것으로 사용하는 것이 금지되었다. 이 본문은 이것이 지금 공격을 당하고 있는 죄인에게 자비를 보여주지 못하는 태도라고 설명한다. 즉, 이 본문은 올바른 사리판단, 혹은 금지되어 있는 차별을 하는지에 대한 것이 아니라 상당히 비판적인 태도에 대해 말하고 있는 것이다."

301 Keener, *Commentary on the Gospel according to Matthew*, 240-44.

품에서 자연스레 흘러나오는 악한 행위이다.[302] 계속해서 선한 것 혹은 악한 것을 말하는 사람에게도 마찬가지이다(45절). 이 본문이 마태에서는 예수가 그들을 "도무지 알지 못"한다고 말하는데까지 멀리 간다(23절). 그들은 자신들의 선한 행위로 남을 위해 그리고 아마 자신들을 위해서까지도 수고하였지만(21-22절) 그것은 예수와 맺은 구원의 관계에서 흘러나온 행위들이 아니었다. 이 사람들은 그들의 구원을 위조한 것이 아니다; 그들은 처음에 시작할 때부터 그 구원이 없었다.[303]

예수는 또한 공동체 전체에 대하여 아니면 적어도 그 구성원들 대부분에 대하여 비판을 할 수 있다. 예수는 자신을 거절한 고라신과 벳새다를 몹시 꾸짖으면서 구약의 두로와 시돈이 예수의 사역 당시 이 두 지역이 경험했던 만큼의 이적을 하나님으로부터 직접 받았다면 믿고 멸망하지 않았을 것이라고 덧붙인다(Q 11:21-22). 비슷한 대조가 가버나움과 소돔 사이에도 있다(23-24절). 그러나 예수는 이미 하나님의 택한 백성이라고 믿으며 하나님과의 바른 관계에 있다고 자신하는 이들에게 가장 혹독하고 한결같은 비판을 퍼붓는다(Q 11:37-54을 생각해 보라; 마 23 전체를 참조).

구원은 믿음으로 말미암고 그 믿음은 반드시 행위를 수반해야 하지만 심판은 전적으로 한 사람의 행위에 달려있다.[304] 이 원리는 종종 간과되어 온 예수의 가르침에 명백하게 드러난다: 누가가 묘사하는 진실하고(faithful) 그렇지 않은 종의 비유(Q 12:42-46). 마태와 누가에도 나오는 수사(simile) 부분 직후에 누가는 다음과 같이 기록한다:

> 주인의 뜻을 알고도 준비하지 아니하고 그 뜻대로 행하지 아니한 종은 많이

302 Alan P. Stanley, *Did Jesus Teach Salvation by Works? The Role of Works in Salvation in the Synoptic Gospels* (Eugene, Ore.: Wipf & Stock, 2006).

303 Herman N. Ridderbos, *Matthew* (Grand Rapids: Zondervan, 1987), 346.

304 Marius Reiser, *Jesus and Judgment: The Eschatological Proclamation in Its Jewish Context* (Minneapolis: Fortress, 1997)을 보라. 또한 Brian H. Gregg, *The Historical Jesus and the Final Judgment Sayings in Q* (Tübingen: Mohr Siebeck, 2006)을 참조하라.

맞을 것이요 알지 못하고 맞을 일을 행한 종은 적게 맞으리라 무릇 많이 받은 자에게는 많이 요구할 것이요 많이 맡은 자에게는 많이 달라 할 것이니라 (눅 12:47-48)

천국에서 받는 상의 정도(degrees)가 있는지는 모르겠으나 분명 지옥에서 받는 형벌에는 한 사람이 범한 죄의 빈번도와 심각성에 따른 정도(gradations)가 있을 것이다.[305]

구원

한편으로 구원은 믿음으로 인정되는(appropriated) 전적인 하나님의 은혜로 말미암는다. 네 번에 걸쳐 예수는 사람들에게 그들의 믿음이 그들을 구원하였다고 말한다(막 5:34, 10:52; 눅 7:50, 17:19 참조). 이보다 더 나은 번역은 "네 믿음이 너를 온전하게 하였다(made you whole)"일 수도 있는데 왜냐하면 각각의 문맥에서 영적이고 육적인 치유에 대한 시사점들(indications)이 있기 때문이다.[306] 포도원의 품꾼들 비유(마 20:1-16)는 은혜와 행위 사이의 차이를 강력하게 묘사하고 있다. 그 이야기는 고용된 일꾼들이 하루 동안 제각기 큰 차이의 시간동안 일을 하였으나 그 모두가 여전히 같은 품삯-하루 동안의 급료-를 받는 것을 보여준다. 아무도 자기가 일한 것보다 적게 받지 않

---

305 Craig L. Blomberg, "Eschatology and the Church: Some New Testament Perspectives," *Themelios* 23, no. 3 (1998): 6. Norval Geldenhuys, *Commentary on the Gospel of Luke* (Grand Rapids: Eerdmans, 1951), 365와 주의를 기울여 Carl B. Bridges, "Degrees of Punishment and Reward in the Gospels: Exegesis and Praxis," *Stone-Campbell Journal* 14 (2011): 81-86을 참조.

306 Craig L. Blomberg, "'Your Faith Has Made You Whole': The Evangelical Liberation Theology of Jesus," in *Jesus of Nazareth, Lord and Christ: Essays on the Historical Jesus and New Testament Christology*, ed. Joel B. Green and Max Turner (Grand Rapids: Eerdmans, 1994), 75-93.

왔다; 사실 그들 대부분이 일한 것(*earned*)에 비해서 더 많이 받았다.[307] 은혜는 인간의 노력과 행위 사이에 필연적으로 존재하는 불균형으로 야기되는 차이들을 간과하고 모든 신자들이 마치 상급 전부를 획득한 것처럼 그들을 대한다. 그렇다면 이것은 모든 하나님의 사람들이 평등하게 대우받는 것이 아니고 무엇이겠는가? 하늘의 완전함에 정도가 있다는 개념은 용어적인(in terms) 상충인 것 같다.[308] 만약 동일한(equal) 대접이 불공정하다고(unfair) 느껴진다면 우리는 하나님이 우리를 공평하게 심판해 줄 것을 절대로 원하지 말아야 한다는 사실을 우리 자신에게 일깨워줘야 한다. 그것은 형벌에 대해 요청하는 것이다! 우리는 오직 우리 자신과 다른 이들 사이의 모든 비교를 배제하는 은혜로 말미암는 구원만을 원해야 한다.

버메스(Geza Vermes)는 믿음의 개념이 어떻게 공관복음 전통(synoptic tradition)의 모든 층(layer)에 스며들어 있는지를 강조한다.[309] 기적 이야기의 거의 절반에서 예수의 인성(person)과 능력에 대한 믿음은 간구자들의 요청을 수락하는 예수의 결정과 긍정적인 관계를 형성한다. Q 12:22-31은 날마다의 공급을 위해 하나님을 단순히 신뢰할 것을 명하는데 왜냐하면 세상의 식물과 동물을 돌보는 그분의 눈에 인간은 그보다 훨씬 더 가치있는 존재이기 때문이다. 아무도 모르게 자라는 씨의 비유에서 씨 뿌리는 자는 추수의 때를 인내하며 기다리는 믿음을 가져야 한다(막 4:26-29). 널리 알려진 대로 믿음은 심지어 산을 옮기기도 한다(막 11:23).[310]

---

307 더 나아가 Blomberg, *Interpreting the Parables*, 281-88을 보라.

308 더 나아가 Craig L. Blomberg, "Degrees of Reward in the Kingdom of Heaven?" *Journal of the Evangelical Theological Society* 35 (1992): 159-72을 보라.

309 Vermes, *Authentic Gospel of Jesus*, 390-91.

310 이 특정한 본문에서 예수는 베다니에서 예루살렘으로 가는 어떤 길에서 이 말을 하고 있었느냐에 따라 특정한 한 산-감람산 혹은 시온산-을 바라보고 있었을 것이다. 전자의 경우 그는 슥 14:4에 예언된 종말의 묵시적 대변동을 언급하고 있었을 것이다. 후자의 경우 그는 주후 70년의 예루살렘 멸망을 예언하고 있었을 것이다. 더 나아가 William R. Telford, *The Barren Temple and the Withered Tree: A Redaction-Critical Analysis of the Cursing of the Fig-Tree Pericope in Mark's Gospel and Its Relation to the Cleansing of the Temple Tradition* (Sheffield: JSOT Press, 1980), 110-17을 보라.

추가적으로 구원과 관련된 순차적 본문들은 비록 서로 밀접하게 연관되지는 않더라도 그들 모두 진위성을 보증하고 있는 것으로 나타난다. 요한복음 14-17의 핵심에는 구원에 필수인 "성령의 길"과 "진리의 지배"에 대한 가르침이 자리하고 있다.[311] 영과 진리로 예배하는 것(4:24)은 이 두 요소와 같은 맥락이다.[312] Q 17:6은 비록 겨자씨만한 크기의 믿음일찌라도 그 중요성을 강조하며, 비록 누가에만 고유하나 이어지는 비유는 다른 곳에서 여러 번 나타나는 겸손에 대한 예수의 가르침과 놀라울 정도로 일치한다(눅 17:7-10). 무익한 종에 대한 이 작은 비유는 우리가 하나님의 집에서의 모든 의무를 다한 후에 우리가 주장할 수 있는 가장 큰 것은 우리가 무익한 종이라는 것임을 가르치고 있다.[313] 이것이 한 사람을 하나님의 은혜를 받을 수 있는 자리에 두는 참된 믿음의 정신이다. 피스티스(*pistis*) 단어 그룹의 완전한 의미에 대해서는 말할 것도 없고, 예수의 요구들을 그저 인지적 신념으로 줄여 보려는 시도들은 이러한 태도 및 행동적 지침으로 가라앉는다. "신뢰"(trust)나 "충성심"(loyalty)이 진정한 의미를 더 잘 드러낼 수도 있다.[314] 믿음도 단순히 사적인 것만은 아니다; 이것은 공적이며 단체적(corporate)이기도 하다. 맥나이트(Scot McKnight)는 "예수를 향한 믿음은 그것이 이스라엘의 예언자들을 위해 무엇을 했는지를 의미하는 것이었다: 그 나라를 향한 하나님의 말씀에 대한 자신감, 이스라엘의 운명을 이끄는 그에 대한 신뢰, 그리고 그의 약속이 곧 실현될 것이라는 소망"이라고 말한다.[315] 예수는 분명 이것을 세계의 모든 나라와 사람들에게로 확대시키지만 이렇게 하면서 그 원

---

311 Anderson, *Fourth Gospel and the Quest for Jesus*, 171-72.

312 이것은 요한의 "이미 그러나 아직" 표현법의 일부인데 마가복음 1:15의 "시간적"(kairotic) 구문과 밀접하게 연관이 있다(앤더슨 [Anderson, *Fourth Gospel and the Quest for Jesus*, 81] 참조).

313 Nolland, *Luke 9:21-18:34*, 843.

314 스픽(Spicq [*Theological Lexicon of the New Testament*, 1:110])은 신약에 나타난 피스티스(*pistis*)의 의미를 "인간관계에서 충성, 신뢰, 확신, 서약, 증거, 보증으로 표현되는 설득"이라고 정의한다.

315 McKnight, *New Vision for Israel*, 166.

래의 의미는 퇴색시키지 않는다. 예수를 따르는 모든 자들은 완전히 새로워진 세상을 물려받는 것을 기대할 수 있다.

게다가 예수가 전한 구원의 가장 놀라운 형태는 그 속성상 개인적이기보다는 단체적이었을 것이다. 예수가 누가복음 4:18-19에서 이사야 61:1-2a를 인용하고 나서 이 말씀이 나사렛 회당의 예배자들의 귀에 이루어졌다고 선포하였을 때, 그는 희년-"주의 은혜의 해"(레 25장 참조)-으로 인도하는 성령으로 충만한 종에 대한 예언을 말하고 있었다. 사실 이것이야말로 가난한 자들에게 복음이었는데 그들의 빚이 면제되고 채무자들이 감옥에서 풀려나며 노예들은 계약된 노예 상태에서 자유로워졌기 때문이다. 만약 이스라엘 역시 로마에서부터 자유롭게 되지 않았다면 그것은 예수가 그 저변에 깔린 상태를 더욱 심각한 문제-사탄과 죄에 대한 종살이-로 언급할 필요가 있었기 때문이었다.[316] 산상수훈은 가난하고 배고프고 슬피 울거나 아니면 소외된 자들에 대한 복을 말하고 있으므로 희년의 언어와 밀접하게 평행한다(Q 6:20-22). 구약의 희년의 해가 예시하는 사회적이고 영적인 형태 모두가 결합된 자유가 나사렛 예수라는 사람을 통해 완전히 성취되는 것으로 나아가고 있었다.

종말론

그럼에도 불구하고 예수의 종말론에서 그는 자신을 구약의 모든 예언들을 한번에 모두 성취하거나, 어떤 주어진 예언의 모든 부분을 인간 역사와 언제나 동시대에 실현시키는 것으로 보지 않았다. 구약이 항상 구분하지 않았던 것을 예수는 그가 첫 번째 그리고 두 번째 세상에 오는 것으로 구분하

316 Wright, *Jesus and the Victory of God*, 459-63; Schnelle, *Theology of the New Testament*, 125.

였다. 아마 이것의 가장 놀라운 예가 인류사의 마지막에 모든 사람들이 부활하는 일일 것이다(단 12:2-3). 예수가 몸으로 부활한 것은 마지막(end)이 지금(now)으로 분할됐었던 것을 보여주었다. 그러나 역사는 아직 끝나지 않았고 신자들은 그들의 부활체(resurrection bodies)를 받기 전에 예수가 재림할 것을 여전히 기다린다. 마태복음 27:52b-53에 나오는 구약의 몇몇 성도들의 부활이 의미하는 것이 무엇이든지 간에 그것은 예수의 부활이 마지막 날에 있을 모든 성도들의 부활에 대한 맛보기임을 나타내는 것 같다.[317] 예수는 이미 마가복음 12:18-27에 나오는(사두개인들을 빼고 대부분 모든 사람들에게 있던) 유대인의 믿음을 보증하였다.

그러나 역사(history)가 모두의 부활에까지 진전하기 전에 종말론적 중요성을 지닌 다른 많은 일들이 일어날 것이다. 마가복음 13장에 나오는 소위 감람산 강화(Olivet discourse)가 이 주제를 가장 중요하게, 그리고 한결같이 다루고 있다. 이 본문을 해석하는 범위는 이것을 모두 받아들이는 입장에서부터, 예수의 재림마저도 그가 죽은 지 40년 이후 로마와의 전쟁 때 예루살렘을 심판하기 위해 보이지 않게 온 것이라고 하면서 본문 전부가 1세기에 일어난 것으로 보는 완전한 과거주의(preterist)적 입장에 이르기까지 두루 퍼져있다.[318] 그러나 가장 믿을만한 해석은 예수의 가르침에 나오는 1세기와 "마지막 때"의 일들 모두를 보고 있다.[319] 예수가 성전의 돌 하나도 돌 위에 남지 않을 것이라고 예언하면서(막 13:2), 그는 1세기 건물의 견고함과 위용을 보고서 제자들이 경이로워하는 것에 대해 대답한다(1절). 그러므로 이

---

317 시니어(Donald Senior, "The Gospel of Matthew and the Passion of Jesus: Theological and Pastoral Perspectives," *Word and World* 18 [1998]: 377-78)는 이것은 또한 예수의 죽음이 인간 역사에서 핵심적인 순간임을 보여준다고 덧붙인다.

318 여러 해석학적 접근들에 대한 자세한 개관은 George R. Beasley-Murray, *Jesus and the Last Days: The Interpretation of the Olivet Discourse* (Peabody, Mass.: Hendrickson, 1993)을 보라.

319 특히 Robert H. Stein, *Jesus, the Temple and the Coming Son of Man: A Commentary on Mark 13* (Downers Grove, Ill.: IVP, 2014)을 보라.

장(chapter)에 나오는 성전 파괴에 대한 정보는(미래에 재건축될 어떤 이론적인 건물이 아닌) 오직 그들이 대화하며 보고 있는 구조물에 대한 것이라고 보아야만 이해가 된다. 더 나아가 14절의 "멸망의 가증한 것"은 그 똑같은 성전이 주전 167년 에피파네스(Antiochus Epiphanes)에 의해 모욕받는 다니엘의 언어를 다시 사용하고 있다(단 9:27, 11:31, 12:11). 예수는 심지어 이 성전이 그가 이 말을 하는 주후 30년으로부터 한 세대 안에 파괴될 것이라고 예언하는데(막 13:30), 이것은 정확히 로마가 그 성전을 파괴한 때이고 그 나머지 벽은 성전이 원래 있던 자리 서쪽에 여전히 세워져 있다(주후 70년).[320]

제자들은 이 일을 나타내는 징조를 요구하지만 예수가 하는 전부는 그들에게 "아직 끝이 아니니"라고 하는 동안 반드시 일어나야 할 일을 주는 것이다(막 13:7). 여기에는 이미 예언된 거짓 선지자들, 전 세계적으로 일어나는 진짜 혹은 가짜 갈등들, 지진, 기근, 핍박, 권력자들 앞에서 담대하게 증언하는 성도들, 사회의 혹은 가족의 불일치, 그리고 예수를 따르는 자들에 대해 점점 증가하는 대중의 증오 등이 포함된다(5-13, 21-22절). 예수는 이러한 사건들을 여자의 산고(8절), 그리고 바로 이어지는 출산과 연결시킨다.[321] 그러나 몸이 느끼는 수축도 출산의 정확한 순간을 결정할 근거로 삼기에는 매우 불확실하며 가짜 진통은 실제 출산보다 몇 주 혹은 심지어 몇 달 전에 일어날 수도 있다. 그래서 수많은 그리스도인들이 원했고 심지어는 있다고 주장했던 것-그들이 마지막 때를 예측할 수 있게 해 주는 징조들-은 단순히 여기에 나타나지 않는다.[322] 마찬가지로 사역 초기에 예수는 그의 이적들이 하나님으로부터 왔음을 결정적으로 보여주는 징조를 알리기를 거부했다(막 8:11-13); 사람들을 두 차례 배불리 먹인 이적 이후에 또 다른 무엇이 그의 대

---

320 Beasley-Murray, *Jesus and the Last Days*, 377-89.

321 피트르(Brent Pitre, *Jesus, the Tribulation, and the End of the Exile: Restoration Eschatology and the Origin of the Atonement* [Tübingen: Mohr Siebeck, 2005], 209-15)는 메시아가 오기 직전의 혼동의 시기에 대해 널리 알려진 유대적 믿음을 요약하고 있다.

322 특히 Timothy Geddert, *Watchwords: Mark 13 in Markan Eschatology* (Sheffield: Sheffield Academic Press, 1989)을 보라.

적자들을 설득시킬 수 있었을지 궁금하다! 더욱이(요한복음과는 달리) 공관복음 전체에는 이적과 징표들이 거의 항상 회의론자들에게서 요구되었다(단 하나의 예외는 눅 2:12, 34이다). 예수는 계속해서 그러한 상황에서 이적을 베풀기를 거부한다(마 12:38-39; 16:1-4; 24:3, 30; 막 8:11-12; 13:4; 눅 11:16, 29-30; 21:7; 23:8). 게다가 예수는 인간과 구원 역사의 중요한 시점에(Q 17:37 참조) 그의 사역이 중대한 국면을 맞고 있는 상황에서 사람들이 그 시대에 대한 징조도 분간할 수 없음을 보고 놀란다(Q 12:54-56).[323]

사실 재림을 가리키는 이 모든 전조들이 주후 70년의 성전 파괴 전에 이미 이러저러한 형태로 발생했다는 것은 좋은 사례이다.[324] 우리가 아직 언급하지 않은 내용 중 이러한 각본에 가장 어렵게 들어맞는 것은 복음이 먼저 만국에 전파되어야 하는 것이다(막 13:10). 문제의 일부는 마가복음 13:10이 마태복음 28:18-20의 "지상 대 명령"과 일치하는 것으로 종종 해석되어 왔다는 사실이다. 그러나 마가복음 13:10과 평행하는 마태의 본문은 마치 둘 사이를 구분하려는 듯이(마 24:14) 모든 "민족"(*ethnē*)을 제자삼는 것이 아니라 복음이 "모든(알려진) 세계"(*oikoumenē*)에 전파되는 것을 말하고 있다. 그리고 지상 대 명령에 그 어떤 것도 그리스도의 재림의 때에 관하여 언급하지 않는 반면, 마태복음 24:14는 그리스도가 재림하기 전에 반드시 복음이 온 세상에 전파되어야 할 것을 말하고 있다. 만약 우리가 예수의 감람산 강화에서의 예언을, 단순히 로마 제국의 대표적인 지역 모두에 복음이 전파되는 것으로 이해한다면, 이것은 분명 적어도 로마서 10:18과 골로새서 1:6에서

---

323 Stein, *Mark*, 375-76; Jeffrey Gibson, "Jesus' Refusal to Produce a 'Sign' (Mk 8.11-13)," *Journal for the Study of the New Testament* 38 (1990): 37-66 참조.

324 사실 이 모든 사례 대부분을 사도행전이나 바울서신에서만 해도 찾아볼 수 있다. 행 5:36-37(거짓 메시아들); 행 16:26(지진); 행 11:28(기근); 행 4:1-22, 5:17-41(공회에 넘겨짐); 고후 11:23(회당에서 채찍질 당함); 행 18:12-17, 24:2-23, 25:6-12(정부관리 앞에 섬); 행 25:13-26: 29(왕 앞에 섬); 딤후 3:2(가족 간 갈등); 그리고 행 19:23-24(그리스도인들에 대한 대중적인 미움). 사도행전이나 바울서신에 명백하게 드러나지 않은 한 가지는 "전쟁과 전쟁에 대한 소문"이지만 요세푸스(Josephus)의 역사는 주후 30년과 70년 사이에 있었던 이러한 것들 여러 가지를 포함하고 있으므로 우리의 요점은 건재하다.

바울이 말하듯이 1세기 기독교 시대에 이미 일어났다.[325]

여행의 어려움을 표현하는 마가복음 13:14-19의 언어는 주로 1세기 이스라엘의 상황에 대해 이해할 수 있는 것으로 판명되므로 이러한 해석을 좀 더 지지한다. 우기(rainy season)로 인한 진흙길 때문에 겨울 여행은 특히 "아이 밴 자들과 젖먹이는 자들"에게 어려웠다(17-18절).[326] 또한 주후 70년의 사건을 언급하는 것으로 보이는 묘사는 "하나님께서 창조하신 시초부터 지금까지 이런 환난이 없었고 후에도 없으리라"(19절)고 하는 것인데, 이것이 그리스도의 재림 직전에 일어날 일이라고 보는 것은 어불성설인데, 왜냐하면 그의 재림이 하나님의 백성들이 이 땅에서 겪는 고통의 끝을 선언할 것이기 때문에 당연히 이것은 전무후무한 일이 될 것이기 때문이다! 여기서 동어 반복(tautology)은 너무나도 분명하다. 그러나 역사 한 가운데에 일어난 일로써 이것에 대한 묘사는 적절히 들어맞는다. 요세푸스(Josephus)의 유대 전쟁사를 읽는 것이 독자들로 하여금 어떻게 주후 70년의 사건들이 이러한 묘사에 꼭 들어맞는지 가늠할 수 있게 할 것이다. 심지어 칼슨(D. A. Carson)은 최근에 시도되었던 대학살들을 고려해 보아도 인류 역사 그 어느 때에도 주요 도시의 거주민 대부분이 아주 천천히 그리고 고통스럽게 전멸되었던 적은 없었다고 논평한다.[327]

주후 70년 예루살렘의 파괴가 이 본문의 많은 요소들을 설명하고 있지만 그러나 여전히 이러한 일들이 마가복음 13장의 모든 것들을 이야기하지는 않는다. 24-27절에서 예수는 그가 재림하는 시점으로 옮겨간다. 비록 예

---

325 Carson, "Matthew," in Longman and Garland, *Expositor's Bible Commentary*, 9:587; Evans, *Mark* 8:27-16: 20, 310; Wilkins, *Matthew*, 777 참조.

326 Stein, *Jesus, the Temple and the Coming Son of Man*, 95; Strauss, *Mark*, 580-81; Victoria Balabanski, *Eschatology in the Making: Mark, Matthew, and the Didache* (Cambridge: Cambridge University Press, 1997), 133-34.

327 Carson, "Matthew," in Longman and Garland, *Expositor's Bible Commentary*, 9:563. 물론 이것이 잔혹한 재앙을 은유적으로 묘사하는 언어이므로 너무 문자적으로 받아들이지 말아야 한다는 것도 가능하겠으나 그것이야말로 우리의 해석을 그저 좀 더 자연스럽게 만들 것이다.

수가 비유적인 언어를 사용하고 있는 것(예를 들어 별들이 문자 그대로 하늘에서 떨어질 수는 없다)은 확실하지만, 여기서 묘사되고 있는 종말론적 대변동이 단순히 인간의 갈등이나 지역의 불안 혹은 동요와 동일시 되기에는 너무나도 극적이다.[328] 26-27절은 이러한 해석에 결말을 내는데 왜냐하면 그제서야 비로소 "인자가 구름을 타고 큰 권능과 영광으로 오는 것을 사람들이 보게" 될 것이고 하나님의 천사들이 그의 백성들을 땅 끝으로부터 하늘 끝까지 사방에서 모을 것이기 때문이다. 이러한 묘사를 주후 70년에 일어난 사건들로 보려는 시도는 사도행전의 시초부터 나머지 신약의 기간 동안 어떻게 파루시아(Parousia)가 예수의 재림과 동일시되고 있는지에 대해 분명한 대답을 하지 않는다.[329] 더 나아가 신약에 나오는 모든 파루시아 본문들을 하나님이 1세기 이스라엘을 심판하려고 보이지 않게 온 것과 동일시하려는 시도들은 위에서 설명한 여정에 들어섰을 때 실패하고 만다. 다니엘 7:13에 인자 같은 이가 옛적부터 항상 있던 이에게 나아가는 것은 보이지 않는 것인데 왜냐하면 그는 하나님에게로 가고 있기 때문이다. 이곳과 신약 전체에 걸쳐서 그가 오는 것은 하늘에서부터 땅으로 향하는 것이다. 비슬리 머레이(Beasley-Murray)가 표현하듯이 "신의 현현(theophany)은 항상 하늘에서부터 인간 세계로 향하는 것이다; 이것은 13:26이 인자가 하늘의 하나님에게로 가는 개념을 설명하는 것이라고 보는 그 어떤 의견도 배제한다. 정확하게 말하면 그 반대의 개념이 이 본문에 나타나 있다: 하늘의 대표자가 이 세상에서 하나님의 목적을 이루기 위해 하늘에서부터 '온다'는 것이다."[330]

마지막으로 비록 28-31절이 처음 보기에는 제자들로 하여금 그리스도

---

328 비록 라이트(Wright [*Jesus and the Victory of God*, 341-67])의 열정적인 논지에는 반대되지만. 좀 더 설득력 있는 해석은 Dale C. Allison Jr., "Jesus and the Victory of Apocalyptic," in Newman, *Jesus and the Restoration of Israel*, 126-41을 보라.

329 복음서의 모든 파루시아 본문들을 주후 70년과 연결시키고 나머지 뒤에 나오는 모든 파루시아 본문들은 나중에 예수가 다시 오는 것을 언급하는 것으로 보는 라이트(Wright)의 견해와 같이(위),

330 Beasley-Murray, *Jesus and the Last Days*, 430. Strauss, *Mark*, 591-92 참조.

의 재림의 때를 결정하도록 돕는 것 같지만 이 강화 전체에서 보듯이 그 도움은 시기상조인 것으로 드러난다. 무화과나무의 교훈은 이스라엘 국가가 재출현하는 것과 아무런 상관이 없다. 예수 자신이 그 비유에 대해 설명한다: 가지가 연하여지고 잎사귀를 내면 여름이 가까운 줄을 알리는 것처럼(28절), 예수가 묘사한 것과 같은, 말세를 예고하는 것을 사람들이 볼 때에 그들은 이것이 임박했음을 알 수 있다(29절).[331] 30절은 정말 너무 많은 해석자들로 하여금 예수가 그의 재림이 그의 몇 제자들의 생애 안에 있을 것으로 예언하는 것처럼 생각하게끔 오도(misled)했는데, 왜냐하면 이 해석자들은 이 본문을 충분히 주의하여 읽지 않았기 때문이다. 독자가 던져야 할 질문은 '타우타 판타'(*tauta panta*, "이 모든 일들")가 가리키는 선행사(antecedent)가 무엇이냐는 것이다. 문법적으로 유일하게 가능한 답은 29절의 '타우타'(*tauta*, "이 일들")이다. 그러나 29절의 "이 일들"은 그리스도가 가까이 이른 것을 나타내는 것이다. 그리스도가 다시 왔을 때에 그가 가까이 있을 것이라고 하는 것은 말이 되지 않는다; 그가 이미 여기에 와 있는 것이기에! 그러므로 "이 일들"은 이 장(chapter)에서 내내 묘사하고 있는 마지막이 오기 전에 일어나야 하는 모든 선제적인 일들을 가리키는 것이어야만 한다.[332] 그리고 우리가 이미 살펴보았듯이 그 모든 것들의 대표적인 사례들은 사실 이미 주후 30년과 70년 사이에 일어났었다.

그렇다면 32절은 이러한 이해를 더욱 강화(reinforces)시킨다. 만약 그리스

331 Beasley-Murray, *Jesus and the Last Days*, 434–42; Stein, *Jesus, the Temple and the Coming Son of Man*, 122–24.

332 Cranfield, *Gospel according to St. Mark*, 407–9; Beasley-Murray, *Jesus and the Last Days*, 443–49; Gundry, *Mark*, 746; Andreas J. K stenberger, Alexander E. Stewart, and Apollo Makara, *Jesus and the Future: Understanding What He Taught about the End Times* (Wooster, Ohio: Weaver Books, 2017), 63–71. 뢰브스탐(Evald Lövestam, *Jesus and "This Generation": A New Testament Study* [Stockholm: Almqvist & Wiksell, 1995], 103)은 "신약에서 '헤 게네아 하우테'(ἡ γενεὰ αὕτη)는 구속사적 관점으로 드러난다. '이 세대'는 성취의 때에 하나님의 구원의 일을 경험했지만 의심, 불신, 그리고 거부로 반응한 것이 특징이다"라고 결론을 내린다.

도 자신이 한 세대 안에 재림했다면 사람들은 그가 언제 올지 알 수 있었을 것이다. 그러나 이 구절은 그 날과 그 때(hour)는 아무도 모른다는 것을 강조한다. 핵심은 우리가 그 주, 달, 혹은 그 년도는 알 수 있다는 것이 아니다! 예수는 이 불확실성을, 심지어 자원하여 인성의 한계를 가졌던 그도, 그가 다시 돌아올 때를 알지 못한다는 사실을 상기시킴으로써 강조하고 있다.[333] 이 강화는 예수가 이 모든 것으로부터 결론을 내리면서 끝을 맺는다: 그의 제자들은 그를 앞질러 언제 마지막 때가 올 지 예측하려고 하기보다는 깨어 있어 항상 신실하게 살아감으로써 마지막 때가 언제인지 상관없이 그들이 어떤 형편에서든 준비될 수 있도록 해야 한다(33-37절). Q 17:34-35는 사람들이 일상의 활동을 하러 나가서는 갑자기 하나는 데려감을 당하고 다른 하나는 버려둠을 당한다는 내용을 덧붙인다. 그러나 널리 알려진 것처럼 많은 기독교적인 생각 다수에서 나타나는 고난 전 휴거(pretribulation rapture)를 지지하는 것과는 달리, 이 본문은 이전에 있었던 예수의 설교에 나오는 그림을 다시 사용하면서 우리를 정반대의 방향으로 인도한다. Q 17:27의 마태적 구성은 심판 때에 사람들을 멸망시키는 홍수를 가리킨다. 그러므로 몇 구절 이후에 더 많은 사람들이 데려 감을 당한다고 할 때, 이것은 "데려감"을 당하는 자들은 심판 때에 데려감을 당하는 것이고 "버려둠"을 당하는 자들은 다시 돌아오는 왕을 맞이하기 위해 이 땅에 남겨진 자들로 보는 것이 가장 자연스럽다.[334] 사실 예수의 가르침은 고난 후 휴거(posttribulational rapture)를

---

333 그리스도의 재림의 날짜를, 예수 자신도 알 수 없다고 했던 것보다 더 큰 정확성으로 밝혀내려고 하는, 교회사에 시기적으로 있었던 모든 주장들에 대해서는 Francis X. Gumerlock, *The Day and the Hour: Christianity's Perennial Fascination with Predicting the End of the World* (Atlanta: American Vision, 2000)을 보라.

334 Benjamin L. Merkle, "Who Will Be Left Behind? Rethinking the Meaning of Matthew 24:40-41 and Luke 17:34-35," *Westminster Theological Journal* 72 (2010): 169-79 참조. 매튜슨(David L. Mathewson)은 "그리스도가 다시 돌아올 때 일어날 갑작스러운 중단을 단순하게 표현하고자 했던 것만큼, 본문의 핵심이 데려감을 당하거나 남겨진 자가 각각 어디로 가는지에 대한 것을 말하고 있는 것도 아닐 것이라고 생각한다."고 신중히 말한다(2017년 2월 사적인 자리에서).

지지한다.[335]

그렇다 하더라도 예수가 중점적으로 강조하는 것 모두는 서로 다른 방향으로 놓여져 있다. 그의 재림 전 어떤 구체적인 일들이 발생한다 하더라도 예수는 다시 올 것이고 그리고 나서 그는 심판의 날로 인도할 것이다. 우리가 이미 인용한 꽤 많은 비유들이 모든 인류가 두 그룹으로 나뉘는 것을 뒷받침한다: 예수를 따르는 자들과 그를 거절하는 자들(Q 6:47-49, 12:39-46, 14:16-24, 19:11-27). 첫 번째 그룹은 영원한 기쁨을, 두 번째 그룹은 영원한 형벌을 경험할 것이다. 우리가 이 두 개념을 생각할 때 주로 사용하는 "천국"과 "지옥"이라는 말은 예수가 진짜로 가르친 것이라고 밝혀진 내용에서도 그리 흔하지 않다. 마가복음과 Q에 나오는 "천국"은 보통 하나님과 천사들의 처소(예를 들어 막 11:25, 30; 12:25), 하늘들(예를 들어 막 1:10, 6:41, 7:34), 혹은 자세한 추가적 설명 없이 언젠가 우리가 상을 받을 장소(예를 들어 막 10:21, Q 12:33)를 가리킨다.[336] "지옥"(*geenna*)은 마가복음 9:43, 45, 47, 그리고 Q 12:5에 나오지만 이에 대한 유일한 서술은 마가복음 9:43에 나온다-"곧 꺼지지 않는 불." 그러나 마태만의 다양한 본문(마 8:12, 22:13, 25:30)에 나오는 불과 어둠의 병치(collocation)를 고려해 볼 때 우리는 거의 확실히 이것을 지옥의 외관이나 구조에 대한 문자적 묘사가 아닌 형벌이나 고통의 은유(metaphor)로 해석하게 된다.[337] 지옥은 그 자체로 불쾌한 곳이다(이사야 66:24를 인용하여 "그들을 먹는 구더기도 죽지 않는다"고 하는 것을 주목하라). 그러므로 우리는 순교를 지옥만큼 두려워해서는 안 된다(Q 12:5)! 만약 영혼 절멸론(annihilationism) 교리가

---

335 더 나아가 Craig L. Blomberg, "The Posttribulationism of the New Testament: Leaving *Left Behind* Behind," in *A Case for Historic Premillennialism: An Alternative to "Left Behind" Eschatology*, ed. Sung Wook Chung and Craig L. Blomberg (Grand Rapids: Baker, 2009), 61-87을 보라.

336 Silva, *New International Dictionary of New Testament Theology and Exegesis*, 3:568-71. BDAG (737-39) 역시 주로 세 범주를 가진다: "지구와 구별되는 우주 속의 한 부분 혹은 부분들," "초월적인 공간," 그리고 "하나님을 간접적으로 일컫는 말."

337 Ladd, *Theology of the New Testament*, 72.

사실이고 악하게 죽은 자들의 모든 의식적 존재가 그저 영원히 사라지고 만다면, 우리는 그 자주 고통스럽고 치욕적인 특성으로 인해 순교를 더 두려워해야만 한다. 영혼 절멸주의자의 해석에 따르면 예수가 그의 배신자의 운명에 대해 한 말도 잘 이해되지 않는다: "그 사람은 차라리 나지 아니하였더라면 자기에게 좋을 뻔하였느니라"(막 14:21). 만약 유다가 죽고 나서 그에게 일어난 일 전부가 단지 그의 존재가 사라진 것이라면 그의 마지막은 그의 출생 전의 상태와 동일한-비실재(nonexistence)였을 것이다.[338] 죽음과 최종 부활 사이의 중간 상태에서 보듯이, 누가복음에만 나오는(23:43) 그와 함께 십자가에 못 박힌 범죄자가 그날 그와 함께 낙원에 있을 것이라는 예수의 언급은, 육체에서 분리되었으나(disembodied) 최종 부활체(resurrected bodies)는 아닌 상태(마가복음 12:18-27에서 다뤄지듯이)에서 복을 의식적으로 경험하는 것을 나타낸다.[339]

고난, 죽음, 그리고 부활

그러나 예수의 그 어떤 종말론적 예언들이 실현되기 전에 그는 죽음을 겪고 다시 살아나야 한다. 사복음서 모두에는 그들만의 고유한 형태의 수난 담화(passion narrative)라고 불리는 구별된 부분들이 있다. 마가복음에서 이 담화는 14-15장에 걸쳐 나타난다. 이 본문이 예수의 말은 거의 기록하지 않으나, 때로는 행동이 말보다 더욱 효과적이다. 14:1-2의 도입 이후에 첫 번

---

338 더 나아가 Robert W. Yarbrough, "Jesus on Hell," in *Hell under Fire: Modern Scholarship Reinvents Eternal Punishment*, ed. Christopher W. Morgan and Robert A. Peterson (Grand Rapids: Zondervan, 2004), 67-90을 참조하라.

339 Bock, *Luke 9:51-24: 53*, 1857-58. 갈렌드(Garland [*Luke*, 926-27])는 예수가 이 범죄자가 즉시 낙원에 있을 것이라고 확실하게 말한 것은 "낙원에는 다른 등급이 존재하고 사람들은 그들의 서열 혹은 업적에 따라 그에 적합한 숙소(billet)를 배정 받는다고 하는 랍비 문학으로 시선을 돌리게 한다"라고 언급한다.

째로 나오는 주요한 내용은 예수가 아직 살아있을 때에 그의 장례를 위해 향유를 부은 사건이다(3-9절). 가난한 자들을 돕는 관점에서 그가 이 사건에 대해 반응한 것에 대해서는 우리가 이미 다루었다. 이보다 훨씬 덜 알려져 있는 것은 바로 이 여자의 행동에 대해 예수가 한 약속이다(요한복음 12:3은 그녀를 마르다의 동생 마리아라고 확인할 것이다): "내가 진실로 너희에게 이르노니 온 천하에 어디서든지 복음이 전파되는 곳에는 이 여자가 행한 일도 말하여 그를 기억하리라 하시니라"(막 14:9).[340] 비록 누가만의 독특한 신학적 관심이 그로 하여금 이런 많은 부분들을 강조하게 하지만[341] 예수는 지속적으로 자기 주위의 여자들에 대해 반문화적인 방식으로 긍정(affirm)한다.[342]

사복음서 모두에 등장하기 때문에 주목할 만한 것은 뒤에 계속해서 나오는, 예수가 유다의 배신과 베드로의 부인을 예언하는 내용이다(막 14:18-21, 26-31). 더욱이 예수는 그의 제자들 모두가 그를 버릴 것을 예언하고 그는 제자들이 도망가는 것을 스가랴 13:7의 성취로 본다. 복음서에 기록되기에 충분할 정도로 짧은 시간 동안에 이 모든 예언이 현실화되었다는 사실은 예수를 믿을만한 예언자로 성립시키고(establishes) 아직 성취되지 않은 그의 더 긴 기간의 예언들을 신뢰할 수 있게 한다.[343]

예수의 생애 마지막 날 밤 유월절 식사에서 빵과 잔에 대해 한 말은, 이

---

340 마리아가 초대 교회에서 어떻게 기억되었는지에 대한 광범위한 연구를 위해서는 Mary Ann Beavis, "Mary of Bethany and the Hermeneutics of Remembrance," *Catholic Biblical Quarterly* 78 (2013): 739-55을 보라.

341 하지만 적어도 이러한 이야기 중 가장 유명하다고 할 수 있는, 우물가에서 사마리아 여인과 예수와의 대화 기사의 핵심적인 부분이 진위성이 있다고 하는 것은 좋은 논점이 될 수 있다. Matti Kankaanniemi, "Mission as Reaction: Exhausted Jesus at the Well of Sychar," in *The Mission of Jesus: Second Nordic Symposium on the Historical Jesus, 7-10 October 2012*, ed. Samuel Byrskog and Tobias H gerland (Tübingen: Mohr Siebeck, 2015), 161-76을 보라.

342 특히 Ben Witherington III, *Women in the Ministry of Jesus* (Cambridge: Cambridge University Press, 1984); Richard Bauckham, *Gospel Women: Studies of the Named Women in the Gospels* (Grand Rapids: Eerdmans, 2002)을 보라.

343 Gundry, *Mark*, 993.

미 상당히 상징적인 식사(출 12장, 민 9장, 신 16장을 보라)에 더 큰 중요성을 부여한다.[344] 그러나 사복음서에서 예수의 가르침이 원래의 본문이나 문맥이 감당할 수 있는 범위를 넘어가는 좀 더 신학적인 화물(theological freight)과 함께 놓여져 있던 부분은 거의 없다. 성체 변화설(transubstantiation), 성체 공존설(consubstantiation), 그리고 이와 같은 것에 대한 논쟁은 역사 신학과 조직신학에서 계속되어야 할 것이다. 신약신학은, 예수의 마지막 식사에 함께 앉아있던 그 어느 누구도, 그가 빵을 떼어 "이것은 내 몸이니라"(막 14:22)고 선언하는 것을 보면서 그 빵이 기적적으로 그의 손의 일부로 연장되는 것이라고 생각하지 않았을 것이라고 단언해야만 한다. 유월절 식사는 이미 중요하고 분명한 상징으로 가득 차 있다. 유대인들이 "이것은 우리 조상들이 먹었던 고난의 빵이다"라고 이야기할 때, 그들은 접시 위의 빵이 초자연적으로 그들의 조상들이 12세기 훨씬 전에 이집트에서 먹던 빵으로 변화되는 것이라고 전혀 생각하지 않는다.[345] 더 나아가 그 식사에서 예수가 분명 사용했을 아람어 표현에서 이런 짧은 형태의 문장에서는 연결사(copula)가 종종 생략된다.[346] 말 그대로 "이것: 내 몸"을 의미했던 읊조림(utterance)이 존재하지 않는 "이다"(is)의 의미에 대한 논쟁을 초래했다고 볼 수는 없을 것이다! 제자들은 예수가 예언적 대상에 대한 교훈을 말하고 있는 것으로 이해하고 있었을 것이다.[347] 떼낸 빵 조각은 이제 곧 십자가에 못 박힐 예수의 몸을 대표하거나 상징한다. 이와 비슷하게 포도주는 그의 죽음을 통해 쏟아질 예수의 피를 나타낸다(23-24절). 하지만 예수는 그가 이사야 25:6-8의 마지막 때

344 특히 중요한 것은 그 날 저녁 각각 마신 잔들에 대해 언급된 출 6:6b-7의 네 부분들이다. *Pesaḥ.* 10:1-7을 보라. 이 의식의 요소들에 대한 기본적인 개요는 Stanton, *Gospels and Jesus*, 257을 보라. 하가다(haggadah [유월절 식사 때 낭독하는 이야기]-옮긴이)나 유월절 전례(liturgy)의 어떤 부분들이 이미 예수 당시에 계발되어 있었을지에 대해서는 Robin Routledge, "Passover and Last Supper," *Tyndale Bulletin* 53 (2002): 203-21을 보라.

345 Keener, *Historical Jesus of the Gospels*, 300.

346 Witherington, *Gospel of Mark*, 374.

347 David Wenham, "How Jesus Understood the Last Supper: A Parable in Action," *Themelios* 20, no. 2 (1995): 11-15.

의 잔치에 참여할 장래의 날을 미리 내다볼 수 있었을 것이다. 바로 다음 구절에서 그는 "포도나무에서 난 것"을 하나님 나라에서 새 것으로 마실 것에 대한 기대를 유지하고 있다(막 14:25). 그렇다면 신자들에게는 주의 만찬의 과거, 현재, 그리고 미래의 차원이 있다: 그들은 예수의 죽음을 기억한다; 그들은 지금 다시 살아난 주와 교제한다; 그리고 그들은 예수의 재림과 이것이 가져 올 놀라운 교제를 기대한다.[348]

겟세마네 동산에서의 장면은 예수의 진실된 인성을 다른 모든 복음서들에 나오는 어떤 이야기와도 버금가게 혹은 그보다 더하게 보여주고 있다.[349] 그가 견뎌야 할 고통을 인식하면서 예수는 사명을 완수하고 십자가를 통과하는 것이 가능한 다른 어떤 방법이 있는지에 대해 기도한다. 그러나 그는 이것이 비록 십자가형을 초래할지라도 아버지의 뜻을 이루는 것에 자신을 헌신한다(막 14:32-42). 그를 체포하려는 자들이 다가와서 예수를 잡을 때 그는 어떤 특정한 구절을 인용하지는 않으면서도 이 모든 것이 개괄적으로(in general) 성경을 이루려는 것이라고 본다(49절).[350] 한 밤 중에 공회 앞에서 심문을 받으면서 예수는 그를 변호하는 아무 대답도 하지 않는다. 마침내 그가 메시아인지 직접적인 질문을 받았을 때 그는 "내가 그니라"라고 대답한다(61-62a). 그러나 이것으로 그가 유죄 판결을 받은 것은 아니다. 유대 지도자들은 메시아일지도 모르는 모든 사람을 다 처형할 수는 없었는데 만약 그랬다면 그들에게는 단 한 명의 메시아도 없었을 것이다! 대신 그는 "인자가 권능자의 우편에 앉은 것과 하늘 구름을 타고 오는 것을 너희가 보리

348 특히 I. Howard Marshall, *Last Supper and Lord's Supper* (Grand Rapids: Eerdmans, 1980), 157을 보라.

349 더 나아가 브라운(Raymond Brown, *The Death of the Messiah: From Gethsemane to the Grave: A Commentary on the Passion Narratives in the Four Gospels*, vol. 1 [New York: Doubleday, 1994], 217-18)은 "그 장면의 내용에 대한 추문(scandal)"을 언급하는데 왜냐하면 이것이 예수의 신성에 대해 초대 교회가 야기할 질문들 때문이며, 바로 그 이유 때문에 이것은 그 본질에 있어서 거의 확실한 진위성을 가진다.

350 스가랴 13:7이 가장 가능성 있는 말씀이지만 "핵심은 어떤 특정한 구절에 대한 것이 아니라 하나님이 이 모든 일을 진행한다는 사실이다." Strauss, *Mark*, 645.

라"(62b; 단 7:13을 기억해 보라)라고 덧붙임으로써 상황을 악화시킨다.[351] 우리가 이미 보았듯이 이것은 단순히 인간(mortal) 메시아가 아니다.

이후로 마가복음과 Q에는 예수가 십자가에서 죽을 때까지 그의 말이 더 이상 나오지 않는다. 이 가장 오래된 기록 다음에 나오는 예수의 말은 "가상칠언" 중 하나로 가장 통렬한 말일 것이다: 엘리 엘리 라마 사박다니(시편 22:1을 인용하는 마가복음 15:34로 아람어로 대략 "나의 하나님, 나의 하나님 어찌하여 나를 버리셨나이까"라는 의미). 다시 말하지만 이 말이 그의 신성과 인성 사이의 관계에 시사하는 바는 역사 신학과 조직신학이 관여할 일이다. 우리가 여기서 추론할 수 있는 모든 것은 그가 하나님과 경험했던 깨지지 않은 교제가 갑자기 그리고 완전히 깨지면서 어떤 끔찍한 단절을 느꼈을 것이라는 점이다. 그가 느낀 하나님의 부재는 완전했다(complete).[352] 어떤 이들은 예수가 시편의 시작 어구를 사용하기로 채택하면서 그 시편의 승리적 결말(22-31절)을 기대하고 있던 것이라고 추측했으나 우리는 이것을 알 방법이 없다.[353] 예수는 큰 소리를 지르며 죽으나 이때 그가 무슨 말을 했는지에 대해서 우리에게 있는 가장 이른 두 출처는 언급하지 않는다. 우리는 파골라(José Pagola)와 함께 예수가 죽을 때에 철저히 버림받았다는 것을 지지할 수 있다. 유대와 로마의 권세자들 역시 그를 비난했고 군중은 그에게 대항하여 그를 모욕했으며 예수의 제자들은 도망갔고 마침내 "그가 불명예스러운 죽음을 맞이하도록 그의 사랑하는 아버지는 그를 혼자 내버려두었다."[354]

비평적 역사가들은 부활이 역사적 조사 범위를 넘어서는 것이라고 종종

---

351 이에 대해서는 특히 Darrell L. Bock, *Blasphemy and Exaltation in Judaism and the Final Examination of Jesus* (Tübingen: Mohr Siebeck, 1998)을 보라.

352 동시에 예수가 버림받았다고 느낀 것은 "좌절감과 혼동되지 말아야 한다. 좌절한 사람은 침묵으로 후퇴하는 반면 예수는 말을 한다. 비록 그의 발언이 고뇌적이고 대립적(confrontational)인 것이나, 이것은 여전히 도움과 지지를 호소하는 기도와 외침의 일종이다." Yarbro Collins, *Mark*, 755.

353 예를 들어 Ville Auvinen, "*'Eloi, eloi, lema sabakhthani'* (Mark 15:34): A Cry of Despair or Trust?" in Byrskog and Hägerland, *Mission of Jesus*, 203-19.

354 Pagola, *Jesus*, 384.

주장하지만 단순히 자연주의자 혹은 적어도 반초자연주의자적인 선입견이 아니고서는 이것이 왜 그래야만 하는지에 대한 설득력 있는 이유를 가지고 있지 않다.[355] 예수의 육체적 부활은 기독교 초기의 부활 믿음의 출현에 대해 유일하게 설득력 있는 설명이다. 복뮤흘(Markus Bockmuehl)은 "예수가 부활 후 나타난 것과 그 중요성을 역사적 관점과 관련지을 수 없다고 단언하는 것은, 마치 마르크스(Karl Marx)와 마르크시즘(Marxism)의 등장은 서로 역사적인 관계가 없어서 함께 연구할 수 없는 분야라고 주장하는 것과 같다"라고 적는다. 그는 계속해서 "예수에 대해 기록된 그렇게 많은 책에서 우리는 역사(history) 아니면 기독론(christology) 두 가지 형태의 담화 중 하나를 골라야지 둘 모두는 안 된다고 요구 받아야 하는 것이 이상하게 느껴진다"라고 말한다.[356]

그러나 마가복음 본래(original)의 귀결은 예수가 부활 이후 나타난 그 어느 사건도 기록하지 않고 다만 무덤에 가장 먼저 도착한 여자들에게 나타난 한 청년이 그들에게 제자들에게 가서 예수가 죽음에서 살아났고 갈릴리에서 그들과 만날 것이라고 얘기해 주라고 지시하는 내용만 나온다(막 16:7). 이것은 부활을 믿는 믿음에 치명타를 가하는가? 거의 그렇지 않다. 마가는 예수가 진실한 예언자라는 사실을 성립하였기에 그의 독자들이 이 예언이 성취되었다고 이해할 것을 기대한다. 그렇다면 이것 자체만으로도 빈 무덤의 이야기는 예수의 몸의 부활을 가정한다(presupposes).[357] 비슷하게 Q 13:34-

---

355 Michael R. Licona, *The Resurrection of Jesus: A New Historiographical Approach* (Downers Grove, Ill.: IVP, 2010), 133-376. Wright, *Resurrection of the Son of God*, 13-31 참조. 종교들의 역사와 유사한 것이라고 추정되는 것과 반대되는 입장은 Craig S. Keener, "Jesus and Parallel Jewish and Greco-Roman Figures," in *Christian Origins and Greco-Roman Culture: Social and Literary Contexts for the New Testament*, vol. 1, *Early Christianity in Its Hellenistic Context*, ed. Stanley E. Porter and Andrew W. Pitts (Leiden: Brill, 2013), 85-111을 보라.

356 Markus Bockmuehl, *This Jesus: Martyr, Lord, Messiah* (Edinburgh: T&T Clark, 1994), 146.

357 특히 William L. Craig, "The Empty Tomb of Jesus," in *Studies of History and Tradition in the Four Gospels*, ed. R. T. France and David Wenham, vol. 2 of *Gospel Perspectives*

35는 예수의 재림을 가리키고 있기 때문에 그의 죽음과 부활을 전제하고 있는 것인데 왜냐하면 살아있지 않다면 다시 오는 것은 불가능하기 때문이다. 또한 Q는 요나의 표적에 대한 예수의 가르침(11:29-30)을 포함하고 있는데 이것은 어떤 이들이 주장하듯이 단순히 회개에 대한 설교이기보다는 물고기 뱃속에서 살아나온 요나의 "부활"에 대해 언급하는 것일 것이다.[358] 마태, 누가, 그리고 요한의 기록들은 마가나 Q보다 훨씬 더 완전하지만 서로에 대해 충분히 독립적이므로 우리가 자신감을 가지고 그것들을 더 이른 자료들과 비교해 볼 수 없다. 그러므로 복음서의 부활에 대한 우리의 많은 논의들은 각 저자들의 신학을 다루는 장(chapters)을 위해 남겨놓을 것이다.

결론

역사적 예수에 대해 연구하는 다양한 학자들은 적어도 다음과 같은 복음서의 중요한 사항들을 기록하는 동시에 예수의 신학을 강조하는 본문들의 핵심적인 부분의 진위성에 대해서는 동의할 것이다. 물론 때때로 이러한 세부사항 자체보다는 예수의 가르침과 행동에서 흘러나오는 신학에 대해 더 많은 논쟁이 있다. 그러함에도 우리는 다음과 같은 논지로 주장했다.

세례 요한은 현 시대의 종말과 새 시대의 시작을 알리고 예수가 이스라엘 성경의 많은 약속들을 실현할 자라고 가리키면서 말라기 4:5에 예언된 엘리야의 역할을 수행했다. 예수의 가르침의 중심에는 아직 완전한 형태는 아니지만 하나님의 왕적 다스림의 도래에 대한 선언이 자리하고 있다. 그러나 예수는 한 나라가 로마로부터 해방되는 것보다 영적으로 정결한(purified) 백성을 창출해 내는 것이 하나님의 우선 순위라고 믿었다. 예수의 세례는

(Sheffield: JSOT Press, 1981), 173-200을 보라.

358 특히 Daniel A. Smith, *The Post-mortem Vindication of Jesus in the Sayings Gospel Q* (London: T&T Clark, 2006)을 보라.

공적 사역의 신호탄이었고 시편 2:7과 이사야 42:1을 연상시키는 하늘의 소리는 그의 사역이 메시아적일 것이라는 첫 번째 힌트를 제공했다. 또한 광야에서 유혹을 거부한 것은, 예수가 십자가의 길을 돌아가지 않고 자기 백성을 위해 고난 받는 성경에 예언된 길을 따를 것임을 보여주었다.

물론 하나님은 처음부터 그의 피조물을 다스리고 있었다. 하지만 이제 도래한 "왕국 시대"에는 그가 전에 자신을 드러냈던 방식을 뛰어넘는 친밀함과 은혜로 자기를 나타낼 것이다. 자기들의 조건(terms)대로 예수를 가질 수 있다고 생각한 자들은 자기들이 치명적으로 실수했음을 발견하지만, 그의 용서의 범위를 벗어나 있다고 생각한 자들에게는 회개하고 그에게 돌아갈 수 있는 더 많은 기회가 주어진다. 예수가 전하고 제정한 이 하나님의 복음은 종교 지도자들을 화나게 했다. 누가 자기 멋대로인 랍비와도 같이 대담한 발언을 하며 지속적으로 성전 체계나 그 어떤 유대교적 신임(credentialing) 기준과 동떨어진 권위를 자기에게 부여할 수 있는 특권을 가지고 있었는가? 이 사람의 행동은 한번 이상, 그리고 적어도 은연 중에 인간과 신의 권능(prerogatives) 사이에 이미 성립된 경계를 위협했다. 특히 문제시 된 것은 그가 자신을 다니엘 7:13에 나온 하늘의 인자라고 분명히 밝힌 것이었다.

메시아라고 주장하는 것은 그것 자체로 전혀 패배적이지 않다. 이스라엘이 만약 메시아와 같이 행하거나 말하기를 시작하는 모든 자들을 거절했다면 그들은 아마도 메시아적 해방자를 갖게 될 것을 절대 소망할 수 없었을 것이다. 문제는 그가 적법한 자인가 하는 것이다. 진정한 메시아는 자기 주변에 자신을 지지하는 메시아적 공동체를 만들었을 것이다. 열 두 제자들은 분명 이러한 면에서 자격을 갖추었다; 열 둘 이라는 그 수 자체가 이스라엘 지도력의 재 성립을 의미했다. 그러나 예수가 더 많은 사람들을 자기 주변에 모을수록 그는 분명히 순결하고 올바른 자들보다 의식적 그리고 도덕적으로 버려진 자들(outcast)에게 더욱 관심을 쏟았다. 예수는 그의 사역이 이스라엘에만 제한되지 않고 이방인들에게도 확장될 것이라는 여러 번의 힌트를 남겼다. 하나님의 선택한 자들의 새로운 그 모임(교회)의 구성원들은 유대인, 헬라인, 그리고, 글쎄, 누가 그의 국가적이고 민족적 포용성(inclusivity)이 어디까지 갔는지 알겠는가? 물론 이것 역시 말씀(Scripture)을 성취하고 메시아적 시대, 특히 이사야 40-66장을 특징짓는 것이었으나, 성경이 기대했듯이 원심적인 것이 아닌 구심적인 사역이었다. 많은 성경 말씀들을 성취했으나 다른 것들에 대해서는 아니었고, 이로 인한 긴장은 다른 말씀들에 대한 성취를 구체적이지 않은 나중의 때로 연기함으로써 해소하고 있는 듯한 누군가를, 사람들은 어떻게 이해할 수 있었겠나? 그러한 주장들은 어떻게 판단될 수 있었을까?

예수의 윤리도 똑같이 어려운 것이었다. 우리는 그의 메시지를 순전히 영적인 것으로 요약할 수 없다. 한 공동체가 그가 지향했던 대로 살기만 하면, 로마와 심지어 당대의 유대 권력자들이 건전한 사회를 만들겠다는 약속을 실현시키지 못하는 무능력에 대해 더 크게 말할 것이었으므로, 예수는 당시의 정치적 과정들에 자신을 직접적으로 결부시키지 않았다. 교회와 정부의 분리에 대한 그 어느 것도 알지 못하던 세계에서 종교적으로 중요한 주제에 대한 공적인 입장은 항상 정치적 문제들을 갖고 있었다. 율법에 대한 예수의 가르침은 그것이 중심을 벗어난 것이더라도 단지 또 하나의 유대 분파적 접근으로 제한될 수 없다. 그는 반복적으로 "지금이 무슨 때이냐?"라는 질문에 대한 대답을 "하나님의 새 언약의 때"라고 말한다. 때때로 율법은 강화되기도 하고 내재화되기도 하나 곧 급격하게 변화될 것으로 비치기도 한다. 마태복음 5:17에 나타나듯이 "완전하게 하는 것"(fulfillment)은 율법과 연관되는 하나님의 뜻에 대한 예수의 주권적이고 초월적인 선언들의 모음을 포괄하는 용어(umbrella term)이다. 그는 단순히 새로운 해석을 주던 것이 아니었다; 그는 새 시대의 도래를 선언하고 있었다.

성경에 의하면 메시아는 기적을, 특히 신체를 치료하는 이적(사 35:5-6)을 행할 수 있어야 했고 이런 면에서 예수는 실망시키지 않는다. 심지어 특성상 더 극적인 것으로 보이는 기적들도 임의로 된 것이 아니다; 그것들은 모두 예수가 비유로 가르친 하나님 나라의 도래를 가리키는 것과 밀접히 연관된다. 그러나 자연적이든 초자연적이든 유대인 대부분이 기대했던 로마에 대항한 개입은 그가 행하기를 꾸준히 거부한 바로 그 한 "기적"이었다. 게다가 예수는 마치 한 사람이 순교를 상상하던 것처럼 자기에게 다가 올 고난과 죽음에 대해 더욱 많이 언급하였다. 유대교 역사에서 이사야 52:13-53:12에 나오는 고난 받는 주의 종 한 개인을 발견하는 적은 수의 선례에도 불구하고 이러한 해석은 지배적인 것도 아니었고 일 세기 초 유대인들의 주된 기대도 아니었다. 당대 유대인들에 대한 심판을 언급하는 예수의 메시지가 점점 강화된 것 또한 예수가 친구들을 얻고 사람들에게 긍정적인 영향력을 끼치고자 고안된 것이 아니었다. 히브리 예언자들이 바로 이와 같은 방법으로 종종 말했다는 것은 신경 쓰지 말라. 결국 그들 다수에게 무슨 일이 일어났는지를 보라! 그러나 예수를 믿는 자들은 단순히 율법을 따르는 인생을 의지하기 보다는 개인적일 뿐만 아니라 하나님을 따르는 모든 시기의 모든 사람들과 함께 하는 집합적이고(corporately) 영광스러운 구원을 기다리고 있었다.

다니엘 12:2에 나오듯이 이 모든 것은 누구는 영생으로 누구는 영벌로 이어지는, 전에 살았던 모든 사람의 부활로 완결될 것이다. 영원한 상태로 가기 전에, 예수가 이 땅에 다시 와서 이 마지막 심판으로 인도할 것이다. 예수에 대해 한 응답이 그 사람에 대한 하나님의 응답을 결정할 것이다. 많은 괴로운 일들과 힘든 고난이 마지막을 알릴 것이지만 누군가 그 때를 예측할 정도로의 특수성(specificity)을 지니지는 않을 것이다. 예수의 마지막 만찬 때 시작된 성찬은 그의 죽음을 기억하고 현재 그와의 교제를 창조해 내며 이사야 25:6-8의 영광스러운 메시아적 잔치를 기대하게 할 것이다. 예수의 죽음은 그를 주인으로 영접하는 자들의 죄를 위한 대속의 약속을 성취했고 그의 부활은 그가 생애동안 은연중에 그리고 드러나게 주장했던 것들을 입증했다.

그러므로 계속해서 반복적으로 두 가지 주제가 되풀이된다. (1)구속사의 새로운 시대가 도래했고, (2)예수는 성경을 성취한다. 메시아의 출현은 메시아 시대의 시작을 의미한다. 완성의 시대가 도착한 것은 성경을 가장 훌룽하게 성취하는 바로 그 사람이 왔음을 의미한다. 둘 중 어느 지점에서 시작하든지 다른 하나가 반드시 따라오게 되어 있다. 어느 한 곳에서 예수가 어느 특정한 본문을 인용하지도 않고 복수형을 써서 "이는 성경을(Scriptures) 이루려 함이니라"라고 단순히 선언한 것은 전혀 의문스럽지 않다(막 14:49). 같은 문맥의 조금 더 이른 곳에서 그는 인자는 "자기에 대하여 기록된 대로" 갈 것이라고 말했다(21절). 여기서 예수는 그를 잡으려는 무리들이 겟세마네 동산에 도착한 이후 이 말을 한다. 스트라우스(Strauss)는 이것의 중요성을 적절하게 요약한다:

> [예수]는 어떤 말씀도 인용하지 않고 마가는 예수가 어떤 것을 마음에 두고 있었는지를 알려주지 않는다. 가장 유력한 후보는 예수가 마가복음 14:27에서 인용하는 스가랴 13:7("목자를 치면 양이 흩어지려니와")인데 이것은 그의 체포와 제자들의 배신과 직접적으로 연관된다(50절). 그러나 14:21에 나오듯이 핵심은 어떤 특정한 구절에 대한 것이 아니라 하나님이 이 모든 일을 진행한다는 사실이다.[359]

그러므로 심지어 예수의 고난과 죽음도 성경 말씀이 성취되고 하나님 나라가 도래했으며 또한 우리를 대신하여 고난당할 왕이 왔다는 사실을 감소시키지는 않는다. 그는 영광 중에 다시 올 것이지만, 제자들에게 힘을 실어주어 그들의 주변을, 비직관적이나(counterintuitively) 정확하게, 그들의 고통과 약함을 통해 변화시킬 수 있는 이미 충분한 것들이 그들에게 전달되었다.

---

359 Strauss, *Mark*, 645.

2

초대교회

예수에 대해서는 별개의 항목을 할애 하지만 초대교회에 관해서는 상대적으로 간략하게만 언급하는 신약신학 저서들이 있다.[1] 최종 형태를 집필한 성경 저자들에게만 초점을 맞춘 학자들은 보통 사도행전의 모든 내용을 누가복음 신학에 포함시켜 한 장 안에서 서술한다.[2] 초대교회를 연구하려는 학생들은 역사적 예수 연구를 둘러싸고 있는 것과 동일한 강점과 약점에 직면하게 된다. 어떻게 전통과 편집을 구분할 것인가? 전통적인 것이 본질적으로 더 역사적인가? 초기 그리스도인의 주요 신학적 주제를 수집하기 위해 사도행전의 어느 부분에 초점을 맞출 것인가? 사도들에 관한 정경행전

---

1 예를 들어, Georg Strecker, *Theology of the New Testament* (New York: de Gruyter; Lousville: Westminster John Knox, 2000), 263-309; Udo Schnelle, *Theology of the New Testament* (Grand Rapids: Baker, 2009), 163-201; Leonhard Goppelt, *Theology of the New Testament*, vol. 2, *The Variety and Unity of the Apostolic Witness to Christ* (Grand Rapids: Eerdmans, 1982), 1-30.

2 예를 들어, Frank Thielman, *Theology of the New Testament: A Canonical and Synthetic Approach* (Grand Rapids: Zondervan, 2005), 111-49; Frank J. Matera, *New Testament Theology: Exploring Diversity and Unity* (Louisville: Westminster John Knox, 2007), 51-97. 하워드 마샬(Howard Marshall)은 누가복음과 사도행전을 개별적으로 다루지만 하나의 이어지는 책으로 본다. I. Howard Marshall (*New Testament Theology: Many Witnesses, One Gospel* [Downers Grove, IVP, 2004], 129-83).

(canonical acts)은 한권 뿐이고, 역사적 예수 연구를 위한 자료도 거의 없으며, 외경행전은(the apocryphal acts) 아주 적은 부분을 제외하고는 복음서 외경보다도 역사성이 더 결여되어 있다.[3] 결국, 우리는 당시 교회 모습에 대해 사도행전이 정확히 묘사하고 있는 부분만을 수집해야 하는데, 이마저도 한때 접근 가능했을 정보의 아주 작은 단편적인 부분일 것이다. 또 만약 우리가 당시 기록된 자료를 전부 가지고 있다 해도, 본 장의 주제는 여전히 초대 교회가 행하고 말한 것들의 일부에 지나지 않을 것이다. 왜냐하면 초대 교회 역사의 많은 부분이 아예 기록된 적이 전혀 없기 때문이다.

그럼에도, 우리는 어느 정도의 진전을 이룰 수 있다. 비록 예수 전통의 진위성을 논의하는 기준이 사도행전의 비슷한 자료에는 전혀 적용되지 않는 것처럼 보이지만, 지난 세대의 상당한 학문적 성과 덕분에 사도행전이 어느 정도 사실로 입증될 수 있는지, 또는 적어도 어느 정도 높은 수준의 역사적 타당성을 포함하고 있는지를 알 수 있기 때문이다.[4] 두 권으로 구성된 누가의 작품에서 지배적이고 독특한 주제가 무엇인지는 대체로 의견이 일치하기에, 그의 편집 성향에 반하는 것이 어느 부분인지를 규정하는 것은 그리 어렵지 않다. 비록 사도행전 전체에서 반복되지는 않지만, 누가가 바울의 선교여행을 기록하기 전, 처음 열두 장의 초기 기독교 사상과 행동의 요소는 제한적일지라도 역사적으로 신뢰할 수 있는 좋은 후보군에 포함된다.[5]

---

3 이것에 관해서는 다음 연구를 보라. Hans-Josef Klauck, *The Apocryphal Acts of the Apostles: An Introduction* (Waco, Tex.: Baylor University Press, 2008).

4 특별히 다음 자료를 보라. Colin J. Hemer, *The Book of Acts in the Setting of Hellenistic History*, ed. Conrad Gempf (Tübingen: J. C. B. Mohr, 1989); Bruce W. Winter, ed., *The Book of Acts in Its First Century Setting*, 5 vols. (Carlisle: Paternoster; Grand Rapids: Eerdmans, 1993-96); 그리고 Craig S. Keener, *Acts: An Exegetical Commentary*, 4 vols. (Grand Rapids: Baker, 2012- 15), 특히, 1:90-382를 보라.

5 참고 자료로는 다음이 있다. Richard Bauckham, ed., *The Book of Acts in Its Palestinian Setting*, vol. 4 of *Book of Acts in Its First Century Setting*, ed. Winter (Carlisle: Paternoster; Grand Rapids: Eerdmans, 1995). 이 부분에서 베드로가 구약성경을 어떻게 인용하고, 그것의 역사적 신뢰성은 어떠한지는 다음 책을 보라. Jack J. Gibson, *Peter between Jerusalem and Antioch: Peter, James and the Gen- tiles* (Tübingen: Mohr Siebeck, 2013),

우리가 예수 신학을 다루었을 때와 마찬가지로, 본 장에서 살펴 볼 자료를 선택하는 과정이 완벽하지는 않겠지만, 아래의 주제들은 다른 많은 학자들이 다루고 있는 것과 전반적으로 일치한다.

하나님의 약속과 성취

사도행전은 하나님이 하신 약속과 성취에 대해 예수와 제자들이 이야기하는 것으로 시작한다. 예수가 외친 첫 번째 말에는 "예루살렘을 떠나지 말고 아버지께서 약속하신 것을 기다리라"(행 1:4)는 명령이 포함되어 있다. 누가가 사도행전에서 전체적으로 강조하는 것은 복음이 어떻게 예루살렘에서 점점 더 멀리 전파되는지를 보여주는 것이므로 예루살렘에 한동안 머무르라는 명령을 누가가 지어내지는 않았을 것이다.[6] 제자들이 기다려야 할 은사는 성령이다. 예수는 성령으로 받는 세례라는 복음서 전통의 용어를 사용하면서 이 주제에 대한 세례요한의 약속을 상기시킨다(5절. 참조, 11:16, 막 1:8 단락). 누가는 자신이 추가한(그리고 Q자료에도 있는) "불로"(눅 3:16)라는 표현은 반복하지 않기 때문에, 그저 이전의 편집 단어를(redactional wording) 인위적으로 모방해 본 구절을 기록하고 있는 것은 아니다.

제자들이 예루살렘에서 기다리는 동안 베드로는 가룟 유다의 죽음 역시 성경 말씀이 성취 된 것이라(행 1:16) 하며, 시편 69:25을 그 근거로 사용한

82-140. Hughes O. Old는 사도행전 전반부에 있는 베드로와 스데반의 설교와, 후반부에 있는 바울의 전도 설교 사이의 변화를 연구한다. (*The Reading and Preaching of the Scriptures in the Worship of the Christian Church*, vol. 1, *The Biblical Period* [Grand Rapids: Eerdmans, 1998], 174). 누가는 사도행전의 모든 인물들이 동일한 스타일의 설교를 하는 것으로 기술했다는 예전 양식비평가들의 주장은 확실히 사실이 아니다. (예를 들어, Martin Dibelius, *The Book of Acts: Form, Style, and Theology*, ed. K. C. Hanson [Minneapolis: Fortress, 2004], 32-35).

6 예루살렘 지역 밖에서 하는 선교의 "지연"(delay)에 대한 역사적, 신학적 중요성에 대해서는 Keener, *Acts*, 1:675-77를 보라.

다. "약속"과 "성취" 사이의 일치가 초기 기독교가 고안해 지어낸 것이라 보는 것은 무리가 있다.[7] 그보다는 오히려, 베드로가 다윗과 그의 적들(아마도 한 명의 대적), 그리고 예수와(메시아로서의 다윗의 자손) 그를 배신한 유다, 둘 사이의 예표론적 평행 관계에(typological parallels) 주목했다고 보아야 한다. 그 다음, 베드로는 시편 109:8이 현재 상황에도 동일하게 적용되어야 하며, 남은 11명 제자는 유다를 대신해 사도 무리에 포함될 다른 사람을 반드시 찾아야 한다고 추론한다. 다시 말하면, 시편은 다윗과 그의 주적을 언급하고 있는데, 이 구절은 사도들이 맛디아를 선택한 것에 대해 거짓된 이야기를 지어낼 수 있을 만큼 충분한 내용은 담고 있지 않지만, 일단 유다를 대신하기로 결정 후, 구약을 이미 기독론적으로 읽고 있는 이들에게는 설득력 있는 증거 텍스트가 되었을 것이다.[8]

이어서 베드로는 사도행전 2:17에서 구원의 역사성을(salvation-historically) 논한다. 17-21절은 구약 말씀을 인용하는데(욜 2:28-32), 이 구약의 메시지를 선포했던 선지자는 앞서 예언한 임박한 심판 이후에, 하나님이 그분의 영을 이방인을 포함한 모든 사람들에게 부어주실 것이라고 외친다.[9] 그러나 베드로는 "그 후"(욜 2:28)를 "마지막 날들"(행 2:17)로 대체함으로, 인류 역사의 마

7 유다의 배신과 죽음이 가져다 준 수치심도 그 이야기와 이후 벌어진 상황이 조작되었을 가능성을 배제하게 만든다. Keener, Acts, 1:756-59.

8 참조. I. Howard Marshall, "Acts," in *Commentary on the New Testament Use of the Old Testament*, ed. G. K. Beale and D. A. Carson (Grand Rapids: Baker, 2007), 530. 대럴 복(Darrell Bock)은 다음과 같이 말한다. "대부분의 경우, 누가가 사용하는 텍스트는 이미 유대교내에서 메시아적, 예언적, 혹은 종말론적인 의미가 담긴 것으로 이해해왔던 것이다. 구약의 예언을 신약의 사건을 위해 '찾아 낸 것'은 아니다. 하지만, 사건은 종종 텍스트의 일반적인 주제와 맞닿아서 그것의 빈 곳을 채워 주었다. 즉, 텍스의 정확한 의미는 사건을 통해 드러난다." Darrell L. Bock, "Scripture and the Realisation of God's Promises," in *Witness to the Gospel: The Theology of Acts*, ed. I. Howard Marshall and David Peterson [Grand Rapids: Eerdmans, 1998], 48.

9 James A. Meek, *The Gentile Mission in Old Testament Citations in Acts: Text, Hermeneutic, and Purpose* (London: T&T Clark, 2008), 112. "요엘에서 시간적 측면은 최소한의 중요성만을 갖는다. 정말 중요한 것은 주님의 날에 대한 새롭고 독특한 표현이다." Duane A. Garrett, *Hosea, Joel* [Nashville: B&H, 1997], 367.

지막 시대는 그리스도 사건으로 시작되었다는 자신의 인식을 드러낸다.[10] 요엘서에는 다른 나라 언어로 말하는 것과 같은, 구체적인 예언 성취에 대한 묘사가 없으므로(행 2:5-23), 누가가 사도행전 본문의 역사적 이야기를 지어냈다고 할 수는 없다. 그러나 불의 혀가 나이, 성별, 사회적 지위가 달랐을 120명(1:15) 모두에게 임하고 그것이 성령의 역사임을 깨달았을 때, 곧바로 요엘서의 예언을 떠올렸을 것이다. 베드로가 보기에 해가 변하여 어두워지고 달이 변하여 피가 되는(2:20) 우주적 현상과 꼭 일치하는 모습은 없었더라도, 그는 구원론적 의미를 얻기 위해 해당 본문이 있는 곳까지 요엘서를 계속 인용한다: "누구든지 주의 이름을 부르는 자는 구원을 받으리라(2:21).[11]

다음으로 베드로는 시편 16:8-11(행 2:25-28)을 읽는다. 그는 시편 본문이 다윗을 가리키는 것임을 명시적으로 밝힌다(25, 29절). 하지만 "내 영혼을 음부에 버리지 아니하시며 주의 거룩한 자로 썩음을 당하지 않게 하실 것임이로다"는 다윗의 말과, 예루살렘에 그의 유골이 보관되어 있다고 여겨지는 무덤이 있다는(29-31절) 두 사실 사이의 모순을 지적한다. 그 결과, 베드로는 "미리 본 고로 그리스도의 부활을 말하되 그가 음부에 버림이 되지 않고 그의 육신이 썩임을 당하지 아니하시리라"라고 추론한다. 시편 기자가 본래 의미한 바가 무엇인지는 분명하지 않지만 처음 두 줄은 동의어 병행법(synonymous parallelism. 두 행에 밀접하게 연관 된 두 개의 단어를 사용해 동일한 의미를 표현하는 기법-옮긴이)으로 읽는 것이 가장 자연스럽다. 이렇게 읽으면 다윗이 메시아의 시체가 무덤 안에서 썩지 않을 것이라고 주장한 것이 아닌, 자신의 죽음 이후 있을 어떤 형태로의 육체적 삶을 시적으로 표현한 것임을 알 수

10 F. F. Bruce, *The Book of the Acts*, rev. ed. (Grand Rapids: Eerdmans, 1988), 61 and n. 63; I. Howard Marshall, *The Acts of the Apostles* (Leicester: IVP; Grand Rapids: Eerdmans, 1980), 73.

11 많은 주석가들이 오순절 사건 안에서 유사점을 찾으려 하지만 재림(Parousia)과 관련된 종말론적 사건으로 보는 존 폴힐(John Polhill)의 견해가 더 합당하다. John B. Polhill, *Acts* (Nashville: Broadman, 1992), 109-10. "21절이 베드로에게는 가장 중요하기 때문에"(110) 베드로는 이 구절에 도달할 때까지 계속 요엘서 본문을 인용을 한다.

있다.[12] 그렇게 베드로가 먼저 예수의 부활을 믿었고, 성경이 자신의 확신과 일치한다는 것을 발견했을 가능성이 더 높다고 볼 수 있다.[13]

베드로가 오순절 설교의 기반을 두고 있는 세 번째이자 마지막 성경 본문은 시편 110:1이다. 그는 예수가 마가복음 12:35-37에서 인용한 것과 똑같은 본문을 사용해 동일한 내용을 전달한다. 그 내용은 다윗보다도 위대하며, 야훼와는 구별 된, 주(Lord)라고 불릴 분이 계시다는 것이다. 시편 본문에 대한 예수의 수사학적 질문에 누구도 답을 못했기에(마 22:46), 베드로가 여기서 이 본문을 인용해 자신의 주장을 확고히 하는 것은 놀라운 일이 아니다.[14] 요엘 2:28 예언처럼, 하나님은 약속하신 성령을 부어 주셨고, 이제 십자가에 못 박힌 예수를 주와 그리스도/메시아로 선포하신다(36절). 베드로가 그의 전체 메시지를 통해 직접적이든 혹은 예표론적이든, 여기서 약속과 성취의 관점에서 설교 하고 있다는 사실은 그가 "이 약속은(성령과 죄 사함의 약속) 너희와 너희 자녀와 모든 먼 데 사람 곧 주 우리 하나님이 얼마든지 부르시는 자들에

---

12 많은 주석가들이 시편에 죽음 이후의 삶에 대한 언급이 없다고 하지만, 이것은 초기 존재의 선험적 개념을 배제하는 발달 가설(developmental hypothesis) 때문이다. 그로(Geoffrey Grogan)과 롱맨(Tremper Longman III)은 이 접근 방식을 반박하며, 나윗을 죽음 이후의 삶을 기다렸던 인물로 이해한다. 베드로가 시편을 예표론적으로 활용하고 있다는 것이 두 학자의 의견이다. Geoffrey W. Grogan, *Psalms* (Grand Rapids: Eerdmans, 2008), 62-63; Tremper Longman III, *Psalms* (Downers Grove, Ill.: IVP, 2014), 106-7.

13 좀 더 직접적으로 예언이 성취되는 접근방식을 취하는 것도 가능하다. 만약 다윗이 자기 자신을 넘어, 메시아를 생각하고 있다면, 10절 하반절의 "신실한 자" 혹은 "거룩한 자"는 더 직접적으로 예수를 (혹은 메시아를 기다리는 대표적인 인물로서의 다윗을) 가리킨다. 이런 이해는 사도행전 2:29-31에서 다윗의 죽음과 그의 무덤이 예루살렘에 여전히 있다는 베드로의 말과도 잘 맞는다. 참조. Walter C. Kaiser Jr., *The Uses of the Old Testament in the New* (Chicago: Moody, 1985), 25-41. 사전트(Benjamin Sargent)는 해석의 독특함, 구약에서만 파생될 수 없는 해석적 전제들, 시편 110:1과의 병치, 그리고 예수 역시 메시아적 의미로 사용했다는 점을 들어, 베드로의 해석이 예수로부터 왔다고 생각한다. Benjamin Sargent (*David Being a Prophet: The Contingency of Scripture upon History in the New Testament* [Berlin: de Gruyter, 2014], 58-66).

14 스티브 모이스(Steve Moyise)는 누가가 구약성서를 사용하는데 가장 큰 영향을 받은 것은 예수에 관한 기독교 전통이지, 자기 자신의 독창적인 결과물이 아니라고 본다. Steve Moyise, *The Later New Testament Writers and Scripture: The Old Testament in Acts, Hebrews, the Catholic Epistles, and Revelation* [London: SPCK, 2012], 41. 참조. Sargent, *David Being a Prophet* 전체.

게 하신 것이라"(39절)로 설교를 마무리 짓는 것에서 확인할 수 있다.[15]

다음으로 성취된 약속은 3:18에 나타난다. 기록된 베드로의 두 번째 설교에서 그는 예수가 당한 고통이 성경의 예언에 따라 이루어진 것이라고 밝힌다. 여기서는 특정한 하나의 구절을 인용하는 대신 "하나님이 모든 선지자를 통하여 미리 알게 하신 것"이라고 전체적으로 말한다. 앞에서는 베드로가 이미 성취된 것에 대해 설교했다면, 이 본문에서는 아직 마지막 때가 이르지 않았다고 선포한다. 그리스도가 천국에 머물고 있는 동안, "새롭게 되는 날이 주 앞으로부터 이를 때"(19절), 그리고 "하나님이 영원 전부터 거룩한 선지자들의 입을 통하여 말씀 하신 바 만물을 회복하실 때"(21절)까지의 시간이 흘러야 한다. 반복해서, 베드로는 자신의 주장을 뒷받침하기 위해 특정한 한 구절을 인용하지 않고 선지자들이 말한 것이라는 일반적인 표현을 사용한다. 우리는 이 회복의 때가, 예수가 한 예언을 근거로 (특히 막 13장과 그 평행본문) 그리스도의 재림과 심판의 날에 성취될 것임을 알고 있다.[16]

모든 구약 인용을 살펴보았을 때 특히 흥미로운 점은, 초기 기독교 저자들이 여러 문맥에서 동일한 구약 증거 텍스트를 빈번하게 사용하지만 이 구절들이 신약 후반 부분에서는 대부분 다시 등장하지 않는다는 점이다(예를 들어, 창 2:24, 25:6; 출3:6, 20:12-17; 레19:18, 신6:5; 시2:7; 단7:13 등).[17] 사도행전 13:35에서는 바울이 시편 16:11을 인용하는데 이때도 성경을 잘 알고 있는 유대인 청중이라는 문맥에서이다. 하지만 이 구절은 누가가 중복해서 기록한, 누

15 David G. Peterson, *The Acts of the Apostles* (Nottingham: Apollos; Grand Rapids: Eerdmans, 2009), 156; Mikeal C. Parsons, *Acts* (Grand Rapids: Baker, 2008), 47.

16 슈나벨(Eckhard J. Schnabel)과 래드(George E. Ladd)는 여기서 "만물의 회복"이 본질적으로 이스라엘이 아닌, 새로운 메시아 창조 안에서 이루어질 신성한 질서의 회복을 가리킨다고 설명한다. Eckhard J. Schnabel, *Acts* (Grand Rapids: Zondervan, 2012), 216; George E. Ladd, *A Theology of the New Testament*, ed. Donald A. Hagner, rev. ed. (Grand Rapids: Eerdmans, 1993), 369.

17 예전만큼 인기 있지는 않지만, 이런 사실이 *Testimonia* -다수의 신약 저자들이 인용한 구약성경 모음집- 에 관한 이론을 이끌어 낸다. Martin C. Albl, *"And Scripture Cannot Be Broken": The Form and Function of the Early Christian* Testimonia *Collections* (Leiden: Brill, 1999).

가의 편집이라고 볼 수도 있다. 히브리서 1:13은 시편 110:1을 인용하지만, 바울은 이 구절을 다른 곳에서 이미 여러 차례 언급한다(고전 15:25, 엡 1:20, 골 3:1). 이런 이유로 우리는 본 구절을 인용하는 것이 초대 교회로부터 왔다고 확신할 수 있는 근거가 약해질 수 있다. 하지만 앞 장에서 보았듯 예수가 시편 110:1을 사용한 것이 실제 있음직한 일이라는 점을 기억한다면, 베드로도 이것을 알고 있었다고 가정할 수 있다. 반면 시편 69:25, 109:8, 요엘 2:28-32은 여기에서만 인용되며 신약의 다른 장에서는 언급되지 않는다.[18]

사도행전 전반부에서 구약성경을 인용한 다음 부분은 3:22-23(베드로)과 7:37(스데반), 두 구절이다. 두 구절 모두 모세가 예언한, 하나님이 세우실 "나 같은 선지자"가(신 18:15) 바로 예수라고 지목한다. 사도행전 3장에서 베드로는 "누구든지 그 선지자의 말을 듣지 아니하는 자는 백성 중에서 멸망 받으리라"는(신 18:18-19) 구절을 덧붙인다. 이어 24절은 "사무엘부터 시작해 모든 선지자가 이 때를 가리켜 말하고 있다"고 강조하며 베드로의 메시지를 완성한다. 이것은 "모세와 모든 선지자"(눅 24:27), 또는 히브리인들의 세 정경인 "모세의 율법과, 선지자의 글과 시편"(눅 24:44)을 가리키는 누가의 정형구는 아니다. 사무엘을 언급했을 때 사무엘하 7:13-14b를 염두 해 두고 있었을 것인데, 이는 유대 제2성전에 대한 중요한 메시아적 예언이다.[19] 그 후 25절에서 베드로는 하나님께서 아브라함과 그의 후손에게 하신 장기적인 약속이 담긴 창세기의 여러 구절을(12:3, 18:8, 22:18, 26:4, 28:14) 연속해서 인용한다. 언젠가 이 땅의 모든 민족이 복을 받을 것이지만, 이스라엘은 먼저 구원의 역사적 우선순위를 가지고 있다(행 3:26). 언약이 성취되는 때가 도래하였다. 이스라엘이 그 메시지를 듣고 있으며, 곧 이방인들 역시 함께 듣게 될

18 요한계시록 6:12이 요엘 2:31을 언급하고 있다고 볼 수도 있지만, 이것은 묵시적인 내용으로 누가는 이에 대해서는 전혀 거론하고 있지 않다.

19 참조. Schnabel, *Acts*, 218. 다른 의견으로 사무엘이 말한 여러 구절이라고 보는 견해도 있다. 예를 들어, 사무엘상 13:14, 15:28, 16:13, 28:17로 보는 견해이다. Darrell L. Bock, *Acts* (Grand Rapids: Baker, 2007), 180.

것이다.[20]

사도행전 4:11에서 베드로는 악한 소작인 비유 맨 마지막에 있는 예수의 말을 되풀이하여(막 12:10 단락) 예수가 머릿돌이 되신다는 시편 118:22을 인용한다. 이후 이 시편 본문을 다시 인용한 구절은 베드로가 기록한 본문이 유일하다(벧전 2:7). 사도행전 4:25-26은 그리스도가 십자가에 못 박힐 때 빌라도와 헤롯이 했던 역할을 시편 2:1-2의 성취로 본다.[21] 이 시편 구절에는 주님을 대적하는 나라와, 백성과, 땅의 왕들과 통치자들이 나온다. 이 사실에 비춰, 이스라엘에 있던 "이방인과 이스라엘 백성"과(행 4:27) 함께 예수를 잡으려 공모했던 한 이방인과(본디오 빌라도-옮긴이) 유대인이 되려고 했던 사람(헤롯-옮긴이)이 바로 이 예언의 성취라고 기록한다.[22] 그리고 주님은 자연스럽게 예수와 동일시된다. 이 모든 것은 그분의 "권능과 뜻대로 이루려 예정하신" 하나님이 "그것을 행하려고"(28절) 하셨기 때문이다. 예정과 예언이 혼재해 있다.

사도행전 5장과 6장에는 직접적인 성경 예언의 성취에 관한 구절이 없다. 이는 누가가 그가 이야기하고 있는 모든 사건을 뒷받침하기 위해 구약성경과의 연결 고리를 억지로 꾸며내고 있지 않음을 보여준다. 이와 대조적으로 스데반이 산헤드린 앞에서 한 설교가 있는 사도행전 7장은 처음부터 끝까지 구약성경을 인용한다. 익히 알고 있는 이스라엘의 역사 이야기를 그저 형식을 좀 바꾸어 다시 말한다고 해도 전혀 어색하지 않을 만큼, 스데반은 자기 앞에 모인 사람들이 왜 지금 법정에 있는지도 잊어버리기를 바라는

---

20 Meek, *Gentile Mission in Old Testament Citations in Acts*, 114-29; John Stott, *The Spirit, the Church and the World: The Message of Acts* (Downers Grove, Ill.: IVP, 1990), 74.

21 참조. Sam Janse, *"You are My Son": The Reception History of Psalm 2 in Early Judaism and the Early Church* (Leuven: Peeters, 2009). 얀스(Janse)는 기독교 이전의 유대교가 이 시편 본문을 점점 더 메시아적으로 이해했다고 한다 (155).

22 마샬(Marshall)과 리차드 퍼보(Richard Pervo)는 이 구절에서 헬라어 복수형을 "시적 복수(poetic plurals)"로 해석해 단수의 의미로 사용되었다고 본다. Marshall, *Acts of the Apostles*, 106. Richard I. Pervo, *Acts: A Commentary* (Minneapolis: Fortress, 2009), 122.

것처럼 "필리버스터(filibuster)"를 하고 있다! 사실 그는 세 가지 중요한 시대 혹은 주제에 초점을 맞추며 설교를 하고 있다. 하나님께 신실했지만 이 땅에서는 영원한 상속을 받지 못한 족장들(7:2-16), 그리스도의 사역을 예시한 모세 시대(17-43절), 그리고 성전처럼 영속적인 건축물이 아닌 장막의 역할(44-50절)이 그것이다.[23] 따라서 스데반은 사실 그가 땅, 율법, 성전(6:11, 14; 참조 7:1)을 반대하고 있는가에 대한 질문에 답을 하고 있는 것이다.[24] 스데반은 성령을 거스린 자들은(51절) 유대 지도자들이고, 그의 설교에서 인용한 구약 본문과 구체적인 내용들이 그리스도 안에서 성취되었기에(17, 27절),[25] 구약 성경도 메시아가 도래했다는 사실에 비추어 다르게 해석되어야 한다고 말한다. 즉, 땅, 율법, 그리고 성전은 모두 그리스도화(Christified) 되었고, 더 이상 문자 그대로의 형태로 존재하고 있지 않다.[26] 스데반은 자신을 심문하는 자들이 메시아가 오실 것을 예언한 이들은 물론이고 이전 모든 선지자들을 박해한 사람들의 후손이라 책망하고, 거기에 더해 이제 이 법정에 있는 이들이 바로 그 메시아를 배신하고 살해했다고 외치며 설교를 마친다. 결국 그의 마지막은 죽음일 수밖에 없었다.

복음이 유대인 외의 지역에 점점 더 전파될수록, 우리는 당연히 성서와 예언의 성취에 대한 언급이 줄어드는 것을 확인할 수 있다. 그렇지만 에디오피아인 내시는 하나님을 경외하는 사람(God fearer)으로 이사야 53:7-8을

---

23 Peterson, *Acts of the Apostles*, 245: "특히 스데반이 유대교 믿음의 세 가지 큰 기둥인 땅(2-36절), 율법 (37-43절), 성전(44-50)에 대해 차례대로 말하고 있음을 주목해야 한다. 따라서 44-50절은 많은 사람들이 생각하는 것처럼 장막과 성전을 긍정하며 비교하는 것이 아닌, 신적 임재의 특정한 장소로서의 두 성소와, 그리스도 신적 임재가 임하는 모든 곳, 이 둘을 상대화 하고 있다." 참조, N. Rhodes, "Tabernacle and Temple: Rethinking the Rhetorical Function of Acts 7:44-50," in *Contemporary Studies in Acts*, ed. Thomas E. Phillips (Macon, Ga.: Mercer University Press, 2009), 119-37.

24 성전의 초월성에 관해서는 특별히 Dennis D. Sylva, "The Meaning and Function of Acts 7:46-50," *Journal of Biblical Literature* 106 (1987): 261-75을 보라.

25 John J. Kilgallen, "The Function of Stephen's Speech (Acts 7, 2-53)," *Biblica* 70 (1989): 173-93.

26 Ajith Fernando, *Acts* (Grand Rapids: Zondervan, 1998), 248-50.

읽고 있었다(사도행전 8:32-33).[27] 빌립은 이 글에서 "시작하여" 그에게 예수를 전한다.[28] 이것은 누가복음 24:27에서 보았던 것과 같은 구조이므로(히브리 성경의 중요한 부분에서 "시작하여" [ἀρξάμενος]와 같은 표현) 이 표현은 누가의 것일 수 있지만, 본문의 해석은 예수가 직접 자신을 설명했던 해석학적 틀에 기반하고 있다(눅 24:44).[29] 이 구절은 선교와 관련해서 상당히 중요한 함축적 의미를 지닌다. "사도행전의 이야기는 하나님의 백성이 더 크고 다양한 그룹으로 확장되어 감을 증명해 보인다. 한 때 신성한 것으로 간주되었던 민족적 혹은 신체적 표시와 같은 장벽들이 제거된 것이다."[30] 이 궤적은 이전에 없던 너무나 새로운 것이어서 당시의 중요한 실체적 사건 없이, 지어낸 이야기라 보기에는 무리가 따른다.

사도행전 1-12장에서 성경이 명백하게 성취 된 마지막 예는 베드로가 고넬료와 고넬료의 동료들에게 설교 하는 대목인 10:43이다. 여기서 베드로는 예수에 대하여 "모든 선지자도 증언한다"라고 선포한다. 이는 기독론적 의미를 내포한 구약의 폭넓은 개념이 반복되어 나타나는 것이다. 우리는 이것이 누가가 독자적으로 활용한 주제라는 것을 살펴 볼 것이지만, 그렇다고 여기에 전통적 요소들이 전무하다고 볼 수는 없다. 특히, 앞 장에서 이 구절이 가장 신뢰할 만한 예수 전통에 깊이 뿌리내려져 있다는 사실을 우리는

---

27 신약 시대 초기의 하나님을 경외하는 자(God fearers)에 대한 신뢰할만한 연구는 다음을 보라. Irina Levinskaya, *The Book of Acts in Its Diaspora Setting*, vol. 5 of *Book of Acts in Its First Century Setting*, ed. Winter (Carlisle: Paternoster; Grand Rapids: Eerdmans, 1996), 1-126.

28 포터(R. J. Porter)는 빌립이 이사야 53:7을 통해 고통 받는 종으로서 예수를 설명했을 뿐 아니라, 이사야 56:4-8을 기반으로 내시와 이방인들이 그 종의 공동체에 들어 올 수 있다는 것, 그리고 이사야 54:9-10, 55:1의 세례의 역할에 대해서도 설명했을 거라고 추측한다. R. J. Porter, "What Did Philip Say to the Eunuch?" *Expository Times* 100 [1988]: 54- 55.

29 예수 역시 마가복음 10:45에서 자신을 설명하기 위해 이사야 53장의 고통 받는 종 모티브를 사용했기에, 우리는 빌립이 어떻게 이 본문을 인용했을지 상상해 볼 수 있다. (Schnable, *Acts*, 428).

30 Keith H. Reeves, "The Ethiopian Eunuch: A Key Transition from Hellenist to Gentile Mission: Acts 8:26-40," in *Mission in Acts: Ancient Narratives in Contemporary Context*, ed. Robert L. Gallagher and Paul Hertig (Maryknoll, N.Y.: Orbis, 2004), 120.

보았다.[31] 복음서가 예언하였고 동시에 예수가 사역 중에 미리 예견했던 새 언약의 새 시대는 예수가 십자가에서 죽고 부활함으로 이제 도래한 것이다. 앞으로 다룰 것들이 더 있지만, 초대 교회 시대의 강조점은 이미 성취된 일들이다. 성령 충만한 새 능력을 받아서, 예수의 제자들은 땅 끝까지 그분의 메시지를 전하며, 사람들이 긍정적으로 응답하는 모든 곳에서 그들을 주님의 제자로 삼아야 한다. 제자들은 확신을 가지고 예수가 바로 성경의 성취라는 사실을 선포하였다.[32]

기독론

하나님의 약속이 예수의 삶과 죽음, 부활로 인해 성취되는 시대의 변환한 가운데 초대교회가 있었던 것은 분명하다. 그들이 가룟 유다에 대해 시편을 예표론적으로 사용하는 것처럼, 어떤 사람에 관해 성서를 인용하는 것은 극히 드문 경우였다. 하지만 예수가 예외인 이유는, 초대 교회가 예수는 다윗의 자손이고, 다윗은 예수의 원형(prototype)이라 여기며 구약에 이와 관련 한 구절이 있다고 보았기 때문이다.[33] 또한 주석가들은 사도행전에 나오는 초대교회의 많은 설교자들이 공통적으로 예수의 삶과 사역에 대해서는 간결하게 말한다는 공통점도 주목한다. 그러므로 본 내용은 몇 개의 주제로 나누어 살펴보는 것이 자연스럽다. 첫째는, 예수의 지상에서 삶에 대한 초대

---

31 키너(Keener)는 "모든 선지자"라고 포괄적으로 말하는 것은 누가의 특징이라는 점과, 이 표현이 지칭하는 것은 앞 본문인 2:25-31, 34-35; 3:22-26, 그리고 7:2-53이라고 본다. 이 구절들은 우리가 살펴보았고 또 앞으로도 보게 될 것이지만, 역사적 사실에 가장 근접한 정보를 전하고 있다. Keener, *Acts*, 2:1808.

32 Howard C. Kee, *Good News to the Ends of the Earth: The Theology of Acts* (Philadelphia: Trinity Press International, 1990), 6-9.

33 참조. James D. G. Dunn, *Beginning from Jerusalem* (Grand Rapids: Eerdmans, 2003), 153; William J. Larkin Jr., *Acts* (Downers Grove, Ill.: IVP, 1995), 46.

교회의 이해, 둘째는, 뒤이어 예수가 하늘로 올라간 것에 대한 그들의 이해, 마지막 세 번째는 사도행전 초반부에서 연속적으로 나오는 독특한 원시 기독론 칭호에(primitive christological titles) 초점을 맞춰 살펴보도록 하겠다.

예수의 삶과 사역

"하나님의 나라" 주제는 공관복음서을 제외한 다른 성경에서는 드물게 나오기에, 어느 누구의 편집적 특징이라고 단정할 수 없다. 오히려 하나님의 나라는 예수 전통의 믿을만한 핵심 부분으로 자리 잡고 있다. 하지만 사도행전 처음 열두 장에도 하나님의 나라가 세 번 언급된다.[34] 첫 번째는 1:3에서 이미 등장했다. 예수가 제자들에게 성경 말씀이 성취되는 것에 대해 가르칠 때, 당연히 예수는 그 나라에 관해 제자들에게 말했다. 두 번째는 1:6절이다. 제자들이 "주께서 이스라엘 나라를 회복하심이 이 때 이니이까?"라고 묻는 것에 비춰 보면, 그들은 여전히 이스라엘이 이 땅에서 독립을 누리는 지상 왕국을 생각하고 있다. 예수는 제자들이 가진 이 회복 개념을 옹호하지도 부정하지도 않은 채, 그들의 관점을 뒷받침 할 근거를 찾게 내버려 두신다.[35] 그러나 침묵이 말하는 것은 그 주장의 근거가 빈약하다는 것이다. 예수는 종종 청중들이 그의 가르침과 사역을 제대로 이해하지 못하면 그것을 지적하기 보다는, 주제를 다른 것으로 바꾸었다(마가복음만을 살펴보면 1:38; 2:5; 3:33; 5:36 이 있다. 요한복음에서 전통적으로 가장 신뢰할만한 자료로는 3:3이 있다). 세

---

34 사도행전에서 하나님 나라에 대한 구절을 심도 깊게 다룬 연구는 다음을 보라. Costantino A. Ziccardi, *The Relationship of Jesus and the Kingdom of God according to Luke-Acts* (Rome: Gregorian University Press, 2008).

35 다음 두 연구들을 비교해서 보라. Bock (*Acts*, 62) and Anthony Buzzard, "Acts 1:6 and the Eclipse of the Biblical Kingdom," *Evangelical Quarterly* 66 (1994): 197-215. 와 C. K. Barrett, *A Critical and Exegetical Commentary on the Acts of the Apostles* (Edinburgh: T&T Clark, 1994), 1:77-78. 배럿(Barrett)은 사도행전이 이 소망에 대해 반박하고 있지 않다 할지라도, "이스라엘"을 새 언약 아래에서 그리스도를 따르는 하나님의 사람들로 상당 부분 재정의하고 있다고 본다.

번째 언급은 8:12로, 빌립이 선포한 "하나님 나라의 복음"을 많은 사마리아인들이 믿었다. 사마리아인들은 유대교의 유산을 놓고 정통 유대인들과 경쟁하던 사이였기에 이들도 하나님 나라와 관련된 어떤 소망을 가졌을 것이다. 이처럼 우리는 예수의 가르침이 충분한 연속성을 가진 채 초대교회까지 이어져 온 것을 보며, 그들이 예수의 메시지를 저버리지 않았다는 것을 알 수 있다.[36] 그러나 하나님의 나라 보다는 예수 그분 자체에 대해 이야기 하는 것에 초대 교회는 더 적극적이었다. 그래서 8:12에서도 누가는 빌립이 나라와 "예수 그리스도의 이름"을 선포했다고 말한다.

사도행전 1-12장에서 하나님 나라보다 더 자주 나타나는 것은 예수의 생애에 대한 짧은 언급이나 요약이다. 베드로는 유다를 대체할 인물이 "요한의 세례로부터 우리 가운데서 올려져 가신 날까지 주 예수께서 우리 가운데 출입하실 때에 항상 우리와 함께 다니던 사람"(1:21b-22) 이어야 한다고 강력하게 말한다. 여기서 그가 예수의 공생애 기간을 특별히 중요하게 인식하고 있다는 것을 알 수 있다.[37] 오순절 설교에서 베드로는 "하나님께서 나사렛 예수로 큰 권능과 기사와 표적을 너희 가운데서 베푸사 너희 앞에서 그를 증언하셨다"(2:22)라고 덧붙인다. 그런 다음 하나님의 계획과 예지 안에서(23절) 예수가 당한 배신과 처형(너희의 손을 빌려 죽였으나)으로 건너뛴다.[38]

---

36 참조. Bock, *Acts*, 328. 삼쿠티(V. J. Samkutty)는 "빌립"이 여격으로 쓰여 "믿음"의 목적어가 된 것은 누가의 스타일이 아닌, 누가가 다른 전통적 자료를 사용한 것으로 보고 있다. V. J. Samkutty, *The Samaritan Mission in Acts*, [London: T&T Clark, 2006], 159.

37 대부분의 주석가는 이것이 단지 유다를 대신할 사람은 부활한 예수님을 직접 목격한 사람이여야 한다는 것을 의미한다고 설명한다. 하지만 베드로는 이 사람은 증인이(*μάρτυς*) "되어야 한다"라고 말하였다. Barrett이 정확하게 지적한 것처럼 "이미 요셉과 맛디아는 목격자였기에, 그 어떤 것도 그들을 더 참된 목격자로 만들 수 없다. 둘 중 한 명은 그들이 본 것을 증거하는 특수한 임무를 맡아야 했다." Barrett, *Critical and Exegetical Commentary on the Acts of the Apostles*, 1:102)

38 위더링턴(Ben Witherington III)은 이 구절에 통찰력 있는 설명을 제공한다. "우리는 신약의 다른 곳에서도 흔히 볼 수 있는, 하나님의 신성한 계획과, 인간이 책임을 져야하는 행동, 이 둘이 서로 병치되어 있는 것을 본다. 예수가 죽임 당하기 위해 넘겨졌다는 하나의 동일한 사건이 "하나님의 명확한 계획과 예지"에 따른 것이면서 동시에 유대인들에겐 비난 받을 죄로도 여겨진다." *The Acts of the Apostles: A Socio-rhetorical Commentary* (Grand Rapid: Eerdmans,

사도행전이 기록하고 있는 베드로의 두 번째 전도 설교에서, 바로 이 예수의 삶 마지막 구간에 대해 자세히 설명한다. 그는 자신의 설교를 듣고 있는 청중들이 바로 "예수를 넘겨 죽이려 한" 사람들이라고 반복해서 지적하면서, 동시에 "빌라도가 놓아 주기로 결의한 것을 너희가 그 앞에서 거부하였다"(3:13)는 것을 덧붙인다. 게다가 그들은 참된 메시아를 부인하고 도리어 "살인한 사람을 놓아 주기를 구하였다"(14절) - 바라바를 지칭함(막 15:7-15과 평행 본문).[39]

백성의 관리들과 장로들을 향해 설교 할 때(4:8), 베드로는 3:6-8에서 행한 기적을 설명하기 위해 4:10절에서 다시 "나사렛 예수 그리스도"의 이름과 권세를 말한다. 여기서도 그는 예수는 너희가 십자가에 못 박은 바로 그 예수라는 사실을 언급한다. 이후 베드로가 성도들에게 돌아와 하나님을 찬양할 때, 우리가 위에서 보았듯, 그들 모두는 "헤롯과 본디오 빌라도는 이방인과 이스라엘 백성[아마 다른 로마와 유대 지도자들을 지칭]과 합하여 … 예수를 거슬르기 위해 이 성에 모였다"는 것을 깨닫는다(4:27). 이전과 동일하게, 초대교회 성도들은 예수의 죽음은 하나님이 행하려고 미리 예정하신 뜻(28절)에 따라 이루어진 것이라 이해하고 있다.[40]

5:30까지 보면, 베드로는 그가 받고 있는 죄목에 대해, 앞에 내용에 비추어서 우리가 충분히 예상할 수 있는 답변을 하고 있다: 그들은 예수를 "십자가에 매달아 죽인" 책임이 있다. 이 시점에서 고려할 수 있는 선택지는 두 가지다. 첫째, 누가가 사도행전 후반부에 등장하는 설교자들은 핵심 메시지가 다양하고 유연한 보통의 개인으로 그린 반면, 베드로만큼은 예수에 대한

1998), 144-45.

39 분명 바라바는 로마 당국에 대항해 반란을 일으킨 "자유 투사"(freedom fighter)였지만, 로마 정부는 "테러리스트"로 그를 봤다. 에반스는(Craig A. Evans)는 "바라바와 그의 동료들은 성전 기금 횡령으로 일어난 항의시위에 뒤이어 일어난 폭력사태에 참여했다"라고 주장하지만 "그것은 추측에 불가하다"라고 인정한다. Craig A. Evans, *Mark 8:27-16:20* (Nashville: Nelson, 2001), 481.

40 "예수의 죽음은 우연이 아닌 하나님의 목적과 약속이 성취된 것이다." Keener, *Acts*, 2:1171).

메시지를 상당히 일관되게 공식화하여 선포한 인물로 묘사하고 있다는 것이고, 둘째는 베드로가 정말 누가가 기록한 목적대로 그렇게 같은 메시지를 꾸준히 전했다는 것이다. 이 둘 중, 후자가 역사적으로 더 가능성이 있다고 볼 수 있다.[41]

이어서, 사도행전이 기록하고 있는 초기 기독교 설교 중 가장 긴 분량을 차지하는 스데반은, 역사적 예수에 대한 언급 없이 구약 역사 전체를 돌아보며 그의 주장을 펼친다. 그러다 "답변"의 정점에서 그는 예수를 "잡아 죽인"(7:52) 책임이 유대인 공회에 있다고 한다. 전체적인 인상은, 작은 것이라도 중요하다 여겨지는 것은 반복적으로 말하는 베드로의 일반적인 방식과는 많이 다른 메시지라는 점이다. 베드로의 이런 방식은 서로 단단히 결합된 초기 기독교 그룹이라는 동일한 청중을 대상으로 선포되었기에 우리가 어느 정도 예상할 수 있다. 추정할 수 있는 것은, 만약 스데반의 설교가 누가가 만들어 낸 작품이었다면 스데반을 다른 사람과는 전혀 다른 목소리를 내는 인물로 그렸거나 아니면, 지금보다 훨씬 더 일관성 있게 다른 이들과 같은 메시지를 말하게 해서 누가 자신만의 신학을 발전시켰을 것 이라는 점이다.[42]

빌립이 사마리아와 가자에서 했던 사역을 말할 때 누가는 이 방법 중 어느 하나도 취하지 않는다. 각각의 경우 그는 단순히 빌립이 복음을 전하였다라고 기록한다-복음의 메시지(8:12, 35). 사울의 회심 직후 누가는 사울이 "각 회당에서 예수가 하나님의 아들이심을 전파하니"라고 기록하고 있는데, 사도행전에서 예수를 지칭해 "하나님의 아들"이라고 한 처음이자 유일한 구절이다.[43] 누가는 초대교회 설교자들이 똑같은 말을 하도록 만든 것도

41 참조. Hemer, *Book of Acts in the Setting of Hellenistic History*, 421-26.

42 참조. Heinz-Werner Neudorfer, "The Speech of Stephen," in Marshall and Peterson, *Witness to the Gospel*, 275-94. 전통과 편집에 초점을 맞춰 스데반의 설교를 연구한 것은, John J. Kilgallen, *The Stephen Speech: A Literary and Redactional Study of Acts 7, 2-53* (Rome: Biblical Institute Press, 1976). 새롭게 덧붙여진 대략적인 개요는, John J. Kilgallen, "The Speech of Stephen, Acts 7:2-53," *Expository Times* 115 (2004): 293-97를 보라.

43 하지만 바울에게 있어서는 가장 중요한 호칭이다.

아니며, 자신이 좋아하는 예수 칭호를 선택해서 다른 사람을 통해 말하도록 한 것도 아니다

C. H. 도드(C. H. Dodd)가 초기 기독교의 케리그마로 역사적으로도 신뢰할 수 있다고 인정한 잘 알려진 구절이 10:36-43에 나온다. 본문 전체를 인용하면 다음과 같다.

> 만유의 주 되신 예수 그리스도로 말미암아 화평의 복음을 전하사 이스라엘 자손들에게 보내신 말씀 곧 요한이 그 세례를 반포한 후에 갈릴리에서 시작되어 온 유대에 두루 전파된 그것을 너희도 알거니와 하나님이 나사렛 예수에게 성령과 능력을 기름붓듯 하셨으매 저가 두루 다니시며 착한 일을 행하시고 마귀에게 눌린 모든 자를 고치셨으니 이는 하나님이 함께 하셨음이라 우리는 유대인의 땅과 예루살렘에서 그의 행하신 모든 일에 증인이라 그를 저희가 나무에 달아 죽였으나 하나님이 사흘만에 다시 살리사 나타내시되 모든 백성에게 하신 것이 아니요 오직 미리 택하신 증인 곧 죽은자 가운데서 일어나신 후 모시고 음식을 먹은 우리에게 하신 것이라 우리를 명하사 백성에게 전도하되 하나님이 산 자와 죽은 자의 재판장으로 정하신 자가 곧 이 사람인 것을 증거하게 하셨고 저에 대하여 모든 선지자도 증거하되 저를 믿는 사람들이 다 그 이름을 힘입어 죄 사함을 받는다 하였느니라.[44]

대부분의 세부적인 내용들은 사도행전이 기록한 케리그마에서 짧은 요약의 형태로 이미 전에 나온 것들이다. 그러나 우리는 여기서 처음으로, 복음은 "평화"이며(개역개정 성경에서는 "화평의 복음"으로 번역함. 행 10:36-옮긴이), 예수는 만유의 주가 되시고(베드로가 그의 긴 오순절 설교에서 외쳤던 것처럼. 2:36), 유대

44 C. H. Dodd, *The Apostolic Preaching and Its Developments* (London: Hodder & Stoughton, 1936), 46-56. 다음 자료도 참고하라. Bauckham, "Kerygmatic Summaries in the Speeches of Acts," in *History, Literature, and Society in the Book of Acts*, ed. Ben Witherington III (Cambridge: Cambridge University Press, 1996), 185-217.

와 갈릴리 두 지역 모두에서 예수는 사역을 하였고, 예수 자신이 성령의 능력을 받았다는 것을 알 수 있다. 사도행전 전반부의 부활에 대한 언급은 다음 장을 위해 의도적으로 살펴보지 않겠지만, 여기서 잠시 이 부분도 포함해서 보면, 케리그마에 대한 가장 긴 요약을 온전한 형태로 볼 수 있다. 도드(Dodd)는 예수의 삶과 죽음에 대한 요약이 어떻게 마가복음의 골자(skeleton)와 일치할 수 있는지를 강조한다. 만약 "선한 일을 행하다"는 것이 예수가 행한 기적을 가리키고 "마귀에게 눌린 모든 사람을 고쳤다"는 것은 예수의 축귀 사역이라 이해한다면 더욱 의미가 있는 주장이 될 수 있다.[45] 마가복음에서 가장 역사적으로 신뢰할 만한 세부적인 것과, 초대 교회 설교가 서로 밀접하게 일치하고 있는 것이다. 초기 기독교인들이 예수의 삶에서 가장 중요한 것은 그의 죽음이라고 인식한 것처럼, 두 경우 모두 예수가 십자가를 향해 걸어갔던 길과, 그의 고난, 십자가에 대단히 많은 관심을 쏟고 있다.[46]

예수의 부활과 승귀

지금까지 살펴 본 케리그마의 내용에는, 우리가 인용했던 구절 외에 더 많은 내용이 포함되어야 한다. 그것은 예수 그리스도의 부활과 승귀(Exaltation)이다. 이 주제로 별도의 장을 할애하는 것이 인위적일 수 있지만, 이렇게 하는 두 가지 이유가 있다. 첫째, 예수의 부활과 승귀는 누가 신학의 강조점으로 이는 예수가 십자가에서 죽은 것과는 다른 방식으로 다뤄지고 있다. 따라서 우리는 여기에 어떤 전통적이며 편집적인 자료가 포함되어 있

---

45 C. H. Dodd, "The Framework of the Gospel Narrative," *Expository Times* 43 (1932): 399.

46 누군가는 여기서 마가복음을 "서론이 긴 열정적인 이야기"라고 한 마르틴 캘러 (Martin Kähler) 의 유명한 말을 떠올릴 것이다. Martin Kähler, *The So-Called Historical Jesus and the Historic, Biblical Christ*, trans., ed., and with an introduction by Carl E. Braaten [Philadelphia: Fortress, 1964], 80.

을 거라 쉽게 추론하게 된다.[47] 둘째, 부활은 누가가 기록한 두 권의 작품인 누가복음과 사도행전 모두에서 발견되는 예수에 대한 누가의 칭호로(Lukan titles for Jesus) 우릴 이끌어준다. 우리가 이 칭호들을 살펴볼 때 놀라게 되는 것은, 일반적이지 않은 몇 개의 칭호들이 사도행전 전반부에만 거의 유일하게 남아있다는 것과, 그럼에도 그 칭호들이 고기독론을 보여주고 있다는 점이다.[48] 이는 결과적으로 이 칭호들의 기원이 초대교회라는 것, 그리고 래리 훌타도(Larry Hurtado)가 신약 전체를 연구한 후 주장한 것을 입증할 수 있는 좋은 기회가 된다: 적어도 암묵적으로 예수를 신과 동일시하는 예수를 높이는 표현은, 교회 역사에서 놀라울 정도로 초기 단계에서 한꺼번에 등장했으며,[49] 이것은 훌타도(Hurtado)가 말했듯이 "점진적"이라기 보다는 "혁명적"인 발전이었다.[50]

누가가 기록한 부활과 승천(ascension)은 누가 신학을 다루는 이 책 후반부에서 더 자세히 살펴볼 것이다. 지금은 우리가 논의하고 있는 케리그마에 초점을 맞추도록 하겠다. 사도행전 1:22에서 유다를 대신할 사람은 "예수께서 부활하심을 증언할 사람"(must become a witness... of Jesus' resurrection) 이어야 했다. "증인(*μάρτυς*)"은 사도행전에서 목격자이거나, 증언하는 사람 두 가지 뜻으로 모두 사용 되었다. 누가는 여기서 "증인인 사람"(be)이 아니라 "증인이 될 사람(become)"이라고 하기에 아마 후자의 의미를 마음에 담고 있다고 볼 수 있다. 하지만 둘 다일 가능성도 있다. 예수가 죽음에서 다시 산

47 그러나 던(Dunn, *Beginning from Jerusalem*, 237)은 "예수의 신원(vindication)과 승귀가, 예수에게 무슨 일이 있어났는가에 대한 초대 교회 이해의 초기 지평을 이루는 주제"라고 한다. 그러므로 이것은 단지 누가의 후기 편집이 아닌, 누군가가 십자가에 못 박혀 죽었다는 놀랄만한 확증이고, 조작했다고 볼 수 없다. 신뢰할 수 있는 역사적 정보가 이를 뒷받침 한다 (219).

48 Richard N. Longenecker, *The Christology of Early Jewish Christianity* (London: SCM; Naperville, Ill.: Allenson, 1970), 25-62.

49 Larry W. Hurtado, *Lord Jesus Christ: Devotion to Jesus in Earliest Christianity* (Grand Rapids: Eerdmans, 2003).

50 Larry W. Hurtado, "The Gospel of Mark: Evolutionary or Revolutionary Document?" *Journal for the Study of the New Testament* 40 (1990): 15-31.

것을 본 사람은, 이제 그가 본 것을 증언하고 믿어야 하기 때문이다.[51] 2:24은 예수가 십자가에 달려 죽었음에도 "하나님께서 그를 사망의 고통에서 풀어 살리셨으니 이는 그가 사망에 매여 있을 수 없었음이라"라고 기록한다. 베드로는 다시 사신 예수를 보았다고 증언하면서, 예수가 누구인지를 알았기에 그분을 살린 이는 하나님이라는 사실을 그 전부터 믿고 있었다.

사도행전 4:10에서 베드로는 유대지도자들에게 예수를 십자가에 못 박은 것은 바로 그들임을 상기시키지만 바로 이어 "하나님이 죽은 가운데서 그를 살리셨다"라고 덧붙인다. 비슷한 상황인 사도행전 5:30에서는 "우리 조상의 하나님"이 예수를 살리셨을 뿐만 아니라 "그를 오른손으로 높이셨다"라고 말한다. 승천은 천국에서 가장 영예롭고 위엄있는 자리인 하나님 옆으로 예수가 마침내 재임관하는 절정의 시간이었다. 베드로가 고넬료와 그의 가족에게 설교한 장면을 서술한 구절에서 우린 이미 케리그마의 전체 내용을 살펴 보았다. 그 내용의 절반은 십자가 사건 이후에 벌어진 일이다. 이제 베드로는 부활이 세 번째 날에 일어났다고 명확하게 말한다(10:40). 여기서 날짜를 세는 방식이 해당 날짜까지 계수하는 식으로 약간 독특한데(예수가 죽은 날은 금요일이고 부활한 날은 주일이기에 보통 날짜를 세는 방식으로 예수는 이틀 만에 살아난 것이다. 하지만 예수 스스로가 사흘 만에 부활할 것을 예언하셨고 이는 십자가에서 죽은 금요일까지 포함해서 세었기 때문이다.-옮긴이) 이것은 예수 자신이 그렇게 날짜를 센 것에서 기인한 것이다(다음 구절을 보라. 세 번의 수난 예언-막 8:31, 9:31, 10:34 단락; 요 2:19에 비추어 보아 막 14:58과 막15:29에서 예수에 붙여진 죄목). 그러므로 이 추가적인 세부 정보는 역사적으로 사실이다.[52] 이 구절은 또 모든 사람이 아

---

51 참조. Daniel Marguerat, "The Resurrection and Its Witnesses in the Book of Acts," in *Reading Acts Today: Essays in Honour of Loveday C. A. Alexander*, ed. Steve Walton, Thomas E. Phillips, Lloyd K. Pietersen, and F. Scott Spencer (London: T&T Clark, 2011), 171-85.

52 브루스 (Bruce, *Book of the Acts*, 215n61)는 이 표현에 대해 다음과 같이 주장한다. 이것은 "날짜순의 정확성뿐만 아니라 예언의 또 다른 성취를 강조하기 위해 언급되었다; 참조, 고전 15:4. 여기서 바울은 사도들의 초기 메시지를 인용해 '그리스도가 성경대로 사흘 만에 다시 살아났다'라고 한다. 사도들의 설교에서 인용된 구약성경은, 메시아가 경험한 것이 이스라엘이

닌, 사도들을 포함한 미리 택함 받은 몇 몇 이들에게만 "하나님이 그를 나타내셨다"라는 사실을 유독 강조한다(행 10:41). 육체적 부활의 진실성은 그들이 예수가 부활 된 상태의 몸을 입고서 그들과 함께 먹고 마셨다는 사실로 확인되고 있다.

누가는 사도행전 전체를 통해 부활을 강조하기 때문에, 지금까지의 진술들을 단순히 누가의 신학적 독특함으로 서술하는 것이 쉬울 수도 있을 것이다. 예를 들어 바울은 누가만큼 부활을 강조하지 않는다. 앞으로 보게 될 것이지만, 바울과 누가는 십자가에서의 죽음과 부활 두 사건 모두를 언급하지만 바울은 앞의 사건을, 누가는 뒤의 사건을 강조한다. 그러나 우리가 지금까지 항목화해서 살펴 본 부활에 대한 구체적인 언급과, 바로 뒤에 각각 이어서 나오는 예수의 삶과 죽음에 대한 전통적인 내용, 그리고 이 둘 사이에 밀접한 연결성이 있음을 고려하면, 누가복음이 부활에 대해 언급한 다른 구절이 무엇이든 간에, 각 구절 전체를 역사적 전통에 기반 한 것으로 보는 것이 더 합리적이다.[53]

초기 기독론적 칭호

케리그마의 축약이라 할 수 있는 기독론적 칭호가 어떻게 예수의 정체성에 대한 결론으로 이어지는지를 알아가는 것은 흥미로운 작업이다. 특이한 것은, 사도행전 전반부에 나타난 기독론적 칭호는 사도행전 후반부와 더 나아가 나머지 신약 전체에 걸쳐 거의 등장하지 않는 다는 사실이다. 처음 세

경험한 것과 동일한 형태를 띠고 있다는 인식을 반영하고 있다. 그러므로 '이틀 후에 우리를 살리시며 셋째 날에 우리를 일으키시리니'(호6:2) 라는 구절이 예수의 부활로 인해 성취된 것이다." 이 표현은 복음서에서 부활을 나타내는 의미로 열 번 등장 하지만, 신약성경의 나머지 부분에서는 이곳과, 바울 이전의 것이라고 널리 받아들여지는 고전 15:4에서만 나타난다.

53 사도행전 설교에서 메시아의 죽음과 부활, 특히 유대 기독교인들에게 "이스라엘과 열방을 향한 신성한 구원 행위의 성취"로서, 이 둘의 나뉘어 질 수 없는 결합에 대해서 다음을 보라. David P. Moessner, "The 'Script' of the Scriptures in Acts: Suffering as God's 'Plan'(βουλή)," in Witherington, *History, Literature, and Society in the Book of Acts*, 249.

개는 연속되는 구절인 3:13-15에 모여 있다. 우선, 족장들과 유대 조상들의 하나님이 "그의 종 예수를 영화롭게하셨다." 여기서 "종"(파이도스 [παιδὸς])이라는 단어는 신약성경에서 24번 등장하지만(모두 복음서와 사도행전에서 나온다), 이 구절이 아닌 다른 곳에서는 보통 이 땅의 주인을 섬기는 인간 종(혹은 노예)(8번), 혹은 어린이나 청소년(9번)을 의미한다. 한 번은 이스라엘을 가리키며(눅 1:54), 두 번은 다윗을(눅 1:69, 행 4:25) 지칭한다. 나머지 네 번은 모두 사도행전 3장과 4장에 있다. 3:13은 최소한의 정보만을 제공하는데, 본문이 말하는 것이 부활인지 승천인지 혹은 둘 다인지 정확하지 않다. 3:26에서는 하나님이 그의 종을 죽음에서 일으키시고, 종의 부활은 사도적 사명으로 이어진다. 사도들은 먼저 유대인을 향해 보냄 받아 그들을 축복하고 악에서 돌아서게 해야 한다. 4:27과 30절에서 예수는 특별히 "거룩한" 종으로 불려진다. 이 두 구절에서 예수의 사역은 각각 성령의 기름 부음과 기적으로 연결되어 있다. 이사야서에 등장하는 종의 개념은 이스라엘 혹은 메시아를 가리키는데, 이것은 초기 기독교인이 단어 파이스(παῖς)를 이해하고 사용하는 배경이 되었을 것이다.[54] 이것이 맞다면, 우리는 여기서 하나님께 종속된 역할만을 강조하고 있지 않은 다른 의미의 예수 칭호를 발견하게 된다. 그것은, 예수가 이스라엘을 대신하여 하나님의 종으로서 고난 받는 메시아의 사명을 완수했다는 것이다. 특히 이 단어가 서신서나 요한계시록 어디에도 다시 나오지 않는다는 것은 놀라운 사실이다.[55] 우리는 예수 자신이 이 칭호를 어떻게 사용했는지에 대한 논쟁을 다시 살펴봐야 하지만, 교회가 예수의 사역에서 직접 이 칭호를 가져와 사용했을 가능성은 여전히 남아 있다.[56]

---

54 John J. Kilgallen, "Your Servant Jesus Whom You Anointed (Acts 4, 22)," *Revue Biblique* 105 (1998): 185-201.

55 Longenecker, *Christology of Early Jewish Christianity*, 104-9; Hurtado, *Lord Jesus Christ*, 190-93.

56 Marshall, "Acts," in Beale and Carson, *Commentary on the New Testament Use of the Old Testament*, 575. 키너는(Keener, Acts, 2:1083-86) 이사야 52-53장과 유대교 내의 선례를 자세히 설명하여 최초의 기독교인들 역시 유대교의 배경에서 직접 이 칭호를 가져와 사용할 수

사도행전 3:13-15의 두 번째 칭호는 14절 등장한다: "거룩하고 의로운 이." NIV 성경은 이 칭호를 대문자로 옳게 표기했다. 이것은 단지 예수의 선함을 강조하기 위해 쓰인 명사적 형용사(substantival adjectives)가 아니다. "거룩한 자"는 마가복음 1:24에서 예수가 쫓아낸 귀신의 입에서 나온 신성한 칭호이다(참조. 눅 4:34). 귀신들은 예수의 "이름"을 알고 있어서 예수를 이길 수 있기를 바랐지만(참조. 막 5:9 단락에서의 예수의 접근 방식) 그들의 계획은 실패한다.[57] 요한복음 6:69에서 베드로는 예수가 "하나님의 거룩하신 자"라고 바르게 고백한다. 문맥상 이 칭호는 그들이 기다렸던 메시아를 뜻하지만, 여기에는 분명 죽음을 이긴(more-than-mortal) 메시아라는 부차적 의미도 포함하고 있다.[58] 그런데 "거룩한"이라는 단어가 신약 전체에서 나타나지만, 예수를 가리키는 용어로는 이 구절을 제외하고는 없다. 마찬가지로 "의로운"은 일반적으로 경건한 사람들이나 하나님 자신을 지칭하지만, 예수를 직접 가리키는 호칭으로는 사용된 예는 마태복음 27:19(아이러니하게 빌라도 아내의 꿈에서 나옴)과 누가복음 23:47(이 역시 놀랍게도 로마 백부장이 말함), 이 두 구절뿐이다.

요한복음 5:30에서 예수는 자신의 행위를 꾸미기 위한 형용사로 "의로운"을 사용하고, 스데반은 사도행전 7:52에서 의로운 이의 오심에 대해 말하며, 바울은 사도행전 22:14에서 예루살렘 사람들을 향해 의로운 자를 보고 그의 가르침을 듣는 것이 하나님의 뜻이라고 선포한다. 몇 몇 학자들은 이 부분에서 하박국 2:4을 생각할 수 있다고 말한다. 이 용어가 개별적으로 사용되었든 혹은 함께 사용되었든, "거룩한 자"와 "의로운 자" 이 두 용어는 예수를 가리키는 매우 초기의 칭호로, 후기 신약성경에서는 보존되지 않았

있었을 것이라 말한다.

57 참조. Graham H. Twelftree, *Jesus the Exorcist: A Contribution to the Study of the Historical Jesus* (Tübingen: J. C. B. Mohr, 1993; Peabody, Mass.: Hendrickson, 1994), 67-68, 83-85.

58 Longenecker, *Christology of Early Jewish Christianity*, 46-47.

거나 초대 교회 역사에서 많이 사용되지 않은 것으로 보인다.[59]

사도행전 3:13-15에 나오는 세 번째 칭호는 "생명의 창조자(author)"(15절)로, (개역개정 성경은 "생명의 주"로 번역 하지만, 원어의 뜻은 창조자가 더 가깝다. 아래의 설명을 보라.-옮긴이) 우주와 모든 생명체를 창조하신 하나님과 예수를 동등하게 보고 있다. 1세기 기독론의 발전을 진화적 모델로(evolutionary model)보면, 이러한 개념은 1세기 말이나 되어서 나타나야 한다. 하지만 이 칭호를 지금 베드로가 사용하고 있고, 이 때는 예수 운동의 가장 초창기로 이후 신약의 다른 곳에서는 어느 누구도 이 칭호를 입에 올리지 않는다. 이 표현은 예수가 우주의 창조주임을 단언하고 있다! 물론 이런 포괄적 의미가 아닌, 단순히 영적인 생명만을 뜻한다고 볼 수도 있다. 왜냐하면, 예수는 자신의 생명을 드려 우릴 구속한 분이기 때문이다. 그렇다 할지라도 예수의 죽음 후 몇 달이 채 지나지 않은 시점에서 예수를 이렇게 칭했다는 것은 분명 놀라운 주장이다.[60] 야곱 저벨(Jacob Jervell)은 사도행전의 기록론을 연구하면서 이 세 가지 칭호뿐만 아니라 "선지자" 칭호에 관해서도 전혀 논하지 않는다. 그러기에 "신약의 다른 부분에서와 같이 하나님과 연결된 칭호와 형용어구들이 그리스도에로 옮겨가지 않는다"는 그의 결론은 성급하고 잘못된 판단이다.[61]

이미 살펴보았듯 3:22에서 베드로는 예수를 신명기 18:15-19에서 하나님이 세우시고 이스라엘 백성들이 그의 말을 듣는 모세와 같은 선지자로 칭한다. 심지어 이 선지자의 말을 듣지 않는 사람은 백성 중에서 완전히 끊어져야 했다(23절). 이미 기독교 이전 특정한 유대교 분파에서는 신명기 본문이 말하고 있는 인물을 탁월한 종말론적 선지자로 사실상 메시아와 같은 의

---

59 Hurtado, *Lord Jesus Christ*, 189-90; cf. also Hans F. Bayer, "The Preaching of Peter in Acts," in Marshall and Peterson, *Witness to the Gospel*, 257-74.

60 아니면, "생명의 왕"(참조. 5:31)으로 번역하여 메시아적 칭호로 볼 수 있다. Timo Eskola, *A Narrative Theology of the New Testament: Exploring the Metanarrative of Exile and Restoration* (Tübingen: Mohr Siebeck, 2015), 221. 참고. Keener, *Acts*, 2:1096-99.

61 Jacob Jervell, *The Theology of the Acts of the Apostles* (Cambridge: Cambridge University Press, 1996), 32.

미로 이해하였다.[62] 그러나 이 표현은 7:37에서 스데반의 설교에서만 다시 등장하고, 사도행전이나 신약의 다른 곳에는 나타나지 않는다. 따라서 이 호칭을 초대교회가 새롭게 만들어 낸 것은 아니다. 그럼에도, 베드로와 스데반 모두가 이 호칭을 사용했다는 사실은, 이것이 예수에 대해 초대 교회 지도자 한 명만이 가진 독특한 이해는 아니라는 점을 보여준다.[63]

사도행전 5:31에서 베드로는 예수를 알케고스(ἀρχηγός)라 부르는데, 이는 보통 "왕자," "지도자," 혹은 "통치자"라는 뜻이다. 이 단어는 3:15에서 사용된 것과 동일한 단어로, 이 구절에서는 아마 "창시자," "설립자" 혹은 "창조자"라는 덜 일반적인 의미로 사용되었다. 신약의 다른 곳에서는 히브리서 2:10과 12:2에서만 이 단어가 등장하기에, 누가나 혹은 다른 신약성서의 저자가 선호하는 어휘라고 볼 수는 없다. 베드로가 앞서 시편 110:1을 인용해 예수가 다윗의 혈통임을 강조한 것을 고려할 때 여기서는 "왕자"가 적합한 의미일 것이다.[64] 예수는 왕의 아들이며 그의 왕국의 상속자이다. 또는 이집트에서 인도함을 받아 탈출한 이스라엘이라는 성서 주제를 반영해서 "하나님의 새로운 백성의 종말론적 지도자"를 가리킬 수도 있다.[65] 어떠한 경우든, 우리는 다시 한 번 아주 이른 시점부터 고기독론이 있었음을 알 수 있다.

마지막으로 우리가 다룰 기독론 칭호는, "메시아"(Χριστός)로, 이 단어에서 그리스도(Christ)와 기독론(Christology)이 유래했다. 언뜻 보기에 이 칭호는 사도행전만이 아니라 신약 전체에서 나오는 일반적인 용어이기 때문에 앞에서 다루었던 칭호들과는 완전히 다른 것처럼 보인다. 그러나, 복음서와 사도행전 전반부에서 이 용어 사용에 변화가 있고, 사도행전 후반부에서도 또한 변화가 발생한다. 누가복음에서 크리스토스(Χριστός)는 열두 번 나오는데,

---

62 Keener, *Acts*, 2:113-16; Schnabel, *Acts*, 217-18.

63 더 자세한 설명은, Longenecker, *Christology of Early Jewish Christianity*, 32-38.

64 참조. Mikeal C. Parsons and Martin M. Culy, *Acts: A Handbook on the Greek Text* (Waco, Tex.: Baylor University Press, 2003), 100; Eskola, *Narrative Theology of the New Testament*, 204.

65 Hurtado, *Lord Jesus Christ*, 189.

이 중 열 번은 관사와 함께 오기에 분명 직함(titular)을 나타내는 말이다. 다른 두 번은 2:11과 23:2에 나오는데, 이 역시 문맥상 직함으로 사용되었다. 왜냐하면 무관사이지만, 평행구로 등장하는 단어 역시 무관사의 형태로 사용되었기 때문이다: "구주 곧 그리스도, 주(*a* Savior who is [the] Christ, [the] Lord - 눅 2:11); "왕임을 선포하는 그리스도(claiming to be *a* king, [the] Christ)"-저자의 번역. 그러나 사도행전에서는 스물 네 번이 등장하는데, 이 중 열여섯 번은 "예수"와 결합하여, "예수 그리스도" 혹은 "그리스도 예수"와 같은 복합어로 사용되었다. 이 중 전부는 아니더라도, 일부는 직함으로 사용된 것이라 주장할 수 있지만, 그보다는 "그리스도"가 사실상 예수의 성(last name)으로 사용되었던 시대를 반영한다고 보는 것이 일반적이다.[66] 남은 여덟 번은 사도행전 전체에서 고르게 나타나지 않는다. 여섯 번은 전반부 아홉 장에서만 나오는데(2:31, 36; 3:18; 4:26; 8:5; 9:22), 모두 기독교 지도자들이 이방인이 아닌 유대인이나 사마리아 청중들에게 설교하는 문맥에서 등장한다. 남은 두 번은 17:3과 26:23로 복합어가 아니지만 이 구절들 역시 유대교가 그 배경이므로 "그리스도"가 칭호로 "메시아"의 의미로 사용되었다고 볼 수 있다. 이런 변화가 일관성이 없거나 아무런 흐름 없이 사용된 것은 아니다; 사도행전 전반부는 후반부보다 메시아를 직함의 의미로 더 명확하게 사용하고 있다. 이러한 변화는 초기 유대 기독교인의 독특한 용어 사용을 반영하는 것으로 볼 수 있는데, 후기 기독교인이 저술한 신약성경이나 그 외의 문서에서는 이처럼 일관되게 보존되어 있지 않다.[67]

---

66 Craig L. Blomberg, "Messiah in the New Testament," in *Israel's Messiah in the Bible and the Dead Sea Scrolls*, ed. Richard S. Hess and M. Daniel Carroll R. (Grand Rapids: Baker, 2003), 123-25. 참조. Henry J. Cadbury, "The Titles of Jesus in Acts," in *Additional Notes to the Commentary*, vol. 5 of *The Beginnings of Christianity*, Part 1, *The Acts of the Apostles*, ed. F. J. Foakes-Jackson and Kirsopp Lake (London: Macmillan, 1933), 358.

67 대럴 복은(Darrell L. Bock)은 복음서 초기 단계에서 사도행전의 마지막까지를 살펴보며 메시아에서 선지자, 종, 주님의 순서로 강조점이 변하고 있다는 것을 밝힌다. 여기서 "메시아"는 사도행전 전반부의 초기 단계에 연속성이 있음을 보여준다. Darrell L. Bock, *Proclamation*

사도행전에서 초대 교회가 사용한 예수의 호칭은 어떤 메시아를 보여주고 있는가? 그는 고난을 당해야 했지만(3:18; 참조 17:3, 26:23), 부활하셨고(2:31; 참조, 17:3, 26:23), 하나님을 대적하는 악한 이들과 맞서고 있다(4:26). 그는 "주님"으로 선포되었고(2:36), 기독교 설교의 중심 되는 분이며(8:5), 그분의 정체성은 많은 유대인을 당혹스럽게 하였다(9:22). 복음서에 나오는 역사적 예수 자료를 여러 방향에서 살펴보았듯, 이분은 단순히 이 땅의 메시아가 아니라(mortal messiah) 아니라, 하나님 바로 그분의 독특한 속성과 역할을 함께 공유하는 분이다. 무엇보다 그는 구원 역사의 새로운 시대를 여는, 오랫동안 기다려 왔던 대망의 구원자(the long-awaited Deliverer)이다.[68] 반세기 전, 물레(C. F. D. Moule)의 고전적인 논문은 여전히 설득력이 있다 -누가복음과 사도행전의 기독론은 동일하지 않다- 그리고 사도행전의 전반부와 후반부의 기독론 역시 동일하지 않다. 누가는 자신의 믿음을 단순히 강요하지도 이전의 전통을 왜곡하지도 않는다. 초기 기독교인들의 믿음은 여러 지점에서 빛을 발한다.[69]

성령

성령은 누가가 강조하는 주제 중 하나이기에, 누가-행전에서 성령에 대한 언급 모두가 전통적인 것은 아니라고 가정할 수 있다. 하지만 "메시아"의 경우처럼, 여기에도 흥미로운 패턴이 나타난다. 구약에서 "하나님의

---

from Prophecy and Pattern: Lucan Old Testament Christology [Sheffield: JSOT Press, 1987]). 참조. Darrell L. Bock, *A Theology of Luke and Acts: God's Promised Program, Realized for All Nations* (Grand Rapids: Zondervan, 2012), 177-209.

68 참조. John Nolland, "Salvation-History and Eschatology," in Marshall and Peterson, *Witness to the Gospel*, 63-81.

69 C. F. D. Moule, "The Christology of Acts," in *Studies in Luke-Acts*, ed. Leander E. Keck and J. Louis Martyn (Nashville: Abingdon, 1966), 159-85.

영"(God's Spirit)은 조금씩 다른 표현법으로 74번 등장하고(대부분은 "하나님의 영" [Spirit of God] 혹은 "주의 영" [Spirit of the Lord]), 시편 51:11과 이사야 63:10-11에서만 "성령"(the Holy Spirit)으로 나온다. 신약에서는 이 패턴이 반대로 나타난다. 사도행전 한 책에서만 "성령(Holy Spirit)"이라는 용어가 42번 등장한다(누가복음에서는 13번뿐이다). 하지만 신약 저자들 사이에 "영"(Spirit), "하나님의 영"(Spirit of God), "주의 영" 등의 구약에서 일반적으로 사용된 용어를 선호하는 이들과, "성령"을 선호하는 이들 가운데 뚜렷한 차이가 있다. 영어 NIV 성경에서 프뉴마(*πνεῦμα*)를 대문자 "Spirit"으로 번역한 횟수만 비교해도 그 차이점을 확연히 알 수 있다.[70] 요한서신과 요한계시록에서 "영"(Spirit)은 19번 나오지만, 한 번도 "성령"(Holy Spirit)이라는 표현은 사용되지 않았다. 요한복음에서는 18번 "영"이 나오지만 그 중 3번만 "성령"으로 나온다. 바울은 112번 "영"을 언급하지만 이 중 17번만 "성령"이라고 한다. 마태는 12번 중 5번, 베드로전후서는 6번 중 2번이다. 유다서는 2번 중 1번이다. 이들과 달리 마가복음의 경우 6번 "영"이 나오는데 이 중 4번이 "성령"이고, 히브리서는 7번 중 5번이다. 이에 반해 유독 한 저자만 "성령"을 다른 누구보다 자주 사용하며, 또한 다른 표현 대신 "성령"을 특별히 더 선호한다. 그 저자가 바로 누가로, 누가복음에서는 "영"이라는 단어가 16번 나오는데 데 이중 12번이 "성령"으로 쓰였고, 사도행전에서는 56번의 "영" 중 41번이 "성령"으로 나온다. 사도행전의 경우 주로 유대인 선교에 관한 1-12장과(40번 중 28번으로, 70 퍼센트), 이후 이방인 선교에 관한 13-28장 사이에도(16번 중 13번으로 81 퍼센트) 약간의 빈도 차이가 있다.[71]

---

70 NIV 성경은, 프뉴마(*πνεῦμα*)가 인간 영혼 이외의 의미로 쓰였을 가능성이 있다면 다른 번역본들보다 더 의도적으로 이 단어를 영(Spirit)으로 번역했다. 이는 NIV 성경번역위원회에서 수년간 작업한 골든 D. 피(Goldon D. Fee)와, 인류학적으로 *πνεύμα*가 모호한 의미로 사용된 경우가 거의 없다는 점을 발견한 그의 연구 덕분이다. 그의 중요한 연구는 다음을 보라. *God's Empowering Presence: The Holy Spirit in the Letters of Paul* (Peabody, Mass.: Hendrickson, 1994), 15-36.

71 신약성경 저자들이 성령을 다양하게 언급한 것에 대해서는, Anthony C. Thiselton, *The Holy Spirit: In Biblical Teaching, through the Centuries, and Today* (Grand Rapids:

이를 근거로 사도행전 1-12장에서 누가가 "성령"이라는 표현을 사용하지 않는 경우가 초대교회 전통을 유지해서 역사적인 개연성을 가지고 있는 구절이라 볼 수 있다. 더 나아가 누가가 당시 자료를 참고해 사도행전을 기록했다는 사실을 받아들이면, "성령"이 아닌 다른 용어를 사용한 곳이 좀 더 전통적이고, 심지어 더 역사성을 가진 것이라 볼 수 있다.[72] 물론, "영"이, "성령" 바로 뒤에 나오는 몇 몇의 경우 "성령" 용어를 반복하지 않기 위해 누가가 사용하는 축약 표현일 수도 있다(행 2:4b, 8:18). 그렇지만 여전히 누가가 뚜렷한 이유 없이 "성령"이 아닌 다른 대체 용어를 사용하는 10개의 구절이 있다. 사도행전 2:17과 18절의 경우, 베드로가 요엘을 인용했기에 그렇게 했다고 볼 수 있다. 하지만 5:9에서 베드로는 삽비라에게 물어 볼 때, "너희가 어찌 함께 꾀하여 주의 영을 시험하려 하느냐"라고 묻는다. 6:3에서 사도들은 헬라파 유대인 신자들에게 "영과 지혜가 충만한"(개역개정 성경은 "성령"으로 번역하였지만, 헬라어 원문은 "영"[πνεῦμα]으로 되어 있다. 아래의 구절들 역시 마찬가지다.-옮긴이) 사람을 선택해 구제에 빠진 과부들을 도울 수 있게 하라고 한다. 6:10에서, 이 중 첫 번째 집사인 스데반은 "영"이 그에게 준 지혜가 있기에 다른 사람들이 그를 당해낼 수 없었다. 8:29에서 "영"이 빌립에게 수레에 탄 에디오피아의 내시를 만나라고 지시하고, 십 절이 지난 지점에서 다시 "주의 영"이 빌립을 잡아 이끌고 간다(39절). 10:19에서 "영"이 시몬 베드로에게 고넬료의 집에서 온 세 명이 그를 찾고 있다고 말해주며, 베드로는 11:12에서 "영"이 그에게 이들과 함께 가는 것을 주저하지 말라고 지시했다고 예루

Eerdmans, 2013), 33-159을 보라.

72 문학비평과 서사비평이 주를 이루고 있는 이때에 자료비평은 유행에서 벗어난 영역이다. 특히 비교 자료가 있는 복음서와는 달리 사도행전에 관해서는 말할 수 있는 것이 거의 없을 것이다. 그러나 누가가 자신의 복음서에서 자료를 보수적으로 사용한 것처럼 사도행전에서도 그렇게 했을 가능성은 여전히 크다. 다음 연구를 보라. Joseph A. Fitzmyer, *The Acts of the Apostles* (New York: Doubleday, 1997), 80-90; 참조. Jacques Dupont, *The Sources of the Acts* (New York: Herder & Herder, 1964).

살렘 교회에 보고한다.[73] 마지막으로 11:28에서 "영"이 아가보라는 초대교회 선지자를 통해 큰 흉년이 들 것을 예언하고 있다.

하지만 사도행전 13-28장의 경우 세 구절에서만 누가는 "성령" 외의 다른 용어를 사용한다. 첫째는 이전 장에서는 등장하지 않았던 "예수의 영"(16:7)으로 이것은 전통적인 표현이 아니다. 둘째는 20:22로 바울이 밀레도에서 에베소 장로들에게 "영"이 그를 예루살렘으로 가도록 강권하고 있다는 부분이다. 마지막은 21:4로 두로에 있는 제자들이 바울이 세운 계획과는 상반되게 그에게 예루살렘으로 가지 말 것을 "영에 감동되어" 간청하는 장면이다. 사실 헬라어로 이 표현은 11:28의 "영으로"와 동일한 단어로, 비록 잘못된 인간의 해석이 끼어들었다 해도, 초기 기독교에서 예언 사건을 가리키는 누가의 방식일 수 있다. 이 셋 중 눈여겨 볼 구절은 20:22이지만 이 역시 바로 다음 구절에서 "성령"이 나오기에, 이 두 문맥 사이에 중요한 차이점은 없다고 볼 수 있다. 이처럼 사도행전 1-12에서 "성령"이 사용되지 않는 여덟 구절과, 사도행전의 나머지 내러티브를 대조해 살펴보면 이 구절들이 누가가 임의로 변경하지 않은 전통적 자료에 기반하고 있음을 확인할 수 있다.

인상적인 것은 이 구절들이 포함된 에피소드의 길이가 상당히 길다는 점이다. 오순절 사건(다른 구절에서 누가가 구약을 자유롭게 인용했음을 감안할 때, 충분히 "성[Holy]"을 "영"[Spirit] 앞에 덧붙일 수 있었던 구절이다), 아나니아와 삽비라의 심판, 첫 번째 "집사"의 선택, 스데반의 사역, 빌립의 사역, 고넬료 집에 찾아간 베드로의 선교와 예루살렘 교회에 그 사역을 보고한 일, 그리고 아가보의 예언이 여기에 포함된다. 이렇게 분량이 긴 에피소드에 초대교회의 전통을 담고 있는 구절들이 포함되었다는 사실은, 성령이 그들에게 능력을 허락했기에 가능했던 다수의 여러 다양한 사역이 있었음을 보여준다.

---

73 비록 10:38, 44, 45, 47에서는 좀 더 누가적인 표현인 "성령"을 사용하지만, 사도행전에서 유대교의 영향 아래에 있는 곳에서만 일어났고 "영"의 가시적인 증거인, 방언을 말하는 현상은 이 구절이 전통적이고 심지어 가장 역사성이 있는 구절이라고 볼 수 있다. Philip F. Esler, "Glossolalia and the Admission of Gentiles into the Early Christian Community," *Biblical Theology Bulletin* 22 (1992): 136-42.

비록 주의 깊게 살펴 본 본문은 몇 개 되지 않지만, 우리는 지금까지의 논의에서 첫 성령의 은사를 경험한 사건(특별히 방언을 한 것), 교회 안에 남을 속이고 불순종한 자를 판단할 권위와 능력, 다른 인종 그룹의 대표자를 세워 그들에게 리더십을 위임하는 선택, 그들을 향한 반대와 적대적인 말을 견딜 수 있는 힘, 복음 전도를 위해 특정한 사람과 장소로 가라는 부르심, 전통적 장벽을 넘어 의례적으로(ritually) 부정하다고 여겨왔던 사람들에게 다가가라는 격려, 그리고 마지막으로 미래를 예언하는 행위를 통해 나타난 초대 기독교의 성령론을 볼 수 있다.[74] 그들이 성령을 단순한 능력이 아닌 인격으로, 특별히 신성한 인격으로 재빨리 말하기 시작했다는 점은 놀라운 일이 아니다(참조 5:4, 9). 이처럼 이후 시기에 더 발달 될 삼위일체 사상의 씨앗은 대단히 이른 시기에 심어졌다고 볼 수 있다.[75] 또한 신자들 가운데 성령 사역이 새로운 형태로 나타났다는 사실은, 지금 새시대가 도래했음을 더욱 명확히 보여준다.

종말론

누가복음의 편집비평 선구자인 한스 콘첼만(Hans Conzelmann)은 그의 논문에서 누가는 그리스도의 재림의 때를 상당히 늦은 시점으로 보았다고 주장한다.[76] 이 주장이 많은 사람들에게 받아들여지면서, 사도행전 전반부를

---

74 참고. Bock, *Theology of Luke and Acts*, 219-23;

75 던은 (Dunn, *Beginning from Jerusalem*, 221-22) 마지막 때 성령(Spirit)을 부어주시는 이는 하나님이 아니라 그리스도라는 놀라운 주장을 한다 (2:33). 성령은 이미 하나님과 깊게 연합되어 있기에, 예수가 성령을 부어 주실 수 있는 이유는, 기존의 유대 신학이 말하는 것보다 더 예수가 하나님과 가깝게 연합되어 있기 때문이다. 참조. 이 과정에서 사도들의 성령 체험이 형성적 역할(formative role)을 했다는 연구로 Schnelle, *Theology of the New Testament*, 169-70.

76 Hans Conzelmann, *The Theology of Saint Luke* (New York: Harper & Row, 1960; London: Faber & Faber, 1961), 95-136.

읽은 독자들은 무엇이 전통이고 무엇이 편집인지 쉽게 잘못된 판단을 해왔다. 누가 신학을 다루는 장을 위해 많은 내용은 남겨 둘 것이지만, 여기서 한 가지는 짚고자 한다. 아주 초창기부터 예수와 사도들은 재림이(Parousia) 올 때까지 상당한 기간이 흘러야 한다는 것을 예상하고 있는 모습으로 묘사 된다. 이에 반해, 후반부를 포함한 사도행전 전체에서는 임박한 그리스도의 재림 가능성에 대한 희망이 곳곳에 남아 있는 걸 볼 수 있다(17:30-31; 24:15; 28:23과 31절에서 "왕국"을 설교한 것 참조).[77]

사도행전에서 예수가 부활 후 제자들에게 나타나 열한 명의 제자에게 처음 한 말은 사역을 당장 시작하지 말고 성령의 새로운 능력을 기다리라는 지시이다(1:5). 제자들은 그 의미가 이스라엘 나라가 온전히 회복되는 것이냐 묻지만, 예수는 아무도 마지막 때를 알지 못한다고 다시 한 번 확인시킨다(7절). 하지만 예수는 제자들이 예루살렘에서 출발해 땅 끝까지 자신이 전한 메시지를 선포하며 증거하게 될 것이라 약속한다. 제자들 중 누구도 이 일이 성취 되기까지 몇 천 년이 더 걸릴 것이라 상상하지 않았겠지만, 그렇다고 하룻밤 만에 혹은 몇 년 안에 일어날 것이라고도 기대하지 않았다.[78] 천사가 승천에 대해 설명한 내용이 바로 이 시간 간격을 잘 보여준다: "그리스도가 가신 그대로 다시 올 것을 볼 때까지"라고 하였기에 제자들은 아직 마지막이 오지 않았음을 알았고, 그렇기에 계속 수행해야 할 명령도 있음을 잊지 않았다(11절).

몇 몇 선교학자들은 오순절에 성령이 임한 후 제자들이 바로 움직이지 않은 것을 비판하면서, 그들이 두려움 가운데 있었거나 불순종 했다고 한

---

77 John T. Carroll, *Response to the End of History: Eschatology and Situation in Luke-Acts* (Atlanta: Scholars, 1988). 참조. Nolland, "Salvation-History and Eschatology," in Marand Peterson, *Witness to the Gospel*, 63-81.

78 참조. Bock, *Theology of Luke and Acts*, 389-95. In addition, the ends of the earth canrefer to Rome, as some have proposed, but must extend all the way to Spain. E. Earle Ellis, "'The End of the Earth' (Acts 1:8)," *Bulletin for Biblical Research* 1 (1991): 123-32.

다.[79] 사도행전 이야기를 면밀히 살펴보면 이런 견해는 옳지 않다. 베드로는 오순절 설교 절정에서 죄사함과 성령의 은사가 그의 청중들과 그들의 자녀들 그리고 "먼 데 사람 곧 주 하나님이 부르시는 자들"(2:39)을 위한 것이라 한다. 즉 베드로는 적어도 한 세대 정도를 생각하고 있는 것 같으며, 그 기간 동안 세상 사람들이 복음을 듣고 응답할 것이라 보고 있다.[80] 예루살렘에 제자들이 머물렀던 또 다른 이유는, 따라가는 제자에서 이끄는 지도자로 그들이 세워져야 했기 때문이다. 이런 변화는 단기간에는 불가능하며, 반드시 학습 곡선의(learning curve) 과정을 통과하는 시간이 필요하다.[81]

1:8에서 예수의 지침이 담겨 있는 약속에는 제자들이 예루살렘부터 사역을 시작하도록 하기에 그들이 한동안 예루살렘에 머물렀다는 것에 놀랄 필요는 없다.[82] 예루살렘에서 행한 베드로의 두 번째 설교에서도 그가 예수가 다시 오실 때 까지는 상당한 시간을 기다려야 한다는 것을 알고 있었다는 사실을 다시 보여준다. 많은 이들이 회개 한 후, "새롭게 되는 날이 주 앞으로부터 이를 것"(3:19)이고 주님께서 메시아를 보내 주실 것이다. 그동안 "하나님이 만물을 회복하실 때"(20절) 까지 메시아는 천국에 머무르며, 그의 백성과 창조물에게 한 모든 약속을 성취하실 것이다.[83] 막 태동한 예수 운동

79 이런 견해와 반박에 대해서는, Schnabel, *Early Christian Mission*, 1:520-27을 보라.

80 물론 이보다 더 길게 보았을 수도 있다. 라킨은(Larkin, *Acts*, 59) 베드로는 "전우주적 범위의 구원 제의(salvation offer)를 선포한다. 그는 시간과 공간, 세대와 문화를 넘나들며 손을 뻗는다"라고 하였다. 마찬가지로 스토트도 (Stott, *The Spirit, the Church and the World*, 78) "이어지는 다음 세대"라고 말한다

81 Nelson P. Estrada, *From Followers to Leaders: The Apostles in the Ritual of Status Transformation in Acts 1-2* (New York: T&T Clark, 2004).

82 풀러(Fuller)는 유배와 회복의 패턴이 깨졌기에 열두 사도는 이스라엘에 머물 수밖에 없었다고 생각한다. 그러므로 이 시점에서 세계의 다른 지역을 향한 선교는 예수를 따르는 나머지 사람들에게 맡겨졌다. Michael E. Fuller, *Israel's Regathering and the Fate of the (Nations in Early Jewish Literature and Luke-Acts*, (Berlin: de Gruyter, 2006, 272-73).

83 이 시대와, 그리스도의 초림에서 시작해 그분의 재림에서 절정에 이르는 메시아 시대에 관해 자세하게 논의 된 것은 다음을 참고하라. Göran Lennartsson, *Refreshng and Restoration: Two Eschatological Motifs in Acts 3:19 and 21* (Lund: Lund University Centre for Theology and Religious Studies, 2007).

에 부분적으로 동조했던 가말리엘조차도 산헤드린을 향해 인내할 것을 촉구한다. 이것이 하나님으로부터 왔는지 그렇지 않은지는 시간이 흐르면 밝혀질 것이기 때문이다(5:38-39). 하나님으로부터 오지 않은 운동은 모두 다 사라졌다는 가말리엘의 주장은 타당하지 않다. 하지만 그의 추론이 보여주는 건, 교회 밖에 사람이 당시 일어나고 있던 일을 단순히 세상의 종말을 예고하는 영적 현상의 분출이 아니라, 한동안 지속될 수 있는 새로운 운동으로 해석하고 있다는 사실이다.[84]

물론 많은 초대교회 성도들이 예루살렘을 떠날 수밖에 없었던 것은 스데반이 돌에 맞아 순교한 사건부터 시작된 박해 때문이다.[85] 그러나 좀 더 살기에 안전하고 일할 수 있는 곳을 찾아 떠날 때 그들은 복음을 가지고 갔다(8:1, 4). 그리고 그 열매는, 그들을 박해하는 일에 깊이 관여했던 유대교 지도자 다소 사람 바울이 그들의 새로운 동료가 된 것이다(8:1-3, 9:1-2). 예수는 다메섹 도상에서 사울에게 나타난 후, 그가 시리아의 수도에서 만나게 될 아나니아에게도 연이어 나타나 말씀 하신다; "내 이름을 위하여 얼마나 고난을 받아야 할 것을 그에게 보이리라(9:16)." 바울이 이후에 기록한 것처럼

84 더 일반적인 견해로 참고할 만한 자료는, Michael A. Salmeier, *Restoring the Kingdom: The Role of God as the "Ordainer of Times and Seasons" in the Acts of the Apostles* (Eugene, Ore.: Pickwick, 2011)가 있다.

85 예루살렘에 열두 사도만 남아 있다는 것은 비현실적이기에, 정확히 누가 떠났는지에 대한 논쟁이 뜨겁다(8:1). 제유법(synecdoche)을 사용해, 헬라파 유대 그리스도인들보다 더 보수적인 신학을 가지고 있었던 사람들을 표현하는 것인가? 지난 세대에 이 관점을 옹호한 가장 잘 알려진 이는 헹겔(Hengel)이다. Martin Hengel, *Between Jesus and Paul: Studies in the Earliest History of Christianity* [London: SCM; Philadelphia: Fortress, 1983; repr., Waco, Tex.: Baylor University Press, 2013]. 크랙 힐(Craig Hill)은 단지 언어적 차이가 있다고 하며 그의 의견에 반대했다. Craig C. Hill (*Hellenists and Hebrews: Reappraising Division within the Earliest Church* [Minneapolis: Fortress, 1992]). 스티브 월튼(Steve Walton)이 이 두 의견을 중재하며 더 설득력 있는 입장을 제시하였다. Steve Walton, "How Mighty a Minority Were the Hellenists?" in *Earliest Christian History: History, Literature, and Theology-Essays from the Tyndale Fellowship in Honor of Martin Hengel*, ed. Michael F. Bird and Jason Maston (Tübingen: Mohr Siebeck, 2012), 305-27. 참고. David W. Pao, "Waiters or Preachers: Acts 6:1-7 and the Lukan Table Fellowship Motif," *Journal of Biblical Literature* 130 (2011): 127-44.

(특히 고후 11:23b-33), 여기서 그가 받을 박해 목록이 열거되진 않지만, 이 구절은 당장이 아닌 얼마간의 시간이 흐를 것이라는 점을 암시한다. 특별히 바울의 고난은 "이방인과 임금들 그리고 이스라엘 자손들에게"(행 9:15) 예수의 이름을 전하는 그의 사명과 연관되어 있다. 그러한 과업은 적어도 사울의 전 생애를 통해 이루어야 할 일이다.[86] 10장부터 12장은 비록 바울과 같은 범위는 아니더라도 다른 교회 지도자들 역시 동일한 임무를 맡기 시작한 것을 보여준다. 그러나 지연된 기간에 대한 강조는 사도행전의 나머지 부분에서 교회가 그 임무에 실제로 참여하게 되면서 사라지기 때문에, 이 부분을 단순히 누가가 전혀 일어나지도 않은 일을 가지고 좀 더 사실에 가깝게 덧칠한 이야기라고 생각하는 것은 옳지 않다. 어떠한 경우든, 오순절에(2:17) 마지막 날이 시작되었고 그리스도가 재림하기 전 하나님이 인류를 돌보시는 마지막 시대가 예고되고 있다.

구원론

예수의 죽음과 부활, 승천, 오순절 성령을 보내심을 기점으로 새로운 시대가 도래 했고, 예수의 제자들은 예수 재림 전까지 시간을 더 많은 제자들을 불러 모으는 것으로 사용한다면, 그의 운동에 참여한다는 것은 과연 어떤 의미일까? 베드로의 오순절 설교는 이에 대해 선포의 절정 부분인 첫 성경 인용구에서 언급한다, "누구든지 주의 이름을 부르는 자는 구원을 받으리라(행 2:21, 욜 2:32 인용). 설교 후 군중들이 "우리가 어떻게 해야 하는가"라고 물을 때 베드로는 이 점을 명확히 밝힌다(37절). 그는 사람들에게 "회개하여 각각 예수 그리스도의 이름으로 세례를 받고 죄 사함을 받으라. 그리하

86 로마서 15:19, 28에서 바울이 예루살렘부터 일리루곤(로마 제국의 동쪽 절반)까지 다니며 복음을 전파했고, 로마에 간 후 스페인(로마의 서쪽 절반)까지 가기를 바랐다는 점에 비춰 볼 때, 그가 꽤 오랜 시간을 들여 자신이 완수해야 할 사역이 있음을 알고 있었다고 할 수 있다.

면 성령의 선물을 받으리라"고 답한다(38절). 이 구절은 예수 메시지의 핵심인 마가복음 1:15과의 연속성을 보이는데, 모두 회개를 촉구하고 있다. 세례 요한 메시지와 연결성도 보이는데, 요한은 내적 변화의 외적인 표시로 세례를 강조했다. 하지만 이 구절에만 있는 새로운 표현은 "예수 그리스도의 이름으로"이다.[87] 그리고 이전 메시지와는 달리, "죄사함"과 "성령의 선물"을 약속한다. 이 모든 구절들의 연결점이 강조하는 것은 지금 현시점에서 세례가 갖는 의미이다.[88]

그러나 사실 사도행전 2:38의 문법적 사항을 이해하기 위해 많은 연구들이 행해졌다. 베드로는 세례가 구원의 조건이라고 말하고 있는가?[89] 이것은 15:11에서 "주 예수의 은혜로 우리가 구원 받는다"는 그의 확고한 증언과는 모순된다. 사도행전의 바로 다음 베드로의 설교에서 그는 회개를 촉구하는 비슷한 말씀을 전하며, "너희 죄 없이 함을 받으라"(3:19) 라고 하지만 세례에 관해서는 아무런 언급도 하지 않는다. 많은 이들이 본문의 에이스 마페신 하말티온(*eis aphēsin hamartiōn* [죄 사함을 위해. for the forgiveness of sins])에서 전치사 에이스(*eis*)를 "목적"의 뜻이 아닌(for the purpose) 다른 의미로 해석하려는 시도를 하였지만, 이것은 전치사의 부사적 용법 중 가장 일반적인 의미이다.[90] 여기에는 짧은 교차 대구법을 사용했을 가능성이 훨씬 더 높다: (A)

---

87 이 부분에 관해서는, Hurtado, *Lord Jesus Christ*, 197-206를 보라. 축귀 사역에 대한 부분은 Graham H. Twelftree, *In the Name of Jesus: Exorcism among Early Christians* (Grand Rapids: Baker, 2007) 참고하라.

88 Strecker, *Theology of the New Testament*, 287.

89 Fitzmyer, *Acts of the Apostles*, 265-66. 현재까지 이 주제로 가장 깊은 연구가 된 것은, Everett Ferguson, *Baptism in the Early Church: History, Theology, and Liturgy in the First Five Centuries* [Grand Rapids: Eerdmans, 2009]이다. 그는 세례가 중생을 긍정하는 것의 문제점 앞에서 멈추었다.

90 Murray J. Harris 는 이 문맥에서 *εἰς* 를 "~을 하기 위해, 위해서"(with a view to, for), "결과 적으로"(resulting in) "~에 대해"(on/upon), 그리고 "~에 관하여"(with regard to)로 해석이 가능하다고 본다. 그는 이 중 "비록 세례는 용서와 성령을 받기 위한 전제 조건은 아니지만, 회개와 신앙이 있을 때 자연스럽게 행해지는 것이다"라고 설명하면서 "~에 대해"로 번역한다. Murray J. Harris (Prepositions and Theology in the Greek New Testament [Grand Rapids: Zondervan, 2012], 227)

회개 (B) 세례를 받고 (B′) 예수 그리스도의 이름으로 (A′) 죄 사함을 받으라.[91] 초대교회에서 세례는 자주 예수의 이름으로 베풀어졌다(참조. 8:16, 10:48, 19:5; 고전 1:13 - 누구도 바울의 이름으로 세례 받지 않은 것을 강조하고 있다). 다른 많은 사역도 예수의 이름으로 또는 예수의 이름을 위해 행해졌다: 치유(3:6, 16)[92] 축귀(16:18; 참조 19:13), 대담한 설교(9:28; 참조 4:18, 5:40), 심지어 죽음을 각오하는 것(21:13). 바울은 그의 서신에서 예수의 이름으로 고린도인들(고전 1:10)과 데살로니가인에게(살후 3:6) 명령하고, 예수의 이름으로 에베소 성도들에게 감사하라고 말하며(엡 5:20), 언젠가 예수 이름 앞에 모든 것들이 무릎을 꿇을 것이라고 예언도 하고(빌 2:10), 골로새인들에게는 모든 일을 다 주 예수의 이름으로 하라 권한다(골 3:17). 결국 예수의 이름이 합당하게 영광 받을 것이다(살후 1:12). 요한은 심지어 예수의 이름을 믿는 것(belief *in* Jesus' name)을 말할 때 전치사 에이스(*eis*)를 사용한다(요 1:12, 2:23, 5:13).[93] 하지만 예수의 이름으로 회개 하였다는 구절은 없다. 이 표현에 문제가 있다는 것이 아닌, 말 그대로 성경에 이런 표현이 없다. 그렇다면 사도행전 2:38의 의미를 회개는 죄의 용서(그리고 동시에 성령을 받는)와 함께 가고, 세례는 예수 이름으로 행해야 한다는 것으로 이해할 수 있다. 그렇다면 세례가 구원의 필수 조건이 될 수 없다.

회개는 사도행전 3:26에서 명시적이 아닌 그것의 정의(definition)를 서술하는 방식으로 재등장한다: "너희로 하여금 돌이켜 각각 그 악함을 버리게 하셨느니라." 구약과 마찬가지로 복음서에서도 회개는 마음의 변화 그 이상이다. 회개는 행동과 태도의 변화이다. 5:31에서 회개는 2:38에서처럼 죄 사

91 Luther McIntyre, "Baptism and Forgiveness in Acts 2:38," *Bibliotheca Sacra* 153 (1996): 53-62. 복수형 "회개하다"에서 "세례를 받다" 단수형으로 바뀐 것은 두 동사가 다르게 취급되고 있다는 생각을 더욱 뒷받침한다.

92 Larry P. Hogan (*Healing in the Second Tempel* [sic] *Period* [Freiburg, Switzerland: Universitätsverlag; Göttingen: Vandenhoeck & Ruprecht, 1992], 255). 여기서 호간(Hogan)은 이 형식과 고대 주술의 차이점을 잘 설명하고 있다.

93 해리스(Harris)는 전치사 *εἰς*와 *ἐν* 의 차이점을 자세히 설명하면서, 동시에 비슷한 의미도 함께 살펴본다. *εἰς*가 "믿음"과 함께 쓰였을 때는 대부분 "사람에 대한 자신의 헌신"을 뜻한다. Harris, *Prepositions and Theology in the Greek New Testament*, 234-37.

함과 명시적으로 연결되어 있다. 또한 성령이 "하나님께 순종하는 자"(32절)에게 주어진다는 것을 두 번째로 보게 된다.[94] 일반 사람들은 유대 지도자들이 적어도 율법은 지키고 있을 거라고 생각했지만, 사실은 그렇지 않았다(7:53). 8:37은 전심을 다해 예수를 하나님의 아들로 믿는 믿음을 구원과 연결시키는데, 이러한 구원이 세례까지 이어진다. 하지만 이 구절은 신뢰할 만한 초기 사본을 포함해서 대부분의 고대 사본에 없는 본문이고, 이 이야기 어디에도 내시가 명시적으로 신앙을 고백하지 않았기 때문에 아마 사본 필사자들이 추가 했을 가능성이 높다.[95] 그러나 10:43의 경우 사본상의 불확실함이 없다; "그를(예수) 믿는 사람들이 다 그의 이름을 힘입어 죄 사함을 받는다 하였느니라." 베드로가 이 사건에 대해 예루살렘 교회로 돌아와 보고 했을 때 성도들은 "그러면 하나님께서 이방인에게도 생명 얻는 회개를 주셨도다 하니라"(11:18)라고 답한다. 그들의 믿음이 회개로 재해석되고 있는 것이다.[96]

앞으로 보겠지만, 이 모든 과정을 묘사하기 위해 누가가 자주 사용하는 독특한 용어는(구원자 예수를 통한) "구원"이다. 이 오래된 용어는, 요한과 예수 메시지 사이에도 평행을 이루고 있기에, 누가가 발명한 것이 아닌 초대 교회 삶 속에 깊숙이 박혀 있었다고 보아야 한다. 신약성경의 다른 저자들, 특히 바울의 경우, 다양한 구원론적 용어를 더 지배적이고 구별지어 사용하기에, "구원"이란 단어는 다른 신약성경에서 드물게 나타난다. 누가는 바울이 아테네인들을 향해 "하나님이 이제 모든 사람에게 회개하라 명하셨다"(행 17:30)는 것과, 바울이 그의 사역을 설명하면서 유대인과 이방인들에게 회개

---

94 피터슨(Peterson)은 "이들은 예수에 대해 증거하는 사도들의 설교에 귀를 기울이고, 그 설교의 결과로 세워진 믿음의 공동체 안에서 성령의 증거에 응답할 필요가 있었다"고 말한다. Peterson, *Acts of the Apostles*, 222-23.

95 "만약 원문에 있었다면 필사자들이 이 자료를 생략할 이유가 없다." Parsons and Culy, *Acts*, 167. 전체 논의는 Barrett, *Critical and Exegetical Commentary on the Acts of the Apostles*, 1:433.에서 확인할 수 있다.

96 따라서 2:38과 5:31에서 이방인들의 경험을 유대인들의 것과 결부해서 기록한다. 참고. Schnabel, *Acts*, 512.

의 메시지를 전한 것을(행 26:20) 자세히 기록한다. 하지만 "회개하다"가 직접 또는 간접 명령형으로는 신약 서신서 전체 어디에도 나타나지 않으며, 단지 후에 요한계시록에서만 등장한다(11번).[97] 그러나 그 형태가 무엇이든, 유대인들을 향해 회개를 촉구하는 메시지가 선포되었다는 사실은, 세례 요한과 예수가 말했던 이스라엘의 마음이 하나님께 돌아오는 그 시대가 이제 도래했음을 보여준다.

신적 주권과 인간의 책임

몇몇 학자들은 하나님의 주권과 인간의 자유라는 주제가 주로 누가복음의 편집에서 기인했다고 주장한다.[98] 하지만, 사도행전 전반부인 1-12장이, 누가복음과 사도행전 후반부와는 다른 독특한 방식으로 이 주제를 다루고 있다는 사실은 흥미로운 관점을 제시한다. 즉, 초대교회가 이전에는 할 수 없었던 일들을 이루기 위해 그들 가운데 성령의 강력한 역사가 있어야 함을 인식했지만, 동시에 자신들은 아무것도 하지 않고 그저 하나님이 일하시기를 수동적으로 기다리기 보다는 스스로 동기를 부여하며 제자의 신분으로 주

97 "바울과 요한 모두 믿음을 강조하면서 회심의 개념을 전한다." Moisés Silva, *New International Dictionary of New Testament Theology and Exegesis*, rev. ed., 5 vols. (Grand Rapids: Zondervan, 2014), 3:292.

98 John T. Squires, *The Plan of God in Luke-Acts* (Cambridge: Cam- bridge University Press, 1993). 사도행전 안의 이 주제에 대해서는, Mark Reasoner, "The Theme of Acts: Institutional History or Divine Necessity in History?" *Journal of Biblical Literature* 118 (1999): 635-59. 참고, François Bovon, *Luke the Theologian: Fifty-Five Years of Research (1950-2005)*, 2nd rev. ed. (Waco, Tex.: Baylor University Press, 2006), 85: "누가의 독창성은 신자의 책임을 강조하는 것인데, 이 책임은 하나님의 역사하심을 통해 실행되었고, 케리그마를 통해 증명되었으며, 내러티브 안에서 확증 되었다." 그러나 보본(Bovon)은 이것은 복음서의 속편으로 사도행전을 설명하는 것이라고 하면서, 이 모티브는 누가복음보다 사도행전에서 더 중요하게 다뤄지고 있다고 한다.

도권을 가지고 행동하였다는 점이다.[99] 이것의 첫 번째 예는 성령의 부어주심을 기다리면서 유다의 뒤를 이을 사람을 선택한 것이다. 자격을 갖추었을 120여명이 모여 있는 곳에서 맛디아와 바사바라 유스도를 뽑았다(행 1:23). 이후 이들은 제비를 뽑을 때 기도하며 하나님의 인도하심을 구하였고, 맛디아가 선택되었다(24-26절). 제비를 뽑는 방법은 구약에 선례가 있지만, 신약의 다른 곳에서 이렇게 한 적은 없다. 오순절 이후 성령이 그들 가운데 항상 거한다는 사실이 의사 결정을 위한 더 나은 기반이 되었을 것이다. 그러므로 누가가 기록한 것과 같은 일이 실제로 일어나지 않았고, 초기 기독교인이 맛디아를 선택한 이야기를 지어 냈다고 상상하는 것은 합당하지 않다.[100]

다음 예는 2:23에 나온다. 베드로는 예수가 "하나님께서 정하신 뜻과 미리 아신 대로" 예루살렘 사람들에게 "내준 바" 되었다고 하는데, 특히 유대인들이 "악한 이들"의 선동을 받아 "예수를 십자가에 못 박아 죽였다"라고 한다. 물론 하나님의 역사로 마지막은 예수가 부활하여 그의 구속 사역을 확증하지만, 그렇다고 유대인들의 책임이 감소되는 것은 아니다.[101] 이 두 경우를 통해 알 수 있는 건, 초대 교회는 하나님의 주권에 의해 시작되었고 이후 성도들은 그들의 책무를 다하면서 자유롭게 행하였다는 점이다. 이와 달리 인간이 자유롭게 선택하여 그들의 책임을 다한 것을 하나님의 역사

99 참조. Johan Ferreira, "The Plan of God and Preaching in Acts," *Evangelical Quarterly* 71 (1999): 209-15. 홀리 비어스(Holly Beers)는 이사야서에서 메시아와 이스라엘 둘 모두 종으로 나오는 것처럼 누가-행전도 예수를 따르는 자들을 집합적으로 예수 자신의 역할에서 파생된 종으로 본다고 주장한다. 사도행전에서 예수를 종으로 보는 다섯 구절이 모두 전반부 장에 있다는 점을 감안할 때, 우리는 이것을 단순히 편집 과정의 덧씌우기가 아닌 역사적 전통이 있을 가능성이 더 높은 것으로 볼 수 있다. Holly Beers, *The Followers of Jesus as the 'Servant': Luke's Model from Isaiah for the Disciples in Luke-Acts* [London: Bloomsbury T&T Clark, 2015].

100 Dunn, *Beginning from Jerusalem*, 154. 이 구절에 대한 완전한 연구는, Arie Zwiep, *Judas and the Choice of Matthias: A Study in Context and Concern of Acts 1:15-26* (Tübingen: Mohr Siebeck, 2004)을 보라.

101 한편으로는 "유대인과 이방인들이 그들의 의지로 자유롭게 일치단결한 행동"이었고, 또 다른 면에서는 "하나님이 미리 아시고, 정하시고, 계획하신"것으로, 이런 구분은 불충분한 것이 아니다. Barrett, *Critical and Exegetical Commentary on the Acts of the Apostles*, 1:143.

하심이라고 한 경우도 있다. 베드로는 설교 후 사람들에게 회개하고 세례를 받으라고 외쳤고, 삼천 명이 그렇게 하였다. 하지만 누가는 "주께서 구원받는 사람을 날마다 더하게 하시니라(2:47)"라는 말로 이 결과를 요약한다. 마찬가지로 베드로가 성전 미문 옆에서 구걸하는 사람을 고쳤을 때(3:1-10), 그는 이후 모든 공로를 예수 그분께 돌리고 자신은 아무런 명성도 얻지 않으려 한다(11-16절).[102] 하지만 베드로가 그 사람에게 예수의 이름으로 일어나 걸으라고 명하지 않았더라도, 그 기적은 어차피 일어났을 거라는 암시는 어디에도 없다(참조. 4:8-20).

우리가 2:23에서 본 예정과 예지가 결합되어 있는 모습은 4:28에서도 반복된다.[103] 신자들은 더 담대히 하나님의 말씀을 전하고 기적을 행할 수 있는 능력을 얻기 위해 기도한다(29-30절). 그 즉시 "그들이 모인 곳이 진동하였고, 무리가 다 성령에 충만하여 담대히 하나님의 말씀을 전하였다." 하나님의 주권은 하나님의 백성들이 기도해야 하는 필요성을 조금도 줄어들게 하지 않지만, 그렇다고 그들 스스로 권능을 일으켰다고 인정하지도 않는다. 여전히 모든 것은 하나님이 행하신 것이다. 초대 교회가 물질적인 도움을 주고 받았던 본문에서(2:42-47, 4:32-35), "하나님은 예루살렘 공동체가 그 경험을 하는데 가장 중요한 역할을 하지만," 사람들은 반드시 하나님의 부름에 응답해야 했고, 그들은 "그레코 로만 세계의 다른 곳에서는 그려지고 있지 않은 독특한 우정"을 통해 실제로 그렇게 행하였다.[104]

아나니아와 삽비라가 죽음을 맞이한 사도행전에서의 첫 번째 심판 기적도 같은 패턴을 따른다. 그들이 사도들에게 한 거짓말은 사람이 아닌 하나님을 향한 것이었다(5:4, 9a).[105] 베드로는 아나니아가 죽을 것이라 말하지 않

---

102 Marshall, *Acts of the Apostles*, 90.

103 참고. Witherington, *Acts of the Apostles*, 202-3.

104 Douglas A. Hume, *The Early Christian Community: A Narrative Analysis of Acts 2:41-47* 그리고 *4:32-35* (Tübingen: Mohr Siebeck, 2011), 150; 참고. 151-53.

105 이것이 분명 이 본문의 핵심 주제이다. Robert F. O'Toole, "'You Did Not Lie to Us (Human Beings) but to God'(Acts 5,4c)," *Biblica* 76 (1998): 182-209.

았지만, 지금 거짓말을 하고 있는 상대가 누구인지를 설명하자마자 그는 그 자리에 쓰러져 사망한다(5절). 그녀 남편에게 벌어진 일을 목격했기에 베드로는 삽비라에게는 아나니아를 장사하고 오는 사람들이 그녀 역시 메어 갈 것이라고(9b) 말한다.[106] 하지만 베드로는 당시 지중해 세계에서 사람들에게 나쁜 일을 일으킬 수 있는 힘이 있다고 여겼던 저주나 주문을 내뱉지 않았다. 누가는 그의 독자들에게 사도들이 아닌 하나님이 직접 남을 속이는 이 부부를 심판하셨다는 것을 알리려 한다.[107] 반면 5:38-39절에서 가말리엘이 한 말은 하나님께 대항하는 자들이 얻게 될 원치 않는 결과에 대해서 암시하는데, 이것은 사람들이 그저 우주적 결정론 안에서 장기판의 말이 되는 것이 아니라 하나님의 뜻에 저항할 수도 있음을 시사한다.[108]

사도행전 10장에서 성령은 베드로의 설교가 다 끝마치기도 전에 성령이 역사하고 설교는 중단된다(44절). 베드로는 "예수를 믿는 사람들이 다 그의 이름을 힘입어 죄 사함을 받는다"는(43절) 메시지를 전하는데, 바로 그 순간 그 설교를 듣고 있던 청중들이 믿음을 갖는다.[109] 방언을 하고 하나님을 높이는 현상은(46절) 성령이 그들에게 임하였고, 유대인과 이방인 사이의 모든 장벽이 제거되었음을 보여준다.[110] 그러나 놀라운 점은 이 지점에서 그들의

---

106 데이브 맥케이브 (David R. McCabe)는 베드로의 두 선포를, 예루살렘에 있는 유대 지배층의 권위에 대항하여, 신적 심판을 수행하고 합법적 시도의 권위를 강화하는 수행적 발언 (performative utterances)으로 이해한다. David R. McCabe, *How to Kill Things with Words: Ananias and Sapphira under the Prophetic Speech-Act of Divine Judgment* (London: T&T Clark, 2011).

107 Schnabel, *Acts*, 285. 참고. F. Scott Spencer, "Scared to Death: The Rhetoric of Fear in the 'Tragedy' of Ananias and Sapphira," in Walton et al., *Reading Acts Today*, 67.

108 Kylie Crabbe, "Being Found Fighting against God: Luke's Gamaliel and Josephus on Human Responses to Divine Providence," *Zeitschrift für die neutestamentliche Wissenschaft* 106 (2015): 21-39.

109 James D. G. Dunn, *Baptism in the Holy Spirit: A Re-examination of the New Testa- ment Teaching on the Gift of the Spirit in Relation to Pentecostalism Today* (London: SCM; Philadelphia: Westminster, 1970), 79-82.

110 성령에 사로잡혀 방언을 했던 이방인의 존재는, "기존에 유대 기독교인들이 이방인들과 섞이는 것을 달가워하지 않았던 마음을 버리도록 할 수 있는, 아주 강력한 설득력이 되었을

믿음에 관해 아무런 언급이 없다는 점이다; 하나님의 주권적인 역사하심이 활동의 중심에 있다. 이후 베드로가 예루살렘에 돌아가 그 사건에 대해 보고할 때, 베드로가 이방인들과 어울리고 심지어 함께 식사를 한 것에 대해 불평했던 사람들은(11:3), 더 이상 어떤 이의도 제기하지 않는다. 오히려 하나님을 찬양하고, "그러면 하나님께서 이방인에게도 생명 얻는 회개를 주셨도다"라고 고백한다. 이들은 회개라는 인간의 반응이 있음을 알았지만, 하나님께서 그것을 부여해 주신 것으로 이해한다.[111]

마지막으로, 사도행전 12장에는 헤롯 아그립바 1세의 죽음에 대해 서로 상반되어 보이는 것처럼 보이는 두 가지 설명이 놀랍도록 병치되어 있다. 천사가 그를 친 것인가 아니면 벌레에게 먹힌 것인가?(23절) 의심할 여지없이 누가의 대답은 "둘 다"이고, 장 질환(요세푸스 역시 같은 증언을 한다 [*Ant.* 19.343-350])을 헤롯의 죽음을 초래한 초자연적 시간에 따른 자연적인 수단이라고 보았다. 이것은 신과 인간의 행위가 서로 각자의 역할을 해서 얻은 병치적 결과가 아닌 다른 생물체를 통한 천사의 행위인 것이다. 이처럼 우리가 살펴본 다른 구절에서와 같이 본문이 동시에 긍정하는 두 가지 차원 중 하나를 버리려는 시도는 초대교회가 가졌던 믿음을 완전히 이해했다고 볼 수 없다. 신약의 다른 곳에서 이와 유사하게 서로 짝을 이루는 행위들이 있지만, 사도행전 전반부인 1-12장에서 만큼 일반적이지는 않다.[112] 이것은 우리가 이 시기의 핵심적인 역사적 전통을 보유하고 있음을 다시 한 번 시사

것이다." Esler, "Glossolalia and the Admission of Gentiles into the Early Christian Community," 142.

111 "베드로의 주장을 반박하는 이들은 없었다. 그를 반대하는 자들은 침묵하였다. 하나님이 행하셨고, 그분의 뜻을 분명히 보여주셨다." Bruce, *Book of the Acts*, 223.

112 사람들에게 권능을 주고 그들을 인도하는 역할을 하는 "성령"이 사도행전에서 몇 번이나 등장하는지 빈도수를 확인하는 것 자체가 유용한 연구 도구는 아니라 해도, 사도행전 전반부와 후반부 사이에는 유의미한 차이를 보인다. "성령"이 사도행전 1-11장에 서른아홉 번 나오는 반면, 12-28장에는 16번 나오는데, 이는 한 장 당 3.54번에서 0.94번으로 빈도수가 줄어든 것이다. 이를 각 장당 구절 수로 본다면 1-11장에서는 10.61구절 당 "성령"이 한 번 언급 되는 반면, 12-28장에서는 37.06구절 당 한 번 꼴이다.

한다. 또한 하나님의 언약이 성취되는 시대가 도래했다는 의미는, 그저 그의 백성들은 아무것도 하지 않고 상황이 어떻게 전개되는 지를 마냥 지켜본다는 것도 아니다. 오히려 언약이 성취되었다는 하나님의 말씀은 신자들에게 예수님이 주신 사명을 실행해 가야하는 동기를 준다. 하나님이 주도권을 잡고 그들에게 능력을 주지 않았다면, 그들의 사역이 열매를 맺을 것이라는 아무런 희망도 없기 때문이다.[113]

가난한 이들을 돌보는 것에 초점을 맞춘 윤리

가난하고 빈곤한 그리스도인들을 돕기 위한 서로 다른 세 가지 모델이 사도행전 전반부 열두 장에 나타난다. 2:42은 초기 기독교의 전형적인 예배 형태가 어떠했는지 보여준다: 믿는 자들이 "사도의 가르침을 받아 서로 교제하고 떡을 떼며 오로지 기도하기를 힘쓰니라."[114] 성경과 사도적 전통에서 직간접적으로 파생된 설교, 성도들간의 친교, 최소한 떡과 잔을 나누는 성찬이 포함된 음식을 서로 나누는 것, 다양한 형태의 기도는, 여러 시대 안에서 교회를 특징짓는 것이 어떤 것이든 예배로 모인 신자 공동체의 핵심 요소이다. 여기서 흥미로운 것은 어떻게 "교제(*koinōnia*)"가 행해졌는가 하는 점이다.[115] 44-45절에서 "믿는 사람이 다 함께 있어 모든 물건을 서로 통용하고 또 재산과 소유를 팔아 각 사람의 필요를 따라 나눠주며"라고 되어 있다.

---

113 신약성경에서 선택은 항상 전도와 선교 활동의 방해물이 아닌 동기가 되었다. D. A. Carson, *Divine Sovereignty and Human Responsibility: Biblical Perspectives in Tension* (London: Marshall, Morgan & Scott, 1979; Atlanta: John Knox, 1981; Grand Rapids: Baker, 1994)

114 이에 대해서는, 특별히 Dunn, *Beginning from Jerusalem*, 189-202을 보라.

115 슈나벨(Schnabel)은 Zmijewski와 Pesch의 독일어 주석에서 내린 정의를 각각 다음과 같이 번역한다. 코이노니아(*κοινωνία*)는 "하나의 마음으로 합쳐진 생각과 '물질적 자원'을 나누는 것까지 확장 된 공동체의(사회적인!) 행동" 그리고 "예수가 열어주신 구원에 참여하는 것; 특별히 사랑(*agape*) 안에 계신 성령에 의해 구원된 죄인들이 서로 연결되어 있는 구원의 특정한 사회적 장소"를 표현한다. Schnabel (*Early Christian Mission*, 1:412).

자산을 정리했다는 것이 처음에는 너무 포괄적으로 들리지만 4:32에서 이것을 좀 더 구체적으로 이야기 한다: "믿는 무리가 한 마음과 한 뜻이 되어 모든 물건을 서로 통용하고 자기 재물을 조금이라도 자기 것이라 하는 이가 하나도 없더라." 이것은 최초의 기독교 공산주의도 아니고 강제력 있는 매각 명령이 있었던 것도 아니었다.[116] 5:4에서 베드로가 아나니아에게 말한 것처럼 그가 자신의 재산을 팔기 전에는 그의 것이고, 판 후에도 마찬가지다. 하지만 공동체 전체로 보았을 때, 그들 가운데 궁핍한 사람이 없었다(4:34a).[117] NIV는 두개의 현재분사 폴로운테스(*pōlountes*)와 피프라스코메논(*pipraskomenōn*)가 꾸미고 있는 미완료시제 에페론(*epheron*)의 반복적 용법의 느낌을 잘 살려 번역했다. "때때로 땅이나 집 있는 사람들은 그것을 팔아, 그 판 것의 돈을 사도들 발 앞에 두었고, 그것을 필요한 자들에게 나누어 주었다"(34b-35).[118]

성경에서 조금이라도 사회주의를 떠올리게 하는 해석에 불편을 느끼는 일부 주석가들은 이런 경제적 분배를 교회가 더 이상 투자할 자본을 남겨두지 않은 실패한 실험으로 취급하고, 40년대 후반 기근이 닥쳤을 때, 교회 성도들은 극심한 빈곤에 빠졌다고 주장한다.[119] 그러나 가난한 사람들을 돕는 모델은 아가보가 11:27-30에서 예언한 기근이 있기 오래 전에 있었고, 로마 세계에서 건전한 투자 시스템은 아직 제대로 갖춰져 있지 않았고(그나마 예루살렘에 있는 유대인에게는 더 적은 기회가 주어졌다),[120] 근 20년 후의 기근은 경제에

116 참고. Bruce, *Book of the Acts*, 74.

117 기난(Guinan)은 우리가 사용하는 "내 것은 당신 것"이라는 표현과 초대교회 성도들이 취했던 태도를 비교한다. Michael D. Guinan, *Gospel Poverty: Essays in Biblical Theology*, rev. ed. [New York: Paulist, 1977], 67.

118 Bock, *Acts*, 215.

119 참고. Everett F. Harrison, *Acts: The Expanding Church* (Grand Rapids: Zondervan, 1986), 98-99.

120 David A. Fiensy, *Christian Origins and the Ancient Economy* (Eugene, Ore.: Cascade, 2014), 145-206.

상관없이 고대 공동체의 거의 대부분을 궁핍에 빠뜨렸다.[121] 무엇보다 누가는 이 이야기를 하나님이 축복하신 좋은 모델로 서술한다.[122]

그렇다고 이 모델이 사도행전 1-12장 내에서 조차 처음 방식 그대로 유지되고 있는 것은 아니다. 6:1-6에서 히브리 유대 그리스도인이었던 사도들은 구제에서 배제당하고 있던 헬라파 유대 그리스도인 과부들을 돌보는 사역을 그들 민족 공동체 스스로가 뽑은 지도자들에게 위임한다.[123] 그 후, 안디옥 교회는 아가보의 예언을 듣고 특별 헌금을 모아 바울과 바나바를 통해 예루살렘에 전달한다(11:27-30). 이 경험은 고린도후서 8-9장에서 증언하고 있듯, 이방인 교회를 두루 다니며 구제헌금을 모으는 바울의 다년간의 노력을 촉발시켰다.[124] 어느 경우든, 빈곤에서 스스로 벗어날 수 없는 동료 그리스도인들을 향한 관심은 처한 상황과 배경에 따라 도움의 형태는 달라져도 계속해서 이어진다. 모든 구제 방법들이 다 긍정적인 모델로 그려지지만, 그렇다고 사도행전 안에서조차 절대적인 방법은 없다. 불변하는 것은 예수를 따르는 자들이 "너희 중에 가난한 자가 없으리라(신명기 15:4)"는 신명기의 기록을 진지하게 받아들이고 있다는 것이다. 신명기 15장은 그 땅에 가난한 자가 항상 있을 것이라고 언급하지만(11절), 그것은 일정 부분 하나님의 백성이 가난한 개인들을 도우라는 성경의 가르침에 충실히 순종하지 않았기 때문이다. 적어도 새 언약 시대가 시작될 무렵 짧은 기간 동안에, 예루살렘과 그 주변의 성도들이 보여주는 것은 그들 바로 가까이에 있는 빈곤이 근

---

121 Bruce W. Winter, "Secular and Christian Responses to Corinthian Famines," *Tyndale Bulletin* 40 (1989): esp. 88-94.

122 더 자세한 사항은, Steve Walton, "Primitive Communism in Acts? Does Acts Present the Community of Goods (2:44-45; 4:32-35) as Mistaken?" *Evangelical Quarterly* 80 (2008): 99-111.

123 일곱 명을 선택한 것이, 특별한 필요가 생겼을 때 임시 이사회나 위원회를 세웠던 유대인의 관례를 따랐다는 점은 흥미롭다. Marshall, *Acts of the Apostles*, 126.

124 이와 관련해서는, Verlyn Verbrugge and Keith R. Krell, *Paul and Money: A Biblical and Theological Analysis of the Apostle's Teachings and Practices* (Grand Rapids: Zondervan, 2015).

절될 수 있고 근절되어야 한다는 것이다.

이 과정에서 많은 사회 장벽들이 허물어진다.[125] 공동체가 함께 모여 식사를 한 것은 예수가 하신 식탁 교제의 연장선상에서 초대교회 신앙의 중심이 되었고, 이는 새로운 예수 운동의 가장 큰 매력 중 하나였을 것이다.[126] 이렇게 서로를 돌보는 사역은 그들이 서로 연합하는 것에 우선순위를 두는 것과 밀접하게 연결 되어 있다. KJV가 "한 마음으로"(with one accord)으로 번역하는 독특한 용어인 호모투마돈(*homothumadon*)은 신약성경에서 총 11번 등장하는데 그 중 10번이 사도행전에서 나오며(나머지 한 번은, 롬 15:6), 그 중 7번이 1-12장에서 나온다. 이 중 4번이 이제 막 태동한 성도의 모임에서 구성원 전체가 동의하는 표현으로 쓰였고, 이 모든 경우가 처음 다섯 장에서 등장한다(1:14, 2:46, 4:24, 5:12). 따라서 이 주제는 초기 기독교의 역사 저변에 흐르는 원리를 보여준다.[127]

결론

예수는 하나님 통치의 도래와 이스라엘이 품은 소망의 성취를 알렸고,

---

125 Santos Yao, "Dismantling Social Barriers through Table Fellowship: Acts 2:42-47," in Gallagher and Hertig, *Mission in Acts*, 29-36.

126 Reta Halteman Finger, *Of Widows and Meals: Communal Meals in the Book of Acts* (Grand Rapids: Eerdmans, 2007), 192, 244. Alan C. Mitchell ("The Social Function of Friendship in Acts 2:44-47 and 4:32-37," *Journal of Biblical Literature* 111 [1992]: 255-72). 이들은 기독교 공동체 내부에서 부자들이 가난한 자들을 도왔던 것이 어떻게 공동체의 하나됨을 증진시켰는지에 대해 보여준다.

127 이와 비슷한 연구는, Alan J. Thompson, "Unity in Acts: Idealization or Reality?" *Journal of the Evangelical Theological Society* 51 (2008): 523-42. Cf. Alan J. Thompson, *One Lord, One People: The Unity of the Church in Acts in Its Literary Setting* (London: T&T Clark, 2008), 135-40. 여기서 톰슨은 (Thompson) 신학적, 문학적 분석을 주로 다루지만 사도행전 1:1-6:7에서 이 주제가 얼마나 주요하며, 다른 곳에서는 상대적으로 드물게 나온다고 지적한다. 아무도 누가가 존재하지도 않았던 초대 교회의 하나됨을 그의 전체 작품에서의 중요한 주제로 만들어 냈다고 생각할 수 없다.

초대 교회는 비록 생각지도 않은 방식이었지만 점점 더 많은 이들에게 예수를 선포하였다. 유대인 그룹 밖에서는 이스라엘의 신적 왕국 의미가 약화되었지만, 새 시대에 하나님이 인류를 다스리신다는 개념은 여전히 중요하게 다루어졌다. 특정한 구약 본문은 계속해서 직접적 혹은 예표론적으로 성취되고 있었다. 오순절 성령 강림 사건은 사람에 의해 만들어진 사회 분열을 넘어 예수를 따르는 모든 자들에게 동등하게 영적 은사를 줌으로 이러한 새 시대를 열었고, 그 시대 전체에 걸쳐 성도들에게 계속해서 능력을 부여하였다. 예수 제자 공동체는 그분의 메시지를 땅 끝까지 전할 권한을 받았고, 이는 그분의 초림과 재림 사이에 상당한 지체의 시간이 있음을 암시한다.

교회는 나사렛 출신인 이 예수가 어떤 분인지, 그 완전한 의미를 담아내기 위해 사용한 칭호와 표현에서 놀라운 창의성을 발휘하였다. 예수는 단순히 이스라엘 민족이 오랫동안 기다려 온 메시아가 아니었다: 그분은 이사야가 말한 고통 받는 종이고, 완전히 거룩하고 의로운 분이며, 생명의 창조주시다. 예수는 하나님께서 세우시겠다고 약속하신 모세와 같은 선지자로 절대적인 충성과 순종을 명할 수 있는 분이시다. 예수를 향한 이스라엘 지도자들의 반대와 적개심이 하나님이 미리 정해놓은 계획에서 벗어난 것은 아니지만, 그 계획이 그들의 행동에 대한 변명이 되거나 그들의 자유 의지를 침범한 것은 아니다. 예수 운동에 합류한 이들은 회개를 통해 계속해서 그 운동에 참여하였다. 뒤이어 예수의 이름으로 세례를 받는 것은 그들의 변화된 마음과 삶의 실재를 공개적으로 보여주는 것이었다. 그들은 죄사함을 받았고, 성령의 은사를 체험했으며, 정기적인 모임 안에서 사도들의 가르침과, 기도, 한 자리에서 나누는 식사를 하며 독특하고 긍정적이며 친밀한 교제를 나누었다. 그 교제는 재산과 부를 나누는 것까지 이어져 적어도 짧은 시간 동안은 그들 가운데 궁핍한 사람이 없었다. 그들이 공유하고 있는 신념과 헌신은, 비록 운동 내부와 외부 모두에서 달려드는 위협과 맞서 싸워야 했지만, 결국에는 깊은 영적 결합과 통일된 목적으로 이어졌다.

3

초기 기독교의 유대적인 편지들: 야고보서와 유다서

신약 학계에 대해 조금이라고 알고 있는 독자들은 야고보서와 유다서가 함께 분류되는 것을 보고 아마 놀랄 것이다. 그럼에도 불구하고, 이에 대한 합리적인 이유는 이 편지들이 가장 일찍 기록된 신약성경 문서들이라는 것에 있다. 초기 교회 전통에 따르면, 이 두 편지의 저자들은 열두 사도 그룹 밖에 있는 초기 기독교 지도자들이며 교회 역사의 1세대로서 예루살렘에서 영향력을 미친, 예수의 이복동생들로 알려졌다.[1] 각각 편지는 그 시작을 "예수 그리스도의 종"이라는 표현으로 시작한다(유 1; 약 1:1은 "하나님과 주 예수 그리스도의 종"이라고 확장함). 두 편지는 유대 역사뿐만 아니라 유대인의 저술과 수사학 스타일에 깊이 물들어 있다. 각각은 성경 인물(야고보서-엘리야와 욥; 유다서-에녹과 모세)에 대한 제2성전 유대 전통에 대한 다소 모호한 언급을 포함하면서, 독자들이 이러한 문학에 대해 잘 알고 있다는 것을 가정한다. 야고보와 유다는 구약의 주요 사건과 등장인물을 근거로 발전되는 주장들을 해석

1 외적 증거에 관한 완전한 연구를 위해, Joseph B. Mayor, *The Epistle of St. James*, 3rd ed. (London: Macmillan, 1913), lxvi-lxxiv; Joseph B. Mayor, *The Epistle of St. Jude and the Second Epistle of St. Peter* (London: Macmillan, 1907), cxlvi-clii을 보라.

하기 위해 미드라쉬로 알려진 유대 해석학적 기법을 자유롭게 사용한다.[2]

야고보는 사도행전 12:17에 등장하는 야고보인데, 이 구절에서 베드로가 "다른 장소"로 떠나 순회하는 선교를 시작한 이후(또한 15:13과 21:18을 참조), 그는 예루살렘 교회의 가장 중요한 장로로 묘사된다.[3] 야고보는 62년에 죽었으므로(Josephus, *Ant.* 20.200을 보라), 만약 그의 편지가 가명(pseudonymous)이 아니라면, 이미 그 시기 이전에 기록되었을 것이다. 그러나 야고보가 49년 사도 공의회(행 15:1-29) 시기에서 확실히 했던 것처럼, 바울의 견해를 이미 알고 있었다면, 믿음과 행위에 대한 가르침 중 일부가 바울의 견해와 직접적으로 반대되는 말들을 했을까? 어쩌면, 그의 편지가 이 모임보다 먼저 있었을 가능성이 높은 것처럼 보인다.[4] 만약 그가 베드로보다 중요하게 인정받았다면, 적어도 예루살렘에서 아그립바 1세가 죽을 즈음 그리고 베드로가 떠난 후(행 12:23), 즉 44-49년 사이의 기간을 우리는 고려할 수 있을 것이다(아그립바의 사망의 날에 대하여 Josephus, *Ant.* 19.343-350을 보라). 유다에 관하여, 우리는 그의 생애에 대하여 거의 알지 못하지만,[5] 보캄(Richard Bauckham)은 그의 편지가 "묵시적 유대 기독교의 환경에 속하며 바울의 가르침을 접했을 수 있는 반율법적 자유주의의 교사들과 싸우기 위하여 기록되었다"고 주장

---

2 특히, Scott R. Moore, "Affinities of the Epistle of James with Synagogue Homily and Midrash" (M.A. thesis, Denver Seminary, 2007); Richard J. Bauckham, *Jude, 2 Peter* (Waco, Tex.: Word, 1983), 3-6을 보라. 또한, Thomas Wolthuis, "Jude and Jewish Traditions," *Calvin Theological Journal* 22 (1987): 21-41을 참조하라.

3 로마 가톨릭 전통은 종종 베드로가 로마에 갔을 때라고 이것을 가정했지만, 실제로 우리는 그가 어디로 갔는지 또는 만약 그가 60년대 이전에 로마에 도착한 적이 있는지 알 수 없다. 바울과 베드로의 편지로부터 우리는 베드로가 오늘날의 서부와 중부 터키의 속주에서 사역하여 계속 서쪽으로 나아갔다고 추측할 수 있다. 로마서에서(A.D. 57) 베드로에 대한 바울의 침묵은 그 시점에 베드로가 아직 로마에 도착하지 않았음을 시사한다. 더 연구를 위해, Larry R. Helyer, *The Life and Witness of Peter* (Downers Grove, Ill.: IVP, 2012), 91-127을 보라.

4 특히, Patrick J. Hartin, *James* (Collegeville, Minn.: Liturgical, 2003), 24를 보라. 또한, Peter H. Davids, *The Epistle of James* (Grand Rapids: Eerdmans, 1982), 22; Douglas J. Moo, *The Letter of James* (Grand Rapids: Eerdmans, 2000), 25-26을 참조하라.

5 Richard J. Bauckham, *Jude and the Relatives of Jesus in the Early Church* (Edinburgh: T&T Clark, 1990)을 보라.

한다.[6] 보캄은 반드시 50년대 이후의 연대가 필요하지 않으며, 만약 그 자유주의자들이 바울의 가르침에 직접적으로 영향을 받지 않았다면, 이들은 40년대 후반에 기원했을 수도 있다고 주장한다.[7] 유다의 영향력 역시 장소와 시간에 있어서, 그의 친형제인 야고보의 영향력과 비슷했을 것이다.[8]

물론, 초대 교회가 저자라고 생각했던 야고보와 유다에 의해 두 편지가 기록되지 않았을 수 있다는 온갖 주장이 제시되었다. 이것들은 반복적으로 논의되었고, 다양한 학자들은 만족스러운 반박으로 반응했다.[9] 유다서가 야고보서와 함께 분류되지 않기도 하는데, 이에 대한 주요한 이유는 유다서가 베드로후서 2장의 내용과 너무 비슷하므로, 많은 신약개론 책에서 유다와 베드로후서를 함께 취급하기 때문이다. 많은 학자는 유다서가 먼저 기록되었고, 베드로후서가 유다서에 의존했다는 것에 동의한다. 학자들이 자주 가정하는 것은 유다서와 베드로후서는 이들의 교회들이 직면하고 있는 거짓 교사들을 맹렬히 비난하기 위하여 같은 비유와 용어들을 사용하기 때문에, 이 두 편지가 같은 이단에 직면한 사람들에게 보내어졌다는 것이 틀림없다

---

6 Bauckham, *Jude, 2 Peter*, 13. Betsy Bauman-Martin, "Postcolonial Pollution in the Letter of Jude," in *Reading Jude with New Eyes: Methodological Reassessments of the Letter of Jude*, ed. Robert L. Webb and Peter H. Davids (London: T&T Clark, 2008), 67-76을 참조하라. 대부분은 야고보를 묵시론적으로 규정하지 않을 것이지만, Robert W. Wall, "James as Apocalyptic Paraenesis," *Restoration Quarterly* 32 (1990): 11-22를 보라.

7 Bauckham, *Jude, 2 Peter*, 13; Bauckham, *Jude and the Relatives of Jesus in the Early Church*, 177; Kenneth R. Lyle Jr., *Ethical Admonition in the Epistle of Jude* (New York: Peter Lang, 1998), 9, 17.

8 그린(Gene L. Green)은 자신의 책, *Jude and 2 Peter* (Grand Rapids: Baker, 2008), 17에서 40년대 후반을 그대로 유지하면서 50년대 후반이나 60년대 초반의 연대 역시 선택할 수 있음을 제시한다. 라일(Lyle)은 자신의 책, *Ethical Admonition in the Epistle of Jude*, 17에서 50년대를 주장하며, 위더링턴(Ben Witherington III)은 자신의 책, *Letters and Homilies for Jewish Christians: A Socio-Rehtorical Commentary on Hebrews, James and Jude* (Downers Grove, Ill.: IVP; Nottingham; Apollos, 2007), 564에서 40년대나 50년대를 단순히 주장한다.

9 주요한 이의 제기 및 이에 대한 가장 중요한 응답에 대한 간략한 요약을 위해, Craig L. Blomberg and Mariam J. Kamell, *James* (Grand Rapids: Zondervan, 2008), 32-35를 보라. 또한, Scot McKnight, *The Letter of James* (Grand Rapids: Eerdmans, 2011), 13-38을 보라.

는 것이다.

그러나 자세히 살펴보면, 거짓 교사들이 신봉한 사상이 무엇인지 판단할 수 있게 하는 그 어떤 것도 유다서에 나타나지 않는다. 주장된 제안은 영지주의, 원시 영지주의, 자유분방한 반율법주의, 묵시적 또는 신비적 유대교, 영적인 것에 치중한 기독교, 급진적 바울주의에 이르기까지 그 범위가 다양하다![10] 우리가 알고 있는 것은 그들의 방탕하고 자유분방한 성격인데, 이 문제는 이들의 신학에 상관없이, 기독교 내의 주요 분파들을 때때로 감염시켰던 것 같다. 만약 유다가 40년대 후반에 기록하였고, 베드로의 교회가 수십 년 후에 외부 침입자들로부터 매우 비슷한 도전에 직면했다면, 왜 베드로가 유다의 편지를 비슷한 맥락에서 재사용하고 수정하고 적용하는 것을 원하지 않았을까?[11] 각 서신에서 발견된 공통된 주제가 베드로후서에 나타난 거짓 교사들이 선전했던 것이 무엇인지 설명할 수 있지만, 성적인 방종의 문제가 그대로 남아 있는 한, 이 주제는 유다가 직면했던 거짓 가르침과 매우 다를 수도 있었다는 것을 우리는 보게 될 것이다. 여러 추론이 가능한데, 기독교와 반율법주의의 혼합적인 형태가 20년 이후에도 여전히 기독교 운동을 괴롭힐 수 있었을 것이다. 또한, 베드로후서에 전제되어 있는 사상이 유다서에 등장하는 거짓 교사들에게 영향을 주었을 수 있다. 물론 유다는 매우 짧은 서신에서 그 사상을 언급할 이유가 없었을 것이다. 마지막으로 베드로후서를 유다서에서 분리하는 이유는 베드로전서와 베드로후서 간에 분명한 차이가 있지만, 이 두 서신들 안에 존재하는 유사한 것들이 종종 간과된다는 것을 보기 위함이며, 이 유사한 것들을 근간으로 베드로전서와

10 예를 들어, D. A. Carson and Douglas J. Moo, *An Introduction to the New Testament*, 2nd ed. (Grand Rapids: Zondervan, 2005), 689-90; Mark A. Powell, *Introducing the New Testament: A Historical, Literary and Theological Survey* (Grand Rapids: Baker, 2009), 512-14를 참조하라.

11 으뜸가는 사도가 유다처럼 불분명한 누군가의 글을 사용하지 않았을 것이라는 주장은 유다의 예수와의 관계를 간과하고, 유다가 오늘날처럼 1세기에 거의 알려지지 않았다고 가정하는 것이다. 우리가 어떤 확신을 가지고 이 주장을 하는 것은 너무 많은 고대의 증거가 손실되었다.

베드로후서를 함께 분류하기 위함이다.[12]

야고보서

서신의 신학은 자주 그 구조와 관련된다. 중심 주제들은 핵심 진술이나 단락들에 나타나고, 편지 전체의 주요한 지점에서 반복될 것이다. 특히, 시작과 중심, 그리고 끝은 중요한 것으로 증명되는 경향이 있다. 이 세 부분을 이루는 작은 부분들(subsection)의 주제 문장들은 중요한 단서들을 제공한다. 아쉽게도, 야고보서는 특히 바울의 편지들과 비교했을 때, 개요를 만들기가 매우 어렵다는 것이 증명되었다.[13] 그럼에도 불구하고, 최근에 많은 주석가들은 첫 번째 장이 "시험과 유혹," "지혜와 말," "부와 가난"에 관련된 문제들을 포함하고 있으며(꼭 이 주제들로 제한되지 않을지라도), 이 주제들은 편지 전체에 스며들어 있는 아주 중요한 주제들이라는 것에 동의했다.[14] 몇몇 학자는 이 편지 본론이 이 세 가지 주제군들로 돌아가고 이 주제군들이 역순으로(in reverse order) 나타나는 것처럼 보이기 때문에, 넓은 차원에서 교차 대구

---

12 나는 이전에 유다서를 베드로후서와 밀접하게 묶음으로써, 합의를 따랐지만, 유다서의 더 이른 연대의 가능성을 인정했다. Craig L. Blomberg, *From Pentecost to Patmos: An Introduction to Acts through Revelation* (Leicester: Apollos; Nashville: B&H, 2006), 461-62. 그 접근 방식은 여전히 매우 합리적이지만, 나는 이제 유다서의 더 이른 연대에 기울어지고 있다.

13 제안된 구조들에 대한 완전한 조사에 대하여, Mark E. Taylor, *A Text-Linguistic Investigation into the Discourse Structure of James* (London: T&T Clark, 2006)을 보라.

14 Fred O. Francis, "The Form and Function of the Opening and Closing Paragraphs of James and 1 John," *Zeitschrift für die neutestamentliche Wissenschaft* 61 (1970): 110-26; Davids, *Epistle of James*, 22-28; Robert W. Wall, *Community of the Wise: The Letter of James* (Valley Forge: Trinity Press International, 1997), 34-38; Richard Bauckham, *James* (London: Routledge, 1999), 63-64; Luke L. Cheung, *The Genre, Composition, and Hermeneutics of James* (Carlisle: Paternoster, 2003), 60-67; Blomberg and Kamell, *James*, 23-27; John Painter, "James," in *James and Jude*, by John Painter and David A. deSilva (Grand Rapids: Baker, 2012), 46; Dale C. Allison Jr., *A Critical and Exegetical Commentary on the Epistle of James* (London: Bloomsbury T&T Clark, 2013), 79.

구조(chiastic structure)를 계속해서 제안한다.[15]

만약 교차 대구 구조에 대한 이 제안에 어떤 장점이 있다면, 이것은 부와 가난을 둘러싼 문제들이 세 주제 중 가장 중심적이고 중요하다는 것을 의미한다. 이러한 이해에 의하면, 1:27은 이 책의 구조의 중심이며, 핵심 문장을 형성한다("하나님 아버지 앞에서 정결하고 더러움이 없는 경건은 곧 고아와 과부를 그 환난 중에 돌보고 또 자기를 지켜 세속에 물들지 아니하는 그것이니라").[16] 우리는 편지의 배경과 정황에서 이 진술 개념이 무엇을 의미하는지 추론할 수 있다.[17] 너무 자주, 유대인과 로마의 지주들은 초기 기독교 공동체의 구성원들이었던 가난한 일용 노동자들이 가족을 부양하는데 필요한 하루 임금을 지불하지 않음으로써, 이들을 속였다. 타메즈(Elsa Tamez)는 이 편지가 디아스포라 전체의 기독교인들에게 주는 속담 형태로 된 지혜를 주기 위한 아주 일반적인 서신으로 특히 취급될 때,[18] 북부와 서부 학계가 야고보서의 요점을 너무 과도하게 "가로채는 것"(intercept)에 해당한다고 이의를 제기한다.[19] 하지만, 독자들은 가난한 개인들이 생활을 위한 수입을 올릴 기회조차 박탈하는 부유한 사람들의 죄에 대한 가혹한 비판에 집중해야 한다.

그러나 다른 사람들의 압제에 의해 고통을 받는 사람들에 대한 경제적인 죄들을 드러내는 것이 야고보서의 신학적인 중심 메시지라고 우리는 말할 수 있는가? 이러한 문제들은 신학적이라기보다 더 윤리적이며, 이것들은

---

15 Francis, "Form and Function of the Opening and Closing Paragraphs of James and 1 John," 110-26; Davids, *Epistle of James*, 22-28; Blomberg and Kamell, *James*, 23-27.

16 Blomberg and Kamell, *James*, 81-84.

17 "전체 서신의 가장 두드러진 주제는 부유하고 권력이 있는 자에 대한 비난과 이에 상응하는 가난하고 억압한 자에 대한 관심이다." Andrew Chester, "The Theology of James," in *The Theology of the Letters of James, Peter, and Jude*, by Andrew Chester and Ralph P. Martin (Cambridge: Cambridge University Press, 1994), 32.

18 예를 들어, Bauckham, *James*, 11-28; Donald J. Verseput, "Genre and Story: The Community Setting of the Epistle of James," *Catholic Biblical Quarterly* 62 (2000): 96-110; Allison, *Critical and Exegetical Commentary on the Epistle of James*, 71-76.

19 Elsa Tamez, *The Scandalous Message of James: Faith without Works Is Dead*, rev. ed. (New York: Crossroad, 2002), 1.

1:9-11, 27; 2:1-7, 14-17; 4:1-3, 13-17; 5:1-6에서만 분명히 나타난다. 물론, 이 단락들과 직접적인 관련 속에서 추가적인 구절들이 덧붙여질 수 있겠지만 말이다. "지혜와 말"처럼 "시험과 유혹"은 거의 비슷한 빈도로 나타난다. 오히려, "시험과 유혹"은 다른 두 가지를 포괄하는 가장 중요한 주제로 볼 수도 있다. 야고보의 교회들의 행복을 위협하는 가장 두드러진 문제는 경제적 압제인데, 이에 대하여 이 교회들이 어떻게 대응해야 하는지, 특히 어떻게 말해야 하는지에 대한 큰 지혜가 필요하다.[20] 그러나 다시 말하지만, 이것들은 신학적인 문제들이라기 보다, 윤리적인 문제들이다. 물론 이 둘은 야고보서 안에서 밀접하게 얽혀 있지만 말이다. 이상적으로, 핵심 주제들 중에서 가능한 관계를 제시하는 것보다 오히려, 야고보서 본문에 명시적으로 나타나는 공통된 주제를 우리가 가리킬 수 있다면, 좋을 것이다.

하나님의 본성과 인간의 곤경

그러나 공통된 주제 중 한 후보는 하나님의 단순성([simplicity], 한결같음[single-mindedness]의 의미에서) 대 인간의 이중성([duplicity], 적어도 타락 이후)이라는 주제이다.[21] 1:3에서 "온전히"는 "여기다"의 직접 목적어가 아니라 "기쁘게"를 수식하는 형용사이다(개역개정은 1:2에 등장-옮긴이). 우리의 반응은 순수해야 하고, 한결같아야 하며(single-minded), 우리의 충성이 오직 하나님에게만 향하도록 하고, "두 마음을 품는"(double minded) 것(7절) 보다 오히려 예수 그리스도의 하나님이 우리의 기도에 응답할 분이라는 것을(6절) 의심해서는 안 된다.[22] 하나님은 "후히"(5절) 주신다. 그러나 이 단어('하플로스'[*haplōs*])는

---

20 Tamez, *Scandalous Message of James*.

21 특히, Nic Scherer, "The Unity of God and the Duplicity of Humanity in the Letter of James" (M.A. thesis, Denver Seminary, 2007)을 보라. 또한, Sophie Laws, *The Epistle of James* (London: A. & C. Black; Peabody, Mass.: Hendrickson, 1980), 29-32; Tamez, *Scandalous Message of James*, 46-56; Bauckham, *James*, 177-85를 참조하라.

22 로페즈(James H. Ropes)는 자신의 책, *A Critical and Exegetical Commentary on the*

더 일반적으로 "한 마음으로"(single-mindedly)라는 의미를 갖는다.[23] 사실, 그분은 좋은 선물만을 제공한다. 악한 것은 항상 타락한 세상에서의 삶의 산물이다(13-18절).

사실, 우리는 편지 전체에 걸쳐, 단순성 대 이중성이라는 공통된 주제를 따를 수 있다. 신자들은 자신이 옳다고 믿는 것을 실행하지 않는 위선을 피해야 한다. 이들은 말씀을 들을 뿐만 아니라 순종해야 한다(1:22-25). 올바른 언어를 사용하도록 인도하지 않은 종교는 자기 기만적이다(26절). 부자에 대한 편파성과 가난한 자에 대한 차별은 이 위선의 또 다른 표현인데, 이것은 야고보의 교회들 안에 대부분이 부자가 압제하고 있었던 가난한 사람들이었기 때문에, 더욱더 아이러니하다(2:1-7). 그러므로 하나님의 율법들에 대한 순종은 여전히 중요한데, 누군가 자신이 하고 싶은 것만 율법들 중에서 고르고 선택할 수 없으며, 만약 그런다면, 여전히 토라를 따른다고 주장할 수 없다(8-11절). 구원하는 믿음은 특히 긍휼과 사회 정의의 영역에서 선한 행위를 해야 한다(14-17절). 귀신들은 옳다고 인정된 지식(orthodox)을 가지고 있지만, 옳다고 인정된 실천(orthopraxis)을 하지 않는다. 이 귀신들은 경건한 것을 반대한다(18-19절)! 하지만, 아브라함과 라합은 믿음에서 나온 일관적인 행동 때문에 엄청난 위험을 감수했다(20-26절).

이 이중성은 선과 악을 위한 강력한 도구인 혀에서도 계속된다. 피조물은 그 본성과 일치하게 행동하지만, 하나님의 형상에 따라 지음을 받은 인간만이 창조주를 축복하는 동시에 자신과 같이 지음을 받은 사람들을 저주할 수 있다는 것이 얼마나 아이러니한지 보여준다(3:1-12). 야고보는 여기에서 죄나 타락에 대해서 명시적으로 어떤 것도 말하지 않지만, 그는 분명

Epistle of St. James (Edinburgh: T&T Clark, 1916), 140에서 의심하는 사람은 "야고보의 지평에 속하지 않은, 사변적인 지적 질문들에 의해 괴로워하는 사람이 아니라, 충성이 흔들리는 사람이다"라고 설명한다. Dan G. McCartney, *James* (Grand Rapids: Baker, 2009), 90-91을 참조하라.

23 Moo, *Letter of James*, 59; Ralph P. Martin, *James* (Waco, Tex.: Word, 1988), 18.

히 이 둘을 전제한다.[24] 죄는 특히 우리의 말에 나타난 죄들을 통하여 우리의 생각과 행동에 만연해 있다. 우리는 창조된 그대로 온전하지 않다. 그러므로 참된 하늘의 지혜는 세상과 마귀의 지혜와 달리, "첫째 성결하다"('하그네'[*hagnē*], 17절).[25] 우리가 하나님과 세상을 동시에 사랑하려고 할 때, 엄청난 위험이 나타난다. 우리는 실제로 하나님의 원수로서 우리 자신을 발견한다(4:4).[26] 우리는 동료 기독교인을 비방해서는 안 된다. 왜냐하면 율법이 그것을 금지하기 때문이다. 그러므로 비방은 율법에 반대되며 율법을 수여한 분에 대항하여 싸우는 것과 같다(11-12절). 오히려 우리는 무언가를 약속할 때 맹세할 필요가 없고 단지 "그렇다" 또는 "아니다"라고 말할 정도로 신뢰할 수 있는, 우리의 말을 지키는 사람이 되어야 한다(5:12). 한결같음(single-mindedness)에 대한 마지막 가능한 암시들은 의인의 강력하고 효과적인 기도의 모델로서 3년 6개월 동안 가뭄에 이르게 한 엘리야의 간절한 기도(16b-17절)와 올바른 길에 들어서도록 방황하는 사람을 회복하는 것의 중요성(19-20절)에 대한 언급이다.

다시 말하지만, 이 언급들 안에 많은 부분이 엄격하게 신학적이라기보다 더 윤리적이다. 한결같음은 제자도(discipleship)에 관한 야고보의 가르침의 훌륭한 요약을 만들지만, 이것이 그의 신학의 중심이라고 말할 수 있을까?[27] 야고보가 눈에 띄는 윤리적인 명령을 상당히 많이 포함하기 때문에,

---

24 Chester, "Theology of James," in Chester and Martin, *Theology of the Letters of James, Peter, and Jude*, 45.

25 Moo, *Letter of James*, 135; Martin, *James*, 133; Wall, *Community of the Wise*, 188.

26 이 주제에 대한 자세한 연구를 위해, Luke T. Johnson, *Brother of Jesus, Friend of God: Studies in the Letter of James* (Grand Rapids: Eerdmans, 2004), 202-20을 보라. 고대 그리스-로마 세계에 나타난 우정의 진지함과 책임에 대해 John T. Fitzgerald, ed., *Friendship, Flattery, and Frankness of Speech: Studies on Friendship in the New Testament World* (Leiden: Brill, 1966)을 보라. 후원의 정황에 대한 더 제한된 연구를 위해, Alicia J. Batten, *Friendship and Benefaction in James* (Blandford Forum, U.K.: Deo, 2008)을 보라.

27 Craig L. Blomberg and Ben R. Crenshaw, "Discipleship in James: Single-Mindedness vs. Duplicity," in *Following Jesus Christ: The New Testament Message of Discipleship for Today*, ed. John K. Goodrich and Mark L. Strauss (Grand Rapids: Kregel, forthcoming).

독자들은 종종 야고보의 모든 권면을 뒷받침할 수 있는 신학적 기초가 무엇인지 종종 묻지 못한다. 그가 글을 쓰는 순간에 윤리의 성격을 설명하면서 제시하는 내러티브가 있는가? 우리는 성경의 "최고의 법"의 성취에 대하여 더 자세하게 논의해야 할 것 같다("최고"라는 표현은 2:8에 등장하는데, 엄밀하게 "왕"[royal]을 뜻함-옮긴이).

성경의 "최고의 법"의 시대

야고보서와 지혜를 담고 있는 여러 종교적인 작품 사이의 유사점에도 불구하고, 이 편지는 단순히 시대를 초월한 격언과 명령의 모음집이 아니다. 야고보서는 예수와 초대 교회의 가르침을 뒷받침했던 것과 비슷한 역사적 내러티브를 인식한다. 역사는 분명히 심판의 날을 향하여 가고 있다. 이것은 우리가 먼저 야고보서의 종말론을 살펴보아야 한다는 것을 제안한다.[28]

종말론

주님을 사랑하고 시험과 시련의 때를 견디는 사람들은 "면류관"이나 상으로서 영생을 유업으로 받을 것이다(1:12).[29] 부적절하게 반응하고 스스로 죄에 미혹되도록 내버려 두고, 죄의 길에 있기를 고집하며 이러한 상황에서 어떤 거리낌 없이 머물기를 원하는 사람들은 영적인 죽음만을 기대할 수 있다(15절). 그러나 만약 사람들이 자신의 악함에서 돌이키고 겸손하게 하나님께서 그들 안에 심어준 구속을 받아들인다면, 그들의 영혼은 구원을 받을

---

28 특히, Todd C. Penner, *The Epistle of James and Eschatology: Re-reading an Ancient Christian Letter* (Sheffield: Sheffield Academic Press, 1996)을 보라. Chester, "Theology of James," in Chester and Martin, *Theology of the Letters of James, Peter, and Jude*, 16-20을 참조하라.

29 소유격 "생명의"라는 표현은 동격(appositional) 소유격이나 설명하는(epexegetic) 소유격, 또는 내용의(content) 소유격으로 이해될 수 있다(이 모두는 서로 매우 유사하다). Davids, *Epistle of James*, 80; Laws, *Epistle of James*, 68; Martin, *James*, 33을 보라.

것이다(21절). 이 편지의 다른 단락에 나타난 것처럼(특히, 5:19-20), 야고보서는 구원을 심판 날까지 완성되지 않은 과정으로 이해한다.[30] 신자들이 "자유의 율법"에 의해 심판을 받을 것이라는 사실은 종말론적 심판이 건전한 말을 하고 온전한 윤리를 행하도록 하는 동기를 부여한다는 것을 암시한다(2:12). 하나님께서는 "자유의 율법"을 통해 신자들에게 책임을 묻는 동안, 심판보다 긍휼을 더 우선시하는데("긍휼은 심판을 이기고," 13절), 아마도 하나님은 정죄보다 긍휼을 베풀기를 원했기 때문일 것이다. 비록 야고보가 바울이 하는 방식으로 자신의 논리를 풀지 않지만, 하나님의 심판이 긍휼로 누그러지지 않는 한, 모든 사람이 범법자이기 때문에 "긍휼없는 심판"(13절)을 받게 될 것이라고 상상하는 것은 확실히 이치에 맞다.[31] 무엇보다, 바로 앞에 있는 구절들은 지극히 바울의 가르침처럼 들린다(그리고 산상수훈에서 예수의 가르침처럼). 단 하나의 죄를 짓는 모든 사람은 율법을 범하는 죄에 해당하므로 율법의 모든 것에 대하여 책임을 져야 한다(10-11절). 그래서 우리의 유일한 희망은 모세 율법에 근거하지 않는 심판이며, 이 율법을 지킬 수 있는 우리의 능력에 근거하지 않은 심판에 있다.[32] 다행히, 그러한 율법이 존재하며, 만약 우리가 그것을 우리 자신에게 적용하면, 그것은 긍휼없는 심판을 이기게 된다(12-13절).

야고보서 5장은 또한 우리가 마지막 날에 대한 예수와 초대 교회의 가르침을 반영한다. 말세가 도래했다(3b절)! 물질주의적인 방종은 인류에 불리

30 특히, Mariam Kamell Kovalishyn, "Endurance unto Salvation: The Witness of First Peter and James," *Word and World* 35 (2015): 231-40을 참조하라. 메카르트니(McCartney)는 자신의 책, *James*, 118에서 이것은 "이미 그러나 아직 아니"라는 구원의 성격을 우리에게 상기시킨다고 주목한다.

31 마음에 심어진 말씀은 복음을 언급하는 것 같다. 말씀을 받는다는 것은 그것을 마음에 새기고 그것이 우리의 행동에 점점 더 영향을 미치게 하는 것을 의미한다. 렘 31:33에 의해 예언된 것처럼, 새 언약은 우리의 마음에 내재되고 기록될 것이다. Timothy B. Cargal, *Restoring the Diaspora: Discursive Structure and Purpose in the Epistle of James* (Atlanta: SBL, 1993), 89; McCartney, *James*, 118을 보라.

32 특히, James B. Adamson, *James: The Man and His Message* (Grand Rapids: Eerdmans, 1989)을 보라.

한 증거를 쌓고 있는데, 최후의 심판은 살을 먹는 불에 비유될 수 있다(3a절). "살륙의 날"은 너무 임박하여, 마치 이미 존재했던 것으로 묘사될 수 있다(5절).[33] 그러나 압제와 차별을 견디고 있는 사람들은 인내심 있게 기다릴 수 있다. 하나님은 곧 그리스도가 재림할 때 모든 잘못된 것들을 바로 잡을 것이다(7-8절). 참으로 "심판주가 문 밖에 서 계신다"(9절). 마찬가지로, 박해와 압제에 대한 우리의 반응은 우리 역시 정죄를 받지 않도록 말과 맹세의 진실성을 보존해야 한다(12절). 야고보는 최종적인 형벌의 본질을 결코 묘사하지 않지만, 우리가 죄인들을 잘못된 길에서 돌이키고 이들을 구원하기 위해 할 수 있는 모든 것을 해야할 정도로, 그것은 충분히 심각하다(20절). 그러나 야고보는 인간의 혀의 악함을 유추하여 지옥을 언급하고(3:6), 예수 자신이 반복적으로 불에 대한 은유를 묘사했던 같은 입장을 염두에 두고 있는 것처럼 보인다.[34]

옛 시대에서 새 시대로의 전환

마가복음 1:15에서는 예수의 사역에 대한 이 큰 주제가 눈에 잘 띄지만, 야고보서에서 이 주제는 독자의 눈에 직접적으로 잘 띄지 않는다. 하지만, 야고보는 구원 역사에서 새 시대가 도래했다는 것을 분명하게 밝힌다. 야고보서 1:1에서 "주 예수 그리스도"에 대한 의미심장한 사용은 별도로 하고, 1:25에 첫 번째 실제적인 지침이 등장한다. 야고보의 교회들은 "자유롭게 하는 온전한 율법"을 면밀하게 조사하고 실행해야 한다. 야고보의 유대 기독교 혈통을 인식하고 그의 청중이 "흩어져 있는 열두 지파"(1:1)로 묘사된다는 것을 알아차린 일부 학자들은 이 표현이 단순히 모세의 율법을 가리키고 있으며, 야고보는 예수를 따르며 토라를 준수하는 고대 공동체에 편지를

33 Luke T. Johnson, *The Letter of James* (New York: Doubleday, 1995), 303. Painter, "James," in Painter and deSilva, *James and Jude*, 153-55를 참조하라.

34 Richard Bauckham, *The Fate of the Dead: Studies in the Jewish and Christian Apocalypses* (Leiden: Brill, 1998), 119-31.

쓰고 있다고 주장했다.[35] 메시아를 따르지 않은 유대인들이 종종 율법을 자유롭게 하는 것으로 생각했던 것은 분명한 사실이다(특히, *m. 'Abot* 6:2, "율법 연구에 전념하는 자 외에는 자유인을 발견하지 못함이라"라는 표현 참조[36]). 그러나 야고보는 과연 그렇게 생각했는가? 지금까지 편지에서 우리가 받은 유일한 문맥적 단서는 21절("구원할 바 마음에 심어진 말씀을 온유함으로 받으라")에서 온다.[37] 그러나 이 구절은 하나님께서 자신의 법을 자신의 백성들 속에 두며 이들의 마음에 기록하게 될, 앞으로 도래할 시대에 대하여 예언한 예레미야의 유명한 새 언약을 반영하는 것처럼 보인다(렘 31:33).

2:5는 우리에게 구속 역사의 전환이 일어났다는 단서를 제공한다. 하나님을 사랑하는 가난한 자가 물려받는 것은 예수가 반복적으로 선언한, "왕국"('바실레이아'[*basileia*])이다. 세 구절 이후에 야고보는 성경에서 발견되는 "최고의 법"(royal law)을 언급할 때(8a절), 우리는 그가 여전히 "왕국"을 염두에 둔다고 생각하는데, 이 단어는 "최고의"라는 형용사와 같은 어군이다(개역개정은 '바실리코스'[*basilikos*]를 "왕의"가 아니라, "최고의"로 번역함-옮긴이).[38] 마치 예수 자신이 사랑의 이중 명령을 통하여 율법을 요약했던 것처럼(막 12:29-31), 왕국 율법은 사랑의 법("네 이웃 사랑하기를 네 몸과 같이 하라," 8b절)이다.

그러므로 우리가 2:12에서 "자유의 율법"이라는 표현에 이르면, 우리는 이것이 새 언약의 언어라고 다시 믿을 수 있는 모든 이유를 갖게 된다.[39] 토

---

35 특히, Matt A. Jackson-McCabe, *Logos and Law in the Letter of James* (Leiden: Brill, 1999)을 보라.

36 이것과 다른 언급들에 대하여, Allison, *Critical and Exegetical Commentary on the Epistle of James*, 337-38을 보라. 인용은 Herbert Danby, *The Mishnah* (Oxford: Oxford University Press, 1933), 459에서 온다.

37 그러나 이 단락은 하나님이 자기 백성의 마음에 율법을 두시고 그들의 마음에 그것을 기록할, 바로 다가오는 때에 대한 예레미야의 새 언약 예언을 반영하는 것으로 보인다(렘 31:33).

38 Alec Motyer, *The Message of James: The Tests of Faith* (Leicester: IVP, 1985), 97; Maurice Hogan, "The Law in the Epistle of James," *Studien zum Neuen Testament und seiner Umwelt* 22 (1997): 88.

39 Moo, *Letter of James*, 117; McCartney, *James*, 149.

라에 대한 많은 자비로운 차원이 있지만, 구약은 모세 언약 안에 있는 심판을 은혜롭고 자비로운 것보다 공정하고 의로운 것으로 묘사한다. 사실, 구약의 예언 문학은 사악하게 행동하는 하나님의 언약 밖에 있는 나라들에 주로 초점을 맞추는 것보다, 하나님 자신의 법을 어긴 자신의 백성에 대한 심판을 말한다는 점에서 종교의 역사를 통틀어 독특하다고 할 수 있다.[40] 어쩌면, 고대 이스라엘 사람들은 "긍휼"을 하나님의 심판의 첫 번째이자 가장 중요한 속성으로 생각하지 않았을 것이다. 게다가, 9-10절은 한 율법을 지키지만 다른 율법을 어기는 사람은 어떻게 토라에 의해 범법자로 유죄 판결을 받는 것인지를 묘사하기도 한다(마 5:21-22 참조). 그래서 야고보가 이 '율법'을 '자유의 율법'과 대조할 때, 우리는 그가 원래의 율법에 대하여 계속해서 이야기하고 있지 않다고 예상한다. 분명히 하나님께서 자신의 백성의 죄를 더욱 긍휼히 여기는 구원의 역사의 새 시대가 도래했기 때문이다.[41]

야고보의 공동체 안에서 율법

그러면, 그리스도를 따르는 자들의 심판에 대하여 야고보가 생각하는 하나님의 기준은 무엇인가? 맥나이트(Scot McKnight)는 야고보가 "메시아적 공동체"(messianic community)라고 부르기를 선호하는 유대인 기독교인들에게 이야기하고 있으며, 그는 그들이 의식 법을 포함하여 토라를 어겼는지 전혀 확신하지 못한다고 주장한다.[42] 알리슨(Dale Allison)은 야고보의 편지 중 많은 부분이 유대인이나 적어도 유대 기독교인들과 관련된 사람들을 대상으

40 또한, 민족의 기원을 그들이 구출되어야 하는 극심한 노예 상태의 상황으로 돌린다는 점에서 독특하다. Nahum Sarna and Hershel Shanks, "Israel in Egypt: The Egyptian Sojourn and the Exodus," in *Ancient Israel: From Abraham to the Roman Destruction of the Temple*, ed. Hershel Shanks, 2nd ed. (Washington, D.C.: Biblical Archaeology Society, 1999), 38을 보라. 나는 이 언급을 헤스(Richard S. Hess)에게 빚지고 있다.

41 리차드슨(Kurt A. Richardson)은 자신의 책, *James* (Nashville: B&H, 1997), 126에서 이 새로운 시대를 그리스도의 십자가를 통해, "신적인 긍휼이 신적인 공의를 이긴 시대로 묘사한다.

42 McKnight, *Letter of James*, 11-13.

로 할 수 있다고 주장하면서, 한 걸음 더 나아간다.[43] 그에 의하면, 유대 기독교인들과 관련된 이 사람들은 오늘날 우리가 '기독교 유대인이라고 부르는 사람들'과 '비기독교 유대인이라고 부르는 사람들' 사이의 경계선이 매우 모호한 공동체 안에 있었다는 것이다. 맥나이트(McKnight)는 바로 이 상황이 1세기 기독교 발전의 초기(50년대)에 있었을 가능성이 높다고 생각하며, 알리슨(Allison)은 이를 2세기 초(100-120년) 에비온(Ebionite) 운동과 연결하기도 한다.[44]

어쨌든, 야고보의 명령이 토라에 담겨있다는 것은 의심의 여지가 없는데, 특히, 레위기 19장은 상당한 관심을 받는다. 신자들은 편애를 보여주어서는 안 된다(2:1; 레 19:15 참조).[45] 이웃을 네 몸과 같이 사랑하라는 명령은 레위기 19:18에 직접 나온다. 레위기 19:16에 나타난 비방에 대한 금지는 4:11에 나타난 야고보의 명령과 밀접한 관련이 있다. 그리고 야고보서 5:4의 속여서 빼앗는 것에 대한 경고는 레위기 19:13을 암시하는 것일 수 있다. 2:19에서 하나님은 한 분이라고 하는 귀신들의 지식에 대한 야고보의 호소는 신명기 6:4의 쉐마에 근거한 것임에는 의심의 여지가 없다. 모세오경 밖으로 이동하여, 들풀과 꽃의 시듦에 대한(약 1:10-11) 진술은 모든 사람의 덧없음에 관한 이사야 40:6-8의 인용문에 비추어 살펴볼 수 있다. 아브라함의 순종의 예(약 2:21-22)는 창세기 22장에 나오는 이삭의 희생에 관한 이야기로부터 직접 오는 반면, 야고보는 창세기 15:6을 인용하여 아브라함이 의롭게 된 믿음을 설명한다. 라합의 이야기(약 2:25)는 여호수아 2장에서 발견된다. 하나님의 형상대로 인간을 창조한 사건(약 3:9)은 창세기 1:26-28에 처음 언급된다. 야고보가 4:6("하나님이 교만한 자를 물리치시고 겸손한 자에게 은혜를 주신다")에서 명

---

43 Allison, *Critical and Exegetical Commentary on the Epistle of James*, 43-50.

44 McKnight, *Letter of James*, 38; Allison, *Critical and Exegetical Commentary on the Epistle of James*, 29.

45 여기에 나열된 것보다 훨씬 더 많은 가능한 암시에 대하여, Johnson, *Brother of Jesus, Friend of God*, 123-35를 보라.

시적으로 인용하는 "성경"은 잠언 3:34에서 온다. 야고보는 5:17-18에서 엘리야에 대한 구체적인 이야기(왕상 17장)와 5:10-11에서 선지자들의 말과 욥의 인내에 대한 성격을 언급하는 것 같다. 그리고 이 마지막 세 가지 언급들은 야고보가 의존했을 수 있는 다양한 제2성전 유대교 문헌과 전통 안에서 확대되었다.[46]

그러므로 야고보는 히브리어 성경의 주요한 세 부분인, 율법과 선지서들, 그리고 성문서를 권위적인 것으로 이해한다. 그러나 우리가 이 세 부분의 관점을 결정하기 위한 충분한 정보를 가질 때마다, 모든 신약 저자들도 그렇게 한다는 것을 우리는 알게 될 것이다. 그러나 야고보는 어느 곳에서도 자신의 수신자들에게 부과된 도덕적 또는 신학적 원리 외에는 아무것도 언급하지 않는다. 그가 의식 법과 시민 법에 대한 순종을 지지했다는 주장은 실제로 야고보의 편지에 나오는 본문에서 그 근거를 발견할 수 없다.[47] 레위기 19장에 나오는 명령에 대한 첫 번째 언급보다도, 편지 전체에서 예수에 대한 가장 완전하고 가장 위대한 진술, 즉 "영광의 주 곧 우리 주 예수 그리스도"(약 2:1)라는 표현이 먼저 나온다는 것도 의미심장하다. 토라와 자유의 율법(완전한 법이나 왕국 법) 사이의 구분은 이 후자의 표현, 즉 '자유의 율법'의 개념이 예수의 추종자들이 율법에 순종하길 기대했던 방식을 가리킨

---

46 Cees Haas, "Job's Perseverance in the Testament of Job," in *Studies on the Testament of Job*, ed. Michael A. Knibb and Pieter W. van der Horst (Cambridge: Cambridge University Press, 1989), 117-54; Keith Warrington, "The Significance of Elijah in James 5:13-18," *Evangelical Quarterly* 66 (1994): 217-26. 포스터(Robert J. Foster)는 자신의 책, *The Significance of Exemplars for the Interpretation of the Letter of James* (Tübingen: Mohr Siebeck, 2014), 204에서 아브라함, 라합, 욥, 엘리야는 이 책의 주요한 주제들 모두를 설명하는 "모범"들이지만, 더 구체적으로, 그들 모두는 "극단적인 시험을 받았지만, 하나님에게 충성을 유지하며 어느 시점에서 하나님에 대한 헌신의 이유로 공동체 안에서 외부인들을 섬기며, 그들이 시련을 직면했을 때 어떤 중요한 인간적인 도움 없이 하나님을 전적으로 신뢰하면서, 전심으로 그에게 헌신을 증명하고 있었다"는 것을 보여준다.

47 Patrick J. Hartin, "Ethics in the Letter of James, the Gospel of Matthew, and the Didache: Their Place in Early Christian Literature," in *Matthew, James, and Didache: Three Related Documents in Their Jewish and Christian Settings*, ed. Huub van de Sandt and Jürgen K. Zangenberg (Atlanta: SBL, 2008), 293.

다는 것을 강력하게 시사하는데, 이들이 예수 안에서 율법이 어떻게 성취되었는지를 인식할 때(마 5:17을 상기하라) 더욱 그렇다.[48] 야고보의 편지가 주로 그리스-로마의 지혜와 도덕적 교훈을 포함하고, 부차적으로 유대적인 형식을 담고 있다고 말하는 것이 너무 일방적이라면,[49] 마찬가지로 신자들이 율법 그 자체에 순종해야 함을 야고보가 가르친다고 주장하는 것 역시 너무 터무니없는 것이다. 마치 예수의 오심이 구약과 관련하여 아무것도 변화시키지 않았다고 주장하는 것처럼 말이다.

성취

우리는 이미 야고보서에서 무엇인가를 완성하는 것을 언급할 때, '텔레이오스'(*teleios*) 단어 군이 얼마나 자주 나타나는지 보았다(1:4, 17, 25; 3:2). 2:8에 있는 동사('텔레오'[*teleō*])는 같은 어근에서 온다. 우리는 우리 자신처럼 다른 사람을 사랑하라는 최고의 법을 성취해야 한다. 같은 어근인 '텔레이오'(*teleioō*)는 2:22에 나오는데, 아브라함의 행위에 대한 믿음의 완성이나 성취와 함께 나타난다.[50] 짧은 서신에서, 이 6회의 언급은 성취 개념의 중요성(이전에 지적된 것이 완성되는 것으로)과 예수의 가르침과의 연속성을 입증하기에 충분하다. 주목할만하게, 이러한 연속성에 대한 결정적인 주장은 야고보가

---

48 특히, Mary J. Evans, "The Law in James," *Vox Evangelica* 13 (1983): 29-40을 참조하라. 루저(Serge Ruzer)는 자신의 글, "The Epistle of James as a Witness to Broader Patterns of Jewish Exegetical Discourse," *Journal of the Jesus Movement in Its Jewish Setting* 1 (2014): 69-98에서 야고보가 토라를 자유의 완전하고 왕의 법으로 묘사한 것과 아바르함을 창세기 22장에 있는 그의 행위가 믿음을 완성했기 때문에 의로운 사람으로 묘사한 것이 유대교에서 더 넓게 유사함을 갖는다는 것을 증명한다. 루저(Ruzer)는 이것에 근거하여 야고보의 해석에 명확하게 기독교적인 것이 없다고 주장한다. 그러나 이것은 루저(Ruzer)가 야고보의 서신에 대한 예수 전통의 형향을 과소평가하는 것처럼 보이고, 그가 두 가지 가능성만 가정하는 것처럼 보이는데, 야고보의 주석은 뚜렷한 메시아적 동기가 없는 일반적인 유대적인 유형이거나 그의 주석은 바울과 같은 율법 이해에 대한 논쟁이라는 것이다.

49 James R. Strange, *The Moral World of James: Setting the Epistle in Its Greco-Roman and Judaic Environments* (New York: Peter Lang, 2010).

50 David Hutchinson Edgar, *Has God Not Chosen the Poor? The Social Setting of the Epistle of James* (Sheffield: Sheffield Academic Press, 2001), 174.

모든 주제의 범위에 관하여 예수의 가르침을 언급했을 가능성의 횟수를 우리가 면밀히 검토할 때 나온다. 오직 5:12에서 야고보는 실질적인 인용에 근접한 표현을 사용한다("너희가 그렇다고 생각하는 것은 그렇다 하고 아니라고 생각하는 것은 아니라고 하여"; 마 5:37 참조).[51] 그러나 야고보서에 관한 주석서들에는 예수의 가르침에 대한 암시가 길게 나열되어 있다. 여기에서 우리는 오직 가장 가능성이 있는 것들만 포함할 것이다.[52]

시험 중에 기쁨(약 1:2)은 예수의 산상수훈에 나오는 팔복의 마지막 부분에 연결된다(마 5:11-12; 눅 6:23). 부족함이 없게 하라는 것(약 1:4)은 "온전하라"는 마태복음 5:48의 명령을 상기시킨다. "구하라 그리하면 주시리라"(약 1:5; 4:2-3 참조)라는 표현은 산상수훈의 가르침(마 7:7)과 기도에 관한 가르침(눅 11:9)과 유사하다. 의심없는 믿음을 갖는 것(약 1:6)은 마태복음 21:21을 상기시킨다. 하나님이 좋은 선물을 주시는 것(약 1:17)은 마태복음 7:11과 누가복음 11:13에 나타난 예수의 가르침과 비슷하다. 말씀을 듣기만 하지 않고 행하는 것(약 1:22)은 두 건축자의 비유에 대한 예수의 설명(마 7:24; 눅 6:46)과 매우 유사하다. 야고보서 2:5에서 가난한 자를 위한 축복은 팔복의 첫 번째(마 5:3; 눅 6:20)의 것을 반영한다. 그리고 우리는 이미 예수의 사랑에 대한 이중 명령(약 2:8 참조)을 하신 것과 한 계명조차도 어기는 것이 심판의 위험에 처하게 된다는 그의 논리를 언급했다(약 2:11 참조).

긍휼을 행하지 아니하는 자에 대한 긍휼 없는 심판(2:13)은 긍휼이 많은 자에게 긍휼을 약속한 팔복과 연관되며(마 5:7), 긍휼이 없는 종의 비유의 마지막 장면과 밀접하게 평행을 이룬다(마 18:32-35). "네 말고 의롭다 함을 받

---

51 McKnight, *Letter of James*, 425-26; Blomberg and Kamell, *James*, 34.

52 간략한 표에 대하여, Davids, *Epistle of James*, 48을 참조하라. 더 완벽한 표를 위해서는 Christopher W. Morgan, *A Theology of James: Wisdom for God's People* (Phillipsburg, N.J.: P&R, 2010), 32-36을 참조하라. 세밀한 논의에 대하여, John S. Kloppenborg, "The Emulation of the Jesus Tradition in the Letter of James," in *Reading James with New Eyes: Methodological Reassessments of the Letter of James*, ed. Robert L. Webb and John S. Kloppenborg (London: T&T Clark, 2007), 120-50을 보라.

고 네 말로 정죄함을 받으리라"(마 12:37)라는 표현은 야고보서 3:1-2에 나오는 말에 대한 사람들의 선한 심판과 나쁜 심판의 근거가 될 수 있다. 열매로 나무를 아는 것(마 7:16; 눅 6:44-45)은 야고보서 3:12에 나오는 은유와 비슷하게 보인다. 긍휼의 충만함이 하늘의 지혜라는 사실(약 3:17)은 우리도 하늘의 아버지가 그런 것처럼 긍휼을 베풀어야 한다는 예수의 가르침과 밀접하게 닮는다. 지금 웃고 있지만 이후에 슬퍼하고 울게 되는 사람들에게 화가 있을 것이라는 예수의 말씀(눅 6:25)은 야고보의 청중이 웃음을 애통으로 바꾸라는 명령의 배경이 될 수 있다(약 4:9). 바로 다음 구절에 나오는 주님 앞에서 자신을 낮추고 그가 높일 것이라는 명령(10절)은 누구든지 그들 자신을 낮추는 사람은 높아질 것이라는 예수의 원리를 상기시킨다(그 반대도 마찬가지; 눅 18:14). 야고보서 4:11은 부적절한 판단에 대해 마태복음 7:1과 누가복음 6:37에 밀접하게 일치한다. 그다음 구절(12절)은 차례로 몸만이 아니라 영혼을 멸할 수 있는 한분 재판관이신 하나님에 대한 예수의 가르침을 상기시킨다(마 10:28).

선을 알면서도 행하지 않는 것은 죄이며(약 4:17), 이것은 주인의 뜻을 알면서도 따르지 않은 종이 받게 될 더 큰 책임과 형벌을 반영한다(눅 12:47). 부자들에게 울고 통곡하라는 요청(약 5:1)은 평지 설교에서 부자들에게 화가 있을 것이라는 예수의 말씀을 반영한다(눅 6:24). 부가 썩고, 좀 먹은 옷(약 5:2)은 예수의 평지 설교에서 땅의 보물의 운명을 상기시킨다(눅 6:19-20). 그리스도가 문밖에 계신다는 것은 그의 임박한 재림을 언급하는 것인데, 감람산 강화에서 그 결과에 대한 예수의 말씀을 반영한다(마 24:33). 엘리야의 예(약 5:17)는 누가복음 4:25에서 예수가 직접 사용하는 것으로 나타난다. 마지막으로 방황하는 제자를 다시 불러오는 것의 중요성(약 5:19)은 잃어버린 양의 비유에서 방황하는 양에 대한 예수의 관심과 일치한다(마 18:10-14).

이처럼 복음서에 나타난 야고보서의 암시(allusion)가 똑같이 설득력이 있는 것은 아니지만, 야고보가 예수의 가르침에 깊이 빠져 있다는 것을 부인하기 어렵다. 이것 중 일부는 Q나 Q에 영향을 준 전통을 통해 조정되었을 것이다.[53] 야고보는 아직 그의 이복형제, 예수를 따르지 않았다고 할지라도, 갈릴리에서 행해진 일부 가르침의 자리에 참석했을 수 있다. 어쨌든, 야고보의 권면들은 토라 자체보다 예수가 지상 생애 동안 주었던 가르침에서 훨씬 더 많이 파생된다. 게다가, 야고보서 안에 얼마나 많은 것이 예수의 산상 설교에서 오는지를 고려한다면, 야고보는 그 산상 설교에 나타난 예수의 가르침을 알고 동의했을 가능성이 매우 높다(마 5:17).[54] 물론, 야고보의 교회들 안에 있었던 일부 교인들은 여전히 유대인 의식들 중 특정한 부분들을 준수했을 수 있다. 어느 누구도 예수의 부활 다음 날(심지어 오순절 다음 날)에 그의 추종자들이 동물 희생 제물을 바치는 것과 아들을 할례하는 것을 멈추거나 돼지고기를 먹는 것을 시작할 수 있다고 발표하지 않았다! 새 시대의 도래가 의미하는 것은 신자들에게 서서히 그리고 여러 장소에서 다른 속도로 나타났을 것이다. 그러나 우리가 보았던 것처럼, 만약 야고보가 썼던 편지를 받은 신자들이 여전히 다양한 의식적 또는 시민적 규정들을 고집했다면, 그는 이것들에 대하여 알고 있다는 것을 언급하지 않으면서도 이것들을 행하는 것에 대하여 훨씬 덜 승인하는 것처럼 보인다. 우리가 여기에서 조사한 증거는 야고보가 예수의 가르침에 완전히 동의했다는 것과, 토라와 그리스도의 관계를 설명하는 가장 좋은 방법이 성취의 개념이라는 것을 제안한다는 것이다.[55]

---

53 특히, Patrick J. Hartin, *James and the Q Sayings of Jesus* (Sheffield: JSOT Press, 1991)을 보라. 또한, 야고보에 관한 소논문들을 Alicia J. Batten and John S. Kloppenborg, eds., *James, 1 & 2 Peter, and Early Jesus Traditions* (London: Bloomsbury T&T Clark, 2014)에서 참조하라.

54 Hartin, *James and the Q Sayings of Jesus*, 210.

55 Patrick J. Hartin, "James and the Jesus Tradition: Some Theological Reflections and Implications," in *The Catholic Epistles and Apostolic Tradition*, ed. Karl-Wilhelm Niebuhr and Robert W. Wall (Waco, Tex.: Baylor University Press, 2009), 70을 참조하라. 하틴(Hartin)은 "야고보는 복음서 이면의 전통에서 발견되는 예수의 말씀에 대한 인식을 보여줄 뿐만 아니라, 그 편지의 사상과 권면은 예수의 중심 비전을 밀접하게 반영하는 것을 나타난다. 가장 중요하게도, 야고보와 예수가 유대인의 유산과 관련하여 계속해서 정의하고 있다는 점에서, 야고보는 예수의 사명의 계속 추진하고 있다. 열두 지파의 순결과 완전, 그리고 회복과 같

완전(Perfection)

로마 가톨릭 작가, 하틴(Patrick Hartin)은 제자도에 대한 야고보의 접근을 "완전의 영성"(spirituality of perfection)으로 요약한다.[56] 개신교 종교 개혁가, 웨슬리(John Wesley)는 "기독교인의 완전"(Christian perfection)을 추구하기 위한 특별한 격려로 야고보서를 바라보았다.[57] 야고보서의 헬라어는 자주 성취뿐만 아니라, 때때로 명명하기 더 좋을 수 있는 "성숙"이나 "완성"을 나타내기 위해 '텔레이'(*telei*) 단어 군을 자주 사용한다. 우리는 인내가 "온전히 이루도록 해야"('에르곤 텔레이온 에케토'[*ergon teleion echetō*]) 하고, 우리가 "온전하고('텔레이오이'[*teleioi*]) 구비하여 조금도 부족함이 없도록"(1:4) 해야 한다. 악하거나 사악한 것은 하나님에게서 직접적으로 오지 않는 것처럼(13절), 우주의 창조주로부터 "온갖 좋은 은사와 온전한('텔레이온'[*teleion*]) 선물이 다 위로부터" 온다(17절). 자유를 가져오는 율법은 "온전하다"('텔레이온'[*teleion*], 25절). 그러므로 성경의 "최고의" 법의 성취라는 제목 아래 "완전"을 포함한다. 아브라함의 믿음은 그의 행위에 의해 완성되고 온전하게('에텔레이오떼'[*eteleiōthē*]) 되었다(2:22). 혀를 제어할 수 있고 말로 결코 죄를 짓지 않은 사람은 "온전하다"(3:2). 왜냐하면 사람의 말은 모든 형태의 악이 나오는 생각과 직접 연결되기 때문이다(4:1 참조).

간결하고 잘 짜인 기독론

과연 야고보는 예수를 어떻게 이해했을까? 주석가들은 이 서신에서 예수에 대한 언급이 오직 1:1과 2:1에만 명시적으로 나타난다는 것을 지적한

은 개념들을 통하여, 야고보는 자신이 유대 유산에 대한 충실에 대한 예수의 메시지에 대한 진정한 상속자임을 보여준다."라고 주장한다.

56 Patrick J. Hartin, *A Spirituality of Perfection: Faith in Action in the Letter of James* (Collegeville, Minn.: Liturgical, 1999).

57 John Wesley, *A Plain Account of Christian Perfection* (London: Epworth, 1952).

다. 지금은 대부분 폐기된 더 오랜 이론은 야고보서가 원래는 비기독교 유대인 소책자였는데, 이 두 구절을 언급함으로써 기독교적인 것으로 보이게 했다고 제안하기도 했다![58] 그러나 우리가 위에서 살펴본 것처럼, 예수의 가르침에 대한 암시가 만연하다는 것은 그 개념을 철저하게 반박한다.[59] 게다가, 현대 독자들은 두 구절에 나타나는 "주 예수 그리스도"라는 이름과 칭호의 삼중 조합의 중요성을 무시하기 쉬운데, 실상은 그렇지 않다. 이 표현은 신약 전체에서 57회 등장하며, 예수는 총 1,266회 사용되고, 그리스도는 469회 나온다. "예수 그리스도"는 126회, "그리스도 예수"는 83회 나타난다. "주"('퀴리오스'[*kyrios*])는 나중에 더 자세히 살펴볼 것이지만, 주와 하나님 모두를 가리키는 용어이며, 구약성경의 "주"(즉, 여호와 곧 하나님 자신을 나타냄)를 나타내는 가장 일반적인 헬라어 번역이었다. 흥미롭게도, 신약은 "주"와 "예수," 그리고 "그리스도"라는 이 세 표현을 모두 결합할 때, 다른 어순을 절대로 사용하지 않는다. 만약 "그리스도"가 예수라는 이름과 동의어였다면, 이것은 설명하기가 난해할 수 있다. 왜냐하면 다른 저자들은 예수 그리스도와 그리스도 예수 사이를 자유롭게 오갈 수 있다고 느꼈기 때문이다. 왜 우리는 "주 그리스도 예수"라는 표현을 결코 만날 수 없는가? 분명히, 적어도 삼중 조합에서 "주"와 "그리스도"는 여전히 칭호로 기능하므로, 중요한 기독론적 진술을 만든다.[60]

야고보가 예수에 대한 두 언급 중 두 번째에서(2:1) 소유격 "영광"('테스 독세스'[*tēs doxēs*])의 의미는 결정하기가 더 어렵다. 대부분의 주석가들은 이것을 설명적인 소유격으로 취하고, 이것을 "영광스러운 주 예수 그리스도"로 번역한다. 그러나 이 번역에서 "영광스러운"이라는 표현은 원문 상 "주"와 멀

---

58 고전적으로 표현된, Friedrich Spitta, *Der Brief des Jakobus untersucht* (Göttingen: Vandenhoeck & Ruprecht, 1896)을 보라.

59 그 주제에 대한 가장 완전한 연구에 대하여, Dean B. Deppe, *The Sayings of Jesus in the Epistle of James* (Chelsea, Mich.: Bookcrafters, 1989)을 보라.

60 Martin, *James*, 7.

리 떨어져 있으며, 야고보는 "우리의"라는 대명사를 이름과 칭호로 이루어진 삼중 사이에 위치시킴으로 이 삼중화를 가로막는다. 그래서 '테스 독세스'(*tēs doxēs*)를 강조해야 하며, 문장의 끝에 왜 이 표현이 있는지 그 이유를 생각해야 한다.[61] 몇몇 주석가들이 하는 것처럼, 만약 우리가 이 표현을 예수에 대한 또 다른 이름이나 칭호로서 이해하고 동격으로 받아들인다면, 이것은 교회 역사의 아주 초기 시점에서 놀랍도록 높여진 기독론으로, 쉐키나(Shekinah, 신적인 영광으로 계시된 여호와의 임재)에 대한 놀라운 언급일 것이다.[62]

고려해야 할 다른 요소는 야고보의 편지 안에 "주"라는 표현이 무엇을 언급하는가에 있다.[63] 이 표현은 항상 하나님을 가리키는가? 1:1과 2:1 이후, 우리는 이것을 선험적으로 가정할 수 없고, 문맥에서 각 의미를 찾아야 한다. 1:7; 3:9; 4:10; 5:4, 10, 11에 나타난 "주"는 여호와 하나님을 가리킨다. 그러나 5:7, 8에서 "주의 강림"은 분명히 예수의 재림을 의미한다. 초기 기독교 기도의 정황에서 예수라는 표현과 "이름"이 자주 사용되었다는 것을 고려했을 때, "주의 이름"(5:14)이라는 표현에서 "주"는 아마 예수일 것이다. 이것은 다음 절(15절)에서도 "주"라는 표현이 예수를 가리키고 있다는 것을 보여준다. 4:15의 "주의 뜻"이라는 표현에서 "주"는 약간 불확실하다. 그러나 야고보의 입장에서, 여행하는 유대 기독교인 상인들이 신적인 인도를 구할 때, 하나님을 먼저 생각하길 원했을까? 아니면 예수를 먼저 생각하기를 원했을까? 아마도 후자가 더 가능성이 있는 것처럼 보인다.[64]

---

61 William R. Baker, "Christology in the Epistle of James," *Evangelical Quarterly* 74 (2002): 55를 참조하라.

62 John B. Polhill, "Prejudice, Partiality, and Faith: James 2," *Review and Expositor* 83 (1986): 396; Robert B. Sloan, "The Christology of James," *Criswell Theological Review* 1 (1986): 20-21; John Reumann, "The Christology of James," in *"Who Do You Say That I Am?" Essays on Christology*, ed. Mark A. Powell and David R. Bauer (Louisville: Westminster John Knox, 1999), 132.

63 Baker, "Christology in the Epistle of James," 47-57을 참조하라.

64 그러나 최근의 해석가들 중, 이러한 입장은 극히 드물다. 그러나 Larry W. Hurtado, "Christology," in *Dictionary of the Later New Testament and Its Developments*, ed. Ralph P. Martin and Peter H. Davids (Downers Grove, Ill.: IVP, 1997), 173을 보라.

기독교인의 삶

우리는 예수의 윤리적 가르침에 대한 모든 암시뿐만 아니라, 야고보가 이해한 예수 안에서 율법의 성취와 예수의 신적인 권위를 살펴보았다. 이제 우리는 한결같음(single-mindedness) 대 이중성(duplicity)에 대한 야고보의 전반적인 강조를 가장 잘 보여주는 야고보서에서 기독교인의 삶의 세 가지 핵심 주제를 분석하는 위치에 있다.

시험과 유혹[65]

야보고서에는 예수를 따르게 되면 어떠한 염려가 없는, 세속적인 편안한 상태를 얻게 될 것이라는 환상이 있지 않다. 신자들은 "여러 가지 시험"을 당할 것이다(1:2). 이들은 이 시험들을 순수한 기쁨을 위한 기회로 "여길 수"("생각하다" 또는 "간주하다") 있다. 또한 이들은 이 시험들이 기독교인의 성숙을 가져오기 위한 유익한 것들임을 알고 있다(3-4절). 분명히 이 성숙은 기쁨의 감정이 아니라, 삶이 우리 주변에서 무너져 내리고 있을 때, 우리가 "거기에서 버티고 머물도록" 하는 정신적인 과정이다. 영원한 생명의 영광에 대한 우리의 소망을 이해하고 고정하는 것은 힘든 상황에서 마음의 평온을 유지하는 열쇠가 된다(12절). 어려운 외적인 환경들이 시험이나 유혹 그 자체가 아니다. 우리가 이것들을 성장을 위한 기회로 인식하느냐 아니면 이것들을 죄의 유혹이 되게 하느냐에 모든 것이 달려 있다(1:2, 14-15절).[66] 어떤 경우에도, 우리는 우리를 시험하는 것에 대해 하나님을 비난해서는 안 된다. 왜냐하면 그는 결코 그렇게 하지 않기 때문이다(13절). 그러나 성령은 사탄

---

65 특히, Adamson, *James*, 308-45를 참조하라.

66 이 두 가지 결과와 일치하여 이 삶을 시험 기간으로 다루는 책 한 권 분량으로 다루는, Nicholas Ellis, *The Hermeneutics of Divine Testing: Cosmic Trials and Biblical Interpretation in the Epistle of James and Other Jewish Literature* (Tübingen: Mohr Siebeck, 2015)을 보라.

이 우리를 시험하는 그 장소로 인도할 수 있다(마 4:1; 눅 4:1). 야고보는 확실히 마귀에 대하여 알고 있지만, 우리가 마귀를 대적할 능력을 가진다고 인식한다(4:7). 반면에, 하나님은 적어도 직접적으로 오직 선만을 가져오고, 결코 악을 가져오지 않는다. (타락한 세상에서 삶의 더 간접적인 결과들을 포함하여) 마귀의 활동에 의해 조장된 인간의 죄악된 본성만이 악한 것을 산출한다(1:13, 16-18절).

죄에 대한 유혹으로 빠지게 하는 중요한 외부 자극은 하나님의 뜻을 구하는 것과 별개로, 우리의 삶을 위해 돈을 얻고자 하는 욕망이다(4:13-17). 데이비드(Peter Davids)는 적절하게 4:13-17에 "부의 시험"을, 5:1-6에 "부자들에 의한 시험"이라는 제목을 붙인다.[67] 사회경제적 박해가 일어날 때, 아마도 신자라는 사실 때문에 이러한 박해의 상황이 더욱 악화될 때, 신자들은 스스로 판단하기보다 오히려 모든 것을 바로 잡을 하나님을 신뢰해야 한다(5:7-11). "주의 이름으로 말한 선지자들"과 "욥의 인내"(10-11절)를 예로 드는 것은 불의에 대하여 적절하게 말로 대응하는 것이 타당하기 때문이다. 물론 야고보는 결코 폭력적인 저항을 용납하지 않는다.[68] 극심한 육체적 질병의 시험에 대한 반응으로, 우리는 기름을 바르고, 치료를 위해 기도하도록 교회의 장로들을 찾아야 한다. 우리는 병의 치료를 막는 죄를 고백해야 한다(13-14절, 16절). 무(Douglas Moo)에 의하면, 믿음의 기도(15절)는 우리의 뜻을 압도할 수 있는 하나님의 뜻에 대한 여지를 남긴다고 말하는데, 그의 말은 옳다(4:15의 뒤를 잇는 것처럼).[69] 그러나 이 "기름 부음"을 실행하지 않은 교회들은 하나님이 육체적 치유를 일으킴으로써 그들 가운데서 일하는 방법을 무시하는 것이다. 그러므로 이러한 교회들은 성령의 활동 중 일부를 소멸시

67 Davids, *Epistle of James*, 171.

68 Christopher Church, "James," in *Hebrews-James*, by Edgar V. McKnight and Christopher Church (Macon: Smyth & Helwys, 2004), 407.

69 Douglas J. Moo, *The Letter of James: An Introduction and Commentary*, rev. ed. (Downers Grove, Ill.: IVP, 2015), 229.

킬 위험이 있다.[70]

지혜와 말

야고보는 우리가 지혜가 부족할 때 우리가 의지해야 하는 분이 하나님이라는 것을 강조함으로써, 시작한다(1:5). 우리가 앞서 언급했던 것처럼, 사람이 의심하지 않고 드러내야 하는 믿음은 우리 주 예수 그리스도의 하나님이 어떠한 상황에서도 바꿀 수 있는 의로운 하나님임을 인식하는 것이다(6-8절). 지혜로운 기독교인의 삶의 핵심은 특히, 우리의 말에서 "듣기는 속히 하고 말하기는 더디 하며 성내기도 더디"(19절) 하라는 세 가지 명령에 있다. 1:19-26은 차례로 각 명령에 대하여 설명하고 있는데, 19-20절은 노하기를 더디 하는 것이며, 21-25절은 빨리 듣는 것이며, 26절은 말하기를 더디 하는 것이다.[71] 특히 고대 세계에서, 교사는 주로 말로 가르쳤고, 지혜를 가져야 했다. 그러므로, 야고보가 이 두 가지 주제를 순환하면서, 교사가 되고자 하는 사람들을 언급하는 것은 놀라운 일이 아니다. 이들은 자신들의 말이 선과 악(특히, 교회 내에서 이들이 만들어내는 연합이나 분열에서), 그리고 그 결과로 초래되는 더 엄격한 책임에 대한 큰 잠재성을 깨달아야 한다.[72] 배의 키와 말(horse)의 입에 있는 재갈, 그리고 사람의 몸에 있는 혀에 대한 예들 모두는 같은 요점을 지적하는데, 비교적 작은 것이 그 크기에 전혀 어울리지 않게 강력한 영향을 끼칠 가능성이 있다는 것이다(3-6절).[73] 비참하게도, 타락 이후, 인간의 혀는 동물의 왕국이 될 수 있을 정도로, 길들여질 수 없다(7-10

70 어떤 것도 이 의식을 은사('카리스마타'[*charismata*])와 연관시킬 수 없고, 그래서 은사 중지론자들은 그 실행을 반대할 정당한 이유를 갖지 않는다. John Christopher Thomas, *The Devil, Disease and Deliverance: Origins of Illness in New Testament Thought* (Sheffield: Sheffield Academic Press, 1998), 21-23.

71 William R. Baker and Thomas D. Ellsworth, *Preaching James* (St. Louis: Chalice, 2004), 32.

72 Moo, *Letter of James*, 150.

73 William R. Baker, *Personal Speech-Ethics in the Epistle of James* (Tübingen: J. C. B. Mohr, 1995), 124.

절). 이와 달리, 식물의 세계와 자연환경은 더 큰 일관성을 보여준다(11-12절).

야고보는 하늘에서 오는 지혜를 세상과 육체, 그리고 마귀에 의해 움직여지는 거짓 지혜와 대조한다(3:13-18). 여기에는 바울이 언급하는 성령의 열매와 비슷한 목록이 있으며, 일부 독자들은 야고보가 성령을 지혜의 의인화로 묘사하고 있는지 궁금해한다(잠 8-9장 참조). 아마도 그가 편지 어느 곳에서도 성령에 대하여 명확하게 언급하지 않기 때문이다(어떤 사람은 4:5이 인간의 영이 아니라 하나님의 영을 언급한다고 생각한다고 할지라도).[74] 신약성경에 나타난 많은 덕과 악 목록과 달리, 야고보가 나열하는 특징들은 거의 독점적으로 대인 관계의 특성을 가리킨다. 우리는 바로 다음 단락이 공동체 안에서 일어난 싸움에 대한 내용이라는 것에 놀라서는 안 된다(4:1-3). 몇몇 학자는 여기에 묘사된 "살인"(2절)을 문자 그대로 보았고, 60년대 초반 야고보의 삶이 끝날 즈음에 원시 열심당 운동(proto-Zealot movement) 안에서 그 정황을 발견했다고 주장한다.[75] 그러나 언급된 "살인"이라는 표현은 은유적일 가능성이 크다. 마치 야고보가 4:4에서 자신의 회중을 "간음한 여인들"이라고 부르는 것이 타락한 세계 질서와 친구가 될 때 하나님에 대하여 신실하지 못한 모습을 가리키는 것처럼 말이다.[76] 악한 모습을 교정할 수 있는 수단은 7-10절이 설명하는 회개와 하나님에 대한 복종이다. 교정 이후에 기독교인들의 언어는 다른 신자들을 비판적으로 중상하거나 판단하지 않게 될 것이다(11-12절).[77]

---

74 특히, William R. Baker, "Searching for the Holy Spirit in the Epistle of James: Is 'Wisdom' Equivalent?" *Tyndale Bulletin* 59 (2008): 293-315를 보라. 베이커(Baker)는 J. Alan Kirk, "The Meaning of Wisdom in James," *New Testament Studies* 16 (1969): 24-38에서 주장되는 완전한 방정식을 비판하고 있다. 5절을 번역하는 여러 선택을 더 완전히 다루는 것에 대하여, Richard Bauckham, "The Spirit of God in Us Loathes Envy: James 4:5," in *The Holy Spirit and Christian Origins*, ed. Graham N. Stanton, Bruce W. Longenecker, and Stephen C. Barton (Grand Rapids: Eerdmans, 2004), 270-81을 보라.

75 예를 들어, Martin, *James*, lxii-lxxii.

76 Raymond C. Ortlund Jr., *God's Unfaithful Wife: A Biblical Theology of Spiritual Adultery*, rev. ed. (Downers Grove, Ill.: IVP, 2003) 전체를 보라.

77 Blomberg and Kamell, *James*, 201-2를 참조하라.

부와 가난

그리스도 안에 있는 삶은 궁극적으로 "울퉁불퉁한 데가 없이 평평하게 하는(leveling) 경험"으로 보여야 한다. 비천한 상황에서 신자들은 여전히 하나님의 사랑을 받는 자들로서 그들의 높은 영적인 위치를 자랑할 수 있다(1:9). 반면에, 이 땅에서의 삶은 덧없음으로 정의되며, 부자들은 자신들의 낮아짐을 자랑할 수 있어야 한다(10-11절). 그러나 이것은 그들의 최종적인 죽음을 암시하는 것이 아니라, 나중에 그들의 영원한 영광을 나타낸다. 일부 주석가들은 야고보가 10-11절에서 "신자"를 뜻하는 "형제"라는 용어를 사용하지 않기 때문에, 비기독교인 부자만 가리키는 것이라고 결론지었다.[78] 그러나 이것은 야고보가 이곳에서만 사용하는 매우 심한 반어법(운명을 한탄하는 것처럼 보이지만 실제로는 정반대의 모습임)인데, 부한 자가 자랑하는 모습은 9절과도 연결이 된다. 9절에서도 낮은 형제가 자랑하는 모습이 등장하는데, 이것은 9절과 10절이 서로 평행을 이루는 것으로 이해되며, 9절에 언급된 "형제"라는 단어가 10절에서 생략되었을 가능성이 크다.[79] 다시 말해, 9절과 10-11절에서 각각 가난한 자와 부자는 신자를 가리키는 것으로 이해하는 것이 적절하다.

2:1-4는 가난한 사람을 희생시키면서 기독교인의 회중으로 들어오는 부자들에 대한 과도한 관심과 명예를 비난한다. 왜냐하면 특히 부자는 야고보

---

78 Mariam J. Kamell, "The Economics of Humility: The Rich and the Humble in James," in *Engaging Economics: New Testament Scenarios and Early Christian Reception*, ed. Bruce W. Longenecker and Kelly D. Liebengood (Grand Rapids: Eerdmans, 2009), 167을 보라. Pedrito U. Maynard-Reid, *Poverty and Wealth in James* (Maryknoll, N.Y.: Orbis, 1987), 44를 참조하라.

79 더 연구를 위해, Craig L. Blomberg, *Neither Poverty nor Riches: A Biblical Theology of Possessions* (Grand Rapids: Eerdmans; Leicester: IVP, 1999; Downers Grove, Ill.: IVP, 2001), 149를 참조하라. 윌리암스(H. H. Drake Williams)는 자신의 글, "Of Rags and Riches: The Benefits of Hearing Jeremiah 9:23-24 within James 1:9-11," *Tyndale Bulletin* 53 (2002): 282에서 우리는 이것을 "신자들의 영웅적인 자랑"으로 읽어야 하며, "하나님의 백성은 부가 거의 의미가 없고 하나님의 계획 안에 있다는 것이 큰 의미가 있을 미래를 바라보도록" 격려한다고 주장한다.

의 교회들 안에 있는 많은 사람을 압제하고 있었던 바로 그 부류들이었기 때문이다(6-7절; 5:1-6 참조). 이 구절들 안에는 재판에서나 사용될 것 같은 언어들이 등장하는데, 아마 유대인들이 정기적으로 회당을 사용했기 때문으로 보이며, 야고보가 교회를 예배를 위한 장소보다도 오히려 법정으로 기능하는 것으로 생각했음을 지적할 수 있다.[80] 5절에 분명히 나타나는 가난한 자를 위한 하나님의 우선적 선택은 가난한 기독교인에게만("자기를 사랑하는 자들") 한정되어 있다.[81] 14-17절은 요점의 명확성을 위해 극단적인 상황이 과장되어 묘사되는데, "적절한 음식과 의복이 없는 동료 신자가 기독교 공동체에 오는데, 이 공동체는 도움을 줄 수 있는 위치에 있는 것 같지만, 실제로 위선적으로 그 사람의 안녕을 빌고 있으면서, 정작 어느 누구도 어떤 것을 주지 않는다"는 것이다. 그러한 "행함이 없는" 개인들이 어떤 신앙의 고백을 하든지, 그것은 공허한 것으로 판명되었을 수 있다. 이것은 기독교인들이 어떤 종류의 도움을 주어야 하는지 지시하기 위함도 아니고, 또는 '이들만큼 순종하지 않을 수 있는지' 주장하려는 것이 아니다. 그러나 자신보다 가난한 사람들에게 실제적인 도움을 주지 않고 평생을 살아온 신자들이 조금이라도 변화되지 않았다는 것을 보여준다. 진정한 기독교인들은 변화될 수밖에 없는 존재들임에도 불구하고 말이다.[82]

야고보 서신(2:18-26)에서 믿음 대 행함에 관한 유명한 단락이 이러한 맥락에서 나온다. 사실, 이것은 편지의 주요한 주제 중 하나가 아니다. 적어도 구조적으로 아니다. 물론 루터(Martin Luther)가 이 편지에 "지푸라기 서신"

---

80 부자의 반지와 눈부시는 옷을 정치 직무에 출마하기 위하여 지지를 구하는 로마 기마의 표시로서 이해하는 매우 다른 관점에 대하여, Ingeborg Mongstad-Kvammen, *Toward a Postcolonial Reading of the Epistle of James: James 2:1-13 in Its Roman Imperial Context* (Leiden: Brill, 2013)을 보라.

81 데이비드(Davids)는 자신의 책, *Epistle of James*, 112에서 문제를 다음과 같이 잘 요약한다. "그러므로 '가난한 사람'이라는 용어는 … 종교적 특성을 선택했다. 왜냐하면 그것은 사실상 진정한 신자들에 대한 이름이기 때문이다 … 그러나 그것은 물질적으로 상당히 빈곤하다는 것을 의미하며, 또한 물질적으로 차별을 받은 가난한 사람이기 때문이다."

82 John P. Keenan, *The Wisdom of James* (Mahwah, N.J.: Paulist, 2005), 83.

이라는 이름을 붙인 이후 모든 관심을 받았음에도 불구하고 말이다.[83] 그러나 루터의 주장과 달리, 2:1-17의 문맥은 우리가 바울의 오직 믿음('솔라 피데'[*sola fide*])의 교리와 긴장 관계에 있다는 비난을 일축하도록 한다. 야고보가 행함이 없는 믿음은 죽은 것이라고 선언할 때(17절, 26절), 그는 바울이 로마서 3:28과 갈라디아서 2:16에서 직면해야 했던 토라의 행위가 아니라, 기독교적인 긍휼의 행위를 염두에 둔 것이다.[84] 결국, 바울 역시 믿음은 사랑으로서 역사한다는 것(갈 5:6)과 우리가 믿음을 통하여 은혜로 구원을 받은 이후(엡 2:8-9) 그리스도 예수 안에서 선한 일을 위해 창조되었다는 것(10절)을 인식했다. 야고보가 사람이 믿음으로만이 아니라 행함으로 의롭다 하심을 받는다고 주장할 때(2:24), 그는 우리가 이생에서 다음 생으로 옮겨질 때, 구원의 과정이 완성된다는 것을 언급하기 위해 "칭의"를 사용하고 있다. 즉, 방금 언급한 바울의 단락에 나타난 것처럼 그 과정으로 들어가는 것이 아니다.[85] 그는 정통 신앙고백("하나님은 한 분이다," 19a절)안에 있으면서, 궁핍한 기독교인들을 어떤 동정심으로 대하지 않은 사람들에 대하여 염려한다. 귀신들도 그 정도의 "믿음"을 가지고 있는 것처럼 보인다(19b절)!

비록 4:13-17과 5:1-6은 "시험과 유혹"이라는 주제로서 야고보서의 개요에 들어맞을 수 있지만, 이 둘은 분명히 부의 위험에 무게를 둔다. 사람은 적정한 것보다 더 많은 물질적인 소유를 원하는 유혹에 굴복하면서까지, 부유할 필요는 없다. 여행하는 상인들은 "간절히 바라는 것"(wannabes)이 무엇인지 그 범주를 나타낼 수 있다(4:13-17).[86] 5:1-6에 나오는 부유한 압제자들

83 Martin Luther, *Works*, vol. 35, *Word and Sacrament I* (Philadelphia: Fortress, 1960), 396.

84 Joachim Jeremias, "Paul and James," *Expository Times* 66 (1955): 568-71을 보라. 또한, Alexander Stewart, "James, Soteriology, and Synergism," *Tyndale Bulletin* 61 (2010): 293-310을 참조하라.

85 Witherington, *Letters and Homilies for Jewish Christians*, 478; McKnight, *Letter of James*, 252.

86 Alicia Batten, "Ideological Strategies in the Letter of James," in Webb and Kloppenborg, *Reading James with New Eyes*, 26을 참조하라.

은 거의 확실히 기독교인들이 아니다.[87] 그러나 그들은 "땅에서 사치하고 방종하여" 살고 있고 "살륙의 날에" 그들 자신을 살찌게 한다는 묘사는 오늘날 우리 지구의 북반구와 서반구에 있는 많은 부유한 신자들에게 위협적으로 다가온다. 이 단락에서 언급되는 "죽였다"(6절)라는 표현은 부한 자들이 자신들에게 대항하지 않은 가난한 사람들이 생활하기에 충분한 돈을 지불하지 않음으로써 일어난 것이었다. 왜냐하면 그 당시 노동자들은 아마도 높은 이자를 지불하며 대출을 받아야 했고, 결국 갚지 못했을 때 감옥으로 던져졌을 것이기 때문이다. 감옥에서 일할 방법이 없고, 심지어 식량조차 전적으로 외부인들에게 의존하면서, 많은 사람들이 버려졌고 거기에서 죽었을 것이다. 살인은 간접적이었을 것이지만, 실제와 다를 바 없었다.[88]

1:27이 편지에 대한 핵심 진술로 기능하든지 그렇지 않든지, 그 구절은 확실히 부와 가난에 대한 야고보의 중심적인 강조를 표현한다. 이 세상에서 가장 박탈당하고 취약하고 버려진 사람들을 돌보는 일은 기독교에서 최우선 순위로 남아야 한다. 그러나 개인의 순결과 경건, 그리고 헌신도 역시 그렇게 남아야 한다. 역사의 여러 시대에서 교회를 괴롭혔던, 영적 복음과 사회적 복음을 두 갈래로 나누는 것(bifurcation)은 거절되어야 한다.[89]

---

87 카멜(Kamell)은 자신의 글, "Economics of Humility," 172에서 "5:1-6에서 부자에 대한 [야고보의] 정죄는 가혹하다. 그들의 행동 모든 면에서 실패한다. 그들은 주위가 썩을 정도로 재물을 쌓아 두었지만(2-3절), 그들의 탐욕 안에서 더 많이 쌓아 두려고 일꾼에게 돈을 지불하기를 거절한다(4절) ··· 부자에 대한 정죄는 그들이 부자라는 것이 아니라, 그들이 교만하고 이기적으로 행동한다는 것이다 ··· 부자의 범죄는 교만과 이기심(부유하다는 것이 아니라)이며, 이 교만 때문에 그들은 정죄를 받고 멸망할 것이다."라고 주장한다.

88 예를 들어, David Doriani, *James* (Phillipsburg, N.J.: P&R, 2007), 172.

89 "야고보는 신자의 삶에 심겨진 말씀의 직접적인 적용으로 진정한 경건을 묘사한다. 그 결과는 수직적으로 하나님에게 복종하고 예배하는 것이다. 그 결과는 수평적으로 곤경에 처한 가난한 자와 과부들, 그리고 고아들에 대한 염려이다. 그 결과는 관계적으로 교회에서 다른 사람들과 평화롭게 사는 것이다. 그 결과는 내적으로 하늘의 지혜에서 오는 순결함과 겸손, 그리고 온유함이다." David S. Dockery, "True Piety in James: Ethical Admonitions and Theological Implications," *Criswell Theological Journal* 1 (1986): 69.

기도의 힘

기도는 소외되거나 무시되는 경향이 있는 주제이다. 기도는 신학에 속하는가? 아니면 윤리에 속하는가? 어느 경우에 속하든, 야고보서는 우리가 이 주제에 관한 중요한 가르침을 준다. 기도는 책 전체에 걸쳐 나타나지 않기 때문에, 완전성(integrity) 대 이중성(duplicity)이나 구원의 역사 안에 나타난 성취와 같은 통합하는 주제로 볼 수 없고, 또한 우리가 위에서 다룬 세 가지 목록에 포함될 만큼이나, 야고보는 기도를 충분히 자세히 다루지 않는다. 그러나 이 주제에 관한 야고보의 가르침은 덜 명확할 수 있는 어떤 개념들을 이해할 수 있도록 한다.[90]

하나님은 우리에게 지혜를 주기를 원하신다. 1:5b-6을 문맥의 흐름에서 이해하지 않고, 사람들이 충분한 믿음을 가지고 있기만 한다면 원하는 것은 무엇이든지 기도로 얻을 수 있다는 약속에 대한 증거로 사용되는 것은 수치스러운 일이다. 하나님은 우리에게 삶을 위한 안내와 지혜로운 결정을 할 능력을 주실 것이다(5a절). 그는 결코 우리에게 건강이나 부를 약속하지 않는다.[91] 심지어 우리가 지혜를 구할 때조차, 우리가 가져야 하는 믿음은 우리가 올바른 인격에게 구하는 것이지, 우리가 하나님의 응답을 미리 알고 있는 것처럼 "원하는 바를 말하고 그것을 취할" 수 있는 것이 아니다.

야고보서 4장은 아마도 기도의 주제에 대한 야고보의 가장 중요한 공헌일 것이다. 대부분의 신자들은 하나님의 뜻이 항상 이루어진다면, "왜 기도를 해야 하는지"와 같은 질문과 때때로 씨름한다. 2절은 우리가 구하는 경우에만 하나님께서 우리에게 주기로 결정한 무엇인가가 있음을 시사한다. 이 구절과 1:5-6에 나타난 현재 시제 동사의 상(verbal aspect)은 때때로 우리가

---

90 Hartin, *James*, 36을 참조하라.

91 소위 건강/부의 복음에 대한 예리한 비판을 위해, David W. Jones and Russell S. Woodbridge, *Health, Wealth and Happiness: Has the Prosperity Gospel Overshadowed the Gospel of Christ?* (Grand Rapids: Kregel, 2011)을 보라.

계속해서 구해야 할 필요가 있음을 시사한다.[92] 신학자들은 이것을 하나님의 조건적인 의지라고 불렀는데, 사람들의 기도와 상관없이 하나님이 하실 것인지 또는 하지 않을 것인지를 포함하는 절대적인 의지와 대조된다.[93] 3절은 우리가 구할 때조차도 때때로 우리는 잘못된 동기로 그렇게 한다고 설명한다. 이것은 우리가 매우 좋게 보이는 것들을 구할 때 잘못된 동기가 있는지 없는지 특히 인식하기 어려울 수 있다. 확실히 더 나은 건강이나 추가적인 재물은 우리가 하나님을 더 잘 섬기도록 할 것이라고 우리는 생각한다. 그러나 그리스도는 바울에게 직접적으로 그리스도의 능력은 인간의 약함에서 온전하게 된다고 말한다(고후 12:9). 야고보는 확실히 이에 동의할 것이다.

마찬가지로, 야고보서 4:15는 우리에게 하나님의 뜻이 우리의 뜻을 지배할 수 있도록 문을 열어 두도록 항상 상기시킨다. 우리가 이미 보았던 것처럼, 이러한 진술을 통하여, 우리는 전권이 위임된 약속처럼 보이는 5:15를 이해하게 될 것이다("믿음의 기도는 병든 자를 구원하리니"). 마태복음 7:7("구하라 그리하면 너희에게 주실 것이요")은 6:10("당신의 뜻이 이루어질 것이다")을 전제로 하는 것처럼, 진정한 믿음은 항상 우리의 뜻보다 오히려 하나님의 뜻이 이루어지기를 구한다.[94] 5:16a의 제3조건문은 오직 때때로 죄가 질병의 원인이 될 수 있다는 것을 시사한다.[95] 그러한 경우에, 의인에게 하는 고백은 큰 치료 효과를 가질 수 있다. 자백하지 않은 죄는 실제로 우리의 기도를 막을 수 있다.

---

92 Chris A. Vlachos, *James* (Nashville: B&H, 2013), 25; Daniel B. Wallace, *Greek Grammar beyond the Basics: An Exegetical Syntax of the New Testament* (Grand Rapids: Zondervan, 1996), 721-22.

93 Blomberg, *From Pentecost to Patmos*, 401. Richard A. Muller, "Grace, Election, and Contingent Choice: Arminius's Gambit and the Reformed Response," in *The Grace of God, the Bondage of the Will*, vol. 2, Historical and Theological Perspectives on Calvinism, ed. Thomas R. Schreiner and Bruce A. Ware (Grand Rapids: Baker, 1995), 274-75를 참조하라.

94 Craig L. Blomberg, *Matthew* (Nashville: Broadman, 1992), 130. Moo, *James: An Introduction and Commentary*, 232-36을 참조하라.

95 John Christopher Thomas, "The Devil, Disease and Deliverance: James 5:14-16," *Journal of Pentecostal Theology* 2 (1993): 36-37. Vlachos, *James*, 187을 참조하라.

그러므로 야고보는 "의인의 간구는 역사하는 힘이 큼이니라"(16b절)라는 원리를 진술한다. 그러나 일단 우리가 우리 죄를 자백하면, 하나님은 그것을 용서하신다. 우리는 치료되지 않는 것이 어떤 방식으로든 죄를 여전히 짓고 있거나 불충분한 믿음을 보여주고 있다는 것을 증명한다고 말하면서, 누군가에게 완고하고 끔찍한 죄책감을 주어서는 안 된다.

결론

야고보서는 우리를 교회 역사의 초기 시대로 데려간다. 예수와 유대에 있는 초기 교회처럼, 이 편지는 우리 세상의 가난한 자와 버림받은 사람들, 특히 동료 기독교인들의 복지에 대한 깊은 관심을 보여준다. 이것은 개인적인 경건과 사회적 행동 사이의 어떤 긴장을 일으키지 않는다. 이 둘 다, 절대적으로 진정한 믿음에 필수적이다. 하나님의 한결같음을 본받음에 대한 주제와 타락한 인류의 이중적인 마음을 금지하는 주제는 편지 전체에 걸쳐 있다. 성취라는 주제도 역시 마찬가지이다. 하나님 나라의 시대가 도래했고, 심판 날이 얼마 남지 않았다. 하나님 나라의 도래에 비추어볼 때, 구약의 도덕적 원리들은 이 유대 기독교인들에게 남아 있지만, 이 원리들은 오직 예수의 가르침을 통하여 걸러진(성취된) 것 뿐이다. 이러한 이유 때문에, 기독교인들이 추구해야 하는 완전함이나 완성, 또는 성숙의 목표는 성취의 개념을 포함하는 단어 군에 나오는 것이 합당하다. 사실, 율법 자체가 사랑의 법 안에서 성취된다. 그리스도의 오심에 비추어, 예수의 생애와 가르침에서 성취된 토라는 자유의 법이 된다. 그 결과, 우리는 더 이상 심판 날을 두려워할 필요가 없는데, 하나님께서 예수를 따르는 자들에게 긍휼을 베풀 것이기 때문이다. 비록 예수라는 이름이 이 편지에서 드물게 등장한다고 할지라도, 그는 메시아이며 주님이다. 주님으로서, 그는 히브리어 성경의 하나님 여호와가 행하신 많은 기능을 수행한다. 그는 심지어 고대 이스라엘과 함께 있었던 하나님의 임재의 영광을 상징하는, 쉐키나(Shekinah)로 언급될 수 있다.

성장하는 기독교인과 성장하는 기독교 공동체에 요구되는 윤리들은 예수 자신의 가르침에 따라, 세 가지 주제를 중심으로 모여 있다. 첫째, 우리는 어려운 외부 환경들에 적극적으로 대응해야 하는데, 이 환경들이 죄에 빠지게 하는 유혹이 아니라 오히려 우리를 성숙하도록 돕는 시험이 되도록 해야 한다. 둘째, 우리는 삶의 모든 영역에서 하나님의 지혜를 구해야 한다. 셋째, 이 세상의 부를 더 많이 가진 사람들은 덜 가진 사람들을 압제하고 이들의 곤경을 악화시키기보다 도움을 주어야 한다. 더 큰 부를 바라는 것이 본질적으로 잘못된 것은 아니지만, 모든 것은 우리의 동기에 달려 있다. 우리는 우리가 가진 것을 오직 우리 자신만을 위해 사용하는가? 아니면 다른 사람을 위해 사용하는가? 마지막으로 기도는 기독교인의 모든 활동을 뒷받침해야 하며, 우리의 뜻을 하나님의 뜻에 강요하기보다 오히려 우리가 하나님을 뜻을 분별하려고 해야 한다.

유다서

언뜻 보기에, 유다서의 내용은 야고보서와 거의 공통점이 없는 것처럼 보인다.[96] 그러나 자세히 들여다보면, 몇 가지 놀라운 유사점들이 있다. 위에서 언급했던 것처럼, 야고보서를 시작할 때 등장하는 구절들이 유다서에서도 비슷하게 나타날 뿐만 아니라, 야고보의 교회들에서처럼, 유다의 교회들에 침투한 거짓 교사들을 염두에 두고 믿음을 위해 싸우라는 요청(3-4a절)이 교인들 중 일부가 한 마음을 품지 않고 있다는 것을 시사한다는 것을 우리는 관찰할 수 있다(약 1:6-7이나 서신 전체를 상기하라). 거짓 교사들이 하나님의 은혜를 죄에 대한 허용으로 왜곡하고 있다는 것은(유 4b절) 정확하게 믿음이

96 메이어(*Epistle of St. James*, cii-cviii)는 야고보서, 베드로 서신들과 유다서 사이에 가능한 유사점들의 전체 목록을 보여준다. 비록 그는 유다와 세 가지 독특한 유사점들을 발견한다고 할지라도, 베드로후서와 그의 수많은 유사점 중 일부는 유다와도 유사하다.

행함 안에서 나타나야 하는 이유이다(약 2:14-26).[97] '데스포테스'(*despotēs*, "주재")와 '퀴리오스'(*kyrios*, "주")의 강력한 조합은 신약성경의 다른 어느 곳에서도 나타나지 않지만, 야고보서 5:4에서 '퀴리오스 사보오뜨'([*kyrios Sabaōth*], "만군의 주")를 연상시킨다.[98] 오늘날 신자들을 위한 예표론적 예들로서, 유다서 6-11절에 나오는 구약 인물들에 대한 호소는 아브라함, 라합, 욥, 그리고 엘리야에 대한 야고보의 호소를 상기시킨다(충분히 인정할 수 있듯이, 피해야 하는 인물들과 본받아야 하는 인물들로 나눌 수 있다고 할지라도).

유다서 8절에서 거짓 교사들은 자신들의 육체를 더럽히는('미아이노'[*miainō*]) 반면, 야고보는 신자들이 정결하고 더러움이 없는('아미안토스'[*amiantos*]) 경건을 추구하기를 원한다(약 1:27). 이 두 단어는 같은 어근을 갖고 있으며, 신약성경에서 오직, 요한복음 18:28과 디도서 1:15, 그리고 히브리서 12:15, 13:4에만 나온다.[99] 마귀를 대적하는 장면(유 9절)은 마귀를 대적하여 도망하도록 하는 야고보의 명령을 상기시킨다(약 4:7). 이 두 경우에 심각한 위험이 도사린다. 거짓 교사들은 자신들이 이해하지 못하는 것을 비방하지만(유 10a절), 야고보는 신자들에게 서로 비방하지 않도록 명령한다(약 4:11). 유다서에 침입자들은 비이성적인 동물처럼 행동하지만(유 10b절), 야고보는 인간의 이중성이 자연 세계의 일관성과 합리성보다 더 사악한 것이라고 생각한다(약 3:7-12).

---

97 또한 거짓 교사들은 어떤 방식으로든 예수에게 충성을 서약했지만, 그가 지금 그들에게 절대적인 도덕적 요구를 인식하지 못한 채, 그리스-로마 배경에서 왔을 수도 있다. Peter H. Davids, *A Theology of James, Peter, and Jude: Living in the Light of the Coming King* (Grand Rapids: Zondervan, 2014), 288-89를 보라.

98 에이첼(George Aichele)은 자신의 책, *The Letters of Jude and Second Peter: Paranoia and the Slaves of Christ* (Sheffield: Sheffield Phoenix, 2012), 28에서 그가 이것이 유다가 운영하는 교회 지도자들을 상상하는 방법이라고 주장할 때, 본문을 넘어선다. 그러나 그는 몇몇 정황에서 이 조합이 매우 무거운 리더십을 언급할 수 있다는 점을 강조하는 것은 옳다. 여기에서 그리스도의 능력과 권위를 강조하고 있다.

99 유다서 안에 정결이라는 주제에 대하여, 특히, Darian Lockett, "Purity and Polemic: A Reassessment of Jude's Theological World," in Webb and Davids, *Reading Jude with New Eyes*, 5-31을 보라.

유다서에서 거짓 교사들은 그렇게 해서는 안 되는 때에도 배부르게 먹는다(참된 신자들과 함께 사랑의 잔치에서 "기탄 없이" 먹음, 유 12a절[100]). 반면에 부유한 압제자들은 야고보서 5:5에서 여러 가지 방식으로 방종하여 그들 자신을 살찌운다. 유다서에서 거짓 교사들은 뿌리가 없기 때문에(유 12b절), 바람에 흩날리지만, 야고보는 자신의 교회들이 이중성 때문에 모든 바람에 밀려가지 않기를 원한다(약 1:6). 이 은유는 신약의 다른 한 곳에서 더 나타나는데, 바로 에베소서 4:14이다. 또한, 열매를 맺지 못하는 뿌리 뽑힌 나무들(유 12c절)은 열매를 맺도록 계획된 심긴 나무에서만 열매를 맺을 수 있다는 원리를 보여주고 있다(약 3:12). 유다서에서 "바다의 거친 물결"(유 13a절)은 야고보서 1:6의 요동하는 "바다 물결"과 비슷하다. 유다서에서 "유리하는 별들"(유 13b절)은 "진리를 떠난 자들"을 상기시키는데(약 5:19), 두 단어 모두 '플란'(*plan-*)이라는 어근에서 오고 있다.

비록 유다와 야고보는 다른 이유로 예들을 사용하지만, 유다는 더 많은 예표를 위해 14절에서 명시적으로 언급한 "예언"에 의지하는 반면, 야고보는 야고보서 5:10에 언급된 것처럼 "선지서들"에 호소한다. 유다서 15절과 야고보서 5:9는 주님이 심판자로 오신다는 사실로 행악자들을 위협한다. 거짓 교사들의 특징은 "완악한 말"(유 15절)을 포함하는 반면, 말의 오용은 야고보의 공동체에 큰 문제를 형성한다(약 3:1-6, 4:1-3). 마치 유혹에 굴복하는 사람들이 "악한 욕망에 이끌리고" 일부는 "허탄한 자랑을 하는"(약 4:16) 것처럼, 침입자들은 "그 정욕대로 행하며 자랑한다"(유 16절). 위로부터 온 것이 아닌 "지혜"가 "땅 위의 것이요 정욕의('프쉬키케'[*psychikē*]) 것이요 귀신의 것"(약 3:15)인 것처럼, 거짓 교사들은 단순히 "육에 속한"(유 19절; '프쉬키코이'[*psychikoi*]) 것들을 따른다.[101] 이 형용사가 신약의 고린도전서에만 나온다

---

100 이것은 "두려움 없이"('아포보스'[*aphobōs*])에 해당하는 헬라어 단어를 특히 훌륭하게 번역한 것이다. BDAG (158)는 "담대하게 또는 경건 없이"와 "뻔뻔하게"를 다른 가능한 용어로 추가한다.

101 즉, "자연 세계의 삶과 관련된," "영적이지 않은," 육적인," 또는 "세상적인" (BDAG, 1100).

는 점(2:14; 14:44, 46)을 감안할 때, 이것은 놀라운 것이다. 이 교사들이 성령을 가지지 않지만,[102] 신자들은 성령으로 기도하는 것처럼, 유다서에 성령에 대한 두 언급이 오직 19-20절에만 나온다. 야고보서에서 프뉴마(*pneuma*)에 대한 유일한 사용은 성령을 가리킬 수도 있고 또는 가리키지 않을 수도 있지만, 하나님께서 자신과 올바른 관계를 갖기를 갈망하는 사람들을 가리킨다(약 4:5). 유다와 야고보 모두 하나님의 백성이 그리스도의 재림을 인내심 있게 기다려야 하는 시험 기간을 인식한다(유 21a절; 약 5:7-8). 두 저자들은 하나님이 자비로우시다는 것을 인식하므로 우리 역시 자비로워야 한다(유 21-22절; 약 3:17).[103] 둘 다 어떤 사람들은 "의심할" 것이라고 인식한다(유 22절; 약 1:6). 각각의 경우에서 '디아크리노'(*diakrinō*)라는 동사를 사용하는데,[104] 이는 신약의 다른 곳에서 "구분하다"를 의미하는 단어이며,[105] 이는 쉽게 "분별하다" 또는 "차별하다"로 사용될 수 있다. "불"은 지옥에 대한 은유로서(유 23a절; 7절 참조), 야고보서에 3회 등장한다(3:5, 6; 5:3). 유다서 23b절에서 "더럽힘"에 대한 동사 '스필로오'(*spiloō*)는 신약에서 오직 야고보서 3:6에서만 나타나고, 유다서와 같은 의미로 사용된다.

---

102 에스트라다(Rodolfo Galvan Estrada III)는 자신의 글, "The Spirit in Jude 19-20," *Journal of Pentecostal Theology* 25 (2016): 43-57에서 거짓 교사들의 분열과 신자들이 "자신들을 세우도록"(19-20절) 하는 요구 사이의 대조 뿐만 아니라, 거짓 교사들의 성령의 부족과 유다의 신자들이 성령으로 기도하도록 한 권면 사이의 대조를 지적한다. 실제로, 그들 자신이 "성령으로 기도하는" 것은 그들이 이 은사주의적인 교사들이 성령을 가지고 있지 않다는 것을 분별하는 방법이다. 에스트라다(Estrada)의 "성령의 기도"를 카리스마적 경험으로 해석하는 것은 지나치게 제한적이다.

103 라일(Lyle)은 자신의 책, *Ethical Admonition in the Epistle of Jude*, 98에서, 긍휼을 구하는 유다의 요청이 2:12에서 야고보의 요청과 일치함을 관찰한다.

104 뉴맨(Carey C. Newman)은 자신의 글, "Jude 22, Apostolic Theology, and the Canonical Role of the Catholic Epistles," *Perspectives in Religious Studies* 41 (2014): 377에서 이 두 구절이 의도적인 인클루지오(inclusio)를 형성하며, 두 문서 중 하나는 적어도 훨씬 더 늦은 연대를 요구하지만, 의심의 개념이 너무 드물기 때문에, 이것은 자연스럽게 그렇게 될 것이라 말하는 것은 분명하지 않다.

105 Gerhard Dautzenberg, "διακρίνω," in *Exegetical Dictionary of the New Testament*, ed. Horst Balz and Gerhard Schneider (Grand Rapids: Eerdmans, 1990), 1:305.

이처럼 유다서와 야고보서에 많은 유사점이 있다고 해서, 야고보서에 대한 유다의 문학적인 의존이나 혹은 그 반대의 경우를 암시하지 않는다. 몇 가지 유사점들은 예수 전통에 대한 일반적인 지식으로 거슬러 올라갈 수 있다(예를 들어, 하나님께서 하신 것처럼 자비를 베푸는 것, 눅 6:36). 이 유사점들을 조사한 이유는 신학적으로나 정황적으로 야고보서와 유다서를 함께 묶는 것이 훨씬 더 일반적일 수 있음을 보여주기 위한 것이다. 일단 우리는 베드로후서가 유다서를 새로운 환경과 심지어 새로운 세대에 적합하게 사용했을 수 있다는 것을 깨닫는다면, 우리는 유다서의 연대를 야고보서처럼 이른 시기로 확정하는 것이 자유로울 것이다. 이 편지들을 "초기 공동"(early Catholic) 서신으로 이해하는 사람들의 수는 지난 반세기 동안 감소했지만, 유다서를 초기 팔레스타인 기독교 묵시로 분류하는 사람들의 수는 상당히 증가했다.[106] 어쨌든, 초기 가톨릭주의(Frühkatholizismus, 바울 공동체와 예루살렘 공동체의 결합으로 생겨났다는 이론임-옮긴이)의 세 가지 주요한 특징 중 어느 것도 실제로 유다서에 전혀 나타나지 않는다. 이 특징은 '그리스도의 재림이 지연되었다는 분위기'와 '사도 시대가 한참 지나간 상태임을 보여주는 상황,' 그리고 '기독교 1세대에는 적용되지 않지만 신중하게 지켜내고 계승되어야 하는 고정된 교리로서 믿음'이 그것이다.[107] 대신에, 우리는 그리스도의 재림에 대한 살아 있는 소망을 관찰한다(21절, 24절). 17절에도 사도들이 죽었다는 암시가 없다.

---

106 유다서에 관하여, 특히 Ralph P. Martin, "The Theology of Jude, 1 Peter, and 2 Peter," in Chester and Martin, *Theology of the Letters of James, Peter, and Jude*, 66을 보라. 두 서신에 관하여, Jörg Frey, "The Epistle of Jude between Judaism and Hellenism," in Niebuhr and Wall, *Catholic Epistles and Apostolic Tradition*, 309-30을 참조하라. 그러나 프레이(Frey)는 각각을 불균형한 바울주의(Paulinism)에 대한 명시적인 반응으로 이해한다.

107 특히, James D. G. Dunn, *Unity and Diversity in the New Testament* (London: SCM; Philadelphia: Westminster, 1977), 341-66을 보라. "초기 가톨릭"의 내용을 블랙(C. Clifton Black)의 글, "The Johannine Epistles and the Question of Early Catholicism," *Novum Testamentum* 28 (1986): 132에 포함되는 12개의 항목으로 확장하면, 불일치가 더욱 두드러진다. 예를 들어, 유다서에서는 사도적 저작물을 모으고, 성직자-평신도의 구분, 위계적이고 비은사적인 교회 구조, 군주제적인 성직, 사도적 계승, 고정된 신앙 개념, 율법주의를 향한 경향, 교회의 통합, 성례주의를 유지하는데 관심이 있다는 것을 거의 암시하지 않는다.

그리고 3절에서 "믿음"은 바울이 로마서 10:8과 갈라디아서 1:23에서 하는 것처럼 유다의 복음 설교의 특정한 내용을 의미하거나, 고린도전서 16:13과 갈라디아서 6:10에서처럼 교회들에 의한 믿음의 고백을 의미한다.[108]

그러나 유다서에 신학적인 중심이나 전체를 통합하는 주제가 있는가? 이 짧은 편지에 반드시 있어야 하는 것은 아니지만, 우리는 적어도 이에 대하여 질문을 해야 한다. 만약 우리가 야고보서에서 했던 것처럼, 유다서의 구조를 조사한다면, 우리는 전형적인 초기 기독교 인사(1-2절)와 함께, 편지 본론(3-23절), 그리고 관습적으로 편지의 맺음말에서 송영(24-25절)을 발견하게 될 것이다. 본론은 신약의 다른 서신들처럼, 정보를 제공하는 부분(4-16절)과 권면 부분(17-23절)으로 나뉜다. 정보를 제공하는 부분은 '거짓 교사들'과 '구약이나 제2성전 유대 문헌에 나오는 다른 사악한 개인'을 비교하는 것에 상당히 할애된다.[109] 가장 가능성 있는 핵심 진술은 편지 본론의 첫 번째 문장(헬라어로)이다(3절). 수반되는 인과관계 절(4절)은 첫 번째 문장의 연속으로 이해될 수 있으므로 아마도 우리는 그 두 절을 함께 다루어야 한다.[110] 유다는 편지의 내용들에 대하여 자신의 마음을 바꾸었다는 것을 설명하는데, 이 내용들은 거짓 교사들이 도착했기 때문에 이제 믿음을 위해 싸워야 한다는 것이다. 사실, 편지를 지배하는 것은 이 거짓 교사들에 대한 유다의 길고

---

108 Jerome H. Neyrey, *2 Peter, Jude* (New York: Doubleday, 1993), 55. Lyle은 자신의 책, *Ethical Admonition in the Epistle of Jude*, 87에서 유다가 성령의 지시를 받은 것처럼, 자신의 권위로 아무 것도 가르치고 있지 않다는 것을 보여주기 위해 모든 성도에게 단번에 전달된 믿음을 호소한다는 것을 주목한다. 오히려, 그의 가르침은 "일반으로 받은" 구원의 기초이다(3절). 나이트(Jonathan Knight)는 자신의 책, *2 Peter and Jude* (Sheffield: Sheffield Academic, 1995), 40에서 "믿음"은 고정된 지식 체계일 필요가 없다는 것을 주목한다. 그것은 단순히 기독교의 관점을 언급할 수 있으며, 정황 안에서 그것은 교리적 의미보다도 윤리적인 의미를 갖는다.

109 제 2성전 유대 문헌에 관하여, 특히, Wolthuis, "Jude and Jewish Traditions," 21-41을 보라.

110 참으로, 왓슨(Duane F. Watson)은 자신의 책, *Invention, Arrangement, and Style: Rhetorical Criticism of Jude and 2 Peter* (Atlanta: Scholars, 1988), 43에서 침입자들에 대한 세부적인 초점을 감안할 때, 4절을 독립적인 문장으로 취하고 그것을 편지의 주요 요점으로 이해한다. 더 정확하게, 그것은 엑소디움(*exordium*, 3절)이 청중의 관심과 수용성, 그리고 호의를 얻으려고 함으로써, 준비한 내용인, 나라티오(*narratio*)를 형성한다.

신랄한 비난이다. 비록 편지의 몇몇 부분만이 싸우라는 요구를 명시적으로 구체화하지만, 그는 이 침입자들을 편지 전체에 걸쳐 무언가에 비교하면서, 암시한다![111]

본론의 시작 이후 이 편지의 두 번째로 가장 중요한 신학적인 부분은 권면 부분의 시작이다. 유다서에서 권면의 첫 번째 부분은 17-18절인데, 이 구절에는 "사랑하는 자들아 너희는 우리 주 예수 그리스도의 사도들이 미리 한 말을 기억하라 그들이 너희에게 말하기를 마지막 때에 자기의 경건하지 않은 정욕대로 행하며 조롱하는 자들이 있으리라 하였나니"라고 진술된다. 실제로 이 구절들은 3-4절보다 편지의 본론을 더 잘 요약한다.[112] 이 구절들의 요점은 분명히 예언이 성취되었다는 것이다. 이 특정한 예언의 성취가 서신을 통합하는 신학적 메시지로서 어떻게 기능하는지 보는 것은 흥미롭다.

성취

인사말의 신학적 핵심은 1절의 두 번째 부분에 나타난다. 유다는 "부르심을 받은 자 곧 하나님 아버지 안에서 사랑을 얻고 예수 그리스도를 위하여 지키심을 받은 자들"에게 편지를 쓰고 있다. 우리는 이 진술 안에서 작은 내러티브의 과거와 현재, 그리고 미래 사건을 볼 수 있다. 하나님은 이미 이전에 신자들이 예수 그리스도와의 관계 안으로 부르심을 받도록 구분하였는데, 이것은 하나님 자신의 사랑과 그 관계가 지속될 것이라는 약속에 기

111 참으로, 유다의 전반적인 양식은 그 반대를 비난하면서, 전자가 후자를 거절하도록 설득하기 위해 고안된, 수사학적인 전략인 반면, 자신의 독자를 칭찬하는 것이다. Stephan J. Joubert, "Persuasion in the Letter of Jude," *Journal for the Study of the New Testament* 58 (1995): 75-87을 보라.

112 나이트(Knight)는 자신의 책, *2 Peter and Jude*, 51에서 거의 모든 종교 지도자들이 하나님의 영이나 우상들의 영을 가지고 있다고 주장하는 종교적 환경 안에서 이것이 얼마나 저주스러운 비난이었을지 주목한다.

초하였다.[113] 과거와 현재 단계는 유다가 참된 기독교인들이라고 확신하는 교인 일부에게 말할 때, 이미 성취되었다. 편지 본론의 서두에서, 그는 하나님의 영에 사로잡혀서, 이들의 구원에 대한 일반적인 진리를 설명하는 것 대신에, 이들이 기독교의 믿음과 근본이 무엇인지 그 핵심을 확신하며 굳건히 서는 것을 권면하였다. 이것은 "조롱하는 자들"이 "경건하지 않은 정욕대로 행하는" 사람들이라는 사도들의 예언이 성취되고 있기 때문이다(18절).[114]

편지의 대부분은 이 조롱하는 자들에 대한 것이라고 할지라도, 이들에 대한 경각심을 일으키기 때문에 모두 나쁜 것만은 아니다. 5절은 "주께서 백성을 애굽에서 구원하여 내시고"라는 사실을 교회에 상기시키면서, 예표론적 성취를 나타낸다.[115] 여기에서 요점은 그가 다시 그렇게 할 것이므로, 거짓 교사들이 반율법주의를 통하여 더 쉬운 삶을 약속하는 것처럼 유혹한다고 해도, 신자들은 이 유혹에 굴복해서는 안 된다는 것이다. 하나님은 조만간 모든 신자가 고난에서 벗어나도록 참된 구원을 줄 것이다. 그러나 이 구원의 이면은 그가 또한 "믿지 아니하는 자들을 멸하셨다"(5b절)는 것이며, 또 그렇게 할 것이라는 사실이다. 6-7절은 타락한 천사들과 소돔과 고모라의 백성의 예들을 통해 '멸하였다'는 점을 충분히 설명한다. 9절에 등장하는

---

113 Thomas R. Schreiner, *1, 2 Peter, Jude* (Nashville: B&H, 2003), 447.

114 보캄(Bauckham)은 자신의 책, *Jude and the Relatives of Jesus in the Early Church*, 171에서, 18절의 가장 자연스러운 해석은 유다의 청중이 사도들의 설교를 들었으므로 사도들은 아마도 여전히 살아 있다는 것에 주목한다. 이것은 유다서의 초기 연대를 보존하고(많은 사도들이 60년대에 죽었기 때문) 유다가 베드로후서에 의존한다고 생각하는 소수의 주석가들을 반박한다(벧후가 60년대 중반 이전에 기록되지 않았기 때문). 왜냐하면 이 구절은 벧후 3:3의 인용처럼 읽기 때문이다(특히, Douglas J. Moo, *2 Peter, Jude* [Grand Rapids: Zondervan, 1996], 16-18을 보라). 그러나 이 가설은 유다가 18절에서 "그들이 말하기를"이라는 표현을 사용한 것을 적절하게 설명하지 못한다. 유다서와 베드로후서 모두는 실제적으로 여러 "사도들"에 의해 전해진, 베드로의 구전 가르침에 의존하고 있다.

115 마테라(Frank J. Matera)는 자신의 책, *New Testament Theology: Exploring Diversity and Unity* (Louisville: Westminster John Knox, 2007), 393에서 정경에 대한 유다서의 중심적인 기여로서 "성경은 거짓 교사들과 이들의 잘못을 판단하고 이해하기 위한 예표와 본보기의 보고를 제공한다"는 증명을 포함한다.

미가엘과 마귀의 예는 긍정적인 내용을 제공하는데, 마귀를 대적하지만, 거짓 교사들이 했던 것처럼 마귀에서 경솔하게 "마구 욕설을 퍼붓지" 않도록 한다(8절). 이 거짓 교사들은 명백하게 다른 사람들을 비방했다(10절).

11절은 세 가지 더 부정적인 예표론적 성취를 제공하는데, 가인의 길(아담과 하와의 아들로서 형제 아벨을 죽임, 창 4:1-12)과[116] 발람이 이스라엘을 저주하고 받았을 이익(민 22-24장),[117] 그리고 고라가 광야에서 모세를 대항하여 선동하였던 반역(민 16장)이[118] 그것이다. 12-13절은 더 이상 예표를 제시하지 않지만, 더 많은 비교를 만든다. 거짓 교사들은 "암초"요, "자기 몸만 기르는 목자요" "물 없는 구름"(그들은 약속한 것을 줄 수 없다)이며, "뿌리까지 뽑힌 열매 없는 나무"이며, "바다의 거친 물결"이요, "유리하는 별들"과 같다. 우리가 은유 뒤에 숨어 있는 실체의 심각성을 잊지 않도록, 유다는 그들에 대해 "영원히 예비된 캄캄한 흑암"이라고 결론을 내린다.[119]

14절은 유다가 15절에서 계속 인용하는, 에녹1서 1:9 예언을 명시적으로 끌어내고 있으므로, 거짓 교사들의 행동으로 그 예언이 성취되었다고 말하는 것은 분명히 적절하다(16절). 17절은 "미리 한"('프로레고'[*prolegō*]에서 온 단어) 말을 똑같이 구체적으로 묘사하며, 18절은 인용문을, 19절은 성취를 제공한다.[120] 그런 다음 20-21절은 거짓 교사들의 행동과 올바른 행동을 비교

---

116 그러나 유대 전통에서 가인의 역할은 다른 사람들에게 죄를 가르친 전형적인 죄인의 역할로 확대되었다. 이것은 유다서가 여기 예시로서 그를 사용한 요점일 수 있다(Bauckham, *Jude, 2 Peter*, 79).

117 유다는 반대자들이 "돈을 벌기 위해 말했던 방랑하는 예언자들이었다"라고 암시했을 수 있다(Schreiner, *1, 2 Peter, Jude*, 463).

118 반역은 거짓 교사들의 가장 큰 죄일 수 있다. 그것은 확실히 이스라엘 역사의 모든 예들의 배후에 있는 것으로 볼 수 있다. Herbert W. Bateman, IV, "Rebellion and God's Judgment in the Book of Jude," *Bibliotheca Sacra* 170 (2013): 453-77을 보라.

119 도넬슨(Lewis R. Donelson)은 자신의 책, *I & II Peter and Jude: A Commentary* (Louisville: Westminster John Knox, 2010), 168-69에서 이 자료를 훌륭하게 요약한다. 거짓 교사들은 "리더십을 열망하지만 모든 자질을 부족한 사람들로 묘사된다. 20절에서 서로 덕을 세우도록 권면 받은 편지의 독자들과 달리, 이 사람들은 스스로 목양하며, 전통과 질서를 지키지 않고, 부끄러운 일을 하며, 공동체를 위태롭게 한다."

120 Witherington, *Letters and Homilies for Jewish Christians*, 629를 참조하라.

하고, 22-23절은 다른 신앙(heterodoxy)이나 다른 행동(heteropraxy)에 사로잡혀 있는 사람들에게 다양한 접근 방식을 설명한다. 그러나 송영은 1절의 약속의 성취 안에서 참으로 하나님에게 속한 자들을 보존하는 그의 영광과 능력을 감동적으로 상기시키면서(24-25절) 편지를 마무리한다.[121] 간단히 말해서, 하나님이 주신 약속의 성취를 짧은 유다서 전체를 하나로 통합하는 중심 주제로 이해하는 것은 전혀 어렵지 않다.

하나님의 본성과 인간의 곤경

우리는 야고보서와 마찬가지로, 유다서에서도 하나님의 본성과 인간의 곤경에 대한 더 구체적인 주제들을 살펴보는 것이 적절하다. 결국, 유다서의 첫 구절은 '하나님'과 '곤경에도 불구하고 하나님의 백성이 된 자들'을 언급한다. 유다서에서 특히 거짓 교사들에 대한 가혹한 발언과 균형을 맞추기 위하여, 우리가 하나님에 대하여 읽은 처음과 마지막 단어들은 하나님은 자기 백성을 보호하는 그의 능력에 초점을 맞춘다. 하나님은 신자들을 부르시고 이들을 예수를 위해 지키신다(1a절). 유다는 예수를 통하여 "능히 너희를 보호하사 거침이 없게 하시고 너희로 그 영광 앞에 흠이 없이 기쁨으로 서게 하실 이"(24절)를 찬양한다. 여기에 진술되는 사상은 매우 중요하다. 신자들은 "하나님 아버지 안에서 사랑을 얻은 사람"이므로(1b절), 이들은 "하나님의 사랑 안에서 자신을 지켜야" 한다(21절). 하나님은 은혜로우시며(4절), 구원자(5a절)이고 멸하는 자(5b절)이며, 심판자(15절)와 구주(25절)이다.[122]

---

121 데이비드(Davids)는 자신의 책, *Theology of James, Peter, and Jude*, 296에서 "서는 것과 넘어지는 것의 긴장"이라는 이 주제를 다룬다. 그는 "사랑하는 자는 지켜지지만 이들은 스스로를 지켜야 한다. 또한 유다는 우리가 균형의 어느 한쪽을 부정하거나 이율배반을 해결하도록 내버려 두지 않을 것이며, 따라서 그는 신약성경의 한 본문만을 읽고 다른 것을 최소화하는 교리적인 공식을 수정한다."라고 결론을 내린다(296-97).

122 데이비드(Davids)는 자신의 책, *Theology of James, Peter, and Jude*, 283에서 하나님이 권위 안에서 표준적인 로마의 가부장적인 가족과 유사할 뿐만 아니라, 매우 사랑스러운 분으로 묘사되는 것을 관찰한다.

인간의 곤경은 거짓 교사들에 의해 가장 잘 예시되는데, 이들은 하나님의 은혜를 왜곡하며 이 은혜를 죄에 대한 허가로 바꾸고, 예수가 주재임을 부인한다(4b절). 여기에 잘못된 교리적인 요소와 잘못된 행동의 요소가 있다. 아마도 유다가 인간의 죄를 설명하기 위해 사용하는 한 단어는 "경건하지 않은"이라는 단어일 것이다('아세베스'[*asebēs*]와 같은 어원, 4절, 8절, 15절[2회], 18절). 자기 방종은 명백하게 이 경건치 않음의 중요한 요소이다(4절, 8절, 11절, 12절, 16절). 이성 없는 짐승과의 비교(10절)는 유다가 인간의 죄를 실제적으로 "인간 이하"(subhuman)의 것임을 암시한다. 만약 억제되지 않으면, 이 행동은 가차 없이 최후의 심판으로 이어진다. 그러나 유다가 가능한 한 많은 사람이 여전히 구원을 얻기를 바랐던 것처럼, 그들은 아직 희망이 없는 것은 아니다(22-23절).[123] 심지어 거짓 교사들조차도 여전히 잠재적으로 구원받을 수 있는 사람들 중에 있는 것처럼 보인다.[124]

구원

"우리가 일반으로 받은 구원"(3절)에 대하여 유다가 무엇을 썼는지 아는 것은 놀라운 일이다. 있는 그대로, 우리는 최소한의 힌트를 가지고 있다. 이 구원은 하나님의 사랑에 기초하고 하나님의 부르심에 의해 시작되며, 유지되고 지켜지기 때문에, 우리가 이것을 보유하는 것을 확신할 수 있다(1절). 근본적으로 이 구원은 타락으로부터 피하는 것을 포함한다(23절).[125] 그러므

---

123 데이비드(Peter H. Davids)는 자신의 책, *The Letters of 2 Peter and Jude* (Grand Rapids: Eerdmans; Nottingham: Apollos, 2006), 32에서 "요점은 '이 사람들을 쫓아내고 순결을 지켜라'가 아니라 '최대한 많이 구하라(그러나 그들이 전염병을 가지고 있기 때문에 주의하라)'는 것"이라고 말한다. Ruth Anne Reese, *2 Peter & Jude* (Grand Rapids: Eerdmans, 2007), 66을 참조하라.

124 Darian Lockett, "Objects of Mercy in Jude: The Prophetic Background of Jude 22-23," *Catholic Biblical Quarterly* 77 (2015): 322-36.

125 G. K. Beale, *A New Testament Biblical Theology: The Unfolding of the Old Testament in the New* (Grand Rapids: Baker, 2011), 332를 참조하라.

로 유다는 거짓 교사들이 이 구원을 소유하고 있다는 것을 분명히 믿지 않는다. 물론 이들은 의심할 여지 없이 이 구원을 믿는다고 주장했겠지만 말이다. 더욱더, 이들은 "주재 곧 우리 주 예수 그리스도를 부인한다"(4절). 반면에, 진정한 신자들은 성령을 통하여 믿음 안에서 자신들을 세우며, 하나님의 긍휼을 기대하며 기도하고 기다린다(20-21절). 22-23절에 비추어 볼 때, "그리스도의 주되심에 대한 우리의 충성은 믿음의 공동체가 최악의 죄인들에게도 긍휼을 나타내야 한다는 것을 요구한다"라고 주장하는, 라일(Kenneth Lyle)의 말에 우리는 동의할 수 있다.[126] 사도행전에 나타난 초대 교회처럼, 하나님의 주권과 인간의 책임 모두 작용한다. 유다는 "능히 너희를 보호하사 거침이 없게 하시고 너희로 영광 앞에 흠이 없이 기쁨으로 서게 하실 이"로서 하나님을 묘사한다. 그러나 20-21절의 동사들은 안전하게 머물게 하는 실제적인 수단을 구체화한다. 다시 말해, 유다는 하나님이 "너희를 보호하사 거침이 없게 하실" 것이라고만 단지 말하지 않는다. 우리는 하나님이 우리가 그렇게 하도록 주권적으로 인도하실 때조차, 인내해야 한다.[127]

기독론

야고보서처럼, 예수에 대한 유다의 언급은 많지 않지만 아주 중요하며, "주"라는 용어에 밀접하게 관련된다. 1절에 나오는 무관사 형태의 "예수 그리스도"라는 첫 번째 표현은 마치 "그리스도"가 단순히 예수의 성(last name)이 된 것처럼 보인다. 그러나 두 번째 등장에서, "예수 그리스도"는 (문자적으로) "하나님 아버지"와 함께 대구를 이루며, "아버지"가 "하나님"을 더 구체적으로 가리킨다는 것에 대하여 의심의 여지가 없다. 아마도 "그리스도" 역

---

126 Lyle, *Ethical Admonition in the Epistle of Jude*, 97.

127 Martin, "Theology of Jude, 1 Peter, and 2 Peter," in Chester and Martin, *Theology of the Letters of James, Peter, and Jude*, 79; David Horrell, *The Epistles of Peter and Jude* (London: Epworth, 2000), 111을 참조하라.

시 "예수"를 더 구체적으로 가리킨다. "아버지"가 칭호일 수도 있고, 아닐 수도 있는 반면에, "그리스도"는 칭호(즉, "메시아")를 나타내는 것 같다.[128] 4절은 "예수 그리스도"가 "주재 곧 우리 주"이며, 이 표현은 예수의 신성과 통치권을 암시한다.[129] 유다가 이스라엘 백성이 애굽에서 구원받은 것에 논의하고 있기 때문에, 5절에 등장하는 "주"는 틀림없이 하나님이라고 가정할 수 있다. 그러나 4절에서 "주"라는 표현이 분명히 예수이기 때문에, 아마도 유다는 예수 그 자신이 예전 사건의 구원에 관여되었다는 것을 제안하고 있는 것 같다.[130] 마치 바울과 히브리서가 때때로 구약에서 하나님의 행동을 예수에게 돌리는 것처럼 말이다. 9절과 14절에서 "주"에 대한 언급들은 더 직설적으로 하나님을 언급하는 것처럼 보인다.[131] 17절은 야고보서 2:1에서처럼, "주 예수 그리스도"라는 삼중 결합을 소개하며, 이 결합은 21절에 다시 나타난다. 약간 다르게, "우리 주 예수 그리스도"는 편지의 마지막 구절에 등장한다. 요약하자면, 유다의 기독론은 일부 신약 저자들처럼 상세하거나 다양하지 않을 수 있지만, 모든 부분에서 승귀된(exalted) 상태로 나타난다.

종말론

우리는 이 작은 편지를 자세히 순차적으로 들여다보면, 마지막에 일어날 일들을 보게 된다. 유다서 6절은 다가오는 심판의 날에 대한 유대인의 신

128 우리가 신약을 통하여 계속 진행할 때, 우리는 무관사로 "그리스도"가 사용되는 것이 정기적으로 "메시아"의 관사적 또는 칭호적 의미에 대한 암시를 적어도 포함한다는 것을 일관적으로 보게 될 것이다.

129 Green, *Jude and 2 Peter*, 60.

130 실제로, 더 어려운 읽기의 내부 원칙과 함께, 충분한 외부 사본의 증거가 있다. 왜냐하면 그린(Green, *Jude and 2 Peter*, 77-78)은 여기에서 "예수"라고 읽는 것을 선호하기 때문이다. UBS 위원회는 이 읽기를 받아들이기 너무 어렵다는 것을 발견했다. 만약 그것이 받아들여진다면, 그것은 "주"에 대한 중요한 초기 해석을 보여준다.

131 죠셉(Simon J. Joseph)은 자신의 글, "'Seventh from Adam' (Jude 1:14-15): Reexamining Enochic Traditions and the Christology of Jude," *Journal of Theological Studies* 64 (2013): 473에서 유다가 여기에서도 "주"를 하나님에서 예수로 변화시켰다고 생각한다.

념에 딱 들어맞는다. 반면에, 7절은 악인들을 위한 영원한 불의 형벌을 언급한다. 예수의 가르침에서 "불"은 "흑암"(13절)과 양립하며, 이 둘 모두, 매우 바람직하지 않은 무엇인가를 가리키는 은유들이다. 15절에 나오는 에녹1서의 인용은 천사들과 함께, 종말에 하나님의 개입에 관한 스가랴의 말과 비슷하다(슥 14:5). 아마 가장 중요하게도, 유다는 "마지막 때"가 이르렀다는 것을 인식한다(18절).[132] 신약성경의 저자들은 자신들이 마지막 날에 살고 있다는 것과 그리스도가 돌아올 때까지 있을 것이라고 일관되게 강조한다. 신자들에게, 신약 저자들의 강조는 우리가 "흠이 없이 기쁨으로"(24절) 하나님에게 드려질 때 그의 "영광 앞"을 기다릴 수 있다는 것을 의미한다. 반면에 하나님을 따르는 자들로 가장하면서 그를 멸시하거나, 이단적인 교리를 가르친 사람들은 무시무시한 운명만을 내다볼 수 있다(5-6절).

기독교인의 삶

우리는 야고보서와 유다서를 비교하면서, 야고보서의 범주를 유다서에 인위적으로 겹쳐 놓는 것이 쉽다는 것을 발견할 것이다. 우리가 유다의 반대자들에 대하여 알고 있는 것이 매우 자연스럽게 야고보서의 윤리적 초점의 세 가지 범주에 속한다는 것은 다소 주목할 만하다. 유다가 거짓 교사들을 성적으로 부도덕한 소돔과 고모라 백성에 비유하고(7절), 그런 다음, 즉시 이들이 "육체를 더럽힌다"(8절)고 말하는 것을 고려한다면, 이들의 주된 범법들 중 하나는 일종의 성적인 죄들을 범하도록 사람들을 유혹하는 것이었다. 결국, 유다는 이미 4절에서 이 교사들 자신의 행동에 대하여 "방탕함"이

---

132 참으로 거짓 교사들의 존재는 마지막 때가 도래했다는 것을 확인시켜 준다. 더 연구를 위해, Frank Thielman, *Theology of the New Testament: A Canonical and Synthetic Approach* (Grand Rapids: Zondervan, 2005), 521; Herbert W. Bateman IV, *Jude* (Bellingham, Wash.: Lexham, 2017), 365를 보라. 더 일반적으로 유다서의 종말론에 관하여, 특히, Robert L. Webb, "The Eschatology of the Epistle of Jude and Its Rhetorical and Social Functions," *Bulletin for Biblical Research* 6 (1996): 139-51을 보라.

나 "호색"이라는 용어를 사용했다.[133] 이것은 확실히 야고보의 첫 번째 범주의 시험과 유혹에 해당하는데, 유혹은 분명히 단순한 성적인 것들보다 훨씬 더 넓을 수도 있다. 둘째, 유다의 반대자들은 불만을 표출하고 허물을 찾는 자들이며, 그들 자신을 자랑하고 이익을 위해 다른 사람들을 비방하고 아첨한다(16절; 8-10절 참조). 이것은 야고보가 언급하는 말의 문제와 밀접하게 맞물린다. 게다가 신자들은 이러한 일반적인 죄들을 피하기 위해 하나님의 지혜를 필요로 할 것이다. 셋째, 이 거짓 교사들은 "발람의 어그러진 길로 몰려 갔다"(11절). 가난보다 오히려 부는 교인들을 조종함으로써 얻고자 하는 그들의 목표이다. 야고보서에 분명히 나타나지 않은 네 번째 요소는 "꿈의 힘"(8절)에 대한 유다의 언급이다. 교회 안에서 잘못을 저지른 자들은 자신들의 믿음과 행동을 근거로 해서, 다양한 종류의 환상이나 신비적인 경험을 자랑했을 수 있다.[134] 그러나 겉으로 보기에 초자연적인 현상이 모두 하나님에게서 나오는 것은 아니다. 일부는 마귀적이며, 많은 것은 인간이 만들어낸 것이다.

성경

우리는 8절에서 유다가 구약에 흠뻑 빠져 있음을 발견한다. 편지 전체에

133 거짓 교사들과 합당한 지위나 군위의 사람들을 존중하지 않은 다른 사람들 간의 비유(6절, 7절, 8절, 10절)는 역사를 통틀어 많은 상황에서 권력자들이 성적 규범을 위반하면서도, 여전히 자신의 직위를 유지하고 징계 조치를 피하고 싶어하는 것처럼, 지나치게 독재적인 지도자들을 가리킬 수 있다.

134 드실바(David A. deSilva)는 자신의 책, *The Jewish Teachers of Jesus, James, and Jude: What Earliest Christianity Learned from the Apocrypha and Pseudepigrapha* (Oxford: Oxford University Press, 2012), 56에서 이 교사들이 "무아지경의 상태에서 받은 계시들을 기초로 예언적 권위를 주장하고, 다른 기독교인들이 "성령 안에 있는" 사람들에게 속하는 부적절한 도덕적 제한의 속박에서 자유를 누리도록 격려했을 수도 있다"고 추정한다. 마틴(Martin)은 자신의 책, "Theology of Jude, 1 Peter, and 2 Peter," in Chester and Martin, *Theology of the Letters of James, Peter, and Jude*, 84에서 오류를 저지른 사람들이 에녹1서를 신비적인 계시의 원천으로 평가하고, 유다는 그들을 반대하여 이것의 메시지를 바꾸었는지, 의문을 제기한다.

걸쳐 예표론적 성취의 수는 생각보다 많다. 그러나 9절과 함께 우리는 이 작은 편지에 다소 독특한 현상, 즉 중간기의 유대인 위경(Pseudepigrapha)에 대하여 유다가 사용하고 있음을 발견한다. 미가엘이 모세의 시체에 대하여 마귀와 변론하는 언급(9절)은 모세의 승천기(Assumption of Moses)에 있는 한 에피소드를 암시하며,[135] 14절에서 인용된 예언은 이미 주목했던 것처럼, 에녹1서에 나온다. 구약 정경의 내용에 대하여 개신교와 가톨릭 간의 논쟁에 비추어 볼 때, 이 책들 중 어느 것도 개신교가 거절하는 로마 가톨릭 외경이 아니라는 것은 중요하다. 유다가 이 책들이 영감을 받았다고 생각해서 인용한다고 결론을 내린다면, 그것은 여전히 외경에 관한 논쟁에 아무런 영향을 미치지 않을 것이다. 사실, 신약성경에는 외경의 본문들을 가리키는 것처럼 보이는 암시(allusion)들이 많이 있지만, 실제 인용은 그 어디에도 없으며 그 본문의 제목들이나 저자들도 유다서에 나타난 방식처럼, 언급되지 않는다. 그래서 이 부분과 관련해서 무엇인가가 설명되어야 한다.[136]

유다서는 이 인용들이 취해진 책 중 어느 것도 정경으로 인정한다고 생각할 필요가 없다. 본문의 어떤 것도 그것을 암시하지 않는다.[137] 랍비 문학의 모든 주요 작품은 히브리 성경 이외의 책에서 나온 것이라고 할지라도,

---

135 유다가 이 전통과 에녹1서를 사용하는 것에 관하여, 특히, J. Daryl Charles, "Jude's Use of Pseudepigraphal Source-Material as Part of a Literary Strategy," *New Testament Studies* 37 (1991): 130-45를 보라.

136 보캄(Bauckham)은 자신의 책, *Jude and the Relatives of Jesus in the Early Church*, 228-29에서 1세기 중반에 아직 열려 있는 히브리 정경의 개념이 "성경"에 대한 신약 대부분의 인용들로부터 다른 책들의 부재를 설명하지 못한다고 지적한다. 우리는 유다서에서 살짝 언급된 이것과 다른 곳에서의 몇 가지 가능한 암시보다도 훨씬 더 많은 것을 기대할 것이다. 히브리 정경이 이 시점에서 결국에는 여전히 논쟁 중에 있을 수 있는 몇 권의 책들과 함께, 대체로 폐쇄된 것으로 보는 것이 더 낫다.

137 젠트리와 파운틴(Peter J. Gentry and Andrew M. Fountain)은 자신의 글, "Reassessing Jude's Use of Enochic Traditions (with Notes on Their Later Reception History)," *Tyndale Bulletin* 68 (2017): 261-86에서, 5-15절에서 유다의 구조는 세 개의 구약의 예 중 두 개의 이야기와 정경 이외의 역사에서 하나의 이야기를 드러낸다고 믿는다(5-10절, 11-15절). 유다가 모세의 승천기를 9-10절에서 정경적이라고 생각했다고 주장하는 사람들이 거의 없기 때문에, 이들은 14-15절에 나오는 에녹 자료를 그렇게 받아들여서는 안 된다.

교리적 목적을 위해 인용된 예시로 가득 차 있다. 유다가 이 책들의 내용을 완전히 사실로 받아들인다고 생각할 필요는 없다. 우리는 그의 의견이나 심지어 나머지 두 문서에 대한 지식조차 모른다. 유다는 미가엘에 대하여 설명하지만, 우리는 유다가 그 사건이 실제로 일어났다고 생각하는지 결정할 수 없다. 오늘날 설교자들과 교사들은 자신들이 인용하는 작품들의 장르를 청중들이 충분히 알고 있을 때, 그것을 역사로 구분하지 않고 단순히 요점을 만들기 위해 기독교 소설을 자주 인용한다. 우리는 유다가 에녹을 예언자로 믿는지조차 알지 못한다. 그럼에도, 유다는 분명히 자신이 인용한 한 구절이 참된 예언을 제공한다고 믿는다.[138] 그러나 요한복음은 가야바가 한 사람이 죽는 것이 유대 민족 전체가 멸망하는 것보다 더 낫다고 주장하면서, (무의식적으로) 예언했다는 것을 선언한다(요 11:51). 요한은 가야바가 말한 다른 모든 것이 하나님에 의해 영감되었다고 전혀 생각하지 않고, 가야바의 말에서 더 깊은 의미를 발견했다.

그러나 유다가 에녹을 "아담의 칠대 손"(14절)으로 부르는 것은 흥미롭다. 물론 이것은 유다가 에녹의 저작권을 확신한다는 차원으로 결론을 내리기가 쉽다. 그러나 "아담의 칠대 손"은 우리가 에녹1서(60:8)라고 부르는 문학 작품에서 에녹이라는 인물이 언급되는 방식 중 하나이다.[139] 이 표현은 에녹의 역사성에 대해 어떤 것도 언급하지 않는다(물론 창 5:18-24에 나오는 그 인물과 대조적으로). 마치 어떤 사람이 톨키엔(J. R. R. Tolkien)의 작품에 익숙한 기독교인 청중에게 프로도(Frodo)가 사우론(Sauron)과 어둠의 세력을 파괴하기 위하여 자신의 모험의 여정에서 유지했던 집요함으로 그리스도에 대한 헌신을 지속해야 한다고 말한다고 해서, 반지의 제왕에 묘사된 중간계의 역

---

138 유다는 "모든 불경건한 말과 행동에 대한 하나님의 반대와 사람들에게 동일한 책임을 묻겠다는 하나님의 약속을 확립하는 권위적인 증거로서 에녹1서 1:9를 낭독하고, 에녹1서의 내용을 사용하여 그 상황에서 도전들을 해석한다. deSilva, *Jewish Teachers of Jesus, James, and Jude*, 256.

139 Schreiner, *1, 2 Peter, Jude*, 471을 참조하라.

사에 대한 믿음을 필수적으로 가질 필요가 없는 것처럼 말이다.[140] 자유주의의 학자들이 유다서가 암시하는 정경에 대해 만드는 포괄적인 주장과 보수적인 학자들이 유다서의 신뢰성을 지키기 위해 무엇을 변호해야 하는지에 대한 두려움은 모두 과장된 것이다!

결론

보캄(Richard Bauckham)은 유다가 싸워야 하는, 잘못을 범하는 사람들에 대하여 합리적인 확신을 갖고 우리가 알 수 있는 것에 대하여 훌륭한 요약을 제공한다. 이들은 "모든 도덕적 권위"를 거절한 "순회하는 은사주의자들"이며, 그러므로 주님이신 예수를 교리적으로 부정하는 것이 아니라 암묵적으로 부인한다. 이들은 은혜가 모든 도덕적 억압에서 구원하는 반면, 꿈을 통하여 성령이 그들을 인도한다고 상상한다. 이들은 모세가 율법을 받았을 때처럼, 천사의 권위조차 멸시한다. 도덕적 질서의 수호자들이라고 자처하는 이들은 사람들을 진리로부터 멀어지게 하는 완전히 거짓 교사들이며 거짓 목자이다. "그들은 교회의 친교 반찬에 참석했으며(12절), 이곳에서 이들은 자신의 예언과 가르침을 교회에 전했다. 그들은 참으로 성령의 소유로서 스스로 여기며 자신들을 따르는 자들을 중심으로 분파를 모았다(19절)."[141] 이들이 악한 길로 떨어지지 않도록 하기 위해 권면하는 유다의 강력한 경고는 모든 것을 용인하는 시대에서도 인내는 한계가 있다는 것을 상기시키는 것이다. 기독교계에 있는 사람들이 잘못된 지도자의 가르침이나 행동으로 인하여 영적으로 너무 손상되어, 정작 이들이 그 지도자를 따르는 동안 구원받을 수 없을 때, 다른 기독교인들은 위험에서 그들을 얻으려고 노력해야 하고 그 잘못된 지도자를 올바른 삶과 믿음으로 인도하기 위해 충분한

140 Moo, *2 Peter, Jude*, 250을 참조하라.

141 Bauckham, *Jude and the Relatives of Jesus in the Early Church*, 167–68 (168쪽에서 인용).

관심을 가지고 할 수 있는 모든 것을 해야 한다. 이 극악무도한 속임수에 대한 사도적인 예언은 성취되었기 때문에, 유다의 교회들은 스스로 마지막 날에 살고 있음을 알 수 있다. 그리스도는 새 시대를 시작하기 위해 오셨다. 심판의 날에 모든 사람은 합당한 보상을 받을 것이다. 그러나 하나님은 자비로우시며 사랑이 많으시고, 정의로우시다. 그래서 하나님은 사람들에게 진정으로 그리스도를 따르는 사람들이 되는 모든 기회를 주신다. 그러는 동안, 이 개인들은 자기 자신들을 진정한 믿음 안에서 지켜야 하며, 그들이 지키고자 하는 한, 하나님이 이들을 보호하고 보존해 주실 것을 확신할 수 있다.

종합적인 결론

가장 초기에 예수가 한 것처럼, 또는 사도행전을 시작하면서 1세대 기독교인들이 하는 것처럼, 야고보나 유다는 분명하게 주의를 끄는 선언으로 시작하지 않는다. 다시 말해서, 야고보서나 유다서는 편지 초반부에 하나님의 약속이 성취되었다고 선언함으로써 시작하지 않는다. 그렇다 치더라도, 이 두 서신은 구원의 역사에서 새 시대가 도래했다는 것을 분명하게 인식한다. 야고보서는 주로 권면하는 서신이다. 그의 권면들은 예수의 전통을 구체적으로 암시하지 않지만, 그가 최고의 법, 즉 자유를 제공하는 완전한 법이라고 부르는 것에서 나온다. 이것은 예레미야가 약속했던 새 언약이다. 특히 도덕법에서 구약의 원리들은 계속 유효하지만, 모든 윤리적 신학적 가르침은 예수 안에서 성취되는 체계를 통하여 걸러내야 한다. 유다에게, 성취는 더 부정적인 기능을 갖는다. 그는 모든 종류의 불의를 행하는 거짓 교사들에 대한 사도적 예언이 그의 회중 안에서 성취되고 있음을 인식한다. 유다는 그리스도의 오심으로 마지막 날이 실제로 도래했다고 생각한다. 유다는 구약성경을 계속 살펴보는데, 단순히 윤리적인 삶을 위한 원리를 발견하기 위해서가 아니다. 오히려, 거짓 교사들의 사악함을 드러내고 하나님께서 반드시 이들의 잘못을 심판하실 것이라는 확실성을 보여주기 위해서이다. 야고보서에 관해서, 히브리어 성경은 권위로 남아 있지만, 다르게 사용된다. 이렇게 다르게 사용되는 경우는 유다서에 등장하는 예를 강화하는 다양한 예표(type, 신약에서 성취될 것을 구약의 사건이나 인물, 그리고 본문이 미리 가리키는 것-옮긴이)들과 대형(antitype, 구약에서 가리키는 것이 성취된 것, 즉 예표의 성취-옮긴이)들을 위해서이며, 직접적으로 그리고 예표론적으로(typologically) 새 시대의 도래와 예언의 성취를 위해서이다.

4
바울

바울에 관한 학문적 연구는 신약 연구의 다른 주요 하위 학문보다 아주 빠른 속도로 지난 세대에 폭발적으로 증가했다. 역사적 예수 연구의 가장 최근 국면이 1세기 초 팔레스타인 유대교 세계에 속한 예수를 확고히 부각했다면, 바울에 관한 수많은 연구 역시 이와 마찬가지의 현상을 보여주었는데, 바울을 상당히 부각하였다. 가장 잘 알려진 것은 이른바 바울에 관한 새 관점(New Perspective on Paul)으로, 이것은 전통적인 율법주의보다는 유대인의 사고에 흐르는 자민족 중심주의와 민족주의를 강조한다.[1] 새 관점은 또한 언약적 율법주의(Covenantal nomism)의 역할, 즉 사람과 하나님의 언약 관계를 규명하기 위해 율법 사용을 강조한다. 시대착오적이라고 여기며 기독교 언어를 의식적으로 사용하는, 샌더스(E. P. Sanders)에 의하면, 토라에 대한 순종은 "어떻게 구원을 받는 것인지"에 관련이 있는 것이 아니라,

---

1 세 명의 주요 지지자는 샌더스(E. P. Sanders)와 던(James D. G. Dunn), 그리고 라이트(N. T. Wright)이다. 이들의 가장 중요한 작품들은, 각각 하나씩만 선택한다면, Sanders, *Paul and Palestinian Judaism* (Philadelphia: Fortress, 1977); Dunn, *The New Perspective on Paul: Collected Essays* (Tübingen: Mohr Siebeck, 2005); Wright, *Paul and the Faithfulness of God*, 2 vols. (Minneapolis: Fortress, 2013)이다.

구원을 유지하는 것에 있었다.[2] 더 새로운 관점이라고 한다면, 탈식민주의(postcolonialism)와 페미니즘(feminism), 그리고 성적소수자(LGBTQ) 신학에 기여하는 여러 전문 분야에 걸친 접근들과 함께,[3] 예수가 이방인을 위한 메시아지만 유대인들은 여전히 모세 언약 하에서 구원받을 수 있다는 두 언약(two-covenants) 이론이라 하겠다.[4]

그러나 바울은 적어도 15년 동안 팔레스타인 외곽의 로마제국을 두루 여행하면서 보냈고, 헬레니즘 세계의 문화와 교육 중심지인 다소(Tarsus)에서 유년기를 보냈기 때문에, 그가 받은 영향에 대한 연구는 예수에 대한 연구보다 훨씬 더 복잡해진다. 바울은 유대인이었고, 중요한 방식에 있어서 언제나 유대인으로 남아있었지만, 예수가 그랬던 것보다 훨씬 헬레니즘화되었다는 것은 사실이다. 그래서 바울에 대하여 접근할 때, 그의 신학을 스토아주의(Stoicism)의 요소들에 호의적으로 비교하곤 한다.[5] 마치 오래전 종종 그를 영지주의(Gnosticism)의 다양한 형태의 배경과 관련하여 읽었던 것처럼 말이다.[6] 또한, 때때로 본국으로 송환을 갈망했던 디아스포라 유대교는 팔레스타인에 거주한 유대인들보다 유배 생활의 종식에 대하여 훨씬 더 보수적이고 열성적이었기 때문에, 아마도 개종 이전의 바울은 거의 열심당 수준으

---

2 Sanders, *Paul and Palestinian Judaism*, 543-46.

3 바울 신학에 전통적인 접근과 더 진보적인 접근을 위한 훌륭한 개요에 대하여, Magnus Zetterholm, *Approaches to Paul: A Student's Guide to Recent Scholarship* (Minneapolis: Fortress, 2009)을 보라.

4 특히 Mark D. Nanos, *The Mystery of Romans: The Jewish Context of Paul's Letter* (Minneapolis: Fortress, 1996); Mark D. Nanos, *The Irony of Galatians: Paul's Letter in First Century Context* (Minneapolis: Fortress, 2002); Pamela Eisenbaum, *Paul Was Not a Christian: The Original Message of a Misunderstood Apostle* (New York: HarperCollins, 2009)을 보라.

5 특히 Troels Engberg-Pedersen, *Paul and the Stoics* (Edinburgh: T&T Clark, 2000)을 보라. 또한 Michelle V. Lee, *Paul, the Stoics and the Body of Christ* (Cambridge: Cambridge University Press, 2006); Niko Huttunen, *Paul and Epictetus on Law* (London: T&T Clark, 2009)을 참조하라.

6 고전적인 책으로, Rudolf Bultmann, *Theology of the New Testament* (New York: Charles Scribner's Sons, 1951), 1:185-352를 보라.

로 이해되어야 하며, 그의 이러한 모습은 예루살렘에 있는 그의 스승이었던, 유명하고 아주 관대한 랍비 가말리엘과 어떻게 그렇게 다를 수 있었는지를 설명해준다(특히 행 5:34-40 참조).[7]

바울의 편지들 안에는 중심으로 삼을 수 있는 통일된 하나의 주제라든지 일관된 주제들이 있는가? 아마 종교 개혁 이후, 이신칭의의 개념이 아마 개신교인들 사이에서 가장 일반적인 제안이었을 것이다. 그러나 슈바이처(Albert Schweitzer)는 "그리스도 안에"라는 표현을 대중화시켰고, 불트만(Rudolf Bultmann)은 바울의 사상에 실존주의 체계를 부과하였고, 케제만(Ernst Käsemann)은 기독교(그리고 바울) 신학의 어머니로서 종말론을 활성화시켰고, 리더보스(Herman Ridderbos)와 다른 학자들은 구속 역사와 약속-성취 구도(그러나 때때로 얼마나 많이 성취되었는지를 강조하여 너무 지나치게 낙관적임)를 주장했다. 그리고 새 관점은 언약적 율법주의와 하나님의 신실하심, 그리고 율법 없이 동등한 조건으로 유대인과 이방인을 포함하는, 하나님 백성의 확장에 초점을 맞추었다. 라이트(N. T. Wright)는 사회 과학에 근거한 추가 접근법을 포함하여, 이러한 관련 주제들을 능숙하게 다루기도 한다.[8]

우리는 예수를 소개할 때, 그가 세례 요한처럼 어떻게 다른 사람들이 회개하도록 요구했는지를 강조했다. 그러나 예수는 결코 자신이 회개했다고 주장하지 않았는데, 이것은 그가 신적인 자기 인식을 갖지 않는 한, 일어날 수 없는 놀라운 현상일 것이다. 반면에 바울은 예수의 추종자들을 최고로 박해한 사람이었을 때부터 예수의 가장 충실한 지지자이자 가장 열정적인 복음 전도자가 되기까지, 바울 자신의 삶의 주요한 전환점에 대하여 반복해서 이야기한다(갈 1:13-14; 빌 3:4b-11). 학자들은 이것을 회심이라고 불러야 하는지 아니면 유대교에 대한 바울의 혁명적인 이해 안에서 단순히 특별한 소

---

7 N. T. Wright, *What Saint Paul Really Said: Was Paul of Tarsus the Real Founder of Christianity?* (Grand Rapids: Eerdmans, 1997), 26-29.

8 N. T. Wright, *Paul and His Recent Interpreters: Some Contemporary Debates* (London: SPCK; Minneapolis: Fortress, 2015).

명이자 위임을 받은 것인지 논쟁하지만, 그러나 그가 변화되었다는 것에는 의심의 여지가 없다(특히, 갈 1:11-17을 보라).[9] 그는 한때 하나님을 기쁘게 하는 것으로 믿었던 모든 것을 "배설물"(빌 3:8)로 간주하기 시작했다.[10] 그가 보기에 유대인들이 예수를 따르는 것은 배교에 해당했기 때문에 유대교를 정화하는 임무를 주도했지만, 이후에 그는 예수 그리스도의 복음을 알리기 위해 수많은 박해와 육체적 고문을 견뎌냈다(특히, 고후 11:23b-33을 보라). 유대교 회당에서나 가해질 수 있는 서른아홉의 매를 다섯 번이나 맞았다는 그의 폭로보다도 더 가슴 아픈 것은 어느 곳에도 없다(24절). 그가 해야 했던 일은 유대교를 포기하고 새로운 종교를 채택하고 있다는 것을 설명하면서, 회당에 참석하는 것을 멈추는 것뿐이었다. 그러면 그는 그러한 처벌을 가하는 유대인 지도부의 관할권에서 완전히 벗어났을 것이다.[11] 그러나 동료 이스라엘 사람들을 구할 수 있다면 저주를 받을 것이라고(롬 9:3)[12] 주장하였던 그는 가능한 한 많은 사람을 예수에게 데려오기 위해 할 수 있는 모든 일을 하려고 했다. 이러한 상황에서 그는 민족적으로뿐만 아니라 종교적으로 자신이 유

---

9 특히, Peter T. O'Brien, "Was Paul Converted?" in *Justification and Variegated Nomism*, vol. 2, *The Paradoxes of Paul* (Tübingen: Mohr Siebeck, 2004), 361-91을 보라. 만약 개종이 전통적으로 이방인을 위한 것으로서, 우상들로부터 돌아섬을 의미한다면(살전 1:9-10), 바울은 개종하지 않은 것이다. 그러나 만약 개종이 새로운 형태의 존재와 정체성으로 전환한다는 것을 의미한다면, 그 용어는 확실히 개종에 적용된다. 이에 대하여 Mark J. Goodwin, *Paul, Apostle of the Living God: Kerygma and Conversion in 2 Corinthians* (Harrisburg, Pa.: Trinity Press International, 2001)을 보라. 포터(Stanley E. Porter)는 자신의 저서, *The Apostle Paul: His Life, Thought, and Letters* (Grand Rapids: Eerdmans, 2016), 30-32에서, 바울의 소명은 이사야와 예레미야의 예언자로서의 소명과 상당한 유사성을 가진다고 인식하면서도, "개종"의 사용을 옹호한다.

10 "쓰레기(garbage)," "유기물(refuse)," "폐물(rubbish)"이라는 더 일반적인 번역은 종종 "인간의 배설물"을 지칭하는 용어로서는 다소 약해 보인다. G. Walter Hansen, *The Letter to the Philippians* (Grand Rapids: Eerdmans, 2009), 236을 보라.

11 E. P. Sanders, *Paul: The Apostle's Life, Letters, and Thought* (Minneapolis: Fortress, 2015), 77을 참조하라.

12 이것은 동사 "소원"(wish)을 가진 자발적 미완료에 대한 교과서적인 예이다. Daniel Wallace (*Greek Grammar beyond the Basics: An Exegetical Syntax of the New Testament* [Grand Rapids: Zondervan, 1996], 552)는 그 문장을 "나는 내 자신이 저주받기를 거의 바랄 수 있을 것 같았기 때문이다."라고 번역한다.

대인임을 계속해서 주장하면서 그러한 고통을 견뎌냈다.

바울의 신학은 그를 정확하게 이해할 수 있는 배경을 적절하게 이해해야 하며, 또한 어떻게 자료를 배열하는지에 대하여 방법론적으로 수많은 선택을 해야 한다. 전통적으로, 가장 일반적인 접근은 바울이 보낸 13개의 편지의 가르침을 화제 중심으로든지 주제 배열의 형태로든지, 통합하는 것이다.[13] 이것은 조직신학의 범주와 순서를 반영할 수 있다.[14] 로마서는 복음에 대한 바울의 이해를 가장 완전하고 체계적으로 설명하고 조직신학자들의 접근에 가장 근접하기 때문에, 사람들은 던(James Dunn)을 따르면서 로마서의 사고의 범주와 순서를 바울 신학을 위한 전체 개요의 골자로 삼을 수도 있다.[15] 그러나 바울 자신이 (적어도 로마서와는 별개로) 그런 방식으로 생각했을지 의심스럽고, 이러한 접근 방식에서 독자는 각 개별 편지의 독특한 강조점들을 놓칠 수 있다. 또한, 사람들은 베커(Christiaan Beker)를 따르면서, 바울의 모든 사상에 대한 '일관된 중심'과 '문맥에 따라 변화하는 우발적인 주변부' 사이를 구별할 수 있다.[16] 그러나 베커의 경우, 이 접근은 바울의 사상의 일관된 명제가 주변으로부터 공정하게 나타날 수 없고 중심에서만 나타날 수 있다는 가정에 근거하고 있다. 또한, 사람들은 각 주제를 배경 내러티브, 특히 이스라엘 민족과 땅에 비추어 생각하려고 시도할 수 있다.[17] 이 접근 방식은 매우 귀중한 역사적인 정보를 제공하지만, 때때로 바울의 주요 주제

13 예를 들어, Thomas R. Schreiner, *Paul, Apostle of God's Glory in Christ: A Pauline Theology* (Downers Grove, Ill.: IVP, 2001)을 보라.

14 예를 들어, Herman Ridderbos, *Paul: An Outline of His Theology* (Grand Rapids: Eerdmans, 1975)을 보라.

15 James D. G. Dunn, *The Theology of Paul the Apostle* (Grand Rapids: Eerdmans, 1998).

16 J. Christiaan Beker, *Paul the Apostle: The Triumph of God in Life and Thought* (Philadelphia: Fortress, 1980).

17 특히 Ben Witherington III, *Paul's Narrative Thought World: The Tapestry of Tragedy and Triumph* (Louisville: Westminster John Knox, 1994)을 보라. 또한, N. T. Wright는 자신의 글, "Israel's Scriptures in Paul's Narrative Theology," *Theology* 115 (2012): 323-29에서 각 주제를 구약성경의 여러 본문과 연결한다.

들과 신념을 명제 형식으로 진술하는 가능성과 중요성을 과소평가할 수 있다. 마지막으로 사람들은 바울의 세계와 사고방식을 더 크게 바라보는 맥락에서, 유대교의 세 가지 핵심 "교리들" 즉 "유일신"과 "선택," 그리고 "종말론"과의 바울의 상호작용을 분류할 수 있다.[18] 이것은 아주 주의 깊게 편지를 읽도록 하는 강력하고 창의적인 접근 방식이라고 할 수 있다. 하지만, 기독교 교리학의 다양한 주제들에 관하여 바울이 어떻게 생각하는지에 대하여 쉽게 알아낼 수 있는 입문은 될 수 없다. 물론 사람들이 기독교 교리학을 위하여 바울의 신학을 참고 작품들로만 이용하는 경향도 있다.

게다가 13개의 편지 중 6개는 저작권을 둘러싼 중요한 질문을 야기한다. 데살로니가후서의 진위는 아마도 비복음주의(nonevangelical)에 속한 학자의 절반이 의문을 제기할 정도이다. 골로새서는 조금 더 자주, 아마도 약 3분의 2 정도에 의해 의심받는다. 에베소서는 아마도 덜 보수적인 학자들의 4분의 3 정도에 의해 훨씬 더 의심을 불러일으키고, 반면에 목회서신은 주목할만한 몇몇 예외를 제외하고는, 복음주의 영역 밖에 있는 거의 모든 사람에 의해 바울이 아닌 다른 사람의 것으로 간주되는 실정이다.[19] 그래서 바울의(또는 더 일반적으로 신약성경의) 신학을 다루며 그의 사상을 종합할 때, 오직 저작권 논쟁이 없는 7개의 편지만 함께 묶고 난 다음 제2바울서신(deuteropauline[저작권 논쟁이 있는 서신들-옮긴이])이라고 불리는 나머지 서신들을 1개만 다루거나 그 이상의 것을 다루어서, 8개, 9개, 10개 또는 심지어 13개의 모든 서신을 함께 묶을 것인지를 결정해야 한다.

따라서, 놀랍지도 않게, 최근의 여러 신학들은, 때때로 가장 유사한 것

---

18 Wright, *Paul and the Faithfulness of God*. 이 작품의 분석에 대한 최근의 상세한 글들을 위해, Christoph Heilig, J. Hewitt Thomas, and Michael F. Bird, eds., *God and the Faithfulness of Paul: A Critical Examination of the Theology of N. T. Wright* (Tübingen: Mohr Siebeck, 2016; Minneapolis: Fortress, 2017)을 보라.

19 이 견해들에 대한 찬성과 반대하는 관점과 주장들에 대하여, 나의 저서, Craig L. Blomberg, *The Historical Reliability of the New Testament: Countering the Challenges to Evangelical Christian Beliefs* (Nashville: B&H, 2016), 362-417을 보라.

들을 묶는데, 특히 데살로니가전서와 데살로니가후서, 에베소서와 골로새서, 그리고 세 개의 목회서신 즉 디모데전서와 디모데후서, 그리고 디도서를 함께 다루거나, 아니면 각 편지를 개별적으로 다루기로 선택한다.[20] 그러면 저작권 문제는 크게 문제가 되지 않을 수 있고, 사람들은 어떤 논란도 고려하지 않기 때문에 그만큼 각 서신의 특징적인 것이 흐려져도 두려워할 필요가 없다. 그러나 이 접근 방식으로는 일관된 특징들을 발견하기가 어려울 수 있기 때문에, 독자들이 바울의 서신중, 한 개나 두 개, 또는 세 개 이상의 범주를 가진 통일된 신학을 결코 이해하지 못할 수 있다. 바로 이 지점에서, 일부 사람들은 중재적인 접근법을 찾으려고 한다. 아마도 가장 도움이 되는 것은 마샬(Howard Marshall)의 책별 접근법으로, 바울서신을 종합하는 상세한 장(chapter)을 추가하고, 바울서신을 공관복음과 사도행전에 비교하고 대조하는 또 다른 장(chapter)을 추가하는 것이다.[21]

우리의 접근 방식은 어떤 의미에서 마샬의 것과는 정반대이다. 우리는 각 편지의 특색을 완전히 버리고 싶지는 않지만, 우리가 편지 전체를 통합적으로 이해하는 것이 각 서신의 특색에만 집중함으로써 얻을 수 있는 이점들을 능가한다고 믿는다. 우리는 또한 모든 서신을 자세하게 요약할 때 등장하는 엄청난 양의 반복을 피하길 원하는데, 여러 저자들은 바울의 편지들에 반복적으로 자주 등장하는 특징들뿐만 아니라 주요 요점들을 찾기 때문이다. 그러나 우리는 또한 하나의 가설을 시험하고 있다. 우리는 이미 이스라엘(파생적으로, 이스라엘을 통하여 세계의 모든 민족)에 대한 하나님의 약속들의 성취를 특징으로 하는 구속 역사 안에서 새 시대가 도래한다는 개념이 예수와

---

20 예를 들어, Frank J. Matera, *New Testament Theology: Exploring Diversity and Unity* (Louisville: Westminster John Knox, 2007), 99-258; Frank Thielman, *Theology of the New Testament: A Canonical and Synthetic Approach* (Grand Rapids: Zondervan, 2005), 234-437을 보라. 틸만(Thielman)의 글은 중심주제와 공통점에 관한 두 개의 짧은 부분에 의해 틀이 짜여 있다.

21 I. Howard Marshall, *New Testament Theology: Many Witnesses, One Gospel* (Downers Grove, Ill.: IVP, 2004), 420-69, 470-88.

초기 교회의 신학을 지배하고 있다는 것을 관찰했다. 예수의 가르침 안에서 율법의 성취는 야고보를 위한 주요한 역사적 배경을 형성하는데, 그가 40년대 후반에 교회들에게 윤리적인 삶을 가르치기 때문이다. 심지어 유다의 작은 편지도 마지막 날이 도래했고, 거짓 교사들에 대한 사도적 예언이 성취되고 있다는 가정을 바탕으로 작성된다.

이러한 주제들이 바울의 신학에 영향을 주고 있는가? 연대순으로 말하자면, 신약성경의 사상에 대하여 우리가 조사한 바로는, 바울의 작품들은 40년대 후반에서 60년대 초반까지의 편지들이다. 그는 예수와 초기 교회의 전통을 충실히 계승하고 있는가? 아니면, 자주 주장되는 것처럼, 바울이 기독교의 진정한 창시자인가?[22] 특히 웬함(David Wenham)에 의한 뛰어난 연구는 이 질문을 자세히 다루었고 신약신학의 1세대에서 가장 중요한 두 인물, 즉 예수와 바울 사이에 여러 가지 중요한 연속성을 보여주었다.[23] 그러나 나는 바울의 사상에 대하여 전반적으로 분석을 하고, 이것을 토대로 책별로 구원의 역사 안에 나타난 성취의 개념을 검증하는 그 어떤 서적도 알지 못한다. 그러므로 이 장(chapter)에서 시작할 것은 우리가 결정할 수 있는 최선의 방법으로, 바울의 각 편지 안에서 성취의 역할을 연대기 순으로 보여주는 것이다. 연대순으로 진행함으로써, 우리는 몇몇 사람들이 주장하는 것처럼, 바울의 사상에 어떤 "발전"이 있었는지 관찰할 수 있다.[24] 우리는 결과를 요약한 후, 바울의 편지들 전체에 걸쳐 나타난 그의 전반적인 사고를 주제별로 종합할 것이다.

---

22 특히, Gerd Lüdemann, *Paul: The Founder of Christianity* (Amherst, N.Y.: Prometheus, 2002)을 보라.

23 특히, David Wenham, *Paul: Follower of Jesus or Founder of Christianity?* (Grand Rapids: Eerdmans, 1995)을 보라. 더 간략하게 설명하는 Craig L. Blomberg, *Making Sense of the New Testament: Three Crucial Questions* (Grand Rapids: Baker; Leicester: IVP, 2004), 71-106을 참조하라.

24 비록 성취에 대한 구체적인 주제에 관한 책은 아니지만, 비교적 가장 최근의 Sanders, *Paul: The Apostle's Life, Letters, and Thought*, 710-23을 보라.

하지만 저작권 논쟁이 있는 6개의 서신을 우리는 어떻게 해야 하는가? 바울 저작에 대한 논란이 있는 편지들을 포함하여, 바울에게 속한 13개의 서신의 진위에 대한 좋은 사례가 만들어졌고, 수많은 출판물이 자세하게 그 주장을 제시했다.[25] 데살로니가후서는 그리스도가 빨리 재림한다는 데살로니가전서의 가르침에 과도하게 반응한 데살로니가 교회의 결과로 그럴듯하게 설명될 수 있으며, 바울은 예수의 재림에 대한 어떤 조짐이 일어나야 한다는 것을 그들에게 알려 주어야 한다. 흥미롭게도, 두 편지의 신학은 서로 아주 밀접하게 일치한다. 에베소서와 골로새서는 비록 이 두 서신의 문체가 바울의 나머지 서신들과 상당히 다르더라도, 내용이 현저하게 유사하다. 에베소서는 특히 바울사상(Paulinism)의 정수라고 불리는데,[26] 이렇게 불린다는 것은 이 편지의 신학적인 특징들이 다른 서신들과 반대된다고 주장하는 것이 상당히 과장되었다는 것을 시사한다. 그래서 우리는 이 두 서신도 함께 다룰 수 있다.

그러나 목회서신들은 다른 종류의 문제를 제시한다. 이 서신들의 어휘나 스타일, 그리고 신학의 많은 특징이 누가-행전과 일치하는데, 때로는 목회서신들이 바울의 다른 서신들과 일치하는 정도보다도 훨씬 더 일치할 정도이다. 어쩌면, 우리는 위더링턴(Ben Witherington)과 같은 입장을 취할 수도 있는데, 그에 의하면, 바울은 누가를 대서자(amanuensis[글을 받아 적는 사람-옮긴이])로 삼았고, 바울이 디모데와 디도에게 편지 쓰기를 원한다는 것에 관해 지시하였지만, 누가는 자신의 스타일과 뉘앙스로 자유롭게 썼다는 것이다.[27]

25 문서에 대하여, 위에 있는 각주 19번 안에 인용된, Blomberg, *Historical Reliability of the New Testament*에 있는 여러 자료를 보라. 또한, 저작권 논쟁이 있는 서신들에 대한 개론적인 설명이 있는 나의 저서, *From Pentecost to Patmos: An Introduction to Acts through Revelation* (Nottingham: Apollos; Nashville: B&H, 2006)을 보라.

26 F. F. Bruce, *Paul: Apostle of the Heart Set Free* (Grand Rapids: Eerdmans [= *Paul: Apostle of the Free Spirit* (Exeter: Paternoster)], 1975), 424.

27 Ben Witherington III, *Letters and Homilies for Hellenized Christians*, vol. 1, *A Socio-rhetorical Commentary on Titus, 1-2 Timothy and 1-3 John* (Downers Grove, Ill.: IVP, 2006), 54-62.

대서자들이 고용되는 것은 고대 지중해 세계에서 편지를 쓰는 과정에서 꼭 필요하였다.[28] 적어도 목회서신들과 누가-행전을 비교하고 대조하는 것은 매우 유익하므로, 우리는 4장 이후에 등장하는 장(chapter)들에서, 이 부분을 다룰 것이다. 그러나 바울의 신학을 위해, 13개의 모든 서신을 의도적으로 강조하더라도[29] 저작권 논란이 없는 편지들에 더 초점을 맞추었을 때와 큰 차이가 없는 것처럼, 바울 안에 모든 주요한 주제들이 목회서신을 포함하지 않고도 이 장(chapter)에서 설명될 수 있는 것으로, 밝혀질 것이다.[30]

성취의 중심성에 대한 각 서신의 증명

나는 여기에서 논의된 바울서신의 연대를 결정하는 근거를 다른 곳에서도 설명했다. 가장 가능한 연대를 말하자면, 갈라디아서는 A.D. 48-49년, 데살로니가전서와 데살로니가후서는 50-51년, 고린도전서는 55년, 고린도후서는 56년, 로마서는 57년, 빌레몬서, 골로새서, 에베소서는 60-61년, 그리

28 대서자(amanuensis)들이 활동했다는 상황을 보여주는, E. Randoph Richards, *The Secretary in the Letters of Paul* (Tübingen: Mohr Siebeck, 1991), 97-111을 보라.

29 예를 들어, Schreiner, *Paul, Apostle of God's Glory in Christ*; Ridderbos, *Paul*.

30 또 다른 접근 방식은 목회서신을 여기와 나중에, 아마도 바울과 누가 안에서 분리된 부분으로 각각 포함시키는 것이다. 하지만 이것은 목회서신과 누가 사이의 유사점들을 분명하게 강조하지는 못할 것이다. 아니면, 우리가 바울을 다루면서 목회서신으로부터 정보를 포함하고서 이 세 편지를 이후에 별도의 장(chapter)을 가질 수도 있고, 이 편지들의 독특한 내부 논리에 따라서 주제들을 배열할 수도 있다. 그러나 이것은 불필요하게 반복적인 것처럼 보인다. 나는 목회서신 안에 기록된 바울의 영향, 지도, 개입, 그리고 모든 것에 대한 최종 승인을 부정하는 것이 아니라는 것을 강조한다. 나는 누가가 바울의 대서자(amanuensis)였다는 것을 전혀 확신하지 않는다. 나는 바울이 다른 편지들의 구성과 마찬가지로 거의 구별할 수 없는 과정들을 통하여 이 편지들을 펜으로 썼다는 가능성에 대해 열려 있다. 나는 단지 다른 사람들이 바울의 대서자의 가능한 역할에 대하여 제기한 가설을 탐구하면서, 그것이 누가였을지도 모른다는 것을 제안하고, 목회서신과 누가-행전이 공통적으로 갖는 신학의 지배적이고 독특한 점들을 강조하고 싶을 뿐이다. 부분적으로 내가 여기에서 활용하고 있는 장(chapter)들의 배열과 내용을 통해 이것을 시도한 또 다른 신약신학 서적을 알지 못하기 때문에, 나는 이것을 "시험 운전"(Test Drive)하여 유용성이 입증되었는지를 간절히 보고 싶을 뿐이다.

고 빌립보서는 61-62년이다.[31] 때때로 우리가 연대순으로 진행할 때, 흥미로운 연결고리가 나타나기도 하지만, 정확한 순서에 많은 것이 걸려 있지 않다. 그래서 우리는 신약 서론에서 더 적절하게 다룰 수 있는 문제들 즉, 연대기와 상황들을 재조명하는데 있어서, 시간을 할애하지 않을 것이다.

갈라디아서

아무리 사람들이 사도행전과 갈라디아서를 함께 조화시키는데 어려움을 겪는다고 할지라도, 바울과 베드로는 시간적으로 분명히 한 시점에서 상당한 대립을 하고 있었다는 것이 분명하다(갈 2:11-14).[32] 그러므로 서신의 핵심 단락은 율법의 행위보다 오히려 이신칭의에 대한 바울의 이해를 분명하게 설명한다(15-21절).[33] 그러나 바울이 이러한 이해를 제시하도록 하는 내러티브 구조는 예수에 대한 이해를 완전히 바꾸게 하였던 다메섹 도상에서 일어났던 개인적인 변화(1:11-24)와 모든 사람에게 복을 주려는 아브라함과의 약속 성취의 시대가 도래했다는 것(3:1-18)에 초점을 맞추고 있다.[34] 바울은 예수의 오심이 시간('카이로스'[*kairos*]) 안에서 특별하고 하나님에 의해 정해진

---

31 Blomberg, *From Pentecost to Patmos*를 보라. 특히, Rainer Riesner, *Paul's Early Period: Chronology, Mission Strategy, Theology* (Grand Rapids: Eerdmans, 1997), 318-26을 참조하라.

32 갈 2:1-10과 행 15:4-21을 연결하는 것에 대하여, 특히, Craig S. Keener, *Acts: An Exegetical Commentary* (Grand Rapids: Baker, 2014), 3:2194-206을 보라. 갈 2:1-10과 행 11:16-19를 연결하는 것에 대하여, Colin J. Hemer, *The Book of Acts in the Setting of Hellenistic History*, ed. Conrad H. Gempf (Tübingen: Mohr, 1989), 277-307을 보라.

33 전문적으로, 이 단락은 편지의 주제부로서 기능한다. 이에 대하여, Bernard H. Brinsmead, *Galatians: Dialogical Response to Opponents* (Chico, Calif.: Scholars, 1982), 69-78. 또한, Hans Dieter Betz, *Galatians* (Philadelphia: Fortress, 1979), 113을 보라.

34 Witherington, *Paul's Narrative Thought World*, 40-50을 참조하라. 역설적이게도, 아마 바울은 이전에 그리스도를 박해할 때 가졌던 동일한 열심을 그리스도에 대한 새로운 이해를 위해서도 가졌던 것 같다. 이를 위해, Stephen A. Cummins, *Paul and the Crucified Christ in Antioch: Maccabean Martyrdom and Galatians 1 and 2* (Cambridge: Cambridge University Press, 2001), 231을 보라.

순간이었음을 깨닫고, 4:4-5에서 "때가 차매 하나님이 그 아들을 보내사 여자에게서 나게 하시고 율법 아래에 나게 하신 것은 율법 아래에 있는 자들을 속량하시고 우리로 아들의 명분을 얻게 하려 하심이라"라고 설명한다.[35] 예수와 야고보가 레위기 19:18을 인용했던 것처럼, 바울 또한 "온 율법은 네 이웃 사랑하기를 네 자신 같이 하라 하신 한 말씀에서 이루어졌나니"(5:14)라고 진술한다.[36] 그는 이것이 결코 반율법주의(antinomian[도덕률 폐기론-옮긴이])가 아니며, 오히려 기독교 윤리를 "그리스도의 법"(6:2. 또한 9:21 참조)으로 지칭할 수 있다고 강조한다.[37] 하나님께서 이스라엘과의 약속을 이행하는 시기는 구원-역사적 전환에서 출발한다. 자명하게도, 이 전환은 갈라디아서

---

35 무(Douglas J. Moo)는 자신의 저서, *Galatians* (Grand Rapids: Baker, 2013), 265에서, "하나님께서 아들을 세상에 보내 구원의 일을 시작하는 것이 적절하다고 생각하신 구원의 역사 속 그 순간"에 대하여 언급하며, 때가 이르렀을 때 실행될 하나님의 뜻에 관하여 엡 1:10과 유사함을 주목한다. 또한 Todd D. Still, "'In the Fullness of Time' (Gal. 4:4)," in *Galatians and Christian Theology: Justification, the Gospel, and Ethics in Paul's Letter*, ed. Mark W. Elliott, Scott J. Hafemann, N. T. Wright, and John Frederick (Grand Rapids: Baker, 2014), 239-48을 참조하라.

36 웨스트홀름(Stephen Westerholm)을 따르고 있는 롱케네커(Richard N. Longenecker)는 자신의 저서, *Galatians* (Dallas: Word, 1990), 242-43에서, (기독교인의 삶의 목표가 아닌) 율법을 행하는 것과 (기독교인의 목표인) 기독교적 사랑의 윤리를 통해 율법을 성취하는 것 사이에서 바울이 가진 생각의 차이를 강조한다.

37 그것("그리스도의 법")을 단순히 성령에 의해 사는 기독교인으로 보는 가장 일반적인 관점은 "율법"의 사용을 적절히 설명하지 못한다. 몇몇 학자들의 그룹에서 그것을 모세의 율법과 동일시하는 더 최근의 경향은 두 구원-역사적인 시대 사이의 대조, 즉 편지 전체에 스며들어 있는 대조를 적절히 설명하지 못한다. 주석적인 여러 주장들의 완전한 조사에 대하여, Todd A. Wilson, "The Law of Christ and the Law of Moses: Reflections on a Recent Trend in Interpretation," *Currents in Biblical Research* 5 (2006): 128-44를 보라. 브루스 롱게네커(Bruce Longenecker)는 자신의 저서, *The Triumph of Abraham's God: The Transformation of Identity in Galatians* (Edinburgh: T&T Clark; Nashville: Abingdon, 1998), 86에서, "아마도 최상의 균형을 제공하는 것 같다. 그것은 그리스도의 인격을 본받아 성령에 의해 삶이 변화되고 있는 사람들의 "공동체 안에 상호 봉사의 관계 속에서 가장 완벽하게 적절한 표현에 도달하는 모세율법이다"라고 말한다. 짚(Joshua W. Jipp)은 자신의 저서, *Christ Is King: Paul's Royal Ideology* (Minneapolis: Fortress, 2015), 43-76에서, 예수가 왕이 되신다는 관념을 가졌기 때문에 예수가 율법을 성취한다고 말할 수 있다고 바울은 설명하면서, "그리스도의 법"이라는 표현을 사용할 수 있다고 주장한다. 즉 왕으로서 예수는 율법의 살아 있는 구현체이며, 특히 그의 자기 희생(레 19:18의 궁극적 구현)에서 그를 따르는 자들이 그 본을 모방하도록 한다.

1:4에서 그리스도가 "이 악한 세대"에서 우리를 구원하는 것으로 시작되며, 이러한 구원-역사적 전환은 이 서신 전체의 중심이다.

데살로니가전후서

데살로니가 교인들에게 보내는 두 편지는 특히 종말론을 다루고 있는데, 이는 교회 안에서 이 주제에 대한 오해 때문인 것으로 보인다.[38] 그렇다면, 자연스럽게, "이미 그러나 아직 아니"라는 긴장에서 "아직 아니"에 초점이 맞춰질 것이다. 그리스도는 아직 돌아오지 않으셨지만, 비록 당장은 아니더라도 곧 오실 것이다. 그의 재림을 예고하는 여러 가지 조짐이 여전히 일어나야 한다. 그래서 여기에 나타난 내러티브 배경은 그리스도의 초림 때 일어난 일보다 미래에 일어날 일에 더 초점을 맞추고 있다. 그러나 분명히 사람들은 개종했으며(살전 1:4-10), 복음을 거부한 여러 유대인에 의하여, 특히 유대인 신자들에 대한 박해가 뒤이어 일어났다(2:14-16).[39] 바울은 그럼에도 불구하고, 데살로니가 기독교인들이 굳건히 서 있는 것에 감사하며(3:6-10), 그들이 훨씬 더 구제에 힘쓰도록 권면한다(4:10). 그가 데살로니가후서를 쓸 때, 겉보기에는 박해가 늘었지만, 그들의 믿음과 사랑은 계속 성장한다(살후 1:3-4). 데살로니가에 보낸 두 서신에서 유일하게 나타나는 "성취하다"('플레로오'[*plēroō*])라는 단어는 하나님이 이들의 "모든 선을 기뻐함"과 "믿음의

---

38 마샬(Marshall)과 굽타(Gupta)는 데살로니가전서에 나타난 바울의 가르침에 과민하게 반응하는 대신에, 유대인 박해자들이 유대교에서 변절한 유대교 신자들에 대한 종교적인 노여움의 표시로서 지역적으로 불편한 사건들을 일으키면서 유대인 신자들을 괴롭혔던 것은 아닌지 궁금해한다. 이에 대하여, I. Howard Marshall, *1 and 2 Thessalonians* (Grand Rapids: Eerdmans, 1983), 1-45. Nijay K. Gupta, *1-2 Thessalonians* (Eugene, Ore.: Cascade, 2016), 26을 보라.

39 대부분의 영어 번역본은 "유대인들"이후 그 구절 끝에 쉼표나 마침표를 찍는데, 이는 모든 유대인들이 박해자였다는 잘못된 인상을 가져온다. 2011년에 번역된 NIV와 HSCB, 그리고 CJB는 당연히 쉼표를 도입하지 않는다. 이에 대하여 더 살펴보려면, Frank D. Gilliard, "The Problem of the Antisemitic Comma between 1 Thessalonians 2.14 and 15," *New Testament Studies* 35 (1989): 481-502를 보라.

역사를 능력으로" 이룬다는 바울의 기도의 맥락에서 "결실을 맺다"(bring to fruition, 살후 1:11)라는 표현으로 번역될 수 있다. 그러나 데살로니가전서 2:16은 기독교인을 박해하는 유대인들에 대한 심판을 나타내기 위하여 '에이스 텔로스'(*eis telos*, "완전하게" 또는 "마지막에")라는 표현을 사용한다.[40] 여기에 언급된 심판이 십자가에서의 심판이든, A.D. 70년에 다가올 심판을 말하든 간에, 1세기는 반대자들의 죄악이 한계치까지 쌓인 의미심장한 시기임이 분명하다(16절). 데살로니가후서 2:6은 '카이로스'(*kairos*)를 다시 사용하는데, 이 "때"는 무법자가 등장하게 되는 적절한 시기임을 가리킨다.[41] 그래서 앞으로도 또한 이루어질 성취가 있다.

고린도전서

바울이 고린도 교인들에게 보낸 첫 번째 편지는 교회 안에 일어난 여러 문제, 즉 분열, 근친상간, 법정 소송, 간음, 결혼과 금욕에 대한 논쟁, 우상에게 바쳐진 음식, 성(gender) 역할들, 주의 만찬의 남용, 예배를 위한 영적 은사, 부활에 대한 문제, 그리고 유대인들을 위한 모금 문제를 해결하기 위해 기록되었다. 이 문제들을 통합하는 것이 무엇인지 결정하는 것은 상당히 어렵지만, 기본적인 내러티브 구조를 인지하는 것은 훨씬 덜 어렵다.[42] 그러나 10장에서 두 구절은 내러티브 구조에 대한 중요한 단서를 준다. 바울은 이

---

40 이 구절과 관련된 어려운 문제를 다루는, 한 권의 책 분량의 글로서, Carol J. Schlueter, *Filling up the Measure: Polemical Hyperbole in 1 Thessalonians 2.14-16* (Sheffield: Sheffield Academic Press, 1994)을 보라. 특히, Markus Bockmuehl, "1 Thessalonians 2:14-16 and the Church in Jerusalem," *Tyndale Bulletin* 52 (2001): 1-31을 참조하라.

41 Jeffrey A. D. Weima, *1-2 Thessalonians* (Grand Rapids: Baker, 2014), 526-27을 참조하라.

42 수많은 가능성 중에서, 가장 설득력이 있는 것은 기독교인의 삶으로 이어지는 후원자-수혜자 관계에서의 문제를 포함한다. 특히 Bruce W. Winter, *After Paul Left Corinth: The Influence of Secular Ethics and Social Change* (Grand Rapids: Eerdmans, 2001)을 보라. 또한, Mark T. Finney, *Honour and Conflict in the Ancient World: 1 Corinthians in Its Greco-Roman Social Setting* (London: T&T Clark, 2012)을 참조하라.

스라엘 백성이 광야에서 저지른 죄에 빗대어 우상에게 바쳐진 고기를 남용하는 것에 비유할 때, 그는 "이러한 일은 우리의 본보기가 되어 우리로 하여금 그들이 악을 즐겨 한 것 같이 즐겨 하는 자가 되지 않게 하려 함이니"(고전 10:6)라고 설명한다.[43] 11절에서 그는 "그들에게 일어난 이런 일은 본보기가 되고 또한 말세를 만난 우리를 깨우치기 위하여 기록되었느니라"라고 상세히 말한다. "말세"는 특히 '타 텔레 톤 아이오논'(*ta telē tōn aiōnōn*)의 아주 적절한 표현인데, '텔로스'(*telos*)는 종말과 성취를 동시에 의미하기 때문이다.[44] 그래서 바울은 닮거나 피할 수 있는 행동의 유형으로서 모형론적(typological) 유비나 예증을 위해, 히브리어 성경을 깊이 파고 들어가는 것이 적절하다고 믿는다. 바울에게 있어서, 그리스도의 오심 때문에, 역사의 최절정기에 도달하고 있는 현재(편지를 쓰고 있었던 그 시점을 기준으로)가 아주 중요한 시기였다. 실제로, 그는 7:29에서 마지막까지 시간이 얼마 남지 않았다고 선언한다. 그러나 그리스도 자신의 부활이 종말론적인 첫 열매이며, 보증이 되는 우리의 육체의 부활까지 새 시대는 완전히 도래하지 않을 것이다(15:20-23).

고린도후서

고린도후서 3:7-18은 이 구원 역사적인 전환을 자세히 설명하고 갈라디아서에서처럼, 율법과 복음의 관계로 돌아간다. 이 서신의 신학적인 중심은 2:14-7:4이며, 그 중심에는 화해가 있다(5:11-21).[45] 화해를 가능하게 한 것은

---

43 David E. Garland, *1 Corinthians* (Grand Rapids: Baker, 2003), 459-60을 참조하라. 대체로 이방인 기독교인들과 함께 출애굽 전통을 사용하는 것은 이들이 유대교에서 영적인 조상들과 더욱 동일시하고, 종교적인 순결의 개념의 방향을 좀더 외적인 것에서 좀더 내면적인 것으로 바꾸도록 도와준다. Carla Swafford Works, *The Church in the Wilderness: Paul's Use of Exodus Traditions in 1 Corinthians* (Tübingen: Mohr Siebeck, 2014)을 보라.

44 Gordon D. Fee, *The First Epistle to the Corinthians*, rev. ed. (Grand Rapids: Eerdmans, 2014), 506-7. 또한, Georges Massinelli, "Christ and the Law in Romans 10:4," *Catholic Biblical Quarterly* 77 (2015): 707-26을 보라.

45 Ralph P. Martin, *Reconciliation: A Study of Paul's Theology* (Atlanta: John Knox,

그리스도가 죄를 짊어졌던 십자가 사역 때문이었다(21절). 이 사역 이후, 바울은 모세 언약의 모든 영광이 그리스도의 사역과 그의 새 언약에 비하면 희미하다는 것을 되돌아보고 깨달을 수 있다고 주장한다(3:7-10). 돌이켜보면, 우리는 첫 번째 언약의 일시성과 두 번째 언약의 영원성을 명확하게 볼 수 있다(7절, 11절). 사라진 것은 모세의 얼굴의 영광이 아니라 모세 언약 그 자체이다(13절).[46] 토라를 읽는 유대인들은 그것을 있는 그대로 받아들인다고 주장하겠지만, 바울은 그들이 읽고 이해하는 것을 수건이 눈을 가리고 있는 상태에서 무언가를 보려는 것으로 비유한다(14-15절). 수건은 본문을 제대로 읽을 수 있는 해석 렌즈인, 오직 그리스도 안에서만 제거된다. 그리스도 안에서 제거된다면, 사람들은 마음의 완고함에서 비롯되는 영적인 무지에 대한 바울의 설명이 나타난 그 단락 전체에서 발전시킨 "수건"(16-17절)에서 해방될 것이다. 이렇게 자유롭게 하는 성령의 역사는 사람들을 새로운 창조물의 일부가 될 수 있게 해주며(5:17), 아마도 이러한 모습은 이사야서 43:18-19의 성취일 것이다(65:17 참조).[47] 비록 고린도후서는 바울의 수정된 여행 계획, 범죄자의 회복, 사도로서 바울의 사역, 적합하지 않은 멍에 제거, 모금, 유대주의의 경향을 가진 침입자들의 도착 등, 다양한 많은 주제를 다루지만, 다른 어떤 것도 옛 시대에서 새 시대로의 전환보다 신학적으로 중심적인 주제는 없

1981). 베기(Iva Vegge)는 자신의 저서, *2 Corinthians—A Letter about Reconciliation: A Psychagogical, Epistolographical and Rhetorical Analysis* (Tübingen: Mohr Siebeck, 2008)에서, 편지 전체는 바울과 고린도 교인들 사이의 화해를 가져오도록 고안되었다고 생각한다.

46 13절(문자적으로, "없어질 것의 결국")은 11절에서처럼, 동일한 명사적(독립적-옮긴이) 분사를 사용하는데, 11절에서 그것의 선행사는 모세의 사역이다. 이에 대하여, Linda L. Belleville, *Reflections of Glory: Paul's Polemical Use of the Moses-Doxa Tradition in 2 Corinthians 3* (Sheffield: JSOT Press, 1991)을 보고, 특히 295를 주목하라. 또한, 점진적인 "사라짐"의 생각에 반대하는 William R. Baker, "Did the Glory of Moses' Face Fade? A Reexamination of καταργέω in 2 Corinthians," *Bulletin for Biblical Research* 10 (2000): 1-15를 참고하라.

47 Ralph P. Martin, *2 Corinthians*, 2nd ed. (Grand Rapids: Zondervan, 2014), 311-12; Mark S. Gignilliat, *Paul and Isaiah's Servants: Paul's Theological Reading of Isaiah 40-66 in 2 Corinthians 5:14-6:10* (London: T&T Clark, 2007), 97.

다.

로마서

바울이 로마인들에게 보내는 편지는 인류 보편의 죄악에서부터 그리스도 안에서 칭의, 성령에 의한 성화와 영화, 이스라엘 문제, 그리고 뒤이어 나오는 기독교 윤리에 이르기까지, 그의 편지 중 가장 많은 신학적 영역을 다룬다. 그럼에도 불구하고, 성취의 주제는 편지 전체에 걸쳐 나타난다. 그리스도의 속죄 제물은 율법의 의로운 요구가 우리 안에서 성취된다는 것을 의미한다(8:3-4).[48] 이스라엘의 성취(또는 충만)와 이방인의 성취(또는 충만)는 11:12와 25에 나타난다.[49] 사랑이 율법의 성취이기 때문에(13:10) 다른 사람을 사랑하는 사람이 율법을 성취한다는 것(13:8)을 읽으면, 우리는 갈라디아서 5:14를 상기하게 된다.[50] 바울은 심지어 로마 제국의 절반에 해당하는 동쪽 전체에 복음을 선포하려는 소망이 성취되었다고 믿는다(15:19). 그래서 그는 관심을 서쪽 절반으로 돌릴 수 있다(24절).[51] 그가 로마에 갈 때, 그는 그리스도의 충만한(성취된) 모든 복을 가지고 가기를 기대한다(29절).

---

48 이 구절들의 논리와 시대의 전환에 관하여, Arland J. Hultgren, *Paul's Letter to the Romans: A Commentary* (Grand Rapids: Eerdmans, 2011), 300을 보라. 이것은 그리스도나 신자들이 여기에서 율법을 성취하든지 안 하든지 상관없다. 이에 대하여, Kevin W. McFadden, "The Fulfillment of the Law's Dikaiōma: Another Look at Romans 8:1-4," *Journal of the Evangelical Theological Society* 52 (2009): 483-97을 보라.

49 즉, 믿을 사람들로 구성된 각 그룹의 총체로서, 11:12와 25의 경우는 구분된 기간이 완료할 때 그 끝을 알린다. 이에 대하여, Colin G. Kruse, *Paul's Letter to the Romans* (Grand Rapids: Eerdmans, 2012), 428-29를 보라. 암시된 구원 역사에 대하여, P. H. Rob van Houwelingen, "The Redemptive-Historical Dynamics of the Salvation of 'All Israel' (Rom 11:26a)," *Calvin Theological Journal* 46 (2011): 301-14를 보라.

50 "성취하다"라는 단어는 바울이 종말론적인 성취의 새 시대에서만 가능한, 율법의 완전하고 최종적인 "행함"에 대하여 생각하고 있다는 것을 제안한다. 이에 대하여, Douglas J. Moo, *The Epistle to the Romans* (Grand Rapids: Eerdmans, 1996), 814를 보라.

51 Craig S. Keener, *Romans* (Eugene, Ore.: Cascade, 2009), 176-77을 참조하라. 다른 기독교인들은 이미 북아프리카와 이스라엘의 북동쪽에서 활동했을지도 모른다. 이에 대하여, Allan Chapple, "Why Spain? Paul and His Mission Plans," *Journal for the Study of Paul and His Letters* 1 (2011): 193-212를 보라.

로마서는 또한 바울의 다른 편지들보다도 '카이로스'(*kairos*)의 세 가지 용법을 보여준다. 이 특별한 순간은 그리스도가 인류의 죄에 대한 화해로서 자신을 바치는 순간이다(3:26). 즉 그가 경건치 않은 사람들을 위하여 죽었을 때이다(5:6).[52] 만약 이 시간을 인식한다면, 영적인 잠에서 깨어날 시간이 왔다는 것을 깨닫게 될 것이다(13:11). 로마서에서 바울은 예전에 약속된 것들이 지금 일어나고 있다고 생각하기 때문에, 이것은 자신의 시대를 성취의 시대로 이해하는 또 다른 이유를 제공한다. 이 약속들은 일반적으로 아브라함(4:13, 14, 16, 20; 9:9)과 이스라엘(9:4), 그리고 조상들(15:8)에 대한 약속들을 포함한다. 이 약속들은 하나님께서 성경 안에 선지자들을 통하여 미리 약속했고(1:2), 약속의 자녀를 창조하는(9:8) 복음과 과거 오랜 기간 동안 숨겨졌지만 지금은 계시된 복음 메시지(16:25)를 포함한다. 그러나 아마도 가장 중요한 구절은 10:4인데, "그리스도는 모든 믿는 자에게 의를 이루기 위하여 율법의 마침이 되시니라"이다. "마침"은 '텔로스'(*telos*)를 정확하게 번역한 것인데, 이 단어는 몇몇 정황에서 "성취"의 의미를 전달할 수 있다.[53] 게다가, 로마서는 바울의 다른 서신보다 구약성경을 인용하는 빈도수가 상당히 높다. 바울이 사용하는 것은 토라의 주요한 세 부분(율법, 선지서, 성문서)이 우리를 위해 여전히 권위적인 것으로 남아있다는 것을 보여주지만, 우리가 그

52 "예수의 죽음은 현 시대에도(ἐν τῷ νῦν καιρῷ[*en tō nyn kairō*]) 하나님의 의의 정당성을 입증하며, 주어진 용서는 그의 정의를 훼손하지 않았음을 보여준다." 이에 대하여, Thomas R. Schreiner, *Romans* (Grand Rapids: Baker, 1998), 195-96을 보라. 이 구절(개역개정은 3:25-옮긴이)에서 '파레시스'(*paresis*)의 의미에 대한 새로운 이해는 "넘어감" 또는 "용서함"의 의미 이외에도, "무능력"(즉, 무력하게 하다)을 의미한다. 이에 대하여, Christopher T. Holmes, "Utterly Incapacitated: The Neglected Meaning of ΠΑΡΕΣΙΣ in Romans 3:25," *Novum Testamentum* 55 (2013): 349-66을 보라.

53 Robert Badenas, *Christ the End of the Law: Romans 10.4 in Pauline Perspective* (Sheffield: JSOT Press, 1985), 142-44를 보라. Michael F. Bird, *Romans* (Grand Rapids: Zondervan, 2016), 351을 참조하라. 버드(Bird)는 "주요한 생각은 메시아가 율법을 의도된 목표에 도달시켰다는 것이다…그렇게 함으로써, 그는 율법을 하나님과 관련된 방법으로서 율법을 종결시킨다…여기에서 율법에 대한 바울의 발언은 구속 역사의 새로운 시대에서 종말론적인 풍성함과 관련된다."라고 말한다. 또한, Jason C. Meyer, *The End of the Law: Mosaic Covenant in Pauline Theology* (Nashville: B&H, 2009)을 참조하라.

리스도 안에서 이것들(토라의 세 부분)이 어떻게 성취되었는지 이해할 때만 그렇다. 바로 이 점에서, "무엇이든지 전에 기록된 바는 우리의 교훈을 위하여 기록된 것이니 우리로 하여금 인내로 또는 성경의 위로로 소망을 가지게 함이니라"(15:4)라는 바울의 진술은 정확하다.[54] 나셀리(Andrew Naselli)가 편지 전체를 약속과 성취의 계획인 구원-역사적 맥락에서 복음이라는 주제로 요약한 것도 바로 이 때문이다.[55]

빌레몬서

이 편지는 바울이 쓴 모든 편지 중에서 가장 짧은 것이므로 우리는 상세한 신학을 기대해서는 안 된다. 바울이 빌레몬에게 도망친 노예 오네시모가 이제 기독교인이 되었기 때문에 돌아가면 환영해달라는 부탁을 포함하기 때문에, 이 편지는 또한 가장 "정황적"(occasional)이라고 할 수 있다(5-7절, 10-11절, 15-17절).[56] 이 편지는 또한 오네시모의 해방에 대한 은밀한 요청이 담겨 있는 것으로 보인다(13-14절, 21절).[57] 빌레몬과 오네시모가 이제 주님 안에서 형제들이 되었다는 경험을 고려했을 때, 빌레몬은 오네시모에게 육적인 자유와 해방을 부여할 수 있어야 한다(16절). 이 세 사람 모두의 영적인

---

54 "바울은 여기에서 일반적으로 그의 사역과 초기 교회에 대한 기본적인 소신을 정확하게 설명한다. 구약성경은 비록 더 이상 직접적인 도덕적 명령의 원천은 아니지만(6:14, 15; 7:4), 계속해서 기독교인들의 구원 역사의 절정과 하나님의 새 언약 백성들로서 이들의 책임을 이해할 수 있도록 돕는 중심적인 역할을 한다." Moo, *Epistle to the Romans*, 869.

55 Andrew D. Naselli, *From Typology to Doxology: Paul's Use of Isaiah and Job in Romans 11:34-35* (Eugene, Ore.: Pickwick, 2012), 159.

56 오네시모가 의도적으로 바울을 찾아서, 빌레몬과 벌어진 어떤 종류의 분쟁을 해결하기 위하여 주인의 친구(amicus domini)의 역할을 바울에게 부탁하는 것으로 이해하는 대안적 견해에 대하여, 특히, Joseph A. Fitzmyer, *The Letter to Philemon* (New York: Doubleday, 2000), 17-23을 보라.

57 특히, Bernardo Cho, "Subverting Slavery: Philemon, Onesimus, and Paul's Gospel of Reconciliation," *Evangelical Quarterly* 86 (2014): 99-115를 보라. 또한, Brian J. Walsh and Sylvia C. Keesmaat, *Colossians Remixed: Subverting the Empire* (Downers Grove, Ill.: IVP, 2004)을 참조하라.

변화는 바울의 요청을 위한 근거가 된다.[58] 바울의 요청이 담긴 편지이기 때문에 구체적인 약속의 이행이 나타나지 않지만, 이 편지는 그리스도의 사역으로 주요한 변화가 일어났음을 가정하는데, 그리스도의 사역은 사회적으로 중요한 영향을 미치기 때문이다. 특히, 주 안에서 형성된 관계가 가장 두드러진데, 이러한 관계 때문에, 빌레몬은 오네시모를 그리스도 안에서 한 형제로 받아들였을 것이다.

골로새서

골로새서의 주된 목적은 잘 알려져 있지 않은 이상한 사상을 포함하는 잘못된 가르침에 대해 경고하는 것이다. 이 가르침이 무엇인지 추측해 본다면, 신비주의 유대교부터 유대인 영지주의, 피타고라스파(Pythagorean)의 채식주의와 수점술(numerology, 수를 사용하여 미래를 예언하는 것-옮긴이), 그리고 아나톨리안 민속 종교에 이르기까지 다양하다.[59] 분명한 것은 바울이 기독론적이고 구원론적이며 인류학적인 오류들을 바로 잡아야 한다. "이루다"('플레로오'[*plēroō*])라는 동사는 두 번 나타나지만, 바울이 지금까지 사용한 의미는 아니다. 골로새서 1:25에서 바울은 하나님의 말씀을 모든 "완전함"(NIV) 안에서 나타내거나 "완전히"(ESV) 알리도록 위임받았다. 그런 의미에서 문자적으로, 본문은 "너희를 위하여…하나님의 말씀을 이루려 함이니라"라고 쓰여 있는데, 이러한 번역은 사실 문맥의 의미를 잘 드러내지 못하는 것이다. 또한 4:17에서 바울은 아킵보가 사역을 이루기를 원한다고 다시 진술하는데, 이것 역시 하나님의 말씀을 완전히 나타낸다는 차원에서 이해되어야 한다. 신학적으

58 John G. Nordling, "The Gospel in Philemon," *Concordia Theological Quarterly* 71 (2007): 71-83; Wright, *Paul and the Faithfulness of God*, 1:3-74를 참조하라.

59 더 많은 자료를 위하여, R. McL. Wilson, *A Critical and Exegetical Commentary on Colossians and Philemon* (London: T&T Clark, 2005), 35-58을 보라. 아마도 전반적으로 가장 좋은 연구는 Clinton E. Arnold, *The Colossian Syncretism: The Interface between Christianity and Folk Belief at Colossae* (Grand Rapids: Baker, 1996)이다.

로 더 중요한 것은 골로새서에 '플레로마'(*plērōma*)가 두 번 사용되는데, 둘 다 그리스도 안에서 신성의 모든 "충만"이 존재한다는 것을 가르친다(1:19; 2:9).[60] 옛 시대의 완성과 새 시대의 시작에 대해 1:13은 하나님께서 "우리를 흑암의 권세에서 건져내사 그의 사랑의 아들의 나라로 옮기셨다"라는 점을 분명히 한다. 이 본문에서 성취의 개념이 희미하게 등장하는 것이 사실이다. 그러나 성취라는 단어가 직접적으로 등장하지 않지만, 성취의 개념이 분명하게 나타나는 본문을 살펴보는 것이 더 중요하다. 2:17에서 바울이 먹고 마시는 것 또는 절기나 초하루나 안식일 준수를 이유로 골로새 교인들을 비판하지 못하도록 하라는 문맥 안에서(16절), 우리는 "이것들은 장래 일의 그림자이며 실체는 그리스도 안에서 발견된다"는 것을 읽는다(17절). 다시 말해, 유대인의 음식법과 절기 규정은 메시아가 올 때까지 모두 임시적이었으며, 단지 모형론적 예시(prefigurement)로서 기능한다.[61] 따라서 그리스도는 우리의 진정한 유월절 어린 양인데, 예를 들어, 출애굽이 이스라엘 백성에게 주었던 것보다 훨씬 큰 자유를 제공한다는 것이다(고전 5:7). "정결한"(kosher) 식탁은 의식 순결의 일부이며, 새 언약이 강조하는 도덕적 순결을 가리킨다(고후 6:17 참조). 이러한 접근은 저작권 논쟁이 없는 편지들에서 바울이 더 일반적으로 가르치는 것과 잘 맞아떨어지며, 특히 고린도전서 8-10장과 로마서 14-15장에서 그러한 관습들은 이제 도덕적으로 대수롭지 않은 문제들이다. 그러나 골로새서는 이러한 윤리적인 문제들을 종말론적인 틀에 넣는다. 즉, 그리스도의 죽음과 부활로 인하여 새 시대가 도래했기 때문에, 신자들은 그와 함께 이전의 것들에 대하여 죽었고(2:20), 그와 함께 부활하였다(3:1). 또한, 골로새서 안에 구약성경에 대한 명확한 인용구는 없지만, 바울은 그리스도를 높이기 위해 사

60 "1:19의 문맥에서 '플레로마'(*Plērōma*)는 골 2:9와 마찬가지로, 예수를 충만하게 하는 (적극적인 차원에서) 하나님의 충만이며, 따라서 그의 아들과 세상 안에 있는 하나님의 존재를 묘사하는 것이다." 이에 대하여, Markus Barth and Helmut Blanke, *Colossians* (New York: Doubleday, 1994), 212-13을 보라.

61 Douglas J. Moo, *The Letters to the Colossians and to Philemon* (Grand Rapids: Eerdmans, 2008), 219-23을 참조하라.

용하는 구약의 여러 언급(allusion)들과 적어도 암시(echo)들이 있다.[62]

에베소서

에베소서 안에는 지역적인 이단을 제외하고, 골로새서에서 발견된 많은 동일한 신학적인 주제들이 다시 나타난다. 에베소서는 에베소를 포함하여, 몇몇 교회에 보낸 회람용인 것처럼 보이며, 에베소 공동체 안에 너무 만연한 어둠의 세력들에 대한 그리스도의 승리를 강조한다(행 19:11-20을 보라).[63] 이미 서두 부분의 기도에서, 바울은 하나님께서 "그 뜻의 비밀을 우리에게 알리신 것이요 그의 기뻐하심을 따라 그리스도 안에서 때가 찬 경륜을 위하여 예정하신 것이니 하늘에 있는 것이나 땅에 있는 것이 다 그리스도 안에서 통일되게 하려 하심이라"(엡 1:9-10)라고 진술한다. 이 "비밀"은 예수의 공동 상속자로서 교회 안에 유대인과 이방인의 연합으로서 편지 전체에서 나타나는데, 이것은 적어도 이전에 부분적으로 숨겨져 있었지만, 그러나 지금은 드러난 것이다(특히 3:6-10을 보라. 골 1:26-27 참조).[64] 그래서 이 서신은 그리스도의 오심을 옛 시대에서 새 시대로 결정적인 전환을 가져온 것으로 묘사한다는 사실은 의심의 여지가 없다. 마찬가지로, 2:15에 의하면, 신약 시대는 그리스도의 사역의 결과로서, 이전에 서로 달랐던 유대인과 이방인으로부터 새롭게 창조된 "인류"(개역개정은 "사람"으로 번역-옮긴이)에 의해 특징지어진다는 것을 상기시킨다.[65] '플레로마'(*plērōma*, "충만" 또는 "성취")의 형태는 편

---

62 Christopher A. Beetham, *Echoes of Scripture in the Letter of Paul to the Colossians* (Leiden: Brill, 2008).

63 특히, Clinton E. Arnold, *Ephesians* (Grand Rapids: Zondervan, 2010)을 보라.

64 특히 Markus Bockmuehl, *Revelation and Mystery in Ancient Judaism and Pauline Christianity* (Tübingen: Mohr Siebeck, 1990)을 보라. 고린도전서의 '미스테리온'(*mystērion*)에 초점을 맞추지만, 비슷한 결론에 도달하는 Benjamin L. Gladd, *Revealing the Mysterion: The Use of Mystery in Daniel and Second Temple Judaism with Its Bearing on First Corinthians* (Berlin: de Gruyter, 2008)을 보라.

65 여기에서 NIV와 NRSV는 하나의 새로운 "사람"이라는 전통적인 읽기보다 훨씬 더 좋은 의

지에 세 번 더 나타나는데, 한 번은 그리스도가 하나님의 충만으로(1:23), 두 번은 신자들이 하나님과 그리스도의 충만으로 가득 차게 된다고 묘사한다(3:19; 4:13). 이 각 본문에서 말하는 약속은 새 시대(성령, 언약들, 약속의 공동 상속자들로서 유대인들과 이방인들)에 이루어지기 때문에, 성취는 1:13, 2:12, 3:6에 내포되어 있다고 말할 수 있다.

빌립보서

빌립보서는 바울의 다른 편지들과 매우 다른 구조를 가진다. 그 결과, 빌립보서는 바울이 이 편지를 쓰도록 한 구체적인 정황, 즉 그가 로마에서 가택 연금의 상황에서 어렵게 사는 동안 빌립보로부터 재정적인 후원을 받은 것과 마게도냐 공동체에 일어난 교회를 위협하는 대내외적인 문제에 대한 인식 때문에 더 많은 개인적인 언급을 포함한다. 풍부하고 깊은 신학적인 부분들이 편지 전체에 등장하는데, 그것들 중 하나는 가장 주목할만하게도, 소위 빌립보 찬가라고 불리는 2:6-11이다.[66] 그러나 바울의 다른 편지에서처럼 본문 한 구절에 나타난 신학은 그리 많지 않다. 위에서 바울의 다른 편지에서 살펴본 것처럼, 2:4("나의 기쁨을 충만하게 하라")와 4:18("너희가 준 것을 받으므로 내가 풍족하니"), 그리고 4:19("나의 하나님이...너희 모든 쓸 것을 채우시리라")에서 "풍족하다"(fulfill, '플레로오'[πληρόω]-옮긴이)라는 단어가 등장하지만, 이 중 어느 것도 옛 언약에서부터 새 언약으로의 전환을 암시하지 않는다.

미를 포착한다. 혹자는 또한 그것을 "인류의 통일"로서 표현할 수 있다. Ben Witherington III, *The Letters to Philemon, the Colossians, and the Ephesians: A Socio-rhetorical Commentary on the Captivity Epistles* (Grand Rapids: Eerdmans, 2007), 259. NLT의 "하나의 새로운 백성"을 참조하라.

66 이에 관하여, 특히 Ralph P. Martin and Brian J. Dodd, *Where Christology Began: Essays on Philippians 2* (Louisville: Westminster John Knox, 1998)을 보라. 신약성경의 다른 곳에서도 나타나는 것처럼, 이 단락에서 기독론을 높게 이해하는 것에 대한 핵심 증거의 간략한 최근 요약을 위해서, Andrew Ter Ern Loke, *The Origin of Divine Christology* (Cambridge: Cambridge University Press, 2017), 33-41을 보라.

그러나 빌립보 찬가는 확실하게 구원 역사에서 전환을 보여준다. 영원(eternity)에 대한 모든 역사, 즉 과거와 미래의 모습이 여기에서 간단히 묘사된다. 즉, 영원 속에서 선재(preexistence)하신 그리스도부터[67] 앞으로 다가올 영원 속에서 영원한 통치에 대해서이다. 이렇게 전환을 가져온 것은 십자가와 부활이다. 빌립보 찬가에 나타난 모습은 명시적으로 성취가 아니다. 그러나 그리스도의 부활(resurrection)과 승귀(exaltation), 그리고 우주적인 찬사(universal acclamation)를 이끈 그의 비하(condescension)와 성육신(incarnation), 그리고 십자가 사건(crucifixion)과 같은 여러 구속사적인 사건들 안에 나타난 그의 신실하심의 V자형 구조는 하나님의 약속들이 성취된다는 역사의 중요한 결정적인 전환점의 개념에 딱 들어맞는다.[68] 빌립보서 안에는 구약성경의 인용에 대한 명확한 인용구가 없지만, 2:10에서 이사야 45:23을 분명히 언급하고 있다. 어느 날 모든 인류는 자발적으로든 무의식적으로든 예수에게 무릎을 꿇을 것이다. 그러나 그리스도는 십자가에 달림으로 심지어 죽음의 지점까지 낮아졌기 때문에 높임을 받을 수 있다.[69] 5절은 또한 우리 안에 같은 마음을 갖도록 명령한다. 우리는 다가오는 영광에 대한 약속들에 마음을 기울일 수 있지만, 종종 이 영광은 고난과 신실함을 먼저 필요로 한다.

결론

약속의 시대부터 성취의 시대까지 구원 역사 안에서 시대의 전환이 바울서신 전반에 걸쳐 가장 지배적인 주제로 입증될 수 있든 없든, 이것은 적어

---

67 이에 관하여, 특히, Brendan Byrne, "Christ's Pre-existence in Pauline Soteriology," *Theological Studies* 58 (1997): 308-30을 보라.

68 더욱 Ernst Lohmeyer, *Kyrios Jesus: Eine Untersuchung zu Phil. 2,5-11* (Heidelberg: Winter, 1928)을 참조하라. 이것은 Ralph P. Martin, *A Hymn of Christ: Philippians 2:5-11 in Recent Interpretation and in the Setting of Early Christian Worship*, rev. ed. (Downers Grove, Ill.: IVP, 1997)에 의해서 지지되고 더욱 자세한 설명이 제공된다.

69 Lynn Cohick, *Philippians* (Grand Rapids: Zondervan, 2013), 123-24를 참조하라.

도 다른 단일 주제만큼이나 많은 서신 안에서 중요한 위치에 놓여 있는 것은 분명하다. 이것은 확실히 그의 신학과 윤리를 뒷받침하는 내러티브 또는 역사적 틀을 제공한다.[70] 우리가 알고 있는 것처럼, 이 세상의 마지막 날이나 시기의 "이미 그러나 아직 아니"라는 존재는 분명히 예수나 초대 교회에서부터 이어진다. 그러나 바울 사상의 구체적 내용들은 무엇일까? 우리가 예수와 초대 교회에서 보았던 것처럼, 이 내용들 중에 적어도 몇몇은 논리나 순서가 있는가? 이러한 질문들은 우리가 다음으로 넘겨야 할 것들이다.

바울 사상의 주제적 전개

김세윤(Seyoon Kim)은 예수가 부활하신 주님이며, 하나님께서 주신 복음을 방해하는 변절자 유대인이 아니라는 것을 바울이 깨달았을 때, 얼마나 급진적으로 바울 자신의 신학을 수정해야 했는지 설득력 있게 입증했다(행 9:1-31).[71] 분명히, 바울의 기독론이 가장 먼저 바뀌었다. 이 변화에서 세 가지 다른 중요한 변화가 뒤따른다. 첫째, 구원은 그리스도의 주권을 통하여 와야 한다. 이것은 바울의 구원론 안에 주요한 변화인, 하나님과 올바르게 되는 핵심으로서 토라의 행위들이 아닌 예수에 대한 믿음을 의미했다. 둘째, 하나님의 백성은 단순히 유대인이라고 해서 되는 것이 아니고, 유대교로 개종한 사람이라고 해서 되는 것 또한 아니었고, 민족적 배경이 어떠하든 예수를 따르는 자들이어야 했다. 그런 의미에서 이사야 40-66장에 아주 중심적으로 등장하는, 민족들의 예견된 회합이 성취되고 있었다. 그리고 만약

---

70 Ridderbos, *Paul*, 44-49.

71 Seyoon Kim, *The Origin of Paul's Gospel* (Tübingen: J. C. B. Mohr, 1981). 또한, Richard N. Longenecker, *The Road from Damascus: The Impact of Paul's Conversion on His Life, Thought, and Ministry* (Grand Rapids: Eerdmans, 1997); Hendrikus Boers, *Christ in the Letters of Paul: In Place of a Christology* (Berlin: de Gruyter, 2006)을 참조하라.

구원이 예수를 믿고 따르는 것이라면, 많은 유대인은 하나님 백성의 진정한 모임인, 교회에 속하지 않은 것이 된다. 그래서 바울의 교회론은 가히 혁명적이었다. 마지막으로, 만약 예수가 메시아이고 죽은 자로부터 일어났다면, 모든 백성이 부활하는 기간인 종말이 시작된 것이었다. 놀라운 것은 다른 모든 사람보다 미리 한 사람이 일어났다는 것이지만, 그것조차도 최종적인 심판을 위한 날이 가까이 왔다는 것을 지적한 것이었다.[72] 따라서, 바울의 종말론은 실질적으로 수정된 것이다.

바울은 갈라디아서 1:11-12에서 "형제들아 내가 너희에게 알게 하노니 내가 전한 복음은 사람의 뜻을 따라 된 것이 아니니라 이는 내가 사람에게서 받은 것도 아니요 배운 것도 아니요 오직 예수 그리스도의 계시로 말미암은 것이라"라고 선언하는데, 주석가들은 이 구절들에 나타난 바울의 주장과 자주 씨름해왔다. 그가 다른 기독교인들로부터 배웠던 것으로 보이는 세부적인 가르침이 편지들 안에 나타난다는 것과 복음서와 바울의 비교를 통해 나타나는 여러 공통적인 요소들을 감안하면, 그가 예수에 관련하여 이미 존재하고 있었던 구전 전통에 얼마나 많은 빚을 지고 있었는지를 보여주었다. 어쨌든 그는 갈라디아서에서 무엇을 언급하고 있었는가? 김(Kim)이 바울의 사상의 주요 범주들에 관한 질문에 대해 제안하는 것들은 큰 도움이 된다. 그 제안들은 바울의 사상을 체계화하기 위한 기본적인 틀을 제시한다. 만약 우리가 조직신학에서 취급되는 순서를 채택하지 않는다면, 동시에 만약 바울의 사상을 이끌었던 논리가 메시아가 실제로 왔다는 인식에서 시작되었다고 우리가 확신한다면, 우리는 기독론, 구원론, 교회론, 종말론의 순서를 논리적으로 아주 중요한 순서로서 받아들일 수 있다. 또한, 다른 주제들 역시 이 네 가지의 주제들을 중심으로 정리되고 포함될 수 있다. 우리는 바울이 다른 기독교인들로부터 배웠던 예수에 대한 전통을 고려할 뿐만 아

72 N. T. Wright, *The Resurrection of the Son of God* (London: SPCK; Minneapolis: Fortress, 2003), 333-38.

니라, 그가 지금 성취되었다고 이해한 수많은 성경을 고려하여 각 주제를 자세히 설명하고 있음을 살펴볼 것이다.

기독론: 예수의 위격(Person)

우리는 바울 안에 나타난 그리스도의 위격과 사역 사이에 표준으로 삼을만한 체계적인 구분을 따를 것이다. 그러나 하나님과 그리스도를 분리해서 따로 다루지 않고, 우리는 바울이 이미 존재하고 있었지만 더욱 분명하게 나타나게 되는 삼위일체의 완전한 신학을 어떻게 다루는지 그 과정을 관찰할 것이다. 그런 다음, 우리는 바울이 예수를 위해 어떠한 칭호들을 사용하는지 살펴볼 것이다.

하나님과 성령에 대한 관계

기독교 조직신학자들은 일반적으로 이해되는 것처럼, 삼위일체의 위격(person), 즉 아버지와 아들, 그리고 성령의 순서에 따라 하나님에 대한 성경적 가르침을 이해할 수 있게 배열한다. 물론 성경 신학은 다른 순서들을 채택할 수도 있다. 만약 우리가 바울의 사상이 어떻게 변하게 되었는지 묻는다면, 그것은 그의 유일신론이 갑자기 삼위일체로 되었기 때문이 아니다. 다시 말해, 그가 이스라엘의 하나님 여호와에게 아들과 성령이 있다는 것을 갑자기 깨달은 것이 아니다. 그는 이미 히브리 성경의 수많은 본문을 통해 하나님과 그의 영에 대하여 이미 알고 있었다.[73] 하나님의 영을 어느 정도까지는 유대교 유일신론의 범위 안에서 하나님 자신과 인격적으로 구별된 존

---

73 틸링(Chris Tilling)이 그의 저서, *Paul's Divine Christology* (Tübingen: Mohr Siebeck, 2012), 239에서 "관계적인 유일신론"(Relational Monotheism)이라고 부르기도 한다. 하나님에 대한 바울의 신학에 대한 자세한 설명은, Petrus J. Gräbe, *The Power of God in Paul's Letters* (Tübingen: Mohr Siebeck, 2000)을 보라. 구약성경에 나타난 여호와 관련 본문들을 통한 바울의 예수와 하나님에 대한 문제에 대하여, David B. Capes, *Old Testament Yahweh Texts in Paul's Christology* (Tübingen: J. C. B. Mohr, 1992)을 보라.

재로서 생각한 전례가 있다.[74] 하늘로부터 자신을 부르는 부활한 그리스도를 경험한 그는 이 나사렛 예수를 신성의 언어를 사용하지 않고는 충분히 설명할 수 없다고 확신하였다.[75]

라이트(N. T. Wright)가 강조했던 것처럼, 고린도전서 8:6은 이 점에서 주목해야 한다는 것을 증명하는데, 이 구절에서 바울은 "그러나 우리에게는 한 하나님 곧 아버지가 계시니 만물이 그에게서 났고 우리도 그를 위하여 있고 또한 한 주 예수 그리스도께서 계시니 만물이 그로 말미암고 우리도 그로 말미암아 있느니라"라고 진술한다. 이 구절에서 아버지에게 근거를 두는 것처럼, 거의 동일하게 예수에게도 그 근거를 두고 있지만, 오직 하나님 한 분만 남아있다.[76] 아직 완전한 삼위일체론(Trinitarianism)은 아니지만, 이것은 확실히 강력한 이위일체론(Binitarianism)이다. 이 구절은 유대교 유일신론의 신조적 특징인 쉐마(신 6:4)를 암시하는 것처럼 보이기 때문에 더욱 놀랍다.[77] 로마서 8:9는 차례로 하나님의 영과 그리스도의 영을 동일시하기 위해 동음적 대구법(synonymous parallelism)을 사용하는데, 바울은 "만일 너희 속에 하나님의 영이 거하시면 너희가 육신에 있지 아니하고 영에 있나니 누구든

---

74 Andrew W. Pitts and Seth Pollinger, "The Spirit in Second Temple Jewish Monotheism and the Origins of Early Christology," in *Christian Origins and Hellenistic Judaism: Social and Literary Contexts for the New Testament* (Leiden: Brill, 2013), 2:135-76.

75 특히, Larry Hurtado, *Lord Jesus Christ: Devotion to Jesus in Earliest Christianity* (Grand Rapids: Eerdmans, 2003)와 Richard Bauckham, *Jesus and the God of Israel: God Crucified and Other Studies on the New Testament's Christology of Divine Identity* (Grand Rapids: Eerdmans, 2008)을 보라. 물론 이 두 책 안에는 어떻게 이것이 가능했는지에 대한 세부 사항에 대한 몇 가지의 중요한 차이가 존재한다.

76 N. T. Wright, *The Climax of the Covenant: Christ and the Law in Pauline Theology* (Minneapolis: Fortress, 1992), 120-36. 사실상 같은 기능이 바울 안에 나타난 예수와 하나님 모두를 서술하는 방식에 대한 완전한 연구는 Suzanne Nicholson, *Dynamic Oneness: The Significance and Flexibility of Paul's One-God Language* (Eugene, Ore.: Pickwick, 2010)을 보라. 또한, Tilling, *Paul's Divine Christology* 전체를 보라.

77 Erik Waaler, *The Shema and the First Commandment in First Corinthians: An Intertextual Approach to Paul's Re-reading of Deuteronomy* (Tübingen: Mohr Siebeck, 2008). 라이트(Wright)는 *Paul and the Faithfulness of God*, 2:619-773에서 예수 안에서 "새롭게 계시된, 이스라엘의 하나님 한 분"에 대하여 말한다.

지 그리스도의 영이 없으면 그리스도의 사람이 아니라"라고 진술한다. 이 구절에 나타난 성령의 존재와 함께 우리는 삼위일체의 사고에 조금 더 가까워진다.[78] 갈라디아서 4:6도 마찬가지이다. 이 구절에서 바울은 "너희가 아들이므로 하나님이 그 아들의 영을 우리 마음 가운데 보내사 아빠 아버지라 부르게 하셨느니라"라고 진술한다. 여기에 등장하는 '아빠'(*Abba*)는 마가복음 14:36(또한 롬 8:15 참조) 이외, 신약성경에 나타난 다른 두 사용 중 하나이다.[79]

고린도전서 12:4-6은 서로 다른 은사와 직분, 그리고 사역에 대한 언급으로 여전히 삼위일체론에 더 가까이 가게 하지만, 각각의 경우에서 동일한 성령과 주님, 그리고 하나님이 일하고 있다. 에베소서 4:4-6은 동일한 순서와 호칭들을 사용하면서, 한 성령과 한 주님, 그리고 한 하나님 아버지를 강조한다. 고린도후서 13:13에서 우리는 아름다운 축도를 읽는데, "주 예수 그리스도의 은혜와 하나님의 사랑과 성령의 교통하심이 너희 무리와 함께 있을지어다"라고 바울은 진술한다. 성부와 성자, 그리고 성령의 순서는 아직 표준화되지 않았지만, 세 위격(person) 모두 분명히 존재하였음을 입증한다. 여기에서 예수에 대한 언급이 먼저인데, 이것은 확실히 축도의 새로운 부분이지만, 그 뒤에 나오는 진술은 신실한 유대인들이 암송할 수 있다. 에베소서 1:3-14는 세 부분으로 나눌 수 있으며, 각 부분은 "그의 영광을 찬송하게 하려 함이라"는 표현으로 끝나는, 헬라어로 된 긴 축복 문장을 형성하고, 3-6절은 하나님 아버지에, 7-12절은 예수 그리스도에, 13-14절은 성령에

---

78 Dunn, *Theology of Paul the Apostle*, 423, 430. 초기 교회의 신자들과 마찬가지로, 바울과 그의 공동체가 하나님의 영으로서 부활하신 그리스도의 영을 경험한 것은 그리스도와 성령이 서로뿐만 아니라, 하나님과 함께하는 친밀한 관계로 이끈다. Mehrdad Fatehi, *The Spirit's Relation to the Risen Lord in Paul: An Examination of Its Christological Implications* (Tübingen: Mohr Siebeck, 2000) 전체를 보라.

79 하나님께서 아들(4절)과 성령(6절)을 보내신 것은 돌이킬 수 없는(irreversible) 행동이다. 즉, 바울 안에서, 아들은 결코 하나님을 보내지 않고, 성령은 결코 하나님과 아들을 보내지 않는다. Joseph Maleparampil, *The "Trinitarian" Formulae in St. Paul* (New York: Peter Lang, 1995), 144를 참조하라. 단지 갈 4:4-7의 삼위일체적 함의를 확대하는 것은, Scott R. Swain, "'Heirs through God': Galatians 4:4-7 and the Doctrine of the Trinity," in Elliott et al., *Galatians and Christian Theology*, 258-67이다.

초점을 맞춘다.[80] 이 진술들 안에서, 우리는 시간이 지남에 따라 신경(creed)으로 자리잡았을, 세 위격에 대한 순서를 보게 된다.

이른바 빌립보서와 골로새서의 찬가들(빌 2:6-11; 골 1:15-20)은 마치 작은 공간에 엄청난 양의 중요한 기독론을 담는 것처럼 보인다.[81] 우리는 그리스도가 무엇을 이루셨는지를 논의할 때 이 찬가들을 다루게 된다. 그러나 여기에서 중요한 관찰은 그의 신성과 관련된다. 빌립보서 2:6은 그리스도를 "근본 하나님의 본체"로서 묘사한다. '모르페'(*Morphē*, 본체)는 겉 "형태"(form)로 또한 번역될 수 있지만, 이 문맥 안에서 이 표현은 실제적인 것보다 덜한, 단순히 겉모양을 의미하지 않는다. 어쨌든, 그가 종의 "본체"(nature)/"형태"(form)를 취했을 때, 7절은 그의 진정한 인성에 대한 언급을 위해 같은 단어를 사용한다.[82] 예수가 "하나님과 동등됨을 취할 것으로 여기지 아니하셨다"라는 것은 성육신동안 그의 모든 신성의 속성을 스스로 박탈했다는 것이 아니라, 그가 자신을 위해 그것을 사용하는 것이 아버지의 뜻이었을 때에는 별도로 하고, 그 속성의 독립적인 행사를 스스로 포기했다는 것을 의미한다.[83] 골로새서 1:15에서, "그는 보이지 아니하는 하나님의

80 Witherington, *Letters to Philemon, the Colossians, and the Ephesians*, 227.

81 이 두 찬가는 유대교와 헬레니즘의 왕권 이념의 영향을 받아, 왕이신 그리스도를 위해 구성된 왕의 찬가라는 주장에 대하여, Jipp, *Christ Is King*, 77-137을 보라.

82 Paul D. Feinberg, "The Kenosis and Christology: An Exegetical-Theological Analysis of Philippians 2:6-11," *Trinity Journal* 1 (1980): 21-46. 파브리카토레(Daniel J. Fabricatore)는 자신의 저서, *Form of God, Form of a Servant: An Examination of the Greek Noun μορφή in Philippians 2:6-7* (Lanham, Md.: University Press of America, 2010)에서, 철저한 어휘 연구에 근거하여 '모르페'(*morphē*)는 가시적인 어떤 형태를 의미하며, 그 결과 예수는 여기에서 하나님의 가시적인 형태이며 종의 가시적인 형태라고 주장한다.

83 그리스도는 하나님과 같은 모습으로 하나님과 동등한다는 것은 같은 실체에 대해서 말하는 것이다. "그러므로 그 구절들은 함께 신약성경에서 그리스도의 신성의 가장 강력한 표현에 해당한다. 이것은 나아가 '하나님과의 동등성'은 그가 바라던 것이 아니라, 정확히 말하자면, 언제나 하나님과 동등한다는 것을 의미한다." 그러므로 그 찬가는 그리스도가 '자신을 위해 신성을 이용하지 않는다는 것'과 '자신을 비우고 인류를 섬기기 위하여 그 자신을 쏟아붓는 것'을 병렬할 때, 이것들은 대조를 위함이 아니라, 예수가 어떻게 하나님과 동등함을 보여주셨는지에 대한 진술이다. 이에 대하여, Gordon D. Fee, *Paul's Letter to the Philippians* (Grand Rapids: Eerdmans, 1995), 207-8을 보라. 이 단락에 관하여, 마틴(Michael Wade Martin)은

형상이시요 모든 피조물보다 먼저 나신 이시다." 모든 인간들처럼(창 1:26-28), 단순히 하나님의 형상으로 창조된 것이 아니라, 그리스도는 이 땅에 보이는 하나님의 현현(representation)이다. '프로토토코스'(*prōtotokos*, "먼저 나신 이")는 하나님께서 첫 번째로 창조한 존재라기보다, 오히려 지위(rank)나 중요성(prominence)에서 첫 번째를 의미한다.[84] 특히 이전 구절에 비추어 볼 때, 이 표현은 여기에서 그 의미가 되어야 한다. 골로새서 2:9는 이것을 더 평이하게 진술하는데, 바울은 이 구절에서 "그 안에는 신성의 모든 충만이 육체로 거하시고"라고 진술한다. 1:19의 진술을 좀 더 간략하게 살펴보라. 각각의 경우에서 예수의 신성은 명백하게 드러난다.[85]

빌립보서와 골로새서의 찬가에는 성경에 대한 직접적인 인용구가 없지만, 옛 시대와 새 시대, 그리고 약속의 시대와 성취의 시대를 구분하는 분명한 두 구조가 있다. 빌립보서 2:6-11의 V자형 구조는 자주 주목되어왔다. 그리스도는 하늘의 영광을 남겨둔 채, 땅의 불명예를 담당한다(6-8a절). 중심축은 십자가에 못 박히심이다(8b절). 그런 다음, 그리스도는 그의 사명을 완수한 이후 받은 공적인 명예 때문에, 이전보다 훨씬 더 높임을 받는다

자신의 글, "'Αρπαγμός Revisited: A Philological Reexamination of the New Testament's 'Most Difficult Word,'" *Journal of Biblical Literature* 135 (2016): 175-94)에서 '하르파그모스'(ἁρπαγμός, "잡히거나 붙잡아야 할 것") 자체를 선재하신 예수가 하나님과 동등됨을 소유했다는 것을 확립하는 것으로서 과도하게 해석하는 것에 대하여 경고한다. 그 이유는 문맥에 근거하여 확립되어야 하기 때문이다. 그러나 바울이 3:7-11에서 그리스도를 아는 것의 가치에 대하여 그렇게 절대적인 용어로 말한다는 것은 저작권 논쟁이 없는 이 편지의 고등 기독론(High Christology, 고등은 그리스도의 선재성을 의미-옮긴이)을 더하고, 이 기독론을 예수의 완전한 신성을 가르치는 것으로 이해하는 찬가의 해석을 확고히 하기 위함이다. 특히, Veronica Koperski, *The Knowledge of Christ Jesus My Lord: The High Christology of Philippians 3:7-11* (Kampen: Kok Pharos, 1996)을 보라.

84 David W. Pao, *Colossians and Philemon*, Zondervan Exegetical Commentary on the New Testament (Grand Rapids: Zondervan, 2012), 95.

85 바울의 진술은 단순히 하나님과 그리스도를 하나로 붕괴시키는 것이 아니다. 그러나 바울은 그리스도가 아닌 다른 형태나 수단을 통해 발견되거나 알려질 수 있는 신의 잔재가 있다는 것을 부인한다. Marianne Meye Thompson, *Colossians and Philemon* (Grand Rapids: Eerdmans, 2005), 54.

(9-11절; 사 45:23 참조).[86] 어떤 추가적인 신학을 전제하는 것 없이, 예수의 승귀(exaltation)의 결론은 자연스럽게 자기 겸손에서 오는 것이 아니다. 왜 그가 이전에 가졌던 것보다 훨씬 더 높은 하늘의 신분을 수여받는가? 그러나 그 찬가가 그리스도의 굴욕(humiliation)과 그 이후의 승귀가 계획된 것이었다고 전제한다면, 동시에 이 계획에 의해, 하나님이 예수를 따르는 사람들에게 완전한 구원을 가져오는 것이라고 한다면, 찬가에 분명히 나타난 이 V자형 변화가 옛 시대에서 새 시대로 바뀌는 전환점을 의미한다는 것이다. 마찬가지로 골로새서 1:15-20은 세 구절로 구성된 두 개의 연(stanza)으로 나뉜다. 첫 번째 연에서 그리스도를 이미 과거에 영원 안에서 가졌던 역할, 즉 우주의 창조주이자 주님으로 우리는 이해한다(15-17절).[87] 두 번째 연에서 그리스도는 그를 섬기는 사람들의 몸, 즉 교회의 머리로 묘사된다. 그의 부활로 인하여, 역사의 새로운 무대가 시작되었는데, 바로 우주적인 화해의 시대이다(18-20절).[88] 그리고 이 때, "먼저 나신 이"(18절: 죽은 자들 가운데서)는 아마도 시간 순서를 가리키는 표현이며 경의를 함축하는 언급이다(또한, 그리스도를 고전 15:20, 23에 죽은 자들의 첫 열매로서 언급함을 참조하라).

물론, 예수의 신적인 정체성은 이스라엘의 하나님과 관련된다. 예수는 그리스-로마(Greco-Roman)의 신처럼, 각각 구별된 역할과 주권 영역을 가진 엄청난 신들 가운데 하나가 아니라, 우주를 창조하시고 통치하는 유일한 하나님이었다(골 1:16-17). 그는 조상들인 아브라함, 이삭, 야곱, 그리고 요셉과

---

86 대안적으로, 동사는 최상급이라기보다 오히려 절대 최상급으로 기능하는 것으로 이해할 수 있다. V자형 구조의 양쪽 부분과 빌립보 교인들에 대한 적용에 관심을 가진 오크스(Peter Oakes)는 자신의 저서, *Philippians: From People to Letter* (Cambridge: Cambridge University Press, 2001), 212에서 "빌립보서는 바울에게 경제적인 도움을 제공함으로써 위험에 처할 수 있는 어떤 것보다도, 그리스도는 더 큰 지위의 상실을 겪고 있는 것으로 이해되었다. 그는 또한 연합에 반대될지도 모르는, 빌립보의 사회적 명령을 상대화하는 권위를 부여받은 것으로 보였다"라고 설명한다.

87 이에 관하여, 특히 Jonathan D. Worthington, *Creation in Paul and Philo: The Beginning and Before* (Tübingen: Mohr Siebeck, 2011)을 보라.

88 그러나 2:15의 맥락과 그리스도가 적대자들을 이긴 승리를 볼 때, "화해"(Pacification)는 실제적인 구원보다 더욱 중요하다. Pao, *Colossians and Philemon*, 103.

수많은 이스라엘 자손과 이스라엘의 하나님을 믿고 섬기기 위해 온 사람들에게 자신을 계시한 하나님이었다. 바울이 예수에게 신성을 가장 직접적으로 부여한 내용은 저작권 논쟁이 없는 서신인 로마서 9:5에서 강조되는데, 바울은 이 구절에서 "조상들도 그들의 것이요 육신으로 하면 그리스도가 그들에게서 나셨으니 그는 만물 위에 계셔서 세세에 찬양을 받으실 하나님이시니라 아멘"이라고 진술한다.[89]

예수와 여호와의 관계는 예수의 신적인 정체성이 중심이기 때문에, 우리는 의도적으로 하나님에 대한 바울의 신학을 위한 별도의 부분을 만들지 않았다. 하나님에 대한 바울의 이해는 그가 하나님에 대하여 배웠던 것과 분리할 수 없는데, 그는 예수에 대하여 배웠던 모든 것을 통하여 하나님에 대하여 알게 되었다. 이에 대하여 리차드슨(Neil Richardson)의 결론은 바로 여기에서 인용할 가치가 있다.

> 바울이 언급하는 하나님에 대한 많은 부분이 함축적으로 기독론적인 내용일 뿐만 아니라, 그리스도에 대한 바울 자신의 언어에 의존한다. 사실, 하나님과 그리스도에 대한 바울의 언어는 철저히 상호의존적이다 … 그 상호의존성은 직접적으로 두 당사자 간의 상호 관계를(reciprocal) 의미하지 않는다. 바울의 '퀴리오스'(*κύριος*) 용어는 문법적으로 그의 '떼오스'(*θεός*, 신학을 반영하는 언어 패턴) 용어에 종속적인 반면, '떼오스'(*θεός*) 언어는 하나님을 기원, 저자, 근

89 Murray J. Harris, *Jesus as God: The New Testament Use of Theos in Reference to Jesus* (Grand Rapids: Baker, 1992), 143-72; George Carraway, *Christ Is God over All: Romans 9:5 in the Context of Rom 9-11* (London: Bloomsbury T&T Clark, 2013). 몇몇 번역자들은 바울의 말을 구두점으로 하여 읽기도 한다. 가령 RSV는 "To them belong the patriarchs, and of their race, according to the flesh, is the Christ. God who is over all be blessed for ever. Amen"로 번역한다(NAB 참조). 그러나 크랜필드(C. E. B. Cranfield)는 자신의 저서, *A Critical and Exegetical Commentary on the Epistle to the Romans*, 2 vols. (Edinburgh: T&T Clark, 1975-79), 2:464-70에서, 몇몇 번역자들이 바울의 말을 구두점으로 하여 읽는 것은 구문을 고려했을 때, 가장 자연스러운 번역이 아니라고 말하는 것은 옳다. 분명히 RSV와 거의 같은 상황에서 NRSV는 이 구절의 후반부를 약간 수정했다("comes the Messiah, who is over all, God blessed forever. Amen").

거, 목적으로 가리킨다.

그러나 하나님과 그리스도 사이의 동등함은 편지의 서두 인사의 형식 안에서, 신적인 기능과 특권을 가지고 높여진 '퀴리오스'(κύριος)에 의한 행위 안에서, 그리고 하나님을 언급하는 칠십 인경(LXX) 본문에 나타난 그리스도에 대한 적용에서 암시된다.

특정한 신의 속성들, 특히 은혜, 능력, 사랑, 영광도 그리스도에게 귀속되고, 이 속성들은 하나님을 근원으로, 그리스도를 수단으로 나타낸다.[90]

성령의 경우 항상 그런 것은 아니다. 다시 말해, 예수와 하나님의 관계에서 나타난 모습이 예수와 성령의 관계에 동일하게 적용되지 않기 때문에, 우리는 바울 안에 나타난 성령론의 뚜렷한 특징들을 살펴보아야 할 것이다.[91]

예수의 칭호들

우리가 앞서 언급했던 것처럼, 예수의 가장 독특한 호칭이었던 인자는 서신들 어디에도 나타나지 않는다. 그러나 바울은 예수에 대한 몇 가지 다른 칭호들을 사용한다. 특히, 복음서에서 강조된 세 가지와 겹치는데, "하나님의 아들"과 "주," 그리고 "그리스도"이다. 또한, 바울에게만 나타나는 독특한 두 가지는 "둘째 아담"과 "하나님의 형상"이다.

하나님의 아들. "하나님의 아들"과 이것의 축약된 형태인 "아들"은 바울 안에서 많이 나타난다. 반면에 이 표현들은 공관복음서에는 비교적 드물게

90 Neil Richardson, *Paul's Language about God* (Sheffield: Sheffield Academic Press, 1994), 311.

91 힐(Wesley Hill)은 자신의 저서, *Paul and the Trinity: Persons, Relations, and the Pauline Letters* (Grand Rapids: Eerdmans, 2015)에서, 그럼에도 불구하고, 바울의 신학의 여러 지점에서 세 위격(person) 모두 "동등하게 근원적이며, 상호 결정적이며, 관계적으로 구성되어 있음을"("equally primal, mutually determinative, relationally constituted")(168) 보여준다. 또한, Fatehi, *Spirit's Relation to the Risen Lord in Paul*을 참조하라.

등장한다.[92] 바울은 예수의 왕적 기원을 강조할 뿐만 아니라 그의 완전한 인성을 확인하기 위해 "다윗의 아들"[또는 "자손"]을 사용하기도 한다. 두 종류의 아들 됨(sonship)을 배열하는 고전적인 본문은 로마서 1:3-4인데, 바울은 "그의 아들에 관하여 말하면 육신으로는 다윗의 혈통에서 나셨고 성결의 영으로는 죽은 자들 가운데서 부활하사 능력으로 하나님의 아들로 선포되셨으니 곧 우리 주 예수 그리스도시니라"라고 말한다. 양자론(adoptionism)으로 알려진 초기 기독교 이단의 주장처럼, 바울은 예수님이 부활 이후 처음으로 하나님의 아들이 되었다는 것을 의미하지 않는다. 오히려, 부활은 그렇게 무시무시한 십자가에 못 박힌 인간이 실제로 하나님이었다고 선언하거나(ESV, NASB), 입증했다(CJB, NLT: "보여줌"). 게다가, 부활은 능력에 있어서 하나님의 아들이었다는 것을 확립했다(NAB).[93] 옛 시대에서 새 시대로의 전환은 예수의 신원(vindication, 억울하게 뒤집어 쓴 죄를 푸는 것-옮긴이)과 함께 일어났다.

유대교나 그리스-로마 배경 문헌에서 "하나님의 아들"은 인간적인 존재나 천사적인(나중에 악마적인) 존재, 또는 신성화된 인간(특히 죽음 이후)이나 신의 후손을 가리키고, 동시에 결코 인간이 되지 못한 신을 의미할 수 있다.[94]

---

92 특히, Gordon D. Fee, *Pauline Christology: An Exegetical-Theological Study* (Peabody, Mass.: Hendrickson, 2007), 530-57을 보라. 또한, Dunn, *Theology of Paul the Apostle*, 224-45, 242-44, 277-78을 참조하라.

93 Schreiner, *Romans*, 41-43. Matthew W. Bates, "A Christology of Incarnation and Enthronement: Romans 1:3-4 as Unified, Nonadoptionist, and Nonconciliatory," *Catholic Biblical Quarterly* 77 (2015): 107-27을 참조하라. 로크(Loke)는 자신의 저서, Origin of Divine Christology, 98에서, "3-4절이 부활에서 그리스도의 역할이 기능적으로(functional) 향상되었다고(그의 승귀 이전 그의 기능적 종속에 조화됨) 믿는다. 이것은 부활 시 존재론적(ontological) 향상을 의미하지 않는다. 즉, 그리스도가 그의 승귀 이전 YHWH의 본질이 없었다는 것을 반드시 암시하는 것이 아니다."라고 진술한다. 신약성경의 가장 초기의 형태로서 양자론의 가장 완전한 반박을 위해, Michael F. Bird, *Jesus the Eternal Son: Answering Adoptionist Christology* (Grand Rapids: Eerdmans, 2017)을 보라. 양자론은 롬 1:3-4가 적용되는 현대의 일반적인 논쟁이지만, 고대에는 신성과 인간 본성의 조합에 가장 자주 적용되었다. Joshua W. Jipp, "Ancient, Modern, and Future Interpretations of Romans 1:3-4: Reception History and Biblical Interpretation," Journal of Theological Interpretation 3 (2009): 241-59를 보라.

94 Martin Hengel, *The Son of God: The Origin of Christology and the History of Jewish-*

그러나 바울은 결코 이러한 방식으로 이 표현을 사용하지 않는다. 대신에, 그리스도의 아들 됨은 그의 아버지와의 친밀함을 강조한다.[95] 하나님에게 속한 모든 것이 예수 안에 살고 있다. 하나님의 아들의 죽음은 우리를 향한 그의 사랑을 강력하게 증명하는 것이다(롬 5:10). 그는 자신의 아들을 죄 있는 육신의 모양으로 보내셨다(8:3). 물론 그 아들이 죄의 육체를 가졌다는 것이 아니지만, 죄의 인류와 다를 바 없다는 것이다.[96] 이것은 예수가 죄를 지을 수 있는 환경이었다는 것을 암시한다(유오염성[有汚染性-peccability]의 교리, 죄지을 가능성-옮긴이). 그러나 사실, 그는 죄를 지은 적이 없다(고후 5:21). 히브리서 저자의 관찰은 여기에서 적절한 설명을 제공하는데, 모든 일에 우리와 똑같이 시험을 받으신 이로되 죄는 없으시다고 설명한다(히 4:25b). 예수의 죽음과 관련해서 아버지가 아들을 죽도록 내버려두었기 때문에, 몇몇 사람이 하나님을 아동 학대로 기소할 수도 있겠지만, 이것이 가능하지 않는 것은 아버지와 아들이 별개의 두 존재가 아니기 때문인데, "하나님께서 그리스도 안에 계시사 세상을 자기와 화목하게 하셨다"(고후 5:19). 말로 형용할 수 없는 차원에서, 하나님은 친히 우리를 위하여 고통을 겪으셨다.[97] 그러나 우리가 아버지와 아들을 각각 위격(person)으로 이해하는 것을 무너뜨리지 않도록, 고린도전서 15:28은 각각의 정체성을 분명하게 한다. 즉, 그가 모든 것을 자신의 발 아래 모든 것을 두었을 때(즉, 시 8:6을 성취하는 능력과 권세), 그러면 "아들 자신도 그 때에 만물을 자기에게 복종하게 하신 이에게 복종하게 되리니 이는 하나님이 만유의 주로서 만유 안에 계실 것이다." 아들은 존재

Hellenistic Religion (London: SCM; Philadelphia: Fortress, 1976), 21-56.

95 I. Howard Marshall, *Jesus the Saviour: Studies in New Testament Theology* (Downers Grove, Ill.: IVP, 1990), 134-49.

96 크루즈(Kruse)는 자신의 저서, *Paul's Letter to the Romans*, 326에서 "어쩌면, 우리는 인류 최초의 되는 것을 생각해야 한다. 그래서 그리스도가 성육신 안에서 인류와 동일시했지만, 그러나 그들의 죄의 육체를 공유하지 않았다는 것을 암시하기 위하여 '죄 있는 육신의 모양으로' 취한다"고 주장한다.

97 Murray J. Harris, *The Second Epistle to the Corinthians* (Grand Rapids: Eerdmans, 2005), 441-43.

론적으로 즉, 그의 본질에서 완전히 동등하게 유지되는 동안에, 기능론적 의미에서 아버지에게 종속적인 역할을 한다.[98] 정확한 세부 사항이 무엇이든 간에, 바울은 단순히 아들이 성육신의 제한을 자발적으로 선택한 시기만이 아니라, 미래의 종말론적인 환경 안에서 아들의 완전한 승리 이후의 시기에 대하여서도 분명히 말하고 있다.

주. "주"('퀴리오스'[*kyrios*])는 바울의 편지들 전체에서 예수의 또 다른 중요한 칭호이다. 이 용어가 주인을 의미하는지 하나님을 의미하는지에 대하여 현대 사회에서 논쟁이 있지만, 이것은 불필요한 것이다.[99] 이 두 의미는 유대교와 그리스-로마 세계에서 뗄 수 없는 불가분의 관계에 있었다. 물론, 인간 주인이 반드시 신은 아니었지만, 신은 필연적으로 사람으로부터 어떤 충성을 명령했다.[100] 이스라엘의 하나님 여호와는 완전한 본보기였다. 그러

98 Anthony C. Thiselton, *The First Epistle to the Corinthians* (Grand Rapids: Eerdmans, 2000), 1236-38. 키너(Craig S. Keener)는 자신의 글, "Is Subordination within the Trinity Really Heresy? A Study of John 5:18 in Context," *Trinity Journal* 20 (1999]: 39-51에서, 삼위일체 내에서 영원한 기능적 종속이 필수적으로 이단적인 견해라고 생각하는 몇몇 평등주의(egalitarian) 복음주의자들에 반대하는 평등주의자로서 주장하며, 그는 도중에 고전 15:28을 다룬다. 그러나 그는 이 땅의 삶 전반에 걸쳐 여성들이 기능적으로 남성들에게 종속된다고 (또는 적어도 남편에 대한 아내) 결론을 내리는 사람들과 달리, 삼위일체 간의 관계를 인간관계에 비교하는 것은 충분히 유사하게 보이지만, 두 실체를 비교하는 것은 관련되지 않는다고 주장한다. 최근의 많은 신학 및 역사적 학자들은 성경적 관점이나 교부의 관점을 설명하기 위해 삼위일체 안에 "영원한 종속"(eternal subordination)이라는 표현의 타당성에 대하여 논쟁을 벌여왔고, 이것은 진정으로 이 주제에 대하여 이야기하는 아주 적은 몇몇 성경 본문을 훨씬 넘어섰다. 여기에서 그 논쟁에 참여하는 것은 나의 의도가 아니다. 그러나 나는 단지 고린도전서의 한 구절에서 바울의 언어가 갖는 가장 솔직한 의미를 강조하려는 것이다. 더 연구를 원하거나, 다른 두 관점들에 대하여, Michael J. Overy, *Your Will Be Done: Exploring Eternal Subordination, Divine Monarchy and Divine Humility* (London: Latimer Trust, 2016); Kevin Giles, *The Rise and Fall of the Complementarian Doctrine of the Trinity* (Eugene, Ore.: Cascade, 2017)을 보라.

99 John F. MacArthur Jr., *The Gospel according to Jesus*, rev. ed. (Grand Rapids: Zondervan, 1994)을 보라.

100 C. F. D. Moule, *The Origin of Christology* (Cambridge: Cambridge University Press, 1977), 35-46; I. Howard Marshall, *The Origins of New Testament Christology*, rev. ed. (Downers Grove, Ill.: IVP, 1990), 97-110.

나 로마의 여러 황제는 처음에 그들이 죽었을 때만 신성화되었지만, 그들이 통치하는 동안에도 점점 더 다양한 신적인 능력과 권위를 주장했으며, 가장 확실한 섬김을 받을 것이라고 기대했다.[101]

오늘날의 "오직 은혜"(grace only) 운동은 복음을 행위에 근거하지 않는다는 것을 강조하려고 하지만, 예수를 주인으로 인정하는 것을 제쳐 놓고 구원이 수용될 수 있다고 주장할 때 그 운동은 너무 멀리 나간 것이다. 전통적인 본문과 아마도 초기 기독교 신앙에 해당하는 "예수는 주님이시다"라는 고백은 그의 육체의 부활에 대한 믿음을 포함하여 그의 신성에 대한 확증을 가장 확실히 드러내고 있다(롬 10:9). 바로 이 이유 때문에, 예수를 따르는 사람들은 그에게 충성을 맹세하고 그를 주인으로 섬겨야 한다. "구원은 절대적으로 무료이지만, 당신의 생명을 걸어야 할 것이다"(그리스도를 섬기면서)![102] 허타도(Larry Hurtado)가 강조했듯이, 바울 안에서 그리고 신약성경 전체에 걸쳐 "주"를 가장 일찍 사용한 것은 예배의 정황에서 나타나며,[103] 여전히 아람어 표현 안에 보존되어 있으며, "우리 주님, 어서 오십시오"를 의미하든지 또는 "우리 주님이 오셨다"를 의미하든지 어쨌든지[104] '마라나타'(*Maranatha*, 고전 16:22)로 음역되어 있다.[105] 바클레이(John Barclay)는 고대 지중해 세계는

---

101 Sylvia C. Keesmaat, "Crucified Lord or Conquering Savior: Whose Story of Salvation?" *Horizons in Biblical Theology* 26 (2004): 69-93. 예수는 구원의 로마 제국적 내러티브와 단순히 전사-왕으로서 이스라엘의 하나님의 내러티브를 모두 대신했다.

102 나는 이 명확한 표현을 벅(Darrell L. Bock)으로부터 처음 들었는데, 그는 "A Review of The Gospel according to Jesus by J. F. MacArthur Jr., 1988," *Bibliotheca Sacra* 146 (1989): 21-40에서 또한 주권 구원(lordship salvation)에 대한 대중적 수준의 토론에 대해 매우 공평하게 평가했다.

103 그의 저서, *Lord Jesus Christ*(위에 있는 각주 75번)에 더하여, Larry W. Hurtado, *How on Earth Did Jesus Become a God? Historical Questions about Earliest Devotion to Jesus* (Grand Rapids: Eerdmans, 2005); *One God, One Lord: Early Christian Devotion and Ancient Jewish Monotheism*, 3rd ed. (London: Bloomsbury T&T Clark, 2015)을 보라.

104 이 용어에 대하여 최근에 연구한 모로(Jean-Claude Moreau)는 자신의 글, "Maranatha," *Revue Biblique* 118 (2011): 51-75에서, 고대의 단어 사용과 교부의 증거는 이 둘 중 두 번째를 지지하고, 전자는 오직 현대에 계 22:20에 기초하여 일어났다.

105 Joseph A. Fitzmyer, *To Advance the Gospel: New Testament Studies*, 2nd ed. (Grand

결코 응답 없는 선물을 생각해낸 적이 없다는 것을 보여주었다. 구원은 전적으로 은혜에 의한 것일 수 있지만, 변화된 삶은 하나님이 주신 선물에 대한 각 개인의 감사를 표현하는 증거이다.[106] 이전의 유대교와 바울이 말하는 은혜의 개념을 구별하는 것은 이 은혜가 선물의 개념을 가지고 있는지 아니면 반응을 요구하는지에 있지 않고, 이 은혜가 완전히 무가치한 수혜자들에게 제공되었다는 것이다.[107]

'퀴리오스'(*Kyrios*)는 목회서신을 제외하고, 바울서신에서 262회 등장하며, 이것 중 84회 전체가 "예수," "그리스도," "예수 그리스도"라는 이름이나 칭호와 결합된다. 나머지 중 많은 부분이 아마도 예수를 가리키지만, 몇몇 경우, 특히 구약성경을 인용할 때 "주"는 여전히 하나님 아버지를 지칭한다.[108] "주"는 아주 많은 문맥에서 예수를 거의 일상적으로 지칭하고(예를 들어, 롬 16:2, 6, 11, 13, 22; 고전 9:1, 2, 5, 14; 고후 5:6, 8, 11), 히브리어 성경에 나타난 여호와 하나님에게만 일률적으로 사용된 것을 대체했으며, 예수의 신성과 주권에 대한 믿음이 얼마나 깊은지 보여준다.[109]

메시아/그리스도. 얼핏 보면, "그리스도"라는 표현은 바울 안에서 그렇게 일찍은 아니지만, 틀림없이 적절한 이름으로 이해된 것 같다. 이 용어는 약 280회 나타나며, 이 중 대다수는 언뜻 보기에는 "그리스도"/"메시아"

Rapids: Eerdmans, 1968), 218-35.

106 John M. G. Barclay, *Paul and the Gift* (Grand Rapids: Eerdmans, 2015). 간략하게, 은혜는 무제약적이지만(unconditioned), 무조건적이지(unconditional) 않다(492).

107 Jonathan Linebaugh, *God, Grace, and Righteousness in Wisdom of Solomon and Paul's Letter to the Romans: Texts in Conversation* (Boston: Brill, 2013). 그럼에도 불구하고, 우리는 한 백성으로서 이스라엘의 무가치함에 관하여 신 9:6-7을 상기해야 한다.

108 Fee, *Pauline Christology*, 576-85.

109 피(Fee)는 자신의 저서, *Pauline Christology*, 585에서 이것을 바울의 기독론의 정점과 동일시한다. 즉 "다스리는 주님의 신적인 활동을 가리키는 구약의 야훼 언어의 전유"(appropriation)이다. "주"라는 표현은 그리스도가 전통적으로 그리고 배타적으로 하나님에게만 속한 역할을 맡는 것으로 이해한다는 것을 포함한다.

라는 호칭이 함축하는 의미가 없는 것처럼 보인다고 말할 수 있다. 하지만, "메시아"라는 호칭의 의미가 완전히 사라졌다는 생각에 반대되는, 놀랄만한 강력한 사례가 나타난다.[110] 거의 모든 주석가들은 메시아가 이스라엘 백성에게서 나온다는 진술이 있는 로마서 9:5가 그 호칭의 의미를 보존한다고 인정한다. 또 다른 20개 정도의 용례 역시 동일하게 기능한 것으로 보일 수 있다. 고린도후서 1:21에 나타난 '크리스토스'(*Christos*)와 '크리오'(*chriō*, 기름부음을 뜻하는) 형태 사이에 언어유희(wordplay)는 바울이 "기름부음 받은 자"라는 칭호의 원래 의미를 보존하고 있음을 보여준다. 게다가, 라이트(N. T. Wright)는 "그리스도 안에"(in Christ)라는 표현을 "결합적인"(incorporative) 표현으로 이해하는 강력한 사례를 만들었다. 즉, 이 표현들은 고대에서 백성이 왕에게 결속되어 있는 방식을 나타내며, 마치 신자들이 대표자로서 기능하는 "메시아"에 붙어 있는 것을 의미한다는 것이다.[111] 무관사(anarthrous)의 형태로 나타나는 "그리스도"라는 많은 예들은 특정한 문법적 구조에 의해 좌우되는 것처럼 보인다. 마치 히브리어로 된 토라(*Torah*, 헬라어로 '노모스'[*nomos*])가 자주 관사 없이 나타나지만, 거의 항상 유대인의 율법으로 보이는 것처럼 말이다. 어쨌든, 관사 없는 "그리스도"라는 호칭은 관용적인 사용으로 설명될 수 있다.[112]

"예수 그리스도"나 "그리스도 예수"와 같은 조합처럼 서로 위치를 바꿀 수 있다는 것 또한 '크리스토스'(*Christos*)에 대한 호칭의 의미를 뒷받침하는데, 고대 세계에서 정식 이름은 일반적으로 뒤바뀌지 않았기 때문이다. 예를

---

110 Craig L. Blomberg, "Messiah in the New Testament," in *Israel's Messiah in the Bible and the Dead Sea Scrolls*, ed. Richard S. Hess and M. Daniel Carroll R. (Grand Rapids: Baker, 2003), 125-32.

111 Wright, *Climax of the Covenant*, 41-55.

112 만약 우리가 신약성경의 한 저자에서 다음 저자로 이동할 때, 이러한 점들이 다소 중복되는 것처럼 보인다면, 그것은 "그리스도"가 예수의 "성"(last name)이 되는 것에 대항하려는 생각이 널리 퍼져 있기 때문이다. 영어권 문화에서 "예수 그리스도"를 욕설로 비속하게 사용하는 것은 문제를 악화시킬 뿐이다.

들어, 시몬 베드로는 결코 베드로 시몬이라고 불리지 않는다. 본디오 빌라도 역시 빌라도 본디오라고 불리지 않는다. 그러나 만약 사람들이 "그리스도"/"메시아"를 칭호로서 이해했다면, "예수 그리스도"나 "그리스도 예수"를 언급하는 것도 똑같이 말이 되었을 것이다. 반면에 "주 예수 그리스도"는 이 열 개의 서신에서 40회 등장하는데, 그러나 결코 다른 순서(주 그리스도 예수, 예수 그리스도 주, 그리스도 예수 주, 예수 주 그리스도, 그리스도 주 예수)로는 나타나지 않는다. 만약 "주"라는 표현이 그 세 단어로 조합된 표현에 나타나지 않는다면, "우리"(10회)나 나의(1회)라는 표현이 항상 삽입된다("그리스도 예수 우리 주"[Christ Jesus our Lord]나 "예수 그리스도 우리 주"[Jesus Christ our Lord]). 이것은 "주 예수 그리스도"라는 표현에서 주님을 순수한 호칭으로서, 예수를 이름으로서 그리스도를 명칭(cognomen)이나 존칭(단순히 두 번째 이름이 아닌)처럼, 로마에서 통용되었던 3중으로 된 이름으로 기능하고 있음을 시사한다.[113] 마지막으로, 바울서신과 에녹의 비유(Parables of Enoch)에 의해 공유된 독특한 특징들(에녹의 비유 안에는, 높임 받은 인자와 메시아가 종종 상호 교환될 수 있는 것처럼 보임)을 고려하면, 바울 안에 칭호의 의미가 보존되어 있다는 것을 더욱 뒷받침한다. 이 두 종류의 문서들은 이 인물을 '신적인 이름과 관련된 천사처럼, 심판의 보좌에 앉아서 심판을 주재하며 죽은 사람을 일으키고, 사람들에 의해 경배를 받는 선재하는 하늘의 존재'로 보는 것을 포함한다[114]

두 번째 아담. 바울의 특징은 그리스도를 새 아담 또는 둘째 아담으로 논의하는 것이다.[115] 인간이신 예수는 첫 인간이 올바르게 행하지 못한 일을

113 더 연구를 위하여, Matthew V. Novenson, *Christ among the Messiahs: Christ Language in Paul and Messiah Language in Ancient Judaism* (Oxford: Oxford University Press, 2012) 전체와 특히 96을 보라.

114 James A. Waddell, *The Messiah: A Comparative Study of the Enochic Son of Man and the Pauline Kyrios* (London: Bloomsbury T&T Clark, 2011).

115 Dunn, *Theology of Paul the Apostle*, 241-42. Felipe de Jesús Legarreta Castillo, *The Figure of Adam in Romans 5 and 1 Corinthians 15: The New Creation and Its Ethical*

옳게 행한다(창 1:26-28의 땅을 관리하는 신적인 명령 참조). 이런 의미에서 아담은 "오실 자의 모형"('티포스'[*typos*])이다(롬 5:14). 로마서 5:14-19는 기본적으로 비교와 제시하는데, 아담과 예수의 행동은 "많은 사람"에게 영향을 미쳤다. 여기에서 바울의 주장은 종말론에 크게 의존하고 있다. 즉 아담으로 시작된 옛 시대는 죄와 그에 따른 사망이라는 특징을 갖는 반면, 그리스도는 종말론적으로 새로운 시대의 머리이다.[116] 아담의 죄는 모든 인간에게 죽음을 가져다 주었고(3장), 예수의 의로운 삶과 대속의 죽음은 모두를 위한 구원을 가져왔다. 그러나 모든 인간이 죽음의 대상이 되는 반면, 이제 모든 사람이 아니라, "많은 자"가 의롭게 될 것인데(19절), 즉, "하나님의 은혜와 의의 선물을 넘치게 받은 자들"이다(17절). 그러므로 18절에서 우리는 "모든 사람을 위한 삶"을 언급하며 보편구원론(universalism)을 가르칠 수 없으며, "그리스도가 어떻게 하나님에게 속한 모든 사람을 위하여 의의 혜택을 확보하였는지"를 가르쳐야 한다.[117] 다시 말하면, 모든 인류는 기본적으로 아담의 시대에 속하지만, 예수를 믿는 사람들만 새로운 아담의 시대에 속한다는 것이다. 고린도전서 15:22에서 바울은 "아담 안에서 모든 사람이 죽은 것 같이 그리스도 안에서 모든 사람이 삶을 얻으리라"라고 종말론적인 대조를 간략하게 요약한다. 여기에서 죄로 인한 영적 죽음은 보편적이기 때문에, 사람들은 바울이 모든 사람도 구원받을 것이라는 사실을 가르친다고 생각할 수 있다. 그러나 23절은 "그리스도에게 속한 자"를 언급함으로써 그 부분을 명확하게 한다. "그리스도 안에서 모든 사람이 삶을 얻으리라"(22b절)라는 표현은 "구원을 받는 모든 사람은 그리스도 안에서 그리고 그리스도를 통하여 살게 된다"는 것을 의미한다.[118] 고린도전서 15:45-49는 이러한 개념을 더욱 설

---

and Social Reconfiguration (Minneapolis: Fortress, 2014)을 참조하라.

116 Robert C. Tannehill, *Dying and Rising with Christ: A Study in Pauline Theology* (Berlin: Töpelmann, 1967), 39. James D. G. Dunn, *Romans 1-8* (Dallas: Word, 1988), 285, 289, 292를 참조하라.

117 Moo, *Epistle to the Romans*, 343.

118 Roy E. Ciampa and Brian S. Rosner, *The First Letter to the Corinthians* (Grand Rapids:

명한다. 첫 아담은 땅의 흙으로 만들어졌고(창 2:7) 오직 땅에서만 살았고 모든 인간은 땅에서 하나님의 형상으로 창조되었다(창 5:1; 9:6). 마지막 아담 예수는 영적이며, 생명을 주는 성령이었으며 하늘에 속하고, 그를 따르는 모든 사람들은 하늘에 속한 형상을 지닌다.[119] 그러나 예수는 또한 우리의 육체의 부활을 보증하는 '육체적으로 부활한 분'으로서, 성육신에서 처음 얻은 인성을 영원히 보존한다(특히, 고전 15:20, 23을 보라).[120]

하나님의 형상. 그리스도가 둘째 아담이기 때문에, 바울이 그를 다름 아닌 하나님의 형상이라고 묘사하는 것은 놀라운 일이 아니다. 물론 그가 모든 인간처럼, 하나님의 형상대로(in God's image) 있었다는 것이 아니다(비록 그는 창조되지 않았음에도 불구하고). 다시 말해, 그는 바로 하나님의 형상 그 자체였다(고후 4:4; 골 1:15를 기억하라). 우리가 알게 되겠지만, 하나님의 형상대로 창조된 인류에게도 해당되듯이, "영광"은 정기적으로 '이마고 데이'(*imago Dei*, [하나님의 형상])와 연관되어 있다. 고린도후서 4:4에서 바울은 그리스도가 하나님의 형상이라고 표기할 때, 그가 언급한 것은 분명히 그리스도의 영광이다.[121] 예수 또한 하나님의 지혜이다. 지혜는 하나님의 형상과 같이, 종종 의

Eerdmans, 2010), 764.

119 Craig L. Blomberg, "'True Righteousness and Holiness': The Image of God in the New Testament," in *The Image of God in an Image Driven Age: Explorations in Theological Anthropology*, ed. Beth Felker Jones and Jeffrey W. Barbeau (Downers Grove, Ill.: IVP, 2016), 특히, 76-85. 아담이 셋(Seth)에게 "영" 또는 "생명"을 주었던 것처럼, 그리스도는 자신을 따르는 사람들에게 그의 영과 생명을 준다는 견해에 대하여, Benjamin L. Gladd, "The Last Adam as the 'Life-Giving Spirit' Revisited: A Possible Old Testament Background of One of Paul's Most Perplexing Phrases," *Westminster Theological Journal* 71 (2009): 297-309를 보라.

120 이것에 관하여, 특히, Peter Orr, *Christ Absent and Present: A Study in Pauline Christology* (Tübingen: Mohr Siebeck, 2014)을 보라. 호세아 6:2는 바울이 사흘째 되는 날에 그리스도의 부활이 고전 15:4에 나타난 성경에 따른 것이라고 말할 수 있도록, 모형론적으로(typologically) 사용되었을 가능성이 가장 높은 구절이다.

121 Craig L. Blomberg with R. Ward Wilson, "The Image of God in Humanity: A Biblical-Psychological Perspective," *Themelios* 18, no. 3 (1993): 8-15. 하나님의 영광으로서 그리스

인화되어 다소 독립적인 실체로서 자신의 삶을 영위하는 하나님의 또 다른 면모이다(특히 잠 8-9장 참조). 고린도전서 1:24에서 그리스도는 하나님의 능력이며 하나님의 지혜라고 진술된다. 우리는 또한 30절에서 "너희는 하나님으로부터 나서 그리스도 예수 안에 있고 예수는 하나님으로부터 나와서 우리에게 지혜와 의로움과 거룩함과 구원함이 되셨으니"라는 진술을 발견한다. 잠언 안에 나타난 것처럼, 이 구절은 하나님의 지혜를 설명하기 위해 단순히 인지적이거나 지적인 범주가 아니라, 도덕적이고 관계적인 범주를 불러일으킨다. 결국 주님을 경외하는 것이 지혜의 시작이다(잠 1:7). 이렇게 히브리 성경의 개념은 그리스도 안에서 계속 성취된다.[122]

기독론: 예수의 사역

만약 "예수가 주님이시다"라는 표현이 예수가 누구였는지에 대한 기독교의 가장 오래된 믿음의 고백이라면(롬 10:9), 아마 기독교의 가장 오래된 고백은 고린도전서 15:3-6에서 예수가 했던 가장 중요한 일들을 하나씩 나열하는 것이다.[123] 우리가 주목했던 것처럼, 바울은 예수의 가르침에 대한 인

도에 대하여, Carey C. Newman, *Paul's Glory-Christology: Tradition and Rhetoric* (Leiden: Brill, 1992)을 보라.

122 던(James D. G. Dunn)은 바울의 기독론의 중심으로서 둘째 아담과 지혜를 발견한다. 이에 대하여, 특히 그의 저서, *Christology in the Making: A New Testament Inquiry into the Origins of the Doctrine of the Incarnation*, 2nd ed. (London: SCM, 1989; Grand Rapids: Eerdmans, 1996), 98-113, 176-96을 보라. 스테그만(Thomas Stegman)은 자신의 저서, *The Character of Jesus: The Linchpin to Paul's Argument in 2 Corinthians* (Rome: Pontifical Biblical Institute, 2006)에서 고린도후서 전체에서 바울 자신의 사도 사역의 본질을 뒷받침하고 신자들이 모방해야 하는 예수의 인격에 대한 수많은 언급(allusion) 가운데 둘째 아담과 하나님의 형상을 핵심으로 삼는다.

123 무신론자 뤼더만(Gerd Lüdemann)도 이 구절의 언어가 기독교 운동의 첫 2년 이내에 돌아가야 한다는 것을 인정한다. 위젠(Alf Özen)과 함께 쓴 그의 저서, *What Really Happened to Jesus? A Historical Approach to the Resurrection* (Louisville: Westminster John Knox, 1995), 15를 보라. 특히, Kirk R. MacGregor, "1 Corinthians 15:3b-6a, 7 and the Bodily Resurrection of Jesus," *Journal of the Evangelical Theological Society* 49 (2006): 225-34를 참조하라.

용(quotation)과 암시(allusion)를 조금 나타낸다. 그러나 그는 예수의 행위에 대하여 명시적으로 어떤 말도 하지 않는다. 아마도 바울에게, 그리스도가 세상의 죄를 위해 십자가에서 죽은 것이 가장 중요했기 때문일 것이다. 그의 죽음은 그가 죽은 자로부터 일어나지 않았더라면, 단지 또 한 번의 비극적인 순교에 불과했을 것이다.

십자가에서의 죽음과 부활

그러므로 부활에 대한 믿음은 로마서 10:9-10에서 중심적으로 기능할 뿐만 아니라, 고린도전서 15:3에서도 바울은 "우리의 죄를 위하여 죽으신" 그리스도의 죽음에 대한 구전 전통의 충실한 수용과 전승의 언어를 사용한다.[124] 4절에서 그는 그리스도의 장사를 추가하여, 이것이 빈 무덤에 의해 증명된 육체의 부활이었다는 것을 보여준다. 그런 다음, 그는 "성경대로" 그리고 "사흘만에" 부활한 사실을 언급하면서, 죽음과 장사, 그리고 부활이라는 세 개의 중요한 사건을 설명한다.[125] 5-8절은 부활 증인의 목록을 제공하며, 7-8절에 걸쳐 있는 문장은 아마도 바울 자신이 신조나 신앙고백을 추가한 것에 해당할 것이다. 십자가에서 그리스도의 사역은 고린도전서 1:18-25에서 훨씬 더 중심적이다. 십자가에 못 박힌 것에 대한 메시지는 잃어버린 자에게는 어리석지만, 구원을 얻는 자에게는 능력이 된다(1:18. 다음 구절에서 사 29:14의 원리를 인용한다). 우리는 바울이 반의적 평행법(antithetical parallelism)을 요구하기 위하여, "구원받은 자에게 지혜"와 "잃어버린 자를 위한 약함"을 말하는 것으로 기대할 수도 있지만, 그러나 그는 두 가지 대조를 모두 암시

124 "성경대로"라는 언급은 적어도 사 53:5-6, 11-12를 가리키는 것이다. 이에 대하여, Ciampa and Rosner, *First Letter to the Corinthians*, 747을 보라.

125 "만약 우리가 그리스도의 부활을 하나님이 약속한 종말론적인 주권 행동으로 이해하고 하나님의 은혜를 입증하는 증거로서 이해하기보다는, 특정 개별 본문(예를 들어, 시 2:7; 16:9; 호 6:2)을 분리하려고 한다면, 의도하지 않는 지나친 단순화(reductionism)이자 과도한 제약에 해당할 것이다." Thiselton, *First Epistle to the Corinthians*, 1195.

하는 것 같다(24절).[126] 일반적으로, "유대인은 표적을 구하고 헬라인은 지혜를 찾는다"(22절). 십자가에 못박힌 것은 기적이 아니다. 다시 말해, 그리스도는 십자가에서 내려와 자신을 구원하지 않았다(막 15:30과 병렬구절을 기억하라). 죽어가는 신의 외침도 현명하게 들리지 않는다. 참으로, 십자가에 못 박힌 메시아(23절)는 바울의 세계 안에서 꾸며낼 수 있을 법한 가장 엄청난 모순 중에 하나였다.[127] 이러한 맥락에서 바울은 "예수 그리스도와 그가 십자가에 못 박히신 것 외에는"(2:2) 고린도 교인들 중에서 어떤 것도 알지 않기로 작정했다고 선언할 수 있다. 분명하게, 그들에게 보낸 편지들의 내용은 그가 이것보다 훨씬 더 많은 것들에 대하여 가르쳤다는 것을 보여주지만, 이것이 가장 중심적인 내용임을 보여준다. 그러나 성령의 능력 없이, 인간은 이러한 깨달음에 도달할 수 없다(5절).[128] 복음과 '사도들의 사역'의 어리석음의 주제는 3:18-23과 4:8-13, 그리고 고린도후서 11:16-12:10에 다시 나타난다.

그리스도의 십자가 사역에 기초한 성령에 의한 권능은 하나님의 심오한 사랑의 행위이다(롬 5:5). 예수의 희생적인 죽음은 "기약대로" 일어났으며('카타 카이론'[*kata kairon*], 6절), 갈라디아서 4:4에 나타난 것처럼, 바울은 이 사건을 시대의 중심점으로 생각하고 있음을 보여준다. 아주 선하고 경건한 사람들이라고 해도, 인간은 기꺼이 죽으려고 하지 않는다(7절). 그러나 그리스도

126 Anthony C. Thiselton, *1 Corinthians: A Shorter Exegetical and Pastoral Commentary* (Grand Rapids: Eerdmans, 2006), 42-44를 참조하라.

127 십자가에 달린 예수를 높이는 것은 단지 예의 차원이 아니라, 올바른 논증을 위반하는 것이다. 그것은 무감각과 광기를 결합하는 것이다. 마치 히틀러(Hitler)가 덕이 있다는 주장과 지구는 평평하다는 주장을 병합하는 것과 비슷하다. Philip H. Kern, "'The Word of the Cross': The Language of the Cross in 1 Corinthians," in *The Wisdom of the Cross: Exploring 1 Corinthians*, ed. Brian S. Rosner (Nottingham: Apollos, 2011), 88. 쉬(Wenhua Shi)는 그의 저서, *Paul's Message of the Cross as Body Language* (Tübingen: Mohr Siebeck, 2008), 특히, 209-24에서, 이 어리석음의 세 가지 핵심 측면을 강조한다. 바로 (1) 그리스도의 십자가의 절대 수치심과 당혹감 vs. 고귀한 죽음의 전통, (2) 이 메시지를 선포하는 바울의 웅변적인 기술 부족 vs. 우아한 웅변술에 대한 문화적인 차원에서 기대, (3) 똑같은 것을 행하는 데 있어서 바울의 개인적이고 육체적인 약함 vs. 육체적인 강함과 매력에 대한 문화적인 기대이다.

128 Fee, *First Epistle to the Corinthians*, 100을 참조하라.

는 사랑으로 우리가 여전히 죄인인 동안, 경건하지 않은 자를 위하여 죽었다(6절, 8절). 이 두 구절에서 전치사 '휘페르'(*hyper*)의 사용은 이 죽음이 우리를 위한 것이라는 사실을 지적한다. 여기에서 고린도후서 5:21에 나타난 것처럼, 대리적이며(vicarious), 대속적인(substitutionary) 속죄의 개념이 있다.[129] 이 구절에서, 바울은 "하나님이 죄를 알지도 못하신 이를 우리를 대신하여 죄로 삼으신 것은 우리로 하여금 그 안에서 하나님의 의가 되게 하려 하심이라"라고 진술한다. 해리스(Murray Harris)는 이에 대하여 "바울의 의도는 그리스도가 속죄 제물이 되었다는 것에 관하여 더 많이 강조하려는 것 같고, 반면에 그리스도가 죄인이 되었다는 것에 대하여 덜 강조하려는 것 같다."라고 진술한다.[130]

개신교 신학의 일부는 때때로 그리스도의 부활과 승귀보다도 십자가에 못 박힘을 강조하는 경향을 가진 반면에, 바울은 부활이 필수적이라는 것을 분명히 한다. 우리는 이미 고린도전서 15장에 나타난 예수의 부활의 중심성을 이미 언급했는데, 이 장에서 예수의 부활이 신자들의 부활의 "첫 열매"이자 보증으로 묘사된다(20절, 23절). 이러한 방식으로, 새 아담이신 예수는 첫 아담이 오직 죽음만을 가져온 그곳에, 생명을 준다(45-49절). 바울은 또한 예수를 로마서 5:12-21에서 아담의 옛 시대와 새 아담이신 그리스도에 의해 시작된 새 시대 사이의 종말론적인 대조와 함께, 예수를 둘째 아담으로 제

129 Simon J. Gathercole, *Defending Substitution: An Essay on Atonement in Paul* (Grand Rapids: Baker, 2015), 85-108. 바울이 갈 3:13에 나타난 신 21:23의 대속적인 해석을 인용하여 그리스도에게 적용한 것에 대한 변호를 위해, Mary A. Willson, "'Cursed Is Everyone Who Is Hanged on a Tree': Paul's Citation of Deut 21:23 in Gal 3:13," *Trinity Journal* 36 (2015): 217-40를 보라. 대속이 여기에 내포되어 있다고 말하는 것은 다른 개념도 존재할 수 있다는 것을 부정하는 것이 아니다. 예를 들어, 후커(Morna Hooker)는 자신의 저서, *From Adam to Christ: Essays on Paul* (Cambridge: Cambridge University Press, 1990), 13-71에서는 "교환"(interchange)의 개념, 고르만(Michael Gorman)은 자신의 저서, *Inhabiting the Cruciform God: Kenosis, Justification, and Theosis in Paul's Narrative Soteriology* (Grand Rapids: Eerdmans, 2009), 특히, 161-73에서 "참여"(participation)의 개념이 그렇다. 너무 자주 이러한 개념들은 상호 보완적이기보다 모순적인 것처럼 서로 대립된다.

130 Murray J. Harris, "2 Corinthians," in *Expositor's Bible Commentary*, ed. Tremper Longman III and David E. Garland, rev. ed. (Grand Rapids: Zondervan, 2008), 11:482.

시한다. 그리스도가 죽음과 부활을 통해 이 새 시대를 시작하였다고 진술하면서, 바울은 자신이 이 사건들을 역사적일 뿐만 아니라, 종말론적인 사건들로 본다는 것을 증명한다.[131]

에베소서에서 바울은 다른 어떤 곳에서보다 그리스도의 부활과 승귀의 개념을 전개한다. 그의 죽음과 승천의 결과로서, 그리스도는 창세기 1:26-28에 나타난 창조와 관련하여 인류의 지위를 자세히 설명하는 시 8:6에 대한 암시인 "만물을 그의 발 아래에" 둘 정도로, 지금 높임을 받으셨다.[132] 그러므로 그리스도의 승귀를 통해, 그는 인류에 대한 하나님의 의도를 성취하지만, 물질적 창조뿐만 아니라, 나머지 우주 전체를 다스림으로써 그 의도를 넘어선다.[133] 이것은 신자들이 영적으로 승귀된 그리스도와 "함께 앉아" 있기 때문에(2:6), 하나님의 원래 의도가 확장적으로 신자들 안에서 성취되는 것을 가능하게 한다. 그리스도의 부활과 승귀 안에서 하나님은 창조물을 올바른 질서로 회복시킨다. 게다가, 승리를 함축하는 승귀의 결과로서, 예수는 자신의 교회를 갖추기 위하여 영적인 은사를 분배할 권위를 가진다(4:7-13). 그는 또한 교회에 하나님에 대한 확신 있는 접근을 제공하는데(2:18; 3:12), 이것은 높임 받은 그리스도가 지금 "우리를 위하여 간구하시며"(롬 8:34) 하나님의 오른 편에 앉아 있기 때문만이 아니다(1:20). 하나님의 오른 편에 있는 그리스도의 높아진 위치에 대한 이러한 언급에서, 바울은 아마도 시편 110:1을 암시하며,[134] 그리스도를 궁극적인 다윗 왕으로 이해하며, 그의 승귀를 구약성경에서 하나님이 주신 약속들의 성취로 묘사한다.[135]

---

131 Tannehill, *Dying and Rising with Christ*, 39.

132 Arnold, *Ephesians*, 114; Andrew T. Lincoln, *Ephesians* (Dallas: Word, 1990), 61-62; Frank Thielman, *Ephesians* (Grand Rapids: Baker, 2010), 106.

133 Lincoln, *Ephesians*, 65-66. Frank Thielman, "Ephesians," in *Commentary on the New Testament Use of the Old Testament*, ed. G. K. Beale and D. A. Carson (Grand Rapids: Baker, 2007), 816을 참조하라.

134 Thielman, *Ephesians*, 106.

135 우리는 이 결론 독립적으로 도달했다. 그러나 Jipp, *Christ Is King*, 197-203을 보라. 여기에서 짚(Jipp)에 의하면, 에베소서에는 예수를 다윗 계통의 메시아 왕으로서(시 110편) 이해하

중요한 용어들

많은 주요한 용어들은 바울이 이 개념들을 풀어내는 것에 도움을 준다. 아이러니하게도, 오늘날 이 용어들은 전문적이고 신학적인 용어로서 간주되는 경향이 있다. 그러나 고대 지중해 세계에서 이것들은 모두 일상생활에서 취해진 평범한 은유들이었다.

속죄(Propitiation). 예수의 죽음은 "화해"나 "속죄," 또는 "속죄 제물"로 번역된 '힐라스테리온'(*hilastērion*)이었다. 바울은 오직 로마서 3:25에서 풍부하고 상세한 의미를 가진 이 단어를 사용하고 있는데, 이 구절은 서신 전체의 핵심 단락에 해당한다(21-26절). 바울은 25-26절에서, "이 예수를 하나님이 그의 피로써 믿음으로 말미암는 화목제물로 세우셨으니 이는 하나님께서 길이 참으시는 중에 전에 지은 죄를 간과하심으로 자기의 의로우심을 나타내려 하심이니 곧 이 때에 자기의 의로우심을 나타내사 자기도 의로우시며 또한 예수 믿는 자를 의롭다 하려 하심이라"라고 진술한다. 여기에서 다시 우리는 구원의 역사에서 새 시대가 도래했다는 바울의 의식을 본다.[136] 하나님은 자비로운 인내 때문에, 메시아의 자기 희생 이전에도 이스라엘 백성을 영원히 정죄하지 않았다. 비록 메시아의 희생이 있기 전에 실시된 동물 희생이 인간의 죄를 제거하는데 부합하지 않았으며, 그 동물 희생은 메시아의 죽음이 갖는 진정한 대속적 속죄가 아니었음에도 말이다. 이제 하나님은 모

는 바울의 관념이 편지 전체에 걸쳐 그의 통치에 신자들의 참여를 위한 기초라고 주장한다. 이 주장에 대하여 더 깊은 이해에 대하여, 그의 글, "Sharing in the Heavenly Rule of Christ the King: Paul's Royal Participatory Language in Ephesians," in *"In Christ" in Paul: Explorations in Paul's Theology of Union and Participation*, ed. Michael J. Thate, Kevin J. Vanhoozer, and Constantine R. Campbell (Tübingen: Mohr Siebeck, 2014), 251-79를 보라. 또한, Julien Smith, *Christ the Ideal King: Cultural Context, Rheorical Strategy, and the Power of Divine Monarchy in Ephesians* (Tübingen: Mohr Siebeck, 2011)을 참조하라.

136 "바울은 종말론적인 시대가 그리스도를 통하여 인간의 역사에 들어왔다고 분명히 믿는다." Darlene Hyatt와 함께, Ben Witherington III, *Paul's Letter to the Romans: A Socio-Historical Commentary* (Grand Rapids: Eerdmans, 2004), 110.

세의 언약에 따라 속죄소, 즉 성전에 있는 언약궤의 덮개 위에서 황소와 염소의 피를 뿌린 것에 해당하는 속죄 희생을 이루면서, 자신의 공의를 보여주셨다.[137]

"화해"와 "속죄"라는 번역이 있는데, 이 중 첫 번째 것은 더 포괄적이고 따라서 더 선호하는 용어인데, 죄의 제거와 이에 따른 죄의 용서(속죄)뿐만 아니라, 하나님의 진노를 누그러뜨리는 개념(화해)을 포함한다.[138] 보응하는 하나님은 오늘날 문화에서 인기가 없지만, 세상의 불의가 바로 잡히려면, 하나님은 사랑과 용서뿐만 아니라 엄격하고 벌을 주어야 한다. 하나님의 공의의 기준은 충족되어야 하지만(26절), 그는 죄인들이 범한 죄에 대하여 그들의 죽음을 요구하기보다 예수의 속죄를 통하여 하나님 자신의 진노를 누그러뜨렸으며, 그의 자비가 어떻게 승리하는지를 보여주었다. 변하기 쉽고 변덕스러워서 달래야 하는 그리스-로마 신들과는 대조적으로, 하나님은 자신의 진노를 내려놓고 몸소 자기희생을 보여주었다. 그러나 하나님은 용서를 가능하게 하는 수단을 거부하는 사람에게는 용서를 강요하지 않을 것이다. 대신에, 그는 그들을 이전의 선택된 반역에 넘겨주신다(롬 1:24, 26, 28).[139]

구속(Redemption). "화해"가 성전 희생 제물의 세계에서 나오는 개념이라면, "구속"은 노예 시장에서 나오는 개념이다. 그런 의미에서 구속은 노예의 자유를 얻기 위해 지불되는 가격이다. 이것을 이해하기 위해서, 오늘날 세계에서 우리는 납치 피해자나 테러 행위의 인질을 무사히 석방할 수 있는 몸값 지불을 생각할 수도 있다.[140] 이 편지의 핵심 단락의 한 가운데에 있

137 Moo, *Epistle to the Romans*, 236-37.

138 모리스(Leon Morris)는 자신의 저서, *The Apostolic Preaching of the Cross*, 3rd ed. (Grand Rapids: Eerdmans, 1964)에서 여전히 이 주제를 전통적으로 다룬다.

139 Witherington with Hyatt, *Paul's Letter to the Romans*, 71.

140 Schreiner, *Paul, the Apostle of God's Glory in Christ*, 229-32를 참조하라. 더 일반적으로, David A. Brondos, *Paul on the Cross: Reconstructing the Apostle's Story of Redemption* (Minneapolis: Fortress, 2006)을 참조하라.

는 로마서 3:24b에서 바울은 "그리스도 예수 안에 있는 속량('아폴리트로시스'[*apolytrōsis*])"을 강조한다. 그리스도의 오심 이후 현재 시대에서 지금 신자들에게 유효한 구속의 완성된 측면이 분명히 있다. 그리스도는 우리의 "의로움과 거룩함, 그리고 구원함"이 되었다(고전 1:30). 그래서 하나님은 예수를 통하여 신자들을 바라보고, 우리의 죄악이 아닌 그가 짊어진 죄를 보며, 언젠가 그의 면전에 설 수 있게 되었다. 우리의 죄는 이와 같은 구속을 통하여 용서된다(엡 1:7, 골 1:14). 그러나 미래적인 요소 또한 있다. 우리의 몸은 아직 완전하지 않지만, 우리의 부활의 생명 안에서 구속될 것이다(롬 8:23). 성령의 임재는 우리의 다가오는 완전한 구속을 보증하는 예치금(deposit)이나 계약금(down payment)으로서 기능하며(엡 1:14), 성령은 "구원의 날까지" 우리를 보호(seal)한다(4:30).[141]

바울은 헬라어 동사 '아고라조'(*agorazō*, "사다" 또는 "구매하다")를 사용하여, 동일한 개념을 가져오는 것처럼 보인다. 구속에 대한 다른 용어보다 오히려 이 동사를 사용할 때 약간의 차이가 발생할 수 있는데, 이 동사는 지불된 가격보다 구입에 대한 이유(즉, 우리가 하나님을 섬기거나 그의 종이 되는 것)가 더 강조된 문맥에서 오는 것 같다.[142] 그러므로 고린도전서 6:20에서, 바울은 "값으로 산 것이 되었으니 그런즉 너희 몸으로 하나님께 영광을 돌리라"라고 선언한다. 같은 단어가 7:23에 반복되어 원리의 이면(裏面)을 설명하는데, 바울은 "너희는 값으로 사신 것이니 사람들의 종이 되지 말라"라고 진술한다. 갈라디아서 3:13과 4:3에서, 바울은 합성 동사 '엑사고라조'(*exagorazō*)를 사용하여, 하나님의 율법을 어긴 결과, 즉 우리가 하나님의 저주 아래 있는 상태에서 구원을 나타낸다.[143] 에베소서 5:16은 다른 은유를 보여주는데, 때가

141 심판의 날에 대한 언급으로서, "이것은 그리스도 안에서 새로운 정체성이 그리스도가 오셔서 종말에 자신의 백성을 자신의 것으로 주장할 때까지 깨질 수 없는 소유권과 소속의 인장을 포함한다는 추가적 표현이다." Arnold, *Ephesians*, 306.

142 Moisés Silva, *New International Dictionary of New Testament Theology and Exegesis*, rev. ed., 5 vols. (Grand Rapids: Zondervan, 2014), 1:140.

143 Silva, *New International Dictionary*, 1:140. 가능한 배경들에 대하여, Bradley H. McLean,

악하기 때문에 우리가 시간을 아끼는("아끼다"에 해당하는 헬라어 동사는 '엑사고라조'임-옮긴이) 것에 대하여 말한다. 우리는 시간이 계속해서 흘러가는 것을 멈출 수 없지만, 하나님을 기뻐하는 방식으로 살면서, 시간을 살 수(buy) 있다. 기독교 신학의 역사에서, 이른바 속죄의 고전적인 견해와 형벌의 견해가 때때로 서로 대립되어왔다. 고전적인 견해는 예수의 죽음을 사탄과 악을 정복한 것으로서 강조한다. 반면에 형벌의 견해는 그의 죽음을 죄에 대한 정당한 형벌로서 강조하기 때문에 신자들은 스스로 고통을 당할 필요가 없다는 것이다. 그러나 이러한 대립은 불필요하다. 이 견해들 모두, 분명히 성경적이고 더 구체적으로 바울 안에 나타난다.[144] 골로새서 2:15는 속죄의 고전적인 견해를 꽤 잘 요약하는데, 바울은 "통치자들과 권세들을 무력화하여 드러내어 구경거리로 삼으시고 십자가로 그들을 이기셨느니라"라고 진술한다. 바울이 언급하는 "통치자들과 권세들"은 일반적으로 보이지 않은 영적인 존재, 특히 악마의 세계를 일컫는다.[145] 동시에 바로 앞의 두 구절은 형벌 관점과 매우 잘 맞는데, 바울은 "하나님이 그와 함께 살리시고 우리의 모든

The Cursed Christ: Mediterranean Expulsion Rituals and Pauline Soteriology (Sheffield: Sheffield Academic Press, 1996)을 보라.

144 이(Sang Meyng Lee)는 자신의 저서, *The Cosmic Drama of Salvation: A Study of Paul's Undisputed Writings from Anthropological and Cosmological Perspectives* (Tübingen: Mohr Siebeck, 2010)에서, 바울은 자신의 사상에서 항상 이 둘이 함께 가졌다고 주장한다.

145 특히, Clinton E. Arnold, *The Powers of Darkness: Principalities and Powers in Paul's Letters* (Downers Grove, Ill.: IVP, 1992)을 보라. 하나님의 더 큰 능력에 관한 주제에 관하여, Gräbe, *Power of God in Paul's Letters*를 보라. 천사와 악마에 대한 바울 신학에 대하여, Kabiru wa Gatumu, *The Pauline Concept of Supernatural Powers: A Reading from the African Worldview* (Milton Keynes: Paternoster, 2008)을 보라. 우리는 인간 기원에 대해서처럼 이 세력들에 대한 모든 언급을 감히 설명하지 않는다. 그러나 우리는 또한 바울이 자신의 "육체의 가시"(고후 12:7)를 "사탄의 사자"로 부르는 것을 인식해야 한다(238). 영적, 육체적, 사회학적, 인류학적, 그리고 다른 차원 모두 바울 사상의 여러 곳에서 존재한다(231). 우리는 그 용도를 분석하더라도, 우리는 도덕적 위반에 대한 인간의 책임을 제거하기 위해 악마의 영향의 가능성을 결코 허용해서는 안 된다. 그리고 우리는 영들이나 영혼 세계에 대한 두려움을 줄이기 위하여 모든 것에 대한 그리스도의 우월성을 강조해야 하며, 우리가 접근할 수 있는 더 큰 영적 세력을 끌어내고 증명해야 한다(212-23). 그러나 우리는 또한 가능할 때마다 우리 자신의 문화의 자원을 사용하기도 해야 한다(223-30).

죄를 사하시고 우리를 거스르고 불리하게 하는 법조문으로 쓴 증서를 지우시고 제하여 버리사 십자가에 못 박으시고"라고 진술한다(13b-14절).[146] 분명히, 바울은 두 가지 접근 사이에서 어떤 긴장감을 느끼지 않는다. 왜냐하면 그는 여기에서 예수의 십자가 죽음이 성취한 것을 묘사하면서 그 두 모습을 연속된 구절에서 나란히 배열하기 때문이다. 결국 그리스도의 대속적인 속죄는 우리의 죄에 합당한 영적 죽음을 우리가 경험할 필요가 없다는 것을 의미한다. 그래서 죄의 형벌에 대한 우리의 승리는 사탄의 힘에 대한 우리의 승리를 보장한다(고전 15:54-57 참조). 같은 맥락에서, 갈라디아서 1:4는 죄 용서에 대한 언급 이후 현재의 악한 시대에서 즉각적으로 우리를 구원한 것에 대하여 말한다. 에베소서에서 바울은 우리가 "그의 피로 말미암아 속량"을 가진다고 말하며, 구원을 "죄 사함"으로 설명하기도 한다(엡 1:7). 또한, 두세 단락 이후 그리스도의 부활과 승천, 그리고 승귀는 다른 모든 세력이 그에게 복종한다는 것을 나타낸다(19-23절).[147] 바울은 그리스도의 죽음과 부활의 중요성을 설명할 때, 이 두 구속 사역 이후에 일어난 승천과 승귀와 같은 다른 구속 사역들과 함께, 영적인 세력이 그에게 복종한다는 개념도 아주 자연스럽게 등장시킨다.[148]

---

146 Moo, *Letters to the Colossians and to Philemon*, 208-12. 또한, Roy Yates, "Colossians 2,14: Metaphor of Forgiveness," *Biblica* 31 (1990): 248-59를 참조하라. 최근에, 김(Kyu Seop Kim)은, 자신의 저서, "The Meaning of χειρόγραφον in Colossians 2:14 Revisited," *Tyndale Bulletin* 68 (2017): 223-39에서, '케이로그라폰'(*cheirographon*)이 채무 증명서라기보다, 특정 종교의 규정들이 준수되고 있다는 선서의 선언을 포함하는 수기 문서를 의미한다고 주장했다.

147 에베소서에서 권세들은 이 서신의 독특한 표현인, "하늘의 장소"에 나타난다. 이 개념에 관하여 특히, A. T. Lincoln, *Paradise Now and Not Yet: Studies in the Role of the Heavenly Dimension in Paul's Thought with Special Reference to his Eschatology* (Cambridge: Cambridge University Press, 2004)을 보라. 그러나 "그리스도의 승리의 결과로서 이 악한 세력들은 더 이상 신자들을 비난하거나, 민족들을 완전히 타락시킬 수 없다." M. Jeff Brannon, *The Heavenlies in Ephesians: A Lexical, Exegetical, and Conceptual Analysis* (London: T&T Clark, 2011), 218.

148 윌리엄(Guy Williams)은 자신의 저서, *The Spirit World in the Letters of Paul the Apostle: A Critical Examination of the Role of Spiritual Beings in the Authentic Pauline Epistles* (Göttingen: Vandenhoeck & Ruprecht, 2009]에서, 바울의 전체적인 세계관의 전제나 기초

칭의(Justification). 법정의(legal) 세계에 관한 이야기는 아마도 바울 사상에서 십자가의 중요성에 대한 가장 유명하고 어쩌면 가장 논쟁적인 은유일 것이다.[149] "칭의('디카이오쉬네'[*dikaiosynē*])는 같은 어원 동사인, "의롭게 하다"(justify, '디카이오오'[*dikiaioō*]])와 마찬가지로, 법정의 이미지를 가져왔다. 우리 세계에서 가장 일반적으로 이해되는 비유는 판사나 배심원 앞에서 청문회 또는 재판 이후 나타나는 무죄 선고와 같다. 이 비유가 정말 가능할 것인지 의아한 이유는 인간이 정말로 하나님 앞에서 유죄이기 때문이다. 그러나 그리스도는 우리의 벌금을 지불하거나 우리를 위해 형기를 대신 마친다. 예수는 성육신하신 하나님이기 때문에, 피고 대신에 감옥으로 가는 결백한 사람의 모습을 넘어서서, 재판관 그 자신이 징역을 살거나 우리를 대신하여 벌금을 지불한다는 것이다.[150] 단순히, 예수는 법을 만드는 정부와 같은 기관을 대표하는 차원에서 행동하는 것이 아니다. 오히려, 바로 그 자신이 유일하게 유효한 입법자이며 괴로워하고 슬퍼하는 유일한 권위자라는 것이다.[151]

다시 한번, 로마서 3장은 바울의 은유 사용에 대한 중요한 정황을 제공한다. 24a절은 우리가 "하나님의 은혜로 값 없이 의롭다 하심을 얻은 자 되었다"는 것을 보여준다. 우리가 살펴본 것처럼, 26b절은 하나님이 "예수 믿

적인 부분으로서 영의 세계는 바울의 교리학을 위한 별개의 주제가 아니라고 주장하는 것은 옳은 것 같다. 살전 2:18과 고전 11:10, 그리고 고후 2:11과 같은 본문들은 바울이 악마들이나 천사들의 개입에 대한 언급이 필요치 않았던 사건들을 어떻게 묘사할 수 있는지 보여주지만, 그러나 그는 이 존재들에 대하여 묘사한다.

149 훌륭한 연구들에 대하여, Mark A. Seifrid, *Christ, Our Righteousness: Paul's Theology of Justification* (Downers Grove, Ill.: IVP, 2000); Peter Stuhlmacher, *Revisiting Paul's Doctrine of Justification: A Challenge to the New Perspective* (Downers Grove, Ill.: IVP, 2001); N. T. Wright, *Justification: God's Plan and Paul's Vision* (Downers Grove, Ill.: IVP, 2009); James K. Beilby and Paul R. Eddy, *Justification: Five Views* (Downers Grove, Ill.: IVP, 2011); Stephen Westerholm, *Justification Reconsidered: Rethinking a Pauline Theme* (Grand Rapids: Eerdmans, 2013); Thomas R. Schreiner, *Faith Alone: The Doctrine of Justification* (Grand Rapids: Zondervan, 2015)을 보라.

150 물론, 이 모든 것은 바울서신 안에 특정한 맥락을 제외하고, "칭의"라는 용어에 함축된 것 이상의 의미를 지니며, 여러 복합적인 개념들을 오늘날의 세계에 비추어 현대화하려는 시도이다.

151 Schreiner, *Paul, Apostle of God's Glory in Christ*, 203-5를 참조하라.

는 자를 의롭다 하신다"고 덧붙인다. 21-26절은 1:16-17에 나타난 바울의 주요한 요점을 다시 풀어내고 있다. 바울은 1:16-17에서 "내가 복음을 부끄러워하지 아니하노니 이 복음은 모든 믿는 자에게 구원을 주시는 하나님의 능력이 됨이라 먼저는 유대인에게요 그리고 헬라인에게로다 복음에는 하나님의 의가 나타나서 믿음으로 믿음에 이르게 하나니 기록된 바 오직 의인은 믿음으로 말미암아 살리라 함과 같으니라"라고 진술한다.[152] 바울은 믿음을 통하여 은혜로 주어진 구원(더 구체적으로 칭의; 엡 2:8 참조)을 기독교 시대의 새로운 차원으로 이해하지 않는다. 왜냐하면 그는 하박국 2:4를 인용하고 있기 때문이다. 엄밀하게 이것이 바로 하나님의 백성이 항상 의롭게 된 방법이다. 새로운 것은 이 의의 선언이 유대인과 이방인 모두에게 동등하게 제공되는 명확성과 범위이다(16절).[153]

루터(Martin Luther)는 "하나님의 의"('디카이오쉬네 투 떼우'[*dikaiosynē tou theou*])를 단순히 하나님의 속성이나 특성이 아니라, 믿음을 통해 인간에게 전달되는 것이라고 이해했으며, 루터 자신의 삶을 완전히 변화시킨 것으로 여기고 이 표현을 아주 강조하였다.[154] 문법 학자들은 소유격 '떼우'(*theou*)가 주격 소유격인지, 목적격 소유격인지, 근원 소유격인지, 아니면 설명하는 소유격인지에 대하여 수 세기에 걸쳐 오랜 기간 논쟁해왔다(중세 가톨릭에서 한 것처럼 단순히 하나님의 속성이 아니라, 하나님의 언약의 신실함의 차원에서). 바울에 관한 새 관점은 특히 여러 견해 중, 주격 소유격으로 이해하고 언약의 신실함을 떠들썩하게 퍼뜨렸다.[155] 그러나 우리가 이러한 여러 문법적인 범주들이 서로 교

---

152 크랜필드(Cranfield)는 자신의 저서, *Critical and Exegetical Commentary on the Epistle to the Romans*, 1:87에서 1:16b-17의 부분을 "편지의 주제가 진술된다"고 말할 정도이다.

153 "하박국에서는 잠재적으로 모호하지만, 외적인 행동보다는 마음의 태도인 믿음의 필요성의 개념은 구약성경에 낯설지 않는다(창 15:6; 암 5:21-24 참조). David W. Baker, *Nahum, Habakkuk, Zephaniah* (Downers Grove, Ill.: IVP, 1988), 61. Kruse, *Paul's Letter to the Romans*, 72-75를 참조하라.

154 Martin Luther, *Works*, vol. 34, *Career of the Reformer IV* (Philadelphia: Fortress, 1960), 336-37.

155 특히, Wright, *What Saint Paul Really Said*, 101을 보라.

차하는 방식으로 관련되어 있다는 것을 인식할 때, 지금까지 진행되어온 논쟁이 너무 부풀려졌다는 것을 알 수 있을 것이다. 주격 소유격은 소유된 속성을 의미하는 근원 소유격을 자주 함축한다.[156] 만약 하나님이 그 자신의 의를 신자들에게 전가한다면, 그는 또한 그 의의 근원이 된다. 왜냐하면 그는 그 의를 소유하고 그 의는 그의 특성 중 하나이기 때문이다. 그의 언약의 신실함으로 초점을 바꾼다고 해서, 문법적 범주들 사이에서 관계가 달라지는 것은 아니다.[157]

개신교 신학자들은 칭의를 우리가 하나님과 바르게 될 때, 즉 그리스도인이 되는 순간으로 언급하고, 거룩해지는 성화를 칭의 이후에 완성해야 하는 평생의 과정으로 언급함으로써, 바울의 가르침을 단순화시켜왔다. 많은 구절에서 이러한 구분이 유지되지만, 그러나 전부는 아니다.[158] 예를 들어, 고린도전서 4:4에서 바울은 자신의 양심은 깨끗하지만, 이 양심이 자신을 결백하게(의롭게) 만들지 않는다고 설명한다. 그를 심판하는 분은 오직 주님이시다. 이 구절은 다른 사람들에 대하여 조급한 판단을 내려서는 안 된다는 문맥에 등장한다. 즉 오직 주님만이 의롭게 하는 분이며 심판하는 분이기 때문에, 사람들이 스스로 심판자가 되려고 해서는 안 된다는 것이다. 바울은 로마서 6:16에서도 또한 수사학적으로, "너희 자신을 종으로 내주어 누구에게 순종하든지 그 순종함을 받는 자의 종이 되는 줄을 너희가 알지 못하느냐 혹은 죄의 종으로 사망에 이르고 혹은 순종의 종으로 의에 이르느니라"라고 진술한다. 우리가 "의"(righteousness)나 "칭의"(justification)가 같은

---

156 왈리스(Wallace)의 저서, *Greek Grammar beyond the Basics*, 80에 나타난 표에는 근원 소유격을 포함하지 않는다.

157 아이런스(Charles L. Irons)는 그의 저서, *The Righteousness of God: A Lexical Examination of the Covenant-Faithfulness Interpretation* (Tübingen: Mohr Siebeck, 2015)에서, 이 표현에 대한 새 관점의 이해에 대하여 다양한 타당한 비판을 제공하지만, 문법에 있어서 소유격의 네 가지 범주 모두가 존재할 수 있다는 것을 인식하지 못하고 오직 하나만 가능하다고 주장하면서, 새 관점이 하는 것과 동일한 접근을 취한다.

158 Richard B. Gaffin Jr., *By Faith, Not by Sight: Paul and the Order of Salvation* (Milton Keynes: Paternoster, 2006), 110을 참조하라.

헬라어 단어를 번역하는 것임을 기억할 때, 우리가 의롭게 되었는지, 그리고 우리가 의롭게 되는 과정에 있는지, 그리고 우리가 언젠가는 완전히 의롭게 될 것인지에 대한 상황을 설명할 수 있을 것이다.[159]

널리 인정되고 있는 것처럼, 지나친 단순화 안에서 역사 신학자들은 종교 개혁자들이 의의 전가로서 칭의를 더욱 강조하고 가톨릭은 의의 분배(imparting)나 주입(infusing)을 강조한다는 것을 지적하면서, 개신교 종교 개혁 당시 가톨릭과의 논쟁을 요약한다. 다시 말해서, 루터(Luther)의 유명한 "의인인 동시에 죄인"(*simul justus et peccator*)이라는 표현은 회심 이후 지위(position)의 변화나 하나님 앞에 서 있다는 것을 강조한 것이다.[160] 바울의 모든 사상이 이 주제에 반영될 때, 우리는 적어도 의인과 죄인이라는 이분법(dichotomy)의 일부는 일부는 인위적이라는 것을 알 수 있다. 만약 하나님의 영이 사람 안에 내주한다면, 비록 그 변화의 세부적인 사항이 개인마다 다를 수 있을지라도, 필연적으로 성령은 어떤 차원의 도덕적 변화를 가져올 것이다.[161] 갈라디아서 2:15-21은 사람이 하나님의 의를 얻으면서 어떻게 의롭게 되는지에 대한 훌륭한 예이다. 하지만, 바울은 칭의에 관한 이야기를 멈추었다고 암시하지 않고, 그리스도와 함께 그리스도 안에서 하나님을 위해 살고 있다는 개념을 드러내면서, 칭의와 삶에 자연스럽게 오간다. 칼빈 그 자신은 오직 믿음으로 구원하지만 구원하는 믿음은 단독으로 나타나지 않고 꼭 무언가를 수반한다고 강조했다. 즉, 믿음은 선과 사랑의 행동을 생산하는데, 이러한 모습은 그 믿음이 참이라는 사실을 증명하는 것이다(엡

159 Ridderbos, *Paul*, 161-66을 참조하라. Porter는 자신의 저서, *Apostle Paul*, 109에서 동사 시제만으로 이런 종류의 결론을 내리는 것에 대하여 당연히 경고하지만, 우리는 모든 다른 문맥에서 이 전체 단어 그룹을 기반으로 그렇게 이해한다.

160 특히, *Logia: A Journal of Lutheran Theology* 25, no. 4 (2016) 전체를 참조하라.

161 John Reumann, *Righteousness in the New Testament: Justification in Lutheran-Catholic Dialogue* (Philadelphia: Fortress, 1982); David E. Aune, ed., *Reading Paul Together: Protestant and Catholic Perspectives on Justification* (Grand Rapids: Baker, 2006).

2:10과 갈 5:6 참조).[162]

흥미롭게도, 바울은 항상 같은 방식으로 '디크'(dik-)의 어원을 가진 언어군을 사용하지 않는다. 크랜필드(C. E. B. Cranfield)는 더 구체적으로 바울 안에는 네 종류의 칭의를 확인했으며, 그는 법정적(juridical), 세례적(baptismal), 도덕적(moral), 종말론적(eschatological)인 칭의로 분류했다.[163] 법정적 칭의는 사람이 자신의 공로가 아니라, 믿음(신뢰, 헌신)을 통하여 인정을 받으며(예를 들어, 5:18), 하나님의 넘치는 은총(은혜)을 통하여 하나님과 올바른 위치에 있다는 법적 선언이다.[164] 세례적 칭의는 언뜻 보기에 세례가 구원을 가져오는 것으로 이해될 수 있는 단락들을 설명하지만(특히, 롬 6:3-4), 이 단락들은 환유(metonymy[사물이나 사건을 직접 가리키는 것 대신 그 속성이나 그것과 가까운 관계에 있는 것을 사용하여 표현])일 가능성이 높고, 제유(synecdoche[전체로 일부를 나타내는 비유법])가 아니다.[165] 도덕적 칭의는 '디크'(*dik-*)의 언어군이 기독교인의 삶을 살아가는 과정을 가리키는 본문들을 설명한다(예를 들어, 롬 5:19). 마지막으로, 종말론적인 칭의는 우리에게 이 과정이 다가올 삶까지 완성되지 않는다는 것을 상기시킨다(예를 들어, 롬 3:30).

꽤 최근에는 전가(imputation)를 둘러싼 다른 종류의 논쟁이 있었다. 하나님은 우리를 대신한 그리스도의 속죄 덕분에 그의 의를 우리에게 "단순히" 전가하여 우리를 심판의 날에 받아주시는가? 아니면, 하나님이 그리스도의 죄 없는 삶의 의를 지금 우리에게 전가하여, 일상 속에서 살아가는 우리를

---

162 John Calvin, *Acts of the Council of Trent with the Antidote, Antidote to the Sixth Session, Canon 11* (Geneva, 1547). Kevin W. McFadden, *Judgment according to Works in Romans: The Meaning and Function of Divine Judgment in Paul's Most Important Letter* (Minneapolis: Fortress, 2013)을 참조하라.

163 Cranfield, *Critical and Exegetical Commentary on the Epistle to the Romans*, 1:299-300.

164 자세한 논의는 Brad Eastman, *The Significance of Grace in the Letters of Paul* (New York: Peter Lang, 1999)을 보라. 또한, James R. Harrison, *Paul's Language of Grace in Its Graeco-Roman Context* (Tübingen: Mohr Siebeck, 2003)을 보라.

165 Moo, *Epistle to the Romans*, 359-67.

여전히 죄 있는 사람들이 아니라, 티 없는 어린 양으로 보는가?[166] 후자는 신학적인 의미를 포함하지만, 설명이 추가되어야 한다. 즉, 바울이 그렇게 생각했을 것이라고 확신할 만큼 직접적으로 그것을 가르치는 바울의 본문을 찾는 것은 어렵다. 고린도후서 5:21은 가장 자주 논쟁의 중심에 있으며, 이 구절의 진술은 확신하기가 매우 어려울 정도로 너무 생략적이다("하나님이 죄를 알지도 못하신 이를 우리를 대신하여 죄로 삼으신 것은 우리로 하여금 그 안에서 하나님의 의가 되게 하려 하심이라").[167]

지금까지 우리는 선택할 수 있는 여러 의견들을 자세히 다루지 않고 NIV 번역을 따름으로써 암묵적으로 힘을 실어주었던 논쟁은 바울이 칭의에 대하여 말한 구절들을 어떻게 이해해야 하는지에 연관되며, '예수(또는 그리스도)를' 믿음이나 '예수의' 믿음/신실함('피스티스'[*pistis*], '피스티스'는 믿음과 신실함으로 번역 가능-옮긴이)에 근거한 관련 용어를 어떻게 이해해야 하는지와 관련이 된다.[168] KJV보다 더 최근에 번역된 영어 번역본들은 목적격 소유격, 즉 신적인 위격(person)을 향한 인간의 믿음, 즉 목적격적(objective) 소유격을 반영하기 위하여, 일반적으로 '피스티스'(*pistis*) 뒤에 삼위일체의 위격 중 한 분에 대한 소유격 명사가 뒤따라온다. 그러나 주격적(subjective) 소유격도 문법적으로 가능한 표현이며, 이러한 경우 예수가 보여주는 신실함("예수의 믿음"을 사용하는 KJV 번역에서 암시됨)을 가리킨다. 갈라디아서 2:16과 같은 본문은 그 주장들이 양쪽에 대하여 얼마나 균등하게 균형을 이루는지 보여준다.[169] NIV는 이 구절을 "사람이 의롭게 되는 것은 율법의 행위로 말

---

166 싸이프리드(Seifrid)는 자신의 저서, *Christ, Our Righteousness*, 174-76에서, 이 견해의 여러 강점과 약점을 아주 잘 요약한다.

167 라이트(Wright)는 자신의 저서, *Paul and the Faithfulness of God*, 2:881-84에서, 이런 종류의 전가된 의를 가르치지 않는다고 확신한다.

168 이 논쟁에 대한 완전한 개관에 대하여 Matthew C. Easter, "The Pistis Christou Debate: Main Arguments and Responses in Summary," *Currents in Biblical Research* 9 (2010): 33-47을 보라.

169 Moo, *Galatians*, 160-61. 다스(A. Andrew Das)는 자신의 글, "The Ambiguous Common Ground of Galatians 2:16 Revisited," *Biblical Research* 58 (2013): 49-61에서, 그 모호

미암음이 아니요 오직 예수 그리스도를 믿음으로 말미암는 줄 알므로 우리도 그리스도 예수를 믿나니 이는 우리가 율법의 행위로써가 아니고 그리스도를 믿음으로써 의롭다 함을 얻으려 함이라 율법의 행위로써는 의롭다 함을 얻을 육체가 없느니라"([We] know that a person is not justified by the works of the law, but by faith in Jesus Christ. So we, too, have put our faith in Christ Jesus that we may be justified by faith in Christ and not by the works of the law, because by the works of the law no one will be justified)라고 번역한다. 그러나 각주 안에 대안적인 번역은 "율법의 행위" 다음에 "그러나 예수 그리스도의 신실함을 통하여", 그리고 나서 이 구절의 두 번째 부분에서 "그리스도 예수" 다음에 "우리가 그리스도의 신실함을 근거하여 의롭게 된다"라고 적혀 있다. 목적격적 소유격을 따르던지 아니면 주격적 소유격을 따르던지 어느 쪽이든, 사람들은 예수를 믿어야 한다. 즉 "우리의 믿음을 그리스도 예수 안에 두었다"라는 표현에서, "안에"('에이스'[*eis*])라는 전치사와 함께 헬라어 동사('에피스튜사멘'[*episteusamen*])을 사용하면서, 문자적으로 "우리가 예수를 믿었다"라는 의미를 갖는다. 그러나 바울은 그리스도가 자신의 사명에 신실하였기 때문에 우리의 칭의가 생기는 것으로 주장하고 있는가(보통 하나님에 대한 신실함으로 보이지만 때때로 인간에 대한 신실함으로 보임)?[170] 이 주장에 찬성하는 사람들은 바울

함을 의도적으로 발견한다. 소위 "세 번째 견해"에 대하여, Preston M. Sprinkle, "Πίστις Χριστοῦ as an Eschatological Event," in *The Faith of Jesus Christ: Exegetical, Biblical, and Theological Studies*, ed. Michael F. Bird and Preston M. Sprinkle (Milton Keynes: Paternoster; Peabody, Mass.: Hendrickson, 2009), 165-84를 보라. "세 번째 견해"에 따르면, '피스티스 크리스투'(πίστις Χριστοῦ)는 성자 하나님의 지상의 성품이나 십자가에 대한 성향(주격 소유격)이나 복음에 대한 신자의 믿음으로의 반응(주격 소유격)을 의미하지 않는다. 오히려, '피스티스 크리스투'는 복음 자체에 대한 사건을 언급한다"(180쪽). 이 견해의 가장 강력한 주장은 갈 3:22-26에 나타나 있는데, 이 구절들에서 믿음은 구원 역사적 또는 시간적인 정황에서 "오고" "계시된다." 그러나 스프링클(Sprinkle)이 인정하는 것처럼, 이 주장은 바울의 모든 표현을 설명할 수 없다.

170 전자에 대하여, Longenecker, *Galatians*, 87-88; Martinus C. de Boer, *Galatians: A Commentary* (Louisville: Westminster John Knox, 2011), 148-50; Wright, *Paul and the Faithfulness of God*, 2:967-69를 보라. 후자에 대하여, Benjamin Lappenga, "Participation and the Faithfulness of the Risen Christ in 2 Cor 4:11-14 and Gal 2:19-20" (2017년 11

이 그렇게 길지 않은 구절에서 두 번이나 자신이 믿는다는 것을(우리의 믿음을 예수에게 두었고, 그래서 믿음으로 의롭게 된다) 반복했을지 의문을 제기하며, 만약 우리가 16절에서 첫 번째 모호한 표현을 포함하면, 세 번이나 반복하지 않았을 것임을 주장한다. 그러나 이와 반대로 또 다른 차원에서, 바울은 이 같은 구절에서 우리가 율법의 행위로 의롭다 함을 받지 못한다고 세 번 말하고, 우리의 믿음에 대해서도 세 번 그 반대를 말하고 싶었을 수 있다.[171] 이러한 비슷한 딜레마는 로마서 3:22에 나타나기도 한다. 어쨌든, 몇몇 정황에서, "예수의 신실함"을 지지하는 사람들은 신학적 이유 때문에 그렇게 하기를 원하는 것 같다. 그러나 이 구절의 그 어떤 것도 인간이 갖는 믿음에 대하여 전혀 말하지 않는다고 주장할 때, 사람들은 그리스도를 주로 고백하는 것이 아니라, 그의 사명에 대한 신실함으로 구원을 받는다고 상상할 수 있는 문이 열리게 될 것이다.[172] 주목할만하게도, 일부 보수적인 개혁주의 계의 학자들도 이 번역을 선호하는데, 우리가 믿음으로 구원을 받아야 한다고 할지라도, 이 번역은 사람의 믿음에 구원을 돌리는 것을 피하고 그리스도가 우리를 위해 모든 것을 하셨다는 것을 부각하기 때문이다.[173] 이와는 대조적으로, 목적격 소유격을 선택하는 사람들은 신학적 근거보다도 오히려 문법적 근거에 더 많이 두고 그렇게 하는 경향이 있다. '피스티스 크리스투/이에수'(*pistis Christou/Iēsou*)를 그리스도/예수가 보여준 신실함이 아니라 "그리스도/예수를 믿음"으로 번역하는 것에 대한 주장 중 하나는 같은 어원 동사인

월 18일 보스턴에서 있었던 SBL 학회 모임에 발표된 글).

171 F. F. Bruce, *The Epistle to the Galatians* (Grand Rapids: Eerdmans, 1982), 138-40을 보라. 또한, R. Barry Matlock, "The Rhetoric of πίστις in Paul: Galatians 2.16, 3.22, Romans 3.22, and Philippians 3.9," *Journal for the Study of the New Testament* 30 (2007): 173-203; Debbie Hunn, "Pistis Christou in Galatians: The Connection to Habakkuk in 2:4," *Tyndale Bulletin* 63 (2012): 75-91; Debbie Hunn, "πίστις in Galatians 5.5-6: Neglected Evidence for 'Faith in Christ,'" *New Testament Studies* 62 (2016): 477-83을 참조하라.

172 예를 들어, J. Louis Martyn, *Galatians* (New York: Doubleday, 1997), 270-72.

173 예를 들어, R. T. Kendall, "The Faith of Christ," *R. T. Kendall Ministries* (blog), Nov. 14, 2014, https://rtkendallministries.com/the-faith-of-christ.

'피스튜오'(*pisteuō*)가 신약성경에 나타날 때 단 한 번만 예수 또는 그리스도가 동사의 주어라는 것이다(요 2:24). 사람이 주어일 경우는 거의 200회나 되며, "이 중 바울 안에서 50회가 나타난다."[174] '피스티스'에 이어 잠재적으로 모호한 전치사("의해"[by] 및 "안에"[in] 또는 "에게"[to]를 의미할 수 있는 '엔'[*en*])가 있는 구조는 마찬가지로 일관되게 "~을 향한 믿음"을 의미하므로[175] 목적격 소유격의 전통적인 해석이 더 가능성 있는 해석인 것 같다(비록 바울이 두 가지 가능한 견해를 모두 염두에 두었을 수도 있지만).

또 다른 번역의 모호성은 우리가 이미 언급했던 것처럼, 영어가 '디카이오쉬네'(*dikaiosynē*)를 번역할 때 헬라어와 직접적으로 유사하지 않다는 사실을 포함한다. 왜냐하면 헬라어는 오직 하나의 단어만을 가지고 있지만, 우리는 구별된 의미를 가진 구별된 두 단어("의"[righteousness]와 "정의"[justice])를 가지고 있기 때문이다. 이것은 주어진 문맥 안에서 하나만 의도될 수 있더라도, 그 단어가 신약성경에 나타날 때마다 두 개념을 모두 염두에 두어야 한다는 것을 의미한다. 중미 웨슬리안 자유주의자의 관점에서 본 타메즈(Elsa Tamez)의 작품은 의롭게 사는 것과 정의를 행하는 것이 둘 중 하나를 선택해야 하는 문제가 아니라, 이 둘이 함께 가는 것임을 일관되게 상기시킨다.[176] 골멘(Michael Gorman)은 바울이 "칭의"와 "정의"를 밀접하게 연결한다고 주장하고, 심지어 "칭의는 정의에 어긋난 사람들이 불의에서 해방되어 정당하게 사는 것을 의미한다"고 결론을 내린다.[177]

---

174 Moo, *Galatians*, 45.

175 Stanley E. Porter and Andrew W. Pitts, "Πίστις with a Preposition and Genitive Modifier: Lexical Semantic and Syntactic Considerations in the πίστις Χριστοῦ Discussion," in Bird and Sprinkle, *Faith of Jesus Christ*, 33-53.

176 Elsa Tamez, *The Amnesty of Grace: Justification by Faith from a Latin American Perspective* (Nashville: Abingdon, 1993). 사우똘(David J. Southall)은 자신의 저서, *Rediscovering Righteousness in Romans: Personified Dikaiosynē within Metaphoric and Narratorial Settings* (Tübingen: Mohr Siebeck, 2008)에서 '디카이오쉬네'(*dikaiosynē*)가 롬 6:15-23과 9:30-10:21 및 아마 다른 곳에서도 그리스도 자신과 의인화 되고 기능적으로 동등하다고 주장할 때 다른 해석을 추가한다.

177 Michael J. Gorman, *Becoming the Gospel: Paul, Participation, and Mission* (Grand

마지막으로, 논쟁들에 대한 해결책을 위해서, 우리는 신자들의 칭의와 이들이 그리스도와 연합하는 것 사이의 밀접한 관계에 주목해야 한다. 골멘(Gorman)은 또한 참여적 의(participatory righteousness)에 대해 말했고, 변화된 삶은 칭의에 내재되어 있다고 지속적으로 일관되게 주장한다. 왜냐하면 그가 본질적으로 참여적 의라고 할 때, 이것은 올바른 언약 관계의 회복을 포함하기 때문이다.[178] 이 주제에 대한 바울의 견해를 이해하기 위해 로마서 다음으로 가장 중요한 서신인, 갈라디아서 핵심 단락(2:15-21)에서, 우리가 위에서 주목했던 것처럼, 바울은 법정적(forensic) 칭의에서 도덕적 변화(transformation)로 원활하게 이동하고, 다시 그 반대로 이동할 뿐만 아니라, 그는 "내가 그리스도와 함께 십자가에 못 박혔나니 그런즉 이제는 내가 사는 것이 아니요 오직 내 안에 그리스도께서 사시는 것이라 이제 내가 육체 가운데 사는 것은 나를 사랑하사 나를 위하여 자기 자신을 버리신 하나님의 아들을 믿는 믿음 안에서 사는 것이라"라는 진술을 삽입한다(20절). 바울은 자신을 의롭게 한 십자가 사건이 그리스도가 내주하고 있는 바울 자신과 예수 사이의 관계를 만든다는 것을 말하는 것이 분명하다.[179] 판사와 피고인의 비유를 확장하여 설명하자면, 마치 무죄(또는 완납된 벌금이나 대신 집행된 판결) 선언 이후, 판사가 피고와 지속적인 관계를 맺어서 판사가 그 사람을 가족이 되도록 초대하는 것과 같다. 요컨대, 칭의가 함축하는 것들이 너무 중요하고, 중심적이며, 다양하기 때문에, 바울은 은유와 비유들을 가지고 칭의가 무엇인지 설명하기 위해 최선의 노력을 다한다. 지금 논의하고 있는, 칭

Rapids: Eerdmans, 2015), 212-58, 227쪽에서 인용.

178 특히, Gorman, *Inhabiting the Cruciform God*를 보라.

179 칭의에 대립되어서는 안 되지만, 칭의의 결과로 나타나는 그리스도와 함께하는 참여의 개념으로 이끄는 다음의 글을 보라. Thomas Söding, "Justification and Participation: Ecumenical Dimensions of Galatians," in Elliott et al., *Galatians and Christian Theology*, 62-81. 이 구절에 관하여, Constantine R. Campbell, *Paul and Union with Christ: An Exegetical and Theological Study* (Grand Rapids: Zondervan, 2012), 350을 참조하라. 이 구절이 여전히 칭의에 대한 것이라고 변호하는 Scott Shauf, "Galatians 2.20 in Context," *New Testament Studies* 52 (2006): 86-101을 보라.

의의 한 면을 다른 면과 대립의 관계로 이해하는 것 대신에, 우리는 그 모든 것을 포함할 수 있는 방법을 찾아야 한다. 버드(Michael Bird)는 아마도 "결합된 의"(incorporated righteousness)라는 개념으로, 이 문제에 가장 가까이 접근한다. 버드(Bird)는 칭의와 '그리스도 안에 있는 것'(being in Christ) 사이의 연관성을 강조하며, 고전적인 작품으로 알려진 모리스(Leon Morris)의 저서, *The Apostolic Preaching of the Cross*를 인용하며, "성경 신학의 무대 안에서, 혹자는 바울의 서신들을 보고, '사람들은 어떻게 의롭게 되는가?'라고 물을 수 있고, 이에 대한 대답으로 그리스도와의 연합과 그의 의에 참여함으로 의롭게 된다."라고 결론을 내린다.[180]

양자 삼음(Adoption). 사람들은 법적 비유를 확대하여, 나이 든 판사가 어린 사람을 입양하여 아들이나 딸로 삼고 집에 초대하는 것에 대해 이야기할 수 있다. 물론, 이것은 바로 바울이 회심을 속죄(propitiation)나 구속, 또는 칭의가 아니라, 입양에 비교할 때 사용하는 이미지이다.[181] 로마서 8:15에 의하면, 우리를 하나님의 자녀로 입양하게 하시며, 그분을 아빠(Abba)라고 부를 수 있는 친밀감을 갖게 하시는 분이 바로 성령이다. 그러나 고대 지중해 세계의 입양은 법적으로 합법적인 자녀가 없는 한 가정의 상속인을 만드는

180 Michael F. Bird, *The Saving Righteousness of God: Studies on Paul, Justification and the New Perspective* (Milton Keynes, Paternoster, 2006), 87. 모리스(Morris) 언급은 the 3rd ed., *Apostolic Preaching of the Cross* (Grand Rapids: Eerdmans, 1985), 282에 나온다. 또한, Garwood P. Anderson, *Paul's New Perspective: Charting a Soteriological Journey* (Downers Grove, Ill.: IVP, 2016)을 참조하라. 초점을 오직 결합(incorporation)에서 참여(participation)로 바꾸는 것에 대하여, Daniel G. Powers, *Salvation through Participation: An Examination of the Notion of the Believers' Corporate Unity with Christ in Early Christian Soteriology* (Leuven: Peeters, 2001)을 보라. 또한, Darlene M. Seal, "Participation with Christ: Paul's Concept and Its Old Testament Background" (M.A. thesis, Denver Seminary, 2014)을 참조하라.

181 이 문제에 관하여, 특히 Erin M. Heim, *Adoption in Romans and Galatians: New Avenues of Inquiry for the Pauline Huiothesia Metaphors* (Leiden: Brill, 2017)을 보라. 또한, Trevor J. Burke, *Adopted into God's Family: Exploring a Pauline Metaphor* (Downers Grove, Ill.: IVP, 2006)을 참조하라.

장치였다.[182] 이것은 아마도 바울이 다른 편지에서도 똑같이 사용하는 은유의 주된 의미이다. 로마서 8:23에서 입양은 친밀함의 문제가 아니라 우리가 기대할 수 있는 유업 즉, 미래에 우리 몸의 구속과 관련된다.[183] 바울의 다른 세 개의 언급은 더욱 현재 지향적이지만(롬 9:4; 갈 4:5; 엡 1:5), 그러나 먼저는 이스라엘 사람들과 이후에 신자들을 언급할 때, 이들이 받은 영적인 특권 때문에 이미 입양된 존재들로서 묘사한다.[184] 신자들은 오직 성자 예수와의 관계에서만 이러한 특권을 가지고 있다. 또한, 바울이 보기에, 우리가 얻은 "아들의 명분"은 우리가 함께 하고 있는 상속자인 예수 그리스도가 성부의 아들(sonship)이라는 사실에서 나오고 이 사실에 의존한다(갈 4:4-5; 롬 8:17 참조).

화해(Reconciliation). 그리스도의 죽음은 속죄, 구속, 칭의, 양자 삼음을 일으키고, 또한 화해도 가져온다. 여기에서 이해해야 할, 1세기의 일상적인 역사적 배경이 있다. 오늘날과 마찬가지로, 화해는 종종 두 당사자 간의 불화의 반대 개념을 의미했다.[185] 화해는 종종 용서와 혼동될 수 있다. 즉, 엄밀하게 말해서, 용서는 받아들여지든 그렇지 않든 당사자가 일방적으로 할 수 있는 반면에, 화해는 두 당사자의 적절한 대응이 필수적이다.[186] 고린도후서

182 Michael Peppard, "Adopted and Begotten Sons of God: Paul and John on Divine Sonship," *Catholic Biblical Quarterly* 73 (2011): 98. 바울이 로마 제국의 계승 이데올로기에서 "로마 황제들을 신의 아들들로서 입양하는 것과 구별하여 하나님의 자녀들로서 이방인들에게 새로운 지위를 강조하기 위해서" 입양 비유와 특히 성령과의 연관성을 이끌어 낸다는 견해에 대하여, Robert B. Lewis, *Paul's 'Spirit of Adoption' in Its Roman Imperial Context* (London: Bloomsbury T&T Clark, 2016), 151을 보라.

183 17절에 관하여 설명하는 Kruse, *Paul's Letter to the Romans*, 340을 참조하라.

184 Silva, *New International Dictionary of New Testament Theology and Exegesis*, 4:530을 참조하라.

185 Martin, *2 Corinthians*, 129.

186 문제를 더욱 혼동하게 하는 것은, 가끔 용서는 화해가 실제로 의미하는 곳에 사용된다. 따라서 심리학자들은 분리 (disjunctive, 한 사람이 스스로 할 수 있는 것) 용서와 공동(conjunctive, 두 당사자가 적절하게 반응해야 하는 경우) 용서를 구별한다. 이에 대하여, Craig L. Blomberg, "On Building and Breaking Barriers: Forgiveness, Salvation and Christian Counseling

5:11-21은 이 주제에 대한 가장 중요한 본문일 것이다. 바울은 자신의 사역을 하나님께서 그리스도를 통해 신자들과 화해하신 것에 근거한, 화해의 사역으로 요약한다(18절). 하나님께서 사람들을 의롭게 하실 때와 같이, 화해하실 때에도 그들의 죄를 그들에게 돌리지 않으신다(19절). 이것이 바로 바울이 세계 전역에 전파하기로 약속한 메시지이다. 그러나 이것은 그의 메시지일 뿐만 아니라, 그의 동료들의 메시지이기도 한데, "그러므로 우리가 그리스도를 대신하여 사신이 된다"라고 바울이 진술하기 때문이다(20a절). 그러므로 그들은 청중들에게 "하나님과 화목하라"(20b절)고 간청하며, 또한 하나님께서 그리스도 안에서 구원을 제안할 때에 사람들은 합당하게 반응해야 함을 다시 상기시킨다. 세상에 있는 사람들은 이 제안을 받아들여야 한다.[187]

바울은 로마서 5:9-11에서 비슷한 용어로 칭의와 화해에 대하여 더 명확하게 말한다. 9절에서, 바울은 "그러면 이제 우리가 그의 피로 말미암아 의롭다 하심을 받았으니 더욱 그로 말미암아 진노하심에서 구원을 받을 것이니"라고 주장한다. 10b절에서, 바울은 "화목하게 된 자로서는 더욱 그의 살아나심으로 말미암아 구원을 받을 것이니라"라고 덧붙인다. 마샬(I. Howard Marshall)과 포터(Stanley Porter)가 보여준 것처럼, 바울이 '카탈라쏘'(*katallassō*)와 동일 어근의 명사인 '카탈라게'(*katallagē*)를 사용하는 것의 독특한 점은 불쾌하고 분노한 당사자가 문제를 일으키는 당사자와 화해할 때 주도적인 역할을 한다는 것이다.[188] 에베소서 2:16과 골로새서 1:20, 22는 모두 화해를 십자가와 연결하며, 합성 동사 '아포카탈라쏘'(*apokatallassō*)

---

with Special Reference to Matthew 18:15-35," *Journal of Psychology and Christianity* 25 (2006): 137-54. 바울이 말하는 대인 관계 화해를 입증하기 위하여 다문화 교회의 필요성에 대하여, W. H. Gloer, "Ambassadors of Reconciliation: Paul's Genius in Applying the Gospel in a Multi-cultural Word—2 Corinthians 5:14-21," *Review and Expositor* 104 (2007): 589-601을 보라.

187 Martin, *2 Corinthians*, 315.

188 Marshall, *Jesus the Saviour*, 258-74; Stanley E. Porter, *Καταλλάσσω in Ancient Greek Literature, with Reference to the Pauline Writings* (Córdoba: Ediciones el Almendro, 1994), 15-16.

를 사용하여, 다시 하나님을 주제로 논지를 이끌어간다. 에베소서 2:16은 하나님이 새로운 인류를 창조하시고 적대감을 평화로 대체한다는 문맥에서(15절) 유대인과 이방인의 화해가 "한 몸" 안에서 일어난다고 덧붙인다. 하나님과의 진정한 화해는 불화하고 있는 신자들의 대인 관계 안에서 화해로 이어져야 한다. 콘스탄티네누(Corneliu Constantineanu)의 말에 따르면, "유대인과 이방인의 화해는 하나님의 새 창조와 복음의 진실성에 대한 가장 큰 증거이며, 그가 세상을 구원하셨다는 사실을 부정할 수 없는 희망의 표시이다."[189] 흥미롭게도, "화해"라는 단어를 사용하지 않고서도, 빌레몬서는 정확하게 그러한 화해의 모델을 제시한다.[190]

새 창조. 그리스도가 십자가에 못 박히심과 부활은 또한 신자들이 새 창조의 일부가 되는 것을 가능하게 한다. 고린도후서 5장으로 돌아가면, 우리는 그리스도가 모든 사람을 위해 죽었다는 것을 발견하는데, 14-15절에서 "그가 모든 사람을 대신하여 죽으심은 살아 있는 자들로 하여금 다시는 그들 자신을 위하여 살지 않고 오직 그들을 대신하여 죽었다가 다시 살아나신 이를 위하여 살게 하려 함이라"라고 진술된다. 이에 대한 결과가 나타나는데, "그런즉 누구든지 그리스도 안에 있으면 새로운 피조물이라 이전 것은 지나갔으니 보라 새 것이 되었다"는 것이다(17절. 또한 CEB, NJB, NRSV 참조). 바울은 여기에서 그리스도의 죽음과 부활과는 별개로 새 창조의 개념을 발전시키는 것이 아니라, 이 두 사건을 통해 신자들이 그리스도와 함께 연합되어 참여하는 새 창조가 시작된다고 이해한다. KJV("if any man be in Christ, he is a new creature")는 이 본문의 진정한 의미를 계속 드러내지 않는다('크티시스'

---

189 Corneliu Constantineanu, *The Social Significance of Reconciliation in Paul's Theology: Narrative Readings in Romans* (London: T&T Clark, 2010), 148. 또한, TeLi Lau, *The Politics of Peace: Ephesians, Dio Chrysostom, and the Confucian Four Books* (Leiden: Brill, 2010)을 보라.

190 Todd D. Still, "Philemon among the Letters of Paul: Theological and Canonical Considerations," *Restoration Quarterly* 47 (2005): 133-42.

는 창조나 창조물을 가리킬 수 있는데, KJV는 창조물로 번역함으로 창조라는 의미보다 제한적 임-옮긴이). 헬라어에는 간단히 '에이 티스 엔 크리스토 카이네 크티시스'(*ei tis en Christō̧, kainē ktisis*, if anyone [is] in Christ, [there is] a new creation)라고 나타난다. 이것은 구원 역사에서 새 시대의 도래를 나타내며, 이 구원 역사의 한 부분으로서 신자들이 새로운 피조물이 되었다는 것이다.[191] 그러나 모든 피조물은 또한 구속을 기다리며 신음한다(롬 8:19-22). 그리고 동일한 "이미 그러나 아직 아니"라는 틀은 개인과 마찬가지로 우주에도 적용된다.[192] 갈라디아서 6:15는 새로운 시대를 가리키는 또다른 표현으로 할례 또는 무할례(즉 유대인 또는 이방인으로서 정체성)를 언급함으로써 새 창조를 드러내며, 신자로서의 정체성을 민족적 또는 사회적 정체성보다 더 두드러지게 나타낸다.[193]

영화. 여기에서 언급할 마지막 용어는 논리적으로 우리가 논의하는 목록의 끝에 있다. "영화"('독사조'[*doxazō*]로부터 옴)는 우리 구원의 과정의 마지막 결과로서(롬 8:30), 바울 안에 오직 한번 등장하지만, "영광"('독사'[*doxa*])이라는 표현은 71회 등장한다. 이 표현의 대부분은 하나님의 "초월적인 존재

191 Martin, *2 Corinthians*, 311-12; Douglas J. Moo, "Creation and New Creation," *Bulletin for Biblical Research* 20 (2010): 39-60.

192 콜로에(Mary L. Coloe)가 편집한 글 모음집인, *Creation Is Groaning: Biblical and Theological Perspectives* (Collegeville, Minn.: Liturgical, 2013)을 보라. 또한, Richard Bauckham, "The Story of the Earth according to Paul: Romans 8:18-23," *Review and Expositor* 108 (2011): 91-97; Laurie J. Braaten, "All Creation Groans: Romans 8:22 in Light of the Biblical Sources," *Horizons in Biblical Theology* 28 (2006): 131-59를 보라. 이사야 24-27장의 배경에 대하여, Jonathan Moo, "Romans 8.19-22 and Isaiah's Cosmic Covenant," *New Testament Studies* 54 (2008): 74-89를 보라. 제2성전기와 병행한 부분들에 대하여, Harry A. Hahne, *The Corruption and Redemption of Creation: Nature in Romans 8.19-22 and Jewish Apocalyptic Literature* (London: T&T Clark, 2006)을 보라.

193 Betz, *Galatians*, 319-20. 더 연구를 위해, T. Ryan Jackson, *New Creation in Paul's Letters: A Study of the Historical and Social Setting of a Pauline Concept* (Tübingen: Mohr Siebeck, 2010)을 참조하며, 특히 83쪽에서, 새 창조에 대한 바울의 개념은 개인과 공동체, 그리고 우주를 포함하고 그리스도의 죽음과 부활에서 시작되는 종말론적으로 가득한 구원론의 표현이다. 더 일반적으로, Moyers V. Hubbard, *New Creation in Paul's Letters and Thought* (Cambridge: Cambridge University Press, 2001)을 보라.

와 위엄"을 묘사하는 신적인 영광을 가리킨다.[194] 그러므로 어떤 의미에서, 우리는 다가올 삶에서 신적인 영광의 모습들을 공유할 것이다. 조직신학자들은 이러한 모습들을 사랑, 친절, 공의, 거룩함과 같은 하나님의 공유적 속성이라고 자주 언급하는데, 예수의 부활한 몸으로의 변화를 고려하면, 우리도 역시 육적인 완전성을 당연한 것으로 여길 수 있다.[195] 흥미롭게도, 몇몇 학자들은 이러한 변화를 일종의 신화(deification, 인간이 신의 영역으로 들어가거나 신의 성품에 참여하는 것-옮긴이)로 언급한다.[196] 리트와(Litwa)에 따르면, 영화는 신자들이 "그리스도를 신성하게 하는 바로 그(육체적, 도덕적) 특성에 참여한다는 것을 의미한다. 이들은 그의 영원한 생명과 그의 통치 권세와 그의 덕의 일부를 얻는다 … 이처럼 기독교인들은 그리스도의 정체성을 공유함으로써, 기독교 하나님의 본질에 참여한다"(벧후 1:4 참조).[197] 신화(deification)가 가장 유익한 용어이든 아니든 간에, 신화가 얼마나 쉽게 오해되고 있는지를 충분히 생각하고, 만약 강조점이 그리스도의 신성과 그의 형상에 대한 우리의 순응(conformation)에 있다면, 신화는 바울의 구원론의 전통적인 범주 안에서 유용한 부분임을 확인할 수 있다. 우리는 그리스도의 십자가 사역 이해를 위해 사용되는 다른 모든 용어와 마찬가지로, 비록 특정한 표현에 대하여 사람마다 다를 수 있지만, 이 영화나 신화(deification)에는 "이미" 뿐만 아니라 "아직 아니"라는 측면이 있음을 이해해야 한다.

194 Silva, *New International Dictionary of New Testament Theology and Exegesis*, 1:765.

195 Kruse, *Paul's Letter to the Romans*, 228-29.

196 골먼(Michael J. Gorman)은 자신의 글, "Paul's Corporate, Cruciform, Missional Theosis in 2 Corinthians," in Thate, Vanhoozer, and Campbell, *"In Christ" in Paul*, 181-208에서, 동의어 "떼오시스"(theosis)라는 단어를 선호하는데, 이것은 "현재적, 종말론적 변형을 포함한다." 떼오시스를 또한 선천적으로 선교적인 것으로서 풀어내는, 그의 책, *Becoming the Gospel*을 보라.

197 M. David Litwa, *We Are Being Transformed: Deification in Paul's Soteriology* (Berlin: de Gruyter, 2012), 288-89.

결론

우리는 그리스도의 인격과 그의 사역에 대하여 바울이 어떻게 이해하고 강조하는지를 조사했다. 각 제목을 두면서, 우리는 그의 강조점을 일반적인 사항들과 좀더 구체적인 사항들로 세분화하였다. 즉, 이것들은 예수의 특정한 기독론적인 칭호들과 함께 예수가 하나님과 성령과 어떠한 관계를 갖는지, 그리고 예수의 죽음과 부활의 중요성과 함께 이 두 사건이 수반하는 개념적인 용어들이었다. 하나님과 성령에 대한 표현은 히브리 성경에 널리 퍼져 있다. 다시 말해, 혁신적인 발전은 예수의 신적인 정체성에 대한 강조였지만, 여전히 유일신론의 틀 안에 있음이 분명하다. 그러나 예수의 모든 주요한 칭호들은 구약성경에 그 근거를 두고 있다. 그의 죽음의 중요성을 설명하기 위해 사용된 용어들이 1세기와 구약성경의 배경 안에서 문화적으로 통용된 은유라고 할지라도, 메시아의 죽음과 부활 모두, "성경에 따라서" 된 것이라고 바울은 믿는다. 마테라(Frank Matera)는 바울이 그리스도의 인격과 사역을 잘 다루고 있음을 다음과 같이 보여준다.

> 그러나 바울의 기독론의 일관성은 이러한 칭호들보다 그리스도의 죽음과 부활에서 발견된다. 예수는 구원을 위한 죽음과 생명을 주는 부활 덕분에 그리스도이고 아들이며 주님이시다. 그는 종말론적인 아담이며 하나님의 형상이고, 육체를 입은 사람이 되었다 … 육체로 나타났고 마지막 날에 하나님의 종말론적인 대리인으로서 나타날 것이다. 부활의 관점에서, 바울은 부활의 영광 가운데 하나님과 함께 존재한 그분이 세상에 오기 이전에 이미 하나님과 함께 존재했다는 것을 이해했다.[198]

그러나 바울은 당시 많은 유대인들이 칭의나 의의 참된 본질을 잃어버

---

198 Frank J. Matera, *God's Saving Grace: A Pauline Theology* (Grand Rapids: Eerdmans, 2012), 81.

렸음을 기꺼이 인정한다. 로마서 9:31은 이스라엘 백성이 믿음으로가 아니라 율법의 행위에 의해서 의('디카이오쉬네'[*dikaiosynē*])의 길을 추구했다고 설명한다.[199] 이 중요한 대조는 마찬가지로 고린도후서와 갈라디아서의 중심이다. 사실, 우리가 현재 고려하고 있는 10개의 편지에서 바울이 '디카이오쉬네'(*dikaiosynē*)를 사용한 52회 중, 45회는 이 세 서신에서 등장한다. 바울이 이 10개의 서신에서 동사 '디카이오'(*dikaioō*)가 나타난 26회 중 24개는 로마서와 갈라디아서에서만 등장한다. 율법의 행위보다 오히려 믿음으로 의롭게 되는 것에 대한 설명이 계속해서 반복된다. 즉각적으로 김(Seyoon Kim)의 다음 주요한 교리인 구원론으로 돌아가고 싶은 유혹이 생길 정도이다. 그러나 우리는 먼저 바울의 사명에 대한 소명 의식과 성경 이해에 대한 매우 간단한 이야기들을 먼저 다루어야 한다.

사명(Mission)

갈라디아서 1장에 있는 바울의 자서전적인 진술에서, 우리는 그가 회심을 설명하고 난 다음, 바로 죄 사함을 다룰 것이라고 예상했을 것이다. 그러나 그는 이방인들에게 선포하도록 한 자신의 부르심을 즉시 설명한다(갈 1:15-16; 비슷한 증언이 등장하는 행 22:21 참조). 참으로, 로마서 1:5에서 외관적으로 일치하지 않은 직접 목적어가 우리를 괴롭힌다. 이 구절에서 바울은 "그로 말미암아 우리가 은혜와 사도의 직분을 받아 그의 이름을 위하여 모든 이방인 중에서 믿어 순종하게 하나니"라고 진술한다. 왜 "은혜와 용서," "은혜와 자비," 또는 "은혜와 화해"가 나타나지 않을까? 이것들 대신에, 바울은 자신의 사명에 대하여 말하기 시작한다. 학자들은 A.D. 32년에서 48년까지 바울

---

199 이에 관하여, Tom Schreiner, "Israel's Failure to Attain Righteousness in Romans 9:30-10:3," *Trinity Journal* 12 (1991): 209-20; Dane C. Ortlund, *Zeal without Knowledge: The Concept of Zeal in Romans 10, Galatians 1, and Philippians 3* (London: T&T Clark, 2012), 121-28을 참조하라.

의 "숨겨진 기간"(hidden years)에 대해 끊임없이 추측해 왔지만(갈 1:17-21을 보라), 점점 더 많이 형성되는 공감대는 그가 이 기간 동안 집 가까이에서 복음 선포와 전도를 했을 가능성을 높게 인정한다는 것이다.[200] 그는 지역에서 지역으로 이동할 때, 이방인을 위한 자신의 사명에 대해, 선지자들, 특히 이사야로부터 많은 통찰력을 얻는다.[201] 그러나 그는 외부로부터 중심을 향하는(centripetal) 선교, 즉 외부로부터 예루살렘에 끌어들이는 선교에 대한 유대인의 기대를 뒤집는다(다가올 시대에 예루살렘을 향하여 들어가는 열방들. 특히 시 87; 사 2:2-3, 25:6-8, 55:3-5; 미 4:1-2[202]). 대신, 그는 고향인 다소(Tarsus)와 그가 선택한 시리아 안디옥에 있는 교회의 활동 중심지에서 더 멀리 떨어진 곳으로 가서 사역한다. 이에 대한 구약의 전례가 없기 때문에, 그는 예수가 마태복음 28:18-20과 사도행전 1:8에서 묘사된 사명에 대하여 인지하였을 것이라고 가정할 수 있다.[203]

주의 깊은 독자들은 바울이 보살피는 교회들이 전도 활동을 했다는 명확한 사실이 나타나지 않는 것에 대하여 궁금해한다. 어떤 사람들은 그가 전도 활동을 단지 사도로서 갖는 책임으로만 여겼다고 주장하기도 한다.[204] 그

---

200 특히, 도움이 되는 Martin Hengel and Anna Maria Schwemer, *Paul between Damascus and Antioch: The Unknown Years* (London: SCM; Louisville: Westminster John Knox, 1997)을 보라. 또한, Riesner, *Paul's Early Period*, 64-135를 참조하라.

201 J. Ross Wagner, *Heralds of the Good News: Isaiah and Paul 'In Concert' in the Letter to the Romans* (Leiden: Brill, 2002). 고린도후서 전체에 걸쳐 바울 자신의 사역에 대한 묘사는 다양한 선지자적인 주제들을 특징으로 하며, 이것은 그가 자신을 선지자적 전통, 특히 모세, 이사야의 종, 예레미야와 일치하는 것으로 이해했음을 보여주는 견해에 대하여, Jeffrey W. Aernie, *Is Paul Also among the Prophets? An Examination of the Relationship between Paul and the Old Testament Prophetic Tradition in 2 Corinthians* (London: T&T Clark, 2012)을 보라.

202 이 구절들은 선택적으로 Michael A. Grisanti, "Israel's Mission to the Nations in Isaiah 40-55: An Update," *Master's Seminary Journal* 9 (1998): 44에서 왔으며, 이곳을 보라.

203 Wenham, *Paul*, 368n90을 참조하라.

204 그러므로 교회와 일반 교인들은 적극적으로 복음에 대하여 말하는 것보다도 주로 책임감을 가지고 복음에 대하여 이야기할 것 같다. 권(Mark J. Keown)은 이러한 견해의 지지자들에 대한 조사를 보여주는데, 그의 저서, *Congregational Evangelism in Philippians: The Centrality of an Appeal for Gospel Proclamation to the Fabric of Philippians* (Milton Keynes:

러나 그가 설립한 교회 중 일부는 믿음에 대하여 다른 사람들과 이야기했다는 증거가 분명히 있다. 즉, 변화된 삶의 기쁨이 잠잠해질 수 있다는 것은 상상할 수 없는 일이다. 데살로니가전서 1:8-10에서, 바울은 데살로니가 교인들이 "주의 말씀이 너희에게로부터 마게도냐와 아가야에만 들릴 뿐 아니라 하나님을 향하는 너희 믿음의 소문이 각처에 퍼졌다"(8a절)라고 말하면서 하나님을 찬양한다. 그런 의미에서 바울은 전도 활동에 대하여 다른 사람들에게 계속해서 말할 필요가 없다. 왜냐하면 이들이 먼저 그에게 말하기 때문이다![205] 전도 활동은 빌립보서 2:16에서도 나타난다. 이 구절은 KJV에서 아주 잘 번역이 되었는데, 대부분의 현대 번역들처럼, "굳게 붙잡다"라고 번역하는 것보다, "네가 생명의 말씀을 설명하다"로 번역되어야 한다(개역성경은 "밝혀"로 번역함-옮긴이).[206] 사실, 고대 지중해 세계의 밀집된 도시들과 모든 주민의 공적 생활은 종교적인 책임을 감추기가 거의 불가능했다. 기독교인의 행동은 공식적인 선포 없이도, 누군가의 믿음의 깊이와 얕음에 대하여 증거하는 방식으로 대다수 앞에서 자연스럽게 나타났다(고전 6:6 참조). 당연히 바울은 편지를 써서 사람들을 변화시킬 뿐만 아니라, 이들이 그 믿음 안에서 성장하도록 도우려고 했다. 플러머(Robert Plummer)가 말했듯이, "바울의 광범위한 선교적 비전은 복음을 위한 표면적인 교두보를 세우는데 그치지 않

Paternoster, 2008), 3-13을 보라.

205 Abraham J. Malherbe, *The Letters to the Thessalonians* (New York: Doubleday, 2000), 117-18; Weima, *1-2 Thessalonians*, 105-6을 참조하라.

206 특히, James P. Ware, *Paul and the Mission of the Church: Philippians in Ancient Jewish Context* (Grand Rapids: Baker, 2011), 256-70을 보라. Keown, Congregational Evangelism in Philippians, 135-46; Christoph W. Stenschke, "'Holding Forth the Word of Life' (λόγον ζωῆς ἐπέχοντες): Philippians 2:16a and Other References to Paul's Understanding of the Involvement of Early Christian Communities in Spreading the Gospel," *Journal of Early Christian History* 3 (2013): 61-82를 참조하라. 바울과 빌립보 교인들은 그가 수고하는 동안 자금과 물자를 제공한다는 의미에서 복음의 "동역자"라는 사회적인 이해를 가졌다는 다소 다른 의견에 대하여, Julien M. Ogereau, "Paul's κοινωνία with the Philippians: Societas as a Missionary Funding Strategy," *New Testament Studies* 60 (2014): 360-78을 보라.

았다. 이방인을 위한 사도로서 바울은 그리스도 안에서 성숙한 회중을 세우려고 하였다. 즉, 그는 교회들이 이 같은 목표를 설정하기를 기대했다."[207]

물론, 바울의 서신에 나타난 고전적인 본문 중 하나는 수사학적인 질문으로 끝나는 로마서 10:14-15a인데, 바울은 "전파하는 자가 없이 어찌 들으리요 보내심을 받지 아니하였으면 어찌 전파하리요"라고 진술한다. 문법적으로 명령의 형식은 아니지만, 그 함축된 의미는 분명하다. 그러므로 "아름답도다 좋은 소식을 전하는 자들의 발이여"(롬 10:15b)라는 진술은 이사야 28:16의 인용인데, 이 절정의 탄성은 주목할만하다. 바울은 우리가 선교와 봉사 활동이라고 부르는 것이 구원의 자연스러운 결과가 되기를 기대한다.[208] 그리고 외부로부터 중심으로 향하는 구심성(centripetal) 선교보다 중심에서 밖으로 향하는 원심성(centrifugal) 선교는 우리가 구원 역사의 새로운 무대에 살고있다는 것을 보여준다.

성경(Scripture)

바울과 그의 동역자들은 일터나 회당, 또는 그리스식(Hellenistic)의 강의실이나 시 의회(city council)에서 믿음에 관한 이야기를 하면서, 매우 새롭고 여러 면에서 상상할 수 없는 것을 어떻게 믿을 수 있었는지 설명해야 했다.

---

207 Robert L. Plummer, *Paul's Understanding of the Church's Mission: Did the Apostle Paul Expect the Early Christian Communities to Evangelize?* (Milton Keynes: Paternoster, 2006), 143.

208 Richard N. Longenecker, *The Epistle to the Romans* (Grand Rapids: Eerdmans, 2016), 855를 참조하라. 더 일반적으로 바울과 선교에 관하여, 특히 Peter Bolt and Mark Thompson, eds., *The Gospel to the Nations: Perspectives on Paul's Mission* (Downers Grove, Ill.: IVP, 2000); Eckhard J. Schnabel, *Paul the Missionary: Realities, Strategies and Methods* (Downers Grove, Ill.: IVP, 2008); Trevor J. Burke and Brian S. Rosner, eds., *Paul as Missionary: Identity, Activity, Theology, and Practice* (London: T&T Clark, 2011)을 보라. 골멘(Gorman)의 저서, *Becoming the Gospel*에서 그의 목적은 "이미 1세기 기독교 시기에 사도 바울은 편지를 보낸 공동체들이 단순히 복음을 믿는 것이 아니라 복음이 되고, 그렇게 함으로써 하나님의 사명과 바로 그러한 삶에 참여하기를 원했다"(2).

그 당시 종교나 철학은 오래될수록, 더 큰 신뢰를 얻었다. 그래서 바울은 자신의 신념이 이스라엘에 대한 고대의 약속을 성취하는 시대가 도래했음을 인식한 결과라고 강조한다. 특히, 그는 히브리어 성경을 인용하거나 암시함으로써 이것을 설명한다. 로마서에는 구약성경 본문의 개별 인용구가 61개로 가장 많이 집중되는 성경이다. 고린도전서는 17개, 고린도후서는 10개, 갈라디아서는 8개, 에베소서는 5개의 인용문을 갖는다. 빌립보서, 골로새서, 데살로니가전서와 데살로니가후서, 그리고 빌레몬서는 방금 전 언급된 편지들처럼, 공식적인 인용문이 없지만, 분명하게 구약성경의 암시(allusion)들이 존재한다. 바울은 주로 히브리어 성경의 개별 본문들이 명시적으로 성취되었다고 주장하지 않지만, 우리가 보았듯이, 로마서 15:4와 고린도전서 10:6에서 설명하는 것처럼, 그 모형론적(typological) 가치를 확신한다.[209] 본질적으로 바울은 자신의 해석학을 결정하는 사도적 케리그마(apostolic kerygma, 사도들의 선포에서 비롯된 복음-옮긴이)를 물려받았지만, 그에게 그리스도 사건의 본질과 그 중요성에 대한 확신은 매우 중요하였고, 이것은 항상 히브리어 성경에서 나올 수 있는 것이 아니다.[210]

12회에 걸쳐, 바울은 히브리어 성경을 지칭하기 위하여, "성경"(Scripture)이나 "성경들"(Scriptures)이라는 용어를 사용한다. 복수형의 4회의 사용은 특정한 한 본문이 아니라, 전체를 의미한다(롬 1:2; 15:4; 고전 15:3, 4). 한 가지 용

---

209 일반적으로 바울의 성경 사용에 대하여, 특히 Steve Moyise, *Paul and Scripture* (Grand Rapids: Baker, 2010); James W. Aageson, *Written Also for Our Sake: Paul and the Art of Biblical Interpretation* (Louisville: Westminster John Knox, 1993); Christopher D. Stanley, *Paul and the Language of Scripture* (Cambridge: Cambridge University Press, 1992); Richard B. Hays, *Echoes of Scripture in the Letters of Paul* (New Haven: Yale University Press, 1989)을 보라.

210 Matthew W. Bates, *The Hermeneutics of the Apostolic Proclamation: The Center of Paul's Method of Scriptural Interpretation* (Waco, Tex.: Baylor University Press, 2012). 포터(Porter)는 자신의 저서, *Apostle Paul*, 86-88에서, 바울의 구약성경 해석을 5가지 유형, 즉 모형론(typology), 페쉐르(pesher, 예언들이 자신의 공동체를 통해 성취되었다고 인식하며, 종말론적 강조가 내포됨-옮긴이), 풍유(allegory), 필요할 때 수시로 하는 해설(running commentary), 미드라쉬(midrash)로 유용하게 요약한다.

례(갈 3:22)를 제외하고, 나머지 모든 경우는 구약성경에서 가져온 특정 인용문이 뒤따른다.[211] 편지의 크기에 비례하여, 구약성경 인용문이 가장 많은 편지들은 주로 이방인으로 구성된 공동체를 위해 기록된 두 편지, 로마서와 갈라디아서라는 사실을 깨닫는 것은 놀랄 만한 일이 될 수 있다.[212] 그러나 그 당시 기독교 교리 교육의 우선순위는 모든 교인이 신앙의 가장 중요한 진리를 잘 배우는 것이었다. 기독교인들은 이스라엘 나라에 대한 하나님의 계획을 성취하고 있다고 주장했다. 이러한 엄청난 주장을 뒷받침하기 위해, 그들은 때때로 유대인이나 이방인이 아닌, "제3의 인류"(the third race)로 알려지게 되었다(Tertullian, *Ad nationes* 1.8). 이들의 "시민권"은 "하늘에 있었다"(빌 3:20).[213] 이들은 이방인 개종자들에게도 히브리어 성경을 이해하도록 하고 이 성경이 예수에게 향한다는 방식으로 해석하도록 가르쳤다.

바울은 열 개의 편지에서 6회 정도, 문맥 안에서 히브리어 성경을 의미하는 "하나님의 말씀"이라는 표현을 사용하지만(고전 14:36; 고후 2:17, 4:2; 엡 6:17; 골 1:25; 살전 2:13), 사실 이에 국한되지는 않는다. 분명히 복음 메시지는 각 문맥을 고려했을 때, "하나님의 말씀"이라는 표현의 중심이다. 하지만, 바울이 구약성경 인용문으로 예수에 대한 자신의 견해를 강화하는 빈도를

---

211 그러나 갈 3:22의 '헤 그라페'(*hē graphē*)가 바울이 3:10에서 인용했던 신 27:26을 가리킨다는 견해에 대하여, Debbie Hunn, "Does the Law Condemn the World? Law, Sin, and Faith in Galatians 3,22-23," *Zeitschrift für die neutestamentliche Wissenschaft* 106 (2015): 특히, 248-49를 보라.

212 갈라디아서는 특히 이사야에 빚지고 있다. 하몬(Matthew S. Harmon)의 저서, *She Must and Shall Go Free: Paul's Isaianic Gospel in Galatians* (Berlin: de Gruyter, 2010), 265에 등장하는 도표를 보라. 로마서에 나타난 구약성경의 인용에 대하여, 특히 Sarah Whittle, *Covenant Renewal and the Consecration of the Gentiles in Romans* (Cambridge: Cambridge University Press, 2014)을 보라.

213 '폴리튜마'(*politeuma*)를 번역하는데 있어서 어려움들과 여러 가능성들에 대하여, John Reumann, *Philippians* (New Haven: Yale University Press, 2008), 575-77을 보라. 류만(Reumann)은 "통치하는 시민 연합"을 선택한다. 광범위한 연구에서 대체로 동의하는 Gennadi A. Sergienko, *Our Politeuma Is in Heaven: Paul's Polemical Engagement with the "Enemies of the Cross of Christ" in Philippians 3:18-20* (Carlisle: Langham Trust, 2013)을 보라.

고려하면, 그가 후자(예수)에게로 원활하게 향하도록 전자(구약성경)를 이해하고 있음을 시사한다. 또한, 이후 기독교가 시민법과 의식법, 그리고 도덕법을 새 언약의 시대에서 어떻게 적용할 것인지 고민하여 그 방법을 발견한다고 할지라도, 바울이 명시적으로 그러한 용어를 사용하지 않는다는 것 역시 흥미롭다. 대신에 그는 이 세 가지가 계속해서 신자를 위해 의미를 갖는다고 이해한다.[214] 따라서, 그는 곡식을 밟아 떠는 소에게 망을 씌우지 말라는 신명기적 시민법을 오늘날 우리가 재정을 받는 "전임 기독교 사역자들"이라고 부르는 것과 관련하여 적용하기도 한다(고전 9:9-12).[215] 그는 유월절에 집에서 누룩을 제거하는 의식법을 회개하지 않은 죄인들의 공동체를 정화하는데 분명하게 적용한다. 그러나 바울은 또한 그리스도의 속죄하는 죽음의 의미를 통해 그리스도가 신자들을 위한 희생양이었기 때문에, 문자 그대로의 유월절 축제를 거행할 필요가 없음을 인정한다(고전 5:7-8).[216] 도덕법은 더 직접적으로 유효하다. 도둑질은 여전히 잘못이며(엡 4:28), 부모에게 순종하는 것은 (물론 부모가 하나님의 뜻에 어긋나지 않는다는 것을 가정했을 때) 여전히 자녀와 부모의 관계를 위한 올바른 방법이다(엡 6:1-3).

바울의 성경 사용은 율법(Laws)과 선지서(Prophets), 그리고 성문서(Writings)와 같은 세 가지 범주에 있다. UBSGNT5(세계성서공회 헬라어신약성경 제5판) 색인에 따라 살펴본다면, 바울은 토라의 다섯 권 중 하나를 45회, 전기 선지서와 후기 선지서를 42회, 성문서를 23회 인용한다. 그러나 인용들은

---

214 Brian S. Rosner, *Paul and the Law: Keeping the Commandments of God* (Downers Grove, Ill.: IVP, 2013)을 참조하라. 그(Rosner)는 율법이 지배하는 언약으로 또한 거절되고, 그리스도의 법으로 대체되었지만, 율법은 전심으로 (복음을 가리키는) 예언과 (기독교인의 삶을 위한) 지혜로서 다시 재배치된다는 것을 보여준다.

215 더 연구를 위해, Jan L. Verbruggen, "Of Muzzles and Oxen: Deuteronomy 25:4 and 1 Corinthians 9:9," *Journal of the Evangelical Theological Society* 49 (2006): 699-711을 보라. 또한, Garland, *1 Corinthians*, 410을 참조하라. 그는 '판토스'(*pantōs*)를 10절의 문맥 안에서 "전적으로"(entirely)라기보다 오히려 "확실히"(surely)로 바르게 번역한다.

216 Joseph A. Fitzmyer, *First Corinthians* (New Haven: Yale University Press, 2008), 241-42.

고르게 배분되지 않는데, 율법에서 온 45개의 인용문 중 31개는 창세기(16회)나 신명기(15회)에서 나온다. 선지서에서 온 42개의 인용문 중 27개는 이사야서에 나와 있으며, 성문서에서 온 23개의 언급 중에서 20개가 시편에서 나온다. 창세기 인용문은 하나님의 언약들, 특히 의롭다고 인정받은 믿음을 가지고 있으며(15:6), 세계 모든 열방이 복을 받을 것이라는 씨를 가진(12:3), 아브라함과의 언약에 대한 기본 원리를 인용하는 경향이 있다.[217] 신명기에서 바울은 이스라엘이 순종적으로 살 때에 대한 기본적인 도덕 원칙이나 예언적 가르침을 가장 일반적으로 인용하지만, 그는 교회를 이러한 소망의 성취로서 인식한다.[218] 시편에서는 특히 죄와 구원, 그리고 성화에 관한 영원한 원리들이 나오지만,[219] 바울이 선지자의 글을 사용할 때, 지배적으로 나타나는 것은 회복과 고난받는 종, 그리고 종말론에 관한 이사야서의 후반부 장(chapter)들이다.[220] 이렇게 인용되는 각각의 성경은 신적인 권위를 갖는 것

217 이에 관하여, Benjamin Schliesser, *Abraham's Faith in Romans 4: Paul's Concept of Faith in Light of the History of Reception of Genesis 15:6* (Tübingen: Mohr Siebeck, 2007)을 보라. 버드(Michael F. Bird)는 자신의 글, "The Incident at Antioch [Gal. 2.11-14]: The Beginnings of Paulinism," in *Earliest Christian History: History, Literature and Theology—Essays from the Tyndale Fellowship in Honor of Martin Hengel*, ed. Michael F. Bird and Jason Maston (Tübingen: Mohr Siebeck, 2012), 358에서 "그리스도께서 아브라함의 희망을 이루기 위하여 모세의 시대를 끝내셨다"라고 설명한다. 훈(Debbie Hunn)은 자신의 글, "Galatians 3:6-9: Abraham's Fatherhood and Paul's Conclusions," *Catholic Biblical Quarterly* 78 (2016), 500-14에서, 학자들이 바울의 논리와 갈라디아서 3:6(창 15:6)와 3:8(창 12:3; 18:18)에 나타난 그의 구약성경의 인용을 이해하지 못하는 것은 아들(즉 이방인)이 아버지(아브라함과 그의 믿음)를 모방하고, 그런 방식으로 그가 얻은 혜택(칭의)을 공유하는, 은유적인 아들 됨의 비추어 이해하지 못했기 때문이라고 주장한다.

218 Jeffrey R. Wisdom, *Blessing for the Nations and the Curse of the Law: Paul's Citation of Genesis and Deuteronomy in Gal 3.8-10* (Tübingen: Mohr Siebeck, 2001), 특히, 223.

219 Frederick J. Gaiser, "Living Blamelessly: New Perspectives on Paul and the Psalter," *Word and World* 30 (2010): 380-90을 참조하라.

220 Rodrigo J. Morales, *The Spirit and the Restoration of Israel: New Exodus and New Creation Motifs in Galatians* (Tübingen: Mohr Siebeck, 2010)을 보라. 또한, Shiu-Lun Shum, *Paul's Use of Isaiah in Romans: A Comparative Study of Paul's Letter to the Romans and the Sibylline and Qumran Sectarian Texts* (Tübingen: Mohr Siebeck, 2002), 268-72를 참조하라.

으로 나타난다. 레드(Ladd)는 바울이 "구약을 사용할 때 중요한 관심사는 … 그리스도 안에서의 구속이 구약성경의 계시와 직접적으로 연속되며, 그 계시의 성취임을 보여주기 위함이라고" 결론을 내린다.[221] 우리는 구약을 성취한 시대에 살고 있지만, 구약의 모든 본문은 여전히 신자와 어떤 면에서 관련이 있다.

구원론: 그리스도 밖의 인류

그리스도께서 죽음과 부활을 통하여 성취한 일에서부터 그의 십자가 사역의 혜택을 누리기 위한 인간의 적합한 반응으로 직접 이동하는 것이 일반적이다. 그러나 갈라디아서에서 바울은 그리스도의 사역에 대한 이해에서부터 전도사역을 위한 부르심으로 직접 이동했기 때문에, 우리는 그가 한 것처럼, 따랐다. 그는 또한 모든 신학을 성경에 담았기 때문에, 우리 역시 그의 성경론(bibliology)을 살펴보았다. 이제 우리는 적절하게 구원론을 논의해야 한다. 기독론과 마찬가지로, 우리는 구원론을 두 부분으로 나눈다. 그리스도 밖에 있는 인류를 구원론 아래에 포함하는 것이 특이한 움직임인 것처럼 보이지만, 이것은 로마서 1장에서 바울의 사상이 전개되는 순서와 일치한다. 바울은 편지의 중요한 메시지인, 복음 안에 있는 하나님의 의가 유대인과 이방인 모두에게 믿음으로 계시된다는 사실을 16-17절에서 선언한 이후, 즉시 하나님의 진노에 대한 계시를 드러낸다(1:18-3:20). 다시 말해, 그는 해결책에서 곤경의 방향으로 이동한다.[222] 대부분의 이방인이나 유대인은

---

221 George Eldon Ladd, *A Theology of the New Testament*, ed. Donald A. Hagner, rev. ed. (Grand Rapids: Eerdmans, 1993), 433.

222 Timothy J. Harris, "Pauline Theology," in *All Things to All Cultures: Paul among Jews, Greeks, and Romans*, ed. Mark Harding and Alanna Nobbs (Grand Rapids: Eerdmans, 2013), 360를 보라. Sanders, *Paul and Palestinian Judaism*, 442-47를 참조하라. 워딩턴(Worthington)은 자신의 글, Creation in Paul and Philo. Stephen Westerholm "Paul's Anthropological Pessimism in Its Jewish Context," in *Divine and Human Agency in Paul and His Cultural Environment*, ed. John M. G. Barclay and Simon Gathercole

하나님이나 다른 신들이 자신들에게 근본적으로 화가 났다고 믿을 이유가 없었다. 그러나 하나님이 인류를 구원하기 위하여 예수를 보내야만 했다면, 그들은 자신들이 생각하는 것보다 더 끔찍한 위기에 처해 있었음이 틀림없다. 해결책이 곤경을 낳은 것이 아니라, 해결책이 곤경을 훨씬 더 분명하게 만들었다는 것이다. 같은 논리가 고린도후서 5:14에 다시 나타난다. 바울은 이 구절에서 "그리스도의 사랑이 우리를 강권하시는도다 우리가 생각하건대 한 사람이 모든 사람을 대신하여 죽었은즉 모든 사람이 죽은 것이라"라고 진술한다. 그리스도의 속죄의 죽음으로 모든 사람이 구원을 받을 수 있다면, 모든 사람은 죄로 인하여 죽어야 한다.[223]

보이지 않은 존재의 영향

우리는 이미 위에서 칭의 아래, 그리스도가 사탄과 그의 부하들을 정복한 것에 대하여 언급했다. 우리는 보이지 않는 천사와 악마의 영역이 바울에게서 발견할 수 있는 별개의 주제라기보다, 전제에 가깝다는 것에 주목했다. 우리는 천사들이 특히 예배 중에 있는 하나님의 백성(고전 4:9)을 지켜보는 것처럼 묘사되며(11:10), 그들이 율법을 수여하는 일에 관여했으며(갈

(London: T&T Clark, 2006), 96에서, 4단계 논쟁을 만든다. (1) "하나님은 모든 인류의 선을 요구한다." (2) 하나님의 계획으로 그리스도는 우리의 죄를 위해 죽으셨다." (3) 만약 사람들이 하나님의 요구를 만족시킬 만큼 선량할 수 있었다면, "그리스도는 죽지 않았을 것이다." (4) 그러므로 "인간은 하나님이 요구하시는 선을 행할 수 없다."

223 대부분의 주석가들은 이것(고후 5:14)을 모든 사람이 그리스도 안에서 죽었다는 의미로 받아들인다. 그러나 그런 다음, 그들은 왜 (a) 그리스도 안에 있는 사람들에 대한 언급이 없고, (b) 왜 그들은 보편구원론자(universalists)들이 아닌지, (c) "모든"은 어떻게 "그리스도 안에 있는 모든 사람"을 의미할 수 있는지(그러나 이것은 본문이 말하는 것이 아니다), 또는 (d) "모든"이 "많은"을 어떻게 의미할 수 있는지(그러나 그리스도가 구원을 가능하게 한 사람들은 문자적으로 모든 사람이므로 이것이 사실이라면, 자연적으로 이루는 평행 구조를 파괴할 것이다)에 대하여 설명해야 한다. 모든 사람이 죄로 인하여 영적으로 죽었다는 것을 우리가 어떻게 아는지에 대한 참조로서 이것(고후 5:14)을 이해하는 것은 좋다. Paul S. Minear, "Some Pauline Thoughts on Dying: A Study of 2 Corinthians," in *From Faith to Faith: Essays in Honor of Donald G. Miller on His Seventieth Birthday*, ed. Dikran Y. Hadidian (Pittsburgh: Pickwick, 1979), 97-101을 보라.

3:19), 골로새 안에 몇몇 사람들은 부적절하게 그들(천사들)을 숭배하고 있었고(골 2:18), 그리스도가 돌아올 때 그 존재들이 동행할 것(살후 1:7)이라는 사실을 알 수 있다.[224] 우리는 사탄이 지상에서 하나님의 뜻이 성취되는 것을 막으려 하고(고전 7:5; 고후 2:11, 12:7; 살전 2:18; 살후 2:9), 빛의 천사(고후 11:14)로 가장할 수 있음을 주목할 수 있다. 우리는 갈라디아 교인들과 골로새 교인들을 노예로 삼은 "초등학문"('스토이케이아'[*stoicheia*])이 악마적인 요소를 포함하고 있는지(갈 4:3; 골 2:8, 20)에 대한 논쟁에 들어갈 수도 있다.[225] 그러나 이에 대한 주제를 개별적으로 다루지 않아도 되는 것은 기독교인의 삶에 영적 전쟁이 필수적이기 때문이다. 에베소서 6:10-18은 이 주제에 관한 바울의 대표적인 단락이며, 놀라운 점은 특별한 소수의 기독교인만 받았던 것 같은, "이목을 끄는"(exotic) 관행들이나 은사적인(charismatic) 선물에 대한 언급이 전혀 포함되어 있지 않다는 것이다. 오히려 그리스도의 갑옷의 요소는 진리, 의, 평안의 복음, 믿음, 구원, 하나님의 말씀이며, 이것 모두는 기도에 의해 뒷받침된다. 간단히 말해서, 정직하고 신실하며 경건한 삶은 악마의 계략에 대한 최고의 해독제이다.[226] 그리고 예수의 십자가에서의 승리가 "이미 그러나 아직 아니"라는 도식에서 드러나는 것처럼, 그가 악마의 영역을 정복한 것 역시 분명하다. 그렇지만 특히 불신자들 사이에서 악마의 세력은 여전히 상당한 대혼란을 일으킬 수 있다. 신자들이 다시 부도덕과 우상숭배에 복종하게 된다면, 물론 이들이 신자들로서 영원한 멸망에 빠지지 않더라

224 "천사 숭배"라는 표현에 나타난 소유격이 주격 소유격인지 목적격 소유격인지, 중요한 논쟁이 있지만, 아마도 목적격 소유격으로 사용된다고 생각하는 것이 여전히 옳을 것이다. 특히, Arnold, *Colossian Syncretism*, 90-95; Moo, *Letters to the Colossians and to Philemon*, 226-27을 보라.

225 포스터(Paul Foster)는 자신의 글, *Colossians* (London: Bloomsbury T&T Clark, 2016), 252-54에서, "우주의 기본 구성 요소를 다루는데 있어서, 후기 나그 함마디(Nag Hammadi) 본문에 알려진 지배자(고대 아테네의 고급 집정관-옮긴이)와 같은, 인격적인 우주의 힘으로 나타난다는 견해와, 비인격적인 원소 우주론이 쉽게 결합될 수 있는"(254쪽) 유용한 접근 방식을 도표로 작성한다.

226 Arnold, *Ephesians*, 470; S. M. Baugh, *Ephesians* (Bellingham, Wash.: Lexham, 2016), 563을 참조하라.

도, 그 권세의 영향 아래 있는 것이 된다.

인간의 본성과 죄

이 보이지 않은 모든 세력이 우리를 유일한, 참 하나님이자 예수 그리스도의 아버지에게 반역하도록 밀어붙였음에도 불구하고, 바울은 우리의 죄에 대한 궁극적인 책임을 우리에게서 제거하기를 거부한다. 타락 후에도, 우리는 여전히 하나님의 형상을 반영하며(고전 11:7;[227] 창 1:26-28을 상기하라), 재창조된 기독교인은 하나님의 형상으로 새롭게 되고, 그의 의와 거룩함을 점점 더 반영한다(골 3:10; 엡 4:24 참조).[228] 그러나 그리스도가 없다면, 우리는 하나님의 진노 아래 있고(롬 1:18), 항상 우리에 대한 그분의 직접적인 행동은 아니지만(적어도 심판 이전에), 종종 하나님이 사람들에게 우상을 숭배하고 악을 행하는 자유 선택권을 넘겨주는 것으로 이해된다(24절, 26절, 28절).[229] 하나님께서 특별히 기록한 계시를 갖지 못한 사람들은 하나님의 존재가 우주론적, 목적론적, 도덕적 주장으로 알려지기 때문에, 여전히 책임이 있다. 우주나 세상의 존재는 지적인 설계의 특징이 보여주는 것처럼, 창조주를 주장한다(하나님의 "영원하신 능력과 신성," 롬 1:20). 인간들 사이에 존재하는 도덕성은 비록 이들이 더 세세한 부분에 동의하지 않더라도, 하나님의 존재를 가리킨

---

227 7a절과 7b절 사이에는 하나님의 "형상과 영광"이라고 불리는 사람과 함께, 대칭을 이루는 부분이 상당히 부족하지만, 여자는 남자의 "영광"이다. 물론 이것은 여자가 남자보다 하나님에게서 더 멀리 떨어진다는 것을 의미하는 것으로 해석되어서는 안 된다. 바울은 여자와 남자 모두 하나님의 형상으로 창조되었다는 것을 잘 알고 있다. 이 구절의 의미에 대하여, 특히, Fee, *First Epistle to the Corinthians*, 568-72를 보라. 바울이 내세우고 싶은 유일한 요점은 그 여자는 그 남자와 동등하고 그 남자가 자부심을 가질 수 있는 남편의 영광이라는 것이다. 이러한 문화적 맥락에서, 그녀가 머리를 가리지 않으면(겉옷이나 베일 또는 그녀의 긴 머리 자체), 부끄러워할 것이다. 아마도 관련되었을 성적이거나 종교적인 불성실이 함축되어 있기 때문일 것이다. Craig L. Blomberg, *1 Corinthians* (Grand Rapids: Zondervan, 1994), 210-12를 보라. 또한, Cynthia Long Westfall, *Paul and Gender: Reclaiming the Apostle's Vision for Men and Women in Christ* (Grand Rapids: Baker, 2016), 66-70을 참조하라.

228 특히, Blomberg, "True Righteousness and Holiness," in Jones and Barbeau, *Image of God in an Image Driven Age*, 80-81을 보라.

229 Grant R. Osborne, *Romans* (Downers Grove, Ill.: IVP, 2004), 51.

다(32절).[230] 그렇다 하더라도 종교나 이데올로기 또는 문화의 기준에 부합하는 사람은 아무도 없다. 유대인들이 하나님의 말씀을 받았기 때문에 자랑할 무엇인가를 가지고 있다고 생각하지 않도록 바울은 그들이 받은 계명에 따라 생활하지 못한다고 덧붙인다(2:1[또는 17]-3:8).[231] 로마서 3:9-20은 모든 사람이 죄를 지었고, 어느 누구도 의롭지 않다는 요점을 반복적으로 강조하기 위하여 바울의 편지 본론 부분을 그의 다른 편지들과 비교했을 때 가장 긴 구약성경 인용문으로 마무리한다.

그리스도 밖에 있는 인간의 본성에 대한 바울의 견해의 근본적인 요소는 죄성이다. 에베소서 2:1에서 바울은 그리스도를 떠나서, 인류는 "허물과 죄로 죽었다"(골 2:13 참조)라고 진술한다. 로마서 5:12-21은 죽음의 상태를 더 큰 신학적인 맥락에 위치시킨다. 로마서 5:12를 어떻게 이해하는지에 대하여 교회 역사 안에서 엄청난 논의가 이루어져 왔다. 라틴어 벌게이트(Vulgate)는 마지막 절의 '에프 호'(*eph hō*)를 "왜냐하면"이 아닌 "그 안에서"(in whom)로 잘못 번역하여, 이 구절이 아담 안에서 죄를 지은 모든 인류에 대한 것으로 간주하였다.[232] 유전학에 대한 현대적 이해가 있기 훨씬 이

---

230 대안적으로, 20절은 역사 안에서 하나님의 행동을 언급할 수 있다. Erwin Ochsenmeier, "Romans 1,20: Knowing God through His Acts in History," *Zeitschrift für die neutestamentliche Wissenschaft* 100 (2009): 45-58을 보라. 하나님의 존재에 대한 도덕적 논증에 대한 좋은 개론은 Douglas Groothuis, *Christian Apologetics: A Comprehensive Case for Biblical Faith* (Downers Grove, Ill.: IVP, 2011), 330-63을 보라.

231 주석가들은 때때로 이미 2:1에서 시작하는 유대인에 대하여 생각하는 것으로의 전환을 본다. 즉 이 전환은 적어도 17절에 시작한다("유대인이라 불리는 네가 . . ."). 17절까지 시작하는 변화를 이해하지 못하는 사람들은 1-16절이 도덕적으로 이방인을 가리킬 수 있다고 생각한다. 예를 들어, Witherington with Hyatt, *Paul's Letter to the Romans*, 73-83을 보라. 루카스(Alec J. Lucas)는 자신의 책, *Evocations of the Calf? Romans 1:18-2:11 and the Substructure of Psalm 106 (105)* (Berlin: de Gruyter, 2015)에서, 바울은 이미 2:1에서 유대인 대화자(interlocutor)에게 연설하기 시작했고, 그가 롬 1장에 나타난 이방인과 "같은 일"을 하는 유대인을 고발하기 위하여 롬 1:23에 언급된 황금 송아지 사건을 말하면서, 시 106편을 사용한다고 주장한다. 이 관점에 관하여, 바울은 우상숭배와 부도덕의 작은 것들에 대하여, "하나님의 영광을 바꾸는 것"에 대하여 이방인뿐만 아니라 유대인을 고발한다.

232 '에프 호'(*eph hō*)에 관하여 다음으로 가장 가능성이 높은 의미는 결과의 의미에서 "그래서"이다. 이 해석에 대한 변호에 대하여, Brian Vickers, "Grammar and Theology in the

전에 이것이 어떻게 가능한지에 대하여 토론이 이어졌다.[233] 구절의 첫 부분은 죄가 한 사람을 "통하여"(through[*dia*]) 세상에 들어왔다고 분명하게 선언한다. 비록 이것이 어떻게 가능한지 설명하지 않는다고 할지라도, 이것은 모든 사람이 스스로 죄를 지었다는 직접적인 확언으로 균형을 이룬다. 사람들이 유전된 죄성 때문에 죄를 짓는지 아니면 자유로이 선택한 행동 때문에 죄를 짓는지 질문이 제기되지만, 이 질문에 대하여 이 둘 모두의 반응으로 답변되는 것처럼 보인다. 우리는 하나님을 거역하는 일을 행하는 성향을 상속받으며, 우리 모두는 평생 수없이 그 성향을 따르는 것을 선택한다. 그래서 바울은 죄를 우리 인격에 스며들 수 있는 힘으로, 그리고 태만과 범죄를 행하는 특정한 행동으로 제시한다.[234] 바울이 죄의 행위를 언급할 때, 죄를 표현하는 단어들은 객관적이면서도 심지어 무의식적으로 "[하나님의] 과녁을 놓치는 것"(죄의 가장 넓은 용어인 '하마르티아'[*hamartiai*])과 그의 계시된 표준에 반대하는 의식적이면서도 더 주관적으로 행하는 반역을 나타낸다(죄와 범죄를 의미하는 '파라바시스'[*parabasis*]와 '파랍토마'[*paraptōma*]).[235]

그럼에도 불구하고, 바울은 죄에 대한 책임의 정도가 다양하다는 것을 암시한다. 로마서 5:13에서 바울은 "죄가 율법 있기 전에도 세상에 있었으나 율법이 없었을 때에는 죄를 죄로 여기지 아니하였느니라"라고 진술한다. 물론, 그는 즉각적으로 "그러나 아담으로부터 모세까지 아담의 범죄와 같

Interpretation of Rom 5:12," *Trinity Journal* 27 (2006): 271-88을 보라.

233 예를 들어, G. C. Berkouwer, *Sin* (Grand Rapid: Eerdmans, 1971), 436-65를 보라. 더 자세한 주석적인 연구에 대하여, Sang-Won (Aaron) Son, *Corporate Elements in Pauline Anthropology: A Study of Selected Terms, Idioms, and Concepts in the Light of Paul's Usage and Background* (Rome: Pontifical Biblical Institute, 2001)을 보라. 비록 손(Son)은 "공동체를 포함하는 인물"(corporate personality)이라는 오래된 개념에 의존한다.

234 "바울에게, 인간의 곤경은 범법과 죄의 힘에 대한 속박으로 구성되며, 그들의 상호 관계는 인식되지 않는 죄의 문제로 예시된다. 인간의 존재는 모든 수준에서 죄에 감염되었고, 그리스도가 제공한 해결책은 모든 수준에 따라 포괄적이다." Stephen J. Chester, *Conversion at Corinth: Perspectives on Conversion in Paul's Theology and the Corinthian Church* (London: T&T Clark, 2003), 318.

235 Silva, *New International Dictionary of New Testament Theology and Exegesis*, 1:262-63.

은 죄를 짓지 아니한 자들까지도 사망이 왕 노릇 하였나니 아담은 오실 자의 모형이라"라고 덧붙인다. 그러나 이것은 아마도 영적인 죽음보다는 육체적인 죽음을 의미한다. 로마서 4:15는 "율법은 진노를 이루게 하나니 율법이 없는 곳에는 범법도 없느니라"라는 진술로 다양한 책임의 개념을 강조할 수 있다. 그러나 바울은 방금 "율법이 진노를 가져온다"라고 말했지만, 아마도 어떤 사람이 어느 법도 의식하지 못하는 경우라고 할지라도 어느 정도의 책임을 암시하고 있다.[236] 고린도전서 15:22는 바울이 "사망이 한 사람으로 말미암았으니"(21절)라는 사실을 다시 확인한 이후, 아담 안에서 모든 사람이 죽는다는 개념으로 돌아간다. 어떤 경우에는 구약과의 연속성이 있고, 이는 의도하지 않은 죄와 "고의로"(민 15:30) 범한 죄를 유사하게 구분한다. 다시 말해, 이 죄는 고의적이고 명백한 범죄이며,[237] 아담에 연결된 사람들과 그리스도 안에 있는 사람들 사이에 불연속성이 있다.

바울은 악행 목록에서 죄의 구체적인 행위에 대하여 아주 철저하게 밝힌다(특히, 롬 1:29-31; 고전 5:9-10, 6:10-11; 갈 5:19-21). 이 목록의 세부 항목은 미움이나 사랑의 부재(롬 1:29에 나타난 "시기, 살인, 분쟁, 사기, 악독")에서 나오는 태도와 행동부터 불건전한 말을 포함하는 것(1:29-30에 나타난 "수군수군하는 자요 비방하는 자요…자랑하는 자요")과 자기중심적이고 자기를 과장하는 죄(고전 6:10에 나타난 탐욕을 부리는 자…속여 빼앗는 자, 갈 5:20에 나타난 "시기와 분냄과 당 짓는 것과 분열함과 이단")에 이르기까지 상당히 종류가 다르다. 우리가 본 것처럼, 모든 죄의 근원에는 우상숭배가 있다(롬 1:22-23, 25; 사 44:9-20의 고전적인 예언적 비평과 유사함). 이 우상숭배가 표출된 행동은 이성애와 동성애 죄(24, 26-27절; 고전 5:11, 6:9)나

236 고린도전서 15:56b("죄의 권능은 율법이라")는 이 접근 방식에 적합할 수 있으며, 아담과 하와까지 거슬러 올라가면, 죄는 알려진 신성한 계명에 대한 불순종과 관련이 있음을 상기시켜준다. Chris A. Vlachos, *The Law and the Knowledge of Good and Evil: The Edenic Background of the Catalytic Operation of the Law in Paul* (Eugene, Ore.: Pickwick, 2009)을 보라.

237 Walter C. Kaiser Jr., *Toward an Old Testament Theology* (Grand Rapids: Zondervan, 1978), 117-18.

다른 종류의 방종(즉, 술 취함[고전 6:10, 엡 5:18]; 암 4:1, 6:6 참조)이다.[238] 기독교인들은 이 악의 목록들을 해석할 때 두 가지 반대되는 위험을 피해야 한다. 하나는 특정 죄가 다른 죄보다 훨씬 더 심각하거나 모욕적이라고 가정하는 것이다(예를 들어, 동성애 죄 vs. 이성애 죄). 다른 하나는 모든 것이 똑같이 심각하다고 가정하는 것이다. 모든 죄는 사람들을 하나님과 분리하고 심판의 책임을 지게 하지만(롬 3:23), 현재의 삶에서 모두 똑같이 심각한 결과를 초래하지 않는다. 나는 누군가 나를 죽이려 한다면 모를까 나를 단순히 시기한다고 해서, 그 시기한 것 때문에 결코 어떤 행동을 하지 않을 것이다! 따라서 특정 죄를 강하게 거부하고 다른 것들을 더 가볍게 대하는 기독교인을 비판하는 것은 솔직하지 않은 것이다. 예수 자신이 마태복음 23:23에서 "율법의 더 중한 바"에 대하여 말했는데, 이것은 다른 문제들이 덜 중요하다는 것을 암시한다.[239] 그러나 우리는 각 범주에 속한 것을 확실히 인식해야 한다.

모든 악의 목록을 순차적으로 읽는다면, 대부분의 항목이 현대 서구 교회에서 너무 자주 과소평가되는 문제로 취급되는, 파괴적인 대인 관계와 관련된다는 것을 살펴볼 수 있을 것이다. 자만과 교만, 그리고 자랑도 주기적으로 반복된다.[240] 그러나 신약 시대의 모든 기독교인을 포함하여 역사를 통틀어 대다수의 기독교인들은 훨씬 더 긴밀하게 연결된 공동체에서 살았는데, 이곳에서 악과 덕은 각 신자 공동체 전체의 선과 많은 관련이 있다(구약에서 지배적인 그림은 이스라엘을 포함하여 열방의 여러 죄를 포함한다는 것을 참조하라). 카

238 더 연구를 위하여, Karl O. Sandnes, *Belly and Body in the Pauline Epistles* (Cambridge: Cambridge University Press, 2002)을 보라.

239 Walter C. Kaiser Jr., "The Weightier and Lighter Matters of the Law: Moses, Jesus and Paul," in *Current Issues in Biblical and Patristic Interpretation*, ed. Gerald F. Hawthorne (Grand Rapids: Eerdmans, 1975), 176-92.

240 말콤(Matthew R. Malcolm)은 자신의 책, *Paul and the Rhetoric of Reversal in 1 Corinthians: The Impact of Paul's Gospel on His Macro-rhetoric* (Cambridge: Cambridge University Press, 2013), 270에서, 바울은 "현재 고린도 교인의 자랑하며 현재에 집착하게 하는 인간의 자율성에 대한 대안으로 그리스도의 죽음과 부활의 현현 안에서 그와 의존적 동일시를 촉구하고 있다"는 핵심 주장을 잘 변증한다.

터(T. L. Carter)는 신약에서도 죄는 개인의 타락이 아니라 공동체의 존재와 안녕을 위협하는 악으로 생각되었다고 주장한다. 그는 "죄는 의인들로 구성된 공동체 내부에 존재하는 선을 보호하고 있는 경계 너머에 있는 악을 상징한다는 의미에서 '한계를 넘어'(beyond the pale) 존재하는 것이라고 선언했다."[241] 물론, 악이 그 집단 자체의 체계적인 삶에 녹아 있어 잘 나타나지 않는다고 할지라도, 집단 안에서 일어난 악이 그 집단 안에 있는 한 명 이상의 개인에게서 오지 않는다는 것은 불가능하다. 그런 의미에서, 개인이나 집단과 관련하여, 카터의 둘 중 하나(either/or)라는 주장은 엄밀하게 둘 다(both/and)를 의미한다. 그러나 그의 저작은 죄의 핵심 요소에 대한 사회학적 관점에서 중요한 암시로 남아 있다.

율법

아마도 과거 세대를 돌이켜 보면, 바울 연구의 어떤 영역도 특히 바울에 관한 새 관점에 비추었을 때 율법이라는 주제보다 더 많은 관심을 받지 못했다.[242] 여러 면에서 그 당시의 다수의 문헌은 1세기 유대교에 다양한 사상이 있었다는 것을 보여주며 새 관점 역시 여러 관점 중 하나라는 것이다. 바울이 믿음과 토라의 행위를 대조할 때, 그가 전통적인 율법주의(legalism)와 언약적 율법주의(covenantal nomism), 그리고 자민족 중심주의(ethnocentric nationalism)와 싸우고 있었을까? 때로는 상황에 들어맞는 단서를 발견한 이후 해석자가 이러한 추세 중 하나를 홍보할 수 있지만, 바울의 편지 전체에서 이 세 가지 주장 모두에 대해 주의를 기울이는 것이 가장 안전하다. 로마

---

241 T. L. Carter, *Paul and the Power of Sin: Redefining Beyond the Pale* (Cambridge: Cambridge University Press, 2002), 209.

242 특히, Stephen Westerholm, *Israel's Law and the Church's Faith: Paul and His Recent Interpreters* (Grand Rapids: Eerdmans, 1988); Thomas R. Schreiner, *The Law and Its Fulfillment: A Pauline Theology of the Law* (Grand Rapids: Baker, 1993); Frank Thielman, *Paul and the Law: A Contextual Approach* (Downers Grove, Ill.: IVP, 1995); Colin G. Kruse, *Paul, the Law, and Justification* (Leicester: Apollos, 1996); Rosner, *Paul and the Law*를 보라.

서 4:4-5는 아브라함의 칭의를 보다 더 구체적으로 논의하는 맥락에서 전개된다고 할지라도, 좀더 일반화하는 형식 때문에, 아마도 단순히 율법주의나 민족주의로 제한하기 가장 어려운 구절들이다. 이 구절들에서, 바울은 "일하는 자에게는 그 삯이 은혜로 여겨지지 아니하고 보수로 여겨지거니와 일을 아니할지라도 경건하지 아니한 자를 의롭다 하시는 이를 믿는 자에게는 그의 믿음을 의로 여기시나니"라고 진술한다.[243] 전통적으로 1세기 팔레스타인 유대교에 나타난 고전적인 율법주의의 강도에 있어서 과장된 부분이 있다고 할지라도, 로마서 9:30-32는 율법주의 이것이 바울 당대에 이스라엘의 핵심 문제였다는 것을 보여주는데, 32절에서 "의의 법을 따라간 이스라엘은 율법에 이르지 못하였으니"라고 진술되기 때문이다.[244]

다른 면에서 말하면, 바울이 갈라디아서와 빌립보서에서 그리스도에 대한 믿음을 확언하지만, 이것에 할례와 음식 법과 같은 "국가적인 의를 드러내는 중요한 표식"을 추가하기를 원하는 유대주의자들을 다루어야 할 때, 언약적 율법주의는 바울이 싸우고 있었던 것을 이해하도록 하는 유용한 추가 영역일 수 있다.[245] 그 당시 모든 사람은 구원이 토라 순종에 달려 있다고 주장하지 않았을 수도 있다. 적어도, 하나님 나라에 들어간다는 의미에서는 아니다. 그러나 바울의 반대자들에게 토라 순종은 기독교인의 삶을 사는 방

243 Moisés A. Silva, "The Law and Christianity: Dunn's New Synthesis," *Westminster Theological Journal* 53 (1991): 351-53을 보라. S. Brian Pounds, "Romans 4:1-8 as a Test Case for the New Perspective on Paul," *Biblical Theology Bulletin* 41 (2011): 213-25를 참조하라. 더 넓게, Gerhard H. Visscher, *Romans 4 and the New Perspective on Paul: Faith Embraces the Promise* (New York: Peter Lang, 2009)을 보라. 민족적 의에 대한 표지 개념은 원래 던(James D. G. Dunn)에서 나온다.

244 에반스(Craig A. Evans)는 자신의 글, "Paul and 'Works of Law' Language in Late Antiquity," in *Paul and His Opponents*, ed. Stanley E. Porter (Leiden: Brill, 2009), 201-26에서, 제2성전기에 "율법을 행하는 것"이나 "율법의 행위"가 얼마나 일반적이었는지를 보여준다.

245 유대주의자들과 달리, "바울에게 요점은 '머무는 것'(staying in)이 아니라, 성숙과 종말론적인 심판으로 나아가는 것이다. '들어가는 것'(getting in)은 율법의 행위로 이루어지는 것이 아니다. 즉 '여정을 마치는 것' 또한 율법의 행위로 이루어질 수 없다. Evans, "Paul and 'Works of Law' Language in Late Antiquity," 223.

법으로 생각했을 가능성이 크다. 이러한 순종이 삶 속에서 자연스럽게 일어나는 것이라면, 바울은 어떤 염려를 하지 않았다. 실제로 그는 때때로 복음 전도를 위하여 정확하게 유대인의 생활 방식을 채택하였다(고전 9:20). 그러나 어떤 사람이 토라 순종을 의무화하자마자, 그는 복음의 자유가 침해되었음을 깨닫고, 그러한 가르침을 저주했다(갈 1:8-9).[246] 마지막으로, 바울이 거짓 사도들이라고 부르는 유대인 교사들이 드러내놓고 하지 않지만 그럼에도 유대인의 자격을 자랑할 때(예를 들어, 고후 11:13, 22-23), 바울이 특별히 반대하는 것이 배타적인 자민족중심주의일 수 있다.[247]

옛 관점과 새 관점을 구별하는 또 다른 방법은 갈라디아서 3:10-14와 같은 구절을 고려하는 것이다. 여기에서 바울은 "무릇 율법 행위에 속한 자들은 저주 아래에 있나니"(10절)라고 선언하고, 그는 이것을 증명하기 위해 율법의 한 구절을 인용한다(신 27:26). 그런 다음, 그는 믿음으로 사는 의인이라는 원리를 위해 하박국 2:4로 향한다(갈 3:11). 구약성경은 율법에 접근할 때 나타나는 옳고 그른 방법을 분명히 한다. 그러나 바울은 레위기 18:5의 "사람이 이를 행하면 그로 말미암아 살리라"를 인용하며, 마치 완전한 토라 순종의 불가능성을 지적하는 구절을 제시하는 것처럼 보인다(갈 3:12). 그러나 문맥을 살펴보면, 레위기 18:5는 하나님의 규례와 율법을 지키라는 명령 이후에 온다. 더 오래된 주석들은 어느 누구도 율법의 모든 행위를 할 수 없다고 주장하고 바울이 어떻게 레위기를 사용하게 되었는지 이해하기 위하여 노력했다. 더 새로운 접근들은 율법의 행위를 유대인과 이방인을 구분하는 외적인 표지로 제한하고 이것을 바울이 주장하는 모든 것으로 이해한다.

제안된 많은 설명 중에서, 가장 좋은 것은 구약성경에서 생명을 얻기 위

---

246 D. A. Carson, "Pauline Inconsistency: Reflections on 1 Corinthians 9.19-23 and Galatians 2.11-14," *Churchman* 100 (1986): 6-45.

247 이것은 블란톤(Thomas R. Blanton)이 자신의 글, "Spirit and Covenant Renewal: A Theologoumenon of Paul's Opponents in 2 Corinthians," *Journal of Biblical Literature* 129 (2010): 129-51에서 주장한 것처럼, 언약적 율법주의 한 형태와 쉽게 결합될 수 있다.

하여 율법에 순종하는 것이 언급될 때, 적어도 일시적인 죄 용서를 제공하는 희생 제도에 대한 순종을 포함하는 것처럼 보인다는 것이다.[248] 일단 그리스도가 죄에 대한 최종적인 치료제로서 오셨다면, 성전 희생들은 더 이상 필요하지 않다. 실제로 이것들은 더 이상 효과적이지 않다. 그것이 바로 바울이 갈라디아서 3:13에서 신명기 21:23을 인용하면서, 그리스도가 우리를 구속하기 위하여 저주가 되었다고 즉시 덧붙이는 이유이다. 죄를 인정하고 동물을 제물로 바친다는 의미에서 올바르게 사용된 율법조차도 구원 역사적인 전환, 즉 그리스도가 이미 오셨다는 것 때문에 오늘날 난제처럼 보인다.[249] 이러한 전환에 대한 개념은 순수한 옛 관점이나 순수한 새 관점 해석이 아니지만, 각각의 가장 큰 문제점들을 피하면서 이 두 관점의 장점을 끌어낸다.

이제 우리는 갈라디아서 3:19-4:7과 로마서 7:7-13이 모두 율법에 대하여 그렇게 부정적으로 말할 수 있는 이유를 이해할 수 있다. 바울은 율법이 더 긍정적인 기능을 결코 갖지 않았다고 말하는 것이 아니다. 비록 불완전하지만, 토라를 따르려는 노력에 죄 용서를 위한 희생이 포함되는 한, 순종은 하나님께서 이스라엘을 언약 백성으로 선택하신 것에 대한 적절한 반응이었다. 그러나 그리스도의 희생에 의해 대체된 이전의 희생들을 받아들이지 않고 예수가 성취한 그 유일한 희생을 거절함과 동시에 토라를 순종하는 것은

248 이 구절에 대한 철저한 연구에 대하여, Andrew H. Wakefield, *The Hermeneutical Significance of Paul's Citations from Scripture in Galatians 3:1-14* (Atlanta: SBL, 2003)을 보라. 187-88쪽은 웨이크필드(Wakefield)가 그 구절에 대한 이해를 명확하게 표현하는 이 14개 구절의 확장된 의역을 제공한다. 여기에서 제안하는 것과 완전히 똑같지 않지만, 확실히 보완적이다.

249 스프링클(Preston Sprinkle)은 자신의 책, *Paul and Judaism Revisited: A Study of Divine and Human Agency in Salvation* (Downers Grove, Ill.: IVP, 2013), 240에서, "율법은 이미 그리스도와 성령을 통하여 하나님에 의하여 일반적으로 제거되었으므로" 율법으로 돌아갈 수 없다고 설명한다(갈 3:10-14). 휘레트(Joel Willetts)는 자신의 글, "Context Matters: Paul's Use of Leviticus 18:5 in Galatians 3:12," *Tyndale Bulletin* 54 (2003): 105-22에서, 또다른 구원-역사적 관점을 제시하지만, 구약성경과 제2성전기때 레 18:5를 실현되지 않았지만 가능성이 있는 것으로 인용한다.

합당하게 작용할 수 없다. 그렇다면, 남은 것은 종교 개혁자들이 강조한 것처럼, 오직 율법의 세 가지 기능뿐이다.[250] 첫째, 율법은 하나님의 완전하고 거룩한 표준과 모든 사람이 그 표준에 도달하지 못하는 방법을 사람들에게 상기함으로써, 범법, 즉 의식적인 죄를 증가시킨다(갈 3:19-20). 이 증가는 반드시 인간의 죄의 총량이 증가한다는 것을 의미하지 않는다. 단지 사람들이 그 표준이 무엇인지 알게 되면, 의식적으로 하나님의 표준을 범하는 비율이 증가한다는 것을 의미한다.[251] 둘째, 역설적으로 아마도 보편적인 인간의 경험에는 사실이지만, 율법은 어느 정도 죄를 억제한다(3:21-4:6). 항상 모든 사람에게 일어나는 것은 아닐 수 있지만, 율법(과 율법에 불순종한 결과)은 인간의 사악함을 억제하는 기능을 하고 인간 행동에 대한 감독을 제공한다.[252]

그러나, 세 번째이자 더 긍정적으로, 토라는 여전히 인간 생활에 대한 지침을 제공한다(5:14-6:10). 도덕법은 남아 있고, 시민법은 고대 이스라엘의 문화를 초월한 원리를 가지고 있으며, 의식법은 예수가 율법을 성취한 방법을 상기시켜 준다. 이것은 종교 개혁자들이 율법의 제3의 용도(tertius usus legis)라고 부르는 것으로 유명하며, 바울이 이해하는 것처럼, 신자들이 여전히 구약을 공부하고 적용해야 하는 이유는 이것이 기독교인의 삶의 지침으로 기능하기 때문이다.[253] 모리츠(Thorsten Moritz)는 에베소서 2:15에서 같은 요점을 지적한다. 이 구절에서 바울은 "한편으로는 언약을 규정하는 문서로서

---

250 특히, In-Gyu Hong, *The Law in Galatians* (Sheffield: JSOT Press, 1993), 125-88을 보라. 또한, Peter W. Gosnell, "Law in Romans: Regulation and Instruction," *Novum Testamentum* 51 (2009): 252-71을 참조하라.

251 롱게네커(Longenecker)는 자신의 책, *Galatians*, 138-39에서 또한 19절의 '카린'(*charin*)이 "~때문에"와 "~을 일으키기 위해"를 모두 의미한다고 주목한다. 19절, 22-23절은 일반적으로 인류의 죄를 제지하는 율법을 말하는 것이 아니라, 특별히 유대 민족과 하나님이 이들의 역사를 통하여 이스라엘을 자신에게 돌아오도록 하기 위해 율법의 처벌에 관련된다. 또한, 이 구절들은 그들이 아브라함에게 주어진 하나님의 약속을 상기시키며, 복음 안에서 이 약속이 성취되며 이 성취 안에서 오는 믿음을 준비시킨다는 견해에 대하여, Hunn, "Does the Law Condemn the World?" 245-61을 보라.

252 Wisdom, *Blessing for the Nations and the Curse of the Law*, 223.

253 Ridderbos, *Paul*, 278-88.

토라의 폐지를, 다른 한편으로는 도덕적 지침으로서 그 가치를 기쁘게 생각한다." 다시, "새 창조는 옛 창조를 반대하지 않는다. 오히려 새 창조는 옛 창조의 확장을 형성한다."[254]

바울에게, 율법의 제3의 용도는 아마도 그 자체의 범주로 분리되어야 한다. 성취에 대하여 문자적 의미와 모형론적(typological) 의미의 이해 때문에, 바울은 구약의 원래 의미가 기록 당시 과거나 현재의 사건에 국한된 경우에도, 구약을 예언적으로 사용할 수 있다. 이것은 아마도 로마서 10:5-8에 있는 그의 신비한 논리에 대한 가장 좋은 설명이다. 이 구절들 안에서, 그는 레위기 18:5(롬 10:5에서)를 구약의 다른 부분(신 30:12-14; 롬 10:6-8에서)과 함께 인용한다. 그러나 여기에서 그는 율법 그 자체를 대조하고 있다. 왜냐하면 하나님에 대한 순종이 성취할 수 없을 정도로 너무 어렵지 않다고 약속하는 신명기 본문이 명시적으로 율법의 명령을 언급하고 있기 때문이다! 그러나, 라이트(N. T. Wright)가 강조한 것처럼, 신명기의 이 부분은 이스라엘이 미래에 율법을 거절하지만(29:16-29), 그 후에 주님에게 돌아와 회복될 것(30:1-10)이라는 모세의 경고 이후에 온다. 이런 점에서, 바울이 이곳 신명기 30장의 순종이 그리스도 안에서 성취된 율법에 대한 순종임을 이해하는 것은 이치에 맞다.[255]

그러나 성취를 통한 연속성의 구도와는 별도로, 새 언약 시대에서 율법은 사람을 정죄하는 역할만 하므로 영적인 죽음에 이르는 과정에 참여하게 된다. 이 과정에 대한 바울의 가장 완전한 논의는 고린도후서 3:7-4:6에 나온다. 그는 여기에서 모세 언약으로 시작된 시대와 예레미야의 예언된

---

254 Thorsten Moritz, *A Profound Mystery: The Use of the Old Testament in Ephesians* (Leiden: Brill, 1996), 219.

255 특히, Wright, *Paul and the Faithfulness of God*, 1:139-63을 보라. 또한, Steven R. Coxhead, "Deuteronomy 30:11-14 as a Prophecy of the New Covenant in Christ," *Westminster Theological Journal* 68 (2006): 305-20; Per J. Bekken, *The Word Is Near You: A Study of Deuteronomy 30:12-14 in Paul's Letter to the Romans in a Jewish Context* (Berlin: de Gruyter, 2007)을 참조하라.

새 언약의 성취 안에 나타난 성령의 현재 시대를 대조한다.[256] 만약 이 부분의 첫 번째 구절 이후에 읽기를 중단한다면, 바울이 이전 언약을 "죽게 하는 율법 조문의 직분"(3:7a)으로 특징짓는다고 상상하기 쉬울 것이다. 그러나 바울은 그것이 영광과 함께 왔다는 것을 즉시 인정한다(7b, 9a, 11a절). 모세의 언약이 영광이 없는 것처럼 보이는 것은 새 언약과 대조되는 것뿐인데, 바울은 "영광되었던 것이 더 큰 영광으로 말미암아 이에 영광될 것이 없으나"(10절)라고 진술한다. 7절에 있는 "없어질" 영광에 대해 많은 글이 쏟아졌다. 왜냐하면 모세가 하나님의 찬란한 영광을 체험한 경험에 대한 출애굽기의 설명은 그 광채가 서서히 쇠퇴했음을 암시하지 않기 때문이다(출 34:33-35).[257] 모세의 얼굴에 나타난 영광을 "일시적인"("transitory," NIV)이나 "끝나게 될"("which was being brought to an end," ESV), 또는 "이제 남겨진"("now set aside," NRSV)으로 이해하는 것이 더 좋다. 이는 시내산 언약의 일시적인 것과 일치한다(11절). 13절에서 모세가 "이스라엘 자손들에게 장차 없어질 것의 결국을 주목하지 못하게 하려고 수건을 그 얼굴에 쓴 것"이라고 말할 때, 바울은 아마도 모세와 맺은 언약이 끝날 것이라는 사실을 반영하고 있다.[258] 다시 한번 말하지만, 모세 언약이 죽음과 정죄의 직분이 되는 것은 마치 그것이 아직 유효한 것처럼 누군가가 계속하려고 할 때이다(7, 9절).[259]

---

256 Thomas R. Blanton IV, *Constructing a New Covenant: Discursive Strategies in the Damascus Document and Second Corinthians* (Tübingen: Mohr Siebeck, 2007), 특히 203-30을 참조하라. 이것이 그가 히브리어 성경의 주된 사용이 끝나는 곳이라고 상상하기 쉽지만, 한(Paul Han, *Swimming in the Sea of Scripture: Paul's Use of the Old Testament in 2 Corinthians 4.7-13.13* [London and New York: Bloomsbury T&T Clark, 2014])은 그것이 명백하지 않지만, 편지의 나머지 부분에서 그것이 얼마나 널리 퍼져 있는지를 보여준다.

257 또한 베이커(Baker)는 자신의 글, "Did the Glory of Moses' Face Fade?," 1-15에서 '카타르게오'(*katargeō*)를 점진적으로 없어진다고 번역하는 것은 어휘적 증거가 부족하다는 것을 보여주었다.

258 Belleville, *Reflections of Glory*, 295; Carol K. Stockhausen, *Moses' Veil and the Glory of the New Covenant: The Exegetical Structure of II Cor. 3,1-4,6* (Rome: Pontifical Biblical Institute, 1989), 125-27.

259 사실, 바울은 고린도 사람들에게 선택권을 제시한다. 그들은 모세의 영광스러운 죽음과 정죄의 사역이나 바울 자신의 더 영광스러운 성령과 의의 사역, 이 둘 중 하나에 종속된다. 두 경우 모

히브리어 성경 그 자체가 새 언약을 예언하고 이 새 언약이 모세 언약과 "같지 않은" 방식을 강조하기 때문에(렘 31:31), 바울은 그 차이들을 강조할 수 있다. 새 언약이 깨지지 않고 내면화되고 하나님과 영적으로 친밀한 관계를 맺으며 더 이상 가르치는 사역이 필요하지 않으며 죄에 대하여 완전하고 최종적인 용서에 도달함에도 불구하고(32, 34절), 하나님이 자신의 백성의 생각에 자신의 법을 두시고 그들의 마음에 기록하겠다고 약속하시기 때문에 여전히 옛 언약과 연속성이 있다(33절). 이것은 반드시 토라에 제한되지 않더라도, 토라를 포함한다.[260] 새 언약은 이 새 시대에 율법이 스스로 산출할 수 있는 영적 죽음 대신에 성령이 주는 생명이 특징이다(고후 3:6). 바울이 보기에, 성경 독자들의 눈에서 은유적인 수건을 제거하는 열쇠는 성경이 그리스도를 가리킨다는 것(14-15절)과 성령이 이 "수건"(17절)으로부터 자유를 제공하며 이 계시에서 도구적이라는 것을 이해하는 것이다.[261] 그러면 신자들이 점점 더 하나님의 형상으로 변화되어 갈 때, 하나님의 영광을 묵상하고 나타낼 수 있다(18절).[262] 그러나 성경에서 그리스도의 영광을 보는 것과

두 하나님의 '독사'(δόξα, "영광")는 그의 대적의 정죄나 또는 그가 그들에게 화해(즉, 의)의 제안으로 증명된다. Paul B. Duff, *Moses in Corinth: The Apologetic Context of 2 Corinthians 3* (Leiden: Brill, 2015), 171.

260 아데야미(Femi Adeyemi)의 주장에 반대하는데, 그는 자신의 책, *The New Covenant Torah in Jeremiah and the Law of Christ in Paul* (New York: Peter Lang, 2006)에서, 제2성전기의 특정 유대 자료 및 다양한 초기 기독교 주석과 함께 바울을 두 언약 사이의 완전한 분리를 지지하는 것으로 이해한다. 성령은 율법 자체에 대한 순종과 별개로 자유를 생산하지만, 율법이 원래 주어진 바로 그 자유를 산출하는 그리스도 안에서 성취된 율법에 대한 순종과 별개로 생산하지 않는다. G. Anthony Keddie, "Paul's Freedom and Moses' Veil: Moral Freedom and the Mosaic Law in 2 Corinthians 3.1-4.6 in Light of Philo," *Journal for the Study of the New Testament* 37 (2015): 267-89를 참조하라.

261 헬레니즘-유대교의 모세 전통과, 특히 필로(Philo)와의 관계 안에서 바울의 주석을 연구하기 위해, 코버(Michael Cover)의 책, *Lifting the Veil: 2 Corinthians 3:7-18 in Light of Jewish Homiletic and Commentary Traditions* (Berlin: de Gruyter, 2015)을 보라. 그는 바울이 이러한 모세 전통의 몇 가지 요소, 즉 하나님에 대한 모세의 담대함, 그의 제사장직, 하나님의 형상과 영광을 바라보는 것을 취하고, 메시아적 초점으로 수정한다고 주장한다.

262 물론 18절의 '카토프트리조마이'(*katoptrizomai*)는 한번 등장하는 단어이며, 해석하기가 매우 어렵기 때문에, 주석가들은 "보다"와 "반사하다"로 나뉜다. 이 논의에 대하여, 표준 주석들의 관련 부분을 보라.

별개로, 사람들은 단지 멸망할 뿐이다(4:3-4).[263] 왜냐하면 바울의 복음은 "수건"이 그들의 마음을 덮는 한(3:15), 그들에게 가리워진 것으로 남아있기 때문이다(4:3).

간단히 말해서, 바울은 율법의 시대를 아브라함이 믿음으로 의롭다 함을 받는다는 원리를 따라, 삽입된 시대(parenthetical period)로 본다(갈 3:6-9, 4:1-7). 율법은 메시아 안에서 성취되었고, 결코 영원히 계속되도록 의도되지 않았다.[264] 이런 이유 때문에, 바울은 자신과 그의 독자들이 율법에 대하여 죽었지만, 율법(갈 2:19)과 그리스도의 몸(롬 7:4)을 통하여 죽었다고 강조하는 것이다. 율법은 그리스도를 향하고 있으며, 신자들은 예수의 오심과 함께 율법의 성취를 바라보게 된다. 그리스도 안에서 율법의 성취를 인정하지 않는 유대인이나 이방인은 적어도 율법 시대가 아직 유효한 것처럼 살 것이다. 신자들은 율법에 대하여 갖는 개인적인 중요성 때문이거나 비기독교 유대인들에게 복음을 전하기 위해서이든지, 율법의 여러 부분을 순종하기로 선택할 수 있지만, 다른 사람들에게 율법 준수를 명령하려고 시도해서는 안 된다. 만약 그렇게 한다면, 칼버트-코이지스(Nancy Calvert-Koyzis)의 말처럼, 그들은 "아직도 아브라함의 믿음에 어긋나는 율법 시대의 일원인 것처럼 행동하여, 결과적으로 그들은 저주를 받는 것"이다.[265] 두 언약 이론을 지지하

---

263 유대인이 성경을 읽는 동료 유대인에 대하여 할 수 있는 진술만큼 충격적인 말에 대하여, Mohan Uddin, "Paul, a Devil and 'Unbelief' in Israel (with Particular Reference to 2 Corinthians 3-4 and Romans 9-11)," *Tyndale Bulletin* 50 (1999): 65-80을 보라.

264 키암파(Roy E. Ciampa)는 자신의 글, The Presence and Function of Scripture in Galatians 1 and 2 (Tübingen: Mohr Siebeck, 1998), 296에서, 율법에 대한 바울의 견해는 그리스도에 의해 시작된 부활 이후의 실재와 그 새 시대가 시작될 때까지 유효했던 모세의 시대(dispensation) 사이의 강력한 묵시적 구분에 근거한다. 그러나 율법의 임시적인 특성 때문에, 우리는 단순히 직선모양의 약속과 성취의 도식보다 더 복잡한 모델을 가지고 있다. 특히 Jason Maston, "The Nature of Salvation History in Galatians," *Journal for the Study of Paul and His Letters* 2 (2012): 133-41을 보라. 또한 2:19에서 암시된 옛 시대와 새 시대의 분리를 강조하는 Gary E. Gilthvedt, *Dying and Deliverance: Searching Paul's Law-Gospel Tension* (Eugene, Ore.: Wipf & Stock, 2016), 33-53을 보라.

265 Nancy Calvert-Koyzis, *Paul, Monotheism, and the People of God: The Significance of Abraham Traditions for Early Judaism and Christianity* (London: T&T Clark, 2004),

는 유대인들은 실제로 자신들이 열렬히 지지하는 바로 그 일신교를 암묵적으로 부인한다. 결국 하나님이 한 분이라면, 그는 구원을 위하여 두 방식, 즉 이방인(예수를 믿는 믿음)을 위한 방식과 유대인을 위한 다른 방식(토라에 대한 순종)이 아니라, 오직 하나의 방식을 가질 것이다.[266]

구원론: 그리스도 안에 있는 인류

우리가 이미 조사한 많은 구절이 죄와 구원, 영적 죽음과 영적 생명을 대조하고 있다는 사실은 그리스도 안에 있는 인류를 그리스도의 사역과 분리된 범주에 넣는 것이 얼마나 인위적인 것인지를 보여준다. 그러나 만약 예수에 관한 복음이 인류의 곤경을 드러냈다면, 바울은 그 곤경에 대하여 논의한 이후 구원의 해법을 설명할 것이다. 로마서 1:16-17에서 하나님의 의가 계시되었다는 복음의 선포는 1:18-3:20에서 타락한 인류에 대한 하나님의 진노가 정당하다는 사실로 이어진다. 그러나 그 이후, 바울은 "이제는 율법 외에 하나님의 한 의가 나타났으니"라고 말하면서(3:21a), 예수가 온 현재의 시대로 돌아온다. 그 의는 율법의 행위로 말미암은 것이 아니라 "율법과 선지자들"(21b절)에 의하여 증거되었다는 점에서 연속성이 있다.[267] 히브리어 성경의 모든 주요한 부분은 하나님의 모든 약속이 완전하고 최종적으로 성취되는 날을 앞서 가리킨다.

우리는 이미 위에서 그리스도의 사역과 관련된 구원의 여러 측면에 대

143.

266 Calvert-Koyzis, *Paul, Monotheism, and the People of God*, 144. 위더링턴(Witherington)은 자신의 책, Paul's Narrative Thought World, 40-41에서 바울에게 아브라함을 "그리스도 이전의 믿음의 결정적 본보기"이자 유대인과 이방인 모두를 위한 모범의(prototypical) 조상이라고 밝힌다. 또한, Christopher E. Bruno, *"God Is One": The Function of Eis ho Theos as a Ground for Gentile Inclusion in Paul's Letters* (London: Bloomsbury T&T Clark, 2013)을 참조하라.

267 "율법과 선지자들은 하나님의 의의 도래를 증거하였다. 율법과 선지자들이 한 약속은 이제 성취되었다." Hultgren, *Paul's Letter to the Romans*, 154.

하여 논의했다. 이 부분에서 우리는 바울이 칭의, 구속, 화목(propitiation), 화해(reconciliation), 그리고 새 창조로부터 나오는 그리스도인의 삶을 강조하는 주제들로 제한할 것이다.

전체적인 결과들

바울에 대한 몇몇 신학들은 인류학이나 심리학에 별개의 부분을 할애해도 무방할 정도로 이 영역들과 관련된다.[268] 바울이 인간을 나누는 구체적인 방법에 대하여 가르칠 의도가 있는지 분명하지 않지만, 그는 인간을 구분할 수 있는 관점을 나타낼 수 있는 핵심 용어들을 사용한다. 중요한 것은 하나님께서 구원한 모든 사람이 모든 면에서 건강하고 평등한 새 삶을 경험하기를 바란다는 것이다.

몸(Body)과 혼(Soul), 그리고 영(Spirit). 인간이 몸과 혼, 그리고 영으로 세분될 수 있다고 생각하는 삼분설주의자들(trichotomist)을 위한 고전적인 증명 본문은 데살로니가전서 5:23이다.[269] 바울은 편지를 마칠 때, "평강의 하나님이 친히 너희를 온전히 거룩하게 하시고 또 너희의 온 영과 혼과 몸이 우리 주 예수 그리스도께서 강림하실 때에 흠 없게 보전되기를 원하노라"라고 말하면서 축도를 한다. 두 개의 연속적인 독립 절은 동의어의 평행법을 형성하는 것으로 이해되어야 한다. 거룩해진다는 것은 흠이 없는 것에 평행한다. 그러므로 "온전히"(*holoteleis*)는 "너희의 영과 혼과 몸"을 설명한다.[270] 예수가 마음을 다하고 목숨을 다하고 뜻을 다하고 힘을 다하여 하나님을 사랑한다고 말씀하셨을 때(막 12:30) 예수가 말했던 것과 다르게, 바울이 인간을 분

---

268 예를 들어, Ridderbos, *Paul*, 126-30; Ladd, *Theology of the New Testament, 499-520; Dunn, Theology of Paul the Apostle*, 51-55.

269 그렌즈(Stanley J. Grenz)는 자신의 책, *Theology for the Community of God* (Nashville: B&H, 1994), 204에서 이 부분을 주목하는데, 사실 그는 스스로 이분설주의 관점을 취한다.

270 Weima, *1-2 Thessalonians*, 418-19; John Byron, *1 & 2 Thessalonians* (Grand Rapids: Zondervan, 2014), 205-6.

리된 구성 요소로 나누는 것은 아니다. 어느 누구도 이 구절에 암시된 것처럼 보이는 "사분론설"(quadchotomy)과 같은 진술에서 무언가를 가져오지 않는다!

그럼에도 불구하고, "몸"과 "혼," 그리고 "영"의 어원학적인 영역은 완전히 겹치지 않는다는 것은 사실이다. "영"(히브리어의 '네페쉬'[*nephesh*]처럼, '프쉬케'[*psychē*])은 때때로 죽을 존재로서 인간을 의미하는, 단순히 "생명"을 의미할 수 있다. 예를 들어, 로마서 2:9에서 "악을 행하는 각 사람의 영에는 환난과 곤고가 있으리니 먼저는 유대인에게요 그리고 헬라인에게며"라는 진술에서, "사람의 영"(프쉬케 안뜨로푸[*psychē anthrōpou*])이 등장한다. 여기에서 바울의 요점은 단지 사람의 무형의 부분은 고통을 가질 것이라는 것이다. 로마서 11:3에서 바울은 "그들이 내 목숨도('프쉬케') 찾나이다"라고 번역하는 70인역을 따르는, 열왕기상 19:10, 14를 인용한다. 사실, 바울이 사용하는 이 용어의 대부분은 이런 방식으로 기능한다(또한, 롬 13:1, 16:4; 고전 15:45; 고후 1:23, 12:15; 빌 2:30; 골 3:23; 살전 2:8을 보라). 하지만, 때때로 이 단어는 인간의 내면적이고 비물질적인 부분을 가리키는 것처럼 보인다. 빌립보서 1:27에서 바울은 회중이 "한 마음으로 서는" 것을 원하고, 에베소서 6:6에서는 독자들이 "마음으로" 하나님의 뜻을 행하기를 원한다. 그러나 이 구절들은 "혼"과 "영"이 인간 안에서 분리된 두 부분이 아니며, "마음"은 사람의 의지와 목적을 위한 은유 이상의 것임을 보여준다(감정은 일반적으로 "창자"[bowels]로 표시됨['스플랑크나': *splanchna*, 고후 6:12; 7:15; 빌 1:8; 2:1; 골 3:12; 몬 7, 12, 20])! 사실, 바울은 인간 생활의 비물질적인 부분을 나타내기 위해 "생각," "마음," "나," 그리고 "속 사람"과 같은 용어를 모두 어느 정도 상호 교환 가능하도록 사용한다.[271] 이 용어들과 밀접하게 관련된 것은 개인의 "양심"('쉬네이데시

271 그러나 "마음"(mind)은 특히 윤리와 관련하여 의사 결정과 관련이 있다. 이에 대하여 André Munzinger, *Discerning the Spirits: Theological and Ethical Hermeneutics in Paul* (Cambridge: Cambridge University Press, 2007)을 보라. "혼"과 "영"에 관하여, Dunn, *Theology of Paul the Apostle*, 76-78을 참조하라.

스'[*syneidēsis*])인데, 바울은 이 단어를 선과 악을 구분할 수 있는, 적절하게 훈련된 정신을 언급하기 위해 사용한다.[272]

"혼"과 "영"('프뉴마'[*pneuma*]; 히브리어, '루아흐'[*ruach*])이 꽤 다르게 보이는 것은 바울이 거룩한 영(Holy Spirit)을 단순히 성령(Spirit)으로 말하는 것과 비슷하다. 모든 것이 대문자로 기록된 초기 문서들을 보면, 프뉴마가 나타날 때 이 표현을 인간의 영으로 이해할 것인지 하나님의 영으로 이해할 것인지 구별하는 시각적인 방법이 특별히 없었다. 다른 단어로 수정하지 않는 한 말이다. 피(Gordon Fee)는 수식받지 않는 프뉴마는 인간의 보이지 않는 생명력, 즉 영혼이 아니라고 주장한다. NIV 성경 번역 위원회에서 그의 영향력은 인간의 "영"(spirit)이 있어야 하는 그곳에 하나님의 "영"(Spirit)이 자주 나타날 정도로 컸다(물론 각주는 정기적으로 다른 의미의 선택에 대하여 독자들에게 상기시킨다).[273] 예를 들어, 빌립보서 1:27은 교회가 "한마음으로 서는 것"을 바라는 바울의 소망이 드러나는 구절이다. 그러나 NIV는 그것을 "한 성령 안에 굳게 서서"로 번역한다(물론 각주에 다른 번역을 제시한다).[274] 바울이 분명히 "영"(spirit)을 사용하여 인간 내면의, 보이지 않는 부분(예를 들어, 롬 1:9)을 의미할 때조차도, 피는 그것이 사람의 보이지 않는 무형의 자아 안에서 역사하는 하나님의 영을 의미한다고 주장한다.[275] 이러한 해석이 피가 제안하는 것처럼, 일관되게 작동하는 것 같지 않지만, 바울이 사용하는 프뉴마의 대부분은 성령을 가리킨다. 이 부분에 대하여 의문의 여지가 없다.

인간의 "몸"('소마'[*sōma*])과 혼/영 사이에는 궁극적인 구별이 없다는 주장이 성경 학자들 사이에서 점점 인기를 얻고 있다. 이것은 머피(Nancey

272 "수용된 도덕 관례를 위반하는 것은 고통과 두려움과 같은 다양한 불안한 심리적 반응을 일으킨다." Philip Bosman, *Conscience in Philo and Paul: A Conceptual History of the Synoida Word Group* (Tübingen: Mohr Siebeck, 2003), 278.

273 Gordon D. Fee, *God's Empowering Presence: The Holy Spirit in the Letters of Paul* (Peabody, Mass.: Hendrickson, 1994), 14-32.

274 Fee, *God's Empowering Presence*, 743-46.

275 Fee, *God's Empowering Presence*, 484-86.

Murphy)가 비환원적 물리주의(non-reductive physicalism)의 기치 아래 조직신학계에서 대중화한 것과 그린(Joel Green)이 최근에 신약 학계에서 이것을 옹호한 것과 잘 어울린다. 머피와 그린은 인간의 혼이나 영을 몸과 분리되는 것으로서 이해하는 고전적인 이원론을 피하지만, 이들도 마찬가지로 죽음이 인간 존재의 완전한 끝이라고 주장하는 무신론적 신경과학의 환원적 물리주의(reductive physicalism of atheistic neuroscience)를 거부한다. 머피와 그린은 자신들의 관점이 현대 과학과 더 쉽게 조화될 수 있다고 믿는다. 왜냐하면 몸과 별개로 살아있는 영을 가정하지 않기 때문이다. 그러나 그들은 자신들의 관점이 여전히 기독교 교리에 적합하다고 여긴다. 왜냐하면 하나님께서 개인이 부활할 때 몸과 영으로 다시 통합된 전체로 재창조한다는 가능성을 남겨두기 때문이다.[276]

그러나 비환원적 물리주의가 바울의 서신들에 있는 성경해석 자료를 정당하게 다루는지 분명하지 않다. 고린도후서 5:8에서 바울은 "몸을 떠나 주와 함께 있는 것"이 좋을 것이라고 주장한다. 만약 그가 의미하는 모든 것이 그의 현재의 몸보다 그의 부활의 몸을 더 선호했다는 것이라면, 이것은 이상한 표현 방식이 될 것이다. 역사를 통틀어, 교회는 훨씬 더 자주 바울이 사람의 의식적인 삶이 인체와 별개로 계속될 수 있음을 의미하는 것으로 이해해왔다.[277] 빌립보서 1:22-23에서 다시 바울은 "그러나 만일 육신으로 사는 이것이 내 일의 열매일진대 무엇을 택해야 할는지 나는 알지 못하노라 내가 그 둘 사이에 끼었으니 차라리 세상을 떠나서 그리스도와 함께 있는 것이 훨씬 더 좋은 일이라 그렇게 하고 싶으나"라고 주장한다. 아마도 로마에 있는

---

276 Nancey Murphy, *Bodies and Souls, or Spirit Bodies?* (Cambridge: Cambridge University Press, 2006); Joel B. Green, *Body, Soul, and Human Life: The Nature of Humanity in the Bible* (Grand Rapids: Baker, 2008).

277 특히, Joseph Osei-Bonsu, "Does 2 Cor 5.1-10 Teach the Reception of the Resurrection Body at the Moment of Death?" *Journal for the Study of the New Testament* 28 (1986): 81-101; William L. Craig, "Paul's Dilemma in 2 Corinthians 5.1-10: A 'Catch-22'?" *New Testament Studies* 34 (1988): 145-47을 보라.

감옥에서 바울은 자신이 사형 선고를 받을 수 있다는 것과 이러한 일이 일어나더라도, 그는 여전히 의식적으로 몸을 떠나 그리스도와 함께 있게 될, 매우 실제적인 기회를 인식한다. 그는 부활이 아직 일어나지 않았을지라도, 이 상태가 바람직한 상황임을 인식한다.[278] 그럼에도 불구하고, 바울이 육체의 부활에 강조점을 두는 것은 육체로 구현되는 것이 하나님의 인간 창조(창 1-2장)와 우리의 종말론적인 재창조(고전 15장)에 근본적이라는 것을 보여준다.

문제들을 다소 복잡하게 만드는 것은 바울이 "혼"과 "영," 그리고 "육체"라는 명사들에서 파생된, 세 형용사를 사용한다는 것이다. 고린도전서 2-3장에서 그는 '프쉬키코스'(*psychikos*[혼의])와 '프뉴마티코스'(*pneumatikos*[영적인]), 그리고 '사르키노스'(*sarkinos*[육체의]) 또는 '사르키코스'(*sarkikos*[육체의])라는 용어들을 사용한다. 문맥에서 이러한 각 용어의 의미를 파악하기 위해 적어도 2:6-3:4를 모두 읽어야 한다. 2:6은 바울이 "온전한"('호이 텔레이오이'[*hoi teleioi*]) 사람들에게 전달하는 지혜의 메시지에 대해 말할 때, 바울이 고린도 기독교인의 일부를 가리킨다고 생각하도록 일부 해석자들을 오도해왔다.[279] 그러나 그는 이미 영적으로 도달했다고 생각하는 고린도에 있는 사람들이 사용한 이 용어를 전체 교회에 적용하고 있는 것 같다.[280] 결국, 2장의 나머지 부분에 있는 모든 대조는 신자들과 불신자들 간의 차이이며, 두 종류의 신자들 간의 차이가 아니다. 그래서 그는 14-15절에서 "육에 속한 사람"('프쉬키코이'[*psychikoi*])과 "신령한 자"('프뉴마티코이'[*pneumatikoi*])의 개념을 소개할 때, 그는 비기독교인과 기독교인, 즉 이 세상의 생명력을 가진 사람과 하나님의 영으로 움직이는 사람을 대조해야 했

---

278 Moisés Silva, *Philippians*, rev. ed. (Grand Rapids: Baker, 2005), 80-82.

279 예를 들어, Ciampa and Rosner, *First Letter to the Corinthians*, 122.

280 Thiselton, *First Epistle to the Corinthians*, 225; Blomberg, *1 Corinthians*, 63-64. 이것은 역설적으로 십자가의 어리석음에 초점을 맞춘 지혜이며, 고린도의 문제를 세상의 지혜와 그리스도인을 특징짓는 지혜의 두 종류로 보는 경우를 뒷받침한다. Harm-Jan Inkelaar, *Conflict over Wisdom: The Theme of 1 Corinthians 1-4 Rooted in Scripture* (Leuven: Peeters, 2011)을 보라.

다. NIV는 문자적 의미가 덜하지만, 이 용어를 각각 "성령 없는 사람"과 "성령이 있는 사람"으로 번역할 때 확실히 더 명확하다.[281]

그렇다면 우리는 3:1-4의 "신령한 자들"과 "육신에 속한 자들"을 어떻게 구별해야 하는가? 가능성이 있는 대답은 이제 이 구절에서 처음으로 바울이 두 종류의 그리스도인을 구별하고, 다른 사람들보다 더 경건하게 행동하는 사람들을 언급하기 위해 좁은 의미로 "신령한'을 사용한다는 것이다. 그러나 여기에서도 이러한 구별은 기독교 역사에서 다양한 형태로 등장했던 "더 깊은 삶"(deeper life, 일반적인 기독교인들보다 영적으로 더 깊은 삶을 추구함-옮긴이)을 추구하는 사람들을 암시하지 않는다. 다시 말해, 명목상이거나 소극적인 기독교인과 적극적인 기독교인 사이의 대조가 아니다. 육적이고 세상적인 신자의 예는 단순히 교회 안에서 다투고 분쟁을 만드는 사람이다(3-4절). 이들은 부정적이고 파괴적인 방식으로 존재하고 활동할 뿐이다.[282]

"육"과 "신령"에 대한 비교는 고린도전서 15:44에서 반복된다. 이 세상에서 우리의 현재의 몸과 부활의 삶에서 우리가 갖게 될 몸을 구별하는 것을 논하면서, 바울은 "육의 몸으로 심고 신령한 몸으로 다시 살아난다"고 선언한다. 여기에서 NIV는 KJV의 전통 있는 번역을 유지한다. 그러나 "신령한 몸"은 너무 쉽게 모순처럼 들리며, 부활에 대한 논쟁에서 많은 학자들은 전혀 육체의 형태가 부여되지 않은 존재의 모습을 상상하게 만들었다.[283] 여기에서 대조는 만약 우리가 "자연적"과 초자연적"이라는 단어를 사용한다면 더 잘 드러난다.[284] 우리는 현재와 영원한 상태에서 육신을 가지고 있지만, 우리가 얻게 될 영광스럽고 불멸하고 완전한 육체는 현재 우리가 알고 있는

281 Fee, *First Epistle to the Corinthians*, 124-27.

282 Fee, *First Epistle to the Corinthians*, 133-37. Thiselton, *First Epistle to the Corinthians*, 288-95를 참조하라.

283 Thiselton, *First Epistle to the Corinthians*, 1276-78에서 조사된 여러 관점을 보라.

284 Thiselton, *First Epistle to the Corinthians*, 1278-81. 특히, K. R. MacGregor, "1 Corinthians 15, 3b-6a, 7 and the Bodily Resurrection of Jesus," *Journal of the Evangelical Theological Society* 49 (2006): 232-34를 참조하라.

것보다 더 뛰어나다. 그러나 이 모든 단락의 요점은 여전히 총체적(holistic)이다. 인간은 자신의 모든 부분이 함께 통합되어 성숙하고 하나로 된 인격을 갖도록 창조된다. 타락은 이 완전한 무결성을 파괴했다. 즉, 구원은 그것을 회복하는 과정을 시작하는 것이다. 우리는 다시 한번 완벽하게 통합될, 영원히 지속되는 미래 시대를 확신하며 성령으로 활력을 얻게 된다.

육체(Flesh)와 몸(Body). 지금까지 우리는 인간 존재의 구체화된 형태에 대하여 바울 안에 나타난 표현들을 살펴보았다. 좀 더 다른 부분을 살펴보자면, 바울이 91회 사용한 '소마'(*sōma*, 몸)와 함께, '사르크스'(*sarx*, 육체)는 90회 나타난다. 두 단어 모두 인간의 물질적인 부분을 나타낼 수 있으며, "육체"(영어에 나타나는 것처럼)는 때때로 사람(또는 동물)의 피부나 외피를 나타낸다. 그러나 바울은 종종 '사르크스'를 죄의 권세 아래 있는 인류를 언급하기 위해 사용한다.[285] NIV는 원래 '사르크스'의 이러한 사용을 번역하기 위해 "죄의 본성"(sinful nature)을 사용했는데, 이렇게 함으로써 영어로 "육체"와 자주 연관되는 성적인 죄와 관련된 의미뿐만 아니라, 육체나 몸을 모독하는 것으로 이해될 수 있는 그 어떤 오해를 뚜렷하게 피했다. 그러나 이러한 번역은 약점을 가지는데, 바울이 인간의 본성을 두 개의 분리된 부분, 즉 선을 위한 것과 악을 위한 것으로 나눌 수 있다는 것을 제안하기 때문이다. 이러한 구분은 랍비의 교리에 유사한 죄의 본성과 죄 없는 본성의 구분과도 비슷하다. 로마서 7:18과 25절은 바울이 이와 같은 의미에 가까워지는 것으로 보이는 문맥 안에 나타나지만,[286] 다른 구절들은 2011년 NIV에서 또 다시 "육체"로 번역되었다.

---

285 Silva, *New International Dictionary of New Testament Theology and Exegesis*, 4:261-62.

286 Cranfield는 자신의 책, *Critical and Exegetical Commentary on the Epistle to the Romans*, 1:361에서 바울 자신의 (그가 거부한) 본성의 일부인 것과 (그가 선호한) "타락한 인간 본성 그 자체"를 구별한다. 물론 이 구절은 많은 논란이 되고 있으며, 많은 학자는 바울이 그리스도인으로서 자신의 경험을 전혀 기술한 것으로 해석하지 않는다.

바울이 사용한 '소마'와 '사르크스'는 죽음을 면할 수 없다는 개념을 포함한다. 그러므로 고린도전서 15:50은 "혈과 육은 하나님 나라를 이어받을 수 없다"고 선언한다. 여기에서 바울은 우리의 부활 생명이 형체가 없다는 것을 의도하지 않는다. 오히려, 그는 죄와 죽음에 의해 제한된 우리의 현재의 몸이 영원한 상태에서 유지될 수 없다고 주장한다.[287] 랍비의 비유들은 "혈육의" 왕들(즉 죽을 운명인, 인간 왕들)에 대하여 말할 때와 정확히 같은 방식으로 히브리어 관용어구인 '바사르 브담'(*basar v'dam*)을 정기적으로 사용한다.[288] 바울 안에서 '소마'와 '사르크스'의 차이점은 일반적으로 주어진 맥락에서 분명하다. 우리는 우리의 머리이신 그리스도의 "몸"이라고 집합적으로 불릴 때(고전 12:12-27), 그것은 우리의 연약함이나 죄성이 아니라, 예수 안에 있는 집합적인 연합을 암시한다(25절). 바울이 온갖 악의 정황 안에서 성령을 대적하는 "육체"를 언급할 때(갈 5:13-24), 바울에게 "육체"라는 의미는 성령 충만한 신자에게 적합하지 않은 죄악이 가득하고 반역적인 삶의 방식을 가리키는 것이 분명하다. 그러나 때때로 모호함이 있다. 고린도전서 5:5에서 바울은 교회가 회개하지 않는 근친상간을 범한 자를 "사탄에게 내주었으니 이는 육신은 멸하고 영은 주 예수의 날에 구원을 받도록" 명령한다. "육신"(flesh)은 여기에서 "몸"(body)을 의미할 수 있으므로, 바울은 교회에 자연적 원인(성병?)이든 초자연적 원인(아나니아와 삽비라의 재현?)이든, 그 사람이 죽는다는 것을 의도했을 수 있다. 이 경우, 그는 구원을 잃지 않을 것이지만, 점점 더 악한 일을 하는 것으로부터 차단될 것이다.[289] 그러나 바울은 제

---

287 "이 용어는 혈과 육으로 이루어진 현재 형태의 몸을 가리킬 가능성이 가장 높지만, 연약함, 썩음, 죽음에 종속되며, 미래의 삶에 부적합한 것을 더욱 가리키는 것 같다." Fee, *First Epistle to the Corinthians*, 884. 또한, Alan Padgett, "The Body in Resurrection: Science and Scripture on the 'Spiritual Body' (1 Cor 15:35-58)," *Word and World* 22 (2002): 162를 참조하라.

288 예를 들어, Tos. Ber. 7:18, Bab. Kam. 7:4; b. Suk. 30a; 'Abot R. Nat. A 2:3, 16:3 등등.

289 가장 완벽하게 상세한 글은, David R. Smith, *"Hand This Man Over to Satan": Curse, Exclusion and Salvation in 1 Corinthians 5* (London: T&T Clark, 2008)을 보라.

명하는 것이 그 사람을 회개로 이끄는 충격적인 결과를 가져와서 그의 삶의 영역에서 죄의 세력이 끊어질 것이라고 쉽게 암시했을 수 있다.[290] 결과적으로, 주석가들은 역사적으로 이 구절의 구체적인 의미에 관하여 상당히 나뉘어져 왔다.

특히 흥미로운 것은 바울이 사용한 '소마' 중 일부인데, 단순히 육체 이상을 암시하는 것 같다. 예를 들어, 고린도전서 6:18은 "음행을 피하라 사람이 범하는 죄마다 몸 밖에 있거니와 음행하는 자는 자기 몸에 죄를 범하느니라"라고 말하면서, 성적인 부도덕을 금지한다. 그러나 분명히 술 취함과 탐식 역시 몸에 해로운 죄이다. 다른 형태의 약물 남용이나 자해 행위도 마찬가지이다. 아마도 자살은 몸에 해로운 극단적인 죄일 것이다. 그런 의미에서 '소마'는 "신체적인 방식으로 개인적인 교제의 능력"을 의미할 수 있고, 다른 어떤 죄는 "정확히 그러한 친밀한 방식으로" 다른 사람과 육체적으로 관련되지 않는다.[291]

몸(Body)과 육체(Flesh), 그리고 영(Spirit). 우리는 이미 갈라디아서 5장에 나타난 육과 영 사이의 바울의 대조를 주목했다. 두 단어를 모두 포함하는 고전적인 본문은 로마서 6-8장이다. 실제 용어 '사르크스'(*sarx*)는 7:5까지 나타나지 않지만, 18절과 25절, 그리고 8:3, 8, 9절에 다시 등장한다. '프뉴마'(*pneuma*)는 7:6에 처음 나타나지만, 8장에는 21회 등장한다. 그러나 대조

290 Fee, *First Epistle to the Corinthians*, 229-34; Thiselton, *First Epistle to the Corinthians*, 395-400.

291 몇몇 학자들은 "다른 죄는 육체적으로 파괴적일 수 있고(예를 들어, 자살, 탐식), 집합적으로 파괴적일 수 있고(예를 들어, 험담, 분열), 또는 영적으로 더러워질 수 있지만(예를 들어, 우상 숭배), 성적인 죄는 유일하게 몸을 결합하는 것이기 때문에, 독특하게 몸을 더럽힌다"고 결론을 내린다. 예를 들어, Brendan C. Byrne, "Sinning against One's Own Body: Paul's Understanding of the Sexual Relationship in 1 Corinthians 6:18," *Catholic Biblical Quarterly* 45 (1983): 613. Bruce N. Fisk, "ΠΟΡΝΕΥΕΙΝ as Body Violation: The Unique Nature of Sexual Sin in 1 Corinthians 6:18," *New Testament Studies* 42 (1996): 558. 바울이 성 윤리의 중요성을 얼마나 반문화적으로 이해했는지에 대하여, Alistair S. May, *"The Body for the Lord": Sex and Identity in 1 Corinthians 5-7* (London: T&T Clark, 2004)을 보라.

가 6:6에서 이미 시작되는데, 이 구절에는 우리의 "옛 사람"('팔라이오스 안뜨로포스'[*palaios anthrōpos*])이 그리스도와 함께 십자가에 못 박혔으므로 우리의 죄 많은 "몸"('소마'[*sōma*])이 더 이상 예전처럼 우리를 지배할 수 없게 되었다는 것이다. 여기에서 "몸"의 사용은 바울이 다른 곳에서 사용한 "육"과 유사하다. 6:10까지, 신자의 삶에서 죄 자체가 완전히 없어진 것처럼 들릴 수 있지만, 11-14절은 이 해석이 거짓임을 증명한다. 여기에서, 직설법은 명령법으로 이어진다. 즉 우리가 죄에 대하여 죽었기 때문에, 우리는 스스로 죄에 대하여 죽은 것으로 여기고, 죄가 우리의 죽을 몸을 다스리지 않도록 부름을 받는다.[292] 그 결과, 어떤 사람들은 신자가 여전히 죄를 지을 수는 있지만, 죄는 더 이상 자신의 삶을 지배할 수 없다고 주장한다. 그러나 바울은 왜 우리가 할 수 밖에 없는 일을 하지 말라고 명령할까? 이에 대하여 더 좋은 이해는 예전에 우리가 어떠한 의지 대상을 갖지 않고 죄의 지배 아래서 살았다는 것이다. 즉 이제 우리는 내주하는 성령에게 복종할 것인지 아니면 반역할 것인지 선택할 수 있다. 바울은 우리에게 경건한 선택을 하도록 촉구한다.[293] 15-23절은 이 요점을 자세히 설명하고, "죄의 삯은 사망이요 하나님의 은사는 그리스도 예수 우리 주 안에 있는 영생"(23절)이라고 말하는 더 일반적인 대조에서 절정을 이룬다.

---

292 Teresa Kuo-Yu Tsui, "Reconsidering Pauline Juxtaposition of Indicative and Imperative (Romans 6:1-14) in Light of Pauline Apocalypticism," *Catholic Biblical Quarterly* 75 (2013): 297-314를 참조하라. Samuli Siikavirta는 자신의 책, *Baptism and Cognition in Romans 6-8: Paul's Ethics beyond "Indicative" and "Imperative"* (Tübingen: Mohr Siebeck, 2015)에서, 명령법에 대한 이 직설법의 언어가 지나치게 단순하고 오해의 소지가 있다고 비판한다. 오히려 그는 그것(명령법에 대한 직설법의 언어)을 바울의 신학과 윤리(이는 반드시 각각의 헬라어의 문법적인 법[mood]에 일치하지는 않는다) 사이의 관계로 표현하는 것을 선호한다. 그는 바울의 신학과 윤리를 무엇보다도 바울이 세례에 관한 가르침에서 함께 결합하는 것으로 이해하는데, 이 가르침에서 바울은 교회들이 이 사건과 그리스도 안에서 그들의 정체성을 기억하도록 권면하며, 이 정체성은 이 진리에 비추어 살아가도록 인도한다.

293 Charles H. Talbert, *Romans* (Macon, Ga.: Smyth & Helwys, 2001), 166. 또한, Cranfield, *Critical and Exegetical Commentary on the Epistle to the Romans*, 1:319-20; Ernst Käsemann, *Commentary on Romans* (Grand Rapids: Eerdmans, 1980), 174-75를 참조하라.

7장은 그리스도의 오심 이후, 우리가 새 시대에 살고 있다고 다시 선언하는데, 6절에서 "우리가 율법에서 벗어났으니 이러므로 우리가 영의 새로운 것으로 섬길 것이요"라고 진술된다. 7-12절에서 율법 그 자체는 선하지만, 다가오는 죄와 함께 되살아난다는 것을 분명히 한다. 여기서 갈라디아서 3:19에서처럼, 알고 저지르는 범죄가 증가한다는 것은 아닐 수 있다. 대신, 몇몇 사람들이 이전에 관심이 없었지만, 어떠한 일이 잘못되었다는 것을 알았을 때 그 잘못된 일을 하도록 자극한다는 것이다.[294] 14-25절에서 바울은 하기 원치 않는 것을 하고, 하고 싶은 것을 하지 않는 것에 대해 계속 이야기하고 있으며, 이 구절들 안에서 두드러진 점은 부정과거 시제에서 현재 시제로 전환된다는 것이다. 그의 곤경의 깊이 때문에, 어떤 해석 학파는 바울이 여전히 기독교 이전의 관점에서 말하고 있는 것임에 틀림없다고 주장하였다. 결국, 그는 자신이 "죄 아래에 팔렸다"(14절)고 진술하며, 그런 다음 "내 속사람으로는 하나님의 법을 즐거워한다"라고 주장하기 때문에, 바울 자신이 토라를 지키는 유대인으로서 말하는 것임이 틀림없다는 것이다.[295] 그러나 왜 시제 전환이 있는가?[296] 25절에 나타난 순서는 신자로서 이 종살이에서 완전히 해방된 경우 기대할 수 있는 것과 정반대이다. 먼저, 그는 그리스도 안에서 하나님이 죄와 사망의 몸에서 그를 건지시는 것

294 Hultgren, *Paul's Letter to the Romans*, 278.

295 Moo, *Epistle to the Romans*, 461. Hae-Kyung Chang, "The Christian Life in a Dialectical Tension? Romans 7:7-25 Reconsidered," *Novum Testamentum* 49 (2007): 257-8을 참조하라.

296 두 시제의 동사 상에 기초하여, 전환이 과거에서 현재 시간으로 이동하지 않는다면, 덜 두드러진 동사에서 더 두드러진 동사로 이동한다. 그러나 바울을 여전히 괴롭히는 내적 긴장 때문이 아니라면, 두 번째(현재 시제) 진술을 첫 번째(과거 시제) 진술보다 더 강조하거나 강조할 가치가 있는 것은 무엇인가? 동사 상의 가장 열렬한 지지자 중 한 사람인, 포터(Stanley E. Porter)는 자신의 책, *The Letter to the Romans: A Literary and Linguistic Commentary* (Sheffield: Sheffield Phoenix, 2015), 149-54에서 이것은 기독교인 바울이 여기에서 말하고 있다는 것을 확신하면서, "의롭게 되고 화해한 사람에게도 인간의 삶은 끊임없는 노예의 삶이다. 인간의 몸은 아담의 혈통으로서 인간다움을 벗어날 수 없고 죄와 죽음에 종속되어 있는 반면, 마음의 변화가 일어난다는 것은 그 사람이 자유롭지 못하고, 하나님의 인도하는 원리인 새로운 주인에게 노예가 됨을 의미한다"(154).

을 기뻐한다. 그런 다음, 그는 "내 자신이 마음으로는 하나님의 법을 육신으로는 죄의 법을 섬기노라"라고 말하면서 슬퍼한다. 베츠(Hans Dieter Betz)는 "기독교인은 삶의 적의(antagonism)의 깊이와 심각성을 더 잘 알게 될 것"이라고 말한다.[297] 기독교인의 삶의 특징은 모든 중독으로부터 자유를 얻는 것이 아니라, 이제 그 중독이나 다른 죄에 대한 정죄함이 없다는 놀라운 소식이다(8:1).[298] 2절은 얼 듯 보기에 7:14b, 23, 25b와 긴장 관계에 있는 것처럼 보인다. 그러나 크랜필드(Cranfield)는 "그리스도 안에 있는 사람들 안에 있는 성령의 권위의 현재 효과는 이들이 미래에 죄의 권위로부터 완전한 자유를 얻을 것이라는 보증이다."라고 설명한다.[299] 8:10은 문제를 간결하게 요약하고, "이미 그러나 아직 아니"라는 종말론적인 관점에서 이 긴장을 설명하는데, 바울은 "또 그리스도께서 너희 안에 계시면 몸은 죄로 말미암아 죽은 것이나 영은 의로 말미암아 살아 있는 것이니라"라고 진술한다. 우리는 여전히 때때로 끔찍하게 죄를 짓고, 여전히 죽을 수밖에 없다. 그러나 우리에게 수여된 하나님의 의는 우리에게 현재와 영원을 위해 성령으로 생명력을 얻는 삶을 가져다준다.

새로운 삶

우리는 이미 그리스도의 십자가와 부활이 신자들을 새 창조의 일부로 만들었다는 것을 보았다. 그러나 각 기독교인은 개별적으로도 새로운 삶을 경

---

297 Hans Dieter Betz, "The Concept of 'Inner Human Being' (ὁ ἔσω ἄνθρωπος) in the Anthropology of Paul," *New Testament Studies* 46 (2000): 341.

298 "여기 8:1에서 '심판에서 정죄에 이르는' 보편적 선고를 초래한, 아담의 죄의 무서운 유산과 인류의 유전된 타락, 그리고 사람들 자신의 결과적인 죄는 나사렛 예수의 사역과 '그리스도 예수 안에 있는 자에게는 결코 정죄함이 없다'는 선언을 통한 하나님의 놀라운 은혜에 의해 반대된다." Longenecker, *Epistle to the Romans*, 684. 자세한 내용을 위해, Michael P. Middendorf, *The "I" in the Storm: A Study of Romans 7* (St. Louis: Concordia, 1997)을 보라. 또한, Cranfield, *Critical and Exegetical Commentary on the Epistle to the Romans*, 1:344-47; J. de Waal Dryden, "Revisiting Romans 7: Law, Self, and Spirit," *Journal for the Study of Paul and His Letters* 5 (2015): 129-51을 참조하라.

299 Cranfield, *Critical and Exegetical Commentary on the Epistle to the Romans*, 1:378.

험한다. 굽타(Nijay Gupta)는 이 주제에 대해 바울에게서 세 가지 주요한 강조점들을 발견한다. 첫째, "새 생명은 섬김과 순종으로 하나님께 바쳐진다." 둘째, "하나님께서 자기 백성을 새 생명의 유일한 소유로 되찾으셨다고 할지라도, 이 땅에서 하나님의 백성인 신자들은 부활의 능력으로 그리스도의 육신의 고난과 죽음에 일치하는 삶을 살도록 요구받는다." 마지막으로, "새로운 삶은 옛 시대와 새 시대가 겹쳐진 현 상태에서 세상이 공유하지 않은, 변화된 인식을 필요로 한다."[300] 이 새로운 실체에 대한 바울의 가장 놀랍고 반복되는 표현은 비록 이 새로운 삶에 대한 그의 생각에 다른 중요한 범주가 있기는 하지만, 우리가 "그리스도 안에" 있다는 것이다.

<u>그리스도 안에서.</u> 바울의 구원론의 이 특징적인 표현, "그리스도 안에서"의 정확한 의미를 논하기 위해, 엄청난 글들이 쏟아졌다(예를 들어, 롬 9:1, 12:5, 15:17; 고전 3:1, 4:10 등등).[301] 이 표현은 신자들이 주님과 어떤 종류의 신비로운 연합을 의미하는가? 그것은 그리스도가 베풀어주는 축복이나 그의 명예와 슬픔을 포함하여 예수와 함께 하는 삶에 참여를 의미하는가? 그것은 그리스도의 몸, 즉 교회의 연합인가? 그것은 예수와 다른 형태의 연대인가? 그것은 형용사 "기독교의"라는 표현에 상응하는 동의어인가? 그것은 각 문맥에서 같은 것을 의미해야 하는가? 아니면, 각 구절마다 다양한 의미를 전달해야 하는가? 레드(George Ladd)는 고린도전서 15:22 즉 이 구절이 "아담

---

300 Nijay K. Gupta, *Worship That Makes Sense to Paul: A New Approach to the Theology and Ethics of Paul's Cultic Metaphors* (Berlin: de Gruyter, 2010), 213-14.

301 캠벨(Campbell)과 함께(각주 179를 보라), 특히 바울이 칭의와 참여라는 구원론적인 두 모델 대신에, 십자가에 함께 달림으로 의롭게 됨이라는 하나의 모델이 있다고 주장하는 Gorman, *Inhabiting the Cruciform God*를 참조하라. 또한, 마카스킬(Grant Macaskill)은 자신의 책, *Union with Christ in the New Testament* (Oxford: Oxford University Press, 2014)에서 언약적 관계가 예수를 우리의 대표자로 만들고, 그래서 그의 이야기는 확장적으로 우리의 이야기가 될 수 있다고 언약적인 관점에서 주장한다. 또한, 타테(Thate), 벤후저(Vanhoozer), 캠벨(Campbell)은 그들의 책, *"In Christ" in Paul*에서 신약 연구 뿐만 아니라, 역사와 조직신학의 관점에서 그 주제에 접근하는 글들을 포함한다.

안에" 있는 것과 "그리스도 안에" 있는 것 사이의 평행과 함께, 주석의 핵심임을 발견한다. 우리가 아담과의 관계 때문에 죄와 죽음에 처하게 된 것처럼(그가 우리의 대표자이거나 우리의 머리로 이해되든), 기독교 실존의 영역과 능력 안에서 우리는 그리스도와 연합한다.[302] 은유적으로, 바울은 우리가 그리스도 안에 있고 그리스도가 우리 안에 있다고 말할 수 있다(롬 8:10, 고후 11:10, 갈 2:20, 골 1:27 등등). 쿠울라(Kari Kuula)는 이 비슷한 표현들 안에서 바울의 사고의 핵심인 성령과 관련된 병행 표현들과 결합된다는 것을 발견한다.[303] 그것은 신자를 위한 공동체의(corporate) 실존을 가리킬 뿐만 아니라, "그리스도의 인격에 대한 개인주의적인 개념 이상을 나타낸다." 왜냐하면 바울이 신자들을 은유적으로 그리스도 자신 안에 위치하는 것으로 이해했다는 것을 암시하기 때문이다.[304] 탄네힐(Robert Tannehill)은 "그리스도 안에서"라는 표현이 "그리스도와 함께" 죽고 부활하는 것을 포함하는 더 큰 범주로 이해한다.[305] 간단히 말해서, "그리스도 안에서"라는 표현이 나타나는 맥락에 따라 다양한 의미를 가질 수 있다.

골로새서 3:1-4에서 바울은 신비로운(mystical) 경험을 묘사하는 것처럼 보인다. "그리스도 안에서"라는 표현은 나타나지 않지만, 이 표현과 비슷한 동의어가 나타난다. "위의 것을 찾으라 거기는 그리스도께서 하나님 우편에 앉아 계신다"(1절)는 사실을 독자들이 마음에 두어야 한다는 것을 기초로 하여, 바울은 이들에게 그리스도와 함께 부활했다는 사실을 상기하기 위해 '쉰'(*syn*) 합성어 중 하나를 사용한다. 이 "위의 것"은 "땅의 것"(2절)의 반대이므로 신자들의 생명은 "하나님 안에 감추어진" 것이다. 바울의 편지 중 데살로니가전서 1:1에서만 신자들이 하나님 안에 있다고 말해지는데(3절), 여

302 Ladd, *Theology of the New Testament*, 524.

303 Kari Kuula, *The Law, the Covenant and God's Plan* (Helsinki: Finnish Exegetical Society; Göttingen: Vandenhoeck & Ruprecht, 2003), 2:81.

304 Moule, *Origin of Christology*, 62; Witherington, *Paul's Narrative Thought World*, 137.

305 Tannehill, *Dying and Rising with Christ*.

기 골로새서에서 그 표현은 단지 인간 문제로부터 훨씬 더 멀리 떨어져 있음을 나타내기 위해 등장하는 것처럼 보인다. 마치 그리스도가 재림할 때에만 우리는 영광 중에 다시 나타날 것처럼(4절) 말이다. 그러나 5-10절은 이 신비로운 해석을 부정한다. '그리스도와 하나님과 함께' 또는 '그리스도와 하나님 안에' 하늘의 것들 위에 거한다는 것은 기독교인들이 옛 시대의 악덕을 거절하고 특히 대인 관계 상황에서 건전하게 살 뿐만 아니라, 이생의 평범하고 세속적인 상황에서 거룩하고 도덕적인 삶을 사는 것을 의미한다.[306]

성령 안에서. 당연하게도, 만약 성령 역시 그리스도의 영이라면(롬 8:9, 고후 3:17), "성령 안에" 있다는 것은 "그리스도 안에" 있다는 것과 어느 정도 동의어가 될 수 있다(고전 6:11 참조).[307] 그러나 "그리스도 안에서"라는 구보다 전치사 '엔'(*en*)이 목적어로 "성령"과 함께 사용될 때, "~안에"(in) 뿐만 아니라 "~에 의해"(by)나 "~함께"(with)의 의미를 가질 수 있다.[308] 중요한 신학은 바울이 '엔 프뉴마티'(*en pneumati*)와 함께 수식하는 다양한 동사에서 파생된다는 것이다. 신자들은 성령 안에서, 성령에 의해서, 성령과 함께 세례를 받거나 내주하거나 그리고 충만해질 수 있다. 성령으로 세례를 받는다는 것은 고린도전서 12:13에서만 나타나는데, 이곳에서 바울은 고린도 회중 전체에 적용한다. 고린도 교회를 괴롭히는 미성숙하고 파벌을 만드는 신자들의 수를 감안할 때, 이것은 성숙한 기독교인에게만 제한된 경험이 될 수 없

306 더 연구를 위해, Craig S. Keener, "Heavenly Mindedness and Earthly Good: Contemplating Matters Above in Col 3:1-2," *Journal of Greco-Roman Christianity and Judaism* 6 (2009): 175-90; Craig S. Keener, *The Mind of the Spirit* (Grand Rapids: Baker, 2016), 237-51을 보라. 또한, Ian K. Smith, *Heavenly Perspective: Study of the Apostle Paul's Response to a Jewish Mystical Movement at Colossae* (London: T&T Clark, 2006), 173-84를 참조하라.

307 상속자로서 하나님의 가족으로 연합되는 선물은 예수에게서 오며, 그리스도인의 삶을 위한 능력은 성령을 통해 온다. "성령의 입양과 선물은 새로운 우주적인 가족 형성을 위한 강력한 영적 엔진을 제공한다." Lee, *Cosmic Drama of Salvation*, 310.

308 Murray J. Harris, *Prepositions and Theology in the Greek New Testament* (Grand Rapids: Zondervan, 2012), 230-31.

다. 성령으로 세례를 받는다는 것은 그리스도 안으로 입문하는 것과 동등함이 틀림없다. 입회 의식으로서 세례라는 바로 그 개념은 이 해석을 확증한다. 비록 성령과 함께 은유적으로 사용된다고 할지라도 말이다.[309] 바울은 또한 성령을 받아 사는 사람들에 대하여 자주 말한다(롬 8:9, 11, 15; 고전 2:12; 6:19; 고후 11:4; 갈 3:2, 14; 엡 2:22). 우리가 어떻게 기도해야 할지 모를 때, 성령은 우리를 위해 하나님께 간구한다(롬 8:26). 고린도후서 1:22는 "앞으로 이루어져야 하는 것을 보장하는, 보증금," 즉 '아라본'(*arrabōn*)으로서 우리 마음에 성령을 두신 하나님에 대하여 말한다. 바로 앞의 문맥에서 "그가 또한 우리에게 인치시고"라는 표현을 하면서, 은유가 사용된다. 두 표현 모두 하나님이 그의 영을 사람 안에 두신다면, 그는 떠나지 않을 것이라는 사실을 보여준다. 고린도후서 5:5와 에베소서 1:13-14는 '아라본'(계약금을 의미할 수 있음)이라는 용어를 다시 사용하여 이 약속을 반복한다. 물론 사람은 서약을 어기거나 계약금 이후 대출금을 갚지 못할 수도 있지만 하나님은 그럴 수 없다. 이 은유는 바울이 성령을 옛 시대와 새 시대가 겹쳐진 시대에서 필수적인 종말론적인 역할을 하는 것으로 이해한다는 것을 증명하는데, 그의 임재는 종말에 있는 하나님의 약속의 완전한 실현을 보장하기 때문이다. 이 구절들은 자주 흔히 말하는 영원한 안전이나 더 적절하게는 성도의 견인에 관한 논쟁에서 간과되는 본문들이다.[310]

또한, 바울은 신자들에게 반복적으로 성령으로 충만하라고 명령한다(엡

309 콘스모(Erik Konsmo)는 자신의 책, *The Pauline Metaphors of the Holy Spirit: The Intangible Spirit's Tangible Presence in the Life of the Christian* (New York: Peter Lang, 2010), 74에서, "객관적인 진리는 모든 기독교인이 성령 세례를 받지만, 주관적인 실재는 영적인 은사에 따라 다르게 나타난다는 것이다."라고 진술한다. 이 구절은 또한 갈 3:28과 골 3:11과 함께 교회 전체의 일치에 대한 바울의 비전의 일부에 속한다. 이에 대하여, Bruce Hansen, *"All of You Are One": The Social Vision of Galatians 3.28, 1 Corinthians 12.13 and Colossians 3.4* (London: T&T Clark, 2010).

310 중요한 예외는 Thomas R. Schreiner and Ardel B. Caneday, *The Race Set before Us: A Biblical Theology of Perseverance and Assurance* (Downers Grove, Ill.: IVP, 2001), 263이다.

5:18). 현재 시제 명령의 동사가 나타나는 문맥의 중요성은[311] 바울이 이들에게 습관적으로 행하도록 의도한 활동들을 가리키는 분사들과 함께("화답하며," "노래하며," "찬송하며," "감사하며," "피차 복종함"), 성령으로 충만하게 되는 것을 드러낸다는 것이다. 바울은 골로새서 1:9에서 하나님께서 성령이 주는 지혜와 총명을 통하여 하나님의 뜻을 아는 것으로 계속해서 신자들을 채우실 것을 기도한다. 로마서 15:3에서 바울은 하나님께서 성령이 주는 소망으로 인도하는 기쁨과 평강으로 회중을 충만하게 하기를 기도한다. "채움"(누가복음과 사도행전에 나타난 것처럼)은 사람 안에 내주하기 위해 오는 성령의 단번의 행동이 아니라, 신실한 기독교인의 삶에 필요한 능력을 반복적으로 부여한다는 것을 의미한다.[312] 구약 시대에 성령은 개인에게 왔다가 가기도 했다(예를 들어, 민 24:2, 삿 3:10, 삼상 10:10, 대상 12:18, 겔 2:2). 이제 새 시대에 대한 표시로서, 성령은 신자 안에 영구적으로 머물고, 여전히 계속해서 그들을 충만하게 한다. 왜냐하면 신자들은 불순종을 통해 "성령을 소멸"할 수 있기 때문이다(살전 5:19).[313]

성화와 함께. 우리가 앞에서 언급했듯이, 조직신학과 바울 신학조

---

311 William J. Larkin, *Ephesians: A Handbook on the Greek Texts* (Waco, Tex.: Baylor University Press, 2009), 97. 그것은 "일반적인 가르침(다양한 경우에 행동을 촉구함: '행하는 것')"이다.

312 Harold W. Hoehner, *Ephesians: An Exegetical Commentary* (Grand Rapids: Baker, 2002), 704. 또한, 콜린스(C. John Collins)는 자신의 글, Ephesians 5:18: What Does plērousthe ēn pneumati Mean?" *Presbyterion* 33 (2007): 12-30에서 채우는 것을 영적 은사를 사용하는 것과 직접적으로 연관시킨다. 흥미롭고 집합적인 해석을 위해, Timothy G. Gombis, "Being the Fullness of God in Christ by the Spirit: Ephesians 5:18 in Its Epistolary Setting," *Tyndale Bulletin* 53 (2002): 259-71을 보라.

313 라벤스(Volker Rabens)는 자신의 책, *The Holy Spirit and Ethics in Paul: Transformation and Empowering for Religious-Ethical Life* (Tübingen: Mohr Siebeck, 2010) 246에서 "친밀한 관계의 경험은 인간의 존재를 변화시킬 뿐만 아니라 도덕적 행동을 할 수 있는 능력을 부여한다"(롬 5:5, 8:12-17; 갈 4:1-7; 엡 3:16-19)고 말한다. 에스겔 36:25-28과 이 구절에 기초한 유대 전통은 "성령이 하나님에 대한 더 깊은 지식과 친밀한 관계를 제공함을 통하여 종교적-윤리적 삶을 가능하게 한다는 개념"을 발견하는 바울의 해석을 뒷받침한다. 믿음의 공동체와 긴밀한 관계 역시 성령이 능력을 준다는 이 모델에서 중요한 역할을 한다.

차 마치 바울서신 안에서 분명하고, 분리되고, 강조된 개념인 것처럼, 자주 "성화"를 주요 부분의 제목으로 사용한다. 헬라어 단어는 '하기아스모스'(*hagiasmos*, "거룩함"으로 번역될 수 있음)이지만, 이 단어는 우리가 고려하고 있는 10개의 편지의 4개의 문맥 안에서만 나타난다(롬 6:19-22; 고전 1:30; 살전 4:3-7; 살후 2:13). 물론, 신자들이 윤리적으로 살 때마다 이들은 거룩함이나 성화를 나타내고 있지만, 우리는 아래의 "기독교 윤리"라는 별도의 제목으로 바울의 풍부한 주제들을 다루기로 선택했다. '하기아조'(*hagiazō*, 거룩하게 하다)라는 동사는 6개 다른 문맥에서 나타나지만(롬 15:16; 고전 1:2, 6:11, 7:14; 엡 5:26; 살전 5:23), 각각의 경우에 조직신학에서처럼, 칭의 이후에만 일어나는 무엇인가가 아니라, 기독교인의 전체 삶을 포괄하는 용어로서 나타난다.[314] 바울은 일상적으로 모든 기독교인을 "하나님의 거룩한 백성"으로 언급한다(예를 들어, 엡 1:1, 5:3; 빌 1:1; 골 1:2). 참으로, 고린도전서 6:11에서 두 동사는 이미 일어난 무엇인가로서, 부정과거 시제와 동의어 평행법의 형태로 나타난다("거룩함과 의롭다 하심을 받았느니라").[315] 로마서 8:29-30에는 전혀 등장하지 않는데, 미리 알려진 자들은 다 예정되었고, 부름을 받았고, 의롭다 하심을 받았고, 영화롭게 되었으므로, 바울은 모든 신자들의 삶이 점점 더 거룩한 행동으로 특징짓기를 분명히 원했다. 그러나 그는 아마도 거룩함이나 성화의 전반적인 개념을 논의하기보다는 특정한 도덕적 문제에 관한 구체적인 명령을 제시했을 가능성이 훨씬 더 높다.

또한, 바울은 신자들이 거룩함 안에서 실제적인 진전을 이루기를 기대한

---

314 특히 Kent Brower, *Living as God's Holy People: Holiness and Community in Paul* (Milton Keynes: Paternoster, 2010)을 보라.

315 특히, David G. Peterson, *Possessed by God: A New Testament Theology of Sanctification and Holiness* (Downers Grove, Ill.: IVP, 2001)을 보라. 또한, Gaffin, *By Faith, Not by Sight*, 110을 참조하라. 그는 "그 안에서 우리의 칭의와 거룩함은 분리할 수 없이 함께 주어진다. 즉, 골로새서 1:27의 그리스도는 다름 아닌 로마서 8:34의 그리스도이다. 내주하는 그는 변화하는 것 이상이다. 그가 여기, 우리 안에 있는 것처럼, 그 역시 거기, 하나님의 우편에 우리를 위하여 있다. '우리 안에' 그리스도는 '우리를 위한' 그리스도이며, 그가 우리 안에 있는 것처럼, 그는 오직 우리를 위해 있다."

다. 구약 시대에 의식의 순결이 중요했던 것처럼, 신약 시대에는 도덕적 순결이 매우 중요하다(사 52:11을 인용하는 고후 6:17). 교회는 신자들이 이생에서 도달할 수 있고 도달해야 하는 성숙을 증진시키는 중요한 장소이다.[316] 바울은 성숙을 그리스도와 같이 되고 그를 본받는 것이라고 설명한다. 삼라(James Samra)는 로마서 8장과 12장, 고린도전서 15장, 고린도후서 2-4장, 갈라디아서 3-4장, 빌립보서 3장을 고려해야 할 가장 중요한 장들이라고 주장한다. 그는 성령이 성숙의 과정에서 사용하는 다섯 가지 구성 요소는 "1) 그리스도와 동일시됨; 2) 고통을 견디는 것; 3) 하나님의 임재를 경험하는 것; 4) 하나님의 지혜를 받아 실천하는 것; 5) 경건한 예를 본받는 것"이라고 설득력 있게 주장한다.[317] 하워드(James Howard)는 하나의 아이디어로 요약하는데, 성화는 "영광을 위해 다른 사람들에게 영향을 줄 목적으로, 구속받은 자에게 하나님이 부여한 독특한 과정이다."[318]

변화와 새로운 정체성. 물론, 성령이 신자들 안에서 일으키는 변화는 거룩함이라는 단어군에만 제한되지 않는다. 바울은 신자들의 새로운 정체성을 설명하기 위해 다른 언어를 사용한다. 그러한 개념 중 하나는 우리가 하나님의 형상으로 새롭게 되거나 예수의 형상을 본받는다는 것이다. 이러한 것들은 서로 밀접하게 관련되는데, 예수가 하나님의 형상을 완전히 반영하기 때문이다. 로마서 8:29에서 바울은 우리가 "그 아들의 형상을 본받았다"라고 분명히 말한다. 바울이 신자들에 대한 하나님의 형상을 논의할 때, 그

316 바울이 기독교의 성숙과 진보에 대해 사용하는 다양한 은유와 표현에 대한 유익한 논의를 위해, J. Paul Sampley, *Walking in Love: Moral Progress and Spiritual Growth with the Apostle Paul* (Minneapolis: Fortress, 2016), 93-132를 보라.

317 James G. Samra, *Being Conformed to Christ in Community: A Study of Maturity, Maturation and the Local Church in the Undisputed Pauline Epistles* (London: T&T Clark, 2006), 168.

318 James M. Howard, *Paul, the Community, and Progressive Sanctification: An Exploration into Community-Based Transformation within Pauline Theology* (New York: Peter Lang, 2007), 184.

는 이것을 기독론과 밀접하게 연결한다. 그러므로, 고린도후서 3:18에서 우리는 "그와 같은 형상으로 변화"하고 있으며, 바울은 다음 단락에서 그리스도가 하나님의 형상이라고 계속해서 구체화한다. 비슷하게, 골로새서 3:10에서 우리의 새로운 정체성은 "자기를 창조하신 이의 형상을 따라 지식에까지 새롭게 하심을 입은 자"이다. 동일한 편지에서 바울이 "형상"('에이콘'[*eikōn*])이라는 단어를 다르게 사용하는 유일한 경우는 1:15("그는 보이지 아니하는 하나님의 형상")인데, 우리가 이것을 깨달을 때까지 3:10을 하나님의 형상에 대한 직접적인 언급이 나타난 구절이라고 생각할 수 있다. 어쨌든, 바울은 신자들의 변화와 갱신을 하나님의 형상으로서 예수의 기독론에 그 뿌리를 확고하게 두고 있다. 아담 안에서 훼손된 하나님의 형상이 그리스도 안에서 신자들에게 회복되고 있다. 바울에게, 창세기 1:26에 나오는 하나님의 형상은 이제 그리스도 중심적이며, 그 형상을 믿는 자들이 새롭게 되는 것은 그의 원래 의도로 인류를 회복시키는 새로운 창조를 통해서이다.[319] 그러나 예수가 성육신 전의 모습으로 되돌아갈 뿐만 아니라, 더욱 높임을 받은 것처럼(빌 2:9-11), 신자들의 상태는 아담과 하와가 에덴 동산에 있었던 것보다 훨씬 더 영광스럽게 될 것이다.[320] 밀접하게 관련되는 것은 바울이 옛 사람과 새 사람('안뜨로포스'[*anthrōpos*])을 논하는 곳이다. 이러한 표현들을 "옛 사람/새 사람"으로 번역하는 것은 바울이 의도하는 것을 모호하게 만들 수 있다. 가장 분명한 예는 "우리의 옛 사람이 예수와 함께 못 박혔다"고 진술하는 로마서 6:6이다. 여기에서 "옛 사람"이라는 번역은 그 자체로 위에서 논의한 옛 본성 대 새 본성처럼 들릴 수 있다. 그러나 이 단락은 바울이 반복적으로 아담("한 사람")과 그리스도, 즉 새로운 아담("다른 사람")을 대조하는 5:12-21에 밀접하게 연결된다. 이런 이유로 로마서 6:6은 신자들의 개별적인 갱신에 대한 인류학적 진술 이상이다. 즉, 6:6은 아담 시대(옛 사람)를 향

---

319 Michael F. Bird, *Colossians and Philemon* (Eugene, Ore.: Cascade, 2009), 102.

320 특히, Nicholas A. Meyer, *Adam's Dust and Adam's Glory in the Hodayot and the Letters of Paul: Rethinking Anthropogony and Theology* (Leiden: Brill, 2016), 175-231을 보라.

한 충성의 상태가 그리스도와 함께 못 박혔다는 기독론적, 종말론적 진술이다.[321] 그리스도와 함께 십자가에 못 박힘으로 신자들의 정체성과 충성의 대상은 아담의 시대에서 새 아담 그리스도의 시대로 바뀌었다.[322] 이 동일한 언어가 골로새서 3:9-10과 에베소서 4:22-24에서 옛 사람을 "벗어 버리고" 새 사람을 "입는다"는 의복 은유의 추가와 함께 일어난다. 다시 말하지만, 이것은 우리가 총체적으로 하나님의 그리스도 중심적인 형상으로 새롭게 되기 때문에 옛 본성 대 새 본성의 대조가 아니다. 더욱이, 로마서 13:14에서 바울은 동일한 의복 언어를 사용하지만, 교회에게 "새로운 자아"를 입도록 명령하지 않는다. 대신에 "오직 주 예수 그리스도로 옷 입도록" 명령한다. 이것들이 상호 교환할 수 있다는 사실은 인류학적인 갱신 이상이 고려되고 있으며, 바울의 기독론이 결코 멀리 있지 않다는 것을 제안한다. 또한 바울이 "새 사람"이라는 표현을 사용한 유일한 다른 경우가 에베소서 2:15에 있는데, 이 구절에는 그리스도가 이전에 전혀 다른 유대인과 이방인에서 "새 인류"를 창조한 사실이 나타나고, 우리가 새롭게 되는 것에 대하여 공동체의 차원이 엿보인다.[323]

고난과 함께. 우리가 새롭게 되는 것은 예수의 형상을 닮는 것이기 때문에, 바울이 고난을 기독교인의 삶의 정상적인 부분으로 묘사하는 것은 이치에 맞다.[324] 빌립보서 1:29는 사실상 믿음과 고난이 거의 인접하는 것처럼, "그리스도를 위하여 너희에게 은혜를 주신 것은 다만 그를 믿을 뿐 아니

321 이러한 이유로, 슈라이너(Schreiner)는 자신의 책, *Romans,* 315에서 이 표현을 "옛 시대에 있는 인류의 구속 역사적 명칭"으로 묘사한다.

322 Moo, *Epistle to the Romans*, 373-74.

323 나는 2017년 7월, 개인 서신에서 실(Darlene M. Seal)에게 이 단락에 대하여 빚지고 있다.

324 L. Ann Jervis, *At the Heart of the Gospel: Suffering in the Earliest Christian Message* (Grand Rapids: Eerdmans, 2007). 그녀는 바울이 독자들에게 그리스도를 위하여 또는 그리스도처럼 고난을 받도록 촉구하는 것을 넘어, 실제로 이들이 그리스도의 사고방식을 공유함으로써 고난을 짊어지도록 명령한다고 주장한다(61쪽).

라 또한 그를 위하여 고난도 받게 하려 하심이라"라고 진술한다. 빌립보 찬가(2:6-11)도 관련되는데, 부분적으로 우리가 고난에 대한 예수의 태도를 공유해야 한다는 것이다(5절).[325] 한 장(chapter) 이후, 바울은 그리스도의 부활의 능력을 알고자 하여 "그의 죽으심을 본받길" 바라면서, 그의 고난에 참여하기를 원한다(3:9-10). 이것은 십자가에 달린 이후 다시 살아난 예수를 바울이 본받고자 하는 열망이 아니라, 이생에서도 그리스도를 더 잘 알기 위해 십자가에 못 박힌 생활 방식에 참여하려는 것처럼 보인다.[326] 로마서 8:17에서 바울은 고난과 영광이 얼마나 밀접하게 관련되어 있는지를 보여주는데, 우리는 "그리스도와 함께 한 상속자니 우리가 그와 함께 영광을 받는다." 18절은 "생각하건대 현재의 고난은 장차 우리에게 나타날 영광과 비교할 수 없도다"라는 놀라운 관점을 덧붙인다.[327]

그러나 신자들은 고난을 추구할 필요는 없다. 만약 이들이 상당한 시간 동안 산다면, 그 고난이 이들을 발견할 것이다.[328] 한편, 이들은 고난 받는 신

325 블룸퀴스트(Gregory Bloomquist)는 자신의 책, *The Function of Suffering in Philippians* (Sheffield: JSOT Press, 1993), 160에서 이 본문을 이 주제에 관한 "편지 안의 중요한 핵"이라고 부른다.

326 쿠르즈(William Kurz)는 자신의 글, "Kenotic Imitation of Paul and Christ in Philippians 2 and 3," in *Discipleship in the New Testament*, ed. Fernando Segovia (Philadelphia: Fortress, 1985), 103-26에서 이 연속된 두 장에서 그리스도의 고난과 바울의 고난 사이의 유사점을 강조한다. 아데유야(J. Ayodeji Adewuya)는 자신의 책, *Holiness and Community in 2 Cor 6:14-7:1: Paul's View of Communal Holiness in the Corinthian Correspondence* (New York: Peter Lang, 2001), 195에서, "윤리적으로 거룩하지 않고 관계적으로 거룩할 수 있는가? 대답은 단호하게 "아니오!"이다. 게다가, 신자들은 교회가 거룩하게 되는 것이 필요하다. 기독교인이 되는 것은 사람이 다른 사람들과 떨어져서 하는 것이 아니다. 성화는 칭의와 마찬가지로 성령의 역사하심으로 교회 안에서 그리고 교회를 통하여 일어난다"(197).

327 페이트(C. Marvin Pate)는 자신의 책, *The Glory of Adam and the Afflictions of the Righteous: Pauline Suffering in Context* (Lewiston, N.Y.: Mellen Biblical Press, 1991), 153에서 17-18절을 8장 나머지의 핵심 진술과 동일시한다. 반면에 위(Siu Fung Wu)는 자신의 책, *Sufferings in Romans* (Eugene, Ore.: Pickwick, 2015)에서 18절이 단독으로 이 역할을 하고 있는 것으로 이해한다.

328 카슨(D. A. Carson)은 자신의 책, *How Long, O Lord? Reflections on Suffering and Evil* (Grand Rapids: Baker, 1990)에서 이 주제에 대한 예방적(즉, 사전 대책을 강구하는) 연구의 필요성을 강조한다.

자들과 함께 고난을 받을 수 있다(고전 12:26). 데살로니가전서 2:15는 그리스도를 순교자로 묘사하여, 그의 수치스러운 죽음을 고귀한 것으로 바꾼다. 1:6은 박해받은 데살로니가 사람들을 바울과 주님 둘 다를 본받아야 하는 존재들로 묘사함으로써 이 본문을 예상할 때, 물론 그리스도의 죽음만이 세상의 죄를 대속한다고 할지라도, 이 구절은 특징적으로 기독교의 모든 고난에 비슷한 의미를 부여한다.[329] 또 다른 차원에서, 바울은 예수의 사역을 본받아 사역을 하였지만, 예수가 한 것처럼 목숨을 버릴 정도로 고난을 아직 받지 않았다고 주장할 수도 있다.[330] 물론 이 두 접근은 상호 배타적이지 않다.

골로새서 1:24는 특히 이해하기가 어렵다. 여기에서 바울은 골로새 교회를 위해 고난을 받고 있다는 것을 기뻐하며, 이것을 "그리스도의 남은 고난"을 채우는 것으로 해석한다. 여러 가지 가능한 해석 중, 아마도 가장 일반적인 것은 바울이 마지막 때를 알리는 메시아의 고난의 일부로서 고난의 정해진 분량을 인식한다는 것이다. 그가 더 많이 짊어질수록, 교회는 더 적게 짊어진다는 것이다. 만약 이 해석이 옳다면, 그가 우리에게 반복해서 그를 본받으라고 하는 만큼 신자가 고난을 받을수록 다른 기독교인들이 겪는 고통은 그만큼 적게 될 것이다. 메시아의 고난의 개념은 제2성전 유대교 본문에 나타나지만, 그 기원은 다니엘서에 있는 것 같다(특히, 7:25-27, 8:9-14, 9:24-27).[331] 다른 관점으로도 말할 수 있는데,, 바울이 자신의 고난에 대한 선교적 목적을 마음에 두고 있었을지 모른다. 왜냐하면 그 고난의 상당 부분은 복음을 전파하기 위해 가능한 한 널리 여행하면서 그가 경험한 고난이나 신앙에 대한 박해와 관련되어 있기 때문이다. 예수는 자신의 메시지를 개인적으로 그렇게 멀리까지 가져갈 수 없었다. 반면에 바울은 가능한 한 많은 사명

329 John S. Pobee, *Persecution and Martyrdom in the Theology of Paul* (Sheffield: JSOT Press, 1985), 72, 106, 118.

330 Andrew Perriman, "The Pattern of Christ's Suffering," *Tyndale Bulletin* 42 (1991): 62-97.

331 예를 들어, Eduard Lohse, *Colossians and Philemon: A Commentary on the Epistles to the Colossians and to Philemon* (Philadelphia: Fortress, 1971), 70-71을 보라.

을 완수하고 이에 수반하는 고난을 감당하고 있다.[332] 다시 말하지만, 해결책은 이 둘 중 하나라기보다 둘 다일 수 있다.[333] 어느 쪽이든, 바울 자신이 기꺼이 고난을 받고자 하는 것은 분명하다. 이와는 달리, 갈라디아서 6:12에서 그는 유대주의자들을 동료 유대인들이 가하는 박해를 피하기 위하여 할례를 장려하는 사람들로 묘사한다.[334]

고린도후서는 이 주제에 관하여 여러 단락에서 바울의 가장 완전한 고난 신학을 제시한다. 1:3-7에서 그는 자신이 고난 중에 받았던 위로에 대하여 하나님을 찬양하는데, 그는 그 위로를 고난 중에 있는 다른 사람들을 위하여 사용한다. 4:7-12에서 그는 새 생명의 축복을 질그릇에 담긴 보물, 즉 우리의 연약하고 깨지고 부서지기 쉬운 인간의 실존에 비유한다(7절). 우리는 이제 막다른 골목에 다다른 것처럼 느낄 수 있다. 그러나 하나님은 항상 우리를 보호하신다(8-9절). 우리는 종종 그리스도를 위한 고난을 겪곤 하지만, 그는 우리가 이러한 환경을 극복할 수 있도록 힘을 주심으로 그의 능력을 드러나게 한다(10-12절). 말하자면, 우리가 크게 성공하여 존경을 받는 한, 다른 사람들은 우리가 승리하면서 사는 것에 전혀 놀라지 않을 것이다. 그러나 우리가 역경에 처해 있다고 해도 그리스도가 우리를 강하게 하실 때, 사람들은 우리의 힘의 진정한 근원에 대하여 묻고 배울 것이다.[335] 고린도후서 4:17은 아주 놀라운 믿음의 확언을 담고 있다(롬 8:18 역시 참조하라). 여기에

---

332 Robert L. Plummer, "The Role of Suffering in the Mission of Paul and the Mission of the Church," *Southern Baptist Journal of Theology* 17, no. 4 (2013): 12를 참조하라. 바울을 화해를 위한 고유한 사도적 대사로 이해하는 다양한 선택과 여전히 다른 접근 방식을 완전히 다루기 위해, Bruce T. Clark, *Completing Christ's Afflictions: Christ, Paul, and the Reconciliation of All Things* (Tübingen: Mohr Siebeck, 2015)을 보라.

333 Alicia S. Duprée, "Paul and the Filling of Afflictions: A Messianic-Missional Conversation about Colossians 1:24 and 2 Corinthians 1:3-7" (paper presented at the Rocky Mountain-Great Plains Regional SBL-AAR Meeting, Provo, Utah, March 2018).

334 이에 관하여, 특히 Jeff Hubing, *Crucifixion and New Creation: The Strategic Purpose of Galatians 6.11-17* (London: Bloomsbury T&T Clark, 2015), 207-28을 보라.

335 George H. Guthrie, *2 Corinthians* (Grand Rapids: Baker, 2015), 266-67에 제시된 유익한 예를 보라.

서 바울은 "우리가 잠시 받는 환난의 경한 것이 지극히 크고 영원한 영광의 중한 것을 우리에게 이루게 한다"라고 선언한다. "경하고" "중한 것"? 이것은 또한 바울이 신자로서 겪었던, 믿을 수 없을 정도로 쇠약하게 한 고난을 목록으로 만들 수 있을 정도의 것들이다(고후 11:23b-33). 영원의 본질을 진정으로 이해해야만 이 세상의 공포를 "경하고 중한" 것으로 부를 수 있다. 이것이 바로 바울이 겪은 일이며, 우리 모두에게 그렇게 하도록 요구하는 것이다. 바울은 "우리가 주목하는 것은 보이는 것이 아니요 보이지 않는 것이니 보이는 것은 잠깐이요 보이지 않는 것은 영원함이라"(4:18)라고 진술한다.[336] 이생에서도 비슷한 역설들이 우리의 경험에 적용된다. 세상의 눈으로 볼 때 우리가 겪는 고난 때문에 우리를 불쌍하다고 여길 수 있겠지만, 하나님과 우리 동료 신자들의 시각으로 볼 때 그러한 고난은 우리를 영화롭게 하는 것이라고 이해할 것이다(6:8-10).

예수가 직접 한 말씀을 인용하는 고린도후서의 유일한 구절에서, 바울은 자신이 겪는 "육체의 가시"(12:7)를 제거하도록 그리스도에게 간구하였지만 그가 어떻게 거절하였는지 설명한다. 왜냐하면 "내 은혜가 네게 족하고" "내 능력이 약한 데서 온전하여짐"이기 때문이다(9절).[337] 서구의 기독교인들은 모든 고통이 제거되기를 기도하는 경향이 있다. 박해받는 교회의 기독교인들은 고통을 받는 한 하나님을 영화롭게 하는 방법으로 그들 자신이 임무를 수행할 수 있도록 종종 기도한다. 후자는 전자보다 성경적 모델

336 Guthrie, *2 Corinthians*, 268-74. 문맥 안에서 롬 8:18의 비슷한 역할에 대하여, 특히 Andrzej Gieniusz, *Romans 8:18-30: "Suffering Does Not Thwart the Future Glory"* (Atlanta: Scholars; Tampa: University of South Florida, 1999)을 보라.

337 이에 관하여, 특히 Gräbe, *Power of God in Paul's Letters*를 보라. 베이커(William R. Baker)는 자신의 책, *2 Corinthians* (Joplin, Mo.: College Press, 1999), 433에서, 이 구절을 전체 서신과 바울의 사도적 삶 전체에 대한 "가장 중요한 좌우명"으로 부른다. 그 서신 전체에서 이 주제의 심오한 연구를 위해, Timothy B. Savage, *Power through Weakness: Paul's Understanding of the Christian Ministry in 2 Corinthians* (Cambridge: Cambridge University Press, 1997)을 보라. 더 일반적으로 바울의 서신에서 약함의 주제에 관하여, David A. Black, *Paul, Apostle of Weakness: Astheneia and Its Cognates in Pauline Literature*, 2nd ed. (Eugene, Ore.: Pickwick, 2012)을 참조하라.

에 더 가까운 것 같다![338] 요약하면, 우리는 고난의 수수께끼에 대하여 바울이 보여주는 모습을 기초로 해서 만든 스미스(Barry Smith)의 주장을 요약하여 다음과 같이 말할 수 있다. (1)고난 중 일부는 박해의 결과인데, 하나님이 자신의 선한 목적을 위하여 이 시대를 연장하기 때문이다. (2)일부는 우리가 비생산적인 행동을 교정하는데, 도움을 준다. (3)일부는 창조에 대한 하나님의 구원의 계획을 이루기 위해 구원 역사적으로 필요하다. (4)일부는 우리의 반응을 시험하기 위한 것이다. (5)일부는 단순히 첫 인간의 죄의 결과이다. (6)일부는 우리에게 삶에 대한 구체적인 교훈을 가르치기 위해 교육적이다. (7)일부는 그리스도와 연합하여 그의 고난에 참여하는 것이다.[339] 많은 경우, 신자들은 이것들 중 어느 것이 자신이 겪은 경험에 관련되는지 분별할 수 있다. 때때로 우리는 현재 겪는 고난을 이해하기 위해 내세에까지 기다려야 한다.[340]

기독교 윤리

윤리적인 행동에 대한 많은 주제가 바울의 편지에 나타나므로 우리는 여기에서 일부만 다룰 수 있고, 핵심 주제와 주요 지침을 강조할 수 있다.[341]

---

338 하비(A. E. Harvey)는 자신의 책, *Renewal through Suffering: A Study of 2 Corinthians* (London: T&T Clark, 2001), 129에서 이 개념이 고대 지중해 세계에서 알려진 다른 종교들 중 비교할 수 없다는 것을 발견한다.

339 Barry D. Smith, *Paul's Seven Explanations of the Suffering of the Righteous* (New York: Peter Lang, 2002). 또한, Kar Yong Lim, *"The Sufferings of Christ Are Abundant in Us": A Narrative Dynamics Investigation of Paul's Sufferings in 2 Corinthians* (London: T&T Clark, 2009), 197-99)을 참조하라. 임(Lim)은 이 주제가 지배적인 것은 바울의 사도적 사명에 대한 필요성 때문이라고 주장하는데, 그 필요성은 고린도 사람들을 위한 긍정적인 이점과 이들의 공동체가 발전하는 것과 이방인들을 하나님에게 돌아오게 하는 사명과 관련된다(특히, 고후 6:2에 인용된 사 49:8). 바울이 약함과 고난을 자랑하는 것 역시 그의 성경적 이해에 의해 지배된다(렘 9:22, 왕상 2:10).

340 나는 바울의 "고난"에 관한 이 단락에서 몇 가지 단락 부분과 몇 가지 사상과 참조에 대하여 두프리(Alicia Duprée)에게 감사함을 표한다.

341 기독교인의 삶과 실천에 대한 바울의 관점에 대한 연구를 위해, Sampley, *Walking in Love*의 세 번째 장, "New Creation Beings: Responsive and Responsible," 51-91을 보라.

그러나 이 모든 것은 예수를 따르는 자들이 이 세상의 기준을 본받지 않고 몸과 마음을 새롭게 함으로 변화를 받아야 하는 기본적인 열망에서 나온다(롬 12:1-2).

사랑이 있는 감사. 우리가 로마서 13:8-10에서 가장 분명하게 볼 수 있는 것처럼, 예수에게 나타난 것처럼, 이중(double) 사랑 명령이 바울 윤리의 중심에 서 있다는 것이다. 이 구절들에서 그는 레위기 19:18을 인용하고, "사랑은 율법의 완성"이라고 주장한다.[342] 명사 '아가페'(*agapē*)는 바울의 열 개의 편지에서 65회 등장하고, 동사 '아가파오'(*agapaō*)는 32회가 나타난다. 우리가 구약의 이중 사랑 명령에 중심을 둔 예수의 가르침에서 보았던 것처럼, 이 사랑은 일관되게 희생적이며 다른 사람을 섬기는 것이다. 고린도전서 13장은 분명히 이 주제에 대한 바울의 가르침의 정점이며, 세계 역사의 종교나 철학에서 사랑에 대한 종교적 사고의 절정을 나타내는 것일 수 있다.[343] 바울은 시적인 언어를 산문적인 명제로 바꾸면서, 그는 이러한 사랑이 없는 세상의 모든 영적인 은사들은 가치가 없다고 가르친다(1-3절). 사랑은 오래 참고 온유하며 악을 피하고 진리와 함께 기뻐하고 항상 견딘다(4-7절). 사실, 사랑은 모든 영적인 은사보다 더 오래 지속되며, 믿음과 소망에 훨씬 더 관련된다(8-13절). 그리스도가 우리를 대신하여 사랑으로 죽으셨기 때문에, "그리스도의 사랑이 우리를 강권하신다"(고후 5:14)라고 표현할 수 있다. 우리가 아직 죄인이었을 때 그는 우리를 위한 놀라운 사랑을 나타내셨다(롬 5:5, 8). 사랑은 보상을 바라면서 하는 것보다, 우리가 신자로서 하는 모

342 슈라이버(Stefan Schreiber)는 자신의 글, "Law and Love in Romans 13.8-10," in *The Torah in the Ethics of Paul*, ed. Martin Meiser (London: T&T Clark, 2012), 118에서 "바울은 토라를 동시에 해석하는 동안, 토라로부터 취한 사랑에 대한 명령의 해석학적인 전제('대체'가 아니라 목표로서) 하에 토라를 이해한다."라고 주장한다.

343 Victor P. Furnish, *The Love Command in the New Testament* (Nashville: Abingdon, 1972).

든 일에 동기가 되어야 한다.[344] 그러면 우리는 최후의 심판과 어떻게 관련되는가? 지옥에 대하여 겁을 내는 것은 부적절한 것은 아니지만, 천국을 얻기 위하여 예수를 따르는 것이 더 낫고, 우리가 스스로 결코 행할 수 없었던 것을 그리스도가 우리를 위해 이미 행한 것에 대한 깊은 감사 속에서 그를 기쁘게 섬기는 것이 더 낫다.[345] 그리스도가 우리를 위해 행하신 모든 일에 비추어볼 때, 우리는 "피차 사랑의 빚"만 가지고 있는데, "남을 사랑하는 자는 율법을 다 이루었기" 때문이다(롬 13:8; 갈 6:2 참조).

중요한 덕목들. 성령의 아홉 가지 열매는 바울의 가장 유명한, 덕에 대한 목록을 구성하는데, "사랑과 희락과 화평과 오래 참음과 자비와 양선과 충성과 온유와 절제"가 그것이다(갈 5:22-23). 대부분의 독자는 목록의 네 번째 항목을 "오래 참음"으로 더 잘 알고 있겠지만, 이 표현에 대한 헬라어('마크로뛰미아'[*makrothymia*])는 어려운 상황에도 불구하고 적극적인 끈기의 수준을 나타내는 단어이다.[346] 구약에서 '샬롬'(*shalom*)의 의미에 기초한 "화평"은 단순히 갈등이 없을 뿐만 아니라 인간의 번영을 확장하는 행동을 의미한다.[347] 고대 지중해 세계에서 이러한 종류의 목록은 중요도에 따라 그 나열된 항목의 순서가 반드시 결정되지 않았다. 그러나 간혹 중요도에 따라 순

---

344 Sampley, *Walking in Love*, x-xiii.

345 Birgitte Graakjær Hjort, *The Irreversible Sequence: Paul's Ethics— Their Foundation and Present Relevance* (Frankfurt am Main: Peter Lang, 2000) 전체를 보라. 이것은 바울이 감사에 대한 풍부한 기도를 설명할지도 모른다. 이에 대하여, David W. Pao, *Thanksgiving: An Investigation of a Pauline Theme* (Downers Grove, Ill.: IVP, 2002); D. A. Carson, *A Call to Spiritual Reformation: Priorities from Paul and His Prayers* (Grand Rapids: Baker, 1992)을 보라.

346 Silva, *New International Dictionary of New Testament Theology and Exegesis*, 3:209-14.

347 바울에게 평화는 "하나님, 내면의 자아, 자연, 그리고 다른 사람들과 관계에 있어서 안전, 평온, 행복, 만족"을 나타낸다. Edward M. Keazirian, *Peace and Peacemaking in Paul and the Greco-Roman World* (New York: Peter Lang, 2014), 185. 이것은 갈등을 규범으로 평화를 일시적이지만 갈등에서 탈피하는 것으로 이해한 이방 세계에서 두드러졌다. 반면 바울은 "평화를 규범으로 여기고 갈등을 침해적이고 용납할 수 없는 일탈"로 여겼다.

서가 정해지기도 했는데, 만약 그런 경우에, 첫 번째 요소와 마지막 요소가 특별한 의미를 가질 가능성이 높았다.[348] "사랑"은 나머지 덕목에 의해 구체화되기 때문에, 여기에 먼저 올 수 있다. "절제"는 가장 어려운 부분일 수 있으므로 일종의 절정을 형성한다. 그러나 중요도와 관련하여, 사랑과 절제에 대한 설명 중 어느 것도 전혀 확실하지 않다. "이같은 것을 금지할 법이 없다"라는 바울의 후속 언급도 마찬가지로 애매하지만, 이 언급은 아마도 이러한 덕목들이 성문화된 법률을 만들어 통제될 수 없다는 의미일 것이다.[349]

빌립보서 4:8-9는 바울이 신자들에게 고귀한 것, 의로운 것, 순결한 것, 사랑스러운 것, 감탄할 만한 것, 탁월한 것, 칭찬할 만한 것에 대하여 생각하도록 촉구하는 것처럼 보이며, 어느 정도까지는 "선"에 대한 그리스 철학의 논의와 비슷하다.[350] 놀랍게도, 바울은 "너희는 내게 배우고 받고 듣고 본 바를 행하라"는 진술을 즉시 덧붙인다. 이것은 바울이 기독교인들에게 자신을 본받으라고 촉구한 여러 곳 중 하나이다. 여기에서 문맥은 그가 오직 선한 것을 나타낼 때에만 그렇게 해야 한다는 것을 분명히 한다. 그러나 그는 기독교인의 삶을 일반적으로 자신을 본받는 삶으로 정의할 수 있을 만큼 자기 자신 안에서 계속 옳은 일을 일으키는 성령의 능력에 대한 충분한 확신을 가지고 있었다(또한, 고전 4:16, 11:1; 살후 3:9를 참조)![351]

---

348 Longenecker, *Galatians*, 260.

349 Longenecker, *Galatians*, 263-64.

350 위더링턴(Ben Witherington III)은 자신의 책, *Paul's Letter to the Philippians: A Socio-rhetorical Commentary* (Grand Rapids: Eerdmans, 2011), 249-53에서 바울을 고대 그리스 로마 도덕주의자들과 비교 대조한다. 아놀드(Bradley Arnold)는 자신의 책, Christ as the Telos of Life: Moral Philosophy, *Athletic Imagery, and the Aim of Philippians* (Tübingen: Mohr Siebeck, 2014)에서 전체 편지를 하나의 궁극적인 목표를 향한 진보로서 삶 전체에 대한 지향과 함께 도덕 철학에 비교하는데, 이 진보 안에서 모범과 미덕, 그리고 운동 이지미를 사용한다. 바울의 궁극적인 목적은 그리스도를 닮는 것인데, 이것은 그가 3:13-14의 달려가는 경기자의 이미지에서 가장 분명하게 보여주며, 이 목표는 그의 전 생애를 형성했다.

351 그의 부름은 바울이 자신이 모방자임을 인정하기 때문에 바울이 교만하거나 오만하다는 암시를 없앤다. 빌 3:17; 살전 1:6을 참조하라. *Fitzmyer, First Corinthians*, 403. 더 연구를 위해, Andrew D. Clarke, "'Be Imitators of Me': Paul's Model of Leadership," *Tyndale Bulletin* 47 (1998): 329-60을 보라. 빌립보서 전체에 걸쳐 바울이 어떻게 그리스도와 그 자신, 그리고

자유. 바울은 새 시대의 시작과 함께 율법이 더 이상 죄에 대하여 대비하지 않는다고 주장하기 때문에 기독교 윤리가 자유를 제공한다는 그의 주장은 놀라운 것이 아니다. 갈라디아서 5:1은 이것을 아주 강력하게 언급하는데, "그리스도께서 우리를 자유롭게 하려고 자유를 주셨으니 그러므로 굳건하게 서서 다시는 종의 멍에를 메지 말라"라고 진술된다.[352] 그래서 자유라는 주제에 관한 바울 자신의 가르침도 율법주의적으로(legalistically) 사용될 수 있다! 코핀스(Wayne Coppins)는 바울 안에 나타난 자유에 관한 훌륭한 책 한 권에서 한 걸음 더 나아가, "신자들은 유대인의 법의 정죄나 해로운 영향보다도 오히려 그 법의 힘이나 권한에서 자유롭다"고 진술하면서, 율법 시대 이후의 시대에 사는 것의 의미를 강조한다.[353] 이것이 기독교 시대의 특징이며, 그래서 더 보수적이거나 복음주의적인 기독교가 실제로 얼마나 자주 예속시키는 율법의 멍에를 다시 짊어지려고 하는지는 놀랍고 비극적인 것이다. 신자들이 다양한 비성경적인 전통들을 구원의 필수 조건이 되는 역할로 높이지 않는다고 해도, 많은 사람은 적어도 비성경적인 것들을 기독교 성숙을 판단하는 척도로 만들 것이다. 물론, 추를 너무 다른 방향으로 휘둘러서 성경의 자유가 누구의 간섭에도 구속받지 않고 우리가 원하는 것은 무엇이나 하는 방종이라기보다 하나님과 다른 사람들을 섬기는 힘이라는 사실을 잊어버리기 쉽다(롬 6:18, 갈 5:13)!

다른 신실한 신자들을 본받아야 할 모범으로 제시하고, 이러한 방식으로 공동체 안에서 그리스도인 정체성에 대한 유형적이고 구체화된 실제적인 예를 제공하는지에 대한 연구는 Peter-Ben Smit, *Paradigms of Being in Christ: A Study of the Epistle to the Philippians* (London: Bloomsbury T&T Clark, 2013)을 보라.

352 부켈(John Buckel)은 자신의 책, *Free to Love: Paul's Defense of Christian Liberty in Galatians* (Grand Rapids: Eerdmans; Louvain: Peeters, 1993)에서 우리가 억제할 수 없는 열정을 통해서가 아니라 사랑과 섬김으로 무한한 행복을 자유롭게 경험할 수 있다고 강조한다. 이 자유에 대한 탈식민지의 적용을 위하여, Aliou C. Niang, *Faith and Freedom in Galatia and Senegal: The Apostle Paul, Colonists, and Sending Gods* (Leiden: Brill, 2009)을 보라.

353 Wayne Coppins, *The Interpretation of Freedom in the Letters of Paul* (Tübingen: Mohr Siebeck, 2009), 169.

보수적인 기독교인들이 자주 남용하는 자유의 또다른 측면은 고린도전서 8:13에 나오는데, 여기에서 바울은 먹는 것이 기독교인 형제나 자매를 넘어지게 한다면 다시는 고기를 먹지 않을 것이라는 엄숙한 약속을 포함한다. 그러나 더 큰 맥락을 무시하면서 많은 독자는 바울이 8절에서 "우리가 먹지 않는다고 해서 더 못사는 것도 아니고 먹는다고 해서 더 잘사는 것이 아니니라"라고 진술하는 것을 고려하지 못한 채, 그의 가장 중요한 신학적 요점이 "음식은 하나님께 가까이 나아가게 하지 않는다"라는 것을 이해하지 못한다. 학계에서 이루어진 최근 많은 연구는 8-10장 전체에서 바울의 가르침을 과도하게 단순화하여 본질적으로 바울이 그리스-로마 공동체 안에 있는 신전 경내에서 우상의 제물을 먹는 것을 항상 반대한다고 주장했다.[354] 그러나 실제로 그는 이교도 예배의 맥락에서만 그렇게 하는 것을 반대한다(10:14-22). 즉, 고대의 공동체 중심의 상황에서 일주일 또는 한달 동안 자주 발생했던 다양한 활동의 맥락에서 반대하는 것은 아니다.[355] 28-29a절은 RSV에서 가장 잘 설명되는데, 이 번역본에서는 이 구절들을 괄호로 처리한다. 바울의 요점은 한 신자의 자유가 다른 신자의 양심에 의해 판단되어서는 안 되기 때문에(29b-30절), 양심의 문제를 제기하지 않고 먹을 수 있는 자유가 중요하다는 것이다(27절). 도덕적으로 중립적인 문제를 넘어 실제로 죄를 범하는 방향으로 가는 사람의 경우에만, 바울은 사람들에게 그들의 자유를 축소하라고 요청한다(8:9-13 참조).[356]

---

354 예를 들어, Wendell L. Willis, *Idol Meat in Corinth: The Pauline Argument in 1 Corinthians 8 and 10* (Chico, Calif.: Scholars, 1985); John Fotopoulos, *Food Offered to Idols in Roman Corinth* (Tübingen: Mohr Siebeck, 2003); Michael Li-Tak Shen, *Canaan to Corinth: Paul's Doctrine of God and the Issue of Food Offered to Idols in 1 Corinthians 8:1-11:1* (New York: Peter Lang, 2010).

355 특히, Bruce N. Fisk, "Eating Meat Offered to Idols: Corinthian Behavior and Pauline Response in 1 Corinthians 8-10," *Trinity Journal* 10 (1989): 49-70; E. C. Still, "The Meaning and Uses of ΕΙΔΩΛΟΘΥΤΟΝ in First Century Non-Pauline Literature and 1 Cor 8:1-11:1: Toward Resolution of the Debate," *Trinity Journal* 23 (2002): 225-34를 보라.

356 "바울은 여기에서 대담하게 자유롭다. 그는 자유를 파괴적인 방식으로 사용하는 사람들의 자

로마서 14:1-15:13은 ABA 패턴에 속한다. 14:1-12는 도덕적 규준을 지니지 않은(amoral) 문제에 있어서 어떤 사람들은 참여할 자유를 느끼는 반면, 다른 사람들은 그렇지 않을 것이라고 반복해서 강조한다. 그러나 어떤 그룹도 다른 그룹을 판단해서는 안 된다. 13a절은 그것을 한 번 더 말하지만, 동료 기독교인의 길에 걸림돌을 두지 말라는 경고로 원칙을 분명히 한다(14:13-15:4). 고린도전서에 나타난 것처럼, "더 약한" 형제나 자매는 어떤 행동에 의해 개인적으로 기분이 상하거나 화를 내는 사람이 아니다. 그 약한 사람은 깨끗한 양심 없이 그것을 모방하거나, 도덕적으로 중립적인 행동을 넘어 실제적인 죄로 넘어갈 수 있는 사람이다.[357] 그러나 이 부분에서도 바울은 로마 교인들에게 "너희의 선한 것이 비방을 받지 않게" 하도록 여전히 상기시킨다. 그런 다음, 15:5-13에서 그는 서로를 받아들이도록 하는 주요한 요점으로 돌아간다. 그는 가능한 한 주님에게 이방인들을 인도하기를 원하기 때문에, 이들이 주님에게 올 때 불필요한 모든 장애물을 피하기를 원한다. 이들은 그리스도인이 되거나 그리스도 안에서 성장하기 위해 율법을 지킬 필요가 없다.[358] 구약과 신약의 도덕 규범이 겹치는 부분이 있다면, 그것은 예수 안에서 어떤 율법이 성취되기 때문이다. 그러나 신자들이 도덕적 규준을 지니지 않은 문제에 대해 서로 받아들이는 것은 새 시대의 도래에 뿌리를 두고 있는데, 이 새 시대 안에서 이방인들은 하나님의 백성이 되었기 때문에 하나님을 찬양하고 영광을 돌리고(9-12절; 연이어 나온 구절들은 시 18:49, 신 32:43, 시 117:1, 사 11:10을 인용함), 이들은 성령의 능력으로 소망이 넘치

유를 제한하려고 하면서도 기독교인의 삶의 근본적인 자유에 대한 그의 확언은 틀림이 없다." Lyle D. Vander Broek, *Breaking Barriers: The Possibilities of Christian Community in a Lonely World* (Grand Rapids: Brazos, 2002), 101.

357 토니(Carl N. Toney)는 자신의 책, *Paul's Inclusive Ethic: Resolving Community Conflicts and Promoting Mission in Romans 14-15* (Tübingen: Mohr Siebeck, 2008)에서 바울이 연합과 선교에 대한 열망을 이 소명에 동기를 부여하는 것으로 올바로 강조한다.

358 다시 말해서, 종종 선교의 바로 그 목표는 구속(restraint)보다 자유의 요소가 강조될 것을 요구한다. 특히, Robert Jewett, *Christian Tolerance: Paul's Message to the Modern Church* (Philadelphia: Westminster, 1982)을 보라.

게 된다(13절). 이사야 44:1-5를 성취하는 시대, 즉 이방인이 하나님의 백성으로 이스라엘 백성과 합하는 때가 왔다. 유대인이든 이방인이든 어느 누구나 그리스도에게 오고 있을 때에, 기독교인들은 이들을 위해 가능한 한 불필요한 걸림돌을 적게 놓아야 한다.[359]

사회 안에서. 교회는 원래 가정에서 형성되었기 때문에, 바울의 윤리는 가정 규례(Haustafel)를 따른다.[360] 에베소서 5:21-6:9에서 확장되는 골로새서 3:18-4:1은 고대 지중해 세계의 보편적 관습에 따라 권위(남편, 부모, 주인)에 복종할 것을 명한다. 반면에, 권위를 가진 사람들은 종속된 사람들(아내, 자녀, 종)을 위해 희생적으로 섬기도록 부름을 받는데, 이는 바울 시대에는 사실상 들어본 적 없는 명령이었다.[361] 또 다른 단락에서 바울은 시민과 정부에 비슷한 명령을 한다(롬 13:1-7). 물론, 바울은 구약에서 유명한 시민 불복종의 예에 대하여 들었을 것이며(모세 시대의 산파나 느부갓네살 숭배를 거부), 그는 아마도 산헤드린 앞에서 초대 교회의 베드로와 사도들의 행동에 대하여 알고 있었을 것이다. 그러나 인간 권위가 하나님의 명령과 모순될 때, 하나님에게 항상 우선권이 있어야 한다.[362]

복종은 또한 관계에 따라 다른 형태를 취한다. 리더가 관리자의 역할을

---

359 논리는 상호적이다. 새 시대가 왔기 때문에, 성령은 이방인들에게 부어지고, 성령이 이것을 하고 있기 때문에, 새 시대는 도래했음이 틀림없다. David I. Starling, *Not My People: Gentiles as Exiles in Pauline Hermeneutics* (Berlin: de Gruyter, 2011), 특히, 214-15.

360 이러한 이유 때문에, 우리는 이 부분에서 가정 관계에 초점을 맞추지만, 신자와 불신자나 외부인의 관계에 대한 바울의 권고는 보다 일반적으로, Sampley, *Walking in Love*, 247-74를 보라. 또한 여기에서 중요한 것은 바울의 윤리를 사회적 정체성의 관점에서 접근하고 신자들이 외부인과 어떻게 구별되어야 하는지에 대한 연구이다. 예를 들어, Sin-pan Daniel Ho, *Paul and the Creation of a Counter-Cultural Community: A Rhetorical Analysis of 1 Cor. 4.1-11.1 in Light of the Social Lives of the Corinthians* (London: Bloomsbury T&T Clark, 2015)을 보라.

361 Lincoln, *Ephesians*, 374를 참조하라.

362 Robertson McQuilkin and Paul Copan, *An Introduction to Biblical Ethics: Walking in the Way of Wisdom*, 3rd ed. (Downers Grove, Ill.: IVP, 2014), 562-64를 참조하라.

맡게 되면, 종속된 사람은 행복하게 협력하기만 하면 된다. 또한 바울은 자녀가 부모(엡 6:1)에게, 종은 상전(5절)에게 순종하라고 명령하면서도, 아내가 남편에게 순종해야 한다고 어디에서도 말하지 않았다는 것은 의심의 여지가 없다.[363] 게다가 에베소서의 가정 규례의 세 부분(5:22-23, 6:1-4, 6:5-9)은 5:21에서 상호 복종에 대한 요청과 함께 소개된다.[364] 로마서 13:1은 또한 우리가 복종에 대하여 절대적인 명령으로 이해하는 것을 방지하는 "제목"을 갖는데, "권세" 앞에 위치한 단어가 "능가하는"(surpassing)이라는 문자적인 표현보다 "위에 있는"이라는 표현으로 번역되는 형용사적 분사에 주목할 수 있다. 바울이 도덕적으로 우월한 권위를 염두하고 있다면, 그는 악한 사람들에 대한 복종을 언급하지 않을 것이다![365]

노예 제도를 반대하는 직접적인 명령이 바울에게서 나타나지 않기 때문에, 노예 제도가 당연시되는 문화를 경험하지 못한 현대 사회의 사람들은 이를 상당히 비판하였다.[366] 노예 폭동은 로마인들에 의해 지속적으로 무자비하게 진압되었지만, 노예의 삶은 교사와 상원 의원부터 광부와 천한 노동자들에 이르기까지 매우 다양했다. 그 당시 노예 제도를 이해하기 위하여 세 가지 주의 사항을 이해해야 한다. 첫째, 노예 제도는 인종이 아니라, 정복

363 Klyne Snodgrass, *Ephesians* (Grand Rapids: Zondervan, 1996), 285-315를 참조하라.

364 이에 관하여, 특히 Daniel K. Darko, *No Longer Living as the Gentiles: Differentiation and Shared Ethical Values in Ephesians 4.17-6.9* (London: T&T Clark, 2008)을 보라.

365 Stanley E. Porter, "Romans 13:1-7 as Pauline Political Rhetoric," *Filología Neotestamentaria* 3 (1990): 115-39. 또한, Erwin Ochsenmeier, "Rom 12:17-13:7 and the Justice of God: Two Neglected Features of Paul's Argument," *Ephemerides Theologicae Lovanienses* 89 (2013): 361-82를 참조하라. 이 본문 해석의 복잡성과 고려해야 할 요소들에 대하여, Jan Botha, *Subject to Whose Authority? Multiple Readings of Romans 13* (Atlanta: Scholars, 1994)을 보라. 하나의 핵심 영역에서 보다 일반적으로 로마 정치의 은밀한 전복에 관하여, Mark Forman, *The Politics of Inheritance in Romans* (Cambridge: Cambridge University Press, 2011)을 보라.

366 바울 당시의 노예 제도의 성격에 대한 연구 조사를 위해, John Byron, "Paul and the Background of Slavery: The Status Quaestionis in New Testament Scholarship," *Currents in Biblical Research* 3 (2004): 116-39; John Byron, *Recent Research on Paul and Slavery* (Sheffield: Sheffield Phoenix, 2008)을 보라.

된 민족에 대한 예속에 근거하였다. 둘째, 많은 노예는 결국에는 면제되거나 해방될 기회를 가졌다. 셋째, 메시아의 강림 때문에, 바울은 때가 단축되었다고(고전 7:29) 믿었던 시대에 개인들의 영적인 해방이 바울의 최우선 과제였다.[367]

그러나 이러한 모든 관찰에도 불구하고, 노예 제도는 많은 사람들에게 참으로 잔인했다는 것을 부정하려는 의도는 없었지만, 바울은 자녀와 아내, 또는 시민에게 지시한 명령과는 전혀 다른, "만약 네가 자유를 얻을 수 있다면, 그렇게 하라"라는 중요한 명령을 노예들에게 준다.[368] 빌레몬에게 보낸 편지에서 그는 빌레몬이 오네시모를 해방시키기를 원한다고 직접적으로 선언하지 않지만, 이것 말고 다른 것을 한다. 비록 그러한 해방 선언은 찾아볼 수 없지만, 바울 자신을 영접하는 방법으로(17절), 그리고 "더 이상 그를 종과 같이 대하지 아니하고 사랑하는 형제로서"(16절) 그를 받아들이도록 빌레몬에게 요청한 이후, 바울은 "나는 네가 순종할 것을 확신하므로 네게 썼노니 네가 내가 말한 것보다 더 행할 줄을 아노라"(21절)라고 덧붙인다. 그가 명시적으로 요청하지 않았다 뿐이지, 모든 것을 했다![369] 브루스(F. F. Bruce)는 "이 편지가 하는 일은 [노예] 제도가 시들고 없어질 수 밖에 없는 분위기

367 그럼에도 불구하고 바울은 여전히 하나님과의 화해에서 나오는 인간 관계의 화해를 강조한다. Max Turner, "Human Reconciliation in the New Testament with Special Reference to Philemon, Colossians and Ephesians," *European Journal of Theology* 15 (2007): 37-47을 보라.

368 이 번역의 정확성에 관하여, 노예들이 현재의 상황에 머물도록 요구하는 것으로 보는 사람들에게 반대하여, Scott Bartchy, ***ΜΑΛΛΟΝ ΧΡΗΣΑΙ****: First-Century Slavery and 1 Corinthians 7:21* (Missoula, Mont.: Scholars, 1973)을 보라.

369 비슷하게, 웨셀스(Similarly, G. François Wessels)는 자신의 글, "The Letter to Philemon in the Context of Slavery in Early Christianity," in *Philemon in Perspective: Interpreting a Pauline Letter*, ed. D. Francis Tolmie, assisted by Alfred Friedl (Berlin: de Gruyter, 2010), 143-68에서 골 4:9가 이 결론을 강화한다고 생각한다. 바울의 요구와 그가 어떻게 편지 안에서 그 요구를 표현했는지에 관하여, 부르킨스(Timothy A. Brookins)는 자신의 글, "'Rather I Appeal to Auctoritas': Roman Conceptualizations of Power and Paul's Appeal to Philemon," *Catholic Biblical Quarterly* 77 (2015): 302-21에서, 로마 문화에서 두 가지 다른 유형의 권력을 구별한다. 하나는 권리에 기반하고 다른 하나는 영향력과 호소력에 기반을 둔다. 바울은 이것들 중, 후자를 이용한다.

로 우리를 인도하는 것"이라고 정확하게 요약한다.[370] 그리고 갈라디아서 3:28은 그 제도에 대해 훨씬 더, 당장 없어져야 한다고 제안하는 것처럼 보인다.[371]

교회에서 성(gender) 역할은 한 세대 전과 달리 지금은 분열을 일으키는 주제가 아닐 수 있다. 그러나 한 세대 전에는 논쟁의 당사자들이 서로에 대하여 격렬하고, 서로 교류하지 않았기 때문에 성에 대한 주제는 분열을 야기했다. 바울은 인종과 사회적 지위와 같은 차이를 무의미하게 만드는 갈라디아서 3:28과 골로새서 3:11과 같은 본문을 분명히 썼다. 예수 그리스도의 교회는 평등과 연합의 본이 되어야 한다.[372] 또한, 고린도전서 11:2-16과 14:33-38, 그리고 디모데전서 2:11-15는 남자(또는, 아마도 "남편")를 머리로서, 그리고 적어도 교회에서 남자에게만 제한된 가장 높은 "직무"를 수행하는 것으로 해석되었다.[373] 여전히, (논쟁의 양쪽에서!) 압도적인 주장에도 불구하고, '케팔레'(*kephalē*, 머리)는 "우수함" 또는 "근원"을 의미할 수 있고,[374]

---

370 Bruce, Paul, 401. 롯(Ulrike Roth)은 자신의 글, Paul, Philemon, and Onesimus: A Christian Design for Mastery," *Zeitschrift für die neutestamentliche Wissenschaft* 105 (2014): 102-30에서, 바울과 빌레몬 둘 다 오네시모의 주인이고, 바울은 노예 제도의 현상을 유지한다고 주장한다. 그러나 나는 롯의 견해에 반대하며, 이러한 해석은 전적으로 '코이노니아'(*koinōnia*)를 기독교의 교제를 위해 바울이 특징적으로 주로 사용한다는 것을 인정하기보다, 계약상의 동의를 위한 전문 용어로 간주하는 것에 달려 있다.

371 특히, Sam Tsang, *From Slaves to Sons: A New Rhetoric Analysis on Paul's Slave Metaphors in His Letter to the Galatians* (New York: Peter Lang, 2005)을 보라. 질(Roy R. Jeal)은 자신의 책, *Exploring Philemon: Freedom, Brotherhood, and Partnership in the New Society* (Atlanta: SBL, 2015)에서 오네시모를 형제로 받아들이는 것이 그에게 자유를 주는 것이라고 생각한다.

372 특히, Pauline N. Hogan, *"No Longer Male and Female": Interpreting Galatians 3.28 in Early Christianity* (London: T&T Clark, 2008); Gesila Nneka Uzukwu, *The Unity of Male and Female in Jesus Christ: An Exegetical Study of Galatians 3:28c in Light of Paul's Theology of Promise* (London: Bloomsbury T&T Clark, 2015)을 보라.

373 Craig L. Blomberg, "Neither Hierarchicalist nor Egalitarian: Gender Roles in Paul," in *Paul and His Theology*, ed. Stanley E. Porter (Leiden: Brill, 2006), 283-326. Lynn H. Cohick, "Tyranny, Authority, Service: Leadership and Headship in the New Testament," *Ex Auditu* 28 (2012): 74-89를 참조하라.

374 Richard S. Cervin, "Does κεφαλή Mean 'Source' or 'Authority Over' in Greek

고린도에서 여성들을 침묵시키는 것은 예언을 해석하는 맥락에서 이해되거나, 또는 그 여성들이 분열을 조장하는 질문들을 하고 있기 때문일 것이다.[375] 또한 디모데전서 2:12에 나타난 '아우텐테인'(*authentein*)은 배경적으로 아르테미(Artemis) 숭배에 대한 거짓 가르침이 있든 없든, 권위의 찬탈이나 횡포를 의미할 수 있다.[376] 이러한 여러 추론과 함께, 이 문제는 마치 교리처럼 주장이 강한 것으로 나타나는데, 바울 연구의 마지막 주제 중 하나로 여겨질 수 있다.[377] 남성은 이 문제를 둘러싸고 있는, 그리스도 안에 있는 여성들이 직면하는 어려움을 인식해야 한다. 각 개별 회중이 직분들과 관련하여 정치 체제에 대한 분명한 결정을 내려야 하는 경우에도, 이러한 주제에 대한 다양한 접근의 여지가 교회 안에 존재할 수 있다는 것이다. 중요한 것은 모든 남성과 모든 여성이 하나님의 영광과 하나님 나라 확장을 위해 모든 은사들을 행사할 수 있는 충분한 여지가 가능한 한 많이 있기 때문에, 충분한 논의를 해야 하다는 것이다.

남자와 여자 사이의 평등과 동등성은 고린도전서 7장에 나타난다. 이 장(chapter) 전체에 걸쳐 반복적으로, 바울은 결혼, 이혼, 재혼, 부부의 권리와 금욕에 관한 원리들이 남녀 모두에게 등등하게 적용된다고 강조한다(2절, 3-4

Literature?" *Trinity Journal* 10 (1989): 85-112.

375 Blomberg, *From Pentecost to Patmos*, 194-95. 티셀톤(Thiselton)은 자신의 책, *First Epistle to the Corinthians*, 1150-61에서, 이 두 견해에 대한 종합적인 접근을 보여준다. 웨스트폴(Westfall)은 자신의 책, *Paul and Gender*, 236-42에서 혼란스러운 질문에서 다른 종류의 수다스러운 혼란의 가능성으로 일반화한다. 오로페자(B. J. Oropeza)는 자신의 책, *1 Corinthians* (Eugene, Ore.: Cascade, 2017), 189에서 "바울은 사람들이 영감을 받아 말할 때, 아내들이 영감을 받지 않은 이야기를 하는 것을 금하고 있는 상황으로 그 범위를 좁힌다.

376 Gary G. Hoag, *Wealth in Ancient Ephesus and the First Letter to Timothy: Fresh Insights from Ephesiaca by Xenophon of Ephesus* (Winona Lake, Ind.: Eisenbrauns, 2015), 61-99를 보라. Dillon T. Thornton, *Hostility in the House of God: An Investigation of the Opponents in 1 and 2 Timothy* (Winona Lake, Ind.: Eisenbrauns, 2016), 99-130.

377 훌륭한 예들은 Michelle Lee-Barnewall, *Neither Complementarian nor Egalitarian: A Kingdom Corrective to the Evangelical Gender Debate* (Grand Rapids: Baker, 2016); Sarah Sumner, *Men and Women in Christ: Building Consensus on Christian Leadership* (Downers Grove, Ill.: IVP, 2003)을 포함한다.

절, 8절, 10-11절, 12-13절, 14-16절, 32-34절). 이러한 강조는 여성보다 남성에게 더 많은 특권을 부여하고 이중적인 기준을 유지하였던 1세기 문화에서 현저하게 눈에 띄었을 것이다.[378] 바울은 또한 이혼이 합법적이었지만 극히 제한적으로 나타난 상황과 재혼이 허용되었지만 훨씬 덜 일어났던 상황을 인식하고, 주변 문화보다 훨씬 더 진지하게 결혼을 대할 것을 남녀 모두에게 요청했다(7:10-16).[379] 오늘날 복음주의 기독교인들은 이성 간의 관계에 대한 세상의 기준에 너무 자주 굴복하고, 혼전 또는 혼외 성관계를 묵인하고 온갖 비성경적인 이유로 이혼과 재혼을 받아들였기 때문에, 이들이 동성 관계에 대하여 보수적이고 강경한 태도를 보일 때, 이러한 태도는 너무 잘못된 것이라는 비판을 들을 정도로 자주 신뢰를 상실해왔다.

동성애 행위. 사회의 도덕관은 성 윤리의 분야보다 성경적 전통과 역사적 전통 할 것 없이, 한 세대 안에 가장 변화한 영역이다. 성적인 관계가 일부일처제 이성애 결혼으로 제한되어야 한다는 바울의 확신(많은 본문에서 '포르네이아'[*porneia*, 음행]의 금지에서 지적된 것처럼)은[380] 1960년대와 1970년대의 성혁명 이전에는 비록 그것이 일부 집단에서 비밀리에 거부되었음에도 불구하고, 거의 눈살을 찌푸리게 하지 않았다. 오늘날 많은 집단에서 교회가 이성애적 맥락에서 기독교 신념을 가르치지 않고 장려하지도 않는 현실은 동성 관계를 다루어야 하는 그 상황에서조차 진지하게 다룰 수 없을 정도로

---

378 특히, Craig S. Keener, … *And Marries Another: Divorce and Remarriage in the Teaching of the New Testament* (Peabody, Mass.: Hendrickson, 1991), 67-82를 보라. 또한, Gerald W. Peterman, "Marriage and Sexual Fidelity in the Papyri, Plutarch and Paul," *Tyndale Bulletin* 50 (1999): 163-72를 참조하라.

379 Keener, *And Marries Another*, 50-66. 또한, Craig L. Blomberg, "Marriage, Divorce, Remarriage and Celibacy: An Exegesis of Matthew 19:3-12," *Trinity Journal* 11 (1990): 특히, 186-90을 참조하라.

380 고전 6:13, 18; 고후 12:21; 갈 5:19; 엡 5:3; 골 3:5; 살전 4:3. 특히, Joseph F. Jensen, "Does Porneia Mean Fornication? A Critique of Bruce Malina," *Novum Testamentum* 20 (1978): 161-84를 참조하라.

교회의 신뢰성이 무너진 탓에 있다. 약 지난 50년 안에 서구는 유대-기독교 전통에서 멀어졌는데, 이 전통은 성(sex)은 책임이 따르는 특권이고, 성인들 사이에서 무차별적으로 행사할 권리가 아니라 생식을 위해 주어졌으며, 인체 해부학에서 말하듯이 성적인 기관이 신체적으로 요도구에 속한다고 주장하였다.[381] 게다가, 거의 전부는 아니라고 할지라도, 사람들은 명확한 성기를 갖고 태어나고 대다수 사람들은 자신들의 생물학적인 모습과 이 모습에 상응하는 성(gender)이 일치한다고 느낀다.[382] 그러므로 대부분의 남성은 남성으로 남길 원하고 대부분의 여성은 여성으로 남길 원한다. 인류 역사에서 사람들은 이 문제에 대해 선택의 여지가 없었다. 그러나 지금 의료 기술이 이전에는 상상할 수 없었던 "성전환"의 기회를 만들어 냈기 때문에, 이것이 전통적인 도덕을 버릴 충분한 이유라고 이해하는 사람들이 있다.

점점 더 평등주의를 지향하는 서구에서는 성(gender) 역할에 적용되는 것이 성적인(sexual) 행위에 일치해야 한다는 논리를 따르는 것 같다. 특히, 개인이 성적으로(sexually) 흥분되는 성(gender)에 대해 선택의 여지가 없다고 느낄 때 그렇다. 그러나 다른 사람과 성관계를 갖는 것이 인권이 아니라 자발적인 선택이라면, 기독교인들은 일부일처 이성애 결혼의 맥락 안에서 성적 활동을 제한해야 한다고 믿어야 한다. 이 신념을 기초로 해서, 교회와 가정, 그리고 사회에서 성 역할과 관련하여 완전히 평등주의적 관점을 지지하는 것은 모순이 아니다. 만약 사람의 주요 목표가 단순히 좋은 감정이라면, 이것은 파트너를 거의 필요로 하지 않는다. 만약 사람의 주요 목표가 친밀하고 사랑스럽고 장기적인 교제라면, 이것은 성(sex)을 거의 필요로 하지 않는다. 우리는 변경되어서는 안 되는, 철저하게 독특한 방식으로 성적인 행위

---

381 이러한 변화와 그에 따른 수십억 달러의 로비 노력에 대한 이야기를 설명하는 가장 좋은 자료 중 하나는 Linda L. Belleville, *Sex, Lies, and the Truth: Developing a Christian Ethic in a Post-Christian Society* (Eugene, Ore.: Wipf & Stock, 2010)이다.

382 나는 성별 위화감(gender dysphoria)을 고려하기 위하여 "거의"라고 말한다. 이에 관하여, 특히, Mark A. Yarhouse, *Understanding Gender Dysphoria: Navigating Transgender Issues in a Changing Culture* (Downers Grove, Ill.: IVP, 2015)을 보라.

가 두 사람을 결합한다는 바울의 주장을 이미 보았다.

이와 반대되는 빈번한 주장에도 불구하고, 성적 지향(sexual orientation)의 개념은 고대 지중해 세계에서 알려졌고, 그래서 바울은 이에 대하여 언급할 수 있었지만, 그러나 그는 그렇게 하지 않았다.[383] 바울이 지금까지 언급한 모든 것은 (아마도) 동성에게 끌리는 개인의 성적인 행동이다(롬 1:26-27, 고전 6:9-10; 또한 딤전 1:10 참조). 그리고 이것에 대하여 그는 창세기에 나타난 창조 기록과 예수의 가르침에 동의하면서, 성적인 관계는 일부일처제의 이성애 결혼을 위한 것임을 분명히 했다. 사실, 바울은 적어도 그의 편지를 쓰는 기간 동안 미혼이었고 금욕적이었다. 그는 비록 다른 사람들이 자신처럼 독신의 은사를 받지 않았다는 것을 알고 있었고 그래서 성적으로 적극적인 행동에 대하여 긍정적인 입장을 더 밝힐 수도 있었지만 그렇게 하지 않고, 자신의 상태가 더 나은 상태라고 주장했다.[384]

반면에, 바울은 동성애 죄를 이성애 죄보다 더 나쁜 죄로 이해하지 않는다. 로마서 1:24-27은 분명히 그 죄들 모두를 동등한 위치에 놓는다. 24절에서 "더러움"에 대한 용어('아카따르시아'[*akatharsia*])는 이성 간의 성적인 더러움을 일반적으로 언급했으며(예를 들어, 고후 12:21; 갈 5:19; 엡 4:19, 5:3; 골 3:5), 27절의 비정상적인 성적인 관계는 동성애 행위를 언급한다.[385] 고린도전서

---

383 James B. De Young, *Homosexuality: Contemporary Claims Examined in Light of the Bible and Other Ancient Literature and Law* (Grand Rapids: Kregel, 2000), 152-53, 205-13.

384 바울은 미망인이었을 가능성이 크다. Fee, *First Epistle to the Corinthians*, 318-20을 보라. 현대적 적용에 대한 탁월한 생각을 위해, Oropeza, *1 Corinthians*, 79-81을 보라.

385 이것에 관하여, 특히 Robert A. J. Gagnon, *The Bible and Homosexual Practice: Texts and Hermeneutics* (Nashville: Abingdon, 2001), 254-70을 보라. 아마도 이 구절에 대한 수정적 의적 해석 중 가장 강력한 것은 James V. Brownson, *Bible, Gender, Sexuality: Reframing the Church's Debate on Same-Sex Relationships* (Grand Rapids: Eerdmans, 2013)이다. 그럼에도 불구하고, 강력한 반박은 Preston M. Sprinkle, "Romans 1 and Homosexuality: A Critical Review of James Brownson's Bible, Gender, Sexuality," *Bulletin for Biblical Research* 24 (2014): 515-28에 나타난다. 로마서 1장에서 바울이 과도한 정욕이나 방종을 특징으로 하며, 합의된 일부일처 동성애 약속에는 적용되지 않는, 동성애 관계만을 비판한다는 학자들 사이에 나타난 대중적인 주장에 대한 반박에 대하여, Preston Sprinkle, "Paul and Homosexual Behavior: A Critical Evaluation of the Excessive-Lust Interpretation of

6:9-10은 오늘날의 논쟁 안에서 주목된 것보다 훨씬 더 많은 관심을 받을 가치가 있다. 9절에서 "남색하는 자"에 해당하는 단어는 남성 동성 간의 관계 안에 있는 파트너를 언급하며, 더 일반적으로 동성 관계(CEB는 "동성 성교의 두 참가자"로 번역)를 가리킨다. 그런 사람들은 하나님의 나라를 유업으로 받지 못할 것이다(10절). 몇 가지 주의 사항이 여기에서 중요하다. 바울은 과거에 이런 식으로 죄를 지었지만 회개한 사람들에 대해서 말하는 것이 아니다(11절이 매우 분명하게 설명하는 것처럼). 그는 이성애로 부도덕한 자, 도둑, 탐욕스러운 자, 술 취한 자, 중상하는 자, 사기꾼을 포함하는 악덕 목록에 이러한 죄를 포함한다. 동사가 아닌 명사를 사용한 것은 그가 일시적인 실수를 했거나 욕망과 계속해서 투쟁하는 사람들이 아니라, 이러한 행동에 의해 특징지어지고 심지어 지배되는 사람들을 언급하고 있음을 암시한다.[386] 복음주의 교회는 역사적으로 목록에 있는 부류 중 성적인 죄인들만 강하게 다루었다. 그러나 목록에 나타난 모든 죄는 매우 심각하게 다루어져야 하는 것들이다. 어떤 사람은 하나님 말씀의 권위에 복종한다고 하지만 특정한 죄악에만 너무 사로잡혀 있는데, 이러한 모습은 엄밀하게 각 개인이 정한 기준이기 때문에 지양해야 하며, 오직 하나님의 기준점이 있음을 인정할 필요가 있다.[387]

구약을 올바르게 사용하는 방법과 그렇지 못한 방법에 대한 고전적인 예가 여기에 있다. 동성의 관계에 대한 교회의 가르침에 대한 많은 비평가들은 레위기 18:22에 나타난 동성애 행위에 대한 금지가 성적으로 금지된 여러 관계를 설명하는 긴 목록에 어떻게 포함되어 있는지를 언급한다. 사실, 이 목록에서 일부는 더 이상 기독교인들에게 적용되지 않는다. 이 목록의 내용들은 사실 더 이상 기독교인들에게 적용되지 않는 구약의 정결법 또는

Romans 1:26-27," *Bulletin for Biblical Research* 25 (2015): 특히, 500-501을 보라. 스프링클(Sprinkle)은 이곳에서 다섯 가지의 반론을 요약한다.

386 Ciampa and Rosner, *First Letter to the Corinthians*, 243.

387 Gagnon, *Bible and Homosexual Practice*, 331-32. René A. Lopez, "Does the Vice List in 1 Cor 6:9-10 Describe Believers or Unbelievers?" *Bibliotheca Sacra* 164 (2007): 59-73을 참조하라.

의식법의 일부로 더 잘 이해된다.[388] 이 구절이 동성애 주제와 관련된 유일한 본문이거나 또는 만약 이 목록이 나온 본문들이 구약 이곳에만 있다면, 이 본문을 더 이상 기독교인들에게 적용하지 않아도 된다는 주장은 잠재적으로 이점을 가질 수 있다. 그러나 이 경우에는 예수와 사도들의 가르침 안에서 이 본문의 성취는 그 금지가 신약 시대에도 동등하게 유효하다는 것을 보여준다. 이전의 시대와 달리, 성취의 시대에 노예 제도가 폐지되고 교회의 많은 역할에 남자들과 여자들이 포함된다고 할지라도, 동성애 행위를 인정할만한 해석의 길은 없다.[389] 성취의 시대에 모든 것이 바뀌는 것이 아니다.

교회론

현대 서구 기독교인들은 개인주의의 렌즈를 통하여 성경을 자주 읽는다. 반면에, 바울은 신자들이 정기적으로 함께 모여 교제에 참여하는 것 이외에는 기독교인의 존재를 상상하지 않았다. 그는 예수 그리스도의 하나의 보편적인 "교회"의 현현으로서, 이 "교회들"이 다양성 안에 연합을 세상에 증명하는 것에 특히 관심을 가졌다.[390]

388 예를 들어, Dan O. Via and Robert Gagnon, *Homosexuality and the Bible: Two Views* (Minneapolis: Fortress, 2003), 6-7.

389 William J. Webb, *Slaves, Women & Homosexuals: Exploring the Hermeneutics of Cultural Analysis* (Downers Grove, Ill.: IVP, 2001).

390 특히, Bruce Milne, *Dynamic Diversity: The New Humanity Church for Today and Tomorrow* (Nottingham: IVP [= *Dynamic Diversity: Bridging Class, Age, Race and Gender in the Church* (Downers Grove, Ill.: IVP)], 2007)을 보라. Luke T. Johnson, "Paul's Ecclesiology," in *The Cambridge Companion to St. Paul* (Cambridge: Cambridge University Press, 2003), 183을 참조하라. 존슨(Johnson)은 "서신들은 교회가 부활하신 주 예수 그리스도를 통하여 하나님과의 관계에 의해 정의되며, 상호 지원과 교제의 패턴으로 인식될 수 있는 도덕적 성경의 공동체로 부름을 받은 공동체로서 교회에 대한 기본적인 이해에서 놀라울 정도로 일관된다."라고 주장한다.

드러난 신비

바울의 신학 사전에서 중요한 단어는 '미스테리온'(*mysterion*)이다. 바울이 "신비"로 번역하는 이 단어는 한때 비밀스러웠으나 이제 메시아 예수의 오심과 함께 밝혀진 것을 일반적으로 가리킨다(고전 1:27; 엡 3:3-5; 골 1:26).[391] 또한 '미스테리온'에 대하여 이해할 수 없거나 형언할 수 없는 것이 종종 있다.[392] 때때로 바울은 그리스도의 재림과 관련된 어떤 것이나(고전 15:51, 살후 2:7), 결혼(엡 5:32)이나 이스라엘의 일시적인 완악함(롬 11:25)과 같이 단순히 이해하기 어려운 것에 대해 "비밀"을 사용하지만, 일반적으로 이 비밀은 예수의 초림과 관련이 있으며(골 2:2), 더 구체적으로 말하면, 그리스도의 교회 안에서 유대인과 이방인이 동등한 조건으로 이루어진 연합과 관련된다(롬 16:25-26; 엡 3:6; 골 1:27).[393]

에베소서 3:10은 하나님의 뜻이 "교회로 말미암아 하늘에 있는 통치자들과 권세들에게 하나님의 각종 지혜를 알게 하려 하심이니"라고 주장함으로써, 문제를 한 단계 발전시킨다. 유대인과 이방인이나 다른 사람들의 집단이 단순히 그렇게 하는 인간적인 이유를 가지고 있지 않음에도 불구하고 함께 연합될 때, 천사들과 마귀들도 일어나서 주목할 것이다. 우리의 동료 인류에 대한 복음주의적인 의미는 훨씬 더 거대하다.[394] 그러나 이 연합은 교회에서

---

391 Bockmuehl, *Revelation and Mystery in Ancient Judaism and Pauline Christianity*; Gladd, *Revealing the Mysterion*. "신비"(즉, 그리스도)를 성도들에게 계시하는 것이 골로새서의 핵심이며, 이것이 그 편지의 인류학과 우주론, 그리고 신자들이 올바로 살 수 있는 능력이며, 이 세 가지 모두가 4QInstruction 안에서 평행을 이룬다는 주장에 대해, Robert L. Cavin, *New Existence and Righteous Living: Colossians and 1 Peter in Conversation with 4QInstruction and the Hodayot* (Berlin: de Gruyter, 2013), 특히, 184-231을 보라.

392 Chrys C. Caragounis, *The Ephesian Mysterion: Meaning and Content* (Lund: Gleerup, 1977).

393 Raymond E. Brown, *The Semitic Background of the Term "Mystery" in the New Testament* (Philadelphia: Fortress, 1968).

394 J. R. Daniel Kirk, *Unlocking Romans: Resurrection and the Justification of God* (Grand Rapids: Eerdmans, 2008), 228-29를 참조하라. 커크(Kirk)는 "바울에게, 주 예수를 고백하는 궁극적인 결과는 유대인과 이방인이 혼합된 공동체에서 발견되며, 이 공동체는 회원들이 서로를 세워주고 함께 하나님께 영광을 돌리는 것이다." 또한, Tet-Lim N. Yee, Jews, *Gentiles*

조차, 인종, 민족, 문화, 또는 언어에 따라 엄격하게 사람들을 그룹으로 분류하려는 인간의 자연스러운 유혹을 거스르는 것이다. 아프리카계 미국인 신약학자인 세크레스트(Love Sechrest)는 바울이 "완전히 새로운 민족적/인종적 특수성"을 만들고 있다고 설명한다.[395] 그러나 이것은 다민족적 맥락에서 현 상태를 정화하는 것을 의미하지 않고, 오늘날 미국에서 백인들이 "그리스도 안에서의 상호 의존과 상호성"을 표현하기 위해 "백인 특권"의 일부를 포기하는 것을 의미하며, 흑인들이 교회에서 "국가 건설"(nation-building) 정체성보다 오히려 "왕국 건설"(kingdom-building)을 수용하는 것을 의미한다.[396] 세부 사항이 무엇이든, 유대인과 이방인의 연합, 그러므로 예수 그리스도의 교회 안에서 이질적인 사람들의 그룹이나 인종의 연합은 바로 바울의 교회론이다. 또한 바울의 영적 전쟁의 신학을 실행하는 핵심 요소이기도 하다.

예정과 견인

톰 슈라이너(Tom Schreiner)는 구원의 선행조건에 대한 논의에서 예정 교리를 전형적인 위치에서 적절하게 재배치하고, 대신에 예정을 "신성하게 변화시키는 은혜"에 관한 장(chapter)에서 성화와 평행하게 만든다.[397] 하나님의 선택의 은혜에 대한 바울의 두 가지 주요 구절은 그를 따르는 자들에 대해 단체적으로 또는 집합적으로 이야기하는 맥락에서 나온다. 에베소서

---

and Ethnic Reconciliation: Paul's Jewish Identity and Ephesians (Cambridge: Cambridge University Press, 2005)을 보라.

395 Love L. Sechrest, *A Former Jew: Paul and the Dialectics of Race* (London: T&T Clark, 2009), 210.

396 Sechrest, *Former Jew*, 229. 또한, Bruce W. Fong, "Addressing the Issue of Racial Reconciliation according to the Principles of Eph 2:11-22," *Journal of the Evangelical Theological Society* 38 (1995): 565-80을 보라. 성(gender) 이슈와 부분적으로 평행을 위해, Karin B. Neutel, *A Cosmopolitan Ideal: Paul's Declaration "Neither Jew nor Greek, Neither Slave nor Free, No Male and Female" in the Context of First-Century Thought* (London: T&T Clark, 2015)을 보라.

397 Schreiner, *Paul, Apostle of God's Glory in Christ*, 236-48. 그리스도 안에서 상당한 성장을 한 후에만 자신의 미리 정하거나 택하심을 받은 행위를 되돌아보고 올바로 이해할 수 있다.

1:4-10에서 우리가 그리스도 안에서 가질 수 있는 연합의 신비를 증명하기 위하여, 신자들은 유대인이나 이방인이나 모두 그 안에서 택하심을 받아 양자가 되기로 작정되었다.[398] 이것은 "때가 찼을 때" 명시적으로 일어난다. 11절은 하늘과 땅에 있는 만물을 그리스도 안에서 통일되게 하기 위하여 우리가 "그 안에서" 택함을 받았다고 반복한다. 당연히, 다른 신자들과 분리되어 사는 개인들은 이 목적을 달성할 수 없다.

로마서 9:6-29에서 바울은 선택이나 예정에 대한 가장 광범위한 논의를 시작한다. 그가 구약의 인물들을 논하고 있는 한, 그의 생각과 언어는 이 세상의 목적을 위한 집합적 선택의 논의와 관련된다. 아브라함과 이삭, 그리고 야곱은 메시아 안에서 절정에 이르는, 선택된 가정의 족장들이었다. 이스마엘과 에서, 그리고 바로는 그렇게 선택되지 않았다. 바울이 이 개인들에 대해 말한 것은 그들의 영원한 구원이나 저주에 필연적으로 영향을 미치지 않는 것처럼 보인다.[399] 그러나 적어도 22절부터 그 장(chapter)의 끝까지, 바울은 개인의 구원에 대하여 이야기하는 것처럼 보인다. 왜냐하면 그가 새 언약 시대에 사는 사람들을 위한 믿음과 율법의 행위의 대조로 되돌아가기 때문이다(30-33절).[400]

에베소서 1장에서는 구원받은 자들만 볼 수 있는 반면, 로마서 9장에서

---

398 William W. Klein, *The New Chosen People: A Corporate View of Election*, rev. ed. (Eugene, Ore.: Wipf & Stock, 2015), 153-55.

399 Klein, *New Chosen People*, 175-77. Brian J. Abasciano, *Paul's Use of the Old Testament in Romans 9.1-9: An Intertextual and Theological Exegesis* (London: T&T Clark, 2005); Brian J. Abasciano, *Paul's Use of the Old Testament in Romans 9.10-18: An Intertextual and Theological Exegesis* (London: T&T Clark, 2011)을 참조하라.

400 버넷(Gary W. Burnett)은 자신의 책, *Paul and the Salvation of the Individual* (Leiden: Brill, 2001)에서 롬 1-8장의 큰 부분이 어떻게 개인에게 초점을 맞추는지 보여주는데, 이 책에서 언급된, 바울 안에 집합성을 지나치게 강조하는 사람들에 나는 반대한다. 그러므로 9장에 유사한 부분이 없다면, 우리는 놀라게 될 것이다. 또한, Robert B. Foster, *Renaming Abraham's Children: Election, Ethnicity, and the Interpretation of Scripture in Romans 9* (Tübingen: Mohr Siebeck, 2016)을 보라. 이스라엘의 집합적 선택 대신에 개별적으로 이방인 기독교인들, 유대인의 남은 자들, 그리고 언젠가는 "온 이스라엘"을 구성하는 많은 사람들이 지금 선택된 사람들이다.

는 바울이 잃어버린 사람들과 구원받은 사람들 둘 다 언급한다. 이 본문이 어떻게 '하나님이 어떤 사람은 구원을 위해, 어떤 사람은 저주를 위해 택하신다'는 이중 예정 교리에 대한 고전이 되었는지는 쉽게 이해될 수 있다.[401] 그러나 22절과 23절에서 비대칭의 두 지점에 주목하는 것이 중요하다. 하나님은 친히 자비의 대상(그릇)을 미리 준비하였다. 그러나 그의 진노의 대상은 "멸하기로 준비된" 상태일 뿐이다. 완료 분사 '카테르티스메나'(*katērtismena*)는 중간태일 수도 있고 수동태일 수 있다. 이 사람들은 그들 자신을 멸망에 대하여 준비할 수 있었다. 물론 그들이 태어나기도 전에, 미리 행해지는 이 준비에 대하여 어떤 것도 말할 수 없다.[402] 사실, 이것은 돌이킬 수 없는 운명이라기보다 그들의 현재 상태만을 언급하는 것 같다. 왜냐하면 그가 우둔함 가운데 있다고 설명하는 바로 그 사람들이 유대인들이며, 이들이 종말에 구원받을 것을 기대하기 때문이다(11:25-26). 그러므로, 바울에게 예정은 이중적이라기보다 단일한 것으로 보인다.[403] 하나님은 구원받은 자들을 택하시고 잃어버린 자들을 비대칭적으로 누락시킨다. 엄밀하게 말해서, 신자들은 자신들의 구원에 대해 오직 하나님에게만 공을 돌리고 있다. 불신자들은 자신들의 저주에 대해 책임을 져야만 한다. 로마서 8:29-30은 또한 부르심과 칭의, 그리고 영화에 앞서 예정이라는 개념을 전개한다. 그러나 예정은 구원의 서정(*ordo salutis*) 안에서 다섯 단계의 목록 중, 첫 번째 항목이 아니다. 그것은 "예지"를 위해 확보된다. "예지"를 "예정"과 동일시하려는 시도

401 예를 들어, John Piper, *The Justification of God: An Exegetical and Theological Study of Romans 9:1-23*, 2nd ed. (Grand Rapids: Baker, 1993)을 보라.

402 Cranfield, *Critical and Exegetical Commentary on the Epistle to the Romans*, 2:492-97.

403 David P. Scaer, "The Doctrine of Election: A Lutheran Note," in *Perspectives on Evangelical Theology*, ed. Kenneth S. Kantzer and Stanley N. Gundry (Grand Rapids: Baker, 1979), 105-15를 참조하라. 그리고 잃어버린 자에 대한 초점은 개인적이라기 보다 더 집합적이다. Timo Eskola, *Theodicy and Predestination in Pauline Soteriology* (Tübingen: Mohr Siebeck, 1998)을 보라. 그러나 다시 말하지만, 최소한의 개인 활동을 보장하지 않고 집단 활동을 보장하는 것은 불가능하다. 또한, Craig L. Blomberg, "Elijah, Election, and the Use of Malachi in the New Testament," *Criswell Theological Review* 2 (1987): 특히, 111-16을 참조하라.

가 자주 있어서, 예정과 함께 취해야 하는 추가적인 단계는 보충 절("그 아들의 형상을 본받게 하기 위하여," 29절)에 의해 분명해진다.[404] 그러나 구약에서 "알다"(히브리어 '야다'[*yādā*])라는 표현이 종종 한 당사자가 다른 당사자를 선택하는 것을 포함하는 친밀한 관계를 나타내는 것이 사실이지만, 이것은 무엇인가에 대해 미리 아는 것을 더 일반적으로 의미하는 동사이다.[405] 어쨌든, 이 서정의 목적은 하나님의 예정 행위의 깊이를 조사하기 위함이 아니라, 신자들이 끝까지 인내할 것이라고 약속하기 위함이다. 이들은 영화롭게 될 것이며(30절), 모든 피조물의 어떤 것도 이들을 그리스도 안에 있는 하나님의 사랑에서 끊을 수 없다(38-39절).[406]

따라서, 성도들의 견인은 예정 교리의 논리적인 귀결에 속한다. 만약 모든 피조물 중 그 어떤 것도 그리스도의 사랑에서 우리를 제거할 수 없다면, 그것은 분명히 우리 자신을 포함한다. 하나님에게 나오는 사람들은 실제로 자신들을 하나님께서 선택했다는 것을 알게 될 것이며, 하나님께서 자신들의 견인을 반드시 지켜줄 것이라고 확신하게 될 것이다. 그러므로 바울은 "너희 안에서 착한 일을 시작하신 이가 그리스도 예수의 날까지 이루실 줄을 우리는 확신하노라"라는 빌립보서 1:6안에서 기뻐할 수 있다.[407] 만약 기독교인이 된 것처럼 보이는 사람이 완전히 그리고 돌이킬 수 없게 배교한다면, 그것은 단순히 그들의 겉모습이 그들의 참된 본성을 은폐하고 있었다는

404 예를 들어, 슈라이너(Schreiner)는 자신의 책, *Romans*, 452-53에서, 단순한 예정과 언약적 사랑을 나타내는 것을 구별한다.

405 예를 들어, Witherington with Hyatt, *Paul's Letter to the Romans*, 225, 특히, 각주 25.

406 Longenecker, *Epistle to the Romans*, 758-60. "영화롭게 된"이라는 표현의 부정과거 시제가 단지 다가오는 경험의 확실성을 강조하는 미래에 대한 언급이 아니라, 적어도 부분적으로 실현될 가능성에 관하여, Dane Ortlund, "Inaugurated Glorification: Revisiting Romans 8:30," *Journal of the Evangelical Theological Society* 57 (2014): 111-33을 보라.

407 이에 관하여, J. Ross Wagner, "Working out Salvation: Holiness and Community in Philippians," in *Holiness and Ecclesiology in the New Testament*, ed. Kent E. Brouwer and Andy Johnson (Grand Rapids: Eerdmans, 2007), 260을 보라.

것을 보여준다.[408] 구약에서 신약으로 성령론의 변화는 구원론적 귀결을 갖는다. 이제 내주하는 성령이 결코 신자들을 떠나지 않기 때문에, 성령 역시 그들의 구원을 보장한다. 동시에 "한번 구원은 영원한 구원"을 지지하는 사람들이 지속적으로 기독교인의 열매를 맺지 않는 사람들에게 거짓 확신을 준다면, 바울과 견인의 교리를 오해하는 것이다. 하나님은 자신에게 속한 사람들을 보존한다. 그러나 신자들 역시 "두렵고 떨림으로 그들의 구원을 이루게 된다"(빌 2:12-13).

교회와 이스라엘

기독교의 존재(existence)의 공동체적인 성질은 교회와 이스라엘 사이의 관계에 관한 질문을 야기한다. 교회 역사의 오랜 기간 동안 사람들은 교회가 하나님의 백성인 이스라엘을 대체하고 계승했다고 믿으면서, 바울을 대체주의자(supersessionist)로 받아들였다. 결국, 바울은 꺾여진 원 가지(이스라엘)와 접붙여진 가지(이방인)를 가진 감람 나무라는 은유를 발전시킨다(롬 11:17-24). 사실, 그는 이방인들 역시 다시 접붙여진 유대인들과 함께 끊어질 수 있다고 경고한다(21-23절). 그러나 바울의 은유는 이 시나리오를 메시아의 오심에 대하여 말하는 26b-27절에서 이사야 59:20-21을 인용하고, "온 이스라엘이 구원을 받으리라"(26a절)라는 진술을 선언하면서 절정을 이룬다. 다시 말해서, 모든 이스라엘은 옛 언약 시대의 모든 믿는 유대인들과 함께 새 언약 시대의 모든 기독교인들을 포함한다. 교회 역사상 대부분의 해석자

---

408 Judith M. Gundry Volf, *Paul and Perseverance: Staying in vs. Falling Away* (Louisville: Westminster John Knox, 1992). 반대의 관점에 대하여, B. J. Oropeza, *Paul and Apostasy: Eschatology, Perseverance, and Falling Away in the Corinthian Congregation* (Tübingen: Mohr Siebeck, 2000)을 보라. 오로페자(Oropeza)는 일부 개인이 타락할 수 있고 타락한다고 할지라도, 하나님은 자신의 백성을 집합적으로 보존할 것을 약속한다고 생각한다. 그러나 다시 말하지만, 그것은 적어도 소수의 사람들이 보존되어 보존되는 집합체가 있다는 것을 보증한다는 것을 의미한다. 그러나 바울에게, 하나님이 나머지 부분을 보존하는 방식과 다른 방식으로 어떤 집합의 생존을 보장한다는 암시가 없다.

들이 이것을 받아들였다.[409]

그러나 로마서 9-11장에 나오는 "이스라엘"이라는 표현이 나타난 다른 구절들을 고려해보면 문자 그대로 유대 민족을 가리키기 때문에, 바울이 11:26에서 다른 의미로 사용한다는 것을 명확하게 알리지 않고 의미를 바꾸는 것은 어려운 것처럼 보인다.[410] 물론 문제는 이중 언약 이론, 즉 예수를 오직 이방인을 위한 메시아로 이해하여 이방인은 예수를 믿음으로 구원을 받고 유대인들은 모세 언약으로 구원을 받는다는 이론을 선택하지 않는 한, 이스라엘 사람은 모두 구원을 받지 못한다는 것이다.[411] 그러나 이 이중 언약 이론은 오직 한 가지 구원의 길(즉, 그리스도를 믿음으로; 예를 들어, 롬 3:29-30, 갈 3:7-9, 엡 2:11-18)을 가르치고 교회 안에서 유대인과 이방인의 연합의 중요성을 강조하는(예를 들어, 갈 3:28; 엡 3:6-11) 너무 많은 본문을 제멋대로 다루는 것이다. 이중 언약 사상은 유대인들이 신약 시대에서도 여전히 구약 아래 살 수 있다고 가정하는데, 사실은 가능하지 않다. 로마서 11:23은 다시 접붙여진 가지를 예수에 대한 불신앙을 고집하지 않은 유대인들과 동일시하기 때문이다. 단순히, 그들의 민족성이나 토라에 대한 순종으로 구원을 약속하는 것은 없다. 아이러니하게도, 26절을 이해하는 열쇠는 랍비 문헌 자체에서 발견된다. 미쉬나 산헤드린(Mishnah tractate Sanhedrin) 10:1은 모든 이스라엘이 구원을 받을 것이라고 선언하지만, 계속해서 그들 자신에게서 배제된 사

---

409 이에 대한 훌륭한 변호에 대하여, Wright, *Climax of the Covenant*, 249-51을 보라. 또한, Dongsu Kim, "Reading Paul's καὶ οὕτως πᾶς Ἰσραὴλ σωθήσεται (Rom. 11:26a) in the Context of Romans," *Calvin Theological Journal* 45 (2010): 317-34를 참조하라.

410 Cranfield, *Critical and Exegetical Commentary on the Epistle to the Romans*, 2:576. 추가적인 이유들에 대하여, Longenecker, *Epistle to the Romans*, 873, 894-96; Pablo T. Gadenz, *Called from the Jews and from the Gentiles: Pauline Ecclesiology in Romans 9-11* (Tübingen: Mohr Siebeck, 2009)을 보라.

411 박(Eung Chun Park)은 자신의 책, *Either Jew or Gentile: Paul's Unfolding Theology of Inclusivity* (Louisville: Westminster John Knox, 2003)에서, 이 구절을 이 사고의 주요한 근거로 제시한다. 이주 언약 접근에 대한 완벽한 반대에 대하여, Michael G. Vanlaningham, Christ, *the Savior of Israel: An Evaluation of the Dual Covenant and Sonderweg Interpretations of Paul's Letters* (New York: Peter Lang, 2012)을 보라.

람들, 곧 믿음이 없는 이스라엘 정탐꾼, 고라와 그의 추종자들, 변덕스러운 도시의 사람들, 그리고 악인의 다양한 다른 예들과 범주에 대한 긴 예외 목록을 제공한다. 바울의 논리는 더 간단하다. 예수를 거절하는 사람들을 제외하고, 모든 이스라엘이 구원을 받는다는 것이다. 그러나 그가 이러한 표현을 사용하기 위해서는 마지막 날에 민족적으로 유대인들 사이에서 그리스도에 대한 믿음이 널리 부어지는 것을 상상해야 한다.[412] 갈라디아서 6:16은 해독하기가 더 어렵다. NIV는 "무릇 이 규례를 행하는 자에게와 하나님의 이스라엘에게 평강과 긍휼이 있을지어다"라고 번역한다. "이 규례"는 바울이 오직 그리스도의 십자가만을 자랑하기를 원하고 이 새 언약 시대에 할례나 무할례가 아무 가치가 없음을 진술하는 바로 앞 구절들로 되돌아간다(14-15절). 그러므로 NIV는 "하나님의 이스라엘" 앞의 '카이'(*kai*)를 "즉" 또는 콜론(:)이나 대시(-) 기호와 같은 대명사로 취한다. 하나님의 이스라엘은 그리스도를 따르는 유대인과 이방인을 가리킬 수 있다.[413] 그러나 '카이'(*kai*)는 동등하게 강조적이며, "조차"(even)나 "또한"(also)을 의미하며, 신자들 내 유대기독교인들을 가리킬 수 있다. 갈라디아서 안에 "이스라엘"이라는 표현이 등장하지 않기 때문에 비교할 수 없지만, 바울은 유대주의자들을 질책해왔으므로 하나님에게 옳게 반응하는 동일 민족, 즉 믿는 유대인들을 가리킨다고 이해하는 것이 이야기 흐름에 아주 잘 맞다.[414] 요컨대, 비록 그가 이방인이나 다민족 교회에 구약성경을 적용하는 것을 고려했을 때(예를 들어, 롬 9:25-26; 갈 3:29), 바울의 신학에서 교회가 이스라엘을 완전히 대체하거나 대신하

---

412 Longenecker, *Epistle to the Romans*, 897-98. 이 주제에 대한 최근 연구의 상당 부분이 동의한다. John K. Goodrich, "Until the Fullness of the Gentiles Comes In: A Critical Reveiew of Recent Scholarship on the Salvation of 'All Israel' (Romans 11:26)," *Journal for the Study of Paul and His Letters* 6 (2016): 5-32를 보라.

413 예를 들어, Longenecker, *Galatians*, 298-99.

414 예를 들어, Bruce, *Epistle to the Galatians*, 275. 이것은 바울이 유대인 신자와 이방인 신자 사이를 이간시킨다고 주장하는 것이 아니다. 이것은 그의 신학의 많은 부분과 모순된다. 그는 모든 신자들에게 평화를 빌고 있지만, 특히 최근에 많은 평화를 누리지 못한 일부 사람들에게 평화를 빈다.

지는 않을 것이다. 더 구체적으로 말하자면, 유대인 신자들은 하나님이 자신들에게 약속한 모든 것을 받는다. 그러나 이들은 메시아 예수를 믿는 자들로서, 이 모든 것을 이방인 신자들과 함께 받는다. 우리는 이러한 견해를 확장 신학(enlargement theology)이라고 부를 수 있을 것이다.[415]

하나님의 성전

바울 신학에서 교회에 대한 중요한 은유는 고대 이스라엘 종교에서 가장 거룩한 건물로 여겨졌던, 성전이다. 고린도전서 3:16은 신자들을 집합적으로 하나님의 성전이라고 부르며, 이 성전을 파괴하려는 사람들은 파멸의 위협을 받는다(17절). 6:19에서 성령은 신자 안에 거하기 때문에, 각 기독교인의 몸은 성령의 전이라고 불린다.[416] 고린도후서 6:16은 "우리"(복수)가 하나님의 성전(단수)이라고 불리며, 우상숭배에서 우리 자신을 분리하도록 부름을 받았기 때문에, 은유가 집합적으로 다시 나타난다.[417] 에베소서 2:19-22도 마찬가지로 교회를 하나님의 집으로 여기던 것에서 교회를 하나님의 성전으로 여기는 것으로 바뀌는데, "그의 안에서 건물마다 서로 연결하여 주 안에서 성전이 되어 가고 너희도 성령 안에서 하나님이 거하실 처소가 되기 위하여 그리스도 예수 안에서 함께 지어져 가느니라"(21-22절)라고 바울은 설명한다.

성전 이미지가 어떻게 기능하든지 간에, 확실히 예배를 위한 거룩한 장

---

415 특히, Alex Jacob, *The Case for Enlargement Theology*, 2nd ed. (Saffron Walden, UK: Glory to Glory Publications, 2011)을 보라. Daniel Juster, *A Passion for Israel: A Short History of the Evangelical Church's Commitment to the Jewish People and Israel* (Baltimore: Messianic Jewish Communications, 2012)을 참조하라.

416 고린도전서에 있는 성전 은유의 암시적 사용과 함께 이 두 가지 명시적 사용에 대해, John R. Lanci, *A New Temple for Corinth: Rhetorical and Archaeological Approaches to Pauline Imagery* (New York: Peter Lang, 1997)을 보라. 그 두 사용을 밀접하게 관련된 것으로 이해하는 접근에 대하여, Nijay K. Gupta, "Which 'Body' Is a Temple (1 Corinthians 6:19)? Paul beyond the Individual/Communal Divide," *Catholic Biblical Quarterly* 72 (2010): 518-36을 참조하라.

417 이에 관하여, Guthrie, *2 Corinthians*, 353-59를 보라.

소를 나타낸다. 또한, 예배는 차별 없이 통합된 인류의 근본적인 특징이며 인류가 연합되고 회복될 수 있는 장치이다.[418] 그러나 고대 이스라엘 사람들은 성전을 더욱 분명하게 하나님이 가장 친밀하게 거하는 지상의 장소로 생각했다. 교회 역사의 많은 기간 동안 교회 건물에 대하여 같은 태도를 취한 것이 사실이다. 그러나 바울에게 있어서, 성전은 집합적으로나 개인적으로 성령을 통하여 예수를 경배하는 하나님의 백성이며, 이들이 어디로 가든지 이들에게서 하나님이 특별히 발견된다.[419] 그래서 거룩함과 순결을 위하여, 개인뿐만 아니라 공동체의 순결을 지키기 위해 일정한 경계가 필요했다. 부도덕을 피해야 했으며, 회개하기를 거절한 신자들은 적어도 받아들여지지 않았다(특히, 고전 5:1-13을 보라).[420] 그러나 제명된 것은 고의로 보복하는 것이 아니라, 교정을 위함이었다(고후 2:5-11, 7:8-12 참조).

사역의 수단들

성전에서 사역하는 사람들은 규정된 방식으로 했기 때문에, 바울이 고정된 형태의 교회 사역을 구상하는 것도 놀라운 일이 아니다. 그러나 고도로 제도화되는 것과 거리가 멀지만, 바울의 교회들은 교회 성장을 위하여(엡 4:12), 모든 사람이 차례로 영적 은사를 행사할 수 있도록(고전 14:26) 조직된 것처럼 보인다.[421] 영적인 은사들은 여러 형태로 온다. 일부는 리더십 역할에 관련되고, 일부는 "무대 뒤에서" 지원하는 기능에 관련되며, 다른 사람

---

418 Aaron Sherwood, *Paul and the Restoration of Humanity in Light of Ancient Jewish Traditions* (Leiden: Brill, 2013), 270.

419 Finny Philip, *The Origins of Pauline Pneumatology* (Tübingen: Mohr Siebeck, 2005), 224를 참조하라.

420 더 연구를 위해, Yulin Liu, *Temple Purity in 1-2 Corinthians* (Tübingen: Mohr Siebeck, 2013)을 보라. 비록 용어 자체는 드물지만, 바울의 편지 전체에서 그의 신학적 추론과 권면, 그리고 설교에 대한 회개의 중요성에 대하여, Eckhard J. Schnabel, "Repentance in Paul's Letters," *Novum Testamentum* 57 (2015): 159-86을 보라.

421 Robert J. Banks, *Paul's Idea of Community: The Early House Churches in Their Cultural Setting*, rev. ed. (Peabody, Mass.: Hendrickson, 1994), 88-98; E. Earle Ellis, *Pauline Theology, Ministry, and Society* (Grand Rapids: Eerdmans, 1989), 48-51.

들은 특히 초자연적인 능력을 가진 개인에게 일시적으로 권한을 부여한다는 의미에서, 더 "카리스마적"이다.[422] 바울은 세 가지 주요한 은사 목록을 제시한다(롬 12:3-8, 고전 12:28-30, 엡 4:11-12). 비록 이 세 목록은 중요한 면에서 서로 겹치지만, 그렇다고 서로 똑같지 않다. 이러한 현상은 바울이 세 군데에서 설명한 은사들이 대표적인 것들이지만, 은사의 모든 것을 나타내는 것이 아님을 시사한다. 그러나 각 목록에 무엇이 포함되어 있는지 분류하는 것보다 더 중요한 것은 이 은사들의 목적에 있는데, 모든 은사는 공동의 선을 위해 사용되어야 한다는 것이다(고전 12:7-11). 하나님에 의해 주어지고 그를 섬기도록 바쳐진 재능이나 능력이 교회를 세우고 동료 신자들을 온전하게 하는 데 사용될 때마다, 우리는 영적인 은사들에 대하여 말할 수 있다.[423] "바울서신에서 다양성 안에 일치를 말하고 몸과 지체들의 관계를 설명한다는 것은 각 개인이 신앙 공동체 안에서 역할을 갖는다는 것과 공동체의 삶에 불가분의 관계라는 것을 시사한다."[424] 바울은 또한 죽음을 이기신 그리스도의 승리와 함께, 옛 시대에서 새 시대로 전환하는 과정에서 이러한 은사들이 각 신자에게 분배될 수 있었다는 것을 설명한다(시 69:18을 인용하는 엡 4:8).

바울은 모든 영적 은사들이 교회 시대 전체에 걸쳐 사용되도록 의도된

---

422 Michael Green, *I Believe in the Holy Spirit*, rev. ed. (Grand Rapids: Eerdmans, 2004), 210-59; Donald Bridge and David Phypers, *Spiritual Gifts and the Church* (London: IVP, 1973), 18-89를 참조하라.

423 Ralph P. Martin, *The Spirit and the Congregation: Studies in 1 Corinthians 12-15* (Grand Rapids: Eerdmans, 1984), 37; David Prior, *The Message of 1 Corinthians: Life in the Local Church* (Downers Grove, Ill.: IVP, 1985), 198. 더 일반적으로 특히, Siegfried S. Schatzmann, *A Pauline Theology of Charismata* (Peabody, Mass.: Hendrickson, 1987)을 보라.

424 Ben C. Dunson, *Individual and Community in Paul's Letter to the Romans* (Tübingen: Mohr Siebeck, 2012), 180. 또한, John L. Meech, *Paul in Israel's Story: Self and Community at the Cross* (Oxford: Oxford University Press, 2000), 130을 참조하라. 미크(Meech)는 "바울의 편지에 나타난 지배적인 비유는 이스라엘을 밝히는 이야기이다. 공동체로서 이스라엘은 그리스도 안에서 죽고 부활했고, 그 공동체 안에서 죽고 일어날 때 나 개인은 자신의 정체성을 찾는다."라고 주장한다.

것으로 이해한다(고전 1:7). 고린도전서 13:8-10은 파루시아(재림)를 사도 시대의 끝이나 정경의 끝이 아니라, 온전한 때가 오는 시간으로 말하고 있다. 이 구절들은 은사 중지론이 성령의 역사를 부적절하게 제한하고, 신약 시대의 일부분을 그 시대의 나머지 부분과 질적으로 다른 것으로 부당하게 구분한다는 것을 보여준다.[425] 여전히, 예언과 방언이 고린도에서 문제를 일으키고 있었기 때문에, 바울은 그것들을 적절하고 질서 있게 사용할 수 있는 방법을 설명한다(14:40). 그는 자신이 모든 사람보다 방언을 더 말하므로 하나님께 감사하지만(18절), 공적인 상황에서 자신을 제한하여, 사적인 기도 언어를 말해야 한다(19절). 그는 더 나아가 고린도 교인들에게 예언은 즉시 알아들을 수 있기 때문에, 더 선호하도록 격려한다(1-17절). 바울이 앞 절에서 모든 은사, 특히 가장 눈에 띄지 않는 은사의 가치에 대해 강조하기 때문에(12:14-27), 그가 28-31절을 은사의 서열로 의도했을 가능성은 없다. "하나님이 교회 중에 몇을 세우셨으니 첫째는 사도요 둘째는 선지자요 셋째는 교사"이며(28절), 그런 다음에 다른 은사를 받은 사람들이 등장하는데, 아마도 발생 순서로 나열되었을 가능성이 더 크다. 선교사나 교회 개척자는 회중을 세우고, 설교자는 하나님의 말씀을 전하며, 교사는 교리 교육으로 그 말씀을 보충한다. 그런 다음, 다른 모든 은사를 가진 사람들이 열심히 하는 성숙한 교회가 나타난다.[426]

리더십 역할

이것은 우리가 바울서신에 목회서신을 포함하지 않았기 때문에, 이렇게 목회서신을 포함하지 않음으로써 상당한 불이익을 받게 되는 주제라고 할

---

425 더 연구를 위해 Craig L. Blomberg, *Can We Still Believe the Bible? An Evangelical Engagement with Contemporary Questions* (Grand Rapids: Brazos, 2014), 179-212; James W. Scott, "The Time When Revelatory Gifts Cease (1 Cor 13:8-12)," *Westminster Theological Journal* 72 (2010): 267-89를 보라.

426 Charles H. Talbert, *Reading Corinthians* (New York: Crossroad, 1987), 85; Nigel Watson, *The First Epistle to the Corinthians* (London: Epworth, 1992), 137.

수 있다. 그러나 바울의 다른 서신에서도 두 가지 주요한 리더십 역할이 나타난다.

감독들과 집사들. 빌립보서 1:1에서 바울은 "감독들과 집사들"을 빌립보 교회에서 하나님의 거룩한 백성의 일부로 인정하며 인사한다. 문맥과 그 단어들의 의미는 각각이 리더십 역할을 의미한다는 것을 제안한다. '에피스코포스'(*episkopos*, 감독)는 "어떤 일이 올바른 방법으로 행해지도록 보호하거나 감독하는 책임이 있는" 사람, 즉 "보호자"를 가리킨다. 그리스-로마 세계에서 감독은 자주 "집단 내에서 후견인과 관련된 활동의 명확한 기능이나 고정된 직무"를 가진 사람을 언급했으며, 기독교계에서는 "보호자로서 사도적 전통을 지키는데 특별한 임무를 가진 사람"으로 여겼다.[427] 유대교는 이미 회당에서 비슷한 방식으로 "장로들"을 활용했다(약 5:14 참조). 클라크(Andrew Clarke)에 의하면, 초기 기독교의 가정 교회들을 고려하면, 가족 구조와 리더십 모델이 매우 영향력이 있었다는 것이다. 사도행전 20:17-28이 바울의 행위를 정확하게 반영하는 한, 우리는 "감독들"과 "장로들"이 동의어였던 것 같다고 덧붙일 수 있다(17절, 28절 참조). 그래서 교회가 가정의 규모를 넘어 성장할 때에도, 각 가정 교회의 장로들이나 감독자들은 여전히 일종의 감독의 연합을 만들었다(에베소 교회의 여러 장로들이 밀레도에 모였다[17절]).[428]

"집사"('디아코노스'[*diakonos*])라는 단어는 목회서신을 제외하고 우리가 바울의 편지로 인정하는 다른 열 개의 편지에 16회 나타난다. 많은 경우에서, 영어 번역본들은 바울이나(예를 들어, 롬 1:1; 갈 1:1; 엡 3:7), 일반적으로 사도들과 동역자들이나(예를 들어, 고전 3:5; 고후 6:4; 빌 1:1), 또는 두기고나 에바브라와 같은 특정 기독교 지도자들을 가리키는(엡 6:21; 골 1:17) 문맥 안에서 "종"이나 "일꾼"이라는 용어를 사용한다. 또한 어떤 본문에서는 그리스도 자신을 가

427 BDAG, 379.

428 Andrew D. Clarke, *A Pauline Theology of Church Leadership* (London: T&T Clark, 2008), 184-89.

리킨다(롬 15:8). 로마서 16:1의 경우, '디아코노스'라고 불린 사람이 여성 뵈뵈이기 때문에, 많은 토론을 불러일으켰다. 그 단어가 "겐그레아 교회의"라는 구절에 의해 수식되기 때문에, 그것은 회중에서 더 공식적인 역할을 나타내는 것처럼 보인다.[429] 그녀가 "후원자"로도 묘사된다는 것은 그녀가 어느 정도 리더십 위치를 갖고 있는 유복한 사람임을 암시한다. 바우어(Bauer) 사전은 '디아코노스'에 대한 두 가지 주요 정의를 제공하는데, "거래나 대리인, 중개인의 역할을 하는 사람"과 "상급자의 명령에 따라 무언가를 완료하는 사람"이다.[430] 빌립보서에서 '디아코노스'는 감독자와 짝을 이룬다는 것을 고려할 때, 이것 중, 두 번째의 의미가 여기에 가장 적합할 수 있다. 뵈뵈는 아마도 후원자이자 교회 지도자였으며, 편지 전달자였을 것이다.

"장로"('프레스뷔테로스'[*presbyteros*])에 해당하는 헬라어는 목회서신 이외 바울의 글에 나타나지 않는다. 그러나 그는 고린도후서 5:20과 에베소서 6:20에서 "사신이 되다"라는 표현을 위해 동음 어원을 가진 '프레스뷰오'(*presbeuō*)를 사용한다. 비록 그가 이 용어를 정치적 사절이 아니라 종교적인 사절로서 자신의 역할에 적용한다고 할지라도, 여전히 "왕"이신 예수에게 종속된 사람을 언급하면서 리더십 기능을 다시 반영한다는 것은 분명하다. 사도행전 14:23은 바울과 바나바가 개척한 교회에 정기적으로 장로들을 임명했다는 것을 보여준다. 마찬가지로, 바울은 자신의 동역자들과 그 자신을 그리스도의 "청지기"('히페레타이'[*hypēretai*]), 즉 주인이 없을 때 재산을 책임지는 종으로 여긴다(고전 4:1).[431] 이와 비슷한 역할을 가리키는 더 일반적인 용어는 바로 뒤에 나타난다(1절과 2절에 '오이코노모이'[*oikonomoi*]). 이것은 또한 후견인이나(갈 4:2) 돌보아 주는 사람(롬 16:23)을 의미할 수 있다. 그러므로

---

429 Moo, *Epistle to the Romans*, 914. 더 많은 연구에 대하여, Joan C. Campbell, *Phoebe, Patron and Emissary* (Collegeville, Minn.: Liturgical, 2009)을 보라.

430 BDAG, 230.

431 권위를 갖는 것과 권위 아래 있는 것 사이의 균형에 관하여, John K. Goodrich, *Paul as an Administrator of God in 1 Corinthians* (Cambridge: Cambridge University Press, 2012)을 보라.

바울이 지도자가 없는 기독교 운동을 상상하지 않는다는 것은 분명하다. 이러한 다양한 위치가 서로 어떻게 다른지 우리가 정확하게 알 수 없지만, 바울의 교회 전체에는 감독하는 리더십과 지원하는 리더십 역할이 모두 있었던 것으로 보인다. 이렇게 바울의 공동체 안에 특정한 리더십 계층 구조가 존재하지만, "형제와 자매"를 뜻하는 '아델포이'(*adelphoi*)라는 용어가 얼마나 자주 등장하는지 놀랍다. 바울의 공동체 내에 특정 계층 구조가 존재하지만, 그 당시의 상황을 고려한다면 그 구조는 상하 관계를 위한 것이 아니다.[432] 초점은 거의 전적으로 종 리더십이다. 그린드하임(Sigurd Grindheim)은 고린도후서 9-13장에 있는 거짓 교사들의 문제를 바로 십자가 중심주의의 부재로 요약한다. "바울의 판단은 이 교사들이 거짓 사도라는 것이다. 왜냐하면 그들의 사역은 십자가에 못 박히심과 뒤이어 일어나는 부활을 통해 낮아짐과 겸손 안에서 그리스도가 보여준 사역의 패러다임을 따르지 않기 때문이다."[433]

성 역할(Gender Roles). 이 역할은 남성과 여성에 똑같이 열려 있는가? 교회 역사의 오랜 기간 동안, 여성은 적어도 교회 생활에서 "가장 높은" 직분에서 제외되었다. 역사를 자세하게 연구하면 몇몇 예외는 물론 존재한다. 기존 교단이나 회중이 덜 제도화될수록 여성은 때때로 모든 지도자 역할에 참여할 가능성이 더 커졌던 것 같다.[434] 그러나 어떤 사람들은 교회가 남녀 모두에게 모든 리더십의 문을 열었던 것이 1960년대와 1970년대 세속적인 여

---

432 특히, Raidar Aasgaard, *"My Beloved Brothers and Sisters!": Christian Siblingship in Paul* (London: T&T Clark, 2004)을 보라. 또한, David G. Horrell, "From ἀδελφοί to οἶκος θεοῦ: Social Transformation in Pauline Christianity," *Journal of Biblical Literature* 120 (2001): 293-311을 참조하라.

433 Sigurd Grindheim, *The Crux of Election: Paul's Critique of the Jewish Confidence in the Election of Israel* (Tübingen: Mohr Siebeck, 2005), 195.

434 특히, Ruth A. Tucker and Walter L. Liefeld, *Daughters of the Church: Women and Ministry: From New Testament Times to the Present* (Grand Rapids: Zondervan, 1987)을 보라.

성 해방과 함께 진행되었기 때문이라고 주장하면서, 여성 참여에 대하여 부정적인 시각을 드러내기도 하였다.[435] 우리는 이미 바울의 여러 편지에 나타난 핵심 본문에 대해 간략하게 언급했지만, 목회서신의 가르침에 대하여 아래에서 더 말해야 할 것이다. 여기에 추가될 수 있는 것은 디모데전서에 나타난 장로와 동의어처럼 보이는 "감독"을 차치하고서라도, 적어도 바울이 여성을 집사가 되도록 권했다는 것에 우리는 동의할 수 있어야 한다.[436]

논쟁의 여지가 있는 "목사"라는 용어는 "목자"('포이멘'[*poimēn*])에 해당하는 헬라어에서 유래했으며, 이 단어는 바울의 편지로 알려진 13개의 편지에서 남자와 여자에게 차별 없이 열려 있는 영적 은사 목록에서만 나타난다(엡 4:11). 따라서 적절하게 재능을 가진 여성들은 목사의 역할을 수행할 수 있으며, 이들을 언급할 때 그 칭호를 사용하는 것에 있어서 어떠한 이의가 없어야 한다. 물론 바울이 이 용어를 영적인 은사를 위해 사용할 때 공식적인 책임을 지닌 특정한 목사들을 과연 염두하고 있었는지 그렇지 않았는지 이에 대하여서도 인식해야 한다.[437] 우리는 아래에서 누가-행전과 함께 디모데전서와 디모데후서, 그리고 디도서를 고려할 때, 이 질문으로 다시 돌아갈 것이다. 그러나 우리가 지금까지 살펴본 본문만 보아도, 사역은 "그리스도가 오실 때 흠이 없을 때까지 믿음의 공동체가 하나님의 역사에 참여하는 것"(엡 4:12 참조)으로 보인다. 그리고 이 임무를 위해 우리 회중의 남성과 여

---

435 예를 들어, 미국 복음주의 자유교회(Evangelical Free Church of America)가 여성을 안수하고 무디 신학교(Moody Bible Institute)가 1910년대와 1920년대의 근본주의와 현대주의 논쟁 이전에 여성 안수를 지지했다. 이러한 예와 다른 예를 위해, Janette Hassey, *No Time for Silence: Evangelical Women in Public Ministry around the Turn of the Century* (Grand Rapids: Zondervan, 1986)을 보라.

436 Thomas R. Schreiner, "Women in Ministry: A Complementarian Perspective," in *Two Views of Women in Ministry*, ed. James R. Beck, rev. ed. (Grand Rapids: Zondervan, 2005), 281-82; Jennifer H. Stiefel, "Women Deacons in 1 Timothy: A Linguistic and Literary Look at 'Women Likewise …' (1 Tim 3,11)," *New Testament Studies* 41 (1995): 442-57.

437 Hoehner, *Ephesians*, 546을 참조하라.

성 모두의 최선의 노력이 필요하다.[438]

예배와 의식(Ordinance)들

우리가 교회 리더십 직분의 세부 사항에 대한 중요한 것을 조금밖에 배우지 못하는 것처럼, 우리는 예배에 대하여 다룰 때 조금 더 배운다고 생각하면 된다. 우리는 예언과 방언과 같은 더 카리스마적인 것들 위에 놓인 견제와 균형과 함께, 많은 사람이 자신의 영적 은사들을 사용하는 기회들에 대하여 언급해왔다(고전 14:26-40). 이러한 은사들과 함께, 하나님께 기도와 찬양하는 것 또한 일어났었다(엡 5:19-20). 때로는 몸을 굽히거나 심지어 엎드리는 자세를 취하면서 간구, 도고, 고백을 포함한 다양한 종류의 기도는 바울의 서신 전체에서 언급된다. 바울이 사용하는 중요한 헬라어 단어들은 '라트류오'(*atreuō*)/'라트레이아'(*latreia*), '세바조마이'(*sebazomai*), '프로스퀴네오'(*proskyneō*), '듈류오'(*douleuō*), '뜨레스케이아'(*thrēskeia*)이다.[439] 코스타(Tony Costa)는 바울 안에 나타난 예배의 정의를 다음과 같이 하는데, "예배는 '그룹 안에서 개인적이거나 집단적으로 인간 주체'와 '신적인 존재인 하나님'의 관계에서 이루어지는 전적인 복종을 나타내는 종교적인 행위이다." 라고 주장한다.[440] 유대인의 영향에 대한 일부 증거는 고대 히브리어의 외침 '마라나타'(*maranatha*, 아마도 "우리 주여 오시옵소서!"를 의미함. 고전 16:22)에 분명하게 나타난다.[441] 게다가, 기독교 예배의 순서에 대하여 알려진 가장 오래된 정보는 고대 회당 전례와 상당한 유사점을 보여주기 때문에, 이러한 예배의 요소는 규정된 기도와 성경 읽기, 찬가와 노래, 하나님의 말씀 강론 등등, 아

---

438 James W. Thompson, *Pastoral Ministry according to Paul: A Biblical Vision* (Grand Rapids: Baker, 2006), 152를 참조하라.

439 Tony Costa, *Worship and the Risen Jesus in the Pauline Letters* (New York: Peter Lang, 2013), 275.

440 Costa, *Worship and the Risen Jesus in the Pauline Letters*, 256.

441 Ciampa and Rosner, *First Letter to the Corinthians*, 865.

마도 고정된 순서 안에서 처음부터 존재했을 가능성이 있다.[442] 엄밀하게, 우리는 이것에 대하여 정확하게 알지 못한다. 그러나 우리는 기존 유대의 예식에서 취하였고, 적어도 바울 때부터 그 이후 중심적인 역할을 했던 두 가지 의식에 대하여 조금 더 알고 있다.

세례. 세례 요한은 사람들이 요단강에서 세례를 받고 회개하도록 불렀던 것처럼, 바울은 교회가 믿음으로 들어서는 새로운 개종자들에게 이 전통을 지속했다는 것을 드러낸다. 중요한 단락은 로마서 6:1-4이다. 세례는 "그리스도 예수와 합하여"(3절)라는 표현으로 묘사되는데, 은유적으로도 바울은 "그리스도에게 속한 사람들의 사귐" 즉, "교회"와 같은 것을 의미한다.[443] 4절은 신약의 세례 방식으로서 물에 완전히 잠기는 것에 대한 가장 강력한 지지를 나타내는 구절인데, "그러므로 우리가 그의 죽으심과 합하여 세례를 받음으로 그와 함께 장사되었나니 이는 아버지의 영광으로 말미암아 그리스도를 죽은 자 가운데서 살리심과 같이 우리로 또한 새 생명 가운데서 행하게 하려 함이라"고 진술한다. 일시적으로 물속에 가라앉는 경험은 상징적으로 옛 삶에 대한 죽음과 새 생명으로의 부활을 강력하게 암시한다.[444] 그렇다면 세례 의식이 구원을 준다는 것을 암시하는가(갈 3:28 역시 참조)? 아니

442 우리가 실제로 알고 있는 것에 대한 현명한 결론과 함께 모든 선택과 요소들에 대하여, Arthur G. Patzia, *The Emergence of the Church: Context, Growth, Leadership and Worship* (Downers Grove, Ill.: IVP, 2001), 183-246을 보라.

443 해리스(Harris)는 자신의 책, *Prepositions and Theology in the Greek New Testament*, 329에서 이것은 약식일 수 있으며 아마도 세 가지 표현, 즉 "그리스도의 몸 안으로," "그리스도의 이름으로," "그리스도와의 연합/교제 안으로"일 것이라고 제안한다. 해리스(Harris)는 두 번째를 선호하지만, 우리가 이 세 가지 중 하나만을 선택해야 할 이유는 분명하지 않다.

444 Everett Ferguson, *Baptism in the Early Church: History, Theology, and Liturgy in the First Five Centuries* (Grand Rapids: Eerdmans, 2009), 156-58을 참조하라. 물론 일부 사람들은 세례를 상징적인 것 이상으로 이해한다. 그러한 견해를 위해, 롬 6장과 그 밖의 다른 곳에서 바울이 어떻게 신자들이 세례와 그리스도와의 동일시됨을 생각해야 하는지, 또한 이 인지적 초점이 바울의 윤리에 어떻게 연결되는지에 대하여, Siikavirta, *Baptism and Cognition in Romans 6-8*을 보라.

면, 세례가 적어도 구원을 위해 필수적이라는 것을 의미하는가? 고린도전서 10:1-2는 그렇게 제안하지 않는다. 여기에서 바울은 "세례"를 순전히 은유적으로 사용하여, 출애굽과 광야 여행을 경험하였던 모세와 함께 밀접하게 동일시됨을 나타낸다. 흥미롭게도, 한 사람과 "합하는"(into) 세례를 받는다는 이상한 표현이 나타나고, 이는 교제로 들어가기 위해 세례를 받는다는 집합적 개념을 더욱 뒷받침한다. 모든 이스라엘 사람들은 하나의 공동체를 형성했다. 그들이 공유한 경험은 상징적인 차원에서 그들이 모세가 인도한 백성들의 모임에 합류하게 되는, 즉 공동으로 세례를 받는 것과 같다. 그러나 그렇다고 해서, 모든 사람이 약속된 땅에 도달할 것이라는 보장은 없었다. 사실 대부분은 그렇지 않았다(3-4절). 그래서 예수의 교회 안으로 들어가기 위해 물로 세례를 받는 것은 참된 내적 중생이 동반되지 않는 한, 영적 구원을 보장하지 않는다.[445] 또한 고린도전서 1:13-17에서 바울은 고린도에 있는 극소수의 사람들에게만 세례를 주었다는 것에 하나님께 감사하고 또한 그의 사명이 세례가 아니라 복음을 선포하는 것이라고 말하기 때문에, 세례가 구원을 위해 필수적이라고 그가 생각하는 것 같지 않다. 물론 그의 요점은 고린도 교인들이 자신들에게 세례를 준 기독교 지도자 개개인을 지나치게 높이 평가했다는 것이다. 바울은 신자들이 신앙에 들어가는 표준 입문 예식으로서 세례를 거절하지 않는다. 그러나 그는 사람들이 예수보다 자신을 존경하거나 경배하지 않도록 한다. 만약 세례가 구원을 위해 필수적이었다면, 그는 확실히 세례를 받도록 했을 것이지만 그렇게 하지 않았다.[446]

유아세례를 지지하는 사람들은 바울이 세례를 유대교의 할례에 비유하기 때문에 유대교의 남자아이들이 할례를 받은 것처럼 기독교 부모의 아이

445 Thomas R. Schreiner, "Baptism in the Epistles: An Initiation Rite for Believers," in *Believer's Baptism: Sign of the New Covenant in Christ*, ed. Thomas R. Schreiner and Shawn D. Wright (Nashville: B&H, 2006), 80-81.

446 Schreiner, "Baptism in the Epistles," in Schreiner and Wright, ed., *Believer's Baptism*, 79-80.

들도 세례를 받아야 한다고 주장하면서, 골로새서 2:11-12를 그 근거로 자주 이용해왔다.[447] 그러나 본문을 주의 깊게 읽으면 이것은 불가능하다. 바울은 그리스도 안에서 "너희가 손으로 하지 아니한 할례를 받았으니"(11a절)라고 선언한다. 세례는 할례와 마찬가지로 사람의 손으로 베푸는 것이므로 바울이 할례에 비유하는 것은 세례 의식이 아니라 세례가 수반하는 중생의 내적 체험이어야 한다(육체적인 것과 대조하여 영적인 할례에 대해서 말하는 롬 2:25-29 참조). 그러므로 바울이 골로새서 2:11b에서 "곧 육의 몸을 벗는 것이요 그리스도의 할례니라"라고 계속 말할 때, 그는 여전히 영적 할례를 생각하고 있음에 틀림이 없다.[448] 그는 12절에서만 세례를 언급하는데, 여기에서 세례는 전체 구원 사건의 한 부분을 자세히 설명하는 종속절("세례로 그리스도와 함께 장사되고") 안에 있다. 로마서 6장에서처럼, 그는 세례를 사람의 영적 죽음과 부활의 상징으로 이해한다. 그러므로 바울에게 세례는 구원에 대한 환유(metonymy, 환유는 어떤 사물이나 사실을 설명하기 위해, 가장 가까운 다른 단어를 사용하는 수사법이다-옮긴이)이다.[449] 다시 말해, 그가 직접적으로 연관시키는 두 가지 입문의 경험은 할례와 세례가 아니라, 할례와 회심이다. 바꾸어 말하면, 세례는 할례와 동일시되는 것이 아니라, 새로운 신자의 영적인 할례(그들의 중생)를 수반하는 사건이다.

교회에서 활동하는 믿는 부모의 가정에 태어난 아이들을 위해 유아세례가 처음으로 발전되었을 때, 바울이 살았다면, 그는 어떻게 생각했을까? 확실히 알 수 없지만, 주님도 한 분이시요 믿음도 하나인 것처럼, 세례도 오

---

447 예를 들어, Sinclair B. Ferguson, "Infant Baptism View," in *Baptism: Three Views*, ed. David F. Wright (Downers Grove, Ill.: IVP, 2009), 88-89; Witherington, *Paul's Narrative Thought World*, 314-15.

448 Bruce A. Ware, "Believer's Baptism View," in Wright, ed., *Baptism*, 46; John P. T. Hunt, "Colossians 2:11-12, the Circumcision/Baptism Analogy, and Infant Baptism," *Tyndale Bulletin* 41 (1990): 227-44.

449 적어도 이 논리는 초대 교회에서 사용되었다. Ferguson, *Baptism in the Early Church*, 280, 336을 보라.

직 하나라는 그의 확언은(엡 4:5) 아마도 그가 유아세례에 대해 눈살을 찌푸렸을 수도 있음을 시사한다. 유아세례를 주장하는 사람들과 신자들의 침례(immersion)만을 주장하는 사람들로 교회를 나누는 것은 고린도에서 누가 세례를 주었느냐에 기초하여 발생한 분열과 너무 당연히 유사하게 보인다.[450] 물론 이 에베소서의 구절은 유아세례를 주장하는 사람들이 '유아로서 세례를 받은 사람들이 다시 세례를 받아야 한다'는 주장을 불식시키기 위해 사용한다. 그러나 바울이 신자로서 오직 침례만 기독교 세례라고 이해했다면, 유아에게 물을 뿌리는(sprinkling) 의식을 세례로 인정하지 않았을 것이다. 그렇다면 논리적으로 유아 때 물 뿌림을 받은 사람이 세례를 받는 것을 두 번째 세례가 아니라 첫 번째 세례라고 바울은 이해했을 것이다. 그러나 에베소서 4:5는 이미 신자로서 침례를 받은 사람들에게 적용될 가능성이 가장 크다. 그런 의미에서 신자들이 이미 세례를 받았다면, 다른 교회나 교단에 가입하는 목적으로 다시 잠기도록 요구해서는 안 된다![451]

마지막으로, 우리는 고린도에서 죽은 자를 위해 세례를 받은 몇몇 사람들에 대한 바울의 이상한 언급에 도달한다(고전 15:29). 이 본문은 오늘날 특별히 중요한데, 예수 그리스도 후기 성도 교회(또는 몰몬교)와 연관된 중요한 부분이기 때문이다. 고대의 자료들은 세례를 받지 않고 죽었는데 이후에 기독교인으로 알려져서 이들을 대리하여 살아있는 기독교인들에게 세례를 주는, 2세기 중반의 유사 기독교 그룹을 설명한다.[452] 29절의 문맥에서 관찰할 수 있는 중요한 것은 바울이 이러한 예식을 명령하거나 칭찬하지 않는다는 것이다. 그는 어떤 사람들이 이런 행위를 하고 있다는 사실을 근거로 부활의 실재성을 주장하고 있을 뿐이다. 이 구절은 일련의 수사학적 질문 중 첫

---

450 재세례에 관하여 3세기 논쟁에 대하여, Ferguson, *Baptism in the Early Church*, 380-99를 보라.

451 Thielman, *Ephesians*, 258-59를 참조하라.

452 Blomberg, *1 Corinthians*, 299를 보라. 또한, N. H. Taylor, "Baptism for the Dead (1 Cor 15:29)?" *Neotestamentica* 36 (2002): 111-20을 참조하라.

번째에 해당한다. 30절과 31절에서도 비슷하게 바울이 왜 복음을 위해 날마다 자신을 위험에 빠뜨리는지 또는 죽음 이후에 기대할 부활 생명이 없었다면, 왜 그가 에베소의 어떤 심각한 분쟁에서 "야수"(아마도 인간 대적자들)와 싸웠을 것인지 그 이유를 묻는다. 그렇다고 바울은 사람들에게 고의적으로 해를 끼치도록 명령하는 것은 아니다. 어쨌든, LDS(예수 그리스도 후기 성도 교회) 신학은 죽은 사람들을 위한 세례가 구원을 위해 필요하다고 여기기 때문에, 죽은 사람들을 위한 세례를 요구한다. 그들의 주장에 따르면, 사람이 죽음과 부활 사이 기간에 육체가 없는 상태로 예수를 영접한다면(벧전 3:18-22, 4:6의 LDS 해석을 기초로), 이 세례는 그들에게 의미가 있을 수 있고, 이로 인해 그들이 구원을 받는다는 것이다.[453] 그러나 이 해석에 대해 분명히 말할 수 있는 것은 고린도전서 15:29 자체에서 추론할 수 있는 내용이 아니라는 것이다.

주의 만찬. 바울이 유대인의 의식(ritual), 즉 할례의 정황에서 세례에 대해 말했던 것처럼, 그는 다른 곳에서도 유대인의 유월절 식사에서 발전한 주의 만찬에 대하여 논의한다. 고린도전서 5:7에서 그는 그리스도를 "우리의 유월절 양"이라고 부른다. 또한 그는 "이러므로 우리가 명절을 지키되 묵은 누룩으로도 말고 악하고 악의에 찬 누룩으로도 말고 악하고 악의에 찬 누룩으로도 말고 누룩이 없이 오직 순전함과 진실함의 떡으로 하자"라는 진술을 덧붙이는데, 유월절 동안 가정에서 모든 누룩을 없애는 유대인의 관습에 의지하는 것처럼 보인다. 우리가 이것을 정확하게 증명할 수 없다고 할지라도, 그가 주의 만찬을 신자들이 거쳐야 할 영적, 윤리적 변화를 성찰하는 특별한 기회라고 생각했던 것은 분명하다.[454] 바울이 주의 만찬에 부여하는 중요성은 그가 "주의 식탁"(21절)을 언급하는 10장에서 더욱 분명하며, 기독교인들이 실제로 거짓 신들을 숭배하는 이교 활동이나 예배에 참여해

---

453 Robert L. Millet, *The Mormon Faith: A New Look at Christianity* (Salt Lake City: Deseret, 1998), 89-92.

454 Ciampa and Rosner, *First Letter to the Corinthians*, 215를 참조하라.

서는 안 되는 이유를 설명한다(16-22절). 그는 이 행동이 실제로 악마의 영역에 있는 우상에게 향하게 될 때 받아들여질 수 있는 것처럼 설명하여(19-20절), 마치 우리가 주의 만찬에서 예수와 함께 갖는 교제와 유사한 차원으로 묘사한다(14-17절).[455]

예수 전통에 대한 가장 광범위하고 명확한 인용이 나타나는 고린도전서 11:17-34에서 바울은 주의 만찬에 대하여 계속해서 가르친다.[456] 바울의 핵심적인 특징은 더 오래 일해야 하고 늦게 올 수밖에 없는 많은 가난한 신자들에게 불충분한 양을 남겨두면서, 이 친교 식사를 소수의 부유한 신자들을 위한 행사로 바꾸었던 고린도 교인들에 대한 그의 반응에서 나타난다(20-22절). 우리가 본 것처럼, 원래 문맥에서 문자적이라기보다는 상징적일 수밖에 없는, 떡과 잔에 대한 예수의 말씀이 무엇을 의미하는지에 대한 논쟁 때문에(23-26절), 독자들은 27절에서 고린도 교인들을 교정하기 위해 주는 바울의 가르침이 나타날 때, 정작 이 문맥을 놓치는 경향이 있다. "합당하지 않게"(27절) 참여한다는 것이 무엇을 의미하는가? 우리는 고린도에 있는 부유한 신자들이 가난한 신자들을 전혀 신경쓰지 않고 과식한 것을 바울이 질책하는 21절로 거슬러 올라가야 한다. 이 부유한 사람들이 주의 심판을 받지 않기 위하여 주의 만찬을 삼가야 하는 신자들이다![457] 그렇다면, 이 심판은 29절의 "주의 몸을 분별함"이라는 구절을 더 잘 이해하도록 한다. 이 구절은 "그리스도의 몸에 참여"함이라고 바울이 진술하는 10:16을 상기시키는데, 여기에서 신자들이 참여하는 몸은 기독교인들이 함께 형성하는 "한 몸"으로서 17절에서 설명되는 것이다.[458] 부유한 기독교인 중 일부는 가난한 신

---

455 Hays, *Echoes of Scripture in the Letters of Paul*, 93.

456 Craig L. Blomberg, "Quotations, Allusions, and Echoes of Jesus in Paul," in *Studies in the Pauline Epistles: Essays in Honor of Douglas J. Moo*, ed. Jay E. Smith and Matthew S. Harmon (Grand Rapids: Zondervan, 2014), 133.

457 I. Howard Marshall, *Last Supper and Lord's Supper* (Grand Rapids: Eerdmans, 1980), 116.

458 김(Yung Suk Kim)은 자신의 책, *Christ's Body in Corinth: The Politics of a Metaphor*

자들과 상호 의존하는 한 몸임을 인식하지 못한 채, 제멋대로 행동하였다. 그러므로 고린도전서 11:29에서 그리스도의 몸을 분별하지 못한다는 것은 부하거나 가난하거나 모든 교인이 연합되어야 함을 인식하지 못한다는 것을 의미한다. 부유한 신자들은 가난한 신자들의 희생을 이용하기보다 오히려 "몸의 지체들"로 여기며 나누어야 한다.[459] 따라서, "그리스도의 몸"은 아마도 다음 장(12:12-31)에서 의미하는 바, 한 몸으로서 교회를 정확하게 가리킬 것이다.[460]

청지기 의식

고린도전서 11:17-34에서 주의 만찬과 가난한 신자들을 어떻게 대해야 하는지에 대한 이해는 자연스럽게 바울의 교회론에서 다루게 될 마지막 주제인, 물질적 재산에 대하여 어떠한 자세를 취해야 하는지 청지기 의식으로 우리를 인도한다. 오순절 이후 초대 교회가 가난하고 궁핍한 동료 신자들을 돕기 위해 주는 것을 강조했던 것처럼, 바울이 여러 해에 걸쳐 행한 주요 사역 중 하나는 심각한 기근이 로마 제국 전체에 들이닥친 이후 유대 지역의 가난한 교회를 위한 기금을 모으는 것이었다.[461] 고린도후서 8-9장은

(Minneapolis: Fortress, 2008), 102에서 우리가 "무책임한 개인주의나 상대주의"를 용인해서는 안 된다고 결정한다. 그는 기독교인의 삶은 존 번연의 순례자의 외로운 여정이 아니라, "상호 보살핌 속에서 책임감 있는 삶"이라고 덧붙이며, 바울은 다양성 속에서 살고, 차이를 존중하고, 다른 사람을 자기 비판적 인식으로 참여시키며, 연대 안에서 다른 사람을 돌보고, 놀라움 안에서 창조물을 돌보는 것이다"라고 결론을 내린다.

459 Ciampa and Rosner, *First Letter to the Corinthians*, 555; Thiselton, *First Epistle to the Corinthians*, 890.

460 탈버트(Talbert)는 자신의 책, *Reading Corinthians*, 79에서 "몸을 분별하지 못한다는 것은 그리스도의 희생에 뿌리를 두고 성찬에서 실현된 기독교의 연합을 인식하지 못한다는 것을 의미할 수 있다"라고 주장한다.

461 이에 관하여, 특히 Verlyn Verbrugge and Keith R. Krell, *Paul and Money: A Biblical and Theological Analysis of the Apostle's Teachings and Practices* (Grand Rapids: Zondervan, 2015), 107-202를 보라. 또한, David E. Briones, *Paul's Financial Policy: A Socio-theological Approach* (London: T&T Clark, 2013)을 참조하라. 더 일반적으로, Bruce W. Longenecker, *Remember the Poor: Paul, Poverty, and the Greco-Roman World* (Grand

이 주제에 관하여 신약에서 가장 광범위하게 가르치는 단락을 형성한다. 주는 것은 희생적이어야 하고(8:1-4), 주님을 향한 지속적인 헌신에 해당하며(5절), 우리가 그리스도의 희생적인 관대함을 본받아 행해야 하는 것이다(8:9).[462] 우리는 재정적 서약과 약속을 지켜야 하고(10-11절), 우리 자신을 가난하게 하지 않으면서, 다른 사람들이 부유하게 되도록 하지만, 특히 교회 안에서 가진 사람들과 그렇지 못한 사람들 사이에 더욱더 공평과 정의를 만들기 위해 노력해야 한다(12-13절). 어떤 사람들이 너무 적게 갖고 있다는 것은 다른 사람들이 너무 많이 갖고 있다는 것을 의미할 수 있다. 그래서 우리는 다른 사람들과 나누도록 부름을 받는다(14-15절; 출 16:28에서 이스라엘이 광야에서 방랑할 때 내린 만나를 인용함). 베푸는 일은 세심하고 성실하게 시행되어야 한다(8:18-9:5). 우리는 기쁨으로 자원하여 주어야 한다(9:7). 그러나 우리의 기분에 상관없이 누군가는 무언가를 필요로 할 것이고, 우리가 마지못해 내어준다고 해도, 여전히 전혀 주지 않는 것보다 낫다! 비록 우리가 얼마나 많은 상급을 받을지 예측하거나 보장할 수 없다고 할지라도(시 112:9를 인용하는 6절, 9-11절), 하나님은 물질적으로든지 영적으로든지 우리에게 상을 줄 것이다. 만약 우리가 이 주제에 관하여 고린도 교인들에게 주는 바울의 첫 번째 권면을 덧붙인다면, 예배의 정황에서 매주 무엇인가를 주는 것이야말로 우리가 따라야 하는 훌륭한 모델임을 제안할 수 있다(고전 16:1-4).[463]

Rapids: Eerdmans, 2010)을 보라.

462 임(Kar Yong Lim)은 자신의 글, "Generosity from Pauline Perspective: Insights from Paul's Letters to the Corinthians," *Evangelical Review of Theology* 27 (2013): 20-33에서, 관대함이 이 맥락에서 복음의 핵심을 형성하며, 이 맥락은 우리를 위한 성육신과 속죄 안에서 그리스도의 놀라운 관대함에 뿌리를 두고 있다고 관찰한다.

463 이 단락의 모든 요점들에 대하여, Craig L. Blomberg, *Neither Poverty nor Riches: A Biblical Theology of Possessions* (Grand Rapids: Eerdmans; Leicester: IVP, 1999; Downers Grove, Ill.: IVP, 2001), 189-99를 보라. Craig L. Blomberg, "The Centrality of Scripture in 2 Corinthians 8-9," in *Paul and Scripture*, ed. Stanley E. Porter and Andrew Hewitt (Leiden: Brill, forthcoming)을 참조하라. 주석과 적용에 있어서 매우 유익한 Viateur Habarurema, *Christian Generosity according to 2 Corinthians 8-9: Its Exegesis, Reception, and Interpretation Today in Dialogue with the Prosperity Gospel in Sub-*

방금 위에서 논의한 것들과 관련하여, 기독교인들이 수입의 고정된 비율을 주님의 일에 바쳐야 한다는 암시가 전혀 없다. 참으로, 오순절 이후로 신약 어디에서도 신자들이 십일조를 내야 하거나 다른 사람들을 위해 10%를 하나님에게 돌려야 할 책임에 대하여 암시조차 하지 않는다. 부유한 사람에게 인색하지 않은 금액은 일반적으로 가난한 사람의 소득보다 훨씬 더 높은 비율이 될 것이다.[464] 재정과 관련하여, 바울의 다른 가르침은 신자들의 필요를 우선시하는 것과 불신자들을 배제하지 않는 것(갈 6:10), 그리고 도둑질을 정직한 노동으로 대체하는 것(엡 4:28)과 궁핍과 풍족 안에서 자족하는 것(빌 4:10-20)을 포함한다. 신자들은 자신과 가족을 부양할 수 있는 상황이라면, 누군가의 후원에 의존하려고 해서는 안 된다.[465] 참으로, 바울은 일하기를 꺼려하는 게으른 사람들에게 경고하며, 이들이 계속 게으름을 피우면 주의 식탁에서 이들을 제외할 것을 다른 신자들에게 요구한다(살후 3:10)![466] 어쩌면, 교회 지도자들 중 일부가 일방적으로 자신들이 해야 하는 일을 면제하고 다른 사람들이 그들을 지원하도록 요구했을 수도 있다.[467] 어쩌면, 어떤 기독교인들이 그리스도의 재림이 너무 즉각적으로 일어날 것이라고 생각되어서 돈을 계속 벌려고 하지 않고 일을 안 했을 수도 있다. 이러한 상황을 추론하는 것은 지금까지 논의한 "교회론" 부분의 결론을 내린 이후, 바울이 이 시대의 끝, 즉 종말에 대해 믿었던 것이 무엇인지, 신학의 마지막 주요

Saharan Africa (Carlisle: Langham Trust, 2017)을 보라.

464 Craig L. Blomberg, *Christians in an Age of Wealth: A Biblical Theology of Stewardship* (Grand Rapids: Zondervan, 2013), 132. 더 일반적으로 신약에서 주는 것에 관하여, David A. Croteau, *You Mean I Don't Have to Tithe? A Deconstruction of Tithing and a Reconstruction of Post-tithe Giving* (Eugene, Ore.: Pickwick, 2010)을 보라.

465 특히 고린도전서 전체적으로, 이에 관하여, John K. Chow, *Patronage and Power: A Study of Social Networks in Corinth* (Sheffield: JSOT Press, 1992)을 보라.

466 Robert Jewett, *Paul: The Apostle to America* (Louisville: Westminster John Knox, 1994), 73-86.

467 Gary S. Shogren, *1-2 Thessalonians* (Grand Rapids: Zondervan, 2012), 335.

영역으로 이끈다.[468]

결론

유대인들과 헬라인들이 구상하고 실천한 것을 비교할 때, 공동체 안에서 형성된 신앙생활이 그 당시의 문화에 대항하는(countercultural) 모델을 제공한다는 것과 더불어, 바울의 교회론은 로마 제국이 궁극적인 권력이 아니라는 점을 계속해서 암시했다. 바울의 가르침은 주님이신 예수에게 충성스러운 여성과 남성, 그리고 아이들로 구성된 교회들이 제국의 전초기지를 형성한다는 고상하고 강력한 교회론을 함축한다. 물론 가이사의 관점에서 보면, 이 교회들은 금방이라고 전복될 수 있는 작은 집단들이지만, 유대인의 관점에서 보면, 이 교회들은 땅에 하나님의 영광으로 가득차고 열방이 이스라엘과 연합하여 하나님을 찬양할 때를 미리 맛보게 해주는 장소이다(롬 15:7-13 참조). 그러므로 이러한 관점에서, 제국에 대항한다는(counterempire) 것은 단순히 비판적일 수 없고 결코 파괴적이지 않다. 이것은 가이사의 제국이 가짜라는 것을 주장한다. 이것은 가이사의 제국이 자랑했던 전통적이고 인종중심적이며 문화적인 장벽을 뛰어넘는, 정의와 평화, 그리고 연합을 주장한다.[469]

종말론

예수가 소개하고, 초대 교회가 가르쳤던 "이미 그러나 아직 아니"라는 틀은 바울에게도 나타난다. 라이트(Wright)는 "새롭게 재구성된, 세상을 향

468 M. J. J. Menken, "Paradise Regained or Still Lost? Eschatology and Disorderly Behavior in 2 Thessalonians," *New Testament Studies* 38 (1992): 271-89.

469 N. T. Wright, "Paul's Gospel and Caesar's Empire," in *Paul and Politics: Ekklesia, Israel, Imperium, Interpretation*, ed. Richard A. Horsley (Harrisburg, Pa.: Trinity Press International, 2000), 182-83.

한 하나님의 미래"에 대해서 말한다.[470] 최근 몇 년간 진행된 토론은 바울이 새롭게 구상한 미래가 얼마나 묵시적인지, 즉 바울이 얼마나 갑자기 그리고 초자연적으로 하나님의 개입을 기대했는지(또는 그가 예수의 초림 이후 얼마나 많은 일을 했는지) 결정하려고 한다. 사실 이러한 논의는 이 책의 범위를 훨씬 넘어선다.[471] 라이트(Wright)는 성경에 나타난 많은 묵시적 언어를 기독교 운동이 가져온 사회 변화와 새로운 형태의 공동체에 대한 생생하고 은유적인 그림이자 우주적 격동을 보여주는 그림으로 해석했다.[472] 다른 사람들은 많은 은유가 있다는 것에 동의하지만, 여전히 이것들이 가리키는 실제 모습들은 그리스도가 재림할 때 하나님에 의해 더 초자연적으로 창조될 것이라고 생각한다.[473] 어느 쪽이든, 우리는 적어도 바울이 의도하는 요점에 대하여 어느 정도 관찰할 수 있다.

종말의 시작

만약 메시아가 살아나셨다면, 종말이 시작된 것이다. 바울은 분명히 이렇게 결론을 내렸을 것이다. 다니엘 12:2에 나타난 것처럼 어떤 사람은 영원

---

470 Wright, *Paul and the Faithfulness of God*, 2:1043-1266. 책 한 권 분량의 논증과 바울의 종말론에 대한 완전한 분석을 위해, Joseph Plevnik, *Paul and the Parousia* (Peabody, Mass.: Hendrickson, 1997)을 보라. 바울의 전체 신학에 통합된 주제에 대하여, C. Marvin Pate, *The End of the Age Has Come: A Theology of Paul* (Grand Rapids: Zondervan, 1995)을 참조하라. 바울의 개별 서신들의 종말론의 요약에 대하여, Jan G. van der Watt, ed., *Eschatology of the New Testament and Some Related Documents* (Tübingen: Mohr Siebeck, 2011)을 보라.

471 관점들에 대한 최근의 훌륭한 모음집은 Ben C. Blackwell, John K. Goodrich, and Jason Maston, eds., *Paul and the Apocalyptic Imagination* (Minneapolis: Fortress, 2016)이다. 흥미롭게도, "서론"에서 그들은 옛 시대와 새 시대의 불연속성이 강조되는지 연속성이 강조되는지에 따라, "종말론적인 침입"과 "밝혀진 성취"로 주제를 세분화한다(7-17쪽). 이것은 연속성과 불연속성이 모두 있기 때문에, 잘못된 이분법의 전형적인 예인 것처럼 보일 수 있으며, 둘 중 어느 것이 다른 것보다 우선해야 하는 이유가 분명하지 않다.

472 특히 Wright, *Paul and the Faithfulness of God*, 2:1043-265를 보라. 그리스도 안에서 성취의 중심적인 역할에 대하여, 1258쪽을 보라.

473 Wright, *Paul and His Recent Interpreters*, 135-218에는 바울에 관한 묵시적인 관점에 대한 조사가 나타난다.

한 생명으로 다른 사람들은 영원한 형벌로, 모든 사람이 결국 일으킴을 받을 것임을 바울은 알았지만, 그렇다고 누군가가 최후의 심판보다 훨씬 앞서서 영생으로 일으킴을 받을 것이라고 기대할 이유가 없었다. 그러나 그런 일이 일어난 지금, 그는 둘 사이의 간격을 부정할 수 없었고, 자신이 사는 시대가 바로 그 종말을 맞이하는 마지막 시대라고 가정해야만 했다. 이것은 자연스럽게 옛 시대와 새 시대가 겹쳐 있다는 것을 전제해야 한다. 인류는 여전히 "이 악한 세대"(갈 1:4)에서 살고 있지만, 말세가 온 것이다(고전 10:11). 그래서 바울은 그리스도의 부활을 "잠자는 자들의 첫 열매"로 묘사한다(고전 15:20, "잠자는"=죽은).[474] 그는 의심할 여지없이 예수가 하늘에서 다시 올 때까지 시간이 필요하다는 것을 이해한다(23절). 그렇기 때문에, 고린도전서 7:29에서 그는 "그 때가 단축되었다"고 말하고, 결혼하지 않은 기독교인들에게 독신 상태를 유지하여 가정의 방해 없이 이 땅에서 기독교 활동에 온전한 주의를 기울이도록 권면한다. 물론 그는 하나님께서 금욕적인 생활 방식을 위해 일부 사람들에게만 은사를 주신다는 사실을 인식했었지만 말이다.[475] 바로 이것이 그가 평생 로마 세계의 대부분의 지역에 복음을 전하려고 노력하면서(롬 15:19, 10:18. 비록 롬 10:18에 시 19:4를 인용한다는 것은 그가 자연 계시를 또한 염두에 두고 있었음을 암시할 수도 있음), 선교 활동에 힘썼던 이유이며, 놀라운 고난과 박해에도 불구하고 기꺼이 고난을 겪었던 이유이다.

개인적인 종말론

바울은 나이가 들면서, 더 많은 고난과 투옥을 경험하였고, 그는 그리스도의 재림 이전에 정말로 죽을 수도 있다는 것을 더욱 깨닫게 된다. 아마도 그가 감옥에 갇혀 빌립보 교회에 편지를 썼을 때 이 문제에 대하여 상당히 고민하였다(로마에서 61년이나 62년이었을 것 같다). 빌립보서 1:21-24 전체를

474 Fee, *First Epistle to the Corinthians*, 828-30.

475 Garland, *1 Corinthians*, 327-29.

인용할 가치가 있는데, "이는 내게 사는 것이 그리스도니 죽는 것도 유익함이라 그러나 만일 육신으로 사는 이것이 내 일의 열매일진대 무엇을 택해야 할는지 나는 알지 못하노라 내가 그 둘 사이에 끼었으니 차라리 세상을 떠나서 그리스도와 함께 있는 것이 훨씬 더 좋은 일이라 그렇게 하고 싶으나 내가 육신으로 있는 것이 너희를 위하여 더 유익하리라"라고 바울은 진술한다. 바울은 감옥에서 풀려나거나 사형에 직면할 기회를 갖게 될 것이라고 우선적으로 생각하지 않는다. 그러나 그는 무엇을 위해 기도하고 무엇을 갈구해야 할지 확실히 고민하고 있다.[476] 또한, 그는 예수와 함께 사는 하늘에서의 삶이 땅에서 계속되는 삶보다 훨씬 더 좋다는 것을 깨닫지만 동시에 세상의 교회와 백성을 위해 해야 할 일이 많다는 확신에 이르게 된다. 그의 개인적인 종말론을 이해하기 위한 중요한 관찰은 그가 죽음을 생각할 때, 육신을 떠나 의식이 있는 상태에서 그리스도와 함께 사는 것으로 이해한다는 것이다.[477]

고린도후서 5장에서 바울은 믿는 자들이 죽으면 이들은 하늘 집을 소유한다고 주장한다. 다소 혼란스럽지만, 그는 이 새로운 존재에 대하여 현재의 장막 집과 대조되는 하늘에 있는 영원한 집이나 처소로 말한다(1-2절). 그러나 그는 우리의 부활한 몸에 대해 말하고 있는 것이 분명해 보인다. 왜냐하면 그는 또한 이 상태를 벗은 것이 아니라 옷을 입은 상태로 말하기 때문이다(2-3절). 그러므로 분명히, "장막 집"과 "하늘에 있는 영원한 집"/"처소"의 대조적 은유의 요점은 전자의 몸은 일시적이고 후자는 영원하다는 것이다. 바울은 여기에서 우리의 죽음 이후 이 몸을 받는다고 말하지 않지만, 아마도 "벗은" 상태의 가능성은 우리가 내세에서 즉시 받는 것이 아니라 나중에 받는다는 것을 의미한다. 4절은 이 대조를 반복하며, 6절은 현재의 몸을

476 Fee, *Paul's Letter to the Philippians*, 144-45. 우리는 바울이 자살이나 감옥 탈출을 생각하고 있다고 상상해서는 안 된다.

477 Witherington, *Paul's Letter to the Philippians*, 85-86; Fee, *Paul's Letter to the Philippians*, 149.

언급하면서, “우리가 항상 담대하여 몸으로 있을 때에는 주와 따로 있는 줄을 아노니”라고 덧붙인다. 바울은 “몸을 떠나 주와 함께” 있다는 대안을 선호한다. 우리의 사후 실존이 즉각적인 부활에 관련되어 있다면, 이 모든 표현은 어리둥절할 것이지만, 그러나 만약 우리가 육체는 없지만 의식이 있는 상태로 존재하며 행복 속에서 “하늘에” 있는 시간을 경험한다면, 모든 질문에 대한 답이 주어지는 것이다.[478]

바울은 의심할 여지없이 “나팔 소리가 나매 죽은 자들이 썩지 아니할 것으로 다시 살아나고”라는 진술이 있는 고린도전서 15:52에서 그가 이미 가르친 것을 고린도 교인들이 기억할 것이라고 가정한다. 이 나팔 소리는 또한 하나님의 나팔 소리로 죽은 기독교인들이 먼저 일어날 것이라는 데살로니가전서 4:16을 연상시킨다.[479] 그러면 그 때 살아 있는 자들이 먼저 일어난 자들과 합하여 그리스도를 영접하게 될 것이다. 흥미롭게도, 어떤 사람들은 우리가 죽자마자 부활의 몸을 받을 수 있다고 추측하기도 한다. 또 다른 사람들은 죽음 이후에 “영혼의 잠”을 상상하고 그리스도가 재림하시고 우리가 부활할 때 우리의 의식이 있을 것이라고 주장하기도 한다. 그러나 교회 역사에서 대다수의 기독교인이 믿고 있는 것처럼, 신자들은 죽자마자 의식적으로 그리고 예수님과 함께 천국에서 완전히 행복하게 살게 될 것임을 인식하는 것이 성경의 문맥에 더 일치한다. 오직 예수가 마지막 때에 다시 올 때, 죽은 신자들이거나 살아 있는 신자들 모두는 고린도전서 15:35-58이 자세히 설명하는 불멸의 완전한 부활의 몸을 받는다. 부활은 구약성경에서 다니엘 12:2에만 명시되어 있지만, 다른 곳에도 부활에 대한 암시가 없는 것은 아니다.[480] 그러나 훨씬 더 명확하고 광범위한 가르침은 예수의 부활 이후에만 가능하다고 할 수 있다.

---

478 또한 Guthrie, *2 Corinthians*, 286-87을 보라.

479 Thiselton, *First Epistle to the Corinthians*, 1296.

480 Murray J. Harris, *From Grave to Glory: Resurrection in the New Testament* (Grand Rapids: Zondervan, 1990), 45-68.

빌립보서 3:10-11은 아마도 바울의 개인적인 종말론에서 가장 중요한 부분이다. 이 구절들에서 그는 "내가 그리스도와 그 부활의 권능과 그 고난에 참여함을 알고자 하여 그의 죽으심을 본받아 어떻게 해서든지 죽은 자 가운데서 부활에 이르게 하노니"라고 주장한다. 바울 자신이 그리스도를 본받는 것처럼, 그가 다른 신자들에게 그리스도를 본받도록 하는 요청을 고려할 때, 우리는 삶 뿐만 아니라 죽음에 접근하는 방식에서도 예수를 본받고자 하는 열망을 가져야 한다는 의미가 있다.[481] 그러나 그것은 어떤 방법인가? 우리는 십자가에 못 박히거나 심지어 다른 방식으로 순교하지 않을 것이며, 예수가 십자가에서 고통 중에 부르짖을 때 느꼈던 것처럼, 우리는 하나님에 의해 버림을 당하지 않을 것이다. 왜냐하면 이러한 것은 그가 세상의 죄를 짊어질 때 일어났던 것이기 때문이다. 아마도 바울이 염두에 두고 있는 유사점은 적어도 필요하다면 예수의 고난의 길을 기꺼이 따르는 것과 이생의 필요와 욕망을 넘어서는 삶을 우선시하는 것이다. 12-14절에서 바울은 하나님이 인내하는 자를 보존하시지만, 바울 자신조차 하나님의 은혜를 당연히 여기지 않고 신실한 상태로 남아 있기 위하여 열심히 일한다는 것을 진술하는데, 로마서 8장을 끝맺을 때처럼 넘쳐나는 확신의 감정을 표출하지는 않는 것 같다. 17절에서 본받는 것에 대한 주제를 다시 소개하는 것은 바울 자신의 인내의 맥락 안에서인데, 바울은 예수가 요구하는 십자가를 지는 생활 방식과 더불어, 영적 전쟁이 일어나는 세상 안에서 신자들이 자신의 신실함을 닮도록 요청한다(18절).[482]

---

481 이에 관하여, 특히 R. Gregory Jenks, *Paul and His Mortality: Imitating Christ in the Face of Death* (Winona Lake, Ind.: Eisenbrauns, 2015)을 보라.

482 바울이 특별한 순교자의 상을 받을 수 있을지 불확실하다는 그의 해법은 설득력이 없지만, 이 구절에서 바울의 주저함에 대한 설명을 위해, Randall E. Otto, "If Possible I May Attain the Resurrection from the Dead," *Catholic Biblical Quarterly* 51 (1995): 324-40을 보라.

주님의 재림

데살로니가전서 4:15-5:6은 그리스도의 재림을 둘러싼 사건들에 관한 바울의 가장 중요한 단락이다. 믿는 자들의 부활을 약속하는 것 외에도, 이 단락은 "구름 속으로 끌어 올려 공중에서 주를 영접하는"(4:17) 하나님의 모든 백성의 모임을 묘사한다. 약 1830년 경, 플리머스 형제회(Plymouth Brethren)의 창시자, 다비(J. Nelson Darby)가 환난 전 휴거의 개념을 조장하기 시작했고, 이 개념은 그 이후 거의 2세기 동안 보수적인 신학계를 휩쓸었다. 사실, 이러한 개념은 기독교 역사에서 종말론과 관련하여, 비교적 최근에 일어난 아주 파격적인 이해(anomaly)라고 할 수 있다..[483] 바울의 말은 문자적으로 "끌어 올려 공중에서 주를 영접하는"이라고 번역될 수 있는데, "영접"('아판테시스'[*apantēsis*])을 뜻하는 헬라어는 헬레니즘 도시에서 승리한 군인 통치자나 방문하는 정치 고위 인사들을 위해 환영하는 파티가 열리고, 이들이 도시로 들어올 때 열렬한 축하와 함께 이들을 맞아들이기 위해 모인 인파를 위해 자주 사용되었다.[484] 아마도 바울은 예수가 구름을 타고 내려올 때 신자들이 공중으로 올라가 그를 만나 땅으로 안내하는 장면을 은유적으로 상상하고 있는 것 같다. "그리하여 우리가 항상 주와 함께 있으리라"라는 표현은 이것이 어디에서 일어날 것인지를 명시하지 않는다. 이러한 모습은 현재 존재하는 하늘에서도 일어날 수 있고, 새 땅과 새 하늘(즉, 영원한 상태)에서 일어날 수 있다.[485] 어쨌든 이러한 모습들은 바울이 환난 이후의 견해를 고수했음을 시사한다.

---

483 더 연구를 위해, Craig L. Blomberg, "The Posttribulationism of the New Testament: Leaving Left Behind Behind," in *A Case for Historic Premillennialism: An Alternative to "Left Behind" Eschatology*, ed. Sung Wook Chung and Craig L. Blomberg (Grand Rapids: Baker, 2009), 62-63을 보라.

484 Robert H. Gundry, "A Brief Note on Hellenistic Formal Receptions and Paul's Use of ΑΠΑΝΤΗΣΙΣ," *Bulletin for Biblical Research* 6 (1995): 39-41. Weima, *1-2 Thessalonians*, 331-35; Witherington, *Paul's Narrative Thought World*, 194를 참조하라.

485 Weima, *1-2 Thessalonians*, 335-36.

데살로니가전서 5:1의 "때와 시기"는 사도행전 1:7의 것과 같은 표현이며, 바울은 예수가 한 것과 같은 결론에 도달한다. 우리는 이 모든 일이 언제 일어나게 될지 알 수 없다. 예수의 강도 비유(눅 12:39-40)의 이미지를 차용하여, 바울은 그의 재림을 밤에 도적이 오는 것에 비유한다(살전 5:2).[486] 그의 재림은 게으르고 계속 깨어 있지 않은 모든 사람을 놀라게 할 것이다(3-6절). 데살로니가후서는 두 가지 주요 사건, 즉 하나님의 "성전"에 앉아있고 반역으로 인도하는 "불법의 사람"(2:3-4)과 이러한 상황이 일어나도록, 현재 전개되고 있는 것을 막고 있는 존재(6-10절)를 언급한다. 그러나 주 예수는 "그 입의 기운으로" 그를 죽이시고 "강림하여 나타나심으로" 그를 폐할 것이다(8절). 이 악한 인물은 제2성전 유대교 문헌에서도 등장하는데, 어쨌든 메시아가 완전히 드러나기 직전 환난기를 일으킬 것이다. 그는 아마도 성전에서 신성모독을 주도하는 다니엘 9:26-27에 나타난 악한 통치자와 동일시 될 수 있다(단 11장 참조).[487] 억제하는 존재는 교회, 정부의 권력과 지도자, 또는 강력한 천사나 성령, 또는 하나님 자신과 동일시된다.[488] 이들 중, 교회는 여성 명사이기 때문에 문법적으로 억제하는 존재가 아닐 가능성이 있다. 왜냐하면 2:6-7에서 막는 존재는 남성과 중성으로 번갈아 등장하기 때문이다. 바울이 다른 곳에서 하나님의 "성전"을 일관되게 사용하여 자신의 교회나 기독교인 개개인을 언급한 것을 고려한다면, 그가 편지를 기록할 당시 예루살렘에 여전히 서 있었던, 예루살렘의 성전에서 이런 일이 일어날 것이라고 상상했을 가능성은 거의 없다.[489] 적그리스도가 신자들을 속이는 방법으

486 "마치 초기 기독교인이 그것을 만들어 내고 예수가 그것을 만들었다고 이야기하는 것이 훨씬 더 어려운 것처럼, 처음부터 예수가 그렇게 하지 않았다면 바울이 그것을 사용했다고 상상하기 어려울 정도이다(마 24:43)." Blomberg, "Quotations, Allusions, and Echoes of Jesus in Paul," 139.

487 Weima, *1-2 Thessalonians*, 513-17.

488 마지막의 것은 아마도 가장 가능성이 있다. F. F. Bruce, *1 and 2 Thessalonians* (Waco, Tex.: Word, 1982), 169; Marshall, *1 and 2 Thessalonians*, 191-92를 보라.

489 G. K. Beale, *1-2 Thessalonians* (Downers Grove, Ill.: IVP, 2003), 207-11. 반대의 강력한 주장을 위해, Weima, *1-2 Thessalonians*, 519-22를 보라. 그러나 재건된 성전을 상상하는 세

로 이들이 속한 기독교계에서 나오는 것보다 더 나은 방법이 있을까? 바울이 살아서 이 모든 사건이 일어나는 것을 볼 것이라고 믿었을까? 바울이 그리스도의 재림까지 살 것으로 생각했다고 하더라도, 나중에 자신이 틀렸다는 것을 알았거나, 아니면 어떤 상황에 의해서든 자신이 마음을 바꾸었다는 것을 "증명"하기 위하여 데살로니가전서 4:15가 얼마나 자주 인용되는지 살펴보는 것은 놀랄만한 일이다.[490] 그러나 "주께서 강림하실 때까지 우리 살아 남아 있는 자"라는 표현이 "주가 오실 때에 우리[기독교인] 중 살아 있는 자"를 의미하는 것은 자연스러운 것 같다.[491] 그러므로 바울의 종말론에 "모순"인 것처럼 보이거나 심지어 "발전"한 것처럼 보이는 것들이 언뜻 보기에 있지만, 아주 면밀하게 살펴보면, 그러한 것들은 빠르게 사라지게 된다. 바울은 분명히 자신이 살아서 그리스도의 재림을 볼 수 있을 것이라고 생각할 수 있었겠지만, 그가 아직 살아 있는 동안 꼭 그 일이 일어나야 한다고 확신했다는 암시는 없다.

마지막 심판

바울은 "주의 날"이라는 구약의 개념을 가져오지만, 그것을 이제 더 구체적으로 그리스도가 하나님을 대신하여 심판하는 날이라고 이해한다(고전 1:8, 빌 1:10).[492] 우리는 이미 로마서 3장이 어떻게 수많은 구약 본문을 제공하는지 살펴보았는데, 이 장(chapter)에서 바울은 아무도 율법의 행위로 의롭게 되지 않는다는 요점과 동시에, 하나님께서 율법을 완성하고 공의를 위해 십자가에서 그리스도의 속죄하는 사역을 통하여 인간의 죄에 대한 해결책을 제공하였다는 요점을 강조한다. 로마서 2장은 심판 앞에서 유대인과 이방인

대주의적 관점이 아니라, 부분적으로 성경의 예언이 이미 이루어졌다고 믿는 관점의 맥락에서 이해해야 한다.

490 Bruce, *1 and 2 Thessalonians*, 99; Charles A. Wanamaker, *The Epistles to the Thessalonians* (Grand Rapids: Eerdmans, 1990), 171-72.

491 Weima, *1-2 Thessalonians*, 324; Witherington, *Paul's Narrative Thought World*, 333.

492 Nicholson, *Dynamic Oneness*, 88.

이 동등하다는 것을 강조함으로써, 이 논의를 시작한다. 우리가 아무리 복음을 들어본 적이 없는 사람들에 대한 까다로운 질문을 해결한다고 할지라도,[493] 25-29절은 율법의 요구 사항들을 지키고 하나님 앞에서 의롭다고 여겨지는 사람들이 "율법 조문"에 의해서가 아니라 성령에 의해 그렇게 되는 사람들임을 분명히 한다. 예레미야 31:31-34는 기록된 토라와 새 언약 사이의 연속성과 불연속성이 모두 있음을 나타낸다. 여기에는 구원에 이르는 두 가지 방법(어떤 사람은 선행으로, 다른 사람들은 믿음을 통한 은혜로)에 대한 암시가 없다. 심판 날에 무죄 판결을 받은 사람들 모두는 성령이 이들의 마음에서 역사하고 변화시켰기 때문에, 무죄 판결을 받은 것이지, 성령이 필연적으로 사람들이 선을 행하도록 인도한다고 해서, 이들 스스로 공로로 인정할 수 있는 것 때문이 아니다.[494]

고린도전서 3:10-15 때문에, 많은 해석자들은 믿는 자에게만 두 번째 종류의 심판이 있을 것이라고 생각하였다. 행함은 결국 신자의 믿음을 증명할 뿐만 아니라, 행함의 질에 따라 하늘의 상급도 다양하게 달라진다고, 이들은 주장한다. 그러나 이 단락에서 어떤 것도 신자가 영원토록 경험하는 특성에 대하여 말하지 않는다. 이 단락은 이 땅에서의 생활이 평가되는 심판 날에 일부 신자들은 상을 받는 것에 관한 것이다. 그 보상은 바울이 한 장(chapter)

493 바울이 이 주제를 언급하는 것을 발견하는 사람들은 가장 일반적으로 로마서 2:13-16을 인용하며, 이것에 대하여 해석이 다양하다고 할지라도, 사람에게 주어진 빛에 따라서 하나님의 심판으로 요약한다. 바울은 어느 누구도 그 빛에 합당하게 반응하지 않으며, 이방인 기독교인들은 그 빛에 따라 사는 사람들이며, 일부 비기독교인들(그러나 우리는 얼마나 많은 사람들이 있는지 누구인지 알 수 없음)은 실제로 이들이 그를 이해하고 그에 의해 죄가 없음을 선언되는 범위가 어느 정도인지, 하나님의 자비에 그들 자신을 던질 수 있다고 말할 수 있다. 이 마지막 견해는 한 세대 전 세계 최고의 복음주의 학자였던 앤더슨(Norman Anderson)의 관점이었다. 예를 들어, Norman Anderson, "A Christian Approach to Comparative Religion," in *The World's Religions*, ed. Sir Norman Anderson, 4th ed. (London: IVP, 1975; Grand Rapids: Eerdmans, 1976), 234-35를 보라.

494 Longenecker, *Epistle to the Romans*, 312-19. 행위에 따른 심판은 믿음으로 말미암는 칭의와 양립할 수 있으며, 행위는 보상의 "공로"가 아니라 믿음의 "표현"이라는 견해에 대하여, Kent L. Yinger, Paul, *Judaism, and Judgment according to Deeds* (Cambridge: Cambridge University Press, 1999)을 보라.

뒤에 언급한 것, 즉 하나님이 그들의 마음의 동기를 드러낼 때, 각자가 그로부터 받을 칭찬일 것이다(4:5).[495] 바울은 고린도후서 5:10에서 다시 심판에 대해 논의하는데, 이 구절에서 바울은 우리가 '베마'(*Bēma*, 심판대) 앞에 나타나 이 땅에서 우리가 행한 좋은 일이나 나쁜 일에 대해 합당한 대가를 받는 것에 대해 말할 때 분명히 고린도전서 3장을 암시한다. 그러나 고린도전서의 단락과 달리, 여러 신자의 행위에 대하여 각기 다른 반응을 열거한 것이 없으므로, 바울이 여기에서 온 인류의 심판에 대하여 일반화하고, 선을 행하는 것에 대해 상을 받는 사람들은 그들 안에 거하는 성령의 능력에 의해 선행을 하는 모든 그리스도인이라고 의도할 가능성이 있다.[496] 스테틀러(Christian Stettler)는 다음과 같이 정확하게 추론하는데, "토라는 메시아가 오심으로 성취되었는데, 오직 이러한 성취의 관점에서만 토라는 유대인 기독교인들에게 심판을 위한 기준의 역할을 한다. 다시 말해, 이들은 예수를 믿기 때문에, 내주한 성령의 능력에 의해 선행을 하고, 그런 의미에서 토라는 이들에게 일종의 기준이 될 수 있다. 이러한 상황은 메시아가 오신 이후 모든 유대인에게도 똑같이 적용된다. 왜냐하면 하나님은 메시아이신 예수를 믿도록 이들을 부르신 그 부르심을 제쳐놓고, 그들을 심판하지 않을 것이기 때문이다. 이 모든 유대인에게, 구원 역사의 새 시대가 명백하게 도래했다."라는 것이다.[497]

바울은 신자들이든 불신자들이든, 영원한 상태의 정확한 본질에 대해 상대적으로 거의 가르치지 않는다. 그는 신자들을 선을 행하는 자들로 언급할 수 있는 것처럼, 불신자들을 불순종하는 자로 칭할 수 있다. 데살로니가후서 2:12는 정죄 받은 자들을 진리를 믿지 않고 악을 좋아하는 자들이라고 말

495 Thiselton, *First Epistle to the Corinthians*, 313을 참조하라.

496 거쓰리(Guthrie)는 자신의 책, *2 Corinthians*, 289-90에서 전자를 선호하면서 두 가지 선택을 모두 탐구한다.

497 Christian Stettler, "Paul, the Law and Judgement by Works," *Evangelical Quarterly* 76 (2004): 212-13.

하는데, 진리를 믿지 않은 것과 악을 행하는 것은 자연스럽게 함께 가는 것이라고 가정한다. 실제로, 네 구절의 범위 안에서 바울은 그들의 곤경의 원인을 사탄의 활동과 하나님이 보낸 미혹, 그리고 진리를 사랑하기를 거부하는 그들의 자유로운 선택에서 찾는다(9-12절)![498] 1:9는 이미 이 믿지 않은 악인의 영원한 상태에 대한 가장 직설적이고 비유적인 묘사 중 하나를 제공하는데, "이런 자들은 주의 얼굴과 그의 힘의 영광을 떠나 영원한 멸망의 형벌을 받으리로다"라고 진술한다. 어쩌면 이 진술은 불신자들이 의식하는(conscious) 생활을 영원히 멈출 것이라는 영혼멸절론(annihilationism)을 가르친다고 어떤 사람들은 이해할 수도 있다. 그러나 파멸이라는 단어는 의식한 상태로 처벌을 받는 것을 암시하는 여러 본문에서도 사용된다.[499] 악인을 하나님과 모든 선한 것에서 의식한 상태에서 분리한다는, 고대 유대교와 초기 기독교의 일관된 가르침을 감안할 때, 우리는 아마도 데살로니가후서를 이와 비슷한 관점에서 이해해야 할 것 같다.[500]

모든 것의 완성

계시록에서 요한이 하는 것과 달리(21:1), 바울은 이사야 65:17에서 발견되는, 새 하늘과 새 땅에 대한 명시적인 가르침을 제시하지 않는다. 바울은 "그리하여 우리가 항상 주와 함께 있으리라"(살전 4:17)라고 확언하는데, 이것으로 충분한 것처럼 보인다. 그는 우리의 부활한 몸이 썩지 않고 영원히 살 것임을 강조한다(고전 15:50-53). 일반적인 부활 이후, "끝"이 올 것이며, 바울은 이 끝을 그리스도가 우주의 만물을 하나님에게 복종하는 적절한 상태로 되돌려 놓고 모든 것을 그에게 돌려 드리는 때로, 그리고 아들도 마찬가지

498 이 모든 것의 일관성에 관하여, David J. Williams, *1 and 2 Thessalonians* (Peabody, Mass.: Hendrickson, 1997), 130-31을 보라.

499 특히 마카비4 10:15을 보라. Beale, *1-2 Thessalonians*, 188을 참조하라.

500 특히, Weima, *1-2 Thessalonians*, 474-75를 보라. Witherington, *Paul's Narrative Thought World*, 163; Charles L. Quarles, "The 'Aπo of 2 Thessalonians 1:9 and the Nature of Eternal Punishment," *Westminster Theological Journal* 59 (1997): 201-11을 참조하라.

로 아버지에게 복종하면서 자신의 정당한 권리를 취하는 때로 묘사한다(고전 15:23-28). 이 시기와 관련하여, 바울이 23-24절에서 '에페이타'(*epeita*)와 '에이타'(*eita*)라는 연결사를 사용하는 것은 부활과 만물의 끝 사이의 간격이 있다는 것을 암시한다. 그리스도의 부활과 우리의 다가오는 부활 사이에 이미 상당한 간격이 있다는 것은 더욱 이 해석을 뒷받침한다. 만약 맞다면, 바울은 이 시점에서 천년 왕국을 상상하고 있었을 것이다.[501] 이러한 설명들을 증명하기에 우리는 너무 빈약한 근거들을 가지고 있다.

바울에게 훨씬 더 흥미로운 것은 하나님의 창조 질서에서 조화되지 않은 모든 것을 회복하는 것이다. 이 회복은 이미 예수의 십자가와 부활, 그리고 승천으로 시작되었지만(골 1;18-20; 엡 1:20-23), 이 회복의 과정은 죄와 죽음이 "삼키워" 질 그 때에 완성될 것이다(사 25:8과 호 13:14를 인용하는 고전 15:54-55). 에베소서 1:10에서 그는 이 회복을 "하늘에 있는 것이나 땅에 있는 것이 다 그리스도 안에서 통일"되는 것으로 묘사했다. 모든 피조물은 현재 인간의 죄의 영향으로 "탄식"하고 있다(롬 8:21-22). "지구 자체의 환경 회복"은 "그리스도의 부활과 신자들의 운명, 그리고 땅의 운명이 뗄 수 없이 함께 연결되어 있기 때문에" 만물의 완성의 일부에 해당한다.[502] 사실, 우리는 이러한 연결 안으로 전체 우주를 추가해야 한다.

그러나 우주적 질서는 우주적 구원을 의미하는 것은 아니다. 구원받은 사람이나 구원받지 못한 사람이든 모든 사람은 예수 앞에 무릎을 꿇고 그를 주님으로 인정할 수 있고 또한 인정하게 될 것이다(빌 2:10-11; 롬 14:11 참조). 그러나 일부는 자신들이 바라는 것과 달리, 전적으로 인정할 수밖에 없을 것이다. 즉 그들이 예수가 주님이라는 사실을 부정할 방법은 없을 것이다.[503]

---

501 Seth Turner, "The Interim Earthly Messianic Kingdom in Paul," *Journal for the Study of the New Testament* 25 (2003): 323-42. F. F. Bruce, *1 & 2 Corinthians* (Grand Rapids: Eerdmans, 1980), 147을 참조하라.

502 Witherington, *Paul's Narrative Thought World*, 171.

503 Witherington, *Paul's Letter to the Philippians*, 153-55.

바울이 빌립보서 2:10-11과 로마서 14:11에서 이사야 45:23을 인용하는 것은 "예수가 주님이라고 인정할 수밖에 없는 상황"을 더 분명하게 하는데, 바로 그 다음 구절에는 "무릇 그에게 노하는 자는 부끄러움을 당하리라"(24절)라는 진술이 나타나기 때문이다. 그러나 "이스라엘 '후손'(문자적으로 "씨")은 다 여호와로 말미암아 구원을 얻을 것이다"(25절). 바울에게, 아브라함의 자손이 의미하는 것처럼, 이스라엘의 자손은 유대인이든지 또는 이방인이든지, 기독교인들을 가리킨다(갈 3:29; 4:21-31).[504] 게다가 기독교인들은 지금 이 시대의 신자들로서 영적으로, 그리고 영원한 상태 안에서 온전하게(엡 2:5-7) 하나님의 우편에서 예수와 함께 일어나고 함께 높여지고 함께 앉는다(엡 2:5-7).[505] 그러므로 신자들을 위한 바울의 핵심적인 요점은 로마서 8:38-39에서 오는데, 이 구절에서 "내가 확신하노니 사망이나 생명이나 천사들이나 권세자들이나 현재 일이나 장래 일이나 능력이나 높음이나 깊음이나 다른 어떤 피조물이라도 우리를 우리 주 그리스도 예수 안에 있는 하나님의 사랑에서 끊을 수 없으리라"라고 진술된다. 그리고 신자들 자신도 "모든 피조물"의 일부이기 때문에, 일단 진정으로 그들 자신이 하나님과 관계를 갖는다면, 그들 스스로도 하나님으로부터 완전히 떼어 놓을 수 있는 능력이 없을 것이다.[506]

504 Brendan Byrne, *"Sons of God"—"Seed of Abraham": A Study of the Idea of the Sonship of God of All Christians in Paul against the Jewish Background* (Rome: Biblical Institute Press, 1979). 4:21-31의 사라와 하갈 비유에 관하여, 특히, Longenecker, *Galatians*, 197-219를 보라.

505 Arnold, *Ephesians*, 135-37.

506 Moo, *Epistle to the Romans*, 546-47. Peter Stuhlmacher, "Eschatology and Hope in Paul," *Evangelical Quarterly* 72 (2000): 315-33을 참조하라.

종합적인 결론

슈넬레(Udo Schnelle)는 "하나님에 대한 개념은 유대교와의 연속성을 보증하지만, 기독론은 초기 기독교와 유대교 사이의 신학적, 역사적 불연속성의 기초를 제공한다."라고 날카롭게 논평한다. 바울의 기독론적 유일신론은 유대교의 근본적인 개념들을 변화시키고 초월한다.[507] 이러한 변화는 모든 신자 안에 성령이 영원히 내주하는 것, 율법과 선지서에 나타난 수많은 요소들을 성취하는 것, 하나님의 창조물에 대한 모든 의도의 완전한 성취로 인도할 옛 시대와 새 시대 사이의 겹친 시기가 시작되는 것을 포함한다. 이러한 최종적인 완성이 확실하게 일어난다는 보증을 하는 것이 바로 그리스도의 육체적 부활이었는데, 이는 모든 신자를 위한 부활의 보증이자 첫 열매였다. 또한, 십자가의 어리석음을 통하여 성취된, 예수를 영접하는 자들의 죄에 대한 완전하고 최종적인 속죄는 우리의 연약함에서 그의 능력이 온전해질 때, 그의 십자가의 삶을 닮도록 우리를 준비시키고 부른다. 토라에 대한 순종이 아니라 믿음을 통하여 그의 은혜로 가능해진, 하나님과 우리의 올바른 신분 역시 우리를 그와 화해시키며, 그렇게 함으로써 우리가 특히 인종과 계급, 그리고 성을 초월하여 우리 동료 인간에게 화해의 대사가 될 수 있는 권한을 부여한다.

구원은 죄에 대한 허가가 아니라 섬기는 능력으로서 자유를 가져온다. 하나님의 새 창조의 일부로서, 우리는 이 땅에서 결코 죄가 없지 않을 뿐만 아니라 실제로 무한하고 완전한, 그분의 표준에 훨씬 미치지 못함에도 불구하고, 거룩함 안에서 성장한다. 그러나 하나님이 만물을 재창조할 때 그 일부로서, 우리는 오는 시대에 완전함을 갈망한다. 사랑은 우리가 해야 하는 모든 것의 중심이다. 지역 기독교 공동체의 교제와 양육, 그리고 책임 안에서 우리는 성장을 바랄 수 있다. 구조와 유연성 모두 이러한 공동체의 기능

507 Udo Schnelle, *Theology of the New Testament* (Grand Rapids: Baker, 2009), 211.

에 매우 중요하다. 그러나 궁극적으로 우리는 스스로의 선택에 따라 판단받는 개인으로서 하나님 앞에 서야 한다. 이 신학적인 범주의 모든 주요한 주제와 함께, 바울은 그 토대를 위해 구약성경을 인용하지만, 항상 그리스도 안에서 성취되었다는 것을 염두에 둔다. 구원 역사의 새 시대가 도래했기 때문에, 모든 것은 예수의 삶과 죽음, 그리고 부활에 비추어 이해되어야 한다.

5
마가복음

비록 목회서신들(Pastoral Epistles)을 포함하지 않더라도 바울 신학에 대한 개관 이후로 연대기적으로 완벽하게 계속 진행하는 것은 불가능한데, 왜냐하면 신약의 문서들 중 상당수가 바울의 저작 활동 시기 후반부와 많이 겹치기 때문이다. 이들 중, 50년대 후기 혹은 60년대 매우 초기에 쓰여진 마가복음이 가장 오래된 것일 것이다. 물론 많은 사람들이 마가복음의 시기를 70년대와 훨씬 더 가깝게 잡을 수도 있겠지만 이것이 공관복음서 문제(Synoptic Problem)의 해결책의 하나로 마가 우선설(Markan priority)을 채택하는 사람들에게는 누가복음-사도행전의 저작 시기도 더 나중으로 잡게 한다. 하지만 수많은 다른 제안들에도 불구하고 바울이 황제 앞에서 호소한 이후의 결과에 대한 설명은 없이, 그가 로마의 집에 갇혀있는 것으로 갑자기 끝나는 사도행전의 종결 부분에 대한 가장 좋은 설명은 여전히 사도행전이 정확히 바로 그 시점에 기록되었고 그러므로 그 시기는 62년 이후로 넘어가지 않는 것일 것이다. 이것으로 누가복음은 사도행전보다 앞서며 마가복음은 누가를 앞서게 되므로 우리가 제안하는 저작 시기들의 범위를 산출해 낸다.[1]

---

1 Eckhard J. Schnabel, *Mark* (Downers Grove, Ill.: IVP. 2017), 17. D. A. Carson and

비록 널리 퍼지진 않았으나 마가와 바울 사이에 존재하는 다양한 평행 구절에 대한 관심이 때때로 되풀이 되곤 했었다. 만약 바울과 한번 동행했던 마가 요한이, 초대 교회 전통이 한결같이 제안하듯이 이 복음서를 정녕 기록했다면 그는 바울의 생각의 중요한 요소들을 알고 있었을 것이다.[2] 마르쿠스(Joel Marcus)는 가장 중요한 평행 구절들을 요약한다: 틀림없이 책(document) 전체를 이끄는 주요하고 전략적인 본문들에 나오는 예수의 메시지를 "복음"(*euangelion*)이라고 부르는 것(막 1:1; 갈 1:6-9; 롬 1:16-17); 예수의 십자가 죽음을 "시대의 계시적 전환점"이라고 역설하는 것; "마귀의 권세에 대한 예수의 승리"를 강조하는 것(마가에 나오는 축귀를 통하여; 롬 8:38-39; 고전 15:24 참조); 예수를 믿는 믿음을 하나님으로부터 그의 선택된 자들에게 주어진 새로운 형태의 영적 시각(sight)이며 이방인들은 영적으로 맹인으로 남는 것이라고 서술하는 것(막 4:10-12, 롬 11:7-10, 고전 2:6-16); 그리고 베드로를 주로 부정적인 시각에서 묘사하는 것이다(막 8:31-33, 갈 2:1-14). 두 책 모두는, 예수가 경건한 자가 아닌 불경건한 자들을 위해 와서(막 2:17; 롬 4:15, 5:18-19), "그들을 위해 대속적 죽음을 맞이했"음을(막 10:45; 롬 3:25, 5:8), 그리고 그리스도가 먼저는 유대인을 위해 그러나 다음은 또한 헬라인들을 위해 왔고(막 7:27-29; 롬 1:16), 이같이 예수 그리스도의 교회에서 동일한 상태의 유대인과 헬라인의 통합은 "모든 음식들"을 "깨끗하게 함"을 통해서 음식 규례를 따

Douglas J. Moo, *Introduction to the New Testament*, 2nd ed. (Grand Rapids: Zondervan, 2005), 179-82 참조. 이와 유사하지만 정확하게 평행하지는 않은 연구들에는 E. Earle Ellis, "The Date and Provenance of Mark's Gospel," in *The Four Gospels 1992*, ed. F. van Segbroeck (Leuven: Leuven University Press and Peeters, 1992), 801-15; Robert H. Gundry, *Mark: A Commentary on His Apology for the Cross* (Grand Rapids: Eerdmans, 1993), 1043; 그리고 R. T. France, *The Gospel of Mark* (Grand Rapids: Eerdmans; Carlisle: Paternoster, 2002), 38이 있다.

2 콕(Michael Kok, "Does Mark Narrate the Pauline *Kerygma* of 'Christ Crucified'? Challenging an Emerging Consensus on Mark as a Pauline Gospel," *Journal for the Study of the New Testament* 37 [2014]: 139-60)은 이 관점이 얼마나 "새롭게 떠오르는 합의안"이 되는지, 또한 그 평행 구절들(마가만의 고난 경험들)에 대한 그의 대안적인 설명이 역시 바울을 따랐던 마가를 얼마나 배제시키는지에 대해 지나치게 높게 평가하는 것 같은데 왜냐하면 이 둘은 서로 거의 배타적(exclusive)일 수 없기 때문이다.

로 구별해 놓음으로써 가능해졌다고 강조한다(막 7:19, 롬 14:20).[3] 이 평행 구절들이 모두 똑같이 분명하거나 설득적인 것은 아니지만 이러한 목록들이 주는 누적된 효과는, 우리로 하여금 이 가장 오래된 복음서의 저자가 바울의 저작들을 알고 그것을 반향(echoing)하고 있다는 가능성 모두를 물리치지는 말아야 할 것을 제안하고 있다.

물론 많은 신학적 강조점들이 다를 수 밖에 없는데 왜냐하면, 마가가 예수의 죽음과 부활 이후에만 의미가 있는 개념들을 사용하여 이것이 얼마나 중요한지에 대해서 쓴 것이 아니라 예수의 지상에서의 생애에 대하여 쓰고 있기 때문이다. 그러므로 마가와 바울 사이에서보다 마가의 신학과 역사적 예수의 신학 사이에 중첩되는 부분이 더 많을 것이다. 더욱이 마가가 제일 먼저 썼다면 그의 독특하고 지배적인 주제들을 요약하는 것은 다른 복음서보다 더 어려운 것이 분명하다. 그러나 정확하게 말하면 우리가 예수 신학을 위해 사용했던 두 가지(Q와 더불어) 일차 자료들 중 마가가 유일하게 존재했던 복음서였기 때문에 독특한 점들은 많이 없을 것이다. 더 나아가 마태복음, 그리고 누가복음과 비교했을 때 마가복음에만 독특한 것은 십 퍼센트 미만이고 이러한 자료는, 모든 공관복음서들이 기록된 이후에 후기 저자들이 같은 것을 반복하지 않기로 선택한 것으로 우리가 생각할 때에만 독특한 것으로 드러나는 것이다.[4] 마태나 누가가 의식적으로 그들의 자료에 무언가를 추가하기로 선택했던 것을 보면서 우리는 혹시 마가도 어떤 사실을 기록한 이후에 이러한 것들이 자기가 의도적으로 강조한 것들이라고 말했을 수도 있다는 것은 알지 못한다. 게다가 마가가 예수의 생애와 가르침을 성실하게 기록했다는 한도 내에서 그가 특별히 강조하는 이런 독특한 부분들 역시 예수의 원래적인 것들과 부합될 것이다.

그럼에도 불구하고 우리는 마가가 그의 서술에서 전략적으로 강조하는

3 Joel Marcus, *Mark 1-8* (New York: Doubleday, 2000), 73-75.

4 E. P. Sanders and Margaret Davies, *Studying the Synoptic Gospels* (London: SCM; Valley Forge, Pa.: Trinity Press International, 1989), 62.

부분들에 초점을 맞춰볼 수 있을 것이다. 그의 복음서는 어떻게 시작되고 끝나는가? 중간에 핵심적인 변곡점이 있는가? 마가는 그의 자료들을 어떻게 구성하는가? 만약 이야기의 어느 지점에서 연대기 중심적이기보다는 주제 중심적이라면 어떤 주제들이 그 부분 혹은 세부 부분에서 나타나고 있는가? 그의 서술에서 그가 의도적으로 만들어 낸 것으로 보이는 어떤 전환이나 병치가 나타나는 연결 부분이 있는가? 이야기 속 시간이 천천히 진행되면서 마가가 무언가를 강조하고 있음을 우리가 추측해 볼 수 있는 곳은 어디인가? 단순히 반복적으로 나타나기 때문에 두드러지는 것들은 무언인가? 신학적인 중요성이 있을 수도 있는 마가가 사용하는 문학적 장치들은 무엇인가?[5] 우리가 다음에 나오는 요약을 전개해 갈 때 이 모든 질문들이 함께 작용한다.

기독론

복음 전달자

마가복음 1:1에서 마가는 "하나님의 아들 예수 그리스도의 복음"을 저술하기 시작한다고[6] 즉시로 선포한다.[7] 예수에 대한 메시지가 바로 이사야가

---

5 Robert H. Stein, "What Is *Redaktionsgeschichte?*" *Journal of Biblical Literature* 88 (1969): 45-56.

6 이 표현으로 마가는 단순히 그의 이야기의 시작을 가리키는가 아니면 복음서 전체가 예수 이야기의 시작임을 의미하는가? 대답은 아마 둘 다일 것이다: "이 첫 페이지는 예수에 대한 이야기의 시작을 소개하지만 이것을 반복해서 읽고 들을 때 그들은 이 책 전체가 단지 메시아와 하나님의 아들로서 그들의 시대에 계속해서 존재하는 예수에 대한 선포의 시작인 것임을 이해할 수 있다." David E. Garland, A *Theology of Mark's Gospel: Good News about Jesus the Messiah, the Son of God* (Grand Rapids: Zondervan, 2015), 187.

7 중요한 초기 사본 하나와 이후의 여러 가지 사본들에는 1:1에 "하나님의 아들"이 나오지 않지만 외재적 증거는 분명 마가가 썼을 것이라고 생각되는 것에서 이것을 뺄 정도로 충분히 무게감 있지는 않다. 내재적 증거를 포함한 자세한 내용들은 Max Botner, "The Role of

이사야 40:9, 41:27, 52:7, 그리고 61:1에서 예언했듯이, 그리고 나훔이 나훔 1:15에서 그것을 반복했듯이 "복음"-좋은 소식-이다.[8] 하나님은 시온을 새롭게 하며 하나님의 영으로 충만하며 모든 사람들을 위한 메시지를 선포할 고난 받는 종을 오게 할 것이라는 그의 오래된 약속을 성취하고 있다. 그러나 시저(Augustus Caesar)와 그의 후계자들 각각은 역시 좋은 소식을 모든 사람들에게 주는 황제의 통치가 있는 로마 제국이 로마인들을 위한 소망의 궁극(culmination)일 것이라고 생각했다. 특히 로마에 있는 교회를 향해 쓴 것이라면 마가는 의심할 바 없이 예수의 복음이 시저의 것보다 위대한 것이라는 사실을 넌지시 전하고 있다.[9] 복합적으로 이사야 40:3과 말라기 3:1을 인용하고 있는 마가복음 1:2은 세례 요한이 하나님 자신인 "주"를 위한 길을 예비하는 자임을 보여준다.[10] 그러나 그 "주"는 또한 예수를 언급하고 있는 것으로 밝혀진다.

이 "복음"은 마가복음 1:14와 15에서 우리가 제안했던 것처럼 예수의 사역에 대한 예수와 마가 모두의 요약을 구성하는 "헤드라인"으로 다시 등장하고, 이 구절에서 마가는 이것을 하나님이 인간 역사를 위한 계획들을 성취하는 때와 연결한다. 유앙겔리온(*euangelion*)이라는 용어는 십자가로 향하는 길의 시작점인 마가복음 8:35에서 다시 나타나는데, 여기서 예수는 "누

Transcriptional Probability in the Text-Critical Debate on Mark 1:1," *Catholic Biblical Quarterly* 77 (2015): 467-80을 보라.

8 예수가 하나님의 "좋은 소식"(혹은 "복음")을 전했을 때(1:14) 소유격 떼우(*theou*)는 아마도 주격(하나님으로부터의 복음)이었을 것이다. 그러나 마가가 이것을 이야기하는 사람으로 사용할 때 그는 아마도 목적격의 의미를 생각하고 있을 것인데(예수에 대한 복음) 하지만 이 결론 모두는 여전히 논쟁 중 이다. Rodney J. Decker, *Mark 1-8: A Handbook on the Greek Text* (Waco, Tex.: Baylor University Press, 2014), 2 참조.

9 Hans Leander, *Discourses of Empire: The Gospel of Mark from a Postcolonial Perspective* (Atlanta: SBL, 2013).

10 마가가 인용한 구약의 두 본문 중 오직 한 곳만 참조하기로 선택한 것은 다른 곳에 나오는 고대 유대인들의 습관을 좇아 그러한 것이다. 이사야를 언급하기로 선택한 것은 그가 자신의 복음서를 새로운 이사야적 탈출로 강조하는 것과 부합한다. 또한 M. Eugene Boring, *Mark: A Commentary* (Louisville: Westminster John Knox, 2006), 36을 참조하라.

구든지 자기 목숨을 구원하고자 하면 잃을 것이요 누구든지 나와 복음을 위하여 자기 목숨을 잃으면 구원하리라"라고 역설한다. 마태나 누가의 평행 구절은 "복음을 위하여"를 보존(preserves)하지 않고 있다(마 16:25, 눅 9:24). 이 같은 현상은 이후 마가가 "복음을 위하여" 집과 가족을 떠난 제자들이 백배로 받을 보상을 약속하는 예수를 인용하는 구절에서도 동일하다(막 10:29; 이 말이 나오지 않는 마 19:29와 눅 18:29 참조). 마가복음 13:10에서 예수는 복음이 먼저 모든 민족들에게 전파되어야 함을 예언한다; 이번에는 평행 본문 한 곳(마 24:14)이 이 용어를 보존한다. 이것은 또한 마가복음 14:9에서 예수에게 기름을 부은 여자의 선행이 "그를 기억하"기 위해 복음이 전파되는 곳마다 알려질 것이라고 약속할 때에도 동일하지만(마 26:13 참조), 이 본문과 똑같은 평행 구절은 누가복음에 전혀 존재하지 않는다.[11] 그러므로 비록 "복음"을 특별히 지배적이거나 독특한 것이라고 여기기는 힘들지만 이것은 조금은 두드러진 표현이며, 분명 초기 기독교적 사고의 발전 과정을 형성하고 있었을 것이다. 좀 더 공식적인 호칭인 메시아와 하나님의 아들과 함께 마가는 그의 이야기 서두에서부터 "복음"이라는 것에 우리의 이목을 집중시킨다.

메시아

마가복음을 시작하는 구절은 예수에 대한 마가의 두 가지 중요한 호칭 중 하나가 메시아(*christos*)라고 말한다.[12] 예수의 이름 직후에 무관사적(anarthrous) 용법으로 쓰인 표현은 직위적(titular) 느낌이 없어졌다는 것을 의미할 수도 있으나, 마가복음의 여섯 번의 용례 중 다섯 번이 관사적(articular)

11 더 나아가 Ralph P. Martin, *New Testament Foundations*, vol. 1, *The Four Gospels* (Grand Rapids: Eerdmans, 1975), 23-27; Martin Hengel, *Studies in the Gospel of Mark* (London: SCM; Philadelphia: Fortress, 1985), 61-65을 참조하라.

12 마가복음의 예수에 대한 호칭을 훌륭하게 연구한 것으로는 Edwin K. Broadhead, *Naming Jesus: Titular Christology in the Gospel of Mark* (Sheffield: Sheffield Academic Press, 1999)을 보라.

용법으로 쓰였다는 것은 우리가 이 표현을 바로 이렇게 취해야 함을 제안한다.[13] 이후 이 용어는 마가의 서술의 중심부이며 베드로가 예수를 이스라엘을 해방시킬 "기름 부음을 받은 자"인 메시아로 알아보는 8:29의 절정에 이른 그의 고백 이전까지 다시 나타나지 않는다. 구약에서 메시아는 오직 사울(삼상 24:7, 11; 26:16; 삼하 1:14, 16, 21)과 다윗 왕(삼하 19:22, 23:1), 예레미야애가 4:20의 무명의 이스라엘 왕, 그리고 장차 올 메시아적 왕(단 9:25와 26)을 가리킬 때만 쓰인다. 제 이 성전기 유대교에서는 메시아에 대한 다양한 이해들이 만연했으나 지구상의 왕적 해방자에 대한 기대가 가장 흔하게 남아 있다.[14] 베드로가 이러한 전통적인 유대적 배경을 지니고 있었다는 것은 예수가 장차 다가 올 그의 고난을 예언하고 베드로가 그것과 아무 관계가 없음을 말할 때 분명해진다(막 8:31-32). 마가복음 12:35에서 예수는 하나님이 메시아를 이 땅의 가장 높은 인간적 권세인 왕보다 더 좋은 자리에 앉혔음에도 어떻게 그가 단지 다윗의 자손이 될 수 있는지를 물어보면서 이러한 기대에 대해 또 한번 도전한다(시 110:1을 인용하면서).[15] 마찬가지로 대제사장이 산헤드린 앞에서 예수에게 "네가 찬송 받을 이의 아들 그리스도냐"라고 공식적으로 물어볼 때 그는 분명 "그리스도"를 그의 성(last name)으로 사용하고 있는 것이 아니다. 마가가 기록하는 예수의 대답(14:62) 역시 마태(26:64)나 누가(22:67-68)에서보다 모호적이지 않게 그 사실을 확증하고 있다. 마가복음 15:32에서 십자가 곁을 지나가는 사람이 자신이 메시아라는 그의 주장을

13 Craig L. Blomberg, "Messiah in the New Testament," in *Israel's Messiah in the Bible and the Dead Sea Scrolls*, ed. Richard S. Hess and M. Daniel Carroll R. (Grand Rapids: Baker, 2003), 115.

14 비록 그 다양성에 대해서 조금은 지나치게 강조하고 있지만 특히 James H. Charlesworth, ed., *The Messiah: Developments in Ancient Judaism and Earliest Christianity* (Minneapolis: Fortress, 1992을 보라.

15 여기서 마가가 시편 110편을 사용하는 것은 그의 복음서 전체에서 시편을 두루 사용하는 것의 한 부분이다. 이러한 사용은 예수가 다윗 자손의 메시아인 것을 나타낼 뿐만 아니라 또한 성전의 종말론적 정화자(purifier)로서의 역할을 보여준다. Rikk E. Watts, "The Lord's House and David's Lord: The Psalms and Mark's Perspective on Jesus and the Temple," *Biblical Interpretation* 15 (2007): 307-22을 보라.

"이스라엘의 왕"과 동일한 표현을 덧붙이며 조롱한다. 이러한 본문들은 각각 예수가 성전에서 가르치는 것, 유대 상위 법정에서 그가 받은 재판, 그리고 십자가형을 통해 그가 죽음에 가까워지는 본문들의 하위 분야(subsection)의 절정을 형성하고 있다. 마가복음에서 비 직위적인 용법으로 유일하게 쓰였을 크리스토스(*christos*)는 "그리스도의 이름을 가진 자"(NRSV; 좀 덜 문자적으로는 "그리스도에게 속한 자," ESV 참조)를 가리키는 것으로 해석될 수 있는 막 9:41이다. 그러나 이것 역시 호칭으로 취해도 같은 의미를 잘 전달한다(NIV, HCSB: "메시아에게 속한 자").[16]

하나님의 아들

"그리스도"가 동시대 사람들의 생각보다 마가에게 더욱 승격화된 호칭이라면 "하나님의 아들"는 때때로 마가 자신보다 마가복음에 나오는 인물들의 입에서 나오는 조금 덜 승격화된 호칭이 될 수 있다. 사해 사본 중 심지어 더 작은 파편들의 해석이 완결되면서 우리는 이제 "하나님의 아들"이 유대 정황 속에서 "메시아"와 동의어가 될 수 있고 반드시 인간 해방자 이상인 사람이어야만 할 필요는 없음을 안다(특히 4Q246; 또한 삼하 7:11-14에 대한 1QSa XI-XII와 4QFlor X-XIV도 참조).[17] 외경(Apocrypha)과 위경(Pseudepigrapha)에서와 같이 구약에서 "하나님의 아들(들)"은 천사들 또는 악마들 그리고 일반적으로는 하나님의 백성들을 가리킬 수 있다. 그러나 마가가 이 호칭을 내레이터로 사용할 때는 승격화 된 것처럼 보이는데 이것은 마치 막 1:1에서

---

16 헬라어에 관사가 없는 것은 아마도 통사론적인(syntactically) 이유에서 그럴 것이다. 월리스(Daniel B. Wallace, *Greek Grammar beyond the Basics: An Exegetical Syntax of the New Testament* [Grand Rapids: Zondervan, 1996], 248)는 이것을 "술어 보어(predicate complement)가 연결사(copula) 앞에 나오는 경우(*hoti christou este*) 비록 무관사일지라도 정관사가 있는 것으로 취한다"라고 말한다(기울임은 생략됨).

17 John J. Collins, "The Background of the 'Son of God' Text," *Bulletin for Biblical Research* 7 (1997): 51-62.

이 용어가 "메시아"와 대응되는 것과도 같다.[18] 이 완전한 호칭은 막 3:11에서 더러운 귀신이 그에 대항하는 영적 전쟁의 일부로 예수에 대해 말하는 ("당신은 하나님의 아들이니이다") 곳에서 다시 등장한다. 똑같은 현상(dynamic)이 군대 귀신 들린 자가 예수에게 "지극히 높으신 하나님의 아들 예수여 나와 당신이 무슨 상관이 있나이까 원하건대 하나님 앞에 맹세하고 나를 괴롭히지 마옵소서"라고 요청하는 막 5:7에 다시 나타난다. 예수가 죽은 후 십자가 곁에 서 있던 백부장은 "이 사람은 진실로 하나님의 아들이었도다"라고 말한다(15:39). 막 1:1과 15:39에 나타나는 것을 볼 때 이 호칭은 예수의 일생에 대한 마가의 이야기의 수미상관(inclusio) 구조를 이룬다. 그리스-로마 배경을 가진 사람으로서 그 백부장은 마치 죽을 때 신과 같이 여겨졌던 다른 영예로운 영웅이나 후원가들(benefactors)과 같이 예수의 모범적인 삶이 그로 하여금 그의 죽음의 때에 신적 영광을 얻게 한 것이라고 충분히 생각했었을 것이다.[19] 의심할 바 없이 마가는 무심결에 나온 백부장의 말을 통해 나타나는 진정한 신성을 보고 있다.[20]

---

18 이 두 호칭이 서로 대응하지만 둘 모두 승격화 된 사례로는 Herbert W. Bateman, "Defining the Titles 'Christ' and 'Son of God' in Mark's Narrative Presentation of Jesus," *Journal of the Evangelical Theological Society* 50 (2002): 537-59을 보라.

19 한 세대 전에는 마가의 "하나님의 아들"을 그리스-로마 세계에서 가정되는(supposed) "신인"(divine man)의 맥락에서 해석되는 것이 상식적인 일이었으나 오늘날에는 당시 그러한 공통적인 관점이 존재하지는 않았었고 이 본문을 제외하고는 유대적 배경이 마가의 이러한 사용들에 더 관련이 있다는 점이 널리 인식되고 있다. 옛날의 관점으로 후퇴하여 이 호칭을 미트라스(Mithras) 경배와 명백하게 연결하려고 시도하는 것은 Michael Patella, *Lord of the Cosmos: Mithras, Paul, and the Gospel of Mark* (New York: T&T Clark, 2006)을 보라. 좀 더 균형잡힌 시각으로는 Adela Yarbro Collins and John J. Collins, *King and Messiah as Son of God: Divine, Human, and Angelic Messianic Figures in Biblical and Related Literature* (Grand Rapids: Eerdmans, 2008), 특히 123-48을 보라. 여전히 가치 있는 연구물은 Martin Hengel's *The Son of God: The Origin of Christology and the History of Jewish-Hellenistic Religion* (London: SCM; Philadelphia: Fortress, 1976)인데 이것은 방향의 변화가 시작되도록 도왔다. 파텔라(Patella)는 이 두 표준적인 연구물들에 대한 무지를 드러낸다. 또한 이 마가의 구절과 로마의 황제 숭배와의 직접적인 평행(parallel)을 주장하는 Tae Hun Kim, "The Anarthrous υἱὸς θεοῦ in Mark 15,39 and the Roman Imperial Cult," *Biblica* 79, no. 2 (1998): 221-41도 보라,

20 특히 Jack D. Kingsbury, *The Christology of Mark's Gospel* (Philadelphia: Fortress, 1983)

다른 본문에서 마가는 "하나님의 아들"을 의미하는 것으로 제안하고 있는 배경에서 단순히 "아들"이라는 문구를 사용한다. 마가복음 1:11에서 예수의 세례 직후에 하늘의 소리는 예수를 "내 아들"이라고 부르며 시편 2:7과 이사야 42:1을 인용한다. 이러한 암시들(allusions)은 변화산 사건에서 하늘로부터의 음성을 통해 다시 나타난다(9:7). 또한 이 두 본문에서 예수는 하나님의 "사랑하는" 아들인데, 아마도 창세기 22:2와 아브라함과 이삭의 관계를 반향(echo)하는 것일 것이다. 예수가 "사랑하는 아들"로 묘사되는 이러한 본문들은 악한 종들의 비유에서 마가복음 12:6에 나오는 농부가 "사랑하는" 아들은 예수를 암시하는 것이라는 사실을 가능성 있게 만든다.[21] 마가복음 13:32에서는 심지어 아들도 재림의 날과 때를 알지 못하는데 이것은 아들 스스로 승격된 인물이 아니고서는 거의 영향력을 행사하지 않는 권리의 포기(disclaimer)를 말한다. 마가복음 14:61에 "찬송 받을"이라는 표현은 대제사장이 예수에게 "찬송 받을 이의 아들 그리스도냐"라고 물어 볼 때 하나님에 대한 완곡 어법(euphemism)으로 나타난다. 가야바가 이 두 용어를 동의어로 사용하고 있는 것인지는 알기 어렵지만 예수는 다니엘 7:13에 나오는 승격된 인자로 자신을 가리키는 대답을 더함으로써 판을 키운다. 확실한 것은 우리가 이런 모든 본문들을 통해 이위일체론적(binitarian) 혹은 삼위일체론적(Trinitarian) 맥락에서 아직 예수에 대한 어떤 존재론적 주장을 하지 못한다는 것이다. 그러나 특히 예수의 세례에 나오는 성령의 존재를 통해 우리는 기능적 종류의 삼위일체론(Trinitarianism)을 발견할 수 있는데, 왜냐하면 마

을 보라. 킹스베리(Kingsbury)는 마가의 신학과 원래의 역사적인 인물들이 "하나님의 아들"이라는 표현을 사용하면서 의도 혹은 이해를 했거나 하지 않았을 것 사이를 계속해서 구분하는데 그는 이 표현이 마가의 핵심적인 호칭이라고 믿는다.

21 Klyne R. Snodgrass, *Stories with Intent: A Comprehensive Guide to the Parables of Jesus* (Grand Rapids: Eerdmans, 2008), 288-89, 294-96. 이 비유 전체는 사 5:1-7에 나오는 포도원 노래의 재가공(reworking)이다. 특히 Craig A. Evans, "On the Vineyard Parables of Isaiah 5 and Mark 12," *Biblische Zeitschrift* 28 (1984): 82-86을 보라.

가는 어떤 식으로든 예수와 성령을 하나님과 함께 보고 있기 때문이다.[22] 더 나아가 마가가 막 14:36에서 아람어 표현 아바를 유지하고 있는 것은 주로 예수가 그의 하늘 아버지와 갖고 있다고 주장한 친밀한 관계를 나타낸다. 바울이 초기 존재론(incipient ontology)의 궤도에 있을 때 마가는 분명 잘 맞았을(right) 것이다. 그러나 그가 정확히 "인간 이상"과 "삼위일체의 이 위" 사이의 어느 지점에서 내려왔는지를 결정하는 것은 더욱 어렵다.

메시아 비밀

사람들이 예수를 메시아 혹은 하나님의 아들로 알아본 이후에 마가복음은 자주 예수가 얼마나 그들에게 자신에 대하여 말하지 말라고 얘기하는지를 강조한다. 이것은 분명 놀라움을 일으키고 그 자신의 문제(agenda)에 역효과를 가져오는 것처럼 보인다. 비록 마태와 누가 모두 이 현상의 몇 가지 예를 포함하고 있지만 이 둘은 마가만큼 그것을 자주 활용하지는 않는다. 이 주제가 처음 나타나는 곳은 귀신 들린 자가 예수를 "하나님의 거룩한 자"라고 알아보았을 때 그가 그 안의 더러운 영에게 잠잠하라고 말하는 1:25이다. 그리고 나서 예수는 그를 그 남자에게서 모두 쫓아낸다. 1:34에서 마가는 이러한 일들로부터 일반화하면서 예수가 계속해서 더러운 영들이 "자기를 알므로" 그 말하는 것을 허락하지 않는 모습을 보여준다(또한 3:12 참조). 비슷하게 나병환자를 고치고 난 이후 1:43에서 예수는 아무에게도 말하지 말라고 "엄히 경고"한다. 한편 거라사인의 지방에서 귀신을 쫓아내고 난 후 예수는 그에게 그의 집으로(아마도 이방인들에게로) 돌아가 "주께서 네게 어떻게 큰 일을 행하사 너를 불쌍히 여기신 것을 네 가족에게 알리라"고 명한다

22 슈넬(Udo Schnelle, *Theology of the New Testament* [Grand Rapids: Baker, 2009], 442)은 복음서 마지막에서 예수의 세례와 "세 벌 양식"(triadic formula) 사이의 관계를 발견한다: "왜냐하면 세례는 성령이 수여된 장소이고…그 *이름으로 받는 세례*는 삼위 하나님의 기도, 확증, 그리고 고백의 장소이기 때문이다"(기울임은 그의 것).

(5:19). 이 잠잠하라고 명한 목록에 혹자는 외인이 듣고 참되게 깨닫지 못하게 한다는 그의 수수께끼 같은(cryptic) 언급을 포함하여 왜 예수가 비유로 가르치는지에 대해 교훈하는 막 4:10-12도 포함시킬 수 있다. 하지만 이것은 예수의 메시아직에 대해 말하지 않는 것과는 충분히 다르기 때문에 별도로 다루어져야 한다.[23]

소위 메시아 비밀에 대한 주제는 5:43에 계속 나오는데 여기서 예수는 거라사 광인에게서 귀신을 내쫓고 나서 다시 바닷가 맞은편 유대 쪽 지역인 가버나움에 돌아와서 야이로의 딸을 살리지만 이후 "이 일을 아무도 알지 못하게 하라고 그들을 많이 경계"하는 완전히 비현실적으로 보이는 일을 한다(5:43). 예수가 고침 받은 맹인에게 벳새다 마을로 가지 말고 집으로 가라고 말하는 8:26을 이러한 본문들의 목록에 같이 포함시켜야 할지를 결정하기는 어렵다. 여기에 조용히 하라고 명한 것 자체는 없지만 만약 마을을 피해서 집으로 갔다면 자기에게 일어난 일을 마을 사람들에게 즉시 말할 수 없었을 것이다. 하지만 8:30은 확실히 그 목록에 들어갈 수 있으며, 아마도 금지 명령 중 가장 놀라운 것일텐데 왜냐하면 베드로가 마침내 예수가 누구인지 정확히 고백했기 때문이다. 그런데 이제 그는 아무에게도 이것을 말하지 말아야 한다는 것인가? 결국 마가복음 9:9은 처음으로 사람들이 얼마나 오랫동안 조용해야만 하는지에 대한 제한을 두면서 일시적인 유예를 제공한다: 변형(transfiguration)된 이후 예수는 베드로, 야고보, 그리고 요한에게 "인자가 죽은 자 가운데서 살아날 때까지는 본 것을 아무에게도 이르지 말라"고 말한다. 이것이 마가복음에서 침묵에 대한 주제가 공개적으로 나타나는 마지막이다.[24]

---

23 Heikki Räisänen, *The "Messianic Secret" in Mark's Gospel* (Edinburgh: T&T Clark, 1990), 76-143.

24 이러한 고지(notice)의 결정적인 위치는 "이것이 조직적 중요성을 가지고 있으며 앞선 고지들 역시 같은 한도 내에 떨어질 수 있음을 제안한다. 그렇다면 부활 전까지의 비밀은 이해가 될 법도 한데 왜냐하면 변화산 사건이 부활에 대한 기대이고 예수가 앞서 공개적으로 금지했던 치유들이 그 사건을 통한 세계에서 작용(operative)하게 될 능력을 예견하기 때문이다…

20세기 초 브레데(William Wrede)는 그가 일컫는 마가복음의 "메시아 비밀"(messianic secret) 주제에 대한 설명을 유명화시켰고 그의 설명은 널리 영향력을 끼치게 되었다. 브레데에게 있어서 예수는 그 어떤 메시아적 주장을 하지 않았거나 혹은 메시아적 칭송을 받지 않았다. 대신 이것은 마가가 만들어 낸 것이었거나 혹은 그가 물려받은 초대 교회의 전통이었다. 그렇다면 어떻게 마가는 예수가 메시아였다고 사람들을 설득할 수 있었을까? 그는 메시아적 인물만이 행할 수 있거나 말할 수 있는 것들에 대한 이야기를 만들어냄으로써 그렇게 했지만 그리고 나서 아무도 이전에 그것들에 대해 들어보지 못했던 이유는 바로 예수가 사람들이 그러한 내용을 보고하는 것을 금지했기 때문이라고 설명했다.[25] 오늘날 거의 모든 사람이 브레데가 절반 정도만 매우 현명했던 것으로 인정한다[26] 브레데의 설명과는 대조적으로 우리는 이미 예수가 정말로 사람들을 고치고 귀신을 쫓았다고(혹은 적어도 사람들에 대한 예수의 영향력을 묘사하는 그러한 언어를 사용하도록 그들을 유발[cause]시켰다고) 믿을 만한 좋은 이유가 있음을 보았다. 또한 우리는 이적들이 하늘 나라의 도래를 가리키지만 만약 그 나라가 이미 도착했다면 그 왕도 반드시 도착하는 것임을 보았다(특히 솔로몬의 시 17을 보라; 그러나 히브리 성경 자체에 나오는 다윗의 후손들에 대한 중요한 약속들도 생각해 보라: 삼하 7:14; 사16:5, 22:22; 겔 34:23-24; 슥 13:1과 다른 곳들에서).[27]

이것은 하나님의 생명을 가져오는 영광스러운 능력이 완전히 드러나는 새 시대와 연관된다." Joel Marcus, *Mark 8-16* (New Haven: Yale University Press, 2009), 648. Georg Strecker, *Theology of the New Testament* (New York: de Gruyter; Louisville: Westminster John Knox, 2000), 350 참조.

25 William Wrede, *The Messianic Secret* (London: James Clarke, 1971). John M. Perry, *Exploring the Messianic Secret in Mark's Gospel* (Kansas City and London: Sheed & Ward, 1997) 참조.

26 반면 다양한 관점들의 모음들에 기여한 사람들 대부분이 동의하는 핵심 쟁점은 Christopher Tuckett, ed., *The Messianic Secret* (London: SPCK; Philadelphia: Fortress, 1983)에서 찾을 수 있다.

27 마가복음에 나오는 구약의 왕적 이미지, 왕국, 그리고 하나님의 신적 아들로서의 예수 사이의 통합적 관계에 대한 연구는 Robert D. Rowe, *God's Kingdom and God's Son: The*

그래도, 만약 그 날에 대한 공통적인 유대인의 기대가 정치적이며 군국주의적인 메시아에 대한 것이었다면, 치유와 축귀는 쉽게 너무 이른 시점에 등장하여 왕적 승리주의로 잘못 인도할 수 있었을 것인데 요한도 오천 명을 먹인 사건 이후에 이런 현상이 일어났다고 설명한다(요 6:15). 예수는 사람들이 그 같은 대대적인 일들에 대해 완전히 침묵을 지킬 것으로 기대할 수는 없었겠으나 그들이 이러한 일들을 자극적으로 보도하는 운동(campaign)을 시작하지 않기를 명할 수는 있었을 것이다.[28] 오직 부활 이후에야만 예수가 어떤 메시아였는지 확실해질 것이므로 당시에는 그에 대한 소문이 멀리 그리고 넓게 퍼져야 했을 것이다. 한편 이방인들의 세계에서는 쉽게 오해되지 않았을 것인데 왜냐하면 이미 기대가 적었기에 사람들은 좀 더 자유롭게 말을 전파할 수 있었을 것이기 때문이다. 또한 고대 지중해 세계에 만연했던 명예와 수치(honor and shame) 문화 속에서 예수의 메시지와 권력 위에 종됨을 강조하는 본보기는 그의 위대함을 공표하는 다른 이들을 고려해 볼 때 예수의 입장에서는 어느 정도의 온건성(modesty)을 요구했다. 신용을 쌓기 위해 그가 어느 정도의 평판은 필요했겠으나 너무 과도한 것은 그만의 사역을 약화시킬 수도 있었다.[29]

하나님의 원수들의 대적자

한 세대 전에 마틴(Ralph Martin)은 마가복음이야말로 가장 균형있게 예

Backgrounds to Mark's Christology from Concepts of Kingship in the Psalms (Leiden: Brill, 2002)을 보라.

28 Ralph P. Martin, *Mark: Evangelist and Theologian* (Exeter: Paternoster, 1972; Grand Rapids: Eerdmans, 1973), 특히 139쪽.

29 특히 David F. Watson, *Honor among Christians: The Cultural Key to the Messianic Secret* (Minneapolis: Fortress, 2010)을 보라. 또한 Dietmar Neufeld, *Mockery and Secretism in the Social World of Mark's Gospel* (London: Bloomsbury T&T Clark, 2014)와 Adam Winn, "Resisting Honor: The Markan Secrecy Motif and Roman Political Ideology," *Journal of Biblical Literature* 133 (2014): 583-601도 참조하라.

수의 신성과 인성을 다룬다고 주장했다.[30] 비록 인간 예수의 고난에 특별한 관심을 갖는 부분이 있으나 다른 곳에서 여호와에게 확보된 역할을 수행하는 그의 모습, 특히 죄를 용서하고(2:1-12), 풍랑을 잠잠하게 함으로써 자연을 다스리는 능력을 보여주며(4:35-41), 물 위를 걸으며 신적 이름(*egō eimi*, "나는…이다"를 암시하고(6:45-52), 그를 "선한" 자로 일컫는 한 젊은 부자 관원에게서 "하나님 한 분 외에는 선한 이가 없"다는 적용을 도출해 내는 곳에서 여전히 엿볼 수 있다(10:17-31).[31] 다른 이들은 복음서의 두 가지 주요한 "절반"을 가리킨다-첫 번째는(8:30까지) 예수의 능력, 권세, 그리고 이적 활동을 강조하며 두 번째는(8:31에서부터) 그의 연약함, 십자가로의 길, 그리고 그의 가르침과 이에 대한 거절을 강조한다.[32] 이 두 상반된 주제의 상호작용은 예수의 인성 또한 마가복음의 맨 처음부터 등장하기 때문에 실제로 보기보다 더 복잡하다. 만약 세례 요한의 증언이 예수 세례 때의 아버지의 증언과도 같이 예수의 승격화된 본성을 강조하는 것이라면(1:3-11), 이어지는 시험은 그의 진정한 인성을 확인하는 것이다(12-13절). 그러나 마가가 예수의 인성을 의식적으로 강조하고 있는 것인지는 전혀 확실하지 않다. 대신 예수의 인성은, 마가가 하나님의 뜻에 반대하는 자들이라고 판단하는 인간과 악한 세력

30 Ralph P. Martin, *Mark: Evangelist and Theologian* (Exeter: Paternoster, 1972; Grand Rapids: Eerdmans, 1973), 특히 139쪽.

31 Timothy J. Geddert, "The Implied YHWH Christology of Mark's Gospel: Mark's Challenge to the Reader to 'Connect the Dots,'" *Bulletin for Biblical Research* 25 (2015): 325-40. 하지만 커크와 영(J. R. Daniel Kirk and Stephen L. Young, "'I Will Set His Hand to the Sea': Psalm 88:26 LXX and Christology in Mark," *Journal of Biblical Literature* 133 [2014]: 333-40)은 예수의 신성을 풍랑을 잔잔하게 하는 것에서와 같이 그가 물을 통제하는 것에 기초하여 주장하는 것은 시편 88:26과 다른 본문들이 인간 역시 그 같은 권세를 신적이지 않으나 하나님의 대리자로서 행사하고 있음을 묘사하고 있다는 맥락에서 근거를 벗어나는 것이라고 우리에게 주의를 준다. 그러므로 그들은, 바다에 대한 권세는 예수를 "하나님의 왕적 아들의 역할을 채우는 종말적인 다윗 계통의 인물"(340)로 소개하는 것일 수도 있었다고 주장한다.

32 또는 아마도 8:27에서부터(예를 들어 James R. Edwards, *The Gospel according to Mark* [Grand Rapids: Eerdmans; Leicester: Apollos, 2002], 20-21); 혹은 심지어 8:22에서부터(예를 들어 Mark L. Strauss, *Mark* [Grand Rapids: Zondervan, 2014], 48-50).

들 모두와 예수가 당면할 때 오는 모든 갈등들의 부산물로써 등장한다.

예수가 즉시로 무언가를 거절하는 것은 그가 마귀에게 시험 받는 장면에서도 나온다. 마태와 누가는 사역을 준비하는 예수의 태도에 대해 상당히 자세히 말한다(마 4:1-11//눅 4:1-13); 마가는 그 이야기의 핵심 뼈대만 제공한다. 그러나 그는 이것이 혹독한 경험이었음을 보여줄 정도의 충분한 내용들을 제공한다-아마 여리고 근처의 광야 혹은 반 사막(semidesert) 지역에 혼자서 40일의 기간 동안 이미 기진맥진한 상태에서 야생 동물들의 위험이 더해지는 경험(신 8:15와 비슷한 본문들을 암시할 수 있는).[33] 그러므로 예수는 그의 사역 시초부터 갈등을 경험하고 있었다. 이것은 7:1-23에서, 그가 좀 더 연장된 기간 동안 이방인 지역에서 사역하기 위해 갈릴리를 떠나기 직전 작은 절정을 이룬다. 마가는 예수가 구약을 인용하며 이것이 예표론적으로(typologically) 다시 재현됨을 보여준다: 그를 비판하는 자들은 인간 전통을 주도면밀하게 따르고 참 종교를 입술로 공경하나 그들의 마음은 하나님에게서 멀어져 있다(6-7절, 칠십인역 이사야 29:13을 인용하며).

예수가 대적자들을 반대하는 것은 그가 귀신을 내쫓을 때에도 계속 이어진다. 마태와 누가는 자주 마가와 공유하는 본문들을 간단히 언급하고 종종 마가의 강한 어조를 낮추지만 이러한 경향들은 다른 어디에서가 아닌 예수가 귀신을 내쫓는 장면에서 더욱 확실하게 나타난다. 그 결과, 마가의 서술은 그것만이 갖는 그 모든 꾸밈없는 세부사항들로 인해 두드러진다. 하지

---

33 *The Temptations of Jesus in Mark's Gospel*에 대한 가장 훌륭하고 완전한 연구물은 바로 이렇게 제목이 붙여진 게렛(Susan R. Garrett, Grand Rapids: Eerdmans, 1998)의 책이다. 야생 동물들이 에덴의 평화적 회복을 나타내는지 아니면 단순히 예수가 당면한 위험이 극대화됨을 보여주는지에 관한 논쟁에 대하여는 각각 Richard Bauckham, "Jesus and the Wild Animals (Mark 1:13): A Christological Image for an Ecological Age," in *Jesus of Nazareth, Lord and Christ: Essays on the Historical Jesus and New Testament Christology*, ed. Joel B. Green and Max Turner (Grand Rapids: Eerdmans, 1994), 3-21과 John P. Heil, "Jesus with the Wild Animals in Mark 1:13," *Catholic Biblical Quarterly* 68 (2006): 63-78을 보라. 동물들과 함께 있는 것이 마귀의 시험들과 평행하는 ABBA 유형은 후자의 견해에 결정적인 듯하다: "광야에서 계시면서"는 "천사들이 수종들더라"와, "사탄에게 시험을 받으시며"는 "들짐승과 함께 계시니"와 상응한다.

만 유사 본문들과 비교하지 않아도 마가의 이야기는 격정적인 이미지와 예수에 대한 반대의 내용으로 두드러진다. 마가복음 1:26에서 귀신은 사람에게서 큰 소리를 지으며 나온다. 마가복음 5장에서 더러운 군대 귀신 들린 사람은 매우 강하고 사나워서 "이제는 아무도 그를 쇠사슬로도 맬 수 없게 되었으니 이는 여러 번 고랑과 쇠사슬에 매였어도 쇠사슬을 끊고 고랑을 깨뜨렸음이러라 그리하여 아무도 그를 제어할 힘이 없는지라 밤낮 무덤 사이에서나 산에서나 늘 소리 지르며 돌로 자기의 몸을 해치고 있었"다(3b-5절).[34] 9장에서 마가는 독특한 다섯 구절에서 귀신 들려 오랫동안 심하게 고통 받아 온 한 소년의 극한 상황을 묘사하고 그 아버지의 믿음에 대한 예수의 대화로 마친다(20b-25a); 또한 마가는 예수가 직접 말한 "말 못하고 못 듣는 귀신아 내가 네게 명하노니 그 아이에게서 나오고 다시 들어가지 말라"를 기록하고 마지막으로 축귀가 가져 온 심한 경련과 이로 인해 아이가 죽은 것 같이 된 것을 묘사한다(25b-26).[35]

이보다 더 작은 규모로 마가는 비슷하게 예수 안팎의 다른 갈등들의 깊이에 대하여 강조한다. 대부분의 사본들은 마가복음 1:41에서 예수가 "불쌍히 여"겼다(moved with compassion)고 증언하나(예를 들어 NET; "동정하였다"["moved with pity"]고 하는 NRSV 참조), 중요한 소수 사본들은 그가 "분개하였다"(indignant)고 기록한다(NIV; "격노하였다"["incensed"]고 하는 CEB 참조). 필사자들이 전자에서 후자로 바꾼 것이라고 보기는 어려우므로 원문은 아마 실제로 나병 환자 앞에서의 예수의 화를 강조했었을 것이다.[36] 3:5에서 마가만

34 이 특정한 본문에 파수꾼들의 책(Book of Watchers)이 그 바탕에 깔려있고 그래서 마가는 축귀에 대하여 종말론적인 견해를 보여주고 있다는 주장에 대하여는 Nicholas A. Elder, "Of Porcine and Polluted Spirits: Reading the Gerasene Demoniac (Mark 5:1-20) with the Book of Watchers (1 Enoch 1-36)," *Catholic Biblical Quarterly* 78 (2016): 430-46을 보라.

35 마가복음에서 예수가 마귀의 세계를 억누르는 것에 대한 총체적인 연구는 Cheryl S. Pero, *Liberation from Empire: Demonic Possession and Exorcism in the Gospel of Mark* (New York: Peter Lang, 2013)을 보라.

36 하지만 이 문제는 계속 논쟁이 될 것이다. Bart D. Ehrman, "Did Jesus Get Angry or Agonize? A Text Critic Pursues the Original Jesus Story," *Bible Review* 21 (2005): 17-26

유일하게 인간의 고통 보다는 안식일을 지키는 것에 더 신경을 쓰는 특정 유대 지도자들의 마음의 완악함에 대해 예수가 노하고 탄식하는 것을 언급한다. 3:21에서 예수의 친족들이 그가 "미쳤다"고 생각해서 무리에게서 떼내어 그를 붙들려고 하는 것을 오직 마가만 설명한다. 5:26은 혈루증으로 앓아 온 여인의 심각한 상태를 강조하는데 "많은 의사에게 많은 괴로움을 받았고 가진 것도 다 허비하였으되 아무 효험이 없고 도리어 더 중하여"진 아이러니를 드러낸다. 그리고 예수가 나사렛에서 치유 사역을 덜 한 것을 "행하지 않았"다고 한 마태복음(13:58)과 달리 오직 마가만 예수가 많은 기적을 "행할 수 없었"다고 단언하면서(6:5) 사람들의 믿지 않은 것과 연결시킨다.[37]

아마도 이러한 모든 갈등 때문에 마가는 2:1-3:6에 양식 비평가들이 선언(pronouncement) 혹은 갈등의 줄거리(conflict stories)라고 다르게 부르는 이야기들로 구성된 별개의 하부항목(subsection)을 만들어 냈을 것이다. 이렇게 그룹을 지어 놓은 것은 의도적으로 보이는데 왜냐하면 마태복음의 평행 본문은 이 사건들이 하나 이후에 다른 것이 반드시 이어지거나 이 같은 순서로 일어나지 않음을 보여주기 때문이다. 심지어 마가는 절정의 핵심에서 예수의 정체성을 신랑(2:19-20)으로 드러내는 단순한 교차 구조를 만들어냈을 수도 있다.[38] 이같이 율법의 해석에 대하여 유대 지도자들과 갈등한 이야기

와 Peter J. Williams, "An Examination of Ehrman's Case for ὀργισθείς in Mark 1:41," *Novum Testamentum* 54 (2012): 1-12을 참조. Darrell L. Bock (*Mark* [Cambridge: Cambridge University Press, 2015], 137n68)은 "불쌍히 여김"이 원본이라고 믿는 입장에서 이제 "분개한"을 원문으로 받아들이는 입장으로 바꾸었다고 말한다.

37 예수가 기적을 행하지 못한 것은 "그가 능력이 없어서가 아니다. 대신 이것은 마을 사람들의 불신 때문으로 그가 이 같은 나사렛의 상태에서는 자기의 능력을 자유롭게 행사할 수 없었기 때문이다." Robert H. Stein, *Mark* (Grand Rapids: Baker, 2008), 284에서 William L. Lane, *The Gospel according to Mark* (Grand Rapids: Eerdmans, 1974), 204도 인용하고 있다.

38 Joanna Dewey, "The Literary Structure of the Controversy Stories in Mark 2:1-3:6," *Journal of Biblical Literature* 92 (1973): 394-401. 첫 번째와 마지막 이야기는 인간의 팔 다리를 고치는 줄거리인데 더 큰 기독론 논쟁 안에 자리한다(2:1-12, 3:1-6); 두 번째와 네 번째는 먹는 것과 사람들을 자극하는 논쟁들에 대한 것이다(2:13-17, 2:23-28). 2:18-22 사이에서는 그의 제자들이 금식하지 않는다는 비판에 대한 예수의 대답을 다룬다.

들의 모음 마지막에 마가는 "바리새인들이 나가서 곧 헤롯당과 함께 어떻게 하여 예수를 죽일까 의논하니라"라고 덧붙인다(3:6). 마태와 누가 모두 이 구절에 대한 부분적 평행 구절이 있지만 축약되거나 강도를 낮춘 방식으로 나온다(마 12:14, 눅 6:11). 그러나 만약 이 세대를 향한 하나님의 계획이 무르익어간다면 마귀와 사람들로부터의 저항은 예상되는 것이다. 마가가 이것을 강조하는 것은 완성의 때가 도래했다는 그의 머리말의 일부이다(막 1:15).[39]

선생

대부분의 학자들은 공관복음 중 예수의 가르침이 자세하게 나와 있는 장소로 당연히 마태복음이나 누가복음을 생각한다. 마가복음은 오직 4장(비유로 가르침)과 13장(감람산 교훈)이 예수의 가르침을 확대된 덩어리로 제공한다. 그럼에도 불구하고 마가는 예수가 가버나움 회당에서 가르쳤음(1:21)을 말하고 이것과 거의 동일한 언어를 사용하는데 이것을 마태가 산상수훈에서 덧붙였을 것이다(마 7:28-29): "뭇 사람이 그의 교훈에 놀라니 이는 그가 가르치시는 것이 권위 있는 자와 같고 서기관들과 같지 아니함일러라"(막 1:22). 심지어 그때 일어났던 축귀 이후에도 사람들은 여전히 그의 권위 있는 가르침에 놀라워했고 여기서 더러운 귀신들에게 그가 명령하는 것을 덧붙이고 있는 것으로 보인다(1:27). 예수의 가르침의 사역은 4:2; 6:6, 34; 9:31; 11:18; 12:35; 그리고 14:41에서 다시 등장하며 이로써 이 같은 본문이 총 아홉 군데가 된다. 이와 비슷한 언급들이 마태와 누가에서 또 한번 마가복음의 절

---

39 이 한 구절만 책 한권 분량으로 다룬 연구로는 Ma'afu Palu, *Jesus and Time: An Interpretation of Mark 1.15* (London: T&T Clark, 2012)을 보라. 때로 팔루(Palu)의 주장이 명료하지 않지만 그는 분명하게 예수의 언어가 하나님이 낮과 밤을 창조한 일(때의 시작)과 다윗의 후손을 통해 이스라엘을 회복한다는 그의 언약이 나오는 구약에 스며들어 있다고 주장한다. 복(Bock, *Mark*, 120)이 좀 더 직접적으로 말하는 것처럼 "여기 이 말에는 흥미로운 병치가 있다. 때는 찼으나 하나님의 나라는 단지 가까이 왔을 뿐이다. 이것은 도착을 의미하지만 완성보다는 조금 덜한 표현이다. 이것은 아마도 하나님 나라의 계획이 도달하는 과정이기 때문일 것이다."

반 정도의 분량만큼 각각 아홉 번과 열 번씩 나타나므로 비율적으로 봤을 때 실제로는 마가가 예수 사역의 이러한 경향을 가장 지배적으로 언급하고 있는 복음서가 된다.[40] 심지어 동족 용어(cognate term)의 통계는 한쪽으로 더욱 치우친다. "가르쳐라," "가르친다," 그리고 "가르쳤다"라는 표현은 예수를 주어로 하여 마태복음에서는 네 번, 마가복음에서는 열두 번, 누가복음에서는 여섯 번, 그리고 요한복음에서는 세 번 나온다. 예수를 "선생"이라고 가리킨 것은 마태복음에 여덟 번, 마가복음에 열두 번, 누가복음에 열세 번, 그리고 요한복음에 여섯 번 등장한다.[41]

비비스(Mary Ann Beavis)는 마가복음의 개요에서 한 가지 유형을 발견하는데 여기에서 마가는 이야기 자료와 좀 더 연속적인 가르침 이 둘 사이를 오간다. 그리고 나서 가르침에 대한 네 가지 주요 구획이 4:1-34, 7:1-23, 9:30-10:45, 그리고 13:1-37에 나온다.[42] 하지만 이야기가 나오는 부분이 가르치는 부분보다 상당히 더 길고, 이러한 가르치는 부분의 주제들이 항상 통일되는 것은 아니다. 9:30-10:45은 그 안에서 여러 개의 장면과 주제의 전환이 있고(10:2, 13, 17), 7:1-23에는 비록 확장되기는 했으나 오직 하나의 인용구(pericope)만이 나온다. 내 생각으로는 좀 더 설득적인 개요는(도입 부분 이후에) 두 종류의 주요 부분을 고려하는 것이다-하나는 예수의 사역에 대한 것이고 다른 하나는 그의 수난에 대한 것으로 8:30 이후에 나눠지며 각 부분은 갈등으로 끝나지만 소망으로 연결되는 세 부분으로 다시 나눠

40 I. Howard Marshall, *New Testament Theology: Many Witnesses, One Gospel* (Downers Grove, Ill.: IVP, 2004), 64-65 참조. 심지어 이 같은 언급들은, 마태복음이나 누가복음만큼 비슷한 길이로 나오는 요한복음에도 단지 열 한 군데에만 있다.

41 더 나아가 R. T. France, "Mark and the Teaching of Jesus," in *Studies of History and Tradition in the Four Gospels*, ed. R. T. France and David Wenham, vol. 2 of *Gospel Perspectives* (Sheffield: JSOT Press, 1981), 101-36을 보라. 또한 비록 그의 연구가 다소 한쪽으로 치우친 경향이 있지만 Vernon K. Robbins, *Jesus the Teacher: A Socio-rhetorical Interpretation of Mark* (Philadelphia: Fortress, 1984)도 참조하라.

42 Mary Ann Beavis, *Mark* (Grand Rapids: Baker, 2011), 26-28.

진다(1:14-3:6, 3:7-6:6a, 6:6b-8:30, 8:31-10:52, 11:1-13:37, 그리고 14:1-16:8).[43] 케흘러(Martin Kähler)가 기억하기 쉽게 말했고 이후 수많은 이들이 그것을 되풀이했듯이 마가복음은 "긴 서론을 가진 고난 이야기"인데 이것은 십자가로 가는 길이 복음서 절반을 꽉 채우고 있는 사실을 반영하는 것이다.[44] 비비스의 개요가 궁극적으로는 설득적이지 않지만 그럼에도 불구하고 그녀는 더 나아가 우리에게 종종 알아채지 못하는, 마가복음에 나오는 예수의 가르침의 중요성을 경계하였다.

우리가 방금 언급했듯이, 예수의 좀 더 확장된 가르침은 4장과 13장에만 나타난다. 13장은 아래에서 마가의 종말론을 논할 때 다룰 것이다. 4장은 예수가 비유로 가르친 것으로 인해 야기된 분열을 조명한다. 이사야 6:9-10을 인용하면서 마가의 예수는 수수께끼같이 "이는 그들[바깥 사람들]로 보기는 보아도 알지 못하며 듣기는 들어도 깨닫지 못하게 하여 돌이켜 죄 사함을 얻지 못하게 하려 함이라"라고 말한다(4:12). 하지만 꼭 이사야에서와도 같이, 이러한 강퍅함은 오직 하나님의 백성들의 지도자라고 주장하는 자들이 주를 강하게 반대하고 거부하는 일정 시기를 지나서 온다. 더욱이 이사야 6장이 전에(previously) 강퍅했었던 자들 가운데서 나올 의로운 남은 자에 대한 소망으로 끝나는 것처럼, 예수도 전에 얼만큼 그를 대적했는지에 상관없이 다시 회개하는 자들을 항상 환영한다.[45] 심지어 마가의 예수는 "우리를 반대하지 않는 자는 우리를 위하는 자니라"라고 역설하는데 까지 이른다(9:40). 씨 뿌리는 자의 비유(4:3-8)가 비유들로 가득한 마가의 장(chapter)에

43 Craig L. Blomberg, *Jesus and the Gospels: An Introduction and Survey*, 2nd ed. (Nashville: B&H; Nottingham: IVP, 2009), 130. Hans F. Bayer, *A Theology of Mark: The Dynamic between Christology and Authentic Discipleship* (Phillipsburg, N.J.: P&R, 2012), 21-22 참조.

44 Martin Kähler, *The So-Called Historical Jesus and the Historic, Biblical Christ*, trans., ed., and with an introduction by Carl E. Braaten (Philadelphia: Fortress, 1964), 80.

45 Gundry, *Mark*, 203와 Marcus, *Mark* 1-8, 307 참조. 이 이사야 본문이 받아들여진 역사에 대한 총체적 연구는 Craig A. Evans, *To See and Not Perceive: Isaiah 6.9-10 in Early Jewish and Christian Interpretation* (Sheffield: JSOT Press, 1989)을 보라.

서 권두 삽화(frontispiece)로써의 역할, 그리고 예수의 모든 비유들을 이해할 수 있는 열쇠의 역할(13절)을 하고 있기 때문에 네 가지 토양은 마가복음의 나머지 부분에서 사람들이 예수에 대해 반응하는 네 가지 방식들을 나타내는 것으로 보인다.[46] 유대인 지도자들의 마음 안에는 복음의 뿌리가 전혀 내리지 않고 있기 때문에 그들은 계속해서 예수를 대적하는데 이것은 마치 길가에 떨어져서 곧 새들에게 먹히는 씨와도 같다(4, 15절). 군중은 예수의 말을 기쁘게 듣지만 사태가 어려워지면 사라지고 만다(5-6, 16-17절). 젊은 부자 관원과 같은 다른 이들은 관심을 표하지만 말씀은 이 세상의 염려와 재물의 유혹에 의해 막힌다(7, 18-19절). 예수가 이사야 6장으로 사람들이 자기와 그의 사역을 받아들이는 태도를 묘사함으로써 하나님의 계시에 대한 구약의 패턴들은 사태가 더욱 심각한 상황에서도 다시금 반복되고 있다.

고난 받는 종

마가복음의 첫 절반까지 예수의 가르침이 계속해서 갈등을 불러온다는 사실로 미루어 보아서, 그리고 미성숙하고 오도된 대중이 가져 올 앞으로의 위험성을 생각해 볼 때, 마가복음의 두 번째 절반 부분이 시작되면서 예수가 계속 그의 수난을 예고하는 것은 놀라운 일이 아니다. 세 장에 걸쳐서 세 번, 예수는 장차 다가 올 고난, 여러 유대 지도자들의 손에 의한 죽음, 그리고 이후의 부활-비록 부활이 가장 적게 관심을 받지만-에 대해 예언한다(8:31; 9:31-32; 10:32-34). 이 예언들의 세 번째 구성(set)은 예수의 죽음을 둘러싼 세부적 내용들을 훨씬 더 구체적으로 드러낸다. 놀랍게도 이 절정의 수난 예고 직후에 예수의 두 제자가 다가와 그가 영광 중에 올 때 가장 높은

---

46 특히 Mary A. Tolbert, *Sowing the Gospel: Mark's World in Literary-Historical Perspective* (Minneapolis: Fortress, 1989)을 보라. 또한 Mary Ann Beavis, *Mark's Audience: The Literary and Social Setting of Mark 4.11-12* (Sheffield: JSOT Press, 1989)도 참조하라.

자리인 그의 옆에 앉는 것에 대해 물어보는 내용이 나온다(10:35-41).[47] 예수의 대답(42-45절)은 섬기는 지도력의 필요성에 초점을 맞추고 많은 이들이 마가의 기독론의 주제적인 요약-만약 그의 전체적 신학의 요약이 아니라면-으로 보는 선언에서 절정을 이룬다: "인자가 온 것은 섬김을 받으려 함이 아니라 도리어 섬기려 하고 자기 목숨을 많은 사람의 대속물로 주려 함이니라"(45절).[48] "많은 사람의 대속물"은 하나님의 종이 "자기 영혼을 버려 사망에 이르게 하며 범죄자 중 하나로 헤아림을 받았음이니라 그러나 그가 많은 사람의 죄를 담당하"는 이사야 53:12를 암시하는 듯하다. 마가복음 10:45의 "많은 사람의"는 다소 일반적이지 않으나 주로 "대신에"를 의미하는 전치사 안티(*anti*)를 사용하고 있는데 이것은 아마도 대신(substitutionary) 혹은 속죄(vicarious) 희생의 교리의 씨를 뿌리는 것일 것이다.[49] 똑같은 이사야적 종의 노래(Isaianic Servant Song)를 암시하는 추가적인 내용은 예수가 다가 올 고난과 거절에 대해 말하는 마가복음 9:12와 예수가 고발자 앞에서 잠잠히 있는 마가복음 14:60-61와 15:4-5에 드러난다(사 53:7 참조).

---

47 레인(Lane, *Gospel according to Mark*, 378)은 이들의 몰이해를 "뻔뻔스러운"것 이라고 칭하면서 "이 제자들은 그가 멸시를 받고 죽임을 당하는 것에 대한 예수의 가르침의 중요성을 이해하는 것에 완전히 실패했다"라고 덧붙인다. 위더링턴(Ben Witherington III, *The Gospel of Mark: A Socio-rhetorical Commentary* [Grand Rapids: Eerdmans, 2001], 286)은 "아이러니는 너무나도 두꺼워서 칼로 자를 수 있을 정도이다. 예수가 그의 제자들에게 야곱[즉, 야고보]보다 더 궁극적인 희생 제사를 드릴 것이라고 말하기가 무섭게 그와 요한이 와서 왕국의 값싼 자리를 구하고 있다"라고 말한다.

48 프랑스(France, *Gospel of Mark*, 421)는 "우리는 이것의 구원론적 적용이 얼마나 큰지 상관없이 이 구절이 예수의 제자들이 따라야 할 역할 모델의 문맥에서 나온다는 사실을 결코 잊지 말아야 한다"라고 덧붙인다. 10:42-45의 리더십 모델이 희생적 다스림으로 구성되는 로마 제국의 관념(ideology)에 긍정적으로 기인하고 있으며, 이후 예수가 로마의 관념을 타도하기 위해 이것을 급진화시켰다는 주장에 대하여는 Adam Winn, "Tyrant or Servant? Roman Political Ideology and Mark 10.42-45," *Journal for the Study of the New Testament* 36 (2014): 325-52을 보라. 예수가 대속물을 말하는 것을, 국민이 그 지도자를 위해 죽는 당시의 정치적 담화에 등장하는 정반대의 기대의 문맥에서 이해하고 있는 Matthew Thiessen, "The Many for One or One for the Many? Reading Mark 10:45 in the Roman Empire," *Harvard Theological Review* 109 (2016): 447-66 참조.

49 Peter G. Bolt, *The Cross from a Distance: Atonement in Mark's Gospel* (Downers Grove, Ill.: IVP, 2004), 71-73.

소위 예수의 예루살렘과 성전 구역의 승리의 입성은 사실 전혀 승리적이지 않은 것으로 판명된다.[50] 예수와 함께 있던 갈릴리 순례자들이 "호산나"를 외치고 "주의 이름으로" 오는 이와 "오는 우리 조상 다윗의 나라"를 찬송하는 마가복음 11:9-10은 분명 시편 118:25-26을 인용하고 있다. 하지만 이 사람들은 여전히 이 땅에서 로마인들을 제거할 이 땅의 지도자를 바라고 있다. 그들은 그가 스가랴 9:9의 나귀에 걸터 앉고 오는 것, 즉 그가 멍에를 메는 겸손한 동물을 타고 전쟁이 아닌 평화의 전달자로 오는 것의 중요성을 놓치고 있다(10절).[51] 예수가 정녕 화가 난 것은 외국의 대 군주에 대해서가 아니라 "만민이 기도하는 집"(사 56:7)이어야 할 곳을 민족주의자들의 소굴(렘 7:11)로 뒤바꾼 자기 지도자들(막 11:15-17)에 대해서이다. 무리가 계속해서 "그의 교훈을 놀랍게 여기"고 있을지라도(막 11:18) 이것은 마지막 자충수를 두는(the final nail in his coffin) 행동이었다.

고난 받는 종으로서의 예수의 역할은 제자들과의 마지막 만찬에서 다시 수면 위로 떠오른다. 예수는 잔을 가지고 감사기도를 한 후 "이것은 많은 사람을 위하여 흘리는 나의 피 곧 언약의 피니라"라고 말하면서 제자들에게 그 잔을 준다(막 14:24). 예레미야의 "새" 언약(눅 22:20)이나 "죄 용서"(마 26:28)를 언급하는 다른 복음서의 구절 없이도 이 구절은 이사야 53:12에 대한 또 다른 암시처럼 보인다(또한 사 52:15와 53:11의 "많은 사람"도 참조).[52] 이 바로 다음 구절에서 예수는 "진실로 너희에게 이르노니 내가 포도나무에서 난 것을 하나님 나라에서 새 것으로 마시는 날까지 다시 마시지 아니하리라"라고 덧붙인다(막 14:25). 여기서는 아마도 이사야 25:6-8의 종말론적 연회를 보고 있

---

50 특히 Brent Kinman, "Jesus' Triumphal Entry in the Light of Pilate's," *New Testament Studies* 40 (1994): 442-49를 보라. 또한 Paul B. Duff, "The March of the Divine Warrior and the Advent of the Greco-Roman King," *Journal of Biblical Literature* 111 (1992): 55-71도 참조하라.

51 특히 이 두 구절을 총체적으로 다루고 있는 Mark J. Boda, *The Book of Zechariah* (Grand Rapids: Eerdmans, 2016), 560-74을 보라.

52 Craig A. Evans, *Mark 8:27-16:20* (Nashville: Nelson, 2001), 392-93; Strauss, *Mark*, 625.

을 것이다. 예수의 수난 예고가 십자가 반대쪽의 부활을 항상 언급하는 것처럼, 여기서도 예수는 그의 제자들에게 어느 정도 부재(absence)의 시기를 지나고 나서 제자들과 함께 다시 상에 앉아 즐길 것이라는 핵심 사항을 주지시킨다.[53]

당연코 십자가형(15:16-39)은 그리스도의 고난의 절정을 형성한다. 마가의 기록에는 여러 성경 구절, 특히 시편 22편과 69편, 그리고 이사야 52:13-53:12로부터의 암시와 인용이 스며들어 있다.[54] 예수가 "넘겨지는 것"은 이사야 53:6, 12a, 그리고 12b를 생각나게 한다. 그를 조롱하는 자들은 우리로 하여금 시편 22:6-8을 생각나게 하는데 특히 마가복음 15:29-32이 명백하게 시편 22:7-8을 언급하면서 사람이 예수를 향해 머리를 흔들거나 떤다는 표현을 사용하고 있다. 마가복음 15:36에서 신 포도주를 주는 것은 직접적으로 시편 69:21을 연상시킨다. 이 중에서도 가장 극적인 것은 15:34에 나오는 그리스도가 버림당하며 울부짖는 모습("나의 하나님, 나의 하나님 어찌하여 나를 버리셨나이까?")인데 그가 당하는 영적 고통의 정점을 알려준다. 이 울부짖음과 함께 예수는 하나님의 구원이 다가온다는 연장된(prolonged) 확언(22-31절)으로 끝나는 시편(22:1)을 인용하는데, 각 수난 예고(8:31, 9:31, 10:34) 뒤에 나오는 부활에 대한 예수의 삼중 예언으로 미루어 보아 마가는 이 구원의 사실을 그의 독자들이 기억하기를 기대했을 수도 있다.[55]

---

53 Morna D. Hooker, *The Gospel according to Saint Mark* (London: A. & C. Black; Peabody, Mass.: Hendrickson, 1991), 338-39; Beavis, *Mark*, 213 참조.

54 Darrell L. Bock, "The Function of Scripture in Mark 15:1-39," in *Biblical Interpretation in Early Christian Gospels*, ed. Thomas R. Hatina, vol. 1, *The Gospel of Mark* (London: T&T Clark, 2006), 8-17을 보라.

55 특히 Holly J. Carey, *Jesus' Cry from the Cross: Towards a First-Century Understanding of the Intertextual Relationship between Psalm 22 and the Narrative of Mark's Gospel* (London: T&T Clark, 2009)을 보라. 또한 Stanley E. Porter, *Sacred Tradition in the New Testament: Tracing Old Testament Themes in the Gospels and Epistles* (Grand Rapids: Baker, 2016), 153-77도 참조하라. 더 나아가 올트룬드(Dane C. Ortlund, "'Rising' Language in Mark and the Dawning New Creation," *Criswell Theological Review* 13 [2016]: 27-45)는 그의 복음서 전반에 걸쳐서 마가는 이야기에 모호한 종말론적 분위기를 주

더욱이 마가복음의 후반부에는 승리를 가리키는 충분한 내용들이 있기 때문에 건드리(Robert Gundry)는 마가가 이 주제들을 서두에 배치한 것에 대한 좀 더 일반적인 설명을 지지한다. 마가가 예수의 고난에(막 1:1-8:30에 나오는 그의 능력과 기적들을 인정하는 동시에) 강조점을 두기 때문에 초대 기독교 사고(thinking)에 존재하던 과도한 승리주의자 반열에 적합하다고 보는 좀 더 표준적인 이론[56] 대신, 건드리(Gundry)는 복음서 전체가 패배주의자 정신(막 8:31-16:8에 나타나는)에 대한 예수의 승리를 강조하는 것으로 생각한다.[57] 이 두 주제가 모두 존재한다는 것에는 의문을 제시하지 않지만 아마도 마가는 어디서든 어느 한쪽으로 치우치지 않기 위해 단순히 균형을 유지하고 있는 것 같다. 어떤 비율로든지 건드리(Gundry)의 연구법은 이 둘 중 가능성이 덜한 것으로 보이는데 우리가 탐구해야 할 다음 주제-어떤 식으로든지 승리주의를 전혀 만들어내지 않는 제자들의 두려움과 실패-때문만은 아니다.[58] 더욱이 예수가, 특히 그의 가장 가까운 제자들로부터 겪은 오해의 양은 그 자신의 고통을 더욱 증가시킨다고 주장할 수도 있다.[59]

기 위해 "오르는"(rising) 언어를 사용하여서 비록 그의 복음서에 그 사건 자체를 포함하지는 않았을지라도 그의 독자들로 하여금 예수의 부활을 기대하게 한다고 주장한다. 하지만, 이 표현이 비신학적으로 사용되고 있는 규칙성으로 보아 올트룬드(Ortlund)는 그 근거를 과대해석하고 있는지도 모른다.

56 특히 Theodore J. Weeden, *Mark: Traditions in Conflict* (Philadelphia: Fortress, 1971)을 보라.

57 Gundry, *Mark*, 특히 1-15쪽.

58 Douglas W. Geyer, *Fear, Anomaly and Uncertainty in the Gospel of Mark* (Lanham, Md.,: Scarecrow Press, 2000.

59 Michal Beth Dinkler, "Suffering, Misunderstanding, and Suffering Misunderstanding: The Markan Misunderstanding Motif as a Form of Jesus' Suffering," *Journal for the Study of the New Testament* 38 (2016): 316-38.

제자도

마가가 그리는 열 두 제자는 예수가 갈릴리 바닷가 주변에서 시몬(베드로), 안드레, 야고보, 그리고 요한을 부르고 그들이 자기의 고기잡이 도구를 즉시 버리고 예수를 따르는 모습(1:16-20)에서 충분히 전도유망하게(promisingly) 시작한다. 이러한 양상이 마가복음 2:13-14에서 전통적으로 마태와 동일시된 레위를 부르는 곳에서도 계속된다. 두 가지 짧은 갈등의 이야기가 이러한 초기의 제자들이 금식과 안식일을 지키는 바리새인의 전통을 무시하는 그들의 선생을 따르고 있었음을 보여준다(2:18, 23-24). 3:13-19에서 예수는 좀 더 공식적으로 열 둘을 자기와 가장 가까운 제자들로 지명한다. 하지만 그때부터 마가는 그들의 제자도 여정에 대해 훨씬 더 부정적인 그림을 그린다.[60]

두려움과 실패

예수가 비유로 가르친 후 제자들과만 함께 있을 때 그들은 예수에게 그 같은 수사적 도구를 사용한 목적을 묻는다(4:10). 우리는 이미 예수가 마가복음 4:11-12에 나오는 그의 대답에서 이사야 6:9-10을 사용하는 것에 대하여 다루었다. 하지만 예수는 더 나아가 제자들에게 "너희가 이 비유를 알지 못할진대 어떻게 모든 비유를 알겠느냐"라고 묻는다(13절). 여기서 마가는 예수가 복음서의 그 어떤 것 보다 이 비유에 대해서 훨씬 더 알레고리적인 해석을 덧붙이고 있는 것으로 묘사하고 있기 때문에(14-20절) 아마도 저자가 가리키는 것은 비유를 해석하는 방법이 아닐 것이다. 좀 더 가능성 있는 것은 우리가 보았듯이, 예수는 마가의 이야기 나머지 전반에 걸쳐서 드러나고

60 특히 Ernest Best, *Following Jesus: Discipleship in the Gospel of Mark* (Sheffield: JSOT Press, 1981); Ernest Best, *Disciples and Discipleship: Studies in the Gospel according to Mark* (Edinburgh: T&T Clark, 1986)을 보라.

있으나 제자들이 깨닫지 못했던, 사람들이 말씀을 받아들이는 다양한 방법에 따른 변화 속에서의 비유의 의미를 가리키는 것으로 보고 있는 것이다.[61] 마가는 제자들의 일시적 몰이해를 가리키는 데 과묵하지 않으나 적어도 그들은 예수와 함께 머물러 있음으로써 추가적인 설명을 얻는다. 외부인들은 단순히 떠나고 그래서 더 이상의 것을 배우지 못한다.[62]

마가는 예수가 갈릴리 바다 위에서 그들에게로 다가오며 물 위로 걸은 이후에 제자들의 몰이해를 강조한다. 마태복음 14:33에서처럼 그를 경배하는 대신에 마가는 "제자들이 마음에 심히 놀라니 이는 그들이 그 떡 떼시던 일을 깨닫지 못하고 도리어 그 마음이 둔하여졌음이러라"(막 6:51b-52)라고 서술하는데 이 같은 표현은 애굽의 늙은 바로에게 반복적으로 사용되었던 것이다![63] 오천 명을 먹인 사건(30-44절)이 제자들이 예수가 바다를 건넌 이적(45-52절)을 이해하지 못한 것과 어떤 관계가 있는지는 즉시로 분명하지는 않으나, 만약 이적들이 예수의 참된 정체성을 가리키는 표식(pointers)이라면, 초자연적인 한 사건을 이해하지 못한 실패는 두 번째 사건에 대해서도 비슷한 반응으로 쉽게 이어질 수 있었을 것이다. 이어서 사천 명을 먹이는 기적은 이러한 생각을 입증하는 것 같다. 마가복음 8:4은 제자들이 예수에게 "이

61 이것은 열 두 제자들은 이 비유가 알레고리였다는 것을 이해하지 못했다고 종종 주장해 온 좀 더 자유주의적인 학자들과 반대되는 것이다. 이후 이러한 설명은 역사적 예수가 비유를 알레고리로 전혀 사용하지 않았다는 주장을 지지하는 도구가 된다. 그러므로 마가가 예수가 사용한다고 보는 알레고리적 설명은 초대 교회의 나중의 창조물이거나 마가 자신의 것이어야 한다. 좀 더 보수적인 학자들은 심지어 예수의 적대자들도 비유가 알레고리였음을 알아차리고 있었다고 지적해 왔다(예수가 그들 자신이 악한 농부들이라고 말하고 있다는 것을 이해하고 있는 마가복음 12:12을 보라). 그 대신 제자들이 이해하는데 실패하고 있는 것은 예수가 연이어 그들을 위해 알려주고 있는, 비유에 나오는 세부 사항들의 상징적 의미를 결정짓지 못하는 그들의 무능력이다(4:14-20).

62 그럼에도 불구하고 11-12절을 13절과 같이 놓은 놀라운 병치는 마가로 하여금 참된 제자도에 대해 가르칠 수 있는 더 많은 기회를 가져다 주게 되는 제자들의 약함과 실패를 강조하는 마가의 의도를 보여준다. Robert A. Guelich, *Mark 1-8:26* (Dallas: Word, 1989), 220-21을 보라; Best, *Following Jesus*, 47 참조.

63 제자들의 "상태는 심지어 위험할 정도로 바리새인들의 상태와 가까웠다(3.5)." Hooker, *Gospel according to Saint Mark*, 170.

광야 어디서 떡을 얻어 이 사람들로 배부르게 할 수 있으리이까"라고 물어보는 것을 통해 오천 명을 먹인 기적을 전혀 경험하지 않았던 것처럼 행동하는 제자들의 모습을 그린다. 마태는 제자들이 이 질문을 하면서 예수가 그들이 이 큰 일을 해결할 것을 기대하고 있는 것으로 이해했다고 해석하는 것 같고(마 15:33), 아마 마가도 이 문제를 이렇게 이해하고 있었을 것이다.[64] 그러나 마가복음 8:14-21에서 예수는 또 다시 그들의 몰이해를 사람들을 먹인 두 기적의 중요성을 이해하지 못하는 그들의 무능력과 연결한다. 여기서 서로 대치하는 것은 문자적 의미의 먹을 것을 걱정하는 것과 예수가 "바리새인들의 누룩과 헤롯의 누룩을 주의하라"(15절)고 경고할 때 그가 사용하는 은유의 의미를 이해하는 것이다. 그러므로 예수는 아직 보거나 이해하지 못하고 단지 마음이 둔하여진 그들을 다시 꾸짖는다(17-18절; 보거나 듣지 못하는 눈과 귀에 대한 표현은 렘 5:21과 겔 12:2 참조). 분명 예수는 무리의 배고픔을 해소해주고 싶어서 그들을 먹였겠지만 그의 주된 목적은 요한이 분명하게 밝히듯이 그 자신을 가리키는 것이었다: 그는 생명의 양식이요 여호와를 대신하여 다시금 광야에서 만나를 공급할 메시아이다(출 16, 민 11).[65] 그는 에스겔 34장의 영을 지니고 있으며 이스라엘이 목자 없는 양 같았던 주전 6세기에 미리 예언된 선한 목자로서의 지도자이다(8절; 막 6:34 참조).[66]

제자들의 실패는 마가복음 후반부에서 그야말로 절정에 도달한다. 예수를 메시아로 알아 본 거의 직후에 베드로는 마치 사탄이 그를 억제하고 있는 것처럼 예수가 말하는 메시아의 고난의 필요성을 전혀 염두에 두

64 어떤 상황에서든 제자들의 질문은 예수의 권위를 강조하는 동시에 그들의 영적 우둔함을 드러낸다. Strauss, *Mark*, 332. 반면에 복(Bock, *Mark*, 233n332)은 복음서에서 예수가 이적들을 파는 "상인"이 아니므로 제자들은 예수가 전에 했던 일을 다시 할 것이라고 추정할 수 없다고 생각하면서 에드워즈(Edwards, *Gospel according to Mark*, 231)를 따르고 있다.

65 Marcus, *Mark 1-8*, 495.

66 또한 민 27:17; 왕상 22:17 // 대하 18:16; 그리고 슥 10:2 참조. 마가복음의 이 주제에 대한 총체적 연구로는 Jogy C. George, *The Metaphor of Shepherd in the Gospel of Mark* (Frankfurt: Peter Lang, 2015)을 보라.

지 않는다. 예수는 그를 꾸짖고 그가 "도리어 사람의 일을 생각"한다고 설명(explains)한다(8:32-33).[67] 마가복음 9:14-29에서 예수와 함께 변화산에 올라가지 않은 나머지 아홉 제자들은 정확히 그 능력과 권세가 주어졌었지만(3:15, 6:7) 귀신을 쫓아내지 못한다. 물론 가장 큰 실수는 베드로가 세 번 부인한 것과 유다가 배신한 것인데 예수는 이 일이 있기 전에 이 둘 모두를 예언한다. 그런 후에 마가는 이 두 사건이 이루어진 것을 예수의 수난 이야기에서 서술한다(각각 14:18-21, 42-46와 14:30-31, 66-72에서). 물론 예수가 스가랴 13:7(막 14:27에 나오는)의 성취로 보는, 겟세마네에서 열 둘 모두가 도망친 것으로 인해 이 두 제자만 따로 떼어 탓할 수는 없다. 그리고 마가의 예수는 비록 생각하고 있는 본문을 명기하지는 않으나 여기에 나오는 굵직굵직한 사건들의 일부 혹은 전부 역시 성경 말씀을 성취하는 것으로(49절) 본다.[68]

비록 흠정역(King James Version)에 매혹되어 있는 이들이 여전히 마가복음의 더 긴 결말(16:9-20)을 종종 변호하고[69] 또한 최근에 여러 주석가들이 마가복음의 잃어버린 결말에 대해 다시금 주장했지만[70] 마가복음 16:8로써 끝나는 소규모의 매우 오래된 사본들에 대해 여전히 가장 좋은 설명은 마가가 의도적으로 "몹시 놀라 떨며" 무덤에서 도망하여 아무 말도 하지 못하는 여자들의 모습으로 그의 이야기의 결론을 지었다는 것이다.[71] 이것은 마가

67 Adela Yarbro Collins, *Mark: A Commentary* (Minneapolis: Fortress, 2007), 407. 복(Bock, *Mark*, 244)은 "베드로가 사탄이라고 불린 이유는 사탄에 지배되어서가 아니라 그가 하나님을 대적하는 방식으로 생각했기 때문이다"라고 설명한다.

68 마커스(Marcus, *Mark 8-16*, 994)는 다른 곳에서 모두 분명하게 인용된 사 53:12와 슥 13:7을 제안한다. 보링(Boring, *Mark*, 404-8)은 그의 주석에서 이 시점의 마가가 복합적으로 성경 말씀을 사용하는 것에 대해 탁월한 보충 설명(excursus)을 한다.

69 예를 들어 Maurice A. Robinson, "The Long Ending of Mark as Canonical Verity," in *Perspectives on the Ending of Mark: 4 Views*, ed. David A. Black (Nashville: B&H, 2008), 40-79.

70 예를 들어 Evans, *Mark 8:27-16:20*, 538-39; Witherington, *Gospel of Mark*, 416-18; Stein, *Mark*, 734-37; France, *Gospel of Mark*, 683-84; Edwards, *Gospel according to Mark*, 501-4. 그러나 이들 모두는, 복음서가 전체적으로 승리도취적(triumphant)이라고 하는 독특한 논지로 심하게 점철되어 있는 건드리(Gundry)의 *Mark*의 영향 아래 저술하고 있다.

71 예를 들어 Bock, *Mark*, 382-88; Strauss, *Mark*, 721-23; Lane, *Gospel according to Mark*,

에서 반복적으로 나타나는, 예수를 따르는 제자들의 우발적인 두려움과 실패라는 주제와 너무나도 완벽하게 연결된다.[72] 물론, 마가는 예수가 죽은 지 3세기 이후의 그 어떤 독자라도 예수가 부활하여 나타난 일에 대해서 들었을 것임을 알고 있었다. 그들은 그 이야기를 알지 못하고서는 믿는 자들이 되지 못했을 것이다. 하지만 마가는 매우 긍정적인 이유 때문에 그들을 의도적으로 짧게 화두에 올리고 있다: 그들 역시 하나님이 예수의 죽음과 부활 이후의 세대 중에서도 예수를 따르는 남자와 여자 모두를 사용했으며 따라서 그들이 얼마나 두렵게 느끼고 있는지, 혹은 박해가 증가하면서 그들이 그들의 주(Lord)를 얼마나 실망시켰는지에 상관없이, 하나님은 여전히 그들을 용서하고 회복시켜 그의 나라를 위해 위대하게 사용할 수 있음을 통해 다시 힘을 얻었음을 기억할 것이다.[73] 갑작스러운 결말은 또한 예수에 대한 십자가형의 치욕을 돋보이게 한다.

인증된(qualified) 능력과 권세

그러므로 우리는 마가가 하는 일의 전부가, 제자들의 두려움과 실패가 확연하게 드러나고 있는 것처럼 이것들을 강조하는 것이라고 생각하지 말아야 한다.[74] 우리가 언급했듯이, 예수는 그들이 다른 사람들을 낚는 어부가 될 것이라고(1:17) 약속하고, 그의 첫 번째 제자들은 즉시 그물을 버려두고

590-92; Marcus, *Mark 8-16*, 1088-96; Boring, *Mark*, 448-49; Yarbro Collins, *Mark*, 797-801; Beavis, *Mark*, 244-46; Hooker, *Gospel according to Saint Mark*, 386-87.

72 그러나 에어니(Jeffrey W. Aernie, "Cruciform Discipleship: The Narrative Function of the Women in Mark 15-16," *Journal of Biblical Literature* 135 [2016]: 779-97)는 이러한 전형적인 이해방식에 반대하면서 복음서 처음에서처럼 심지어 여기서도 마가는 여자들도 제자도의 대표적인 예로 그리고 있다고 주장한다.

73 해석의 여지들에 대한 총체적인 개요 다음에 나오는 Joel F. Williams, "Literary Approaches to the End of Mark's Gospel," *Journal of the Evangelical Theological Society* 42 (1999): 21-35 참조.

74 특히 Narry F. Santos, *Slave of All: The Paradox of Authority and Servanthood in the Gospel of Mark* (London: Sheffield Academic Press, 2003) 참조.

예수를 따라간다(1:18, 20; 2:14). 그가 공식적으로 열 둘을 지명할 때, 예수는 그들이 "자기와 함께 있"기를 원할 뿐만 아니라 또한 "보내사 전도도 하며 귀신을 내쫓는 권능도 가지게 하려"고 의도한다(3:14-15). 마가복음 6:6b-7에서 예수는 이들을 "둘씩 둘씩" 보내고 "더러운 귀신을 제어하는 권능"을 줌으로써 정확하게 이 일을 한다. 제자들은 필요한 모든 것을 챙겨 가는 대신, 충분히 많은 사람들이 그들을 환영하며 머물게 하고 이 단기 사역을 다니는 동안 필요한 것들도 가질 수 있음을 신뢰해야 한다(8-11절). 마가는 제자들이 예수의 사역을 모방하는 이야기를 쓰지 않고 단순히 "제자들이 나가서 회개하라 전파하고 많은 귀신을 쫓아내며 많은 병자에게 기름을 발라 고치더라"라고 이야기를 요약한다(12-13절).[75]

그러나 놀랍게도 이때부터 마가는 상당한 수준으로 갖춰지지 않으면 제자들의 능력과 권세를 절대 보여주지 않는다. 막 6:37에서 마가는 제자들이 무리를 먹일 수 있는 능력을 가지고 있다고 보지만 그들은 어떻게 이것이 가능한지 이해하지 못한다.[76] 막 7:5에서 제자들은 예수가 바리새인들의 손 씻는 전통을 무시하는 것을 신실하게 모방하지만 이어서 예수가 그의 거부에 대한 이유를 설명할 때에는 그것을 이해하지 못한다(17절). 예수는 열 둘 중 누군가는 "하나님의 나라가 권능으로 임하는 것"을 볼 것이라고 약속하지만(9:1), 직후에 베드로가 이것의 맛보기를 경험할 때 그는 두려움 때문에 무엇을 말할지도 모르면서 그 순간을 보존하려고 애쓴다(5-6절).[77] 제자들은

---

75 대부분의 학자들은 "더러운 귀신"이라는 표현에 대한 마가의 선호가 의식적 부정(ritual impurity)과 연관된 그의 유대적 배경을 반영하는 것으로 가정해 왔다. 그러나 요리스(Steffen Jöris, "The Markan Use of the 'Unclean Spirit': Another Messianic Strand," *Australian Biblical Review* 60 [2012]: 49-66)는 마가가 이러한 표현이 나오는 슥 13:2의 구약 구절을 염두에 두고 있다고 생각한다. 만약 그가 맞다면, 13장의 메시아적 맥락으로 미루어 보아 이 더러운 귀신에 대한 예수의 능력은 그의 메시아직에 대한 또 하나의 표시(indication)이다.

76 핸더슨(Suzanne Watts Henderson, *Christology and Discipleship in the Gospel of Mark* [Cambridge: Cambridge University Press, 2006], 260은 막 6:52이 전환점이며 이후에는 제자들에게 모든 것이 급격히 내리막길임을 발견한다.

77 C. E. B. Cranfield, *The Gospel according to St. Mark*, 3rd ed. (Cambridge: Cambridge University Press, 1977), 291; Bock, *Mark*, 250. 그러나 베드로가 왜 그렇게 말했는지에 대해

그들 중 누가 하나님의 나라에서 가장 큰 자가 될 것인가 논쟁하고(34절) 야고보와 요한은 예수의 가장 가까운 두 제자에게 예비된 능력을 원한다. 그러나 예수는 그들이 구하는 것의 의미를 모른다고 설명하는데 왜냐하면 "누구든지 첫째가 되고자 하면 뭇 사람의 끝이 되며 뭇 사람을 섬기는 자가 되어야"하기 때문이다(35절).[78] 그들은 다른 이들이 예수의 이름으로 귀신 쫓는 능력을 갖는 것을 분개하며 그들에게 그렇게 하지 말라고 말하지만(9:38), 예수는 그들의 행동을 꾸짖는데 왜냐하면 "내 이름을 의탁하여 능한 일을 행하고 즉시로 나를 비방할 자가 없"기 때문이다(39절). 이 맥락에서 예수는 그와 제자들을 반대하지 않는 자는 사실 그들의 편이라고 덧붙인다(40절).[79]

이러한 예들은 더 늘어날 수 있다. 예수는 제자들에게 언뜻 보기에 기도를 통한 무제한의 권세를 허락하는 것 같지만 이것은 그들의 믿음과 남을 용서하려는 의지에 달려있다(11:22-25).[80] 그와 가까운 이 하나가 동산에서 칼을 빼어 대제사장의 종의 귀를 잘랐지만 예수는 자기가 체포되는 것을 통해 말씀이 성취되는 것을 보면서 그와 같이 하기를 거부하는데 이 때 그의 모든 제자들은 예수를 버리고 도망간다(14:47-52). 우리는 이미 베드로의 부인, 유다의 배신, 그리고 무덤을 떠나던 여자들에 대해 언급했다.[81] 여기서

서 많은 의견들이 있어왔고 이 중 하나를 확신있게 주장하기란 어려운 일이다!

78 이 구절들 전반이 다니엘 4장과 7장을 암시한다는 가능성에 대해서는 마커스(Marcus, *Mark 8-16*, 753)에 나오는 도표를 보라.

79 누가복음 9:50에 똑같은 말이 나오고 누가는 11:23에서 그 반대("나와 함께 하지 아니하는 자는 나를 반대하는 자")를 포함하면서 이 둘은 서로 상충되는 것이 아니라 각각이 문맥상 제한되는(contextually limited) 것이라고 생각한다는 것을 보여준다. Strauss, *Mark*, 411 참조.

80 마가복음 여기저기서 명백히 "빈 서판"("blank slate," 무엇이든 될 수 있는 믿음을 상징-옮긴이)을 약속하는 것은 겟세마네에서의 예수의 태도와 견주어 고려해 보아야 한다; 만약 우리가 자기의 뜻이 아닌 하나님의 뜻이 이루어지기를 간구한 예수의 기도 내용을 포함시키지 않으면 그는 그가 기도한 대로 받지 못했던 것이다(그의 고난의 잔이 지나가는 것). 우리는 이것과 전혀 다른 것을 기대할 수 없다. Yarbro Collins, *Mark*, 536 참조.

81 페미니스트 학계가 일어나면서 성경 각 권에 나타난 여성의 역할과 자화상에 대한 관심이 있어 왔다. 아마 마가복음을 두고 행한 이 같은 연구들 중에서 가장 통찰력 있는 것은 Hisako Kinukawa, *Women and Jesus in Mark: A Japanese Feminist Perspective* (Maryknoll, N.Y.: Orbis, 1994)일 것이다. 그러나 마가가 의식적으로 예수의 제자들 중 남자 아니면 여자 중 한

핵심은 단순히 이 각각의 경우가 좋게 시작하나 곧 내리막길에 접어든다는 것을 말하는 것이다. 그러나 좋은 소식은 회개하는 자들은 용서받을 수 있고 그들의 실패에도 불구하고 여전히 위대하게 쓰일 수 있다는, 주후 60년 로마의 그리스도인들에게 특히 필요했던 약속에 있다.[82]

제자도의 대가

하지만 핍박은 마가 공동체의 그 누구도 놀라게 하지 않았을 것인데 왜냐하면 마가복음에서 예수가 반복해서 이것을 예상하기 때문이다. 마가는 성경이 성취되는 것을 보여줄 뿐만 아니라 심지어 예수의 예언들도 이뤄지고 있음을 강조한다. 일찍이 예수는 무엇이 올 것인지에 대해 베일로 가려진 힌트만을 주었고 이제는 그의 존재를 축하해야 할 시기이지만 "그러나 신랑을 빼앗길 날이 이르리니 그 날에는 금식"하면서(2:20) 아마도 그들의 슬픔에 동참할 것이다.[83] 씨 뿌리는 자의 비유는 복음 메시지인 "말씀으로 인하여 환난이나 박해가 일어나는"(4:17) 것을 예상한다. 예수의 선구자 세

부류를 강조하는 것을 생각하고 있었다는 주장은 의심이 될 만하다. 링컨(Andrew Lincoln, "The Promise and the Failure: Mark 16:7, 8," *Journal of Biblical Literature* 108 [1989]: 288-90)은 마가복음의 결말에 대한 그의 연구에서 여자들의 두려움과 실패는, 예수의 생애 마지막에 어떤 식으로든 그에게 실망을 안긴 모든 제자들에게 궁극적인 수평자(leveler)라고 보면서, 현명한 결론을 내린다. 또한 막 5:33에서 이미 이 여자들이 두려움과 침묵을 극복할 것을 기대할 수 있는 선례를 제공하였기 때문에 마가는 또 다시 이것을 드러나게 기술할 필요가 없다고 주장하는 밀러(Susan Miller, *Women in Mark's Gospel* [London: T&T Clark, 2004], 199)도 참조하라.

82 혹자는 이것이 마가복음의 저술 시기를 네로의 대학살이 시작된 이후인 64년 이후로 지지한다고 생각할 수도 있다. 하지만 네로는 이미 십 년째 다스리고 있었고, 그리스도인들을 향한 그의 혐오는 하루 아침에 일어난 것이 아니며, 박해가 심해지는 것을 보면서도 아직 최악의 상황을 맞지 않은 이들에게는 종종 가장 큰 격려가 필요했었을 것이다.

83 에드워즈(Edwards, *Gospel according to Mark*, 91)는 "금식을 통한 육체적 궁핍의 훈련은 신자의 생활에서 주의 깊음, 통회, 그리고 강함과 민감함(sensitivity)을 위한 도움이 되었다"라고 덧붙인다.

례 요한은 순교로 생을 마감하였다.[84] 요한의 제자들이 "와서 시체를 가져다가 장사"(6:29)한 것은 요한의 죽음을 예수의 죽음과 연결시키는데 이후 아리마대 사람 요셉도 "세마포를 사서 예수를 내려다가 그것으로 싸서 바위 속에 판 무덤에 넣어"(15:46; 또한 9:13 참조) 두었기 때문이다.[85] 마가의 예수는 보통 뭔가 교활한 것이 퍼지는 것을 의미하는 은유를 사용하면서 "바리새인들의 누룩과 헤롯의 누룩을 주의하라"고 경고함으로써 예언적 의미를 덧붙인다.

마가복음 후반부에서 예언들은 완전해진다. 첫 번째 수난 예고 이후에 예수는 그의 제자들에게 이것의 중요성을 말한다: "누구든지 나를 따라오려거든 자기를 부인하고 자기 십자가를 지고 나를 따를 것이니라"(8:34).[86] 당시 이것은 살아있는 비유였다; 제자들은 그것이 "그리스도에게 신실하게 남아있기 위해 필요한 어떤 것이든 버리는 것"을 의미하는 것으로 일반화된다고 하더라도 예수가 문자적인 순교를 언급하는 것이라고 생각했었을 것이다.[87] 이것을 인정하기 위해 이어지는 예수의 가르침인 "누구든지 자기 [육체적] 목숨을 구원하고자 하면 [그들의 영적 목숨을] 잃을 것이요 누구든지 나와 복음을 위하여 자기 [육신의] 목숨을 잃으면 [그들의 영적 목숨을] 구원하리라"는 것을 참조할 수 있을 것이다.[88] 36-37절에 나오는 수사학적 질문은 한 사람

84 이 이야기와 특히 막 6:23이 의도적으로 에스더(5:3, 6; 7:2)의 장면을 상기시키고 있다는 주장에 대하여는 Roger Aus, *Water into Wine and the Beheading of John the Baptist: Early Jewish-Christian Interpretation of Esther in John 2:1-11 and Mark 6:17-29* (Atlanta: Scholars, 1988), 41-66을 보라.

85 Guelich, *Mark 1-8:26*, 333-34.

86 마가복음에서 예수가 세 번의 수난 예고를 통해 자기와 같이 십자가 중심의 제자도로 따라 오라고 부르고 있다는 맥락에서 에르니(Aernie, "Cruciform Discipleship," 779-97)는 이곳이 "닮아가기, 구체화하기, 그리고 예수의 이야기에 동참하기"(795)로써의 제자도에 대한 바울의 관점이 드러나는 주요 집합점이라고 주장한다.

87 프랑스(France, *Gospel of Mark*, 340)가 설명하듯이 "자기 십자가를 진다는 비유가 단순히 고난을 참을성 있게 견디라는 권고를 의미하는 것으로만 익숙하게 해석되어서는 안 된다." Hooker, *Gospel according to Saint Mark*, 208-9 참조.

88 아마도 26절은 시 49:8을 암시하고 있을 것이다. Hooker, *Gospel according to Saint Mark*, 209을 보라.

이 세상의 그 모든 소유와 유익을 얻는다 하더라도 영혼의 영생을 잃는다면 아무 소용이 없음을 의미한다. 마찬가지로 누군가 자기 영혼을 두고서 어떤 것과 거래를 한다는 것은 비극적이지 않을 수 없다. 이 악한 세상에서 그리스도와 그의 가르침을 부끄러워하여 예수를 따르는 것을 거부한 자들은 심판 날에 그리스도 안에서 하나님의 부끄러움과 이어지는 영원한 형벌을 경험할 것이다(38절). 8:34-38은 마가복음 내에서 고난의 역할에 대한 가장 강력하고 한결같은 설명을 제공한다.[89] 하지만 그리스도나 그의 제자들 누구도 고난 그 자체를 겪는 것만으로 끝나지 않는다; 이것은 그저 그들의 신실한 사역의 변함없는 부산물이다.[90]

이러한 통렬한 언급들 이후에, 예수가 나중에 한 격언적인 가르침의 구체적인 적용점들이 분명해진다. "누구든지 첫째가 되고자 하면 뭇 사람의 끝이 되며 뭇 사람을 섬기는 자가 되어야 하리라"(9:35)는 격언은 그들의 믿음을 위해 누군가가 죽는 것을 요구했을 수도 있다. 신자들의 공동체에 구성원으로 속하는 것은 그 모든 유익과 함께 박해도 따라온다(10:30). 그리스도의 제자들은 그들이 생각하는 방식(예수의 왕적 권세를 나눠 갖는 것)이 아닌 고난을 통해 "내가 마시는 잔을 마시며 내가 받는 세례를 받"을 것이다(39절). 분노의 "잔을 마시는 것"은 성경에서 잘 알려진 비유이다(욥 21:20, 사 51:17, 렘 25:15). "누구든지 으뜸이 되고자 하는 자는 모든 사람의 종이 되어야"한다는(44절) 경구는 예수가 그의 죽음을 예고하는 곳에서(45절) 즉시 언급하는 내용이다. 그리고 감람산 담화가 그의 제자들에게 다가 올 고난의 세부 사항들을 분명하게 한다. "사람들이 너희를 공회에 넘겨 주겠고 너희를 회당에

89 베나(Osvaldo D. Vena, *Jesus, Disciple of the Kingdom: Mark's Christology for a Community in Crisis* [Eugene, Ore.: Pickwick, 2014], 179)는 마가복음 8:34-38을 이 복음서에서 최고의 핵심이라고 본다. 모리슨(Gregg S. Morrison, *The Turning Point in the Gospel of Mark: A Study in Markan Christology* [Eugene, Ore.: Pickwick, 2014], 84-85)은 8:27-9:1과 9:2-31 모두, 하나는 고통을 강조하고 다른 하나는 회복을 강조하는 핵심적 두 축과 평행한다고 말한다.

90 이것은 Raquel A. St. Clair, *Call and Consequences: A Womanist's Reading of Mark* (Minneapolis: Fortress, 2008)에서 두루 잘 강조되고 있다.

서 매질하겠"다는 내용이다(13:9a). 그들은 잡혀서 권력자들과 임금들 앞에 묶임을 당할 것이다(9b, 11절). 심지어 누구는 믿고 누구는 믿지 않는 가족들은 서로에 대해 등을 돌릴 것이고 이것은 믿는 구성원들을 권력자들에게 넘겨주어 처형을 당하게 하기까지 이를 것이다(12절, 미 7:6 참조).[91] 심지어 마지막 날에 그리스도인들에 대한 증오가 더욱 만연할 것이지만 끝까지 견디는 자들은 영적인 구원을 얻을 것이다(13절).

베이어(Hans Bayer)는 제자도에 대한 마가의 강조점들의 총체적인 요약을 제공하므로 이 주제를 다루는 우리의 결론으로 적합하다. 그는 마가복음의 모든 구절을 조사하여 제자도를 다루는 구절을 열거한다. 그리고 나서 그는 "그리스도를 닮은 성품"이라는 머리말 아래 그 구절들을 요약하고 이에 대한 여덟 개의 세부 항목을 마련한다: (1)참된 제자들은 하나님에게 굴복하므로 예수의 마음대로 되고, (2)그들은 믿고 확신하며, (3)기도하고, (4)마음이 우둔해지는 것과 몰이해를 피하기 위해 자신들의 마음을 지키고 보호하며, (5)겸손하고, (6)자기들에게 죄 지은 자들을 용서하며, (7)유혹을 이겨내고, (8)다른 사람들에게 그리스도를 공적으로 증언한다.[92] 물론 이 목록은 마가복음에서 제자들이 얼마나 자주 이 과제들에 실패했는지를 나타내지는 않으나, 반대로 우리는 그들의 실패를 통해서도 어떻게 신실한 제자도의 삶을 살아낼 수 있는지 배울 수 있다.

---

91 "유대인의 세계에서 개인보다는 가족이 정체성을 결정했고 하나님에 대해 증언했다…그러므로 가족의 균열은 가장 근접하면서도 공적인 수준으로 생명과 믿음을 공격하고 위험에 빠뜨린다." Edwards, *Gospel according to Mark*, 394. 이 대신에 죠리스(Steffen Jöris, "More Than Family Dispute: Mk 13:12-13a and Isa 66:5," *Revue Biblique* 121 [2014]: 359-74)는 제자들이 당하는 고난(9-11, 13절)을 다루는 바로 이어지는 문맥과, 좀 더 넓게는 가정을 영적인 공동체로 다시 정의하는 마가복음의 전체 문맥(또한 설득적이지는 않으나 사 66:5에 의존하는 것으로써의)을 통해 이 본문에서 나오는 "형제들"간의 적대는, 유대 지도자들에 의해 이뤄지는 유대인 사이의 분쟁과도 같이, 제자들이 겪는 핍박을 가리키는 것이라고 주장한다.

92 Bayer, *Theology of Mark*, 93-94.

이방인들에 대한 선교

우리는 예수 신학에 대한 장(chapter)에서 예수가 그 어떤 이방인 선교도 계획하지 않았다는 관점을 언급하고 이를 반박하려고 시도했다. 이 사항은 그렇게 놔둔다 하더라도, 마가는 확실히 이방인 선교를 꿈꾸고 있다.[93] 그가 2:17에서 "의인을 부르러 온 것이 아니요 죄인을 부르러 왔노라"고 선언하는 예수를 묘사할 때, 비록 많은 유대인들의 눈에 이방인들이 가장 사악한 "죄인들"에 포함되는 것으로 여겨질지라도, 우리는 예수가 그 범위를 이스라엘 내의 악하고 쫓겨난 자들로 한정짓고 있다고 생각할 수 있다. 그러나 5:1-5에서 예수가 갈릴리 호수를 건너 귀신 들린 사람과 만날 때, 특히 그가 돼지를 치는 사람들에 둘러싸여 나타날 때, 우리는 자연스럽게 이 사람이 이방인이라고 생각한다.[94] 이스라엘의 귀신 들린 자들 뿐만 아니라 이 사람에게서도 귀신을 쫓아 줄 정도로 예수가 지니고 있던 충분한 관심은 우리의 시선을 사로잡을 만하다.

그러나 우리는 종종 "갈릴리를 떠난 예수"라고 제목이 붙여지는 부분(7:24-8:30)에 이르기 전까지 그가 긴 기간 동안 이방인 지역에서 머물며 이방인 사람들과 사역하는 모습을 발견할 수는 없다. 두로 지역의 헬라인 수로보니게 여인은 의심할 바 없이 이방인이고 그녀를 만나기 꺼려했던 제자들의 모습과 그녀의 믿음을 이끌어 내고 사뭇 품위를 떨어뜨리는 선제적 일격(opening salvo)에도 불구하고 그 딸을 치유해 준 예수의 작업 모두를 설명하기 위해 긴 여정을 지난다(7:24-30).[95] 게다가 예수가 귀 먹고 말 더듬는 자

93 이에 대해서는 특히 Kelly R. Iverson, *Gentiles in the Gospel of Mark: "Even the Dogs under the Table Eat the Children's Crumbs"* (London: T&T Clark, 2007)을 보라.

94 특히 Boring, *Mark*, 151-52을 참조. 그는 귀신들이 그 (이방인) 지역을 떠나는 것을 원치 않는다는 점을 주목한다. 결국 예수는 귀신을 내쫓아서 그 사람과 더불어 그 땅도 깨끗하게 한다.

95 아이버슨(Iverson, *Gentiles in the Gospel of Mark*, 183)은 통찰력 있게 "비록 예수가 처음엔 여자에게 흡사 그녀의 요청을 거절하는 것 같이 수수께끼 같은 형식으로 대답하지만 독자는 이것을 앞선 이야기에서 표현된(7.14-23) 정결에 대한 새로운 기준에 따라 여자의 마음을 비

(7:31-37; 문자적으로는 "말을 거의 하지 못하는[모길라로스, *mogilalos*]," 32절)[96]를 고친 데가볼리(31절)는 거의 전체가 이방인 지역이었다.[97] 사실 마가는 아마도 이 치유의 기적을 10:46-52에 나오는 여리고 근처의 눈 먼 유대인 바디매오를 고친 일과 상응하는 것으로 볼 것이다.[98] 우리가 앞서 보았듯이, 사천 명을 먹인 일(8:1-9)은 비슷하게 오천 명을 먹인 사건과 중복되는 것이 아니고 앞서 유대인들에게 행한 예수의 사역을 이방인들에게 되풀이한 것(replication)이다. 짧게 갈릴리 지역으로 돌아간 것은 이야기에서 거의 주목되지 않고(10-12절), 예수는 재빨리 이방인 지역으로 다시 향한다(13-21절). 벳새다(22절)는 단지 갈릴리에서 이방인 지역으로 들어서는 짧은 길목이지만 마가는 다시금 이 지역을 공개함으로써 의심할 바 없이 이 사람이 이방인 맹인이었음을 나타낸다. 이 부분을 통틀어서 마가는 예수가 유대 지역에 머물러 있을 때보다 지명들을 눈에 띌 정도로 자주 드러내고 있다. 8:27에서 예수와 제자들이 갈릴리에서 완전 북쪽에 있는 가이사랴 빌립보 지역에 이르렀다는 것은 마가가 드러나게 서술하는 것보다 비 유대 민족들을 향한 더욱 확장된 사역을 나타낸다.

유적으로 시험해 보는 것이라고 이해한다. 비유에 대한 여자의 대답은 그녀가 더럽혀지지 않았음을 보여준다. 대신 수로보니게 여인은 믿음, 인내, 이해, 그리고 마음의 청결함을 특징짓는 하나님의 뜻에 굴복하는 자세의 모범이다"라고 언급한다.

96 사 35:5-6에 대한 거의 확실한 암시. Lane, *Gospel according to Mark*, 266을 보라.

97 역사적 예수에게는 갈릴리 선교가 없었고 이것은 초대 교회가 추가한 내용이라고 주장하는 이들과는 반대로, 마가복음 7:31에 나오는 갈릴리 영토로의 예수의 여행의 역사적 가능성과 그 같은 진격(foray)은 적어도 진위성 있는 전통에 기반을 두고 있다는 주장을 변호하는 연구로는 Michael Flowers, "Jesus' 'Journey' in Mark 7:31: Interpretation and Implications for Markan Authorship and Both the Scope and Impact of Jesus' Ministry," *Journal for the Study of the Historical Jesus* 14 (2016): 158-85을 보라.

98 Iverson, *Gentiles in the Gospel of Mark*, 174-75, 184-85.

좀 더 미묘한(Subtler) 강조점들

새로운 이사야적 출애굽

예수의 탄생이나 어린 시절에 대한 어떤 내용으로도 시작하지 않음으로써, 마가는 메시아적 선구자로서의 세례요한의 기사로 바로 뛰어들 수 있다. 세례요한과 마찬가지로 마가도 주의 길을 예비하라고 광야에서 외치는 자에 관하여 이사야 40:3을 인용한다(막 1:3). 광야에서 약속의 땅으로 들어가는 출애굽 주제의 예언적 재 언급이었던 이것이, 이제는 앗수르와 바벨론에서의 이스라엘의 포로기 이후의 시기에 적용되고 있다. 영향력이 있고 널리 호평을 받는 연구에서 왓츠(Rikki Watts)는 마가복음과 이사야의 새로운 출애굽 주제 사이의 수많은 병행구절에 주목하면서 마가가 예수의 삶과 죽음에 대한 기록을 바로 이 모델을 따라 하고 있다고 제안한다.[99] 가장 중요한 것은 하나님이 포로인 그의 백성을 외세와 그들의 우상들로부터, 저들을 포로생활(exile)에서부터 예루살렘으로 인도하는 여행(journey)이라는 수단을 통해 구출하는 과정 중에 있다는 것이다. 그의 이적들이 종말의 도래(사 35:5-6)를 가리키는 반면, 예수의 비유들은 이사야 예언의 목적들(6:9-10)을 재현한다. 이 여정은 그들이 하나님이 영광스러운 보좌에 앉아 있는 이스라엘의 거룩한 도시에 도착하는 것으로 귀결된다. 그러나 말라기 3:1의 문맥 역시 마가가 서두에 인용(막 1:2)하는 이사야 40:3과 더불어 독자들에게 하나님이 그를 대적하는 자들을 심판하려고 성전에 오는 것을 상기시킨다. 예수, 즉 이사야의 고난 받는 종은 처음으로 인간 심판에 의한 공격을 정면으로 받겠으나 그렇게 함으로써 "많은 사람의 대속물"(10:45)이 될 것이다. 하지만 먼저, 마가복음이 전개됨에 따라 점점 더 불길한 징조들이 예수를 따르는 자

---

99 Rikki E. Watts, *Isaiah's New Exodus in Mark* (Tübingen: J. C. B. Mohr, 1997; Grand Rapids: Baker, 2000).

들에게 다가 올 것이다.[100]

신학의 열쇠로써의 문학적 장치들

데페(Dean Deppe)는 가능성 있는 "마가만의 삽입(intercalations), 틀(frames), 암시적인 반복(allusionary repetitions), 서술적 기습(surprises), 그리고 세 종류의 반영(mirroring)"에 대한 종합적인 접근법을 제안하는데[101] 이것은 함께 모여 고난 받는 메시아라는 마가의 기독론과 그들의 주인의 발자취를 따라가는 제자들에 대한 초점을 증대시킨다. 좀 덜한 정도로 마가는 이 장치들을 사용하여 성취, 그리고 이에 따른 유대교의 의례 혹은 의식적(ceremonial) 규례의 폐지(그것들을 문자적으로 지킨다는 맥락에서)를 강조하기도 한다. 이러한 문학적 장치들의 가장 분명한 사례는 마가복음의 여섯 가지 주요 "샌드위치 구조들"(3:20-35, 5:21-43, 6:7-30, 11:12-26, 14:1-11, 그리고 14:53-72)인데 여기서는 하나의 이야기가 두 부분 안에서 다뤄지고 그럼으로써 그 이야기는 두 번째 이야기 주위로 감싸져 있다. 이러한 장치는 두 가지 이야기들이 서로 어느 정도 가까운 관계를 가지고 있음을 독자들에게 알리는 분명한 방법이다: 예수에 대한 거부는 그가 자기의 진짜 가족이 누구인지 재정의(redefinition) 하는 것과 뚜렷하게 대치한다(3:20-35); 예수가 혈루증 여인을 치유하느라 늦어진 것은 야이로의 딸의 치유를 뒤엎기보다는 오히려 이 기적을 더욱 강화한다(5:21-43). 열 두 제자의 선교 사명은 모두에 대한 고난을 예고하면서 요한의 순교를 포함하고 있다(6:7-30). 만약 그 지도자들이 회개하지 않을 경우

100 또한 Larry Perkins, "Kingdom, Messianic Authority and the Re-constituting of God's People—Tracing the Function of Exodus Material in Mark's Narrative," in Hatina, *Biblical Interpretation in Early Christian Gospels*, 1:100-115 참조.

101 Dean B. Deppe, *The Theological Intentions of Mark's Literary Devices* (Eugene, Ore.: Wipf & Stock, 2015)의 부제. 또한 James R. Edwards, "Markan Sandwiches: The Significance of Interpolations in Markan Narratives," *Novum Testamentum* 31 (1989): 193-216도 참조.

곧 다가오는 성전의 파괴는 예수가 무화과나무를 저주한 사건을 설명한다(11:11-26).[102] 여자가 예수의 죽음을 앞두고 그에게 기름을 부은 것은 유다가 유대 지도자들과 모의하여 그를 배신하는 것(14:1-11)과 극명하게 대치하고, 베드로가 맹세하며 부인한 것은 예수가 담대하게 증언한 것과 비교해 볼 때 훨씬 더 나쁜 것이 되고 만다(14:53-72).

종말론

이 장의 다른 많은 주제들처럼 마가의 종말론은 예수 스스로의 강조점들과 상당 부분 중복된다. 여전히 마가복음에는 너무나도 분명히 예수에게 중심적이어서 우리가 이 장에서 반복하지 않은 몇 가지 강조점들이 있지만(예를 들어 하늘나라에 대한 예수의 말씀이나 자신을 인자라고 스스로 밝히는 것), 종말에 대한 마가의 이해는 적어도 간략한 언급이라도 받아 마땅하다. 마가복음에 대한 편집 비평의 선구자 마르크센(Willi Marxsen)의 시기 이래로 갈릴리는 마가에게 예수의 이 땅에서의 생애 기간과 그의 부활과 재림의 시기 모두에 있어서 계시적인 장소라고 보는 것이 공통된 의견이었다.[103] 그러므로, 비록 가장 오래되고 짧은 형태의 마가복음은 부활 이후 나타난 것을 실제적으로 기록하지는 않으나, 예수가 "너희보다 먼저 갈릴리로 가"고 있고 "너희가 거기서 뵈오리라"는 약속이 나오는 16:7은 기대로 가득 차 있다. 베드로의 부인과 유다의 배반을 예언한 일은 차치하고라도 예수가 이미 자신을 신뢰할 만한 선지자로 확립해 놓았기 때문에 독자들은 특히나 "전에 너희에게 말씀

---

102 이 이야기가 열매 맺지 못하는 나무의 파멸이라는 잘 알려진 주제를 가지고서 이러한 점을 말하고 있고, 이 본문과 다른 곳에서 마가가 예수를 성전을 강하게 반대하나 모호한 방법으로 그렇게 한다고 묘사하여, 마가의 공동체가 이러한 언어를 들키지 말아야 하는 더 강한 유대 공동체 아래 종속되어 있음을 시사하고 있다는 견해는 Esther Miguel, "The Impatient Jesus and the Fig Tree: Disguised Marcan Discourse against the Temple," *Biblical Theology Bulletin* 45 (2015): 144-54을 보라.

103 Willi Marxsen, *Mark the Evangelist: Studies on the Redaction History of the Gospel* (Nashville: Abingdon, 1969), 57-95.

하신 대로"라고 상기시키며 지지되고 있는 이 예언 역시 사실로 다가 올 것이라고 기대할 수 있는 모든 이유가 있다.

또한 마가복음에서 예수의 전반적인 가르침과 이어서 지속되는 가르침을 다루는 덩어리들은 더 적은 분량이지만 마가가 가진 가장 긴 덩어리가 종말론(13장)을 다루고 있다는 점은 주목할 만하다. 다른 복음서들과 비교해 볼 때 마가의 것은 그리스도가 속히 올 것에 대해 가장 확고한 초점을 두고 있고 그는 이 장에서 그러한 강조점을 유지하고 있다. 하지만 우리는 긴박한 상태(imminence)를 즉시성(immediacy)과 구분할 필요가 있다.[104] 곧 일어날 수 있다고 하는 것은 우리가 그 시기를 예측하지 못하는 이상 반드시 일어난다고 확신하기 어렵다. 그 설교의 전반적인 목표는 그리스도의 재림이 어떤 특정한, 아마도 짧은 시기 안에 일어날 것임을 알고 있다고 주장하는 종말론적 억측(speculation)을 누그러뜨리는 것이다. 그렇게 될 수도 있겠으나 먼저는 성전이 무너뜨려져야 한다.[105] 5-23절의 징조들은 모두 적어도 대표적인 형태로 주후 70년 로마에 의한 예루살렘의 파괴 때, 혹은 그 전에 일어났던 일들을 가리키나 "아직 끝은 아니"(7절)며 "이는 재난의 시작"(8b절)에 불과하다.[106] 이 모든 것의 중심에는 멸망의 가증한 것에 대한 다니엘의 예언(9:27, 11:31, 12:11)이 있는데 분명히 이에 대한 다수의 성취들이 짧은, 그리고 긴 기간 동안에 존재한다(막 13:14).[107]

---

104 또는 "가까움"("nearness")을 "결정된 소망"("delimited hope")과 구분하는 것. A. L. Moore, *The Parousia in the New Testament* (Leiden: Brill, 1966)를 전체적으로 보라.

105 마가가 볼 때에 "이 오래된 성전은, 저 백부장과 같이 거절당하나 정당성이 입증되는 하나님의 새로운 종말론적 성전의 모퉁이돌에게 그들의 믿음을 두고 있는 자들로 구성되어 있는, 새로운 성전으로 대체될 것이다." Timothy C. Gray, *The Temple in the Gospel of Mark: A Study in Its Narrative Role* (Tübingen: Mohr Siebeck, 2008), 200.

106 게더트(Timothy Geddert, *Watchwords: Mark 13 in Markan Eschatology* [Sheffield: Sheffield Academic Press, 1989])는 과열된 종말론적 열광을 증진시키기보다 누그러뜨리는 마가복음 13장의 역할을 중요시한다.

107 게다가 이것은 마가복음의 시작 부분에서 이미 형성된 기대라는 점에서 책 전체의 유형과 같이 한다. P. J. Sankey, "Promise and Fulfilment: Reader-Response to Mark 1.1-15," *Journal for the Study of the New Testament* 58 (1995): 3-18을 보라.

이후 바로 이어지는 서로 대적하는 무리들에 대한 표현은 구약에 깊이 스며들어 있다(사 19:2와 대하 15:6 참조). 우리가 일찍이 보았듯이 30절에 나오는, 주후 30-70년을 아우르는 세대가 끝나기 전에 일어날 "이 일"은 사전 예비적인 일들만 포함하고 있는 것이지 예수가 실제로 재림하는 것을 포함하지는 않았다. 사실 아들 자신도 재림의 날과 때를 모르는데 이 재림에 대한 것은 히브리 성경 본문들과 함께(24-25절은 사 13:10, 34:4; 겔 32:7-8; 그리고 욜 2:10, 31과 3:15과 함께; 26절은 단 7:13-14과; 27절은 신 30:4와 슥 2:6, 10과 함께) 빚어져 있다. 그리스도인의 책무는 깨어있는 믿음을 지니는 것이며, 날짜를 정한다든지 혹은 예수가 재림할 세대를 예측해 본다든지 하는 것이 아니다(33-37절).[108] 반면에 마가복음에 흔히 나타나는 예수의 축귀 사역(exorcisms)은, 15:38에서 성소 휘장이 극적으로 찢어지는 것과 같이, 마귀의 결정적인 패배(비록 우리가 그 패배를 "마무리하는" 단계에 여전히 있지만)와 세대의 극적인 전환을 나타낸다.[109] 비록 마가가 그의 복음서를 예수가 부활 이후에 나타난 어떤 내용도 명시적으로 기록하지 않고 끝낸다 할지라도, 13장은 하늘로부터 인자가(26절) 메시아로 입증되고 이제 그의 제자들을 함께 모으고 그의 원수들을 심판하기 위해(27, 36절), 영광스러운 모습으로 돌아오는 것을 예언하는 내용으로 그의 부활을 내다본다.[110]

---

108 이와 비슷한 경향으로 탁월하면서도 간결하게 이 장을 주해한 것으로는 Robert H. Stein, *Jesus, the Temple and the Coming Son of Man: A Commentary on Mark 13* (Downers Grove, Ill.: IVP, 2014을 보라. 좀 더 총체적인 연구로는 George R. Beasley-Murray, *Jesus and the Last Days: The Interpretation of the Olivet Discourse* (Peabody, Mass.: Hendrickson, 1993)을 참조.

109 이것이 이방인들을 향한 선교에 동참할 새로운 시대의 여명을 나타낸다고 덧붙이는 아이버슨(Iverson, *Gentiles in the Gospel of Mark*, 185)은 또한 이것이 유대적인 배타주의가 둘로 쪼개진 것을 상징한다는 것도 추가한다.

110 이것은 오브라이언(Kelli S. O'Brien, *The Use of Scripture in the Markan Passion Narrative* [London: T&T Clark, 2010])이 14-15장에 걸쳐서 마가가 구약을 사용하는 것을 통해 보여주는 점과 동일한 내용이다.

결론

마가복음은 메시아이자 하나님의 아들인 예수에 대한 복음을 보여준다. 핵심적인 세 용어 모두(복음/좋은 소식, 메시아/그리스도, 그리고 하나님의 아들/아들)은 구약의 배경과 약속에 깊이 스며들어 있다. 마가복음 1:15는 바로 지금이야말로 약속들이 성취될 때라고 설명한다. 하지만 약속된 모든 것들이 한순간에 다 일어나지는 않을 것이고 장차 일어나게 될 일들 중 몇몇은 놀라운 방법으로 펼쳐질 것이다. 그러므로 마가는 메시아적 비밀을 강조하는데 나중에 나오는 신학적 내용들을 감추고 역사적인 것에서 떨어뜨리려는 방식이 아닌, 특정 말씀에 대한 예수의 해석과 동시대에 살았던 많은 사람들의 기대 사이를 떼어놓는, 역사적인 진위성을 지닌 분리의 방법을 통해서이다. 그럼에도 불구하고, 이러한 것들은 그의 부활 이후에 더욱 잘 이해될 수 있을 것이다(막 9:9). 비록 어떤 이는 종종 "선생으로서의 예수"를 마가복음의 중요한 분류(category)로 생각하지 않으나, 그의 복음서는 비록 다른 세 복음서들보다 예수의 실제적인 가르침을 덜 기록하고 있으면서도 예수의 교훈적인 역할을 진실로 강조하고 있다. 예수가 가장 많이 가르쳤던 주제는 종말에 대한 것이다. 성취의 시기가 예수의 사역, 그리고 주후 70년 한 세대 이후 성전의 파괴와 더불어 도래했으나 장차 알 수 없는 시기에 그가 돌아오면서 이루어져야 것들이 여전히 좀 더 있다.

마가복음에 나오는 예수의 가르침은 지속적으로 다양한 유대 지도자들과의 갈등으로 안내하고 이것은 그의 사역 기간 내내 점점 더 심해진다. 세 번에 걸친 예수의 수난 예고는, 마가가 그의 후반부 전체를 십자가로 향하는 예수의 길을 기록하는 것에 전념하는 것을 통해서도 알 수 있듯이, 예수의 십자가형을 통해 성취된다. 이러한 흐름에서 마가는 또한 이사야의 고난 받는 종으로서의 예수의 역할을 강조한다(특히 사 52:13-53:12; 또한 시 22 참조). 비록 예수의 제자들이 세상의 죄를 사하는 그의 사역을 재현할 수는 없지만, 예수는 정녕 그들이 자기 십자가를 지고 섬김의 지도자(최선의 상황에)

와 순교자(최악의 상황에)로서 그의 길을 따라야 할 것을 강조한다. 비록 그들이 예수가 그들에게 위임한 능력과 권세의 맛보기를 보여 주지만 이보다 더욱 많이, 제자들은 그리스도가 그들에게 요청한 삶을 살아가지 못한다. 그러므로 사복음서 전체 가운데 마가가 가장 부정적인 제자들의 자화상을 포함하고 있는데 특별히, 그러나 거의 제한되지는 않게, 베드로와 유다에 대해서이다. 추가적인 문학적 장치들과 문체상의 기술들은 마가복음에서 두 가지 지배적인 신학적 강조점이(비록 서로 뚜렷이 구분되지는 않는다 하더라도) 기독론과 제자도임을 확인해 준다. 이보다 덜하게 마가복음에는 새로운 이사야적 출애굽에 대한 힌트들이 있으나 이것들은 복음서가 끝날 즈음에도 완성되지 않은 상태로 남아있다. 더욱 심하게 핍박받는 교회에게 새로운 시대가 이미 시작됐다고 보기가 어려울지는 모르겠으나 마가는 그들에게 그렇게 되었다고 쓰면서 이 사실을 확신시키고 있다. 때가 찼고(1:15), 하나님은 그들의 고난에도 불구하고-사실은, 종종, 정확히 이 고난 때문에-당신의 백성들을 통해 위대한 일들을 이루고 있다.[111]

111 헤그너(Donald A. Hagner, "The Newness of the Gospel in Mark and Matthew," in *Matthew and Mark across Perspectives: Essays in Honour of Stephen C. Barton and William R. Telford*, ed. Kristian A. Bendoraitis and Nijay K. Gupta (London: Bloomsbury T&T Clark, 2016)는 그것 자체로 마가복음에도 적용될 수 있는, 신약신학의 종합(generalization)을 통해 그의 연구의 결론을 내린다: "하나님 나라에 대한 신약의 종말적/계시적 특징의 선언은 모든 것을 대체한다. 신약의 계시는 고기독론에 의존하고 있으며 예수의 죽음과 부활 역시 새로운 구원론을 암시한다. 기독교는 유대교의 틀 안에 가둘 수 없는 것이다." 헤그너(Hagner)는 현대의 메시아적 유대교의 형태들이 아니라 일 세기의 유대교를 가리키고 있다. 또한, "마가가 성경 말씀을 사용하는 것에 주목할 수 있는 방법이 있다면, 그것은 저자가 인간의 고통 가운데 신적 임재(divine presence)에 대한 질문에 직접적으로 맞닥뜨리고, 인간의 고통 가운데 수반되어 있는 하늘과 땅의 실재 사이에서의 긴장을 몸에 지니고 있는 예수를 제시하기 위해 성경 말씀을 사용하고 있다고 말하는 것일 것이다." Stephen P. Ahearne-Kroll, "The Scripturally Complex Presentation of Jesus in the Gospel of Mark," in *Portraits of Jesus: Studies in Christology*, ed. Susan E. Myers (Tübingen: Mohr Siebeck, 2012), 67.

6

마태복음

마태복음은 마가복음이 기록된 직후에 자신의 복음서를 기록했을 것이다. 일반적인 연대는 60년대 초반 직후(많은 보수학자들)에서 80년대(대부분 자유주의자들)까지 다양하다. 그러나 또다시, 신학적 성향과 무관하게 두 연대에 대한 근거들을 찾을 수 있으며, 누가복음-사도행전과 마찬가지로 확신이 훨씬 덜할지라도, 매우 정확한 연대를 제안하는 것이 가능하다.[1] 주장하건데, 마태복음은 베드로와 바울이 로마에서 함께 사역하는 동안 기록되었다고 이레니우스가 언급하였기 때문에 62년 또는 63년에 기록되었다(*Ag. Her.* 3.1.1). 만약에 그것이 바울이 석방되었지만 아직 그 도시를 떠나지 않았다는 것을 의미한다면, 가택 연금이 끝난 후(적어도 62년 봄까지 지속됨) 몇 달 만에 기록되었을 것이다.[2] 그러나 베드로는 60년까지 로마에 거주하였을 수 있고,

1 이 복음서의 중요한 부분들을 비역사적으로 보는 주석서에서 70년 이전 기록 연대를 탁월하게 변호한 주장을 확인하려면 Robert H. Gundry, *Matthew: A Commentary on His Handbook for a Mixed Church under Persecution*, 2nd ed. (Grand Rapids: Eerdmans, 1994), 599-609를 보라. 후기 연대를 주장하는 보수적인 주석가들에 관하여 Lee M. McDonald and Stanley E. Porter, *Early Christianity and Its Sacred Literature* (Peabody, Mass.: Hendrickson, 2000), 399-400을 보라.

2 베드로가 64년에 순교했을 가능성이 가장 높고, 마태복음이 아마도 63년에 기록되었을 것이라고 우리에게 제시하여 주면서, 그 전에 일 년 이상 동안 로마에 거주하지 않았다는 취지에

바울은 가택 연금 상태에서 사역하고 있던 것으로 볼 수 있으므로, 만약에 마가복음이 60년에 기록되었다면 마태는 일찍이 61년에 기록되었을 것이다. 어느 쪽을 선택하든, 이러한 가능성들은 연대순 속에서 우리가 수행하는 그의 신학에 대한 이번 장을 위치시킬 수 있게끔 허용하지만, 이 장에서 어떤 것도 이 연대의 정확성에 의존하지 않는다. 오래된 반대 주장들에도 불구하고,[3] 마태복음은 아마도 지역 회당(들)로부터 분리되기 직전이나 직후의 예루살렘이나 (더 가능성 있는 것은) 시리아 안디옥에서 거주하던 유대인 기독교 청중에게 주로 전달된 것으로 널리 그리고 타당성 있게 인식된다.[4]

우리가 이 책을 정경 순서대로 정리하기로 결정하고 마태복음을 가장 먼저 논의했다면, 바로 처음부터 지배적으로 나타나는 신약적 주제인 구약의 약속의 성취에 대한 우리의 주장을 매우 쉽게 왜곡할 수 있었을 것이다! 마태복음은 이 주제에 의해 가장 통제되는 신약성경이다.[5] 이제 우리는 예수

서, Eta Linnemann, *Is There a Synoptic Problem? Rethinking the Dependence of the First Three Gospels* (Grand Rapids: Baker, 1992), 189-90, citing Theodor Zahn's *Introduction to the New Testament* (Grand Rapids: Kregel, 1953), 2:433-35. 잔(Zahn)은 마가가 베드로와 함께 있으면서 복음서를 기록하였고 이보다는 더 일찍 기록되지 않았다고 주장한다. 왜냐하면 우리는 그 이외에 바울의 공동체에서 그를 일관되게 추적할 수 있지만, 자료는 실제로 입증할 수 있는 것을 넘어서기 때문이다.

3 특별히 Kenneth W. Clark, "The Gentile Bias in Matthew," *Journal of Biblical Literature* 66 (1947): 165-72를 보라.

4 W. D. Davies and Dale C. Allison Jr., *A Critical and Exegetical Commentary on the Gospel according to Saint Matthew*, 3 vols. (Edinburgh: T&T Clark, 1988-97), 1:9-58 and 138-47에서 여러 선택 사항들에 대한 철저한 논의를 참조하라. 특히, "길 건너 회당"과의 최근 단절에 대해 논의할 때 설득력이 있는 자료는 Graham N. Stanton, *A Gospel for a New People: Studies in Matthew* [Edinburgh: T&T Clark, 1992], 122이다.

5 이러한 논의를 포함한 분량있는 책으로는 Martin C. Spadaro, *Reading Matthew as the Climactic Fulfillment of the Hebrew Story* (Eugene, Ore.: Wipf & Stock, 2015)가 있다. 조금 더 간결하게, J. R. D. Kirk, "Conceptualising Fulfillment in Matthew," *Tyndale Bulletin* 59 (2008): 77-98; R. T. France, *Matthew: Evangelist and Teacher* (Exeter: Paternoster; Grand Rapids: Zondervan, 1989), 206-41을 참조하라. 단편으로는, "The one word that best characterizes Matthew's theological perspective is 'fulfillment.' " R. T. France, "Matthew, Mark, and Luke," in George E. Ladd, *A Theology of the New Testament*, ed. Donald A. Hagner, rev. ed. (Grand Rapids: Eerdmans, 1993), 219.

님, 마가, 누가와 관련된 주제가 얼마나 계획에 따른 것이었다는 사실을 보아 왔으므로, 그것을 마태복음 안에서도 찾는다는 것은 놀랄만한 일이 아니다. 어떤 저자들은 마태복음을 마가복음의 재유대화(re-Judaizing)로 이해하지만,[6] 이것은 마가복음에 남아있는 유대적 요소들을 경시하는 것으로 보이며, 마태복음을 유대 기독교인들이 율법을 준수하는 방식을 지지하는 것으로 바꾸어 놓는 것처럼 보인다. 두 견해 모두가 이 두 복음서 전반을 이해하는데 정당화될 수는 없다. 그럼에도 불구하고, 마태의 마가복음 편집이 예수 그리스도(*Yeshua ha-meshiach*[예슈아 하 메쉬아흐], 1:1)를 따르는 유대인 기독교인들에게 특히 관련이 있었을 특징들을 추가하는 것에 대해서 의심할 여지가 없다.[7]

기독론

마가와 마찬가지로, 마태는 우리에게 자신의 복음서의 서두에서 자신의 이야기가 예수님에 관한 것이라고 말한다.[8] 그는 마가가 사용했던 것과 동일한 칭호들 가운데 한 가지("메시아")를 사용하지만, 두 가지의 새로운 칭호

---

6 특히, Anne M. O'Leary, *Matthew's Judaization of Mark: Examined in the Context of the Use of Sources in Graeco-Roman Antiquity* (London: T&T Clark, 2006); Hans Dieter Betz, *The Sermon on the Mount* (Minneapolis: Fortress, 1995)를 보라.

7 이러한 사실을 증명하지만 마태가 토라를 준수하는 기독교를 장려한다고 주장하는 세 가지 중요한 저술은 다음과 같다. J. Andrew Overman, *Matthew's Gospel and Formative Judaism: The Social World of the Matthean Community* (Minneapolis: Fortress, 1990); Anthony J. Saldarini, *Matthew's Christian-Jewish Community* (Chicago: University of Chicago Press, 1994); and David C. Sim, *The Gospel of Matthew and Christian Judaism: The History and Social Setting of the Matthean Community* (Edinburgh: T&T Clark, 1998).

8 실제로, "족보"(genealogy)로 번역된 헬라어 단어는 여기에서 "기원"(origin)을 의미할 수도 있다. 그것은 우리가 동일하게 철자를 쓸 수 있는 영어 단어, "기원"(genesis)이다. 구약성경과의 연결은 본문의 처음 두 단어를 읽었을 때 확고해진다. 전체 헬라어 성경에서 비블로스 게네세오스(기원의 책)가 창세기 2:4과 5:1에 나온다. 이에 관한 자세한 논의를 확인하려면, Craig A. Evans, " 'The Book of the Genesis of Jesus Christ': The Purpose of Matthew in the Light of the Incipit," in *Biblical Interpretation in Early Christian Gospels*, ed. Thomas R. Hatina, vol. 2, *The Gospel of Matthew* (London: T&T Clark, 2008), 61-72를 보라.

를 추가한다("아브라함과 다윗의 자손", 1:1). 그는 즉시로 이 두 가지 칭호를 정당화하는 족보를 제공한다(2-17절). 마가가 언급한 다른 칭호인 "하나님의 아들"은 나중에 두드러지게 나타날 것이다. 심지어 마태복음에서 높임 받으신 "하나님의 아들"에 관한 기독론에 관하여 말할 수 있다. 많은 학자들이 이 내러티브에서 "지혜" 기독론을 추가로 인식해 온 반면, "주님"이라는 칭호는 다른 세 복음서에서보다는 마태복음에서 더 자주 등장한다. 조금 덜 중심적이지만 여전히 중요한 것은 마태가 예수님을 가리켜 "하나님이 우리와 함께 계시다"(1:23, 28:20)라고 언급함으로써 인클루지오(inclusio)를 형성하였다는 사실이다. 따라서 이 여섯 가지의 개념들은 여기에서 우리의 이목을 끌고 있으며, 모든 개념은 구약에 깊이 뿌리를 내린다.

다윗의 자손(이스라엘을 위한 메시아)

유대인 청중은 구약이 예언한대로, 예수님이 유다 지파, 더 구체적으로 다윗 왕가로 거슬러 올라가는 혈통과 함께 메시아로서의 자격을 갖춘 사실을 아는 것에 관심을 가졌을 것이다(삼하 7:14; 시 89, 132; 사 11:1; 렘 33:17-22). 레온하르트 고펠트(Leonhard Goppelt)는 "이처럼 눈에 띄는 빛 속에 그 칭호를 ["다윗의 자손"] 놓아두는 일에 이렇게 더 가까이 다가온 신약성경의 기록은 없었다"라고 단호하게 선언한다.[9] 이러한 관심은 마태의 선택적이고 양식화된 족보를 설명한다.[10] 누가복음의 족보(눅 3:23-38)와 구약성경에 더 많은 이름들이 나오지만, 마태는 아브라함에서 다윗까지 14대, 그리고 예수님에 도달할 때까지 또 다른 14대를 두 번에 걸쳐서 제공한다.[11] 다윗의 이름을 나

---

9 Leonhard Goppelt, *Theology of the New Testament*, vol. 2, *The Variety and Unity of the Apostolic Witness to Christ* (Grand Rapids: Eerdmans, 1982), 220.

10 이 단락에서 논의된 특징들에 대하여 특히 Jason B. Hood, *The Messiah, His Brothers, and the Nations* (London: T&T Clark, 2011)를 보라.

11 그러기 위해서는 중간에 다윗의 이름을 반복해야 하는데, 그렇지 않으면 다윗의 중요성과 중심성을 강조하면서 13대만을 포함한다. Stephen C. Carlson, "The Davidic Key for Count-

타내는 히브리어의 세 자음(영어의 DVD에 해당함)은 4, 6, 4라는 숫자를 상징한다. 유대적 형식의 수비학(數秘學)인 게마트리아(gematria)는 이 목록에서 14번째로 나오는 다윗이란 이름과 함께 14대를 3번 연속 사용함으로써 메시아의 족보에 있어서 다윗의 중심성을 강조하였다.[12] 다른 말로 이야기하면, 마태는 예수님이 하늘에서 보냄 받은 이스라엘의 해방자라고 주장하는 타당한 배경을 지녔다는 자신의 확신에 힘을 실어주었다. 요셉은 다윗의 후손이었고(1:20), 예수님의 합법적 양아버지로서 마리아의 족보와 관계없이 자신의 혈통을 자기 아들에게 양도하였다. 그러나 유대인은 자기 지파 안에서만 혼인하도록 강력하게 권유받았기 때문에, 그녀 역시 다윗의 계보였을 가능성이 높다.[13]

신약성경 전반에 걸쳐서 확인된 "다윗의 자손"의 빈도수는 마태복음에서 이 개념이 상대적으로 중요하다는 사실을 보여준다. 로마서 1:3을 제외하고는, "자손"과 "다윗"이 함께 결합되어 예수님을 가리키는 절들은 오직 공관복음에만 등장한다.[14] 마가복음은 세 절(10:47, 48; 12:35), 그리고 누가는 다섯 절(1:32; 3:31; 18:38, 39; 20:41), 그러나 마태복음은 아홉 절(1:1; 9:27; 12:23; 15:22; 20:30, 31; 21:9, 15; 22:42)을 포함한다. 마가복음의 세 절 모두가 누가복음에서 평행을 이루고, 누가복음의 다섯 절 중에서 네 절이 마태복음과 평행을 이루지만, 마태복음은 자신의 고유한 다섯 절을 추가한다(9:27; 12:23; 15:22; 21:9, 15). 우리가 예수님의 혈통이 고려되기를 기대하는 본문 외에도, 마태복

---

ing the Generations in Matthew 1:17," *Catholic Biblical Quarterly* 76 (2014) : 665-83을 보라.

12 더 나아가, Mervyn Eloff, "Exile, Restoration and Matthew's Genealogy of Jesus," *Neotestamentica* 38 (2004): 75-87을 참조하라.

13 비록 대부분의 교부 저자들은 누가의 족보가 마리아의 조상을 반영하는 것으로 간주했지만, 대부분의 현대 학자들은 그것을 요셉의 계보로 간주한다(그리고 마태복음에서 대표되는 그의 법적인 계보와 누가복음에 등장하는 그의 실제적인 계보를 구별한다). 그러나 이것이 마리아의 족보라는 옵션을 너무 빨리 폐기해서는 안된다. John Nolland, *Luke 1-9:20* (Dallas: Word, 1989), 170-74를 보라.

14 로마서 1:3은 "그의 아들에 관하여 말하면 육신으로는 다윗의 혈통에서 나셨고"라고 기록하기 때문에 나는 이러한 방식으로 표현한다.

음에는 "다윗의 자손"이 언급된 또 다른 네 절이 나온다(9:27; 15:22; 20:30, 31). 여기에서 치유되기를 원하는 사람들은 예수님께 자비를 구하면서 이 특정 칭호로 그를 부른다. "다윗의 자손"은 "메시아", "인자", "하나님의 아들" 그리고 "주"와 같은 호칭들과 비교할 때 드물게 나오기 때문에, "다윗의 자손"과 치유에 대한 요청 사이의 어떠한 연관이 있는지에 관하여 의아해 할 수도 있다.

특히 벤 위더링턴(Ben Witherington)에 의해 대중화 된 한 가지 가능성 있는 주장은 솔로몬이 때때로 치유의 기적을 행했다고 기록한 제2성전 유대 전통과 관련이 있다. 따라서 "다윗의 자손"은 다윗의 가장 유명한 아들인 솔로몬을 가리켰을 것이며, 예수님은 마태복음 12:42에서 솔로몬과 비슷하지만 더욱 큰 존재로 등장한다.[15] 두 번째 옵션은 만약에 어둠에 갇혀 있던 자들을 풀어주는 것이 시력 회복에 적용된다면, 시각 장애인에게 시력을 회복시켜 주는 것으로 분명히 명시된 이사야 35:5-6과 아마도 61:1의 예언들에 근거하여, 치유를 요청하는 개인들은 메시아가 치유자일 것이라는 사실을 알고 믿었다는 것이다.[16] 셋째로, 이전의 거짓 목자들처럼 양을 학대하고 착취하는 대신에 양을 돌보고 영양분을 공급할 에스겔 34장의 종말론적 목자가 고려될 수 있다. 물론, 이 호칭의 사용에 대한 설명들은 다른 것들을 배제하지 않고, 모든 세 요소들이 잘 어우러질 수 있다.[17]

에스겔 시대의 부패한 지도자들(겔 34; 참조. 37:24)과는 달리 정의와 연민으로 이스라엘의 무리를 이끌 종말론적인 목자/통치자에 대한 그림은 분명히 마태복음의 다른 곳에서 나타난다. 누가는 예수님을 목자로 명시적으로 언급하지 않았지만(이 개념이 15:3-7에 명백히 나타나 있긴 할지라도), 마가복음은 두

---

15 Ben Witherington III, *Matthew* (Macon, Ga.: Smyth & Helwys, 2006)를 보라.

16 특히, Lidija Novakovic, *Messiah, The Healer of the Sick: A Study of Jesus as the Son of David in the Gospel of Matthew* (Tübingen: Mohr Siebeck, 2003)를 보라.

17 특히, H. Daniel Zacharias, *Matthew's Presentation of the Son of David* (London: Bloomsbury T&T Clark, 2017)를 보라.

절, 그리고 마태복음은 네 절을 포함한다(2:6, 9:36, 25:32, 26:31). 특히, 에스겔 34장의 통렬한 말씀을 떠올리는 것은 9:36에서 일반화된 것인데, 예수님 시대의 이스라엘 백성은 "목자없는 양과 같이 고생하며 기진"하였다. 문맥상, 마태는 예수님의 오심이 그들의 공허함을 채우기 위한 것임을 분명히 안다. 그 공허함의 일부는 사람들에게 영적, 육체적 치유 모두를 제공하는 것과 관련이 있다.[18] 그럼에도 불구하고, 스가랴 13:7(참조. 마 26:31)의 거절당한 목자와 같이, 예수님은 정확히 자신이 도와주기 위해서 다가갔던 어떤 사람들에 의해 핍박당할 것이다.[19]

지금까지 언급한 모든 구약의 본문 외에도 마태는 여전히 다른 본문을 가져와서, 마가복음과 Q자료를 공유한 것과 자신이 추가한 내용 속에서 예수님이 지니신 왕으로서의 메시아 신분을 강조하는데 사용한다.[20] 최성호는 이 분야에서 시편이 마태의 고찰의 중심을 형성한다고 주장한다. 최성호는 최소한 시편 2, 19, 20, 21, 45, 72, 101, 110, 132, 144편(그리고 아마도 89편도)을 제왕의 시로 보아야 한다고 밝힌다.[21] 시편 24, 29, 48, 74, 93, 95, 96, 97, 98, 99편이 메시아적 해석에 직접적으로 덜 영향 받을지라도, 이 모든 시들이 여호와를 왕으로 묘사한다.[22] 마태가 이러한 시편들을 두 번 밖에 인용하지 않는 반면에, 여섯 개의 더 확실한 인유들(allusions)과 가능성 있는 여러

---

18 특히, Young S. Chae, *Jesus as the Eschatological Davidic Shepherd: Studies in the Old Testament, Second Temple Judaism, and in the Gospel of Matthew* (Tübingen: Mohr Siebeck, 2006), 391을 보라. 또한 Wayne Baxter, *Israel's Only Shepherd: Matthew's Shepherd Motif and His Social Setting* (London: T&T Clark, 2012)을 참조하라.

19 마태의 스가랴서 사용 이면에 다윗 계보의 메시아적 강조라는 주제에 관하여 특히, Clay A. Ham, *The Coming King and the Rejected Shepherd: Matthew's Reading of Zechariah's Messianic Hope* (Sheffield: Sheffield Phoenix, 2005)를 보라.

20 Brian M. Nolan, *The Royal Son of God: The Christology of Matthew 1-2 in the Setting of the Gospel* (Fribourg: Editions Universitaires, 1979).

21 Sungho Choi, *The Messianic Kingship of Jesus: A Study of Christology and Redemptive History in Matthew's Gospel with Special Reference to the Royal-Enthronement Psalms* (Eugene, Ore.: Wipf & Stock, 2011), 123.

22 Choi, *Messianic Kingship of Jesus*, 107.

반향들(echoes)을 포함하며, 구약성경 전체의 본문은 마태의 기독론에 있어서 "다윗의 자손"이 중요한 부분이 되어야 한다는 사실을 그에게 확신시킬 수 있었다.[23]

아브라함의 자손(이스라엘과 이방인을 위한 복)

"다윗의 자손"과 달리 마태복음 1:1에 언급된 "아브라함의 자손"은 마태복음의 족보 외의 다른 곳에서 반복되는 메시아적 호칭이 아니다. 예수님은 아브라함이 유대인들의 조상이었기 때문에 누가복음 19:9과 같은 본문에서 참된 이스라엘이라는 더욱 표준적인 의미로 자신이 이 호칭을 사용할 수 있다.[24] 그러나 마태에게 있어서 더욱 중요한 의미를 담는 것은 그가 이전 세대를 생략하고 아브라함과 관련된 족보를 시작하다는 사실로 나타난다. 마태복음 1:17에서 아브라함의 이름을 반복하는 것은 매우 의도적인 선택이었음을 보여준다. 마태복음은 예수님을 참 이스라엘로 강조하거나 다윗의 조상을 훨씬 뛰어 넘는 방식으로 이스라엘을 대표하는 분으로 자주 이해되는 복음이다.[25] 따라서 예수님은 바로 이스라엘이 넘어졌던 광야에서(4:1-11) 사탄의 유혹을 물리치신다. 이스라엘 백성은 다른 열 명의 정탐꾼들이 두려운 마음을 드러낸 이후에 갈렙과 여호수아를 따르는데 실패함으로 40년 동안

23 이에 관하여, Nicholas G. Piotrowski, *Matthew's New David at the End of Exile: A Socio-rhetorical Study of Scriptural Quotations* (Leiden: Brill: 2016)를 보라.

24 "다윗의 자손"이 솔로몬을 가리키는 것으로 해석될 수 있듯이, "아브라함의 자손"은 이삭을 가리킬 수 있다. 마태가 예수님을 묘사할 때 이삭 예표론(Issac typology)을 발전시킨다는 관점에 관하여 Leroy A. Huizenga, "Matt 1:1: 'Son of Abraham' as Christological Category," *Horizons in Biblical Theology* 30 (2008): 103-13를 보라. 그리고 Leroy A. Huizenga, *The New Isaac: Tradition and Intertextuality in the Gospel of Matthew* (Leiden: Brill, 2012)를 참조하라.

25 Joel Kennedy, *The Recapitulation of Israel: Use of Israel's History in Matthew 1:1- 4:11* (Tübingen: Mohr Siebeck, 2008); William L. Kynes, *A Christology of Solidarity: Jesus as the Representative of His People in Matthew* (Lanham, Md.: University Press of America, 1990).

광야에서 방황하게 되었고, 다음 세대만이 약속의 땅을 상속 받았다(민 13-14장). 마태는 예수님께서 가버나움에서 중풍병자를 고치신 후에 사람들이 "이런 권능을 사람에게 주신" 하나님께 영광을 돌리는 것에 주목하면서, 군중들로부터 일반화된 진술을 덧붙이는 곳에서 예수님이 대표자 역할을 하신다는 사실이 나타난다.[26] 마태는 마가보다 더 자세히 보여줄 것이지만, 예수님은 설교하고, 가르치고, 귀신들려 고통당하는 사람들을 위하여 귀신을 쫓아내는 일을 행하시는 가운데(마 10:1), 자신의 사역을 모방하라고 열두 제자들에게 임무를 주셨다는 점에서 또한 자기 제자들의 대표자가 되신다.

마태는 예수님과 이스라엘의 관계에 주목 하지만, 이방인을 간과하지는 않았다. 아브라함에 대한 언급은 "다윗의 자손" 호칭이 아닌 이방인들을 위한 약속된 복을 떠올렸을 것이다.[27] 1세기 유대인들은 아브라함의 씨가 열방을 축복할 것이라는 하나님의 약속을 잘 알았다(창 12:1-3). 마태는 이 주제를 강화하기 위하여 다른 힌트를 제공한다. 동방박사들은 메시아로 오신 아이를 알아보았고, 그에게 경배하였다. 그러나 예루살렘에 있는 유대의 통치자는 겁을 먹었다(마 2:1-3)[28] 나중에 예수님은 이방인 백부장이 이스라엘에 있는 어느 누구보다 더 큰 믿음을 가지고 있다고 칭찬하신다(8:10). 더욱 충격

---

26 NIV 성경이 "사람"으로 번역한 헬라어 단어는 여기에서 복수형이며 구체적으로 예수님의 제자들로 구성된 공동체 안에 있는 사람들을 가리킬 지라도, 인류를 지칭하는 것으로 보인다. John Nolland, *The Gospel of Matthew* (Bletchley: Paternoster; Grand Rapids: Eerdmans, 2005), 383을 보라.

27 Grant R. Osborne, *Matthew* (Grand Rapids: Zondervan, 2010), 62-63. "아브라함의 자손"의 주제라는 측면에서 더 일반적으로 Charles L. Quarles, *A Theology of Matthew: Jesus Revealed as Deliverer, King, and Incarnate Creator* (Phillipsburg, N.J.: P&R, 2013), 119-29를 참조하라.

28 이 주제에 관하여, 특히 Richard A. Horsley, *The Liberation of Christmas: The Infancy Narratives in Social Context* (New York: Crossroad, 1989), 39-60을 보라. 어떻게 마태복음의 족보에 등장하는 여인들이 가치 있는 존재의 놀라운 반전에 부합하는지에 관하여 Craig L. Blomberg, "The Liberation of Illegitimacy: Women and Rulers in Matthew 1-2," *Biblical Theology Bulletin* 21 (1991): 145-50를 보라. 조금 더 폭넓게 Elizabeth A. Clements, *Mothers on the Margin? The Significance of the Women in Matthew's Genealogy* (Eugene, Ore.: Pickwick, 2014)를 참조하라.

적인 사실은 "동서로부터[즉, 이방의 땅으로부터] 많은 사람이 이르러 아브라함과 이삭과 야곱과 함께 천국에 앉으려니와 그 나라의 본 자손들은 바깥 어두운 데 쫓겨나 거기서 울며 이를 갈게 되리라"(8:11-12)라는 예수님의 주장이다.[29] 마태는 이사야 42:1-4를 인용하면서, 훗날 예수님이 열방에 정의를 선포할(마 12:18) 주님의 종이며, 열방이 그들의 소망을 두게 될(21절) 분으로 설명한다. 예수님은 백부장에 대한 칭찬을 상기시키는 언어로 수로보니게 여인의 믿음을 칭찬한다(15:28).[30] 그러나 마가의 기록과는 달리, 마태는 이 여인의 민족지리학적 정보가 아닌, 수세기부터 그녀의 조상과 관련된 가나안 족속(22절)이라는 정보를 알린다. 고대 이스라엘의 대적자들의 후손조차도 큰 믿음을 나타낼 수 있다는 점은 대조적으로 더욱 두드러진다.[31]

높임 받으신 하나님의 아들?

우리는 마가복음을 공부하면서 "하나님의 아들"이라는 호칭이 자주 나오지 않지만, 이 표현이 나오는 위치는 거의 항상 전략적이었다는 사실에

29 오스본(Osborne, *Matthew*, 292)은 "이것은 마태복음에서 예수님이 어떤 것에 놀라시는 유일한 시간이다"라고 언급한다. 그는 계속해서 말한다. "'큰 믿음'에 대한 강조는 이스라엘과는 대조적으로 예수님에 대한 백부장의 믿음의 독특성을 강조한다 … 마태는 여기에서 누가보다 훨씬 더 강하게 표현한다. 이 군인의 믿음은 참으로 놀랍다. 그러한 사람들은 일반적으로 유대인을 가장 많이 학대하고 경멸의 눈빛으로 내려다보는 사람들이었다. 유대인들에게 가장 불신을 받는 사람들 가운데 한 사람은 믿음이 정말 놀라운 것임을 보여주었던 사람일 것이다."

30 리차드 비튼(Richard Beaton, *Isaiah's Christ in Matthew's Gospel* [Cambridge: Cambridge University Press, 2002])은 마태의 이사야 42:1-4의 사용에서 그의 전반적인 기독론에 대한 몇 가지 중심 주제들을 찾는다. 예수님은 억압받는 사람들에게 정의를 가져다 줄 메시아가 될 것이며, 사람들을 치유할 것이며, 성령을 수여할 될 것이며, 그리고 그의 사역은 보편적 선교의 전조가 될 것이다.

31 크레이그 에반스(Craig Evans)는 다음과 같이 언급한다(*Matthew* [Cambridge: Cambridge University Press, 2012], 303), "이 사람은 역사적으로 이스라엘에 적대적이며 분명히 언약 밖에 있었고, 메시아적 복에 대한 기대가 없었던 사람들을 대표한다." 한편, 울리히 루츠(Ulrich Luz, *Matthew 8-20* [Minneapolis: Fortress, 2001], 338)는 이 사람이 헬레니즘 시대에 페니키아 혈통 사람이라고 스스로 지정했을 수 있다는 증거를 제시한다. 그러나 신학적 결과는 동일하다. 마태의 편집과 구별되는 정도만 바꿀 것이다.

주목하였다. 마태복음에서는"하나님의 아들"이라는 호칭이 9회 나오고, 이것은 마가복음에서 4회 나오는 것보다 거의 두 배 더 많이 언급된다. 이 호칭은 시험 기사(4:3-6), 귀신 축출 사건(8:29), 예수님께서 물 위를 걸으신 후(14:33), 예수님의 정체에 대한 베드로의 고백(16:16), 예수님의 정체에 대한 대제사장의 질문(26:63), 십자가 옆에 서있던 자들의 조롱(27:40; 43절을 참조하라)과 같은 맥락 속에서 언급된다.[32] 일부 학자들은 요한복음에서 분명히 마주할 완전한 신성의 의미를 향해 더욱 접근하면서, 마태복음에서 높임 받으신 "하나님의 아들" 기독론에 관하여 말한다.[33] 우리가 마가복음에서 보았듯이 귀신의 세계는 예수님의 정체에 대해 알았는데, 물론 성공적이지는 않았지만 예수님의 호칭들에 관한 지식을 그분을 자신들에게서 떠나보내려는데 사용하려고 노력한다. 아이러니하게도, 사람들은 그가 누구인지에 대해 확신하지 못하지만, 그의 독특함에 대한 올바른 이해의 핵심은 그분의 아들되심과 관련이 있다. 베드로가 예수님께서 물 위를 걷는 사건 이후에 무언가를 이해하지만, 가이사랴 빌립보로 가는 길에 고백한 아들되심이 더욱 더 그에게 직접적으로 드러나게 되었을 때처럼, 사람들은 이에 관한 많은 부분을 파악하는 일에 성장할 수 있다.[34]

우리는 또한 "아들"이라는 호칭이 절대적으로 사용되는 구절들을 포함시켜야 한다. 예수님이 "인자"라는 의미를 나타낼 때, 그 정확한 호칭을 사용한다. 예수님이 이 호칭을 생략할 때, 문맥은 그가 아들로서 하나님과 비

---

32 놀랍게도, 마태는 마가복음 3:11에서 사용된 이 호칭을 생략하지만, 마태복음 4:24-25에서 그 구절을 축약하고 재배치했을 가능성이 크다.

33 특히, Jack D. Kingsbury, *Matthew: Structure, Christology, Kingdom* (Philadelphia: Fortress, 1975), 40-83. Robert L. Mowery, "Son of God in Roman Imperial Titles and Matthew," *Biblica* 83 (2002): 100-110을 참조하라.

34 14:33에서 "하나님의 아들"이라는 호칭은 "후대 교회가 분명히 밝히겠지만, 하나님의 실제적 성육신이 아닌, 하나님의 독특한 메신저, 하나님의 메시아적 대리인"을 의미할 것이다. 그것은 "이상하게도" 16:16을 "내다보는데", 이는 그 질문을 한 후 처음으로 이러한 대답을 받은 것과 같은 인상을 준다(적어도 완전한 이해를 바탕으로). Donald A. Hagner, *Matthew 14-28* (Dallas: Word, 1995), 424.

교하고 있음을 보여준다.[35] 예를 들어, 아들은 아버지와 독특한 관계를 가지고 있으며, 이 관계는 다른 누구도 가지고 있지 않은 지식을 수반한다(11:27). 포도원 농부 비유와 결혼 잔치 비유들 속에서(21:33-46), 아들은 예수님을 나타내며, 주인은 하나님을 가리킨다. 또한 대위임령의 초기 삼위일체론은 아들과 아버지를 긴밀하게 관련짓는다(28:19). 호세아 11:1("애굽에서 나의 아들을 불렀다")이 예수님의 유년 시절에 성취된 것으로(마 2:15) 본 마태의 해석은 예수님을 아버지 하나님과, 이스라엘, 하나님의 민족적 "아들"인 이스라엘(출 4:22를 참조하라)과 관련 짓는 독특한 방식으로 그가 하나님의 "아들"이라는 자신의 전제에 의존한다.

모든 경우에, 예수님의 아들 호칭으로 말미암아 고난과 죽음을 당하실 때조차도, 자신은 하늘 아버지께 순종하는 아들이며, 종종 주님과의 관계에서 실패하였던 이스라엘과 대조를 이룬다. 마태는 예수님께서 동시대 사람들을 "사악한", "음란한", "믿지 않는" 또는 "삐딱한 세대"(우리가 "이 세대"가 명백한 수식어가 아닌 인접한 맥락에서 악하다고 알고 있는 12:39, 45; 16:4; 17:17; 또한 12:41, 42; 23:36; 24:34을 참조하라)라고 부르셨다고 반복적으로 인용한다. 이것은 신명기 32:5, 20에서 가져온 언어이다. 그러나 또한 신명기 32장은 실패 대신에 순종을 약속하면서, 이스라엘의 장기적인 회복을 바라보는 장이기도 하다. 마태복음에 묘사된 예수님이 자신을 좇는 자들을 이러한 약속의 수신자들로 보는 범위 내에서, 그의 모범적인 아들 되심은 그들을 특징짓는 순종적인 아들 되심을 예고하였고, 이를 가능케 하였다.[36]

---

35 특히 Joshua E. Leim, *Matthew's Theological Grammar: The Father and the Son* (Tübingen: Mohr Siebeck, 2015)를 보라. 신약성경의 다른 곳에서처럼, 이스라엘의 하나님이라는 호칭은 아버지와 아들 모두를 포함하기 위하여 여기에서 정의되고 있다.

36 Brandon D. Crowe, *The Obedient Son: Deuteronomy and Christology in the Gospel of Matthew* (Berlin: de Gruyter, 2012). 헨리 파타루마다틸(Henry Pattarumadathil, *Your Father in Heaven: Discipleship in Matthew as a Process of Becoming Children of God* [Rome: Pontifical Biblical Institute, 2008])은 마태에게 있어서 모든 제자도는 이러한 구체적인 종류의 성장과 관련이 있다고 주장한다.

주님

마태복음과 누가복음의 서른다섯 곳에서 "주님"이라는 호칭은 개연성이 있거나 특정 지시 대상으로서 예수님이라는 명칭과 함께 나온다. 이것은 마가복음에서 오직 여덟 곳에서 나오는 것과는 비교된다. 마태복음이 누가복음과 구별하는 것은 사람들이 예수님에 대해 말하거나 설명할 때 이 호칭을 사용하는 횟수이다(마 12:8, 21:3의 두 구절에 나타난 자기 지시적인 사용을 포함하여). 마태복음의 서른다섯 개의 본문들 중에 서른세 곳에서, "주님"이라는 호칭은 이러한 방식으로 등장한다. 한편, 누가복음의 열다섯 곳에서, "주님"이라는 호칭은 예수님을 가리키는 화자의 용어이다. 교회가 예수님을 즉시로 주인(master)과 하나님으로 언급했기 때문에 이것은 덜 놀랄만하다(이 용어가 지닌 구약성경과 그레코-로마에서 통용되던 의미들). 한편 마태의 이 호칭 사용은 이미 예수님의 생애 동안 사람들에게 제공된 통찰로 제시되었기 때문에 더욱 이목을 끈다.[37] 물론 각 경우의 문맥은 얼마나 많은 의미가 히브리어로 "아도나이"(*adonai*) 또는 "야훼"(*Yahweh*)로 번역할 수 있는 헬라어 "퀴리오스"(*kyrios*)에서 파생될 지를 결정한다. 후자만이 필연적으로 하나님을 지칭하였다. 그러므로, 귀신들린 아들을 가진 남자가 17:15에 예수님 앞에 무릎을 꿇었을 때, 마가의 기록과 평행을 이루지 않지만 그의 자세와 말("주여, 내 아들을 불쌍히 여기소서")은 기적을 행하는 선생에 대한 큰 존경심을 나타내는 신호에 지나지 않는다.[38] 그러나 8:6, 8에서 가버나움의 백부장이 이 용어를 반복하여 사용하였을 때, 그의 위대한 믿음과 예수님의 아낌없는 칭찬에 대한 전반적

---

37 다른 복음서들과 달리 마태복음에서 "주님"은 제자들에게 있어서 예수님을 부를 때 가장 적합한 호칭이다. "그것은 마태에게 있어서 권위의 독특성을 전달하며, 예수님의 권위를 받아들이는 사람들이 그것을 적절한 형태의 연설 형식인 그의 이야기 속에 일관성 있게 포함시켜왔다는 이유 때문이라는 것을 의심할 근거는 없어 보인다." France, *Matthew*, 288.

38 특히, 그것은 마가의 "선생님"이라는 표현에 대한 대체 표현이기 때문이다. Davies and Allison, *Critical and Exegetical Commentary on the Gospel according to Saint Matthew*, 2:721-22.

인 맥락은 단순히 예의와 관련된 태도 그 이상을 보여주는 것이라고 생각하게 할 수 있다.[39] 제자들이 큰 폭풍이 일어나는 동안에 배에서 예수님을 깨웠을 때, 그들은 배가 침수될까 두려워서 "주여 구원하소서"(8:25)라고 부르짖는데, 이는 그들이 예수님께서 폭풍이 그들의 배를 전복시키는 위협을 이겨내도록 어떤 기적적인 능력 보여주기를 소망하였다는 것을 암시한다.[40] 실제로, 김학철은 동방박사, 나병환자, 백부장, 야이로, 배에 탄 열두 사도, 가나안 여인, 살로메, 부활 후 열한 제자 모두가 예수님 앞에서 무릎 꿇었을 때 어떤 면에서 그분을 예배하였다고 제안한다.[41] 이것들은 설득력이 없으며, 어떤 경우에는 마태가 원래 의도했던 캐릭터 자체보다 행동을 더 많이 보았을 것이지만, 한편으로 김학철의 전체 논문이 합당한 근거위에 세워진 것처럼 보일만큼 충분히 제안할 만하다. 게다가 마가복음과는 반대로, 마태복음에서 "예수님이 κύριος(퀴리오스)로 불릴 때 마다, 예수님을 따르는 사람이 말하고 있는 것이다."[42]

지혜와 교사

이미 잠언 8-9장에서 하나님의 지혜는 "숙녀"로 의인화되어 이스라엘 사람들, 특히 젊은이들이 그녀에게 배우고 그녀의 상대인 어리석은 여인을

---

39 Günther Bornkamm, "End-Expectation and Church in Matthew," in Gerhard Barth, Günther Bornkamm, and Heinz J. Held, *Tradition and Interpretation of Matthew* (London: SCM; Philadelphia: Westminster, 1963), 41-43; Nolland, *Gospel of Matthew*, 349, 354.

40 "마가복음에서 '우리가 죽게된 것을 돌보지 아니하시나이까'(막 4:38)라는 질문은 기도 또는 기적에 대한 요청이 되었다." Davies and Allison, *Critical and Exegetical Commentary on the Gospel according to Saint Matthew*, 2:73.

41 Hak Choi Kim, "The Worship of Jesus in the Gospel of Matthew," *Biblica* 93 (2012): 227.

42 Georg Strecker, *Theology of the New Testament* (New York: de Gruyter; Louisville: Westminster John Knox, 2000), 375.

피하라고 손짓한다.[43] 특히 집회서(때로는 지혜서로 알려져 있다)에서 하나님의 지혜의 의인화에 대한 중요성이 점차 부각된다.[44] 특히 마태복음 11:25-30의 일부와 유사한 내용들이 지식이 없는 자들에게 지혜의 멍에를 메고 교훈을 얻도록 호소하는 내용과 함께 집회서 51:23-26에 나와 있다.

> 지식이 없는 너희여, 나에게 가까이 와서 교훈의 집에 머물러라. 왜 너희는 이러한 것들이 부족하다고 말하며, 왜 그렇게 심한 갈증을 견디는가? 나는 입을 열어 말하였다. '돈 없이 스스로 지혜를 얻으라. 너희의 목에 그녀의 멍에를 지라. 너희의 영혼이 교훈을 받도록 하여라. 그것은 가까이에서 찾을 수 있다'(NRSV).

이러한 식으로, 마태는 예수님과 지혜를 긴밀하게 연결시킨다.

만약 마태가 예수님이 "다윗의 자손"이라고 불리는 경우들을 인용하기 좋아하는 최소한의 부분적인 이유가 솔로몬과의 연결성 때문이라면, 우리는 그리스도에 대한 마태의 묘사가 솔로몬의 현자로서의 명성을 활용하는 것이라고 확실히 기대해야한다. 우리는 마가가 예수님의 정체에 대하여 "교사"로 제안하였다는 사실을 이미 논의하였지만, 마태는 5-7, 10, 13, 18, 23-25장에서 사실상 예수님의 연속된 가르침으로 구성된 다섯 가지 주요 단위들을 형성하며, 이 가르침은 예수님의 초상과 복음서들의 개요에 대한 기초적인 자료이다.[45] 이 가르침의 대부분은 현자의 가르침에 맞는, 엄밀히 말하면 신학적이라기보다 윤리적이다. 어떤 사람들은 마태가 이러한 가르침을 강조하면서, 예수님을 새로운 모세 또는 새로운 율법의 수여자로 묘사

---

43 Ben Witherington, *Jesus the Sage: The Pilgrimage of Wisdom* (Minneapolis: For- tress, 1994), 21-23을 참조하라.

44 이에 관하여 특히 Celia Deutsch, *Lady Wisdom, Jesus and the Sages: Metaphor and Social Context in Matthew's Gospel* (New York: Continuum, 1996)을 보라.

45 고전적으로 Benjamin W. Bacon, "The 'Five Books' of Matthew against the Jews," *Expositor* 15 (1918): 56-66을 보라.

하고 있다고 주장하였다.[46] 특히, 마태복음에서 그리는 예수님에 대한 묘사는 모세와 평행을 이루는 것이 사실인데, 특별히 출생을 둘러싼 위험과 기적, 그리고 산으로부터 내려온 신성한 윤리적 가르침이 구체적인 예들이다. 그러나 "모세와 같은 선지자"라는 주제를 가장 많이 발전시킨 사람은 바로 누가이다. 우리는 마태의 율법에 대한 이해를 논의한 후에, 이 복음서에서 새로운 율법 수여자라는 정체가 예수님에 대한 적합한 설명이 아니라는 사실이 분명해질 것인데, 이는 마태가 예수님을 단순히 모세의 율법을 수정하거나 바르게 이해해서가 아니라, 그것을 성취하시기 때문이다. 만약에 우리가 그를 "선생"으로 부른다면, 우리는 사무엘 버스콕(Samuel Byrskog)이 자신의 마태복음 분석에서 강조한 것을 따르는 것이 좋다. 즉, 예수님은 자신이 단순한 인간 교사 이상이기 때문에 사람들의 시선이 향하는 유일한 교사이자 랍비이다.[47]

그러므로 마태복음의 윤리적 차원과 현자 또는 의인화된 지혜 개념을 결합시키는 편이 낫다. 시장에 있는 아이들에 관한 짧은 비유(마 11:16-19)는 또 다른 분명한 예시를 제공한다.[48] 예수님은 세례 요한의 사역과 자신의 사역을 대조한 후에 다음과 같이 말씀하신다. "지혜는 그 행한 일로 인하여 옳다 함을 얻느니라"(19절). 전반적으로 예수님께서 자신을 발견하시는 이스라엘은 몇 가지 기분 좋은 예외들을 제외하고는 요한과 그를 거부하고 있다. 전자는 그들에게 지나치게 금욕적이며, 후자는 너무 축제와 같다. 아이러니하게도, 두 접근은 마치 아이들이 모든 제안을 거절하는 다루기 힘든 친구에

46 Dale C. Allison Jr., *The New Moses: A Matthean Typology* (Minneapolis: Fortress, 1993)를 보라.

47 Samuel Byrskog, *Jesus the Only Teacher: Didactic Authority and Transmission in Ancient Israel, Ancient Judaism and the Matthean Community* (Stockholm: Almqvist & Wiksell, 1994). 또한 John Yueh-Han Yieh, *One Teacher: Jesus' Teaching Role in Matthew's Gospel Report* (Berlin: de Gruyter, 2004)를 참조하라.

48 Colleen Shantz, "Wisdom Is as Wisdom Does: The Use of Folk Proverbs in Q 7:31-35," *Toronto Journal of Theology* 17 (2001): 249-62. Nolland, *Luke 1-9:20*, 248을 참조하라.

게 게임을 제안하는 것처럼 그들을 즐겁게 할 수 없다. 그러나 요한과 예수님의 행동은 하나님의 지혜를 나타내며, 체현된 지혜이신 예수님은 자신의 행위들을 통하여 자기 사역의 신적 기원을 보여줄 것이다.[49] 우리는 예수님이 솔로몬보다 더 크다고 언급된 12:42의 내용을 이미 주목하였다. 최종적으로, 마태복음 23:34는 "선지자들, 현자들, 교사들"을 언급하면서 현자로서의 지혜라는 개념과 하나 이상의 연결을 제공할 수 있다.[50]

우리와 함께 계시는 하나님

만약 마태가 이사야 7:14를 인용함으로 강조하기 원했던 모든 것이 예수님의 동정녀 잉태였다면, 그는 첫 번째 구절인 "처녀가 잉태하여 아들을 낳을 것이요" 이후에 내러티브 전개를 잠시 멈출 수 있었을 것이다. 그는 "그의 이름은 임마누엘이라 하리라"라는 구절을 포함하여 내러티브를 계속 진행하고, "하나님이 우리와 함께 계시다"라는 이름의 의미를 설명함으로써, 예수님 안에 계신 하나님의 임재를 강조한다. 그러므로 마태가 기록한 마지막 구절이 "세상 끝날까지 이르러"(28:20) 자기 제자들과 항상 함께 계실 것이라는 예수님의 약속을 보여줄 때, 이는 거의 우연이 아닌 듯 보인다. 그는 하나님이 자신의 백성과 개인적으로 함께 계신다는 예수님에 대한 이미지로 자신의 내러티브를 뒷받침하였다.[51] 또한 마태는 8:23-27(폭풍 속에서 주무시고 계시는 동안에도), 10:40-42("작은 자"를 도울 때, 예수님을 돕는다는 내용), 12:6((하

49 더 나아가서 Craig L. Blomberg, *Interpreting the Parables*, 2nd ed. (Downers Grove, Ill.: IVP, 2012), 262-67을 보라.

50 Walter T. Wilson, "Works of Wisdom (Matt. 9, 9-17; 11, 16-19)," *Zeitschrift für die neutestamentliche Wissenschaft* 106 (2015): 8-9.

51 David D. Kupp, *Matthew's Emmanuel: Divine Presence and God's People in the First Gospel* (Cambridge: Cambridge University Press, 1996), 157-75, 201-19. 하나님께서 예수님을 통하여 자기 백성과 함께 하신다는, 다른 곳에 나오는 가장 중요한 구절은 18:1-20에 나오는데 교회 안에 나타나는 하나님의 임재라는 주제를 다룬다(176-200).

나님의 거처인 성전보다 더 큰 무언가의 임재 속에서), 14:22-33(물 위를 걸어서 제자들에게 다가오시는 가운데), 17:17("이 세대"의 사악함에도 불구하고 그들과 함께 하시는 가운데), 18:20(두세 사람이 그의 이름으로 모인 곳에서), 25:34-40(소외된 제자들을 섬기는 가운데 예수님을 섬기는 가운데), 그리고 26:29(다가오는 천상의 연회에 이루어질 교제 안에서)와 같은 본문들을 통하여 예수님을 자기 백성과 함께하시는 하나님의 임재로 강조한다.[52] 데이비드 커프(David Kupp)의 결론은 길게 인용할 가치가 있다. 마태복음 28:20까지 우리가 깨닫는 것은 하나님이 우리와 함께하신다는 사실은 다음과 같은 경우에 발견할 수 있다.

> 하나님의 신성한 아들인 기름부음 받은 메시아적 왕의 권위 있으신 장엄한 활동이 아니라, 박해와 문제들에 직면하게 될 의심을 품은 제자들에게 권능과 예수님의 신성한 '함께하심'에 대한 약속이다. 신현의 현상을 확신시키는 것이 아니라 μικροί와의 동일시하는 것이다. 예수님의 부활은 영향력이 있지만 아이러니는 강하다. 하나님은 예루살렘이 아니라 갈릴리에서 자신의 신성한 권위와 임재를 보여준다. 왕좌가 아니라 혼란스러운 나라에 나타난다. 정치적, 군사적인 힘을 지닌 수도가 아니라, 가르침과 치유가 있는 헐벗은 산에 있다. 신성한 모습이 아니라, 따르는 자들의 미래적 '모임'을 통하여 나타난다. 권력과 부가 아니라, 가난과 겸손으로, 권력을 지닌 실세가 아니라, "작은 자들과" 함께 함으로, 천명이 아니라 '두세 명'으로, 성전에서가 아니라 그의 부활하신 아들 안에서 나타난다.[53]

---

52 Kupp, *Matthew's Emmanuel*, 239.

53 Kupp, *Matthew's Emmanuel*, 243.

구약성경의 성취

마태는 족보를 나열한 직후, 구약성경의 인용을 두드러지게 소개한다. 실제로 마태는 다른 복음서 저자들보다 구약성경을 주목할 만하게 인용한다. 또한 그는 다른 복음서 저자들이 인용하는 것보다 두 배나 더 자주 구약성경이 예수님의 사역 안에서 성취되었다고 언급한다. 물론, 만약 마태복음의 청중이 대부분 유대 출신 기독교인들이라면, 잦은 구약성경의 인용은 완전히 이해가 된다. 마태는 아마도 이러한 성취들 가운데 일부를 직접적인 것으로 이해했을 것이다. 구약은 다가오는 사건들을 예언했고 이제 이러한 사건들이 발생해왔다. 그러나 그는 더욱 일반적으로 성취를 예표론적으로 보는 듯하다. 창조와 구속의 중요한 순간에 하나님의 활동 패턴들 자체는 적어도 전체 인류 역사를 감독하시는 하나님을 믿는 자들에게 있어서 우연이라고 하기에는 너무 놀랍고 중요한 방식으로 예수님의 생애 가운데에서 반복되고 있다.[54] 또 다른 경우들에서, 선지서의 관점으로 볼 때 가까운 미래에 이루어질 부분적인 성취는 예언을 소진하지는 않는다. 그리하여 이후 역사 속에서 더 많은 예언이 성취되기를 기다리고 있다. 여기에서 우리는 예언의 이중적 또는 다중적 성취들에 관하여 말할 수 있다.[55]

특정 예언들의 성취

마태의 유아기 내러티브는 이러한 성취 인용문구들의 밀집된 클러스터를 제시하는데, 한 장(1:18-2:23)보다 조금 더 넓은 범위 안에서 다섯 가지가

---

54 예표론에 관하여 Leonhard Goppelt, *Typos: The Typological Interpretation of the Old Testament in the New* (Grand Rapids: Eerdmans, 1982)를 보라. 마태의 예표론에 관하여 R. T. France, *The Gospel of Matthew* (Leicester: IVP, 1985; Grand Rapids: Eerdmans, 1987), 40을 보라.

55 더 나아가서 Craig L. Blomberg, "Interpreting Old Testament Prophetic Literature in Matthew: Double Fulfillment," *Trinity Journal* 23 (2002): 17-33을 보라.

나온다. 사실, 마태가 유아기 내러티브에 포함시키기로 선택한 거의 모든 것이 이러한 다섯 가지 성취들과 관련이 있는 것으로 설명될 수 있다.[56] 여기서 마태의 구약사용은 그의 복음서에 걸쳐서 대표적인 표본화(sampling)를 형성한다. 이미 이사야 시대에 결혼 가능한 나이대의 젊은 여성이 임신하여 임마누엘이라고 불리는 아들을 낳았지만(사 7:14, 8:8), 처녀가 아니었으며, 마태가 예수님의 탄생과 함께 일어났다고 믿는 것처럼(마 1:23), 최소한 그리스도께서 오시기 이전의 몇몇 유대인들이 미래의 성취를 내다보았다는 증거가 존재한다.[57] 이사야 7-9장의 넓은 문맥에서 이사야 자신의 예언은 짧은 기간과 긴 기간의 사건들 모두를 내다본다.[58] 이 예언이 시작될 때부터 최소한 이중 성취가 나타난 것으로 보인다.

마태복음 2:6에서 미가 5:2의 사용은 직접적인 성취를 정확히 설명한다. 메시아는 베들레헴에서 태어나야 한다. 예수님은 그곳에서 태어나셨기 때문에 자격을 갖추셨다. 그 위치 자체가 그가 구원자임을 증명하지는 않지만, 이러한 탄생 장소 없이는 아무도 그를 이스라엘의 해방자로 합당하게 간주할 수 없었을 것이다.[59] "애굽으로부터 내 아들을 불렀다"(마 2:15)라는 구절은 주로 예표적이다. 호세아 11:1b의 맥락에서 이스라엘의 어린 나이에 대한 언급은 이 선지자가 분명히 출애굽을 염두에 두면서, 자신이 이스라엘에 대해 말하고 있다는 사실을 명시적으로 선언한다(1a). 그러나 옛 언약과 새 언약이 주어진 이스라엘과 그들의 메시아가 각각 애굽에서의 나그네 생활

---

56 또한 마태복음 1-2장은 예수님의 유아기의 "정체"(who)와 "장소"(where)에 대해서 설명한다. Krister Stendahl, "*Quis et Unde*? An Analysis of Matthew 1-2," in *Judentum, Urchristentum, Kirche*, ed. Walther Eltester (Berlin: Töpelmann, 1960), 94-105에 의해 수행된 고전적인 연구를 보라.

57 Martin Hengel with Daniel P. Bailey, "The Effective History of Isaiah 53 in the Pre-Christian Period," in *The Suffering Servant: Isaiah 53 in Jewish and Christian Sources*, ed. Bernd Janowski and Peter Stuhlmacher (Grand Rapids: Eerdmans, 2004), 75-146.

58 John T. Willis, *Isaiah* (Austin: Sweet, 1980), 158-68.

59 미가는 이사야 9:6에 언급된 한 아이를 염두에 두었을 것이다. Ralph L. Smith, *Micah-Malachi* (Waco, Tex.: Word, 1984), 43-44를 보라.

이후로 약속의 땅으로 돌아가야 하고, 둘 다(공동체적이든 개인적이든) 하나님의 아들로 여겨질 확률은 (하나님의 조율과 상관없이) 얼마나 될까? 유대인이든 기독교인이든 유신론자에게 있어서 마태는 그 대답이 "희박하다"라고 믿는다. 수세기에 걸쳐 분리되어 있는, 놀랍도록 유사한 사건 뒤에 하나님의 손길이 있어야 한다.[60] 더 나아가, 호세아 11장 그 자체는 하나님이 어느 날 자기 백성을 구원할 새로운 출애굽을 내다본다(11절).[61]

마태복음 2:18에서 예레미야 31:15의 사용은 이중 예표론으로 분류될 수 있을 것이다. 이미 구약에서 바벨론으로 유배된 군인들의 어머니들은 집합적으로 "라헬"로 언급되었다. 예레미야는 이스라엘의 이 중요한 여성 가장(matriarch)을 언급하는데, 그녀는 요셉이 죽임 당했던 것처럼 보였을 때 깊은 슬픔을 보였고, 요셉의 동생인 베냐민을 낳았을 때에 슬픔 가운데 죽음을 맞이했던 사람이다. 그래서 마태는 그것을 집단적으로 슬퍼하는 또 다른 "라헬"과 비교를 확장하는 것이 자연스럽다고 생각을 하는데, 이 "라헬"은 헤롯의 군대가 잔인하게 죽였던 2살부터 그 아래 연령대의 어린 아이들의 어머니를 대표한다.[62] 이 단락에 나타나는 마태의 최종적인 성취 공식은 선지자(이름 또는 "한/그 선지자")가 아닌 "그 선지자들"을 언급한다는 점에서 다른 네 본문과 다르다. 이는 마태가 어떤 단일본문을 염두에 두지 않았다는 것을 암시하는데, 이는 메시아가 나사렛 사람이라고 불릴 것이라고 진술한 구약 본문이 없다는 사실을 발견하면 의미가 통한다. 그 문제에 대해, 다른

---

60 Tracy L. Howard, "The Use of Hosea 11:1 in Matthew 2:15: An Alternative Solution," *Bibliotheca Sacra* 143 (1986): 314-28을 보라. 호세아의 본문 안에서 마태의 해석을 가능케 하는 추가 자료를 확인하려는 시도에 관하여, John H. Sailhamer, "Hosea 11:1 and Matthew 2:15," *Westminster Theological Journal* 63 (2001): 87-96; and G. K. Beale, "The Use of Hosea 11:1 in Matthew 2:15: One More Time," *Journal of the Evangelical Theological Society* 55 (2012): 697-715를 보라.

61 2017년 4월, David L. Mathewson과의 개인적인 연락을 통하여

62 Witherington, *Matthew*, 70-71을 참조하라. "라헬은 포로됨으로 인하여 무덤에서 울었고, 이제 그 무덤에서 또 다시 슬피 울고 있다" 더 나아가 R. T. France, "Herod and the Children of Bethlehem," *Novum Testamentum* 21 (1979): 98-120을 보라.

어떤 고대 유대 자료도 이 주장을 포함하지 않는다. 그러나 다양한 구절들은 그가 "왕자"(히브리어. *nezer*[네째르], 나사렛의 스펠링에 상응하는 동일한 자음들) 또는 평판이 매우 낮은 누군가(1세기 나사렛 사람들과 같이; 요 1:46을 보라)일 수 있다고 암시한다.[63]

마태가 명백한 구약의 "성취"로 여기는 다른 사건들은 이사야가 갈릴리에서 어둠 속에 살아왔던 사람들 가운데 빛이 밝아올 것임을 예언한 것(4:14), 우리의 연약함을 짊어지는 고난 받는 종(8:17), 모든 민족을 위한 고난 받는 종의 온유와 정의와 승리(12:17), 비유에 대한 사람들의 이해 부족(13:14), 시편 기자의 비유적 가르침(13:35), 당나귀를 타신 메시아의 승리의 행렬(21:4); 그리고 유다가 토기장이의 밭을 사기 위해 은 삼십을 사용했던 일(27:9)을 포함한다. 마태복음 13:13-14를 제외한 모든 성취들은 마태복음에서만 나타난다. 마태복음 13:13-14는 마가복음 4:12와 평행을 이루지만, 오직 마태만이 성취의 언어를 사용한다. 의심할 여지없이 이 개념은 이 복음서에 있어서 중심을 이룬다.[64]

게다가, 마태복음은 명시적인 성취 공식으로 소개되지 않은 구약에 대한 수많은 인용과 인유를 포함한다. 때때로 구약성경 내러티브에서 가져온 전체 에피소드가 이 복음서의 배경을 형성한다. 다시 한 번, 마태는 다른 어떤 복음서보다 훨씬 더 많은 구약 사용을 포함한다. 마태복음에서는 12개의 성취 공식 사용에다가 42개의 다른 구절들이 하나 또는 그 이상의 구약 본문들을 인용한다. 이것은 마가복음에서 27개, 누가복음에서 26개, 요한복음에서 14개의 구약 인용과 비교된다. 마태는 주로 유대 기독교인들을 위하여 복음서를 기록하고 있기 때문에 이러한 강조점은 우리를 놀라게 하지 않는

63 Osborne, *Matthew*, 102. 헬라어로 "나실인"(Narirites)에서 "나사렛 사람"(Nazarene)으로 변하기 위해 필요한 모음 이동이 맞춤법적으로(orthographically) 일반적이지 않기 때문에, 주기적으로 마태가 "나실인"으로 염두에 두었다고 하는 제안은 가능성이 낮다.

64 프랜스(France, *Gospel of Matthew*, 166-205)도 유사하게 이것이 마태복음의 중심을 이루는 신학적 초점이라고 믿는다.

다. 그러나 그것은 마태가 단순히 전통적인 방식으로 성경 본문을 해석하고 있다는 것을 의미하지는 않는다. 자신의 내러티브이든, 예수님의 말씀의 일부이든 간에 마태복음에서 특별하게 사용되는 대부분의 구약 인용은 예수님의 예기치 않은 본문 사용을 뒷받침하거나, 마태의 재해석을 위한 발판을 형성한다.[65] 따라서, 산상수훈(5:21-48)에 있는 여섯 개의 대조는 최소한 토라 원리의 관습적 해석에 이의를 제기하기 위하여 나타난다. 아래에서 볼 수 있듯이, 최소한 마지막 세 개는 그것보다 더 많은 일을 하는 듯하다. 폴 포스터(Paul Foster)는 마태복음 5:17-20이 21-48절에 비추어 해석되어야 한다고 정확하게 주목하는데, 후자는 전자를 자세히 설명하면서도 명확하게 해주고, 대조들이 나오는 단락은 "[율법의] 조항을 여러 지점에서 수정하고, 재정의하고, 심지어 뒤집기까지 한다"[66]

다른 곳에서 하나님의 계명을 지키는 것을 계속 강조하는 부분적인 원인은 마태의 공동체 안에 거짓 선지자들이 존재했었기 때문일 것이다. 마태복음 7:15-20에 예수님은 그들을 양의 탈을 쓴 채로 다가오는 "사나운 늑대들"(15절)로 비유하면서 그들에게 엄중히 경고하셨다. 그들에게 속지 않으려면, 그들의 맺는 열매를 조사해야 한다. 그들의 사역은 예수님께서 자기 백성에게 기대한 무언가를 열매 맺었는가(16-20절) 아니면 다른 방향으로 가고 있는가? 물론, 이것은 일반적이면서도 세월이 흘러도 변치 않는 촉구일 수 있다. 다른 격언적 진술들 가운데 끼어 있는 누가복음 6:23-24의 축약된 평

---

65 Maarten J. J. Menken, "Deuteronomy in Matthew's Gospel," in *Deuteronomy in the New Testament: The New Testament and the Scriptures of Israel*, ed. Steve Moyise and Maarten J. J. Menken (London: T&T Clark, 2007), 62를 참조하라. 마태의 구약 사용에 관한 고전적이고 긴 논의를 확인하기 위해서 Robert H. Gundry, *The Use of the Old Testament in St. Matthew's Gospel* (Leiden: Brill, 1967); 그리고 Krister Stendahl, *The School of St. Matthew and Its Use of the Old Testament* (Lund: Gleerup, 1954; Philadelphia: Fortress, 1968)를 보라. 또한 Craig L. Blomberg, "Matthew," in *Commentary on the New Testament Use of the Old Testament*, ed. G. K. Beale and D. A. Carson (Grand Rapids: Baker, 2007), 1-109를 참조하라.

66 Paul Foster, *Community, Law and Mission in Matthew's Gospel* (Tübingen: Mohr Siebeck, 2004), 258.

행구절은 정확히 이렇게 들린다. 그러나 마태복음에서 예수님은 "나더러 주여 주여 하는 자마다 다 천국에 들어갈 것이 아니요 다만 하늘에 계신 내 아버지의 뜻대로 행하는 자라야 들어"갈 것이라고 예측하신다(마 7:21). 실제로 많은 사람들이 그에게서 쫓겨나는데(22-23절), 마지막 날에 그들이 예언하고, 귀신들을 쫓아내며, 그리스도의 이름으로 다른 기적들을 일으키는 것을 보여주면서 저항할 것이다, 이것은 단순히 가설이라고 하기에 너무나도 구체적으로 들린다.[67]

요약하여 말하자면, 예수님은 그를 향하여 진심으로 헌신하는 모습으로부터 흘러나오는 순종을 화려하거나 감각적인 것보다 더 우선시하신다. 따라서 마태복음의 다른 곳에서 재유대화(re-Judaizing)하는 것처럼 보이는 것은 단순히 이러한 실제적 또는 예상되는 선지자들의 반율법주의(antinomianism)에 대한 반응일 수 있다. 하나님의 도덕적 절대성을 재확인하는 것이 중요하다는 사실이 증명되지만,[68] 그렇다고 해서 그것이 마태나 그의 교회가 토라의 시민법과 의식법을 준수하는 것을 의미하지 않는다. 복음서(또는 이 문제에 관하여 다른 신약성경에서)가 이러한 율법의 세 가지 범주에 대한 정보를 제공한다는 사실을 찾을 수 없는 것은 사실이다. 그러나 이 사안을 더 자세히 분석할 수 있는 위치에 있지 않은 신자들에게는 도움이 되면서도 좋은 시작점이다. 하지만 하루의 마지막에 모든 구약성경 구절은 어떤 방법으로든 그리스도인에게 적용되며, 어떻게 그 말씀들이 그리스도 안에서 성취되었는지 이해하기 전까지는 어떤 구절도 적용되지 않는다.[69]

---

67 David Hill, "False Prophets and Charismatics: Structure and Interpretation in Matthew 7,15-23," *Biblica* 57 (1976): 327-48. Eduard Schweizer, "Matthew's Church," in *The Interpretation of Matthew*, ed. Graham N. Stanton, 2nd ed. (Edinburgh: T&T Clark, 1995), esp. 150-54를 참조하라.

68 구약의 율법이 마태복음에서 신자들이 지켜야할 어떤 것으로 인용될 때마다, 그것은 시민적 또는 의식적 원칙이 아닌, 도덕적 원칙이다(출 20:12-16; 21:4, 17; 레 19:12, 18; 신 6:5, 13, 16; 19:15).

69 William W. Klein, Craig L. Blomberg, and Robert L. Hubbard Jr., *Introduction to Biblical Interpretation*, 3rd ed. (Grand Rapids: Zondervan, 2017), 445. David A. Dorsey, "The

율법의 성취

마태가 예수님 안에서 성취되었다고 보는 것 또는 그에게 있어서 권위 있는 것으로 남겨진 것은 유독 구약의 예언만이 아니다. 산상수훈의 단락(5:17-20)에서 예수님 자신은 사람들이 당신께서 "율법이나 선지자를 폐"하기 위해서 오신 것이라고 생각해서는 안 된다고 주장하면서 말씀을 시작하신다. 오히려, 그는 "완전하게 하려 함이라"고 설명한다(17절). 이 본문을 해석할 때, 추(pendulum)를 어느 방향으로든 멀리 흔들기는 쉬운데, 여기에서 설사 그렇다하더라도, 문맥은 결정 요인을 증명해야 한다. 한편, 예수님은 구약의 율법적인 부분을 폐지하거나 제쳐두지 말라고 솔직하게 주장하고 있다(19절). 그는 "천지가 없어지기 전에는 율법의 일점 일획도 결코 없어지지 아니하고 다 이루리라"(18절)라고 주장함으로써 이러한 사실을 강화한다. 또 다른 한편으로, 이 구절은 "모든 것이 성취될 때까지"라는 시간절로 끝난다. 예를 들어, 마태는 동물 제사에 관한 율법들이 여전히 신자들에게 유효하다는 것을 믿었다고 상상하기는 불가능하다. 이제 고난 받는 종의 사역이 성취된 것이다(사 53:4; 마 8:17).[70] 마태는 마가복음이라는 포어라게(*Vorlage*, 대본)에 예수님의 호세아 6:6 인용을 두 번 추가한다("나는 인애를 원하고 제사를 원하지 아니하며", 마 9:13과 12:7을 보라). 구약의 맥락 속에서 호세아 6:6이 하나님께서 희생제사보다 자비를 더 원하신다는 것을 의미하지만,[71] 두 개의 독특

Law of Moses and the Christian: A Compromise," *Journal of the Evangelical Theological Society* 34 (1991): 321-34; and Robert Banks, *Jesus and the Law in the Synoptic Tradition* (Cambridge: Cambridge University Press, 1975), 250-53을 참조하라.

70 Michael J. Wilkins, "Isaiah 53 and the Message of Salvation in the Four Gospels," in *The Gospel according to Isaiah 53: Encountering the Suffering Servant in Jewish and Christian Theology*, ed. Darrell L. Bock and Mitch Glaser (Grand Rapids: Kregel, 2012), 109-32. 페트리 루오마넨(Petri Luomanen, *Entering the Kingdom of Heaven: A Study in the Structure of Matthew's Views of Salvation* [Tübingen: Mohr Siebeck, 1998], 283)은 마태에게 있어서 "성찬과 예수님의 피는 성전 제사를 대체하였다"라고 주장한다.

71 또는 데이빗 힐(David Hill)의 말로 표현하자면("On the Use and Meaning of Hosea VI.6 in Matthew's Gospel," *New Testament Studies* 24 [1977-78]: 115), "해석학적 규범인 칼

한 마태복음의 구절들에 나오는 이 본문에 대한 예수님의 적용은 다른 의식들로(각각 의식적 정결과 안식일에 대한 사안들) 일반화한다. 그래서 마태가 묘사하는 예수님은 희생에 관한 이러한 율법의 의도된 의미 성취에 있어서 필요한 모든 것들이 일어났다는 더욱 포괄적인 주장을 하고 있어야 하며, 그리하여 신자들은 더 이상 그것들을 문자적으로 실천할 필요가 없다. 1-4장에서 마태의 예언 사용은 구약 전체가 예수님의 오심을 가리킨다는 사실을 보여준다. 만약에 마태가 율법을 같은 방식으로 보고, 동사 '플레이로오'(*plēroō*)를 사용한다면, 율법 그 자체가 "누군가(또는 어떤 다른 가르침)가 하나님의 뜻을 완전하게 드러낼 때, 구원의 날을 내다보았다"라는 사실을 의미한다.[72]

이러한 해석에 대한 공통적인 반대 의견은 마태복음에 기록된 어떤 서기관들과 바리새인들과 예수님 사이에 일어난 손 씻는 의식과 음식법에 관한 논쟁이 마가복음의 기록보다 더 보수적이라는 것이다.[73] 결과적으로 마태는 예수님께서 모든 음식이 깨끗하다고 선언하셨던 마가의 설명적 삽입 어구를 포함하지 않는다. 그러나 마태는 그가 보존한 곳에서조차도 이러한 율법들을 지키는 때가 문자 그대로 지나갔음을 암시한다. 15:20b가 씻지 않

와호메르(*qal waḥômer*)에 따르면, 토라는 또 다른 율법 위에 하나의 율법을 놓을 수 있고, 갈등이 일어나는 경우 심지어 허용의 범위 내에서 다른 것을 위하여 하나를 어길 수 있도록 설정할 수 있다는 증거를 가진다."

72 Richard E. Menninger, *Israel and the Church in the Gospel of Matthew* (New York: Peter Lang, 1994), 170. Robert Banks, "Matthew's Understanding of the Law," *Journal of Biblical Literature* 93 (1974): 226-42; Roland Deines, "Not the Law but the Messiah: Law and Righteousness in the Gospel of Matthew-The Ongoing Debate," in *Built upon the Rock: Studies in the Gospel of Matthew*, ed. Daniel M. Gurtner and John Nolland (Grand Rapids: Eerdmans, 2008), 53-84를 참조하라. 예수님이 "의심할 여지없이 자신을 따르는 자들을, 당신께서 그러셨던 것처럼, 율법을 준수하는 자들로 파악"한다고 (마 23:2-3) 추론한 스티브 모이스(Steve Moyise, *Jesus in Scripture* [London: SPCK, 2010], 50-51)는 예수님의 죽음과 부활하심 이후에 즉각적으로 일어난 시대 안에서의 구속사적 변화를 설명하지 않는다. 예수님은 율법이 여전히 효력을 지니고 있는 동안에 율법에 순종하였지만, 그렇게 되지 않을 새 시대를 내다보셨다.

73 예를 들어, J. Andrew Overman, *Church and Community in Crisis: The Gospel according to Matthew* (Valley Forge, Pa.: Trinity International, 1996), 226-27; Luz, *Matthew 8-20*, 334.

은 손으로 먹는 것에 대한 바리새적인 할라카(halakah) 또는 구전 전통을 가리키는 것일 수 있지만, 17절은 더욱 포괄적인 어떤 것을 이미 암시하였다. "입으로 들어가는 모든 것은 배로 들어가서 뒤로 내버려지는 줄 알지 못하느냐?" 예수님은 몸으로 들어가는 것과 마음으로부터 사람의 입 밖으로 나오는 것을 대조하신다(18-20절). 그리고 음식은 사람들이 입을 통하여 몸으로 넣는 것에 대한 주된 예이다.[74] 존 골딩게이(John Goldingay)는 "그것이 토라 자체의 목표를 성취하는 것을 의미하는 한" 예수님은 구약성경을 여전히 성취하고 계심을 주목하면서, 이에 동의한다.[75]

실제로, 마태가 마가복음을 재유대화 한다는 주장들은 상당히 과장되었다. 산상수훈에 나오는 대조들은 기록된 토라 그 자체가 아니라, 이에 대한 구전적인 오석들(misinterpretations)에 이의를 제기하는 것으로 주장되었다. 이것이 예수님께서 "사람들이 옛날부터 말했던 것을 너희가 들었으나"라는 표현을 반복적으로 선언하신 이유이다(5:21; 27, 31, 33, 38, 43절 참조).[76] 그러나, 물론, 대다수 사람들은 회당에서 기록된 율법이 읽혀질 때 역시 그것을 들었는데, 그들은 두루마리 형식의 토라를 소유하고 있지 않았기 때문이다. 율법은 어디에서도 "네 원수를 미워하라"(43절)는 명령을 하지 않았지만, 그것은 여러 구약 본문의 자연스러운 암시이며(신 23:3-6, 25:17-19; 시 139:21),[77] 같은 절 바로 앞에 나와 있는 명령인 "네 이웃을 사랑하라"는 구약성경 그 자체에서 분명히 온 것이다(레 19:18). 이전의 대조들 가운데 인용된 다섯 개의 본문은 모두 기록된 토라로부터 직접 온 것이다. 확실히, 처음 세 가지(살

74 D. A. Carson, "Matthew," in *Expositor's Bible Commentary*, rev. ed., ed. Tremper III and David E. Garland, vol. 9, *Matthew and Mark* (Grand Rapids: Zondervan, 2010), 401-2; I. Howard Marshall, *New Testament Theology: Many Witnesses, One Gospel* (Downers Grove, Ill.: IVP, 2004), 105를 참조하라.

75 John Goldingay, *Reading Jesus's Bible: How the New Testament Helps Us Understand the Old Testament* (Grand Rapids: Eerdmans, 2017), 211.

76 마지막 요점에 관하여 John R. W. Stott, *Christian Counter-Culture: The Message of the Sermon on the Mount* (Downers Grove, Ill.: IVP, 1978), 80-81을 보라.

77 Evans, *Matthew*, 133을 참조하라.

인, 간음, 이혼)는 내면화하고, 어떤 의미에서 율법의 명령들을 지키기 더욱 부담스럽게 만든다. 그러나 네 번째와 다섯 번째는 실제로 모든 서약과 복수법(lex talionis)의 사용을 금지하면서 기록된 율법을 넘어선다. 그래서 마태가 묘사하는 예수님은 오직 구전 율법에만 이의를 제기하는 것 같지 않다. 그는 어떤 기록된 율법도 어기지 않을 수 있지만, 그 중에서 일부는 더 이상 예수님의 오시기 전과 같은 방식으로 효력을 가지지 않을 때를 바라본다. 그는 율법의 주권적인 해석자이다.[78]

마태와 예수님이 항상 다른 사람들에게 그렇게 하도록 명령하였던 것처럼, 그들이 여전히 안식일을 준수하였다는 빈번한 주장에도 불구하고, 안식일에 대한 예수님의 견해도 마찬가지이다.[79] 안식일에 이삭을 잘라먹은 제자들에 의해 야기된 논란 가운데(마 12:1-8) 마태는, 특별한 도움이 필요한 때에, 예수님께서 기록된 율법에 금지된 것을 행하던 다윗의 선례에 호소하셨던 기록을 보존하며, 따라서 율법에 정당한 예외가 존재한다는 가능성을 열어둔다. 마태가 묘사하는 예수님은 제사장들이 어떤 율법적인 위반(5-6절)에 대해 결백함를 유지하면서도 안식일에 일을 한다는 사실에 호소하실 때 한 발자국 더 나아가시며, 따라서 불가피하게 진행 중인 예외가 애초에 율법으로 제정되는 것을 보여준다. 이러한 추론에 비추어 볼 때, 이 페리코프(pericope)의 절정이 윤리적이라기보다 기독론적이라는 사실이 놀랄만한 일은 아니다. 예수님은 성전보다 위대하시며, 안식일의 주님이시다(7-8절). 그의 관점은 토라뿐만 아니라, 이제 자신의 제자들을 위하여 문제들을 결정한다.[80]

---

78 Douglas J. Moo, "Jesus and the Authority of the Law," *Journal for the Study of the New Testament* 20 (1980): 3-49.

79 Gerhard Barth, "Matthew's Understanding of the Law," in Barth, Bornkamm, and Held, *Tradition and Interpretation of Matthew*, 41-43; Phillip Sigal, *The Halakah of Jesus of Nazareth according to the Gospel of Matthew*, rev. ed. (Atlanta: SBL, 2007), 145-86.

80 David E. Garland, *Reading Matthew: A Literary and Theological Commentary on the First Gospel* (New York: Crossroad, 1993), 62: "율법과 선지자는 여전히 유효하지만, 예수님은 성경에 대한 순종을 측정하는 표준이시며, 유일한 해석적 가이드이시다" Ian Boxall, *Discovering Matthew: Content, Interpretation, Reception* (Grand Rapids: Eerdmans,

안식일 논쟁은 12:9-14에서 계속되는데, 사람을 구하는 것이 동물을 구하는 것보다 더 중요하다는 것을 주장하기 위하여, 예수님은 안식일에 손 마른 사람을 고치시고, "작은 것에서 큰 것으로"라는 논리를 사용함으로써 그것을 정당화한다. 바리새인들의 예수님에 대한 항변은 쉽게 상상할 수 있다. 이 남자는 앞으로 24시간 안에 변할 가능성이 전혀 없는 장애를 오랜 시간 동안 가지고 있었다. 그는 예수님께서 안식일 다음 날까지 기다리셨다면 더할 나위 없이 좋고 감사함을 느꼈을 것이다. 그러면 그는 하나님께 영광을 돌렸을 것이다. 그러나 예수님은 여분의 날을 기다리지 않음으로써 의도적으로 그들의 분노를 일으킨다. 그리고 그의 정당화는 "안식일에 선을 행하는 것이 옳"다(12절)라는 포괄적인 주장이다. 모세의 율법에 의해 금지된 많은 종류의 행함은 선행과 관련이 있기 때문에, 여전히 유효한 그 외의 율법에 대한 다양한 오해를 수정하는 것보다는 훨씬 다른 무언가가 여기에서 작용하고 있다.[81]

마태복음에만 나타나는 성전세에 관한 논쟁(마 17:24-27)은 이와 같은 방향을 가리킨다. 이 구절의 순서는 이해를 돕는다. 세금을 거두는 자들이 처음(24절)에 예수님의 행동에 관하여 질문한 이유는 그가 모든 율법을 따르지 않았거나, 적어도 모든 율법이 행하여질 필요가 없다고 가르쳤다는 평판 때문일 수 있다. 성전세는 조상들의 전통과 관련된 문제가 아니라 출애굽기 30:11-16에서 곧바로 가져온 것이다. 처음에 베드로는 예수님의 토라에 대한 순종(25절)을 부인할 이유가 없다고 보았지만, 예수님은 문제에 대한 논의가 거기에서 중단되는 것을 허용하지 않으신다. 예수님은 베드로에게 성전세 문제와 평행을 이루는 이 땅의 왕들에 관한 질문을 하신다. 베드로는 그들이 자기 자녀들이 아니라, 다른 사람들에게 세금을 부과한다는 사실을 인지한다(26a). 그래서 하나님의 자녀인 첫 번째 이스라엘과 나중에 예수님

2014), 129를 참조하라.

81 Young-Eui Yang, *Jesus and the Sabbath in Matthew's Gospel* (Sheffield: Sheffield Academic Press, 1997)를 보라. France, *Gospel of Matthew*, 465를 참조하라.

을 따르는 자들도 성전세를 납부하는 것으로부터 면제되어야 한다(26b).[82] 예수님은 불필요한 공격을 피하기 위해서, 율법이 변하지 않은 채로 영원히 남아 있을 것으로 믿지 않았기 때문에 세금을 내신다(27a). 그리고 예수님은 어떤 어려움을 야기하지 않거나, 어떤 방식으로든 제자들의 재정을 고갈시키지 않는 아주 창의적인 방법을 고안하신다(27b).[83]

너무나도 많은 주석가들은 마태복음에서 예수님이 제자들에게 성전 멸망 전에 그들이 겨울에 도망하지 않도록 기도하라는 마가복음의 말씀(24:20)에 "또는 안식일에"라는 표현을 추가한 것을 주목하고, 이러한 추가 구절로부터 마태와 그의 공동체가 틀림없이 안식일을 준수했었을 것이라고 결론짓는다. 우리는 이러한 논리에 의하면 마태와 마가의 회중들이 그것이 무엇을 의미하든지 간에 "겨울을 지켰다"라고 결론지어야 한다. 두 종류의 시간을 지정하는 것은 한 장소를 빨리 떠나기를 원하는 고대 이스라엘 사람들에게 있어서 아주 어려운 시나리오에 대한 그림을 그리는 것이다. 겨울철 우기(rainy season)는 도로를 진흙투성이로 만들고 길을 찾기 어렵게 한다. 안식일에 쉬는 비기독교인 유대인들로 인하여 상점은 문을 닫고 여분의 식량은 구하기 어려워진다.[84] 만약 마태가 그 이상의 의미를 의도하였다면, 그는 어

---

82 Richard Bauckham, "The Coin in the Fish's Mouth," in *The Miracles of Jesus*, ed. David Wenham and Craig Blomberg, vol. 6 of *Gospel Perspectives* (Sheffield: JSOT Press, 1986), 219-52.

83 베드로는 명령에 따라 물고기를 잡았다고 가정한다. 해석자들은 때때로 27절의 형태가 내러티브가 아니라(과거 시제 동사로 전개되는 이야기), 순종을 조건부로 내건 약속이 동반된 명령형으로 주목하지 못한다. 더 나아가 Craig L. Blomberg, "The New Testament Miracles and Higher Criticism: Climbing up the Slippery Slope?" *Journal of the Evangelical Theological Society* 27 (1984): esp. 433-34를 보라.

84 그레이엄 N. 스탠튼(Graham N. Stanton, " 'Pray That Your Flight May Not Be in Winter or on a Sabbath' [Matthew 24.20]," *Journal for the Study of the New Testament* 37 [1989]: 17-30)은 그 선택 사항들을 조사하고, 마태의 공동체가 안식일을 지키지 않거나 마태가 그들이 그렇게 해야 한다고 말하지 않았다는 것에 동의하며, 우리가 강조하는 요점을 말하며, 그리고 만약에 예수님의 제자들이 안식일에 바리새인의 전통이 허용하는 범위를 넘어가는 거리를 여행하고 있었다면(약 1킬로미터), 예수님은 자신의 제자들이 비기독교인 유대인들로부터 더 핍박받는 상황을 피하기 원하셨다는 사실을 추가한다.

떤 것을 표현할 때 매우 불투명한 방식을 선택한 것이다.

'의'의 성취

명백한 예언의 성취에다가, 다른 구체적인 구약성경 구절, 율법 전체와 선지서(전체 히브리어 성경)를 하나의 단위로 취하면서, 예수님은 "모든 의"를 성취하신다(마 3:15). 오직 마태복음에서만 세례 요한이 예수님께서 자신에게 세례 받으러 오시는 아이러니를 인정한다. 마태복음 3:14에서 요한은 예수님의 우월한 지위를 인지하면서 그를 만류하려고 한다. 요한은 "내가 당신에게 세례를 받아야 합니다"라고 주장하고 나서, "당신이 나에게 오십니까?"라고 물었다. 예수님의 답변은 상당히 모호하다. "이제 허락하라 우리가 이와 같이 하여 모든 의를 이루는 것이 합당하니라"(15절). 예수님은 회개할 죄가 없으심에도, 이스라엘의 죄와 동일시하시고 그들을 대신하여 공동체적으로 회개하실 수 있다. 더욱 중요한 것은, 예수님께서는 이스라엘 자손에게 회개하라는 자신의 부르심을 확인하면서, 세례 요한의 메시지를 승인하시는 것이다.[85] 모든 의를 성취한다는 것은 적어도 세례가 이스라엘 백성이 자기 역사의 중차대한 순간에 책임져야할, 적절하면서도 의로운 활동임을 의미한다. 그리고 물론 예수님이 세례를 받자마자 마가복음에서처럼 하늘의 목소리는 예수님이 실제로 누구신지를 확인하기 위하여 기독론적 방향으로 이 에피소드를 바꾼다(16-17절).

"의"(righteousness)는 (그에 상응하는 형용사, '디카이오스'[*dikaios*]와 동사, 디카이오[*dikaioō*]와 마찬가지로) 바울의 사상에서 중요한 역할을 했던 동일한 헬라어, '디카이오수네'(*dikaiosynē*)이다. 어떻게 우리가 각 성경 저자가 자기 생각을 말하는 것을 허용해야만 하는지, 그리고 한 저자가 핵심 단어들을 사용하

---

85 그는 또한 하나님께 대한 순종 관계의 일부를 형성하는 모든 것을 성취하기 원할 수 있다. John P. Meier, *Law and History in Matthew's Gospel* (Rome: Biblical Institute Press, 1976), 76-80; Boxall, *Discovering Matthew*, 120을 참조하라.

는 것이 다른 저자들과 필연적으로 동일하다고 가정하지 말아야 하는지에 관한 전형적인 예가 여기 있다. 바울 서신에서 "의롭다고 선언하다"라거나 "의로운 신분"을 갖는다는 의미는 유대적 맥락 속에서 더욱 분명한 이해인 반면에, 마태복음에서의 의미는 조금 더 표준적인데, 경건한 또는 의로운 행위를 가리킨다.[86] 단어 통계를 얼핏 보면 이러한 단어군에 대한 마태의 선호도를 볼 수 있다. 명사와 형용사 형태는 마태복음에서 23회, 마가복음에서 오직 2회, 누가복음에서 12회, 요한복음에서 5회 나온다. 만약에 우리가 이 동사를 중심으로 한 합성어를 추구한다면, 빈도수에 관하여 마태복음과 누가복음 사이의 간격은 약간 줄어들지만, 많지는 않다. 세 가지 형태의 단어는 마태복음에서 24회, 마가복음에서 2회, 누가복음에서 17회, 그리고 요한복음에서 5회 사용되었다. 마태복음에서 이 어근으로부터 온 단어들은 옳거나 정당한(공정한) 활동 또는 행위 이외의 다른 것을 의미하지 않는다.[87]

이러한 패턴을 발견할 때 마태복음의 핵심 부분에 대한 일반적인 오해를 피하는데 도움을 얻을 수 있다. 산상수훈(5-7장)은 큰 부담을 주는 윤리적 선언문(ethical manifesto)이다. 교회 역사를 통틀어 사람들은 본문의 가장 분명한 의미로부터 벗어나기 위하여 몇 가지 책략들을 통하여 그것이 도달할 수 없는 표준들을 다루어 보려고 노력해왔다. 아마도 그것은 사람들이 그리스도가 조만간 다시 오실 것을 기대하였을 짧은 기간 동안에만 적용하려고 했던 임시적인 윤리였을 것이다. 그것은 하나님 나라가 제안하는 바를 유대인 전체가 받아들이도록 영향력을 미쳤던 무언가를 반영하였을 것이지만,

---

86 Roger Mohrlang, *Matthew and Paul: A Comparison of Ethical Perspectives* (Cambridge: Cambridge University Press, 1984), 126-28. 반면에 마태가 "의"를 단순히 외적인 행위뿐만 아니라 내적인 영을 가리키기도 한다고 인식하는 경우에 관하여 Graham N. Stanton, *The Gospels and Jesus* (Oxford: Oxford University Press, 1989), 69-71을 또한 참조하라.

87 Benno Przybylski, *Righteousness in Matthew and His World of Thought* (Cambridge: Cambridge University Press, 1980); Craig A. Evans, "Fulfilling the Law and Seeking Righteousness in Matthew and in the Dead Sea Scrolls," in *Jesus, Matthew's Gospel and Early Christianity: Studies in Memory of Graham N. Stanton*, ed. Daniel M. Gurtner, Joel Willits, and Richard A. Burridge (London: T&T Clark, 2011), 102-14.

이제는 다가올 천년까지 연기되었다. 아마도 그것은 대다수 평범한 사람들을 위한 것이 아닌, 성직자, 수도사, 수녀, 성인(정교회나 카톨릭에서 사용하는 의미에서)와 같은 매우 경건한 사람들의 삶의 법칙이었을 것이다.[88] 마틴 루터(Martin Luther)가 그것을 옹호한 이후에 등장한 개신교 내에서의 일반적인 해석은 바울의 율법에 대한 두 가지 용도와 맞물리어 실제로 인간의 죄에 더 많은 주의를 기울이게 하였고, 사람들을 구원자되신 분께로 나아가도록 하였다. 이 산상수훈은 아무도 도달할 수 없는 완벽(5:48)을 요구하기 때문에 큰 부담을 안겨준다. 결과적으로 인간들은 하나님의 무한한 완전하심과 거룩한 기준을 깨달을 때, 무방비상태가 되고 하나님의 자비에 스스로를 맡긴다. 이러한 해석에서 산상수훈은 순종하도록 고안된 것이 아니라, 우리에게 얼마나 순종이 불가능한 것인지를 보여주기 위함이다. 오직 '그리스도의 의'만이 하나님의 요구를 만족시킬 수 있다.[89]

이 모든 것의 문제는 마태는 바울이 아니라는 것이다. 48절에 "완전함"(텔레이오스[*teleios*])이라고 번역된 단어는 "성숙한"이라는 의미도 가질 수도 있다. 예수님은 죄 없는 완벽함을 요구하시는 것이 아니라 그의 제자들이 스스로의 부족함을 깨닫는 순간에 노력해야할 하나님 나라 선언문을 제시하고 계시는 것이다.[90] 산상수훈은 물론 더 많은 군중들이 들을 수 있도록 허락되었지만, 무엇보다 외부인들이 아닌 제자들에게 전달되었다(1-2절).

---

88 교회 역사를 통틀어서 가장 두드러진 접근법들과 잘 알려지지 않은 다양한 접근법에 관하여 Warren S. Kissinger, *The Sermon on the Mount: A History of Interpretation and Bibliography* (Metuchen, N.J.: ATLA and Scarecrow Press, 1975)를 보라. 부분적으로 중복되고 여전히 추가되고 있는 옵션에 관하여는 Clarence Bauman, *The Sermon on the Mount: The Modern Quest for Its Meaning* (Macon, Ga.: Mercer University Press, 1991)을 보라.

89 그러나 루터는 기독교인이 부분적으로 산상수훈에 순종하기 시작할 수 있다고 인식한다. 어떤 측면에서 율법 준수의 불가능함에 초점을 맞추는 접근은 루터에게 빚진 것만큼이나 20세기에는 적어도 라인홀드 니버(Reinhold Niebuhr)에게 많은 빚을 졌다. Kissinger, *Sermon on the Mount*, 20-23, 77-79를 참조하라.

90 Dale C. Allison Jr., *The Sermon on the Mount: Inspiring the Moral Imagination* (New York: Crossroad, 1999), 105; Craig S. Keener, *Matthew: A Socio-rhetorical Commentary*, 2nd ed. (Grand Rapids: Eerdmans, 2009), 215.

이것은 어떻게 하나님 나라에 들어가는지(또는 들어가지 못하는지)에 대한 선언이 아니라, 하나님 나라 안에서 어떻게 예수님께 헌신하는 삶을 살아가야하는 지에 관한 것이다.[91] 물론, 그것은 신약 윤리의 어떤 큰 단면보다 더 성취할 수 있을만한 것은 아니지만, 여전히 우리의 출격 명령들(marching orders)로 남겨져 있다. 우리는 하나님의 완전함(perfection) 또는 성숙함(maturity)이 제거된 세계 속에 머무를 바로 그 순간에 성령의 능력을 통하여 (10:20, 12:18) 인격의 변화와 실질적인 성장을 기대할 수 있다.[92] 예수님이 자신의 윤리를 (유대의 지도자들이 보여준 것보다) "더 큰 의"라고 언급할 때, 그는 양적인 것이 아닌, 질적인 측면에서 말하는 것이다(5:20).[93] 다시 말해서, 예수님의 제자들은 필연적으로 더 많은 명령에 순종하지 않고, 다르게 살아가고 더 나은 종류의 (성령께서 인도하시는) 윤리를 함께 이루어 간다. 그가 공급하는 능력으로, 부담스러워 보이는 것("멍에" 또는 "짐")이 실제로는 쉽고 가벼운 것이 될 수 있다. 그리하여 영적으로 지친 사람들은 그리스도 안에서 안식을 찾을 수 있다(11:28-30).[94]

그러므로 우리는 예수님께서 젊은 부자 청년과 만나시는 장면(19;16-24)으로 페이지를 넘길 때, 가장 쉽게 평가할 수 있는 기준인, 모든 십계명 준수의 여부에 대한 이 청년의 주장에 예수님이 보이신 반응에 놀라지 말아야 한다. 우리는 예수님께서 하셨던 이 위대한 설교에서 동일한 방식을 취하셨다고 기대하였을 것인데, 그 청년이 결코 살인하거나 간음하지 않았다고 주

---

91 Robert A. Guelich, "The Matthean Beatitudes: 'Entrance Requirements' or Eschatological Blessings?" *Journal of Biblical Literature* 95 (1976): 415-34.

92 성경이 누가복음-사도행전에서처럼 마태복음에서 주요 주제는 아니지만 블레인 샤레트(Blaine Charette, *Restoring Presence: The Spirit in Matthew's Gospel* [London: Sheffield Academic Press, 2000])는 이 주제에 관하여 중요하면서도 유익한 책을 저술하였다.

93 Thomas G. Long, *Matthew* (Louisville: Westminster John Knox, 1997), 54; Don Garlington, "'The Better Righteousness': Matthew 5:20," *Bulletin for Biblical Research* 20 (2010): 501.

94 특히 Celia Deutsch, *Hidden Wisdom and the Easy Yoke: Wisdom, Torah and Discipleship in Matthew 11:25-30* (Sheffield: JSOT Press, 1987)을 참조하라.

장하였을 때 예수님은 그에게 분노와 증오, 또는 마음의 정욕에 대해서 질문하셨을 것이라고 생각할 수 있다. 이러한 것들이 하나님 나라에 들어가기 위한 요구 사항들이었다면, 이것은 정확히 예수님께서 행하셔야 했던 일이다. 그러나 그것은 엄연히 말해서 여기에서 보여지는 예수님의 접근이 아니다. 이 회당장은 열두 제자들처럼 예수님을 따르는 자가 아니며, 그는 어떻게 "들어가야"(get in)하는지 알 필요가 있다. 그래서 예수님은 무엇이 이 사람을 하나님 나라로부터 멀리 떨어뜨려 놓는지를(즉, 자신의 부에 대한 헌신) 정확히 지적한 것이다.[95] 예수님은 제자들에게는 내면화된 윤리에 대한 하나님의 높은 기준에 대해서 가르쳤을 것이지만, 이 사람에게는 아니다. 예수님은 사람들의 영적 상태를 다룸에 있어서 널리 적용되도록 만든 접근을 보여주지 않으신다.

언약과 하나님 나라

언약

우리는 실질적으로 입증하지 않는다면, 마태가 예수님을 새로운 율법을 수여하는 새로운 모세로 보았다고 이야기하는 것이 오해의 소지가 있음을 이미 살펴보았다. 예수님과 율법 사이의 연속성은 새 언약을 도래케 하는 예수님의 역할을 가리키는 것으로 보는 것이 더 낫다. 마태가 마가복음 14:28에 나온 단어를 염두에 두면서 "언약"이라는 용어 자체는 마태복음 26:28에만 나온다. 그러나 마태는 이스라엘의 산들(즉, 구릉 지대)에 일어나는 예수님의 활동에 대한 다른 복음서에 나오지 않은 상세한 내용을 5회 포함

95 이 청년은 아마도 전혀 그런 관점에서 보지 않았을 것이다. Herman Ridderbos, *Matthew* (Grand Rapids: Zondervan, 1987), 358을 보라.

하는데, 그리스도인들이 나중에 옛 언약이라고 부르는 출애굽 때에 모세가 율법의 조항들을 시내 산에서 받았던 사건을 떠올린다.[96] 가장 분명한 언급은 마태복음 5:1인데, 여기에서 누가가 평원에 위치시키는 예수님의 설교가 산비탈에서 일어난다.[97] 마태복음 8:1은 예수님이 그것에서 다른 장소로 이동하시고 사역을 하실 때 그 위치에 대해서 다시 언급한다. 마태복음 15:29에서는 마태만이 예수님께서 사천명을 먹이시기 전에 다시 산비탈에 계셨다고 말해준다. 그는 광야에서 떡을 제공하는(출 16:9-36을 참조하라) 모세의 기적을 재현하실 것이다.[98] 물론 예수님께서 제자들에게 가라고 말씀하셨던 갈릴리의 그 산에서 그들을 만나셨다는 언급과 함께 28:16은 주목할 만하다. 그곳에서(아마도 산상수훈을 말씀하신 같은 장소였을 것이다) 그는 열한제자들에게 대위임령(Great Commission)을 말씀하신다. 이 명령은 예수님의 명령의 일부는 제자들이 다른 사람들에게 그가 명한 모든 것을 다른 사람들에게 가르치라는 것이기 때문에 산상수훈과 함께 수미상관 구조를 형성할 것이다.

이러한 산들에 대한 예수님의 행동의 다양한 본질은 율법의 수여와 관련된 모든 것을 연결 짓지 못하게 한다. 그러나 이것과 다른 모세의 예표론은 예수님 자신이 성전, 요나, 솔로몬보다 크고 위대한 분임을 암시하였듯이(12:6, 41-42), 마태는 예수님을 새로운 모세가 아니라 더 큰 모세로 생각했을 수도 있음을 시사한다.[99] 모세가 하나님이 이스라엘과 맺으신 언약의 개시

---

96 특히 Terence L. Donaldson, *Jesus on the Mountain: A Study in Matthean Theology* (Sheffield: JSOT Press, 1985)를 보라.

97 우리는 이러한 이유로 두 개의 다른 설교가 존재한다고 상상할 필요는 없다. 예수님은 누가복음 6:21에서 이미 산에 계셨고, 산비탈에 위치한 평평한 곳으로 내려 오셨다(17절). 오늘날 관광객들에게 보이는 갈릴리 호수 북쪽에 위치한 프란체스코회의 예배당(Franciscan chapel) 옆의 전통적인 장소는 복음서가 묘사하는 것을 완벽하게 보여준다.

98 예수님이 이전에 이미 오천명을 먹이셨던 것처럼. 광야에서 사람들을 먹이는 메시아에 대한 유대인들의 기대에 관하여, 특히 Peder Borgen, *Bread from Heaven: An Exegetical Study of the Concept of Manna in the Gospel of John and the Writings of Philo* (Leiden: Brill, 1965)를 보라.

99 Boxall, *Discovering Matthew*, 94: "Mosaic typology only takes us so far; the unique relationship between God and his Son invests his teaching with an authority greater

를 알린다는 개념은 그가 새 율법을 주는데 전적으로 초점 맞추기보다 다양한 특징들을 포함한다.[100]

하나님 나라

그렇다면 왜 "언약"이라는 용어가 마태복음에서 더 자주 나오지 않는가? 의심할 여지없이, 마태는 두 시대 사이의 연속성과 불연속성을 모두 나타내는 가장 정확하면서도 이해할 수 있는 방법이 "하나님 나라"(하나님의 땅과 하늘에 대한 왕권 통치)의 도래를 말하는 것이라는 마가복음에 동의를 표하기 때문이다. 하나님의 왕권은 조약(언약)이나 장소(하나님 나라의 일반적인 함의)보다 더욱 포괄적이다. 그의 통치는 그의 규범들과 그의 통치 영역 모두를 포함한다.[101] 바실레이아(*basileia*)라는 단어를 55회 사용하는 가운데 단지 4:8, 12:25, 26, 24:7만이 하나님의 나라가 아닌 일반적인 의미에서 '나라들'(kingdoms)이라고 언급한다. 하나님의 나라가 나오는 51회 가운데 14회는 실제로 "하나님"이라는 단어를 사용하지 않지만, 하나님이 지시 대상이라는 사실이 분명하게 드러난다. 일부는 대명사("그의/당신의 나라")를, 어떤 곳에서는 동의어("아버지의 나라")를, 다른 곳에서는 상투적인 문구("그 나라의 복음", "그 나라의 자손들")를, 그리고 절대적(지시 대상이 분명한 문맥, "그 나라")인 표현을 사용한다. 또 다른 서너 개의 본문(12:28, 19:24, 21:43, 그리고 만약에 투 떼우[tou theou]가 원문에 포함되어 있다면 아마도 6:33도 가능)이 신약의 나머지 부분, 특히 마가복음

---

than that of Moses."

100 마태복음에 나오는 새언약에 관하여, Jack Lundbom, *Jesus' Sermon on the Mount: Mandating a Better Righteousness* (Minneapolis: Fortress, 2015), 27-43을 보라.

101 예수님이 이러한 개념 아래 포함시킨 광범위한 주제들을 자세히 다룬 연구에 관하여 Margaret Hannan, *The Nature and Demands of the Sovereign Rule of God in the Gospel of Matthew* (London: T&T Clark, 2006)를 보라. 여기서 저자는 마태복음에 나오는 천국(the kingdom of heaven in Matthew)에 관하여 다음과 같이 언급한다. "하나님의 주권적 능력 행사는 창조에 대한 하나님의 계획이 완전히 성취될 때까지 이 세상에서 잘못된 모든 것을 지속적으로 변화시키는 과정이다"(231).

과 누가복음에 나오는 개념에 관한 가장 일반적인 표현인 "하나님의 나라"를 사용한다. 그러나 마태복음에서 이 표현에 관하여 33가지의 예시를 남기는데, 이 표현은 신약의 나머지 부분에서는 완전히 부재하기 때문에 마태복음의 독특한 특징이라고 할 수 있다("천국"[kingdom of heaven 또는 문자적으로 kingdom of the heavens]).[102]

많은 유대인들에게 있어서 하나님의 이름을 지나치게 많이 언급하는 것은 하나님의 이름을 헛되이 취하는 것과 동일시되었고, 십계명의 제3계명을 범하는 것과 같기 때문에 학자들은 일반적으로 이 표현이 단순히 "하나님의 나라"에 대한 마태의 유대적 완곡어법이라고 추측해왔다.[103] 최근에 조나단 페닝턴(Jonathan Pennington)은 오래된 세대주의적 관점("천국"은 "하나님의 나라"의 지상 도래라는 관점)을 다소 모방하여 바꾸었다. 그리고 마태가 언급하는 천국(kingdom of heaven)은 하나님의 나라가 이 세상 나라와 같지 않고, 더욱 초월적이라는 사실을 강조하며, 그렇게 함으로써 로마 제국을 비롯하여 인간이 건설한 나라들을 향하여 비판한다.[104] 이렇게 읽을 때 천국은 하나님 나라에 대한 완곡어법이 아니라 환유(metonymy, 천국이라는 커다란 현실의 일부를 나타내는 한 가지)이다. 마태복음에서 사용된 천국에 대한 풍부하고 다양한 모든 언어 뒤에는 "구체적으로 하나님과 인간, 두 영역 간의 현재의 대조적이며 긴장을 불러 일으키는 관계를 강조하는, 하늘과 땅에 대한 주제에 대한 의

102 마찬가지로, 복수형은 일반적으로 셈 어법(Semitism)을 반영하는 것으로 생각되어 왔다. 마태가 또한 단수형을 13회 사용하기 때문에 다른 사람들은 이를 반박한다. 그러나 이러한 용례들 가운데 그 어떤 것도 "천국"(kingdom of heaven)이라는 표현 속에는 나오지 않는다. 그렇기 때문에 다시 전통적인 추측이 가장 최선인 것으로 보인다.

103 게다가, 울리히 루츠(Ulrich Luz, *Matthew 1-7* [Minneapolis: Fortress, 2007], 135)는 마태가 자신의 공동체의 용례를 따르고 있는 것이 아닌가 하고 생각한다. 그는 "마태복음의 본문에 영향을 받은 사람들을 제외하고는...고대 교회에서 이렇게 특별한 용례를 공유했던 부류가 거의 없다는 사실을 인지할 때 [마태]의 유대적 기독교 배경은 더욱 명확해진다."

104 Jonathan T. Pennington, *Heaven and Earth in the Gospel of Matthew* (Leiden: Brill, 2007), 279-330. 또한 그의 "The Kingdom of Heaven in the Gospel of Matthew," *Southern Baptist Journal of Theology* 12 (2008): 44-51을 보라.

도적인 초점"이 놓여있다.[105]

그러나 적어도 마태복음에서 "하나님의 나라"("kingdom of God")는 통계적으로 "천국"("kingdom of heave")과 중요한 대조를 이루기에는 너무 드물게 나타난다. 마태가 단순히 마가복음 또는 Q의 "하나님의"(of God)를 "하늘의"(of heaven)로 대체한 몇 군데를 고려할 때, 그가 어떤 실질적인 개념적 차이를 염두에 두고 있었는지를 상상하기가 어렵다. 특히, "천국"과 "하나님 나라"라는 표현이 함께 나오는 한 가지 구절은 유익하다. 마태복음 19:23-24에 다음과 같이 기록되어 있다. "예수께서 제자들에게 이르시되 내가 진실로 너희에게 이르노니 부자는 천국에 들어가기가 어려우니라 다시 너희에게 말하노니 낙타가 바늘귀로 들어가는 것이 부자가 하나님의 나라에 들어가는 것보다 쉬우니라 하시니." 전반적으로 두 개 연속된 문장들의 아주 밀접한 평행은 "천국"과 "하나님 나라"가 동의어임을 강하게 암시한다.[106] 같은 실체의 다른 표현이라는 오래된 합의는 폐기될 수는 없다. 그러나 어쨌든 성취의 시대가 도래하였기 때문에 시내산 언약은 지상에서의 하나님의 천상 통치를 드러낸다.

더 나아진 제자도, 그러나 애매한 베드로

귄터 보른캄(Günther Bornkamm)은 자신의 마태복음에 대한 선구자적인 편집 비평 연구에서, 마태가 예수님의 제자들을 향하여 보다 더 긍정적인 관점을 가지고 있다는 사실을 강조하였다. 그는 예수님께서 폭풍을 잠잠케 하시는 본문으로부터 힌트를 얻어서 마태가 제자들이 너무 믿음이 없어 보

105 Pennington, *Heaven and Earth in the Gospel of Matthew*, 342-43.

106 Ladd, *Theology of the New Testament*, 61-62를 참조하라. 조나단 페닝턴(Jonathan T. Pennington)은 *The Sermon on the Mount and Human Flourishing: A Theological Commentary* (Grand Rapids: Baker, 2017)에서 매우 풍부하고, 완전한 해석을 제공한다.

이지 않게 하기 위하여 두 가지를 변경하였다고 지적하였다. 첫 번째는 마태는 마가복음 4:40에서처럼 예수님이 폭풍우를 잠잠케 하신 후가 아니라, 그 전에 책망하셨다고 이야기한다. 그래서 제자들의 두려움에 떠는 모습을 더욱 자연스러운 지점에 위치시키는 것이다. 둘째로, 그는 이와 같은 시점에서 "믿음 없음"을 "적은 믿음"으로 대체한다.[107] 사실, 마태는 자신의 마가복음 포어라게(*Vorlage*, 대본)를 다른 곳에서 두 번 편집하여 제자들이 전혀 믿지 않은 것이 아니라, 적어도 약간의 믿음을 가지고 있었다는 사실을 보여준다(14:31, 16:8). 여전히 헬라어 합성어인 올리고피스토스(*oligopistos*)를 사용할 때 이는 칭찬이라고 할 수는 없기 때문에, 우리는 복음서들 가운데에서 차이점을 지나치게 과장하지 않도록 주의를 기울여야 한다.[108] 그러나 마가복음과 비교할 때, 마태는 제자들이 이해하지 못한다고 언급되는 본문수를 상당히 많이 줄였다.[109] 전반적으로, 마태복음에서 예수님을 따르는 사람들은 마가복음에서보다 선과 악 모든 측면에서 다양한 행동을 보여주는데, 마태의 교회와 다른 곳에서도 제자들에 대하여 조금 더 미묘한 차이가 있는 모습을 반영한다.[110]

또한 제자들은 더 많은 무리에 비해 특히 좋은 인상을 준다. 마가복음에서 보다, 13장에 나오는 마태의 비유 모음은 신중한 신학적 구성을 보여준다. 전체 부분은 예수님이 문 밖에서 군중을 가르치는 모습(13:3-35)으로부터 실내에서 제자들에게 가르치고 설명하는 것으로(13:36-52) 옮겨지는 것을

---

107 Günther Bornkamm, "The Stilling of the Storm in Matthew," in Barth, Bornkamm, and Held, *Tradition and Interpretation in Matthew*, 52-57.

108 Paul F. Feiler, "The Stilling of the Storm in Matthew: A Response to Günther Bornkamm," *Journal of the Evangelical Theological Society* 26 (1983): 399-406.

109 Ulrich Luz, "The Disciples in the Gospel according to Matthew," in Stanton, *Interpretation of Matthew*, 119-20.

110 특히 Jeannine K. Brown, *The Disciples in Narrative Perspective: The Portrayal and Function of the Matthean Disciples* (Atlanta: SBL, 2002)을 보라. 마태가 제안한 제자도의 특징에 관하여, 특히 Michael J. Wilkins, *Discipleship in the Ancient World and Matthew's Gospel*, 2nd ed. (Grand Rapids: Baker, 1995)를 보라.

강조하기 위하여 교차대구법으로 구조화된 것으로 보인다.[111] 실제로 1-52절은 예수님의 사역, 특히 그의 비유가 청중들을 양극화한다는 것이 분명해지기 때문에 전체 복음서의 전환점으로 볼 수 있다. 사람들이 제자도를 추구하는 가운데 그에게 더욱 가까이 다가가거나, 더욱 확고한 반역과 반대를 드러낸다.[112] 마태복음의 비유장은 이 복음서의 다섯 가지 주요 단락 중에서 세 번째(그러므로 중심적이라 할 수 있다)이며, 전체 복음서가 교차대구법을 이룰 수 있다는 사실을 깨달을 때, 이 구절은 훨씬 더 중요하다.[113] 제자들은 첫 번째 시도에서 항상 예수님을 이해하지 않지만, 그들은 다른 사람이 이해하지 못하는 예수님의 말씀이 의미하는 바를 배우고 이해하기 위해서 주변에 머물러 있다. 마태가 구약의 성취를 발견하는 빈도수를 감안할 때, 우리는 그것이 정확히 이 복음서의 중심부에서 반복되는 것(35절)을 보고는 그리 놀라지 않는다.

베드로는 특히 마태복음에서 흥미로운 인물이다. 그는 마태복음 14-18장에서 다섯 번 등장하는데, 마가복음의 문맥은 그에 대해 침묵하고 있다. 마태복음 14:28-33은 베드로가 물 위를 걸으면서 그리스도를 모방하려고 배에서 밖으로 나오는 에피소드를 추가한다. 그는 15:15에서 이전 두 구절에서 예수님의 은유에 대해 설명해달라고 요청한다. 마태복음 16:17-19는 예수님의 정체에 대한 베드로의 인식을 나타내는 마가의 아주 간략한 페리코피(pericope)에 추가 기록을 남긴다. 또한 베드로라는 인물은 성전세 납부에 관한 마태의 유례없는 구절에서(17:24-27) 세리들이 말을 건 열두 제자들

111 David Wenham, "The Structure of Matthew XIII," *New Testament Studies* 25 (1979): 517-18.

112 Jack D. Kingsbury (*The Parables of Jesus in Matthew 13: A Study in Redaction Criticism* [Richmond, Va.: John Knox, 1969], 130-31)은 이 장(chapter)과 중간 지점인 "마태복음의 중요한 전환점"을 소환한다.

113 H. J. Bernard Combrink, "The Structure of the Gospel of Matthew as Narrative," *Tyndale Bulletin* 34 (1983): 61-90. 모든 주요 제안들을 결합시키려는 개요에 관하여 Craig L. Blomberg, *Matthew* (Nashville: B&H, 1992)를 보라.

중 한 사람으로, 그리고 그들이 가버나움에서 다시 모일 때 예수님과 교류하였던 사람으로 묘사된다. 마지막으로 베드로는 '용서할 줄 모르는 종'이라는 곧바로 이어지는 비유(18:23-35)와 함께, 18:21에서 예수님의 "77회"(또는 "일곱 번을 일흔 번까지라도", NIV mg.)라는 유명한 대답(22절)을 유발하는 질문을 한다(그 때에 베드로가 나아와 이르되 주여 형제가 내게 죄를 범하면 몇 번이나 용서하여 주리이까 일곱 번까지 하오리이까).

역사적으로 이러한 본문들, 특히 16:17-19는 로마 가톨릭의 교황권 교리의 기초를 제공하였다. 로마의 주교는 베드로로부터 계승되어서 교회 리더십의 가장 최상위층으로 여겨진다.[114] 마이클 바버(Michael Barber)는 이 구절의 이미지가 보여주는 바는 은유적으로 베드로가 제사장적 권위를 가지는 새로운 성전을 세우는 것이라는 인상적이지 않은 주장을 한다.[115] 예수님이 물 위를 걸으신 후 베드로가 기꺼이 배에서 내리겠다는 사실은 다른 제자들 가운데 그 누구도 드러낸 적이 없는 용감함을 보여준다. 그리고 다른 사람에게 용서를 베풀 필요를 세 번으로 제한하는 랍비적 논의들을 고려할 때(b. Yoma 86b, 87a), 베드로가 일곱 번 용서해야 하는 것에 대한 제안은 매우 관대한 것으로 보여질 수 있다. 성전세와 관련된 구절에는 베드로에 대한 부정적인 인상을 전혀 드러내지 않으며, 다른 구절에서 베드로는 아마도 입으로 들어가는 것 가운데 부정한 것이 없다는 짧은 "비유"를 예수님께서 어느 정도까지 적용할 준비가 되셨는지에 관하여 질문하고 있었을 것이다(15:11).

한편으로 마태는 아무에게도 말하지 말라는 예수님의 명령과 첫 번째 수난 예언(16:20-21)을 포함하여, 베드로의 고백과 이어지는 마가복음의 속편

---

114 John E. Bigane III (*Faith, Christ or Peter: Matthew 16:18 in Sixteenth-Century Roman Catholic Exegesis* [Washington, D.C.: University Press of America, 1981]) 는 1540년 이전에 카톨릭 주석가들이 이 해석에 있어서 의견이 나뉘어졌지만, 개혁가들이 지속적으로 전통적인 카톨릭의 주장에 대해 의문을 제기하기 시작하였을 때, 그들은 자신들의 전통을 지지하는 주장을 강화하였다.

115 Michael P. Barber, "Jesus as the Davidic Temple Builder and Peter's Priestly Role in Matthew 16:16-19," *Journal of Biblical Literature* 132 (2013): 935-53.

을 여전히 이야기하고 있다. 마태복음은 이 예언으로 인하여 베드로가 예수님을 향하여 질책하는 마가복음의 기록을 보존하는데, 여기에서 예수님은 자신이 베드로로부터 받는 비난에 대응하신다(22-23절). 여기에서 교회가 세워질 반석은 재빠르게 다른 사람들을 넘어뜨리는 걸림돌이 되었다![116] 베드로가 물위를 걸었다는 기록은, 이 구절의 절정이 베드로가 예수님을 바라보는데 실패하고 폭풍우에 집중한 장면이라는 사실을 고려할 때, 그가 물에 빠진 사건으로 불리는 것이 더 나을 것이다(14:30-31).[117] 성전세 납부와 관련된 장면에서 베드로의 역할은 예수님이 베드로가 이전에 알고 있었던 것보다 더 많이 그를 가르치기 위하여 주도권을 잡으셨기 때문에 전체적으로 중립적이지 않을 것이다. 예수님은 그 비유에 대한 질문을 하신 후에(15:16), 그를 향하여 "깨달음이 없"다고 명백하게 말씀하셨다. 마지막으로 일곱 번씩 용서해야 한다는 베드로의 제안은 너그러운 것처럼 보일 수 있겠지만, 훨씬 더 많은 용서를 해야 한다는 그리스도의 요구는 그것을 상당히 인색하게 보이게끔 한다.

그러므로 한 세대 이전에 어거스틴 스톡(Augustine Stock)은 로마 가톨릭 학자들 가운데 한 가지 접근법을 개척하였으며, 이 유례없는 본문에 나오는 베드로에 대한 마태의 묘사가 긍정적이라고 하기보다 더욱 부정적이라고 생각하는 많은 개신교인들에게 동의하였다. 그는 그것을 "아이러니"하다고 불렀다. 아마도 베드로에 대한 과장된 칭송은 2-3세기 후에 그를 첫 "교황"이 되게 하였고, 이는 마태의 교회에서 이미 시작되었다고 생각할 수 있을 것이다. 그리고 마태는 그것을 미연에 방지하고자 하였다.[118] 다른 학자

116 Max Wilcock, "Peter and the Rock: A Fresh Look at Matthew XVI:17-19," *New Testament Studies* 22 (1976): 73-88; France, *Gospel of Matthew*, 635.

117 Augustine Stock, "Is Matthew's Presentation of Peter Ironic?" *Biblical Theology Bulletin* 17 (1987): 64-69.

118 Stock, "Is Matthew's Presentation of Peter Ironic?" 67: "마태의 기독론에서, 그리스도는 항상 전체 교회 안에 계시고, 베드로는 전체 속에 기능하는 열쇠 지킴이이다. 그러나 베드로는 이 기능을 '열한 제자들'과 공유한다. 마태복음 28:16-20은 언뜻 보기에 마태복음 16:18-19에

들은 한 걸음 더 나아갔다. 그렇다. 베드로는 아이러니하게도 로마로 이동했을 때보다 예루살렘에 있는 날이 더 많았지만, 첫 교회가 짧은 기간 동안에 세워지는데 있어서 중요한 토대가 되었을 것이다. 그러나 그의 믿음이나 헌신을 나타내는 특별한 표시에 관한 힌트는 없다. 그리고 마태복음에 나타나는 그의 연약함은 그의 강점들보다 더 중요하다(아마도 마가복음에서보다 훨씬 더).[119] 반면에, 로버트 건드리(Robert Gundry)가 최근에 제시하였듯이, 마태가 베드로를 완전한 배교자로 상상하는 것은 확실히 지나친 것이다.[120] 존 마클리(John Markley)는 마태가 베드로를 묵시적 선견자(apocalyptic seer)로 제시하는 자신의 논제를 옹호하는데, 그가 자신의 천상적 가이드(heavenly guide)에게 많은 질문을 하는 모습은 신적 영역에 익숙하지 않은 역할에 들어맞는다고 본다. 그러나 만약 베드로에 대해 부정적으로 보이는 것이 그렇게 나쁘지 않다면, 그에 관하여 긍정적으로 보이는 것도 그렇게 좋지 않을 수 있다. 그러므로, 그의 고백은 "지각력이 있는 인간"(cognitive humanity)의 한계 안에서 그가 할 수 있는 최선을 나타낸다.[121] 마클리는 선견자를 비롯하여 그가 발견한 모든 유사함들이 마태의 생각 속에 있었는지 아닌지 간에, 베드로가

서 나온 것처럼 보이는 독점(monopoly)에 미묘한 차이를 분명히 나타낸다. 또한 Arlo J. Nau, *Peter in Matthew: Discipleship, Diplomacy, and Dispraise* (Collegeville, Minn.: Liturgical, 1992)를 참조하라.

119 어거스틴 스톡(Augustine Stock, *The Method and Message of Matthew* [Collegeville, Minn.: Liturgical, 1994], 267-68)은 "마태의 공동체 구성원들은 베드로가 바다를 걸어보려고 했던 사건을 비롯하여 그의 삶 전반과 베드로의 '반석'이라는 이미지를 연결할 때 풍자적이면서도 애정 어린 미소를 숨길 수 없었을 것이다...교회는 베드로라는 인물이 아니라, 예수님께서 베드로에게 맡기신 권위에 근거하여 세워졌다"라고 생각한다.

120 Robert H. Gundry, *Peter: False Disciple and Apostate in the Gospel of Matthew* (Grand Rapids: Eerdmans, 2015). 통찰력 있는 비평에 관하여, Paul Foster, "Peter: Apostate or True Disciple?" *Expository Times* 127 (2016): 439-40을 보라.

121 John R. Markley, *Peter-Apocalyptic Seer: The Influence of the Apocalypse Genre on Matthew's Portrayal of Peter* (Tübingen: Mohr Siebeck, 2013), 19. 이 종말론적 영향은 여기에 사용된 이미지의 배경을 다니엘 2장에서 찾을 수 있다는 패트릭 슈라이너(Patrick Schreiner, "Peter, the Rock: Matthew 16 in Light of Daniel 2," *Criswell Theological Review* 14 n.s. [2016]: 99-117)의 제안에 신빙성을 부여한다.

뛰어나거나 또는 발전을 멈추었다는 접근은 둘 다 최선이 아닌 듯하다. 결국, 그러한 자세는 그리스도의 성취에 집중하면서도, 마태가 어떤 예수님의 제자들을 지나치게 높이 평가하는 역효과를 낳을 수 있다.

유대인 지도자들과의 극심한 충돌

마태의 비판은 베드로에게만 국한되지 않는다. 훨씬 더 분명하고 눈에 띄는 것은 마태가 많은 유대인 지도자들을 끊임없이 부정적으로 묘사하는 것이다.[122] 때로는 마가복음에 나타난 더욱 미묘한 차이를 보이는 묘사들이 수정되는 것은 세례 요한이 처형될 때 헤롯 안티파스가 했던 역할에서처럼 축약(abbreviation)에 의한 것이다(마 14:1-12와 막 6:14-29를 참조하라). 때로는 그것이 마태가 제공하는 정보의 특별함인데, "바리새인들과 사두개인들" 모두 예수님과의 적대 관계 속에서 선동자 또는 대담자로 묘사되는 다섯 가지의 유례없는 언급을 주목할 만하다(마 3:17; 16:1, 6, 11, 12). 어떤 경우에는 마태와 지도자들이 인종적으로 같은 유대인일지라도, 어떤 점에서는 자신과 등장인물들을 유대주의와 거리를 둔다. 그러므로, 그는 예수님께서 "그들의" 회당에서 말씀을 전하시거나, "그들의" 서기관들과는 다른 종류의 권위를 가지신다고 이야기할 수 있다. 마태의 공동체가 성전과 회당으로부터 이제 막 단절되었을 것이라는 이해는 이러한 독특성을 잘 설명할 수 있을 것이다.[123]

그러나 가장 일반적으로 논의되는 것은 언뜻 보기에 완전히 반유대주의적(anti-Semitic)인 것처럼 들리는 몇몇 구절들이다. 예수님은 자신의 생애 마지막 주에 성전에서 서기관들과 바리새인들을 향하여 화가 있을 것이라고

---

122 Sjef van Tilborg, *The Jewish Leaders in Matthew* (Leiden: Brill, 1972).

123 Élian Cuvillier, "Torah Observance and Radicalization in the First Gospel, Matthew and First-Century Judaism: A Contribution to the Debate," *New Testament Studies* 55 (2009): 133-59를 참조하라.

말씀하시는데(23장) 특별히 31-35절에서(이 본문에는 구약적 설명이 풍부하다) 그 절정에 이르렀을 때, 참으로 가혹하게 들린다.

> 그러면 너희가 선지자를 죽인 자의 자손임을 스스로 증명함이로다 너희가 너희 조상의 분량을 채우라 뱀들아 독사의 새끼들아 너희가 어떻게 지옥의 판결을 피하겠느냐 그러므로 내가 너희에게 선지자들과 지혜 있는 자들과 서기관들을 보내매 너희가 그 중에서 더러는 죽이거나 십자가에 못 박고 그 중에서 더러는 너희 회당에서 채찍질하고 이 동네에서 저 동네로 따라다니며 박해하리라 그러므로 의인 아벨의 피로부터 성전과 제단 사이에서 너희가 죽인 바라갸의 아들 사가랴의 피까지 땅 위에서 흘린 의로운 피가 다 너희에게 돌아가리라

이 장을 통틀어 가장 많이 반복되는 고발은 이 지도자들이 "위선자"라는 사실이다(12, 15, 23, 25, 27, 29절). 오늘날에 위선이 어떤 사람이 자신의 설교와 동떨어지게 살아가는 것으로 오해되어온 것을 고려할 때(여기 3절에서도 나타난다), 이 개념의 원래 의미를, 사실 그렇게 살아가지 않으면서 자신이 설교하는 것을 행하는 척하는 것으로 강조하는 것이 중요하다. 이 고발은 문맥 속에서 거의 모든 이스라엘에게 적용될 수는 없다.[124] 다른 곳에서 예수님이 "악하고 음란한 세대"(12:39, 16:4)라고 불렀을지라도, 예수님의 첫 번째 제자들 모두가 유대인이었다. 그래서 마태는 그 나라 내에서 일반적인 경향만을 언급할 수 있다. 마태복음 23장에서 유대 지도자들의 무리만을 염두에 둔다. 그는 "이 세대에"(23:36) 임할 심판에 대해 선언할 때, 한 세대를 40년의 기간으로 본 일반적인 성경적 이해를 염두에 두었을 것이다(특히 광야 생활을 하였던 이스라엘의 "세대"에 근거하여, 민 32:13, 시 95:10).[125] 이 연설의 가장 가능성 높

---

124 더 나아가 Christopher Tuckett, "Matthew and Hypocrisy," in Gurtner, Willits, and Burridge, *Jesus, Matthew's Gospel and Early Christianity*, 152-65를 보라.

125 David E. Garland (*The Intention of Matthew 23* [Leiden: Brill, 1979], 172): 마태는 "예수

은 연대(A.D. 30)로부터 정확히 40년 후에 예루살렘이 로마인들에 의해 무너지고 이스라엘이 수백년간 부분적으로 독립국가가 되는 것을 멈춰버린 사실은 우연이 아닐 것이다.[126]

동일한 해석적 접근 방식은 마태복음 27:25를 가장 잘 이해할 수 있다. 여기에서 예수님의 십자가 처형을 요구하는 군중들은 "그의 피를 우리와 우리 자손에게 돌릴지어다"라고 외쳤다. 역사를 통틀어서 기독교인들은 이러한 본문에 근거하여 모든 유대인을 정죄하는 것을 정당화하였지만, 원래 맥락 속에서는 이러한 의미가 아니다. 1세기 유대인들로 구성된 이 소그룹은 그 시점부터 자기 민족 전체를 향하여 저주하지 않았을 것이다. 이 표현은 그들의 행동에 대한 책임을 받아들이는 것이었다.[127] 그들의 자녀들은 다음 세대를 이루었을 것이다. 아마도 마태는 이 사람들을 예루살렘 전체를 대표하는 것으로 보았는데, 이 경우 그들의 외침은 한 세대 후인 70년에 로마인들의 손을 통하여 그들에 대한 하나님의 심판으로 성취되었다.[128] 그러나 이 구절을 유대인들을 박해하고 죽이는 것을 정당화하는 데 사용하는 것은 결코 정당한 것이 아니다. 그러나 유대 지도자들의 죄에 대한 추가적인 강조는 사실이다. 그러나 그것은 선지자들이 여러 기록을 남긴 시대에 이스라엘의 지도층에 대한 하나님의 심판보다는 강력하지 않은데, 아마도 이 심판에

님의 세대와 초대 교회의 세대가 직후에 구속의 시점을 넘어 하나님의 진노를 일으켜왔다는 사실을 분명히 알려준다."

126 Davies and Allison, *Critical and Exegetical Commentary on the Gospel according to Saint Matthew*, 3:319. 더 일반적으로, 특히 David L. Turner, *Israel's Last Prophet: Jesus and the Jewish Leaders in Matthew 23* (Minneapolis: Fortress, 2015)을 참조하라.

127 캐서린 해밀턴(Catherine S. Hamilton, " 'His Blood Be upon Us': Innocent Blood and the Death of in Matthew," *Catholic Biblical Quarterly* 70 [2008]: 82-100)은 이 사람들이 책임을 지는 바로 그 피가 곧 그들의 구원을 가능케 하며 예수께로 향해야 하는 피이기 때문에 이 심판은 되돌릴 필요가 없다는 사실을 우리에게 상기시킨다.

128 특히 이 구절들과 관련 구절들에 대한 균형 잡힌 연구에 관하여 D. A. Carson, "The Jewish Leaders in Matthew's Gospel: A Reappraisal," *Journal of the Evangelical Theological Society* 25 (1982): 161-74; and John Nolland, "Matthew and Anti-Semitism," in Gurtner and Nolland, *Built upon the Rock*, 154-69를 보라.

대한 기억들을 떠올리려는 의도였을 것이다.[129] 동시에, 예수님이 "의로운 피"(23:35를 상기시킨다)를 흘리심은, 만일 그들이 예수님의 제자가 된다면, 누구라도 죄용서를 받을 수 있게 한다. 마태는 이스라엘의 회복이 "예수님의 죽음과 부활을 통하여 일어난다"고 인식한다.[130]

배타주의(Particularism)와 보편주의(Universalism)

오직 마태복음만이 10:5b-6에서 발견되는 것과 같은 개념들이 등장하는 구절들을 포함한다. "이방인의 길로도 가지 말고 사마리아인의 고을에도 들어가지 말고 오히려 이스라엘 집의 잃어버린 양에게로 가라" 마태복음만 다른 평행 구절에서 예수님이 가나안 여인을 단호하게 거절하시는 내용을 포함한다. "나는 이스라엘 집의 잃어버린 양 외에는 다른 데로 보내심을 받지 아니하였노라 하시니"(15:24).[131] 그러나 동시에 마태복음만이 28:18-20에서 발견되는 세부적인 내용과 함께 대위임령을 명시한다. 오직 그는 예수님께서 세자들에세 모든 민족을 향해 가라고 명하신 내용을 인용한다(19절). 그리고 그가 악한 소작농 비유에다가 가장 독특하고 자세하게 덧붙인 내용은 21:43인데, 예수님은 유대인 지도자들에게 다음과 같이 말씀하신다. "그러므로 내가 너희에게 이르노니 하나님의 나라를 너희는 빼앗기고 그 나라의 열매 맺는 백성이 받으리라." 복음서들 어디서나 발견되는 가장 민족 중

129 비슷하게, 웨슬리 옴스테드(Wesley G. Olmstead, "A Gospel for a New *Nation*: Once More, the ἔθνος of Matthew 21.43," in Gurtner, Willits, and Burridge, *Jesus, Matthew's Gospel and Early Christianity*, 115-32)는 마태복음 21:43이 유대 지도자들에 대한 심판 그 이상을 가리키는 것이지, 결코 유대인에 대한 영구적인 심판을 의미하는 것이 아니라는 사실을 보여준다. 구약성경에서처럼 그것은 국가적인 심판이다.

130 Catherine Sider Hamilton, *The Death of Jesus in Matthew: Innocent Blood and the End of Exile* (Cambridge: Cambridge University Press, 2017), 234.

131 이 표현에 대하여, Joel Willits, *Matthew's Messianic Shepherd-King: In Search of "The Lost Sheep of the House of Israel"* (Berlin: de Gruyter, 2007)을 보라.

심적인 관점처럼 예수님의 사역이 시작될 무렵에 울리는 소리는(비록 무언가 다른 점이 존재한다는 초기의 힌트들이 있지만; 동방박사들을 기억해보라) 마지막에 가서는 어디서나 발견되는 가장 보편적인 특징으로 바뀐다.[132]

이 두 가닥의 개념은 본질적으로 모순적인가? 만약 누군가 이 둘에 대해 동시에 결정하려고 할 때만 그러할 것이다. 순차적으로 살펴보면, 이 둘은 완벽하게 이해된다. 바울은 "내가 복음을 부끄러워하지 아니하노니 이 복음은 모든 믿는 자에게 구원을 주시는 하나님의 능력이 됨이라 먼저는 유대인에게요 그리고 헬라인에게로다"라고 선언할 때, 구원사 안에 나타나는 동일한 현상과 그 자연스러운 질서를 인식한다.[133] 또한 이방인들이 예루살렘으로 모여드는 구약의 커다란 구심적 모델(centripetal model, 특히 이사야에서 분명히 나타난다)이 예수님의 제자들이 세상을 향하여 나가면서 제자삼고 세례주고 예수님의 모든 명령을 가르치는 원심성 선교(centrifugal mission)에 의해 대체될지라도, 성경을 통하여 예언된 복의 순서와 일치한다.[134] 마태복음에서 선교는 누가복음-사도행전에서처럼 지배적인 패러다임은 아니지만, 이 절정의 피날레는 그가 도중에 제공했던 이방인 선교에 대한 모든 힌트는 말할 것도 없고, 확실히 각별한 이목을 끈다. 이것은 다시 한 번 특히 메시아 시대에 이스라엘이 세상을 향하여 복을 베푼다는 구약의 주제를 성취한다.[135]

---

132 Matthias Konradt, *Israel, Church, and the Gentiles in the Gospel of Matthew* (Waco, Tex.: Baylor University Press, 2014), 369-73을 참조하라.

133 Amy-Jill Levine, *The Social and Ethnic Dimensions of Matthean Social History* (Lewiston, N.Y.: Edwin Mellen, 1988); Gene R. Smillie, "'Even the Dogs': Gentiles in the Gospel of Matthew," *Journal of the Evangelical Theological Society* 45 (2002): 73-97을 참조하라.

134 더 나아가, Ben Cooper, *Incorporated Servanthood: Commitment and Discipleship in the Gospel of Matthew* (London: Bloomsbury T&T Clark, 2013), 249를 보라. 쿠퍼(Cooper)는 이스라엘을 향한 선교가 복음의 임박성, 실현된 종말론, 예수님의 특별한 종으로서의 사역, 그리고 이스라엘의 심판과 인자의 신원하심과 관련이 있다는 자신의 요점을 요약하는 유용한 차트를 제공한다. 한편, 열방을 향한 선교는 지연(delay)과 미래적 종말론, 대위임령, 예수님의 영광스러운 재림과 관련이 있다.

135 특히, Bitrus A. Sarma, *Hermeneutics of Mission in Matthew: Israel and the Nations in the Interpretative Framework of Matthew's Gospel* (Carlisle: Langham Trust, 2015)을 보라.

교회론

그러나 마태는 단순히 잘 훈련된 신자들을 예상하지 않는다. 그들은 함께 지역 교회를 이루도록 합류해야만 한다. 사실, 마태는 "교회"라는 단어를 사용한 유일한 복음서 저자이며, 이 단어는 두 구절에서 세 번만 등장한다.[136] 그러나 이들은 중요한 본문들이다. 우리는 이미 마태복음 16:18을 주목하였는데, 이 본문에서 예수님은 자신의 교회를 세우실 것이라고 약속하시며, "음부의 권세가 이기지 못하리라"라고 말씀하신다. 여기에서 본문을 훗날 등장할 제도적 교회에 비추어 이해하기 쉽겠지만, 존 마이어(John Meier)가 바르게 지적하였듯이, 리더인 베드로와 핵심적인 인물들인 베드로, 야고보, 그리고 요한을 포함하여, 나머지 사람들은 겪어보지 못한 어떤 경험에 연루된 조직의 기초가 없이 예수님이 제자들 그룹과 함께 하는 것을 생각하는 것은 불가능하다(막 9:2, 13:3, 14:33).[137] 칠십인경(LXX)이 보통 에클레시아(*ekklēsia*)로 번역하는 카할(*qāhāl*, 이스라엘의 "집회")의 구약적 배경이 여기에서 이해를 돕고 있다. 이는 특정한 장소와 상관없이, 하나님의 백성이 모여서 예배하고 하나님의 가르침을 듣는 모임을 가리킨다.[138]

교회가 완벽하게 맞아 떨어질 정도로 이스라엘을 대체하지 않지만, 유대 국가의 역할과 기능과 상당히 겹친다는 측면에서 근접해 있다. 아마도 가장 주목할 만한 것은 교회(베드로가 아니라)는 하나님의 나라의 열쇠의 기능을 설명하는(16:19b) 맺고 푸는 권한을 받았다(18:18, 16:19b의 반향)는 사실이다. 이 이미지는 구약성경, 특히 이번에는 이사야 22:22에서 열면 닫을 자가 없고 닫으면 열자가 없는 "다윗의 집의 열쇠"를 떠올리게 한다.[139] 하나님의 나라

---

136 일반적인 마태의 교회론에 관하여 특히 Schweizer, "Matthew's Church," in *Interpretation of Matthew*, 149-77을 보라.

137 John P. Meier, *A Marginal Jew: Rethinking the Historical Jesus*, vol. 3, *Companions and Competitors* (New York: Doubleday, 2001), 125-285.

138 Evans, *Matthew*, 314.

139 Frank J. Matera, *New Testament Theology: Exploring Diversity and Unity* (Louisville:

가 이스라엘로부터 취해져서(지도자들이 아닌, 국가 또는 사람들) 국가 또는 "그 열매를 맺을" 사람들에게 주어지기 때문에 마태복음 21:43은 여기에서도 중요하다.

우리가 산상수훈에서 이미 살펴본 바와 같이, 율법보다 마태의 모든 윤리적 가르침이 교회의 행진 대형(marching order)을 구성한다. 도널드 해그너(Donald Hagner)는 거룩함의 개념과 함께 이를 올바르게 요약한다.[140] 주요 청중에게 있어서 거룩함의 표준은 마태가 강조하는, 예수님을 따르는 공동체로 모인 제자들이다. 이는 해석 역사 속에서 많은 사람들이 예수님께서 통치 체제들(governments) 또는 단순히 개별적인 시민들(individual citizens)을 염두에 두었는지에 관하여 논쟁해오면서 놓쳐왔던 것이다.[141] 마태복음 18장에서 예수님을 따르는 자들이 분명히 초점 맞추어야 하는 부분은 청중들이 아닌 오직 열두 제자들만 예수님의 말씀을 듣고 있던 산상수훈의 가르침 이후에 나오는, 가장 중요하며 지속적인 윤리적 가르침이다. 명시적으로 이 담화의 두 주제들은 겸손과 용서인데, 거룩함을 향해 장기간 지속되는 여정 가운데 끊임없이 도전을 주는 주제들이다.

교회의 훈련 역시 이러한 목표를 더욱 발전시킨다. 마태복음 18:17에서 교회에 대한 구체적인 언급은 교회 훈련의 사안과 가장 직접적으로 관련된 복음서의 한 구절의 맥락 속에 나온다(15-20절). 성경 본문이 유리하면서도 모호하게 인용될 때 교회 "회원됨"의 가치에 대해 질문하는 현대 교회 문화 속에 있는 사람들에게, 마태복음 18장은 그것을 일반적인 측면에서 특권으로(예를 들면, 결정할 때 투표하는 것) 이해하는 것에 대해 질문하며, 대신에 그

Westminster John Knox, 2007), 46을 참조하라.

140 Donald A. Hagner, "Holiness and Ecclesiology: The Church in Matthew," in Gurtner and Nolland, *Built upon the Rock*, 170-86. 다른 말로, 마태복음에서 예수님은 "의로움의 새로운 표준과 순종의 새로운 패턴"(172)을 기대한다.

141 David Fleer and Dave Bland, eds., *Preaching the Sermon on the Mount: The World It Imagines* (St. Louis: Chalice, 2007)를 전반적으로 보라; Richard Lischer, "The Sermon on the Mount as Radical Pastoral Care," *Interpretation* 41 (1987): 157-69를 참조하라.

것을 책임을 위한 메커니즘으로 우선시한다. 어떤 사람은 가능한 한 완전한 교제의 회복과 회개를 위하여 규정된 개입 과정을 따르는 신자들 그룹의 권위아래 자신을 둔다.[142] 그러나 최악의 시나리오로 책임 회피는 심판으로 이어진다. 누군가를 "이방인과 세리"(마 18:17)로 대하는 것은 그러한 사람들과 모든 접촉을 끊으라는 의미가 아니라, 그들을 마치 참된 기독교의 외부자들로 여기라는 의미이다. 예수님은 외부자들을 회개의 자리로 부르시며 자신과 교제를 나누도록 격려하시면서 그들과 함께 많은 시간을 보내셨다. 신자들에게 제한된 활동들은 제명된(disfellowshiped) 사람들로부터 거리를 유지할 필요가 있는데, 왜냐하면 그 목적이 항상 그들을 되찾는 것이기 때문이다.[143] 그러나 안타깝게도, 사람들은 여전히 자유 의지를 가지고 있으며, 어떤 사람들은 영원히 회개하여 돌아오기를 거부한다.

이스라엘의 회복, 마지막 심판, 그리고 만물의 회복

놀라울 것 없이, 마태복음 18:15-35의 독특한 가르침(영원히 정죄 받는 무자비한[그리고 회개하지 않는] 종의 비유를 포함하여, 23-35절)은 또한 조금 더 일반적으로, 그리고 예수님을 거절하는 유대인 지도자들에게 마지막 심판에 관한 강력한 경고를 주는 내용들을 포함한다. 비판하지 말라(마 7:1)는 예수님의 명

142 더 나아가 Craig L. Blomberg, "On Building and Breaking Barriers: Forgiveness, Salvation and Christian Counseling with Special Reference to Matthew 18:15-35," *Journal of Psychology and Christianity* 25 (2006): 137-54를 참조하라. 브리짓 일리안(Bridgit Illian, "Church Discipline and Forgiveness in Matthew 18:15-35," *Currents in Theology and Mission* 37 [2010]: 444-50)은 어떻게 15-22절이 마태의 기독교가 갈등 해결에 대한 유대적 모델을 기반 위에 세워졌지만, 다루기 힘든 것을 회복하려는 의지가 더 크다는 것을 보여주는지를 강조한다. 그렇지만 그녀는 23-35절이 적절하게 다뤄진 교회 규율에 반응하지 않도록 부추김 받는 누구라도 자신들의 반응을 재고해야 할 만큼 가혹하다고 덧붙여 말한다!

143 Michael J. Wilkins, *Matthew* (Grand Rapids: Zondervan, 2004), 619를 참조하라.

령은 그가 부적절하게 또는 너무 가혹하게 판단하지 말라고(1-5절) 의미하는 분명한 맥락 속에 나오는데, 정확히 "너희가 헤아리는 그 헤아림으로 너희가 헤아림을 받을 것"(2절, 하나님의 심판을 가리키는 신적 수동태[divine passive]가 사용됨)이기 때문이다.[144] 마태는 잃어버린 자의 영원한 숙명을 가리키는 "바깥 어두운 데"(마 8:12, 22:13, 25:30)라는 표현을 세 번 사용한다. "울며 이를 갈게 되리라"라는 표현은 이러한 종류의 맥락 속에서 다섯 번 사용되는데(13:42, 50; 22:13; 24:51; 25:30), 다른 복음서는 "울다"라는 표현을 최종심판과 결부시키지 않고 오직 누가복음 13:28에서 "이를 갈다"라는 표현이 다르게 나타난다. 이 본문들 가운데 어느 것도 원수들을 흡족한 듯 바라보고 있는 하나님의 백성에 대해서 정당화하지 않는다. 마태의 교회는 박해받던 교회였고, 그는 그들을 격려하기 위해 노력하고 있다. 마태복음 10:28은 Q 12:4-5에서 가져온 것으로 여겨질 수 있지만, 어느 곳에 가장 큰 위험이 놓여 있는지를 보여줌으로써 중요하다는 것을 증명한다. "몸은 죽여도 영혼은 능히 죽이지 못하는 자들을 두려워하지 말고 오직 몸과 영혼을 능히 지옥에 멸하실 수 있는 이를 두려워하라"[145] 그리스도인이라고 공언하는 사람들은 역사상 유대인들에 대해서 그 반대의 경우보다 훨씬 더 큰 규모로 숱한 잔혹 행위를 범했지만, 이 경우에는 그러한 행위를 한 사람들은 자신들의 회당 구성원이 예수님을 따르기로 했을 때 그들을 거절하고 쫓아낸 사람들이었다. 이 모든 구절을 통틀어, 마태가 특별히 강조하고자 했던 것은 어떤 사람들에 대한 하나님의 최종적이며 영원한 심판이다. 마태는 결코 보편주의자(한 날에 모든 사람이 구원을 받을 것이라고 믿는 의미에서)로 여겨질 수 없다.

마태가 예수님을 거절하고 궁극적으로 죽였던 이스라엘의 세대를 향하여 다가올 형벌을 강조하는 것이 눈에 띈다. 에두와르드 슈바이쩌(Eduard Schweizer)는 이러한 강조점을 인지하며, 마태복음 21:28-22:13에 나오는 비

---

144 Witherington, *Matthew*, 164.

145 Spadaro, *Reading Matthew as the Climactic Fulfillment of the Hebrew Story*, 33.

유들의 독특한 삼중주를 고발(두 아들, 21:28-32), 선고(악한 임차인, 21:33-46), 그리고 예수님 시대의 이스라엘 백성에 대한 재판 집행(혼인 잔치, 22:1-13, 저자는 궁극적으로 70년에 국가적 멸망으로 성취되었다고 본다)으로 분류한다.[146] 다시 한 번 우리는 그 세대를 넘어서 일반화하는 것을 피해야한다. 그래서 그 세대에 대한 심판은 예수님이나 마태 모두가 항상 이스라엘이 실패했다고 인식하는 것을 의미하지는 않는다. 사실, 마태는 예수님께서 자신의 재림 때까지 유대인들을 향한 제자들의 선교가 지속될 것이라고 약속하신 것을 기록한다(10:23).[147] 예수님은 성전에서 자신의 가르침을 듣고자 모인 군중들에게 마지막으로 "내가 너희에게 이르노니 이제부터 너희는 찬송하리로다 주의 이름으로 오시는 이여 할 때가지 나를 보지 못하리라 하시니라"라고 선언하실 때, 놀라운 한 줄기 희망이 또한 존재한다.[148] 이 구절은 아마도 "로마서 11:26"의 마태복음 버전임에 틀림없을 것이다. 그러나 그 곳과 마찬가지로, 그들이 예수님의 주권을 인정할 때에만, 이방인에게 그러하듯이 유대인에게도 구원이 온다.

---

146 Schweizer, *The Good News according to Matthew* (Richmond, Va.: John Knox; London: SPCK, 1970), 402; Udo Schnelle, *Theology of the New Testament* (Grand Rapids: Baker, 2009), 457을 참조하라. 마태복음에서 이 세 가지 비유는 예수님께서 나머지 나라들 가운데 믿지 않는 자들에 대한 비슷한 심판을 예측하시는 것처럼, 심판이 유대인 지도자들에게 국한된 것이 아니라 국가적인 관점에서(그러나 유대인으로 알려진 전 세계적인 인종 집단의 관점이 아닌) 봐야한다는 사실을 설명한다. 그러나 물론 개인이 국가를 구성하므로 궁극적으로 모든 독자는 예수에 관한 그들 자신의 위치에 대해 심사숙고해야 한다. Wesley G. Olmstead, *Matthew's Trilogy of Parables: The Nation, the Nations and the Reader in Matthew 21.28-22.14* (Cambridge: Cambridge University Press, 2003)를 보라.

147 이 구절은 중요한 난제이다. 이러한 해석에 관하여 J. M. McDermott, "Mt. 10,23 in Context," *Biblische Zeitschrift* 28 (1984): 230-40; Keener, *Matthew*, 324; David L. Turner, *Matthew* (Grand Rapids: Baker, 2008), 277을 보라.

148 이에 관하여 Davies and Allison, *Critical and Exegetical Commentary on the Gospel according to Saint Matthew*, 3:323-24를 보라. 누가의 평행구는 완전히 다르고 훨씬 덜 절정을 이루는 맥락 속에 나오며(눅 13:35) 이전에 등장하는 별도의 맥락 속에서 예수님의 동일한 가르침을 반영할 수 있다. 또는 아마도 유대 지도자들에 대해서 덜 부정적으로 묘사하는 누가는 심판의 더욱 절정의 상황에 적용하기 위하여 전체적으로 그리고 주제적으로 배열한 그의 복음서의 한 부분에 이 구절을 배치하였다.

게다가, 마태가 유대 국가 또는 그 지도자들만 심판받도록 따로 지목하는 것은 아니다. 마태복음 23장 다음에, 복음서 어디에나 나오는 예루살렘의 지도자 그룹을 향한 가장 가혹하고 저속적인 독설과 함께, 곧장 24장과 25장이 따라 나오는데, 여기에서 제자들과 전 세계 모든 사람들에게 각각 최종 심판이 보편적이라는 사실을 경고한다.[149] 이와 관련하여, 두 가지 전혀 다른 해석 때문에 소위 양과 염소 비유(25:31-46)에 대해 특별히 언급할 필요가 있다.[150] 마태복음의 다른 곳에서 "형제"와 "소자"라는 표현을 통일성 있게 사용한 사실에 근거하여 교회 역사에 걸쳐 형성되어 온 지배적인 관점은 사람들이 가장 궁핍하고 가장 소외된 기독교인들, 특별히 기독교 메시지를 전하는 사람에게 어떻게 반응하였는지에 대한 판단에 관하여 예수님께서 말씀하시고 계시다는 것이다. 사람을 환영하는 것이 그들의 메시지를 환영하는 것을 의미하는 문화에서(10:40-42를 참조하라) 이것은 완벽하게 이해된다. 참된 신자들은 선한 행위 즉, 가장 도움이 필요한 동료 신자들을 향하여 자비를 베푸는 행위에 우선순위를 두면서 자신의 믿음을 드러낼 것이다. 사회복음을 강조했던 19세기 자유주의 신학에서 인기를 누렸던 또 다른 견해는 오늘날 많은 기독교 집단 가운데 역사적 해석을 완전히 가려 버렸고, 그래서 이 구절들은 그들의 종교적 헌신과 상관없이 가난하며 상처받은 모든 사람들 속에서 예수님의 얼굴을 보는 것에 대한 이야기로 인식되었다. 다른 구절들은 기독교인들이 이러한 사람들에 대해서 책임감을 가져야 한다고

---

149 이스라엘과 다른 나라들에 대한 심판의 유사성들을 확인하려면, Anders Runesson, "Judging Gentiles in the Gospel of Matthew: Between 'Othering' and Inclusion," in Gurtner, Willits, and Burridge, *Jesus, Matthew's Gospel and Early Christianity*, 133-51을 보라.

150 한 연구 보고서(*a Forschungsbericht*)에 관하여, Sherman W. Gray, *The Least of My Brothers: Matthew 25:31-46-A History of Interpretation* (Atlanta: Scholars, 1989)을 보라. 두 관점에 관하여, 시구르드 그린드하임(Sigurd Grindheim, "Ignorance Is Bliss: Attitudinal Aspect of the Judgment according to Works in Matthew 25:31-46," *Novum Testamentum* 50 [2008]: 313-31)의 관찰이 중요하다: 의인들은 자신들이 어떻게 예수님을 섬겨왔는지에 대해서 알지 못한다고 말할 때, 적절한 겸손을 나타내고, 반면 불의한 자들은 자신들이 어떻게 예수님을 섬기지 않았는지에 대해서조차 알지 못한다고 말할 때 특유의 오만함을 드러낸다.

명시하지만(눅 10:29-37; 갈 6:10), 여기에서는 예수님의 말씀이 의미하는 바가 아닐 것이다.[151] 그러나, 어떤 해석이든지 간에, 모든 사람의 심판자가 되시는 분은 단순히 하나님이 아니라, 인자이신 예수님이시라는 사실을 인식하는 것이 중요하다(마 25:31).[152]

다른 복음서와 마찬가지로 마태복음은 마지막 날에 어떤 일이 일어날지에 대해서 심판의 날과 "천국"과 "지옥"에 대한 언급 외에 아무 말도 하지 않는다. 일곱 개의 참고 구절을 가지고 다른 복음서 저자들과 비교할 때(마가복음에서 세 번 언급, 누가복음에서 한 번 언급되며, 요한복음에서는 한 번도 언급되지 않음) 그는 후자를 강조한다. 모든 경우에, 히브리어 게힌놈(*gehinnom*) 또는 (벤)힌놈의 골짜기에서 유래된 헬라어 단어는 게헨나(*geenna*)이다. 힌놈의 골짜기는 오늘날 성벽으로 둘러싼 구 예루살렘과 분리되어 있으며, 오늘날 예루살렘 서쪽에 위치해 있다. 이 골짜기는 과거 이교도들과 이스라엘 민족이 자신들의 아이들을 암몬의 신 몰렉에게 번제물로 바쳤던 장소였다(예를 들어, 왕하 23:10, 대하 28:3, 렘 7:31). 이러한 이유로 이 곳은 영원한 형벌의 장소를 가리키는 생생한 이미지로 기능하였다. 물론 정의(definition)에 따른 그런 형벌은 어떤 사람들의 마음 속에 마태에 대한 존경심을 떨어뜨릴 수 있지만(다른 성경 저자들과 다양한 인물들처럼), 비평가의 영원한 심판에 대한 거부 또는 수용은 그것이 실제로 존재하는지 여부와는 관련이 없다! 울리히 루즈(Ulrich Luz)는 기독교 자유주의의 특별히 반사적인 형태(particularly reflective form)를 대변하면서, 나름대로 잘 표현하였다. 마태의 독특한 열 처녀 비유(마 25:1-13)에 대해 설명을 하는 맥락 속에서 루즈(Luz)는 자신이 그 이야기 속에서 결정적인 발언을 하시는 하나님의 사랑을 열망한다고 인정한다. 그럼에도 불구하고,

151 더 나아가 John P. Heil, "The Double Meaning of the Narrative of Universal Judgment in Matthew 25.31-46," *Journal for the Study of the New Testament* 69 (1998): 3-14; France, *Matthew*, 958; Wilkins, *Matthew*, 811을 보라.

152 이 주제에 관하여, 특히 Alistair I. Wilson, *When Will These Things Happen? A Study of Jesus as Judge in Matthew 21-25* (Carlisle: Paternoster, 2004)를 보라.

그는 "또한 하나님의 순전한 사랑 이야기는 사람들로 하여금 계산적으로 그 사랑에 의존하게 하지 않는지, 그래서 거룩한 하나님을 진지하게 받아들이지 않을 것인지에 대한 질문이 존재한다. 이것이 바로 그 어리석인 여인들이 실제로 했던 것이다"라고 덧붙여 말한다.[153]

그러나 마태는 땅과 하늘과 관련된 훨씬 더 긍정적인 무언가를 가리키는 핵심적인 언급을 한다. 마태복음 19:28에서 그는 "세상이 새롭게 되어"(파링게네시아[*palingenesia*])라고 언급하는데, 이 용어는 아마도 이사야 65:17의 새 하늘과 새 땅을 가리킬 것이다.[154] 그리고 이것이 지나친 추측에 근거한 것이라 거절되었다고 할지라도, 마태는 적어도 예수님의 부활이 더 많은 사람들의 부활을 보증한다고 믿었다는 사실을 보여주면서, 27:52b-53에서 성도들의 부활에 대한 구절을 단독으로 포함한다.[155] 마태의 에스겔 37장과 다니엘 12:2에 대한 지식을 고려할 때, 그는 나머지 이스라엘 사람들 중에 사두개인을 제외한 모든 이들과 함께 거의 확실히 모든 사람이 심판받기 위하여 부활할 것이며, 영원한 보상과 형벌을 받게 될 것임을 내다본다. 그러나 어느 누구도 형벌을 강요받지 않는다. 영원한 불은 오직 "마귀와 그 사자들을 위하여"(25:41) 예비되었다. 그들에게 합류하기로 한 사람들은 오직 자기 탓이다.

결론

일반적으로 구약성경, 특히 율법, 그리고 의로움의 성취에 대한 마태의

---

153 Ulrich Luz, *Matthew 21-28* (Minneapolis: Fortress, 2005), 245.

154 데이비스와 엘리슨(Davies and Allison, *Critical and Exegetical Commentary on the Gospel according to Saint Matthew*, 1:55-58)은 우리가 이 한 구절만으로는 거의 추론할 수 없지만, 적어도 두 가지 추론이 뒤따르는 전체 맥락 속에서 확신된다고 언급한다: 이것은 "그리스도께서 통치하시는 세계이며, 구속받은 이스라엘이 함께 존재하는 세계이다"(58).

155 Donald P. Senior, *The Passion of Jesus in the Gospel of Matthew* (Collegeville, Minn.: Michael Glazier, 1985), 147.

강조는 그의 복음서 전체에 스며있으며 다른 신약성경보다 더 많이 지배적으로 나타난다. 그러나 마가복음에서와 같이 마태복음은 기독론으로 시작하여, 이 주제로부터 점점 발전된다. 마태는 먼저 예수님을 만났고, 그 후에야 비로소 어떻게 그분께서 성경의 많은 부분을 문자적으로 그리고 예표적으로 성취하셨는지를 인지한다. 유대인들을 향한 독점적인 제안으로 시작하는 것은 지구상의 모든 민족을 제자 삼으라는 명령에서 그 절정을 이룬다. 소수의 유대인이 예수님께 충성을 보여주었음에도 불구하고, 대다수 이스라엘 민족은 그분을 거부하였고, 일부는 아주 격렬하게 반응한다. 동시에 예수님은 유대인 메시아인 자신에 대한 보다 더 광범위하고 긍정적인 반응을 예고하면서, 처음에는 이방인 사역에 대한 힌트를 주시고 나중에 본격적으로 이 사역을 맡으신다. 다민족 교회 또는 예수님을 따르는 자들의 모임은 완벽하게 맞아 떨어질 정도로 이스라엘을 대체하지 않는다. 더 나은 마지막 때에 일어날 이스라엘의 모임에 대한 소망이 존재한다. 그러나 이스라엘과 교회의 공통적인 부분은 교회를 새로운 이스라엘이라고 말하는 것을 정당화하기에 충분할 정도로 중요하다. 그러나 심판의 날은 교회 안팎의 모든 사람이 예수님 앞에 서게 될 것이며 참된 제자들이 누구였는지에 관하여 들을 것이기 때문에 궁극적인 평준화임을 입증할 것이다. 마태는 마가보다 예수님의 열두 제자를 더 나은 관점에서 묘사하지만, 그들의 행동은 예상을 벗어난다. 특히, 베드로는 애매한 인물이라는 인상을 준다. 그러나 새 언약을 개시하며 적어도 하나님의 나라를 부분적으로 지상으로 가져온 성령을 통하여 마태복음은 그리스도의 부활 권세를 내다보면서 끝난다. 그 결과 열한 사도는 자신들의 결점에도 불구하고 더 큰 순종과 모든 의로움의 성취를 위한 권한을 부여받는다. 예수님은 자신을 따르고자 하는 사람들을 모든 시간에, 모든 장소에서, 그리고 동일한 목표로 부르신다.

7
누가복음-사도행전

사도행전의 혼란스러운 종결(28:30-31)을 설명하려는 수많은 제안들이 있다. 누가는 바울이 에베소 장로들을 다시는 만나보지 못할 것이라고(20:25) 예상한 이후로, 여덟 장 이상 동안 바울의 선교 여행을 의도적으로 따라다녔다. 그 과정에서 아가보는 바울이 예루살렘에서 체포될 것이라고 예언한다(21:10-11). 누가는 예수님의 마지막 여정과 그 거룩한 성에서의 마지막 나날들을 따라서 예루살렘을 향한 바울의 마지막 여행을 정형화하는 것으로 보인다(행 19:21과 함께 눅 9:51을 참조하라).[1] 그러나 누가는 예수님의 죽음과 부활하심에 대해서 분명히 알고 있었지만, 사도행전 28장의 내러티브를 바울이 여전히 로마에서 가택연금 상태로 있던 상황과 분리하며, 자신이 앞서 강조하였던(25:10-12) 가이사에게 했던 항소 결과에 관한 어떠한 언급도 하지 않는다. 이에 관하여 전통적인 설명이 여전히 가장 최선일 수 있다. 이 이야기는 누가가 글을 쓰고 있었던 바로 그 시점에 근접해 있었고, 누가는 바울이 여전히 그의 상소에 대한 결과를 기다리고 있었기 때문에 더 할 말이 없다.[2]

---

1 C. H. Talbert, *Reading Acts*, rev. ed. (Macon, Ga.: Smyth & Helwys, 2005), xiv.

2 특히, Colin J. Hemer, *The Book of Acts in the Setting of Hellenistic History*, ed. Conrad H. Gempf (Tübingen: J. C. B. Mohr, 1989), 365-410을 보라. 다른 주요 옵션은 사실상 "땅

이러한 사실은 사도행전이 62년, 즉 바울이 60년 봄 즈음 로마에 도착한 지 2년이 지난 후에(28:30) 기록되었을 가능성이 있다는 것을 의미한다.[3]

사도행전을 기록한 동일한 저자에 의해 저술되었다고 가정할 수 있는 누가복음은 자연스럽게 이른 연대를 추정해볼 수 있다. 너무 이른 연대를 추정할 필요는 없으며, 마가복음에 대한 누가의 의존성은 훨씬 더 이른 연대를 생각해 볼 수 있다. 물론 둘 다 62년에 차례대로 기록되었을 수도 있고, 또는 둘 사이에 시간적인 간격이 존재했을 수도 있는데, 이럴 경우에는 마태복음과 같이 누가복음이 마가복음 다음으로 연대를 추정해볼 수 있는 한, 아마도 61년까지도 앞당겨질 수 있다. 특히 저자가 원자료에 의존하지 않은 두 문서의 스타일을 조사해온 대다수 학자들은 초대 교회 전통 역시 만장일치로 주장하였듯이 이 문서들이 동일한 저자에 의해 기록되었다고 믿는다.[4] 비록 때로는 약간의 차이점들을 감지할 수 있지만, 누가복음과 사도행전의 신학적 강조점은 서로 잘 들어맞는다. 누가복음과 사도행전 간의 주목할 만한 차이점이 존재하는 경우에는 앞으로 그 부분에 대한 설명을 할 것이다. 그러나 신약신학이 일반적으로 누가복음과 사도행전을 분리하는 시대 속에서 우리는 본 장에서 누가의 두 문서를 통합적으로 다룰 것이기 때문에 둘

끝"(행 1:8)을 통치하던 제국의 수도, 로마에 지금 복음이 전해진다는 사실로 이 이야기의 절정에 이른다는 것이다. 그러나 납득할 만한 더 나은 방법은 확실히 "그래서 우리는...로마로 가리라"(28:14)로 끝나고, 아마도 복음 전파에 막힘이 없다는(31절에서처럼) 취지의 진술로 끝났을 것이지, 독자들이 바울이 황제에게 상소한 결과를 여전히 알수 없다는 사실을 상기시키기 위해서 바울의 가택 연금 상태를 언급하는 것은 아니었을 것이다.

3 Darrell L. Bock, *Luke 1:1-9:50* (Grand Rapids: Baker, 1994), 16-18. 또한 Rainer Riesner, *Paul's Early Period: Chronology, Mission Strategy, Theology* (Grand Rapids: Eerdmans, 1997), 224-27과 David G. Peterson, *The Acts of the Apostles* (Nottingham: Apollos; Grand Rapids: Eerdmans, 2009), 4-5, 그리고 Eckhard Schnabel, *Acts* (Grand Rapids: Zondervan, 2012), 27-28을 참조하라.

4 Craig S. Keener, *Acts: An Exegetical Commentary*, 4 vols. (Grand Rapids: Baker, 2012-15), 1:551-74를 보라. 일반적인 믿음, 내러티브, 그리고 신학적 통일성에 관한 예외적인 것들에 관하여 Mikeal C. Parsons and Richard I. Pervo, *Rethinking the Unity of Luke and Acts* (Minneapolis: Fortress, 1993)를 보라. 그러나 그들은 여전히 저자의 통일성을 받아들인다. 또한 Andrew F. Gregory and C. Kavin Rowe, eds., *Rethinking the Unity and Reception of Luke and Acts* (Columbia: University of South Carolina Press, 2010)를 참조하라.

사이의 연속성이 더욱 분명해 질 것이다.[5]

누가복음과 사도행전의 스타일과 신학의 유사성 이외에도, 앤드류 클락(Andrew Clark)은 사도행전 안에서 다양한 등장인물 사이에 발견되는 주목할 만한 유사성들(특히 베드로와 바울)을 보여준다. 그리고 누가복음에 나오는 예수님의 생애 가운데 찾아볼 수 있는 에피소드들과 사도행전의 이런 저런 인물들의 경험 사이의 추가적인 유사성도 발견된다.[6] 예수님, 베드로, 그리고 바울은 모두 다 그들의 공적인 사역을 시작할 때 성령의 극적인 역사가 나타난다. 그들 모두는 특히 유대인 청중들에게 유사한 메시지를 전달한다. 그들 모두를 포함하여 치유의 기적을 행한다. 그들 모두는 유대인 청중들로부터 이방인 청중들로 옮겨가면서 순회 사역을 한다. 그들 모두는 성령의 인도하심을 의지하는데, 특히 순회 사역의 여정 가운데 그러하다. 그들 모두는 적대감을 마주해야 하며, 예루살렘에서 체포된다. 그러나 이 세 인물 모두의 이야기들은 그렇게 끝나지 않는다.

구약성경의 성취

성취의 주제가 소개되는 것을 보려고 누가복음의 첫 번째 절을 넘어갈 필요는 없다. 누가는 "우리 중에 이루어진(페플레이로포레이메논[*peplērophorēmenōn*]) 사실"(눅 1:1, 원문은 복수 형태로 기록되었고, "사실들/것들"로 번역될 수 있

5 이러한 적절성은 프랑수와 보본(François Bovon)의 권위있는 연구에 의해 대규모로 입증된다. François Bovon, *Luke the Theologian: Fifty-Five Years of Research (1950-2005)*, 2nd ed. (Waco, Tex.: Baylor University Press, 2006).

6 Andrew C. Clark, *Parallel Lives: The Relation of Paul to the Apostles in the Lucan Perspective* (Carlisle: Paternoster, 2000); 그리고 Robert F. O'Toole, "Parallels between Jesus and His Disciples in Luke-Acts: A Further Study," *Biblische Zeitschrift* 27 (1983): 195-212를 각각 보라. 또한 Robert C. Tannehill, *The Narrative Unity of Luke-Acts*, 2 vols. (Philadelphia: Fortress, 1986); 그리고 C. H. Talbert, *Literary Patterns, Theological Themes, and the Genre of Luke-Acts (Missoula, Mont.: S*cholars, 1972)를 참조하라.

다-옮긴이)을 선택하여 제시하였던 다른 몇 가지 내러티브들에 대해서 안다. 그는 자신만의 조사를 마치고 비슷한 기록을 남기기 원하였다. 그래서 데오빌로가 "알고 있는 바를 더 확실하게 하려"고 한다(4절). 누가의 프롤로그가 자신이 기록한 두 권의 책들을 예상하는 한, 그가 기록한 모든 것은 이전에 예언된 무언가의 성취로 생각하는 듯 해 보인다.[7] 누가복음의 마지막은 동일한 결론을 내린다. 예루살렘의 열한 제자들에게 나타나신 부활의 주님은 "내가 너희와 함께 있을 때에 너희에게 말한 바 곧 모세의 율법과 선지자의 글과 시편에 나를 가리켜 기록된 모든 것이 이루어져야 하리라 한 말이 이것이라"라고 선언하신다(24:44). 이것은 본문을 지나치게 피상적으로 읽는 많은 사람들과 더불어 히브리어 성경의 모든 부분과 모든 구절이 그리스도를 가리킨다고 말하는 것과는 꽤 다르다.[8] 그러나 누가복음에서 예수님은 히브리어 성경의 세 가지 주요 부분 모두에서 메시아에 관하여 기록된 모든 것이 성취되어야 한다고 주장한다(또는 완성되거나 의미가 완전히 드러나야 한다).[9] 예수님은 27절에 엠마오로 가는 길에서 제자들에게 "이에 모세와 모든 선지자의 글로 시작하여 모든 성경에 쓴 바 자기에 관한 것을 자세히 설명하시니라"라고 말씀하실 때, "성취하다"라는 동사를 사용하지 않고 이미 많은 것을 말씀하셨다. 크리스토퍼 라이트(Christopher Wright)는 다음과 같이 요약한다.

---

7 자세히 살펴보려면, Rebecca I. Denova, *The Things Accomplished among Us: Prophetic Tradition in the Structural Pattern of Luke-Acts* (Sheffield: Sheffield Academic Press, 1997)를 보라. 또한 Darrell L. Bock, *A Theology of Luke and Acts: God's Promised Program, Realized for All Nations* (Grand Rapids: Zondervan, 2012), 129-30을 참조하라.

8 어떻게 예수님을 통하여 성경을 읽는지에 대한 분별력 있는 방법에 관하여 마이클 윌리엄스의 책, Michael Williams, *How to Read the Bible through the Jesus Lens: A Guide to Christ-Focused Reading of Scripture* (Grand Rapids: Zondervan, 2012)를 보라.

9 이러한 주장에 관하여, Craig A. Evans and James A. Sanders, *Luke and Scripture: The Function of Sacred Tradition in Luke-Acts* (Minneapolis: Fortress, 1993); Kenneth D. Litwak, *Echoes of Scripture in Luke-Acts: Telling the History of God's People Intertextually* (London: T&T Clark, 2005); 그리고 Thomas R. Hatina, ed., *Biblical Interpretation in Early Christian Gospels*, vol. 3, *The Gospel of Luke* (London: T&T Clark, 2010)를 보라.

> 세례 요한에서 바울에 이르기까지 누가의 이야기 속에 일어나는 일들은 단순히 흥미로운 내러티브로 볼 수 있는 것이 아니다. 이것들은 "이루어진 사실"들이며(눅 1:1), 하나님께서 처음에 이스라엘을 창조하신 목적인, 열방의 복이 이제 교회의 선교를 통하여 실현되면서 이스라엘에 관한 구약 이야기 전체를 절정과 최종 목적지로 가져온다.[10]

누가복음에 나오는 일련의 사건들 사이에는 구약의 성취에 대한 몇 가지 다른 핵심 선언들이 나온다. 아마도 나사렛 회당에서 예수님께서 "이 글이 오늘 너희 귀에 응하였느니라 하시니"(눅 4:21)라는, 이사야 61:1-2a에 나오는 주의 종의 사역에 대하여 읽으신 후에 선언하신 것보다 더 놀라운 것은 없다.[11] 누가복음 4:19는 "주의 은혜의 해"를 언급하기 위해서 이사야 61:2a를 이미 사용하였는데, 이에 대한 언급은 레위기 25장의 희년(Jubilee)을 떠올린다.[12] 누가복음 9:31에서 예수님은 예루살렘에서 "성취"될 자신의 "떠남"(exodus)에 관하여 변화산에서 모세 그리고 엘리야와 함께 이야기를 나누셨다. 여기에서는 이 성취가 히브리어 성경의 정점이 될 필요는 없지만, 18:31에서 예수님은 인자에 관하여 기록된 모든 것이 성취될 장소인 예루살렘으로 올라가실 것이라고 말씀하시면서 다시 한 번 개괄적으로 말씀하

---

10 Christopher J. H. Wright, *The Mission of God: Unlocking the Bible's Grand Narrative* (Downers Grove, Ill.: IVP, 2006), 514-15. 제임스 맥코넬 주니어(James R. McConnell Jr., *The Topos of Divine Testimony in Luke-Acts* [Eugene, Ore.: Pickwick, 2014])는 고대 수사학의 관점에서 구약의 성취는 누가가 누가복음과 사도행전에 걸쳐서 예수님과 사도들을 승인하는 신적 증언을 묘사하는 몇 가지 방법들 가운데 하나라고 주장했다.

11 누가가 전반적으로 이사야서를 전용(appropriation)하는 가운데 이 인용의 계획에 따른 사용에 관하여, 특히 Peter Mallen, *The Reading and Transformation of Isaiah in Luke-Acts* (London: T&T Clark, 2008), 73-78을 보라.

12 Robert B. Sloan, *The Favorable Year of the Lord: A Study of Jubilary Theology in the Gospel of Luke* (Austin: Schola Press, 1977); Christopher R. Bruno, "'Jesus Is Our Jubilee'...But How? The Old Testament Background and Lukan Fulfillment of the Ethics of Jubilee," *Journal of the Evangelical Theological Society* 53 (2010): 81-101을 참조하라.

신다. 그래서 아마도 구약성경은 두 번 모두 염두에 둘 수 있다. "그리고 우리는 누가가 '선지자들을 매개로'라고 말할 때, 모든 성경에 대해 생각했다고 상상할 수 있다. 그는 모세(율법)와 다윗(시편)을 이사야와 예레미야와 같은 방식으로 선지자라고 생각하였다."[13] 누가복음 21:20에서 이방인 군대가 예루살렘을 향해 돌진하여 오는 맹공격은 주후 70년에 로마가 그 거룩한 도시를 파괴함으로 성취되었고, 또한 "기록된 모든 것을 이루는"(22절) 것으로 묘사된다. 그럼에도 누가복음에서는 예루살렘의 멸망을 이스라엘과 열방에 대한 하나님의 모든 계획의 성취가 완성되는 때로부터 약간의 시간 간격이 있어야 한다고 암시하면서, 예수님은 즉각적으로 "예루살렘은 이방인의 때가 차기까지 이방인들에게 밟히리라"(24절)라고 즉시 덧붙이신다. 의미심장하게도, 예수님은 마지막 만찬에서 다가올 나라에서 제자들과 함께 먹기 전까지는 그들과 함께 또 다른 유월절 식사를 하지 않을 것이라고 예측하시는데, 이는 이사야의 종말론적 연회(사 25:6-8)에 대한 인유를 나타낸다.[14]

그러나 많은 구체적인 본문은 그리스도의 초림에서 이미 그리스도 안에서 이루어진 성취를 발견한다. 가장 주목할 만한 것은 누가복음 22:37이 어떻게 고난 받는 종이 범법자들 가운데 한 사람으로 간주되어야 하는지에 대해 이사야 53:12를 인용하는데, 이는 예수님의 양편에 있는 두 범죄자들이 그분과 함께 십자가에 못박힘으로써 성취된 것으로 이해된다. 신약성경 전체에서처럼, 1세기에 일어난 사건 안에 성취된 것으로 이해되는 모든 인용 문구들이 분명한 동사 사용으로 소개되는 것은 아니다. 예를 들어, 누가복음 1:69-70은 하나님이 "예로부터 거룩한 선지자의 입으로" 말씀하셨듯이, 세례 요한의 탄생과 함께 지금 시작되는 구원에 대해서 간단하게 말한다. 게

---

13 François Bovon, *Luke 2: A Commentary on the Gospel of Luke 9:51-19:27* (Minneapolis: Fortress, 2013), 576.

14 Jonathan T. Pennington, "The Lord's Last Supper in the Fourfold Witness of the Gospels," in *The Lord's Supper: Remembering and Proclaiming Christ until He Comes*, ed. Thomas R. Schreiner and Matthew R. Crawford (Nashville: B&H, 2010), 56-58.

다가, 누가복음에서 대부분 명확한 성경 인용문구들(인유들과는 반대로)은 마가복음 또는 Q에서 가져오지만, 사도행전에 나오는 유사한 인용문구들은 누가가 가장 원자료에 의존도를 보이는 처음 장들에 모여 있는 경향이 있다.[15] 이것은 이 인용문구들이 누가가 자신의 내러티브에 기록한 것보다 내러티브 내에 나오는 인물들에 기인한다는 관찰과 일치한다.[16] 이것은 구약의 인용문구와 그에 대한 성취가 누가 자신이 고안해낸 것이 아니라 전통적인 자료라면 우리가 정확히 기대할 수 있는 바로 그것이다.

그럼에도, 구약성경의 인용문들은 비록 빈도수가 감소한다고 할지라도, 초대 교회의 신학에 관한 우리의 논의 속에 앞서 항목별로 말한 것을 넘어서 사도행전에서 계속된다. 바울이 비시디아 안디옥 회당에서 설교할 때(13:16-41), 누가가 사도행전 13-28장에서 했던 것보다 더 많이 구약성경을 언급한 사실은 그리 놀랄만한 일이 아니다. 바울은 산헤드린 공의회를 향한 스데반의 연설을 상기시키는 이스라엘 역사에 대한 긴 설명에다가(행 7장), 구체적으로 시편 2:7, 이사야 55:3, 시편 16:10, 하박국 1:5, 그리고 이사야 49:6을 인용한다. 이러한 인용문들 가운데 일부는 베드로와 다른 사람들이 초기에 사용하였던 동일한 본문들이기 때문에, 어떤 비평가들은 누가가 원래 다양한 접근법을 은폐하고 등장인물들이 유사한 설교를 한 부분에 대해 책임이 있다고 주장한다.[17] 그러나 회심 전부터 이미 기독교의 주장들에 대해 어느 정도 친숙하였던 바울이 예루살렘에서 베드로와 야고보를 처음 방문한 후에 비슷한 유대적 환경 속에 있는 동료 사도들이 사용하던 성공적인

15 누가복음 3:4-6; 4:4, 8, 10-11, 12; 7:27; 8:10; 10:27; 13:35; 18:20; 19:38, 46; 20:17, 28, 37, 42-43; 21:27; 22:37, 69. 예외로는 2:23, 24; 4:18-19; 그리고 23:30, 46이 있다.

16 사도행전 1:20; 2:17-21, 30, 31, 34-35; 3:22, 23, 25; 4:11, 25-26; 7:3, 5, 6-7, 7, 18, 27-28, 30, 32, 33, 34, 35, 37, 40, 42-43, 49-50; 13:22, 33, 34, 35, 41, 47; 15:16-17; 23:5; 28:26-27. 유일한 예외로는 8:32-33이 있다.

17 Martin Dibelius, *Studies in the Acts of the Apostles,* ed. Heinrich Greeven (London: SCM; New York: Charles Scribner's Sons, 1956), 165-74; Ernst Haenchen, *The Acts of the Apostles: A Commentary* (Oxford: Blackwell; Philadelphia: Westminster, 1971), 129-30.

논리의 일부를 적어도 재사용하지 않았을 것이라고 상상하기는 힘들다.[18] 이 유사점들은 맹목적으로 모방하는 것이 아니며, 누가는 사도행전에 나오는 바울의 여러 연설들을 통하여 바울이 자신의 청중에 따라서 복음을 세심하게 상황화한다는 사실을 보여준다.[19]

사도행전 후반에 가장 흥미로운 구약성경의 사용 가운데 한 가지는 사도행전 15:16-18에서 야보고가 아모스 9:11-12의 칠십인경역을 언급한 것이다. 누가는 여기에서(그리고 다른 곳에서도) 유대인이 사용하는 동일한 용어로 이방인 선교의 타당성을 보여주기 위하여 구약성경을 사용한다.[20] 비평가들은 이 예루살렘의 장로가 헬라어 구약성경을 거의 인용하지 않았다는 사실에 대해 불만을 표하지만,[21] 사도행전은 이 모임을 다른 지역에서부터 모인 다양한 단체들이 연루된 공의회이며, 사도행전 6:1이 보여주는 것처럼, 예루살렘 그 자체가 헬라파 유대인과 히브리파 유대인들 사이에서 분할된다는 사실을 묘사한다. 따라서, 그것은 어떤 이들이 이 공의회 지도자들의 헬라어 역본 사용에 동의했다고 생각하는 것처럼 타당해 보이지 않는 것은 아니다.[22] 더욱 심각한 비평은 야고보의 요점이 맛소라 사본이 아닌 오직 칠십인경에서만 도출될 수 있다는 것이지만,[23] 이것은 야고보가 14-15절에서 주장

18 Keener, *Acts*, 1:305-6. 누가가 다양한 연설의 요지를 보존하였지만, 베드로와 바울이 같은 메시지를 전달했다는 사실을 강조하고자 하였다는 가능성에 대한 좋은 변증을 제공하는 책은 Osvaldo Padilla, *The Acts of the Apostles: Interpretation, History and Theory* (Downers Grove, Ill.: IVP, 2016), 138-49, 173이다.

19 Dean E. Flemming, *Contextualization in the New Testament: Patterns for Theology and Mission* (Downers Grove, Ill.: IVP, 2005), 56-88. James A. Meek, *The Gentile Mission in Old Testament Citations in Acts: Text, Hermeneutic, and Purpose* (London: T&T Clark, 2008), 56-94.

20 James A. Meek, *The Gentile Mission in Old Testament Citations in Acts: Text, Hermeneutic, and Purpose* (London: T&T Clark, 2008), 56-94.

21 예를 들어, Richard I. Pervo, *Acts: A Commentary* (Minneapolis: Fortress, 2009), 375-76.

22 Keener, *Acts*, 3:2247-48.

23 Pervo, *Acts*, 376; C. K. Barrett, *A Critical and Exegetical Commentary on the Acts of the Apostles*, 2 vols. (Edinburgh: T&T Clark, 1994-98), 2:728.

하는 것 이상을 말하려고 할 때에만 참이다. "하나님이 처음으로 이방인 중에서 자기 이름을 위할 백성을 취하시려고 그들을 돌보신 것을 시므온이 말하였으니 선지자들의 말씀이 이와 일치하도다." 분명하지 않지만, 이런 이유로 어느 정도 서로 다른 두 별개의 민족이 여전히 존재하며 이들이 똑같이 대우받지 않는다는 제이콥 저벨(Jacob Jervell)의 주장에도 불구하고, 마지막 날 유대인과 이방인의 평등은 칠십인경에서 순조롭게 도출될 수 있다.[24] 그러나 평등과 평등한 대우가 전체 공의회의 절차에 근거한 야고보의 결론이며, 아모스에서 가져온 인용문이 아니라면, 그가 이 본문으로부터 도출하여 진술한 것은 거의 수월하게 맛소라 사본에서 추론할 수 있었을 것이다.[25]

신생 교회의 주장들을 지지하기 위하여 구약 사용에 대한 보다 일반적인 언급들로는 사도행전 17:2-3을 포함하는데, 데살로니가 회당에서 바울은 자신이 예수님과 동일한 인물이라고 주장하고 있는 메시아의 죽음과 부활의 필요성에 대해서 "성경으로부터" 추론한다. 마찬가지로, 베뢰아의 유대인들은 "간절한 마음으로 말씀을 받고 이것이 그러한가 하여 날마다 성경을 상고"하였는데(17:11), 이러한 사실은 바울이 자신의 주장을 지지하는 가운데 이 거룩한 책들을 풍성하게 지속적으로 인용하였다는 것을 암시한다.[26] 다시 말하자면, 바울이 헤롯 아그립바 2세 앞에 섰을 때, 그는 "아그립바 왕이여 선지자를 믿으시나이까 믿으시는 줄 아나이다"(26:27)라고 호소함으로써 자신의 변호를 마친다. 비록 누가의 축약된 연설의 기록은 이러한 경우에 바울의 특정한 예언들에 대한 인용을 포함하지 않았지만, 자신의 변호 때 사용한 본문이 무엇이든지간에 예수님께서 유대인들의 예언을 성취셨다

---

24 Jacob Jervell, *Luke and the People of God: A New Look at Luke-Acts* (Minneapolis: 1972), 41-74.

25 또한 W. Edward Glenny, "The Septuagint and Apostolic Hermeneutics: Amos 9 in Acts 15," *Bulletin for Biblical Research* 22 (2012): 1-25; 그리고 J. Paul Tanner, "James' Quotation of Amos 9 to Settle the Jerusalem Council Debate in Acts 15," *Journal of the Evangelical Theological Society* 55 (2012): 65-85를 참조하라.

26 Darrell L. Bock, *Acts* (Grand Rapids: Baker, 2007), 556을 참조하라.

는 분명한 주장을 포함하였다(바울이 나중에 28:20에 언급하였던 "이스라엘의 소망").[27]

사도행전 마지막의 몇 구절 안에서 발견되는 최종 본문은 누가가 구약의 성취를 자신의 복음서 뿐만 아니라 사도행전까지 포함한 두 문서의 중심 주제로 본다는 사실을 보여준다.[28] 누가는 사도행전 28:23b에서 로마에서 이루어지던 바울의 유대인 사역을 요약하면서, 누가복음 24:27, 44와 같은 종류의 언어를 사용한다. "모세의 율법과 선지자의 말을 가지고 예수에 대하여 권하더라." 지금까지 누가복음과 사도행전이 서로 연결되어 있다는 우리의 선택은 이러한 통일된 주제에 의해서 강화되었다. 그러나 그레이엄 트웰프트리(Graham Twelftree)는 사도행전에 연속으로 나오는 사건들 가운데 차이점에 관하여 중요한 요점을 짚어낸다:

> 누가는 그리스도인들이 최초의 그리고 본질적으로 성령의 사람들이라고 생각하였다. 그들은 주로 문서의 사람들이 아니었다. 그들이 경험한 것은 본문을 묵상하거나, 묵상한 것을 토대로 신학적, 윤리적으로 삶에 적용한 것으로부터 일어난 것이 아니었다. 오히려 그 독자들이 경험한 것은 예수님의 오심에 대한 응답, 그리고 특히 성령의 오심에 대한 경험을 통하여 온 것이었다.[29]

---

27 "분명히, 누가의 관심은 유대인의 소망이 기독교 안에서 실현되었다는 사실을 보여주는 것이다." Greg W. Forbes, *The God of Old: The Role of the Lukan Parables in the Purpose of Luke's Gospel* (Sheffield: Sheffield Academic Press, 2000), 329.

28 Diane G. Chen, *God as Father in Luke-Acts* (New York: Peter Lang, 2006), 232를 참조하라: "누가는 예수님의 오심을 가장 중요한 내러티브의 절정을 이루는 장으로 그리고 하나님의 구원 계획의 중추적인 전환점으로 제시한다. 이스라엘의 메시아가 마침내 오셨고 아브라함, 다윗, 그리고 이스라엘에게 하신 약속들이 이제 성취되었기 때문에 절정을 이룬다고 말할 수 있다. 이방인 신자들이 또한 하나님의 가족으로 환영받음에 따라, 하나님의 자녀가 된다는 특권적인 지위가 더 이상 유대인들에게만 국한되는 것이 아니기 때문에 이는 매우 중요하다고 할 수 있다." 또한 Charles H. Talbert, "Promise and Fulfillment in Lucan Theology," in *Luke-Acts: New Perspectives from the Society of Biblical Literature Seminar*, ed. Charles H. Talbert (New York: Crossroad, 1984), 91-103을 참조하라.

29 Graham H. Twelftree, *People of the Spirit: Exploring Luke's View of the Church* (London: SPCK; Grand Rapids: Baker, 2009), 151.

그 일이 벌어지고 난후 구약성경은 그들이 이 경험에 대해 이해할 수 있도록 상당부분 도움을 주었지만, 그들의 경험은 성경 연구에 기인한 것이 아니었다.

세례 요한과 예수님 간의 비교 대조

누가복음 1:1-2:52는 구약의 역사서의 내러티브를 구원 역사 속에서 시대적 변화가 일어나는 절정의 순간까지 이어보려고 의식적으로 시도하는 것처럼 보인다.[30] 누가는 자신의 내러티브와 구약에 대한 언급들을 반복적으로 엮음으로써 이러한 임무를 수행한다. 복음서 저자들 가운데 오직 누가만이 세례요한의 탄생에 관한 정보를 제공하며, 마태는 예수님의 탄생 전후 사건들에 대한 적은 정보를 크게 확장한다. 요한이 잉태되고 출생한 내러티브는 구약 사용이 풍부하다. 그는 나실인과 비슷할 것이다(1:15; 민 6:1-21을 참조하라). 요한은 "엘리야의 심령과 능력으로"(1:17a) 사역할 것이며 "아버지의 마음을 자식에게…돌아오게 하고 주를 위하여 세운 백성을 준비"할 것이다(17b절; 말 4:5-6에서 엘리야가 행하는 것처럼).[31] 자녀가 없었던 엘리사벳은(눅 1:7) 사무엘상 1:2에 등장하는 한나의 경우를 떠올리는데, 주님은 두 경우 모두 다 비난받았던 수치를 제거하신다(눅 1:25; 삼상 2:1-5). 사가랴는 기적적인 잉태에 대한 주님의 약속을 믿지 않아서 말을 못하게 되었다. 이 약속들에 대한 전령인 가브리엘 천사는 자신이 한 약속들이 "때가 이르면…이루어지리라"라고 강조한다(눅 1:20).[32] 사가랴는 자신이 다시 말하는 것이 허락될 때까

---

30 Keener, *Acts*, 1:485-87; Litwak, *Echoes of Scripture in Luke-Acts*, 32.

31 이 복음서 전체에 나오는 이 주제에 대하여, Jaroslav Rindoš, *He of Whom It Is Written: John the Baptist and Elijah in Luke* (Frankfurt am Main: Peter Lang, 2010)를 보라. 조금 더 구체적으로, Craig L. Blomberg, "Elijah, Election, and the Use of Malachi in the New Testament," *Criswell Theological Review* 2 (1987): esp. 107-8을 참조하라.

32 누가복음에서는 "성취하다"라는 표현과 함께, "정해진 시간이라는 의미로 사용되는 카이로스

지 하나님의 아들이 시작할 일련의 구원 사건들에 대해 하나님을 찬양하는 특별한 시를 만들었다(68-79절). 하나님이 "아브라함과 맺은 자신의 거룩한 언약을 기억할"(72-73절) 시간이 다가왔다. 요한 자신은 주의 길을 예비하는(76절) 지극히 높으신 분의 선지자가 될 것이다(75절).

특히 출생 내러티브의 시작 부분에서 요한과 예수님 사이의 분명한 유사점들이 존재한다. 천사는 두 인물의 기적적인 잉태를 미리 선언하며, 각 아이는 이스라엘의 구원 역사 가운데 맡겨진 역할을 수행할 것이다(1:11-17, 26-33). 그러나 곧 그 차이점들은 유사점들 보다 더 크다. 요한은 선지자일 뿐이지만(76절), 예수님은 하나님의 아들이시기도 하다(32절). 각 아이의 탄생에 대한 내러티브 분량은 상대적인 중요성을 반영한다(1:57-80, 2:1-40).[33]

두 어머니의 삶은 누가복음 1:39-56에서 교차한다. 엘리사벳에게 자신의 아들이 특별하듯, 그녀는 마리아의 아들이 더 특별하고 고귀할 것임을 알아본다. 그분은 일반적인 성관계로 잉태되지 않을 것인데, 늦은 나이로는 드물게 아이를 가졌던 엘리사벳과 사가랴와는 다른 경우이다. 대신에, 그는 "지극히 높으신 이의 능력이…덮으"실, 처녀에 의해 잉태될 것이다(35절). 이러한 일이 어떻게 발생할 수 있는지에 대한 마리아의 질문은 사가랴의 경우보다는 덜 질책할 만한데, 그녀가 기억해야할 성경적 선례가 없기 때문이다. 연속된 시적 표출(또는 이것들은 더욱 신중하게 지어졌는가?)은 하나님 백성의 구원 역사 속에서 특별한 순간을 위해서 다양한 방식으로 찬양하지만, 어린 그리스도는 또한 이방인들을 향한 계시의 빛이 될 것이다(2:32; 사 49:6를 암시함). 따라서 예수님은 "지극히 높으신 이의 아들"이라고 불릴 것이며, "다윗의 왕위"(1:32)를 받을 것이며, "하나님의 아들"(1:35)일 뿐만 아니라, "그리스도 주"이신 "구주"(2:11)가 되실 것이다.[34]

(καιρός, 시간)도 자주 나온다" Bock, *Luke 1:1-9:50*, 93.

33 John Nolland, *Luke 1-9:20* (Dallas: Word, 1989), 40-41.

34 호칭의 축적은 궁극적으로 니나 헨리치스-타라센코바(Nina Henrichs-Tarasenkova, *Luke's Christology of Divine Identity* [London: Bloomsbury T&T Clark, 2016], 192-93)가 "자기

그러나 찬양과 예수님의 탄생이 집중적으로 언급한 후에, 누가는 예수님께서 12세 때 성전에 계셨던 이야기를 들려준다. 네 복음서 저자들 가운데 유일하게 누가는 예수님의 아주 어린 유년 시절과 성인 사역 사이의 시간에 대해서 이야기한다. 아기 예수님을 신동으로 묘사하는 후기 외경의 복음서들과 달리, 누가복음 2:41-52는 정반대 효과를 가진다. 예수님이 12세 수준의 이해력으로 성전에서 교사들의 질문에 대답할 때 사람들이 놀란 것은 사실이지만(47절), 이 구절의 절정은 예수님께서 마리아와 요셉에게 순종하여 함께 나사렛으로 되돌아가서 지성적으로, 신체적으로, 영적으로("하나님..에게 더욱 사랑스러워 가시더라), 사회적으로 성장하셨다(51-52절).[35] 또한 52절은 "점점 자라매 여호와와 사람들에게 은총을 더욱"(삼상 2:26) 받은 사무엘의 이야기를 떠올리게 한다. 예수님의 족보에서는(눅 3:23-38), 아브라함으로 시작하여 앞으로 나아가는 마태복음의 부분적 평행과는 달리(1:2-17), 누가는 예수님으로 시작하여 아담에 이르기까지 연대적인 역순으로 족보를 보여주며, 심지어 아담을 "하나님의 아들"(38절)로 언급한다. 누가복음에서 예수님께서 궁극적으로 신적 아버지를 두신 것처럼, 완전한 인간이시기도 하다.[36]

누가복음의 편집 비평 분야의 선구자인 한스 콘첼만(Hans Conzelmann)은 누가의 유아기 내러티브(눅 1-2장)를 의도적으로 다루지 않았는데, 이 부분은

성찰적인" 또는 "신적 정체성의 현대적 형태"라기 보다 "관계를 나타내는" 또는 "전근대적 신적 정체성"이라고 부르는 결과를 낳았다.

35 "예수님은 자신이 하나님의 아들임을 알고 계셨지만, 지혜가 자라난다는 것은 자신에게 주어진 역할에 대한 이해 역시 자라가야 한다는 사실을 암시한다. 이러한 이해와 헌신은 마귀에 의하여 혹독한 시험에 처하게 될 것이다(4:1-13)" David E. Garland, *Luke* (Grand Rapids: Zondervan, 2011), 146.

36 C. H. Talbert, *Reading Luke*, rev. ed. (Macon, Ga.: Smyth & Helwys, 2002), 40을 참조하라. 창세기 5:3과 누가복음 3:38은 서로 연관되어 있는데, 이 두 본문은 창조와 출산(즉, 하나님과 자식관계에 놓여있음)을 연결하고, 족보에서 아담으로 거슬러 올라가는 주된 힘은 인성(humanity)의 기원을 하나님 안에서 찾는다는 점에서 그러하다. Gavin Ortlund, "Image of Adam, Son of God: Genesis 5:3 and Luke 3:38 in Intercanonical Dialogue," *Journal of the Evangelical Theological Society* 57 (2014): 673-88을 보라.

다른 곳에서 비교할만한 문학적 유사성이 없기 때문이었다.[37] 편집 비평이 발전됨에 따라서, 복음서 저자가 사용한 출처와 대조적으로 독특한 특징들뿐만 아니라, 내러티브를 연속적으로 읽으면서 발견되는 반복적인 강조점들을 살펴봐야 하는 것이 곧 분명해졌다.[38] 이러한 관점에서, 누가복음의 첫 두 장에 이미 여러 개의 지배적이며 독특한 주제가 근원적인 형태로 나타나는데, 성전의 역할, 예수님의 어머니 마리아를 이해하는 올바른 방법, 성령 충만, 교만하고 낮은 자의 "엄청난 반전", 이스라엘의 구원, 죄 용서, 로마 세계라는 커다란 맥락 속에서 일어나는 이 사건들의 배경, 시므온과 안나의 오랜 기다림과 기대의 끝, 미래적 대립에 대한 예고가 있다. 이 모든 것을 동시에 설명하기는 불가능하다. 따라서 누가복음의 첫 두 장에서 초점 맞추어야 할 예수님의 인성과 사역으로 시작할 것이다.

기독론

놀랄 것도 없이 누가는 예수님에 대한 몇 가지 강조를 초대 교회에서 최초로 알려진 복음서인 마가복음과 공유한다. 예수님은 인자이자 하나님의 아들이시며, (왕적인 그리고 종 된) 메시아이시다. 그러나 누가복음-사도행전에서 예수님에 대한 더욱 특별한 칭호와 묘사들이 나온다.

---

37 Hans Conzelmann, *The Theology of St. Luke* (New York: Harper & Row, 1960; London: Faber & Faber, 1961). 그러나 그는 누가복음 1-2장에 나와 있는 개별 구절들을 곳곳에서 언급한다.

38 본래 후자는 때때로 구성 비평(composition criticism)으로 불렸지만, 이 용어가 고정적으로 사용된 것은 아니다. 그리고 전자와 후자는 합쳐져서 편집 비평이라는 호칭으로 통합되었다. Grant R. Osborne, "Redaction Criticism," in *Interpreting the New Testament*, ed. David A. Black and David S. Dockery (Nashville: B&H, 2001), 128을 보라.

구원자

공관복음서 저자들 가운데, 누가만이 "구원자"(소테르[sōtēr])라는 호칭을 사용한다. 복음서에서 이 호칭의 사용은 유아기 내러티브에 나타난다. 유명한 "크리스마스 카드 본문"인 누가복음 2:11("구주가 나셨으니 곧 그리스도 주시니라", NKJV, NASB, RSV, ESV)에 추가적으로, 마리아는 누가복음 1:47에서 하나님을 그녀의 구세주라고 부른다. 구약성경은 종종 여호와를 이스라엘의 구원자라고 묘사한다(정확히 말하면 34회). 이 중에 21회는 마리아의 찬가에서처럼 "하나님과 구원자"가 긴밀하게 연결되어 있다. 그렇지만 엘리사벳이 마리아를 "주의 어머니"라고 부르는데, "주님"이라는 호칭이 여호와가 아닌 마리아의 아기를 지칭한다. 그 후 곧장 누가복음 1:46-47에서 마리아는 "하나님 내 구주"로 불리는 주님을 향해 찬양 드린다. "주의 어머니"는 눈에 많이 띄는 호칭인데, 유대인들에게 있어서 주님이 아니라 하나님만이 존재했고 그 분을 제외하고는 구원자가 없기 때문이었다(호 13:4). 엘리사벳의 말은 또한 성취의 언어로 표현되며, 만약 구약에서 직접 가져오지 않았다면 적어도 그녀에게 주어진 천사의 약속에서 왔다(눅 1:45). 그러므로 하나님이 보여주시는 구원자 역할은 마리아에게 이스라엘의 구원자가 될 이 기적의 아기를 주시는 것이다.[39] 누가는 나중에 예수님이 구원자임을 분명히 밝힌다. 사도행전 5:31에서 예수님은 이스라엘을 회개로 인도할 "임금과 구주"이시며, 그리하여 그들의 죄가 용서 받을 것이다. 사도행전 13:23에서 예수님은 다윗왕의 아버지인, 이새의 자손으로서 이스라엘의 구원자이시다. 따라서, 이 사도행전 본문들은 예수님이 지니신 왕의 혈통을 구원의 역할과 연결한다.[40]

---

39 "주님으로부터"라는 표현은 천사의 말들이 그럼에도 불구하고 주님으로부터 온 것임을 보여준다. I. Howard Marshall, *The Gospel of Luke* (Exeter: Paternoster; Grand Rapids: Eerdmans, 1978).

40 누가복음-사도행전에 나오는 다윗 계보에 서 계신 메시아의 역할에 관하여, 특히 Mark L. Strauss, *The Davidic Messiah in Luke-Acts: The Promise and Its Fulfillment in Lukan Christology* (Sheffield: Sheffield Academic Press, 1995)를 보라. 또한 Yuzura Miura,

그러나 예수님이 더 자주 "구원자"라는 칭호와 연결되어 있더라도, 하나님은 구원 과정의 모든 요소를 시작하시는 분이기 때문에 역시 구원자로 남아 계신다.[41]

그러나 적어도 통계적으로 말하자면, "구원자"라는 칭호보다 더 주목해야 할 단어는 "구원"(소테리아[*sōtēria*])이라는 동족 명사(cognate noun)이다. 누가복음-사도행전에서 예수님께서 행하시는 구원을 가리킬 때 9회 나오지만, 마태복음과 마가복음에서는 전혀 나타나지 않고 요한복음에서 한번 간접적으로 언급될 뿐이다(요 4:22). 하나님은 다윗의 집에서 이스라엘을 위한 "구원의 뿔"을 일으키셨는데, 이 은유는 강하신 구원자를 가리키며(눅 1:69), 이것은 다시 선지자들이 예언한 대로이다(70절).[42] 이 구원은 적들로부터의 구원이라는 의미를 포함한다(71절). NIV에서도 "구원"은 이 세상을 비롯하여 그 너머의 구원을 가리키기 위해서 구약성경에서 72회 나온다. 그러나 예수님은 구원이 필요한 사람들에게 사탄과 죄가 로마인들보다 더욱 심각한 대적들이라는 사실을 분명히 하실 것이다.[43] 이것을 예상하는 가운데, 이미 사가랴가 부른 축복의 노래(77-78절)는 요한이 사람들의 죄 용서를 가져올 것을 인정하지만, 그는 하늘로부터 그들에게 비칠 "돋는 해"를 위한 길을 예비할 것이다(이것은 아기 그리스도와 그의 선재성에 대한 인유이다).[44]

David in Luke-Acts: His Portrayal in the Light of Early Judaism (Tübingen: Mohr Siebeck, 2007); 그리고 Sarah Harris, *The Davidic Shepherd King in the Lukan Narrative* (London: Bloomsbury T&T Clark, 2016)를 참조하라.

41 Joel B. Green, "Salvation to the End of the Earth: God as the Saviour in the Acts of the Apostles," in *Witness to the Gospel: The Theology of Acts*, ed. I. Howard Marshall and David Peterson (Grand Rapids: Eerdmans, 1998), 97-98. 조금 더 구체적으로, 그린(Green)은 누가의 하나님에 대한 묘사가 1세기 로마 제국에서 발견되는 후원자의 역할을 본으로 삼는다고 본다.

42 James R. Edwards, *The Gospel according to Luke* (Grand Rapids: Eerdmans; Nottingham: Apollos, 2015), 62

43 N. T. Wright, *Jesus and the Victory of God* (London: SPCK; Minneapolis: Fortress, 1996), 459-63; Udo Schnelle, *Theology of the New Testament* (Grand Rapids: Baker, 2009), 125.

44 Simon J. Gathercole, *The Pre-existent Son: Recovering the Christologies of Matthew, Mark, and Luke* (Grand Rapids: Eerdmans, 2006), 238-42. 이사야 45:6과 59:19는 하나님

구원은 누가복음-사도행전 전체를 관통하는 주제로 계속해서 나온다. 나중에 예수님의 사역 기간 동안에 삭개오가 자신이 가진 재산의 절반을 가난한 자들에게 나눠주기로 약속하며, 자신이 속인 모든 것을 네 배로 되돌려 주기로 약속하였을 때, 예수님은 그 날 삭개오의 집에 구원이 왔다고 선언하신다(눅 19:9). 아마도 그의 논리는 이것들이 삭개오의 회개를 보여주는 열매들이라는 것이다(3:8을 참조하라).[45] 누가복음 19장에 나와 있는 다음 구절은 전체 복음서에 대한 논제 진술 또는 주제로 보인다. "인자가 온 것은 잃어버린 자를 구원하려 함이니라"(10절).[46] 사도행전 4:12는 누가가 이 구원에 관하여 제시하는 가장 배타적인 주장들 가운데 하나이다. 구원은 천하의 모든 사람에게 주어진 다른 이름(권세, 능력) 가운데 발견되지 않는다.[47] 사도행전 13:26은 전체 복음을 유대인과 이방인들에게 똑같이 "이 구원의 말씀"이라고 지칭하기 위하여 일반화하는데, 이 메시지는 바울과 그의 동역자들이 땅 끝까지 전해야 하는 메시지이다(47절, 1:8을 상기시킨다). 빌립보에서 귀신 들린 여종은 바울과 그 동역자들이 구원의 도를 선포하고 있다는 것을 알아차리고, 이 지식을 선언함으로써 그들을 막으려 했지만 그렇게 할 수 없었다

의 능력과 영광이 지구 동쪽에서 서쪽으로 알려질 것이라는 암시의 일부로서 문자 그대로의 "돋는 해"에 관하여 이야기한다.

45 존 킬갤런(John Kilgallen, "Was Jesus Right to Eat with Sinners and Tax Collectors?" *Biblica* 93 [2013]: 590-600)은 이 구절이, 삭개오의 모범과 함께, 소외되고 버림받은 부류들과 식탁 교제를 나눌 때 예수님께서 보여주신 기존의 가치관을 거부하는 행위를 최종적으로 정당화한다고 주장한다.

46 I. Howard Marshall, *Luke: Historian and Theologian*, 3rd ed. (Exeter: Paternoster; Downers Grove, Ill.: IVP, 1998), 116. 또한 Douglas S. McComiskey, *Lukan Theology in the Light of the Gospel's Literary Structure* (Milton Keynes: Paternoster, 2004), 318을 참조하라.

47 이 구절은 복음화 되지 않은 사람들의 미래에 대한 논쟁을 배제하지 않는다. 이 말씀은 구원받은 사람은 누구나 그리스도의 죽음의 능력과 효력에 의해서 구원받는 사실을 의미한다. 다른 진정한 구원자는 존재하지 않는다. 그러나 구원받은 사람들 모두가 "예수님"의 이름을 들어보았다고 할 수는 없을 것인데, 이는 기독교 이전 시대에 하나님의 신실한 백성 모두를 배제할 것이기 때문이다. 이 사안에 대하여 역사적으로 중요하면서도 기독교적인 다양한 옵션들에 관하여, John Sanders, *No Other Name: An Investigation into the Destiny of the Unevangelized* (Grand Rapids: Eerdmans, 1992)를 보라.

(16:17).[48] 대신에, 그들은 그 여종에게 들린 귀신(들)을 쫓아낸다(18절)! 사도행전 27:34는 바울이 굶주리고, 폭풍에 휩싸인 선원들에게 음식을 먹으라고 권했을 때, 단지 육체적 생존을 염두에 두고 소테리아(*sōtēria*)라는 용어를 사용하였을 것이다. 그러나 이 항해에 대한 전체적인 기록은 영적 고통과 구조라는 의미가 많이 함축되어 있어서 이중적 의미가 여기에도 암시되었을 것이다.[49]

누가복음에서 "구원하다"(소조[*sōzō*])라는 동사의 형태는 통계상 유의미한 방식으로 마태복음과 마가복음에서 상응하는 것들과 숫자적인 면에서 다르지 않다. 그러나 마태복음에서 4회, 마가복음에서 3회, 누가복음에서 5회, 요한복음에서 3회 나온 후에, 사도행전에서 11회 언급되는데 이 가운데 적어도 9회는 영적인 구원을 의미한다. 예수님의 죽음, 부활, 승천, 오순절 성령 강림과 같은 연속된 사건들이 구원의 한 근원이 될 수 있게 하기 때문에, 우리는 복음서보다 사도행전에서 구원에 대한 언급이 더 많다는 사실을 알고서는 놀라지 말아야 한다. 아마도 이 용어가 가장 중요하게 사용된 곳은 사도행전 16:13a이며, 때로는 사도행전의 요한복음 3:16이라고 불리기도 한다. "주 예수를 믿으라 그리하면 너와 네 집이 구원을 받으리라" 누가는 바울처럼 의로움과 관련된 언어를 자주 사용하지는 않지만, 누가복음 18:14에서 성전에서 집으로 가는 바리새인이 아닌 세리를 가리키는 동사인 "의롭다 하심을 받다"(justified)는 바울이 사용한 동사와 같으며, 한편 사도행전에서는 바울의 설교에 대한 꽤 상세한 개요가 나오는데, 이 용어가 다시 나온다(행 13:38-39): "또 모세의 율법으로 너희가 의롭다 하심을 얻지 못하던 모든 일에도 이 사람을 힘입어 믿는 자마다 의롭다 하심을 얻는 이것이라." 여기에서 NIV 번역은 그 자체가 설명을 제공하지만 정확한데, 문자적인 번역(from everything from which you could not be justified by the law of Moses)이 더 모

---

48 예수님의 귀신 축출을 떠올려 보라. 또한 Graham Twelftree, *In the Name of Jesus: Exorcism among Early Christians* (Grand Rapids: Baker, 2007), 145-48을 참조하라.

49 Pervo, *Acts*, 648-54, 누가가 요나서를 문학적 원형으로 생각했다는 주장과 함께.

호하기 때문이다. 원래 구두점이 없는 경우, 쉼표가 "모든 것"(everything) 뒤에 삽입되어야 하는가? 그렇지 않다면, 바울은 율법이 어떤 면에서는 의롭게 할 수 있다는 사실을 의미하는 것으로 취할 수 있지만, 다른 면에서는 그렇지 않다고 받아들일 수 있다. 그러나 바울과 누가의 나머지 신학으로부터, 쉼표가 필수적이라는 사실은 분명하다("from everything, [which is the same as] that from which the Law of Moses could not save you)"[50]

누가는 마가처럼 속죄의 신학을 강조하지는 않지만, 그것이 누가복음과 사도행전에 부재하다고 말하는 것은 부정확하다.[51] 사실, 대속에 대한 예수님의 말씀(막 10:45)은 주변 구절이 누가복음 22:24-27에 삽입되었음에도 평행구절이 없다. 반면 십자가 사건 때 백부장에게서 나온 말은 예수님을 단순히 무고하게 고통받는 사람으로 여기고 또는 그러하다고 주장된다.[52] 그

---

50 I. Howard Marshall, *New Testament Theology: Many Witnesses, One Gospel* (Downers Grove, Ill.: IVP, 2004), 163. 아포 판톤(*apo pantōn*, "모든 것으로부터")이라는 구절은 강조를 위해서 앞에 위치한다. Mikeal C. Parsons and Martin M. Culy, *Acts: A Handbook on the Greek Text* (Waco, Tex.: Baylor University Press, 2003), 264. 그러나 이것은 문법적 모호성을 만든다.

51 누가의 구원론에 대한 전반적인 접근법을 확인하려면 콘첼만(Conzelmann)으로 시작하라. Timothy W. Reardon, "Recent Trajectories and Themes in Lukan Soteriology," *Currents in Biblical Research* 12 (2013): 77-95를 보라. 리어든(Reardon)은 어떻게 방법론적, 용어상의 가정들(methodological and terminological assumptions)이 누가의 구원론에 대한 접근법들을 왜곡해왔는지 그리고 바울적 모델 또는 속죄 모델에 부합하는 경향이 있었는지를 보여준다. 반면에 누가는 더 자주 구원을 해방(liberation) 또는 구조(deliverance)로 이야기한다. 누가복음-사도행전에서 속죄를 포함하여, 예수님의 죽음에 관한 간결한 요약에 관하여, Scot McKnight, *Jesus and His Death: Historiography, the Historical Jesus, and Atonement Theory* (Waco, Tex.: Baylor University Press, 2005), 361-63을 보라. 문학 비평적 관점으로 내린 동일한 결론에 관하여 Monique Couny, "Jesus, Barabbas and the People: The Climax of Luke's Trial Narrative and Lukan Christology (Luke 23,13-25)," *New Testament Studies* 39 (2017): 441-58을 보라.

52 누가복음에서 예수님의 죽음이 순교(즉, 닮아야 할 모범) 또는 고귀한 죽음일 뿐, 구원의 효력이 없다는(예를 들어, 소크라테스의 죽음) 비평적 학자들의 결론에 대한 반론을 확인하려면, Brian J. Tabb, "Is the Lucan Jesus a 'Martyr'? A Critical Assessment of a Scholarly Consensus," *Catholic Biblical Quarterly* 77 (2015): 280-301을 보라. 대신에, 예수님의 죽음은 이스라엘 선지자들의 죽음과 더 많은 공통점을 가지고 있어서 이 전통 위에 서 계시다고 말할 수 있지만, 그의 죽음은 구원을 가져다주기 때문에 이 모티프 그 이상이다.

럼에도, 십자가상에서 하셨던, 원수를 용서하고(눅 23:34), 자신을 하늘에 계신 아버지께 맡긴다는(46절) 예수님의 독특한 말씀들은 자신의 십자가 대속 사역이 효력 있는 것으로 이해하셨음을 암시한다.[53] 누가복음 22:19b-20은 전체적인 면에서 사본학적으로 안전하지는 않지만, 20절은 그리스도의 피가 그를 따르는 자들에게 "부어졌다"라고 언급한다.[54] 더욱 중요한 것은 바울이 에베소 장로들에게 "여러분은 자기를 위하여 또는 온 양 떼를 위하여 삼가라 성령이 그들 가운데 여러분을 감독자로 삼고, 하나님이 자기 피로 사신 교회를 보살피게 하셨느니라"라고 권면한 사도행전 20:28이다. 이 구절은 "그가 자기 자신의 [아들]의 피로 샀다"(NIV mg을 참조하라)로 쉽게 번역된다. 어느 쪽이든, 그리스도의 십자가 대속을 언급한다.[55]

모세, 엘리아, 엘리사와 같은 선지자

마태는 항상 예수님을 구약 선지자들 가운데 한 사람이 말한 어떤 것을 성취하신 분으로 보기 때문에, 매우 간접적인 언급들을 포함하여, 단 4회만 예수님을 선지자로 언급한다. 마가는 두 번 그렇게 하고, 한편, 누가는 그의 복음서에서 그러한 본문이 6회 나오고, 사도행전에서 3회 나온다. 다른 선지자들처럼, 예수님은 옛 선지자 엘리야처럼 기적을 행하였음에도 불구하고(눅 4:27) 자기 고향에서 받아들여지지 않는다(눅 4:24). 그 기적들 가운데 가장

53 Peter Doble, *The Paradox of Salvation: Luke's Theology of the Cross* (Cambridge: Cambridge University Press, 1996), 243. 도블(Doble)은 "누가는 아마도 예수님의 죽음이 시대를 바꾸시는 하나님의 부르심에 대한 신실한 응답의 행위로서 하나님의 구원 계획에 서 있었다는 사실을 단언하고자 하였을 것이다. 이것은 일관된 십자가의 신학(*theologia crucis*)처럼 들린다"라고 덧붙인다.

54 그러나 이 구절들은 누가복음의 원문이었을 것이다. 특히 Bradly S. Billings, *Do This in Remembrance of Me: The Disputed Words in the Lukan Institution Narrative (Lk. 22.19b-20): An Historico-Exegetical, Theological and Sociological Analysis* (London: T&T Clark, 2006)를 보라.

55 슈나벨(Schnabel, *Acts*, 846-47)은 이것이 독특한 기독교적 제목이라는 견해를 옹호한다; 또한 이 표현이 예수님의 아들 되심을 의미한다고 믿는 벅(Bock, *Acts*, 630-31)을 참조하라.

극적인 것은 수넴 지역 근처에 있는 나인(7:11-17)에 거주하던 한 여인의 외아들이 부활한 사건이다(이 수넴 지역은 엘리사가 또 다른 외아들을 부활시킨 곳이다[왕하 4:32-37]). 훨씬 더 유사한 평행은 예수님의 기적과 엘리야가 사르밧 과부의 아들을 부활시킨 사건(왕상 17:8-24)과의 연결이다.[56] 놀랄 것 없이, 이 기적에 대한 군중의 반응은 "큰 선지자가 우리 가운데 일어나셨다"(눅 7:16)라고 감탄한 것이다. 바리새인 시몬은 누가복음 7:39에서 예수님의 정체에 대해 (잘못) 이의를 제기하면서도 이 정체에 대해 알고 있었다. 시몬은 예수님께서 어떤 여인이 자신에게 감사를 아끼지 않았는지를 깨닫지 못한다고 생각할 수도 있지만, 예수님은 그가 시몬의 마음을 알고 계셨음을 보여주신다(40-43절)![57] 예수님은 누가복음 13:33에서 "선지자가 예루살렘 밖에서는 죽는 법이 없느니라"라고 주장하실 때, 자신에게 선지자 칭호를 적용한다. 글로바와 그의 무명 동료가 예수님의 지상 사역에 대해서 그리고 그 부활하신 예수를 보지 못했다고 이야기할 때, 그들은 예수님이 "하나님과 모든 백성 앞에서 말과 일에 능하신 선지자"(24:19)라고 주장한다.[58] 우리는 이미 사도행전 3:22, 7:37에 나온 초대 교회의 가르침 속에서 예수님을 종말론적 선지자라고 논하였다. 마지막으로 7:52에서 스데반은 산헤드린의 조상들이 박해하지 않은 선지자가 과연 있었는지에 대해 질문할 때, 예수님을 선지자에 암묵적으로 비유한다.

게다가, 누가가 그 용어 자체를 사용하지 않는 경우에도 예수님은 선지자로 등장한다. 나사렛에서 이사야 61:6을 근거로 선포한 예수님의 설교

---

56 Murray J. Harris, " 'The Dead Are Restored to Life': Miracles of Revivification in the Gospels," in *The Miracles of Jesus*, ed. David Wenham and Craig Blomberg, vol. 6 of *Gospel Perspectives* (Sheffield: JSOT Press, 1986), 299-301.

57 "예수님이 이 여인의 정체와 그 바리새인의 생각을 아셨기 때문에 시몬이 무언가 부족하다고 생각했던 바로 그 예언적 분별은 이중으로 나타난다." Bock, *Luke 1:1-9:50*, 698.

58 "예수님이 기적을 일으키는 활동과 가르침에 동일한 비중을 둔 사역을 위해 성령으로 기름부음 받았다고 자신의 고향에서 선언하셨을 때, 누가의 청중은 나사렛에서 예수님의 공생애 사역이 시작되고 있다는 사실을 거의 떠올릴 수가 없었다." Joel B. Green, *The Gospel of Luke* (Grand Rapids: Eerdmans, 1997), 846.

는 이 원리를 분명히 보여준다. 비록 인용된 성경의 언어는 주님의 종에 관한 언어이지만, 예수님은 자신을 엘리야와 엘리사와 같은 선지자로 비유하시는데, 특히 이스라엘 밖의 주요 이방인들에 대한 그들의 사명에 비유한다(눅 4:26-27). 그리고 이것들은 예수님을 낭떠러지에 끌고 가서 밀쳐 떨어뜨리고자 할 정도로 회중의 분노를 일으키는 민족주의와 싸움을 벌이기 위한 구약의 인유들이다(29절). 몇 장 뒤인 7:1-10에서, 예수님께서 가버나움 백부장과 그의 친구들과 교류하시는 모습은 몇 군데에서 엘리사가 나아만을 상대로 사역하였던 때를 떠올린다. 실제로 존 클로펜보르그(John Kloppenborg)와 조셉 버헤이덴(Joseph Verheyden)이 편집한 책은 엘리야(그리고 엘리사)와 예수님에 대한 비교를, 얼마나 광범위하게 지속하려는 지에 대한 논쟁의 여지가 있을지라도, 누가복음의 타당한 모티프로 만들기에 충분한 자료가 존재한다는 사실을 보여주었다.[59] 누가복음에서 사람들의 생각과 마음을 아시는 예수님에게서 비롯된 암묵적인 기독론은 선지자인 그분에게 또한 잘 맞는 모티프이다.[60]

누가가 기록한 두 권의 책에서 가장 흥미롭고 독특한 부분들 가운데 하나는 9:51에서 시작하는 소위 말해 여행 내러티브이다. 존 드루리(John Drury)와 마이클 굴더(Michael Goulder)는 1950년대부터 잘 알려지지 않은 논문을 따라서, 예수님이 여리고 부근에 도착하시기 전까지(18:35) 지배적이었던 겉보기에 무작위로 보이는 말씀 자료의 순서가 신명기에 나오는 연속적인 평행구절에 의해 설명될 수 있다고 주장하였다.[61] 이것은 이스라엘 자손

---

59 John S. Kloppenborg and Joseph Verheyden, eds., *Elijah-Elisha Narrative in the Composition of Luke* (London: Bloomsbury T&T Clark, 2014).

60 Colin B. Bullard, *Jesus and the Thoughts of Many Hearts: Implicit Christology and Jesus' Knowledge in the Gospel of Luke* (London: Bloomsbury T&T Clark, 2015)를 보라.

61 C. F. Evans, "The Central Section of St. Luke's Gospel," in *Studies in the Gospels*, ed. D. E. Nineham (Oxford: Blackwell, 1955), 37-53. John Drury, *Tradition and Design in Luke's Gospel: A Study in Early Christian Historiography* (London: Darton, Longman & Todd; Atlanta: John Knox, 1976), 138-64; Michael D. Goulder, *The Evangelists' Calendar: A Lectionary Explanation of the Development of Scripture* (London: SPCK, 1978), 95-101

이 약속의 땅에 도착하기 직전에 두 번째로 율법을 선언하였던 모세와 같은 선지자인 예수님과 완벽하게 들어맞는다. 일부 평행구들은 주목할 만하지만, 상당수는 꽤 모호한 것으로 드러났다.[62] 그러나 데이빗 모에스너(David Moessner)는 대략 9장 안에 더욱 분명하게 반복되는 네 가지 주제들을 확인하였는데, 이 주제는 또한 신명기 역사가의 특징을 나타낸다: "이 세대"는 그들의 선조들처럼 "목이 뻣뻣"하였다. 이 선지자는 지시하고, 훈계하고, 경고하고, 회개를 촉구함으로써 하나님의 뜻을 중재하기 위해 목소리를 냈다. 그리고 "이 세대"는 이 선지자를 거절하고, 하나님은 "뒤틀린 나라 전체"에 멸망을 약속하신다.[63] 그래서 다른 학자들이 이전에 생각했던 것처럼 신명기에 나오는 많고 세부적인 부분에 의해 뒷받침되지 않는다 할지라도, 모세와 같은 선지자인 예수님과의 연결은 유지된다. 그리고 예수님 안에서 이루어진 구약의 성취는 전체적으로 분명하다.[64]

주님

뮬(C. F. D Moule)은 한 세대 전에 만약 "구원자"가 누가복음에서 예수님을 향한 가장 독특한 칭호였다면, "주님"은 사도행전에서 그를 향한 가장 특징 있는 칭호임을 주목하였다.[65] 실제로 "주님"이라는 호칭은 누가복음에서

을 참조하라.

62 Craig L. Blomberg, "Midrash, Chiasmus, and the Outline of Luke's Central Section," in *Studies in Midrash and Historiography*, ed. R. T. France and David Wenham, vol. 3 of *Gospel Perspectives* (Sheffield: JSOT Press, 1983), 221-33.

63 David P. Moessner, *Lord of the Banquet: The Literary and Theological Significance of the Lukan Travel Narrative* (Minneapolis: Fortress, 1989), 211.

64 또한 Dietrich Rusam, "Deuteronomy in Luke-Acts," in *Deuteronomy in the New Testament: The New Testament and the Scriptures of Israel*, ed. Steve Moyise and Maarten J. J. Menken (London: T&T Clark, 2007), 63-81을 보라.

65 C. F. D. Moule, "The Christology of Acts," in *Studies in Luke-Acts*, ed. Leander E. Keck and J. Louis Martyn (Nashville: Abingdon, 1966), 159-85. 데럴 벅(Darrell L. Bock, *Proclamation from Prophecy and Pattern: Lucan Old Testament Christology* [Sheffield:

보다 사도행전에서 더 자주 나타나고, 더욱 숭고한 의미로 나온다. 예수님이 하늘에 계신 아버지의 우편으로 돌아오셨을 때, 이 모든 것은 정확히 말해서 예수님의 부활과 승귀 때문이다. 로마서 1:3-4에서 바울이 언급한 것처럼, 예수님은 항상 주님이셨지만, 그리스도의 지상사역을 종결시킨 이 사건들 후에야 예수님께서 주님(주인님과 하나님)으로 증명될 수 있었다(행 2:36을 참조하라).[66] 마태복음에는 퀴리오스(*Kyrios*)가 (하나님 또는 다른 권위보다) 확실하게 또는 가장 개연성이 높게 예수님을 가리키는 절이 29개가 있다. 마가복음에는 7개 밖에 없다. 누가복음에만 그러한 구절이 49개가 있고, 사도행전에서는 68개가 있다. 비교하자면, 사도행전에서 예수님을 가리키는 그 다음으로 가장 일반적인 호칭인 "그리스도"는 단 25회만 나온다.

누가복음-사도행전에서, 그리고 특히 사도행전에서 "주님"이라는 호칭의 눈에 띄게 잦은 빈도 외에도, 누가는 그의 내러티브의 일부로서 "주님"이라는 호칭을 예수님을 가리킬 때 정기적으로 사용한 유일한 복음서 기자이다. 모든 복음서에는 예수님께 다가가서 그분을 "주님"으로 부르는 사람들이 등장한다. 이러한 경우에, 얼마나 이 용례가 표현하고자 했던 예수님의 고귀한 본성을 이해하였는지에 관하여 종종 알기 힘들다. 퀴리오스(*Kyrios*)는 공손한 태도를 나타낼 때 사용되는 "선생님"(sir)으로부터 "우주의 하나님"에 이르기까지 포괄적이기 때문에 여러 가능성 있는 뉘앙스가 존재한다.[67] 그러나 누가는 해설자로서 "주님"이 말씀하셨거나 행하셨던 것처럼, 예수님께서 무언가를 말씀하시거나 행하시는 것을 단순히 언급할 때, 하나님의 말

JSOT Press, 1987], 262-70)은 누가복음에 나오는 '메시아-종'으로부터 사도행전에 나오는 '주님'에 이르기까지 지배적인 개념들의 궤적(trajectory)을 본다.

66 C. Kavin Rowe, "Acts 2:36 and the Continuity of Lukan Christology," *New Testament Studies* 53 (2007): 37-56. 또한 특히 주 되심의 구원에 관한 논쟁(lordship salvation debate)의 관점에서 Darrell L. Bock, "Jesus as Lord in Acts and in the Gospel Message," *Bibliotheca Sacra* 143 (1986): 146-54의 매우 균형 잡힌 해설을 보라.

67 C. F. D. Moule, *The Origin of Christology* (Cambridge: Cambridge University Press, 1977), 35-45. I. Howard Marshall, *The Origins of New Testament Christology*, rev. ed. (Downers Grove, Ill.: IVP, 1990), 97-98을 참조하라.

씀과 행위를 묘사하기 위해서 사용하는 구약의 언어를 모방한다![68] 마태와 마가는 해설자로서 글을 쓸 때(예수님을 "주님"으로 부르는 누군가의 글을 인용하는 것과는 대조적으로), 그들은 대조적인 방법으로 예수님을 지칭하기 위하여 분명히 "주님"이라는 호칭을 사용한다.[69] 한편, 누가복음으로 돌아와서 보면 그러한 표현들이 14회 발견되며, 사도행전에서는 41회 나온다.[70] 다른 말로 이야기하면, 누가는 구약성경에 영향 받는 내러티브 스타일을 지속하면서, 자신과 구약성경이 "주님"이라는 호칭을 하나님 자신을 가리킬 때 사용하는 것처럼, "주님"이라는 호칭을 예수님을 가리킬 때 사용한다. 우리는 이러한 패턴이 얼마나 지배적인지를 알고 나면, 그것이 얼마나 독특한 지에 대해서도 깨닫게 된다. 예수님의 죽음 이후 30년이 조금 지날 때까지 누가에게 있어서 예수님과 하나님 모두가 궁극적인 주인님이라는 사실에 대해 이야기하는 것이 똑같이 자연스러워졌다.[71]

성령

성령은 다른 공관복음서에서보다 누가복음에서 더욱 눈에 띈다. 마태는

---

68 Larry W. Hurtado, *Lord Jesus Christ: Devotion to Jesus in Earliest Christianity* (Grand Rapids: Eerdmans, 2003), 345. 또한 C. Kavin Rowe, *Early Narrative Christology: The Lord in the Gospel of Luke* (Berlin: de Gruyter, 2006), 199-207을 참조하라.

69 마가의 긴 종결은 "주님"에 대한 언급이 두 번 나오지만(16:19, 20), 이는 여러 비-마가적 특징을 보여주며, 9-20절의 사전적으로 독특한 특징들 가운데 하나이다. 이러한 사실로 비추어 볼 때, 마가복음의 마지막 열두절이 마가 자신이 기록한 내용의 일부였을 가능성은 희박하다. Craig A. Evans, *Mark 8:27-16:20* (Nashville: Nelson, 2001), 545-47을 참조하라.

70 누가복음 1:58; 5:17; 7:13, 19; 10:1, 41; 11:39; 12:42; 13:15; 17:5; 18:6; 22:61; 24:3, 34; 사도행전 1:21; 2:47; 4:33; 5:14; 8:16, 25; 9:10, 11, 15, 27, 28, 31, 35, 42; 11:16, 17, 20, 21, 23, 24; 13:2, 12, 44, 48, 49; 14:3, 23; 15:35, 40; 16:14, 32; 18:8, 9, 25; 19:5, 10, 13, 17, 20; 23:11; 28:31.

71 크리스핀 플레쳐-루이스(Crispin Fletcher-Louis, *Luke-Acts: Angels, Christology and Soteriology* [Tübingen: Mohr Siebeck, 1997])가 자신의 책을 통하여 누가의 천사형태론적 기독론(Luke's angelomorphic Christology)이라고 부르는 것과 밀접한 관계가 있다.

12개, 마가는 6개의 관련 언급들이 있지만, 누가에서는 17회 언급되었다. 성령이 등장하는 주된 문맥들은 예수님이 보여주시는 몇몇 활동들을 위해서 능력을 공급하는 곳들이다. 성령은 예수님의 공생애 사역을 위하여 세례 시에 기름 부을 뿐만 아니라(눅 3:22), 사탄에게 시험받도록 하기 위하여 그를 광야로 인도하기도 한다(4:1). 예수님은 갈릴리 전역에서 성령의 능력으로 사역하셨고(4:14), 이사야 61:1의 성취로 성령이 그에게 임하셨다는 사실을 선언하셨다(4:21). 70인(또는 72인)이 승리 가운데 돌아올 때, 예수님은 성령 안에서 기뻐하셨고, "어린 아이들"에게 자신을 드러내신 하나님을 찬양한다(10:21). 마태복음에서 하나님을 구하는 자들에게 좋은 선물을 주실 것이라는 예수님의 약속이 나오고(마 7:11), 누가의 평행구절은 그가 성령을 주실 것이라고 명시한다. 여기에서는 의심할 것 없이 탁월한 좋은 선물을 의미하는데, 모든 좋은 선물을 가리키는 제유법(提喩法)이 사용되었다(눅 11:13).[72] 성령 모독은 성령께서 자신이 누구신지 명확하게 밝힐 때(12:10) 예수님을 영원히 거부하는 것을 가리키는데, 이는 용서받을 수 없는 것이다(인자를 모독하는 것과는 달리).[73] 권세자들 앞에서 기소 인정 여부를 확인받는 신자들은 그러한 경우에 성령께서 할 말을 그들에게 주실 것이기 때문에 걱정할 필요가 없다(12:12).

하나님의 영이 예수님을 통하여 지속적으로 사역하시기 전, 그리고 예수님께서 성령의 역할에 관하여 더 가르치시기 전에도, 누가의 유아기 내러티브에서 핵심 인물들은 성령으로부터 능력을 받고, 요한과 예수님이 성령의 능력을 받을 것이라고 예언한다(1:5, 35, 41, 67; 2:25, 26, 27). 누가는 엘리사벳과 사가랴가 하나님께 찬송을 드릴 때 "성령의 충만함"을 받았다고 분명

72 Eduard Schweizer, *The Good News according to Luke* (London: SPCK; At- lanta: John Knox, 1984), 192와 유사하다: "누가는 성경이 선한 모든 것의 구체화를 나타내고...모든 '좋은 것들'이 얼마나 모호한지를 알기 때문에 성령을 언급한다(13절)." Robert H. Stein, *Luke* (Nashville: B&H, 1993), 328을 참조하라.

73 우수하고 시간에 구애받지 않는 이 Q 본문의 적용에 관하여, 또한 Ben Witherington III, *Matthew* (Macon, Ga.: Smyth & Helwys, 2006), 255를 참조하라.

히 이야기한다(1:41, 67). 하나님의 영이 고대 이스라엘의 주요 인물에게 오셔서 말하고 섬기는 특별한 행동을 할 수 있도록 능력을 더하시는 것처럼(출 31:3, 35:31; 미 3:8), 이것은 구약의 언어로 이루어져 있다.[74] 그러나 독특하게도, 세례 요한은 "모태로부터"(눅 1:15; 문자적으로 "그의 어머니의 태로부터"[from his mother's womb, KJV]) 성령으로 충만하였다고 언급된다. 아마도 이것은 엘리사벳이 자신의 사촌이자 당시 예수님을 임신했던 마리아를 만났을 때, 왜 엘리사벳의 아기가 그의 뱃속에서 뛰놀았는지를 설명해 준다. 그러나 이는 아마도 어떻게 성령께서 오순절 이후에 신자들 안에 영원히 거하시는 지에 대한 전조가 될 것이다.[75]

어느 쪽이든, 오순절은 그리스도의 사역으로 시작하여, 그의 죽음, 부활, 그리고 승천하심과 같이 시대적 변화를 특징짓는 일련의 사건들의 정점을 나타낸다.[76] 유대전통은 오순절과 율법의 수여를 연결시킨다(쥬빌리 1:1). 누가가 복음서를 기록하였을 때 이 전통에 관하여 알았거나 염두에 두었는지 여부에 관하여는 불확실하다. 그러나 만약 그가 그랬다면, 율법의 성취가 오

74 특히, Robert P. Menzies, *Empowered for Witness: The Spirit in Luke-Acts*, rev. ed. (London: T&T Clark, 2004)를 보라. 또한 Roger Stronstad, *The Charismatic Theology of St. Luke*, 2nd ed. (Grand Rapids: Baker, 2012)를 참조하라. 스트롱스타드(Stronstad)는 누가복음-사도행전에서 성령 충만이 항상 선교(광범위하게 정의할 때)로 연결된다는 점을 강조한다.

75 멘지스(Menzies[*Empowered for Witness*])는 이 구원사적 전환을 적절하게 고려하지 않으며, 그래서 그의 저작은 Max Turner, *Power from on High: The Spirit in Israel's Restoration and Witness in Luke-Acts* (Sheffield: Sheffield Academic Press, 1996)에 의해 보완되고 수정되어야 한다.

76 "초기 기독교 공동체가 [예수님의] 죽음과 부활을 경계선, 돌아올 수 없는 지점, 시대의 종말론적 전환으로 특징지어지는 것은 역사적 사실이다." Arie W. Zwiep, *Christ, the Spirit and the Community of God: Essays on the Acts of the Apostles* (Tübingen: Mohr Siebeck, 2010), 155. 그리스도의 지상 사역의 완성을 보여주는 승귀 그 자체에 관하여, 특히 John F. Maile, "The Ascension in Luke-Acts," *Tyndale Bulletin* 37 (1986): 29-59를 보라. 또한 David M. Moffitt, "Atonement at the Right Hand: The Sacrificial Significance of Jesus' Exaltation in Acts," *New Testament Studies* 62 (2016): 549-68을 참조하라. 모피트(Moffitt)는 누가가 승천이 곧 예수님의 속죄 희생을 하나님께 드리는 것이라고 주장할 때 증거를 넘어서는 것일 수 있지만, 누가에게 있어서 승천/승귀가 특히 사도행전 2:33, 5:31에서 중요한 신학적 함의를 지니고 있음을 정확히 인지한다.

순절과 관련되어 있다는 사실은 적절하게 들어맞는다.[77] 그래서 그리스도의 성육신으로부터 죽음과 부활, 그리고 승천과 성령의 보내심으로 이어지는 그리스도의 사건에 의해 시작된 새 시대는 누가복음-사도행전의 다른 어떤 주제와 마찬가지로 성취라는 통일성 있는 주제와 계속 연결된다.

성령은 이 두 권의 책에서 최소한 55회 등장한다. 예수님께서 성령에 의해, 성령으로, 성령 안에서 세례주실 것이라는 요한의 예언(행 1:5, 11:16; 눅 3:16을 참조하라)에 대한 두 번의 언급은 다른 복음서들이 요한을 묘사하는 방식과도 일치한다(마 3:11, 막 1:8, 요 1:33). 이 용어가 오늘날 많은 은사주의 교회에서 사용하는 방식과 달리, 신약성경은 한결같이 "성령 세례"를 한 사람이 처음으로 기독교 신앙을 믿은 경험을 가리키기 위해 사용한다.[78] 그러나 누가는 담대한 증언이나 예언적인 활동을 위해서 반복되고 주기적인 영적 능력을 가리키기 위해서 "성령 충만"이라는 표현을 사용한다(눅 1:41; 행 2:4; 4:8, 31; 9:17; 13:52; 6:3, 5의 스데반과 11:24의 바나바가 "성령 충만"하였다는 사실을 참조하라).[79] 구약과 신약의 핵심적인 차이점은 성령이 이제 모든 신자들이 회심한 순간

---

77 I. Howard Marshall, *The Acts of the Apostles* (Leicester: IVP; Grand Rapids: Eerdmans, 1980), 68.

78 James D. G. Dunn, *Baptism in the Holy Spirit: A Re-examination of the New Testament Teaching on the Gift of the Spirit in Relation to Pentecostalism Today* (London: SCM; Philadelphia: Westminster, 1970), 226 그리고 전체. 존 페니(John M. Penney, *The Missionary Emphasis of Lukan Pneumatology* [Sheffield: Sheffield Academic Press, 1997], 123)는 한 걸음 더 나아가서 그것은 오순절 이후에 반복될 수 없다고 주장한다. 그러나 이는 누가가 기록한 문서들에 나오는 오직 두 용례로부터 지나치게 일반화하는 것이며 모든 고린도인들에 관하여 고린도전서 12:13에서 했던 바울의 진술을 무시하는 것이다. 윌리엄 앳킨슨(William P. Atkinson, *Baptism in the Spirit: Luke-Acts and the Dunn Debate* [Eugene, Ore.: Pickwick, 2011])은 누가와 바울이 단순히 용어를 다른 방식들로 사용한다고 주장함으로써 이 문제를 다룬다. 이는 때로는 사실이지만, 다른 용례들 그리고 모순적인 신학을 야기하지 않고서 이 사안에 이 원리를 적용하기는 어렵다. 하워드 어빈(Howard M. Ervin, *Conversion-Initiation and the Baptism in the Holy Spirit* [Peabody, Mass.: Hendrickson, 1984], 98-102)은 고린도전서 12:13에서 이와 유사한 접근법을 취하지만, 나중에 이 구절을 던(Dunn)과 같은 관점에 대한 잠재적인 핵심 증거로 인정하고 그 차이가 "실질적"이라기보다는 단지 "의미론적"일 뿐이라고 이해할 수 없게 설명한다(163n1).

79 Penney, *Missionary Emphasis of Lukan Pneumatology*, 124에서 제대로 다루었다.

부터 그들 안에 내주하신다는 것이다.[80] 사도행전 2:17-21에서 베드로는 요엘 2:28-32를 인용하고, "내가 내 영을 모든 육체에 부어 주리니 너희의 자녀들은 예언할 것이요 너희의 젊은이들은 환상을 보고 너희의 늙은이들은 꿈을 꾸리라 그 때에 내가 내 영을 내 남종과 여종들에게 부어 주리니 그들이 예언할 것이요"(요엘 2:28-29; 행 2:17-18)라고 하나님께서 말씀하신 사실에 관하여, 그 성취가 "마지막 날"(요엘이 조금 더 일반적으로 "그 후에"라고 언급한 것 대신에)에 있을 것이라고 명시한다. 모든 하나님 백성의 단면도는 그분의 성령으로 스며있다.[81]

사실, 종종 모든 사도행전의 축소된 개요로 보이는 이 구절(행 1:8)은 성령이 제자들에게 능력으로 임하여 그들이 예수님의 증인, 즉 예루살렘에서 땅끝까지 예수님에 관한 증언을 간직하는 자들이 될 것이라고 선언한다. 그러므로 우리는 성령이 사도행전 스물여덟 장 가운데 열여덟 장에서 정해진 역할을 한다는 사실에 놀라지 말아야 한다.[82] 거의 모든 구절에서 회개 또는 믿음, 물세례, 그리고 성령의 오심과 같은 "오순절 패키지"가 죄용서와 함께(행 2:38) 표준으로 남아있다.[83] 그러나 세 가지 에피소드는 언뜻 보기에 이러

---

80 곤잘로 하야-프라츠(Gonzalo Haya-Prats, *Empowered Believers: The Holy Spirit in the Book of Acts*, ed. Paul Elbert [Eugene, Ore.: Cascade, 2011], 235-48)는 신자들을 향한 성령의 영원한 유효성과 신자들의 심령을 통한 지속적인 영향에 관하여 이야기하기 위하여 이에 미묘한 차이를 준다.

81 "오늘날 우리는 특히 성적인 특권을 없애는 것을 생각한다; 바울의 세계에서 많은 사람은 '계급과 계층'의 무관함을 주목하였을 것이다." Schnabel, *Acts*, 137. 여기에서, 베드로가 오순절 설교에서 설명하는 다른 세 개의 구약 본문과 마찬가지로, 성취는 중요한 개념이다. Bock, *Theology of Luke and Acts*, 220-21. 누가(또는 베드로)가 "말세에"라는 표현을 추가한 것은 이사야 2:2에서 온 것이기 때문에 누가가 요엘이 했던 이스라엘을 넘어 열방을 포함하는 회복의 예언을 확대하기 위하여 의도적으로 이사야가 염두에 둔 열방의 종말론적 모임이라는 개념을 사용한다는 주장에 관하여, C. M. Blumhofer, "Luke's Alteration of Joel 3.1-5 in Acts 2.17-21," *New Testament Studies* 62 (2016): 499-516을 보라.

82 스캇 샤우프(Scott Shauf, *The Divine in Acts and in Ancient Historiography* [Minneapolis: Fortress, 2015], 216-22, 260)는 사도행전에서 성령에 기인한 활동의 충만함(pervasiveness)과 범위(scope)가 고대 역사서 중에서 아주 독특하다고 진술한다.

83 회심과 관련된 요소들에 대한 자세한 묘사에 관하여, Fernando Méndez-Moratalla, *The Paradigm of Conversion in Luke* (London: T&T Clark, 2004)를 보라. 이곳 저곳에 포함된

한 패턴에 이의제기 하는 것처럼 보인다. 사도행전 10:34-48에서 베드로가 고넬로와 그의 동료들에게 복음을 전할 때, 성령께서 그의 설교를 중단하고 그의 청중이 방언하기 시작한다(44-46절).[84] 이 구절이 어떤 믿음과 회개에 관하여 이야기하지 않음에도, 베드로는 그들이 물로 세례 받아야 하며 그들과 함께 그 의식을 치러야 한다고 추론한다(47-48절). 그러나 자세히 들여다보면, 베드로가 예수님을 믿는 모든 사람은 "그의 이름을 힘입어 죄 사함을 받는다"(43절)라고 이제 막 설명하였던 바로 그 순간에 성령이 오신다. 따라서 아마도 그 때는 그들이 믿고 죄용서 받기 시작하였던 순간이었다. 결국, 베드로가 예루살렘에 돌아와서 다른 사도들에게 자신의 경험을 이야기할 때, 그들의 결론은 "하나님께서 이방인에게도 생명 얻는 회개를 주셨도다"(11:18)라는 것이다.[85] 구약에서 나라들이 예루살렘으로 흘러 들어가는 것처럼, 주로 구심적 선교(centripetal mission)가 될 것이라는 예상은 원심성 선교(centrifugal mission)로 바뀌고 있다.

것으로는 신적 계획, 충돌(사회적 종교적 관습에 따라 회심한 자들은 수용함[acceptability]의 여백 바깥에 있다), 죄인으로 분류됨, 회개, 부와 재산의 박탈 또는 부와 재산에 대한 변화된 태도, 죄용서 받는 것, 식탁 교제 경험과 기쁨, 사회적 경멸 상황의 반전, 절정을 이루는 선언들, 그리고 기독론적 강조가 있다. 회심의 과정과 실현의 역할들에 대하여 Joel B. Green, *Conversion in Luke-Acts: Divine Action, Human Cognition, and the People of God* (Grand Rapids: Baker, 2015)이 강조한다. 누가의 조금 더 인간중심적 관점과 바울의 조금 더 하나님 중심적(또는 그리스도 중심적) 관점에 관하여 David S. Morlan, *Conversion in Luke and Paul: An Exegetical and Theological Exploration* (London: Bloomsbury T&T Clark, 2013)이 비교한다.

84 이방인들이 성령을 소유하였다는 표징으로서 방언을 말한다는 사실은 유대인 신자들이 그들의 경험이 타당하고 자신들의 것과 동등하다고 받아들이고, 그들과 상호적인 교제를 할 수 있다는 강력한 증거가 되었을 것이다. Philip F. Esler, "Glossolalia and the Admission of Gentiles into the Early Christian Community," *Biblical Theology Bulletin* 22 (1992): 142를 보라.

85 그들의 놀라움의 배경에 관하여, 하나님을 두려워하지 않는 이방인에 관한 일반적인 유대인들의 신념(누가도 공유하고 있는)은 이방인들이 무지하며, 하나님의 목적과 역사 속에 일어난 계시를 거부하며, 우상숭배하며, 물질 만능주의자들이며, 도덕적으로 죄를 지으며, 하나님의 권세와 심판 아래 놓여 있다는 것이다. Christoph W. Stenschke, *Luke's Portrait of Gentiles Prior to Their Coming to Faith* (Tübingen: Mohr Siebeck, 1999), 379-83을 보라. 이것과 반대되는 주장들이 종종 제시됨에도 불구하고, 이것은 이 분야에서 바울 신학과 밀접한 관련이 있다.

우리가 생각하는 패턴을 깨뜨리는 것처럼 보이는 두 번째 구절은 사도행전 19:1-2a인데, 여기에서 바울은 에베소에서 누가가 "제자들"이라고 부르는 어떤 사람들을 발견한다. 그러나 바울은 그들이 믿을 때에 성령을 받았는지에 관하여 물을 때, 마치 그것이 선택 사항이라는 뉘앙스를 풍긴다. 아마도 이 질문은 그들이 진정한 기독교 신앙(롬 8:9를 상기하는)을 소유했는지에 관하여 알아보기 위한 시금석이었다. 누가는 그들이 자신들을 표현하는 방식을 나타내기 위해서 "제자들"이라는 용어를 현상학적으로(phenomenologically) 사용했을 가능성이 있다.[86] 성령에 관하여 들어본 적이 없었지만 요한의 세례(행 19:2b-3)를 받았다는 그들의 반응은 그들이 유대인이었을리가 없다는 사실을 보여주는데, 하나님의 영은 히브리어 성경에 널리 퍼져 있었기 때문이다(흥미롭게도 시편 51:11과 이사야 63:10-11에 "성령"이 세 번밖에 나오지 않지만, 적어도 76회 나온다). 아무튼 요한의 사역과 메시지가 에베소로 나아가는 길을 닦았지만, 그렇다 하더라도 요한은 그리스도에 의해 다가올 성령 세례를 그가 전한 메시지의 중요한 특징으로 예견하였기 때문에 그것은 아주 많이 생략된 버전임에 틀림없다. 그래서 바울이 그들에게 복음을 더욱 온전히 전한 후에(4-6절) 이어지는 세례와 성령 받음은 실제로 그들이 진정으로 믿었던 첫 순간이었다.[87]

그러므로 정말로 이해하기 어려운 유일한 구절은 사도행전 8:9-24이다. 불특정 다수의 사마리아인들은 "빌립이 하나님 나라와 및 예수 그리스도의 이름에 관하여 전도함을...믿고 남녀가 다 세례를 받"았다(12절). 만약에 누가가 "제자들"이라는 용어를 현상학적으로 사용할 수 있다면, 그는 아마도 "신자들" 또는 "믿다"라는 표현을 동일한 방식으로 사용할 수 있지만(또한 19:2를 참조하라), 우리는 이 구절에서 사용된 용례를 의심할 이유가 아직 없

86 Ben Witherington III, *The Acts of the Apostles: A Socio-rhetorical Commentary* (Grand Rapids: Eerdmans, 1998), 570; Bock, *Acts*, 699; William J. Larkin Jr., *Acts* (Downers Grove, Ill.: IVP, 1995), 273.

87 Dunn, *Baptism in the Holy Spirit*, 83-89를 참조하라.

다. 마술사 시몬도 믿고 세례 받았지만(13a절), 그의 반응은 표적과 큰 능력을 보고 놀라면서 빌립을 따르는 것이다. 이러한 모습은 사마리아인들이 시몬의 마술을 보고 놀랐던 방식과 대략적으로 유사하다(9절). 우리는 시몬의 "믿음"이 실제보다 더 미신적이었는지에 관하여 궁금해지기 시작한다.[88] 베드로와 요한이 예루살렘에서 왔을 때, 우리는 이러한 사마리아인들이 "오직 주 예수의 이름으로 세례만 받을 뿐". 성령을 받지 않았다(16절)는 사실을 알게 된다. 우리의 사도행전 10장과 19장에 대한 이해가 옳다면, 이는 모든 성경 가운데 예수님을 믿고 성령을 받는 것 사이에 간격이 있는 유일한 곳이다.

우리는 사마리아인들이 성령 세례를 받은 후에 나머지 사람들에게서 오히려 무슨 변화가 일어났는지에 관하여 아무것도 듣지 못한다. 그 순간에 인식할 수 있는 어떤 일이 일어났는데, 아마도 방언으로 말하는 것이었을 것이다.[89] 그 마을 사람들이 경험했던 무슨 일이라도 그에게는 매우 인상적이었고, 시몬은 사람들이 그러한 반응을 보이도록 성령의 능력을 돈 주고 사겠다고 제안할 때, 그의 상황은 더욱 나빠진다. 베드로는 그를 꾸짖으며, 문자 그대로 다음과 같이 말한다. "하나님 앞에서 네 마음이 바르지 못하니 이 도에는 네가 관계도 없고 분깃 될 것도 없느니라"(20a-21절). 이러한 외침은 베드로가 시몬이 진정으로 구원받았다고 생각하는 것처럼 들리지 않는다! 베드로는 시몬이 죄에 사로잡힌 상태이기 때문에(22-23절) 그에게 회개를 요청할 때, 그는 베드로에게 자신을 위해서 기도해달라고 요청을 할 수밖에 없다는 사실(24절)은 시몬이 최초의 영지주의 이단자가 되었다는 초대교회에 널리 퍼져있던 전통처럼, 이러한 가설에 잘 들어맞는다(특히 이레니우스, *Ag. Her.* 1.23; 터툴리안, *Apology* 1.26을 보라).[90] 그러나 시몬이 참된 신자가 전혀

88 Witherington, *Acts of the Apostles*, 285; John B. Polhill, *Acts* (Nashville: Broadman, 1992), 217.

89 Ajith Fernando, *Acts* (Grand Rapids: Zondervan, 1998), 273.

90 이러한 전통과 다른 전통에 대한 공평한 분석에 관하여, Stephen Haar, *Simon Magus: The First Gnostic?* (Berlin: de Gruyter, 2003)을 보라.

아니었다면, 나머지 사마리아인들도 적어도 성령 세례를 받기 전까지는 참된 신자였을 가능성이 없어 보인다.

두 개의 작은 문법적인 사항들이 이를 강화할 것이다. 우선, 현대 영어와 달리 헬라어는 "오직"(NIV: "simply" 모노스[*monos*]로부터 옴)과 같은 수식어들을 단어들 앞에 한결 같이 위치시킨다. 따라서 헬라어 단어 순서는 "그들은 주 예수의 이름으로 세례를 받았을 뿐이었다"라고 번역된다. 그들이 오직 예수의 이름뿐만 아니라 성령으로도 세례를 받았다는 것에 대해서 이야기하는 것이 아니라, 그들은 주 예수의 이름으로 다른 것이 아닌 바로 세례만을 받았다는 것이다. 그들의 헌신을 처음 이끌어내었던 빌립의 기적 행하는 능력에 대한 피상적인 경외심과 비교할 때, 아마도 우리는 구원에 이르는 지정한 믿음과 그리스도를 향한 신뢰를 그들이 여전히 부족함을 느꼈던 것들로 생각할 수 있고, 이러한 것들을 충족시키는 것으로 이해할 수 있다.[91] 둘째, 사마리아인들은 빌립이 설교를 했을 때 처음으로 그를 믿었다고 한다. 누군가가 예수님 또는 하나님이 아니라 어떤 사람을 믿는다고 이야기할 때, 이것은 사도행전에서 동사 피스튜오(*pisteuō*) 형태가 37회 사용된 것 가운데 유일한 경우이다. 누가는 종종 목적어 없이 동사를 사용하는데, 사람들이 단순히 "믿는다"는 사실을 표현할 때 사용한다. 사마리아인들이 시몬을 따라

---

91 Dunn, *Baptism in the Holy Spirit*, 64-65. 어빈(Ervin, *Conversion-Initiation and the Baptism in the Holy Spirit*, 32-35)은 사마리아인들의 경험과 오순절 성령 강림 사건 사이의 부분적인 유사성 때문에 이러한 결론을 거부하지만, 사마리아인들의 경험과 시몬 자신의 경험 사이의 긴밀한 유사성에도 불구하고 시몬 마구스가 진정한 믿음이 없다는 사실에 근거하여 그 반론을 거부한다. 서방 본문의 사본학적 이문이 그가 많이 울었다는 내용을 추가한 사실을 고려할 때 어빈은 시몬을 불신자로 생각해야하는지에 대한 여부를 질문한다. 그러나 그의 울음은 자신에 대한 단죄 때문일 수도 있고, 만약 그렇지 않을지라도 초대 기독교 전통은 모호한 신약 인물들과 사건들을 자주 긍정적인 것으로 바꾸기도 했다. 그래서 이것들은 강력한 주장이 아니다. 데이빗 맥컬러(David J. McCollough, *Ritual Water, Ritual Spirit: An Analysis of the Timing, Mechanism, and Manifestation of Spirit-Reception in Luke-Acts* [Milton Keynes: Paternoster, 2017], 137-71)는 내러티브-비평적 관점에서 사도행전 8장은 독자들에게 사람들이 믿지만 성령이 오시지 않는다면 무엇을 해야 하는지를 보여주지만(개인들에게 손을 얹고 기도한다), 이것은 사마리아인들이 아직 진정한 신자들이 아니었다는 선택 사항을 선험적으로 배제한다고 주장한다.

다니면서 그의 마술적인 힘에 압도당하였던 경험을 고려할 때, 처음에 그들은 나중에 성령께서 인도하실 성숙한 믿음도 없이 빌립을 따라다니던 "광팬들"이 되었을 것이다.[92]

오늘날 은사주의 교회가 종종 초기 믿음 이후에 잇달아 일어나는 하나님의 초자연적 경험을 주장하기 때문에 누가가 두 번째로(또는 세 번째, 네 번째, 또는 여러 번) 복 받는 신자들의 모습을 상상하지 않는다고 말하는 것이 아니다. 누가는 이런 종류의 경험에 대해 "성령 충만"이라는 표현을 사용하지만, "세례"는 진정한 믿음에 따라 사람 안에 역사하는 성령의 첫 내주하심에 대한 표현으로 사용된다.[93] 그는 또한 새 신자들이 방언으로 말했다는 사실을 세 번만 언급한다(행 2:4, 11; 10:46; 19:6). 아마도 우리는 사도행전 8:15에서 그들이 그렇게 했다는 것으로 또한 이해할 수 있을 것이다. 그러나 어떤 형태의 기독교 예배 또는 리더십에 있어서 방언을 필수적인 것으로 정하는 것은 부적절하다. 왜냐하면 성경 어디에도 그러한 개념에 관하여 언급하고 있지 않으며, 결코 규정되지도 않았다. 바울 서신에서는 성령이 택한 사람에게 은사를 주신다고 언급되어 있다(고전 12:11).[94]

누가복음-사도행전에서 방언보다 더 중요한 것은 예언이다(고전 14:1 역시 참조하라). 누가복음에서 시므온과 안나, 또한 요한과 예수님은 누가가 글을 인용하였던 구약 선지자들처럼 선지자들이라고 불린다. 사도행전에서 누가는 아가보와 그의 무명의 동료들(11:27-28) 그리고 13:1에 나와 있는 일곱 사

92 던(Dunn, *Baptism in the Holy Spirit*, 65)은 여격이 따라 나오는 피스튜에인(*pisteuein*)의 독특한 구조에 초점 맞추는데(이는 사도행전 8:12에 관한 문법적 설명이다-옮긴이), 어빈(Ervin, *Conversion-Initiation and the Baptism in the Holy Spirit*, 28-32)이 보여주는 것은 거의 결정적이지 않다. 그러나 어떤 저자도 격(case)에 구애받지 않고, 특히 이전에 시몬을 따르던 동일한 사람들과의 유사점을 고려할 때 인간 제자를 직접적인 목적으로 삼는 이 독특한 구조에 관하여 충분히 설명하지 않는다.

93 Turner, *Power from on High*, 445-46 그리고 전체.

94 D. A. Carson, *Showing the Spirit: A Theological Exposition of 1 Corinthians 12-14* (Grand Rapids: Baker, 1987), 41, 50. 트웰프트리(Twelftree, *People of the Spirit*, 98-99)는 이러한 경우에 방관자들에게 성령의 사역이 얼마나 분명했는지를 강조하기 위하여 방언을 언급한다고 강조한다.

람을 "선지자들과 교사들"로 부르는 반면, 15:32에서 누가는 유다와 실라를 안디옥에서 바울과 바나바를 돕는 선지자들로 이름을 올린다. 사도행전 21:9에서 빌립의 네 딸은 예언하며, 에베소의 열두 사람은 예언하고 방언을 말한다(19:6). 그리고 베드로는 요엘 선지자의 글을 인용하는데, 이 말씀은 남자와 여자, 심지어 종들도 예언할 것이라고 약속한다(2:17). 누가는 모든 예언이 포함하는 내용을 정의하지 않으며, 구약의 배경을 고려할 때 이 예언은 "예고"(foretelling)과 "선포"(forthtelling)의 요소들을 포함할 것이다.[95] 더욱 흥미로운 것은 사도행전 21장에 나오는 예언과 관련된 일련의 사건들이다. 4절에서 두로의 어떤 제자들이 바울이 예루살렘으로 가는 것을 말리는데, "성령의 감동으로(디아 투 프뉴마토스[*dia tou pneumatos*], 11:28에 언급된 아가보의 예언에서 같은 표현이 사용되었다; 삼하 23:1의 다윗을 참조하라) 바울더러 예루살렘에 들어가지 말라 하더라"(엘레곤[elegon], 저자는 "말하고 있었다"로 해석한다; ESV; NIV의 "권고하다"는 너무 부드러운 표현인 것처럼 보인다-옮긴이)고 기록되었다. 그러나 바울과 그 동역자들은 어쨌든 여행을 계속했다(5절). 그들이 가이사랴에 도착했을 때 아가보가 와서 자신의 손과 발을 바울의 허리띠로 묶고 바울이 예루살렘에서 유대인 지도자들에게 이렇게 체포당할 것이고 이방인에게 넘겨질 것이라고 예언한다(11절). 결과적으로 누가 조차 바울에게 여행을 계속하지 말라고 다른 사람들과 함께 간청하지만(12절), 바울은 필요하다면 예수님을 위하여 기꺼이 죽을 것이라고 선언하였다(13절). 그래서 누가와 다른 사람들은 설득하는 것을 "포기하고" "주의 뜻대로 이루어지이다"(14절)라고 말하였다. 그러나 만약 주님의 뜻이 이미 두로에서 이미 선포되었고, 바울이 그것에 저항하고 있었다면, 어떻게 그가 계속 여행하는 것이 하나님의 뜻이었는지를 알 수 있는가? 웨인 그루뎀(Wayne Grudem)이 한 세대 전에 이미 지

95 어떻게 누가가 예수님과 사도들을 근본적으로 구약 선지자의 범주 안에서 묘사하는지에 대한 설명에 관하여 Jocelyn McWhirter, *Rejected Prophets: Jesus and His Witnesses in Luke-Acts* (Minneapolis: Fortress, 2013)를 보라. 조지 보나(George K. A. Bonnah, *The Holy Spirit: A Narrative Factor in the Acts of the Apostles* [Stuttgart: Katholisches Bibelwerk, 2007], 401-2)가 강조하듯이, 성령은 또한 두 종류의 예언 성취 안에서 필수적으로 연결되어 있다.

적하였듯이, 그 답은 신약에서 예언은 다른 어떤 은사처럼 그것을 받은 사람들에 의해서 흠잡을 데 없이 사용되지 않는다는 것이다.[96] 아가보의 예언은 두로의 선지자들이 받았던 주님의 말씀과 같았을 것이지만, 그들은 바울이 예루살렘에서 체포될 것이기 때문에 그곳에 가는 것이 하나님의 뜻이 아님에 틀림없다는 결론으로 잘못 비약하였다.[97] 바울은 이에 대해 더 잘 알고 있었고, 누가는 궁극적으로 그것을 깨닫게 되었다.[98] 따라서 이 경우에 구약성경과의 불연속성이 연속성보다 더 크다. 왜냐하면 예언이 구약에서 성취되어야 했기 때문이거나, 선지자가 주님의 이름으로 말하고 있지 않기 때문이다(신 18:22).

대반전(The Great Reversal)

영적 은사가 평등하게 주어져서 가장 낮은 계층의 신자들도 성령에 의해 능력을 받을 수 있다는 사실은 누가의 대반전이라고 불리는 것의 절반에 해당하는 것이다.[99] 1세기의 계층화된 문화 속에서 마찬가지로 충격적인 것은 누가복음의 도입부인 유아기 내러티브에 언급된 세상의 높고 위대한 사람들은 메시아와 그 제자들의 사역을 통하여 낮아질 것이라는 예언이다. 마

96 Wayne A. Grudem, *The Gift of Prophecy in 1 Corinthians* (Lanham, Md.: University Press of America, 1982), 78-82. Murray J. Harris, *Prepositions and Theology in the Greek New Testament* (Grand Rapids: Zondervan, 2012), 77-78을 보라.

97 Devin L. White, "Confronting Oracular Contradiction in Acts 21:1-14," *Novum Testamentum* 58 (2016): 27-46을 참조하라. 화이트는 아가보의 예언이 엄밀히 말해서 예언적인 반면, 두로에 있는 선지자들의 예언은 바울에 대한 염려로 가려졌다. 그래서 바울은 그들의 예언을 성령께서 자신에게 드러내신 것에 비추어 평가해야만 한다.

98 그러므로 허주(Ju Hur, *A Dynamic Reading of the Holy Spirit in Luke-Acts* [Sheffield: Sheffield Academic Press, 2001], 285-86)는 "만약 당신이 성령의 영감을 받았다는 사실을 알고 있거나 확신한다면, 겸손하고 신중하며 다른 견해를 가진 형제들을 존중하라"고 권면한다.

99 John York, *The Last Shall Be First: The Rhetoric of Reversal in Luke* (Sheffield: Sheffield Academic Press, 1991), 12n2.

리아는 엘리사벳과 만남을 가지는 동안 이러한 정서를 직접적으로 표현한다. "그의 팔로 힘을 보이사 마음의 생각이 교만한 자들을 흩으셨고 권세 있는 자를 그 위에서 내리치셨으며 비천한 자를 높이셨고"(눅 1:51-53). 여러 구약의 예언들처럼, 미래적인 사건으로 보이는 것은 마치 이미 일어난 것처럼 묘사된다.[100]

누가의 평지 설교는 예수님께서 네 가지 복과 이에 상응하는 네 가지 화를 결합하신 것처럼 동일한 대조를 보여준다. 복있는 자들은 가난하고, 굶주리고, 슬피 우는 사람들인데, 이들이 문자적 범주들이 아니라는 힌트는 없다(눅 6:20-21). 그러나 22절은 "인자로 말미암아 사람들이 너희를 미워하며 멀리하고 욕하고 너희 이름을 악하다 하여 버릴 때에는 너희에게 복이 있도다"라고 덧붙이며, 그래서 이들은 예수님을 따르는 자들을 가리키는 것이지 모든 가난하고 고난 받는 자들이 아님이 명백해진다.[101] 반대로 예수님은 부자이고, 잘 먹고, 웃고, 모든 사람에게 칭찬받는 사람들에게 화가 있을 것이라고 말씀하신다(24-26절). 팔복과 대조적인 평행이 많은 것을 암시할지라도, 이러한 사람들이 부자이며 부족함이 없고 행복하고 칭찬받는 비기독교인들이라는 것을 명확하게 보여주지는 않는다.[102] 그러나 누가에게 있어서 중요한 점은 가난하거나 부유한 사람들, 굶주리거나 잘 먹는 사람들 등등 문자 그대로의 범주를 사용하고 있는 것이지, 단순히 어떤 영적인 범주가 아니다. 의심할 여지없이, 경건하고 가난한 사람들인 아나윔(*anawim*)에 대한 구약적인 배경도 여기에서도 영향을 미친다.[103]

누가복음 14:1-24의 각 부분도 대반전을 분명히 보여준다. 1-16절은 예수님께서 한 유력한 바리새인 집에서 안식일에 수종병이 있는 사람을 고치

---

100 Marshall, *Gospel of Luke*, 83-84.

101 David P. Scaer, *The Sermon on the Mount: The Church's First Statement of the Gospel* (St. Louis: Concordia, 2000), 79.

102 Bock, *Luke 1:1-9:50*, 583.

103 Marshall, *Gospel of Luke*, 249-50; Bock, *Theology of Luke and Acts*, 355; Thomas Long, *Matthew* (Louisville: Westminster John Knox, 1997), 48.

셨다고 묘사한다. 생명의 위협을 받는 상태에 놓여 있는 이 사람은 완전히 치유 받았지만, 안식일에 이러한 "일"을 하는 것에 대해 반대하는 자들은 공개적으로 수치를 당하고, 우물에 빠진 아이나 소를 구하는 것과 같이 "작은 것에서 큰 것으로" 비교하는 기법을 사용하시는 예수님께 대답할 수 없었다(5절).[104] 그런 다음에 7-11절은 연회에 초대받은 자들에게 명예로운 자리에 앉음으로써 더 좋지 않은 자리에 앉으라는 이야기를 듣게 되어 공개적으로 망신당하기보다, 뒷자리에 앉기를 권한다.[105] 예수님의 결론은 이러한 대반전을 분명하게 드러낸다. "무릇 자기를 높이는 자는 낮아지고 자기를 낮추는 자는 높아지리라"(11절). 그리고 나서 그는 초대에 보답을 할 수 없는 사람들을 자기 집으로 초대하라고 권면함으로써 비슷한 요점을 강조하는데, 그렇게 함으로써 그들은 잘못된 동기로 초대장을 발송하지 않는다(12-24절).[106] 예수님은 하나님의 나라에서 축제를 즐기는 자들이 복될 것이라고 외치는 초대받은 자의 감탄에 응답하여(15절) 처음에는 하나님 나라 잔치에 올 것이라고 말해놓고는 앞뒤가 맞지 않는 변명을 늘어놓으면서 왜 참석할 수 없는지 설명하는 자들(19-20절)은 하나님 나라에서 배제될 것이라는 약속에 관한 비유(16-24절)를 전달한다. 이는 신명기 20:5-8과 대조될 수 있다. 고대 이스라엘 군대에 복무하지 않을 타당한 이유는 주님의 영적 축제 모임에 참여하지 않는 것에 대한 변명의 여지가 될 수 없다. 그러나 하나님 나라의 홀(hall), 즉 그분의 종말론적 연회가 열리는 홀(hall)은 텅텅 비지 않을 것이다. 그는 그곳을 가난하고 소외된 자, 장애를 가진 자와 사회에서 천대받는 자

104 윌리 브라운(Willi Braun, *Feasting and Social Rhetoric in Luke 14* [Cambridge: Cambridge University Press, 1995], 41)은 이 병든 자가 과음한 후에도 여전히 술을 탐하며, 그 잔치에서 부유한 주인과 손님들을 갈망하는 사람을 대표한다고 생각한다.

105 더 나아가 Amanda C. Miller, "Bridge Work and Seating Charts: A Study of Luke's Ethics of Wealth, Poverty, and Reversal," *Interpretation* 68 (2014): 416-27을 참조하라.

106 메리 앤 비비스(Mary Ann Beavis, "'Expecting Nothing in Return': Luke's Picture of the Marginalized," *Interpretation* 48 [1994]: 357-68)는 어떻게 예수님께서 자신이 살아가던 세계의 사회경제적 불균형을 벗어나서 자기를 따르던 자들을 영적으로 동등하다는 맥락으로 옮겨가는 비전을 분명하게 표현하였는지를 강조한다.

들로 채우신다(21-23절).[107] 구체적으로, 예수님은 저는 자들과 앞을 보지 못하는 자들을 포함하는데(13, 21절), 구약에서 이 두 그룹은 때로는 하나님 백성의 회중 또는 희생제사에서 배제된 자들, 그렇지 않으면 소외된 자들을(레 21:15, 신 15:21, 삼하 5:8, 욥 29:15) 지칭할 때 함께 사용된다(인간이든 동물이든). 이제 이러한 차별은 더 이상 일어나지 않는다(아마도 렘 31:8의 예언에 비추어서; 또한 저는 자들에 관하여 미 3:6-7, 습 3:19를 참조하라).

바리새인과 세리의 비유(18:9-14)는 반전에 대한 동일한 진리를 보여준다. 바리새인은 일반적으로 존경받는 반면에 세리들은 경멸받던 로마 주둔부대와 함께 일하던 배신자였다(그러나 이미 단 11:20과 암 5:11에 언급된 것을 참조하라).[108] 그러나 누가는 "자기를 의롭다고 믿고 다른 사람을 멸시하는 자들"(9절)을 세리를 비롯하여 그 때 당시 악한 자들과 같지 아니한 것에 대해 하나님께 감사를 표현한 바리새인으로 묘사한다(11절). 한편, 세리는 사람이 극심한 압박 속에서만 공개적으로 할 수 있는 행위인,[109] 가슴을 치고 하나님께 자비를 구한다. 그는 희생제사도 드리지 않고, 배상금을 지불하지도 않고, 단지 하나님의 은혜를 전적으로 신뢰할 뿐이다(13절).[110] 그리고 다시 한 번 예수님은 바리새인보다 세리가 의롭다 하심을 받고 자기 집으로 갔다고 선언하신다(14a). 누가복음 14:11에서 반복되고 있는 동일한 표현은 높은 자의 겸손과 낮은 자의 높임이다(18:14b).

---

107 브라운(Braun, *Feasting and Social Rhetoric in Luke 14*, 93-94)은 여기에 포함되었을 가능성 있는 부류들에 대한 목록을 다음과 같이 제공한다: "장의사", "무두장이", "소몰이꾼, 도살업자", "외국인 난민, 권리가 박탈된 마을 사람들, 도망친 노예, 매춘부, 떠돌아다니는 거지, 사회적으로 소외된 다양한 사람들."

108 Darrell L. Bock, *Luke 9:51-24:53* (Grand Rapids: Baker, 1996), 1462. 세리들의 부정부패에 관하여 Pyung Soo Seo, *Luke's Jesus in the Roman Empire and the Emperor in the Gospel of Luke* (Eugene, Ore.: Pickwick, 2015), 68-94에서 강조한다.

109 Kenneth E. Bailey, *Through Peasant Eyes: More Lucan Parables* (Grand Rapids: Eerdmans, 1980), 153.

110 그러나 베일리(Bailey, *Through Peasant Eyes*, 145)는 23절 마지막 부분이 "나와 화해하라"라고 번역될 수 있으며, 성전에서 기도하던 표준 시간은 희생 제사를 드리는 시간이었다라고 언급하였다. 그래서 적어도 세리는 희생 제사를 위하여 동물을 가져왔을 가능성이 있다.

비슷한 반전에 대한 훌륭한 예가 사도행전 16:16-19에 나온다. 바울은 귀신들린 노예 소녀에게서 귀신을 쫓아냈지만, 그녀의 주인은 그녀를 사로잡았던 악한 영이 점을 치도록 하고 많은 돈을 벌어다 주었기 때문에 이에 대해 분노한다. 그녀가 구원을 경험하고 낮은 지위가 "격상"되면서, 그 주인은 낮아지고 "겸손해졌다."[111] 결과적으로 바울과 실라가 체포되었기 때문에 상황은 조금 더 복잡해졌지만, 그들이 감옥에서 기적적으로 풀려나면서 위기에서 벗어난다(20-40절). 에베소에서 전한 기독교적 메시지는 많은 사람들이 가지고 있었던 아데미 신앙을 버리게 하였고, 아데미 숭배에 사용된 형상들을 만들었던 은장색 길드는 분노하였고, 마을 사람들을 선동한다. 부유한 사람들의 경제적 지위는 거짓 종교 행위로 인하여 낮아지게 되었고, 가난한 그리스도인들은 궁극적으로 하나님께서 신원하신다(사 2장을 참조하라).[112]

부자와 가난한 자

부와 빈곤에 초점을 맞춘 누가복음-사도행전의 모든 구절들이 이 둘 사이의 대조를 포함하지는 않는다. 그러나 경건하지만 가난한 사람들에 대한 하나님의 특별한 관심 또는 청지기 정신을 가지지 않을 경우 초래될 부의 위험성 둘 다 초점을 맞춘 누가복음 고유의 구절들이 많이 있다. 이미 사가랴의 노래(Benedictus)에서 사가랴는 세례 요한의 탄생이 예고하는 이스라엘에 대한 운명의 반전으로 인하여 주님을 찬양한다.

---

111 18절에 "떠났다"(left)로 번역된 같은 동사가 19절에 "나갔다"(was gone)라는 표현으로 다시 나온다. 바울은 유머러스하게도 그 악한 영이 그 여자 아이에게서 나가자(*wet out of* ["left"]), 수익에 대한 소망이 그 주인에게서 나갔다(*wet out of* ["left"])고 말한다. Marshall, *Acts*, 269를 보라.

112 이 주제에 관하여 더 확인하려면, Amanda C. Miller, *Rumors of Resistance: Status Reversals and Hidden Transcripts in the Gospel of Luke* (Minneapolis: Fortress, 2014)를 보라. 라킨(Larkin, *Acts*, 241)은 비기독교인들의 물질적 또는 일시적 필요들에 관한 기독교인들의 관심에 관한 예가 여기에서 나타난다고 본다.

찬송하리로다 주 이스라엘의 하나님이여 그 백성을 돌보사 속량하시며 우리를 위하여 구원의 뿔을 그 종 다윗의 집에 일으키셨으니 이것은 주께서 예로부터 거룩한 선지자의 입으로 말씀하신 바와 같이 우리 원수에게서와 우리를 미워하는 모든 자의 손에서 구원하시는 일이라 우리 조상을 긍휼히 여기시며 그 거룩한 언약을 기억하셨으니 곧 우리 조상 아브라함에게 하신 맹세라 우리가 원수의 손에서 건지심을 받고 종신토록 주의 앞에서 성결과 의로 두려움이 없이 섬기게 하리라 하셨도다(눅 1:68-75).[113]

세례 요한에 대한 마가복음과 Q자료에 누가가 추가한 주요 내용은 3:10-14에 나온다. 여분의 옷이나 음식을 소유한 사람들은 그러한 것들을 충분히 가지고 있지 않은 자들과 나누어야 하며, 세리들은 수수료를 취하여 이득을 가져가지 말아야 하며, 군인들은 사람들을 갈취하거나 거짓으로 고발하지 말아야 한다. 특히 다른 사람들이 충분히 소유하지 않을 때 한 사람이 모을 수 있고 어떻게 재물을 모을 수 있는지에 대하여 제한이 있다.[114]

누가복음에만 나오는 몇 가지 고유한 비유는 부의 오용에 초점 맞춘다. 어리석은 부자의 비유(눅 12:16-21)에서 풍년을 경험한 이 남자는 처음에는 단순히 부자라서 비난받는 것처럼 보이지만, 마지막 구절은 그가 "하나님께 대하여 부요하지" 못하였다는 사실을 분명하게 보여준다(21절). 실제로 그는 탐심에 관한 십계명을 어기고 있었다(15절; 출 20:17을 참조하라). 그러나 이 내러티브가 설명하는 방식은 그를 둘러싼 대다수 가난한 자들을 단 한 번도 생각하지 않고 대신에 1인칭 단수 동사를 8회 사용하여 "내"가 "나 자신"을 위해서 무엇을 하는지를 묘사한다.[115] 부자와 나사로의 비유(16:19-31)는 조

113 리차드 딜론(Richard J. Dillon, "The Benedictus in Micro- and Macrocontext," *Catholic Biblical Quarterly* 68 [2006]: 458)은 이 찬송이 중심이자, 세례 요한에 관한 누가가 제공하는 정보의 절정을 이룬다는 것을 발견한다.

114 더 나아가, E. H. Scheffler, "The Social Ethics of the Lucan Baptist (Lk. 3:10-14)," *Neotestamentica* 24 (1990): 21-36을 참조하라.

115 Simon J. Kistemaker, *The Parables of Jesus: Understanding the Stories Jesus Told*, rev.

금 더 사회경제적 계층에 의한 구원 또는 비난처럼 보인다. 그럼에도 30절에서 부자는 죽은 자에게서 온 메신저에게 여전히 살아있는 자신의 형제들에게 경고하여 "회개"할 수 있도록 요청하는데, 그는 이전에 결코 회개한 적도 없다는 사실을 암시한다.[116] 이 내러티브에서 회개의 부재가 구체화하는 방식은 이 부자가 궁핍하여 죽어가던 거지에게 빵부스러기라도 주지 않음으로 완전히 무시하는 것인데, 부자는 "모세와 선지자"(29, 31절)에 근거하여 그것이 불경건한 행동임을 알았다. 나사로 비유에 관하여, 우리는 그의 경건에 관한 것을 배우지 않는다. 그러나 그는 어떤 비유에서도 지어낼 수 있는 가상의 인물이기 때문에, 우리는 나사로(*Lazaros*, 헬라어)의 이름의 뜻이 무엇인지 질문해야 한다. 이 이름은 히브리어 엘리아자르(*Eleazar*) 또는 엘리에제르(*Eliezer*)에서 유래되었고, "하나님이 도우신다"라는 의미를 지닌다. 더욱이 아브라함은 하나님의 대표자로 등장하며, 그의 충실한 종은 엘리에셀(창 15:2)이었다. 그래서 예수님은 자신의 청중이 나사로를 신실하고, 하나님을 경외하는 유대인으로 생각했을 것임을 알고 계셨을 것이다.[117] 여전히 이러한 특징들을 파악하기 위해서는 깊이 살펴보아야 한다. 본문을 표면적으로 읽어보면 하나님과 사람의 관계는 사회경제적 영향을 가지고 있음을 분명히 보여주는데, 이는 히브리어 성경("모세와 선지자들", 29절)에 주의를 기울였다면 알 수 있는 것이다.[118]

---

ed. (Grand Rapids: Baker, 2002), 152; Arland J. Hultgren, *The Parables of Jesus: A Commentary* (Grand Rapids: Eerdmans, 2000), 109를 참조하라. 사실, 조슈아 노블(Joshua A. Noble, "'Rich toward God': Making Sense of Luke 12:21," *Catholic Biblical Quarterly* 78 [2016]: 302-20)은 다른 곳에 등장하는 유사한 구절로부터 "하나님을 향하여 부유한"이라는 표현이 자선의 형태로 하나님께 드리는 것을 의미한다고 주장한다.

116 Outi Lehtipuu, *The Afterlife Imagery in Luke's Story of the Rich Man and Lazarus* (Leiden: Brill, 2007), 165-66. David P. Seccombe, *Possessions and the Poor in Luke-Acts* (Linz, Austria: A. Fuchs, 1982), 176-77을 참조하라.

117 Hans Kvalbein, "Jesus and the Poor: Two Texts and a Tentative Conclusion," *Themelios* 12 (1987): 80-87; 그리고 C. H. Cave, "Lazarus and the Lukan Deuteronomy," *New Testament Studies* 15 (1968-69): 323-25를 참조하라.

118 Trevor J. Burke ("The Parable of the Prodigal Father: An Interpretive Key to the Third

부자와 나사로 비유 바로 앞에 위치한 비유는 불의한 청지기 비유이다(16:1-9). 이 비유에 대한 모든 종류의 주해적 난제들은 학자들을 몹시 괴롭히지만, 핵심은 예수님께서 종의 부정함이 아닌 약삭빠름에 대해 칭찬하신 것이다(8절a).[119] 이것이 부적절하게 보이더라도, 우리는 구약의 하나님은 자신을 상황 판단이 빠른(히브리어 타팔[*tāphal*]에서 왔다, 삼하 22:27, 시 18:26) 존재로 나타내신 사실을 기억해야 한다. 예수님은 이생만을 위해 살아가는 사람들이 하나님의 백성보다 종종 기민하게 행동한다는 아이러니를 주목하신다(8b절). 그런 다음, 예수님은 제자들을 얻고 양육하고자 하는 하나님 나라의 목적을 성취하기 위하여 그들의 물질로 동일한 분별력을 가지라고 자신을 따르는 자들에게 요청한다. 그래서 그들보다 앞서 죽음을 경험한 사람들은 다가올 생에서 그들을 환영할 것이다(9절, "불의의 재물로 친구를 사귀라 그리하면 그 재물이 없어질 때에 그들이 너희를 영주할 처소로 영접하리라").[120]

누가복음 18-19장에서 서로 가까이에 위치한 세 구절은 청지기에 대한 누가의 강조를 더 보여준다. 첫 번째 구절인 예수님과 젊은 부자 관리와의 만남(18:18-27)은 누가복음에만 나오는 독특한 구절은 아니지만, 누가복음에서 유일하게 발견되는 삭개오의 이야기(19:1-10)와 열 므나 비유(11-27절)가 추가되어 만들어진 시리즈는 독특하다.[121] 예수님을 따르는 자들 전부 또는

Gospel [Luke 15:11-32]," *Tyndale Bulletin* 64 [2013]: 217-38)을 참조하라. 버키(Burke)는 하나님을 아낌없이 주시는 관대한 분으로 묘사하며, 이러한 이유로 이 복음서에 등장하는 넘치는 관대함을 보여주는 개인들은 긍정적으로 묘사된다(예를 들어, 선한 사마리아인 또는 예수님께 기름 부은 여인). 다른 말로 표현하자면, 관대함은 관대하신 하나님의 성품에 근거를 둔다.

119 특히 Dennis J. Ireland, *Stewardship and the Kingdom of God: An Historical, Exegetical, and Contextual Study of the Parable of the Unjust Steward in Luke 16:1-13* (Leiden: Brill, 1992); 그리고 Dave L. Mathewson, "The Parable of the Unjust Steward (Luke 16:1-13): A Reexamination of the Traditional View in Light of Recent Challenges," *Journal of the Evangelical Theological Society* 38 (1995): 29-39를 보라.

120 Craig L. Blomberg, *Interpreting the Parables*, 2nd ed. (Downers Grove, Ill.: IVP, 2012), 322-29; Klyne R. Snodgrass, *Stories with Intent: A Comprehensive Guide to the Parables of Jesus* (Grand Rapids: Eerdmans, 2008), 414-15.

121 열 므나 비유는 종종 마태복음 25:14-30 뒤에 놓여있는 Q 구절과 소위 왕위 청구인 비유

대다수가 자신이 소유한 모든 것을 포기하고 가난한 자들에게 주어야 한다고 생각하지 않도록,[122] 삭개오의 모델은 자발적으로 자기 재산의 절반만 포기한다(비록 그는 다른 사람의 것을 속여 빼앗은 일이 있다면 네 배나 갚을 것이라고 약속하지만; 삼하 12:6을 참조하라).[123] 자본주의 세계에서 열 므나 비유는 단지 돈을 기부하는 것이 아니라 돈을 버는 것이 바람직하다는 사실을 보여주기 때문에 아마도 세 구절들 가운데 가장 안심시켜 줄 것이다. 그러나 이 이야기에서 우리의 마음을 찌르는 것은 모든 것이 여전히 주인께 속해 있다는 것이며, 우리는 얼마나 물질적인 재산을 소유한다고 스스로를 속이는지에 상관없이(욥 1:21을 참조하라), 근본적으로 주인에게 빌린 돈을 어떻게 사용하였는지에 관하여 설명해야할 것이다. 이러한 식으로 정의와 의로움의 구약적인 개념은 누가복음 18:1-19:10에 스며있으며, 물질적 재산의 사용이 정의(justice)와 관련된 문제임을 보여준다.[124]

사도행전에서 가난한 자들에 대한 관심은 교회 공동체 생활의 시작부터 계속된다. 사도행전 2:44-47과 4:32-37은 공동 소유의 본래적인 모델을 묘사한다. 여기에서 우리는 해석 역사 속에서 발견되는 두 가지의 극단

(parable of the throne claimant)로 불리는 내용(눅 19:12, 14-15a, 27; 별개의 이야기의 핵심으로 추정된다)의 2차적인 융합으로 보인다. 그러나 마태복음과 누가복음의 두 비유들은 바로 그 구조(*ipsissima structura*)의 다른 맥락들에서 사용된 예수님의 독특한 용례로 보인다. 더 나아가 Blomberg, *Interpreting the Parables*, 278-81을 보라. 그리고 거기에 인용된 문헌을 보라.

122 그러나 로버트 건드리(Robert H. Gundry, *Matthew: A Commentary on His Handbook for a Mixed Church under Persecution*, 2nd ed. [Grand Rapids: Eerdmans, 1994], 388)를 보라. 그는 "예수님께서 자신의 제자들에게 그들의 모든 재산을 팔라고 명령하지 않으셨다는 사실은 그가 그 명령을 내리실 부류의 사람들에게만 위로를 준다"라고 관찰한다.

123 월터 필그림(Walter E. Pilgrim, *Good News to the Poor: Wealth and Poverty in Luke-Acts* [Minneapolis: Augsburg, 1981], 129-30)은 누가가 삭개오 이야기를 기독교적인 기부에 대한 패러다임으로 본다고 생각한다. 이것은 엄청난 부자에게 있어서 참으로 후하고 희생적 존재로서 자격을 갖출 정도의 분량이며, 그는 자신이 돈을 부당하게 취했던 사람들에게 그 이상의 보상액을 돌려주었다.

124 J. Daniel Hays, " 'Sell Everything You Have and Give to the Poor': The Old Testament Prophetic Theme of Justice as the Connecting Motif of Luke 18:1-19:10," *Journal of the Evangelical Theological Society* 55 (2012): 43-63.

적인 입장을 피해야 한다. 하나는 이 구절들이 마르크스주의를 지지하는 것으로 보는 것이다. 마르크스의 공산주의 선언문은 "능력에 따른 각자로부터 필요에 따른 각자에게"("from each according to his ability, to each according to his need")로 압축되어지며, 부분적으로는 사도행전 11:29와 2:45에서 각각 영감받은 것이 사실이다. 그러나 계급 없는 사회에 대한 그의 비전은 하나님을 완전히 제거하였고, 정부 입법에 의해 경제적인 평등에 대한 시행을 요구하였다. 처음에는 자신의 비전을 시행해야한다고 주장하던 사회 속에서 최빈곤층의 생활수준을 높였지만, 설령 그럴지라도 지배 계급층의 특권 때문에 재정적인 평등이나 정의에 약간이라도 근접한 것이 하나도 없었다(물론 이것은 거의 틀림없이 마르크스의 비전이 아니었다).[125]

사도행전 2:44-46과 4:32-37을 보편적으로 의무화해야 할 모델 또는 피해야 할 메커니즘으로 보는 문제는 두 모델 모두 사도행전이 지역 회중 안에서 가난한 자를 돕는 다른 두 가지 모델을 포함한다는 사실을 주목하지 못한다. 사도행전 6:1-6에서 나중에 바울의 교회들 안에서 집사들이 감당해야 할 일과 유사한 기능을 담당하는 개인들은, 과부들이 매일 음식이나 재정을 지원받는 구제 사역에서 누락되었을 때, 헬라 유대인 기독교 진영에서 뽑혔다. 지역 지도자들에게 이양된 권한 위임은 이전에 존재하지 않았던 방식으로 궁핍한 사람들을 성공적으로 섬기게 하는 한편, 히브리파 유대인 출신 기독교 진영으로부터 온 사도들이 그들의 사역을 계속 진행할 수 있도록 만들었다. 7절은 이러한 모델에 대한 누가의 동의를 다시 언급하는데, 그는 "그리하여 하나님의 말씀이 퍼져나갔다"라는 표현을 추가한다. 그리고 나서 11:27-30에 아가보가 유대 지역에 일어날 극심한 기근을 예언할 때, 예루살렘 교회의 지도자들에게 특별 연보가 전달되었고, 적절하게 분배되었다.

이 세 가지 모델은 누가가 이 가운데 어떤 것도 모든 사람이 채택해야 할

125 더 나아가서 Craig L. Blomberg, "Neither Capitalism nor Socialism: A Biblical Theology of Economics," *Journal of Markets and Morality* 15 (2012): 207-25를 보라.

바로 그 접근방식으로 생각하지 않는다는 사실을 보여준다.[126] 지속적인 것은 각 지역 기독교 공동체 안에서 가장 가난한 사람들을 위한 실질적인 도움이며, 따라서 역사를 통틀어 모든 교회의 우선순위가 되어야 한다.[127] 여기에서는 고대 이스라엘 백성이 외국인을 포함하여 그들 가운데 가장 가난한 자들을 어떻게 돌보아야 하는지에 관한 구약 율법 안에 나오는 주요 주제가 연속적으로 나오는 것이다(예를 들어, 레 19:10, 23:22; 그리고 특히 신 24:14). 트웰프트리(Twelftree)는 이러한 실천의 중요성을 깊이 생각하면서 다음과 같이 결론 내린다. "누가가 선교에 관하여 취하는 관점은 일반적으로 인식되는 것보다 신자 공동체의 질을 훨씬 더 중요시한다. 만약 기독교인들 가운데 관계와 보살핌의 질이 누가가 제안한 명령에 가까이 가는 것만으로 만족했다면, 나는 교회가 그 곳에 속하기를 추구했던 사람들을 수용하거나 동화시킬 수 없었을 것이라고 생각한다."[128]

이미 살펴본 바와 같이, 자본주의가 생겨나기 전에 초대교회가 자본주의를 따르기 바라던 사람들은 초대교회의 물질적인 자원을 과대평가하는 경향이 있다. 반면에 초대 교회가 공산주의가 생겨나기 전에 공산주의를 따랐다고 보는 사람들은 교회의 물질적 자원을 과소평가하는 경향이 있다. "육체를 따라 지혜로운 자가 많지 아니하며 능한 자가 많지 아니하며 문벌 좋은 자가 많지" 않은 것은 사실이다(고전 1:26, 물론 이는 고린도인들에 대해서만 말하고 있는 것이다). 그러나 사도행전에서 우리는 믿음에 순종하는 "허다한 제사장의 무리"(행 6:7b)의 존재에 대해서 배우는데, 그들 대부분은 대다수 유대인들보다 더 나았을 것이다. 더 모범적인 다른 기독교인들 가운데 고넬료와

126 Walter L. Liefeld, *Interpreting the Book of Acts* (Grand Rapids: Baker, 1995), 122-23.

127 Craig L. Blomberg, *Christians in an Age of Wealth: A Biblical Theology of Stewardship* (Grand Rapids: Zondervan, 2013); 더욱 구체적으로, 우선순위가 초대 교회에서처럼 교제나 우정으로부터 자라나야 한다. Douglas A. Hume, *The Early Christian Community: A Narrative Analysis of Acts 2:41-47 and 4:32-35* (Tübingen: Mohr Siebeck, 2011), 76-118을 보라.

128 Twelftree, *People of the Spirit*, 216.

그의 가족(10:1), 요한 마가의 가족(12:12), 서기오 바울(13:6-12), 루디아(16:14-15), 빌립보의 간수(16:31-34), 야손(17:5-9), 데살로니가의 적지 않은 귀부인들(17:12), 다마리와 아마도 어떠한 지위를 가지고 있는 방문자들을 비롯하여 몇몇 아레오바고 회원들(17:34), 아굴라와 브리스길라(18:2-3), 디도 유스도(18:7), 나손(21:16)이 포함되었을 것이다.[129]

그러나 누가에게 똑같이 중요한 것은 많은 사람들보다 더 풍성한 물질적 자원을 가지고 있는 참된 신자들은 여유분을 나눔에 있어서 관대해야한다.[130] 누가복음 11:41에는 '십일조' 대(versus) '율법에서 더 중요한 문제들'에 관한 Q문서 구절에 추가되었는데(Q 11:42), 예수님은 바리새인들에게 "가난한 자들에게 관대하라, 그리하면 모든 것이 깨끗해질 것"이라고 말씀하신다.[131] 사도행전 9:46에서 도르가는 "선행과 구제하는 일"을 많이 행한 사람으로 칭찬하며, 10:2, 4, 31에서도 마찬가지로 고넬료를 모범적인 자선가로 묘사한다.[132] 바울은 자신이 에베소 장로들에게 작별 인사할 때 명시한 신실한 모범에 대해 충분한 확신을 가진다.

> 내가 아무의 은이나 금이나 의복을 탐하지 아니하였고 여러분이 아는 바와 같이 이 손으로 나와 내 동행들이 쓰는 것을 충당하여 범사에 여러분에게 모

---

129 Craig L. Blomberg, *Neither Poverty nor Riches: A Biblical Theology of Possessions* (Grand Rapids: Eerdmans; Leicester: IVP, 1999; Downers Grove, Ill.: IVP, 2001), 171-72. 이러한 초대 기독교의 존재를 인정하는 분야의 개척자는 Edwin A. Judge, *The Social Pattern of Christian Groups in the First Century* (London: Tyndale, 1960)였다.

130 Richard J. Cassidy, *Jesus, Politics, and Society: A Study of Luke's Gospel* (Maryknoll, N.Y.: Orbis, 1978), 31.

131 특히 이에 대하여 John Nolland, *Luke 9:21-18:34* (Dallas: Word, 1993), 664, 670을 보라.

132 Perhaps a Christian and Jewish equivalent of sorts to Greco-Roman benefaction. Bruce W. Winter, *Seek the Welfare of the City: Christians as Benefactors and Citizens* (Carlisle: Paternoster; Grand Rapids: Eerdmans, 1994), 25-40을 보라. 본문은 고넬료가 자선활동을 함으로서 그의 의로움을 칭찬하지만, 우리는 사도행전 15:9에서 기도와 자선활동이 이방인의 마음을 정결케 하는 데 효과가 있다는 티모시 리어든(Timothy W. Reardon, "Cleansing through Almsgiving in Luke-Acts: Purity, Cornelius, and the Translation of Acts 15:9," *Catholic Biblical Quarterly* 78 [2016]: 463-82)의 주장으로 결론내릴 필요는 없다.

본을 보여준 바와 같이 수고하여 약한 사람들을 돕고 또 주 예수께서 친히 말씀하신 바 주는 것이 받는 것보다 복이 있다 하심을 기억하여야 할지니라 (행 20:33-35)

바울은 후원자의 지원에 의존하는 대신에 자발적인 육체노동을 하였기 때문에 그레코-로마 사회로부터 저항, 비판, 심지어 굴욕까지 감수해야했을 뿐만 아니라,[133] 우리가 알지 못하는 예수님의 기록되지 않은 말씀(아그라폰[agraphon])을 인용하기도 했다. 이 가르침은 세속 사회에서도 격언으로 깊숙히 내재된 것이다. 다시 말하자면, 이 모든 것은 가난한 자들의 필요를 우선시하는 구약의 주요 주제를 전달한다.[134]

존 길맨(John Gillman)의 재산과 믿음의 삶에 관한 훌륭한 연구는 누가의 관심이 사람들이 "맘몬의 질병"에 걸렸는지에 대하여 진단할 수 있도록 돕는다고 요약하면서 결론 내린다. 맘몬은 아람어를 헬라어로 음역화한 것이며, KJV 역본은 누가복음 16:9에서 "불의한 맘몬"(the mammon of unrighteousness)이라는 구절로 번역하였다. 그것은 우상, 신으로 변질된 돈이나 부 또는 물질적 소유를 의미한다. 더 많은 시간, 에너지 그리고 열정이 살아계신 하나님을 예배하고 섬기는 것보다는 어떻게 하면 더 많은 돈을 벌 수 있을 것인지를 결정할 때 사용된다. 그리고 누가는 이 경우에 두 주인을 섬기는 것이 불가능하다는 사실을 분명히 한다(13절). 맘몬을 숭배하는 사람은 그 어느 누구도 기독교인이라고 주장할 수 없다.[135]

---

133 Ronald F. Hock, *The Social Context of Paul's Ministry: Tentmaking and Apostleship* (Philadelphia: Fortress, 1980), 63-65.

134 Blomberg, *Neither Poverty nor Riches*, 33-85; David L. Baker, *Tight Fists or Open Hands: Wealth and Poverty in Old Testament Law* (Grand Rapids: Eerdmans, 2009).

135 John Gillman, *Possessions and the Life of Faith: A Reading of Luke-Acts* (Collegeville, Minn.: Liturgical, 1991). 현대적인 관점에 관하여 John de Graaf, David Wann, and Thomas H. Naylor, *Affluenza: How Overconsumption Is Killing Us-And How to Fight Back*, 3rd ed. (San Francisco: Berrett-Koehler, 2014)을 참조하라.

외부인을 포함하다

경제적으로 가난한 사람들 외에도, 누가는 자신이 살아가던 세계 속에서 소외되고 외면당한 사람들이라는 다른 부류 가운데 행하신 예수님의 돌보심과 사역을 강조한다. 그리고 사도행전에서 초대 교회는 이 사역을 사회적으로 인종적으로 다양한 사람들을 급진적으로 하나님의 백성으로 포함시키는 사역을 지속한다.[136]

사마리아인들

누가복음에 나오는 독특한 세 구절은 사마리아인들과 연관되어 있다. 누가복음 9:52-56에서 예수님은 마지막 유월절을 지키기 위해 예루살렘으로 향하기 전, 그의 마지막 순회 사역을 "그를 반기지 않았던" 사마리아 지역을 통과하심으로써 시작하신다. 야고보와 요한은 그들이 옛 선지자 엘리야를 흉내내어 하늘로부터 불을 내리는 것이 어떠하냐고 제안하지만, 예수님은 완전한 유대인과 악연이었던 사마리아인들에 대한 관심을 보이시면서,

---

136 핵심 연구들에 관하여 잘 서술한 개요를 보기 위해서, Thomas E. Phillips, "Reading Recent Readings of Issues of Wealth and Poverty in Luke and Acts," *Currents in Biblical Research* 1 (2003): 231-69를 보라. 특히, David A. Neale, *None but the Sinners: Religious Categories in the Gospel of Luke* (Sheffield: JSOT Press, 1991)를 보라. 어근의 빈도가 상대적으로 낮음에도 불구하고, 그리고 그의 모든 수치상의 논증들이 유효하든 그렇지 않든, 온정(compassion)의 중심성에 관하여, Maarten J. J. Menken, "The Position of ΣΠΛΑΓΧΝΙΖΕΣΘΑΙ and ΣΠΛΑΓΧΝΑ in the Gospel of Luke," *Novum Testamentum* 30 (1988): 107-14를 보라. 벤자민 윌슨(Benjamin R. Wilson, "The Crucifixion Scene as the Climax of Lukan Inclusivity," *Expository Times* 127 [2016]: 430- 38)은 소외된 사람들에 대한 누가의 관심이 예수님의 수난 내러티브에서도 지속된다고 주장하는데, 이는 예수님께서 십자가에 못 박히시는 장면에서 누가가 구레네 시몬, 예루살렘의 울고 있는 여인들, 백부장, 회개한 죄인에 대하여 긍정적으로 묘사하고, 그들을 믿음의 모범을 보여주는 자들로 제시할 수 있기 때문이다. 결과적으로 예수님의 십자가 수난 장면은 예수님의 사역이 지니는 포용성(inclusivity)과 보편성(universality)이라는 누가복음의 일관적인 맥락에 잘 어울리는 절정(climax)이다.

그들을 꾸짖으신다.[137] 나중에 예수님은 선한 사마리아인의 비유(10:30-35)를 통하여 자신의 이웃이 누구냐는 율법교사의 질문에 대답하신다(25-29, 36절). 병원과 법률 기관이 "선한 사마리아인"이라고 명명되기 훨씬 전부터, 두 명의 유대인 성직자가 아닌 사마리아인을 부상당한 사람의 조력자로 제시하는 개념은 이 유대인 율법 교사를 놀라게 하였을 것이다. 그렇다. 예수님께서는 사람들에게 사마리아인의 자비를 본받으라고 요청하시지만(37절), 이것은 이 비유가 가르치는 세 가지 주요 요점들 가운데 하나이다. 제사장과 레위인이 제공하는 반면교사로부터 우리는 누군가의 생명이 위험에 처해있을 때, 종교적 의무는 사랑 없음에 대한 변명거리가 될 수 없다는 사실을 배운다. 여전히 더욱 중요한 것은 평범한 이스라엘 사람보다는 사마리아인을 영웅으로 선택함으로써, 우리는 가장 미워하는 적조차도 우리의 도움을 받아야 할지도 모른다는 사실을 배운다.[138] 역대하 28:8-15에서 유다 사람들을 패배시킨 사마리아인들이 한편으로 유다 사람들을 예기치 않게 긍정적인 대우를 해준 사건에 비추어 이 비유를 이해할 수 있다. 그러나 예수님은 율법교사가 사마리아인을 심지어 "이웃"으로 인정하도록 인도하심으로써 한 단계 더 나아가신다.

마지막으로 오직 누가만이 예수님께서 열 명의 나병 환자를 고쳐주셨다는 사실을 기록하는데, 그중에서 아홉 명은 유대인이었고, 한 사람은 사마리아인이었다(눅 17:11-19). 그들은 정결례에 대한 레위기의 율법을 따라서 제사장들에게 자신들의 상태를 보여주었는데, 그 후에 오직 사마리아인만이 돌아와서 예수님께 감사를 표한다. 원래 청중들은 유대인들이 아니라 사

---

137 그린(Green, *Gospel of Luke*, 406)은 "예수님께서 고대의 엘리야가 제시한 대본에 따라서 행동하시기를 거부하셨고, 이것은 여정 내러티브(10:25-37; 17:11-29)에 나오는 다른 사마리아인들의 모범적인 행동과 사도행전에 나오는 사마리아에 하나님의 나라 메시지가 선포되고 수용되는 사실에 일치하는 관용과 자비의 확장을 의미한다"라고 관찰한다.

138 특히 Robert W. Funk, "The Good Samaritan as Metaphor," *Semeia* 2 (1974): 74-81; Brad H. Young, *The Parables: Jewish Tradition and Christian Interpretation* (Peabody, Mass.: Hendrickson, 1998), 101-18을 보라. Robert C. Tannehill, *Luke* (Nashville: Abingdon, 1996), 184를 참조하라.

마리아인이 감사를 표현했다는 사실에 충격 받았을 것이다.[139] 그러나 문화 인류학은 다른 가능성 있는 의미를 제안한다. 고대 지중해 세계에서 다른 사람에게 감사하는 것 그 자체로는 항상 모범적인 것은 아니었다. 호혜주의 문화 안에서 정말로 중요한 것은 감사의 표현을 단순히 말로만 하는 것이 아니라 호의에 대한 대가로 다른 사람에게 무언가 좋은 일을 하는 것이었다. 결국, 말은 값이 싼 것이다. 그러므로 아마도 은혜로 말미암아 전적으로 치료받았던 사마리아인은 예수님께 보답할 방법이 없다는 사실을 깨달았고, 그가 드릴 수 있는 모든 것은 감사였던 것이다.[140] 어떤 이는 열왕기하 5장에 등장하는 이방인 문둥병자 나아만이 엘리사가 사역하는 동안에 고침 받은 내용을 이 본문의 구약적인 배경으로 생각한다. 그러나 그는 요단강에 씻기 위해서 자기 고향을 떠나는 것에 대해 확신해야만 했지만(10-14절), 이 사마리아인 나병 환자는 예수님께 나아가고, 고침 받고나서 그분께 다시 돌아오는 것을 주저하지 않는다.

사도행전에서 예수님은 다가올 복음의 확장에 대한 간략한 개요인 1:8에서 사마리아를 그 가운데 한 지역으로 분명하게 언급하셨다. 사도행전 8:1b-25는 이 예언의 초기 성취를 묘사한다. 시몬 마구스와 문제들이 있었음에도 불구하고(다시 말하자면, 이 본문은 구약에 뿌리를 둔다; 신 18:10-14를 참조하라), 좋은 소식은 상당수의 사마리아인들이 궁극적으로 진정한 신자들이 되었고, 복음은 그 지역에 계속해서 확장되는 것이다. 베드로와 요한의 사역은 유대인들을 향한 사역과 동등한 용어로 표현되어 사마리아 선교의 타당성을 보여준다.[141] 사도행전 9:31과 15:3의 요약 진술은 이 지역에서 예수 운

---

139 "다시 한 번 소외된 사람은 인간의 번영을 위하여 하나님의 구원 목적이 의도하고 성취하는 완전한 공동체 참여의 회복과 온전함에 대한 회복을 받아들일 수 있는 담대한 신뢰를 예증한다(exemplifies)." John T. Carroll, *Luke: A Commentary* (Louisville: Westminster John Knox, 2012), 344.

140 Bruce J. Malina, *The New Testament World: Insights from Cultural Anthropology*, 3rd ed. (Louisville: Westminster John Knox, 2001), 187.

141 V. J. Samkutty, *The Samaritan Mission in Acts* (London: T&T Clark, 2006).

동의 성장을 한 단계 더 나아가 증명한다. "혼혈인들"에 대한 적대감이 완전한 "타인"에 대한 적대감(느 4:1-9를 참조하라)을 능가하는 것을 고려할 때, 유대인과 사마리아아인들이 예수 운동을 위하여 함께 힘을 합친다는 사실은 성령의 연합시키는 능력에 대한 놀라운 증거이다.[142]

여성들

오직 누가복음에서 예수님은 당시 자칭 유력한 유대인 랍비에 비해서 여성들을 긍정적으로 대하시는 이례적인 모습을 묘사한다.[143] 누가복음 1-2장은 누가가 마리아에게서 배운 증언을 보여주는데, 이 장들은 엘리사벳(그 때에 그녀는 이미 세상을 떠났을 가능성이 있다)과 마리아의 관점을 주로 나타낸다.[144] 확실히 그들은 아주 주목할 만하고 호의적인 평가를 받는다. 만약에 로마 가톨릭이 역사적으로 다양한 방법으로 마리아를 지나치게 숭앙하는 듯 보였다면, 개신교인들은 과잉반응으로 그녀에게 거의 관심을 기울이지 않았다고 할 수 있다. 그녀는 하나님의 은혜에 대하여 놀라운 증인이다. 여러 세대는 영원히 그녀를 복되다고 이야기할 것인데(눅 1:48b), 그녀 자신이 가지고 있는 어떤 장점 때문이 아니라 "능하신 이가 큰 일을" 그녀에게 행하셨

---

142 특히, Aaron J. Kuecker, *The Spirit and the "Other": Social Identity, Ethnicity and Intergroup Reconciliation in Luke-Acts* (London: T&T Clark, 2011)를 참조하라. 또한 Matthias Wenk, *Community-Forming Power: The Socio-Ethical Role of the Spirit in Luke-Acts* (Sheffield: Sheffield Academic Press, 2000), 317을 참조하라: "성령의 능력을 힘입은 사역은 적대적인 사회적, 인종적 그룹들 사이에 화해를 가져온다."

143 Jane Kopas, "Jesus and Women: Luke's Gospel," *Theology Today* 43 (1986): 192-202; Barbara E. Reid, *Choosing the Better Part? Women in the Gospel of Luke* (Collegeville, Minn.: Liturgical, 1996); 그리고 Greg W. Forbes and Scott D. Harrower, *Raised from Obscurity: A Narratival and Theological Study of the Characterization of Women in Luke-Acts* (Eugene, Ore.: Pickwick, 2015)를 보라. 사도행전에 해당하는 내용에 관하여, 또한 Teresa J. Calpino, *Women, Work and Leadership in Acts* (Tübingen: Mohr Siebeck, 2014)를 보라.

144 Stephen Farris, *The Hymns of Luke's Infancy Narratives* (Sheffield: Sheffield Academic Press, 1985), 111-12.

기 때문이다(49a절). 마리아는 하나님께서 행하신 "크고 두려운 일"을 이스라엘 자손이 목도했다는 신명기 10:21의 언어를 염두에 두었을 것이다.[145]

누가복음 7:36-50에서 따돌림 받고 소외된 사람들의 몇 가지 다른 범주 안에서 묘사되는 여성이 등장한다. 누가는 그녀를 문자 그대로 "그 동네에 죄를 지은 한 여자"(37절)로 부르는데, 이러한 표현은 그녀가 매춘부였다는 사실을 의미할 필요는 없지만, 아마도 그러한 의미를 가리킬 것이다.[146] 지금처럼 당시에도 극소수의 매춘부들만이 가난에서 벗어날 수 있었기 때문에, 그녀는 아마도 매우 가난했을 것이다.[147] 그녀가 지었던 죄의 특징이 무엇이든지 간에, 자신의 머리카락을 풀어서 향수와 눈물로 예수님의 발을 닦는 행위는 성적인 접근으로 보여졌을 것이다.[148] 그러나 예수님은 그녀의 동기가 순수하며, 자신이 구원받았다는 사실에 감사하고 있다는 사실을 아시며, 이에 대해 예수님은 자신을 초대하였지만, 대접할 때 보여야 할 몇 가지 관습적인 제스처를 취하지 못한 바리새인보다는 그녀를 칭찬하신다. 호세아에게 고멜을 아내로 취하고, 그녀가 계속해서 죄를 지음에도 다시 맞이하라는 하나님의 부르심에 있어서, 과연 호세아가 예수님의 태도에 영향을 주었는가?

이 구절 바로 다음에, 누가는 예수님과 열두 제자들의 활동을 재정적으로 돕기 위해서 문자 그대로 함께 길을 갔던 여성들의 무리를 묘사한다(8:1-3). 누가는 막달라 마리아, 요안나, 수산나의 이름을 언급하지만, "다른 여러" 여성들이 그들과 함께 동행하였다(3절). 누가는 예수님과 열두 제자들이

145 Joseph A. Fitzmyer, *The Gospel according to Luke I-IX* (Garden City, N.Y.: Doubleday, 1981), 367-68.

146 Bock, *Luke 1:1-9:50*, 695; François Bovon, *Luke 1: A Commentary on the Gospel of Luke 1:1-9:50* (Minneapolis: Fortress, 2002), 93.

147 바바라 레이드(Barbara E. Reid, "'Do You See This Woman?' Luke 7:36-50 as a Paradigm for Feminist Hermeneutics," *Biblical Research* 40 [1995]: 44-45)는 이 여성이 (상위 계층)을 상대하는 매춘부가 참여했을 활동에 나타나지 않으며, 이와 관련된 표준적인 헬라어 용어도 사용되지 않았다는 것을 주목한다.

148 Green, *Gospel of Luke*, 310; Stein, *Luke*, 236.

잠 잘 곳을 정하는 문제에 관하여 언급하지 않는다. 그러나 심지어 모든 것이 완전히 "승승장구"하였을지라도, 이러한 성격을 지닌 혼성 모임의 선교 여행은 불가피하게도 가십거리가 되었을 것이다.[149]

베다니 출신의 두 미혼 자매 마르다와 마리아와 예수님의 우정 이야기는 물론 잘 알려져 있다. 덜 일관적으로 관찰되는 것은 여성의 역할에 대한 함의이다. 마리아는 예수님의 가르침을 배우기 위하여 예수님 발 앞에 앉은 채로, 남성 랍비 제자들이 공식 교육을 받을 때와 같이 동일한 자세를 취하였을 것이다.[150] 가장 보수적인 랍비들이 여성에게 토라를 가르치는 것을 반대하던 문화 속에서, 이러한 모습은 적어도 매우 진보적인 태도였다고 말할 수 있다.[151] 종종 간과된 사실은 예수님께서 마리아의 선택이 적절한 것이었다고 칭찬하셨고, 마르다가 예수님과 그의 제자들을 대접하고 필요를 공급하기 위한 일에 몰두하는 것을 부적절한 것으로 간주한 것이다(문화적으로 초대한 여성 주인이 할 역할이다). 대부분의 교회 역사를 통틀어서 보수적인 기독교계에서 여성들은 너무나도 자주 주방과 조금 더 일반적으로는 교회 생활의 주변으로 밀려난다. 우리가 위에서 보았던 것처럼, 그의 여행 계획 속에서, 그리고 여기에 명시된 그의 실내 활동에서 여성을 향한 예수님의 접근방식은 구약에 나오는 가부장적이고 분리주의적인 대부분의 사고방식과는 눈에 띄게 대조적이다.

또 다른 독특한 누가의 기록인 잃어버린 동전 비유(15:8-10)에서, 이 비유에 인접해 있는 잃어버린 양의 비유와 탕자 비유에 나오는 목자와 아버지와

149 캐럴(Carroll, *Luke*, 182)은 "이 여성들이 예수님을 따르는 자들의 모임에 속해 있는데, 이것은 집안에서의 위치와 역할이 너무나도 결정적인 사회에서 눈에 띄는 발전이다. 새로운 가족은 예수님을 중심으로 모이고 있으며, 이러한 모습은 이 내러티브가 곧 분명하게 드러낼 것이다(눅 8:19-21)"라고 정확히 언급한다.

150 Aída B. Spencer, *Not Beyond the Curse: Women Called to Ministry* (Peabody, Mass.: Hendrickson, 1985), 58.

151 Lynn H. Cohick, *Women in the World of the Earliest Christians: Illuminating Ancient Ways of Life* (Grand Rapids: Baker, 2009), 209를 참조하라.

같이, 여성은 심지어 하나님이 하시는 역할을 맡는다. 이것은 하나님이 전혀 성별로 이해될 수 없다고 생각했던 다른 유대인들처럼, 예수님께서 하나님을 여성으로 생각하셨다는 의미가 아니다. 그러나 바로 그 이유 때문에 남성과 여성 모두가 비유와 같이 상징적이고 가상의 내러티브 속에서 그분을 대표할 수 있다. 구약성경에는 하나님에 대한 여성 이미지가 반복적으로 나오며(시 36:7, 57:1, 61:4, 63:7; 사 34:15; 렘 48:40 등등), 가장 주목할 만한 은유는 어미새가 날개 아래 자기 새끼를 숨기거나 보호하는 것이다(이것은 예수님께서도 사용하신 것이다; Q 13:34를 보라).[152]

누가복음 8:1-3에 나오는 여성들 그리고/또는 빈 무덤을 발견했던 여성들(24:10)을 포함하여 불특정한 그룹의 여성들은 예수님의 승천 이후에(행 1:12-14) 12사도와 예수님을 따르는 자들을 계속 만났다. 그들은 함께 모였을 때 120명 정도 되었다(15절). 더 부정적인 측면에서, 삽비라는 그녀의 남편 아나니아과 함께 성령께 거짓말을 하였다는 이유로 정죄 받는다(5:3, 9). 그러나 이 에피소드는 21세기에서 조차도 항상 반영되지 않는 여성에 대한 존중이라는 개념을 보여주었다. 삽비라는 단순히 남편에게 순종하고 명령을 따랐기 때문에 혐의를 벗은 것이 아니었다. 그녀는 어떤 부도덕한 일에 대한 공모를 요청받았을 때 남편보다는 하나님께 순종해야할 독립적인 인간으로서 도덕적으로 행동해야할 책임이 있다.[153] 전체 구절은 구약성경에서 아간과 그의 가족에 대한 정죄를 떠올리는데, 잘 사용되지 않는 동사인 노스피조(*nosphizō*)가 칠십인경(수 7:1)과 신약성경(행 5:2) 모두에서 착복하거나 횡령하는 행위를 가리킬 때 사용되었다.[154]

---

152 "헤롯과 같은 여우는 예수님에게 진정한 위협이 되지 않지만, 암탉의 연약한 병아리들에게 같은 말을 할 수는 없다. 예수님은 예루살렘의 아이들을 그에게로 모아서, 이를테면, 암탉의 날개라는 은유를 사용하여 자신의 안전한 품으로 데려 오기를 열망하셨다(13:34). 결국 그분은 구원 사역을 행하신다." Carroll, *Luke*, 294.

153 Ivoni R. Reimer, *Women in the Acts of the Apostles: A Feminist Liberationist Perspective* (Minneapolis: Fortress, 1995), 24.

154 누가복음-사도행전에서 헤렘(*ḥerem*)의 영향에 관한 연구에 관하여 Luke-Acts, Hyung Dae

누가는 사도행전의 다른 여러 곳에서 여성의 중요성을 보여준다. 사도행전 9:40-41에서 베드로는 '다비다'라고도 알려진 도르가를 살렸는데, 이 사건은 누가복음 8:54-55에서 예수님이 야이로의 딸을 살리신 사건에 상응한다.[155] 바울의 선교 사역 가운데 유럽 지역에서 얻은 첫 번째 열매는 성공적인 사업가였던 루디아의 회심이었고(행 16:14), 아마도 그녀는 독신 여성(또는 다시 독신 여성이 되었을 것이다)이었을 것인데, 그녀는 자신의 가정이 있었기 때문이다(15절). 또한 빌립보에서 바울은 악한 영을 쫓아내기 위해 여종에게 충분한 관심을 보인다(18절). 데살로니가에서는 "적지 않은 귀부인들"은 바울이 그곳에서 복음을 전파한 후에 신자가 된다(17:4). 마지막으로 빌립의 딸들은 주님의 선지자들로서 그분의 말씀을 선포한다(21:9).[156]

이러한 모든 예들에 비추어 볼 때, 일부 여성 신학자들은 누가가 제공하는 여성에 대한 전체적인 그림이 완전한 평등주의에 못 미친다고 생각했기 때문에, 이러한 여성들을 강조하기 위하여 누가가 매우 가부장적인 문화 속에서 조치들을 취한 것과 그들이 그렇게 하도록 허용되고 심지어 권장했던 것에 대한 진가를 완전히 알아보지 못하는 듯한 모습은 아이러니하다.[157] 그러나 이것은 누가와 예수님과 1세대 기독교인들이 현실적으로 가능하다고 상상했던 것 너머의 문화적 변혁을 내다보고 실현하기를 기대하는, 심각한 시대착오적 생각으로 그들을 판단하는 것이다.[158]

Park, *Finding Herem? A Study of Luke-Acts in the Light of Herem* (London: T&T Clark, 2007)을 보라.

155 Fernando, *Acts*, 310.

156 또한 그들은 사도행전 2:17에서 베드로에 의해 인용된 요엘의 예언, 즉, 딸들과 아들들이 예언을 할 것이라는 내용을 성취하였다. Reimer, *Women in the Acts of the Apostles*, 248을 보라.

157 예를 들어, Turid K. Seim, *The Double Message: Patterns of Gender in Luke-Acts* (Nashville: Abingdon, 1994).

158 Kathleen E. Corley, *Women and the Historical Jesus: Feminist Myths of Christian Origins* (Santa Ana, Calif.: Polebridge, 2002); John H. Elliott, "Jesus Was Not an Egalitarian: A Critique of an Anachronistic and Idealist Theory," *Biblical Theology Bulletin* 32 (2002): 75-91.

세리와 죄인

소외된 사람들의 네 번째 범주는 복음서 저자들이 종종 "세리와 죄인"으로 부르는 사람들이다. 오늘날 이 단어들의 결합을 들을 때 이상하게 들리지 않는 사람들은 교회에서 성장했을 가능성이 높다! 특히 본질적으로 직업에 악함이 없을 경우, 일반적으로 우리는 직업 전체가 "죄인들"이라는 표현과 연결되어 있을 것이라고 기대하지 않을 것이다("배관공과 죄인들", "교사들과 죄인들", "목사들과 죄인들"). 잠시 동안 학자들은 죄인들이라는 표현이 단순히 의식적으로(ritually) 부정한 사람들을 가리키는 것으로 생각하였지만, 샌더스(E. P. Sanders)는 이들이 더 많은 불쾌감을 주는 세리들과 어깨를 나란히 하는, 그 땅에서 참으로 악한 존재로 여겨졌다는 신빙성 있는 주장을 하였다.[159] 요점은 세리들은 일반적으로 자기 동료 유대인들에게 부과된 터무니없이 많은 양의 세금을 징수하는 데 동의함으로써 로마 주둔군에 "팔려 나간" 유대인이었고, 심지어 더 많은 세금을 부과하여 자기 주머니에 여유 자금을 확보해서 생활비를 번 사람이었다.[160]

특별히 누가복음에서 세리들은 요한에게 세례받기 위해 오는 사람들 중에서 세리를 따로 언급한다(3:12; 7:29를 참조하라). 누가복음 15:1-2에서 예수님은 잃어버린 물건 또는 사람들에 관한 비유의 삼중주를 말씀하시는데, 이는 그가 이런 사람들을 환영하고 함께 식사를 나눈다는 비판에 신중하게 반응하기 위해서이다. 바리새인들과 세리의 비유는 세리장 삭개오의 회심 이야기와 마찬가지로(19:2) 누가복음에서도 독특하다. 누가복음 6:32-34에서 예수님은 죄인들조차도 자신들과 관계가 있는 자들에게 선을 행하기 때문

---

159 E. P. Sanders, *Jesus and Judaism* (London: SCM; Philadelphia: Fortress, 1985), 174-210. 또한 Dwayne H. Adams, *The Sinner in Luke* (Eugene, Ore.: Pickwick, 2008)를 참조하라.

160 Frank Stern, *A Rabbi Looks at Jesus' Parables* (Lanham, Md.: Rowman & Littlefield, 2006), 141. 다른 자료들 가운데 미쉬나 본문 Ned. 3:4, B. Qam. 10:1-2, 그리고 Toh. 7:6을 인용한다.

에 그리스도인들은 자신과 매우 다른 사람들에게도 사랑을 나누면서, 더 높은 윤리적 기준을 가지고 있어야 한다고 강조하신다. "죄인"을 단수로 사용한 예는 누가복음에서 5회 밖에 나오지 않는데, 바리새인 시몬의 집에서 예수님께 기름을 부은 여인에 관한 이야기(7:34), 잃어버린 양 비유와 잃어버린 동전 비유(15:7, 10), 세리의 고백적인 기도가 나오는 비유(18:13), 삭개오에 대한 이야기(19:7)가 그 예들이다. 탕자 비유에서 큰 아들은 자기 동생이 인생을 매춘부들에게 허비하였다고 생각하기도 한다(15:30). 흥미롭게도, 사도행전에서 세리는 등장하지 않는데, 이는 단순히 넓은 헬라와 로마 지역에서의 이동과 이스라엘에 예속된 영토에서 일어난 사역 간의 차이점일 수 있다.

복음서 전체, 특히 누가복음에서 예수님은 세리들에만 국한된 것이 아니라, 죄인들로 여겨지던 사람들과 함께 특별한 식사를 하신다. 때때로 그들은 빈털터리겠지만, 어떤 때에는 부유한 자가 된다. 우리가 보았듯이, 예수님은 매춘부들뿐만 아니라 바리새인들과 함께 식탁에 기대어 앉으시며, 때로는 같이 식사를 나누기도 하셨다(7:36-50). 누가복음 4:18b("눌린 자를 자유롭게 하고")에서 이사야 58:6을 사용함으로 우리로 하여금 구약의 구절 전체와 그에 대한 후속 구절을 상기시킨다.

> 내가 기뻐하는 금식은 흉악의 결박을 풀어 주며 멍에의 줄을 끌러 주며 압제 당하는 자를 자유하게 하며 모든 멍에를 꺾는 것이 아니겠느냐 또 주린 자에게 네 양식을 나누어 주며 유리하는 빈민을 집에 들이며 헐벗은 자를 보면 입히며 또 네 골육을 피하여 스스로 숨지 아니하는 것이 아니겠느냐 (사 58:6-7)

사도행전에서 제자들의 환대는 특히 음식이 필요한 동료 그리스도인들을 중심으로 이루어진다(행 6:1-7). 베드로가 하나님께서 모든 음식을 깨끗하다고 선언하셨다는 사실을 깨달았을 때, 그는 이제 이방인들과 유대인들이 오직 믿음이라는 동일한 조건으로 받아들여진다는 현실을 보았다. 그래서 다른 인종, 민족, 계층일지라도 그리고 특히 그들이 저지른 죄들이 우리 자신의 것과 다른 종류일지라도 도움이 필요한 누구에게라도 환대를 베풀어야 한다.[161] 각 예에서, 일종의 사회 정의가 추구된다.

이방인

이방인은 적어도 전통적인 1세기 유대주의적 관점에서 볼 때 외인들, 따돌림 받는 사람들, 열등한 개인들이라는 최종적인 카테고리를 형성한다.[162] 누가복음은 이방인 사역에 대한 힌트를 준다. 그리고 사도행전에서는 제자들이 그 문을 통과하는데 약간의 시간이 걸리긴 하지만, 이방인 사역의 문이 활짝 열리는 모습을 보여준다. 사도행전에 나오는 내러티브들은 복음의 진보가 기독교 역사의 초기 몇 십년동안 지리적, 문화적으로 바깥으로 퍼져 나갔다는 사실을 분명히 보여준다.[163] 유대인에서 이방인으로 나아가는 것은 누가의 내러티브 전반에 걸쳐서 합리적이며 일관적으로 반복되는 패턴이다. 시므온의 노래는 아기 그리스도께서 "이방을 비추는 빛", "주의 백성 이스라엘의 영광"(눅 2:32)이 될 것이라는 이사야 49:6을 상기시키면서, 다른 관점에서 볼 때 전적으로 유대적인 유아기 내러티브의 흐름을 방해한다. 누가복음 3:4에서 누가는 인용된 이사야 40장의 분량을 늘리는데(3-5절), 결과적으로 이 말씀은 이스라엘뿐만 아니라 모든 사람들이 함께 하나님의 구원을 주목하는 모습을 내다보면서 그 정점에 이른다(눅 3:4-6).[164] 앞서 이스라엘 안에서 12명을 보내신 것 외에도(9:1-9) 70인(또는 72인)을 보내신 일은 창

---

161 Craig L. Blomberg, *Contagious Holiness: Jesus' Meals with Sinners* (Downers Grove, Ill.: IVP, 2005); Joshua W. Jipp, *Saved by Faith and Hospitality* (Grand Rapids: Eerdmans, 2017).

162 더 나아가서 Stephen G. Wilson, *Gentiles and Gentile Mission in Luke-Acts* (Cambridge: Cambridge University Press, 1973)를 보라.

163 Martin Hengel, *Between Jesus and Paul: Studies in the Earliest History of Christianity* (London: SCM; Philadelphia: Fortress, 1983; repr., Waco, Tex.: Baylor University Press, 2013), 1-29.

164 따라서 사도행전의 결말(28:28)을 미리 암시한다. Garland, *Luke*, 155.

세기 10장에 나오는 나라들의 목록을 떠올린다. 누가복음 10:1, 17(70명 또는 72명)의 사본 가운데 발견되는 숫자상의 차이도 창세기 10:2-3의 맛소라 사본(70개국)과 칠십인경(72개국) 사이에서 발견되는 차이를 반영한다. 예수님을 따르는 이 큰 규모의 그룹이 실제로 이방의 영토로 퍼져나갔든 아니든 간에, 그들의 숫자는 확실히 복음이 이스라엘 밖으로 퍼져 나갈 때를 미리 암시한다.[165] 결정적으로, 큰 연회를 주최하는 주인이 사람들에게 종을 보내서 갑작스러운 제안을 하는 내용에서 주석가들은 이 초대가 이스라엘을 넘어 이방인들에게 이루어지고 있다는 사실을 나타내기 위해 고안되었는지에 관하여 논의한다.[166] 그러나 확실한 것은 이스라엘 안에서 많은 사람들이 "내 잔치를 맛보지 못"할 것이라는 사실이다(24절).

사도행전의 전체 내러티브는 복음이 예루살렘, 이스라엘, 그리고 배타적인 히브리파 유대인 기독교로부터 멀리 전파되는 것을 보여주기 위해서 순차적으로 배열된다. 사도들이 제국 전역에 걸쳐서 이루어지는 선교에 동참하기를 생각하지 않았거나, 적어도 꺼려했었다는 주장에도 불구하고,[167] 베드로가 오순절 성령사건 때에 말씀을 전하는 동안 로마제국 전역에서 온 사람들이 그 자리에 있었다(행 2:9-11). 베드로는 사도들이 곧 예루살렘 밖에서 자신들에게 주어진 임무를 수행할 것으로 인지하고 있으며, 그는 초기에 행했던 말씀 선포 가운데 이 사실에 대한 힌트를 제공한다. 오순절에, 그가 예루살렘에 있었던 사람들이 성령을 받도록 하기 위해서 회개하기를 요청했을 때, 다음과 같이 언급한다. "이 약속은 너희와 너희 자녀와 모든 먼 데 사람 곧 주 우리 하나님이 얼마든지 부르시는 자들에게 하신 것이라 하고"(2:39). 다른 말로 하면, 복음은 이스라엘에서 살아가고 있는 사람들에게

---

165 Garland, *Luke*, 425.

166 Snodgrass, *Stories with Intent*, 315; Hultgren, *Parables of Jesus*, 338. 아마도 정확하게, 두 사람 모두 이것을 불필요한 알레고리화로 여기면서 거부한다.

167 예를 들어, Thomas J. Lane, *Luke and the Gentile Mission: Gospel Anticipates Acts* (Frankfurt am Main: Peter Lang, 1996), 171.

만 국한된 것이 아니다. "모든 먼 데 사람" 그 자체로는 유대인 디아스포라를 가리킬 것이지만, "주 우리 하나님이 얼마든지 부르시는 자들"이라는 표현에 비추어 볼 때, 특히 바울이 에베소서 2:17에서 각각 이방인들과 유대인들을 가리키면서 사용한 이사야 57:19("먼 데 있는 자에게든지 가까운 데 있는 자에게든지 평강이 있을지어다")와의 유사성을 고려할 때, 어떤 이방인들을 또한 포함하는 것으로 이해하지 않는 것이 어렵다.[168] 사도행전 3:25는 이 해석을 확증하는 것처럼 보일 것인데, 왜냐하면 여기에서 베드로는 이 땅의 모든 사람들이 아브라함의 자손을 통하여 복 받을 것이라고 강조하기 위하여 창세기 22:18을 분명히 인용하고 있기 때문이다. 1세대 그리스도인들이 예루살렘을 곧바로 떠나지 않은 이유는 단순히 그곳에 여전히 감당해야 할 풍성한 복음 사역이 있기 때문이다.

그러나 핍박은 사도들을 제외한 모든 그리스도인들을 예루살렘에서 쫓아낸다(8:1). 사도행전 8장이 소개하는 세례, 성령의 오심, 구원에 대한 흥미로운 사안들 중에서, 만약에 우리가 사마리아인들과 이디오피아 내시를 향한 빌립의 사역에서 정통 유대인들의 경계 밖 사람들이 복음을 받아들이고 있다는 사실을 간과한다면 누가의 요점을 놓치는 것이다.[169] 이사야 56:3-5는 내시들과 외국인들이 이스라엘의 진정한 일원으로 받아들여지는 결과로 나타난다. 사도행전 9장에 나오는 사울의 회심은 그가 하나님의 "이름을 이방인과 임금들과 이스라엘 자손들에게 전하기 위하여 택한...그릇"이 되는 특별한 목적을 지닌다(15절). 베드로는 욥바에서 아마도 돼지가죽을 재료로

---

168 이러한 비교는 달린 씰(Darlene M. Seal)과 2017년 7월에 주고받은 개인적인 편지에 빚을 진 것이다.

169 Anna R. Solevåg, "No Nuts? No Problem! Disability, Stigma, and the Baptized Eunuch in Acts 8:26-40," *Biblical Interpretation* 24 (2016): 81-99; and Keith H. Reeves, "The Ethiopian Eunuch: A Key Transition from Hellenist to Gentile Mission: Acts 9:26-40," in *Mission in Acts: Ancient Narratives in Contemporary Context*, ed. Robert L. Gallagher and Paul Hertig (Maryknoll, N.Y.: Orbis, 2004), 114-22. Brittany E. Wilson, " 'Neither Male nor Female': The Ethiopian Eunuch in Acts 8.26-40," *New Testament Studies* 60 (2014): 403-22를 참조하라.

사용하는 부정한 사람일지 모르지만 분명히 멸시받던 무두장이 시몬과 머무르면서 역시 이미 이 방향으로 움직이고 있다(43절)[170] 고넬료와 그의 가정을 만나기 전후의 경험은 그로 하여금 음식이나 사람이 더 이상 의식적으로 부정하다고 여겨지지 않을 것으로 인지하게 한다(10:15, 28; 35절도 참조하라).[171] 고넬료는 하나님을 경외하는 자로서 유대주의의 많은 율법을 따르기 시작했던 이방인이었을 것이지만, 거의 확실히 할례를 받지는 않았을 것이다.[172] 우리가 사도행전 11:20-21에 도달할 때쯤, 신자들은 유대주의에 대한 배경이 전혀 없는 완전한 이방인들을 그리스도께로 인도하고 있었다.

13-28장은 이방인을 위한 사역을 수행하는 바울을 주인공으로 인지한다. 로마서 1장 16절에 드러난 그의 이해대로, 그는 할 수 있을 때마다 먼저 유대인들에게 복음을 전하지만, 특히 적대감이나 거절을 경험한 후에는 복음화 하고자 한 이방인 공동체에게 거의 항상 나아간다.[173] 바울이 예루살렘으로 돌아올 때 사도행전 21:17-26에 나오는 사건들처럼 15장에 나오는 사도들의 공의회는 필수적이었는데, 대부분 보수적인 유대 출신 그리스도인들의 눈으로 볼 때 바울은 이방인들 가운데 이루어진 그의 가르침 속

---

170 아이작 올리버(Isaac W. Oliver, "Simon Peter Meets Simon the Tanner: The Ritual Insignificance of Tanning in Ancient Judaism," *New Testament Studies* 59 [2013]: 50-60)는 제의적인 측면에서 무두장이들이 자동적으로 부정하게 될 가능성이 없다고 생각하게 하는 후기 랍비들의 증거를 인용한다. 대신에, 그는 이 사안이 악취와 비위생적이며, 아마도 낮은 사회경제적 지위 때문에 멸시받는 직업이 되었을 것이라고 생각한다. 바렛(Barrett, *Critical and Exegetical Commentary on the Acts of the Apostles*, 1:486-87)은 무두장이를 멸시받고, 부도덕하고, 냄새나고, 하류계층이며, 평판이 좋지 않은 사람들로 보았다는 고대의 증거를 인용한다.

171 Charles E. van Engen, "Peter's Conversion: A Culinary Disaster Launches the Gentile Mission-Acts 10:1-11:18," in Gallagher and Hertig, *Mission in Acts*, 133-43을 참조하라. 이사야 56:6-7과 말라기 1:10-11은 이러한 배경에 놓여 있을 수 있다. Carl R. Holladay, *Acts: A Commentary* (Louisville: Westminster John Knox, 2016), 237.

172 Irina Levinskaya, *The Book of Acts in Its Diaspora Setting*, vol. 5 of *The Book of Acts in Its First Century Setting*, ed. Bruce W. Winter (Carlisle: Paternoster; Grand Rapids: Eerdmans, 1996), 120-27.

173 Eckhard Schnabel, *Early Christian Mission*, vol. 2, *Paul and the Early Church* (Downers Grove, Ill.: IVP, 2004), 1300-1301.

에 율법에 관하여 지나치게 자유로웠다.[174] 바울이 사도행전 안에서 유대인을 향한 사역으로부터 돌아서야만 했을 마지막 때는 이 책의 마지막에서 보여주는 것처럼, 바로 그가 로마에 왔을 때이다. 그곳에서 바울은 "그런즉 하나님의 이 구원이 이방인에게로 보내어진 줄 알라 그들은 그것을 들으리라"(28:28)라고 강조하면서 선언한다.[175] 그러나 그러한 방향 전환에 관한 내용이 나오는 모든 예시들에서, 어떤 유대인들은 그럼에도 불구하고 예수님을 따르는 자들이 되었고 그리스도안에서 이루어지는 유대인과 이방인의 연합은 참된 회개의 고전적인 표시와 이 주제에 대한 누가의 독특한 핵심이 된다.[176] 그러나 "악한 제국"의 중심인 로마에서 누가는 바울이 가이사에게 항소한 결과가 어떻게 되었는지를 알지 못할지라도 복음으로 이 책을 끝맺을 수 있다.

---

174 Holladay, *Acts*, 413.

175 죠수아 지프(Joshua W. Jipp, *Divine Visitations and Hospitality to Strangers in Luke-Acts: An Interpretation of the Malta Episode in Acts 28:1-10* [Leiden: Brill, 2013], esp. 252-87)는 사도행전 28:23-28에서 바울이 로마에서 겪은 유대인들의 반대가 세 번째(13:42-47, 18:5-6)이자 절정을 이루는 에피소드이며, 누가는 이 에피소드를 사도행전 28:1-10에 등장하는 몰타섬의 "야만인들"이 바울을 환대하였다는 사실과 병치시킨다. 이는 누가복음-사도행전에서 이방인들에 의한 긍정적인 영접이 절정에 이르렀다는 사실을 보여주는 역할을 한다. 동시에 "이 중에서 어느 곳에서도 이스라엘이 버려졌다는 사실을 보여주지 않는다. 심한 반대와 거절에도 그들을 향해 나아가기 위한 계속된 노력이 보인다. 그것은 바울이 많은 유대인들이 반대하던 메시지를 전하면서도, 사도행전의 마지막 부분에서 주장하는 이스라엘의 소망을 위한 것이다. 누가복음에서 이스라엘은, 하나님께서 이방인들에게 손을 내밀어 그들을 향하신 것같이, 여전히 복음을 전해야 할 대상이며 이스라엘의 회복은 아직 다가오지 않은 소망이다." Bock, *Theology of Luke and Acts*, 289.

176 Guy D. Nave Jr., *The Role and Function of Repentance in Luke-Acts* (Leiden: Brill, 2002), 224. 누가복음에서 집단적인 회개와 개인적인 회개 사이의 논쟁에 대한 도움이 되는 해결책에 관하여 Josh Chatraw, "Balancing out (W)Right: Jesus' Theology of Individual and Corporate Repentance and Forgiveness in the Gospel of Luke," *Journal of the Evangelical Theological Society* 55 (2012): 299-321을 보라.

권세자들에 대한 태도

공관복음이 이사야 6:9-10을 인용한 것처럼, 사도행전 28:26-28에서 바울이 로마에 있는 유대인 지도자들에게 한 가혹한 말은 당시 유대와 그레코-로만 사회의 권세자들에 대한 예수님의 태도에 의문을 제기한다. 사도행전 28:26-27은 하나님의 구원이 유대인에게서 이방인에게로 보내졌다는 선언(28절) 바로 앞에 위치한다. 바울이 이 구절들에서 예수님께서 사용한 이사야 6:9(눅 8:10을 상기시킨다)을 재사용하고 확장한다는 사실을 고려했을 때, 모든 유대인들을 단번에 거절한다는 사실이 절정에 이른다고 추측한 채로 사도행전 28:28과 같은 구절을 읽는 것은 위험성이 있다. 게다가, 이것은 사도행전에서 처음 선언한 것이 아니며(특히 13:46과 18:8을 참조하라), 다른 모든 경우를 볼 때 바울은 다른 지역으로 이동하면서 여전히 유대인 사역을 시작하였다. 이것은 사도행전 안에서 이방인에게로 향하는 마지막 전환이지만, 모든 교회 역사에서 공인된 규범으로 여겨져서는 안된다.[177]

유대인 지도자들에 대한 묘사

사실 우리는 누가복음과 다른 복음서들을 비교할 때, 유대교 지도자들과 유대인 전체를 향한 조금 더 미묘한 차이의 접근을 많이 볼 수 있다.[178] 다른

---

177 Mark A. Powell, "The Religious Leaders in Luke: A Literary-Critical Study," *Journal of Biblical Literature* 109 (1990): 93-110. 사실, 누가는 자신이 로마서 11장에 명시된 이스라엘의 구원에 대한 바울의 이해를 인지했을 것이라고 누가복음 13:34-35, 21:24, 사도행전 3:21, 28:27b와 같은 구절들에서 힌트를 남긴다. Simon Butticaz, " 'Has God Rejected His People?' (Romans 11.1): The Salvation of Israel in Acts: Narrative Claim of a Pauline Legacy," in *Paul and the Heritage of Israel: Paul's Claim upon Israel's Legacy in Luke and Acts in the Light of the Pauline Letters*, ed. David P. Moessner, Daniel Marguerat, Mikeal C. Parsons, and Michael Wolter (New York: T&T Clark, 2012), 163. 조금 더 일반적으로, David Ravens, *Luke and the Restoration of Israel* (Sheffield: Sheffield Academic Press, 1995)을 참조하라.

178 특히, David B. Gowler, *Host, Guest, Enemy and Friend: Portraits of the Pharisees in Luke*

세 복음서들은 가차없이 부정적으로 그들을 묘사하지만, 누가는 유대인 지도자들의 부정적인 모습뿐만 아니라, 그들이 예수님께 긍정적으로 접근하는 모습을 묘사하는 경우도 많이 있다. 예수님께서 나사렛 회당에서 말씀을 전하시는 기사는 마가복음과 마태복음에 나오는 훨씬 짧은 평행구절들에서처럼(막 6:1-6a, 마 13:53-58) 단순히 불신과 거절의 결과로 이어지지 않고, 예수님의 청중이 처음으로 보인 호의적인 반응을 포함한다. "그들이 다 그를 증언하고 그 입으로 나오는 바 은혜로운 말을 놀랍게 여겨"(눅 4:22a).[179] 그가 유대인 사역보다 이방인 사역을 선호하는 것으로 보일 때, 유대인들의 적대감은 증대된다(25-29절). 다시 말해서, 누가복음에서만 유대인 지도자들이 가버나움의 백부장 대신에 예수님께 와서 그의 존재 가치에 관하여 찬성의 의견을 말한다(7:3-5). 누가복음 7:36에서 바리새인 시몬은 예수님을 식사 자리에 초대하는데, 이러한 일은 만약 시몬이 예수님이 마음에 맞는다고 느끼지 않거나, 가까운 친구가 될 수 있는 기회를 제공하기를 원치 않았다면 할 수 없는 제스쳐이다.[180] 죄 있는 여인이 겉보기에 성적인 접근을 하는 것처럼 보이는 상황에서 시몬은 예수님의 반응을 관찰할 때 비판적으로 변한다(39절).

누가복음 11:37에서 어떤 무명의 바리새인이 다시 예수님을 잔치에 초대한다. 이번에는 대화 어조의 변화가 전적으로 예수님의 주도로 이루어진다. 확실히, 이 바리새인은 예수님이 식사 전에 손을 씻지 않으시는 것을 보고 놀랐지만(38절), 예수님의 반응은 여러 서기관과 바리새인에게 "화 있을진저"로 시작하는 말씀을 하시기 때문에(눅 11:42-52, 이 내용은 마태복음 23장에서 예수님께서 생애 마지막 주에 성전에서 가르치시는 장면에서도 나온다). 바리새인의 놀라

---

and Acts (New York: Peter Lang, 1991)를 참조하라.

179 그 반응이 처음에는 긍정적이었는데, 뒤이어 예수님에게 등을 돌리는 아이러니를 훨씬 더 증대시키는 역할을 한다: Green, *Gospel of Luke*, 215.

180 Philip J. King, "Commensality in the Biblical World," in *Hesed Ve-Emet: Studies in Honor of Ernest S. Frerichs*, ed. Jodi Magness and Seymour Gitin (Atlanta: Scholars, 1996), 53-62.

움과 균형이 맞지 않아 보인다.[181] 누가복음 13:31-33에서 훨씬 더 긍정적인 만남의 장면이 나오는데, 어떤 바리새인들이 헤롯 안티파스의 계획에 관하여 예수님께 경고하며, 그에게 그 분봉왕으로부터 스스로를 보호하라고 권면한다. 예수님은 예루살렘으로 향가는 길을 계속해 나가야 하며 경멸적인 의미에서 헤롯을 여우라고 부르지만, 예수님께 경고하러 온 사람들에게는 어떠한 비판의 말씀도 하지 않으셨다.[182]

사도행전에서 가말리엘은 산헤드린 앞에서 사도들을 변호하며 산헤드린에 그들이 예수님께 했던 것처럼 그들을 처형하지 말라고 설득하는데 성공한다(5:34-40)[183] 우리는 어떻게 누가가 많은 수의 제사장들이 그리스도인이 된 일을 관찰하는지에 대해서 이미 주목하였다(6:7b). 바울이 비시디아 안디옥의 회당에서 처음으로 복음을 전할 때, 첫 반응은 아주 긍정적이고, 그는 그 다음 주에 다시 말씀을 전해달라고 초청받는다(13:42-43). 많은 이방인들이 바울에게 와서 들을 때에만 유대인 지도자들은 시기하며 그에게 욕설을 퍼붓기 시작한다(44-45절). 같은 패턴이 이고니온에서 발견된다(14:1-2). 누가는 사도행전 17장에서 데살로니가에 있는 유대인들 가운데 바울에게 어느 정도 긍정적인 반응을 보인 모습과 베뢰아에서 더 열광적인 모습(11-12절)을 대조한다. 사실 데살로니가에서 믿지 않는 유대인들이 베뢰아로 쫓아와 적개심을 보임으로써 바울은 그곳을 떠나야만 했다(13-15절).[184] 이 두 마을에서 청중들을 구별하는 기준은 무엇인가? 베뢰아 사람들은 "데살로니가에 있는 사람들보다 더 너그러워서 간절한 마음으로 말씀을 받고 이것이 그러

---

181 그러나 누가의 신학 단계에서 그는 이러한 특정 바리새인과의 불의한 식탁 교재를 흉내내는 그리스도인들을 향하여 분명하게 경고하고 있다. Thomas Esposito, *Jesus' Meals with Pharisees and Their Liturgical Roots* (Rome: Gregorian & Biblical Press, 2015), 174-97을 보라.

182 균형 잡힌 설명을 보려면 Nolland, *Luke 9:21-18:34*, 740을 보라.

183 이에 관하여 William J. Lyons, "The Words of Gamaliel (Acts 5:38-39) and the Irony of Indeterminacy," *Journal for the Study of the New Testament* 68 (1997): 23-49를 보라.

184 이 때, 바울 홀로 그 도시를 떠났다는 사실로 볼 때 유대인들은 주로 바울을 공격한 것으로 보인다. Polhill, *Acts*, 364를 보라.

한가 하여 날마다 성경을 상고"하였다(11절). 오직 구약의 성취를 이해할 때 그리스도께로 나아갈 수 있다.

아마도 일찍이 예루살렘에서 믿음을 갖게 된 제사장들에 의해 자극을 받은 교회 지도자들은 바울이 이 도시로 50년대 후반에 돌아왔을 때, 얼마나 많은 유대인들이 믿었는지(행 21:20a)에 대해서 그에게 알려준다.[185] 회심한 유대인들은 율법에 열성을 가지고 있기 때문에 여전히 복합적인 복이 존재하지만(20b절), 이것은 좋고 나쁜 것을 동시에 강조하는 누가의 미묘한 입장과 일치한다. 바울이 산헤드린 앞에서 기소 여부를 확인하기 위해 섰을 때 그는 죽은 자의 부활(단 12:2를 상기시킨다)에 대한 바리새인들의 믿음과 일치하는 관점을 보이며, 이로 인해 그들을 사두개인들과 대치하게 한다(23:6-8). 집안의 분열은 소동으로 이어지며, 수비대는 바울의 안전을 위해서 그를 데리고 간다(9-10절).[186] 결과적으로 로마에서 유대인 지도자들은 바울에 관하여 부정적인 보고들을 많이 들어왔기 때문에 그의 가르침을 듣기 원한다. 그러나 이단이라는 소문 때문에 반사적으로 그를 비난하는 대신에, 그들은 기꺼이 바울에게 자기 자신을 위해서 말할 기회를 준다(28:21-22). 그가 복음을 전한 후에, 그들은 두 부류로 나뉘는데, 어떤 사람은 설득 되었고, 다른 사람들은 불신자로 남아있었다(24절).[187] 이 모든 증거를 감안할 때, 혹자는 누가가 유대인 지도자들을 어떤 방법으로든 한결같이 적대적으로 묘사하지는 않는다고 안전하게 말할 수 있다.

---

185 예루살렘에 있는 유대인들의 복음 전도 사역은 오순절 이후로 꾸준히 지속되었다. Witherington, *Acts of the Apostles*, 647을 보라

186 Peterson, *Acts of the Apostles*, 591.

187 "이것은 바울이 복음을 전한 도시마다 정해진 패턴을 실현시켰다." F. F. Bruce, *The Book of the Acts*, rev. ed. (Grand Rapids: Eerdmans, 1988), 508.

유대인 지도자들 vs 로마 지도자들

만약에 누가가 다른 복음서 저자들보다 유대인 지도자들의 초상화를 더욱 다채롭게 그렸다면, 그럼에도 불구하고 그는 그들을 로마의 권세자들보다 신생 교회에 공정한 조치를 해줄 가능성이 더 적은 부류로 묘사한다.[188] 또는 약간 다르게 표현하자면, 누가는 누가복음-사도행전을 네로 황제의 핍박 전에(주후 64-68년) 기록하였기 때문에, 그는 로마의 통치를 초대 교회 그리스도인들에게 더욱 유익한 것으로 묘사할 수 있다.[189] 관련성이 덜한 자료가 사도행전에서보다 누가복음의 독특한 부분에 나오지만, 몇 가지 특징들은 여전히 주목할 만하다. 오직 누가만이 요셉과 마리아를 베들레헴으로 이동하게 한, 가이사 아구스도 시대의 인구조사에 대해서 기술한다(눅 2:1-5). 오늘날 우리는 우선 거의 9개월 동안의 잉태 기간을 보내야 했던 어려운 입장에 놓여 있던 한 여인에 대해서 생각해야할 것이지만, 누가는 이 사실을 베들레헴에서 메시아가 태어날 것(눅 2:4, 15)이라고 예언한 미가 5:2의 방식으로 인식했을 것이다.[190] 로마는 부지불식간에 그 시대를 향한 하나님의 계획을 성취하도록 돕고 있었다. 누가복음 3:14에, 로마에서 고용한 시역 군인

---

188 Robert F. O'Toole, "Luke's Position on Politics and Society in Luke-Acts," in *Political Issues in Luke-Acts*, ed. Richard J. Cassidy and Philip J. Scharper (Maryknoll, N.Y.: Orbis, 1983), 1-17. 또한 John A. Weatherley, *Jewish Responsibility for the Death of Jesus in Luke-Acts* (Sheffield: JSOT Press, 1994)를 참조하라. 티모시 리어든(Timothy W. Reardon, " 'Hanging on a Tree': Deuteronomy 21.22-23 and the Rhetoric of Jesus' Crucifixion in Acts 5.12-42," *Journal for the Study of the New Testament* 37 [2015]: 407-31)은 "나무에 매달린"(5:30, 10:39, 13:29) 예수님에 대한 언급이 십자가형에 대한 중립적인 완곡어법일 뿐만 아니라, 이 내러티브 안에서 유대인 지도자들과 그들의 오판에 대하여 기소하는 기능을 하는 신명기 21장의 인유들(allusions)이다.

189 Paul W. Walaskay, *"And So We Came to Rome": The Political Perspective of St. Luke* (Cambridge: Cambridge University Press, 1983). 한편, 조슈아 요더(Joshua Yoder, *Representatives of Roman Rule: Roman Provincial Governors in Luke-Acts* [Berlin: de Gruyter, 2014])는 누가가 이 특정한 권위들에 대하여 훨씬 더 비판적이라고 주장한다.

190 누가는 마태복음 2:6과 같은 인용문이나 이 도시의 이름을 단순히 사용하는 것을 넘어서 이 본문에 대한 구두 인유(verbal allusion)조차 포함하지 않지만, 베들레헴으로 가는 것은 미가가 유사하게 전제로 하는 예수님의 다윗 혈통을 확립한다.

들조차 세례 요한에게 긍정적으로 반응한다. 누가복음 7:1-10에 등장하는 백부장은 마태복음에 나타나지 않는 Q문서의 구절에 추가된 것으로, 예수님께서 그의 종을 치료하는 것이 매우 합당하다고 그 지역 유대인들에 의해 칭송 받았다(7:4). 가장 주목할 만한 점은 빌라도가 예수님께서 갈릴리 사람이며 헤롯의 관할 하에 있었다는 사실을 알게 된 후에 예수님을 헤롯 안티파스에게 보내는 수난 내러티브에서 누가는 전체적인 추가 장면을 포함한다. 그러나 헤롯은 예수님에 대해 소송을 제기할 이유를 찾지 못하고, 그를 빌라도에게 돌려보낸다(눅 23:6-12).[191] 예수님께서 십자가에 달리실 때 백부장은 마가가 예수님이 하나님의 아들이라는 사실을 강조한 것과 다른 방식으로, 그가 무고하며 의로운 사람이었다고 강조한다(47절).[192]

사도행전에서 다양한 구절들은 로마법 아래에서 기독교 운동의 합법성을 강조한다. 이것은 로마 제국과 그 특사들이 너무 친절해서가 아니다. 그러한 동기는 역사적으로 믿기 힘든 것이다. 그럼에도 불구하고, 헤롯 아그립바 1세는 요한의 형제이자 세베대의 아들인 야고보를 순교자로 만들었고(행 12:1-2), 한편 그는 베드로가 주님의 천사에 의해 기적적으로 풀려날 때까지(6-11절) 그를 옥에 가두었다(3-5절). 그러나 빌립보의 도시 치안판사들(civil magistrates)은 바울과 실라를 감옥에 계속 가둘 이유가 없다는 사실을 인지하여서 그들을 석방하였다(16:36).[193] 고린도의 총독이었던 갈리오는 바울에 대한 고발을 기각한다(18:14-15).[194] 에베소에서 서기장은 바울과 그의 동료가

---

191 헤롯과 빌라도는 둘 다 예수님의 무죄에 동의함으로써, 본의 아니게 두 증인의 증언에 대한 신명기 19:15의 말씀을 성취하였다. Edwards, *Gospel according to Luke*, 675.

192 누가가 다른 곳에서 사용한 디카이오스(*dikaios*)의 용례를 고려할 때, 이 "의인"(righteous one)은 또한 메시아를 가리킨다. Matthew C. Easter, "'Certainly This Man Was Righteous': Highlighting a Messianic Reading of the Centurion's Confession in Luke 23:47," *Tyndale Bulletin* 63 (2012): 35-51을 보라.

193 이러한 사실은 기독교가 그럼에도 불구하고 여전히 승인된 종교(*religio licita*)라는 사실을 보여준다. Bruce W. Winter, "Gallio's Ruling on the Legal Status of Early Christianity (Acts 18:14-15)," *Tyndale Bulletin* 50 (1999): 222를 보라.

194 그러나 뒤이어서 갈리오가 소스데네의 구타 장면을 못 본 체 한 사실이 나오는데, 이는 갈리오가 유대인의 문제로 인해 성가셔서 그렇게 행동한 것이라기보다, 정의에 관심이 별로 없어서

"신전의 물건을 도둑질하지도 아니하였고 우리 여신을 비방하지도 아니"하였기 때문에(19:37), 그들이 가지고 있던 불평은 어떤 것이든 법정을 통과해야하고 로마에 의해 처벌받을 수 있는 대중적인 소동을 일으키지 말아야 한다고 설명한다(38-49절).[195]

예루살렘에서 군중들이 소동을 일으킬 때, 로마의 군대 지휘관은 다른 어떤 것보다 군중들로부터 바울을 구출하기 위해 그를 붙잡으라고 명령한다(21:33-36). 천부장은 군중에게 말할 수 있도록 허락해달라는 바울의 요청을 승낙한다(37-40절). 천부장은 유대인들이 바울의 목숨을 빼앗으려고 음모를 꾸미는 것에 대해 알았을 때, 그는 바울을 해변가에 위치한 가이사랴로 보낸다(23:12-35). 벨릭스 총독의 보호아래 있는 동안, 그는 예상보다 더 나은 대우를 받았고, 법정에서 하루를 보낸다(24:1-21). 그러나 아주 사실적인 묘사 속에서, 벨릭스 총독은 첫째로 바울의 자유를 대가로 뇌물을 받기를 소망하였고, 나중에는 유대인 지도자들에게 호의를 베풀기 위해서 바울을 계속 가두었다(22-27절).[196] 베스도 총독도 역시 너그러운 듯이 보이지만, 산헤드린으로 옮겨서 바울을 제거하고자 한다(25:1-9). 그러나 바울은 이러한 제안과 관련된 위험을 인지하고 로마 황제에게 상소한다(10-12절). 아마도 그는 로마로 감으로써 무죄 선고를 받을 수 있을 것이라고 믿을만한 이유가 있었을 것이다. 적어도, 그는 산헤드린을 통해서는 기회가 없다고 생각하였다.[197] 헤롯 아그립바 2세 앞에서 열린 청문회는 바울이 요청하였을 때 받아들여졌고, 그가 로마에 대한 혐의가 없으며 가이사에게 상소하지 않았더라

이다. Peterson, *Acts of the Apostles*, 517-18을 참조하라.

195 이 서기장의 진술은 로마법과 정확히 일치한다. Witherington, *Acts of the Apostles*, 600.

196 더 나아가 Harry W. Tajra, *The Trial of St. Paul: A Juridical Exegesis of the Second Half of the Acts of the Apostles* (Tübingen: Mohr Siebeck, 1989), 109-34; Brian Rapske, *The Book of Acts and Paul in Roman Custody* (Carlisle: Paternoster; Grand Rapids: Eerdmans, 1994), 164-72를 참조하라.

197 Tajra, *Trial of St. Paul*, 135-43. 이 상황들에 대하여 가능성이 있는 세부사항을 확인하려면 Rapske, *Book of Acts and Paul in Roman Custody*, 185-89를 보라.

면 풀려날 수 있었을 것이라고 결론 내린다(26:1-32). 로마의 권세자들과의 모든 만남은 적어도 그 때 당시의 기준으로 볼 때 상대적으로 긍정적이다. 그리고 이 결론의 절정은 하나님의 선지자들은 항상 무고하게 고난 받기 때문에 구약성경의 성취라는 주제와 어울린다.[198]

바울은 군사들의 보호 아래 로마로 항해한다(27:1). 순탄치 않은 항해에도 불구하고 그는 그곳에 무사히 도착한다(28:14). 다소 불명예스럽게도, 그 당시의 관습에 따라서 그는 가택연금 상태에 놓여있었지만, 자신의 비용으로 숙소를 임대해야 했다(16, 30a절).[199] 그럼에도, 누가의 묘사는 군인들의 교대가 바울에 대한 경계를 느슨하게 만들었고 그에게 중요한 자유를 주었는데, 특별히 방문자들을 받고 그들에게 이야기를 하는 것이었다(30b절). 마지막 절은 다른 곳에서는 거의 찾아볼 수 없는 자유에 대한 견해를 반영한다. 바울은 가택 연금 상태에 놓여 있었음에도 불구하고, "하나님의 나라를 전파하며 주 예수 그리스도에 관한 모든 것을 담대하게 거침없이" 가르쳤다(31절). 여기에서 막힘은 분명히 물리적인 막힘이 아니다. 바울은 교대로 자신을 감시해야만 했던 군인들을 진정으로 억류된 청중으로 여겼을 것이다.[200] 만일 사도행전의 이 구절들을 다시 읽어본다면, 이방인 또는 조금 더 구체적으로 로마 권세자들이 아니라, 1세대 그리스도인들에게 박해를 시작한 그룹이 바로 지역 유대인들이라는 사실을 일관되게 살펴볼 수 있을 것이다.[201] 동시에, 예수님의 주되심은 로마 제국에 대한 모든 과대평가를 배제

---

198 Daryl Schmidt, "Luke's 'Innocent' Jesus: A Scriptural Apologetic," in Cassidy and Scharper, *Political Issues in Luke-Acts*, 111-21.

199 Tajra, Trial of St. Paul, 176-81; Rapske, *Book of Acts and Paul in Roman Custody*, 236-39.

200 매튜 스키너(Matthew L. Skinner, *Locating Paul: Places of Custody as Narrative Settings in Acts 21-28* [Atlanta: Scholars, 2003])는 누가가 어떻게 바울의 가택연금 상태가 복음 전파에 방해 되지 않고 오히려 도움이 되었는지를 독특하게 묘사한다.

201 누가복음에서 예수님의 죽음에 대한 다양한 유대 지도자들의 두드러진 책임에 관하여, Peter Rice, "The Rhetoric of Luke's Passion Narrative: Luke's Use of Common-Place to Amplify the Guilt of Jerusalem's Leaders in Jesus' Death," *Biblical Interpretation* 21 (2013): 355-76을 보라. 사도행전의 경우, Richard J. Cassidy, *Society and Politics in the*

한다. 그들은 가끔 도움이 될 수 있지만, 오직 하나님의 주권적인 통치 아래에서만 가능하다.[202]

바울이 언제 자신의 로마 시민권 찬스를 사용하였는지에 대한 여부를 주목하는 것 역시 흥미롭다. 바울이 로마 제국 내에서 자신의 신분에 대해서 아무런 말도 하지 않은 횟수를 고려할 때, 그가 단지 고통을 피하기 위해서 시민권을 사용하는 것은 거의 불가능하다. 빌립보에서 권세자들이 실라와 바울을 그 도시에서 조용히 떠나보내려고 시도할 때, 그는 감옥에서 밤을 절반 정도 보낸 후에야 비로소 그들에게 자신이 소유한 시민권에 대해 말한다. 바울은 자신이 두고 떠나는 신생 교회가 그들의 지도자들처럼 완전히 합법적이라는 사실이 공개적으로 알려지기 원한다(16:37-40).[203] 사도행전 22:25-29에서는 바울이 채찍질 당하려고 할 때, 자신의 시민권에 대해 언급한다. 이 경우에, 그가 유대인 지도자들의 청문회에서 벗어날 때까지 기다렸을 것인데, 이는 바울이 로마인의 특권을 사용함으로 그가 유대교의 범위를 벗어난다는 사실을 그들에게 더욱 확신시킬 수 있었기 때문이다.[204] 결과적으로, 바울이 권세자들 앞에 나타나야 한다는 사실과 상관없이, 이 주제에 관한 사도행전의 모든 자료가 바울에 대한 어떠한 혐의도 찾을 수 없다는 사실을 보여준다.[205]

케빈 로(Kavin Rowe)는 누가복음-사도행전 내의 긴장을 잘 포착한다. "한편, 누가는 이방 세계로 나아가는 기독교 선교 운동을 그 세계의 문화를 구성하는 측면과의 충돌로 설명한다." 루스드라, 빌립보, 아테네, 에베소에 있

Acts of the Apostles (Maryknoll, N.Y.: Orbis, 1987), 70-81을 참조하라.

202 특히, Loveday Alexander, "Luke's Political Vision," *Interpretation* 66 (2012): 283-93을 보라.

203 Schnabel, *Acts*, 694를 보라. 한편, 전날 밤 시민권 카드를 공개하여 부정적인 결과를 초래할 수 있었을 것이라는 가능성에 관하여 687페이지를 보라.

204 Schnabel, *Acts*, 922. 추가적인 역학 관계에 관하여 923-24페이지를 보라.

205 Craig S. Keener, "Paul and Sedition: Pauline Apologetics in Acts," *Bulletin for Biblical Research* 22 (2012): 201-24.

는 다양한 이교도들이 "짜증을 내는 것을 이해할만 하다." 동시에, "누가는 기독교 선교의 위협을 로마와 직접적인 경쟁을 하는 것으로 생각할 가능성을 제거하는 방식으로 이야기한다. 누가는 모든 형태의 선동과 반역 가운데 기독교는 아무런 잘못이 없다고 말한다." 다른 말로 표현하자면, 선교는 문화적 규범에 도전할 것이지만, 제국을 전복시키려고 하지 않을 것이다.[206]

땅, 율법, 성전

스데반이 "모세와 하나님을 모독하는"(6:11) 말과 "이 거룩한 곳과 율법을 거슬러"(13절) 말하는 것으로 고발당할 때, 모세의 율법과 예루살렘 성전의 역할에 대한 어떤 관점이 이러한 반대에 불을 지핀 것이 분명하다. 우리가 스데반이 산헤드린을 향하여 연설한 내용을 읽을 때까지(7:1-53), 이스라엘의 땅 역시 쟁점("이 거룩한 곳"의 일부)이라는 사실이 분명해진다. 그 연설은 세 부분으로 나뉘는데, 차례대로 말하자면, 땅이 없이도 주님을 신실하게 따를 수 있다는 사실(2-16절), 율법이 메시아를 가리키도록 의도되었다는 사실(17-43절), 하나님의 원래의도는 성막(이동성 때문에)이지 성전이 아니었다는 사실(44-50절)에 관하여 다룬다.[207] 우리는 초대 교회의 신학에 대한 논의

---

206 C. Kavin Rowe, *World Upside Down: Reading Acts in the Graeco-Roman Age* (Oxford: Oxford University Press, 2010), 5. James R. Edwards ("'Public Theology' in Luke-Acts: The Witness of the Gospel to Powers and Authorities," *New Testament Studies* 62 [2016]: 227-52)를 참조하라. 제임스 에드워즈는 누가복음-사도행전이 신약성경의 다른 곳에서 나오지 않는 여러 시민의 권세자들과 정치적인 권세자들을 포함한다고 주장한다(250페이지) "누가의 변증이 지향하는 궁극적인 목적은 단순히 잘못된 개념들로부터 복음을 수호하는 것이 아니라, 복음과 관련하여 모든 권세와 권세자들을 재정의하는 거대 담론(metanarrative)을 생산하기 위함이다. 우리는 이 연구에서 전체 증거를 잘못된 이분법으로 수용하는 것에 주의를 기울여야 한다. 예를 들어, 이 도(Way)는 로마 제국을 암묵적으로 승인하는 정치적으로 무해한 운동이라거나, 반대로 로마제국과 정면으로 충돌하는 전복시키는 힘이라는 것이다."

207 Craig L. Blomberg, *From Pentecost to Patmos: An Introduction to Acts through Revelation* (Nottingham: Apollos; Nashville: B&H, 2006), 36-37.

에서도 이 주제를 소개하였다. 그러나 누가는 스데반이 원래 더 변호적으로 행동하였던 것을 더욱 공격적이게 보이도록 의도적으로 구조화했을 수 있다. 브라이언 피터슨(Brian Peterson)은, 누가가 보여주는 것처럼, 그 연설이 선지서의 언약 소송 장르와 일치한다고 주장하는데, 누가는 이스라엘이 보여준 반역의 역사가 예수님을 거부함으로써 반역의 절정을 보여주는 유대인 지도자들에게 증거로 이야기한다.[208] 그 반대 주장에도 불구하고, 헬라파 유대인 그리스도인들은 신학적으로 또한 언어적으로 히브리파 유대인 그리스도인들을 넘어서는 것으로 보인다.

율법으로부터의 자유

누가복음-사도행전에서 율법과 관련하여 예수님과 그분의 제자들이 보여주는 두 가지 행동 패턴(율법의 순종과 율법으로부터의 자유)은 서로 약간의 긴장관계에 놓여 있다.[209] 물론, 예수님의 죽음, 부활, 오순절 성령 강림 이전에, 유대인들은 여전히 율법이 관할하던 시기에 놓여 있었다. 그러나 사도행전 전체에 걸쳐, 예수님의 핵심 제자들은 놀라운 방식들로 의식법을 계속해서 실천한다. 그들은 기도 시간에 예루살렘 성전에서 계속 예배를 드린다(3:1-10). 사도행전 11:19가 보여주듯이, 그들은 이스라엘 밖에서도 오직 유대인들에게만 그들의 메시지를 계속 전파하는데, 이 때가 아마도 주후 30년대일 가능성이 높다.[210] 한편, 정해진 기도 시간에 대한 언급인 단 한 번 나오는데, 이는 사도들이 예수님에 관하여 가르치기 위하여 성전에 여러 번 간 것과 비교해야한다. 왜냐하면 성전이 예루살렘에 가장 많은 군중을 만날 수 있는 공공 장소였기 때문이었다.

---

208 Brian Peterson, "Stephen's Speech as a Modified Prophetic *RÎB̲* Formula," *Journal of the Evangelical Theological Society* 57 (2014): 351-69.

209 Stephen G. Wilson, *Luke and the Law* (Cambridge: Cambridge University Press, 1983).

210 Riesner, *Paul's Early Period*, 110.

사도행전 15장에 나오는 사도들의 공의회는 기독교 지도자들이 토라의 어떤 부분을 아직 지켜야하는지에 대한 논의의 분수령을 이룬다. 그러나 이 공의회가 정확히 무엇을 그리고 어떠한 근거로 결정하였는가? 그들은 유대인들의 율법에 남아있는 것이 아무것도 없다고 선언하기 직전에 잘 멈추었다. 대신에 그들은 안디옥, 수리아, 길리기아의 이방인 신자들에게 "우상의 제물과 피와 목매어 죽인 것과 음행을 멀리할지니라 이에 스스로 삼가면 잘되리라 평안함을 원하노라 하였더라"(29절)라고 편지한다. 어떤 해석자들은 이러한 명령을 레위기 17-19장에 언급된 성결법전(holiness code)을 가리키는 제유법(전체의 일부)으로 생각한다.[211] 더 일반적으로, 이 모든 금지 조항들은 중간기 시대의 유대 문헌에서 보여주는 노아 시대의 "법"으로 발견된다고 지적하는데, 이 법은 노아 시대 이후로 이방인들이 하나님의 선한 은총를 받기 위하여 순종해야하는 최소한의 율법을 정교화한 것으로 여겨졌다(창 9:4-6에서 발전되었다).[212] 그러나 더욱 그럴듯한 설명은 이 네 가지 금지된 관행이 디아스포라 유대인들에게 특히 불쾌함을 주는 것으로 나타났다고 관찰하는데, 이는 이교 숭배 또는 주변 신전들에서 이러한 관행들이 제국 안에 있는 어떠한 규모든지 대부분의 도시에 산재해있었으며, 중심적인 역할을 하였기 때문이다.[213]

마찬가지로 중요한 것은 이러한 금지 조항들은 마치 새로운 법을 만드는

211 예를 들어, Terrence Callan, "The Background of the Apostolic Decree (Acts 15:20, 29; 21:25)," *Catholic Biblical Quarterly* 55 (1993): 284-97.

212 예를 들어, Markus Bockmuehl, "The Noachide Commandments and New Testament Ethics, with Special Reference to Acts 15 and Pauline Halakhah," *Revue Biblique* 102 (1995): 93-95. 토드 하네켄(Todd R. Hanneken, "Moses Has His Interpreters: Understanding the Legal Exegesis in Acts 15 from the Precedent in *Jubilees*," *Catholic Biblical Quarterly* 77 [2015]: 686-706)은 사도들이 그렇게 하지 않으면 모세를 완전히 거부하는 것으로 해석될 것이기 때문에, 이러한 금지 사항들을 창세기 9장에 대한 당시의 해석(쥬빌리서에서 발견되는 동일한 네 가지 금지사항으로 대표되는)과 일치시키도록 명령하였다고 주장하면서 이 해석을 새롭게 갱신한다.

213 예를 들어, Charles H. Savelle, "A Reexamination of the Prohibitions in Acts 15," *Bibliotheca Sacra* 161 (2004): 449-68; Witherington, *Acts of the Apostles*, 461-67.

것처럼 제시되지 않는다는 것이다. 오히려 야고보는 안디옥, 수리아, 길리기아에 있는 이방인 신자들에게 편지에서 "성령과 우리는 이 요긴한 것들 외에는 아무 짐도 너희에게 지우지 아니하는 것이 옳은 줄 알았노니"(15:28)라고 말하면서 공의회의 결정을 소개하지만, 결정적인 선포는 아니다.[214] 이것은 새로운 법(*novm lex*)이 아니라, 음행과 같은 도덕적 사안에 대한 매우 적절한 관심과 더불어, 이방인들에게 우상에게 바쳐진 제물, 피, 목매어 죽인 동물의 고기를 먹는 것과 같은 의식적이며 제의적인 측면에서 유대인들이 거리끼는 것들을 고려해달라고 호소하는 것이다(29a절). "스스로 삼가면 잘되리라 평안함을 원하노라"(29b절)라는 온건한 결론은 이러한 해석을 강화한다.[215] 그렇다면 바울은 왜 이 공의회가 할례가 구원과 상관없다고 결정한 직후에(15:1을 상기하라; 갈 5:6을 참조하라) 즉시 입장을 바꿔서 디모데에게 할례를 주는가? 예수님에 대한 믿음을 가질 가능성이 있는 비그리스도인 유대인들 앞에 굳이 장애물을 놓을 필요가 없었기 때문이다. 누군가의 구원이 위태로울 때, 바울은 자신이 가진 신념을 굳건히 지킬 수 있었지만, 가능한 한 많은 사람들을 주님께로 인도하기 위해서 이러한 관례를 행함에 있어서 놀라울 만큼 유연함을 보일 수 있었다.[216]

사도행전 18:18b에서 바울은 자신이 했던 서원 때문에 머리를 깎았을 때 무슨 일이 벌어지고 있었는가? 이것은 짧은 기간에 행해지는 나실인의 관례들 가운데 하나였을 수 있는데, 바울은 최근에 하나님께서 선교 여행 가운데 자비를 보여주시고 보호해주신 것에 대한 감사 표현으로 금식이나

214 Craig L. Blomberg, "The Christian and the Law of Moses," in Marshall and Peterson, *Witness to the Gospel*. F. F. Bruce, *Paul: Apostle of the Heart Set Free* (Grand Rapids: Eerdmans [= *Paul: Apostle of the Free Spirit* (Exeter: Paternoster)], 1975), 187을 참조하라.

215 Mark A. Seifrid, "Jesus and the Law in Acts," *Journal for the Study of the New Testament* 30 (1987): 47-51.

216 D. A. Carson, "Pauline Inconsistency: Reflections on 1 Corinthians 9.19-23 and Galatians 2.11-14," *Churchman* 100 (1986): 6-45.

다른 특별한 영적 훈련을 마치거나 시작할 때 이 관례를 행한 것이었다.[217] 최소한, 주후 30년 4월 7일(만약 이 날이 예수님의 부활사건이 일어난 바로 그날이라면) 또는 그 이후 오순절(50일이 지나서)에 모세 율법의 시대가 종식되었다고 선언한 사람이 아무도 없었다는 것은 분명하므로, 이제 사람들은 최소한 시민법과 의식법 형태의 율법으로부터 자유로워지게 되었다. 이러한 과도기는 한 세대 또는 그 이상에 걸쳐 점진적으로 이루어졌다.[218] 이방인 신자들이 그것들을 행할 필요가 없었던 것과 마찬가지로 유대인들의 경건 안에서 행해지는 유의미한 관례들은 폐기될 필요가 없었다.

사도행전 21:20-25에서 예루살렘에 있는 가장 보수적인 유대인 출신 그리스도인들을 달래기 위한 전략은 서원의 일환으로 머리를 깎으려는 네 명의 동료 유대인 출신 그리스도인들을 위해 필요 경비를 지불하는 것이었다. 바울은 그들의 정결 의식에 참여할 뿐만 아니라, 동물 제사를 포함한 비용을 지불하려고 한다. 그러나 이것은 주후 30년, 즉 예수님의 죽음과 부활이 일어난지 몇 달 안에 일어난 사건이 아니다. 그 때는 주후 58년으로 접어들었다. 바울은 그의 사역 경력의 마지막에 율법 없는 복음을 이런 식으로 타협했을까? 동시에 세 개의 답변이 떠들썩하게 주의를 집중시킨다. 첫째로, 죄사함을 위한 동물 제사가 여전히 진행 중이라고 자신있게 선언할 수 있는 어떤 종류의 의식이 여기에서 실행되고 있는지에 관하여 아주 모호하다. 둘째로, 이러한 전략은 역효과를 낳는데(26-36절), 이것은 누가가 전체 에피소드를 다른 사람들이 본받아서는 안 되는 나쁜 본보기로 여긴다고 암시할 수 있다. 마지막으로, 만일 아무도 제사가 구원을 위해 필수적이라고 생각하지 않는다면, 바울이 동의한 행동들은 어떻게 그가 매우 다른 관습과 가치를 지닌, 문화적으로 다른 사람들에게까지 멀리 갈 의지를 가지고 있었는지를

---

217 특히, Witherington, *Acts of the Apostles*, 557을 보라.

218 1세기 후반의 주요 사건은 이러한 방향으로 큰 도약을 하며, 종종 결단의 갈림길(the parting of the ways)로 불린다.

보여줄 수 있다.[219]

한 세대 전에 제이콥 저벨(Jacob Jervell)은 누가가 실제로 율법에 관하여 가장 보수적인 복음서 저자라고 주장함으로써 누가가 율법 없는 복음으로 가장 이방인의 관점을 제시하였던 복음서 저자라는 이전의 학자적 합의에 반대 의견을 제시하였다.[220] 그것은 이 부분에서 우리가 조사해왔던 것과 같은 바로 그 구절들이었고 이에 근거하여 그는 자신의 결론을 내렸다. 그리고 놀라울 정도로 많은 학자들이 적어도 그의 저작에서 중요한 부분들을 그 이후로 계속 받아 들여왔다.[221] 그러나 그의 주장들은 신뢰하기에 너무 불안정해 보인다. 과도기에 유대인 신자들은 다양한 이유로 토라의 요소들을 여전히 지켰을 것이다. 따라서 그러한 사실들에 대한 누가의 보고는 역사적으로 더욱 신뢰할 수 있다. 그러나 사도행전의 개요에서 드러나는 바와 같이, 누가는 실제적으로 제자들이 지리적으로 더 멀리 이동하고, 종교적으로는 팔레스타인 유대교로부터 복음 안에 나타난 토라의 성취라는 방향을 향해 나아가므로 그 중 많은 부분들을 더 이상 문자적으로 따를 필요가 없다고 강조한다.[222] 복음서에서도 다양한 유대인 지도자들이 지나치게 율법주의적이거나 율법을 엄격히 준수하는 부분에서 그들에 대한 충분한 비판들이 있는데, 이는 율법에 대한 누가의 이해가 신약의 나머지 부분, 그리고 특히 바

---

219 1세기 후반의 주요 사건은 이러한 방향으로 큰 도약을 하며, 종종 결단의 갈림길(the parting of the ways)로 불린다.

220 스티브 콕스(Steven Cox, "Paul's Purification Rite: Compromise or Cultural Sensitivity?" *Criswell Theological Review* 6 n.s. [2008]: 81-96)는 이 세 가지 견해들 중에서 마지막 견해에 가장 가깝고, 이것이 아마도 가장 가능성이 있을 것이다.

221 특히, David L. Tiede, *Prophecy and History in Luke-Acts* (Philadelphia: Fortress, 1980); 그리고 Donald H. Juel, *Luke-Acts: The Promise of History* (Atlanta: John Knox, 1983)를 보라. 가장 최근으로는, Isaac W. Oliver, *Torah Praxis after 70 CE: Reading Matthew and Luke- Acts as Jewish Texts* (Tübingen: Mohr Siebeck, 2013)를 참조하라.

222 Craig L. Blomberg, "The Law in Luke-Acts," *Journal for the Study of the New Testament* 22 (1984): 53-80; Max M. B. Turner, "The Sabbath, Sunday, and the Law in Luke/Acts," in *From Sabbath to Lord's Day: A Biblical, Historical and Theological Investigation*, ed. D. A. Carson (Grand Rapids: Zondervan, 1982), 99-157; Blomberg, "Christian and the Law of Moses," in Marshall and Peterson, *Witness to the Gospel*, 397-416.

울과 일치한다는 사실을 암시한다.[223]

땅, 성전, 그리고 예루살렘

누가에게 있어서 율법의 역할과 예루살렘 성전의 역할은 밀접하게 관련되어 있다. 누가의 프롤로그가 나온 직후에 우리는 사가랴가 성전에서 일생일대의 기회를 맞이하게 된 사실을 알게 된다. 여기에서 그는 자신의 아들인 요한의 특별한 잉태에 대해서 알게 된다(1:5-22). 나중에, 마리아와 요셉은 아기 예수님이 할례 받도록 성전에서 그를 드릴 것이며, 시므온과 안나는 예수님에 대한 예언을 할 것이다(2:22-40). 물론 유아기 내러티브는 예수님께서 열두 살에 (아마도) 율법적인 문제에 대한 이해로 말미암아 성전에 있는 청중들을 놀라게 하면서 끝을 맺는다(41-50절). 누가복음에서 예수님의 두 번째, 세 번째 광야 시험의 순서가 마태복음과 비교할 때 반대로 나타난다. 결과적으로 성전은 이 내러티브에서 중요한 역할을 한다. 왜냐하면 예수님께서 당하신 시험의 절정은 성전 꼭대기에서 스스로를 내던지면 천사들이 구해줄 것이라는 유혹인데(4:9-11) 이것은 시편 91:11-12의 성취이다.[224]

누가복음에만 등장하는 바리새인과 세리의 비유의 배경은 성전이다(18:10). 누가복음 21:37-38은 누가가 사용한 자료를 확장하는데, 예수님께서 생애 마지막 주에 성전에서 가르치고 계셨던 되풀이되고 오래된 기간을 강조하기 위함이다. 아마도 가장 놀라운 사실은, 누가가 전체 복음서를 제자들이 성전에서 계속 머물고 하나님을 찬양하는 장면으로 끝마치는 것이다(24:53).[225] 사도행전 2장에서 오순절에 성령께서 권능으로 임하시자마자, 우

---

223 Sigurd Grindheim, "Luke, Paul, and the Law," *Novum Testamentum* 56 (2014): 335-58.

224 에드워즈(Edwards, *Gospel according to Luke*, 129-30)는 누가복음 전반에 걸쳐 나오는 예루살렘이 가지고 있는 "강력한 중력"이라고 언급한다.

225 Geir O. Holmås, " 'My House Shall Be a House of Prayer': Regarding the Temple as a Place of Prayer in Acts within the Contexts of Luke's Apologetical Objective," *Journal for the Study of the New Testament* 27 (2005): 409: "누가복음의 마지막 절(24.53)에서 제자

리는 예수님의 제자들과 새 신자들이 함께 만나기 위해서 매일 성전에 올라간다는 사실에 대해 배운다(46절). 물론, 예루살렘에서 그러한 모임을 할 만한 충분히 넓은 장소는 없었을 것이다. 성전은 사도행전의 시작 부분에서 계속해서 두드러지게 나타난다. 사도들이 두 번이나 산헤드린에 의해 체포되고 처벌되고 예수님에 대해서 더 이상 가르치지 말라고 경고 받은 이후에도, 사도들은 성전으로 돌아온다. 이 곳은 그들이 더 큰 적대감에 가장 취약한 상태로 남아있으며, 또한 가장 많은 청중들을 만날 가능성이 있고 예수님에 대해 설교하고 기적을 행하는 일에 가장 효과적인 장소이다(5:12-15, 25-26, 42).

성전에 대한 누가의 이러한 독특한 언급들 가운데 어느 것도 그가 예수님 또는 그의 제자들이 여전히 율법에 머무르고 있었다는 사실을 강조하기 원한다고 암시하지 않는다. 성전 지역은 그 중요성과 크기 때문에 예루살렘에서 1세기의 초기 유대주의가 시작된 중요한 장소였다. 모든 경우에 누가의 관심은 이 장소 자체가 아니라 사람들이 이 장소에서 무엇을 하는 지에 있다. 사도행전 21장에서 바울이 예루살렘으로 돌아올 때 성전에 대한 언급이 다시 갑작스럽게 자주 나올 때에도 마찬가지이다(21:26-30, 22:17; 24:6, 12, 18; 25:8, 26:21). 사도행전 24:18에서 바울이 성전에 있을 때 의식적으로 정결하다는 사실을 강조할 때, 그는 권세자들에게 형벌 받을만한 일을 하지 않았다고 강조하고 있다. 예수님을 아직 따르지 않았던 유대인들의 공격을 피하기 위해서 디모데에게 할례를 행한 이 사람은 성전에 들어갈 때 제의적 정결에 대한 전통을 피하지 않았을 것이다. 그러나 이것은 바울이나 누가가 여전히 하나님 보시기에 율법적인 요소들이 필요하다고 믿었다는 것을 의미하지는 않는다. 누가는 여전히 감람산 담화(Olivet discourse)의 중요한 부분들을 보존하는데, 여기에서 성전이 파괴될 것이라는 사실이 마가복음보다

들이 성전에서 찬양하는 장면은 사람들이 성전에서 기도하고 있던 첫 장면(1:8-22)과 수미상관(inclusio)을 형성한다. 이러한 식으로, 경건한 이스라엘 백성과 부활 이후 예수님의 제자들 사이에 연속성이 강조된다. 마찬가지로, Marshall, *Gospel of Luke*, 910.

더 분명해진다(눅 21:21-24). 이 장소는 하나님의 임재와 그의 백성의 방문이 필요하지 않게 될 것이며 예수님의 제자들을 세상에 내던지는 원동력이 될 것임을 의미한다.[226]

누가복음에서 지배적이고 독특한 주제들 가운데 훨씬 더 주목할 만한 것은 성전이 위치한 거룩한 성인 예루살렘의 역할이다.[227] 마태는 13회, 마가는 11회, 요한은 13회 언급하는 반면, 누가는 자신의 복음서에서 32회, 사도행전에서 60회 언급한다! 바울은 자신의 모든 편지를 다 합쳐서 성전을 10회 밖에 언급하지 않는다. 물론 사도행전에 나오는 성전에 대한 언급들은 예루살렘에서, 특히 첫 여덟 장과 마지막 여덟 장에 걸쳐서 많은 일들이 일어나기 때문에 나오는 것이다. 그 사이에 사도들은 다른 곳에서 복음이 퍼져나갈 때 무슨 일이 일어나는지 확인하기 위해 종종 예루살렘으로부터 다른 장소로 왔으며, 바울은 전통적으로 여러 선교 여행으로 열거되어 왔던 모든 사역의 열매를 얻은 후에 그곳에 다시 돌아가서 확인한다. 누가복음에서 나오는 여러 언급들은 예수님께서 그의 공생애 사역 기간 동안 축제가 열릴 때 이 거룩한 도성으로 여러 번 여행하셨다고 이야기하는 복음서가 누가복음이 아니라 요한복음이라는 사실을 깨달을 때 더욱 분명해진다. 성전에 대한 상당히 많은 언급은 유아기 내러티브와 수난 내러티브에 또 다시 나오지만, 누가는 예루살렘 사람들이 예수님께서 다른 곳에 있을 때에도 예수님의 사역을 경험하기 위해서 정기적으로 여행하였다는 사실을 강조하기

---

226 따라서, 그레고리 라니에르(Gregory R. Lanier, "Luke's Distinctive Use of the Temple: Portraying the Divine Visitation," *Journal of Theological Studies* 65 [2014]: 433-62)는 성전에 대한 누가의 모티프를 중심으로 하여 이스라엘에 대한 심판이라는 주제에 초점 맞춘다. 특히, 이 구체적인 본문에 관하여, David Wenham, ed., *The Rediscovery of Jesus' Eschatological Discourse*, vol. 4 of *Gospel Perspectives* (Sheffield: JSOT Press, 1984), 175-218을 보라.

227 특히, J. Bradley Chance, *Jerusalem, the Temple and the New Age in Luke-Acts* (Macon, Ga.: Mercer University Press, 1988); Steve Smith, *The Fate of the Jerusalem Temple in Luke-Acts: An Intertextual Approach to Jesus' Laments over Jerusalem and Stephen's Speech* (London: Bloomsbury T&T Clark, 2017)를 보라.

위해 애를 쓴다(눅 5:17, 6:17). 특히 중요한 것은 모세, 엘리아, 그리고 예수님은 "예루살렘에서 이제 막 성취를 가져오려던 예수님 자신의 떠남(엑소도스 [*exodos*]에 관하여 말씀하셨다"(9:31, 이 번역은 NIV 영역본을 번역한 것이다. 개역개정판에는 "예수께서 예루살렘에서 별세하실 것을 말할새"로 번역되어 있다-옮긴이).[228] 따라서 누가복음 9:51은 "예수께서…예루살렘을 향하여 올라가기로 굳게 결심하시고"라고 기록할 때 이것은 누가복음에서 내용을 구분 짓는 표시가 된다. 다음에 나오는 아홉 장을 비롯하여 조금 더 많은 곳에서, 말하자면 예수님께서는 그곳에서 자신을 기다리고 있는 운명을 아신 채로 십자가의 그늘 아래서 여행하고 계신다(13:33-34).[229]

누가복음은 전체적으로 누가복음-사도행전의 교차대구 구조를 강화하면서, 예루살렘 안과 주변에서만 부활후 예수님의 출현을 예측하거나 서술한 유일한 복음서이다(24:13, 34, 36, 50). 그리고 나서 누가는 사도행전 초반에 부활후 출현을 요약한다(1:3-8). 그는 누가복음 24:51에서 승천에 대해서 간략하게 언급한 다음, 사도행전이 시작될 때 더욱 풍부하게 설명한다(1:9-11).[230] 이 일은 예루살렘 인근 외부에 위치해 있으며, 천사들이 예수님께서 승천하신 방식 그대로 돌아오실 것을 예언했던(10-11절) 감람산에서 일어난다(9, 12절). 우리가 보아왔듯이 사도행전 19:21은 누가복음 9:51과 같은 역할을 하며, 예수님보다는 바울의 경우에 해당된다. 게다가, 이 구절은 왜 누가가 바울이 예루살렘이 아닌 로마에서 있다고 이야기하면서 자신의 두 번째 책을 마치는 지에 대한 설명을 해주면서, 로마를 향한 바울의 여정을 예상한다. 이러한 마무리는 누가복음의 도입부에 로마 통치자들에 대한 독특한 언급과 들어맞는다(2:1-2, 3:1-2).[231] 아무튼, 예루살렘이 하나님께서 활동

---

228 Marshall, *Gospel of Luke*, 384-85를 참조하라.

229 특히, Helmuth L. Egelkraut, *Jesus' Mission to Jerusalem: A Redaction Critical Study of the Travel Narrative in the Gospel of Luke, 9:51-19:48* (Bern: Peter Lang, 1977)을 보라.

230 승천은 David K. Bryan and David W. Pao, eds., *Ascent into Heavens in Luke-Acts: New Explorations of Luke's Narrative Hinge* (Minneapolis: Fortress, 2016)에서 잘 논의되었다.

231 전체적인 교차대구에 관하여, Kenneth Wolfe, "The Chiastic Structure of Luke-Acts and

하시는 중심부라는 사실의 중요성은 확실하다. 예수님의 죽음과 부활에 관한 모든 것이 그 도시에 초점 맞추며, 모든 것은 교회의 사명을 위해 이곳으로부터 퍼져나간다. 그러나 예수님을 따르는 신실한 제자가 될 수 있는 요건은 심지어 유대인이라고 할지라도 땅, 도시, 또는 성전의 존재를 필요로 하지 않는다. 누가복음 13:35에서 이미 예수님은 유대인 권세자들에게 다음과 같이 선언하셨다. "보라 너희 집이 황폐하여 버린 바 되리라." 사도행전에서 하나님은 거룩한 장소에 대한 자신의 약속을 성취하시는 방식으로 예수님을 따르는 새로운 공동체에게 신실함을 보여주신다.[232]

제자도

예수님과 바울이 예루살렘으로 여행할 때, 그들은 홀로 가지 않는다. 그들 각자는 함께 하는 제자들이나 동역자들을 수행원으로 둔다. 내러티브 비평적 관점에서 누가는 모든 신자들에게 자기 십자가를 지고 예수님의 발자취를 따라야한다는 사실을 상기시키기 위하여 이러한 세부 사항을 활용한다.[233] 아마도 누가복음-사도행전의 어떤 구절도 누가복음 14:26-33보다 더 통렬하게 다가오는 구절은 없을 것이다. 예수님을 향한 신자들의 충성은, 비교하면서 증오하는 것과 같은 모든 인간관계를 능가해야만 한다(26절).[234] 자

Some Implications for Worship," *Southwestern Journal of Theology* 22 (1980): 60-71을 보라.

232 더 나아가, Peter H. Rice, *Behold, Your House Is Left to You: The Theological and Narrative Place of the Jerusalem Temple in Luke's Gospel* (Eugene, Ore.: Pickwick, 2016)을 참조하라.

233 H. Douglas Buckwalter, *The Character and Purpose of Luke's Christology* (Cambridge: Cambridge University Press, 1996), 284: "누가복음에 따르면, 주 예수님의 종되심의 필연적인 결과는 그리스도인의 제자도이다." 조금 더 폭넓게 Holly Beers, *The Followers of Jesus as the 'Servant': Luke's Model from Isaiah for the Disciples in Luke-Acts* (London: Bloomsbury T&T Clark, 2015)를 참조하라.

234 Stein, *Luke*, 396-97; Hultgren, *Parables of Jesus*, 138.

기 십자가를 지는 것(27절)은 단순히 불편함을 참고 견딘다는 죽은 은유가 아니라, 순교를 통하여 예수님을 본받아야 할 매우 실제적인 기회로부터 이끌어낸 살아있는 은유이다. 그러나 매일 십자가를 지는 것이 이러한 극단적인 상황을 가리킨다면 이해되지 않을 것이다. 이 은유는 많은 종류의 급진적인 자기 부정(반드시 금욕적인 필요는 없지만)을 나타내야 한다.[235] 망대 비유(28-29절)는 제자가 되려는 자들에게 하나님 나라에 들어가는 비용을 계산하라고 요청한다. 전쟁에 나가는 왕의 비유(30-32절)는 그들에게 하나님 나라에 들어가지 않음으로써 치르게 될 대가를 계산하도록 요청한다![236] 실행 가능한 유일한 해결책은 전심을 다해야 할 제자도의 길을 가로막는 모든 것을 포기하는 것이다(33절).[237] 데이빗 파오(David Pao)는 와츠(Watts)가 마가복음을 다룰 때 그랬던 것처럼, 여기에서 새로운 이사야적 출애굽 모티프를 식별할 수 있다고 믿는다.[238] 그러나 평행구절들은 와츠의 것보다 더 모호하기 때문에, 파오의 제안을 너무 많이 신뢰하기는 어렵다.[239] 그러나 출애굽 그 자체가 아니라면, 누가복음 9:51-19:44에서 예수님 자신의 여정을 고려할 때, 여정이 분명히 그 중심이 된다.

---

235 Sverre Bøe, *Cross-Bearing in Luke* (Tübingen: Mohr Siebeck, 2010). 다이엔 첸(Diane G. Chen, *Luke* [Eugene, Ore.: Cascade, 2017], 143-44)은 모든 진정한 제자도는 급진적인 것이라고 주목한다.

236 A. T. Cadoux, *The Parables of Jesus: Their Art and Use* (London: James Clarke, 1930; New York: Macmillan, 1931), 174.

237 크리스토퍼 헤이스(Christopher M. Hays, *Luke's Wealth Ethics: A Study in Their Coherence and Character* [Tübingen: Mohr Siebeck, 2010], 134-37)는 이것이 여기에서 우리의 노선을 따라 해석하면, 누가-사도행전의 주제에 대한 나머지 모든 본문들에 일관성을 부여하는 구절이라고 주장한다.

238 David W. Pao, *Acts and the Isaianic New Exodus* (Tübingen: Mohr Siebeck, 2000; Grand Rapids: Baker, 2002).

239 Joshua L. Mann, "The (New) Exodus in Luke and Acts: An Appeal for Moderation," in *Reverberations of the Exodus in Scripture*, ed. R. Michael Fox (Eugene, Ore.: Pickwick, 2014), 94-121.

기도

기도는 누가복음-사도행전에서 제자도의 주요 구성 요소들 가운데 하나로서 중심을 이룬다.[240] 예수님은 자신의 공생애 사역을 하시는 동안 하늘에 계신 아버지께 기도하는 것에 의존해야 하신다(3:21; 5:16; 6:12; 9:18, 28-29). 마태복음과 달리, 누가복음에서 예수님께서 주기도문을 가르치시게 된 동기는 제자들이 어떻게 기도해야하는지에 대해서 가르쳐 달라는 요청에서 비롯된다(11:1). 누가복음에서 독특한 점은 뒤이어 등장하는 "부끄럼 없는 뻔뻔함"(8절)으로 요청하는, 귀찮게 조르는 친구에 관한 비유이다. 그래서 우리는 하나님께서 인간 부모들이 자기 자녀들을 대하는 것보다 그들에게 주기를 더욱 열망하시는 것을 인지하면서, 하나님께 자유롭게 그리고 심지어 대담함으로 그분의 뜻에 일치하는 것들을 구하도록 힘써야 한다(9-13절).[241] 끈질긴 과부의 비유는 이란성 쌍둥이라고 할 정도로, 앞서 언급한 비유와 유사하다(18:1-8). 여기에서의 강조점은 순전한 용기보다는 끈질김에 놓여있지만(1절), 그 외에 이 두 비유는 매우 유사하다. 우리는 다음 비유에 등장하는 바리새인과 세리에 대해서 이미 언급하였다(9-14절). 우리가 해야할 것은 우리가 다른 사람들보다 얼마나 더 나은 지를 생각하며 하나님께 감사하는 것이 아니라, 회개이다! 예수님께서는 누가복음 22:32에서 베드로가 예수님을 부인한 이후에 믿음이 회복될 수 있도록 그를 위해 이미 기도해왔다고 설명하신다.

---

240 완전한 논의를 확인하기 위하여, David M. Crump, *Jesus the Intercessor: Prayer and Christology in Luke-Acts* (Tübingen: J. C. B. Mohr, 1992; Grand Rapids: Baker, 1999); Steven F. Plymale, *The Prayer Texts in Luke-Acts* (New York: Peter Lang, 1991); 그리고 Geir Otto Holmås, *Prayer and Vindication in Luke-Acts: The Theme of Prayer within the Context of the Legitimating and Edifying Objective of the Lukan Narrative* (London: T&T Clark, 2011)를 보라.

241 Herman C. Waetjen, "The Subversion of 'World' by the Parable of the Friend at Midnight," *Journal of Biblical Literature* 120 (2001): 703-21을 보라. Young, *Parables*, 50을 참조하라.

사도행전에서 신자들은 유다의 후임자를 결정하기 위해서 제비를 뽑기 전까지 기도한다(1:24). 사도행전 4:24-31에서 그들은 핍박 속에서도 자신들이 잘 처신할 수 있는 능력 주심으로 인하여 하나님께 감사하며 계속해서 담대하게 복음을 증거 할 수 있는 능력을 달라고 기도한다. 기도는 새로 임명된 "집사들"에게 손을 얹는 행위(6:6)와 장로 선출(14:23)과 성령 받음(8:15)과 다비다의 부활(9:40)과 안디옥 교회에서의 선교사 파송(13:3)과 폭풍이 그침(27:29)과 보블리오의 아버지의 치유(28:8)와 같은 사건들에서 함께 나온다. 베드로가 모든 음식과 사람들이 이제 정결하다고 가르치는 하늘의 환상을 받을 때, 그는 기도하고 있었다(10:9). 두로의 그리스도인들은 바울과 그의 동료들이 예루살렘으로 향할 때 그곳에서 바울을 기다리고 있는 고난에 대해 이미 인지하고서는 기도한다(21:5).

조금 더 일반적으로, 제자들은 성령이 오심을 기다리는 모습 가운데 기도하는 것이 특징적이다(1:14). 기도는 성령이 오신 후에 이 도(way)의 초기 모임들을 구성하는 네 가지 기본 요소들 가운데 하나이다(2:42). 하나님은 고넬료의 기도에 응답하셔서 고넬료와 그의 가정에 베드로를 보내어 복음을 전하게 하셨다(10:30-31). 스데반은 순교하면서 예수님이 십자가상에서 원수들을 용서하신 것을 떠올리는 말로 기도한다(7:59).[242] 예루살렘의 그리스도인들은 베드로가 감옥에 갇혀있을 때 그가 풀려날 수 있도록 간절히 기도하며(12:5, 12), 바울은 빌립보에서 밤중에 갇혀있을 때 소리 내어 기도한다(16:25). 예수님을 좇는 자들이 자기 자신의 직접적인 권위가 아니라 "예수의 이름으로"(사도행전에 18회 나옴) 기적을 행하고, 병을 고치며, 귀신들을 쫓아내는 것처럼, 기도는 종종 그러한 기적들을 동반하기도 한다. 예수님의 이름으로 기도하는 것은 구약성경에 확고한 근거를 두고 있는 관례와 가장 큰 차이점을 드러낸다.

242 더 나아가 Bock, *Acts*, 315-16을 보라.

고난

그러나 성경 어디를 찾아봐도 신실한 기도가 고통과 고난 없는 삶을 보장한다고 나오지 않는다. 오히려 그 반대로, 고난은 종종 예외보다는 규범을 입증한다. 하나님이 바울에게 무슨 일이 일어날 것인지에 대해서 아나니아에게 "내 이름을 위하여 얼마나 고난을 받아야 할 것을 내가 그에게 보이리라"라고 말씀하신다(행 9:16). 만일 메시아 자신이 고난당해야 한다면(17:23, 26:23), 우리는 어떻게 감히 그보다 덜한 고난으로 어떻게든 어려움을 해쳐나가야 한다고 생각할 수 있을까? 고난은 그 문제에 관하여 덜 의롭거나 더 의롭다는 것을 의미하지 않는다(눅 13:2). 믿음에 대한 박해는 신자에게 가장 일반적인 것으로 예상되는 고난의 형태들 가운데 하나이다. 사도행전에서 그것은 누가복음 21:12-19에 나오는 예수님의 예언하심에 대한 성취이다.[243] 그러므로 적어도 사도들에게 있어서 고난은 그들의 선교가 어느 정도 유효하다는 사실을 보여주는데, 예수님께서 이미 그것을 예상하셨기 때문이다.[244] 사실, 첫 번째 제자들이 하나님께서 그들을 예수님을 위하여 능욕을 받기에 합당한 자들로 여기셨다는 사실을 이해하였을 때, 그들은 기뻐하였다(행 5:41).[245]

243 Scott Cunningham, *"Through Many Tribulations": The Theology of Persecution in Luke-Acts* (Sheffield: Sheffield Academic Press, 1997), 337-39. 브리지드 프레인(Brigid C. Frein, "The Literary and Theological Significance of Misunderstanding in the Gospel of Luke," *Biblica* 74 [1993]: 328-48)은 사도행전에서 예수님의 예언이 성취되었다는 추가적인 예들을 제공하며, 그것들 안에서 예수님이 신뢰할만한 선지자라는 모티프를 발견한다.

244 Brian J. Tabb, "Salvation, Spreading, and Suffering: God's Unfolding Plan in Luke-Acts," *Journal of the Evangelical Theological Society* 58 (2015): 54-57.

245 한편으로 누가복음 12:4-12와 21:12-19 사이의 여러 평행구들을 강조하며, 다른 한편으로 사도행전 4:23-31과 5:17-42 사이의 여러 평행구들을 강조하는 사람은 Martin W. Mittelstadt, *The Spirit and Suffering in Luke-Acts: Implications for a Pentecostal Pneumatology* (London: T&T Clark, 2004), 98-99이다. 그것은 예수님께서 예언하신 그대로이다.

기쁨

기쁨은 기독교 제자도에 대한 누가의 묘사 속에 되풀이되는 또 다른 모티프이다.[246] "기쁨"과 "기뻐하다"라는 단어들은 다양한 형태로 함께 사용되며, 다른 복음서들에서보다 누가복음서에서 더욱 눈에 띄게 나타난다. 우리는 특히 사람들의 구원(눅 15:6-7, 9-10; 행 8:39; 15:3) 뿐만 아니라, 그들이 위기 상황 속에서 벗어날 때(행 12:14) 기뻐한다. 그러면 기쁨이 넘쳐서 찬양이 될 수 있다(눅 1:47, 행 2:26). 기쁨은 성공(행 8:8, 39)뿐만 아니라 고난 가운데에서도(5:41) 일어나야 한다. 세례 요한과 예수님의 탄생은 찬양할 이유이다(눅 1:14; 2:10, 20). 기쁨은 사람들이 하나님의 말씀에 반응하는 첫 번째 방법이 될 수 있다(8:13). 귀신 축출은 분명히 기쁨을 불러일으킬 것이다(눅 10:17). 부활하신 주님을 볼 때에는 기쁨이 얼마나 더하겠는가(24:52)? 물론 이 개념은 여호와를 기뻐하는 것이 사람의 힘이라는 히브리어 성경에 철저히 그 뿌리를 둔다(느 8:10).

마귀의 반대

누가는 마귀가 사람의 고난 가운데 결정적인 역할을 하므로 제자의 삶에서 완전히 제거될 수 없다는 것을 인지한다.[247] 만약 사탄이 그리스도를 시험하였다면, 우리에게도 그렇게 할 수 있다. 콘첼만(Conzelmann)은 누가복음 4:13에서 사탄이 적절한 순간이 올 때까지 예수님을 떠났다고 분명하게 언급하기 때문에 예수님의 공생애 사역의 대부분을 "사탄 없는 기간"으로 인지했던 것으로 유명하다. 누가복음 22:3, 31에 와서야 사탄은 유다에게 들어

---

246 David H. Wenkel, *Joy in Luke-Acts: The Intersection of Narrative, Rhetoric and Emotion* (Milton Keynes: Paternoster, 2015).

247 Susan R. Garrett, *The Demise of the Devil: Magic and the Demonic in Luke's Writings* (Minneapolis: Fortress, 1989), 37-60.

감으로써 다시 돌아온다.[248] 그러나 이것은 예수님의 시험과 열 두 사도와의 마지막 만찬 사이의 기간 동안 일어났던 예수님의 귀신 축출 사역의 중요성을 간과한다. 누가복음 13:32의 일반화는 그러한 일들이 빈번했음을 시사한다. 더욱 놀랍게도 누가복음 10:18에서 예수님은 70인(또는 72인)이 기뻐하며 돌아올 때 "사탄이 하늘로부터 번개 같이 떨어지는 것을 내가 보았노라"라고 선언하신다.[249] 이러한 사탄의 떨어짐은 예수님께서 죄와 죽음을 "이미" 패배시켰지만, "아직은 아니"라는 사실에 대한 전조였다. 다음 절에 나온 뱀을 밟는다는 표현(19절)은 창세기 3:15와 아마도 시편 91:13에 등장하는 원시복음에 대한 '인유'일 수 있다.

교회론

신약성경 전체와 마찬가지로, 제자가 되는 길은 동료들과 함께 걸으라는 의미였다.[250] 예수님을 따르는 공동체에 대해 우리가 알고 있는 최초의 이름은 "그 도"(행 9:2; 그리고 19:9, 23; 22:4를 참조하라)인데, 이것은 제자도가 여행이라는 이미지를 보여주며 아마도 예수님 자신이 길이며 진리이며 생명(문서적으로는 요한복음 14:6에서만 나오지만)이라는 사실 때문에 붙여진 이름일 것이다. 비록 누가는 자신이 기록한 복음서에서 "교회"라는 단어를 사용하지 않지만, 이에 대한 예비 단계로서 새롭게 갱신된(renewed) 이스라엘이라는 핵심을 형성하기 위해서 예수님께서 열 두 제자들을 훈련시키신 사실을 분명하

248 Hans Conzelmann, *The Theology of Saint Luke* (New York: Harper & Row, 1960; London: Faber & Faber, 1961), 156-57. 그는 지나가는 말로 사탄의 역할에 대해 언급하지만, 이러한 사실이 이 기간 동안에 사탄이 "부재"하다고 말하는 것을 그만두게 하지 못한다.

249 마샬(Marshall, *Luke*, 137)은 "예수님의 사역의 핵심부는 사탄이 없었다는 견해를 뒷받침할 근거"는 없다고 분명하게 언급한다.

250 Twelftree, *People of the Spirit*, 51: "개인적으로 구원 받은 사람은 한편으로 공동체적인 삶을 살아가도록 기대를 받는다."

게 알고 있다.[251] 확실한 형태가 없는 모임이 아니라, 실제로 예수님의 제자들이 그분을 향해 예배하려고 모인 모임으로서 교회가 오순절 날에 출범한 이후에, 누가는 사도행전에서 "교회"(에클레시아[*ekklēsia*])라는 단어를 18회 사용함으로써 이에 대한 중요성을 부각시킨다. 나머지 신약성경에서는 고린도전서만이 이 단어를 많이 사용한다. 그러나 물론, 지역 교회들을 형성하는 신자들의 모임은 그 단어 자체보다 훨씬 더 자주 등장한다.

관례들

사도행전 2:42는, 만일 포괄적이지 않다면, 사도들의 가르침(거시적으로 어떻게 구약성경이 성취된 것을 보여주며, 따라서 오늘날 성경 중심의 설교에 가장 근접한 모델을 찾으면서), 교제, 떡을 떼는 것(함께 나누는 정기적인 공동식사, 아마도 주의 만찬을 포함할 것이다), 기도와 같이 교회가 무엇을 해야 하는 지에 대한 훌륭한 기초를 세운다.[252] 물론, 물로 주는 세례도 언급할 수 있다(38절). 어떤 사람들은 사도행전(11:14; 16:15, 31-34; 18:8)에 나오는 가정 세례를 아기들에게 세례를 주는 것에 대한 지지 본문으로 인용하였지만, 실제로 아기들이 그 가정에 있었는지에 대해서 암시하는 본문은 없다. 그리고 우리는 가정의 구성에 대해 이야기하는 본문으로부터 세례 받는 모든 사람들은 하나님을 믿게 될 만큼 충분한 나이였다는 사실을 배운다(16:34).[253]

---

251 Octavian D. Baban, *On the Road Encounters in Luke-Acts: Hellenistic Mimesis and Luke's Theology of the Way* (Milton Keynes: Paternoster, 2006); 그리고 Steve Walton, "Calling the Church Names: Learning about Christian Identity from Acts," *Perspectives in Religious Studies* 41 (2014): 223-41를 참조하라.

252 Andy Chambers, *Exemplary Life: A Theology of Church Life in Acts* (Nashville: 2012), 61-84를 참조하라.

253 트웰프트리(Twelftree, *People of the Spirit*, 100)는 다음과 같이 덧붙인다. "입회의 측면들 또는 입회를 위한 사건들(회개, 믿음, 물세례, 성령 세례)은 믿음에 대한 지속적인 강조와 함께, 아마도 누가가 아기들에게 세례를 주는 것을 이해할 수 없을 것이라는 판단과 아주 밀접한 관련이 있다. 그러나 가정의 복음화는 더 나아가 누가복음 10:5-7의 근거이다. David L. Matson, *Household Conversion Narratives in Acts* (Sheffield: Sheffield Academic Press, 1996),

물세례도 구원받기 위한 조건이 될 수 없을 것이다. 사도행전 2:38은 그렇게 이해하면서 읽을 수도 있겠지만, 놀랍게도 세례는 사도행전 3:19 즉, 베드로의 첫 번째 설교와 평행을 이루는 두 번째 설교에서 언급되어 있지 않다. 아마도 사도행전 2:38은 교차대구법을 염두에 두며 읽어야 할 것이다. (A) 회개하여, (B) 각각 세례를 받고, (B′) 예수 그리스도의 이름으로, (A′) 죄 사함을 받으라.[254] 폴 엘버트(Paul Elbert)는 다음 구절인 "그리하면 성령의 선물을 받으리니"라는 표현이 "명령의 미래 수동태 직설법"으로 결합된 구문론 때문에 나중에 나온다고 주장하며, 여러 가지 성경과 성경 외적인 자료들을 예로 제시한다. 그러나 사실은 이러한 예들 가운데 어떤 것도 사도행전 2:38에 나오는 미래 수동태 직설법 동사가 나오지 않기 때문에 진정한 의미에서 유사하다고 말할 수 없다![255] 사도행전 2:38은 기본적으로 하나의 묶음으로 읽어야 하는데, 회개는 세례로 이어지며, 그들이 보여주는 회심은 하나님께서 자기 백성의 죄를 용서하시고 성령을 베푸실 때이다.

또한 사도행전에서 교회의 연합을 강조하는 경우가 많다는 사실은 놀라운 것이다. 신자들의 그룹이 "마음을 같이"한다는 표현이 무려 7회 등장한다(KJV 영역본에는 "one accord"로 번역되어 있는데 호모뚜마돈(*homothumadon*)에서 왔다, 행 1:14; 2:1, 46; 4:24; 5:12; 8:6; 15:25). 이 연합은 종종 적대적인 세상 속에서 '생존하느냐 아니면 멸망하느냐'에 대한 문제에 있어서 핵심이었다(이다).[256] 한편, 우리는 초대 교회를 지나치게 이상적인 존재로 여기지 않도

26-52를 보라.

254 Luther McIntyre, "Baptism and Forgiveness in Acts 2:38," *Bibliotheca Sacra* 153 (1996): 53-62.

255 Paul Elbert, "Acts 2:38 in Light of the Syntax of Imperative-Future Passive and Present Participle Combinations," *Catholic Biblical Quarterly* 75 (2013): 94- 107. 그러나 이 구절에 나오는 동사들은 (1) 메타노에이사테(*metanoēsate*, 부정과거, 능동태, 명령법); (2) 밥티스떼이토(*baptisthētō*, 부정과거, 수동태, 명령법); (3) 레임프세스떼(*lēmpsesthe*, 미래, 중간태, 직설법)이다. 람바노(*lambanō*)의 미래 수동태 직설법은 레임프떼이세스떼(*lēmphthēsesthe*, 이 동사의 2인칭 복수 형태를 보존한다)이다.

256 Alan J. Thompson, *One Lord, One People: The Unity of the Church in Acts in Its Literary Setting* (London: T&T Clark, 2008), 105-34.

록 주의를 기울여야 한다. 때때로 현대 그리스도인들은 만일 사도행전의 교회처럼 모든 것을 할 수만 있다면, 모든 것이 형통할 것이라고 생각하는 듯한 인상을 준다. 그들은 교회에 대한 누가의 묘사가 또한 아나니아와 삽비라에 대한 심판(5:1-11), 히브리파와 헬라파 사이의 긴장 관계(6:1-6), 스데반의 순교(7:57-60), 교회에 대한 핍박(8:1-3), 기근(11:27-30), 사도들의 공의회가 열리게 된 동기인 논쟁(15:1-29) 등과 같은 내용도 포함되었다는 사실을 망각한다. 구약성경에서 하나님의 사람들은 연합되었기보다 분열을 더 자주 경험하였다. 새 언약의 시대에 하나님의 뜻은 그들이 그 어느 때보다 더욱 연합을 이루는 것이었다.

리더십

교회의 리더십 또는 정치에 관하여 교회 역사를 통하여 다양한 방식으로 활용되고 결합된 세 가지 주요 모델을 사도행전에서 출발점을 찾는다. 신자 전체가 결정권을 가지고 있는 회중 교회 모델은 사도행전 6:3-5에 나오는 첫 번째로 "집사들"을 선출하는 것으로부터 그 선례를 찾을 수 있다. 사도행전 14:23에서 장로들은 각 교회에(아마도 가정 교회) 임명되었고,[257] 에베소에는 그러한 교회들이 충분히 있었기 때문에 사도행전 20:17에서 바울이 작별 인사를 하기 위해 모든 가정 교회 지도자들을 밀레도로 모이도록 호출할 수 있었다. 여기에서 우리는 누가가 "장로"(프레스뷰테로스[*presbyteros*])와 "감독자"(에피스코포스[*episkopos*])를 교차적으로 사용하는 것을 본다(28절).

---

257 Bradley Blue, "Acts and the House Church," in *The Book of Acts in Its Ancient Graeco-Roman Setting*, ed. David W. J. Gill and Conrad Gempf, vol. 2 of *Book of Acts in Its First Century Setting*, ed. Winter (Carlisle: Paternoster; Grand Rapids: Eerdmans, 1994), 119-22. 최근에, 에드워드 아담스(Edward Adams, *The Earliest Christian Meeting Places: Almost Exclusively Houses?* [London: Bloomsbury T&T Clark, 2013])는 교회가 거의 항상 가정에서 모였다고 일반화하는 것에 대해 이의를 제기하였지만, 그는 그가 이의를 제기하지 않는 예들 가운데 에베소 장로들의 상황을 포함한다(54-55).

또한 그는 "목회하다"라는 개념의 출처가 되는 동사 "목양하다"(포이마이네인[*poimainein*])을 사용한다. 세 가지 용어들은 모두 구약에 만연해 있는 이전 모델에서 찾을 수 있다. 그러나 헬라어 성경은 오직 두 가지 유사한 단어만을 사용하기 때문에 목사, 감독, 장로가 모두 다 동등한 직분이라고 말하는 것은 사실이 아니다. 우리는 또한 바울 서신에서 목사가 되는 것이 영적인 은사였던 반면(엡 4:12), 장로와 감독자는 교회 직분에 관하여 교차적으로 사용할 수 있는 용어이며, 영적인 은사들로 사용되지 않았다는 것을 상기한다.[258] 그래서 여기에 장로교회의 정치 모델의 씨앗이 있다. 그러나 바울과 열 두 사도는 디모데와 디도와 같은 그들의 "사도적인 대리인"들과 함께, 누가가 교회의 확장에 대해서 이야기하는 한, 교회에 대한 관할권을 가진 채로 역할을 하며, 이는 후기 감독 교회 모델에서 감독의 역할과 유사하다.[259] 헤롤드 회너(Herold Hoehner)가 자신의 관점에 대해서 이야기하는 것을 좋아하는데, 그에게 있어서 누가는 감독 교회적인 침례장로교인(episcobaptisterian)처럼 보인다![260]

외부를 향한 초점

지역 모임 외에도 교회는 한편으로 설교 및 가르침의 사역으로, 또 다른 한편으로는 기적을 행하는 이중 사역으로, 누가 복음에 나오는 예수님과 제자들의 사역을 계속 이어간다. "하나님의 나라"는 특히 유대적인 맥락 속에

258 다시 말해서, 교회의 직분에 대해서 보완주의자적 관점 또는 평등주의자적 관점을 취하든 간에, 남성과 여성이 비슷한 목양의 은사를 행할 수 있는 지에 대한 논쟁이 있어서는 안된다. 그리고 만일 가르치는 은사를 행하는 누군가를 교사라고 부르는 것이 합당하다면, 목양의 은사를 행사하는 사람에게 목회자라고 부르는 것 역시 받아들여져야 한다(이러한 견해는 학자들의 성경 해석과 교단 및 신학적 관점에 따라 다를 수 있음을 명시하고자 한다-옮긴이).

259 Luke T. Johnson, *Letters to Paul's Delegates: 1 Timothy, 2 Timothy, Titus* (Valley Forge, Pa.: Trinity Press International, 1996), 29-31.

260 몇몇 개인적인 대화들 가운데, 첫 번째 대화는 1986년 캠브리지의 틴데일 하우스에서 있었다.

서 여전히 가끔씩 나오며, 사도행전 전체에서 수미상관을 형성한다(행 1:3, 6; 28:23, 31). 그러나 이 개념은 이방인들의 정황 속에서 훨씬 의미가 덜 하였을 것이다.[261] 대신에, 예수님에 관한 짧은 케리그마적인 요약들은 부활과 함께 주목을 받는다(예를 들어, 행 2:22-24, 3:13-16, 5:30-31, 13:27-31).[262] 이들 중에서 가장 완전한 것은 사도행전 10:36-43(40-41절에는 부활에 초점 맞추어져 있다)이며,[263] 다드(C. H. Dodd)는 이 본문이 마가복음의 골격을 형성하였다고 주장한 것으로 유명하다. 다른 곳에서와 마찬가지로, 이 페리코프(pericope)는 이 모든 것이 구약성경을 성취한다는 주장으로 그 절정에 이른다(43절). 또한 많은 경우에, 그리고 이러한 성취로부터 자연스럽게 이어지면서, "부활은 하나님의 신원하심을 가리킨다"(행 2:23-24; 3:14-15; 4:10-2; 5:30; 17:31).[264]

기적은 누가복음에서와 마찬가지로 사도행전의 내러티브를 계속 강조한다. 불의 혀는 오순절 성령 강림 사건의 시작을 알린다(2:3). 베드로는 성전 밖에 있는 걷지 못하는 사람을 고침으로써 예루살렘에 있는 군중들에게 두 번째로 말씀을 선포 할 수 있는 기회를 얻는다(3:6-8). 사도행전 5:12a는 "사도들의 손을 통하여 민간에 표적과 기사가 많이 일어"난다는 사실을 관찰하

---

261 그러나 이러한 점들에서 로마 제국에 대한 암묵적인 비평이 있을 것이다. Karl A. Kuhn, *The Kingdom according to Luke and Acts: A Social, Literary and Theological Introduction* (Grand Rapids: Baker, 2015)을 보라. 누가복음-사도행전에 나오는 하나님 나라와 기독론의 관계에 관하여, Costantino A. Ziccardi, *The Relationship of Jesus and the Kingdom of God according to Luke-Acts* (Rome: Gregorian University Press, 2008)를 보라. 바울에게 있어서 "성령은 공관복음서에 나오는 하나님 나라에 대한 대체적인 표현"일 가능성에 관하여, Youngmo Cho, *Spirit and Kingdom in the Writings of Luke and Paul: An Attempt to Reconcile These Concepts* (Milton Keynes: Paternoster, 2005), 196을 비롯하여 전체를 보라. 조용모의 책 전체에 대한 비평에 관하여, Carsten T. Lotz, "A Critical Evaluation of Youngmo Cho: *Spirit and Kingdom in the Writings of Luke and Paul: An Attempt to Reconcile These Concepts*," *Evangelical Quarterly* 82 (2010): 124-41을 보라.

262 누가복음-사도행전에 나오는 부활에 관하여, 특히 Kevin L. Anderson, *"But God Raised Him from the Dead": The Theology of Jesus' Resurrection in Luke-Acts* (Milton Keynes: Paternoster, 2006)를 보라.

263 예수님께서 "사흘 만에" 부활하셨다는 언급들은 복음서 이외에 이 본문과 고린도전서 15:3 밖에는 없다. Marshall, *Acts*, 193n2.

264 Bock, *Theology of Luke and Acts*, 204.

면서 일반화한다. 15절은 사람들이 병자를 베드로의 그림자에 덮이기를 바라는 모습에서 볼 수 있는 것처럼 사도행전에서 기적이 마치 마술이나 미신으로 간주하는 것으로 보이는 두 장면 가운데 하나이다(왕하 13:21을 참조하라. 죽은 사람이 엘리사의 뼈를 만진 후에 다시 살아났다). 누가는 그들이 저절로 치유되었다는 것을 의미하였는지에 관한 여부를 말하지는 않지만, 아마도 어떤 경우는 적어도 그렇게 되었을 것이고 또는 그 기적 행함이 병을 악화시키지 않았을 것이다.[265] 다른 유사한 언급은 에베소에서 바울이 만졌던 손수건과 앞치마를 "병든 사람에게 얹으면 그 병이 떠나고 악귀도" 떠나갔을 때에 나온다(19:12). 그러나 누가는 이러한 일들을 기적들이라고 생각할지라도 이러한 일들은 일반적으로 일어나지 않고 "놀라운"(11절) 것으로 인지한다. 1세기 중반에 에베소가 주술적 행위의 중심지라는 점을 생각할 때, 우리는 왜 하나님께서 비슷하지만 더 큰 권능으로 이 미신에 대응하기 위해서 자신을 이러한 방식에 맞추셨는지를 이해할 수 있다.[266]

다른 치유와 귀신축출의 기적뿐만 아니라. 베드로와 바울은 한 개인(각각, 다비다와 유두고)을 죽음에서 일으키도록 권능을 받았다(9:40-41과 20:9-12를 보라). 사도행전에는 두 가지 심판의 기적들이 나오는데, 바로 아나니아와 삽비라의 죽음(5:1-11)과 엘루마라고도 불리는 바-예수의 눈이 일시적으로 멀게 된 사건이다(13:8-12). 더 심각한 징벌이 외부자보다는 하나님의 기준들을 노골적으로 업신여기는 교회 안의 사람들에게 강력하게 할당된다.[267] 게

---

265 바렛(C. K. Barrett, *Acts: A Shorter Commentary* [Edinburgh: T&T Clark; New York: Continuum, 2002], 74)은 다음과 같이 현명하게 언급한다. "일종의 평행구들이 인용될 수 있겠지만, 아마도 고대의 생각으로는 기적이 그것을 행하는 사람의 그림자, 손, 말에 의해서 일어난 것인지에 대해서는 그다지 중요하지 않다고 말하는 것이 정확할 것이다. 어쨌든, 실제적인 행위자는 하나님이시다."

266 Fernando, *Acts*, 520; Hans-Josef Klauck, *Magic and Paganism in Early Christianity: The World of the Acts of the Apostles* (Edinburgh: T&T Clark, 2000), 98-99.

267 Craig L. Blomberg, "The New Testament Definition of Heresy (or When Do Jesus and the Apostles Really Get Mad?)," *Journal of the Evangelical Theological Society* 45 (2002): 59-72를 참조하라.

다가, 기적을 행하는 것은 만일 바울이 그들 가운데 포함될지라도, 사도들에게만 국한 된 것은 아니다. 스데반은 "은혜와 권능이 충만하여 큰 기사와 표적을 민간에" 행하였고(6:8), 빌립(사도가 아닌 "집사")은 다리 저는 자를 고치고 사람들에게서 귀신을 쫓아냈다(8:6-7). 그래서 우리는 기적의 역사가 사도들이나 사도 시대에만 국한된 것이라고 주장할 수 없다.[268] 트웰프트리(Twelftree)는 교회의 외부적인 초점과 교회 구성원 가운데 가장 필요한 자들을 위한 내부적인 보살핌을 결합하면서, 놀라운 관찰을 한다. "우리는 주일에 복음을 전하며(때로는 증명하며) 세상에 사회 정의를 가져오고자 하지만, 누가는 교회가 복음을 세상에 전하며 교회 안에 사회 정의를 적용해야 한다고 주장하였다는 것을 반복할 가치가 있다."[269] 조금 더 일반적으로, 케빈 로(Kavin Rowe)의 언급을 살펴보면 다음과 같다.

> 사도행전에 따르면, 교회론은 단순히 만유의 주님께 순종하는 살아가는 공동체적 삶의 형태이다. 그것은 정치적인 동시에 신학적이며, 또는 공적인 동시에 사적이며, 또는 약간 다른 말로 표현하자면 모든 것을 포괄하는 삶의 형태이다. 교회의 특정한 부분들을 삶의 다른 영역에 위치시키기를 거부하는 것은 사도행전적인 의미로 비추어 볼 때 공개적으로 식별할 수 있는 존재 양식을 가진 백성, 즉, 그리스도인의 존재에 있어서 필수적인 전제이다. 만일 우리도 우리의 아이들과 손자들, 그리고 자자손손 대대로 "그리스도인"으로 알려지도록 믿음 안에서 살게 하고 싶다면, 우리의 교회론은 이런 저런 논쟁적인 사안들(예를 들어, 안락사와 낙태)에 대해서 뿐만 아니라, 신자들을 만유의 주님의 주되심 아래 살아가는 자들로 공표하는 전체적인 생활 방식의 구체적인 실천을 통하여서도 사도행전에 근거하여 교회와 세상 간의 구별을 계

---

268 종종 은사중지론에서 볼 수 있는 것처럼. Craig L. Blomberg, *Can We Still Believe the Bible? An Evangelical Engagement with Contemporary Questions* (Grand Rapids: Brazos, 2014), 208-11에 필자가 논의한 것을 보라. 다시 한 번 구약성경과의 유사점들이 나오는데, 특히 모세, 그리고 엘리야와 엘리사의 시대 동안에도 이러한 일들이 일어났다.

269 Twelftree, *People of the Spirit*, 203.

속해서 분명히 해야 할 것이다.[270]

역사와 종말론

누가는 그리스도의 초림과 재림 사이에 교회가 계속 확장해나가는 기간이 얼마나 지속된다고 생각하였을까? 그가 어떤 견해를 가지고 있을지에 관하여 아는 것은 불가능하다. 한스 콘첼만(Hans Conzelmann)의 영향력 있는 편집 비평적 연구에서 가장 유명한 결론은 누가의 종말론과 관련이 있다. 콘첼만은 누가가 누가복음의 속편을 기록함으로써 교회 최초의 "역사가"가 되었다고 주장하였다. 그는 두 시대(즉, 옛 시대와 새 시대)로 이루어진 단순한 도식을 변형시켜서 세 시대(구약 시대, 예수님의 시대, 교회 시대)로 구분하였다. 콘첼만에 따르면, 누가는 초창기에 교회가 기대하지 않았고, 예수께서도 예측하지 않았던 재림의 지연이 있을 것이라고 암시했던 유례없는 자료들을 포함시킴으로써(깨어있는 종의 비유[12:35-38], 열므나 비유[19:11-27]) 자신의 자료들을 편집하였다. 누가는 그리스도의 임박한 재림에 초점 맞추는 대신에, 예수님께서 어리석은 부자(12:16-21)와 부자와 나사로(16:19-31)와 같이 결국 개인적인 죽음을 겪게 되는 비유들에 대해서 말씀하시는 것을 보여주는데, 아마도 이는 그리스도의 제자들이 예상할 수 있는 죽음에 대한 경험이었을 것이다. 그리고 오직 누가만이 자신의 종말론적 담화에 "이방인의 때"(21:24)라는 표현을 언급하는데, 이 기간 동안 예루살렘은 분명히 주후 70년에 일어난 사건 이후에 열방에 의해 짓밟힐 것이다.[271]

그러나 콘첼만은 사도행전에서 베드로가 교회의 초기부터 예수님께서

---

270 C. Kavin Rowe, "The Ecclesiology of Acts," *Interpretation* 66 (2012): 259-69.

271 Conzelmann, *Theology of St. Luke*, 95-136. 어떻게 콘첼만의 연구가 그 이후로 계속 누가의 구원론에 대한 학문적 접근방식을 형성해왔는지에 대한 개요를 보려면, Reardon, "Recent Trajectories and Themes in Lukan Soteriology," 77-95를 보라.

불특정한 기간 동안 하늘에 머물러 계셔야 한다고 이해하였음을 간과하였다(행 3:19-21).[272] 만일 사도행전 1:8에서처럼 제자들이 땅 끝까지(심지어 알려진 세상의 끝까지라도) 증인이 되었다면, 이러한 일은 시간이 필요하다![273] 예루살렘은 열방에 의해 크게 파괴되고 황폐케 될 것이지만(눅 21:24), 우리는 얼마 동안 인지에 관하여 아무런 암시를 받지 못할 것이다.[274] 결국, 누가는 예수님의 재림이 임박했다는 가능성을 결코 거부하지 않고, 오직 재림의 신속성만을 거부한다(눅 19:11, 21:12).[275] 신실하지 않은 종의 비유는 예상보다 일찍 주인이 돌아올 가능성을 인정하지만(눅 12:42-48), 도둑의 비유는 주의 날이 상상했던 것보다 필연적으로 더 빠르거나 늦는 것이 아니라, 단순히 예상치 못하게 도래할 것임을 암시한다(39-40절). 이러한 선택의 조합들은 누가가 그것을 배제할 위치에 있지 아니할지라도 그가 복음서를 기록할 때 이미 발생하였던 것 이상의 상당한 지연에 대해서 확신한다는 사실을 거의 암시하지 않는다. 그러나 오순절에 초기 제자들은 누가처럼 30년 또는 그 이상의 시간 경과를 지켜보지 않았는데, 그들은 확실히 그리스도의 사명을 수행하는데 상당한 시간 간격이 필요했다는 사실을 예상하였다. 요약해서 말하자면, 모든 날짜 설정과 계산은 폐기되어야 한다(행 1:6, 눅 17:20). 모든 것은

---

272 자세한 사항에 관하여, Göran Lennartsson, *Refreshing and Restoration: Two Eschatological Motifs in Acts 3:19 and 21* (Lund: Lund University Centre for Theology and Religious Studies, 2007)을 보라.

273 Anders E. Nielsen, *Until It Is Fulfilled: Lukan Eschatology according to Luke 22 and Acts 20* (Tübingen: Mohr Siebeck, 2000), 280: "누가는 기독교 믿음을 퍼뜨리는 내러티브와 함께 자신의 복음을 확장시킬 때, 이것은 종말론을 약화시키는 표현이 아니다(versus i.a. Conzelmann)." 다시 말해서, "누가는 정확히 종말론적 미래에 관심이 있기 때문에 '우리 가운데 성취되어온 것들'에 관심을 가진다. 그가 과거와 관련 짓는 것은 신학적으로 그리스도인의 소망에 대한 자신의 보편적 관점에 의해 동기부여를 받는다"(p. 286).

274 Wenham, *Rediscovery of Jesus' Eschatological Discourse*, 182-85.

275 John T. Carroll, *Response to the End of History: Eschatology and Situation in Luke-Acts* (Atlanta: Scholars, 1988), 166: "그러므로 누가에게 있어서 지연(delay)은 콘첼만에 의해 확인된 것과 정반대의 기능을 한다. 지연은 누가 자신의 상황 속에서 종말에 대한 기대를 반대하는 것이 아니라 뒷받침한다."

하나님의 헤아리기 어려운 계획에 따라 펼쳐질 것이다.[276] 누가가 더 관심을 갖는 것은 조만간이든 나중이든 간에 의인의 구원이다(눅 17:22-37).[277]

결론

누가복음에는 마가복음과 마태복음보다 분명하고 독특한 주제들이 많이 있다. 이 주제들 대부분은 사도행전에서도 분명하지만, 때때로 누가가 기록한 두 권의 저작의 절반에서 눈에 띄는 것이 다른 절반에서는 덜 두드러지게 나타난다. 성취는 복음서 전체를 둘러싼 명백한 수미상관을 형성하며(눅 1:1, 24:44), 한편으로는 사도행전 전체를 둘러싼 암묵적인 수미상관을 형성한다(1:6-8; 28:23). 누가복음 1-2장에 나오는 누가의 유아기 내러티브는 누가복음과 사도행전의 나머지 부분에 지배적으로 나오는 여러 주제들을 소개하는데, 특히 기독론과 대반전의 주제이다. 누가복음 2:11은 예수님을 이해하기 위한 가장 철저하게 계획에 따른 본문인데, 그는 명백하게 구주이시며,

---

276 특히 John T. Squires, *The Plan of God in Luke-Acts* (Cambridge: Cambridge Uni- Press, 1993)를 보라. 또한 Alan J. Thompson, *The Acts of the Risen Lord Jesus: Luke's Account of God's Unfolding Plan* (Nottingham: Apollos; Downers Grove, Ill.: IVP, 2011)을 참조하라. 샤프(Shauf, *Divine in Acts and in Ancient Historiography*, 247-59, 260-62)는 사도행전이 신적 활동의 중심성을 묘사하는 몇 가지 방법에 주목하는데, 신적 개입, 신적 활동으로서 주요 인물들의 사건들에 대한 해석들, 환상들, 구약의 성취 그리고 예언을 포함한다. 그는 역사가 진행될 때 신적 섭리의 중심성에 대한 사도행전의 관점과 "종말이 시작되었으므로 모든 역사는 종말에 비추어 보여야한다"는(261 페이지) 종말론적 관점이 사도행전을 다른 고대 역사서들로부터 구별시킨다고 결론 내린다. McConnell, Topos *of Divine Testimony in Luke-Acts*를 참조하라. 맥코넬은 비슷한 관찰을 하지만, 누가복음-사도행전에서 이것들의 기능은 청중에게 주인공인 예수님과 사도들에 대한 신적인 승인을 활용하라고 설득하는 것이다.

277 Steven L. Bridge, *"Where the Eagles Are Gathered": The Deliverance of the Elect in Lukan Eschatology* (London: Sheffield Academic Press, 2003). 누가가 주의 강림을 지칭하는 것이 아니라, 예루살렘이 멸망할 때 "그의 세대"와 대조적으로 정당성이 입증되는 인자의 날에 절정을 이룰 예루살렘의 멸망을 가리키기 때문에 "인자의 날들"(단수 "날"과는 반대로)이라는 특이한 표현을 사용한다는 주장에 관하여, Ryan P. Juza, "One of the Days of the Son of Man: A Reconsideration of Luke 17:22," *Journal of Biblical Literature* 135 (2016): 575-95를 보라.

그는 모든 복음서에서처럼 메시아이시며, 특히 사도행전에서 그는 가장 뚜렷하게도 주님이시다. 마태복음에서처럼, 그는 모세와 같은 선지자이시다. 그러나 그는 또한 엘리야와 엘리사와 같은 선지자이기도 하시다. 참으로 그는 선지자보다 훨씬 더 그 이상이시지만, 적어도 선지자이시다.

대반전의 일부로서, 예수님은 재물이 돈을 아까워하지 않는 청지기의 직무를 거쳐 하나님 나라의 목적을 위해 사용되지 않는다면 위험해진다는 사실을 보여준다. 누가복음에서 예수님은 신체적으로 의식적으로 여성, "세리와 죄인들", 사마리아인들, 이방인들과 같은 소외된 사람들과 함께 가난한 자들에 대한 특별한 관심을 마찬가지로 보여준다. 그의 관심은 여러 형태를 취할 수 있다. 가난한 사람들을 돌보는 것과 관련하여 여러 모델들을 보라. 이것은 율법이 아니라, 오순절에 임하셔서 신자들 속에 영원히 거하시며 담대한 증거를 통한 복음 선포를 위하여 반복적으로 채우시는 성령의 인도하심과 일치한다.

누가복음-사도행전의 대부분은 로마와 그 정치가들을 다룰 때, 1세기 기독교인들에 대한 호의적인 인상을 주기 위한 목적을 가지는 것으로 보인다. 누가는 로마의 권세자들에게 기독교를 칭찬하거나, 로마 체제를 기독교인들에게 칭찬하거나, 또는 아마도 서로를 칭찬하기 위해서 기록한 것처럼 보인다. 한편, 누가복음에서 유대의 권세자들은 신약성경의 다른 어느 곳에서보다 예수님에 대한 그들의 반응이 더욱 다양하다. 한편, 로마의 권세자들과 비교할 때, 유대인 권세자들은 "도"라고 불리는 이 운동을 없애려고 끊임없이 노력한다. 특히 사도행전에서 로마는 물심양면으로 개인들을 구하기 위해서 자주 다가온다.

사도행전 6-7장의 스데반의 변호에서 그는 땅, 토라, 그리고 성전에 관한 자신의 관점을 제시하는데, 이것들에 대한 복과 특권이 이스라엘 안에 있는 유대인 공동체의 많은 사람들에게 이미 적용되었기 때문에 이방 세계 가운데 이것들에 대한 동일한 복과 특권을 경험하는 것은 불필요하다고 본다. 누가복음이 성전에서 마무리되고, 사도행전의 내러티브가 그곳에서 시작할 때 우리는 모든 것이 이곳으로 끌리며, 그곳에서부터 모든 것이 퍼져 나가는 절정의 중심을 가진다. 놀랍게도 신자들은 승천, 오순절, 핍박 이후 각 시대의 전환이 이루어지는 모든 중요한 순간마다 기도 가운데 기쁨을 표출하며 하나님께로 향한다. 그들이 전한 복음은 좋은 시간을 보낼 때 뿐만 아니라, 고난이 기쁨을 완전히 멈춰버리는 것 같은 때를 포함하여 항상 주목할 만한 반응들을 얻는다. 제자들은 마귀의 공격에도 불구하고, 그가 극심한 고통 가운데 죽음을 마주하고 곧 사후 경직을 경험할 것이기 때문에 계속 기뻐할 수 있다.

누가는 성취로 특징지어지는 시대의 "이미 그러나 아직"의 틀을 종말론적으로 이해한다. 그리스도의 재림까지 아직 불특정한 시간 간격이 있어야 하지만, 그의 신학이 이른 바 재림의 지연 때문에 "초기 보편주의"로 바뀌는 것은 그리 멀지 않다. 한편 신자의 책임은 함께 하나님을 예배하고 그분의 말씀을 배우고, 서로의 필요를 충족시키고(실용적이며 재정적인 필요를 포함하여), 그리고 그들 주변과 그 너머의 공동체에 복음을 증거하기 위하여 지역 교회들(회중들)을 형성하는 것이다. 훨씬 멀리 떨어져 있는 곳을 향한 선교는 사도행전의 구조를 지배하지만, 누가복음에 이미 예고되었다. 그리스도인의 영향력은 멀리 퍼져나가며 투옥과 순교로 인하여 육체적으로 제약을 받는 것처럼 보일 때에도 영적으로 방해 받을 필요는 없다.

8

목회서신

바울이 기록한 모든 편지들 가운데 목회서신(디모데전서, 디모데후서, 디도서)은 저작설에 관하여 가장 논란이 되고 있다. 가장 중요한 세 가지 사안들로는 스타일과 어휘, 신학적 강조점들, 바울의 사역 가운데 연대와 위치를 찾는 문제가 있다.[1] 이러한 쟁점들 가운데 마지막 사안은 두 가지 주요 방식으로 설명되어 왔다. 목회서신의 바울 저작설을 옹호하는 대다수의 사람들은 바울이 로마의 가택 연금 상태(사도행전은 여기에서 마무리된다)로부터 풀려나서 2-5년 동안 계속 사역하였고(62년부터 64-67년 사이의 어느 지점까지), 네로의 핍박 시기에 다시 체포되어 처형되었다고 믿는다. 이러한 재구성을 시도하는 가운데, 디모데전서와 디도서는 바울이 다시 자유로워졌을 때 기록한 편지들이고(딤전 3:14-15; 딛 3:12), 디모데후서는 그가 로마에 두 번째로 갇혀 있을 때 죽음 직전에 기록한 마지막 서신이다(딤후 1:16; 4:16-17).[2] 소수의 견해는

1 Craig L. Blomberg, *The Historical Reliability of the New Testament: Countering the Challenges to Evangelical Christian Beliefs* (Nashville: B&H, 2016), 394-97과 여기에 인용된 문헌을 보라.

2 사건들에 대한 그럴듯한 열두 단계 연대표에 관하여, Aída B. Spencer, *1 Timothy* (Eugene, Ore.: Cascade, 2013), 11-12를 보라.

디모데후서가 바울이 로마에 감금되어 있었던(60-62년), 처음이자 유일한 시기의 끝이었다고 믿는 전제로부터 왔으며, 디모데전서와 디도서가 약 57년, 즉 그가 마게도냐를 지나 여행하였던, 소위 말해 3차 전도 여행을 하던 중에 기록된 것으로 이해한다(행 19:21).[3] 이 두 견해 모두 입증할 수는 없지만, 그럴듯하게 만들 수 있는 충분한 증거를 보유하고 있다.

하워드 마샬(Howard Marshall)은 그의 일련의 연구에서 절정에 달하는 ICC 목회서신 주석은 때로는 새롭거나 다른 강조점이 있더라도, 목회서신의 신학 가운데 어떤 것도 바울 서신과 양립하지 않는 것은 없다는 사실을 보여주었다.[4] 사실, 이 세 편지 전체에 흩어져 있는 구절들은 놀랍게도 바울의 목소리로 들린다. 예를 들어, 디모데전서 1:8-11은 율법의 주요 목적이 죄의 본성과 죄인에게 구원자가 필요함을 지적하는 것이라고 강조한다는 면에서 로마서 5:18-21과 일치한다. 디모데전서 1:20은 바울이 고린도전서 5:5에서처럼 교정하기 위한 목적으로 사람을 "사탄에게 내"주었다고 이야기한다. 교회에서 두 지도자 그룹인 감독자들과 집사들(딤전 3:1-13)은 빌립보서의 인사말(1:1)에 따로 언급되어 있는 사람들과 동일하며, 성경에서 이 두 직분이 함께 나오는 곳은 이 구절들이 유일하다. 결혼과 특정 음식 먹는 것을 금하는 거짓 교사들과의 문제(딤전 4:3)는 고린도전서 7-8장에서 설명하는 것과 완벽하게 들어맞는다. 디모데전서 5:18은 바울이 신실한 교회 지도자들에 대한 후한 보상을 해주도록 권면하기 위하여 고린도전서 9:9에서 사용한 신명기 25:4의 동일한 본문을 다시 사용한다. 디모데전서 6:1-2는 골로새서

---

3 특히, Peter Walker, "Revisiting the Pastoral Epistles," *European Journal of Theology* 21 (2012): 4-16, 120-32를 보라.

4 I. Howard Marshall, "Faith and Works in the Pastoral Epistles," *Studien zum Neuen Testament und seiner Umwelt* 9 (1984): 203-18; I. Howard Marshall, "The Christology of the Pastoral Epistles," *Studien zum Neuen Testament und seiner Umwelt* 13 (1988): 157-77; I. Howard Marshall, " 'Sometimes Only Orthodox': Is There More to the Pastoral Epistles?" *Epworth Review* 20, no. 3 (1993): 12-24; I. Howard Marshall with Philip H. Towner, *A Critical and Exegetical Commentary on the Pastoral Epistles* (Edinburgh: T&T Clark, 1999), 92-108.

3:22-24와 에베소서 6:5-8에서 바울이 종들에게 권면한 내용과 매우 유사하다.[5]

디도서의 내용은 디모데전서와 비교할 때 유사점을 자주 보이기 때문에, 논쟁의 여지가 없는 바울 서신(the undisputed Pauline letters)과도 역시 유사점을 찾는다고 해서 놀라지 말아야 한다. 유대주의화(judaizing)는 디모데전서 1:3-7과 갈라디아서 1-4장 전체에서와 같이, 거짓 교사들의 이단적 사상의 일환으로 재등장한다(1:14; 3:9를 참조하라). 모든 것들의 의식적인 정결(딛 1:15)은 로마서 14:1-15:13에서 그 주제에 대한 바울의 결론을 상기시킨다. 행위가 아니라 은혜로 말미암은 구원(딛 3:5-7; 딤후 1:9를 참조하라)은 로마서 3장 전체에 나오는 바울의 일관된 가르침과 잘 들어맞으며, 로마서와 갈라디아서에서 바울의 구원에 대한 논의의 특징인, "의롭게 되다"라는 동사는 동일한 의미로 디도서 3:7에 나온다.[6] 디모데후서 1:8, 2:3, 2:9, 그리고 3:12는 그리스도인의 삶에서 고난과 핍박의 평범함을 강조하는데, 이는 고린도후서에 나오는 지배적인 주제이다. 디모데후서 1:12는 하나님이 바울로 하여금 주님의 날까지 영적으로 인내할 수 있도록 하실 것이라는 확신을 표현하기 위해서 빌립보서 1:6과 유사한 언어를 사용한다. 그리스도인의 삶을 승리자의 면류관을 위한 운동 경기로서 나타낸 은유는(딤후 2:5) 동일한 진리들을 설명하는 고린도전서 9:24-25의 비유를 재사용한다. 디모데후서 2:20에 나오는 그릇 은유의 특별하고 일반적인 사용은 로마서 9:21-23에서 바울이 그것들을 배치한 것과 비교해 볼 때 훨씬 더 정확하게 평행을 이룬다. 디모데후서 4:6은 또한 빌립보서 2:17에서처럼 바울이 전제처럼 부어지는 은유를 다시 사용한다.[7]

---

5 Philip H. Towner, *The Letters to Timothy and Titus* (Grand Rapids: Eerdmans, 2006), 53-59를 참조하라.

6 William D. Mounce, *Pastoral Epistles* (Nashville: Nelson, 2000), 450-51.

7 Luke T. Johnson, *The First and Second Letters to Timothy* (New York: Doubleday, 2001), 431을 참조하라.

목회서신과 논쟁의 여지가 없는 바울 서신들(the undisputed Pauline letters) 사이의 공통점들이 발견됨에도 불구하고, 언어적 스타일과 어휘의 차이점이 너무 커서, 마샬(Marshall)이 바울 저작설의 편에 결국 설 수가 없다고 판명되었다.[8] 대신에, 마샬은 그 안에 속임수나 이중성에 대한 어떤 힌트를 가지고 있지 않을 필명 사용 형태(a version of pseudonymity)를 선택하였다. 아마도 70년대 초반, 그러니깐 바울이 죽은 지 약 10년이 지난 후에 그의 모델을 따라서 어떤 제자가 어떻게 바울이 이 편지들을 작성하였을 지를 생각하면서 기록하였다. 그의 견해를 가장 일반적인 익명성의 모델로부터 구별하기 위하여, 그는 "가명성"(allonymity)이라는 새 단어를 만들었다. 다른 말로 이야기하자면, 저자는 바울의 이름을 "거짓"(*pseudos*)이 아니라, 단순히 "다른"(*allos*), 심지어는 "같은 종류의 다른 또 하나"라는 의미를 부여하여 사용하였다.[9] 마샬이 결코 분명히 설명하지 않은 것은 바울이 가진 신념들과 가르침을 대필자에게 자기 스타일로 기록할 자유를 주었고, 자신만의 방식으로 그 내용에 살을 붙이고, 모든 것이 바울의 동의를 표한다는 가설이 왜 데이터를 동등하게 잘 처리할 수 없었는지에 관한 것이다. 이러한 접근 방식은 종종 복음주의 학자들이 같은 저자에 의해 기록된 두 편 또는 그 이상의 신약성경의 서신들 가운데 강조점과 스타일의 차이점을 설명하려는 노력의 일환으로 제안해 온 것이다.[10]

후자의 가능성에 열려있는 학자들에게 있어서, 어떤 사도들을 가까이에서 따르던 여러 사람들은 신약성경의 논쟁의 여지가 있는 서신들(the disputed letters)의 대필자들로 제안되어 왔다. 특히 한 편 또는 그 이상의 바울 서신들

---

8 Marshall with Towner, *Critical and Exegetical Commentary on the Pastoral Epistles*, 57-79.

9 Marshall with Towner, *Critical and Exegetical Commentary on the Pastoral Epistles*, 83-92.

10 그러나 복음주의자들 뿐만이 아니라, 또한 Johnson, *First and Second Letters to Timothy*, 55-99; 그리고 J. N. D. Kelly, *A Commentary on the Pastoral Epistles: I Timothy, II Timothy, Titus* (London: A. & C. Black; New York: Harper & Row, 1963), 27-34를 보라.

을 작성함에 있어서 그러한 역할을 했을 자연스러운 후보는 바로 누가였을 것이다. 그는 의사로서(골 4:14) 글을 읽고 쓸 줄 알았고, 우리에게는 그가 기록했을 가능성이 가장 높은 누가복음과 사도행전이 있다(아마도 대필자가 없었을 것이다). 그래서 우리는 저작설과 관련하여 논쟁의 여지가 있는 다양한 서신들과 누가복음-사도행전의 스타일, 어휘, 그리고 신학을 비교하고 대조할 수 있다. 가끔 몇몇 학자들은 목회서신의 스타일과 어휘, 그리고 여러 강조점들이 누가복음-사도행전에 나오는 것들과 매우 유사하다고 주장해왔다.[11] 최근에 벤 위더링턴(Ben Witherington)은 공유된 어휘와 문법적인 구조들 가운데 가장 눈에 띄는 것들에 근거하여 이 경우에 대한 윤곽을 그렸지만, 신학적 유사점들을 체계적으로 조사하지는 않았다.[12] 한 세대 전에, 스티븐 윌슨(Stephen Wilson)은 바울의 생애동안 기록되지 않은 목회서신의 진장한 저자가 누가라고 주장하는 논문을 썼다.[13] 그러나 그는 목회서신과 다른 바울서신 간의 차이점을 과장했고, 또 다시 편지 작성에 있어서 비교적 많은 자유가 주어진 바울의 대필자에 관한 덜 급진적인 가설을 논의하는데 실패하였다.

그럼에도, 누가복음-사도행전과 목회서신 사이에 발견되는 신학적 개념의 유사점들은 특히 디모데전서에서 두드러지게 나타난다. 단순히 이러한 유사점들을 강조하기 위해, 우리는 이 세 편지들을 나머지 바울 서신들로부터 분리시키고, 본서에서 누가복음-사도행전의 신학 다음 부분에 포함하기로 결정하였다. 새로운 정보의 발견을 제외하고, 누가가 목회서신 기록에 관

11 C. F. D. Moule, "The Problem of the Pastoral Epistles: A Reappraisal," *Bulletin of the John Rylands Library* 47 (1965): 430-52; August Strobel, "Schreiben des Lukas? Zum sprachlichen Problem der Pastoralbriefe," *New Testament Studies* 15 (1969): 191-210; George W. Knight, *The Pastoral Epistles* (Carlisle: Paternoster; Grand Rapids: Eerdmans, 1992), 48-51(조심스럽게).

12 Ben Witherington III, *Letters and Homilies for Hellenized Christians*, vol. 1, *A Socio-rhetorical Commentary on Titus, 1-2 Timothy and 1-3 John* (Downers Grove, Ill.: IVP, 2006), 57-62 그리고 전체.

13 Stephen G. Wilson, *Luke and the Pastoral Epistles* (London: SPCK, 1979).

여하였다는 가설을 "상당히 가능성 있다"(즉, 조금이라도 또는 겨우 가능한 것이 아닌)라는 표현 이상으로 분류할 방법은 없다. 우리는 현재 정보를 기반으로는 "상당히 가능성 있다"라는 전제에서 "가장 가능성 있다"라는 전제로 나아갈 수 없다. 나는 다른 곳에서 이 서신들이 바울에게 기인한다는 전통적인 주장에 대한 사례를 제시하였고, 여기에서 나의 견해가 바뀌었다고 암시하는 것이 아니다.[14] 그러나 누가가 목회서신 기록에 관여하였다는 이론은 누가복음-사도행전이 목회서신의 스타일과 신학적 강조점에 미친 영향을 인지할 수 있게 하는 비교 자료를 제공한다는 것을 의미한다. 이것은 저작설에 관하여 논쟁의 여지가 있는 골로새서의 상황보다 유리한 위치에 있는데, 예를 들어, 디모데가 기록한 편지의 부재는 디모데의 영향이(골 1:1을 참조하라) 골로새서와 논쟁의 여지가 없는 바울 서신(the undisputed letters)을 비교할 때 발견되는 신학과 스타일의 차이점들을 설명할 수 있다고 주장하는 가설에 대해서 평가할 수 있는 비교 자료가 부재하다는 것을 의미하기 때문이다.[15] 우리는 목회서신과 비교할 누가복음-사도행전이라는 자료를 가지고 있기 때문에, 누가의 영향이 목회서신들의 강조점들을 설명할 수 있을지 알아보기 위해서 이 두 권을 함께 두고 볼 가치가 있지만, 누가가 바울의 대필자인 것은 이론으로만 남아있음을 인정한다. 그러나 적어도 디모데후서에서 누가는 유일한 바울의 대필자 후보로 등장할 것인데, 디모데후서 4:11에 "누가만 나와 함께 있느니라"라고 언급하기 때문이다.

14 Blomberg, *Historical Reliability of the New Testament*, 394-407. Myriam Klinker-de Klerck, "The Pastoral Epistles: Authentic Pauline Writings," *European Journal of Theology* 17 (2008): 101-8을 참조하라.

15 특히, Eduard Schweizer, *The Letter to the Colossians* (London: SPCK; Minneapolis: Augsburg, 1982), 23-24; 그리고 James D. G. Dunn, *The Epistle to the Colossians* (Carlisle: Paternoster; Grand Rapids: Eerdmans, 1996), 35-39를 보라.

성취

언뜻 보기에, 목회서신은 새 언약의 도래로 구원사의 시대적 변화가 나타나고 또는 구약의 성취가 이루어졌다는 사실에 대해서 거의 이야기하지 않는 것처럼 보인다. 그러나 물론 위임장(디모데전서, 디도서)이며 개인적 권면(디모데후서)[16]으로 분류되는 이 서신들의 장르가 여러 공식적인 신학을 기대하도록 이끌지 않는다. 특히 에베소와 그레데에 있는 거짓 교사들의 관점에서 볼 때, 일부 사람들이 목회자 또는 "사도적 대리인"이라고 부르는[17] 디모데와 디도에게 실천적인 안내가 많이 나온다. 그럼에도, 나머지 신약성경과 마찬가지로, 디모데전서 2:5-6은 아마도 쉐마를 암시할 것인데,[18] 나머지 신약성경에서 확인할 수 있듯이 인류 역사 속에서 메시아이신 예수님의 십자가 상에서의 구속 사역을 동일한 전환점으로 인지한다. 어떤 사람들은 우리가 여기에서 논의하는 내용의 일부 또는 전부가 종말론에 속하는지 궁금해 할 수도 있지만, 여기에서 우리는 그리스도의 초림 때 또는 그 결과로 일어날 일에만 초점 맞추고 있다. 디모데전서 2:6에 따르면 이 모든 일이 "적절한 시간에"(카이로이스 이디오이스[*kairois idiois*] 일어났다. 갈라디아서 4:4에서 사용된 것과 동일한 표현은 아니지만("the fullness of time," ESV), 내러티브의 하부구조는 동일하게 남아있다. 하나님의 주권적인 선택의 시간에, 이러한 일이 일어날 완벽한 순간에 대한 하나님의 지식에 근거하여, 그리스도의 십자가 사역을 통하

---

16 Johnson, *First and Second Letters to Timothy*, 46-47; Luke T. Johnson, *Letters to Paul's Delegates: 1 Timothy, 2 Timothy, Titus* (Valley Forge, Pa.: Trinity Press International, 1996), 39-41; Towner, *Letters to Timothy and Titus*, 33-36 (조심스럽게); Craig A. Smith, *Timothy's Task, Paul's Prospect: A New Reading of 2 Timothy* (Sheffield: Sheffield Phoenix, 2006).

17 Johnson, *Letters to Paul's Delegates*, 29-31; Towner, *Letters to Timothy and Titus*, 10; 107-8n19; 271.

18 Martin Feltham, "1 Timothy 2:5-6 as a Christological Reworking of the Shema," *Tyndale Bulletin* 68 (2017): 241-60.

여 시대의 변화가 도래하였다.[19]

디도서 3:4-7은 조금 더 상세하게 이 동일한 진리들을 반영한다.

> 우리 구주 하나님의 자비와 사람 사랑하심이 나타날 때에 우리를 구원하시되 우리가 행한 바 의로운 행위로 말미암지 아니하고 오직 그의 긍휼하심을 따라 중생의 씻음과 성령의 새롭게 하심으로 하셨나니 우리 구주 예수 그리스도로 말미암아 우리에게 그 성령을 풍성히 부어 주사 우리로 그의 은혜를 힘입어 의롭다 하심을 얻어 영생의 소망을 따라 상속자가 되게 하려 하심이라

하나님의 호의와 사랑은 인류 역사상 단 한 번 나타난 것이 아니다. 그러나 하나님은 특별한 때에 메시아이신 예수님의 사역을 통하여 구원을 성취하신 독특한 호의와 사랑을 보여주셨다.[20] "부어 주셨느니라"라는 표현은 사도행전 2:33에 나오는 오순절 성령에 대한 누가의 이미지와 직접적인 연관이 지어질 수 있다.[21] 디모데후서 1:9-10은 이 주제를 다시 한 번 확인한다.

> 하나님이 우리를 구원하사 거룩하신 소명으로 부르심은 우리의 행위대로 하심이 아니요 오직 자기의 뜻과 영원 전부터 그리스도 예수 안에서 우리에게 주신 은혜대로 하심이라 이제는 우리 구주 그리스도 예수의 나타나심으로 말미암아 나타났으니 그는 사망을 폐하시고 복음으로써 생명과 썩지 아니할

---

19 A. T. Hanson, *The Pastoral Epistles* (London: Marshall, Morgan & Scott; Grand Rapids: Eerdmans, 1982), 69를 참조하라. 디모데전서 3:16b 다음으로, 2:5-6은 저자가 서신에서 채택한 기존의 고백이나 신조가 될 가능성이 가장 높은 후보이다. Frank Thielman, *Theology of the New Testament: A Canonical and Synthetic Approach* (Grand Rapids: Zondervan, 2005), 416.

20 Raymond F. Collins, *1 & 2 Timothy and Titus* (Louisville: Westminster John Knox, 2002), 363. 보니 썰스톤(Bonnie Thurston, "The Theology of Titus," *Horizons in Biblical Theology* 21 [1999]: 171-84)은 디도서 신학의 핵심은 이 구절들에서 볼 수 있는 세 가지 주제들인, 기독론, 구원, 그리고 현재 그것이 무엇을 의미하는 지에 초점을 맞춘다.

21 Charles L. Holman, "Titus 3.5-6: A Window on Worldwide Pentecost," *Journal of Pentecostal Theology* 8 (1996): 53-62.

것을 드러내신지라

세 번째로, 우리는 메시아이신 예수님을 통하여 하나님께서 정하신 때에 구원이 나타남에 관한 내용을 읽는다.[22] 이 경우에 발견되는 추가적인 통찰들은 구원이 계획되었고, 따라서 어떤 의미에서 영원 과거(eternity past)에 우리에게 제공된 것으로 나타나지만, 그것은 예수님께서 십자가에 못 박히신 사건과 부활에 대한 또 다른 암시인, 죽음을 멸하셨을 때에만 우리에게 드러났고 알려졌다.[23]

다른 짧은 본문들은 동일한 포괄적인 거대 담론을 드러낸다. 디모데전서 4:1은 "성령이 밝히 말씀하시기를 후일에 어떤 사람들이 믿음에서" 떠날 것이라고 선언한다. 이번에는 휘스테로이스 카이로이스(*hysterois kairois*)라는 표현을 사용하지만, 카이로스(*kairos*)는 하나님이 지정하신 시간을 가리키는데 사용된다. 나머지 신약성경에서처럼, 마지막 때는 메시아의 초림으로 시작되었다.[24] 따라서, 믿음에서 배도하였던 거짓 교사들에 대한 성령의 예언이 에베소 사람들의 경험 속에 실현되고 있다. 디도서 1:2-3은 우리가 디모데후서에서 보았던 동일한 언어를 사용하는데, "이 영생은 거짓이 없으신 하나님이 영원 전부터 약속하신 것인데 자기 때에(이디오이스 카이로이스,[*idiois kairois*]) 자기의 말씀을 전도로 나타내셨으니"라고 말씀하면서 하나님께서 영생의 소망을 약속하셨다는 사실을 내세운다.[25] 또한 디모데후서 3:1은 "마

---

22 존슨(Johnson, *First and Second Letters to Timothy*, 349)은 "이 구절에 나오는 개념들의 순서가 로마서 8:28-30의 순서와 거리가 멀지 않다"는 사실을 발견한다. 제롬 퀸과 윌리엄 와커(Jerome D. Quinn과 William C. Wacker, *The First and Second Letters to Timothy* [Grand Rapids: Eerdmans, 2000], 599)는 "계시가 하나님의 질서와 인간의 질서, 영원과 시간, 보이지 않는 것과 보이는 것 사이에 나타나는 어떤 대조와 함께 나아가기 때문에" "그때/지금"이라는 계획을 강조한다.

23 Quinn and Wacker, *First and Second Letters to Timothy*, 599-602를 참조하라.

24 콜린스(Collins, *1 & 2 Timothy and Titus*, 112)는 "끝에서 두 번째 악에 대한 이 목회자의 설명은 묵시적 이미지의 사용을 아끼고 있다"고 생각할지라도, 여기에서 그는 "그럼에도 그것은 종말론적 때를 묘사한 것"이며, "마지막 때는 오류와 속임수의 때"라고 인정한다.

25 "창조의 현재적 종말을 특징짓는 것을 설명하기 위하여 태초에 있었던 것을 언급하는 것은 쿰

지막 때에" 바울과 디모데가 경험한 바에 비추어서 사람들이 온갖 악을 탐닉하는 "두려운 시간들"을 내다본다. 디모데후서 4:3에서는 "때가 이르리니 사람이 바른 교훈을 받지" 않는, 이 편지가 기록된 당시 펼쳐지고 있던 상황을 반영한다.[26]

구속사 가운데 결정적인 순간의 도래를 인식하는 것뿐만 아니라, 또한 각 목회서신에 성취에 대한 특정 용어가 명시적으로 나타나지 않는다고 할지라도, 히브리어 성경의 성취를 강조한다. 디모데전서 1:8-11은 율법이 죄를 지적하는 데 있어서 여전히 사용되고 있음을 인정한다. 교회 안에서 여성의 역할을 제한하는 것을 뒷받침하거나 거짓 교사들의 이단적 가르침을 교정하는 측면에서 창조 기사는 2:13-14에서 중요하다. "하나님께서 지으신 모든 것이 선하매"(4:4)라는 구절은 또한 창세기 1장의 창조기사를 암시한다. 실제로, 거짓 교사들을 극단적이고 잘못된 금욕주의로 빠졌던 이유는 근본적인 진리를 부정하였기 때문이었는데, 이는 적어도 이 악한 세상과 간접적으로 관련되어 있을 수 있다(1절).[27] 그러므로, 특히 공개 낭독을 통하여 성경을 가르치는 것은 여전히 중요하다(딤전 4:13). 게다가, 모든 성경은 하나님의 감동으로 된 것이며 그리스도인의 삶의 지침으로 가치가 있다(딤후 3:16-17).[28] 우리가 이미 봐왔듯이, 디모데전서 5:18은 신명기 25:4를 사용하여 교회가 교사들에게 보수를 주라고 권면한다. 그것은 "성경이 말씀하기 때문이다"라는 표현으로 시작되는 구약 인용을 소개하며, 이 구절을 구약의 특정 의미가 아닌, 일반적이고 전할 수 있는 원리들을 적용하지만, 여전히

란 문서에 나오는 주해적 과정일 뿐만 아니라(1 QH 12:8을 보라), 예수님께 유래된 것이며(막 10:6...을 보라) 바울 서신(롬 5:12-21)과 디모데전서 6:7에서도 발견된다." Jerome D. Quinn, *The Letter to Titus* (New York: Doubleday, 1990), 64-65.

26 Hanson, *Pastoral Epistles*, 154.

27 따라서 마가렛 데이비스(Margaret Davies)는 자신이 기고한 "the goodness of God's creation" (54)에서 목회서신이 마귀론(the doctrine of demonology)에 조금이나마 기여한 점에 대해서 다룬다(*The Pastoral Epistles* [Sheffield: Sheffield Academic Press, 1996], 55).

28 Marshall with Towner, *Critical and Exegetical Commentary on the Pastoral Epistles*, 793-95.

권위가 있는 것으로 받아들인다.[29] 바로 다음 구절은(딤전 5:19) 바울이 고린도후서 13:1에서도 그렇게 한 것처럼, 두세 증인들을 필요로 하는 법적인 고발에 대한 율법을 암시한다(신 19:15).

디모데후서 2:19는 독특하게도 하나님의 견고한 기초가 봉인되었다는 사실에 호소하는데, 이로써 그 기초를 굳건히 설 수 있도록 해준다. 그 인침은 두 말씀을 포함하는데, "주께서 자기 백성을 아신다"라는 말씀과 "주의 이름을 부르는 자마다 불의에서 떠날지어다"라는 말씀이다. 어떤 것도 히브리어 성경 자체를 인용하지 않지만, 이 두 말씀 모두가 하나 또는 그 이상의 성경 본문들을 다른 말로 바꾸어 표현하였거나 수정한 것으로 보일 수 있다.[30] 문맥상 요점은 거짓 교사들의 탈선에도 불구하고, 기독교의 참된 교리는 여전히 잘 확립되었고, 근거가 충분하다. 하나님은 자신의 소유된 백성들을 아시고 지키신다. 그래서 진정으로 주님을 고백하게 하는 방법은 악에서 회개하는 것이다.[31] 디모데후서 3:8에서 거짓 교사들은 안네와 얌브레에 비유되는데, 이들은 모세가 바로와 이집트인들에게 하나님의 재앙을 불러낼 때 그를 반대하던 마술사들이다(출 7:11-9:12). 물론, 구약은 이러한 개인들의 이름을 밝히지는 않는다. 그들의 이름은 후기 유대 전통과 이방인의 전통에

29 동일한 목적을 위해 신명기 본문을 사용한 논쟁의 여지가 없는 바울 서신들과의 눈에 띄는 유사점에 관하여 Quinn and Wacker, *First and Second Letters to Timothy*, 461-62를 보라. 티모시 스윈슨(L. Timothy Swinson, *What Is Scripture? Paul's Use of Graphe in the Letters to Timothy* [Eugene, Ore.: Wipf & Stock, 2014])은 디모데전서 5:18과 디모데후서 3:15-16에서 "성경"에 대한 바울의 언급이 구약성경과 누가복음을 포함한 사도적 가르침(딤전 5:18과 눅 10:7에 나와 있는 말씀을 참조하라)을 가리킨다고 주장한다. 이 마지막 부분은 추측에 근거한 것이며 설득력이 별로 없지만, 사도적 전통 유지에 대한 관심이 디모데전서와 디모데후서에 일관성 있게 나온다는 관찰은 바울이 그 전통을 권위 있는 것으로 보았음을 입증한다.

30 Marshall with Towner, *Critical and Exegetical Commentary on the Pastoral Epistles*, 757-58: 첫 번째 문구는 민수기 16:5에서 가져와서 "하나님"을 "주님"으로 대체하였다. 두 번째 문구는 그 기원이 불확실하다. 아마도 이사야 26:13 그리고/또는 레위기 24:16에 기반을 두었을 수 있다. 물론 어느 것도 성경 그 자체를 언급하지 않는다.

31 "인침은 의로운 삶의 필요성을 강조함으로써, 삶이 죄로 가득한 대적자들의 자격을 박탈한다. 바울은 선택의 교리와 성화의 교리를 나란히 놓을 때, 현대적인 논의에서 흔히 볼 수 있는 경우에서처럼 긴장감을 느끼지 않는다." Mounce, *Pastoral Epistles*, 530.

서 왔다(특히, CD V, 18; Pliny, *Natural History* 30.2.11).[32] 그러나 언급된 에피소드는 분명히 구약성경에서 왔다.

세 편의 목회서신 가운데, 디도서는 히브리어 성경을 가장 적게 사용했음을 보여준다. 이것은 그레데섬에 유대인들이 거의 없었을 것이기 때문에 놀랄만한 일은 아니다. 게다가, 그곳의 교회는 아직 젊었기 때문에 이방인 회심자들에게 구약성경에 대한 기독론적 해석을 가르치려면 시간이 어느 정도 흘렀을 것이다. 여전히 디도서 2:14는 하나님께서 자기 백성("for his own possession," NASB, ESV)을 교회로 언급하면서, 이스라엘에 대한 구약성경의 독특한 묘사(예를 들어, 출 19:5)의 성질을 바꾼다.[33] 또한 서신의 저자는 사람들이 율법에 대한 올바른 해석과 적용에 관하여 논쟁하고 있다는 사실을 알고 있는데(딛 3:9),[34] 이것은 양측이 율법을 다른 방식으로 사용하고 해석할지라도, 이러한 논쟁을 하는 가운데 모두가 율법의 권위적인 역할을 인지하였다는 사실을 암시한다.

그래서 저자는 목회서신 전체에서 구약성경이 권위가 있다고 보았지만, 저자의 해석은 예수님의 부활과 죽음이 구원사의 결정적인 전환점이라는 확신에 의해 영향을 받는다. 조지 위랜드(George Wieland)는 이 세 서신의 신학적 틀을 훌륭하게 요약한다.

[그들은] 구원이 하나님의 목적에 그 기원을 두고 있으며 그리스도께서 행

---

32 존슨(Johnson, *First and Second Letters to Timothy*, 408)은 가장 중요한 참고 자료들과 포괄적인 참고 자료 세트와 관련된 2차 문헌 자료를 제공한다. 그는 두 마술사의 이름이 이교도 문헌 자료들에서도 잘 알려져 있으며, 그것들의 진위를 의심할 이유가 없다고 말한다.

33 아마도 이사야 42:6-7과 49:6-8의 도움으로, J. C. Edwards, "Reading the Ransom Logion in 1 Tim 2,6 and Titus 2,14 with Isa 42,6-7; 49,6-8," *Biblica* 70 (2009): 264-66을 보라. 폴 울프(B. Paul Wolfe, "The Sagacious Use of Scripture," in *Entrusted with the Gospel: Paul's Theology in the Pastoral Epistles*, ed. Andreas J. Köstenberger and Terry L. Wilder [Nashville: B&H, 2010], 210-11)는 우리가 여기에서 제안하는 것보다 성취라는 개념이 목회서신에서 보기 드물다고 생각하지만, 이 시점에서 분명히 암시되었다는 것을 적어도 인정한다.

34 Quinn, *Letter to Titus*, 247-48을 참조하라.

하신 역사적인 사건을 통하여 실행되고, 구원의 메시지의 선포와 믿음의 반응을 통하여 실존적으로 계속 실현되며, 그리스도께서 재림하실 때 영생의 선물로 그 완성에 이르게 될, 다양한 구원사적 틀을 보여주는 구원론적 관점을 공유한다. 그들은 이 구원이 보편적인 측면에서 가능할 수 있지만, 복음을 믿고 복음의 종말론적 약속과 현재의 윤리적 요구에 따라 살아가는 사람들이 구원을 받는다는 사실에 동의한다.[35]

이러한 "윤리적 요구들"과 관련하여, 디모데전서에서 저자의 말은 거짓 교사의 반대 때문에 가장 예리한 칼날을 가진다. 디모데후서에서 충성은 순교로 이어진다 하더라도, 그럼에도 요구되는 것이다. 디도서에서 선교적 회중의 설립은 그리스도인 공동체의 양육과 정체성을 요구한다. 각각의 경우에 요구 사항들은 그리스도께서 행한 일이 도래하게 한, 시대의 성취와 변화에 대한 인식으로 귀결된다.

한 분이신 하나님, 우리의 구원자

다른 곳에서 바울과 누가와 마찬가지로 목회서신의 저자는 분명히 유일신론자이다(딤전 2:5). 그러나 바울과 누가는 "하나님 우리 구주"(소테르[*sōtēr*])라는 표현을 사용한 적이 없지만, 이 표현은 목회서신에 7회 나온다(딤전 1:1, 2:3; 딛 1:3, 2:10, 3:4; 딤전 4:10, 딛 2:13과 같이 약간의 표현상 변화가 나오는 경우를 참조하라). 신약성경의 다른 곳에서는 유다서 24절에서만 발견되며, 베드로후서 1:1에는 매우 유사한 표현이 있다. 그러나 우리는 마리아가 "하나님 내 구주"라는 표현을 사용하면서 기쁨을 표현한 누가복음 1:47을 기억해야한다. 목회

35 George M. Wieland, *The Significance of Salvation: A Study of Salvation Language in the Pastoral Epistles* (Milton Keynes: Paternoster, 2006), 265.

서신에서 "하나님 우리 구주"라는 표현은 구원을 논하는 맥락 속에서 잘 어울리게 나온다(딤전 1:1, 2:3, 4:10; 딛 1:3, 2:10, 2:13, 3:4). 그러나 이 편지들은 하나님뿐만 아니라, 예수님께서도 사람들의 구원에 있어서 중요한 역할을 맡고 계신다는 사실을 모르는 것이 아니다. 디도서 1:4, 2:13, 3:6, 그리고 디모데후서 1:10은 모두 다 그리스도께서 구원자이심을 가리킨다. 그리고 하나님을 구원자로 이야기하는 이 구절 모두는 그리스도께서 그들 가까이에 계신다고 묘사하는데, 이는 저자가 하나님께서 예수님을 통하여 구원을 베푸신다는 사실을 인지하고 있음을 보여준다. 한 가지 예외는 디모데전서 4:10이지만, 그곳에서 구원은 모든 믿는 자들에게 주어지며, 이 편지는 더욱 일반적으로 그러한 믿음이 예수님을 향해야 한다는 것을 보여주었다.[36]

디모데전서 2:3-6은 이러한 면에서 특히 중요하다. 이 구절들은 틀림없이 서신의 신학적 핵심을 담고 있을 뿐만 아니라,[37] 이 구절들은 "하나님은 한 분이시요 또 하나님과 사람 사이에 중보자도 한 분이시니 곧 사람이신 그리스도 예수라"(5절)라는 말씀에 나오는 개념들과 짝을 이룰 때에도 그러하다. 고린도전서 8:6처럼 이위일체론(binitarian)은 분명히 아니지만, 이 구절들은 우리에게 바울이 우리 주 예수 그리스도를 하나님의 수준으로 격상하신다는 사실을 상기시키며, 각 위격에 대해 사실상 동일하다고 단정한다. 쉐마(신 6:4)는 여전하지만, 변하고 있다. 물론 누가는 "구원자"와 "구원"을 매우 독특하며 다소 지배적인 제목으로 사용한 복음서이다. 디모데전서 2:3-6뿐만 아니라, 우리는 디모데전서 1:1("우리 구주 하나님과 우리 소망이시 그리스도 예수의 명령의 따라"), 디도서 1:3("우리 구주 하나님"이라는 표현은 바울이 1절에서 자신을 "예수 그리스도의 사도"라고 소개한 다음 두 절 이후에 나온다; 그리고 은혜와 평강은 "하나님

36 Ray van Neste, "The Sovereign Savior of 1 and 2 Timothy and Titus," in Köstenberger and Wilder, *Entrusted with the Gospel*, 105-36을 참조하라.

37 마운스(Mounce, *Pastoral Epistles*, 93)는 2:1-7을 "교회가 스스로 어떻게 행해야 하는지에 대한 일련의 가르침"에 대한 "목록의 표제"로 보는데, 이로써 "에베소에서 일어난 문제의 근원, 즉 구원에 대한 이해 부족에 대해서 살펴본다."

아버지와 그리스도 예수 우리 구주"에게 나온 것이다, 4절), 2:13("우리 크신 하나님 구주 예수 그리스도"), 그리고 3:4(바로 뒤 5절에서 성령에 대한 언급이 나오며 6절에 "우리 구주 예수 그리스도"라는 표현이 나온다)에서 하나님과 예수님 간의 긴밀한 유사점을 발견한다. 게다가, 우리는 디도서 2:13을 그렌빌 샤프의 법칙(Granville Sharp's rule)을 적용할 수 있는 본문으로 봐야할 것이다. 투 메갈루 떼우 카이 소테이로스 헤이몬 이에수 크리스투(*tou megalou theou kai sōtēros hēmōn, Iēsou Christou*).[38] 이 법칙은 단수, 인칭, 그리고 비-고유 명사들의 짝에 100% 적용되지만, 여기에서 구주라는 표현은 고유 명사이거나 명목상 명사일 수 있는데, 이러한 공식적인 주의사항들 중에서 한 가지와는 별개로, 정관사의 반복 없이 카이(*kai*)에 의해 짝을 이룬 명사는 일반적으로 매우 밀접하게 관련되어 있으며, 종종 하나이거나 동일한 것을 의미한다.[39]

기독론에 대한 추가적인 논의

만일 "주"라는 표현이 사도행선에서 가장 특징적인 기독론적인 칭호였다면, 여기에서도 거의 비슷한 빈도로 반복된다. 저자는 목회서신에서 예수님을 주님으로 6회 언급한다. 흥미롭게도 6회 중 5회는 "그리스도 예수 우리 주" 또는 "주 예수 그리스도"라는 세 가지 호칭이 함께 나오며, 이러한 호칭의 조합들은 마태복음, 마가복음, 또는 요한복음에서 결코 나오지 않지만, 바울 서신에서는 매우 일반적인 표현일 뿐만아니라 사도행전에서도 4회

38 Murray J. Harris, *Jesus as God: The New Testament Use of Theos in Reference to Jesus* (Grand Rapids: Baker, 1992), 173-84. 또한 Robert M. Bowman, "Jesus Christ, God Manifest: Titus 2:13 Revisited," *Journal of the Evangelical Theological Society* 51 (2008): 738-52를 보라.

39 이러한 방식으로 디도서 2:13을 이해하는 경우를 확인하려면, Daniel B. Wallace, *Granville Sharp's Canon and Its Kin: Semantics and Significance* (New York: Peter Lang, 2009), 241-64를 보라.

나온다(10:36, 11:17, 15:26, 그리고 28:31). 목회서신의 저자는 마찬가지로 "예수 그리스도"보다 "그리스도 예수"라는 표현을 더 선호하는데, 칭호적인 의미("메시아 예수")가 여기에서도 남아있을 가능성이 높다, 즉, "메시아이신 예수님"을 강조하기 위해서이다. 목회서신에 "그리스도"라는 호칭이 31회 등장한다. 그중에서 "그리스도 예수"라는 조합이 23회 나오고 "예수 그리스도"라는 표현은 6회 나오며 이 가운데 2회는 "주 예수 그리스도"라는 호칭으로 언급되는데, 신약성경에서 이 세 단어가 서로 뒤 따라올 때, 항상 이 순서대로 나온다.[40] 모든 경우에서 "주님"이라는 표현은 계속 하나님과 주인을 의미한다. 그러므로 "메시아"라는 호칭은 마치 예수님이라는 이름과 교차적으로 사용할 수 있는 것처럼 예수님을 지칭하는 여러 가지 방법들 가운데 하나가 아니다. 대신에, 메시아라는 호칭이 예수라는 이름과 함께 사용될 때, 예수님은 메시아적인 지위와 역할을 하는 분이라는 사실을 가리킨다.[41]

그리스도의 사역으로 돌아가서, 우리는 목회서신에서 소위 말하는 다섯 가지 신실한 말씀들 가운데 한 가지를 마주한다(딤전 1:15).[42] 이 말씀들의 기원에 대한 일치된 견해는 없지만, 분명히 이 세 서신 안에서 중요한 가르침을 형성한다. 그러나 신약성경의 어디에도 중요한 주제들에 대한 다섯 가지 선언들이 연속으로 나오지 않으며, 때로는 "모든 사람이 받을 만한" 말씀(딤전 3:1; 4:9; 딤후 2:11; 딛 3:8을 참조하라)이라는 추가적인 설명과 함께 모두 신

40 다른 말로 이야기하면, 우리는 "그리스도 예수 우리 주" 또는 "주로서 예수 그리스도"라는 표현을 찾지만, "그리스도 예수 주", "주 그리스도 예수", "그리스도 주 예수", "예수 그리스도 주" 또는 "예수 주 그리스도"라는 표현을 찾을 수 없다. 또한 이것은 주와 그리스도라는 칭호에 대한 이해를 뒷받침한다. "주"라는 표현은 항상 먼저 나오지만, "주, 메시아"라는 표현은 "주 예수, 메시아"라는 표현보다 더 어색할 것이다.

41 Craig L. Blomberg, "Messiah in the New Testament," in *Israel's Messiah in the Bible and the Dead Sea Scrolls*, ed. Richard S. Hess and M. Daniel Carroll R. (Grand Rapids: Baker, 2003), 131-32; Davies, *Pastoral Epistles*, 44-45를 참조하라.

42 이에 대해서, 특히 George W. Knight III, *The Faithful Sayings in the Pastoral Letters* (Grand Rapids: Baker, 1979)를 보라. 또한 R. Alastair Campbell, "Identifying the Faithful Sayings in the Pastoral Epistles," *Journal for the Study of the New Testament* 54 (1994): 73-86을 보라.

실하거나 신뢰할만한 말씀으로 분명히 표시된다. 이러한 경우에 그 말씀은 "그리스도 예수께서 죄인을 구원하시려고 세상에 임하셨다"(딤전 1:15b)는 것이며, 놀랍게도 누가복음의 주제문과 유사하다("인자가 온 것은 잃어버린 자를 찾아 구원하려 함이니라", 19:10). 목회서신은 다양한 종류의 이미 형성된 전통들을 사용하는 것으로 보이는데, 논쟁의 여지가 있는 바울 서신들(the undisputed Paulines)과 비교할 때 나타나는 약간의 차이점들을 설명한다.[43]

신실한 말씀 이외에도, 기독론의 주제에 대해 이미 형성된 전통의 또 다른 범주는 신조 또는 신앙 고백이다. 목회서신에 나오는 분명한 예시들 가운데 하나는 디모데전서 3:16에서 발견된다. 예수님은 "육신으로 나타난 바 되시고 영으로 의롭다 하심을 받으시고 천사들에게 보이시고 만국에서 전파되시고 세상에서 믿은 바 되시고 영광 가운데서 올려지셨"다. 항목들의 순서는 사건의 연대기적 순서와 맞물리기가 어려운데, 자연스럽게 예수님의 승천과 승귀를 가리키는 "영광 가운데 올려지셨다"라는 표현으로 끝나기 때문이다. 그러나 이 절 바로 앞에서 우리는 "만국에서 전파되시고" "세상에서 믿은 바 되시고"라는 표현을 확인할 수 있다. 그러나 이 여섯 절의 순서는 연대적일 필요는 없다.[44] 흥미로운 점은 십자가에 못 박히심에 대한 구체적인 언급이 없지만, 승천이 강조가 되어 있다는 사실이다. 우리는 사도행전이 그리스도의 대속의 죽음보다 승천과 승귀를 강조한다는 사실을 기억한다. 디모데후서 2:8에서 십자가에 대한 언급이 생략된 것("내가 전한 복음대로 다윗의 씨로 죽은 자 가운데서 다시 살아나신 예수 그리스도를 기억하라")과 사도행전이 부활에 대해 강조한 내용이 어떻게 유사한 지를 비교해보라.[45] 누가복음

---

43 이에 대해서, 특히 Mark M. Yarbrough, *Paul's Utilization of Preformed Traditions in 1 Timothy: An Evaluation of the Apostle's Literary, Rhetorical and Theological Tactics* (London: T&T Clark, 2009)를 보라.

44 특히 D. J. MacLeod, "Christology in Six Lines: An Exposition of 1 Timothy 3:16," *Bibliotheca Sacra* 159 (2002): 334-48을 보라.

45 부활에 대한 언급 이후에 다윗의 자손이라는 표현을 언급함으로, 누가복음에서처럼 메시아의 다윗 계보에 특별한 이목을 끈다. 또한 Witherington, *Letters and Homilies for Hellenized*

과-사도행전과 같이 목회서신은 그리스도의 대속의 죽음에 대한 언급이 거의 없다(딤전 2:6과 딛 2:14에서만 나온다).[46]

목회서신은 그리스도의 인격과 사역을 출현 기독론(epiphany Christology)이라고 불리는 것으로 통합한다. 목회서신은 그리스도의 초림이든 재림이든 그리스도의 "나타남"을 언급하기 위해서 에피파네이아(*epiphaneia*)라는 단어를 5회 사용하는데, 여기에서 영어 단어 "epiphany"가 온 것이다(딤전 6:14; 딤후 1:10; 4:1, 8; 딛 2:13). 이 명사가 사용된 다른 신약성경 본문은 데살로니가후서 2:8이지만, 칠십인경에서는 이 단어를 왕의 출현을 언급하는 십여 군데의 본문에서 나온다. 같은 어원의 동사 에피파이노(*epiphainō*)는 목회서신에서 2회 나오고(딛 2:11, 3:4), 다른 신약성경에서는 누가복음-사도행전에서만 나온다(눅 1:79; 행 27:20). 예수님의 초림 때에 그분의 출현하심은 기독론의 중요한 퍼즐 조각을 제공하는데, 왜냐하면 예수님의 초림이 단순히 탄생이 아닌 "나타나심"이 되기 위해서 신적인 선재성을 필요로 할 뿐만 아니라, 특히 다른 사람에게 능력을 베풀기 위하여 진정한 겸손을 암시하기 때문이다.[47] 예수님의 두 "출현하심" 사이에, 예수님께서 재림하실 때에 심판자가 되실 것이라는 지식(딤후 4:1, 8)은 예수님을 따르는 자들의 삶의 방식과 행동에 대한 지표가 되어야 한다. 그러므로 디모데는 신앙 고백을 유지하기 위해 주의를 기울여야 하며(딤전 6:12-14), 압박 속에서도 목회적인 역할에 충실해야 한다(딤후 4:1-5).

Christians, 1:331을 참조하라.

46 Wilson, *Luke and the Pastoral Epistles*, 23.

47 특히, Andrew Y. Lau, *Manifest in Flesh: The Epiphany Christology of the Pastoral Epistles* (Tübingen: J. C. B. Mohr, 1994) 전체를 보라. 또한 Jouette M. Bassler, "A Plethora of Epiphanies: Christology in the Pastoral Letters," *Princeton Seminary Bulletin* 17 (1996): 310-25를 참조하라.

율법의 올바른 사용과 잘못된 사용

디모데전서와 디도서를 읽기 시작하자마자, 바울의 대리인들이 각각 에베소와 그레데에서 진행되고 있던 거짓 가르침에 대처해야만 한다는 사실을 알 수 있다. 학자들은 지역 종교와의 혼합주의가 관련되어 있을 수 있는지에 대해서 논쟁하지만,[48] 유대적인 요소가 관련되어 있다는 논쟁은 없다. 디모데전서에서 어떤 사람들은 "율법의 선생이 되려 하나 자기가 말하는 것이나 확증하는 것도 깨닫지" 못하였다(1:7). 이러한 관찰은 이 교사들의 주의를 사로잡았던 거짓 교리가 "신화와 끝없는 족보"(4절)와 관련되어 있다고 폭로한 직후에 온다. 디도는 "유대인의 허탄한 이야기"(딛 1:14)와 "어리석은 변론과 족보 이야기와 분쟁과 율법에 대한 다툼"(3:9)을 언급함으로써 이러한 요소들을 유대주의와 연결시킨다. 따라서 디모데전서와 디도서 사이의 모든 다른 내용상의 유사점들을 고려할 때, 디모데전서에 나오는 신화들과 족보들은 유대적인 것일 가능성 역시 높다.

이는 저자가 정통 유대주의를 거짓 교리라고 부르고 있다고 반드시 생각할 필요는 없다. 지역의 이교적 요소들이 거짓 교사들의 혼란스러운 가르침의 집합체에 침투해 들어온다(가장 주목할 만한 것은 디모데전서 4:3a에서 결혼을 금하는 것이며 6:20에 언급된 "망령되고 헛된 말과 거짓된 지식"이다[49]) 그러나 혼합주의는 디모데전서 1:8-11에서 율법의 올바른 사용에 대한 언급을 촉발한다. 그것

48 표준적인 신약성경의 개요를 보라. 또한 Philip H. Towner, "Gnosis and Realized Eschatology in Ephesus (of the Pastoral Epistles) and the Corinthian Enthusiasm," *Journal for the Study of the New Testament* 31 (1987): 95-124; Michael Goulder, "The Pastor's Wolves," *Novum Testamentum* 38 (1996): 242-56; Jerry L. Sumney, *"Servants of Satan," "False Brothers" and Other Opponents of Paul* (Sheffield: Sheffield Academic Press, 1999), 290-301을 참조하라.

49 디모데전서와 디도서에서 언급된 거짓 교사들에 관하여 우리가 확신을 가지고 알 수 있는 것에 대한 가장 완전한 설명은 Dillon T. Thornton, *Hostility in the House of God: An Investigation of the Opponents in 1 and 2 Timothy* (Winona Lake, Ind.: Eisenbrauns, 2016)이다.

은 하나님의 근본적인 도덕 표준들이 무엇인지를 분명히 지적하여서, 암암리에 그것들을 위반하는 자들에게 책임 묻는 것을 정당화하기 위함이다. 누가는 사도행전에서 두 가지 사안들, 즉 음식법(행 10:1-11:16)과 할례(15:1-16:6)를 강조하는데, 디모데전서와 디도서에 모두 나온다. 디모데전서 4:3b는 거짓 교사들이 사람들에게 "혼인을 금하고 어떤 음식물을 먹지 말라고" 명령하지만, "음식물은 하나님이 지으신 바니 믿는 자들과 진리를 아는 자들이 감사함으로 받을 것이니라"라고 언급한다(창 9:3을 참조하라). 한편 디도서 1:10은 "불순종하고 헛된 말을 하며 속이는 자가 많은 중 할례파 가운데 특히 그러하니"라고 말하면서 특별한 주의를 준다(또한 딤전 1:6에 나오는 "헛된 말"을 참조하라).[50]

율법 대신에, 목회서신 자체는 하나님의 집에서 "어떻게 행하여야 할지"에 대한 "지침이라는 권위"있는 근거를 제공한다(딤전 3:15). 더 일반적으로, 복음은 우리가 하나님의 능력으로 거룩한 삶을 살 수 있게 한다(딤후 1:8-9). 여전히 히브리어 성경은 가치가 있으므로 디모데는 공개적으로 계속 낭독해야 한다(4:13).[51] 디모데후서 3:16은 아마도 구약성경의 영감에 관하여 신약성경에서 가장 잘 알려진 구절일 것이다. 그러나 이 구절의 더 큰 맥락을 아는 사람은 많지 않다. 14-15절은 디모데를 칭찬하는데, 자신의 유년시절부터 그의 어머니와 할머니에게서 히브리어 성경을 배웠기 때문이었다(그들은 분명히 모두 유대인이었지만, 아직 그리스도인이 아니었을 때). 구약성경 자체는 시대의 변화가 일어난 지금 "그리스도 예수를 믿는 믿음으로 말미암아" 사람들을 "구원에 이르는 지혜"를 소유하게 할 수 있다. 구약성경은 성취라는 단어

50 프랑세스 영(Frances Young, *The Theology of the Pastoral Letters* [Cambridge: Cambridge University Press, 1994], 27)은 여기에서 나중에 기독교에서 율법을 의식법과 도덕법으로 구분하는 시작점을 발견한다.

51 나이트(Knight, *Pastoral Epistles*, 207)는 "읽기"가 "권위 있는 것으로 간주되는 기록들에 관한 것이었을 것이며, 구약성경 이외에도 현존하는 신약성경의 기록(바울은 그와 관련된 동사 아나기노스코[ἀναγινώσκω]를 사용하여 회중과 다른 사람들에게 자신이 기록한 편지를 읽으라고 권면한다; 살전 5:27; 골 4:16; 또한 행 15:31; 계 1:3...을 참조하라)들을 포함하였을 것"이라고 언급한다.

를 사용하지 않고도 거의 그리스도 안에서 이루어진 성취에 대한 이야기를 매우 근접하게 할 수 있다.[52]

디모데전서 1:12-14에서는 특별히 바울 자신의 회심에 대한 이야기를 포함한다. 논쟁의 여지가 없는 바울 서신에서(Paul's undisputed letters) 바울은 유대교적 관점에서 어떻게 자신이 꽤 두각을 나타내었는지를 설명하며, 디모데전서의 설명은 사도행전에서 바울 자신의 자전적 언급과 매우 유사하다. "내가 전에는 비방자요 박해자요 폭행자였으나 도리어 긍휼을 입은 것은 내가 믿지 아니할 때에 알지 못하고 행하였음이라"(행 9:1-2, 22:4-5, 26:9-11을 참조하라). 또한 무지함에 관한 언어는 로마서 1:20에서 보편적인 도덕적 책임과 반대로, 누가의 강조와 일치한다(눅 23:34; 행 3:17, 17:30을 참조하라).[53] 청결하고 선한 양심을 유지하는 것에 대한 네 번의 언급(딤전 1:5, 19; 3:9; 딤후 1:13)은 사도행전 23:1과 24:16에서 바울이 자신의 마음가짐에 대한 확언하는 내용과 잘 들어맞는다.[54] 시대의 변화가 일어난 지금, 신자에게 나타나는 특징은 외적인 규례를 지키는 것이 아니라, 하나님의 내적인 인도를 따라는 것이다.

기도와 정부

누가는 기도를 가장 강조하는 복음서 저자이며, 목회서신 역시 이 주제를 가장 강조한다. 물론 대부분 바울 서신은 헬라 편지 양식의 기도와 감사

52 "올바르게 이해하자면, 구약성경은 믿음을 통한 구원에 대하여 기독교적 방식으로 가르치지만, 그리스도에 대한 지식과 그분을 믿는 믿음 없이는 구약성경은 오해될 것이다. 따라서 기독교적 해석이 필요하다." Marshall with Towner, *Critical and Exegetical Commentary on the Pastoral Epistles*, 790.

53 위더링턴(Witherington, *Letters and Homilies for Hellenized Christians*, 1:199)은 1:13을 "명백하게 누가가 배치하는 방식"이라고 부른다.

54 목회서신에서 "양심"에 대한 탁월한 부록(excursus)에 관하여, Marshall with Towner, *Critical and Exegetical Commentary on the Pastoral Epistles*, 217-27을 보라.

단락으로 시작하며, 디모데전서와 디도서는 위임장이라는 장르라는 이유로 이 부분을 누락하고 있다. 그러나 일반적으로 바울이 기록한 열편의 다른 서신에서는(바울 또는 그의 교회들의 구체적인 필요에 대한 기도와는 대조적으로) 기도에 대한 권면이 눈에 띄게 적다.[55] 그리고 바울의 다른 서신들은 디모데전서 2:1-8과 같지 않은데, 이 본문은 정부의 권위자들에 대한 기도를 포함하여, 평화롭고 거룩한 기도에 대한 요청으로 시작하고 끝을 맺는다(2a절). 사실, 목회서신에서 기도에 관한 첫 번째 진술은 "내가 첫째로 권하노니 모든 사람을 위하여 간구와 기도와 도고와 감사를 하되"라는 저자의 언급이다. 우리가 함께 고찰했던 바울이 기록한 열편의 편지에서, 그는 어디에서도 정부의 권세자들을 위하여 기도하라고 명령하지 않지만, 누가복음에서 예수님은 박해하는 자들을 위해 기도하라고 강조하며(눅 6:28), 사도행전에서 누가는 바울이 아그립바 2세 면전에서 그가 그리스도인이 되기를 기도한다고 진술한다(행 26:29).[56]

외부인들이 신자들을 "고요하고 평안한 생활"을 영위하는 것으로 인식하며 분노와 논쟁 없이 기도(8절)하려는 소망은 누가가 분류하는 "부르주아 기독교" 또는 "초기 보편주의"에 관한 고전적인 본보기를 형성한다(원래 사도적 기독교의 반문화적 칼날을 지니고 있지 않는 또는 그렇게 주장되는, 존경할만한 믿음의 형태).[57] 이 두 꼬리표는 모두 과도하게 사용되어 왔지만, 이런 점에 있어서 누

55 암묵적이거나 명시적인 명령은 로마서 12:12, 에베소서 6:18, 빌립보서 4:6, 골로새서 4:2, 그리고 데살로니가전서 5:17에서만 나온다(일흔네 장에 걸쳐서 5회 나옴). 목회서신에서는 디모데전서 2:1, 8; 4:5; 5:5(열세 장에 걸쳐서 4회 나오지만, 모두 디모데전서에서만 나온다. 즉 여섯 장에서 4회 나온다).

56 William B. Barcley, "1 Timothy," in *A Biblical-Theological Introduction to the New Testament: The Gospel Realized*, ed. Michael J. Kruger (Wheaton, Ill.: Crossway, 2016), 364를 참조하라.

57 Martin Dibelius and Hans Conzelmann, *The Pastoral Epistles* (Philadelphia: Fortress, 1972), 39-41에서 고전적으로 다루었다; Ernst Käsemann, "Paul and Early Catholicism," in *New Testament Questions of Today* (London: SCM; Philadelphia: Fortress, 1969), 239를 참조하라.

가복음-사도행전과 목회서신 사이에 공유된 유사점이 존재한다.[58] 그럼에도, 이러한 명령들에 대한 이유는 명백히 복음적이다. "하나님은 모든 사람이 구원을 받으며 진리를 아는 데에 이르기를" 원하신다(4절).[59] 그에 비해서 우리는 누가가 예수님과 그 제자들에게 어떤 혐의를 찾아볼 수 없고, 로마의 권세자들이 종종 이러한 사실을 인지하였다는 사실을 강조함으로써(심지어 권세자들의 행동들은 그들의 인지와 항상 일치하지는 않았다) 얼마나 교회가 로마로부터 호감을 얻을 수 있도록 노력하였는지를 기억한다.

기도는 도덕과 관련 없는 문제, 즉 결혼을 해야 할지 말아야 할지 또는 어떤 음식을 먹어야 할지와 같은 문제들에 있어서도 어떤 역할을 한다. 디모데전서 4:4-5는 "하나님께서 지으신 모든 것이 선하매 감사함으로 받으면 버릴 것이 없나니 하나님의 말씀과 기도로 거룩하여짐이라"라고 강조한다. 이 맥락에서 "하나님의 말씀"이 무엇을 가리키는 지 분명하지 않다. 아마도 이 표현은 일반적으로 구약성경 또는 구체적으로 창세기 1:31을 의미할 수 있다.[60] 분명한 것은 기도와 감사가 해도 되고 안 해도 되는 것들을 받아들임에 있어서 필수적인 전제 조건이라는 사실이다. 기도는 교회의 도움을 받을 만한 자격이 있는 과부들의 특징적인 습관인데, 왜냐하면 그들은 자신들을 도와줄 친척도 없고, "주야로 항상 간구와 기도를" 계속하기 때문이다(5:5).[61]

누가복음-사도행전에서처럼, 목회서신의 저자는 그들을 둘러싸고 있는 비유대적인 세계 속에서 신자들은 통치하는 권세자들과 다른 사람들 앞에

---

58 Wilson, *Luke and the Pastoral Epistles*, 39-40.

59 이 구절에 대한 주해적 난제들에 대한 탁월한 평가, 가능한 답변들, 그리고 가능한 답변들 가운데 현명한 결정을 확인하려면, Marshall with Towner, *Critical and Exegetical Commentary on the Pastoral Epistles*, 425-28을 보라.

60 Marshall with Towner, *Critical and Exegetical Commentary on the Pastoral Epistles*, 546, after discussing seven main possibilities.

61 Bonnie B. Thurston, *The Widows: A Women's Ministry in the Early Church* (Philadelphia: Fortress, 1989), 50-51.

서 매력적인 증인이 됨으로써 좋은 결과를 얻을 수 있다고 믿는다. 감독은 "외인에게서도 선한 증거를" 얻는 것이 현실적이며(딤전 3:7), 집사도 "존경할만" 해야 한다(8절).[62] 디도서에서 다양한 교회 구성원과 가족들 안에서 순종하고 존경하라는 명령은 "하나님 말씀이 비방받지 않게 하려 함이라"와 같은 동기부여 구절이 나온다(딛 2:5). 디도가 사람들에게 모범이 되라는 권면을 받은 후에(7-8a절), 증인됨의 동일한 원리가 다른 동기 부여 구절에 나온다. "이는 대적하는 자로 하여금 부끄러워 우리를 악하다 할 것이 없게 하려 함이라"(8b절). 이와 유사하게, 10절은 종들에게 선한 행동을 하라고 명령하고, "이는 범사에 우리 구주 하나님의 교훈을 빛나게 하려 함이라"라고 언급한다(10절).[63] 의심할 여지없이 같은 동기 부여가 디도서 3:1-2의 말씀 뒷면에 놓여 있는데, "너는 그들로 하여금 통치자들과 권세 잡은 자들에게 순종하며 모든 선한 일 행하기를 준비하게 하며 아무도 비방하지 말며 다투지 말며 관용하며 범사에 온유함을 모든 사람에게 나타낼 것을 기억하게 하라"라고 언급한다.[64]

박해와 고난

그러나 이러한 권면들이 목회서신이 박해를 의식하지 못한다는 것을 의미하지 않는다. 누가복음-사도행전에서처럼, 목회서신은 어떤 유대인들과

62 그러나 뒤에 나오는 구절이 교회 외부에 대한 관점일 가능성은 낮으며, "위엄 있는"(dignified)이라고 해석할 수도 있다. Johnson, *First and Second Letters to Timothy*, 227을 보라.

63 "목회서신에서 복음 제시를 생각할 때, 이것은 내용과는 별개의 장식품이 될 수 없고, 오히려 종들의 행실에 의해 강화되는 분명한 복음 제시가 되어야 한다." Mounce, *Pastoral Epistles*, 416.

64 Alan Padgett, "The Pauline Rationale for Submission: Biblical Feminism and the *Hina* Clauses of Titus 2:1-10," *Evangelical Quarterly* 59 (1987): 39-52를 참조하라; 조금 더 일반적으로, Thielman, *Theology of the New Testament*, 425-29를 보라.

유대주의자들이 박해하였을 가능성에 대해서 인지한다. 우리가 이미 봐왔던 것처럼, 에베소와 그레데의 거짓 교사들은 분명히 그들의 교리에 유대적인 요소, 즉 아마도 유대화된 요소들을 가지고 있었다. 그러나 우리가 디모데후서를 읽을 때쯤, 박해는 국가뿐만 아니라 유대인과 이방인과 같은 개인에게서 올 수 있다는 사실이 분명하다. 디모데후서 1:8은 바울이 감옥에 갇혀 있다는 사실을 이야기하면서, 디모데에게 "오직 하나님의 능력을 따라 복음과 함께 고난을 받으라"라고 초청한다. 사도행전 9:15-16에서처럼, 바울이 왜 고난을 당해야하는지에 대한 이유를 덧붙여 이야기하면(12a절)서, 디모데후서 1:11은 그가 이방인의 사도로 받은 독특한 사명을 다시 언급한다. 그러나 널리 퍼져 있는 이교적인 규범에 심하게 반대하면서, 그는 "부끄러워하지" 않는다고 곧바로 결론 내린다. 죽음 이후 세계에 대한 어떤 소망도 없는 이방인들과 달리, 신자들은 그리스도 안에서 하나님이 주의 재림의 날까지 그에게 맡겨주신 것들을 보호할 수 있으시다는 것을 신뢰할 수 있다(12b절).[65] 여기에서 종말론적으로 사용된 "그날에"라는 표현은 선지서들, 특히 이러한 표현이 적어도 42회 정도 나오는 이사야서에서 직접적으로 온 것으로 보인다.

고난과 박해의 가능성을 무시하는 것과는 거리가 먼, 디모데후서는 "무릇 그리스도 예수 안에서 경건하게 살고자 하는 자는 박해를 받으리라"라고 일반화하여 선언한다(3:12). 이 박해는 외부자에 의한 가해에 국한되지 않는다. 목회서신은 알렉산더와 후메내오의(문자적으로 "그") 믿음이 "파선"되었고(shipwrecked), 바울은 그들을 사탄에게 넘겨주어 "그들로 훈계를 받아 신성을 모독하지 못하게 하려 함이라"라고 폭로한다(딤전 1:20). 바울이 교회 권징을 시작할 수 있는 권한을 가졌다는 사실은 이 두 배교자가 반역하기 전

65 목회서신의 다른 곳에서 명사 뒤에 무(*mou*)를 사용하는 것을 고려하면, 여기에서는 주어적 소유격일 것이다. 그래서 "복음이 바울에게 속하는 것보다 바울이 복음에 속하므로 복음의 주님께서 사도들을 통해 이루어지는 복음 전파를 온전하게 유지하실 것이라는 완전한 확신"이다. Quinn and Wacker, *First and Second Letters to Timothy*, 605.

에 에베소에 있는 한두 교회에 출석했다는 것이 틀림없음을 보여준다.[66] 예수님을 따르는 자들을 향하여 박해가 임박했다는 확신은 바울 자신의 경험에서 나온다(딤후 4:6-18). 이 가운데 일부는 국가에서 올 것인데(6-8절) 바울은 두 번째로 감옥에 갇혀 있고 이전처럼 석방될 것이라는 낙관적인 소망이 이번에는 보이지 않는다는 것을 발견한다. 여기에서도 그가 가장 큰 싸움을 벌이는 대상은 정부가 아니다. 대신에 그는 어떻게 다른 사람들이 그의 삶을 곧바로 더욱 비참하게 만들었는지에 대해서 이야기한다. 그와 선교 여행에 함께 했던 동역자들은 누가를 제외하고는 모두 떠나버렸다(9-11절).[67]

박해는 교회 구성원들이 지속적으로 불필요하게 분열을 일으킬 때 교회 내부로부터 올 수도 있다. 디모데후서 4:16은 바울이 이 마지막 편지를 감옥에서 쓰는 동안 로마에서 첫 번째 변호를 할 때 모든 사람으로부터 어떻게 버림당했는지에 대해서 비난하는 모습을 볼 수 있다. 그럼에도 바울은 박해자들을 용서해달라는 예수님과 스데반의 기도를 반향할 수 있다(눅 23:34와 행 7:60을 상기하라).[68]

목회서신은 모든 고통이 종교적 박해에서 오는 것은 아니라고 밝힌다. 하나님께서 모든 그리스도인들이 건강하기를 원하신다고 생각하는 사람들에 의해서 간과된 구절은 디모데후서 4:20이다. "드로비모는 병들어서 밀레도에 두었노니." 바울의 소중한 동역자는 바울이 여행하는 동안 남겨질 만큼 아팠을 뿐만 아니라, 또한 이 말은 바울이 그 아시아 도시에서 그와 함께 있었다는 사실을 암시한다. 다른 곳에서 그의 능력이 입증된 것을 고려할 때, 그러한 일이 일어나는 것이 하나님의 뜻이었다면 개인적으로 그를 치유할 수 있었을 것이다. 따라서 박해와 그리스도인들에 의한 다른 형태의 고난 간의 사이를 벌어지게 하는 것은 잘못된 생각이다. 각 경우에는 동일한

---

66 Knight, *Pastoral Epistles*, 110-11을 참조하라.

67 이러한 다양한 사람들과 그들의 상황들에 대해 합리적으로 추론할 수 있는 것에 관하여, Quinn and Wacker, *First and Second Letters to Timothy*, 799-804를 보라.

68 Witherington, *Letters and Homilies for Hellenized Christians*, 1:380.

원리가 적용된다.[69]

박해는 교회 내부로부터 올 수도 있는데, 특별히 지속적으로 분열을 초래하는 사람들이 그 원인이 될 수 있다. 디도서는 교회 권징에 대한 중요한 구절을 포함하는데, 이는 거의 알려지지도 않았고, 심지어 덜 사용되었다. 디도서 3:10에서 "이단에 속한 사람을 한두 번 훈계한 후에 멀리하라"("분열을 초래하는 사람에게 경고 하고나서 그들에게 두 번째 경고하라, 그 후에는 그들과 아무 상관이 없다"[Warn a divisive person once, and then warn them a second time. After that, have nothing to do with them], NIV)라고 기록되었다. 물론 여기에는 모호함이 여전히 남아있다. 어떤 시점에서 "분열을 초래하는"(하이레티코스[*hairetikos*]) 사람이 되는가? 특정한 행동을 설명하는 구절보다 형용사를 사용한다는 것은 그 사람이 골칫거리를 가져다주는 사람이 되었다는 사실을 암시한다. 이 용어는 성경 헬라어에서 '하팍스 레고메나'(신약성경에서 1회 등장하는 단어)이지만, 이 용어의 동족어인 하이레시스(*hairesis*)는 신약성경에서 9회 나오는데, 사도행전에서는 6회 나온다. 두 번의 경고 이후에 징계 조치를 시작할 수 있다는 것은 이것들이 가벼운 사안이 아니라 특별한 공식적인 선언들이라는 것. 그리고 파벌을 만드는 사람들을 구원의 측면에서 다루도록 하기 위하여 중요한 추가 조치가 그것들을 둘러싸고 선행한다는 것을 암시한다. 또한 "경고"(누떼시아[*nouthesia*])는 지시(instruction)를 가리킬 수도 있으므로 어떤 "경고"가 있기 전에 어떤 사안들에 대한 설명이 이루어지고 올바른 행동에 대해 가르쳤다는 사실을 추론할 수 있다. 더욱이, 어떤 신학적 문제가 위태로울 수 있지만, 종종 교회 생활에서 일어나는 사람들 사이의 충돌(고전 1:10-12를 기억하라)은 큰 요인임을 알 수 있다. 분열을 일으키는 사람이 거짓 교리를 가르친다거나 비윤리적으로 행동하는 사람이라는 것을 의미하지는 않으며 그들은 단지 다른 사람들, 특히 사소한 문제에 대한 의견이 다른 사람

---

69 특히, D. A. Carson, *How Long, O Lord? Reflections on Suffering and Evil*, 2nd ed. (Grand Rapids: Baker, 2006)을 참조하라.

들과 잘 지낼 수가 없는 것이다. 어느 시점에서 지역 회중을 더 분열시키거나 그로 인해 더 무너지지 않도록, 교회 지도자들이 다른 곳에서 그러한 사람들이 분열을 초래하는 행동을 한다고 주장하는 것은 더욱 중요해진다(또한 디모데전서 5:19-21에 나오는 죄를 저지른 어떤 장로를 위한 교훈을 참조하라)[70] 그러나 마지막 날에, 고난, 분열, 또한 핍박 등 어떤 형태이든지 간에, 어떤 경우들에서는 그것이 하나님의 나라로 신자들을 안전하게 인도하신다고 의미하는 맥락 속에서 사용되지만(딤후 4:18), 디모데후서 3:11은 주님께서 어떻게 신자들을 구해주실 것인지에 대해 아신다는 사실을 그들에게 상기시킨다(아마도 시 34:19를 암시할 것이다).

여성

기독교의 기원에 대한 대중적인 재구성을 시도하는 사람들은 진정한 바울의 모습을 완전한 평등주의자로 이해하는데, 특히 갈라디아서 3:28과 같은 본문에 근거하여 주장한다. 그러나 이들은 바울 서신 이후에 등장하는 목회서신의 익명의 저자가 유대교나 이교도와 유사하게, 더욱 위계질서를 중시하거나 가부장적인 관점으로 되돌아가기 때문에 그를 비난한다.(그리고 종종 바울 이후의 익명의 저자들 뿐만 아니라, 골로새서와 에베소서의 저자들도 역시 포함된다).[71] 그러나 이러한 접근법을 사용하는 사람들은 갈라디아서 3:28 그 자체

---

70 두 본문에서, "바울의 가장 큰 관심사는 믿음이 더욱 쉽게 자라나는 곳을 확보하는 가운데 질서와 안정을 추구하는 것인데, 이는 또한 일반적인 대중에게 좋은 이미지를 보여주기 위함이기도 하다" Robert W. Wall with Richard B. Steele, *1 & 2 Timothy and Titus* (Grand Rapids: Eerdmans, 2012), 372.

71 고전적으로 Elisabeth Schüssler Fiorenza, *In Memory of Her: A Feminist Theological Reconstruction of Christian Origins* (New York: Crossroad, 1983), 288-91을 보라. 목회서신이 이러한 관점을 지녔다고 생각하는 책에 관하여, Korinna Zamfir, *Men and Women in the Household of God: A Contextual Approach to Roles and Ministries in the Pastoral Epistles* (Göttingen: Vandenhoeck & Ruprecht, 2013)를 보라.

가 성 역할에 대한 구분을 철폐한다고 가르칠 수 있는 근거가 될 수 없음을 깨닫지 못한다. 젠더에 관한 바울 신학은 모든 관련 본문들을 고려해야만 한다. 갈라디아서 3:28에서만 바울이 평등주의를 추구하였다고 주장하는 이들은 다양한 가족적인 상황 속에서 권위와 순종에 관한 명령과 함께 골로새서 3:18-4:1의 가정규범(domestic code)을 작성한(또는 활용한) 저자가 갈라디아서 3:28과 동일한 언어를 골로새서 3:11에서 사용하였다는 사실을 간과한다.[72] 분명히, 초기 기독교에서 고대 세계의 관점에서 볼 때 지나치게 시대착오적일 정도로 알려지지 않은 근대의 세속적 또는 자유주의적 평등주의와 같은 종류를 채택하지 않고서 어느 정도 신학적이며 사회적인 구분들을 없애는 것을 확인하는 것이 가능했다. 만약에 골로새서의 저자에게 있어서 그것이 사실이었다면, 에베소서가 골로새서에 직접적으로 상응하는 것이 없을지라도 에베소서 5:21-6:9에 나오는 매우 유사한 가정규범(domestic code)의 저자에게도 마찬가지로 사실이었을 것이다.[73] 그러나 동시에 갈라디아서 3:28과 같은 반문화적 본문들이 어떻게 그들의 문화 속에 존재했을지를 기억할 필요가 있는데, 이는 그 본문들이 문화적으로 가장 저평가되고 사회적으로 취약한 그룹들의 존엄성과 가치를 확증하기 때문이다.

복음주의적 보완주의자들과 자유주의적 또는 세속적 평등주의자들 모두가 똑같이 종종 간과하는 사실은 얼마나 목회서신이 여성을 제한하지 않는 지에 대한 것이다. 이 세 서신에 나오는 여성에 관한 대부분의 언급은 교회에 대한 그들의 긍정적인 기여와 가치를 확인한다. 디모데전서 2:9-10은 여성들의 외모와 행동이 문화적으로 "하나님을 경외한다 하는 자들에게 마

72 폴 포스터(Paul Foster, *Colossians* [London: Bloomsbury T&T Clark, 2016], 342-43)는 3:11과 18-21절 사이에서 발견되는 잠재적인 긴장이 "저자가 가지고 있는 생각의 '사각 지대'가 아닐 수 있다. 오히려, 그것은 복음이 그러한 사회적 구별들을 해체하지만, 그럼에도 불구하고 1세기 상황 안에서 그리스도인들이 그러한 급진적인 사회적 변화들을 소개할 힘이 없었다는 실제적인 깨달음일 수 있다"라고 통찰력 있게 관찰한다.

73 Stephen F. Miletic, *"One Flesh"-Ephesians 5.22-24, 5.31: Marriage and the New Creation* (Rome: Biblical Institute Press, 1988) 전체를 참조하라.

땅"하기를 원한다(10절).[74] 그렇지 않으면 복음에 불명예를 가져다 줄 것이다. 비록 디모데전서 3:11에 "여성들"(구나이카스[*gynaikas*])를 "집사들의 아내들"로 바꾸려는 오랜 역사가 있어 왔지만, 그들은 거의 확실히 여성 집사들이었다. 이 서신이 집사들의 아내들에 대한 어떠한 특징들을 주장할 이유가 거의 없었을 것이며, 특히 감독자들은 "더 높은" 직분을 맡고 있는 것으로 보이기 때문에 1-7절에서 감독자들의 아내들에게도 똑같은 권면을 하지 않을 이유가 거의 없었을 것이다. 그러나 만약에 적어도 에베소에서의 경우에 감독자의 직분(집사가 아닌)이 남성들에게만 주어진다면, 여성 장로들에 대한 언급 부재가 이해된다.[75]

디모데전서 4:7에 언급된 "어리석은 이야기"(old wives' tale)는 이미 1세기에 관용적인 표현으로 이미 사용되었으며, 이 표현이 여성에 관한 저자의 견해를 보다 일반적으로 드러낸다고 간주해서는 안된다.[76] 디모데전서 5:2은 당시의 세속적인 문화를 거슬러서 "늙은 여자에게는 어머니에게 하듯 하며 젊은 여자에게는 온전히 깨끗함으로 자매에게 하듯 하라"고 디모데의 행동을(그리고 그 교회의 모든 남성들이 그렇게 행동해야 할 것을 암시한다) 제한한다.[77] 디

---

74 소수의 예외를 제외하고는, 부적절하게 과시하는 장식은 교회 안에서 극소수의 부유한 여성들에게만 국한되었을 것이다. Alan Padgett, "Wealthy Women at Ephesus: 1 Timothy 2:8-15 in Social Context," *Interpretation* 41 (1987): 19-31을 보라.

75 더 나아가 Towner, *Letters to Timothy and Titus*, 265-66, esp. n. 28을 보라.

76 Knight, *Pastoral Epistles*, 195.

77 "특히 디모데의 젊은 여성 사역과 관련하여, 그는 자신의 개인적인 안녕과 그가 보여줘야 할 사역의 모범을 위하여 스스로 조심해야 한다. 바울이 디모데전서 4:6-16에서 그랬던 것처럼, 그는 디모데와 훗날 세움 받을 사역자들이 사역자와 교회를 몰락하게 하는 영역들을 피함으로써 그들이 감당하는 사역의 진실성을 보존하는데 특별한 주의를 기울이도록 격려한다." Mounce, *Pastoral Epistles*, 271. 이러한 진실을 확인하는 가운데, 나는 사람들이 여성을 마치 "이세벨"인 것처럼 생각하면서 디모데를 비롯하여 현대 목회자들이 자신을 보호해야할 적대적인 대상으로 여기면서 그들을 부끄럽게 하거나 비난하는 논증을 하는 경우들이 있어 왔음을 인정하고자 한다. 대신에 아마도 바울은, 누가를 통해서, 그가 살고 있던 문화 속에서 여성을 이 세상의 문화와 다른 방식으로 보호하고 있는데, 그들이 살고 있던 문화 속에서 여성은 성적 착취와 모욕에 취약했었다. 그는 문화를 바꿀 수는 없다. 그러나 교회의 문화 속에서는 달라져야 한다. 따라서, 바울이 디모데에게 권면하는 내용은 자신의 유익을 위한 것일 뿐만 아니라, 그의 영향권에 놓여 있는 모든 연령대의 여성들의 가치를 인정하고 존중하라는 명령을 적극적

모데전서 5:3-16은 돌볼 친척이 없고, 재혼할 나이를 넘어섰고, 경건한 행동으로 자신을 구별하는 어느 정도 나이가 있는 그리스도인 과부에 관한 명령을 확립한다. 목회서신은 1세기 지중해 세계 속에서 종종 간과되고, 소외되고, 심지어 빈곤했던 여성들 전체를 얼마나 많이 가치 있게 여겼는지를 보여주는데, 이러한 유사 "직무"(quasi-"office")와 비슷한 것은 유대, 헬라, 로마에 알려져 있지 않다.[78] 사실, 이것은 2세기의 많은 교회들 가운데 여집사들(deaconesses)의 직무와 함께, 과부들의 질서를 더욱 확립하게 했던 씨앗을 뿌린 것인데, 3세기 동안에 대수녀원장의 영향 아래 수녀원과 수녀의 성직자 역할이 생겨나면서 돌연변이를 일으키기 시작하였다.[79] 물론, 과부는 고아와 함께 구약성경에서 이스라엘 사람들이 도와주어야 할 소외된 사람들의 전형이다.

젊은 미망인은 두 가지 주된 이유로 재혼하도록 권장된다(11a, 14절). 분명히 교회의 지원을 받을 만한 자격이 있는 미망인의 명부에 포함되는 것은 재혼하지 않겠다는 서약에 달려있고, 젊은 미망인들로 하여금 그 서약을 어기게 하는 자연스러운 정욕은 재혼할 수 있는 기회를 만들었을 것이다(11b-12절). 둘째로, 그들 가운데 어떤 사람들은 게으르고 참견하는 자들로서 집집마다 돌아다니면서 시간을 허비하는 습관이 생겼으며, 쓸 데 없는 말을 하였다(13절). 아마도 이것은 그들이 다른 여성들에게 말을 하고 있다는 것을 의미하는데, 남성은 보통 집 밖에서 일하였을 것이기 때문이다. 여기에서 "참견하기 좋아하는 사람"이나 "간섭하려는 사람"이라는 단어는 여기에서 매우 강력한 의미를 지니고 있다. 다른 사람들의 일에 간섭하는 것은 특

으로 구현하는 것이다.

78 더 나아가서, Bruce W. Winter, "Providentia for the Widows of 1 Timothy 5:3-16," *Tyndale Bulletin* 39 (1988): 83-99; and Jouette M. Bassler, "The Widows' Tale: A Fresh Look at 1 Tim 5:3-16," *Journal of Biblical Literature* 103 (1984): 23-41을 보라.

79 Stephen B. Clark, *Man and Woman in Christ: An Examination of the Roles of Men and Women in the Light of Scripture and the Social Sciences* (Ann Arbor: Servant Books, 1980), 117-22; Thurston, *Widows*, 92-105.

히 그레코-로마 사회에서 부적절하다고 생각되었다.[80] 그리고 이러한 특별한 종류의 간섭은 어떤 경우에 그 여성들이 "사탄에게" 돌아갈 정도로 심각했다(15절). 이러한 이유로 그들이 말하고 있던 "쓸데없는 말"은 더욱 일반적으로 에베소 교회를 괴롭게 만들던 동일한 거짓 가르침이었을 가능성이 높아 보인다. 만일 그렇다면, 우리는 몇몇 여성들이 이단적인 가르침에 관여했다는 것을 알 수 있다.[81]

디모데후서에서 로이스의 유대인 어머니이자 할머니인 유니게와 로이스는 그들의 "거짓이 없는 믿음"(1:5)으로 칭찬을 받는다. 디모데후서 3:15로부터 추론할 수 있는 것은 그들이 디모데에게 구약성경을 그의 유년 시절부터 가르쳤을 가능성이 높다는 것이다. 이와 대조적으로, 디모데후서 3:6으로부터 우리는 어떤 여인들이 마지막에 등장하는 일부 악한 사람들에 의해서 잘못된 길로 빠졌음을 배운다. 그들은 "남의 집에 가만히 들어가 어리석은 여자를 유인"한다. 꼭 이러한 의미로 제한될 필요가 없지만, 이 구절을 디모데전서 5:13-15에 묘사된 동일한 현상을 가리키는 것으로 받아들이는 것이 충분히 자연스러울 것이다. 속임 당하기 쉬운 이 여인들이 "항상 배우나 끝내 진리의 지식에 이를 수" 없다는 사실은(딤후 3:7) 조장되고 있던 거짓 교

80 Jeannine K. Brown, "Just a Busybody? A Look at the Greco-Roman Topos of Meddling for Defining *Allotriepiskopos* in 1 Peter 4:15," *Journal of Biblical Literature* 150 (2006): 527-46을 참조하라. 여기에서 사용된 단어는 페리에르고스(*periergos*)이지만, Johannes P. Louw and Eugene A. Nida, eds., *Greek-English Lexicon of the New Testament Based on Semantic Domains*, 2nd ed. (New York: United Bible Societies, 1989), 1:768에 의하면 동사로 된 동족어 페리에르가조마이(*periergazomai*)와 알로트리에피스코포스(*allotriepiskopos*)와 함께 "참견하기 좋아하는 사람이 되는 것"이라는 세 가지 동일한 의미론적인 영역에 배치된다.

81 Dillon T. Thornton, " 'Saying What They Should Not Say': Reassessing the Gravity of the Problem of the Younger Widows (1 Tim. 5:11-15)," *Journal of the Evangelical Theological Society* 59 (2016): 119-29. 또한 Marianne Bjelland Kartzow, *Gossip and Gender: Othering of Speech in the Pastoral Epistles* (Berlin: de Gruyter, 2009)을 보라. 어떤 경우에 그녀는 일부 여성들이 위험하다고 인식되던 견해를 조장하는 일에 관여했음에 틀림없다고 인정하지만, 또 어떤 때에 그녀는 목회서신의 언어를 옳든 그르든 간에 여성들과 관련된 이데올로기에 대항하기 위한 관습적인 고정 관념으로 받아들인다.

리의 요소가 있다는 사실을 강력하게 암시한다.[82] 디도서 1:10-11은 우리의 의심을 더한다. 할례파는 "헛된 말을 하며"(10절) "마땅하지 아니한 것을 가르쳐 가정들을 온통 무너뜨"린다(11절).[83] 아이들은 물론 심지어 종들도 잘못된 길에 빠져들며, 그 정도로 가정이 무너지게 되면 비록 그가 이단에 굴복하지 않는다 할지라도 그 가장은 큰 문제를 마주할 것이다. 이와 반대로, 디도서 2:3-5는 연로한 여성들에게 경건함의 모델이 되라고 권면하며 젊은 여성들이 어떻게 모범적인 그리스도인으로 살아갈 것인지를 가르치라고 그들에게 명령한다.

이 세 편지의 나머지가 여성들에 대해 말하는 것을 가능한 한 완전하게 묘사할 수 있을 때까지 우리가 의도적으로 우회해온 디모데전서 2:11-15만을 남겨두고 있다. 이 구절들에 대한 문헌은 방대하며, 여기에서 우리는 가장 중요한 발견들 가운데 일부만을 강조할 수 있을 뿐이다. 첫째로, 11절에 나오는 "조용함"이라는 표현은 침묵을 의미하지 않는다는 데에 대체로 동의해 왔다. 이 단어는 2절에 나오는 "조용한"과 같은 어근을 가지는데, "말없이"(without speaking)라는 의미를 가질 수 없고, 평화롭고 협력하는 정신을 가리키는데, 이것은 어떤 초기 그리스도인이라도 남녀 신자 모두에게서 기대하는 것이다(8절을 참조하라).[84] 디모데전서는 이것을 여성에게 적용하는 것으로 보이는데, 구체적으로 특정 그룹의 남성들이 화와 다툼에 대한 권면이 필요했던 것처럼(8절), 그것은 이 여성들이 필요했던 권면이었기 때문이다. 둘째로, 11절에서 여성이(신앙 교육의 맥락 속에서) 배워야 하는 주된 명령은 시작부터 이 세상의 문화를 거스르는 것이었다.[85] 세 번째로, 12절에서 "가

82 Witherington, *Letters and Homilies for Hellenized Christians*, 1:353.

83 Quinn, *Letter to Titus*, 98-99를 참조하라. 또한 그는 바울 서신보다 누가복음과의 언어적 유사점들에 조금 더 가깝다는 것을 보여준다.

84 Mounce, *Pastoral Epistles*, 118-19. 레지 키드(Reggie M. Kidd, *Wealth and Beneficence in the Pastoral Epistles* [Atlanta: Scholars, 1990], 176)는 "바울의 보수주의는 소망 없는 정적주의(quietism)가 아니라 조용한 희망참(hopefulness)이다"라고 멋지게 언급한다.

85 Spencer, *1 Timothy*, 57-58.

르치다"와 아우뗀테인(*authentein*, 아마도 가장 좋은 번역은 "권한을 쥐다"[86]일 것이다)은 상관없는 두 가지 활동을 가리킬 가능성은 매우 낮다. 1절부터 이 문장으로 이어지는 내용들의 상당 부분은 거의 같은 것을 두 가지의 다른 방식으로 말하기 위해서 한 쌍으로 이루어진 표현을 사용하였다.[87] 12절이 이사일의(hendiadys) 형태를 포함하고 있는지에 대한 여부와 상관없이,[88] 여기서 금지는 교회 예배의 맥락 속에서(3:15를 참조하라) "권위 있는 가르침"의 역할을 행사하거나(exercising, ESV) 빼앗는(usurping, KJV) 것에 대한 금지일 가능성이 높다.[89] 사실, 학자들은 아우뗀테오(*authenteō*)가 적어도 다른 고대의 용례에서 부정적인 의미를 지니고 있다는 사실을 설득력 있게 보여주었고, 여기에서 디모데전서가 여성의 중립적이거나 긍정적인 가르침이 아니라, 권위를 빼앗거나 부적절하게 사용하는 것을 금지할 것이라는 가능성을 열어준다.[90] 그러나 그것은 긍정적으로 사용될 수도 있었으며, 특히 디모데전서 1

86 예를 들어, NIV 2011 에디션을 제작한 성경 번역 위원회는 상호보완 또는 평등주의적 해석에 대한 여지를 남겨두려는 의도가 있었다(필자는 이 논의들을 할 때 그 자리에 있었지만, 우리의 동기가 무엇인지 알고 있다고 주장해 온 몇몇 저자들은 참석하지 않았다!). 어떤 사람은 합법적으로 선출되고 임명되었거나 다른 사람의 정당한 역할을 빼앗으려고 하기 때문에 직책을 맡을 수 있다. 취임식이 열리는 날에, 승리한 후보가 대통령의 자리에 오를 수 있으며, 이 단어를 사용하는 데 있어서 불법에 대한 힌트조차 찾아 볼 수 없다.

87 Craig L. Blomberg, "Women in Ministry: A Complementarian Perspective," in *Two Views on Women in Ministry*, ed. James R. Beck, rev. ed. (Grand Rapids: Zondervan, 2005), 169에 나오는 예시들을 보라.

88 한 쌍의 명사 또는 명사와 동등한 문법적 요소(이 경우에 보완적 부정사는 "허용하다"의 직접 목적어로 기능한다)가 접속사로 결합된 비유적인 표현은 상호작용을 하면서 서로를 정의한다. 많은 경우에 둘 중 하나는 사실상 다른 것을 수식하기 위해 형용사적으로 또는 부사적으로 기능할 것이다. 이 경우에는 "권위 있게 가르치다"와 같은 의미를 지닐 것이다.

89 교회 역사에 걸쳐서, 어떤 사람들은 여성이 남성을 가르치지 말라는 바울의 명령이 사회, 직장, 교회에서 여성의 역할에 영향을 미치는 것으로 받아들이려고 시도하였지만, 정확히 이 구절 때문에 오늘날 이러한 견해가 주석적으로 옹호되는 것을 발견하는 것은 드물다. 데이비드 버너(David C. Verner, *The Household of God: The Social World of the Pastoral Epistles* [Chico, Calif.: Scholars, 1981], 107-11)는 그것이 지역 교회 내에서 뿐만 아니라 조금 더 넓은 기독교 공동체 전반에 걸쳐 적용된다고 주장하지만, 이 옵션은 해결하는 것보다 더 많은 질문을 제기하며, 그는 자신의 관점을 설득력 있게 만드는데 필요한 증거를 제공하지 못한다.

90 신시아 웨스트폴(Cynthia L. Westfall, "The Meaning of Αὐθεντέω in 1 Timothy 2.12," *Journal of Greco-Roman Christianity and Judaism* 10 [2014]: 138-73)은 이 동사의 60가

장에 영향 받은 초기 기독교 문헌에서 그러한 용례가 나타난다.[91] 넷째로, 3장에서 감독자와 집사 사이의 구별을 고려할 때, 감독자는 가르칠 능력을 가지고 있어야 한다는 독특한 요구 사항(2절)과 가르치는 "감독"과 "가르치는 "장로"(5:17)의 명백한 상호교환성에 덧붙여서, 2:12에 나오는 제한에 대한 가장 실행가능한 상호보완적 해석은 여성은 장로가 되는 것이 허용되지 않지만, 다른 제한 사항들은 고려되지 않았다는 것이다.[92] 이러한 금지를 더 광범위하게 확장하지 않는 다섯 번째 요점이자 또 다른 이유는, 가장이 최종 결정권을 공식적으로 가지고 있었을지라도, 디모데전서 3:15는 교회를 "가정"(household)으로 생각함으로써 (가정)교회를 아내와 어머니가 자유와 다스릴 권한을 가지고 있는 가정에 비유하는 것이다.[93]

이러한 해석에서 더 어려운 질문은 이 한 가지 제한에 대한 근거와 관련되어 있는데, 이는 이 가르침이 지니고 있는, 시대에 구애 받지 않는 연관성에 대한 질문과 결과적으로 연결되어 있다. 왜 창조 순서가 관련이 있어야 하는지에 대한 이유는 항상 독자들을 당혹스럽게 했지만, 13-14절은 언뜻 보기에 금지에 대한 근거가 창조와 타락의 본질에 놓여 있는 것처럼 보인다.[94] 게다가, 신약성경의 저자들은 구약성경에 대해서 잘 알고 있었는데, 아담과 하와가 둘 다 죄를 지었다는 사실을 분명히 알고 있었다. 그래서 14절은 만약 하와가 속임을 당했다면, 아담은 눈을 뜬 채로 죄를 범했다는 사실

지 용례를 각 문맥에서 평가하고, 이 동사의 기본 의미가 "제한되지 않는 힘의 자율적 사용 또는 소유"라고 주장한다(p. 171). Jamin Hübner, "Revisiting Αὐθεντέω in 1 Timothy 2:12: What Do the Extant Data Really Show?" Journal for the Study of Paul and His Letters 5 (2015): 41-70을 참조하라.

91 H. Scott Baldwin, "Appendix 2: αὐθεντέω in Ancient Greek Literature," in *Women in the Church: A Fresh Analysis of 1 Timothy 2:9-15*, ed. Andreas J. Köstenberger, Thomas R. Schreiner, and H. Scott Baldwin (Grand Rapids: Baker, 1995), 269-305.

92 Blomberg, "Women in Ministry," in Beck, *Two Views on Women in Ministry*, 169-70.

93 Carolyn Osiek and Margaret Y. Macdonald, with Janet Tulloch, *A Woman's Place: House Churches in Earliest Christianity* (Minneapolis: Fortress, 2005), 144-64를 참조하라.

94 William J. Webb, *Slaves, Women & Homosexuals: Exploring the Hermeneutics of Cultural Analysis* (Downers Grove, Ill.: IVP, 2001), 236-44에 나와 있는 탁월한 논의를 참조하라.

을 의미해야만 한다. 말하자면, 창조 순서는 그에게 배타적인 권리나 특권을 부여할 이유가 되지 않는다.[95] 그러나 14절이 12절에 나오는 금지의 두 번째 이유일 필요는 없다. 13절과 14절은 단순히 "그리고"(카이[*kai*])로 연결되어 있다. 타락 이후에(14절) 상황이 더 나빠졌다고 말하는 것처럼 15절에 대한 설정일 수도 있겠지만, 하나님은 구속의 방편을 제공하셨다(15절)[96] 거짓 교사들은 의심할 여지없이 여성들이 결혼과 모성으로부터 멀어지게 하려고 시도하였다(4:2를 참조하라). 반면에 디모데전서는 창세기의 창조 명령과 그것을 수행하는데 있어서 여성의 성 역할을 확인하는데, 바로 출산을 여성이 종족 번식을 위해 지속해 나가야 하는 한 가지 일로 제시한다. 이러한 가운데 "정숙함으로써 믿음과 사랑과 거룩함에" 지속적으로 거하는 것은 어느 여성이라도 영적 구원을 얻게 한다.[97] 그러면 15절에서 "구원받았다"라는 표현은 목회서신에서 6회 나오는 가운데 또 다른 두 번의 경우처럼(딤전 4:16; 딤후 4:18), 처음으로 믿음을 가졌다는 의미를 가지기기보다 "회복된" 또는 최소한 "구원의 상태를 지속하다"라는 의미로 사용되었다.

그러나 최소한 이 난해한 단락을 이해할 수 있을 만큼 아주 다른 방법이 존재한다(11-15절). 만약 에베소 교회에서 여성의 가르침을 금지한 것이 그 교회 전체에 퍼진 거짓 가르침과 관련이 있다면, 다른 생각의 흐름이 가능하다. 우리는 적어도 2세기 말이나 3세기 초의 얼마 동안, 에베소에서 성행하던 아데미 숭배는 아데미가 우주의 창조자이거나 적어도 여성이 첫 번째로 창조되었다는 신념을 포함하였다는 사실을 알고 있다.[98] 특히 어떤 여

---

95 그렇긴 하지만 James B. Hurley, *Man and Woman in Biblical Perspective* (Grand Rapids: Zondervan, 1980), 214-16을 보라.

96 Blomberg, "Women in Ministry," in Beck, *Two Views on Women in Ministry*, 171-72. 또한 Andrew B. Spurgeon, "1 Timothy 2:13-15: Paul's Retelling of Genesis 2:2-4:1," *Journal of the Evangelical Theological Society* 56 (2013): 543-56을 참조하라.

97 이 헬라어 구절에서 주어가 "그녀"에서 "그들"로 변하는 것을 주목하라. 그리고 Thornton, *Hostility in the House of God*, 130을 참조하라.

98 Richard Clark Kroeger and Catherine Clark Kroeger, *I Suffer Not a Woman: Rethinking 1 Timothy 2:11-15 in Light of Ancient Evidence* (Grand Rapids: Baker, 1992), esp. 153-60.

성들이 아데미 숭배를 위하여 가장 큰 목소리를 내거나 이에 대한 적극적인 옹호자가 되었다면, 12절은 이 거짓 가르침을 축소시키기 위한 특정 상황에서 내려진 금지였을 수 있다. 13-14절은 창세기의 이야기에 나오는 진정한 내용들을 회상함으로써 아데미 신화가 여성들에게 우선순위로 정해진 것은 잘못되었다고 설명할 것이다.[99] 게다가, 아데미와 출산 간의 연관성은 바울이 여기에서 말하는 것에 영향을 미칠 수 있다. 고대 세계에는 여성이 출산 도중 또는 출산 후 사망할 확률을 크게 낮출 수 있는 현대 의약품이 없었고, 1세기의 예비 산모는 특히 잦은 임신으로 신체가 퇴화된 후, 그들의 안전에 대한 두려움을 느꼈을 것이다.[100] 이러한 실제적으로 무서움을 느낄 수 있는 위험을 염두에 둘 때, 아데미 숭배로 가득 찬 도서에서 여성들이 아데미에게 도움을 청하도록 유혹받겠지만, 바울은 그들에게 아데미의 도움 없이 신체적으로 안전하게 출산한다는 의미에서 "해산함으로 구원을 얻을 것"이라고 확신시킨다.[101] 이전의 해석에서처럼, "구원받은"이라는 표현이 영적인 구원이라기보다 육체적 구원이라고 이해하는 것이 목회서신 안의 다른 곳에서 사용된 동사의 다양한 용례에 들어맞는다.[102] 로엡 클래시컬 라이브러

---

99 Sharon Hodgin Gritz, *Paul, Women Teachers and the Mother Goddess at Ephesus* (Lanham, Md.: University Press of America, 1991), esp. 136-40.

100 신시아 롱 웨스트폴(Cynthia Long Westfal, *Paul and Gender: Reclaiming the Apostle's Vision for Men and Women in Christ* [Grand Rapids: Baker, 2016], 129-40)은 1978년 NIV 영역본에서처럼 디모데전서 2:15를 "brought safely through childbirth"로 번역해야 한다고 강력하게 주장한다. CEB, CJB, NASB, 그리고 NET와 같은 영역본들에서 발견되는 약간의 변형들을 참조하라. 그러나 동일한 배경과 내러티브 흐름은 에베소에서의 거짓 교사들과는 반대로(4:3), 출산을 통하여 여성이 전반적으로 회복된다는 개념과 연관 짓는다. 특히 Klyne R. Snodgrass, "Reflections on Paul and Women," in *Texts and Contexts: Gospels and Pauline Studies*, ed. Todd D. Still (Waco, Tex.: Baylor University Press, 2017), esp. 131-33을 보라.

101 Sandra L. Glahn, "The First-Century Ephesian Artemis: Ramifications of Her Identity," *Bibliotheca Sacra* 172 (2015): 450-69, esp. 465-66. 그러나 그녀가 하나님께서 이 여성들 각자를 안전하게 출산하게 하실 것에 대해서 바울이 보증하고 있었을 것이라고 추측할 때, 증거를 넘어선다.

102 반대로, 안나 레베카 솔레바그(Anna Rebecca Solevåg, *Birthing Salvation: Gender and Class in Early Christian Childbearing Discourse* [Leiden: Brill, 2013]), 특히 133-34, 255

리(Loeb Classical Library) 시리즈에서 에베소의 크세노폰(Xenophon of Ephesus)이 저술한 에페시아카(Ephesiaca)와,[103] 이 소설에 대한 게리 호그(Gary Hoag)의 박사 논문이 최근 출간되면서, 아데미 신화의 필수적인 요소들은 적어도 50년대까지 현존하였다는 사실이 분명해졌다. 그래서 이 요소들은 60년대 초중반에 에베소 교회에 영향을 미쳤을 것이다.[104] 만일 이것이 디모데전서 2장을 읽을 때 필요한 정확한 배경이라면, 구체적인 상황 속에서 이단을 가르치는 장로들을 금하였듯이, 여성 장로나 감독자를 영구적으로 금지하는 명령이 이 구절에는 전혀 존재할 필요가 없다.

디모데전서 2:11-15에 관하여 넘쳐나는 문헌들은 주해적인 발전을 가져왔는가? 그렇다고 할 수 있다. 필자의 견해로는, 이 구절에 대한 두 가지 주요 접근법이 있는데, 이것들은 여전히 주해적으로 변호할 수 있다. 만일 2:13이 12절의 금지를 설명하기 위한 창조 법령을 가리키고 있다면, 오늘날 세상 속에서 여성에게 가장 제한적인 직무는 가르치며 치리하는 장로와 기능적으로 동등한 직무인데, 이는 여러 스태프가 섬기는 교회의 담임목사이다. 만일 아데미 숭배의 일부를 구성하는 신화의 일부를 반박한다면, 여성에게 이 직무 맡기는 것을 제한할 영구적인 이유는 없다. 어떻게 읽던지 간에, 목회서신이 초기 기독교의 가부장제를 다시 조장하는 것으로 정확하게 특

페이지의 3장과 결론부)는 이 구절이 모든 여성이 뱀에 의한 하와의 성적 유혹이 가져다 준 결과로 모든 여성이 처해 있는 한쪽 성에 국한된 상태(the gender-specific)와 존재론적 범법 상태가 되었다고 가르치므로, 여성들의 구원은 한쪽 성에 국한된 길을 택해야 하며 그러므로 그들의 역할을 종속적인 아내와 아이를 출산하는 존재로 유지하는 것에 의존하게 되었다고 주장한다. 그녀가 본문에 없는 것(즉, 하와가 성적으로 유혹받았다는 개념)을 끄집어냈다는 사실에 덧붙여, 이 결론은 그리스도의 속죄에 의한 신약성경의 구원론뿐만 아니라 죄와 신자의 구원에 있어서 남성과 여성 모두가 동등하다는 성경적인 가르침과도 양립하지 않는다. 또한 불필요하게도 솔레바그가 이러한 비양립성 때문에 디모데전서의 가르침을 거부하는 것을 허용한다.

103 Gary G. Hoag, *Wealth in Ancient Ephesus and the First Letter to Timothy: Fresh Insights from Ephesiaca by Xenophon of Ephesus* (Winona Lake, Ind.: Eisenbrauns, 2015), 14-15. 이것이 긴 원본에 대한 3세기의 전형이 아니라는 인식은 1994년에 유행하였으며, 그 이후로 학자들은 1세기 연대에 점차적으로 동의해왔다.

104 Hoag, *Wealth in Ancient Ephesus and the First Letter to Timothy*, 61-99.

징지을 수는 없다. 이 서신들은 누가복음-사도행전과 바울 서신처럼 자유롭게 해주며, 그리고 고린도전서, 에베소서, 골로새서의 주요 구절들을 읽는 사람에 따라 나머지 바울 서신보다 거의 틀림없이 그럴 수 있다![105] 어느 쪽이든, 구약의 첫 장들 역시 바울이 전개한 논증에 있어서 중요한 토대가 된다.

부의 유혹

에베소에서 이단을 조장하는데 휩쓸린 여성들에 대하여 더 많은 유추를 할 수 있을 것이다. 고대 세계에서 처음으로 남성들을 가르칠 수 있었던 여성들로 유력한 사람들은 부유한 사람들이었을 가능성이 높다.[106] 디모데전서 2:9는 여성들에게 그들 자신을 "땋은 머리와 금이나 진주나 값진 옷"으로 치장하지 말라고 권한다. 그레코-로마 사회의 부유한 여성들은 때로는 머리에 보석을 장식하는데 엄청난 시간을 할애하므로, 이러한 금지는 이러한 치장을 염두에 둔 것으로 보인다.[107] 교회 역사에 걸쳐서 그리스도인들은 그들이 예배를 위해서 "차려 입어야"한다고 종종 생각했지만, 무엇보다 교회는 화려한 옷을 과시하거나 인상적인 외모에 관심을 끄는 곳이 되어서는 안된다. 그러나 만일 교회가 진정으로 인류의 모든 단면을 대표한다면, 옷을 차려 입는 것은 부유한 사람들에게 부를 소유한 그들과 회중 내에서 가장 가난한 사람들 간의 격차에 더 많은 관심을 불러일으킬 수 있는 기회를 제공한다.

감독은 "돈을 사랑"해서는 안되며(3:3), 집사는 "부정적인 이익을" 추구

---

105 예를 들어, Thomas R. Schreiner, "Women in Ministry: Another Complementarian Perspective," in Beck, *Two Views on Women in Ministry*, 265-322를 참조하라.

106 Hoag, *Wealth in Ancient Ephesus and the First Letter to Timothy*, 86.

107 또한 Alicia J. Batten, "Neither Gold nor Braided Hair (1 Timothy 2.9; 1 Peter 3.3): Adornment, Gender and Honour in Antiquity," *New Testament Studies* 55 (2009): 484-501을 참조하라.

해서는 안된다(8절).[108] 디모데전서 6장은 다시 돌아와서 이 주제에 관하여 아주 자세히 다룬다. 분명히 그것은 단순히 가설적인 사안이 아니라 공동체에 있었던 실제적인 문제였다. 거짓 가르침의 일부는(또는 적어도 거짓 가르침의 동기) "경건이 큰 이익이" 된다(6:5)는 잘못 취해진 개념과 관련이 있다.[109] 대신에, 우리는 기본에 만족해야 한다(6-8절). "부하려는 자들"은 온갖 유혹에 빠진다(9절). 이 단락은 비록 대개 잘못 인용되거나 부분적으로만 인용되었지만, 이 단락은 목회서신에서 가장 잘 알려진 진술들 가운데 하나로 끝난다. 돈은 모든 악의 근원이 아니다. 사실 돈을 사랑하는 것이 모든 악의 근원은 아니다. 오히려 "돈을 사랑함이 일만 악의 뿌리"이다(10절, "the love of money is *a* root of *all kinds* of evil").[110] 그럼에도, 이렇게 분명하게 밝힌 다음에도, 이 경고는 여전히 강력하게 남아 있다. 신자는 물질을 많이 획득하여 소유할 필요가 없다. 단순히 물질을 얻고자 하는 끊임없는 욕구는 일반적으로 한 사람의 삶에 큰 피해를 가져다준다.

우리는 17-19절에서 부에 대한 기독교적 접근에서 필요한 균형을 포착한다. 이러한 균형을 가지고 있는 사람들은 물질의 덧없음을 인지해야하며, 물질이 항상 그 자리에 있어서 도움을 줄 것이라고 신뢰하지 말아야 한다(17a절). 대신에, 그들은 관대하게 자신의 것을 주는 자선 행위를 포함하여 선행을 베풀 때 넉넉한 마음을 가져야 한다(18절). 여기에서 Q 12:33을 연상시키는 언어를 떠올리는데, 그들은 장래에 그들 자신을 위한 보물을 쌓아 올려야한다(19절).[111] 그럼에도, 재물에 대한 이러한 염려 한 가운데 위치해

---

108 아이스크로케르데이스(*Aischrokerdēs*) 또는 "뻔뻔하게 돈을 탐하는"(BDAG,29). "사회적으로나 도덕적으로나 받아들일 수 없는"이라는 의미와 관련된 아이스크로스(*aischros*)의 의미에 근거하여, 항상 부정적인 이득을 의미할 필요는 없으며 오히려 계속 더 많이 모으려는 강박적인 욕망을 가리킨다. CEB, CSB, NET, NKJV, 그리고 NRSV와 같은 영역본들은 모두 아이스크로케르데이스(*Aischrokerdēs*)를 단순히 "돈에 대한 탐심"으로 번역한다.

109 Thornton, *Hostility in the House of God*, 81.

110 특히, Witherington, *Letters and Homilies for Hellenized Christians*, 1:287을 참조하라.

111 고린도전서 4:1-5를 참조하라. 예수님의 종의 비유들과 바울의 재산 관리자 은유와 마찬가지로, 관대한 청지기직은 물질적으로 복 받은 사람들에게 중심적인 임무가 된다. 더 나아가, F.

있는 짧고도 놀라운 구절은 다음과 같이 기록되어 있는데, 하나님은 바로 "오직 우리에게 모든 것을 후히 주사 누리게 하시는" 분이시라고 소개한다(17b절). 다른 말로 표현하자면, 우리가 하나님 앞에 진정으로 후한 것이 무엇인지 결정하고 헌신적인 기부자로서 좋은 습관을 형성하였다면, 우리는 하나님께서 공급하시는 나머지를 자유롭게 누릴 수 있다.[112] 목회서신은 어떠한 극단적인 자기부인과 금욕주의를 요구하지 않는다.

디모데후서 3:2는 "말세에 고통하는 때"(1절)를 나타내는 죄들에 대한 장황한 설명 가운데 "돈을 사랑"하는 자들에 대한 개념을 다시 소개한다. 디도서 1:7은 부정직한 이득 취하는 것을 피하라는 내용이 다시 나오는데, 이번에는 좋은 집사를 선택하는 기준이 아니라 장로들에게 요청하는 맥락 속에서 언급되었다. 11절은 우리가 의심쩍어 했던 것이 디모데전서에 나오는 경우라는 것을 명시하는데, 그레데의 일부 거짓 교사들은 부정적하거나 사회적으로 용납될 수 없는 이득을 구하였다.[113] 우리는 에베소와 그레데에서 거짓 가르침의 유대적 요소들이 분명이 존재한다는 것을 보았지만, 유대인들은 교사들이 사역을 위해 돈 버는 것을 거의 허용하지 않는다. 그들은 이중 직업을 가져야 했다. 한편, 순회하는 그레코-로마 연설가들은 웅변을 하기 위해서 정기적으로 많은 금액을 지불하였다. 그래서 그레데의 이단이 혼합주의가 아닐지라도, 그것을 조장하는 동기들 가운데 일부는 혼합주의적이었던 것으로 보인다.

Alan Tomlinson, "The Purpose and Stewardship Theme within the Pastoral Epistles," in Köstenberger and Wilder, *Entrusted with the Gospel*, 52-83을 보라.

112 아브라함 말허비(Abraham J. Malherbe, "Godliness, Self-Sufficiency, Greed and the Enjoyment of Wealth: 1 Timothy 6:13-19, Part II," *Novum Testamentum* 53 [2011]: 73-96)는 이것이 그레코-로마 시대의 환경 안에서 17-19절의 가장 독특한 요소임을 보여주며, 18절의 부정사들은 부의 기쁨을 구성하는 중요한 요소가 부의 자애로운 사용임을 설명하면서, 17절에 나오는 "우리의 기쁨을 위하여"(헬라어 성경에는 *εἰς ἀπόλαυσιν*로 기록되었고, NIV는 "for our enjoyment"로 번역하였다-옮긴이)라는 전치사구와 병치를 이룬다고 제안한다.

113 디도서 1:7과 11절에서, 헬라어로 사용된 단어는 아이스크로스 케르도스(*aischros kerdos*)인데, 이는 디모데전서 3:8에 나온 합성 명사 아이스크로케르데이스(*aischrokerdēs*)를 만든 형용사와 명사이다. 그러나 의미론적 범위는 동일한 것으로 보인다.

누가복음이 독자들에게 부의 위험에 대해 가장 많이 경고한 복음서였던 것처럼, 목회서신도 유사한 경고가 각 서신의 일부를 형성한다.[114] 사실, 디모데전서와 디모데후서, 디도서의 주요 주제에 대한 우리의 조사가 끝나기 전에, 우리는 누가가 축적해 놓은 지배적이고 독특한 주제들과의 유사점들을 볼 수 있는데, 구원자이신 하나님과 예수님, 주님이신 그리스도, 승천과 부활에 대한 초점, 로마보다는 유대인에게서 오는 심한 반대, 율법의 옳고 그른 사용(예수님 안에서의 성취 vs 토라에 대한 변함없는 순종), 박해와 고난, 여성의 역할에 대한 초점, 그리고 소유하기를 좋아하는 부패한 세력에 대한 관심이 그러한 것들이다. 그리고 성취에 관한 정확한 언어가 누락될 지라도, 모든 지점에서 핵심적인 구약성경의 기초가 존재한다. 그러나 우리는 아직 이러한 유사점들을 철저하게 다루지는 않았다.

교회론

학자들이 목회서신과 신약성경의 다른 부분들, 특히 논쟁의 여지가 없는 바울 서신들과의 큰 차이점을 종종 주장해 온 주요 영역들 가운데 하나는 교회론이다. 일반적으로 학자들은 한 명의 카리스마 넘치는 지도자에 의해서 자유분방하고 형태가 없는 공동체에서 성장하고 구조가 갖추어진 기관으로 발전하였다는 막스 웨버(Max Weber)의 유명한 이론을 따르면서,[115] 목회서신이 초기 기독교의 제도화에 있어서 후대의 발전된 단계를 보여준다고 가정하였다.[116] 그러나 이 이론은 목회서신에서 교회 구조의 주요 특징들

114 고린도전서와 고린도후서만이 바울 서신 내에서 이 주제에 관한 자료 비율이 거의 같지만, 이 서신들은 자료들 가운데 상당 부분을 경고 형태로 공표하지 않는다.

115 Max Weber, *On Charisma and Institution Building: Selected Papers*, ed. S. N. Eisenstadt (Chicago: University of Chicago Press, 1968).

116 Classically Käsemann, "Paul and Early Catholicism," 236-51.

을 과장하고 바울 서신에 있는 교회 구조에 대한 핵심 힌트들을 무시할 때에만 작용한다.[117] 그러나 실제적으로 목회서신이 바울 서신의 나머지 부분보다 사도행전에 나오는 누가의 내러티브와 더 일치하는 것처럼 보이게 만드는 몇 가지 변화들이 있다.

교회 정치

목회서신에서 다루어진 교회 정치의 가장 주목할 만한 특징들은 디도서 1:5-9에 나오는 감독자들과 동일한 직무로 보이는 장로에 대한 기준의 유사한 목록과 함께, 디모데전서 3:1-13에 나오는 감독자들과 집사들을 선택하는 세부적인 기준이다. 우리가 보았듯이, "감독자들과 집사들"은 빌립보서 1:1에 나오지만, 논쟁의 여지가 없는 바울 서신의 어디에도 장로들은 등장하지 않는다. 그러나 사도행전 14:23은 바울과 바나바가 초기 선교 여행 동안에 개척했던 모든 교회에 장로들을 임명하였다고 관찰하지만, 일곱 사람을 임명하는 내용이 나오는 사도행전 6:1-6은 초기 기독교 공동체에서 가난한 사람들에게 돈과 음식을 제공하는 섬김의 사역을 가리킬 때 다이코네오(*diakoneō*, 2절) 동사를 한 번 그리고 디아코니아(*diakonia*, 1-4절)를 두 번 사용한다.[118] 이것은 훗날, 60년대 초반에 쉽게 자리를 잡아갔던, 조금 더 공식적으로 명명된 집사(*diakonos*) 직분의 선례를 만든 것으로 널리 알려졌다.[119] 장

117 특히, Ronald Y. K. Fung, "Charismatic Versus Organized Ministry: An Examination of an Alleged Antithesis," *Evangelical Quarterly* 52 (1980): 195-214를 보라. 영(Young, *Theology of the Pastoral Epistles*, 83)은 다음과 같이 설명한다. "이 서신들에서 신조적인 정통(creedal orthodoxy)에 대한 언급이 없으며, 이단을 피하고 전통이 유지되어야 한다는 권면을 제외하고는 감독의 권위에 의해 믿음이 부과된다는 암시가 거의 없다는 것을 나는 제안한다. 오히려 지배적인 관심은 공동체 안에서 올바른 관계, 임무, 의무에 대한 것인데, 그 자체를 다양한 행위와 권위 있는 기록이 있는 교육 환경으로 간주한다."

118 Wilson, *Luke and the Pastoral Epistles*, 117. Craig L. Blomberg, *Neither Poverty nor Riches: A Biblical Theology of Possessions* (Grand Rapids: Eerdmans; Leicester: IVP, 1999; Downers Grove, Ill.: IVP, 2001), 167-69를 참조하라.

119 C. K. Barrett, *A Critical and Exegetical Commentary on the Acts of the Apostles*, 2 vols.

로들은 유대교와 그레코-로마 세계에서 모두 확립되어 있던 역할이었고, 집사는 나중에 필요에 따라 장로들을 돕기 위해 유대교에서 만들어진 7일 임시 위원회와 최소한의 유사성을 지닌다(행 6:3).[120]

어떤 사람들은 3:1의 단수 형태로 표기된 "감독"이 2세기 초에 발전하기 시작했던 것과 같은, 한 주교가 자신의 관할 하에 여러 교회가 있는 지역을 관할하는 군주제의 주교제도(monarchical episcopacy)를 가리킨다고 주장하지만,[121] 이러한 생각은 모든 마을에 "장로들"(복수 형태)이 임명되었다는 사실이 암시되어 있는 디도서 1:9와의 유사성 때문에 설득력을 잃는다. 대신에 이러한 모델은 사도행전 20:17-35에 묘사된 것과 동일해 보이는데, 여기에서 장로들과 감독자들이라는 용어는 서로 바꾸어 사용할 수 있으며, 각 지역 공동체는 다양한 가정 교회 지도자들이 각 도시에 존재했던 것처럼, 그 직분을 가지고 있는 여러 사람들을 보유하고 있었다.[122]

가르치는 장로와 치리 장로 사이의 장로교적 구분도 면밀한 조사를 견디지 못한다. 말리스타(*malista*)에 대해서 여기 그리고 목회서신의 다른 네 곳에서 "특히"라는 의미로 번역될 수 있고, 이것이 가장 일반적인 의미인 것이 사실이다. 그러나 스킷(T. C. Skeat)은 목회서신에서 사용된 특별한 용례들 안에서 이 단어가 "즉"(또는 "구체적으로")이라는 의미를 지니고 있다는 설득력 있는 주장을 펴왔다.[123] 이 의미에 대한 가장 분명한 예는 디모데전서 4:10

(Edinburgh: T&T Clark, 1994-98), 1:314.

120 I. Howard Marshall, *The Acts of the Apostles* (Leicester: IVP; Grand Rapids: Eerdmans, 1980), 126.

121 예를 들어, Hans von Campenhausen, *Ecclesiastical Authority and Spiritual Power of the Church in the First Three Centuries* (Stanford: Stanford University Press, 1969; repr. Peabody, Mass.: Hendrickson, 1997), 107-8.

122 Wilson, *Luke and the Pastoral Epistles*, 60-61.

123 T. C. Skeat, " 'Especially the Parchments': A Note on 2 Timothy IV.13," *Journal of Theological Studies* 30 (1979): 173-77. Vern S. Poythress, "The Meaning of μάλιστα in 2 Timothy 4:13 and Related Verses," *Journal of Theological Studies* 53 (2002): 523-32; 그리고 Hong Bom Kim, "The Interpretation of μάλιστα in 1 Timothy 5:17," *Novum Testamentum* 46 (2004): 360-68에서 이 주장에 반박하기 위하여 설득력 없는 시도를 한다.

에 나오는데, 여기에서 하나님은 "모든 사람 특히 믿는 자들의 구주"로 소개된다. 그러나 하나님은 모든 사람을 구원하시지 않는다. 그러나 만약 "특히"라는 표현이 "즉" 또는 "구체적으로"라는 표현으로 대체된다면, 이 문장은 이해가 된다. "모든 사람들"은 구체적으로 신자인 것이다. 5:8은 친족 부양에 대해 이야기하는데, 특히 가족 구성원들을 가리킨다. 그러나 조금 더 일반적으로 반드시 "친척"을 의미하는 헬라어 단어가 아니라, "자기 자신의"(톤 이디온, *tōn idiōn*)라는 표현을 사용한다. 그래서 "즉" 또는 "구체적으로"라는 표현을 [확장된] 가정 구성원을 가리키기 위해서 덧붙임으로써 누구인지 구체화하는 것이 조금 더 이해가 된다. 디모데후서 4:13에서 저자가 "책은 특별히 가죽 종이에 쓴 것을 가져오라"라고 부탁할 때, 이 표현은 문서들의 더 크고 작은 뭉치를 각각 가리킬 수 있지만, 문맥상 두 개의 분리된 그룹을 염두에 두었는지에 대해서 어떠한 암시도 나오지 않는다. "즉" 또는 "구체적으로"라는 표현이 자연스러울 것이다. 마지막으로, 디도서 1:10에서, 할례 받은 그룹은 반역적인 사람들의 부분집합일 수 있지만, 여기에서는 마찬가지로 누구를 가리키는지 쉽게 구체화할 수 있다. 이러한 관점으로 볼 때, 디모데전서 5:17에서 장로들은 "말씀과 가르침에 수고하는 이들"을 가리킬 가능성이 높아 보인다. 이는 감독 또는 장로가 될 수 있는 바로 그 기준 가운데 하나가 바로 가르치는 능력이라고 소개하는 3:2와 일치한다. 이러한 임무가 주어진 모든 지도자가 가르칠 책임을 지니고 있지 않았다면 이러한 것이 규정될 가능성은 적다.[124] 헬라어 성경에서 말리스타(*malista*)가 유사한 의미를 지닐 수 있는 유일한 다른 곳들은(비록 "즉"보다는 "구체적으로"라는 의미를 조금 더 보여주지만) 목회서신에 나오는 다섯 용례처럼 분명하지는 않지만, 사도행전 20:38, 25:26, 그리고 26:3이다.[125]

---

124 Mounce, *Pastoral Epistles*, 174를 참조하라: "바울이 [가르치는] 은사에 능동적으로 참여지 않고, 그 은사를 수동적으로 소유하는 것을 용납한다고 보기는 어렵다."

125 Barrett, *Critical and Exegetical Commentary on the Acts of the Apostles*, 2:1149-50을 참조하라.

사도행전과 목회 서선에서 또 다른 유사점이 분명히 나타나는데, 디모데전서 5:3-16에 나오는 에베소의 가난한 그리스도인 과부에 대한 관심은 사도행전 6:1-6에 나오는 헬라파 유대인 출신의 가난한 그리스도인 과부에 대한 관심과 일치한다.[126] 디모데전서 4:14에 나오는 영적 은사들의 맥락 속에서 예언에 대해 언급한 사실은 고린도전서 12-14장의 조금 더 "은사주의적" 시대가 아직 지나가지 않았다는 것을 보여준다. 그것이 또한 장로들의 안수와 관련된 맥락 속에서 언급되었다는 것은, 필요하긴 할지라도, 반드시 안수식(ordination service)을 의미할 필요는 없다. 5:22와 디모데후서 1:6에서도 마찬가지이다. 그러나 흥미롭게도 바울의 나머지 서신에서 우리는 안수식에 대해서 한 번도 읽어보지 못하지만, 사도행전에서는 적어도 여섯 번 나타나는 별도의 예들을 확인한다(행 6:6; 8:17-19; 9:12, 17; 13:3; 19:6; 그리고 28:8).[127] 벤자민 머클(Benjamin Merkle)은 바울의 초기 서신으로부터 조직화된 구조의 약간의 발전이 있을 수 있지만, 목회서신을 사역의 급진적인 제도화로 특징짓는 것은 불공평하다고 올바르게 결론 내린다.[128]

선교와 증인

만일 사도행전이 무엇보다 복음 증거와 선교에 관한 책이며 누가복음의 전체적인 개요가 이러한 사실을 강조하기 위해 짜여 있었다면, 목회서신은 누가의 이러한 강조들과 잘 맞는다. 에베소와 그레데의 거짓 교사들을 근절시켜야 하는 주된 이유는 그들이 "믿음 안에 있는 하나님의 경륜을 이룸보다 도리어 변론을" 내려하기 때문이다(딤전 1:4). 부르주아 기독교로 희화화

126 Davies, *Pastoral Epistles*, 84를 참조하라.

127 Johnson, *First and Second Letters to Timothy*, 253을 참조하라. 안수는 "권력의 이전을 상징하는 제스처로서" 구약성경에 뿌리를 두고 있다. 존슨은 여기에서 출 29:10; 레 1:4, 4:15, 16:21; 민 8:10; 27:18-23; 그리고 신 34:9를 인용한다.

128 Benjamin J. Merkle, "Ecclesiology in the Pastoral Epistles," in Köstenberger and Wilder, *Entrusted with the Gospel*, 173-98.

되었을 주된 이유는 전도 때문이다.[129] 불필요하게 문화적으로 심기를 불편하게 하지 않는 것은 하나님을 기쁘시게 하는데, "하나님은 모든 사람이 구원을 받으며 진리를 아는 데에 이르기를" 원하신다(2:4; 겔 18:23을 참조하라). 물론, 목회서신이 어떤 특정 사회 집단들의 문화에 대해 평가하는 것을 반대하면서 보여주듯이, 이는 단순히 그 문화의 가치에 동의한다는 것을 의미하지 않는다.[130] 교회의 긍정적인 복음 증거에도 불구하고, 모든 사람이 하나님의 놀라운 구원을 받아들이지 않겠지만, 하나님은 여전히 그들이 구원받기를 바라신다. 바울은 이러한 목적을 위해 "전파하는 자와 사도로 세움을 입은 것은 참말이요 거짓말이 아니니 믿음과 진리 안에서 내가 이방인의 스승이 되었노라"라고 진술한다(7절). 그는 마을에서 복음을 외치는 자이며, 선교사 또는 교회 개척자이며, 유대 세계 밖의 사람들에게 특별한 부르심을 촉구하는 교사이다(행 9:15를 참조하라).[131] 예수님은 "만국에서 전파되시고" "세상에서 믿은 바" 되시는데(딤전 3:16), 이러한 추세는 계속되어야 한다. 디모데는 자신과 그의 청중을 구원하기 위해 그리스도인의 행동과 교리를 꾸준히 가르쳐야 한다(4:16).

디모데후서 전체의 주제 진술(thesis statement)로 생각해볼 수 있는 말씀은 "또 네가 많은 증인 앞에서 내게 들은 바를 충성된 사람들에게 부탁하라 그

129 실제로, 치아오 에크 호(Chiao Ek Ho, "Mission in the Pastoral Epistles," in Köstenberger and Wilder, *Entrusted with the Gospel*, 241-67)는 부르주아 기독교가 아닌 선교가 이 서신들의 윤리를 특징 짓는다는 사실을 보여준다.

130 David W. Pao, "Let No One Despise Your Youth: Church and the World in the Pastoral Epistles," *Journal of the Evangelical Theological Society* 57 (2014): 743-55를 보라. 그는 디모데를 향하여 바울이 연소함을 업신여기지 말라고 권면한 것을 명예/수치(honor/shame)의 언어적 맥락 속에 위치시키며, 이것은, 과부를 존중하는 것처럼, 바울이 사회가 과소평가하는 사회 그룹(여기에서는 젊은이들)을 존중하라고 요청하는 한 가지 예라고 주장한다.

131 바울에 대한 묘사를 할 때 사도행전과 목회서신에 나타나는 유사성에 관하여, Jens Schröter, "Paul the Founder of the Church: Reflections on the Reception of Paul in the Acts of the Apostles and the Pastoral Epistles," in *Paul and the Heritage of Israel: Paul's Claim upon Israel's Legacy in Luke and Acts in the Light of the Pauline Letters*, ed. David P. Moessner, Daniel Marguerat, Mikeal C. Parsons, and Michael Wolter (New York: T&T Clark, 2012), 219를 보라.

들이 또 다른 사람들을 가르칠 수 있으리라"(2:2)라는 구절이다.[132] 일부 주석가들은 이 신뢰할만한 사람들을 장로들이나 감독들과 동일시하지만, 이 짧은 편지에는 실제적으로 이것을 암시하는 내용이 전혀 없다. 장로들은 가르칠 능력이 있어야 하지만, 가르치는 은사를 가진 모든 사람이 장로가 되는 것은 아니다. 더 중요한 것은, 기독교 교회의 목표는 교회 성장과 더 많은 사람들을 주님께로 인도하는 것이기 때문에, 교회는 다음 세대 지도자들과 신자들에게 믿음의 토대가 되는 가르침을 계속해서 전수해야만 한다(또한 4:2를 참조하라). 디도서도 순종하라는 반복적인 명령을 통해서 이것이 그가 처해 있는 상황 속에서 외부인들에게 믿음을 매력적으로 유지하는 방법임을 밝힌다. 바울은 다른 사람들이 예수님을 인격적으로나 내면적으로 더 많이 알게 된다면 여러 외부적인 고난을 기꺼이 참고 견딜 수 있다. 데이빗 파오(David Pao)의 결론은 정확하면서도 균형 잡혀 있는 것으로 보인다. "디모데전서에서 바울의 입장은 단순히 합의나 전복(accommodation or subversion)으로 간주되어서는 안된다. 대신에 그는 그리스도인들이 지배적인 문화와 공유할 수 있는 수용된 이상들(the accepted ideals)을 초월할 뿐만 아니라, 그리스도인들이 버려야 할 관행과 사회적 규범에 도전하는 변화를 요청한다."[133]

종말론

우리가 성취라는 제목 아래 보았던 내용 대부분은 넓은 의미에서 종말론이라고 생각할 수 있지만, 그것은 단지 그리스도의 초림만을 포함하였다. 우리가 여기에서 다루는 것 중에서 일부는 그리스도의 초림으로 시작하지

132 1장은 완전히 서론이다. 2:1-4:8로부터 우리는 더 법률적 어조(legal tone)를 지닌 공식적인 작별인사나 마지막 유언을 발견한다. 이 구절들은 디모데의 책임을 요약한다. 더 나아가, Quinn and Wacker, *First and Second Letters to Timothy*, 633-36을 참조하라.

133 Pao, "Let No One Despise Your Youth," 755.

만, 여기에서 언급된 모든 것은 그의 재림에서 절정을 이루거나 그것을 독점적으로 다룬다. 누가복음과 목회서신은 그리스도의 재림이 분명히 지연되었을 때 초기 보편주의 시대를 대변하는 임무를 맡아왔다.[134] 이러한 방향으로 나아가는 약간의 경향성이 있긴 하지만, 우리는 이러한 임무가 과장되었다는 사실을 누가복음-사도행전에서 보았다. 목회서신에서도 마찬가지이다. 앞서 언급한 바와 같이, 디모데전서 4:1은 당시 에베소 교회를 괴롭히는 거짓 교사들이 "후일에" 일어날 것이라는 성령의 예언을 인용한다. 다른 말로 이야기하자면, 목회서신이 기록되었을 때 마지막 날이 이미 시작된 것이다. 디모데후서 3:1은 동일한 관점을 고취시킨다. 사람들은 "마지막 날"에 온갖 종류의 끔찍한 방식으로 살아갈 것이지만, 사실 이것들은 에베소 안팎에서 일어나고 있는 바로 그 행동들이다.[135] 이러한 날들은 일부 그리스도인들이 30년대에 기대했던 것보다 더 지속될 수 있지만, 60년대에는 신자들이 한 명씩 이 세상을 떠나갔고, 이에 따라서 다른 신자들은 예수님의 재림 전에 더욱 더 지속될 교회 역사의 시기를 직면하게 되었다. 디모데전서 5:25는 이러한 모호성을 반영한다. "이와 같이 선행도 밝히 드러나고 그렇지 아니한 것도 숨길 수 없느니라." 물론 사람의 일생동안 가끔씩은 선한 행위와 악한 행위 모두가 숨겨질 수 있으므로 본문은 심판의 날을 내다 보아야 한다. 그날은 연기될 수 있지만, 무기한은 아니다.[136]

디모데전서 6:14-15는 바울이 디모데에게 신실함을 유지하라고 명한 것

134 특히, Hans Conzelmann, *The Theology of St. Luke* (New York: Harper & Row, 1960; London: Faber & Faber, 1961), 98-131을 보라. 디벨리우스와 콘첼만(*Pastoral Epistles*, 41)은 보다 절제된 어조로 다음과 같이 표현한다. "의심할 여지없이 종말론적 존재에 대한 변증법은 더 이상 원래의 날카로움으로는 이해되지 않는다."

135 윌슨(Wilson, *Luke and the Pastoral Epistles*, 16-17)은 마지막 때를 전체적인 교회 시대와 동일한 것으로 보았으며, 이러한 관점은 사도행전 3:17 그리고 아마도 1:8에서 누가가 내다본 것과 정확히 일치한다.

136 따라서 다이빗 다운스(David J. Downs, "'Early Catholicism' and Apocalypticism in the Pastoral Epistles," *Catholic Biblical Quarterly* 67 [2005]: 641-61)는 초기 보편주의와 묵시론적 관점은 상호 배타적인 범주들이 아니라는 것을 보여준다.

처럼, 이러한 균형을 훌륭하게 포착한다. "우리 주 예수 그리스도께서 나타나실 때가지 흠도 없고 책망 받을 것도 없이 명령을 지키라 기약이 이르면 하나님의 그의 나타나심을 보이시리니 하나님은 복되시고 유일하신 주권자이시며 만왕의 왕이시며 만주의 주시요." 즉각적이거나 지연된다는 의미가 아니라 하나님의 주권적인 타이밍이라는 의미가 모든 가능성을 허용한다.[137] 한 단락 뒤에, "장래"에 대한 언급이 나오는데, 이 때에 신자들은 "자기를 위하여 좋은 터를 쌓아 참된 생명을" 취할 것이다(19절). 그것은 특히 그리스도인들이 청지기 직분을 수행하면서 선한 행위를 할 수 있도록 동기부여할 수 있기에 충분할 만큼 근접해야 하지만, "보석을 쌓는 것"은 여전히 일정 시간이 경과해야 할 필요가 있다는 것을 암시한다.[138] 이 시간이 짧든지 길든지, 디모데는 하나님께서 "의탁한 것을 그날[주의 날 또는 심판의 날]까지…능히 지키실 줄을 확신"해야만 한다(딤후 1:12). 또한 "그날"은 기독교적 믿음을 가지고 자비의 행실을 보여주는 신자들에게 자비가 임할 날이기도 하다(18절). "택함받은 자"는 "영원한 영광"을 얻을 것이다(2:10).

디모데후서 4:1은 독자들에게 산 자와 죽은 자 모두가 심판의 때를 기다리고 있음을 상기시킨다. 디모데후서 4:8에서 신자들은 "주의 나타나심을 사모하는" 자들로 묘사된다. 이 사람들은 "의로우신 재판장"(8절)이신 예수님으로부터 "의"의 면류관 또는 상을 받을 것이다.[139] 잠언 16:31은 백발을

137 "디벨리우스-콘첼만은 자신들의 저서 89페이지에서 그 효과는 임박성의 의미를 잃는 것이지만, 묵시적 일정표가 오직 하나님에게만 알려졌다는 믿음은 이러한 추론을 허용하기에 너무 진부하다고 말한다." Marshall with Towner, *Critical and Exegetical Commentary on the Pastoral Epistles*, 666.

138 소아시아 전역의 아데미 신전의 중요한 보물과 함께, 에베소는 또한 현세에 자신을 위하여 보물을 쌓아두는 바로 그 장소이기도 했는데, 이는 디모데전서의 가르침과 현저한 대조를 이룬다. Hoag, *Wealth in Ancient Ephesus and the First Letter to Timothy*, 206-7을 보라.

139 신자들이 무언가에 관한 면류관을 받는다고 이야기하는 목회서신의 다섯 구절들은(의로움, 자랑, 소망, 영광, 생명) 그 위에 무언가를 더한 것이 아니라, 온전한 영생을 가리키는 것으로 이해되어져야 한다. Craig L. Blomberg, "Degrees of Reward in the Kingdom of Heaven?" *Journal of the Evangelical Theological Society* 35 (1992): 163-64와 거기에 인용된 문헌을 보라.

"공의로운 길에서" 얻는 "영화의 면류관"이라고 언급하면서 "의의 면류관"이라는 표현의 배경이 되는가? 바울 역시 자신에게 죽음이 임박했음을 깨닫고, 그에게 주어질 면류관을 기다린다. 4:18의 전반부에서 "주께서 나를 모든 악한 일에서 건져내시고"라고 선언할 때, 다르게 암시하는 것처럼 보일 수 있다. 그러나 이 구절의 후반부는 저자가 이 구원을 주님께서 그를 안전하게 "천국에" 인도하는 것으로 정의하기 때문에, 이러한 오해를 불식시킨다. 디도서 2:12-13에서 우리는 "이 세상"에서 경건하게 살아가지만, "복스러운 소망과 우리의 크신 하나님 구주 예수 그리스도의 영광이 나타나심"을 기다린다.

이 중에서 어떤 것도 그 소망이 사그라진다고 말할 수 없지만, 동시에 기다림의 기간이 있을 것이라는 것을 인지한다.[140] 특히 에베소의 거짓 교사들은 "부활이 이미 지나갔다"(딤후 2:18)라고 주장하면서 "거짓된 지식"(딤전 6:20), 즉 지나치게 실현된 종말론(overly realized eschatology)에 몰두하였을 것이다.[141] 이에 대한 반응으로, 목회서신은 "구원과 새로운 삶의 방식을 소개했던" "그리스도의 사건으로 인한 시대적인 변화"를 강조하면서 반박한다. "신현"(epiphany)에 대한 강조는 현재 우리가 "이 시대와 다가올 시대 사이"를 살아가고 있다는 사실을 강조하면서도, "파루시아에 대한 생생한 소망은 긴장의 요소가 되며 그리스도의 재림에 대한 소망이 이 시대에도 여전히 현존한다는 사실을 보여준다."[142]

---

140 더 나아가서, Matthew Y. Emerson, "Paul's Eschatological Outlook in the Pastoral Epistles," *Criswell Theological Journal* 12 n.s. (2015): 83-98을 보라. 매튜 이머슨(Matthew Y. Emerson)은 이 서신들에서 나머지 신약성경에 공통적으로 나오는 "이미 그러나 아직"(already but not yet)의 긴장을 발견한다.

141 "이렇게 인지된 종말론적 실존의 한 요소는 해석학적 자각(hermeneutical awakening)일 수 있다. 이 대적자들은 자신들이 부활 안에 살아가고 있다고 생각하였기 때문에, 이들은 성경을 이해할 때 다른 사람들이 볼 수 없는 것들을 볼 수 있는 눈이 있다고 생각하였다(딤전 1:3-4, 7)" Thornton, *Hostility in the House of God*, 87.

142 Philip H. Towner, *The Goal of Our Instruction: The Structure of Theology and Ethics in the Pastoral Epistles* (Sheffield: JSOT Press, 1989), 249. 데이비스(Davies, *Pastoral Epistles*, 52)는 목회서신의 관점은 "현재 부활한 생명이 아니라 현재적 구원"을 확증하는 것이라고 훌

조금 더 독특한 주제들

만일 디모데전후서와 디도서와 같은 문서들이 예수님의 생애나 교회 역사의 1세대의 역사적 내러티브라기보다, 다름 아닌 서신이라고 한다면, 이 목회서신의의 핵심 주제가 누가-사도행전의 주제와 일치할 것이라고 기대하기는 어려운 것이다. 다음 세 가지 독특한 주제는 학자들의 관심을 받았으며, 여기에서 언급되어야 한다.

건전한 교리

헬라어 단어 디다스칼리아(*didaskalia*)는 신약성경에서 10회 나오며, 그 중에서 9회가 목회서신에서 나온다(유일한 예외는 롬 12:7이다). 주요 번역본들은 일반적으로 이 단어를 "가르침" 또는 "교리"로 번역한다(딤전 1:10; 4:13, 16; 5:17; 6:3; 딤후 3:10; 딛 1:9; 2:1, 7을 보라). 이러한 예들 가운데 세 구절에서, 이 용어는 휘기아이노(*hygiainō*, 딤전 1:10, 딛 1:9; 2:1; "건강한" 또는 "건전한"을 의미함)의 분사 형태에 의해 수식된다. 이 표현은 정통 교리가 확정되고, "믿음"(목회서신에서 헤이 피스티스[*hē pistis*]의 형태에 관하여, 딤전 3:9; 4:1, 6; 5:8; 딤후 3:8; 4:7; 딛 1:13; 2:2를 보라)이 참된 교리의 보증으로 여겨지던 이후의 시기를 반영할 수 있다고 알려져 있다.[143] 그러나 동일한 형식과 의미가 사도행전 6:7과 13:8 뿐만 아니라, 바울 저작으로 인정되는 서신들 전반에 걸쳐 나온다. 게다가, 그리스도인들은 논란의 여지가 없는 바울 서신들(the undisputed letters of Paul)이 기록되기 전부터 정통 기독교의 신조나 고백을 작성하고 있었다.[144]

륭하게 요약한다.

143 예를 들어, James W. Aageson, *Paul, the Pastoral Epistles, and the Early Church* (Peabody, Mass.: Hendrickson, 2008), 207-8; Frank J. Matera, *New Testament Theology: Exploring Diversity and Unity* (Louisville: Westminster John Knox, 2007), 245-49.

144 Larry W. Hurtado, *Lord Jesus Christ: Devotion to Jesus in Earliest Christianity* (Grand Rapids: Eerdmans, 2003), 146-49

경건

유세베이아(*eusebeia*, "경건")는 우리가 이번 장에서 고찰하고 있는 세 가지 서신에 나오는 지배적이면서도 독특한 용어이며, 이 덕목은 종종 목회서신이 반영하였을 부르주아 기독교와 관련되어 있다.[145] 다시 말해서, 여기에서는 표준적인 그레코-로마 시대의 종교적 및 철학적 헌신에서부터 정직하고 건전하고 윤리적인 삶에 이르기까지 거의 차이가 없는 것으로 알려져 있다. 이 용어는 헬레니스틱 유대주의를 반영하는 마카비 4서에 퍼져 있지만(49회), 70인경에서는 에스드라 1서, 마카비 2서, 마카비 3서, 잠언, 솔로몬의 지혜서, 시락서, 그리고 이사야서와 같은 곳에서 11회 밖에 나오지 않는다. 목회서신에서 10회 나오는 한편(딤전 2:2; 3:16; 4:7, 8; 6:3, 5, 6, 11; 딤후 3:5; 딛 1:1), 신약성경의 다른 곳에서는 5회 나오는데 그 중에서 4회가 베드로후서에 나온다. 남은 한 구절은 사도행전 3:12인데, 여기에서 베드로는(누가가 그의 설교를 번역한 것처럼) 사도들의 능력과 "경건" 때문에 그가 기적을 행하여 다리를 저는 남성이 걸을 수 있게 되었다는 개념을 거부한다. 어원이 같은 형용사, 부사, 동사가 사도행전에서 3회, 목회서신에서 3회, 베드로후서에서 1회 나온다. 그러나 일부 헬라적 맥락 속에서 인본주의적 이상은 "하나님의 구원 행위에 비추어" 성취되었는데(이에 상응하는 유대적 정서는 필로의 글에서 이미 발견된다), 디모데후서 3:12에서 예상된 핍박의 상황을 고려할 때 반드시 평안한 삶을 암시하지는 않는다.[146] 목회서신 전반에 걸쳐서 묘사된 경건의 종류는 그레코-로마적 정황 속에서 기대되던 표준적인 경건을 유대적, 기독교적 방향으로 상황화(contextualization)한 것이라고 인지하는 것이 더 낫다.[147]

---

145 Dibelius and Conzelmann, *Pastoral Epistles*, 39.

146 Peter Fiedler, "εὐσέβεια, κτλ.," in *Exegetical Dictionary of the New Testament*, ed. Horst Balz and Gerhard Schneider (Grand Rapids: Eerdmans, 1990), 2:85.

147 John J. Wainwright, "*Eusebeia*: Syncretism or Conservative Contextualization?" *Evangelical Quarterly* 65 (1993): 211-24.

선한 행위들

"선행 행위들"이라는 표현은 항상 신자가 행하는 긍정적인 무언가를 의미하면서 목회서신에 13회 나온다. 그러나 신약성경 전체에 이와 유사한 표현들이 반복된다. 이 내용들에 대한 가장 불완전한 이해는 "선한 행위들"이라는 표현이 사용된 모든 경우를 바울이 어느 누구도 구원할 수 없다고 주장했던 "율법의 행위"와 동일시하는 것이다. 에베소서 2:8-9에서 믿음을 통한 은혜로 말미암아 얻은 구원에 대한 낭랑한 울림이 퍼져나가고 곧 이어, 우리가 바로 선한 행위를 위하여 창조된 하나님의 솜씨라고 상기시켜주는 표현이 나온다(10절). 빌립보서 2:12에서 신자들은 자신들의 구원을 이루어야 한다고 진술하며, 바로 다음 구절은 신자들에게 하나님께서는 그 구원을 이루시기 위해 그들 안에 역사하시는 분이심을 상기시킨다(13절). 디도서에서 주목할 만한 것은 기독교 윤리를 "선한 일"이라고 요약하는 3중 반복이다(2:14; 3:1, 8).[148] 그러나 이 반복되는 표현은 세 편의 목회서신 가운데 가장 바울이 했을 것 같은 진술들 가운데 하나인 "우리를 구원하시되 우리가 행한 바 의로운 행위로 말미암지 아니하고 오직 그의 긍휼하심을 따라 중생의 씻음과 성령의 새롭게 하심으로 하셨나니"(3:5)라는 맥락 속에 나타난다. 따라서 여기에서 바울서신과 목회서신 간의 간극을 벌어지게 하는 것은 불가능하다.[149] 유사하게도, 목회서신, 바울서신, 구약성경 모두가 행위에 따른

148 실제로, 2:14는 문자적으로 "선한 일에 열심이다"라고 해석할 수 있는데, 이것은 율법의 행위에 열심이었을 거짓 가르침의 유대적 요소에 대한 직접적인 대응일 수 있다. Benjamin J. Lappenga, " 'Zealots for Good Works': The Polemical Repercussions of the Word ζηλωτής in Titus 2:14," *Catholic Biblical Quarterly* 75 (2013): 704-18을 보라.

149 목회서신에서 선행에 관한 모든 긍정적인 언급은 사람이 어떻게 구원을 받는지를 보여주기보다, 오히려 "구원은 하나님의 은혜만이 효력을 나타낼 수 있는 죄와 악으로부터의 건지심에 우선적으로 달려 있으며, 의로운 행위에 대한 보상의 문제가 될 수 없다"(Young, *Theology of the Pastoral Epistles*, 28). 마테라(Matera, *New Testament Theology*, 252)는 목회서신의 저자를 익명으로 보지만, 여전히 바울의 가르침에 충실하며, "선한 행위를 위한 훈련"에 관한 탁월한 내용을 담아내고 있는 것으로 이해한다.

심판에 대해서 동의한다(딤후 4:14, 롬 2:6, 삼하 3:39).

목회서신, 그 이후

이미 2세기에 교회는 목회서신에 언급된 기초적인 제도화를 이해한 것으로 보이며, 그 이후의 궤적을 발전시켰으나, 더 자발적이고 유연하며 성령으로 가득 찬 모습과 제도화 간의 균형을 맞추는데 실패한 것으로 보인다. 하워드 마샬(I. Howard Marshall)은 이러한 가능성을 다음과 같이 잘 요약한다. "죽은, 자기성찰적인 정통성을 낳는 완고한 정통 제도화로 방향을 바꾸는 것과 그리스도인임을 알아볼 수 있는 것은 무엇이든지 잃어버릴 수 있다는 생각과 행동 안에서 이루어지는 열정적인 자유 속에 빠져드는 것 사이에서 균형을 맞추어 행동하기는 매우 어렵다." 마샬은 계속 이야기한다. "후기 교회들이 십자가의 그늘 아래에서 생동감 있는 제자도를 필요로 하는 요소들을 무시하면서까지 목회서신의 규율과 명령을 따르는 경향을 보이던 일이 있었는지 여부를 고려할 가치가 있다."[150]

결론

목회서신은 바울이 기록하지 않을 수 있는 내용이 포함된 것은 아니지만, 문체적으로나 개념적으로 그 내용들은 때때로 바울 서신보다 누가의 저술인 것처럼 보인다. 우리가 강한 확신을 가지고 이러한 사실을 알 수 있는 방법이 없지만, 바울이 누가에게 누가 자신의 스타일과 특유의 어휘와 신학

150 I. Howard Marshall, *New Testament Theology: Many Witnesses, One Gospel* (Downers Grove, Ill.: IVP, 2004), 418.

을 가지고 바울의 메시지를 기록할 수 있도록 자유를 주었다는 이론이 이러한 현상을 설명할 수 있다. 언뜻 보면, 이 세 편지들은 "성취"와 아무런 연관이 없어 보이는데, 사용된 단어들의 형태가 셈어적 영역에 포함되어 있지 않기 때문이다. 그러나 디모데전서, 디모데후서, 디도서는 유사하게도 하나님께서 이 세상을 다루시는 역사 가운데 예수님이 결정적인 순간에 등장하셔서 그의 재림 때까지 구체화되지 않은 기간 동안 연장될 수 있고 마지막 때라고 생각할 수 있는 새 시대로 안내하신다. 이 세 서신에는 성취에 대한 단어가 본문에 나오지 않을지라도 구약성경을 인용하거나 암시함으로 개념적인 성취에 대한 내용을 보여준다.

목회서신에 대한 귀납적 연구에서 나온 신학의 주요 범주들과 누가복음-사도행전에 대한 귀납적 연구에서 나온 결과를 비교할 때, 이 범주들은 놀라울 정도로 유사하다. 구세주이신 그리스도와 하나님께서 우리에게 주신 구원을 통하여 보여주신 것처럼, 하나님은 "우리의 구세주"이시다. 예수님은 주님이시며 메시아가 되신다. 목회서신은 율법의 올바른 사용과 그릇된 사용에 관한 것을 다루는데, 신자는 더 이상 율법의 세부 사항에 순종하지 않으며, 율법은 죄를 드러내며 도덕적인 안내를 제공하는 기능을 한다(이러한 관점은 바울서신의 내용과 매우 유사하다). 기도의 중요성과 통치자들에 대한 올바른 견해, 그리고 박해를 통해 얻을 수 있는 유익에 대한 기대, 그리고 고난의 신학과 같은 것들이 바로 유사한 점들이다. 누가복음은 여성이 종교 지도자의 역할을 할 수 있다는 암시를 가장 유리하게 보여주는 복음서로 종종 특징 지워지며, 목회서신은 여성들이 이러한 역할을 하는 것을 가장 반대하는 것으로 이해하는데, 조금 더 자세히 살펴보면, 누가는 완전한 평등주의 바로 앞에서 멈춰서는 반면, 목회서신은 상황과 공동체에 관하여 매우 가벼운 형태의 보완주의를 장려한다. 그래서 누가복음과 목회서신은 틀림없이 같은 곳에 그 근원을 두었을 것이다. 그것이 현대적인 보완주의 또는 평등주의로 번역되는지에 관한 여부는 곧 해결될 것 같지 않은 복잡한 주해적 논쟁에 달려있지만, 최소한 목회서신은 여성을 교회에서 권위 있는 가르침을 담당하는 “가장 높은” 직분에서 배제시키는 보완주의 형태를 정당화하는데 사용될 수 없다고 말하는 것이 안전하다. 또는 목회서신은 모든 남성이 남성이라는 이유만으로 가르칠 자격을 부여받는 것과 마찬가지로, 오직 “평등”을 위해서 여성에게 지도자 자리를 부여하도록 고취시키는 평등주의의 형태를 정당화할 수 없다. 무엇보다 바울의 관심사는 올바른 교리를 가르치는 것이며, 우리가 확신할 수 있는 관심사는 영원하고 보편적이다. 시대에 구애받지 않는 또 다른 사안은 부의 올바른 사용이며, 마찬가지로 이것은 누가복음-사도행전과 목회서신에 만연해 있다. 이 두 그룹의 글에 제시된 해결책은 금욕주의가 아니라 관대하고 경건한 청지기 직분이다. 감독자로 부르심 받은 장로들, 그리고 집사들로 구성된 교회는 이 두 그룹의 책들에서 매우 유사하게 나온다. 교회 구조가 변경되고 직분이 만들어질 때까지 과부들에 대한 관심조차도 이 두 그룹의 책들에서 공통적이며, 신약성경 전체에서는 독특하다. 또한 선교와 복음 증거는 이 두 그룹의 책들 전체에서 중심적인 것으로 남아있다.

물론 모든 강조점이 동일할 것이라고 기대해서는 안된다. 목회서신은 건전한 교리, 당대 최고의 이교적 사상에 상응하는 경건하고 미덕이 있는 행동, 기독교를 매력적으로 만드는 선행에 초점을 맞춘다. 이 모든 것들은 거짓 가르침, 간섭하기 좋아하는 행동, 다양한 종류의 악덕에 의해서 괴롭힘 당했던 에베소와 그레데 교회들의 상황에 의해 필요성이 제기 되었다. 게다가, 만일 유대화가 적어도 그들이 겪었던 문제의 일부이고, 디모데와 디도가 그것을 반박하는데 성공한다면, 그들은 추(pundulum)가 그 반대편으로 이동하는 것처럼 반율법주의로 문제의 사안이 이동하지 않는다는 사실을 확신할 필요가 있을 것이다. 아마도 이 세 서신들의 가장 두드러진 특징은 신약성경 전체에서 볼 때 형태와 내용면에 있어서 유례가 없는 다섯 가지 말씀의 등장이다. 이러한 것들은 이미 존재하는 전통들일 가능성이 높다. 그러나 그 기원이 무엇이든, 그리고 저자가 바울인지 누가(기록할 자유가 더 많이 주어진 대필자로서)이든지 간에, 저자는 그것들에 대해 배웠으며 그의 초기 저작물들을 작성한 이후에서야 그것들을 활용하기로 했다고 생각하는 편이 쉽다.

9

히브리서

몇 가지 사실들이 우리가 다음에 논의해야 할 서신서를 히브리서로 제안한다. 이 편지의 가장 가능성 높은 저작 시기는 로마에서 네로의 유대인 대학살이 일어나기 바로 직전인 63년 또는 매우 이른 64년이다. 전통적인 편지의 제목과 더불어 구약성경의 빈번한 인용, 암시, 그리고 편지의 논점이 주요 수신자가 유대 기독교인임을 제시한다.[1] 히브리서 12:4("너희가 죄와 싸우되 아직 피흘리기까지는 대항하지 아니하고")은 아무도 믿음 때문에 목숨을 잃지 않았음을 말하는데 이것은 국가가 뒷받침하는 핍박이 64년에 로마에서 일어난 이후에는 사실이 아니게 된다.[2] 하지만 수신자들에게 재산을 몰수당하는

---

1 여기에 채택된 배경에 관하여는 William L. Lane, *Hebrews 1-8* (Dallas: Word, 1991), li-lxvi를 보라. 수신자들이 황제 숭배로 돌아가야만 하는 어려움 속에 있는 것으로 보는 다른 관점은 Jason A. Whitlark, *Resisting Empire: Rethinking the Purpose of the letter to "the Hebrews"* (London: T&T clark, 2014)를 보라.

2 만약 저자가 죄에 대한 유혹과 싸우는 것을 말하는 것이었다면 저자가 "피를 흘리는데까지"라고 말할 때 무엇을 염두에 두고 있었던 것인지 상상하기 어렵다. 만약 저자가 아무도 믿음 때문에 그들을 핍박하는 죄를 짓고 있던 자들로 인해 순교하지 않았다는 것을 의미하는 것이라면 완벽하게 말이 된다. Karen H. Jobes, *Letters to the Church: A Survey of Hebrews and the General Epistles* (Grand Rapids: Zondervan, 2011), 34; Donald A. Hagner, *The New Testament: A Historical and Theological Introduction* (Grand Rapids: Baker, 2012), 651-52를 보라.

것을 기쁘게 여기라는 10:34은 이것이 유대 기독교인들을 포함한 유대인 추방을 둘러싸고 49년에 로마에서부터 일어난 사건들에 관한 내용임을 적합하게 말해준다.[3] 13:24에서 수신자들을 환영하는 "이달리야에서 온 자들"은 아마도 본래 그 지역 출신이었으나 이제 외부에서 저자와 함께 상대적으로 대도시인 로마가 수도인 이탈리아로 다시 편지를 보내고 있다.[4] 이 모두가 이 편지의 배경이 로마이며 유대 기독교인들이 믿음 때문에 증가하나 여전히 비공식적인 박해를 받고 있었음을 뒷받침해 준다.

우리가 지금껏 논의해 온 책들 중에 저작 시기에 대한 우리의 결론들이 맞다고 가정하면 목회서신들만이 히브리서보다 나중에 쓰였을 것이다. 하지만 우리는 목회서신서를 누가복음-사도행전과 연결시켰는데 왜냐하면 누가가 목회서신서의 영향력 있는 기록자였을 것이라는 가능성 때문이다. 히브리서는 저자에 관해 어떤 것도 말하지 않고 있으므로 처음 등장했을 때부터 수수께끼였다.[5] 하지만 공식적인 편지라기보다는 훈계 혹은 설교[6]에 더 가까운 이 책을 누가 썼는지에 관한 모든 고대의 제안들은 바울이나 그의 동료 중 한 명을 결부시킨다.[7] 흥미롭게도 이러한 제안들은 누가를 포함

---

3 M. Eugene Boring, *An Introduction to the New Testament: History, Literature, Theology* (Louisville: Westminster John Knox, 2012), 421; F. F Bruce, *The Epistle to the Hebrews*, rev. ed. (Grand Rapids: Eerdmans, 1990), 21.

4 R. McL. Wilson, *Hebrews* (London: Marshall, Morgan & Scott; Grand Rapids: Eerdmans, 1987), 9-12.

5 킹 제임스 성경의 제목에 보면 "히브리인들에게 보내는(to the Hebrews)" 전에 "사도 바울의 편지(The Epistle of Paul the Apostle)"라고 나와 있는데 이것은 어떤 헬라어 사본의 번역이 아니라 공통적인 고대 기독교 전통에 근거한 편집자의 추측이다. 또 킹 제임스 성경은 본서 끝에 "이탈리아의 디모데에게서부터 히브리인들에게로 쓰여진(written to the Hebrews from Italy by Timothy)"이라고 밑에 기록하고 있는데 이것 역시 어떤 헬라어 사본과 대응하지 않는 것이다.

6 히브리서가 스스로 "권면의 말"이라고 13:22에 나타내고 있음을 참조하라. 이 같은 표현이 성경 헬라어로 나타난 또 다른 곳은 바울이 비시디아 안디옥에서 한 설교를 가리키는 사도행전 13:15이다. 히브리서를 현존하는 최초의 완벽한 기독교인의 설교라고 보는 총체적인 연구는 Jonathan I. Griffiths, *Hebrews and Divine Speech* (London: Bloomsbury T&T Clark, 2014)를 보라.

7 저자 후보들에 관한 고대와 현재의 총체적인 논의에 대하여는 Donald Guthrie, New

하고 있고 앨런(David Allen)이 최근에 설득적이지 않다면 적어도 호기심은 자극하는 히브리서의 누가 저작 가능성을 제기했다.[8] 내 추측에 히브리서는 신약성경의 다른 어떤 책과 관련이 없는 누군가에 의해 쓰였을 것인데 이것은 편지의 아주 독특한 헬라어 스타일과 적절히 구별된 신학, 그리고 논증의 형태 때문이다.[9] 하지만 시기적인 부분과 바울과 누가의 연관성은, 바울 혹은 누가와 가까운 연관성이 없거나 히브리서처럼 지배적으로 유대 기독교인들을 대상으로 쓰지 않은 저자들에게 시선을 돌리기 전에, 히브리서를 여기서 다루는 것이 적절함을 제안한다.

성취(Fulfillment)

히브리서의 구조는 이 편지의 주요 주제가 특히 유대교 내의 모든 영웅들과 제도들보다 뛰어난 예수의 우월성임을 드러낸다.[10] 전체 편지 중에서 가장 고상한 기독론은 아마도 첫 네 구절일 것이다. 하지만 저자가 그의 중심 주제에 대해 소개하는 동안에도 그는 이것을 시대의 전환이라는 맥락 속에서 한다. 특히 히브리서 1:1-2은 기억할 만하다: "옛적에 선지자들을 통하여 여러 부분과 여러 모양으로 우리 조상들에게 말씀하신 하나님이 이 모든

Testament Introduction, 4th ed. (Downers Grove, Ill.: IVP, 1990), 671-82를 보라.

8 David L. Allen, *The Lukan Authorship of Hebrews* (Nashville: B&H, 2010).

9 아볼로의 경우 역시 우리가 마르틴 루터 이전에 그를 제안한 사람을 모른다는 점을 빼고는 다른 누군가와도 맞먹는 좋은 선택이다. 이 논의에 대해서는 *Faith and Mission 18 (2001): 3-69*를 보라. 문제에 대한 개요 이후 아볼로, 누가, 그리고 바울 저작설을 순차적으로 변호한다.

10 혹은 무어(Nicholas J. Moore, *Repetition in Hebrews: Plurality and Singularity in the Letter to the Hebrews, Its Ancient Context, and the Early Church* [Tübingen: Mohr Siebeck, 2015], 28)의 표현대로 "아들의 뛰어난 계시"이다. 특히 Grant R. Osborne, "The Christ of Hebrews and Other Religions," *Journal of the Evangelical Theological Society* 46 (2003): 249-67; and Frank Thielman, *Theology of the New Testament: A Canonical and Synthetic Approach* (Grand Rapids: Zondervan, 2005), 589-602를 참조.

날 마지막에는 아들을 통하여 우리에게 말씀하셨으니 이 아들을 만유의 상속자로 세우시고 또 그로 말미암아 모든 세계를 지으셨느니라." 우리는 다음 하위 항목에서 이 설교 도입부의 기독론적 중요성에 대해 다시 다루겠지만, 여기서 언급해야 할 중요한 것은 저자가 그의 가르침을 현저하게 대조적인 구성으로 펼친다는 것이다. 그는 과거와 현재를 비교하지만 우리가 이미 다른 책들에서 여러 번 본 것처럼 현재는 구체적으로 "이 마지막 날들"이라고 표현한다. 또한 저자는 유대 선조들을 "우리"와 비교하고 여러 상황에서 다양한 방법으로 말한 선지자들의 복수성을, 저자 자신도 포함되는 (2:3) 사람들에게 극적이자 결정적으로 말씀한 한 개인, 즉 하나님의 아들과 대조시킨다. 그러므로 저자는 아마 예수 생애의 어떤 부분을 직접 목격하지 않고 그렇게 했던 사람들로부터 복음의 메시지를 듣고 배웠을 것이다.[11] 이 모든 것들이 현재에 이뤄진 옛적의 성취에 관해 실제적으로 이 용어를 쓰지 않으면서도 크게 외치고 있다.[12]

완료(Perfection) 또는 완성(Completion)

사실 히브리서는, 성취를 말할 때 신약성경에서 쓰는 여러 단어들, 특히 '플레라오'(*plēroō*) 그룹의 단어들을 전혀 사용하지 않는다. 대신 우리가 반복해서 보는 것은 히브리서에서 종종 "완벽하게 하다"로 번역되어 있으나 신약성경을 포함한 다른 곳에서는 완성시키다, 성취하다, 또는 예정된 목표를

---

11 Luke T. Johnson, *Hebrews: A Commentary* (Louisville: Westminster John Knox, 2006), 88.

12 특히 Ole J. Filtvedt, *The Identity of God's People and the Paradox of Hebrews* (Tübingen: Mohr Siebeck, 2015), 138, 221를 참조하라. 스트레커(Georg Strecker, *Theology of the New Testament* [New York: de Gruyter; Louisville: Westminster John Knox, 2000], 607)는 "이것이 기독 공동체에 의미하는 것은 바로 이 말씀에 의해 이것이 전해지고 생명으로 나타났음과 이것이 시대가 변하면서 그리스도와 함께 서 있음을 의미한다"라고 설명한다.

이루는 것을 의미할 수 있는 '텔레이오'(*teleioō*)와 이 연관어들이다.[13] 저자가 불완전한 모세 언약과 그 구성을 완전한 새 언약과 대조하는 것은 사실이나, 이 대조는 '텔레이오-'(*teleio-*) 단어 그룹이나 저자의 구속사에 대한 관점에 대해서는 완전히 드러내지는 않는다. 문맥상 저자는 이 단어 그룹을, 모세 언약과 체계가 불완전한 선구자(forerunners)이며, 완전한, 그리고 여러 속성들 중 하나인 모두를 위해 한 번에 드려진 그리스도의 대속을 예시하는 것임을 보여줌으로써, 옛 언약과 새 언약의 정확한 관계를 규명하기 위해 사용한다.[14] "완성하다"는 비록 전통적이지 않은 것처럼 보이나 그 용어에 대한 나쁘지 않은 번역이다.[15]

그러므로 예를 들어 히브리서 7:19에서 "율법은 아무 것도 온전하게 못할지라"고 말하는 것을 NAB 성경은 "온전함에 아무 것도 더하지 못했다"라고 번역하며 CJB 성경은 "목표에 아무 것도 가져오지 않았다"라는 표현을 사용한다. 본질적으로 이것은 율법이 아무것도 성취 혹은 완성하지 않았

13 히브리서의 완성에 대한 탁월하면서도 총체적 분량의 연구는 David G. Peterson, *Hebrews and Perfection: An Examination of the Concept of Perfection in the Epistle to the Hebrews* (Cambridge: Cambridge University Press, 1992)를 보라. 린다르스(Barnabas Lindars, *The Theology of the Letter to the Hebrews* [Cambridge: Cambridge University Press, 1991], 40)는 히브리서의 성도들에게 완성이란 "정말로 *구원 과정의 완성*을 의미한다"라고 말한다(기울임은 저자의 것). 물론 이것은 시미시(Seth M. Simisi, *Pursuit of Perfection: Significance of the Perfection Motif in the Epistle to the Hebrews* [Eugene, Ore.: Wipf & Stock, 2016])에서 두루 강조되듯이 종말 때 일어나는 것이다.

14 힐(Craig A. Hill, "The Use of Perfection Language in Hebrews 5:14 and 6:1 and the Contextual Interpretation of 5:11-6:3," *Journal of the Evangelical Theological Society* 57 [2014]: 729-31)은 히브리서 전체적으로(그 유명한 경고 구절을 포함하여) '텔레이오-'(*teleio-*) 표현의 역할이 지속적으로 옛 언약의 일부 요소가 가진 불완전함을 새 언약의 일부 요소가 가진 완전함과 대비시키는 것이라고 주장하고 있음을 참조하라. 또한 그는 이러한 대조를 위해 저자가 히브리서에 두루 사용하고 있는 평가적인(evaluative) 단어들을 열거하고 나서 이 모든 것을 "언약적 이중성"이라고 명하고 있다.

15 실바(Moisés Silva, *New International Dictionary of New Testament Theology and Exegesis*, rev. ed., 5 vols. [Grand Rapids: Zondervan, 2014], 1:699)는 "이것은 [옛 언약이] 완전히 배제되는 것이 아니라 그것이 새 언약에 의해 대체되고 완성되는 것이다. 그리스도 안에서 모형 ('튜폰'[τύπον], 8:5)과 단일 언약 개념의 참 형상 ('에이코나'[εἰκόνα], 10:1)이 실현된 것이다"라고 설명한다.

으며 새 언약에 그 역할을 남겨 두었음을 의미한다.[16] 히브리서 7:28이 "온전하게 되신" 것이 율법이 아니라 예수임을 말할 때, 주석가들은 경험을 통해서만 온전하게 되는 것이 있으므로 이 구절이 그리스도가 온전하지 않았거나 도덕적으로 완벽하지 않았던 때가 있음을 의미하는 것은 아니라고 주장한다.[17] 대신 그의 인성과 고난을 통해 예수는 우리를 대신하는 제사장 사역에 자격을 갖추었다는 의미에서 "온전하게" 되었다는 것이다. 이 의견이 5:8-10(히 2:18; 4:14-16 참조)과 부합하지만 7:28의 '텔레이오'(*teleioō*) 문맥은 이것보다 더한 것을 가리킨다. 아들이 이미 성취된 그의 십자가 사역의 결과로 "영원히 온전하게 되신" 분이고, 그가 이제 "영원한" 상태이기 때문에 이것은 의미상 절정(climax) 혹은 목적(goal)의 개념을 추가하고 있다. 28절을 "목적에 영원히 도달하신 [아들]"이라고 한 CJB 성경의 번역은 이러한 의미를 내포하면서 예수의 불완전하거나 부적절한 이전 상태에 대한 의견을 피하는 한편 예수가 그에게 정해진 하나님의 사역을 아직 마치지 않았었던 것이라고 인지한다. 과거와 현재, 그리고 선지자들과 아들의 대비(히 1:1-4)-그리고 천사들에 대한 그리스도의 우월성(1-2장),[18] 모세와 여호수아(3-4장),[19]

16 코커릴(Gareth L. Cockerill, *The Epistle to the Hebrews* [Grand Rapids: Eerdmans, 2012], 326)은 개념적으로 "그러나 [성직법의] 무효함에 대한 목회자의 주장은 성경적 모형이 이제 그리스도 안에서 성취되었기 때문에 그것이 여전히 유효한 것임을 가정한다"라고 말한다.

17 R. T. France, "Hebrews," in *Expositor's Bible Commentary, Revised Edition*, ed. Tremper Longman III and David E. Garland (Grand Rapids: Zondervan, 2006), 13:77, 103.

18 히브리서와 제 이 성전기 문헌의 천사론을 비교한 것을 더 보려면, 천사들이 아들 예수 밑에 종속되는 히브리서의 천사론이 제 이 성전 유대교의 승격된 천사론과 뚜렷한 대조를 이루고 있다고 주장하는 Gert J. Steyn ("Hebrews' Angelology in the Light of Early Jewish Apocalyptic Imagery," *Journal of Early Christian History* 1 [2011]: 143-64)를 참조하라.

19 칠십인경과 또 다른 곳('예수스'[*Iēsous*])에 나타난 여호수아의 헬라어 번역은 영어로 "Jesus"이다. David M. Allen, *Deuteronomy and Exhortation in Hebrews: A Study in Narrative Re-presentation* (Tübingen: Mohr Siebeck, 2008), 146-49, 168-74을 더 참조하라. 윗필드(Bryan J. Whitfield, *Joshua Traditions and the Argument of Hebrews 3 and 4* [Berlin: de Gruyter, 2013], 257-64) 역시 스가랴 3장의 여호수아와의 중요한 유사성을 언급하고 있다. 제 이 성전기 유대 문헌이 모세를 "사도"와 "제사장"으로 보기 때문에 이것이 저자가 이런 직함들을 예수에게 부여하고 있는 히브리서 3:1-16의 기독론의 바탕이 된다고 보는 논점에 대하여는 John Lierman, "Moses as Priest and Apostle in Hebrews 3:1-6," in *Hebrews in*

아론과 레위 제사장들(5-7장), 옛 언약(8-10장), 그리고 옛 믿음의 영웅들(11장)-로 보건데 예수가 이 모든 개인들이 예지하고 있던 것을 완성했다고 말하는 것은 히브리서 전체를 적절하게 요약하는 것이다.[20] 린다르스(Barnabas Lindars)는 이렇게 표현한다: "메시아의 도래로 나타난 시대의 전환은 편지 본론이 다루는 것에 매우 필수적이고, *예언의 성취를 보여주*는 *것*은 실제 예수에게 도래하였다"(기울임은 나의 것).[21]

히브리서 9:9은 구약의 제사 제도에 대해 말하면서 다른 종류의 설명을 제공한다. 대부분의 영어 성경이 또 다시 "완전하게 하다"라는 용어를 사용하면서 "예물과 제사는 섬기는 자의 양심을 완전하게 할 수 없다"와 같이 표현한다(ESV). 하지만 저자는 불완전한 양심을 완전하게 하는 것에 대해 말하고 있는 것이 전혀 아니다. 이것은 구약 시대에는 양심이 불완전했고 신약 시대의 성도들에게는 완전해졌다는 것을 제안한다! 죄의 효력이 남아 있는 어디서든 인간의 양심은 계속 불완전할 것이다. 반면 NIV 성경의 번역, "섬기는 자의 양심을 깨끗하게 할 수 없었나니"는 올바른 의미를 전달하고 있다.[22] 이것은 관용적이고 부드러우며 즉시 이해할 수 있다. 하지만 "깨끗하게"는 '텔레이오'(*teleioō*)의 사전적 의미가 아니다. 사람의 양심을 "완전하게 한다"는 것이 영어에서는 좀 어색한 표현이지만 그 개념은 바로 전달한다: 영원하면서도 인간적인 제사의 요구를 완전히 충족시키거나 완전하게

Contexts, ed. Gabriella Gelardini and Harold W. Attridge (Leiden: Brill, 2016), 47-60을 보라.

20 히브리서의 성취의 배경을 위해 필요한 것에 대해서는 Albert Vanhoye (*Structure and Message of the Epistle to the Hebrews* [Rome: Gregorian And Biblical Press, 1989], 54-55)를 참조하라. 후웰링겐(P. H. Rob van Houwelingen, "The Epistle to the Hebrews: Faith Means Perseverance," *Journal of Early Christian History* 3 [2013]: 101-3)은 히브리서 1-2장이 모세보다 우월한 중재자 예수를 묘사하고 있고, 뒤이어 저자의 유대교에 있어 타협할 수 없는 다음의 세 가지에 대한 재해석이 나오는 것으로 본다: 땅(3-4장에서 "종말론적 안식"이 됨), 성전(5-10장에서 "하늘의 성소"가 됨), 그리고 예루살렘(11-13장에서 "하늘의/미래의 도성"이 됨).

21 Lindars, *Theology of the Letter to the Hebrews*, 31.

22 Harold W. Attridge, *Hebrews* (Minneapolis: Fortress, 1989), 242도 비슷하다.

할 수 없기 때문에 소와 염소의 피는 단지 일시적으로만 인간의 죄를 다루었다. 하지만 그리스도의 희생은 이를 완전하게 다룬다.[23]

구약의 사용

그러나 '텔-'(*tel-*) 단어 그룹의 실제적 용례보다 더 중요한 것은 편지의 각 장에서 구약을 언급하는 횟수이다.[24] 변별적으로 히브리서 저자는 대부분의 구약 인용을 "하나님이 말씀하시되"(또는 "말씀했듯이")로 소개한다; 때때로 저자는 화자를 예수나 성령으로 보기도 한다. 가장 유명하게도 2:6은 불명확한 저자와 불명확한 장소로 시작한다: "누구인가가 어디에서 증언하여 이르되." 그래도 저자는 그 인용 어구가 성경에 입각하고 있고 근원은 최종적으로 신성한 것으로 알고 있는 것이 분명하다.[25] 이러한 이유 때문에 구약을 소개하는 어구 자체보다는 문맥을 통해서 히브리서 저자가 구약성경의 구절을 직접적(directly) 예언으로 택하고 있는지 혹은 모형론적(typologically) 예언으로 택하고 있는 것인지를 결정해야 한다.

종종 히브리서의 구약 사용이 순수하게 기독론적인 해석의 가장 확실한 예 중의 하나라는 주장이 제기되곤 한다. 다른 말로 하면, 이미 그리스도

---

23 완성과의 연결에 대하여는 Ben Witherington III, *Letters and Homilies for Jewish Christians: A Socio-rhetorical Commentary on Hebrews, James and Jude* (Downers Grove, Ill.: IVP; Nottingham: Apollos, 2007), 151-53을 보라. 또한 Darrel J. Pursiful, *Cultic Motif in the Spirituality of the Book of Hebrews* (Lewiston, N.Y.: Edwin Mellen, 1993), 164를 참조하라: "만약 바울신학이 예수를 율법의 '텔로스'(*τέλος*)로 본다면(로마서 10:4), 히브리서에서 예수는 제사 의식의 '텔로스'(*τέλος*)이다."

24 이것에 관해 Susan E. Docherty, *The Use of the Old Testament in Hebrews: A Case Study in Early Jewish Bible Interpretation* (Tübingen: Mohr Siebeck, 2009)을 보라. 히브리서의 구약 인용에 대한 유익하면서도 간결한 요약은 James D. G. Dunn, *Neither Jew nor Greek: A Contested Identity* (Grand Rapids: Eerdmans, 2015), 539-42를 보라. 던(Dunn)은 "열심히 유대 경전을 사용하는 것은 저자가 그리스도 안의 믿음이 이스라엘의 가장 고귀한 소망들과 전통들에 직접 연관되면서 이것들의 성취로 보고 있음을 강조하는 것이다"라고 평한다.

25 Craig R. Koester, *Hebrews* (New York: Doubleday, 2001), 213-14.

가 하나님이심을 확신하고 있는 저자는, 구약이 명백하게 여호와에게 돌리고 있는 것을 자유롭게 예수에게 돌리고 있다는 것이다. 그러므로 독자들이 적어도 이원주의(binitarianism) 같은 것에 이미 설득되지 않았다면, 그들은 히브리서의 해석을 적합하지 않은(illegitimate) 것이라고 퇴짜를 놓았을 것인데, 왜냐하면 구약성경 자체에 히브리서 저자가 "발견하는" 메시아적 잠재성에 대한 암시가 전혀 없기 때문이다.[26] 하지만 이런 접근은 지나친 단순화(oversimplification)인데 왜냐하면 구약 인용 자체의 문맥이나 처음 보았을 때보다 많은 연구가 진행되고 있는 그리스도 이전의 수용 역사에 있는 빈번한 단서들을 공정하게 보지 않기 때문이다. 예를 들어 1장 한 장에 집중되어 있는 인용들을 생각해 보자.[27] 1:5 상반절은 시편 2편 7편을 인용한다: "너는 내 아들이라 오늘 내가 너를 낳았다." 시편은 메시아적으로 취할 수 없다고 하는 일부의 열심 있는(strenuous) 주장이 있고 난 이후, 그리스도 이전 유대교의 여러 맥락에서 이미 시편이 그런 식으로 해석되어 왔음이 인식되고 있다(특히 솔로몬의 시편 17:21-18:7).[28] 히브리서 1:5 하반절에 있는 사무엘하 7:14도 마찬가지이다: "나는 그에게 아버지가 되고 그는 내게 아들이 되리라."[29] 사실 4QFlorilegium(사해 사본 중 쿰란 공동체 내부 문서-옮긴이) 10:11, 18-19가 이미 이 마지막 두 구약 구절을 연결하고 있었다. 1:6("하나님의 모든 천사들은 그에게 경배할지어다")을 둘러싼 수수께끼는 이 구절이 맛소라 텍스트에는 전혀 나타나지 않고 칠십인 성경의 신명기 32:43에만 나타나고 있다는 것이었다. 하지만 그 대응 구절이 DSS(Dead Sea Scrolls-옮긴이) 사본의 신명기에서 발견

---

26 주요 관점들에 대한 충분한 범위에 대해서는 Daniel J. Harrington, *What Are They Saying about the Letter to the Hebrews?* (New York: Paulist, 2005), 41-63을 보라. 또한 George H. Guthrie, "Hebrews' Use of the Old Testament: Recent Trends in Research," *Currents in Biblical Research* 1 (2003): 271-94도 참조하라.

27 자세하게는 Herbert W. Bateman IV, *Early Jewish Hermeneutic and Hebrews 1:5-13* (New York: Peter Lang, 1997)을 보라.

28 예를 들면 Tremper Longman III, *Psalms* (Downers Grove, Ill.: IVP, 2014), 59-64.

29 예를 들면 David G. Firth, *1 & 2 Samuel* (Nottingham: Apollos; Downers Grove, Ill.: IVP, 2009), 385-87.

되었기 때문에 그 구절 역시 히브리어 원전을 반영하고 있는 것으로 보인다.[30] 히브리어 성경에서 그 바로 다음 구절이 "그의 땅과 사람들을 위한 속죄"를 하시는 하나님을 말하고 있음으로 보아, 경배를 하나님으로부터 하나님이 그 속죄의 방법으로 택하신 자로 확대하는 것으로 묘사하는 것은 임의적인 것이 아니다. 결국 영원한 자 만이 영원한 희생 제물이 될 수 있다.

히브리서 1:8-9에 나오는 시편 45:6-7의 인용은 주(God)에게 하나님(God)이 있는 것으로 이해하는 것이 가장 자연스럽다. "하나님이여 주의 보좌는 영영하며"와 "그러므로 하나님 곧 주의 하나님이 주를 동료들보다 뛰어나게 하셨도다" 사이의 호칭에는 명백한 차이가 없다.[31] 그리스도 후 유대교도 때때로 이 시편을 메시아적으로 해석했었는데(Tg. Ps.-J. 45.2), 이 해석은 지속적인 보전을 위해 그리스도 이전 유대교에 깊이 자리하고 있었음에 틀림없고 그래서 이후 기독교인들이 이 텍스트를 동일한 방법으로 사용하고 있었다. 우리는 예수가 고유하게 시편 110:1("여호와께서 내 주에게 말씀하시기를")을 사용한 것을 다시 생각해 본다. 그리고 히브리서는 특히 4절의 예수와 멜기세덱의 비교와 함께 이 본문을 중요하게 사용할 것이다. 하지만 바로 이 구절이 이미 1장 마지막에 단지 도입부만 없이 등장하고 있다. 대신 저자는 "내가 네 원수로 네 발등상이 되게 하기까지 너는 내 우편에 앉아 있으라"(히 1:13)로 바로 이동한다. 여기에도 그리스도 이전 유대교의 메시아적 해석에 대한 암시들이 있지만 모두 모호하다.[32] 하지만 이 바로 뒤에 히브리서 1장에서 순수하고 단순하게 하나님을 가리키는 것으로 보이는 구약 성서의 한 구절이 인용되고, 이것은 "무작위로" 예수에게 재 적용 된다. 시편

---

30 Duane L. Christensen, *Deuteronomy 21:10-34:12* (Nashville: Thomas Nelson, 2002), 813.

31 Murraz J. Harris, "The Translation of *Elohim* in Psalm 45-7-8," *Tyndale Bulletin* 35 (1984): 65-89; Murray J. Harris, "The Translation and Significance of ὁ θεὸς in Hebrews 1:8-9," *Tyndale Bulletin* 36 (1985): 65-89.

32 Herbert W. Bateman IV, "Psalm 110:1 and the New Testament," *Bibliotheca Sacra* 149 (1992): 438-53 참조.

102:25-27은 메시아적 의미의 희미한 울림이 아니라 창조자로서 피조물 중 가장 오래 지속될 것들보다도 더 오래 지속하실 하나님에 대해 직접적으로 선포하고 있다. 하지만 이 구절 역시 처음 보면 그렇게 느껴질지 모르겠지만 무작위적인 것은 아니다: 저자가 창조 기사가 2차 행위자(하나님의 영이나 말씀)를 가리키는 것처럼 보이는 구절들을 인식하고 난 이후에는 자유롭게 예수를 그 행위자와 연결시킨다.[33] 그러므로 구약성경 자체의 문맥에서 나타나는 단서들과 제2성전 유대문헌의 메시아적 해석으로 보건데 히브리서 저자가 구약성경에 임의적으로 하나님 대신 예수를 집어넣고 있는 것은 아니다.

지면의 제한으로 히브리서 전체에 나타나는 이와 같은 종류의 구약성경의 사용에 대해 모두 다룰 수는 없다.[34] 단순하게만 봐도 이 같은 구절들이 너무 많다. 그래도 우리는 히브리서가 예수를 보고 있는 것이 아닐 때에도 여전히 구약 성서와의 일치점이나 유사점을 제시하고 있음을 알아야 한다. 히브리서의 수신자들 중 장차 배교자가 될 만한 사람들은 광야에서 자기들의 죄 때문에 죽은 이스라엘 백성들을(신 14; 시 78:31 참조) 닮아갈 위험에 있는 반면, 신실하게 남아있는 자들은 마찬가지로 신실했던 이스라엘 백성들이 약속의 땅에 들어갔던 것과 같이(수 1-11) 하나님의 영원한 안식에 들어갈 수 있다. 저자가 성취된 것으로 보는 매우 직접적인 예언은 또한 히브리서에서, 더 나아가 신약 전체에서 가장 긴 인용이다(8:8-12, 렘 31:31-34을 인용). 하지만 저자의 요점은 예레미야가 예언한 새 언약의 도래에 대한 것이기보다는 첫 언약의 표지가 함축하는 것에 대한 것이다: "낡아지고 쇠하는 것은

33 Gareth L. Cockerill, "Hebrews 1:6: Source and Significance," *Bulletin for Biblical Research* 9 (1999): 51-64; Cockerill, *Epistle to the Hebrews*, 111-12 참조. 칠십인경은 당연히 모음이 재 첨가된 히브리어를 번역하는데 거기서는 하나님이 다시 하나님에게 말한다. 히브리어 원전이 이런 식으로 번역되어야 할 것을 의도했었다고 보는 것도 무리는 없다. Philip E. Hughes, *A Commentary on the Epistle to the Hebrews* (Grand Rapids: Eerdmans, 1977), 67n38.

34 Georg A. Walser, *Old Testament Quotations in Hebrews: Studies in Their Textual and Contextual Background* (Tübingen: Mohr Siebeck, 2013) 참조.

없어져 가는 것이니라"(8:13).

구약의 제사장직과 예수의 완전하고 영원한 대제사장직 사이의 비교에 대한 긴 목록이 7-10장의 대부분을 차지하고 있다. 모든 경우에 아론 혹은 레위 제사장직의 요소들은 한시적이었다; 각각의 경우에 이에 해당하는 예수의 제사장직의 세부 사항들은 영원하다. 불완전한 것이 완전한 것에 길을 내준다; 본질에 대한 그림자, 본형에 대한 모형, 성취에 대한 약속이다.[35] 11장은 주로 "바라는 것들의 실상이요 보이지 않는 것들의 증거"(1절)인 믿음에 대한 저자의 독특한 정의를 보여주기 위해 구약 시대의 유명한 믿음의 영웅들에 대해 소개한다. 이들은 이 세상에서 위대한 일들을 수행하고 놀라운 승리를 경험하기도 했지만(33-35 상반절), 몇몇은 방랑자, 쫓겨난 자, 그리고 순교자로 이 세상을 유리하였다(35 하반절-38절). 하지만 11장의 절정은 이들 중 아무도 약속된 것을 받지 못한 사실에 초점을 두는데(39절), "이는 하나님이 우리를 위하여 더 좋은 것을 예비하셨은즉 우리가 아니면 그들로 온전함('텔레이오쏘씬'[*teleiōthōsin*])을 이루지 못하게 하려 하심" 때문이다(40절). 성취의 개념은 이 문맥에 아주 잘 들어맞는다.[36]

종종 히브리서의 직접적 혹은 예표적 예언으로의 구약 해석은 과대평가되어왔다. 때때로 저자는 구약의 사건을 약속-성취의 구성과 상관없이 단지 신약의 현실과 대조하려고 인용하기도 한다. 예를 들어 12:18-21에서 우리는 신자들이 불이 붙는 산과 흑암과 폭풍, 혹은 두려움을 불러일으키는 다른 어떤 것들(출 19:12-13에서처럼)에 이르지 않았음을 안다. 대신 그들은 시온산과 기쁨의 회중, 그리고 새 언약의 중보자 예수와 및 아벨의 피(22-24절, 창 4:10 참조)보다 더 나은 것을 말하는 뿌린 피에 이르렀다. 여기에서는 아무도 모세의 말, 예를 들어 21절("내가 심히 두렵고 떨린다," 신 9:19 인용)이 어떻게든 예수에 관한 것을 직접 혹은 간적접으로 예언하는 것이라고 주장하지는 않는

35 Mayjee Philip, *Leviticus in Hebrews: A Transtextual Analysis of the Tabernacle Theme in the Letter to the Hebrews* (New York: Peter Lang, 2011)을 더 보라.

36 William L. Lane, *Hebrews 9-13* (Dallas: Word, 1991), 394.

다. 히브리서 저자가 이것 역시 예표로 설정하면서 성취에 대해 말할 수도 있었지만 그렇게 하지 않았다. 그의 요점은 단순히 구약 구절과의 틀림없는 평행이 있지만 그의 독자들이 경험한 것은 이스라엘 백성들이 경험한 것과는 근본적으로 다르다는 것이다. 본문은 "그러나 너희가 이른 곳은…"(22절)이라는 전환으로 두 부분으로 나뉜다. 첫째 부분 전체가 모세에 관한 것인 반해 둘째 부분 전체는 예수에 관한 것이다.[37] 상대적으로 확실한 이 예가 2장의 더 논쟁이 되는 것을 이해할 수 있게 우리를 도와준다.

우리가 방금 히브리서 12장에서 논의한 동일한 논리와 구조가 2:5-8에서도 등장한다. 이번에는 히브리서가 창조 세계 전반을 통치하라고 아담과 하와에게 주신 하나님의 위임 명령(창 1:26-28)을 다루고 있는 시편 8편 4-6절을 인용한다. 하지만 타락으로 인해 인류는 하나님이 의도한 대로 행하는 데에 실패했다. 그래서 8절은 저자가 "지금 우리가 만물이 아직 그에게 복종하고 있는 것을 보지 못하고"라는 저자의 말로 끝맺는다. 그러고 나서 저자는 12:22에서와 같은 종류의 전환을 사용하여 "오직 우리가…예수를 보니"라는 대조로 전환한 이후 인류가 실패한 것을 어떻게 예수가 성공적으로 완성했는지를 계속 설명한다. 시편 기자가 5절 하반절에서 사람과의 대비로 "인자"를 사용했기 때문에 몇몇 해석가들은 히브리서 역시 이 시편에 잠재하는 예수를 생각하고 있는 것으로 믿는다. 하지만 시편 기자나 히브리서의 생각의 흐름 모두가 이것을 지지하지는 않는다. 시편 8편이 오직 인류에 대해서만 말하고 있다는 의견은 거의 보편적으로 일치한다. 그리고 8절 마지막의 '아우토'(*autō*, 문자적으로 "그"라는 의미)를 예수라고 보는 것은 이치에 거의 맞지 않는 것인데, 왜냐하면 이것은 결국 "지금 우리가 만물이 아직 그 [예수]에게 복종하고 있는 것을 보지 못하고 오직 우리가…영광과 존귀로 관을 쓰신 예수를 보니"(ESV 성경)라는 의미이기 때문이다. 우리는 이 세상을 제대

---

37 Lane, *Hebrews 9-13*, 459-60; Paul Ellingworth, *The Epistle to the Hebrews* (Carlisle: Paternoster; Grand Rapids: Eerdmans, 1993), 669-70.

로 통치하지 못한 그 누군가와 현재 영광과 존귀로 관을 쓰고 있는 자와의 대조를 기대했을 것이다. 승리의 특징들은 자연스럽게 통치를 행하는 것과 연결된다. 만약 6-8절이 이미 그리스도를 보고 있다면 9절의 대조는 부적절한 것으로 약화된다.

그러므로 이 구절에서는 단순히 둘로 접는 그림을 보는 것이 더 낫다. 6-8절은 타락한 인류 본래의 위임 명령과 그것을 수행하지 못한 실패를 다룬다. 9절은 아담과 하와의 후손들이 실패한 것을 성공시키는 예수를 보여준다.[38] 본문에 대한 이 "인류학적인" 해석은 네 절 전체에서 예수를 보는 "그리스도적" 해석과 마찬가지로 그리스도를 영화롭게 한다. 만약 다름이 있다면 그것은 그리스도의 성공을 인류의 실패와 대비하여 훨씬 더 극명하게 강조하고 있기 때문에 이 해석이 예수를 더 높인다는 것일 것이다. 어떤 경우든 기독론이야말로 히브리서의 신학적 분류의 표준들 중에서도 가장 지배적인 것이기 때문에 우리는 여기에 대해 이제 좀 더 자세하게 다룰 것이다.[39]

---

38 Craig L. Blomberg, "'But We See Jesus': The Relationship between the Son of Man in Hebrews 2:6 and 2:9 and the Implications for English Translations," in *A Cloud of Witnesses: The Theology of Hebrews in Its Ancient Contexts*, ed. Richard Bauckham, Daniel Driver, Trevor Hart, and Nathan MacDonald (London: T&T Clark, 2008), 88-89. Alexander Stewart, "Cosmology, Eschatology, and Soteriology in Hebrews: A Synthetic Analysis," *Bulletin for Biblical Research* 20 (2010): 545-60; 그리고 R. T. France, "The Son of Man in Hebrews 2:6: A Dilemma for Bible Translators," in *New Testament Theology in Light of the Church's Mission: Essays in Honor of I. Howard Marshall*, ed. Jon C. Laansma, Grant Osborne, and Ray Van Neste (Eugene, Ore.: Cascade, 2011), 81-95를 참조하라.

39 슈라이너(Thomas R. Schreiner, *Commentary on Hebrews* [Nashville: B&H, 2015], 435-99)는 히브리서의 신학을 아홉 개의 분야로 나누어 다루지만 기독론만 하위 항목을 나누어 여섯 파트로 세분한다(445-74). 육십오 쪽 중 기독론이 이십 쪽을 할당받는 반면 다른 어떤 분야도 십이 쪽을 넘지 않고 세 번째로 긴 분야가 여덟 쪽 뿐이다.

기독론

우리는 이미 히브리서 서문의 1-2절에 대해 소개한 바 있다. 3-4절은 이 책의 주요한 기독론적 견해를 좀 더 자세하게 설명한다: 예수는 하나님의 아들이지만 하나님의 영광을 비추고 모든 세계를 유지하며 죄를 정결하게 하고 하나님의 우편에 앉아 계심으로써 정확하게 그의 존재를 나타낸다. 여기짧은 구절에도 예수의 인성에 대한 핵심적인 증언들이 있다: 하나님과의 구별되지만 여전히 동등한 관계, 말씀하심으로 신성한 섭리를 행사하시는 것(마치 창세기 1장에서 하나님이 스스로 말씀하심으로써 모든 것을 존재하게 하신 일을 연상시키는); 그리고 그의 희생적 속죄와 그의 승귀 그리고 승천하심이다.[40] 이 서문이 신약의 다른 곳에서 찾을 수 있는 것만큼 고결한 기독론적 확언이라고 종종 일컬어진 것은 놀라운 일이 아니다. 도입의 이 네 구절에서 예수를 그 이름을 통해서가 아니라 하나님의 아들이라고 언급함으로써 히브리서는 독자들에게 예수의 인성을 생각함에 있어서 그의 주요한 직함 혹은 분류를 나타내고 있다. 그가 죄를 정결케 하신 것을 언급함으로써 히브리서 기자는 이 편지에 있는 예수의 제사장적 사역의 중요한 역할에 대해 보여준다.

예수의 인성: 하나님의 아들

시편 2편 7절을 바탕으로 히브리서는 예수를 아들이라고 열세 번 언급한다. 때때로 이 호칭은 그의 승격된 본질과 권위를, 그리고 때때로 그의 인성과 겸손을 강조한다.[41] 1:2에서 예수의 아들됨은 하나님이 그를 창조의 행

---

40 때로 "승좌"(enthronement)라고 불리는 이것이 책 전체의 중심이다. 그리스도의 사역은 그가 그의 하늘의 영역으로 돌아가는 것 없이는 완결되지 않는다. Joshua W. Jipp, "The Son's Entrance into the Heavenly World: The Soteriological Necessity of the Scriptural Catena in Hebrews 1.5-14," *New Testament Studies* 56 (2010): 557-75를 보라.

41 특히 Amy L. B. Peeler, *You Are My Son: The Family of God in the Epistle to the Hebrews* (London: Bloomsbury T&T Clark, 2014)를 보라.

위자로 삼으셨던 것처럼 그가 하나님의 모든 것을 상속하게 한다. 1:3에서 예수는 그가 아버지의 모습과 섭리를 통한 하나님의 대리자로서 묘사된다. 1:5과 5:5은 그의 아들됨이 그를 메시아로 여기게 하는 반면 1:8은 그것 때문에 그를 완전히 신성시한다. 3:6의 아들됨은 예수를 단순한 종 훨씬 이상인, 집을 다스리는 자로 묘사한다. 4:14에서 그의 아들됨은 그의 승천과 연관된다. 히브리서의 덜 승격된 묘사 전에 나오는 이 모든 아들됨의 묘사는, 이후에 대조의 방법으로 치욕과 함께 오는 예수의 인성을 더욱 통렬하게 보여준다. 이 승격된 자가 나중에 인간의 존재로 고통을 당하고 정죄를 받아야 한다는 사실이 얼마나 상반되는가.

그래서 히브리서 5:8은 "그가 아들이시면서도" 받으신 고난으로 순종함을 배워야 하는 예수를 말하고 있다. 접속사 '카이페르'(*kaiper*)는 분사에 양보의 뜻을 주지만[42] 핵심은 아들들이 보통 고난을 통해 순종을 배우지 않는다는 것이 아니다: 사실 이것은 잘못된 것으로부터 그들을 바르게 가르치는 부모의 훈육일 경우에는 상당한 표준이 된다. 그러나 핵심은 그가 하나님의 아들로서 신성한 아들이셨지만 여전히 고난을 통해 순종을 배우셔야 했었다는 것이다.[43] 어느 쪽으로든 이 문맥에서 예수의 결과는 승귀(exaltation)가 아닌 비하(abasement)이다. 6:6은 배교한 자가 어떻게 하나님의 아들을 처음부터 다시 십자가에 못 박고 그를 공개적으로 욕되게 하는 것임을 강조함으로써 이 불명예스러움을 강조하고 있다. 동일한 개념이 10:29에서 하나님의 아들을 발 밑에 짓밟는 은유적인 표현으로 다시 등장한다. 이 두 구절 모두 예수가 얼마나 참기 위해 준비되는지를 나타낸다. 아들로서 그가 더 높아질수록 그의 겸손은 그가 인간들에게 그를 거절하고 남용하는 자유를 허락하면서 더해진다. 7:28에서 아들은 영원히 온전하게 되셨다. 이 문맥에서 요점은 그가 그의 성육신과 속죄를 통해 배우신 것이다. 2:10과 5:8에서와 같이

42 Ellingworth, *Epistle to the Hebrews*, 293; Lane, *Hebrews 1-8*, 120; Koester, *Hebrews*, 290.

43 Bruce, *Epistle to the Hebrews*, 130.

히브리서는 그가 이전에 어떤 결점을 가졌었다는 식으로 불완전했었다는 것이 아니라, 예수가 영원 전에 계셨을 때의 상태와 다른 인간이 되는 것과 몹시 괴로운 죽음의 고난을 겪어야만 비로소 얻게 되는 완전함의 형태들이 있음을 말하는 것이다.[44]

예수의 사역: 멜기세덱과 같은 제사장

히브리서 기독론의 가장 지배적이고 특징적인 부분은 분명 예수의 대제사장직에 대한 것이다. 신약의 모든 책들 중에서 히브리서만이 단순히 암시 이상으로 이 주제를 전개해 나가고 히브리서 저자는 이것을 주요 주제로 발전시킨다.[45] 2:17과 3:1(독특하게도 저자가 "대제사장"을 "사도," 즉 보냄을 받은 이와 연결시키는)에서 이 주제에 대해 암시한 후 저자는 4:14절을 시작으로 이 주제에 대해 자세하게 제시한다. 그의 승천으로 예수는 높아지신 대제사장이며 이것은 그의 아들됨을 보여준다. 그러나 이 문맥에서 저자의 핵심은 예수의 대제사장직이 그로 하여금 우리의 연약함에 동정하실 수 있게 한다는 것이다. 그는 모든 일에 우리와 똑같이 시험을 받으셨지만 죄는 없으시다(15절). 그리스도의 죄 없음이 그를 우리와 너무 다르게 만들어서 우리의 시험에는 상관하실 수 없다고 생각하는 이들과는 반대로 이것은 사실 그가 우리에게

---

44 Kevin B. McCruden (*Solidarity Perfected: Beneficent Christology in the Epistle to the Hebrews* [Berlin: de Gruyter, 2008])는 그리스도가 완전하게 되는 것에 대한 네 가지 주요한 방법들(영화, 이교적 성별, 도덕적 혹은 윤리적 발달, 그리고 소명적 또는 경험적 자격)을 다루고 아들의 박애주의와 신성한 자선을 확언 또는 보여주는 것을 이 방법들에 대한 바람직한 대안으로 선택한다. 이 다섯 가지 접근법 모두의 요소들이 여기에 있을지도 모른다.

45 특히 John M. Scholer, *Proleptic Priests: Priesthood in the Epistle to the Hebrews* (Sheffield: JSOT Press, 1991)를 보라. 또한 교부들의 글에서 대제사장으로서의 예수에 대한 주제가 어떻게 전개되어 왔는지에 대한 논의를 보려면 Ole J. Filtvedt and Martin Wessbrandt, "Exploring the High Priesthood of Jesus in Early Christian Sources," *Zeitschrift für die neutestamentliche Wissenschaft* 106 (2015): 96-114를 보라. 이들은 대제사장으로서의 예수에 대한 개념이 히브리서가 작성되기 전 예전적 자료(liturgical material)에 유포되었었고 히브리서 저자는 이것을 속죄와 멜기세덱의 서열과 연결시킴으로써 더 창의적으로 발전시켰다고 주장한다.

더욱 잘 관여하실 수 있게 한다. 죄에 굴복하는 순간 유혹은 사라진다. 그러나 다른 누구보다 더욱 유혹을 받으며 인생을 통과한 사람은 절대 굴복하지 않는 자이다![46] 그러므로 평범한 구약의 예배자들과 지성소의 하나님의 충만한 임재 사이의 많은 장벽들과는 두드러지게 반대로 믿는 자들은 때를 따라 돕는 은혜를 받기 위하여 은혜의 보좌 앞에 담대히 나아갈 것을 권고 받는다(16절).[47]

5:1은 예수의 제사장직의 완전함과 비교하여 구약 제사장직의 불완전함에 대해 논하기 시작하는데 이러한 특징들은 이후 책 나머지 부분 전반에 걸쳐 간헐적으로 지속되며 특히 7-10장에도 등장한다. 그러나 예수를 제사장이라고 부르는 것은 즉시로 구약의 제사장직 자격과의 긴장 상태를 불러온다. 제사장은 레위 자손이어야 했지만 왕족의 메시아로서 예수는 유다로부터 나셨다(7:14). 다른 말로 하면, 왕들은 그들의 혈통이 순수하다면 제사장이 될 수 없었다. 그러므로 히브리서는 거의 잘 알려지지 않은 인물을, 창세기에서 그가 나타나는 세 구절 길이의 에피소드에 의존하여 등장시킨다(14:18-20). 하지만 시편 110편은 1절에 언급된 메시아-왕을 "멜기세덱의 서열을 따라 영원한 제사장"(4절)[48]이라고 칭하며 중간기 문헌은 때때로 멜기

46 "그 죄 없으신 분은 유혹의 힘에 대하여 죄 짓는 우리가 알 수 없는 방식으로 아신다. 우리는 유혹이 완전히 발휘되기 전에 항복하지만 오직 굴복하지 않으신 그분 만이 유혹의 모든 위력을 아신다." Leon Morris, "Hebrews," in *Expositor's Bible Commentary*, ed. Frank E. Gaebelein (Grand Rapids: Zondervan, 1981), 12:46.

47 맥키(Scott D. Mackie, "Ancient Jewish Mystical Motifs in Hebrews' Theology of Access and Entry Exhortations," *New Testament Studies* 58 [2012]: 103)는 하나님의 보좌의 방에 대해 다루는 고대 유대 문헌에서 신성한 보좌, 성소 휘장, 하나님의 영광, 그리고 천사들에 대한 주제가 어떻게 공통적으로 하나님과의 친밀함을 가로막는 장벽들(barriers)로써 발견되는지를 강조하는데 히브리서는 정확하게 이것들이 예수 안에서 사라진 것으로 본다.

48 이것에 대해서는 특히 David R. Anderson, *The King-Priest of Psalm 110 in Hebrews* (New York: Peter Lang, 2001), 138-73, 204-8, 그리고 215-37을 보라. 히브리서가 그리고 있는 다수의 구약 본문들 사이에 존재하는 이전의 관계들에 대한 가능성에 대해서는 Alan Kam-Yau Chan, *Melchizedek Passages in the Bible: A Case Study for Inner-Biblical and Inter-Biblical Interpretation* (Berlin: de Gruyter, 2016)를 보라. 시편 110편이 히브리서 1-10장 전체의 논점을 지배하고 있다고 보는 주장에 관해서는 Jared Compton, Psalm 110 and the Logic of Hebrews (London: Bloomsbury T&T Clark, 2015)를 보라. 그것이 다일지 모르

세덱을 천사장 혹은 준 신성한 존재로 취급했었다.[49] 히브리서는 예수의 사역을 이 멜기세덱의 제사장직과 연결시킴으로써 그를 하나님 자신과 매우 근접한 위치로 승격시키고 있다.

핵심 구절인 히브리서 7:3 역시 본문의 가장 큰 수수께끼를 만들고 있다: "아버지도 없고 어머니도 없고 족보도 없고 시작한 날도 없고 생명의 끝도 없어 하나님의 아들과 닮아서 항상 제사장으로 있느니라." 언뜻 보기에 히브리서는 멜기세덱이 영원한 존재였다고 주장하는 것처럼 보인다. 놀랄 것도 없이 교회사의 반복적인 해석의 선은 멜기세덱이 예수의 성육신 이전 모습이었다고 간주한다.[50] 그러나 이 구절의 문법은 그 견해를 반박한다. 멜기세덱은 하나님의 아들을 '아포모이오메노스'(*aphōmoiōmenos*, "닮은") 라고 하는데 이것은 그가 하나님의 아들"이었다" 라고 말하는 것과 사뭇 별개의 문제이다.[51] '아파토르'(*Apatōr*), '아메토르'(*amētōr*), '아게네아로게토스'(*agenealogētos*)-아버지도 없고, 어머니도 없고, 족보도 없고-라는 것은 그에게 인간 부모가 없었다는 선언이 아니다; 결국 예수에게도 인간의 어머니가 있었다. 오히려 이것은 그의 제사장직이 그의 조상의 보증에 기반한 것도 아니요 그의 생물학적 자손에게 대물림 된 것도 아님을 의미한다.[52] 그것

나 시편 110편이 적어도 5-7장의 하부 구조를 형성하고 있다는 것은 거의 틀림없다. James Kurianal, Jesus Our High Priest: Ps 110,4 as the Substructure of Heb 5,1-7,28 (Frankfurt am Main: Peter Lang, 2000).

49 특히 이 주제에 대해 쿰란에서 발견된 문헌들에 대해서는 Eric F. Mason, "You Are a Priest Forever": Second Temple Jewish Messianism and the Priestly Christology of the Epistle to the Hebrews (Leiden: Brill, 2008), 특히 164-90을 보라. 또한 Steyn, "Hebrews' Angelology in the Light of Early Jewish Apocalyptic Imagery," 156-57도 참조하라.

50 예를 들어 Anthony Hanson, *Jesus Christ in the Old Testament* (London: SPCK, 1965), 70-71를 보라.

51 Koester, *Hebrews*, 349.

52 M. J. Paul, "The Order of Melchizedek (Ps 110:4 and Heb 7:3)," *Westminster Theological Journal* 49 (1987): 207. 코커릴(Gareth L. Cockerill, "Melchizedek without Speculation: Hebrews 7.1-25 and Genesis 14.17-24," in Bauckham et al., *Cloud of Witnesses*, 143-44)은 이것은 단순히 히브리서가 놀이하는 창세기 14장의 침묵이 아니라 멜기세덱의 긍정적인 역할을 나타내는 것이라고 강조한다: "비록 소돔왕처럼 그가 '살렘 왕'으로서 아마 인간적

이 그를 예수의 좋은 상대자로 만들었는데 특히 아브람(Abram)이 그에게 전쟁에서 얻은 것의 십분의 일을 주었던 것을 회상해 볼 때 그러하다(창 14:20). 사람은 더 높은 자에게 십일조를 드리므로 아브람은 말없이 멜기세덱을 더 높은 지위나 권위를 가진 자로 인정하고 있었다. 부연(extrapolation)하면, 레위(그리고 후에는 아론)을 통한 아브람의 후손들에게서 온 유대 제사장직 역시 멜기세덱에게 종속된 것으로 보였을 것이다. 연역적 추론을 완성해 본다면 만약 예수가 적어도 멜기세덱과 같은 수준이라면 레위 제사장직 전체가 그의 제사장직에 종속된다(7:4-10). 그러나 멜기세덱의 상황으로 인해 어떤 식으로 불완전하게 형상화되든 예수의 영원성은 그의 희생을 단번에 영원한 것이 되게 한다('에파팍스'[*ephapax*]; 7:27, 9:12, 10:10). 더 이상 어떤 다른 제사도 드려질 필요가 없고 추가로 어떤 희생이 효력을 발휘할 수 있는 것도 아니다(10:26).[53]

결과적 모습: 완전한 하나님이시자 완전한 인간

하나님의 아들로서 예수의 본질과 대제사장으로서 그의 역할에 대해 논의하면서 우리는 이미 예수의 신성과 그의 인성 모두를 다루기 시작했다. 이제 남은 것은 어떻게 히브리서 저자가 예수의 완전한 신성과 완전한 인성을 묘사하고 있는지와 이 둘의 신학적 필요성에 대해 더욱 명확하게 설명하는 일이다.

존재이지만 그가 나타나고 복을 집행하고 사라지는 방법은 주의 천사를 상기시킨다. 그는 약속의 수신자가 아닌 부여자의 옆에 서 있다. 아브라함이 소돔의 재산에 대해 청구할 기회가 있었을 때에 그 같은 신성한 사자의 출현은 아브라함의 축복의 근원을 생각나게 하는 강압적이고도 적절한 것이었다."

53 Susan Haber, "From Priestly Torah to Christ Cultus: The Re-Vision of Covenant and Cult in Hebrews," *Journal for the Study of the New Testament* 28 (2005): 121.

완전한 하나님

히브리서는 각각의 집 또는 가족에게 신실한 예수와 모세를 비교한다(3:2; 민 12:7 참조). 하지만 "만물을 지으신 이는 하나님"(4절) 이시듯 예수는 모세와 다르게 집 지은 자(3절)로 연결될 수 있다.[54] 이 비교에서 예수와 하나님이 떨어져 있다 하더라도 그 둘 모두가 하나님의 영적인 집을 지은 자라는 사실은 적어도 신성한 정체성의 기독론을 조금은 제시한다.[55] 어쩌면 9:14에 초기의 삼위일체론이 있을지도 모르는데 거기에는 레위 제사장들에 대한 그리스도의 우월성이 영원한 속죄를 보장하기 위해 하늘의 장막에서 드려진 그의 피(11-12절)를 통해 강조되고 있다. 그 결과 저자는 *그리스도의* 피가 더더욱 우리의 양심을 "죽은 행실"(예를 들어 NRSV, ESV, NET)에서 깨끗하게 하여 "우리가 살아 계신 *하나님*을 섬기게" 한다고 결론을 짓는다.[56] 오직 영원한 존재만이 영원한 속죄를 행할 수 있고 여기서 "영원한 *성령*"의 역할이 거룩한 위격들로 구성된 삼위일체를 보여준다(마지막 두 문장에서 모든 기울임은 나의 것임).[57]

그리스도인이나 교회는 그들이 하는 가장 작은 것도 절대 바꿔서는 안

---

54 이 주제에 대하여는 특히 Radu Gheorghita, "περὶ τῆς ἐξόδου … ἐμνημόνευσε, 'He Spoke about the Exodus,'" in *Reverberations of the Exodus in Scripture*, ed. R. Michael Fox (Eugene, Ore.: Pickwick, 2014), 160-86를 보라.

55 더 나아가 Richard Bauckham, "The Divinity of Jesus Christ in the Epistle to the Hebrews," in *The Epistle to the Hebrews and Christian Theology*, ed. Richard Bauckham, Daniel R. Driver, Trevor A. Hart, and Nathan MacDonald (Grand Rapids: Eerdmans, 2009), 15-36를 참조하라.

56 이것은 구약성경이 참 예배와 우상 숭배를 대조하는 문맥에서 규칙적으로 사용하는 언어이다. Jason Whitlark, "The Warning against Idolatry: An Intertextual Examination of Septuagintal Warnings in Hebrews," *Journal for the Study of the New Testament* 34 (2012): 390-91을 보라.

57 Thomas R. Schreiner, *New Testament Theology: Magnifying God in Christ* (Grand Rapids: Baker, 2008), 209 참조: "히브리서의 성령은 종말론적 성령이다. 그는 예수 안에서 하나님의 구원의 약속들의 완성을 증언한다." 서신서 전체에 대한 연구는 Jack Levison, "A Theology of the Spirit in the Letter to the Hebrews," *Catholic Biblical Quarterly* 78 (2016): 90-110를 보라.

된다고 주장하는 것으로 종종 잘못 적용되는 본문에서 히브리서는 "예수 그리스도는 어제나 오늘이나 영원토록 동일하시니라"(13:8)라고 단언한다. 문맥에서 이 확언은 우리를 돕는 이, 즉 우리를 결코 떠나거나 버리지 아니하시는(5-6절; 신 31:6, 시 118:6) 하나님 안에서의 확신을 지지하며 하나님께 신실했던 그리스도인 지도자들을 본받을 것을 권면한다(7절). 어떤 의미에서 예수 역시 신성하지 않았다면 이러한 선포들을 병치한 것은 앞뒤가 맞지 않았을 것이다.[58] 그의 부활의 능력으로 그는 또한 "양들의 큰 목자"(20절; 사 63:11 참조)라고 불리며 단순히 그의 목회적 역할 뿐만 아니라 이제 우리에게 전해주실 수 있는 능력에도 초점을 맞추시어 우리가 하나님의 뜻을 행하고 그분에게 영광을 돌릴 수 있게 하신다(21절).[59]

완전한 인간

인류가 피조 세계를 다스리라는 하나님의 명령을 수행하지 못했기 때문에 모든 인간들의 죄와 실패에 대한 예수의 죽음이 효력을 발휘하려면 예수는 그들과 같이 완전한 인간이어야 한다. 그러므로 히브리서 2:5-18은 무엇보다 예수의 인성에 대한 것이다. 첫 번째 사람들처럼 예수는 "천사보다 조금 [혹은 "잠시 동안"] 못하게" 성육신 하셨다(2장 7절과 9절 참조). 그는 2:10에서 '알케고스'(*archēgos*, 초대 교회의 기독론의 문맥에서 우리가 다루면서 왕/지도자/통치자 혹은 창시자/저자/설립자의 뜻을 가지는 단어)라고 일컬어진다. 이 용어는 히브리서 12:2에서 다시 나타나는데 '텔레이오테스'(*teleiōtēs*, 완성하는 이/마무리하는 이/온전하게 하는 이)와 결합하여 "창시자"의 뜻을 갖는 것으로 보인다. 영어 성경

58 David L. Allen, *Hebrews* (Nashville: B&H, 2010), 613; Schreiner, *Commentary on Hebrews*, 419와 각주 697 참조.

59 휘틀락(Jason A. Whitlark, "The God of Peace and His Victorious King: Hebrews 13:20-21 in Its Roman Imperial Context," in Gelardini and Attridge, *Hebrews in Contexts*, 155-78)은 황제적 문맥에서 히브리서의 강복 기도의 효과에 대해 관심을 가지면서 저자가 기도에 대해, 그리고 히브리서 1-2장에서 예수를 보좌에 앉으신 우주의 왕이라고 묘사하는 것은 승리와 평화의 약속에 대한 그 어떤 황제의 주장도 무너뜨리는 예수의 승리와 평화를 강조하는 것이라고 논한다.

들은 폭 넓고 다양한 번역-"개시자"(CJB), "원천"(HCSB), "설립자"(ESV), "감독"(KJV, NKJV), "지도자"(NAB, NJB), 그리고 "저자"(NASB)-을 소개한다. 아마도 이 문맥에서는 설립자와 지도자 모두의 뜻을 내포하고 있고 그를 따르는 자들에게 "개척자"라는 뉘앙스도 가지고 있는 "선구자"(CEB, NET, NIV, NRSV)가 가장 적합할 것이다.[60] 히브리서가 여기서 예수의 인성에 대해 얘기하고 있기 때문에 그가 이미(관념적으로) 영원 전 과거에 완벽하셨을찌라도 그의 고난을 통해 온전하게(완전하게, 성취하게) 되고 계심을 언급하고 있다. 11절 상반절은 곧바로 "거룩하게 하시는 이와 거룩하게 함을 입은 자들이 다 한 근원에서 난지라"라고 덧붙인다. 그래서 우리가 예수의 신성을 닮을 수는 없지만 우리는 그의 완전케 된 인성의 발자취를 따라갈 수는 있다. 11절 하반절은 이러한 생각을 "그러므로 예수는 우리를 형제와 자매로 부르시기를 부끄러워하지 아니하신다"라는 결론으로 완성시킨다(시 22:22 참조). 또 다시 이것은 그의 인성과 우리 인성의 공통점을 보여주는 친숙한 언어이다.[61] 14절과 17절 상반절은 그가 우리와 꼭 같은 완전한 사람이 되셨어야 했다고 공표한다. 그리고 이것은 후에 그가 자기와 같은 사람들을 위해 완전한 속죄 제사를 드리게 했는데 동물 제사가 절대 할 수 없었던 것이다(17절 하반절).

5:7은 세부적으로 이것이 "지구상에서 예수 생애의 날들"에 대한 것이라고 하며 이러한 요점을 계속한다. 어느 다른 인간 존재처럼 그리스도도 그의 아버지에게 기도했고 심지어는 간절하게 눈물로(의심 없이 겟세마네 동산에서 그리스도의 고뇌를 떠올리게 하는) 하였다. 이 구절은 그가 죽음에서부터 구

---

60 Witherington, *Letters and Homilies for Jewish Christians*, 150; Lindars, *Theology of the Letter to the Hebrews*, 44. 또한 B. B. Colijn, "'Let Us Approach': Soteriology in the Epistle to the Hebrews," *Journal of the Evangelical Theological Society* 39 (1996): 582도 참조하라: "예수는 두 가지 측면에서 믿는 자들의 '알케고스'(*archēgos*)이다: (1)그는 챔피언처럼 행함으로써 그들의 구원을 보장하는데 이것은 다윗이 골리앗을 무찌를 때 이스라엘 백성들에게 행한 것과도 같다. (2)그는 여호수아가 이스라엘 백성들을 약속의 땅으로 인도했던 것처럼 믿는 자들을 구원의 길로 인도한다. 그의 지도력은 그를 따르는 자들의 여정을 성공시킨다."

61 특히 Patrick Gray, "Brotherly Love and the High Priest Christology of Hebrews," *Journal of Biblical Literature* 122 (2003): 335-51를 참조하라.

원해 주실 수 있는 분으로부터 "들으심을 얻었다"라는 강조로 정점에 이른다(8절). 물론 그가 십자가형과 육체의 죽음으로부터 구원받은 것은 아니다. 하지만 그는 영원한 육체적 죽음에서 구원 받았고 새로운 영적, 육적 삶으로 부활하였다.[62] 다시금 본문은 남은 인류를 위한 암시로 고조에 이른다: 그러므로 예수는 "그에게 순종하는 모든 자에게 영원한 구원"의 '아이티오스'(*aitios*, "원인" 혹은 "원천")가 되셨다(9절; 사 45:17 참조). 그 "선구자"가 2:10에 가장 적합하고 12:2의 '프로드로모스'(*prodromos*, 명백하게 "선구자"의 의미인)의 사용을 통해 확인되는데 그리스도의 희생이 그를 우리 앞서 영적인 하늘의 성소에 들어가게 하였고 우리도 언젠가 거기에 들어갈 것이다. 한편 그는 우리를 대신해 아버지께 기도하시는 우리의 중보자이시다(7:25).[63]

구원

그리스도의 제사장직 다음으로 히브리서에서 반복적으로 강조되고 있는 구별된 주제는 배교에 대한 반복적인 경고들에 대한 것이다. 히브리서보다 바울이나 요한에 더 익숙한 그리스도인들은 종종 신약이 일률적으로 성도의 견인을 가르치고 있다고 추측하고 난 후 히브리서를 여기에 끼워 맞추는 주해적 단련을 수행한다. 히브리서에 대한 주석가들은 처음부터 웨슬리안이나 알미니안에 좀 더 가까운 경향이 있고 종종 단순히 히브리서가 사람

62 Ellingworth, *Epistle to the Hebrews*, 286-91. Christopher Richardson, "The Passion: Reconsidering Hebrew 5.7-8," in Bauckham et al., *Cloud of Witnesses*, 특히 60-62 참조.

63 히브리서에 나오는 예수의 호칭과 직위에 대한 온전한 목록은 Brian C. Small, *The Characterization of Jesus in the Book of Hebrews* (Leiden: Brill, 2014), 178-96를 보라. 동일하게 그의 행위와 행사의 완벽한 세부 사항들은 206-52를 보라. 비록 문예 비평적 관점에서부터 만들어졌으나 이러한 관점들은 전통적으로 신학자들이 각각 예수의 인성과 사역이라고 일컬은 것과 잘 부합한다.

이 구원을 상실할 수 있음을 주장하는 것으로 가정한다.[64] 몇몇의 칼빈주의자들이, 사람들이 지옥에 갈 위험이 있다(3:11; 6:8; 10:27-31)는 것으로 훨씬 더 자연스럽게 읽히는 무서운 경고들에도 불구하고, 모든 권면들을 구원의 상실보다 단순히 상급의 상실을 위협하는 것으로 보려고 노력한다.[65] 구원과 징벌을 통합하는 논의로 제한시키려는 시도들이 있어왔지만[66] 같은 신학적 원리들을 적용할 수 있는 구성원들이 없는 집단이 존재하기는 어렵다. 마틴 루터는 그 경고적 본문들을 만약 구원을 잃을 수 있다면 이런 식으로 일어날 것인데 그러나 이것은 실제 가능한 것이 아니라는 식으로 순전히 가정적인 것으로 보았다.[67] 그러나 그같이 강하고 반복적인 경고들을 단순히 가설적인 것으로 제한하는 것은 어려운 일이다.

한편으로 히브리서는 하나님의 선택 혹은 예정에 대한 바울이나 요한의 강조와 정말 잘 부합하는 언어를 포함한다. 9:15은 "영원한 기업의 약속"을 얻는 "부르심을 입은 자들"에 대해 말하고 12:23은 교회를 "하늘에 기록된 장자들의 모임"이라고 부른다.[68] 이 두 구절 모두 하나님은 그의 사람들을 아시고 그들을 지키신다는 것을 설명한다. 가설적인 관점의 훨씬 더 설득적인 변형은 언어 행위 이론을 적용하여 저자가 성도의 견인을 확실시하기 위

64 이러한 접근에 관한 최근의 연구는 B. J. Oropeza, "The Warning Passages in Hebrews: Revised Theologies and New Methods of Interpretation," *Currents in Biblical Research* 10 (2011): 81-100를 보라. 좀 더 요약한 것으로는 George H. Guthrie, *Hebrews* (Grand Rapids: Zondervan, 1998), 223-32를 보라.

65 예를 들어 Randall C. Gleason, "The OT Background of the Warning in Hebrews 6:4-8," *Bibliotheca Sacra* 155 (1998): 62-91.

66 예를 들어 Verlyn Verbrugge, "Towards a New Interpretation of Hebrews 6:4-6," *Calvin Theological Journal* 15 (1980): 61-73. 히브리서의 적법한 형태의 통합적 일치에 대해서는 Geoffrey W. Grogan, "The Old Testament Concept of Solidarity in Hebrews," *Tyndale Bulletin* 49 (1998): 159-73를 보라.

67 현대 학자들 중에서는 Thomas Hewitt, *The Epistle to the Hebrews* (London: Tyndale; Grand Rapids: Eerdmans, 1960), 110-11를 보라.

68 Jason A. Whitlark, *Enabling Fidelity to God: Perseverance in Hebrews in Light of the Reciprocity Systems of the Ancient Mediterranean World* (Milton Keynes: Paternoster, 2008), 148-50.

해 사실상 진실로 선택된 자들에게서 배교를 성공적으로 방지할 강한 경고들을 공포하는(issuing) 것이라고 주장한다. 경고들이 없다면 몇몇은 떨어져 나갈 것이지만 그것들로 말미암아 하나님은 그의 백성들이 그렇게 되지 않을 것임을 보장하신다.[69]

또한 히브리서에는 구원과 관련한 옛 언약과 새 언약의 지배적이며 독보적인 가르침들이 여럿 나와 있다. 또한 같은 문맥에서 믿음과 견인에 대해 지배적이지는 않지만 분명히 특유한 관점들도 있다. 그러므로 우리는 경고 구절들을 상당히 자세하게 들여다보고 나서 또한 그것들이 산출하는 언약과 부수적인 주제들을 다룰 것이다. 믿음에 대한 더 간략한 논의가 이 부분을 마무리할 것이다.

경고 구절들

내가 말하려는 의도대로 본문을 읽는 것의 위험성을 알고 있음에도 불구하고 나는 만약 히브리서 교회의 누군가가 진실로 타락했다면 그들의 겉으로 보이는 모양이나 행동에도 불구하고 그들은 절대 처음부터 진실로 구원받았던 것이 아니라고 여전히 확신한다. 첫 번째 구절은 가장 짧은 2:1-4이다. 시작부터 우리는 구원으로부터가 아닌 들은 것(1절 상반절)에서부터 "흘러 떠내려가는"(1절 하반절) 모습과 맞닥뜨린다. 히브리서 도처에서 경고를 받는 개인들은 이미 확실하게 복음을 들었고 심지어는 아주 자세하게 듣기도 했지만 이것이 진실되게 복음을 붙잡는 것과 필연적으로 같은 것은 아니다. 3절에서 저자는 수사학적으로 "우리가 이같이 큰 구원을 등한히 여기면 어찌 그 보응을 피하리요?"라고 묻는다. 여기서 핵심 동사는 알파 결성어

---

69 특히 Laurie Norris, "The Function of New Testament Warning Passages: A Speech-Act Approach" (Ph.D. diss., Wheaton College, 2011)를 보라. 또한 Thomas R. Schreiner, "Warning and Assurance: Run the Race to the End," in *The Perfect Saviour: Key Themes in Hebrews*, ed. Jonathan Griffiths (Nottingham: IVP, 2012), 89-106도 참조하라.

(alpha-privative)인 '아멜레오'(*ameleō*)로 무언가를 보살피고 염려한다는 뜻을 부정하는 의미를 가진다. 영어 번역들은 대부분 "등한시하다"(CEB, CJB, NAB, NIV, NLT)와 "무시하다"(HCSB, ESV, NASB, NET, NJB, NRSV) 사이에서 다양하다. 후자가 단순히 그들이 실제 가지고 있던 것에 주의를 기울이지 않았다는 의미라면 전자는 그들이 가질 수 있었지만 그렇지 못한 것에 대해 불충분한 주의를 기울였다는 의미이다. 이것은 경고 본문들 중에서 가장 덜 결정적인 것이기 때문에 저울의 바늘이 이 방향 또는 저 방향이라고 예단하기는 어렵다.[70]

히브리서 3:7-4:11은 다섯 개의 경고 본문들 중 두 번째이면서 가장 길고 광야에서 죽은 이스라엘 백성들과 편지의 수신자 중 배교의 위험에 있는 것처럼 보이는 자들과의 확장된 비교를 전개하고 있다. 혹자는 이 비교가 알미니안 쪽으로 진자를 움직이고 있다고 생각할 수 있는데 왜냐하면 고대 이스라엘 종교(혹은 이후의 유대교)에는 보통 "영원한 보증"이라고 하는 개념이 없기 때문이다. 더 나아가 만약 우리가 오직 히브리서 본문이 구체적으로 언급하는 것에만 집중한다면 3:10(시 95:10을 인용하는)에 이러한 사람들이 하나님의 방법을 알지 못했다는 선언을 볼 수 있는데 이것은 공동체의 일부를 구성했으나 야웨, 즉 이스라엘의 하나님과 참된 관계가 부족한 사람들에게 부합하는 주장이다.[71] 12절에서 저자는 비록 단지 일부에게만 실재적인 위험이 있다 할찌라도 그 공동체 모두를 신경 쓰고 있다는 것을 분명히 한다. 이것 역시 저자의 발언이 공동체 일반에 대한 것이라고 설명할 수 있지만 여전히 그는 자기 스스로 진실한 결단을 하지 못하고 있는 몇몇을 염두에 두고 있다.

14절은 이것을 약간 다르게 설명하고 있지만 신학적 결론은 동일하다: "우리가 시작할 때에 확신한 것을 끝까지 견고히 잡고 있으면 그리스도와

70 하지만 최소한 수신자 중 누구는 "복음이 핵심인 영적으로 우월한 고지에서 벗어날 위험에" 있었을 지도 모른다. Guthrie, *Hebrews*, 84.

71 Schreiner, *Commentary on Hebrews*, 123.

함께 참여한 자가 되리라." 여기서 핵심은 한 사람이 이 생애에서든 아니면 그리스도의 재림 때에든 어떻게 인생을 마무리하는지를 통해서만 우리가 어느 정도의 확신을 갖고 그 사람이 믿는 자인지 아닌지를 잠재적으로 알 수 있다는 것이다.[72] 바로 신자들은 끝까지 견디기 때문에 우리는 그 끝을 보고 누가 견뎌왔고 믿는 자라고 드러내는지 알 수 있다. 19절을 통해 우리는 배교자들이 "믿지 아니하므로"('아피스티아'[*apistia*]) 약속의 땅에 들어가지 못한 것임을 알 수 있다. 만약 어느 시점에든 그들이 구원 받을만한 믿음을 가지고 있었더라면 혹자는 이 본문이 그 믿음의 단순한 부재 보다는 상실을 말하고 있는 것이라고 기대했었을 것이다.[73] 마지막으로 4:1-2은 저울 바늘 끝을 이 사람들이 진실된 믿음을 절대 가지고 있지 않았다고 이해하는 방향으로 강력하게 가리키고 있는 것처럼 보인다. 히브리서는 그 모든 청중들에게 하나님의 안식에 "이르지 못하는" 일이 없도록 당부한다. 여기에 쓰인 동사 '휴스테레오'(*hystereō*)는 본질적으로 무언가 "부족하다"는 뜻이지만 "놓치다," "도달하지 못하다," "필요로 하다," "무언가에 결핍을 경험하다," "-없이 가다," 또는 "오지 못하다"로 이해할 수도 있다.[74] 더욱이 그 같은 사람들은 "순종하는 자들의 믿음을 갖지 않았"거나 아마 "[그들이 들은 것을] 믿음과 결부시키지 않았을 것"(사본의 중요한 이문)이다. 이 번역들은 사람들이 가졌던 무언가를 상실했다는 방향 보다는 오히려 그들이 처음부터 그것을 가지고 있지 않았다는 결론으로 우리를 인도한다.[75]

히브리서 6:4-10은 아마 경고 본문들 중 가장 잘 알려졌고 심지어 가

---

72 David A. deSilva, *Perseverance in Gratitude: A Socio-rhetorical Commentary on the Epistle "to the Hebrews"* (Grand Rapids: Eerdmans, 2000), 221-22. Allen, *Hebrews*, 266 참조.

73 Buist M. Fanning, "A Classical Reformed View," in *Four Views on the Warning Passages in Hebrews*, ed. Herbert W. Bateman IV (Grand Rapids: Kregel, 2007), 195-96.

74 BDAG, 1043-44.

75 Hughes, *Commentary on the Epistle to the Hebrews*, 157; Schreiner, *Commentary on Hebrews*, 135.

장 신중한 해석자들에게도 주해적 지뢰밭일 것이다. 주석가들은 언제나 이 곳 특히 4-6절에 나온 사람들에 대한 묘사들이 참되고 구원받을만한 믿음을 가졌었으나 나중에는 완전히 그리고 영원히 그것을 거절한 사람들을 분명하게 가리키고 있다고 주장한다. 심지어 몇몇은 이 본문을 전형적인 칼빈주의적 접근을 격식없이 퇴짜놓는데 사용한다.[76] 그럼에도 불구하고 그러한 접근에 대해 여기서 말해 볼 필요가 있다. 첫 네 개의 분사(4-5절)들은 복합적인 입장을 만들어 내는데 이것은 "빛을 받고," "맛보고," "참여한 바 되고," 그리고 다시 "맛본" 자들에 대한 것이다. 다른 성경에서 이 단어들을 어떻게 사용했는지를 보는 것은 몇몇의 단어 연구에서처럼 여기에서는 연관성이 없는데 여기서 논의되는 쟁점의 독특성과 더불어 히브리서 저자가 성경의 그 어느 다른 책들을 쓰지는 않았을 거라는 가능성 때문이다. 그럼에도 여전히 단어들이 드물게 오직 히브리서에서만 나타난다면 우리는 자연스럽게 다른 신약성경 저자들이 그 용어들을 썼는지 보게 된다.

동사 '포티조'(*phōtizō*, 빛을 받고)는 전형적으로 심지어 구원을 다루지 않는 본문에도 나온다(요 1:9; 고전 4:5; 엡 3:9; 딤후 1:10; 계 18:1, 21:23, 그리고 22:5). 누가복음 11:36과 에베소서 1:18에서는 구원이 부각되는 듯하다. 히브리서에서는 이 용어가 오직 또 다른 경고 본문인 10:32에서 다시 나오는데 이에 대해서도 곧 다룰 것이다. 사람들이 가까운 과거에 그들에게 공개된 그리스도의 일을 가짐으로써 빛을 받았는데 그들의 반응에 대한 필연적인 암시는 나오지 않는다.[77] "맛보다"('게오마이'[*geuomai*])는 다른 곳에서 통째로 마시다 혹은 누군가의 입술에 놓다라는 뜻을 지닌다(예를 들어, 행 10:10 또는 벧전 2:3과 마

76 예를 들어 Matthew McAffee, "Covenant and the Warnings of Hebrews: The Blessing and the Curse," *Journal of the Evangelical Theological Society* 57 (2014): 550: "이것은 히브리서의 궤도와 언약 구도의 사용이, 이러한 경고들 속에 등장하는 개인들이 진실로 중생하지 않았다고 제안하는 자들의 주장에 반하고 있다는 사실을 말하지 않고 간다. 이 같은 태도는 이 경고들의 문예적 배경을 전혀 모르고 있는 침입자적인 요소이다." 또한 Witherington, *Letters and Homilies for Jewish Christians*, 210-18도 참조하라.

77 Allen, *Hebrews*, 348. Guthrie (*Hebrews*, 218)은 그들이 "초기에 받은 복음 혹은 기독교 교리의 이른 교육"에 대해 말한다.

27:34 혹은 요 2:9 참조). "죽음을 맛보다"라는 표현은 단순히 "죽다"의 관용구이고 이것은 히브리서 6:4-5과 오직 또 다른 히브리서 용례인 2:9을 제외하고 신약에서 열세 번 나오는데 그 중 다섯 개를 차지한다. 이러한 관용구로 사용되지 않을 때에 그 단어는 무언가를 먹어본다는 의미를 갖기 때문에 이 사람들이 복음을 온전히 섭취하여 자기 것으로 만들었음을 저자가 강조하기 원했다면 약간은 이상한 표현이다.[78] 성령의 "참여자"(핵심적인 헬라어 단어는 사실 명사인 '메토코스'[*metochos*]이다)가 된다는 것은 한 사람 안에 성령을 소유한다는 것을 가장 자연스럽게 제안하는 바로 그 한 행동이나, 반복하자면 이것은 하나님과 누군가의 관계를 묘사하는 모든 성경 헬라어 중에서도 독특한 표현이다. 오직 또 다른 신약성경의 용례가 히브리서 1:9에서 나오는데 거의 한결같이 "동반자"라고 번역된다. 칠십인경에는 두 용례가 나오는데 마카비아삼서 3:21에서 종교 의식의 동참자를, 시편 44:8에서 친구들, 그리고 다양한 고대 이스라엘 사람들과 함께 한 자들을 가리킨다. 성령의 동반자가 된다는 것은 아마도 자신의 영적 상태에 대한 어떤 언급 없이 성령이 내주하고 계시는 사람의 동반자가 되는 것을 의미할 수도 있으나 이것을 명백하게 확신하는 것은 어렵다.[79]

우리는 6절에 나온 동사들도 생각해 봐야 한다. 여기 나온 개인들은 "떨어져 나간"('파라핍토'[*parapiptō*])자들이나 어디서부터 그랬다는 말인가? 추측컨대 직접 목적어는 그들이 빛을 받았던 그 무언가일 것이다. 만약 그들이

78 Roger Nicole, "Some Comments on Hebrews 6:4-6 and the Doctrine of the Perseverance of God with the Saints," in *Current Issues in Biblical and Patristic Interpretation*, ed. Gerald F. Hawthorne (Grand Rapids: Eerdmans, 1975), 360-61. 또한 Wayne Grudem, "Perseverance of the Saints: A Case Study from Hebrews 6:4-6 and the Other Warning Passages in Hebrews," in *The Grace of God, the Bondage of the Will*, vol. 1, *Biblical and Practical Perspectives on Calvinism*, ed. Thomas R. Schreiner and Bruce A. Ware (Grand Rapids: Baker, 1995), 145-47도 참조.

79 Nicole, "Some Comments on Hebrews 6:4-6," in Hawthorne, *Current Issues in Biblical and Patristic Interpretation*, 360-61; Grudem, "Perseverance of the Saints," in Schreiner and Ware, *Grace of God, the Bondage of the Will*, 147-48.

진정한 그리스도인들이었다면 그들은 기독교에서부터 떨어져 나간 것이다. 만약 그들이 가르침을 잘 받아서 막 개종하려는 시점에 있었다면 그들은 바로 그 진실된 헌신을 막 하려던 위치에서 떨어져 나간 것이다. 그러면 "다시 돌아와" 회개하게 한다는 것은 무슨 말인가('아나카이니조'[*anakainizō*]. 문자적으로는 "새롭게 하다"는 뜻). 그들이 이전에는 회개했었다는 뜻인가? 이 동사는 신약에서 오직 여기서만 등장한다. 칠십인경에 나오는 다섯 번의 용례들이 누군가 전에 했었던 것을 다시 하는 것을 제안하는 한편 1세기 그리스 헬라어에서 전치사적 접두어로 이뤄진 합성 동사들(compound verbs)은 종종 그들의 비합성 형태들과 의미적으로 구분되지 않게 되었었다.[80] 그 단어가 여전히 누군가를 전에 있었던 장소로 다시 데려오는 것을 뜻한다 하더라도 그 장소가 실제로 회개하는 곳인가 아니면 단순히 그렇게 하는 가장 자리에 남겨두는 곳인가? 이 사람들이 분명 진실된 믿음을 가지고 있었음이 틀림없다고 말하는 많은 주석가들처럼 자신 있게 되는 것은 어려운 일이다. 광야에서 죽은 이스라엘 백성들과의 이전 비교들은(3:7-4:3; 민 14) 그들이 하나님의 공동체에 가담했었으나 약속의 땅을 차지할 믿음을 나타내지 못했음을 분명히 지지하고 있는데 이것은 이제 영적으로 구원을 의미하는 것으로 해석된다.[81]

이 모든 엄한 경고들에도 불구하고 9절은 다소 놀랍게도 저자와 그와 함께 있는 자들이 "너희에게는 이보다 더 좋은 것 곧 구원에 속한 것이 있음을 확신"하고 있다고 신속히 선언한다. 계속해서 10절은 이 사람들이 참된 회개를 겉으로 드러내면서 보여 준 행위, 사랑, 그리고 도움을 강조한다. 11절은 이같이 180도 바뀐 행동에 대한 단서를 제공한다: "우리가 간절히 원하는 것은 너희 각 사람이 동일한 부지런함을 나타내어 끝까지 소망의 풍성함

---

80 게다가 코이네 헬라어는 "합성 동사에 대한 애착이 있었으나 고대 언어는 단순한 형태에 만족했다." F. Blass and A. Debrunner, *A Greek Grammar of the New Testament and Other Early Christian Literature*, rev. Robert W. Funk (Chicago: University of Chicago Press, 1961), 63.

81 더 나아가 David Mathewson, "Reading Heb 6:4-6 in Light of the Old Testament," *Westminster Theological Journal* 61 (1999): 209-25를 보라.

에 이르러." 저자는 그의 독자들 대부분에 대한 확신이 있지만 그는 그들 모두에게 확신할 수 있기를 원하고 있다.[82] 그러면 그들 모두는 19절의 약속으로부터 유익을 얻는데 곧 예수 안에 소망을 가지고 있는 자들은 튼튼하고 견고한 영혼의 닻을 소유하여 그들로 하여금 예수를 따라 하늘의 "휘장"을 지나 성소로 들어가게 한다(레 16 참조).

네 번째 경고 구절은 10:19-39로 구성된다. 이 본문은 "휘장을 통하여" 심지어 가장 거룩한 성소에 들어갈 담력을 갖는 은유를 공들인다(19-20절; 레 16 참조). 명령법으로 인도하는 바울의 전형적인 직설법의 역순으로 23절은 "우리가 믿는 도리의 소망을 움직이지 말며 굳게 잡자"고 권고하고 이후 "왜냐하면 약속하신 이는 미쁘시니"라고 신학적인 논거를 제공한다. 이 본문에서 문제가 될 만한 부분은 26절부터 시작하는데 "진리를 아는 지식"을 받은 이후에 "고의적으로 계속 죄를 짓는" 자들은 그들의 죄를 용서받을 다른 방법을 찾지 못한다는 부분이다. 여전히, 예수 안의 믿음에 대해 이야기하는 여러 가지 공통적인 방법들을 생각해 볼 때 저자가 오직 진리에 대한 지식을 받는 것만 이야기한다는 것은 혹자로 하여금 그가 완전한 지위의 구원에 조금 못 미치는 무언가를 묘사하는 것으로 의심하게 만들 수 있다.[83] 첫째로 29절은 덜 모호하게 보이는데 배교자를 "자기를 거룩하게 한 언약의 피를 부정한 것으로 여기는 자"라고 단편적으로 묘사하고 있기 때문이다(출 24:8 참조). 다른 누군가의 것보다 바울의 신학을 더 잘 알고 있는 사람들은 성화된 자는 반드시 구원받게 된다고 즉시로 가정하지 않을 수 없다. 하지만 심지어 바울서신들 중에도 그 동사('하기아조'[*hagiazō*])는 믿는 자가 아님에도 불구하고 신성한 복을 위해 구별된 자들을 때때로 의미할 수 있다(특히 고전 7:14를 보라). 히브리서에서 총 여섯 번의 용례 중 다섯 번은 오직 진실

82 Grudem, "Perseverance of the Saints," in Schreiner and Ware, *Grace of God, the Bondage of the Will*, 159-60 참조.

83 Peter T. O'Brien, "The New Covenant and Its Perfect Mediator," in Griffiths, *Perfect Saviour*, 30-31.

된 신자들에게만 일어나는 무언가를 의미하고 있는 것으로 보인다(2:11 [두 번]; 10:10, 14; 13:12). 하지만 9:13은 외부적인 정결함에 대해서만 언급하고 있기 때문에 여기서 그 가능한 다른 해석에 대해 문을 열어놓고 있다. 다시금 그 본문은 적어도 대부분에게 긍정적인 말로 결론을 맺는다: "우리는 뒤로 물러가 멸망할 자가 아니요 오직 영혼을 구원함에 이르는 믿음을 가진 자니라"(39절). 이런 이미지는 우리에게 호숫가에 발끝을 대고 뛰어들기를 두려워하지만 결국 뒤로 물러날지 아니면 뛰어들어야할지를 선택해야 하는 어떤 한 사람을 그린 것과 같은 그림을 생각나게 한다![84]

마침내 우리는 12장을 주목한다. 장 전체가 충고적이나 살펴봐야 할 핵심 구절은 25절이다: "너희는 삼가 말씀하신 이를 거역하지 말라 땅에서 경고하신 이를 거역한 그들이 피하지 못하였거든 하물며 하늘로부터 경고하신 이를 배반하는 우리일까보냐." '팔아이테오마이'(*Paraiteomai*)는 사양하다, 거부하다, 거절하다, 또는 피하다라는 뜻인데 재차 말하지만 처음부터 무언가를 전혀 받지 않았다는 것보다 무언가를 받고 나서 다시 상실한다고 하게 되면 덜 자연스러운 의미가 된다.[85] 같은 것이 '아포스트레포'(*apostrephō*, 돌아서다)에도 적용된다.[86] 그러나 진실되게 예수를 영접한 자들은 흔들리지 않는 나라를 받는다(28절). 사실 26-27절의 모습은 우리가 여기서 제안해 온 것을 적극 강화한다. 하나님은 은유적으로 하늘과 땅을 진동하시어(출 19:18 참조) 무엇이 진실로 붙어있고 남아 있을 것인지, 그리고 오직 무언가 붙어 있는 것처럼 보일는지 확인하신다. "진동하지 아니하는 것을 영존하게 하기

84 Grudem, "Perseverance of the Saints," in Schreiner and Ware, *Grace of God, the Bondage of the Will*, 177 참조. '휴포스톨레'(*Hypostolē*)는 "망설임" 또는 "소심함"을 의미하기도 한다.

85 다양한 학자들과 사전 집필자들에게 지지받는 소위 동사의 중립적(neutral) 사용은 Michael Kibbe, "Requesting and Rejecting: παραιτέομαι in Heb 12,18-29," *Biblica* 96 (2015): 282-85에 의해 무의미한 것으로 보여진다. 이들은 노골적으로(flat-out) 하나님을 거부한다.

86 휴즈(Hughes, *Commentary on the Epistle to the Hebrews*, 555)는 "믿는 자들의 공동체와 연관되어 온" 자들에 대해 말하는데 6:4의 "참여자" 혹은 "동참자"의 언어를 연상시킨다.

위하여"(27절) 붙어 있지 않았던 것은 진동될 때에 다함께 사라진다.[87] 게다가 히브리서에 나와 있는 예수와 그보다 열등한 무언가와의 모든 비교가 영구적인 것과 영구적이지 않은 것을 어떻게 서로 대조시키는지 기억해 보면, 저자가 그리스도가 제공하는 구원을 완전히 확고한 것보다 덜한 어떤 것으로 생각한다고 보기는 어렵다. 하지만 이러한 주해적 논쟁이 찾아오는 어디라도 주류 칼빈주의와 주류 알미니안 사이의 커다란 공통점을 강조하는 것이 중요한데 그것은 그리스도 안에서 믿음을 공언하고 심지어는 상당한 기간 동안 그리스도인으로 살다가도 예수와 결부된 모든 것을 완전히 부인하는 시점이 찾아오고 그러한 반항의 상태를 죽음까지도 지속하는 것이 가능하다는 것이다. 한 사람이 그와 같은 절차를 선택할 때 그 사람은 영원히 잃어버리게 된다.[88] 후기 칼빈주의자들이 그와 같은 배교의 결과들을 부드럽게 해보려고 노력했지만 칼빈 자신은 그렇지 않았다. 칼빈주의와 알미니안의 논쟁은 중요하지만 여전히 부가적인 쟁점에 대한 것이다: 그 같은 행동양식이 그 사람이 일찍이 믿음을 고백한 것에 대해 무엇을 보여주었는가? 한쪽은 그 사람이 진실된 그리스도인이 전혀 아니었었다는 것을 보여준다고 생각한다; 다른 쪽은 그들이 구원받았지만 그것을 상실했다고 생각한다. 하지만 두 개혁주의자들 모두에게 있어 그 결과는 심판이기에, 한 사람을 그같이 위험한 지점까지 이르게 하는 경로에 두는 그 어떤 것은 무슨 수를

87 "저자는 예를 들어 그와 그의 독자들이 하나님에 의해 창조된 우주의 일부를 이루고 있음을 부정하지 않는다. 대신 그의 관심사는 승귀하신 그리스도를 통해 시작된 새로운 질서에 믿음으로 참여하는 것이야말로 그들이 종말론적 진동에서 살아남을 수 있는 길이라는 것을 확증하는 것이다." Ellingworth, *Epistle to the Hebrews*, 689.

88 내가 주류라고 한 이유는, 위에서 언급한 대체 칼빈주의(alternate Calvinist)가 취하는 입장 때문이고 마찬가지로 몇몇 초기 알미니안주의자들도 그들의 관점이 덜 일치했었기 때문이다. Thomas R. Schreiner and Ardel B. Caneday, *The Race Set Before Us: A Biblical Theology of Perseverance and Assurance* (Downers Grove, Ill.: IVP, 2001), 23과 각주 8을 보라. 보처트(Gerald Borchert, *Assurance and Warning* [Nashville: Broadman, 1989], 173)는 중요하고도 연관된 사항을 언급한다: "나는 이 사람들이 그리스도인이었는지 아니었는지는 핵심이 아니라고 제안한다! *진짜 중요한 핵심은 그들이 그들 스스로에게 그리고 히브리서의 독자들에게 그리스도인으로서의 모습을 보여주었는지의 여부이다!*"(기울임은 그의 것). 확실히 남을 속이는 것은 가능하다. 그리고 심지어 우리 자신을 속이는 것도 가능할 수 있다.

써서라도 피해야 한다는 것에 동의한다.

언약들

우리는 이미 히브리서에 나온 모세 율법과 새 언약들과의 강한 대조를 암시적으로 언급해 왔는데 그럼에도 불구하고 그것은 여전히 성취의 개념 아래 포함될 수 있다.[89] 히브리서를 다룬 각 분야의 논점들이 유대인 생활에서 핵심적인 무언가에 대한 예수의 우월성을 포함하는 것과 같이 본질적으로 핵심은 이전의 모든 언약들에 대한 예수의 우월성이다. 그러나 이와 연관된 네 가지 다른 사항들이 여기 이 제목 아래서 다뤄져야 한다. 첫째는 유언 혹은 증언의 개념, 둘째는 안식일에 대한 히브리서의 이해, 셋째는 새 언약과 제사장직의 관계, 마지막으로 새 언약과 모세 율법의 관계이다.

유언(Will) 또는 증언(Testament)으로써의 언약

히브리서 9:15은 앞서 1-14절에 나온 땅과 하늘의 성소에서의 예배에 대한 긴 설명을 요약한다: "이로 말미암아 그는 새 언약의 중보자시니 이는 첫 언약 때에 범한 죄에서 속량하려고['아폴뤼트로시스,' *apolytrōsis*] 죽으사 부르심을 입은 자로 하여금 영원한 기업의 약속을 얻게 하려 하심이라."[90] 그러고 나서 16절과 17절은 편지의 이전 부분에서 이미 언약의 뜻으로 열 번 쓰인 같은 단어 '디아떼케'(*diathēkē*)를 그 자체로 이 같은 번역을 자연스럽게 도출하지 않는 방식으로 사용한다. 나중에 히브리서에서 이 단어가 다시 언

89 Schreiner, *New Testament Theology*, 667-68: "히브리서는 새 언약이 그리스도 안에서 시작됨을 강조한다. 새 제사장직은 옛 것에 약속된 것을 완성하는 새로운 법이 있음을 의미한다. 새 것이 도착한 지금, 신자들은 옛 것의 그림자로 돌아가지 말아야 한다. 그들은 하나님이 약속하신 것이 성취된 시대를 살고 죄에 대한 최종적 용서를 받았다."

90 참조. 르네(Suzanne Lehne, *The New Covenant in Hebrews* [Sheffield: JSOT Press, 1990])는 이 용어가 빈번하게 나오지 않은 히브리서의 이전 장들에 대한 언약 개념의 중요성을 보여준다.

약의 개념으로써 다섯 번 더 등장하는데 이어서 나오는 18절이 여기에 포함된다. 그럼에도 불구하고 대부분의 번역과 통역은 16절을 NIV와 같이 번역한다: "유언의 경우에는 그것을 만든 이의 죽음을 입증해야 하는데 왜냐하면 유언은 누군가가 죽었을 때에만 유효하기 때문이다; 유언은 그것을 만든 이가 살아있는 동안에는 전혀 효력이 없다"(기울임은 나의 것). 보통 언약을 성립한 누군가가 반드시 죽어야 그 조항들이 효력을 갖게 되는 것은 아니다. 하지만 유언이나 증언은("마지막 유언과 증언"의 개념으로써) 이런 방식으로 작용한다.

어떤 학자들은 모든 성경 헬라어 중 이 두 구절에서만 '디아떼케'(*diathēkē*)가 "언약"을 의미하지 않는 경우라고 보는 것이 너무 부조화스럽다고 생각하여 여기서도 이 개념으로 들어맞게 하는 방법을 찾고자 시도한다. 예를 들어 레인(William Lane)은 피 제사의 주제가 11-28절에 다함께 적용된다고 주장한다. "심지어 첫 언약도 피 없이는 효력이 적용되지 않는다"(18절)는 점을 말하려면 저자는 16-17절에서 언약에 대해 말하고 있어야 한다. 하지만 이를 위해선 레인(Lane)이 언약을 성립한자의 죽음이 (동물) 제사의 희생양을 의미하는 것으로 해석해야 하는데 그 희생양은 곧 그 언약을 성립한 자를 대표하므로, 유언자/언약 성립자가 살아있는 동안 '디아떼케'(*iathēkē*)가 효력을 갖지 못함을 말하는 이 구절을 자연스럽게 읽는 방법이 아니다.[91] 이에 대한 응답으로 엘링워스(Paul Ellingworth)는 18절이 15절을 언급하는 것으로 보면서 16-17절은 다소 삽입구처럼 이해한다. 마찬가지로 헬라어 관사가 없다는 것은 두 '디아떼케'(*diathēkē*)의 쓰임을 그 주변의 것들과 구분시킨다.[92] 한 언어가 단어를 구분되지만 다소 연관된 방법으로 사용할 때 사용자는 주어진 문맥에서 하나의 의미가 주요하거나 심지어 독보적일지라도 종종 가능한 두 의미 모두를 생각한다.[93] 그러므로 히브리서는 그리스식 헬라

91 Lane, *Hebrews* 9-13, 242-43.

92 Ellingworth, *Epistle to the Hebrews*, 463.

93 말재주(paranomasia)나 말유희(puns)는 정확히 여기에 기반을 둔다. 포괄적인 연구를 위해

어에서 '디아떼케'(*diathēkē*)의 일반적 의미를 하나님의 예정과 이스라엘과 교회 두 곳과의 평행 관계를 도출하기 위해 사용하는 것으로 보이는데, 이것은 그 용어가 언약 외에 다른 것을 전혀 의미하지 않았다면 쉽게 만들어지지 않았을 것이다. 번역을 "유언"으로 변경했다가 다시 "언약"으로 돌아가는 것이 옳은 것으로 보인다.

언약과 안식일

히브리서 3:7-4:11에 나온 안식일 쉼에 대한 확장된 설명은 율법이 내재화 된(8:10) 새 언약에의 참여를 예시하고 있다.[94] 이 부분에서 시편 95:7-11 전체의 일부를 네 번 인용하면서(3:7-11, 15; 4:3, 7) 저자는 시편 기자의 경고를 모세 시대의 이스라엘 백성들이 약속의 땅의 안식에 들어가는데 실패했던 것처럼 그 시대의 사람들에게 하나님의 안식에 들어가는데 실패하지 말라고 하기 위해 사용한다. 하지만 어느 유대 저자라도 안식이라고 하면(히 4:4에 인용된) 창세기 2:2의 창조 주간 일곱째 날에 있었던 창조 사역으로부터의 하나님의 안식에 근거하여, 십계명 중 하나로(출 20:8-11) 하나님에 의해 제정된 매 주의 안식일 쉼의 주기를 생각하지 않을 수 없다. 다윗이라고 믿어지는(히 4:7 하반절) 시편 기자가 이 원리를 그의 세대에 적용할 수 있었다면 이스라엘 백성의 약속의 땅 정복 사건이 하나님의 안식에 들어간다는 의미를 철저히 규명한 것은 아니다(7-8절).[95] 이후 히브리서 저자는, 예수를 따르는 자

Elbert Russell, "Paranomasia and Kindred Phenomena in the New Testament" (Ph.D. diss., University of Chicago, 1920)를 보라. 히 9:15-16의 이 예는 35쪽에 나온다.

94 베일(G. K. Beale, *A New Testament Biblical Theology: The Unfolding of the Old Testament in the New* [Grand Rapids: Baker, 2011], 740)은 "교회는 렘 31의 회복 예언과 새 언약을 완성하기 시작했다. 결과적으로 교회가 새 언약의 복들을 경험하는 종말론적 이스라엘로 이해되는 듯 하다. 이 복들은 구약에서 오직 제사장만이 경험했던 계시적 신분을 경험하는 새 언약 공동체 모두를 중심으로 전개된다"라고 말한다.

95 더 나아가 J. H. Wray, *Rest as a Theological Metaphor in the Epistle to the Hebrews and the Gospel of Truth* (Atlanta: Scholars, 1998), 71-77을 보라. 또한 Jon Laansma, *"I Will Give You Rest": The Rest Motif in the New Testament with Special Reference to Mt 11 and Heb 3-4* (Tübingen: Mohr Siebeck, 1997)와 더불어 히 3-4장은 히브리서 저자가 시편 기자의

가 하나님의 안식에 들어간다는 이 원리를 심지어 더 멀리까지 확장시키면서 그 안에 안식하는 모습을 발견할 수 있다. "오늘"이라고 말했던 그 다윗이 히브리서로 하여금 그 본문을 1세기 중반의 "오늘"에 재적용할 수 있게 했다(3:13, 15; 4:7 상반절). 하지만 새 언약의 시작에 대한 응답으로 심지어 신자가 되는 것이 하나님의 안식의 원리를 소진시키지는 않는다: "그런즉 안식할 때가 하나님의 백성에게 남아 있도다"(4:9). 비록 우리가 그리스도인이 되었을 때 그 안식에 이미 들어갔다는 의미가 있지만(10절) 우리가 "들어가기를 힘써야 할"(11절) 전체 약속에 대한 미래의 성취가 있다. 저자가 나중에 사용한 공간적 및 시간적인 하늘과 땅의 대조로 보건데 그는 이미 여기에서도 다가올 삶을 염두에 두고 있는 듯 하다.[96]

언약과 제사장직

히브리서 8장은 주제를 바꿔 그리스도의 제사장직이 예레미야가 예언한(렘 31:31-34) 새 언약의 도래를 어떻게 보여주는지 논한다. 모세 언약은 완전하게 지켜져야 할 성막에서의 예물에 대해 아주 자세하게 명령했다(레 1-9). 하지만 더 뛰어난 제사장직과 함께 새 언약은 그 첫 번째 것을 "쇠퇴한 것"(8-12절)과 거의 완전하게 죽은 것(13절)으로 만든다. 신약성경 어디에도 그 두 언약 사이의 단절에 대해 더 강하게 얘기하는 곳이 없다. 하지만 우리

"오늘 너희가 그의 음성을 듣거든"의 영구적 속성에 기초하여 자신만의 설교를 만들 수 있었기 때문에, 그 자체로 미드라스식 설교인 시편 95편의 주해이다라고 주장하는 Daniel Boyarin ("Midrash in Hebrews/Hebrews as Midrash," in Gelardini and Attridge, Hebrews in Contexts, 15-30)도 참조하라.

96 특히 Jared C. Calaway, *The Sabbath and the Sanctuary: Access to God in the Letter to the Hebrews and Its Priestly Context* (Tübingen: Mohr Siebeck, 2013)를 참조하라. 히브리서는 창조, 안식, 즉위, 그리고 성소의 유형을 변형시키고 이것을 하늘의 영역으로 옮겨 놓는다. "안식으로써의 약속의 땅은 하나님의 안식일 쉼이 되고 장막은 현재와 장차 올 시대가 된다. 접근 수단으로써의 예수는 이 유형을 다 같이 되돌려 놓는 구심력이다"(180쪽). 또한 Andrew T. Lincoln, "Sabbath, Rest and Eschatology in the New Testament," in *From Sabbath to Lord's Day: A Biblical, Historical and Theological Investigation*, ed. D. A. Carson (Grand Rapids: Zondervan, 1982), 특히 205-14와 Matthew Thiessen, "Hebrews and the End of the Exodus," *Novum Testamentum* 49 (2007): 353-69을 보라.

가 히브리서를 그 둘 사이의 연속성을 강조하는 다른 신약성경의 가르침과 상충하는 것으로 해석하기 이전에 9:26을 생각해 보아야 한다: "그러나 [그리스도께서] 자기를 단번에 제물로 드려 죄를 없이 하시려고 세상 끝에 나타나셨느니라." 고린도전서 10:11의 비슷한 표현이 '텔로스'(*telos*)를 사용한 반면 히브리서 저자는 '쑨텔레이아'(*synteleia*)를 사용한다. 그래도 의미들은 비슷하다. 또한 우리는 로마서 10장 4절에서 바울이 '텔로스'(*telos*)를 "율법의 마침"이라는 의미로 사용한 것을 기억하는데 여기서는 폐지(abolition)가 아니라 완성(fulfillment)의 관점에서 쓰였다. 마찬가지로 히브리서 9:26도 종료와 목적, 그리고 완성으로의 귀결을 표현하려고 그랬을 것이다.[97] 더 나아가 28절은 이 완성의 기간이 그리스도의 재림까지 연장되는 것으로 인정한다: "그는 구원에 이르게 하기 위하여 죄와 상관없이 자기를 바라는 자들에게 두 번째 나타나시리라."[98]

히브리서 9:9은 고린도전서 10:11에서 우리가 본 논리와 비슷한 추가적인 예를 포함하고 있다-구약은 1세기(그리고 그 이후의) 독자들을 의도하여 하나님에 대해 자세히 설명한다. 성막과 그 의식들의 특징들은 "현재를 위한 예시"를 구성했다. "예시"는 '파라볼레'(*parabolē*, 문자적으로 "비유")를 번역한 것인데 '파라볼레'(*parabolē*)는 공관복음에서의 무수한 사용들을 제외하면 신약에서 오직 이곳과 11:19에서 나타난다. 제식 체계가 현대의 많은 독자들에겐 낯선 것이기 때문에 9:9의 두 번째 부분을 잘못 해석하기 쉽다: "이에 따라 드리는 예물과 제사는 섬기는 자를 그 양심상 온전하게 할 수 없나니." 이것은 마치 고대 이스라엘 백성들이 성막이나 성전에서의 의식 이후에 그들의 행위가 무의미했었던 것처럼 느끼며 떠난 것이 아니다. 그들은 그것이

97 Richard Ounsworth, *Joshua Typology in the New Testament* (Tübingen: Mohr Siebeck, 2012), 184-85. 필립(Philip, *Leviticus in Hebrews*, 2)은 이런 식으로 표현한다: "히브리서는 예수의 고난, 죽음, 그리고 부활의 관점에서 레위 제사 체계를 다시 나타내는 시도이다."

98 또한 희생 제사는 "마음을 바꾸거나 사람을 변화시킬 수는 없었다." Cockerill, *Epistle to the Hebrews*, 385.

용서를 위해 신적으로 제정된 규정인 것을 알고 있었다. 대신 그들은 매번 성소에 돌아왔을 때 가장 최근 "회차"에 그들이 저지른 죄에 대한 추가적인 예물을 드려야 했기 때문에 희생 제사가 영원히 효력이 있는 것은 아님을 신속히 깨달았을 것이다.[99] 5-10장 전반에 나타나 있는 비교들은 일관되게 임시적인 것과 영원한 것에 대한 것이지 완전히 효력이 없는 것과 있는 것에 대한 것이 아니다. 또한 구약의 제사장직을 그리스도의 제사장직과 비교하면서 나오는 외형적인 것과 내재적인 것 사이의 빈번한 대조들도 있다(8:10; 9:10, 13-14; 10:16, 22).[100]

언약과 율법

히브리서에 나오는 모세 언약과 새 언약의 강력한 대조들 모두를 고려해 볼 때 신약 성서 중 "중지론자(supersessionist)"라는 문구를 붙일만한 후보가 있다면 단연 히브리서일 것이다. 반면에 심지어 히브리서가 첫째 언약을 "쇠퇴한" 것으로 일컬을 때에도 "나의 법을 그들의 속에 두며 그들의 마음에 기록하여"(33절)라는 약속이 담긴 예레미야 31:31-34을 인용한 후에 그렇게 한다. 학계에서는 신약과 구약 사이에 좀 더 일반적으로 얼마만큼의 연속성 혹은 불연속성을 볼 수 있느냐에 따라서 이 두 관점 사이를 오가는 경향이 있다.[101] 하지만 10:1은 중도적 입장에 대한 열쇠를 쥐고 있다. 여기서 저자는 "율법은 장차 올 좋은 일의 그림자['스키아,' *skia*]일 뿐이요 참 형상['프라그마타,' *pragmata*]이 아니므로"라고 선포한다. 이러한 언어는 놀라울 정도로 골로새서 2:17을 떠올리게 하는데, 여기서 비록 바울이 참 형상을 가리

---

99 또한 희생 제사는 "마음을 바꾸거나 사람을 변화시킬 수는 없었다." Cockerill, *Epistle to the Hebrews*, 385.

100 더 나아가 John Dunnill, *Covenant and Sacrifice in the Letter to the Hebrews* (Cambridge: Cambridge University Press, 1992)를 참조하라.

101 예를 들어 Bauckham et al., *Epistle to the Hebrews and Christian Theology*, 149-225에서 "The Problem of Hebrews' Supersessionism" 이라고 제목이 붙여진 부분의 다양한 논평들을 보라.

키는 다른 용어('쏘마,' *sōma*)를 사용했지만 역시 장래 일의 그림자로써의 다양한 율법에 대해 말하고 있다. 재차 말하자면 성취를 통한 변화가 이 언어에 대해 가장 적합한 설명으로 보인다.[102] 우리가 신약 다른 곳에서 보았듯이 히브리서 저자는 구약의 모든 부분이 여전히 신자들에게 적용되지만 이것이 그리스도 안에서 어떻게 완성되었는지 이해하는 자에게는 그 어느 것도 적용되지 않는다고 믿는다.

믿음과 인내

경고 본문들이 강조하는 위험에 대한 결과는 독자로 하여금 인내하도록 권고하는 것이다. 우리가 히브리서의 "믿음"을 가장 잘 이해하기 위해서는 이것을 제안이나 심지어 교리에 대한 동의가 아니라 예수와 그의 말씀에 대한 적극적 응답(active response)으로 생각해야 한다. 사실 웨스트폴(Cynthia Westfall)은 저자의 풍부한 신학적 주해가 아니라 그의 권고들이 어떻게 히브리서의 가장 중요한 구성 요소들을 이루는지 보여준다.[103] 히브리서는 "믿음"을 예수에 대한 충성, 그의 약속에 대한 믿음, 그리고 예수를 영접하는 데서 오는 순종 혹은 신실성(4:2; 6:1, 12; 10:38-39)으로 이해한 초기 기독교인들의 공통적인 견해를 분명히 알고 있다. 그러나 본서는 확신으로써의 믿음도 말하고 있다. 10:22은 "우리가 마음에 뿌림을 받아 악한 양심으로부터 벗

---

102 특히 Barry C. Joslin, *Hebrews, Christ, and the Law: The Theology of the Mosaic Law in Hebrews 7:1-10:18* (Milton Keynes: Paternoster, 2008)를 보라. 또한 Peter Gräbe, "The New Covenant and Christian Identity in Hebrews," in Bauckham et al., *Cloud of Witnesses*, 118-27도 참조하라.

103 Cynthia Long Westfall, *A Discourse Analysis of the Letter to the Hebrews: The Relationship between Form and Meaning* (London: T&T Clark, 2005), 특히 297-99. 그녀는 현대 언어학으로부터의 통찰을 응용하여 가장 중요한 구성 요소는 권고적 요소, 특히 4:11-16과 10:19-25의 두 중심적 본문에서 나오는 충고적 가정법(hortatory subjunctives)이라고 증명한다. 그 권고들(exhortations, 대부분 충고적 가정법인)은 세 부류로 나뉘어진다: "계속 꽉 잡고 있자"(2:1, 4:14, 10:23), "가까이 나아가자"(4:16; 10:22; 12:28; 13:12, 15), 그리고 직설법적인 요소가 지지하는 "전진하자"(4:1, 11; 6:1; 10:24; 12:1).

어나고 몸은 맑은 물로 씻음을 받았으니 참 마음과 온전한 믿음으로 하나님께 나아가자"(겔 36:25 참조)고 독자들을 촉구한다. 이와 같은 믿음은 바울이 믿음으로 행하고 보는 것으로 행하지 않는다(고후 5:7)고 할 때의 믿음과는 반대인 것처럼 보인다. 대조의 관점에서 히브리서의 믿음은 보는 것이 가져오는 동일한 확신을 갖고 있는 것으로 보인다.[104] 헬라어는 '엔 플레로포리아 피스테오스'(*en plērophoria pisteōs*, 믿음의 완전한 확신으로)이다. "신자는 흔들리지 않는 영역에로의 마지막 접근에 자신을 맞추면서 예수께서 그리스도인의 전 인격을 깨끗이 하신 일을 성취하신 것에 담대해야 한다."[105] '플레로포리아'(*Plērophoria*)는 "확신"으로도 번역될 수 있다(CEB).

11:1은 이 같은 '피스티스'(*pistis*)의 구별된 용례에 기초하여 "믿음은 바라는 것들의 확신이요 보이지 않는 것들의 보증이니"라고 선언한다. "확신"과 "증거"에 해당하는 단어는 각각 '휘포스타시스'(*hypostasis*)와 '엘렝코스'(*elenchos*)이다. KJV 성경은 이 단어들을 "실체"와 "증거"라고 번역하여 마치 믿음 그 자체가 신뢰받는 것의 존재를 증명할 수 있는 것처럼 독자들을 약간 오도했다. 사실 저자의 요점에서 믿음은 현재의 모습에도 불구하고 미래에 대한 하나님의 약속을 신뢰하는 것이다.[106] 현재의 상황이 누군가 상상하듯 황량한 것이어도(3:17-18) 믿음/신실함으로 사는 의인은 여전히 그렇게 살 수 있다고 말하는 하박국 2:4이 그 배경에 깔려 있는 것으로 보는 것도 가능하다.[107] 히브리서 11장은 더 나아가 구약 시대 믿음의 영웅들의 "출

---

104 이에 대한 총체적인 연구는 Victor (Sung-Yul) Rhee, *Faith in Hebrews: Analysis within the Context of Christology, Eschatology, and Ethics* (New York: Peter Lang, 2001)을 보라.

105 deSilva, *Perseverance in Gratitude*, 339.

106 I. Howard Marshall, New Testament Theology: *Many Witnesses, One Gospel* (Downers Grove, Ill.: IVP, 2004), 616을 참조하라: "믿음은 보이지 않는 하나님을 신뢰하는 것(예를 들어 히 11:6), 그리고 미래에 대해 예언된 것이 이루어질 것이라는 확신(예를 들어 히 11:7)에 대한 것이다. 이것은 옛 언약의 특징이었고 새 언약에서도 마찬가지이다." Koester, *Hebrews*, 469-70; Lindars, *Theology of the Letter to the Hebrews*, 111 참조.

107 Dennis R. Lindsay, "*Pistis* and *'Emunah*: The Nature of Faith in the Epistle to the Hebrews," in Bauckham et al., *Cloud of Witnesses*, 158-69.

석부(roll call)"를 점검한다. 그리고 13절은 그들 모두의 공통점에 대해 이르고 잠정적인 요약을 제공한다: "이 사람들은 다 믿음을 따라 죽었으며 약속을 받지 못하였으되 그것들을 멀리서 보고 환영하며 또 땅에서는 외국인과 나그네임을 증언하였으니"(창 23:4, 대상 29:15, 시 39:12 참조).

좀 더 상세한 예들을 나열한 후 히브리서 11:33-35 상반절은 일반화를 시도한다. 그 영웅들은 "믿음으로 나라들을 이기기도 하며 의를 행하기도 하며 약속을 받기도 하며 사자들의 입을 막기도 하며 불의 세력을 멸하기도 하며 칼날을 피하기도 하며 연약한 가운데서 강하게 되기도 하며 전쟁에 용감하게 되어 이방 사람들의 진을 물리치기도 하며 여자들은 자기의 죽은 자들을 부활로 받아들이기도 하"였다. 하지만 갑자기 절 중간에서 저자는 극적인 전환을 한다. 이제 그는 이 세상에서 적지만 극심한 고통을 맛보았던 다양한 사람들에 대해 언급한다:

> 또 어떤 이들은 더 좋은 부활을 얻고자 하여 심한 고문을 받되 구차히 풀려나기를 원하지 아니하였으며 또 어떤 이들은 조롱과 채찍질뿐 아니라 결박과 옥에 갇히는 시련도 받았으며 돌로 치는 것과 톱으로 켜는 것과 시험과 칼로 죽임을 당하고 양과 염소의 가죽을 입고 유리하여 궁핍과 환난과 학대를 받았으니 이런 사람은 세상이 감당하지 못하느니라 그들이 광야와 산과 동굴과 토굴에 유리하였느니라(35 하반절-38절)[108]

고통 받는 공동체를 위해 히브리서 11장은 독자들에게 그들만의 시련 속에서도 본받을 수 있는 "모범 사례"를 제시해 주는 실제적인 기능을 한다.[109] 이러한 사례들은 믿음의 예도 된다. 더욱이 그들은(추정컨대 하나님으로부

108 이곳에 나온 히브리서의 언급들 뒤에 깔려있을지도 모르는 다양한 유대 외경 전통에 대해서는 Pamela M. Eisenbaum, *The Jewish Heroes of Christian History: Hebrews 11 in Literary Context* (Atlanta: Scholars, 1997)을 보라.

109 다이어(Bryan R. Dyer, *Suffering in the Face of Death: The Epistle to the Hebrews and Its*

터) 그렇게 살도록 추천을 받았지만 이 땅에서는 그들에게 약속된 것의 많은 부분을 받지 못했다(39절). 왜 그런가? 40절에 나오는 대답이 모든 믿는 독자들을 겸손하게 한다: 이는 우리도 역시 그들과 함께 하나님의 약속을 누리기 위함이다.[110] 하나님이 그들에게 모든 상급을 주시기 위해 이 시대를 끝내셨다면 그분은 우리가 알고 있는 인류 역사를 멈추셔야 했었을 것이고 그러면 그 이후의 세대들은 이 같은 동일한 복을 받을 수 있는 기회를 가지기 위해 태어나지도 못했었을 것이다! 그같이 명백한 지연에도 불구하고 하나님이 모든 것을 성취하시리라는 약속을 흔들리지 않고 신뢰하는 믿음은 자신보다 더 많은 셀 수 없는 사람들을 유익하게 하는 믿음이다. 또한 예수께서 살아계시기 때문에 이 믿음은 그 시선을 하나님에게 뿐만 아니라 그분에게도 굳게 두어야 하는데 그 이유는 예수께서 심지어 구약에 나오는 믿음의 영웅들보다도 더한 믿음/신실함을 보여 주셨기 때문인데[111] 이것은 특히 그의 완전히 신실한 대제사장(2:17)으로서의 역할에서 그러하다.[112]

요약하자면 이스터(Matthew Easter)는 히브리서의 나머지 신학과도 연결되는 히브리서의 믿음에 대한 이해를 보는 네 가지 핵심적인 측면을 본다.

Context of Situation [London: Bloomsbury T&T Clark, 2017])는 의미론적 영역 분석을 사용하여 고통과 죽음의 언어가 히브리서에 만연해 있음을 증명하면서 독자들은 현재 고난을 당하면서 죽음의 위협을 느끼고 있다고 주장한다. 이러한 상황에서 히 11은 본받을 수 있는 사례를 제시해 주는 실제적이고 사회적인 기능이 있다.

110 "듣는 사람들에게는 '믿음의 완성자'의 사역을 본받아 살며 그의 예를 행동에 포함된 신뢰에 대한 더할 나위 없는 본보기로 삼을 수 있는 장점이 있다. 이제 신뢰로 응답하는 자들은 모든 믿는 자들을 영원한 상속으로 인도하는 '더 좋은 것'에 대해 응답하는 것이다." deSilva, *Perseverance in Gratitude*, 424. 더욱이 완전한 육체의 부활은 오직 메시아의 완전한 속죄와 육체적 부활 이후에 옛 언약과 새 언약 모두의 사람들에게 가능했을 것이다. 이것이 12:22-24에서는 하늘의 도성으로 오고 있는 것으로 묘사될 것이다. Cockerill, *Epistle to the Hebrews*, 598을 더 참조해 보라.

111 Christopher A. Richardson, *Pioneer and Perfecter of Faith: Jesus' Faith as the Climax of Israel's History in the Epistle to the Hebrews* (Tübingen: Mohr Siebeck, 2012). 그러므로 예수는 또한 이스라엘 역사의 '텔로스'(*telos*) 혹은 성취를 형성하신다(110쪽).

112 Todd D. Still, "*Christos* as *Pistos*: The Faith(fulness) of Jesus in the Epistle to the Hebrews," *Catholic Biblical Quarterly* 69 (2007): 746-55.

신자는 예수의 모델을 본받아 믿음을 행사하고(기독론적 측면), 죽음 이후의 삶에 대한 소망을 가지고 전진하며(종말론적 측면), 잠재적인 고난에도 불구하고 끝까지 견디며(윤리적 측면), 비슷하게 신실한 다른 이들과 함께 연합한다(교회론적 측면).[113] 이 교회론적 측면에 대해 이제부터 다루려고 한다.

교회론

배교의 유혹은 한 생명이 위험에 처했을 때 강해진다. 비기독교적 유대교로 되돌아가는 것은 한 사람의 영원하고 영적인 생명이 아닌 육체적 생명을 구할 것이다. 히브리서 저자는 이 세상에서 특히 환난의 때에 자족하는 것이 얼마나 어려운 것인지 알고 있다. 히브리서의 교회론이 정확히 이러한 배경에서 생겨난 것이다. 더욱 지금 신자들은 정도를 걷기 위해 같이 뭉쳐서 서로를 격려해야 한다. 이러한 결말을 위해 10:24-25은 "서로 돌아보아 사랑과 선행을 격려하며 모이기를 폐하는 어떤 사람들의 습관과 같이 하지 말고 오직 권하여 그날이 가까움을 볼수록 더욱 그리하자"고 회중들에게 권면한다.[114] 모임이 체포와 형벌로 이어질 수 있는 상황에서도 계속해서 모이는 것이 중요했다면, 그들의 안전과 안녕이 위험하지 않을 때에 정기적으로 함께 모이지 않으려는 대부분의 그리스도인들의 핑계는 얼마나 믿지 못할 만한 것인가.

몇몇은 신자의 성장에 대한 히브리서의 메시지가 순례자의 인생을 설명

113 Matthew C. Easter, *Faith and the Faithfulness of Jesus in Hebrews* (Cambridge: Cambridge University Press, 2014), 217.

114 데실바(David A. deSilva, *Despising Shame: Honor Discourse and Community Maintenance in the Epistle to the Hebrews*, rev. ed. [Atlanta: SBL, 2008], 342)는 히브리서의 담화를 명예와 수치 문화의 관점으로 분석하여 저자가 어떻게 "소수의 기독교 문화 속에서의 연대와 이를 대체하는 사회 그룹의 가치와 행동양식에 대해 증가하는 헌신"을 촉진시킬 수 있는지 보여준다.

하는 것이라고 간주한다.[115] 우리는 이 세상에서 우리의 영원한 집에 도착하지 않는다. 구약에 나오는 몇몇의 믿음의 영웅들이 그랬듯이(11:37-38) 우리도 이 세상에서 문자 그대로 방황할 수도 있다. 우리는 사랑하는 아버지가 그의 자녀들을 그들의 가장 큰 관심사를 마음에 품고서 그들을 훈련하는 것처럼 고난을 하나님의 훈련이라 여기고 견뎌야 할 것이다(12:4-11; 잠 3:11-12와 신 8:5 참조).[116] 시련을 하나님의 훈련이라 생각하고 견디라는 이러한 권고가 순종함으로 고통을 견디신(12:2-3) "예수를 바라보자"는 호소 바로 직후에 따라오기 때문에 이것은 예수 그분도 "받으신 고난으로 순종함을 배우셨다"(5:8)는 것을 염두에 둘 것을 요구한다. 그러므로 여기서 하나님의 진실한 "아들들"은 저자가 책 전반에 걸쳐 그토록 강조하고 있는 하나님의 아들과도 같은 길을 따라가는 자들이다. 히브리서는 부모가 훈육하는 비유를 사용하는데 이것은 우리가 벌을 받는다는 의미가 아니라, 마치 운동선수가 모든 장애물을 벗어 던지고 인내로써 경주를 하는 것과 같이(1-2절) 우리도 훈련을 받는다는 의미이다.[117] 좀 더 일반적으로 인생의 고난과도 같은 핍박은 종종 참 신자와, 기독교를 흉내내나 인내하는 믿음이 없는 자를 구분하는 기능을 한다. 이러한 이유 때문에 히브리서는 로마에 있는 유대 기독교 공

---

115 특히 Ernst Käsemann, *The Wandering People of God: An Investigation of the Letter to the Hebrews* (Minneapolis: Augsburg, 1984)를 보라. 또한 O. Palmer Robertson, *God's People in the Wilderness: The Church in Hebrews* (Fearn, Ross-shire, U.K.: Christian Focus Publications, 2009)와 Marie E. Isaacs, *Sacred Space: An Approach to the Theology of the Epistle to the Hebrews* (Sheffield: Sheffield Academic Press, 1992), 특히 218-19도 참조하라.

116 "공동체의 가족적인 정체성이 그들이 당하는 고통의 주요한 원인이라는 것은 본문 전반에 걸쳐 분명하다" Scott D. Mackie, "Early Christian Eschatological Experience," *Tyndale Bulletin* 63 (2012): 110.

117 이 주제를 전체 분량으로 다룬 N. Clayton Croy, *Endurance in Suffering: Hebrews 12.1-13 in Its Rhetorical, Religious, and Philosophical Context* (Cambridge: Cambridge University Press, 1998)을 보라. 반면 스펠만(Ched Spellman, "The Drama of Discipline: Toward an Intertextual Profile of *Paideia* in Hebrews 12," *Journal of the Evangelical Theological Society* 59 [2016]: 487-506)은 훈육과 징벌로써의 "훈련"의 개념 모두가 (저자가 직접 인용하고 있는) 잠언과 (잠언이 의존하고 있는) 신명기에 나타나기 때문에 히브리서 저자는 여기에 이 모두의 가능성을 열어놓고 있고 히 12가 경고 본문과 연관되게 하고 있다.

동체들에게 배교에 대해 금할 정도의 말을 하고 있다. 혹자는 그의 육체적 삶을 구할 수 있겠지만 그 삶은 곧 다가올 영원한 삶과 비교했을 때 언젠가는 중요하지 않은 미약한 것으로 전락하고 만다. 예루살렘 영문 밖에서 있었던 그리스도의 십자가 사건을 언급하면서(13:12) 히브리서는 "그런즉 우리도 그의 치욕을 짊어지고 영문 밖으로 그에게 나아가자 우리가 여기에는 영구한 도성이 없으므로 장차 올 것을 찾나니"라고 결론을 내리고 있다(13-14절).[118]

만약 예수가 단번에 영원히 드린 속죄의 죽음 때문에 그리스도인이 더 이상 동물 제사를 드릴 필요가 없다면 히브리서는 신자들에게 적합한 형태의 제사에 대해 한 중요한 구절에서 언급하고 있다. 13:15은 "그러므로 우리는 예수로 말미암아 항상 찬송의 제사를 하나님께 드리자 이는 그 이름을 증언하는 입술의 열매니라"고 말한다(시 50:14, 23 참조). 이것을 그리스도인의 예배에 적용하는 것은 희생 제사가 옛날의 유대교 예식의 일부였던 것처럼 자연스러운 일이다. 그러나 히브리서의 어느 것도 이것을 그 문맥에만 제한시키지 않는다. 사실 바로 따라오는 구절은 예배에 윤리적 측면을 부여하고 그들이 "선을 행함과 서로 나누어 주기"를 하도록 권면하면서 이것이 하나님을 기쁘시게 하는 "제사"라고 말한다.[119] 더욱이 신자들이 핍박 아래서

118 여기에 대하여는 특히 Richard W. Johnson, *Going outside the Camp: The Sociological Function of the Levitical Critique in the Epistle to the Hebrews* (London: Sheffield Academic Press, 2001)를 보라. W. Gordon Campbell, "The Pilgrim Leader and the Pilgrims: Wayfaring Solidarity between Christ and his Followers in Hebrews," in *The Epistle to the Hebrews: Writing at the Borders*, ed. Régis Burnet, Didier Luciani, and Geert Van Oyen (Leuven: Peeters, 2016), 184를 참조하라: "변방 개척자이신 예수를 바라보며 걷는 자들로 그려지는 순례하는 제자들에게 히브리서는 목적지인 그의 하늘의 도성(12,22)에 도달할 전망을 보여주고 있다. 감히 가까이 가지 않고 경계를 넘을까봐 두려워서(12,18-21) 죄 있는 사람들이 뒤에 물러나 있는 동안 모세는 혼자 올라갔지만, 기독교인 순례자들은 그들의 순례 지도자가 선구자이자 제사장적 중보자로서 그들을 위해 미리 획득해 놓은 하나님께로 가는 확실한 권한을 믿음으로 획득하여 그곳에 자신들 스스로 도달할 것이다."

119 히브리서에서 성도들의 예배는 본질적으로 윤리적인데(13장) 이것은 그리스도의 사역으로 성취된 예전적 요소에 대한 강조(1-12장) 때문이라고 주장하는 Joshua C. Hutchens ("Christian Worship in Hebrews 12:28 as Ethical and Exclusive," *Journal of the*

"조용히 숨죽이고" 있고 싶은 상황에서 가장 직접적인 적용은 로마에 있는 예수를 따르는 자들이 계속해서 그를 대신해 말하도록 격려하는 것과 그들이 어떤 값을 치른다 하더라도 그분께 충성하는 모습을 인정하는 것일 것이다.[120]

종말론

종말론이 마지막으로 남아있는 주요한 주제이다. 이에 대한 히브리서의 가르침 중 대부분은 이미 다른 주제 아래 등장했었다. 여기서는 단순히 핵심 구절들을 한데 모아놓는 일만 남았다. 마지막 날이 이미 시작되었고(1:2) 시대의 완성은 현존하고 있다(9:28). 이 기간은 또한 "새로운 질서 ['디올또시스,' *diorthōsis*]의 시대"로 여겨질 수도 있다(9:10). 많은 번역 성경이 여기서 "개혁"이라는 표현을 쓰지만(KJV, NASB, ESV) 이것은 충분히 강력하지 않은데, 특별히 그 용어가 종종 무언가의 더욱 완전한 "회복"(HCSB)과 상반되기 때문이다. NRSV 성경이 좀 더 관용적이나 그 단어의 기본적 의미를 잘 잡아내고 있다: "여러 가지를 바로잡는(set things right) 시간이 올 때 까지"(또한 NJB도 참조하라).[121] 그때에는 모두에 대한 우주적 결산(4:13)이 있을 것이다. 자신의 충성에 대한 마음을 바꾸기에는 이미 너무 늦어버릴 것이고 그래서 다가오는 운명도 피할 수 없다(9:27).[122] 그 누구의 그 어떤 제사도 이 사실을 바꾸

Evangelical Theological Society 59 [2016]: 특히 515)를 참조하라. 그리스도의 희생이 그에 대한 응답인 그리스도인들의 윤리적 예배의 근간이 되므로 예전적인 것과 윤리적인 것은 구약에서도 그러하듯이 서로 밀접하게 연결되어 있다.

120 이 구절이 히브리서를 은사중지론적으로 만들지 않고 있는 이유에 대해서는 Alan C. Mitchell, " 'A Sacrifice of Praise': Does Hebrews Promote Supersessionism?" in *Reading the Epistle to the Hebrews: A Resource for Students*, ed. Eric F. Mason and Kevin B. McCruden (Atlanta; SBL, 2011), 251-67을 보라.

121 애트리지(Attridge, *Hebrews*, 243)는 이 단어가 법률적인 문맥에서 "정정의 시간"을 가리킬 수 있다고 진술하고 히브리서가 그 단어를 반어적으로(ironically) 이러한 의미로 사용하여 "법적인 언어"를 통해 "법적 체계의 폐지"를 강조하고 있다고 생각한다.

122 "인간의 일생은 계속해서 반복되지 않는다. 인간 존재에 대한 종국성과 고유성이 있다. 확실

지 못한다(10:26-27). 이 때 그리스도께서 두 번째로 오실 것이다(9:28). 그 일이 일어나기 전에 약간의 간격이 있겠지만 그것을 지체되는 것이라고 정당하게 부르기에는 충분하지 않다(사 26:20과 합 2:3-4를 인용하는 10:37). 신자들은 기쁨을 가져오는 부활의 삶을 바라보지만(11:35)[123] 불신자들은 다가 올 두려운 심판을 피할 수 없다(신 32:35-36을 인용하는 10:27, 30-31).

히브리서는 아마도 다른 신약성경들보다 우주론적 이원론에 대한 특정한 범위-하늘과 땅 사이의 비교와 대조-를 더 많이 사용하는지도 모르는데 이것이 때로 플라톤(Plato)이나 아니면 적어도 필로(Philo)의 방법들과 비교되었다.[124] 하지만 히브리서의 관점은 세계를 부정하지 않고 창조를 긍정한다(procreational).[125] 바로 이같이 하늘의 실체들이 그 지상의 상대들을 대부분

히 여기에 언급된 것은 윤회설(reincarnation)에 대한 그 어떤 개념도 배제한다. 세계관은 유신론적이다. 인생은 모든 것의 창조자이신 한 분이신 참 하나님 앞에서 한번 사는 것이고 이후에는 심판이 온다. 죽음 이후에 아무것도 없는 것이 아니며 제한 없는 행복의 약속이 있지도 않다. 오히려 인간이 죽으면 그들은 하나님을 모든 것의 심판자로 대면한다. 그분이 모든 인생을 판단하실 것이고 그들의 미래의 존재를 결정하실 것이다." Schreiner, *Commentary on Hebrews*, 286.

123 모피트(David M. Moffitt, *Atonement and the Logic of Resurrection in the Epistle to the Hebrews* [Leiden: Brill, 2011])는, 부활의 개념은 눈에 들어오는 것보다 히브리서 신학의 근본적인 뼈대를 구성하고 있는데 특히 예수의 제사장직 개념은 그가 그의 인성을 신성 가운데에서도 유지하고 있기 때문에 더욱 그러하다고 주장한다. 십자가 고난의 역할을 충분히 강조하지 않고 있는 듯한 모피트(Moffitt)의 견해에 대한 비평으로는 Michael Kibbe, "Is It Finished? When Did It Start? Hebrews, Priesthood and Atonement in Biblical, Systematic, and Historical Perspective," *Journal of Theological Studies* 65 (2014): 25-61을 보라.

124 좀 더 최근의 연구로는 Stefan N. Svendsen, *Allegory Transformed: The Appropriation of Philonic Hermeneutics in the Letter to the Hebrews* (Tübingen: Mohr Siebeck, 2009)을 보라. 고전적인 연구로는 Ronald Williamson, *Philo and the Epistle to the Hebrews* (Leiden: Brill, 1970)을 보라. 히브리서에서 우주론적 이원론이 시간적 이원론보다 더 중요한 역할을 하고 있다는 관점으로는 Kenneth L. Schenck, *Cosmology and Eschatology in Hebrews: The Settings of the Sacrifice* (Cambridge: Cambridge University Press, 2007)을 보라. 하지만 스켄크(Schenk)는 히브리서의 함축된 이야기를 옛 시대와 새 시대에 각각 해당하는 두 행동 안에서 열거하고 새 시대는 "오늘"과 "영원"으로 세분하면서 약속-성취를 그 가운데에 배치한다.

125 참조. 필트베드(Ole J. Filtvedt, "Creation and Salvation in Hebrews," *Zeitschrift für die neutestamentliche Wissenschaft* 106 [2015]: 280-303)는 무형의 것을 유형의 세계보다 더 증진시키지 않고 대신 유형 창조의 가치를 창조 때의 인간을 향한 하나님의 본래적 의도로 돌

희미하게 가린다.[126] 8:2에서부터 저자는 인간이 만들지 않은 참된 하늘의 장막과 모세가 하늘의 모형을 따라서 지시하심을 받아 세운 지상의 장막 사이의 대조를 정밀하게 구성하기 시작한다(출 25:40을 인용하는 5절 하반절을 포함하여 3-5절). 이 모든 것이 그리스도의 제사장직과 희생이 유대의 제사장직과 희생보다 더 우월함을 변론하는 역할을 하고 있다. 9:11-14은 예수가 "손으로 짓지 아니한 것 곧 이 창조에 속하지 아니한 더 크고 온전한 장막" 안으로 들어가셨음을 말하면서 이 같은 공간적 대조로 돌아간다(11절).[127] 저자의 신학 대부분이 12:18-24에서 시내산과 시온 산의 대조와 함께 마지막으로 요약되고 있다. 이 문맥에서 시온은 문자적으로 예루살렘에 있는 성전 산을 의미하는게 아니라 하나님, 예수, 천사들, 그리고 진실된 교회의 영원한 집, 즉 새 언약을 중재한 예수의 속죄로 이 모두가 가능해진 "하늘의 예루살렘"이다(22절).[128]

그럼에도 불구하고 신약성경 나머지 부분들과의 일치를 위해 히브리서는 이 시대를 다가 올 시대와 대조하는 시간적 또는 종말론적 이원론을 여전히 유지한다. 지배적인 차이는 모세 언약 아래 구시대의 불완전함과 이제 그리스도가 인간의 죄를 위해 단번에 영원한 제사를 드렸기 때문에 가능한 현재의 완전함 사이에 존재한다.[129] 9:23-26은 히브리서의 그 어떤 본문보

이키기 위한 예수의 종말론적 다스림을 묘사하는 데 사용한다.

126 Edward Adams, "The Cosmology of Hebrews," in Bauckham et al., *Epistle to the Hebrews and Christian Theology*, 122-39.

127 이에 대하여 특히 King L. She, *The Use of Exodus in Hebrews* (New York: Peter Lang, 2011), 특히 127-47를 각별히 지상과 하늘의 장막 그리고 이 둘 사이의 시공간적 비교와 대조와 관련하여 보라. 여러 생각의 요소들을 창조적으로 결합하여 그리스도의 제사장적 임직을 천상의 변화로 강조한 연구는 Jody A. Barnard, *The Mysticism of Hebrews: Exploring the Role of Jewish Apocalyptic Mysticism in the Epistle to the Hebrews* (Tübingen: Mohr Siebeck, 2012)을 보라.

128 더 나아가 Kiwoong Son, *Zion Symbolism in Hebrews: Hebrews 12:18-24 as a Hermeneutical Key to the Epistle* (Milton Keynes: Paternoster, 2005); Philip Church, *Hebrews and the Temple: Attitudes to the Temple in Second Temple Judaism and in Hebrews* (Leiden: Brill, 2017)을 보라.

129 Scott D. Mackie, *Eschatology and Exhortation in the Epistle to the Hebrews* (Tübingen:

다도 본서의 우주론적이고 종말론적 이원론에 대해 선명하게 묘사하고 있다. 23절은 땅과 하늘, 즉 "하늘에 있는 것들의 모형"과 "하늘에 있는 그것들" 사이의 대조로 시작한다. 그리고 이 대조가 24절에서는 "참 것의 그림자인 손으로 만든 성소"와 확실히 참 성소인 "바로 그 하늘" 사이에 계속된다.[130] 그러나 이것은 우리의 저자가 즉시 시간적 분류를 다시 생각하게끔 만든다. 구약의 제사들은 "반복해서 계속" 드려졌다. 심지어 일 년에 오직 한번 대제사장이 지성소에 들어갔던 최고조적인 사건도 해마다 반복되어야만 했다(25절). 이것과 첨예한 대립을 이루는 것이 바로 예수가 그를 따르는 자들의 죄(의 대가)를 그 자신의 희생으로 없애시려고 "세상 끝에" 나타나신 것이다. 우리는 이미 이것이 어떻게 성취를 제안하는지 보았다. 그러므로 여기서 우리의 요점은 단순히 저자의 이 일관된 생각을 강조하는 것이다.[131] 이것이 현재까지 이어져 온 구속사의 절정이다.

종말론은 또한 교회론과 관련되어 있다. 마테라(Frank Matera)가 그 관계를 잘 요약하고 있다:

> 하나님의 종말론적 백성으로서 교회는 종말론적 안식을 구원의 "개척자"이시며(2:10) 믿음의 "완성자"이신(12:2) 예수께서 들어가신 곳에서 발견할 수

Mohr Siebeck, 2007)을 전체적으로 보라.

130 제이미슨(R. B. Jamieson, "Hebrews 9.23: Cult Inauguration, Yom Kippur and the Cleansing of the Heavenly Tabernacle," *New Testament Studies* 62 [2016]: 569-87)은 히 9:23이 하늘 장막의 정결을 제공하면서 새 언약과 이에 따른 신자들이 지성소로 들어갈 수 있는 새로운 예배 형식을 시작하는 "그의 종말론적 욤 키푸르(Yom Kippur) 제사로써 드려진… 그리스도 자신의 제물"을 묘사한다고 주장한다. 이 모든 과정에 히브리서는 예전 용어를 사용하지 않고 있는데 구약의 예전이 범주를 결정하기 때문이며 그 대신 반대의 경우가 사실이다: 예수의 사역이 구약 속죄일의 "그림자"에 해당했던 실체인데 이것은 그의 예전적 사역이 레위기 구조의 형성을 결정한 것이고 그 반대가 아니기 때문이다.

131 David Gooding, "The Tabernacle: No Museum Piece," in Griffiths, *Perfect Saviour*, 70-71를 참조하라. 히브리서의 관점에서 장막은 두 기능을 가지고 있다. 첫째는 "하늘에 있는 것의 모형과 그림자(8:5)"이고 둘째는 "장차 올 좋은 일의 그림자(10:1)"이다. 그러나 메시아가 오셨을 때 "실체가 그림자를 대신하게 되었다."

있는 영원한 도성을 찾아 순례하는 사람들이다. 따라서 히브리서의 구원론이 예수를 하나님의 영원한 아들, 즉 멜기세덱의 반차를 따른 대제사장으로 소개하는 기독론을 전제하고 있듯이, 교회론 역시 순례하는 하나님의 백성들이 그분의 안식일 쉼에 참여할 영원한 도성을 기다리는 종말론을 전제한다.[132]

그리스도께서 그의 완벽한 희생으로 완벽하게 하시기 때문에 종말론과 속죄 역시 서로 연결되어 있다. 그의 희생은 신자들로 하여금 그 전에 가능했던 것을 넘어서는 하나님께로의 친밀한 접근을 가능하게 하고 다가오는 시대에 그 접근의 완성을 기대할 수 있게 한다. "'쉼'이야말로 예수의 노력과 그들의 노력의 최종 목표이며 이것은 하늘 성소로의 입구로써 가장 잘 이해될 수 있다. 이것은 미래의 소망이자 현재의 가능성 모두이며 특히 후자는 순례자들에게 은혜의 보좌로 "가까이 나아 갈" 것을 요구한다."[133]

히브리서 저자에게 있어서 계시와 성령론이 종말론을 가능하게 한다. 저자는 대부분의 구약 인용을 신적 담화 형태의 계시로 묘사하고, 특히 3:7, 9:8, 그리고 10:15에서 그 신적 담화를 성령에게 기인한다. 이 동일한 세 구절에서 옛 시대와 새 시대를 대조하면서 저자는 성령의 계시를 종말론과 효과적으로 연결시키고 있다. 저자가 히브리서 1:2부터 옛 시대와 새 시대를 대조하면서 "이 마지막 날들"이라고 특징 짓고 있기 때문에 말씀과 성령이 종말을 가져오는 것으로 보아도 무방하다.[134]

무엇보다도 히브리서의 종말론은 신자들을 위해 죽음에 대한 두려움을 파괴한다. 2:14은 그리스도의 속죄에 대한 고전적인 이론이라 불리는 것, 즉 그가 마귀를 멸하심과 그의 능력에 대해 명확히 표현하고 있다. 물론

---

132 Frank J. Matera, "The Theology of the Epistle to the Hebrews," in Mason and McCruden, *Reading the Epistle to the Hebrews*, 204.

133 R. J. McKelvey, *Pioneer and Priest: Jesus Christ in the Epistle to the Hebrews* (Eugene, OR: Pickwick, 2013), 57.

134 Martin Emmrich, "*Pneuma* in Hebrews: Prophet and Interpreter," *Westminster Theological Journal* 64 (2002): 55-71.

이 시대에 구속사적인 나머지 모든 것과 같이 이것 역시 "이미 하지만 아직(already but not yet)"의 성격을 가지고 있지만 예수의 죽음은 마귀의 궁극적이고 완전한 제거를 보증한다. 이후의 삶에 대한 상당한 불확실성 때문에 소수의 유대인들과 다수의 헬라인들에게만 죽음이 두려움을 가져오는 것이 아니었다.[135] 15절은 모든 그리스도인들에게 예수께서 "죽기를 무서워하므로 한평생 매여 종 노릇 하는 모든 자들을" 자유하게 하신다는 것을 재확인시켜준다. 하나님을 경건하게 두려워하는 것(경외와 숭배의 맥락에서)은 모든 두려움(공포의 맥락에서)을 제거할 것이다.[136]

결론

히브리서는 구약이 그리스도 사건에서 완성된 것과 구약에서 신약으로 시대가 전환된 것을 분명하게 강조한다. 유대 그리스도인들에게 쓴 것이지만 저자는 종종 두 언약 사이의 대조에 대해 그 어느 곳에서의 그 어떤 신약성경 저자들보다 더 강하게 언급한다. 그의 기독론은 여느 신약성경이 그러하듯이 고상하지만 한편으로 저자는 힘을 들여 그리스도의 인성과 우리를 위해 그가 견디신 고난을 강조한다. 히브리서가 없었다면 우리는 신약에서의 그리스도의 제사장직에 대한 단서를 거의 갖지 못했을 것이다. 하지만 이 책에서 이것은 주요한 주제이고, 특히 예수가 멜기세덱의 반차를 따른 제사장과 연결될 때 그러하다. 신약에서 성도의 견인을 지지하는 약속들을 발견해 온 해석자들은 종종 배교에 대한 히브리서의 경고들을 보면서 어

---

135 Peter G. Bolt, "Life, Death and the Afterlife in the Greco-Roman World," in *Life in the Face of Death: The Resurrection Message of the New Testament*, ed. Richard N. Longenecker (Grand Rapids: Eerdmans, 1998), 51-79.

136 경건한 두려움과 미신적 두려움 간의 자세한 비교는 Patrick Gray, *Godly Fear: The Epistle to the Hebrews and Greco-Roman Critiques of Superstition* (Atlanta: SBL, 2003; Leiden: Brill, 2004)을 보라.

려워했다. 그 경고들이 분명 진정한 그리스도인들이 정말로 구원을 상실할 수 있다는 가르침으로 이해될 수도 있지만, 모든 것을 고려해 보면 결국 이것은 그리스도를 완전히 부인하는 자들은 시작부터 진정한 그리스도인들이 절대 아니었다는 견해에 좀 더 부합한다. 그러나 믿는 자들은 누구든 구원에 대한 완벽한 확신을 가질 수 있다. 다른 믿는 자들과 함께 지속적인 모임을 갖고 특별히 핍박과 고난 속에서 서로를 격려하는 것은 매우 중요하다. 그리스도인들은 순례하는 백성들이지만 우리가 하나님의 약속들이 이루어지는 것을 모두 보지 못하는 이유는 더 많은 자들이 구원받을 수 있는 기회를 얻기 위해서이다. 그러나 죽음이 오면 그것이 한 사람의 마지막 기회이다. 그러고 나서 믿는 자들은 그들의 영원한 안식일 쉼을 받을 것이다. 본서의 종합적인 메시지는 모든 종교적 대체물들에 대한 그리스도의 우월성인데, 누군가 자기가 믿는 것을 위해 무엇을 희생한다 해도 그분을 거절하면 결국 완벽히 비참해 질 것임을 강조한다.

10

베드로전후서

오늘날의 신약신학은 베드로전서와 베드로후서를 단순히 연결시키지 않는다. 우선, 베드로후서는 다른 성경들보다 그 내용면에서 유다서와 유사하다. 실제로, 모든 학자들은 이 두 문서 간의 문학적 관계, 특히 유다서와 베드로후서 2장 사이의 관계를 인정한다. 이 관계에 관하여 단연코 가장 공통적인 결론은 베드로후서가 유다서에 의존하였다는 것이다.[1] 놀라울 것 없이, 이 유사점들은 많은 사람들로 하여금 두 서신이 비슷한 시기에 기록되었다고 결론 내리도록 만들었다. 만일 이 두 서신이 위서이거나 "초기 보편주의"를 반영하는 것으로 본다면, 이 서신들은 아마도 1세기 말에 기록되었을 것이다(또는 그 이후일 가능성도 제기된다).[2] 만일 두 서신 모두가 해당 인물들에 의해 기록된 것이라면, 일반적으로 기록 연대가 60년대로 거슬러 올라간다.[3]

1 특히, Peter H. Davids, *The Letters of 2 Peter and Jude* (Grand Rapids: Eerdmans; Nottingham: Apollos, 2006), 136-43을 보라. 또한 Gene L. Green, *Jude & 2 Peter* (Grand Rapids: Baker, 2008), 159-62를 참조하라.

2 르위스 도넬슨(Lewis R. Donelson, *I & II Peter and Jude: A Commentary* [Louisville: Westminster John Knox, 2010], 165)은 유다서는 90년대로, 베드로후서는 120년과 150년 사이의 어느 시점으로 기록 연대 시기를 추정한다.

3 Thomas R. Schreiner, *1, 2 Peter, Jude* (Nashville: B&H, 2003), 276.

결국, 베드로후서 1:13-15는 베드로가 자신의 날이 얼마 남아 있지 않다는 사실을 알고 있었다. 따라서, 그의 "떠남"(15절)은 자신의 죽음을 가리키는데, 교회 전통은 베드로가 60년대 중반, 로마에서 일어난 네로의 대학살 때 순교했다고 묘사한다.[4]

그러나 우리는 이미 유다서가 야고보서만큼 일찍, 즉 40년대 중후반에 기록되었을 가능성에 대해서 이미 살펴보았다. 주석가들은 만약에 베드로후서의 청중과 출처가 유다서와 유사하다면 왜 베드로후서가 기록되었을지에 대한 질문과 충분히 씨름하지 않았다. 점점 더 많은 학자들은 복음서가 널리 보급되어지기 위해서 기록되었다고 인지하며,[5] 바울 서신들은 작성되고서 곧바로 교회들에게 전달되었다고 오랫동안 이해되어져 왔다.[6] 그래서 우리는 유다서의 경우에서도 동일하게 편지가 회람되었을 것이라고 기대할 것이다. 그렇다면, 만약에 베드로후서와 유다서가 비슷한 시기에 기록되었고 유사한 문제를 해결하고 있었다면, 단순히 유다서를 조금 더 넓은 지역에 회람하는 것이 더 쉬웠을 상황에서, 아마도 디아스포라에게 보내는 사도적 편지였을 베드로후서는 도대체 왜 조금 더 긴 서신 안에 변화를 주지 않은 채로 기록되었을까?[7] 그러나 베드로후서가 유다서보다 적어도 20년

---

4 Andreas J. Köstenberger, L. Scott Kellum, and Charles L. Quarles, *The Cradle, the Cross, and the Crown: An Introduction to the New Testament*, 2nd ed. (Nashville: B&H, 2016), 863; D. A. Carson and Douglas J. Moo, *An Introduction to the New Testament*, 2nd ed. (Grand Rapids: Zondervan, 2005), 663.

5 특히, Richard Bauckham, ed., *The Gospels for All Christians: Rethinking the Gospel Audiences* (Grand Rapids: Eerdmans, 1998)에 감사를 표한다. 특히, 베드로후서에 관하여, Ben Witherington III, *Letters and Homilies for Hellenized Christians*, vol. 2, *A Socio-rhetorical Commentary on 1-2 Peter* (Downers Grove, Ill.: IVP; Nottingham: Apollos, 2007), 283을 보라. 위더링턴(Witherington)은 베드로후서가 "현존하던 전체 교회에게 쓴 최초의 문서이자 최초의 회칙(encyclical)"일 것이라고 생각한다.

6 특히, Stanley E. Porter, *The Apostle Paul: His Life, Thought, and Letters* (Grand Rapids: Eerdmans, 2016), 175-78과 그곳에 인용된 문헌을 보라.

7 완전하고 독립적인 서신을 지칭하는 장르의 인기에도 불구하고, 정확히 말해서 그러한 편지들이 발견되었던 배경. 콘스탄티누스 이후의 교회에서 유다서의 모호성을 지적하는 사람들에게 벤 위더링턴 3세(Ben Witherington III, *Letters and Homilies for Jewish Christians: A*

후에 기록되었다면, 새로운 서신으로 변화를 주고자 하는 소망 때문이라고 설명할 수 있고, 그렇다면 이러한 설명을 충분히 이해할 수 있다. 이러한 입장은 베드로후서와 유다서 간의 긴밀한 관계와 베드로후서의 존재와 그 자체의 기여도에 대해서 설명해 준다.

우리는 베드로후서와 유다서 사이의 유사성을 과소평가하기를 원치 않는다. 그러나 우리가 할 수 있는 한 최선을 다해 연대순으로 자료를 구성하기로 했기 때문에, 우리는 신학적인 개관을 할 때 베드로후서와 유다서를 분리시키고자 한다. 그러면 베드로후서가 바로 이전 장에서 히브리서를 다루었던 우리의 방식처럼 독자적으로 서 있어야 하는지에 대한 질문이 발생한다. 만일 사도 베드로가 베드로후서의 상당히 중요한 부분에 대해 책임이 있었다면, 베드로전서의 연대에 대한 내부적인 단서는 네로의 공식적인 박해 직전인 약 63년이 저작 연대임을 제안하기 때문에 우리는 이러한 근거로 두 베드로서신이 60년대 중반, 서로 2년 이내에 기록되었다고 생각할 수 있다.[8] 더욱이, 유다서와 모든 유사점을 일괄적으로 다루고 베드로후서를 그 자체로 연구하여 주요 주제들을 찾을 때, 특히 베드로후서 1장과 3장에서 유다서와 거의 관련이 없는 부분이 꽤 많이 나온다. 결과적으로 베드로후서는 2장에서도 발견되는 일부 내용과 함께, 베드로전서의 핵심 주제들과 강조점들과 유사점들을 처음 볼 때보다 더 많이 포함한다.

이 가운데 어느 것도 베드로전서의 독특성을 부인하는 것은 아니다. 이것은 확실히 베드로후서보다 더 길고, 덜 반복적이며, 문체적으로 더욱 세련된 서신이다. 그러나 만일 중요한 주석서나 20세기 초의 연구를 볼 때, 오늘날처럼 두 서신들 중 한 가지가 역사적으로 베드로에게서 기인한 것임을 자세히 분석하고, 다른 서신들과 주제적, 개념적 유사성들의 상당수를 강조하

Socio-rhetorical Commentary on Hebrews, James and Jude [Downers Grove, Ill.: IVP; Nottingham: Apollos, 2007], 570)는 2-3세기 교회에서 유다서가 인기 있었다는 사실을 강조하는데, 이 인기는 나중에서야 줄어들었다.

8 특히, Karen H. Jobes, *1 Peter* (Grand Rapids: Baker, 2005), 5-19를 보라.

는 저술가들을 찾는 것은 드문 일이 아니다.[9] 그렇다면, 우리의 연구에서처럼 베드로전서와 베드로후서를 함께 묶는 것은 많은 현대 학자들이 상상하는 것만큼 터무니없는 일은 아니다. 우리는 바울의 저술(목회서신을 제외하고)이나 누가가 기록한 두 권의 책에서처럼 멀리 가지는 않을 것이며, 각 주요 신학적 주제를 설명하기 위해 전체 자료를 포괄할 것이다. 우리는 이 장에서 두 개의 개별적인 세부사항을 보존할 것인데, 하나는 베드로전서이며 또 다른 하나는 베드로후서이다. 그러나 베드로후서를 다룰 때 베드로전서와의 유사점들을 강조할 것인데, 비록 이 두 서신에 대한 약간의 불균형적인 강조가 발견될지라도, 강조점들이 종종 간과되기 때문이다.

베드로전서

베드로전서의 베드로 저작설에 대한 상당수의 비평들이 여전히 존재하지만, 학자들은 베드로전서의 진위를 베드로후서만큼 거의 일관성 있게 의심하지는 않는다.[10] 그러나 베드로전서가 내적으로 드러내는 상황은 정부가 후원하는 공식적인 박해가 있기 전의 시기와 완전히 일치하지만, 아직 기독교인들을 향한 지역적인 적대감은 점점 증가하고 있었다.[11] 어떤 초기 성경

9 베드로후서와 베드로전서 간의 유사점과 차이점에 대한 자세한 목록에 관하여, J. B. Mayor, *The Epistle of S. Jude and the Second Epistle of S. Peter* (London: Macmillan, 1907), lxviii-cv를 보라. 또한 Charles Bigg, *A Critical and Exegetical Commentary on the Epistles of St. Peter and St. Jude*, 2nd ed. (Edinburgh: T&T Clark, 1902), 224-32를 참조하라. 빅(Bigg)은 "신약의 어떤 문서도 베드로전서와 베드로후서와 같지는 않다"라는 베르나르드 바이스(Bernard Weiss)의 견해에 동의함으로써 베드로후서의 어휘, 문법, 스타일에 대한 논의를 마무리한다.

10 데이터와 견해들에 대한 포괄적인 조사에 관하여, Paul D. Achtemeier, *1 Peter* (Minneapolis: Fortress, 1996), 1-50을 보라. 악트마이어(Achtemeier)는 80-100년대에 어떤 저자가 베드로의 자료에 의존하고 그것들을 가지고 정교화 작업을 하였다는 중재적인 옵션을 선택한다.

11 좝스(*1 Peter*, 9)는 "셀윈(Selwyn, 1958)의 시대 이후로, 실제적으로 모든 주석가들은 베드로전서에 언급된 핍박들을, 모든 측면에서 증가하는 로마 관리들의 의심에 의해 핍박의 강도가

저자들도 64년에 네로의 박해가 시작된 이후에 "너희가 열심히 선을 행하면 누가 너희를 해하리요"(벧전 3:13)라고 질문하는 것을 상상하기 어렵다. 동시에, 저자는 천진난만하지 않은데, 그는 곧바로 "그러나 의를 위하여 고난을 받으면 복 있는 자니 그들이 두려워하는 것을 두려워하지 말며 근심하지 말고"(14절; 17절에 동일한 구성이 나오는 것을 참조하라)라고 덧붙인다.[12]

베드로전서의 베드로 저작설에 대한 또 다른 일반적인 반대는 갈릴리의 어부가 이 서신을 기록할 만큼 헬라어를 잘 배울 수 없었을 것이라는 주장이다. 그러나 이 서신을 기록한 시기는 베드로의 30년 이상의 순회 사역 이후였을 것인데, 그가 사역했던 장소는 약 3분의 2가 헬라어를 사용하는 지역이었던 것으로 보인다. 이 기간 동안 언어 학습을 위한 기회를 얻고 그러한 환경에 노출을 감안할 때, 이러한 베드로 저작설에 대한 반대 주장은 학문적 편견과 거만함에 지나지 않음을 보여준다. 언어 학습의 재능과 생계를 공급하기 위해 배운 일 사이에서 필수적인 상관관계는 존재하지 않는다.[13] 우리는 베드로가 실라(헬라어를 구사하는 원어민)의 도움으로 이 서신을 작성하였다고 이야기할 때(5:12), 그가 단순히 이 서신의 전달자 이상이었다는 사실

지역 차원에서 점차적으로 강해져가면서 그리스도인들을 산발적이며 개인적이고 비조직적으로 사회적 매장을 시키는 것으로 이해한다"라고 관찰한다. 조금 더 최근에 나오는 반대 의견에 관하여, Travis B. Williams, *Persecution in 1 Peter: Differentiating and Contextualizing Early Christian Suffering* (Leiden: Brill, 2012)을 보라.

12 자주 지적되는 바와 같이, 이 문장은 신약성경에서 네 번째 분류 조건(a fourth-class condition)에 가장 가깝고, 조건절에서 점점 희귀해지는 희구법(optative) 동사를 사용한다. 수량화할 수 있는 의미에서 "미래의 가능성이 더 많은" 또는 "미래의 가능성이 더 적은"이라는 의미를 지니지 않는 가정법과 희구법에 대한 모든 적절한 경고를 감안할 때, 베드로가 훨씬 더 희귀한 형태를 선택한 것은 의도적이었음에 틀림없는데, 이는 그가 선을 행하는 것 때문에 고난 받을 가능성에 대해서 전혀 생각하지 않았다는 것을 암시한다. 마크 두비스(Mark Dubis, *1 Peter: A Handbook on the Greek Text* [Waco, Tex.: Baylor University Press, 2010], 107)는 J. N. D. Kelly in *A Commentary on the Epistles of Peter and of Jude* (London: A. & C, Black, 1969), 141의 언급을 지지한다. "항상 임박하지만 대부분의 경우 실제보다 위협적인 위험은 그 자체로 희구법을 설명하기에 충분하다. 켈리(Kelly)는 다음과 같이 덧붙인다. "그 지역을 관할하는 통치자들의 역할이 [올바른] 행위에 박수를 치는 것이라는 저자의 준비된 승인(ii. 14)을 고려할 때, 그가 국가적인 박해를 예상하고 있었을 가능성은 거의 없다."

13 Schreiner, *1, 2 Peter, Jude*, 32-34를 참조하라.

을 추측할 수는 없지만,[14] 실라는(또는 13절에 암호화된 형태인 "바벨론"으로 언급된, 로마에서 베드로에게 도움을 줄 수 있었던 수많은 헬라어 언어 구사자들[15]) 필요에 따라 베드로의 스타일을 향상시킬 수 있었을 것이다.[16] 우리는 사도이자 로마의 초대 주교인 베드로가 베드로전서의 저자라고 생각하는 것이 합리적이라는 가정 하에 논의를 진행할 것이다.[17]

예언과 성취

베드로전서는 어떻게 핵심 단어들의 존재와 부재가 개념의 중심성과 아무런 관련이 없을지에 관한 고전적인 예를 제시한다. 약간이라도 "성취하다" 또는 "성취"로 번역할만한 단어가 이 서신 어디에도 나타나지 않는다. 그러나 베드로는 옛 시대에서 새 시대로의 전환이 시작되었음을 인지한 것이 분명하다. 히브리 선지자들이 이야기해왔던 구원이 도래하였다. 그들은 고난의 때와 상황 그리고 장차 오실 메시아의 영광에 관한 정보를 가능한 한 많이 밝혀내기 위하여 세심한 주의를 기울여 찾아냈다(1:10-11). 그들은 자신의 날이 아닌 미래의 날에 대해서 이야기하고 있었다는 사실을 알았

14 E. Randolph Richards, "Silvanus Was Not Peter's Secretary: Theological Bias in Interpreting Διὰ Σιλουανοῦ…ἔγραψα in 1 Peter 5:12," *Journal of the Evangelical Theological Society* 43 (2000): 417-32.

15 J. Ramsey Michaels, *1 Peter* (Waco, Tex.: Word, 1988), 310-11; Reinhard Feldmeier, *The First Letter of Peter* (Waco, Tex.: Baylor University Press, 2008), 254-55.

16 Peter H. Davids, *A Theology of James, Peter, and Jude: Living in the Light of the Coming King* (Grand Rapids: Zondervan, 2014), 109; Greg W. Forbes, *1 Peter* (Nashville: B & H, 2014), 183. 벤자민 사전트(Benjamin Sargent, "Chosen through Sanctification [1 Peter 1,2 and 2 Thess 2,13]: The Theology or Diction of Silvanus?" *Biblica* 94 [2013]: 117-20)는 엔 하기아스모 프뉴마토스(*en hagiasmō pneumatos*)가 오직 여기에서와 데살로니가후서 2:13에서만 나타나는 것을 관찰하며, 두 서신은 실라와 관련이 있다(살후 1:1을 보라).

17 베드로의 생애에 관하여 더 일반적으로 알 수 있는 것을 확인하려면, Martin Hengel, *Saint Peter: The Underestimated Apostle* (Grand Rapids: Eerdmans, 2010); 그리고 Markus Bockmuehl, *Simon Peter in Scripture and Memory: The New Testament Apostle in the Early Church* (Grand Rapids: Baker, 2012)를 보라.

지만, 이제 그 시기가 도래하였다. 선지자들이 예언한 것들은 정확하게 말해서 "복음을 전하는 자들로 이제 너희에게 알린 것"이다(12절). 베드로전서 1:10-12보다 실제적인 단어가 사용되지 않고서도 성취를 나타내는 명확한 예는 거의 없을 것이다.[18]

또한 베드로는 새 시대가 마지막 시대를 개시한다는 사실을 인지한다. 그리스도는 "창세 전부터 미리 알"려졌지만("foreknown before the foundation of the world" [NASB, ESV, NET]), "이 말세에"("in these last times" [NASB, NET, NIV]) 우리를 위하여 드러나셨다(1:20).[19] 말라기 3:1에서 예언한 것과 같이, 베드로전서 4:17은 에스겔 9:6의 패턴을 모방하면서 "하나님의 집에서 심판을 시작할 때가 되었"다고 선언한다. 그러나 베드로는 잠언 11:11에 의존한다. "또 의인이 겨우 구원을 받으면 경건하지 아니한 자와 죄인은 어디에 서리요"(벧전 4:18). 메시아적 재앙은 하나님의 백성에게 환난을 가져올 수 있을 것이지만, 메시아를 거부하는 자들은 모두 함께 그분께서 그들을 거부하시는 모습을 내다볼 수 있다.[20]

사실, 구약성경은 이 서신에 널리 퍼져있다.[21] 확실한 것은 베드로가 히브리어 성경을 사용한 내용들 가운데 일부는 구원사의 단계들과 관련 없는, 시간에 구애받지 않는 원리들을 사용한다. 예를 들어, 1:16은 거룩함에 대한 소명을 확인하면서 레위기 19:2를 인용하는데, 주님 자신이 거룩하시기 때문이다.[22] 하나님의 살아있는 말씀을 통한 거듭남은 영원하다. 사람은 들에

18 Leonhard Goppelt, *A Commentary on 1 Peter* (Grand Rapids: Eerdmans, 1993), 96-101을 참조하라.

19 더 나아가 John H. Elliott, *1 Peter* (New York: Doubleday, 2000), 375-78을 보라.

20 Joel B. Green, *1 Peter* (Grand Rapids: Eerdmans, 2007), 153을 참조하라. 자세한 연구를 확인하려면, Mark Dubis, *Messianic Woes in First Peter: Suffering and Eschatology in 1 Peter 4:12ff.* (New York: Peter Lang, 2002)를 보라.

21 Benjamin Sargent, *Written to Serve: The Use of Scripture in 1 Peter* (London: Bloomsbury, 2015).

22 특히, 이 주제와 관련하여, Nancy Pardee, "Be Holy for I Am Holy," in *Reading 1-2 Peter and Jude*, ed. Eric F. Mason and Troy W. Martin (Atlanta: SBL, 2014), 113-34를 보라.

있는 풀처럼 사라져도, 하나님의 말씀은 영원하다(1:24-25; 사 40:6-8[칠십인경]을 참조하라). 3:10-12에서 베드로는 시편 34:12-16의 상당 부분을 인용하는데, 악이 아닌 선을 행함에 대한 원칙을 설명한다. 그리고 그는 잠언 3:34를 인용함으로써 야고보서의 한 페이지를 발췌하는데, 그의 독자들에게 "하나님은 교만한 자를 대적하시되 겸손한 자들에게는 은혜를 주시느니라"(벧전 5:5)라고 상기시킨다.[23] 그러므로 우리는, 다른 신약의 저자들이나 성경에 대해 그러한 주장을 하는 것처럼, 구약성경의 모든 사용이 약속-성취 계획을 지지한다는 것을 암시하지 않는다.

그러나 더 일반적으로 베드로의 구약 인용은 예언(직접적이든 예표론적이든)과 성취와 관련되어 있다. 예수님은 이사야 28:16과 시편 118:22에 언급된 모퉁이돌이시다. 그러나 불신자들에게 있어서 그분은 이사야 8:14에 나온 것처럼 걸림돌이다. 또한 그는 베드로전서 2:22, 24, 25에서 인용된 이사야 53장의 네 구절(4, 5, 6, 9절)에서 언급된 것처럼 고난 받는 종이시다. 인용(quotations)보다는 인유(allusions)라고 부르는 것이 더 나을 것이며, 더 짧은 구약의 발췌문들은 주로 이스라엘에게만 적용되던 성경적 언어로 이 서신의 수신자인 대부분의 이방인 회중들을 묘사한다.[24] 이러한 대표적인 표본들은 베드로가 설명하는 다른 주요 주제들 아래에서 그의 신학에 대한 우리의 논의 속에 배치된 것으로 보인다.

---

23 야고보와 베드로전서가, 특히 구약성경을 사용함에 있어서, 초기 기독교 가르침에 대한 공동 자산으로부터 빌려온 몇 군데가 있다. Achtemeier, *1 Peter*, 20을 참조하라.

24 대부분의 주석가들은 이러한 주장을 펼친다. 위더링턴(Witherington, *Letters and Homilies for Hellenized Chrisians*, 2:22-39)은 베드로전서 1:1을 더 문자적으로 받아들인 대다수 교부 저술가들을 가리키며, 베드로의 청중들이 주로 유대인 출신 그리스도인이라고 생각한다. 한편, 토레이 셀렌드(Torrey Seland, "Crucial Issues in the Quest for the First Readers of 1 Peter: Reassessing an Old Question," in *Bedrängnis und Identität: Studien zu Situation, Kommunikation und Theologie des 1. Petrusbriefes*, ed. David S. du Toit with Torsten Jantsch [Berlin: de Gruyter, 2013], 43-57)는 우리가 찾을 수 있는 것 이상으로, 소아시아 지역에서 거의 완전하게 통일된 헬라화(Hellenization)가 요구되었을 것이라고 주장한다.

초기의 삼위일체 사상

베드로의 인사말은 로마서나 갈라디아서에서 바울처럼 신학적으로 풍부하지는 않지만, 신약 서신들 가운데 거의 그 다음으로 중요하다. 베드로의 인사말은 삼위일체의 세 위격에 따라 구성된 유일한 서신이다. 베드로는 오늘날 터키의 서부와 중부 지역의 대다수 지역을 차지하는 다섯 지방의 독자들 즉, "하나님 아버지의 미리 아심을 따라 성령이 거룩하게 하심으로 순종함과 예수 그리스도의 피 뿌림을 얻기 위하여 택하심을 받은 자들"(벧전 1:2; 출 24:8)에게 인사를 건넨다. 삼위일체 사상은 아직 정형화되지 않았으므로, 세 위격이 나타나는 순서는 아버지, 영, 그리고 예수 그리스도이다.[25] 이것은 또한 베드로가 그의 편지 전체에 세 위격에 대해 제공한 세부 사항의 오름차순과 일치한다.

아버지

"하나님"은 베드로전서에서 24회 언급되지만, "아버지"라는 표현은 1:2-3, 17에서만 나온다. 1:17에서 베드로는 하나님을 "외모로 보시지 않고 각 사람의 행위대로 심판 하시는 이"라고 부른다(대하 19:7을 참조하라). 베드로전서 4:5는 마찬가지로 하나님을 "산 자와 죽은 자를 심판하기로 예비하신 이"라고 언급한다.[26] 그러나 이 역할은 5:10과 균형을 이루어 하는데, 여기에서 하나님은 특히 자기 백성을 회복하시고 "잠깐 고난을 당한" 그들을 강하게 하심으로 "모든 은혜의 하나님"으로 묘사된다. 사실, 4:10과 5:12에서

---

25 "아버지, 영, 그리스도로 이어지는 순서는 아마도 하나님의 마음에서 그 궁극적인 기원을 찾고, 성령에 의하여 인간의 삶 가운데 작용하게 하고, 예수님에 대한 개인적인 믿음을 표현함으로 입증되는, 논리적인 구원의 서정(*ordo salutis*)을 반영할 것이다. 이를 삼위일체에 대하여 언급한 것이라고 이야기하기에는 시대착오적일 수 있겠지만, 베드로가 서신을 보냈던 지역들 가운데 하나인 비두니아에 위치한 니케아(A.D. 325)에서 열린 1차 공의회에서 정통 삼위일체 교리가 논의되었는데, 확실히 이와 같은 구절들이 근거가 되었다. Jobes, *1 Peter*, 68.

26 베드로전서에서 묘사된, 아버지와 심판자로서의 하나님에 관하여, I. Howard Marshall, *1 Peter* (Downers Ill.: IVP, 1991), 25를 보라.

도 하나님은 은혜와 연결되어 있으시다. 4:14에서 하나님은 그리스도와 성령과 연결되어 있는데, 하나님은 자신의 충만하심으로 고난 받는 신자들을 주장하시며 그들에게 확신을 심어주신다. "너희가 그리스도의 이름으로 치욕을 당하면 복 있는 자로다 영광의 영 곧 하나님의 영이 너희 위에 계심이라." 그들은 위로받을 수 있고, 하나님께서 자신의 택하신 백성들을 보호하신 능력이 있으심을 알며, 그들을 구원하신다(1:5; 또한 5:6을 참조하라). 실제로 베드로전서에서 하나님은 사람들을 선택하시고 부르시는 분으로 자주 묘사된다(특히 2:9-10을 보라). 그분은 신실한 창조주이시기 때문에 이것은 분명히 그의 특권이다(4:19). 하나님의 뜻(2:15; 3:17; 4:2, 19)에 대한 반복적인 강조를 포함하여 다른 많은 요점들을 찾을 수 있겠지만,[27] 그것들은 지배적으로 나타나지 않고 독특하다고 입증되지도 않을 것인데, 이는 많은 장들에서 하나님의 교리에 관한 별도의 지면을 할애하지 않은 이유와 동일하다.

성령

4:14에 언급된 영이 하나님의 영인것처럼, 그는 1:11에서 그리스도의 영이기도 하다. 1:12에서만 그분은 "성령"이라고 불리우며, 여기에서 아마도 "하늘로부터 보내심 받은" 분으로서 오순절에 강림하심에 초점이 놓여 있기 때문일 것이다. 절정을 이루는 이 사역은 더 완전하고 강조하는 제목을 붙일만하다.[28] 그러나 "성령/영"(S/spirit)이 언급되는 다른 경우는 덜 분명하다. 3:18은 논란의 여지가 있는 본문인데, 이는 베드로가 그리스도께서 지니신 인간의 영(human spirit)으로 살아나셨는지 또는 성령에 의하여 살아나셨는지에 관하여 일치를 보이지 않기 때문이다(3:18절에서 프뉴마티[πνεύματι]가 문법적으로 참조/관련 사항의 여격인지 수단/도구의 여격인지에 대한 논쟁이 있으며, 여기에서 필자는 후자를 선택한다-옮긴이). 그러나 이 구절에서 그리스도의 "몸"과 "영"이 병

27 특히, Green, *1 Peter*, 202-10을 참조하라. 또한 Michaels, *1 Peter*, lxvii-lxviii을 보라.

28 악트마이어(Achtemeier, *1 Peter*, 111-12)는 이 옵션을 주목하지만, 베드로는 성령의 신적 기원과 주도권을 더욱 강화하고 있다고 생각한다.

행을 이루고 있음에도 불구하고, 후자가 더 가능성 커 보이는데, 19-22절에서 언급된 사건 전체는 아마도 전통적인 관점에서 그의 몸이 무덤에 있는 동안에 발생한 것이 아닌, 예수님께서 하늘로 승천하시면서 발생한 것을 가리킬 것이기 때문이다.[29] 레베카 스켁스(Rebecca Skaggs)는 베드로전서에서 성령의 역할을 조금 더 일반적으로 요약하는데, 1:2에서처럼 신자들을 하나님과의 관계로 인도하며, 1:11에서 언급하듯이 과거(그가 그리스도의 고난을 예언하였을 때)와 현재(그가 신자들이 참여할 수단을 제공하면서)를 연결하며, 그 자신을 고난에 대한 보상으로 제공하는 것(4:14)이다.[30]

그리스도

베드로전서의 기독론은 여러 신약성경의 경우와 마찬가지로 지배적이고 독특한 역할들로 말미암아 엄밀한 의미의 신학과 성령론을 압도한다. 세 가지 핵심 신조나 믿음의 고백은[31] 베드로 서신의 신학적인 부분들을 강조하며, 그리스도의 인격과 사역에 대한 베드로의 가르침의 상당 부분을 포함한다. 이 세 구절은 1:19-21, 2:21-25, 그리고 3:18-22이다.

신조적 기독론(Creedal Christology). 신약 전체와 마찬가지로, 그리스도의 십자가 사역은 베드로에게 여전히 핵심으로 남아있다. 다른 곳에서도 베드로

---

29 특히, William J. Dalton, *Christ's Proclamation to the Spirits: A Study of 1 Peter 3:18-4:6*, 2nd ed. (Rome: Gregorian and Biblical Press, 1989)를 보라. 또한 Chad T. Pierce, *Spirits and the Proclamation of Christ, 1 Peter 3:18-22 in Light of Sin and Punishment Traditions in Early Jewish and Christian Literature* (Tübingen: Mohr Siebeck, 2011)를 참조하라. 이 견해의 약점에 관하여, 특히, David G. Horrell, "Who Are 'The Dead' and When Was the Gospel Preached to Them? The Interpretation of 1 Pet 4.6," *New Testament Studies* 49 (2003): 70-89를 보라.

30 Rebecca Skaggs, *1 Peter, 2 Peter, Jude* (London: T&T Clark, 2004; Blandford Forum, U.K.: Deo, 2012), 14-15.

31 이에 관하여 특히. E. G. Selwyn, *The First Epistle of St. Peter*, rev. ed. (London: Macmillan, 1947)를 보라. 셀윈(Selwyn)은 세례 의식을 이 구절들의 본래적인 맥락이라고 강력하게 주장하지만, 이러한 특정한 삶의 정황(*Sitz im Leben*)은 수년 동안 인기가 시들해졌다.

는 예수님의 십자가 사역이 수반하는 고통스러운 괴로움을 인지한다(2:24). 그러나 또한 그는 예수님께서 그의 생애 가운데 경험하셨던 고난, 특히 십자가로 향해 나아감에 따른 고난을 강조한다. "욕을 당하시되 맞대어 욕하지 아니하시고 고난을 당하시되 위협하지 아니하시고 오직 공의로 심판하시는 이 [하나님] 에게 부탁하시며"(2:23; 1:17을 기억하라).[32] 다른 말로 표현하자면, 예수님은 하나님께서 어떤 적절한 복수를 심판의 날에 행하실 것을 알고 계신 채로, 삶과 죽음 가운데 앙갚음을 하지 않고 묵묵히 고난당하셨다. 그분의 생애는 죄가 없었기 때문에(2:22; 사 53:9를 전용하면서), 대속 사건에서 우리를 대신할 수 있는 적임자였다("너희를 위하여", 2:21).[33] 우리의 구원(1:18)은 "오직 흠 없고 점 없는 어린 양"(1:19; 레 22:21을 참조하라)이신 그분의 피 흘리심으로 가능해졌다. 베드로는 "친히 나무에 달려 그 몸으로 우리 죄를 담당하셨으니 이는 우리로 죄에 대하여 죽고 의에 대하여 살게 하려 하심이라"(2:24)라고 언급하는데, 이 모든 것이 "그가 채찍에 맞으므로 우리는 나음을 받았도다"라고 기록된 이사야 53:5와 일치한다. 베드로전서 3:18a는 히브리서의 언어를 상기시키면서, 그리스도께서 "단번에" 고난당하셨다고 덧붙이며, 이것의 대리적 중요성(vicarious significance)을 설명한다. "의인으로서 불의한 자를 대신하셨으니 이는 우리를 하나님 앞으로 인도하려 하심이라"[34]

이 모든 것은 하나님께서 우리의 죄를 심각하게 다루시기 때문에 필요한 것이었다. 우리는 "양과 같이 길을 잃었"지만(2:25a; 사 53:6을 인용하면서), 이제 예수님의 행하심은 우리가 우리 영혼의 "목자와 감독"되신 분께로 돌아오게 하셨다(2:25b). 누가가 사도행전 20장에서 사용했던 두 개의 동일한 단어들이 교회 장로들, 즉 목사들과 감독자들의 역할을 묘사하기 위해서 여기에 나온다. 여기에서 베드로는 예수님 자신이 이러한 역할을 처음으로 담당

---

32 Feldmeier, *First Letter of Peter*, 174-75를 참조하라.

33 Schreiner, *1, 2 Peter, Jude*, 142.

34 Wayne A. Grudem, *1 Peter* (Leicester: IVP; Grand Rapids: Eerdmans, 1988), 155-56.

하셨다는 사실을 강조한다. 4:3은 베드로의 회중이 구원받기 전에 연관된 몇 가지 죄들에 대해서 설명하는데, "음란과 정욕과 술취함과 방탕과 향락과 무법한 우상 숭배"와 같은 전형적인 이교적인 악덕들이다. 그러나 신자들은 더 이상 이런 식으로 살아서는 안되며(4절) "그 자취"("in his steps", 1:21)를 따름으로써 그리스도께서 보여주신 모범적인 삶을 본받아야한다.[35] 히브리서에서 대속에 대한 고전적이며 대체적인(classic and substitutionary) 이해들 사이에 모순이 없다는 것을 발견할 수 있는 것처럼, 베드로전서도 대체적이며 도덕적인 영향 이론들을 결합한다.[36] 그리고 마귀의 영역에 대한 정복(고전적인 관점)은 3:19-22에서 표면화될 것이다.

다른 신약성경 저자들과 마찬가지로, 베드로는 부활 없는 십자가가 아무것도 성취하지 못한다는 사실을 인지한다. 부활은 우리의 거듭남을 가능케 한 것이다(1:3). 비록 다른 신약성경에서 저자들이 부활과 승귀하심에 관하여 예언한 구약성경에 대해 이야기할 때, 몇 가지 가능한 구절들 중 어느 것이 그 방향을 가리키는 것으로 해석될 수 있을지에 관하여 결코 확신할 수 없을지라도, 그것은 아마도 선지자들이 메시아의 고난에 뒤따를 영광에 대해서 이야기하였을 때 예언한 것이었을 것이다(11절).[37] 베드로가 실제로 베드로전서를 기록하였다면, 우리는 가장 자연스럽게 이 본문들은 그가 오순절에 사도행전 2장에서 사용한 것이라고 생각할 수 있다. 어쨌든, 예수님의 부활의 결과로서, 신자들의 믿음과 소망은 예수님을 죽은 자 가운데서 살리신 하나님께 있다(21절).

---

35 이 구절은 찰스 쉘던(Charles Sheldon)이 저술하였던, 어마어마한 인기를 끌었고 세기의 전환기를 이룬 책, *In His Steps* (New York: Grosset & Dunlap, 1935 [orig. 1896])에 영감을 주었다. 자세한 학문적인 연구를 위해서, Steven R. Bechtler, *Following in His Steps: Suffering, Community, and Christology in 1 Peter* (Atlanta: Scholars, 1988)를 보라.

36 Lauri Thurén, *Argument and Theology in 1 Peter: The Origins of Christian Paraenesis* (Sheffield: Sheffield Academic Press, 1995), 223: "그리스도는 구원자이며 선한 행위의 모델로 동시에 제시되며, 어느 쪽이 더 중요하다고 볼 수는 없다."

37 그루뎀(*1 Peter*, 70)은 많은 제안들을 함께 모았다. 시 2; 16:10; 22:22; 45:7; 110:1, 4; 사 9:6; 40:3-5, 9-11; 42:1-4; 61:1-3; 렘 33:14-15; 겔 34:23; 단 7:13-14; 그리고 말 3:1-3.

세례는 어떤 사효성(*ex opere operato*)의 형식이 아니라 전체적인 구원 과정에 대한 환유(metonymy)로서 우리를 "예수 그리스도의 부활로" 구원한다.[38] 그것은 용서받는 사람의 "깨끗한 양심"으로부터 나오는 "서약"이다(3:21).[39] 피터 데이비즈(Peter Davids)는 다음과 같이 설명한다. "세례는 마치 배우자에게 공식적인 서약을 하는 결혼식 때처럼, 하나님께 공식적인 서약을 하는 시점이다."[40] 이 부활 생명은 신자들이 죽은 후에 언젠가 "영으로는 하나님을 따라" 살게 할 것이다(4:6). 어떤 사람들은 육체/영의 대조 때문에 이것을 중간 상태에 대한 진술로 바꾸려고 시도하였지만, 베드로는 단순히 죽음과 다가올 부활 생명을 대조하고 있을 가능성이 더 크다(5:10을 참조하라).[41] 물론, 부활조차도 무덤에 대한 예수님의 승리의 과정을 완성하지 못하는데, 이는 그가 승천하시고(3:22) 영광 중에 다시 돌아오실(5:4) 것이기 때문이다. 그리고 이 순환은 다시 닫히는데, 예수님의 십자가 사역이 이 과정의 시작점에 있었던 것처럼, 그의 영광스러운 재림은 그와 함께하는 우리의 영광스러운 영원함을 가능케 한다(10절).

데이빗 호렐(David Horrell)은 1:19-21과 3:18-22에 주목함으로써 세 가지 베드로의 신조(Petrine creeds)에 드러난 기독론을 다음과 같이 요약한다.

---

38 Dominic Rudman, "1 Peter 3-4 and the Baptism of Chaos," in *The Catholic Epistles and the Tradition*, ed. J. Schlosser (Leuven: Leuven University Press and Peeters, 2004), 405: "비록 베드로의 생각에서 세례의 물은 죄와 죽음을 상징하지만, 세례의 행위는, 방주에 올라타는 행위와 마찬가지로, 그것에 참여하는 사람들이 혼돈의 물에서 기독교 공동체로 상징되는 새 창조로 나아올 수 있게 한다."

39 여기에서 "서약"(pledge)은 "호소"(appeal)보다 더 나은 번역이며, 또한 이는 나머지 절들의 단어 선택을 변경할 것이다(NIV mg.를 보라). Peter H. Davids, *The First Epistle of Peter* (Grand Rapids: Eerdmans, 1990), 144-45. Marshall, *1 Peter*, 130-31을 참조하라.

40 Davids, *Theology of James, Peter, and Jude*, 169. 우리가 살아가는 세상에서 결혼과 관련하여 약속을 어긴 많은 사람들을 고려할 때, 그래도 필자는 결혼 서약보다는 하나님께 대하여 하는 훨씬 더 진지한 서약을 예로 드는 것이 더 낫다는 말을 덧붙이고자 한다(또한 이는 확실히 많은 사람들이 생각하는 것보다 훨씬 더 심각하게 서약할 필요가 있다).

41 아마도, 여기에서 프뉴마(*pneuma*)는 CEB, CJB, 그리고 NLT와 같은 영역본에서처럼 "성령"으로 번역되어야 한다.

베드로전서 1:19-21과 3:18-22는 2:21-25와 함께 그리스도의 구속과 희생적 죽음(1.19, 3.18a)을 공유하지만, 그 외에 선재성과 성육신(προεγνωσμένου...φανερωθέντος, 1.20), 죽음, 부활, 그리고 승천(θανατωθεὶς...ζῳοποιηθεὶς...πορευθεὶς, 3.18-19, 22; 1.21을 참조하라)과 같은 조금 더 고전적인 기독론에 집중한다. 그러나 2:21-25를 독특하게 만드는 것은 "예수님께서 돌아가시기 이전 그리고 죽음에 이르기까지, 그분의 지상에서의 생애 가운데 보여주신 인격과 행위에 대한 초점이다."[42]

호렐은 이러한 범주에 속하거나, 예수님의 죽음, 또는 양쪽의 의미와 관련되며, 초기 예수 전통에 대한 지식을 암시하는 9개 정도의 항목을 나열하는데, 다른 사람을 유익하게 하는 그의 죽음, 그의 고난을 제자들에게 모범으로 보여주심, 그의 흠 없음, 욕설에 대응하기를 거절하심, 폭력을 거부하심, 십자가의 사용, 채찍질, 하나님의 뜻을 받아들이고 그의 죽음의 결과를 하나님께 맡겨드림, 그리고 하나님이 임명하신 목자로서의 역할이 바로 그러한 것들이다.[43] 호렐은 이것이 "구약성경의 언어 그리고 베드로전서의 윤리를 뒷받침하는 기독론에 관한 중심 진술을 구성하는 방식으로 묘사된" 역사적 예수에 대한 인식을 보여준다고 결론 내린다.[44]

기독론에 대한 추가적인 논의. 예언과 성취에 관한 우리의 논의에서 언급하였듯이, 베드로전서에서 그리스도는 모퉁이돌(2:6, 7; 시 118:22, 사 28:16을 기억하라)이자 걸림돌(8a절; 사 8:14)로 표현된다. 바위는 움직이지 않기 때문에 이

42 David G. Horrell, "Jesus Remembered in 1 Peter? Early Jesus Traditions, Isaiah 53 and 1 Peter 2.21-25," in *James, 1 & 2 Peter, and Early Jesus Traditions*, ed. Alicia J. Batten and John S. Kloppenborg (London: Bloomsbury T&T Clark, 2014), 129-30.

43 Horrell, "Jesus Remembered in 1 Peter?" in Batten and Kloppenborg, *James, 1 & 2 Peter, and Early Jesus Traditions*, 142.

44 Horrell, "Jesus Remembered in 1 Peter?" in Batten and Kloppenborg, *James, 1 & 2 Peter, and Early Jesus Traditions*, 150.

두 경우를 나타낼 때 사용될 수 있는 좋은 은유이다. 이것은 그 위에 세우고자 하거나 조금 더 정확히 이야기하자면 "산 돌같이"(2:5) 그 위에 세움 받고자 하는 사람들(신자들)을 위하여 견고한 토대를 세우는 데 있어서 중요하다. 그러나 또한 부동성(immobility)은 바위에 걸려 넘어진 사람들이 그 일이 자신에게 책임이 있다는 사실을 암시한다. 바위는 그들을 넘어뜨리기 위해 펄쩍 뛰지 않는다. 그들은 단순히 그들 앞에 놓인 위험에 적절치 못하게도 주의를 기울이지 않았다.[45] 8b절을 얼핏 보면 이 결론에 대해 논박하는 것처럼 보일 수 있는데, 그들은 이러한 운명을 맞이하게 될("destined") 것이라고(아마도 하나님에 의해) 말하기 때문이다. 그러나 "which"로 번역된 관계 대명사는 헬라어로 중성이며, 이것의 선행사는 어떤 특정 단어가 아니라 앞에 나온 구절 전체이다. 여기에서 어떤 사람도 저주를 받기로 예정되어 있다고 묘사하지 않다. 오히려 예정되어 있는 것은 영적인 측면에서 그리스도에 걸려 넘어지는 자들이 실제로 타락할 것이라는 전체적인 인과관계의 원리이다.[46] 어느 누구도 걸려 넘어지도록 강요되지는 않는다.

우리는 이미 우리의 목자로 언급된 그리스도에 대해서 살펴보았다(2:25). 또한 그는 우리의 "목자장"(5:4)이시다. 비록 베드로는 이에 관하여 많은 것을 이야기하고 있지는 않지만, 이 진술이 장로들을 향한 권면의 맥락 속에서 나오기 때문에 그는 아마도 그들을 신자들의 가장 가까이에 있는 목자들 또는 바울이 구상하던 "하위 개념의 목자"(undershepherd, 고전 4:1을 참조하라)라고 생각했을 것이다.[47] 물론 목자는 목회적인 이미지를 불러일으키지만, 예수님은 단순히 우리를 감독하고 돌보는 분이 아니라, 주(Lord - 하나님과 주인님으로서)로 경배해야하는 분이시다(벧전 3:15). 여기에서 그리고 1:3에서 이스라엘의 하나님이신 야훼(Yahweh)와 자주(독점적으로 사용되지는 않지만) 연관

45 예를 들어, Witherington, *Letters and Homilies for Hellenized Christians*, 2:119를 보라.

46 Elliott, *1 Peter*, 433-34; Jobes, *1 Peter*, 155; Achtemeier, *1 Peter*, 162.

47 펠트마이어(Feldmeier, *First Letter of Peter*, 236)는 이 용어가 그리스도를 뒤이어 등장하는 기독교 목자들의 원형으로 만든다고 생각한다.

된 칭호를 사용하면서 예수님을 주님이라고 부르는 것이 분명하다. 이 표현은 3:15에서 주목할 만한데, "그의 귀는 의인의 간구에 기울이시되 주의 얼굴은 악행하는 자들을 대하시느니라"(12절)"라는 언급과 함께, "여호와의 눈은 의인을 향하시고"(시 34:15)라는 구약 인용을 우리에게 상기시켜준 후에 세 절 뒤에 나오기 때문이다. 그렇다면 예수님을 따르는 자들에게 단 몇 줄 안에 그 메시아를 주님으로 경배하라고 명령하는 것은 히브리어 성경에서 동일한 주님, 곧 하나님 자신 외에 다른 어떤 존재를 의미할 수 없다.[48] 물론, 베드로는 예수님이 야훼라고 말하고 있지 않지만, 예수님과 야훼 모두가 여기에서 특정되지 않은 의미(unspecified sense)에서 이스라엘의 하나님이시다.

베드로전서 1:25와 2:3에서 "주"가 예수님을 가리키는 것인지는 확실함이 조금 덜하지만, 그것이 각각의 경우에 있다고 주장할 수 있다. 1:25a에서 베드로는 "주의 말씀은 세세토록 있도다"라고 기록된 이사야 40:8(LXX)을 인용한다. 여기에서 주님은 하나님이심에 틀림없다. 그러나 다음 구절은 이 단어를 "너희에게 전한 복음"으로 재해석하며, 이 복음의 첫 전파자는 예수님 자신이시다.[49] "주님"이라는 두 번째 모호한 경우인 2:2에서 베드로는 제자들에게 "순전하고 신령한 젖을 사모하라"고 권면하며 3절에서 "너희가 주의 인자하심을 맛보았으면 그리하라"라고 설명한다. 적어도 유대적 배경을 가진 사람들은 이미 이 말의 의미를 알고 있었을 것인데, 그들이 "지금" 맛본 것이 주 예수님으로부터 알고 있는 선함을 의미하지 않는다면 과연 무엇이겠는가?[50]

천사들과 귀신들

이러한 범위에 관하여 덜 포괄적인 신학에서 개별적인 섹션들을 가질 정

48 Goppelt, *Commentary on 1 Peter*, 242.

49 Kelly, *Commentary on the Epistles of Peter and of Jude*, 80–81, 86.

50 Witherington, *Letters and Homilies for Hellenized Christians*, 2:113을 참조하라.

도로 천사론(angelology)이나 귀신론(demonology)에 관하여 자세하게 다룬 신약 저자들이나 책들은 거의 없다. 그러나 베드로는 그렇게 한다. 신약신학에서 천사들에 대해 언급되어야 하는 가장 중요한 것들은 그들이 하나님의 메신저들이며 다양한 방면에서 종들이며 지상에서 살아가는 하나님의 백성의 일들을 돌본다는 것이다.[51] 베드로전서 1:12는 천사들이 오실 메시아에 관하여 구약의 선지자들이 예언한 문제들을 살펴보기 원한다고 언급한다. 3:22은 그리스도의 승천이 "천사들과 권세들과 능력들이 그에게 복종하는" 질서 확립의 과정을 완성하셨다고 언급한다. 바울 서신에서도 종종, "권세자들"(authorities)과 "권세"(powers)는 타락한 천사들(즉, 귀신들)을 가리킬 가능성이 높은데, 이는 특히 그들이 이 문맥에서 천사들과 짝을 이루기 때문이다. 사실 여기에서 천사들은 타락한 천사(즉, 귀신들)일 수 있는데, 예수님은 선한 천사들을 그에게 복종시킬 필요가 없을 것이기 때문이다. 이 경우에, 이 구절에서 사용된 세 용어들은 대략적으로 동의어일 수 있다.[52]

더 흥미롭고 논쟁의 여지가 있는 것은 3:19에 나오는 "영들"(spirits)이라는 표현이다. 신약성경에서 "영들"(프뉴마타[*pneumata*]) 복수형으로 33회 사용된 경우들 가운데 20회는 악한 영들을 가리킨다. 열 한 곳에서의 문맥에 비추어 보았을 때, 이 표현이 성령(집합적 복수형으로), 이생에서의 인간의 영들, 또는 천사의 영들을 가리키는 것이 확실하다. 오직 한 곳에서만(히 12:23) 프뉴마타(*pneumata*)가 내세의 신자들의 영들을 가리키며, 거기에서 문맥은 압도적으로 긍정적이다("하늘에 기록된 장자들의 모임과 교회와 만민의 심판자이신 하나님과 및 온전하게 된 의인의 영들과"). 베드로전서 3:19에서처럼 인간의 영들이 "갇혔다"라고 언급한 곳은 어디에도 없다. 그러므로 이 표현은 타락한 천사들의 영을 가리킬 가능성이 높으며, 그리스도께서 오셔서 이들에게 선언하신다.[53]

---

51 이 주제에 관하여 간결하게 잘 정리된 서론을 확인하려면, Millard J. Erickson, *Christian Theology*, 3rd ed. (Grand Rapids: Baker, 2013), 403-20, esp. 413을 보라.

52 Donelson, *I & II Peter and Jude*, 115를 참조하라.

53 Achtemeier, *1 Peter*, 256-62를 자세히 살펴보라.

이 동사는 복음을 전파한다는 의미를 지니는 유앙겔리조마이(*euangelizomai*)가 아니라, 어근이 메시지를 전한다는 의미를 지니는 케뤼쏘(*kērussō*)이다.[54] 이 메지시는 그들을 향한 예수님의 승리에 대한 메시지일 가능성이 높은데, 22절에 나오는 그들의 복종으로 이어진다.[55] 19절과 22절 모두가 그리스도께서 "가셨다"라고 말하면서, 동일한 분사 형태인 포류떼이스(*poreutheis*)로 이 구절들을 묶어 놓아 생각함으로 이 결론을 강화한다.[56] 예수님은 가서 귀신의 영역에 대한 자신의 승리를 선언하고, 하늘에 오르셔서 하나님 우편에 계시며, 천사들과 권세들과 능력들은 그에게 복종한다(22절).

18b절이 "영으로는 살리심을 받으셨으니"("made alive in [or "by"] the Spirit" [CEB, CJB, KJV, NIV, NKJV, NLT])로 번역하는 것이 최선임을 안다면,[57] 전통적으로 믿어왔듯이 이는 그리스도의 죽음과 부활 사이에 발생할 필요가 없고,[58] 오히려 그의 승천의 때를 가리킬 가능성이 높다.[59] 유대인들은 종종 "둘째" 하늘(대기로 이루어진 첫 번째 하늘과 하나님께서 거하시는 장소인 셋째 하늘 사이에 위치한)을 천사들과 귀신들이 전쟁을 벌이는 장소로 생각하였다는 사실이 이

54 Moisés Silva, ed., *New International Dictionary of New Testament Theology and Exegesis*, rev. ed., 5 vols. (Grand Rapids: Zondervan, 2014), 2:674-82. 다른 설명에 관하여, 즉 갇힌 영들을 노아 시대의 불순종하는 사람들과 동일시하는 고전적인 교부적 관점을 회복하려는 시도 가운데 최고의 논의를 확인하려면, Cynthia Long Westfall, "The Relationship between the Resurrection, the Proclamation to the Spirits in Prison and Baptismal Regeneration: 1 Peter 3:19-22," in *Resurrection*, ed. Stanley E. Porter, Michael A. and David Tombs (Sheffield: Sheffield Academic Press, 1999), 106-35를 보라.

55 Schreiner, *1, 2 Peter, Jude*, 188-90, 197-98.

56 Michaels, *1 Peter*, 209.

57 Michaels, *1 Peter*, 204-5.

58 즉, "지옥 강하"(descent into hell)의 일부로서. 비록 이 개념이 사도신경에서 한 부분을 차지하였을지라도, 이 신경의 나머지 부분이 완성된 후 8세기까지는 공식적으로 그렇지 않았다. 그리스도께서 십자가에 돌아가신 후에 지옥 강하가 이루어졌다는 관점은 예수님께서 자신 옆에서 십자가에 매달렸던 한 행악자에게 "오늘 네가 나와 함께 낙원에 있으리라"라고 하신 말씀(눅 23:43)과 충돌하는 것으로 보인다. 더 나아가, John Yates, " 'He Descended into Hell': Creed, Article and Scripture," *Churchman* 102 (1988): 240-50, 303-15를 참조하라.

59 Elliott, *1 Peter*, 684-86.

러한 접근에 신빙성을 부여한다.[60] 이러한 해석은 에녹1서 6-16장에 나오는 유사점들에 의해 강화되는데, 에녹은 "감시자들"(Watchers)로 알려져 있으며 감옥에 갇힌 불순종의 영으로 묘사된 타락한 천사들에 대한 심판을 선언한다.[61] 그러나 모든 주석적인 단편들은 이 구절에서 가장 가능성 있는 언어적 문맥적인 의미에 의존하므로, 이 해석은 베드로가 이 문헌을 염두에 두었는지에 대한 여부와 관계없이 자립할 수 있다. 더욱이, 이 해석은 어떤 고대의 유대적 전통들에서처럼, 창세기 6:1-2를 귀신들이 인간 여성들과 성적인 관계를 맺었다는 것으로 이해하도록 요구하지 않는다. 그러나 악마와 같은 계략들은 인간 왕들, 족장들, 또는 귀족들("하나님의 아들들"에 대한 또 다른 고대의 의미)이 부적절하게 아내를 많이 두려는 의도 뒤에서 보일 수 있다.[62]

---

60 에베소서 2:2에서 바울이 사탄을 "공중의 권세 잡은 자"로 언급한 것을 참조하라.

61 Duane F. Watson, "Early Jesus Tradition in 1 Peter 3.18-22," in Batten and Kloppenborg, *James, 1 & 2 Peter, and Early Jesus Traditions*, 151-65.

62 특히, Meredith G. Kline, "Divine Kingship and Genesis 6:1-4," *Westminster Theological Journal* 24 (1962): 187-204; 그리고 Walter C. Kaiser Jr., *Toward an Old Testament Theology* (Grand Rapids: Zondervan, 1978), 80을 보라. 존 월튼(John H. Walton, *Genesis* [Grand Rapids: Zondervan, 2001], 291-94)은 이 강력한 지역 지도자들이 다른 사람과 결혼할 예정인 여성을 택하여 잠자리를 같이함으로써 자신의 신하들에게 자기 의지를 강요하는, "첫날 밤의 권리"를 사용하였다고 제안함으로써 이 관점을 수정한다. 이런 종류의 견해와 마귀적 영향의 견해를 결합에 관하여, 특히, Bruce K. Waltke with Cathi J. Fredricks, *Genesis: A Commentary* (Grand Rapids: Zondervan, 2001), 115-17을 보라; 또한 Gordon J. Wenham, *Genesis 1-15* (Waco, Tex.: Word, 1987), 139-41을 참조하라. 단순히 사람의 자녀들이 네피림을 낳지 않았을 것이라는 반론에 대해, 창세기 6:4는 그들이 이러한 부적절한 관계의 산물이라고 말하지 않고, 단순히 네피림은 "하나님의 아들들이 사람의 딸들에게로 들어와 자식을 낳"았을 때 지상에 존재하였다고 이야기하는 것을 주목하는 것이 중요하다. 사실, 만약 어떤 네피림들이 불법적인 성관계가 시작되었을 때 이미 지상에 존재했었다면, 이 언어는 두 가지 별개의 사건들이 묘사되고 있는 것임을 암시한다. 특히, John H. Sailhamer, "Genesis," in *Expositor's Bible Commentary*, ed. Tremper Longman III and David E. Garland, rev. ed., vol. 1, *Genesis-Leviticus* (Grand Rapids: Zondervan, 2008), 113을 보라. 또한 세일헤머(Sailhamer)는 여기에서 이러한 해석이 Tg. Onq. and Tg. Neof. I.에서 발견되는 아주 오래된 증거에 근거한다고 주목한다.

구원론

베드로전서에서 구원에 대한 첫 번째 언급은 하나님의 미리 아심을 따라 택하신 그의 백성이다(1:2). "알다"라는 표현이 선행사 선택의 척도와 연관되어 있는 구약의 문맥에도 불구하고, "미리 알다"(프로기노스코[*proginōskō*])는 헬라어 성경에서 일곱 가지 다른 용례에서 적어도 다섯 번은 단순히 무언가를 미리 아는 것을 가리킨다(지혜서 6:13, 8:8, 18:6; 행 26:5; 벧후 3:17). 게다가, 여기에서 사용된 단어는 "선견"(프로그노시스[*prognōsis*])이며, 칠십인경과 신약성경에서 발견되는 다른 용례 중에 세 가지 모든 경우는 보다 더 직접적인 의미를 지니는 것으로 보인다(유딧 9:6, 11:19; 행 2:23).[63] 베드로전서에서 믿는 자들에 대한 하나님의 택하심은 결코 다른 사람들을 무시하거나 정죄하기 위함이 아니라, 그들이 직면한 어려운 시기 동안에 하나님 안에서 그들의 안전을 확신시키기 위함이다. 그러므로, 우리는 "썩지 않고 더럽지 않고 쇠하지 아니하는 유업"을 가진다(4절). 그것은 우리를 위하여 "하늘에 간직하신 것"이다. 우리는 믿음을 보여주어야 하지만(5절), 하나님께서 우리에게 하신 약속을 지키실 것이라고 확신할 수 있다(또한 9절을 참조하라). 마찬가지로, 하나님은 우리를 "자기의 영원한 영광"으로 부르셨기 때문에, 우리가 이 생에서 비교적 적은 고난을 당한 이후에 영원히 우리를 회복시키실 것이다(5:10).[64] 그리스도께서 역시 "창세 전부터 택함받으셨"지만(1:20), 아버지의 뜻에 자발적으로 따를 수 있는 그의 자유는 조금도 감소되지 않았다. 2:21-23의 언어는 그리스도의 분명한 인간으로서의 선택 이외에 어떤 것으로도 이해하기가 쉽지 않은데, 그분은 우리가 따를 수 있는 모범을 남기셨고(21

---

63 Witherington, *Letters and Homilies for Hellenized Christians*, 2:69를 참조하라. 주후 200년경 오리겐에게까지 거슬러 올라가는 관찰이다.

64 히브리서에서처럼, 베드로전서에서는 구원을 종말의 때까지 미완성으로 본다. 특히, Martin Williams, *The Doctrine of Salvation in the First Letter of Peter* (Cambridge: Cambridge University Press, 2011)를 보라.

절), 죄를 저지르거나 속이지 않으셨고(22절), 그가 모욕당하실 때 보복하거나 위협하지 않고, 대신에 제대로 복수할 수 있으신 의로운 재판장께 자신을 맡겨드린다(23절). 그러므로 그는 신자들에게 보배인 것처럼(2:7), 하나님께도 보배이시다(2:4).[65]

인간이 보여주는 믿음의 반응은 거듭남으로 이어진다(1:3, 23). 거듭난 사람은 어떤 것에 대한 전제 조건이 아닌, 구원의 결과로서 믿을 뿐만 아니라 순종하기도 한다(1:21-22).[66] 예수님과 바울처럼, 베드로는 씨 은유들을 사용한다. 이 경우에는 '썩지 아니할 씨' 은유를 사용하는데(23절), 이는 냉혹하리만큼 그들이 심은대로 거둘 것이라는 사실을 암시한다. 4:1은 "육체의 고난을 받은 자는 죄를 그쳤음이니"라는 포괄적인 주장과 관련된 문제들을 약간 곤란하게 만든다. 일부 주석가들은 이 본문을 마치 바울이 기록하였고 칭의에 대해서 설명하고 있는 것처럼 취급하려고 한다. 다른 말로 이야기하자면, 그들은 베드로는 실제적이며 경험적으로가 아닌, 지위적인 측면에서 죄 짓는 일을 그만두는 것에 대해 말하고 있다고 주장할 것이다. 하나님의 관점으로는, 그리스도의 의가 우리에게 전가되었기 때문에 마치 우리가 죄를 짓지 않은 것처럼 보신다.[67]

그러나 더 가능성이 있는 것은, 베드로가 절대적인 의미보다는 비교적인 의미로 말하고 있는 것 같다. 고난이나 다른 트라우마에 반응하는 사람들은 그리스도의 태도로 자신들을 무장함으로써 그렇지 않을 경우보다 더

---

65 슈라이너(Schreiner, *1, 2 Peter, Jude*, 110)는 팀-(*tim*-)으로 시작하는 헬라어 단어군이 "영예"로 번역되어야 한다고 주장하는데, 그는 7a절을 "그러므로 영예는 너희 믿는 자들을 위한 것이다"라고 번역한다.

66 Stephen Ayodeji A. Fagbemi, *Who Are the Elect in 1 Peter? A Study in Biblical Exegesis and Its Application to the Anglican Church of Nigeria* (New York: Peter Lang, 2007), 259: "택함 받은 자들은 택함 받은 자요 영적 건축물의 살아 있는 돌이신 그리스도를 믿는 자들인데, 신자의 정체성의 본질은 선한 행실로 완전하게 실현된다. 즉, 택함 받는다는 것은 거듭나는 것이며 하나님과의 진정한 영적 만남을 증명하는 것으로, 이에 상응하는 삶의 방식을 살아가는 것이다. 한편에는 있으면서 다른 한편에는 부재할 수 없는데, 거듭남과 새로운 삶의 방식은 반드시 공존해야 하며, 신학적 정체성은 실천에 대한 정보를 제공해야만 한다."

67 Kelly, *Commentary on the Epistles of Peter and of Jude*, 168.

욱 그분의 죄 없으심을 공유할 것이다. 고난은 균형 있는 시각을 갖추게 한다. 어떤 유혹은 단순하게 말해서 더 이상 매력이 없고, 다른 유혹은 현실적이지 않다! 더욱이, 만일 어떤 사람의 고난이 자신의 믿음을 위한 것이라면 그 사람은 도덕적 성숙 뿐만 아니라 신학적 건전함까지도 보여줄 확률이 높다. 그리고 만일 어떤 사람이 가장 어려운 상황 속에서 그러한 믿음과 행위를 위해 기꺼이 대가를 치르고자 한다면, 그 사람은 어렵지 않은 상황에서도 경건한 삶의 방식을 유지할 것이다.[68] 그렇지만 어떤 해석에서든지 베드로의 구원론은 구약의 이미지에 둘러싸여 있다. 피카 판 렌스버그(Fika van Rensburg)는 구약에 뿌리를 둔 다섯 가지 구원에 관한 은유들이 사용된 것을 발견한다. 구원받은 자들은 첫째로, 아버지가 제공한 신령한 젖을 맛보았으며(벧전 2:3; 시 34:8), 둘째로, 그리스도의 보혈로 말미암아 구원받아 하나님의 집에 거하며(벧전 1:18, 4:17; 사 52:3; 겔 9:6), 셋째로, 전에는 백성이 아니었지만, 이제는 하나님께서 택하셨고 거룩하며 유일무이한 백성이자 족속이며(벧전 2:9-10, 출 19:5-6, 사 43:20-21, 호 1:6-21), 넷째로, 양의 무리처럼 그들의 목자장이신 그리스도께로 돌아왔으며(벧전 2:25, 겔 34:16), 그리고 다섯째로, 그리스도께서 채찍에 맞으심으로 나음을 얻었다(벧전 2:24, 사 53:5).[69]

죄 vs 성화

베드로전서 4:1에 관하여 점점 커져가는 논의는 이미 그리스도인의 삶의 성장과 관련된 사안을 이미 제멋대로 침범하였다. 이 구절에 대한 두 가지 해석 가운데 어느 쪽을 선택하든지, 베드로는 그리스도의 삶 가운데 절대적

68 이에 대한 철저한 논의는 Elliott, *1 Peter*, 714-18을 참조하라. 데이비즈(Davids, *Theology of James, Peter, and Jude*, 176)는 "어떤 입장을 취하는데 심리적으로 비용이 많이 들수록, 그 사람의 마음이 바뀔 가능성은 더 적어진다. 그러므로 고난은 한 사람의 헌신을 굳건히 한다"라고 말한다.

69 Fika J. van Rensburg, "The Old Testament in the Salvific Metaphors in 1 Peter," in Schlosser, *Catholic Epistles and the Tradition*, 381-96.

인 무죄에 대하여 주장하고 있지 않다. 만약 우리가 이생의 어느 시점에서 완전히 예수님을 본받는 것이 자동적이라면 베드로전서 1:13-17에 나오는 거룩함에 대한 명령과 죄 안에 거하는 삶에 대한 경고는 무의미하다. 그리스도인의 삶에 대한 베드로의 가르침의 핵심은 아마도 2:1-2일 것이다. "그러므로 모든 악독과 모든 기만과 외식과 시기와 모든 비방하는 말을 버리고 갓난아기들 같이 순전하고 신령한 젖을 사모하라 이는 그로 말미암아 너희로 구원에 이르도록 자라게 하려 함이라." 성숙함에 이르는 열쇠는 모든 악덕을 이기는 것도 아니고 책임 목록에 관한 체크 리스트를 긍정적으로 수행하는 것도 아닌, 건전한 대인 관계를 형성하는 방식으로 살아가는 법을 배우는 것이다. 사랑은 예수님과 바울, 그리고 야고보의 가르침에서 만큼이나 베드로의 윤리적 가르침의 중심이다(1:22, 2:17, 3:8, 4:8, 5:14). 신자들을 향한 사랑의 마음가짐을 고양하며 사람과 사람 사이에 일어나는 악덕을 거부를 하기 위하여(1:22, 2:1), 우리는 로기콘 아돌론 갈라(*logikon adolon gala*)를 간절히 사모해야 한다(2:2). 여기에서 갈라(*gala*) 또는 "젖"은 (영적) 아기들에게 필요한 것으로써 긍정적인 은유로 사용되었다(고전 3:2와 달리). 아돌로스(*adolos*)는 "다른 것이 섞이지 않은" 또는 "순수한"이라는 의미를 지닌다. 이 세 단어들 가운데 문맥상 가장 번역하기 어려운 단어는 로기코스(*logikos*)이다. 이른 바, 큰 의미론적 범주는 "논리적" "합리적" 그리고 "영적"이라는 의미를 포함한다.[70] 그러나 이러한 옵션들 중에서 첫 번째는 아마도 영어와 같은 어원을 가진 의미에 비추어 고대에 사용된 단어를 이해하는 시대착오적 오류를 범한 결과일 것이다. 다른 두 가지 번역은 가장 눈에 띄는 자리를 두고 경쟁하

70 요한네스 로우와 유진 나이다(Johannes P. Louw and Eugene A. Nida, *Greek-English Lexicon of the New Testament based on Semantic Domains*, 2nd ed. [New York: United Bible Societies, 1989], 1:675)는 이 단어를 "진정한 것과 관련되어 있는 것, 즉 '합리적이고, 진심 어리고, 참된' 무언가에 대한 실제적이고 본질적인 특성에 충실하다는 의미로" 정의한다. BDAG(598)는 "신중하게 생각하는 것과 관련된 것, 사려 깊은"으로 그 의미를 설명한다. 두 사전 모두가 이 용어의 주된 의미가 "영적인"(spiritual)이 아니지만, 이 단어를 은유적으로 사용할 때 "영적인"이라는 의미를 산출할 수 있다고 인지한다.

는데, 오늘날 "영적"이라는 의미가 더 많은 지지를 얻고 있다.[71] 그럼에도 불구하고 1:25에서 이 절 앞에 나오는 하나님 말씀에 대한 두 가지 언급을 고려할 때, 네 번째 옵션이 훨씬 더 나을 수 있다. 로기코스(*logikos*)가 명백하게 어원상으로 로고스(*logos*)에서 나오지 않지만, 이 언어유희는 베드로가 "말씀의 순수한 젖"이라는 개념을 염두에 두었을 것이다.[72] 우리는 주님에게서 나오는 모든 말씀으로 말미암아 성장한다(예수님께서 시험받으실 때를 기억하라, 마 4:4). 여기에는 기독교인들을 위해 올바르게 해석된 구약성경, 복음 선포, 그리고 하나님께서 제공하시는 계시나 조명하심이 포함될 것이다.

아마도 예수님께서 하신 말씀 중에 가장 어려운 것은 원수를 사랑하는 것이며, 그리고 베드로는 3:8-9에서 악을 악으로 갚지 말고 축복하라는 가르침과 함께 이러한 말씀들을 암시하는 것으로 보인다.[73] 괴롭힘과 박해의 맥락 속에서, 신자들은 대담하지만 요령 없는 복음 증거를 통하여 더 심한 고통을 추구할 필요가 없다. 대신에 그들은 신자들 안에 있는 "소망에 관한 이유를 묻는 자에게는 대답할 것을 항상 준비"해야 한다. 그러나 그들은 "온유와 두려움"으로 준비해야 한다(3:15). 이 "대답"은 "변증"으로 번역될 수도 있다. "변증학"(apologetics)이라는 학문의 명칭은 헬라어 단어, 아폴로기아(*apologia*)에서 왔다.[74] 많은 유명한 기독교 변증가들이 온화하고 존중하는 정

71 슈라이너(Schreiner, *1, 2 Peter, Jude*, 99-101)는 우리가 아래에서 논의하듯이, "말씀의 신령한 젖"에 대한 옵션들, 빈도수, 선택에 관하여 논한다.

72 Dan G. McCartney, "λογικός in 1 Peter 2,2," *Zeitschrift für die neutestamentliche Wissenschaft* 82 (1991): 128-32. 한편, 케런 좁스(Karen H. Jobes, "Got Milk? Septuagint Psalm 33 and the Interpretation of 1 Peter 2:1-3," *Westminster Theological Journal* [2002]: 1-14)는 여기에서 구약 본문의 사용이 새 시대의 도래에 대한 그리스도인의 경험과 관련되어 있는 "신령한 젖"이라는 폭넓은 이해를 제시한다고 믿는다. 두 번역에서 이 은유가 지닌 도덕적 함의는 일반적으로 그레코-로마 세계 속에서 사용되던 용례를 반영할 수 있다; Philip L. Tite, "Nurslings, Milk and Moral Development in the Greco-Roman Context: A Reappraisal of the Paraenetic Utilization of Metaphor in 1 Peter 2:1-3," *Journal for the Study of the New Testament* 31 (2009): 371-400을 보라.

73 Elliott, *1 Peter*, 606-9. 이러한 비보복(nonretaliation) 정신은 지난 60년 동안 전세계의 수많은 비폭력 저항 운동에 매우 큰 영향을 미쳐왔다.

74 위더링턴(Witherington, *Letters and Homilies for Hellenized Christians*, 2:179)은 "그리스

신보다는 전투적인 정신과 더 관련이 있다는 것은 조금도 아이러니하지 않다.

교회론

우리가 히브리서에서 보았듯이, 외부인에게서 핍박당할 때 그리스도인들은 서로 결속하고 교회 안에서 서로 보호하는 것이 훨씬 더 중요해진다. 존 엘리엇(John Elliott)은 베드로전서에 대해 장황하게 저술하였고, 교회로 찾아오는 사람들을 위하여 교회가 만들어야 하는 것이 무엇인지를 나타내기 위하여 "노숙자를 위한 집"(a home for the homeless)이라는 표현을 사용하였다.[75] 외부에서의 삶이 특히 어려워질 때, 하나님 백성의 모임들은 세상의 적대감으로부터 오아시스가 되어야 한다. 이 서신의 본문의 첫 번째 주요 부분인 1:13-2:10은 주로 이 주제에 초점 맞춘다. 베드로는 여기에서 구약 인용들(quotations)과 인유들(allusions)의 상당 부분을 위치시키는데, 교회가 구약의 이스라엘 백성이 소유하였던 동일한 지위들과 특권들을 가지고 있다고 묘사하기 위하여 구약성경을 사용하여 재적용한다. 우리는 "산 돌같이 신령한 집으로 세워지고 예수 그리스도로 말미암아 하나님이 기쁘게 받으실 신령한 제사를 드릴 거룩한 제사장이"며(2:5), "택하신 족속이요 왕 같은 제사장들이요 거룩한 나라요 그의 소유된 백성"이며(9절, 사 43:20-21, 출 19:5-6), 전에는 "백성"이 아니었지만, "이제는 하나님의 백성"이다(10절; 호 2:23). 이스라엘 백성, 그들의 희생 제사 제도, 그들의 성전과 특별하게 물리적으로 엮여 있던 것이 이제 모두 예수 그리스도의 교회에서 영적으로 일어나고 있다. 즉, 하나님 나라를 선포하며, 전세계적으로 하나님의 죄용서를

도인은 자신의 믿음에 대한 이유나 증거를 지성적으로 설명하도록 준비할 필요가 있다"라고 덧붙여 이야기하면서, 이것이 생활 방식을 통하여 이루어지는 전도(lifestyle evangelism)라기보다는 구두 선언(verbal proclamation)이라고 강조한다.

75 John H. Elliott, *A Home for the Homeless: A Social-Scientific Criticism of Peter, Its Situation and Strategy* (Minneapolis: Fortress, 1990).

전파하며, 택함받고 구별된 하나님 백성의 그룹을 형성하며, 전심으로 하나님을 섬긴다. 이 가운데 어떤 것도 교회가 이스라엘 백성을 완전히 대체하였다는 것을 입증하지 않지만, 적어도 이 두 실체 사이에 상당한 중첩이 존재한다는 것을 보여준다.[76] 그러나 문맥상 중요한 점은 교회가 새롭고 참된 이스라엘이라는 것이 아니라, 옛 이스라엘과 마찬가지로, 하나님께서는 교회에게 조항들을 명시하시고 교회가 그분의 상급이자 보호된 소유임을 입증할 책임을 주셨다는 것이다.

이 모든 것은 베드로의 수신자들의 배경을 고려할 때 훨씬 더 특별하다. 대다수가 아마도 이방인이었다는 사실을 고려할 때, 그들은 그리스도인이 되기 전의 삶에서 그러한 호칭을 갖지 않았을 것이다. 이 서신의 첫 번째 구절은 그들을 1세기 로마 제국의 여러 지역들 가운데 다섯 곳(본도, 갈라디아, 갑바도기아, 아시아, 비두니아)에 "흩어진 나그네"로 부른다. 그런 다음에 2:11은 그들을 "거류민과 나그네"라고 부른다(시 39:12; 출 2:22를 참조하라). 그들은 확실히 영적인 포로기를 보냈지만, 적어도 그들 가운데 일부는 문자 그대로 난민이었을 것이다. 어떤 이들은 강제로 쫓겨났거나, 고향에서 다른 곳으로 이주하기로 스스로 결정하였다. 고대의 지중해 세계는 긴밀한 유대 관계를 가지고 있는 공동체들과 후원자들과 의뢰인들 간의 정교한 네트워크, 무역 길드, 그리고 다른 자발적인 조합들, 그리고 대부분 종류의 사회적 안전망 부족으로 이주하는 것이 훨씬 더 어려웠다.[77]

---

76 데이비즈(Davids, *Theology of James, Peter, and Jude*, 172)는 다음과 같이 언급한다. "안타깝게도 베드로전서는 이것이 대체 신학(replacement theology)인지에 관한 여부를 내비치지 않는다...그는 그러한 구별을 하지 않았을 수 있다. 그러나 그에게 있어서 이제 하나님의 백성, 왕 같은 제사장, 출애굽 공동체의 상속자들이 누구인지 분명하다." 데이빗 호렐(David G. Horrell, " 'Race,' 'Nation,' 'People': Ethnic Identity-Construction in 1 Peter 2:9," *New Testament Studies* 58 [2012]: 123-43)은 특히 9절이 이 신생 종교를 새로운 종족이나 인류로 여기던 초기 그리스도인들의 생각 속에서 얼마나 중요하였는지를 보여준다.

77 이 견해를 다른 누구보다 더 많이 옹호해온 사람은 존 엘리엇(John H. Elliott, esp. in *Home for the Homeless*)이다. 이들이 주로 또는 오로지 영적인 포로였다는 사실을 방어한 사람은 모제스 친(Moses Chin, "A Heavenly Home for the Homeless: Aliens and Strangers in 1 Peter," *Tyndale Bulletin* 42 (1991): 96-112)이다. 중재적인 견해에 관하여, Torrey Seland,

바울 서신보다는 조금 더 간략할지라도, 베드로가 그리스도인들에게 영적 은사를 사용하여 서로 하나님의 영광을 위하여 섬기라고 요청한 것은 놀라운 일이 아니다(4:10, 11b). 바울은 세 가지 주요 목록에서 꽤 많은 영적 은사들에 대한 항목을 나열하지만, 베드로는 그것들을 말의 은사와 봉사의 은사로만 분류한다(11a절).[78] 그래서 봉사는 분류상 다른 특정 단어들의 의미를 포괄하면서도(10절) 종속적인 의미(11a절)를 지니기도 한다. 또한 바울 서신에서처럼, 교회 지도자들을 장로들이라고 부르며, 적어도 부분적으로 목자들과 목사들과 유사하다(5:1-2a). 나머지 교회는 그들에게 순종해야 하는데, 베드로는 그들이 어떤 종류의 지도자들이어야 하는지에 대해서 강조하기 전까지는 아니다. 이들은 사람들을 군림하지 말아야 하고, 돈을 목적으로 일하지 않아야 하고, 마지못해 사역을 감당해서도 안된다. 이들은 전체 회중이 동기와 행동 모든 측면에서 본받아야할 뛰어난 모범이 되어야한다(2b-5절). 이 모든 것이 교회를 거룩한 공동체, 즉 거룩한 제사장인 신자들과 함께 신령한 집이라고 불릴 수 있는 은유적인 성전으로 만들어 가는데 도움이 될 것이다(2:5).[79] 이 모든 것은 마찬가지로 두 가지 핵심 용어로 요약될 수 있는데, 바로 "택하심"과 "거룩"이다. 하나님의 주도적인 일하심은 우리를 자유케 하셔서 그분을 향한 독특한 형태의 순종과 봉사를 감당하게 한다.[80]

"παροίκους καὶ παρεπιδήμους: Proselyte Characterizations in 1 Peter," *Bulletin for Biblical Research* 11 (2001): 239-68; 그리고 특히 Karen Jobes, " 'Foreigners and Exiles': Was 1 Peter Written to Roman Colonists?" in du Toit with Jantsch, *Bedrängnis und Identität*, 21-41을 보라.

78 더 나아가서, Schreiner, *1, 2 Peter, Jude*, 215를 보라.

79 특히 Nijay K. Gupta, "A Spiritual House of Royal Priests, Chosen and Honored," *Perspectives in Religious Studies* 36 (2009): 61-76을 보라. 또한 Andrew M. Mbuvi, *Temple, Exile and Identity in 1 Peter* (London: T&T Clark, 2007)를 참조하라.

80 John H. Elliott, *The Elect and the Holy: An Exegetical Examination of 1 Peter 2:4-10 and the Phrase* Basileion Hierateuma (Leiden: Brill, 1966). 엘리엇(Elliott)은 왕 같은 제사장 직분을 "신적 섭정 공동체(the Divine Regent's Community)의 택함받음과 거룩함의 지명"으로 요약한다(p.223).

사회적 참여

그러나 베드로는 단순히 그의 교회들이 주변 사회의 모든 적대감으로부터 최대한 스스로를 격리시키는, "거룩한 비밀 모임"이 되기를 원치 않는다. 베드로의 서신의 두 번째 주요 부분인 2:11-3:7(또는 그 이상)은 집 없는 자에게 집을 제공하는 그런 종류의 거룩함을 요청한 후에 "그 성읍의 평안을 구"하라고(렘 29:7 NRSV) 강조한다.[81] 예레미아서에서처럼, 베드로전서에서 묘사된 하나님의 백성은 포로 상태에 있지만, 그들은 더 큰 사회 속에서 사람들의 마음을 끄는 증인들이며 일꾼으로 살아간다. 적어도 어떤 사람들은 결과적으로 감명 받을 것이며, 그들은 박해를 줄이고 때로는 자신들이 신자들을 대했던 태도와 행동이 잘못되었음을 인정하기까지 할 것이다. 가장 좋은 시나리오는, 그들이 신자가 되는 것이다(2:11-12; 3:16).[82]

이 본문들은 시민들은 정부에게, 종들은 주인들에게, 그리고 아내들은 남편들에게 순종하라는 명령을 하는 가정규범(household code)을 구성한다(2:13-3:7). 바울의 가정규범(*Haustafeln*)의 경우와 마찬가지로, 현대인이 이러한 본문들을 읽으면서 무엇이 표준이며 베드로 시대 가운데 반문화적인 것인지를 인지하는 것은 매우 어렵다. 권위가 주어진 사람들이 그들 아래 있는 사람들에 대해 권리와 권력을 가졌다는 생각에 그 어느 누구도 눈 깜짝하지 않을 것이다. 놀라운 것은 바로 그들의 권위에 놓여진 제한과 하위 계층을 대하는 방식이다. 신자들이 "모든 사람!"에게 보여야 할 적절한 존경

---

81 Bruce Winter, *Seek the Welfare of the City: Christians as Benefactors and Citizens* (Carlisle: Paternoster; Grand Rapids: Eerdmans, 1994), esp. 11-24.

82 이런 종류의 구절은 베드로가 선교에 초점을 맞추지 않았다는 통속적인 확신과 상반된다. Christoph Stenschke, "Reading First Peter in the Context of Early Christian Mission," *Tyndale Bulletin* 60 (2009): 107-26; 그리고 Torrey Seland, "Resident Aliens in Mission: Missional Practices in the Emerging Church of 1 Peter," *Bulletin for Biblical Research* 19 (2009): 565-89를 보라. 더 자세한 연구를 위하여, Douglas Holm, "Holy Engagement: Doing Good and Verbal Witness as Missional Activity in 1 Peter" (Ph.D. diss., University of Bristol, 2014)를 참조하라.

을 표현하기 위해 사용한 것보다 강하지 않은 동사, 티마오(*timaō*)로 황제를 "존경"하거나 "영예롭게" 하도록 명령을 받기 때문에, 2:13-17은 권세자들에게 부과된 제한의 고전적인 예이다. 한편, 그들은 절대적인 권위를 지니신 하나님을 두려워(포베오마이, *phobeomai*)해야 한다. 여기에서 존경과 두려움의 조합은 황제를 포함한 다른 사람에 대한 존경이나 두려움을 능가해야한 다.[83]

베드로의 가정규범은 다음으로 종들이 주인들에게 순종하도록 요청하는데, 선한 자들에게 뿐만 아니라 가혹한 자들에게도 그렇게 할 것을 권면한다(2:18). "하나님을 생각"한다면(19절, NIV는 "conscious of God"로 번역하였다-옮긴이), 부당한 고통을 견디는 것은 칭찬할만한 일이다. 이 문맥에서 "하나님을 생각한다"라는 의미가 무엇인지에 관하여는 전체적으로 분명치 않지만, 그것은 그들이 신자가 되기 전과는 다르게 행동하도록 요구하는, 그리스도를 통하여 하나님 안에서 소유하게 된 새 생명과 새로운 지위에 대한 인식을 가리킬 수 있다.[84] 결국, 그리스도께서는 어떻게 부당한 고난에 대응하는 지에 대한 모범을 보여주시며(21절), 이는 우리에게 학대하는 권세자들을 용인하는 한계에 관한 단서를 제공한다. 그리스도는 우리의 죄를 속죄하기 위해 돌아가셔야 했으며, 우리는 그 과정에서 그분을 모방할 수 없다. 그러나 그 전에, 그분은 자신의 생애에 걸쳐서, 그가 할 수 있을 때마다 강한 반대로부터 물러나셨다. 그러므로 신자들은 성패에 있어서 더 선한 것이 있지 않은 한, 해를 받지 않도록 모든 기회를 활용해야 한다.[85]

---

83 따라서 베드로는 권세자들에게 노골적으로 도전하지는 않을지라도, 그들의 지위를 폄하함으로써 교묘하게 비판한다. 특히, Travis B. Williams, "The Divinity and Humanity of Caesar in 1 Peter 2:13: Early Christian Resistance to the Emperor and His Cult," *Zeitschrift für die neutestamentliche Wissenschaft* 105 (2014): esp. 141-45를 보라.

84 Stephen A. Fagbemi, "The Identity of the 'Elect' in 1 Peter: Its 'Present' Significance and Implications for Believers," in Schlosser, *Catholic Epistles and the Tradition*, 380.

85 특히, Steven R. Tracy, "Domestic Violence in the Church and Redemptive Suffering in 1 Peter," *Calvin Theological Journal* 41 (2006): 294를 보라.

아내와 학대하는 남편도 마찬가지이다. 3:1-7의 상황은 비그리스도인 남편을 둔 그리스도인 아내가 경건하고 순종적인 행동을 통하여서 자신의 남편을 주님께로 인도하려고 노력하는 것으로 시작한다(1절). 그녀가 기독교로 개종하고 남편은 그렇지 않았다는 사실은 남편의 종교를 유지해야만 하는 세계 속에서 아내가 이미 어느 정도 불순종하였음을 암시한다.[86] 따라서 베드로의 명령은 아내들이 그리스도인의 신념이나 윤리를 타협해야한다는 의미가 될 수 없다. 그들은 "선을 행하고 아무 두려운 일에도 놀라지" 않는(6절) 경우에만 경건한 여성 가장(matriarch)인 사라의 영적 딸들이다(창 18:12를 참조하라). 남편이 가할 수 있는 위협과 학대가 그들의 경건한 행동과 간증을 무색하게 하는 것을 허용해서는 안된다. 그들은 자신을 학대하는 자들을 저주하기보다 축복하도록 부름 받았다(3:8-9). 그러나 스티븐 트레이시(Steven Tracy)가 지적한 것처럼, 이러한 일을 수행하는 여러 방법들이 존재한다.

> 학대 피해자들은 그들을 학대한 자에게 개인적인 복수를 하지 않고(벧전 3:9; 롬 12:14, 17-21), 그를 위해 기도함으로써(마 5:44) 복이 될 수 있다. 만일 사회적 질서가 허용한다면, 종종 간과되지만 학대자를 축복하는 다른 방법들이 있다. 학대자의 죄를 거침없이 직면하게 하고(눅 17:3), 학대자로부터 물리적으로 분리하며(삼상 19:12-30:31), 교회(고전 5:1-13; 딤전 5:19-20)와 도시의(행 23:12-22; 롬 13:1-4)의 지도자들에게 학대에 대해서 알리는 것은 아내들을 위하여 성경적으로 승인된 보호 장치이다. 이러한 각각의 반응들은 학대자가 유죄판결을 받고, 회개하며, 신적인 심판 대신에 신적인 복을 받는데 기여할 수 있다.[87]

---

86 Betsy J. Bauman-Martin, "Women on the Edge: New Perspectives on the Women in the Petrine *Haustafel*," *Journal of Biblical Literature* 123 (2004): esp. 273-74. Schreiner, *1, 2 Peter, Jude*, 153을 참조하라.

87 Tracy, "Domestic Violence in the Church and Redemptive Suffering in 1 Peter," 291. 또한 Caryn Reeder, "1 Peter 3:1-6: Biblical Authority and Battered Wives," *Bulletin for Biblical Research* 25 (2015): 519-39를 참조하라.

사라의 순종과 관련하여서, 베드로는 창세기 12:10-20을 이 구절을 기록할 때 염두에 두었을 수 있는데, 왜냐하면 베드로전서 3:6이 언급하는 "순종"을 찾을 수 있는 유일한 곳이기 때문이다.[88] 그러나 창세기 18장에 나오는 그녀의 웃음처럼, 이 구절에서 그녀 자신을 아브라함의 누이라고 부르는 의문스러운 지혜는 사래의 삶의 이러한 짤막한 장면들로부터 "순종하는 아내"로서 완전한 자격을 갖춘 프로필을 거의 얻을 수 없다는 것을 보여준다.

현대 독자들은 베드로가 더 이상 학대에 대응하지 않는 것처럼 보이기 때문에 이에 불평을 하면서 이 본문이 실제로 학대를 허용한다고 잘못 짚어 고발하지만,[89] 놀랍게도 고대 독자들은 7절이 지니고 있는 문화를 거스르는 특성에 대해서 불평했을 것이다.[90] 남편(비그리스도인들은 베드로의 편지가 낭독되는 것을 듣지 않았을 것이기 때문에 아마도 여기에서는 그리스도인을 의미하는 것으로 추정할 수 있다)은 영적인 면에서 완전히 동등하기 때문에 아내를 "생명의 은혜를 함께 이어받을 자"로 여기면서 존경과 존엄으로 대해야 한다. 그리고 이 구절에서 베드로는 아내를 "더 연약한 그릇"(스큐오스[*skeuos*]: 문자적으로 "그릇"을 의미함)이라 하였다. 대부분의 주석가들은 이 표현이 단순히 고대 여성의 일반적으로 연약한 체격을 의미하는 것으로 이해하지만,[91] 실제로 결혼할 때 여성들 스스로가 자발적으로 취약한 위치를 채택한다는 암시를 강조할 수 있다.[92] 이 표현은 남편이 결혼 생활에서 뿐만 아니라 여성이 학대와 모욕에

---

88 아이다 스펜서(Aída B. Spencer, "Peter's Pedagogical Method in 1 Peter 3:6," *Bulletin for Biblical Research* 10 [2000]: 107-19) "순종 그 자체가 초점이 아니라 순전한 행동"(116)이라고 결론 내리면서, 후자에 대한 옵션을 잘 변호한다.

89 예를 들어, Jennifer G. Bird, *Abuse, Power and Fearful Obedience: Reconsidering 1 Peter's Commands to Wives* (London: T&T Clark, 2011).

90 Jeannine K. Brown, "Silent Wives, Verbal Believers: Ethical and Hermeneutical Consideration in 1 Peter 3:1-6 and Its Context," *Word and World* 24 (2004): esp. 400-401.

91 위더링턴(Witherington, *Letters and Homilies for Hellenized Christians*, 2:166)이 대표적이다.

92 이는 그루뎀(Grudem, *1 Peter*, 144)과 데이비즈(Davids, *First Epistle of Peter*)의 통찰들을 결합한 것이다.

더 취약한 사회 전반의 상황 속에서 아내를 보호하고 가치는 존재로 여겨야 한다고 암묵적으로 요청하는 것일 수도 있다.[93] 아무튼, 7절에서 충격적인 부분은 결론부인데 "이는 너희 기도가 막히지 아니하게 하려 함이라"라고 언급한다. 다른 말로 이야기하자면, 자신의 아내를 학대하면서도 자기를 신자라고 주장하는 남편은 그가 기도할 때 하나님께서 그의 기도를 인정하지 않으실 것이다. 하나님은 아예 대답하시는 것조차 거부하실 수 있다![94]

순종하라는 이 모든 명령의 복음주의적 동기는 여전히 주목할 만하다. 사회적으로 인지될 수 있는 장소에서 적절하게 행동하는 것을 중요시하는 문화 속에서, 현대적인 형태의 평등주의는 교회 선교에 문제의 소지가 있을 수 있고 역효과를 일으킬 수도 있을 것이다. 베드로는 통치자들을 존중하라고 이야기하는 부분에서 "곧 선행으로 어리석은 사람들의 무식한 말을 막으시는 것이라"(2:15)라고 주장한다. 베드로전서 3:1에 나오는 아내의 순종의 목적은 구원받지 못한 남편을 "말없이" 회심하도록 하는 것이다. 그들 안에 있는 소망에 대해 설명하도록 요청받는 사람들의 입에서 나오는 존중의 말들은 비방자를 부끄럽게 만들 것이다(3:16). 평등한 대우가 아닌 순종을 부적절하게 여기는 사회에서, 베드로의 가정규범의 실천은 그 사람을 선혀 다르게 볼 것이다.[95]

하지만 최선의 노력에도 불구하고, 그리스도인들은 그들의 믿음 때문에 여전히 고난을 견뎌야 할 것이다. 이러한 사실로 놀라서는 안된다(4:12). 그러나 예수님께서 보여주신 것처럼 고난이 지나가면 영광이 온다(특히 13절을 보라). 한편, 우리가 이미 봐왔듯이, 고난은 사람을 정결하게 하는 효과를 나

93 이러한 제안은 2017년 8월에 달린 씰(Darlene M. Seal)과 개인적으로 주고받은 대화에 빚을 지고 있다.

94 Schreiner, *1, 2 Peter, Jude*, 161.

95 마샬(Marshall, *1 Peter*, 100-101)은 "그리스도인 남편이 아내를 궁지로 몰아넣으면서 순종하라고 요구할 것이 아니라, 함께하는 결혼 생활을 위해 하나님의 뜻을 구할 것이라고 주장하는 것이 더 전망이 있는 접근 방식이다. 또 다른 말로, 그리스도인의 결혼 생활에서 명령은 초월될 수 있는데, 이는 일보 후퇴하는 경우를 제외하고서는 명령을 불필요하게 만든다"라고 말한다.

타낼 수 있다(1:6-9, 4:1-2). 또한 베드로는 고통 받는 사람들에 대한 하나님의 신원하심에 대해 약속하지만(4:6-7), 그는 그리스도인들이 단지 나쁘게 행동하기 때문에 고난 당한다기 보다 그들의 믿음과 행위 때문에 진정한 의미에서 고난 받는 지를 확실하게 하기 위하여 노력을 기울여야 한다고 강조한다(2:19-20, 3:13-17, 4:13-18). 4:19는 서신의 중심부를 완성하며 전체적으로 이 서신에 대하여 괜찮은 주요 논제 후보처럼 보인다. "그러므로 하나님의 뜻대로 고난을 받는 자들은 또한 선을 행하는 가운데에 그 영혼을 미쁘신 창조주께 의탁할지어다"[96] 1:3-12에 소개된 그리스도인의 복음 증거를 위한 고난의 상황이 여기에 나오며, 베드로가 독자들이 구현하기를 소망하는 두 가지 주요 반응은 창조주 하나님께서 신실하게 본보기를 보여주신 것처럼 거룩한 삶을 살아가는 것이며 사회적인 압박에도 불구하고 선한 행실을 드러내는 것이다.[97] 그리고 5장은 마무리 짓는 권면과 인사말로 기능한다.

베드로의 교회론과 사회적 참여는 중요한 짝을 이룬다. 거룩함과 교회에서 "집 없는 이"들을 위한 내적인 보살핌은 외적인 사회적 참여와 권세자

---

96 Grudem, *1 Peter*, 184. 제임스 켈호퍼(James A. Kelhoffer, "Improvising Two Different Responses to Persecution: First Peter's Innovations and Relationship to the *Corpus Paulinum*," in du Toit with Jantsch, *Bedrängnis und Identität*, 263-80)는 베드로가 보여주는 박해에 대한 이러한 반응들의 두 가지 주요 근거가 선교적이며 종말론적이라고 올바르게 인식한다(하나님의 종말론적 신원하심을 신뢰하면서).

97 윈터(Winter, *Seek the Welfare of the City*, 25-40)는 선을 행한다는 표현에 일관적으로 재정적인 함의가 존재한다고 주장하지만, 베드로전서에서 "선"을 행한다는 의미가 일관되게 제한적으로 구분될 수 있을지는 분명치 않다. 왜냐하면 시민 사회에 필요한 금액만큼 기부할 수 있을 정도로 충분한 재산을 소유했을 초기 그리스도인들은 개인으로나 집단으로나 거의 없었기 때문이다. 오히려, "선을 행함"은 그리스도인의 성품을 형성하는 도덕적 활동을 가리키는 것으로 보이며, 이는 결과적으로 실제적인 지혜와 하나님에 대한 의존과 관련이 있다. J. de Waal Dryden, *Theology and Ethics in 1 Peter: Paraenetic Strategies for Christian Character Formation* (Tübingen: Mohr Siebeck, 2006)을 보라. 이러한 활동들은 지역 공동체와 사회에도 도움을 준다; Travis B. Williams, "Benefiting the Community through Good Works? The Economic Feasibility of Civic Benefactions in 1 Peter," *Journal of Greco-Roman Christianity and Judaism* 9 (2013): 147-95를 보라. 그러므로 이러한 모습들은 그레코-로마 문화에서 이미 칭찬할만한 것으로 간주되는, 의롭거나 심지어 가장 중요한 행동들이 아니었다. Travis B. Williams, *Good Works in 1 Peter: Negotiating Social Conflict and Christian Identity in the Greco-Roman World* (Tübingen: Mohr Siebeck, 2014)를 보라.

들에 대한 봉사와는 잘 어울리지 않으며, 또는 그 반대의 경우도 마찬가지이다. 역사에 걸쳐서 그리스도인들은 종종 다른 한편을 희생시키면서 한 가지를 잘 해왔다. 데이빗 벌치(David Balch)의 베드로전서에 대한 획기적인 연구는 이 서신이 보여주는 윤리의 적응주의적 요소(accommodationist strand)에 초점 맞춘 반면,[98] 존 엘리엇(John Elliott)이 내놓은 보다 최근 연구들은 문화를 거스르는 요소들을 강조하였다. 이러한 주제들에 대하여 깊이 있게 분석한 미로슬라브 볼프(Miroslav Volf)는 자신의 베드로전서 주해에 덧붙여서, 그리스도인과 그들이 살아가는 사회 사이의 "부드러운 차이"(a soft difference)를 주장하기 위하여 발칸 전쟁에서의 경험을 활용한다.[99] 데이빗 호렐(David Horrell)도 마찬가지로 베드로전서를 적대적인 세상에 대하여 "순응과 저항 사이에"(between conformity and resistance) 위치시키며, 그는 이를 "정중한 저항"(polite resistance)이라고 부른다.[100] 이 모든 것이 가능한 이유는 하나님께서 궁극적으로 모든 것을 바로잡을 것이기 때문인데, 이는 우리의 최종적인 주제인 종말론으로 이어진다. 한편, 부드럽고 정중한 것이 선지자적이고 비난하는 것으로 변하는 것을 막을 수는 없다. 물론, 폭력의 위협 없이 비교적 차분한 목소리로도 강하게 말할 수가 있다!

종말론

베드로의 거의 모든 가르침은 이 표제로 이미 소개되었다. 그러나 우리는 몇 가지 항목을 추가하고 강조할 수 있다. 우리는 우리를 기다리고 있는 하늘의 완전하고 영원한 유업을 소유하는데(1:4-5), 이는 현재의 연약하며

98 David Balch, *Let Wives Be Submissive: The Domestic Code in 1 Peter* (Chico, Calif.: Scholars, 1981).

99 Miroslav Volf, "Soft Difference: Theological Reflections on the Relation between Church and Culture in 1 Peter," *Ex Auditu* 10 (1994): 15-30.

100 David G. Horrell, *Becoming Christian: Essays on 1 Peter and the Making of Christian Identity* (London: Bloomsbury T&T Clark, 2013), 211-38, 236.

일시적인 상태가 가져다주는 영향들을 실제적으로 상대화할 것이다(1:24-25; 5:8-11을 참조하라). 우리가 다른 사람들이나 외부 환경으로 인하여 겸손해질 때에도, 우리는 자발적으로 하나님 앞에 우리 자신을 낮춘다. 그러할 때 종말에 이르게 되어서 "때가 되면"(5:6) 하나님은 우리를 높이신다. 그분께서 우리를 돌보아주시기 때문에 우리는 모든 염려를 주께 맡길 수 있다(7절). 이제 우리의 고난은 그리스도의 고난에 참여하는 것이므로 우리는 주의 재림의 날에 그의 영광이 드러날 때 "즐거워하고 기뻐"할 것이다(4:13). "만물의 마지막이 가까이" 왔기 때문에(4:7) 우리는 깨어있고 (은유적으로) 정신 차려야 한다. 사람의 시간 계산으로는 시간이 더욱 길게 느껴질 수도 있지만, 이미 마지막 때이기 때문에(1:20) 하나님께서 심판과 상으로 우리에게 찾아오시는 날(2:12)이 머지않았다고 말할 수 있다. 실제로, 그리스도의 재림은 구원사에서 다음에 일어날 중요한 사건이다. 구약성경 가운데 특히 스가랴 9-14장은 메시아적 목자들, 새로운 출애굽, 불같은 시련들과 같은 여러 주제들의 배경이 된다.[101] 실제로, 샤론 클락 피어슨(Sharon Clark Pearson)은 베드로의 종말론에서 약속-성취의 도식을 발견한다. "고난/영광 패턴이 베드로전서에 16회 나온다. 여기에서 제시하는 논제는 '고난 받는 종'이 드러내는 '고난/영광' 패턴은 베드로전서에 나오는 소망의 모델이 되었다." 다시 말해서, "베드로전서의 구성이 보여주는 특징은 여러 유형의 자료를 신중하게 엮어서 테피스트리(tapestry, 여러 색실로 짜서 그림으로 표현한 직물 공예-옮긴이)로 만드는 것과도 같은데, 확신(reassurance)의 테피스트리는 고난/영광 패턴으로, 약속/성취의 주제(지금과 그때의 토포이[*topoi*])를 따라서, 종말론적 관점의 사용을 통하여 발전되었다."[102] 신약성경에 지속적으로 나타나는 "이미 그러나 아직"(already but not yet)의 도식은 여기에서도 지배적이다.

---

101 Kelly D. Liebengood, *The Eschatology of 1 Peter: Considering the Influence of Zechariah 9-14* (Cambridge: Cambridge University Press, 2014).

102 Sharon Clark Pearson, *The Christological and Rhetorical Properties of 1 Peter* (Lewiston, N.Y.: Edwin Mellen, 2001), 219.

아마도 베드로전서에서 가장 설명하기 힘든 구절은 그리스도의 재림을 둘러싼 사건들에 대해서 진술한 4:6일 것이다. "이를 위하여 죽은 자들에게도 복음이 전파되었으니 이는 육체로는 사람으로 심판을 받으나 영으로는 하나님을 따라 살게 하려 함이라" 이 구절은 사후 복음화를 지지하는가? 아마도 그렇지 않을 것이다. HCSB, NET, NIV, 그리고 NLT는 모두 "지금"이라는 표현을 넣어서 번역하는데, 죽은 자들에게 설교하는 것은 아마도 지금이 세상을 떠난 자들에게 설교한다는 사실을 의미한다고 분명히 말한다. 설교는 그들이 살아 있는 동안에 전달되었지만, 그들은 그 후에 이 세상을 떠났다. 3:19-22가 그리스도의 "지옥 강하"(harrowing of hell)로 간주될 때, 사람들이 복음에 반응할 기회도 없이 죽었다면 4:6은 이 본문과 연결되어 구약의 성도들에게 완전한 복음을 전파하거나, 사람들이 하나님의 구원 계획을 들을 수 있는 첫 번째 기회를 제공하는 것으로 볼 수 있을 것이다.[103] 그러나 복음을 믿지 않는 자들에 대한 질문은 흥미롭고 중요하긴 하지만, 아마도 이 구절은 그러한 문제를 다루지 않을 것이다. 베드로는 5절에서 불순종하는 자들과 믿지 않는 자들은 산 자와 죽은 자를 심판하시는 분 앞에서 그들의 삶에 대해 설명할 준비가 되어 있어야 할 것이라고 주장하였다. 심판의 날은 우리가 아는 바와 같이 아직 살아있는 자들의 삶을 종결하고, 이미 죽은 자들을 부활로 인도하며, 누군가는 영생으로 또 누군가에게는 영벌을 가져다 줄 그런 날이다. 그 어떤 것도 베드로가 이러한 핵심적인 유대적 그리고 기독교적 종말론으로부터 벗어났다고 암시하지 않는다. 육체적인 죽음은 마치 모든 인간에게 들이닥치는 심판이 승리한 것처럼 보이게 만들지만, 이생에서 그리스도를 영접한 사람들은 영원한 승리를 기대할 수 있다.[104]

로버트 웹(Robert Webb)은 이 서신을 특징짓는 시대적 변화라는 중심성을

---

103 이러한 관점에 대한 자세한 현대적 변증에 관하여, Grudem, *1 Peter*, 203-39를 보라.

104 특히, Elliott, *1 Peter*, 731-40을 보라. 또한 그는 이 구절에 대해 제안된 다양한 해석들에 대해서 조사한다.

더욱 강화하는 구약성경과 제2성전기 시대의 유대 문헌을 사용하면서, 베드로전서에서 이러한 종류의 묵시적 담화가 널리 퍼져있음을 강조한다.[105] 유진 보링(Eugene Boring)은 이 편지가 보여주는 내러티브의 역학에 대한 자세한 분석으로 이러한 접근법을 보완한다. 이 서신에 의해 암시된 신학적 세계의 재구성은 "그때" 또는 "지금"으로 나뉜다. "지금"은 "보편적 역사의 드라마에 나타난 두 번째이자 최종적인 행위"인데, 이것은 "역사 속에 나타난" 예수 그리스도의 현현과 "역사의 종말에 나타난 그의 계시"를 아우른다.[106] 베드로가 실제적인 단어들을 사용하지 않고도 이 모든 것은 약속-성취 도식에 맞는다.

베드로전서의 결론

베드로전서는 어디에서도 성취에 대한 언어를 명시적으로 사용하지 않지만, 시대의 변화가 일어났고 마지막 날이 그리스도의 초림으로 시작되었다는 사실은 분명하다. 선지자들은 이러한 사건들을 이미 예언하였고, 베드로전서는 그리스도께 속한 다민족적인 교회가 지금 구약 시대에 이스라엘 백성처럼 기능을 하고 있음을 여러 측면에서 보여주기 위하여 구약의 인용과 인유를 곳곳에서 사용하였다. 베드로는 삼위일체 사상을 암시하는데, 하나님을 아버지와 심판자로, 성령을 그리스도와 신자 안에 살아계신 인격과 능력으로 제시한다. 놀랄 것 없이, 예수님은 특히 세 가지 신조 또는 자신의

105 Robert L. Webb, "Intertexture and Rhetorical Strategy in First Peter's Apocalyptic Discourse: A Study in Sociorhetorical Interpretation," in *Reading First Peter with New Eyes: Methodological Reassessments of the Letter of First Peter*, ed. Robert L. Webb and Betsy Bauman-Martin (London: T&T Clark, 2007), 72-110. 이러한 묵시는 유다서에서처럼, 베드로전서에도 더욱 분명하게 나올 것이다. 더 나아가 Kelley Coblentz Bautch, " 'Awaiting New Heavens and a New Earth': The Apocalyptic Imagination of 1-2 Peter and Jude," in Mason and Martin, *Reading 1-2 Peter and Jude*, 63-82를 보라.

106 M. Eugene Boring, "Narrative Dynamics in First Peter: The Function of Narrative World," in Webb and Bauman-Martin, *Reading First Peter with New Eyes*, esp. 26-33.

죄 없는 삶, 대속, 죽음으로부터의 부활, 승천, 악한 권세에 대한 승리에 초점을 맞춘 신앙 고백에서 많은 관심을 받으신다. 이 서신의 다른 곳에서 그리스도께서는 우리의 모퉁이돌, 목자장, 그리고 주님이시다. 천사들과 귀신들은 이 서신의 분량에 비례하여 생각할 때 신약 선경의 다른 곳보다 더 큰 역할을 한다. 악한 영들에 대한 예수님의 승리에 대한 언급은 아마도 베드로전서의 가장 두드러진 기여일 것이다. 특히 전통적으로 예수님이 지옥으로 강하하신 것으로 여겨지던 그 구절은 그가 이 땅에서 하나님 곁으로 높은 위치로 돌아가시는 동안 귀신의 영역을 정복하였다는 그의 선언으로 이해될 때 더욱 그러하다(3:18-22). 베드로의 구원 교리는 하나님의 미리 아심(foreknowledge)에 근거하여 자신을 위하여 택하신 백성을 지켜주실 능력을 강조한다. 이것은 믿음의 반응을 일으키고, 새로운 생명을 탄생시킨다. 특히 고난의 때에 거룩 안에서 성장함으로 신자의 삶 속에 죄를 실질적으로 감소시킬 수 있다. 우리는 말씀이라는 순수한 젖을 통하여 자라나며, 그리스도인 회중과 공동체 안에서 서로 사랑하고 돌본다. 우리는 집 없는 자들을 위하여 거처를 제공하지만, 또한 우리의 매력적인 복음 증거와 선한 행위를 통하여 우리 주변의 이교적이고 핍박하는 세상의 안녕을 구한다. 사회적 참여와 마찬가지로 조금 더 일반적으로 권세자들에 대한 순종은 특히 하늘에 계신 하나님께 아직 영광 돌리지 않는 자들에게 복음을 전파하기 위해서이다. 그러나 우리를 향한 적개심이 좋아지든 그렇지 않든 간에, 우리는 계속해서 신실하신 창조주께 자신을 맡기고 선을 행해야 한다. 그러면 심판의 날은 무서운 형벌의 날이 아니라 우리를 향한 큰 은혜의 날이 될 것이다.[107]

107 더 간결하고 좋은 요약을 보려면, David G. Horrell, *1 Peter* (London: T&T Clark, 2008), 16을 보라. "능력과 은혜의 하나님은 위대하고 영광스러운 구원과 새 생명의 원천이시다. 그리스도인들은 세례와 거듭남으로 말미암아 이 구원과 새 생명을 얻게 되었다. 그리스도인들은 그들이 따라가는 바로 그 길을 걸어가시고 고난당하신 그리스도를 위하여 고난당할 때 놀라지 말아야 한다. 그분과 같이, 그리스도인들은 받을 자격이 없는 고난을 조용하고 겸손하게, 그리고 그리스도의 부활하심(이것은 소망을 위한 확실한 근거이다)으로 이미 증명된 하나님의 궁극적인 신원하심에 확신을 가지고 견뎌내야 한다. 그들은 선을 행하고 거룩한 삶을 살아가야 하는데, 이는 만약 필요하다면 (당연히) 악을 행함 때문이 아닌 선을 행하는 것 때문에 (무고하

베드로후서

베드로후서는 단지 "베드로"라기보다 "시몬 베드로"라는 더 완전하고, 유대적이며, 거의 틀림없이 더 개인적인 이름으로 시작한다(벧후 1:1).[108] 그는 "하나님과 구주 예수 그리스도의 의를 힘입어 동일하게 보배로운 믿음을 우리와 함께 받은 자들에게 편지"한다. 베드로전서가 이전에 기록된 편지인지 아닌지와 상관없이 베드로후서 3:1은 확실히 이 동일한 청중에게 기록한 두 번째 베드로 서신이라고 주장한다. 문제는 베드로전서 1:1과 같이 지역에 따른 수신자들이 구체화 되지 않았다는 것인데, 어느 그리스도인 청중 또는 모든 곳의 그리스도인이든 고려 대상일 수 있다. 베드로후서 2장의 거짓 교사들이 아마도 후기 영지주의자들이라는 개념은 한 세대 전에 지배적인 위치를 잡고 있었지만, 지금은 그렇지 않으며[109] 편지의 정황으로 볼 때 후대의 연대를 요구할 만한 단서가 남아있지 않다. 제롬 네이레이(Jerome Neyrey)의 사회학적으로 초점 맞춰진 주석은 에피쿠로스 학파 또는 그 사상의 변형에 대한 그럴듯한 사례가 거짓 이데올로기일 것이라는 그럴듯한 주장을 펼쳤다.[110] 반면, 데릴 찰스(Daryl Charles)는 "이단들"을 스토아 학파와 결합시킬 좋은 근거들을 발견한다.[111] 몇 가지 핵심 사안들에 관하여 서로 극명하게 다른 관점을 보이는 두 헬라 철학적 및 종교적 전통들을 거짓 교사들과 결합시키는 설득력 있는 주장의 등장은 이 서신이 거짓 교사의 특징에 대해서 실제로 밝혀주는 것이 얼마나 적은지를 보여준다. 그러나 두 그룹 모두

게) 고난 받는 것이 낫기 때문이다.

108 헬라어로 쉬메온(*Symeōn*)은 신약성경의 다른 곳에서 사도행전 15:14에서만 발견되는 이름의 형태이다. 이것은 베드로전서 1:1에서 저자가 자신을 오직 페트로스(*Petros*)라고 확인해주기 때문에 베드로의 스타일을 모방하려고 하기보다 진정한 서명처럼 보인다. Schreiner, *1, 2 Peter, Jude*, 260-61을 참조하라.

109 그린(Green, *Jude & 2 Peter*, 153)은 이에 대해 "완전히 유행이 지난 것은 아니다"라고 말한다.

110 Jerome H. Neyrey, *2 Peter, Jude* (New York: Doubleday, 1993), 122-28 그리고 곳곳에.

111 J. Daryl Charles, *Virtue amidst Vice: The Catalog of Virtues in 2 Peter 1* (Sheffield: Sheffield Academic Press, 1997), esp. 84-111.

가 적어도 기원전 3세기 초반부터 존재해왔기 때문에 그들의 존재가 베드로후서의 연대를 결정하는데 도움은 거의 되지 않는다. 베드로후서 3:2는 "너희의 사도들로 말미암아" 주님의 계명에 대해서 이야기한다고 해서 저자가 사도 자신임을 배제하지 않으며 1세대 이후의 기독교 배경을 필요로 하지 않는다. 이러한 전제는 베드로 이외에 두 명 또는 그 이상의 사도들이 그리스도인들 가운데 더 오래 사역을 하였고, 그러므로 공식적이든 비공식적이든 단순히 그들에게 특별한 관할권이 주어졌다고 제안한다.[112] 마찬가지로 3:4에서 파루시아의 지연에 대한 명백한 문제는 베드로후서가 주후 50년대 초반에 기록된 데살로니가전후서보다 더 늦은 시기에 기록되었다고 가정할 필요는 없다. 결국, 그들은 예수님의 부재와 동일한 의미에서 문제를 해결하려고 노력하였다. 특히 1:15에서 언급된 저자의 진술은 시사하는 바가 많다. "내가 힘써 너희로 하여금 내가 떠난 후에라도 어느 때나 이런 것을 생각나게 하려 하노라" 여기에서 사용된 떠난다는 표현은 출애굽 때에 사용된 용어이며 누가복음 9:31에서 사용된 같은 단어는 예수님의 겪으실 죽음을 가리키는 것이었다. "베드로는" 자신이 곧 순교당할 것을 알았는가? 그래서 이 편지를 완성하여 자신이 염두에 둔 교회에게 전달하기 전, 그가 순교당하는 상황이 발생할 것에 대비하여 그의 대필자가 이 서신을 마무리하고 탈고하도록 계획을 했거나 하고 있었을까?[113] 만일 이것이 60년대 중반에 일어난 네로 치하의 베드로의 역사적인 죽음이라면, 아마도 그 작업이 직후에 완료되었을 것이므로(아마도 70년대 초반) 베드로의 회중은 실제로 그가 그들에게 가르친 것을 기억할 수 있었을 것이다.

한편, 베드로후서의 다소 거친 헬라어 스타일과 조금 더 고상한 헬라어에서 사용하는 과도하게 수사학적 또는 난해한 수식들로 종종 보이는 것들

112 Schreiner, *1, 2 Peter, Jude*, 371을 참조하라.

113 Richard Bauckham, *Jude, 2 Peter* (Waco, Tex.: Word, 1983), 147. 그는 나중에 베드로의 후계자이며 로마의 주교의 임무를 맡을 그럴듯한 후보자를 리노(또한 딤후 4:21를 보라)라고 제안한다(160-61).

과의 결합은 베드로는 베드로후서를 기록할 때 대필자를 고용하였다는 사실을 암시하는 것이 아니라 이미 베드로전서에서 보여준 것이다.[114] 어느 시나리오든, 우리가 목회서신을 바울이 아니라 누가가 기록하였다고 추측한 것처럼, 이 필사자는 자신의 스타일과 어법으로 문제들을 해결하도록 자유롭게 쓸 자유가 주어졌을 것이다. 그러나 벤 위더링턴(Ben Witherington)은 베드로후서의 헬라어는 소아시아와 주변 지역 교회들과 베드로의 회중에 침투하고 있던 거짓 교사들의 신념과 생활 방식과 같은 문제를 다루는데 적합한 "아시아 문체"(Asiatic style)로 기록하려는 베드로의 시도에 기인하다고 이야기하면서, 대체적인 설명을 제공한다.[115] 헬라적 문체와 내용을 보다 일반적으로(가장 주목할 만한 것은 1:4이다) 반영하는 다른 구절들은 아마도 복음에 아직 적절하게 반응하지 않은 사람들에게 상황에 맞게 복음을 설명한다.[116] 바울 서신들 가운데 어떤 것인지 알려지지 않았지만, 그것들을 성경(3:16)으로 베드로 언급하였다는 주장은 늦은 연대를 필요로 하지만, 이 주장은 베드로와 바울이 60년대 초반에 로마에 함께 있었다는 역사적 사실에 근거하여 좌절된다. 실제로 베드로는 바울 서신들의 두루마리를 접할 수 있었고, 그 서신들의 독특한 특징을 인지하고 있었다. 그가 공관복음서를 명백히 사용한 사실조차도 우리가 이 책에서 채택하였던 연대기에 근거하여 가능해진다.[117]

---

114 Green, *Jude & 2 Peter*, 145-46. 이러한 주장은 가능성이 적다는 점을 주목한다(아마도 대필자를 고용하는 것은 매우 흔한 일이었다. 예를 들어, 초대 교회에서 제롬은 두 명의 다른 대필자에 대해 찬성한다[144-45]).

115 Witherington, *Letters and Homilies for Hellenized Christians*, 2:273-74. 또한 Terrance Callan, "The Style of the Second Letter of Peter," *Biblica* 84 (2003): 202-24를 참조하라.

116 Tord Fornberg, *An Early Church in a Pluralistic Society: A Study of 2 Peter* (Lund: Gleerup, 1977), 114.

117 Gene L. Green, "The Testimony of Peter: 2 Peter and the Gospel Traditions," in Batten and Kloppenborg, *James, 1 & 2 Peter, and Early Jesus Traditions*, 181-98을 보라. 한편, 테란스 캘런(Terrance Callan, "The Gospels of Matthew and John in the Second Letter of Peter," in Batten and Kloppenborg, *James, 1 & 2 Peter, and Early Jesus Traditions*, esp. 173-79)이 베드로후서 1:14가 요한복음 21:18을 인유한다고 주장한 것은 베드로의 궁극적인

어떤 시나리오든 확실히 베드로후서 2장은 거짓 교사들을 묘사할 때 유다서의 여러 이미지와 유비들을 인용하고, 재사용하고, 재적용하는 듯하다. 그러나 1장과 3장은 상당히 다른 내용을 추가한다. 결과적으로 이 짧은 편지에 나오는 세 가지 주요 주제들은 다루는데, (1)성경의 영감 가운데 특히 예언의 영감, (2)자기를 정죄하는 거짓 교사들의 생활 방식을 피하는 것, 그리고 (3)하나님은 이 세상 역사에 개입하신 적이 없으시기 때문에 그리스도의 재림은 무기한 지연되었다는(또한 이것은 세상에 존재하는 악의 문제에 대한 반응이나 신정론에 대한 막대한 영향을 끼쳤다)[118] 베드로의 반대자들의 동일과정설적인(uniformitarian) 주장을 반박하는 것이 바로 베드로후서에서 다루는 주제들이다. 우리는 이번 장의 끝에서 각각의 주제들을 간략하게 살펴볼 것이다.

베드로전서와의 유사점들

베드로후서를 피상적으로 읽을 때 청중과 배경이 베드로전서와 상당히 다르다는 것을 쉽게 생각할 수 있다. 그러나 이 서신을 면밀히 읽고 나서 베드로전서를 자세히 살펴보면 놀랍게도 수많은 유사점들이 드러난다. 두 서신 모두가 베드로 자신을 "예수 그리스도의 사도"로 소개하며(벧전 1:1, 벧후 1:1). 두 서신은 예수님을 하나님과 연결시키는데, 베드로전서 1:2에는 삼위일체 사상이 나오며 베드로후서 1:1은 이 두 위격을 동등하게 여긴다.[119] 그리고 두 서신 모두 "은혜와 평강이 너희에게 더욱 많을 지어다"(벧전 1:2, 벧후

죽음에 대한 예수님의 말씀에서 시기나 임박함에 대한 정보를 발견할 수가 없다는 사실에 근거하여 좌절된다.

118 Edward Adams, "Where Is the Promise of His Coming? The Complaint of the Scoffers in 2 Peter 3.4," *New Testament Studies* 51 (2005): 106–22.

119 콜웰의 법칙(Colwell's rule)의 적용. 이 구절은 문자적으로 "우리의 그 하나님과 구주 예수 그리스도"(the God of us and Savior Jesus Christ)로 번역될 수 있는데, 여기에서 관사는 반복되지 않는다. Terrance Callan, "The Christology of the Second of Peter," *Biblica* 82 (2001): 253을 보라.

1:2)라는 표현을 사용하면서 플레이뚜노(*plēthunō*)라는 드물게 사용되는 희구법 동사로 인사말을 마무리한다.[120] 베드로후서의 서론(1:1)은 모든 사람이 가지고 있는 기독교 신앙이 동등하게 귀하다(이소티모스[*isotimos*])고 이야기하며 베드로전서의 감사 단락(1:7)은 그러한 믿음은 불로 연단한 금보다 더 귀하다(폴뤼티모테로스[*polytimoteros*])고 언급한다(욥 23:10, 잠 17:3, 사 48:10을 참조하라). 베드로후서 1:3은 하나님의 신성한 능력이 "우리를 부르신 이를 앎으로" 말미암아 경건한 삶을 살아가는데 필요한 모든 것을 주셨다고 단언하며, 베드로전서 1:2는 하나님께서 우리를 부르시고 택하심은 그가 우리를 미리 아심으로 이루어진 것이라고 구체적으로 명시한다. 베드로전서 2:9와 베드로후서 1:3, 5는 신약성경에서 아레테이(*aretē*, 선/덕목[virtue])라는 단어가 유일하게 나오는 본문들이다. 선지자들은 메시아의 오심을 예언할 때 매우 특별하고 주의 깊게 조사할 가치가 있는 무언가를 받았다는 사실을 깨달았던 것처럼(벧전 1:10-12), 하나님은 그리스도를 통하여 우리에게 "보배롭고 지극히 큰 약속"(벧후 1:4)을 주셨다. 베드로는 각 서신에서 우리의 욕망이 악(또는 욕정에 가득 찬, 죄악의, 등등)이라고 3회씩 이야기한다(벧전 1:14, 2:11, 4:2; 벧후 1:4, 2:18, 3:3, 또한 2:10에 단수로 표현된 "육체를 따라 더러운 정욕"이라는 문구를 참조하라). 두 서신 모두 "공급하다"(코레이게오[*chorēgeō*], 벧전 4:11; 에피코레이게오[*epichorēgeō*], 벧후 1:5)를 의미하는 드물게 사용되는 단어들을 사용한다. 그리고 두 서신 모두 그리스도인의 선/덕목 안에서 성장의 목표를 형제 사랑 또는 상호간의 애정(필라델피아[*philadelphia*], 벧전 1:22; 벧후 1:7))과 경건한 사랑(아가페이[*agapē*], 벧전 4:8, 5:14; 벧후 1:7)의 정점을 이루는 것으로 본다.[121]

---

120 위더링턴(Witherington, *Letters and Homilies for Hellenized Christians*, 2:295)은 익명의 저자가 베드로후서를 기록하였다면 이 한 구절보다 더 많은 축어적인 유사문구들을 삽입하였을 것이라고 강조하면서, 이러한 표현이 바로 베드로전서와 분명한 유사점을 보여주는 표시임을 강조한다.

121 잠언 10:12와 야고보서 5:20에서처럼, 사랑은 허다한 죄(벧전 4:8)를 덮는다(용서한다, 간과한다, 또는 갈등이 해결되기를 노력한다). Davids, *Theology of James, Peter, and Jude*, 178을 참조하라.

신자들은 과거의 죄에서 깨끗함을 받았고(벧후 1:9), 그렇게 함으로써 그들의 영혼은 정결케 되었다(벧전 1:22). 우리의 순종은 우리의 "부르심과 택하심"을 확고히 한다(벧후 1:10). 이 두 단어는 베드로전서에서 반복적으로 나오는 어근들로부터 온다("부르다"[6회], "선택하다"[4회]).[122] 배교를 포함한 심각한 실수들은 이 두 서신에서 "걸려 넘어지는 것" 또는 "실족하는 것"(벧전 2:8; 벧후 1:10)으로 묘사된다. 베드로후서 1:12와 2:2와 마찬가지로, 베드로전서 1:22는 진리의 중요성을 강조한다. 하나님의 능력이 마지막 날까지 우리를 보호하시고 보존하여 주시는 것처럼(벧전 1:5), 예수님의 변형(transfiguration)은 완전한 능력으로 임할 하나님의 나라를 예고한다(벧후 1:16).[123] 두 서신에서 능력(들)에 관한 언어는 천사들과 긴밀하게 연결되어 있다(벧전 3:22, 벧후 2:11). 베드로후서 1:16에 나오는 "본 자"(에포프테이스[*epoptēs*])는 신약성경에서 이 곳에서만 나오며, 동일한 어근에서 나온 "보다"(에포프튜오[*epopteuō*])라는 단어는 베드로전서 2:12, 3:2에서만 나온다. 더욱이, 베드로의 두 편지 모두 일반적으로 예언과 특히 예언적 영감과 신뢰성에 관한 더욱 확장된 구절들을 포함하는데, 각각의 경우, 성령에 의해 이루어지고 예언의 성취로 입증된다(성취를 가리키는 실제적인 단어를 사용하지 않고서; 벧전 1:10-12, 벧후 1:19-21).[124] 또한 베드로후서는 예언이 사람의 "뜻"(뗄레이마[*thelēma*])에서 비롯된 것이 아니라 하나님에게서 비롯된 것이라고 이야기하며, 베드로는 동일한 하나님의 "뜻"에 대해서 4회 논의한다(벧전 2:15; 3:17, 4:2, 19).

---

122 베드로후서 2:20-21은 한 사람의 구원이 상실될 수 있다는 관점을 지지하는 것으로 볼 수 있지만, 22절은 토한 것을 도로 먹는 개를 묘사하는 잠언 26:11을 인용하고, 씻은 돼지가 다시 진흙에서 뒹구는 유사한 이미지를 추가하면서, 이러한 관점을 반박하는 것으로 보인다. 이는 진정한 변화가 아니라면, 원래의 상태로 돌아간다는 개념이다.

123 비록 매우 중도적이지만 근본적으로 알미니안주의(Arminianism)를 표방함에도 불구하고, 특히 I. Howard Marshall, *Kept by the Power of God: A Study of Perseverance and Falling Away*, 2nd ed. (Exeter: Paternoster, 1969; Minneapolis: Bethany, 1975), 161과 전체 내용을 보라.

124 Benjamin Sargent, "The Narrative Substructure of 1Peter," *Expository Times* 124 (2013): 485-90을 참조하라.

베드로후서 2장은 거짓 교사들이자 거짓 선지자들에 관하여 길게 이야기한다(1절). 그들의 부패한 행동의 주요 동기는 탐욕이므로(3절), 그들은 분명히 당시 그레코-로마 세계에서 많은 순회 철학자들과 교사들이 일에 대한 돈을 요구하며 그들이 주장하는 가치에 따라서 점점 많은 금액을 요구하는 그러한 행동 양식을 따랐다.[125] 이것은 장로들/감독자들(디모데전서 3:2에 따라 가르칠 필요가 있는 사람들)에게 부당하거나 지나치게 후한 보수를 위해 가르치지 말라는 베드로전서 5:2의 가르침과 직접적으로 상응한다. 베드로후서 2:2는 거짓 교사들의 방탕함(아셀게이아[*aselgeia*]; 또한 7, 18절을 참조하라)을 한탄하는데, 이는 베드로전서 4:3에 언급된 이교도들의 특징들 가운데 하나이다. 베드로후서 2:4-5에서, 베드로는 중간기 시대의 위경인 에녹 1서에서 감시자들(Watchers)에 대한 심판을 연상시키는 언어로 어떻게 타락한 천사들이 심판을 받았는지를 비교하면서 이 거짓 교사에 대한 유비를 제공한다.[126] 베드로전서 3:18-22에서, 베드로는 타락한 천사들에 대한 그리스도의 승리를 선언하기 위해 다시 에녹 1서를 암시한다. 이 본문들은 하나님께서 노아와 그의 가족을 보호하신다는 사실을 가리키는데, 또 다른 예를 우리에게 보여주는 것이다(벧후 2:5, 벧전 3:20; 창 6-8장을 참조).[127] 베드로후서 2:9은 구약성경과 다른 유대 문헌의 예시에 근거한 결론과 부합한다. 다음과 같이 기록된 "주께서 경건한 자는 시험에서 건지실 줄 아시고 불의한 자는 형벌 아래에 두어 심판 날까지 지키시며"라는 말씀은 베드로전서 3:18-22에서 동일한 신앙 고백의 간결한 요약처럼 읽을 수 있다.

---

125 앤드류 음부비(Andrew M. Mbuvi, *Jude and 2 Peter* [Eugene, Ore.: Cascade, 2015], 105-6)는 여기에서 사용된 플레오네크시아(*pleonexia*)를 "궁극적으로 기만에 이르게 하는" "만족할 줄 모르는 탐욕"이라고 번역한다. 다시 말하자면, "그것은 미덕의 성향을 제압하는 게걸스러운 식탐이라고 묘사된다."

126 Bradly S. Billings, " 'The Angels Who Sinned...He Cast into Tartarus' (2 Peter 2:4): Its Ancient Meaning and Present Relevance," *Expository Times* 119 (2008): 532-37.

127 감시자들(Watchers)에 관한 이야기는 다양한 유대 자료의 홍수에 대한 설명과 밀접하게 연결되어 있으며, 여기에서 그들을 병치시키는 이유를 설명한다(Bauckham, *Jude, 2 Peter*, 249-50).

권위에 대한 멸시(벧후 2:10)는 거짓 교사들이 행하는 것인데, 경건한 권위에 적절하게 순종하는 것과 정확히 반대되는 모습이다(벧전 5:5). 그들은 탐욕에 있어서 둘째가라면 서러울 자들로서 흥청망청 먹고 마시는데(벧후 2:13-14), 이러한 모습은 이교도들이 행하였고 베드로의 그리스도인 청중들이 신자가 되기 전에 참여하였던 타락함, 술취함, 방탕함, 그리고 부주의한 거친 생활과 유사하다(벧전 4:3-4). 우리가 봐왔듯이 대조적으로 장로들이나 감독자들은 금전적인 이익을 얻는데 혈안이 되어서는 안된다(5:2). 거짓 교사들은 죄를 짓는 것을 멈추지 않는 반면(아카타파우스투스 하마르티아스[*akatapaustous hamartias*], 벧후 2:14), 고난당하는 신자들은 죄 짓는 일을 멈춘다(페파우타이 하마르티아스[*pepautai hamartias*], 벧전 4:1). 베드로전서는 신자들이 자신의 자유를 악을 은폐하는데 사용하지 말라고 경고하며, 하나님의 종으로 살라고 권면한다(벧전 2:16). 베드로후서는 자유에 대한 거짓 교사들의 약속과 자신들을 정복한 자에게 종이 되었다는 현실을 대조한다(벧후 2:19). 베드로전서 2:24를 보면 그리스도의 속죄는 우리가 죄에 대하여 죽는 것을 가능케 하여 우리에게 의를 위하여 살도록 책임을 부여한다고 설명하는 한편, 베드로후서 2:21은 유사하게 그리스도인의 삶을 "의의 도"(the way of righteousness)라고 이야기한다.[128]

베드로전서 1:13에 깨어 있고 정신 차려야하는 "마음"(디아노이아[*dianoia*]에서 옴)은 베드로후서 3:1에 나오는 진실 되어야 하는 "생각"과 상응한다. 두 서신에서 베드로는 예수님을 가리키며 증언하는 "예언자들" 집단에 호소한다(벧전 1:10; 벧후 3:2). 두 서신에서 베드로는 신자들이 말세를 살아가고 있다고 주장한다(벧전 1:5, 20; 벧후 3:3). "하나님의 말씀"은 이 두 서신에서 핵심적

---

128 초기 기독교에서 이것은 윤리적인 삶의 방식으로 지정하는 일반적인 문구이다(Bauckham, *Jude, 2 Peter*, 278, 참고 문헌과 함께). 또한 Frank S. Thielman, *Theology of the New Testament: A Canonical and Synthetic Approach* (Grand Rapids: Zondervan, 2005), 527-30을 참조하라. 베드로는 그리스도안에 있는 신자들의 삶을 신실하게 따르는 자들을 위한 보상을 기대하는 "길"(2:2, 15, 21)이라고 생각한다. 이 길의 목표는 영원한 생명이며, 현재 그들이 고결한 삶을 살아가도록 인도할 것이다.

인 동인(動因)이다. 첫 번째 서신에서 하나님의 말씀은 그리스도인의 성장시킨다(벧전 2:2). 두 번째 서신에서, 그 말씀은 창조 그 자체와 불경건한 자들을 멸망으로 이끌 심판의 원동력이다(벧후 3:5, 7). 베드로후서 3:9는 베드로전서 2:13-3:7에 나오는 베드로의 가정규범(*Haustafeln*)에서 순종에 대한 부르심의 이유들을 사실상 요약한다. 우리가 권세자들, 주인, 구원받지 못한 남편에게 순종하는 모습 이면에는 모두 복음 전도의 동기가 존재한다는 것을 보았던 것처럼, 그리스도께서는 영원히 멸망당할 사람들이 가능한 한 거의 없기를 바라시면서 우리를 참으신다.

베드로의 회중들이 견뎌내고 있는 "불 시험"이 전 세계에서 그들이 마주할 최후의 원형인 것처럼(벧전 4:12), 심판의 날에 하늘과 땅은 불로 사라질 것이다(벧후 3:10, 12).[129] "점도 없고 흠도 없이"(벧후 3:14)라는 표현은 신약성경의 다른 곳에서 오직 베드로전서 1:19와 짝을 이룬다("흠도 없이"라는 의미를 나타내는 단어는 약간 다르긴 해도 같은 어근에서 왔다). 그러나 "주의 오래 참으심"은 "구원"을 의미한다(벧후 3:15). 우리는 예수님께서 재림하실 실제적인 시간에 대해서 알 수 없을지라도, 겉보기에 그 날이 지연되는 것처럼 보여서 초초해 하기보다 그분께서 우리에게 맡겨주신 일을 할 수 있다(9절). 베드로전서에서 구원에 관한 구절들도 마찬가지로 그것이 우리를 위하여 보호되거나 보존되며, 우리가 성장해야 할 무엇인가로 이야기하는데, 비슷하게도 예수님의 재림이 곧 도래할 것이라거나 즉시로 일어날 것이 아님을 보여준다(1:5, 8, 10; 2:2). 베드로전서 3:20에서 베드로는 베드로후서 3:15에서처럼 이 구원을 "인내"(마크로뚜미아[*makrothymia*])와 명백히 연결시키고 있다. 두 서신 모두 다른 "성경(들)"에 분명히 호소한다(벧전 2:6; 벧후 1:20, 3:16). 마지막으로, 두 서신은 마귀 또는 악한 사람들의 공격에 대항하여 경계할 것을 강력

129 베드로전서에 대한 가장 늦은 연대(2세기 초반)를 염두에 둘 때에도, 로마는 거의 전제국적인 규모(empire-wide scale)로 순교자들을 불태워서 처형하지 않았기 때문에(5:9) 4:12의 "불 시험"은 거의 확실하게 은유적이다. 이것은 어떻게 문자적으로 우주의 불에 의한 멸망이 의도되었는지에 대한 질문을 남겨둔다. 더 나아가, Bauckham, *Jude, 2 Peter*, 319-21을 보라.

히 권면한다(벧전 5:8, 벧후 3:17).[130] 만약에 베드로전서와 베드로후서에 나오는 핵심 용어들에 대한 통계를 추가한다면, 여전히 더 많은 유사점들이 발견될 것이다.[131] 연이어서, 마테라(Matera)는 두 서신의 신학적 공헌에 대해서 멋지게 요약한다. "베드로전서는 적대적인 세상 속에서 기독교적인 존재의 신학을 제시하며, 베드로후서는 거짓 교사들의 면전에서 기독교적인 소망의 신학과 함께 이 신학에 찬사를 보낸다."[132]

---

130 베드로전서 5:8에서 사용된, 마귀가 우는 사자처럼 배회한다는 은유는 로마 제국이 공공 경기장에서 정죄 받은 죄수들을 처형하기 위하여 사자들이나 다른 맹수들을 활용했던 사실로부터 그 유래를 찾을 수 있다. Boris A. Paschke, "The Roman *ad bestias* Execution as a Possible Historical Background for 1 Peter 5.8," *Journal for the Study of the New Testament* 28 (2006): 489-500을 보라.

131 특히, 베드로전서의 더 긴 길이를 고려할 때. "주님", "예수님", 그리고 "그리스도"라는 호칭이 결합된 모든 조합 중에서, 두 서신은 "예수 그리스도"를 선호한다(벧전 9회, 벧후 8회). 베드로전서에서 "영광"이라는 단어는 8회, 베드로후서에서 4회 나온다. "주님"이라는 호칭은 베드로전서에서 7회, 베드로후서에서 완전한 형태로 16회 나온다. "은혜"라는 표현의 등장 횟수는 각각 6회, 2회 나온다. "하늘"은 각각 3회, 6회 나온다. "거룩"은 베드로전서에서 7회, 베드로후서에서 2회 나온다. "성령"은 베드로전서에서 6회 나오지만, 베드로후서에서는 단 한번 밖에 나오지 않는다. "심판하다"라는 단어는 다른 형태들을 포함해서 베드로전서에 5회 나오지만, "심판"이라는 단어는 베드로후서에 4회 나온다. "물(들)"은 베드로전서에 2회 나오며, 베드로후서에서는 4회 나온다. "악"과 "선"은 베드로전서에서 각각 11회. 12회 나오지만, "악"과 "선함"은 각각 2회, 3회 나온다. "의로운"이라는 단어는 두 서신에 각각 5회, 8회 나온다. "아버지"는 순서대로 5회, 1회 나오지만, "죄"는 이 두 서신에서 8회, 3회 나온다. 물론, 반론이 있을 수 있는데, 이러한 단어들과 표현들은 아주 일반적이므로 베드로전서와 베드로후서에 지배적이기는 하지만, 독특하지 않다는 것이다. 그러나 이러한 단어 통계를 제공하기 전에 열거한 유사점들의 긴 목록은 이러한 비판에 거의 영향 받지 않는다. 마이클 길무어(Michael J. Gilmour, *The Significance of Parallels between 2 Peter and Other Early Christian Literature* [Leiden: Brill, 2002], 91-95)는 이렇게 많은 유사점들을 간략하게 살펴보지만, 이러한 사실이 베드로후서가 베드로전서를 의존했다는 사실을 증명하기에 충분하다고 생각하지는 않는다. 그러나 그는 부비어(G. H. Boobyer, "The Indebtedness of 2 Peter to 1 Peter," in *New Testament Essays: Studies in Memory of Thomas Walter Manson* [Manchester: University of Manchester Press, 1959], 34-53)가 특히 베드로전서 1:3-9와 베드로후서 1:3-11 사이의 수많은 개념적인 유사성들에 비추어서 두 서신 간의 유사점들을 강력하게 주장하였다는 사실을 주목한다. 또한 부비어(Boobyer)는 포른베르그(Fornberg)를 납득시켰다(Fornberg, *Early Church in a Pluralistic Society*, 12-15).

132 Frank J. Matera, *New Testament Theology: Exploring Diversity and Unity* (Louisville: Westminster John Knox, 2007), 373.

약속과 성취

베드로전서와 마찬가지로, 베드로후서는 실제적으로 성취와 관련된 어떤 단어를 결코 사용하지 않는다. 그러나 신적 약속에 대한 네 가지 언급을 한다.[133] 베드로후서 1:4에서 구원-역사적인 것과 관련된 것이 나오지 않는데, 그 약속으로 말미암아 우리가 신적 성품에 참여할 수 있기 때문이다. 이 약속은 마치 존재론(ontology)에 관련된 것처럼 종종 잘못 읽혀져왔지만, 문맥상 도덕적 삶에 관한 것이 분명하다(5-7절). 우리는 조직신학자들이 사랑, 공의, 선하심과 같은 하나님의 속성이라고 부르는 것과 관련되어 있는 하나님의 본성에 참여할 수 있다.[134] 3:4에서 약속은 예수님의 재림에 대한 약속인데, 이것은 시간이 지나감으로써 무효화 된 것 같이 보인다. 3:9에서 다시 파루시아와 심판의 날의 시간에 관한 내용이 나오며, 13절에서는 아마도 이사야 65:17에서 가져온 새 하늘과 새 땅의 약속에 대한 내용이 나온다. 그래서 이러한 약속들 가운데 어느 것도 구약과 신약을 대조하지 않을지라도, 네 가지 중에 셋은 우리가 아직 모든 것이 소멸되는 최종적인 시간 속에서 살아가고 있지 않는다는 것을 인지한다.

그러나 베드로후서에는 다른 구약성경이 사용된다. 2:5는 홍수가 나는 동안에 여덟 명이 보존되었다는 세부 사항까지 포함된 노아의 이야기를 인용한다(창 8:18). 7절에서 베드로는 롯에 대해서 언급하는데(19:1-11), 그의 문 앞에 등장한 동성애자들로 구성된 패거리들에게 대응하면서 저지른 그의 끔찍한 도덕적 실수는 여기에서 암시된 그의 전반적인 의로운 인격을 무색

133 더 나아가, Ruth Anne Reese, *2 Peter & Jude* (Grand Rapids: Eerdmans, 2007), 184-86을 참조하라.

134 Al Wolters, " 'Partners of the Deity': A Covenantal Reading of 2 Peter 1:4," *Calvin Theological Journal* 25 (1990): 28-44; 그리고 Al Wolters, "Postscript to 'Partners of the Deity,' " *Calvin Theological Journal* 26 (1991): 418-20. 제임스 스타(James M. Starr, *Sharers in Divine Nature: 2 Peter 1:4 in Its Hellenistic Context* [Stockholm: Almqvist & Wiksell, 2000])는 공유할 수 있는 신적 본성의 두 가지 중요 요소를 하나님의 도덕적 탁월성과 하나님의 지식으로 본다.

하게 하지는 말아야 한다.[135] 15-16절은 신명기 22:7, 28에 나오는 발람 이야기를 암시하며 22절은 개가 자신이 토한 것을 먹으러 오는 이야기가 담긴 잠언 26:11을 인용한다. 이 모든 인유들과 인용들은 베드로의 회중 가운데 의로운 자들과 거짓 교사들을 대조하는 맥락 속에서 예표론적으로 기능한다. 베드로후서 3장에서 구약성경들을 사용할 때는 다른데, 모든 구절은 하나님께서 창조(창 1장)와 홍수(창 7장) 때에 일어난 일의 정상적인 흐름을 극적으로 중단시키셨다는 베드로의 주장을 지지한다. 그래서 베드로가 마지막 때(사 60, 65, 66장)에 다시 그렇게 되기를 기대하는 것은 그럴듯하다. 만일 그 사이의 기간이 너무 긴 것처럼 보이면, 성경은 이러한 사실에 대해서도 이야기한다(시 90:4, 합 2:3).

독특한 주제들

베드로전서와 베드로후서 사이의 공통점들, 약속이나 구약성경의 사용에 대한 언급, 그리고 유다서와 베드로후서에서 발견되는 사실상 동일하게 확인할 수 있는 사안들을 제외하고서는, 베드로후서가 신약성경에 기여하는 중요하면서도 독특한 신학적 주제들은 무엇인가? 우리는 계시, 종말론, 신정론이라는 세 가지 주제들에 대하여 간략하게 언급할 수 있다.

계시

베드로후서 1:16-18은 분명히 예수님의 변모를 목격한 한 증인의 증언이라고 주장할 수 있다. 그리스도께서 일시적으로 모세와 엘리아에게 둘러

---

135 그러나 롯이 잘못 판단했어도, 낯선 사람(특히, 여기에서는 그들에게 초자연적인 특성을 지닌 듯이 보이는 사람)들을 환대하는 문화의 가치를 유지하려고 노력하고 있었다. 그래도 롯은 그 남자들을 위해서 자신의 딸들로 대체하려고 시도함으로써 그 가치를 변질시킨다. 롯은 주인으로서 그의 미덕을 유지하려고 노력하지만, 아버지로서 그 자신을 부끄럽게 하려고 한 것이다. Tremper Longman III, *Genesis* (Grand Rapids: Zondervan, 2016), 238. 다행히도 하나님은 롯이 그의 계획을 계속 진행하지 않도록 간섭하신다.

싸여 영광스러운 천상의 존재로 변모되심을 통하여 드러난 하나님의 계시의 비범한 특성은 베드로의 이야기를 듣는 사람들에게 전설이나 신화처럼 들릴 수 있다. 베드로는 그가 사용하기를 거부하는 영리하게 고안된 "이야기들"(16절)을 가리키기 위해서 헬라어 단어 뮈또이(*mythoi*, 영어의 "myth"가 이 단어에서 유래됨)를 사용하면서까지 이러한 평가를 격렬하게 거부한다.[136] 그는 또한 자신이 개인적으로 예수님을 하나님의 사랑하는 아들로 인정하셨다는 하나님의 음성을 들었다고 강조한다(17-18절; 막 9:7을 참조하라). 예수님의 생애, 죽음, 부활에 나타난 하나님의 계시 전체와 마찬가지로 이 특별한 현현은 히브리어 성경에 있는 구약 선지자들의 나머지 모든 말씀들, 특히 아직 확인될 수 없는 말씀을 훨씬 더 신뢰할 수 있게 만들면서(19절), 그러한 일들을 내다본 예언들의 진리됨을 보여주었다.[137]

이것은 베드로가 20-21절을 준비할 수 있도록 하며, 그 중에 한 가지 핵심 부분은 두 개의 다른 방식으로 번역되었다. 21절의 후반부는 문자적으로 성경의 어떤 예언도 어떤 한 사람 자신의 에피뤼세오스(*epilyseōs*)로부터 온 것이 아니라고 선언한다. 에피뤼시스(*epilysis*)는 "설명" 또는 "해석"을 의미할 수 있다. 질문은 이 대조가 선지자 자신의 이해와 하나님 자신의 이해 사이에 있는 것인지 또는 후대의 독자들의 해석과 하나님께서 승인하신 해석에 있는지에 관한 것이다. 21절은 이 두 가지 선택 사항들 중에서 첫 번째 방향으로 기울게 하는데, "예언은 언제든지 사람의 뜻으로 낸 것이 아니요 오직 성령의 감동하심을 입은 사람들이 하나님께 받아 말한 것임이니라"(no prophecy was ever borne of human impulse; rather, men carried along by the

---

136 뮈또스(*Mythos*)는 비현실적이거나 신뢰할 수 없는 인물과 특별히 관련된 "소설"이나 "이야기"를 의미한다. BDAG, 660을 보라.

137 마이클 그린(Michael Green, *The Second Epistle General of Peter, and the General Epistle of Jude*, 2nd ed. [Leicaster: IVP; Grand Rapids: Eerdmans, 1987], 139-40)은 신약성경의 다른 곳에서 "선지자들"(복수형태)이 항상 구약 선지자들을 언급하므로, 이들이 과거의 신약 선지자들이며 그리하여 베드로후서에 대한 후대 연대가 필수적이라고 주장해서는 안된다고 주장한다.

Holy Spirit spoke from God, NET)라고 명백하게 선언하기 때문이다.[138] 여기에서 "carried along"라는 표현은 이 절의 전반부에 "borne"으로 번역된 동일한 동사로부터 왔다. 폭넓게 규명된 예언의 기원은 히브리어 성경의 정경화 작업에 있어서 랍비들의 주요 기준들이었기 때문이므로 여기에서 보여주는 멋진 그림은 하나님의 성령께서 성경의 예언을 기록하시는 과정을 총지휘하시는 것이며, 조금 더 확장시켜서 나머지 구약성경에도 동일하게 적용될 수 있는 것이다.[139]

종말론

베드로후서에서 발견되는 대적자들의 동일과정설은 그들이 인간 역사에서 하나님이 제정하신 최후의 대재앙을 기대하지 않는 방향으로 나아가게 하였다. 그들이 가지고 있었던 함의는 (1)심판 날이 없고 (2)그들이 기뻐하는 대로 살아갈 수 있고, 그래서 (3)그들은 선지자들을 불신한다. 그러므로 베드로후서의 전체 세 장의 세 가지 강조점와 일치한다. 스트레커(Strecker)는 다음과 같은 응답으로 이 짧은 서신을 특징짓는 종말론적 강조점들을 잘 파악하는데, 홍수는 인간의 사악함을 종식시켰으며 우리는 미래에 이와 유

---

138 킹제임스 성경은 마치 예언에 대한 어떤 공식적이거나 공인된 기독교적 해석을 장려하는 것처럼, "성경의 어떤 예언도 사적으로 해석되지 않는다"라고 번역하여서 번역에 대한 오해의 소지가 있는 전통을 개시하였다. RSV는 이러한 오해를 유지하였고, NRSV나 ESV(RSV의 개정판)도 그것을 수정하지 않았다. 그러나 이러한 대조는 인간 예언자 자신과 예언의 출처를 가지고 계신 하나님 사이에 있다. CEB: "no prophecy of scripture represents the prophet's own understanding of things"; NET: "no prophecy of scripture ever comes about by the prophet's own imagination"; NIV: "no prophecy of scripture ever came about by the prophet's own interpretation of things."를 참조하라(독자들이 직접 영역본들을 비교할 수 있도록 따로 번역하지 않고 남겨두었다–옮긴이). 더 나아가서 Bauckham, *Jude, 2 Peter*, 101을 참조하라.

139 Benjamin D. Sommer, "Did Prophecy Cease? Evaluating a Reevaluation?" *Journal of Biblical Literature* 115 (1996): 31–47을 보라. 또한 Andrew E. Steinmann, *The Oracles of God: The Old Testament Canon* (St. Louis: Concordia, 1999), 190; 그리고 R. Laird Harris, *Inspiration and Canonicity of the Scriptures*, rev. ed. (Eugene, Ore.: Wipf & Stock, 2008), 154–77을 참조하라.

사한 일을 기대할 수 있고, 시간에 대한 하나님의 인식은 우리 인간의 것과는 다르고, 하나님의 인내는 더 많은 회개를 허락하며, 어느 누구도 그 날이 언제 알지를 모르며, 도덕적 삶이 그 마지막 날을 앞당길 수 있다.[140] 베드로후서 3장에서는 해석적 논쟁보다 본문 비평이 종말론에 관하여 중요한 차이를 만든다. 창조질서에 초자연적인 개입이 일어날 것이라고 믿지 않는 거짓 교사들의 동일과정설에 반대하면서, 베드로는 하나님의 말씀으로 발생한 노아 시대의 홍수를 그들에게 상기시킨다.[141] 7절은 다음과 같이 언급한다. "이제 하늘과 땅은 그 동일한 말씀으로 불사르기 위하여 간수하신 바 되어 경건치 아니한 사람들의 심판과 멸망의 날가지 보존하여 두신 것이니라." 구약과 신약을 통틀어서 "새 하늘과 새 땅"이 현재와 근본적으로 다를 것으로 묘사된 사실은 의심할 여지가 없다. 현재적인 우주의 완전한 파괴와 재창조는 성경적 이미지와 일치할 것이다.

그러나 베드로는 10절에서 주의 날에 관하여 더 설명한다. "그러나 주의 날이 도적 같이 오리니 그 날에는 하늘이 큰 소리로 떠나가고 체질이 뜨거운 불에 풀어지고 땅과 그 중에 있는 모든 일이 드러나리로다" 이 시점에서 필사본들은 다음에 무슨 단어가 나오는지에 관하여 다양한 가능성을 보여준다. 1611년에 출간된 이후로 복구된 다수의 옛 주요 사본들과 가장 신뢰할만한 헬라어 필사본이 주는 이득 없이 킹제임스 성경은 카타카에이세타이(*katakaēsetai*, 불태워질 것이다)를 채택하였다. 그러나 원문에 포함되었을 단어는 휴레떼이세타이(*heurethēsetai*)일 것이다("발견될 것이다", "드러나다" 또는 "탄로나다"라는 의미에서).[142] 또 다른 말로 이야기하자면, 모든 것은 있는 그대로 보일

---

140 Georg Strecker, *Theology of the New Testament* (New York: de Gruyter; Louisville: Westminster John Knox, 2000), 487.

141 어떤 이는 베드로가 모든 것이 이전과 같이 계속된다는 그의 대적자들의 견해에 동의한다고 주장할 수 있다. 그는 단지 이것이 이전의 초자연적인 개입들을 포함한다고 지적하는 것이다! Sam Meier, "2 Peter 3:3-7: An Early Jewish and Christian Eschatological Skepticism," *Biblische Zeitschrift* 32 (1988): 255-57을 보라.

142 본문 비평에 관한 자세한 정보를 보려면 특히, Bauckham, *Jude, 2 Peter*, 316-19를 보라.

것이다. 이러한 독해는 우리의 급진적으로 변형된 부활된 몸이 여전히 현재의 상태와 어떤 면에서 연속성을 유지할 것처럼, 이 세상의 무언가가 다음을 위해서 생존하고, 구속되고, 개조되고, 회복될 것을 고려한다.[143]

아마도 이러한 관찰로부터 발견할 수 있는 가장 중요한 의미는 환경에 대한 청지기 직분 또는 창조 세계를 향한 돌봄과 같은 생태학 분야에서 찾아볼 수 있다. 어떤 사람은 창조세계에 대한 돌봄의 중요성을 최소화하기 위하여 "이 세상은 어쨌든 불타버릴 것이다"라는 대중적인 말에도 불구하고, 모든 것은 불타지 않을 수도 있다. 게다가, 불은 정화 작용을 할 뿐만 아니라 파괴적인 영향을 미칠 수도 있다. 아마도 이 세상에서 영원한 가치는 완성될 것이고 그러므로 다음 세계에도 지속될 것인데, 신자들이 영원한 가치를 극대화하기 위하여 일하도록 동기부여 해야 한다.[144] 확실한 것은 더 많이 구원받을수록 끝은 가까이 다가올 것이지만(12a절과 15a절), 우리는 믿는 자의 수가 전부 얼마나 될지 알 수가 없기 때문에 이러한 사실을 종말의 시기를 예상하는데 사용할 수 없다. 베드로후서의 종말론에 대한 안더스 게르드마르(Anders Gerdmar)의 요약은 정확하다. "창조, 대홍수, 멸망 그리고 새 하늘과 새 땅의 탄생, 천사론, 타락한 천사들과 인간들의 현재 상황, 주의 날, 심판, 영원한 하나님 나라, 의인과 죄인의 미래에 관한 이토록 간결한 그림은 아마도 어디에도 없을 것이다."[145]

143 Edward Adams, "Does Awaiting 'New Heavens and a New Earth' (2 Peter 3.13) Mean Abandoning the Environment?" *Expository Times* 121 (2010): 168-75.

144 특히, Jonathan Moo, "Continuity, Discontinuity, and Hope: The Contribution of New Testament Eschatology to a Distinctively Christian Environmental Ethos," *Tyndale Bulletin* 61 (2010): 21-44. 또한 Matthew Y. Emerson, "Does God Own a Death Star? The Destruction of the Cosmos in 2 Peter 3:1-13," *Southwestern Journal of Theology* 57 (2015): 281-93; 그리고 Gale Z. Heide, "What Is New about the New Heaven and the New Earth? A Theology of Creation from Revelation 21 and 2 Peter 3," *Journal of the Evangelical Theological Society* 40 (1997): 37-56을 보라.

145 Anders Gerdmar, *Rethinking the Judaism-Hellenism Dichotomy: A Historiographical Case Study of Second Peter and Jude* (Stockholm: Almqvist & Wiksell, 2001), 205.

신정론

아마도 베드로후서가 정경에 가장 신학적으로 공헌하는 부분은 악의 문제에 관한 관점과 관련되어 있을 것이다. 3:8에서 베드로는 청중에게 주님에게는 하루가 천 년 같고 천 년이 하루 같다고 상기시키면서 시편 90:4를 암시한다("주의 목전에는 천 년이 지나간 어제 같으며 밤의 한 순간 같을 뿐임이니이다"). 다른 말로 표현하자면, 하나님의 시간은 인간의 시간이 아니라는 것이다.[146] 이것으로부터 그는 3:9에서 "주의 약속은 어떤 이들이 더디다고 생각하는 것 같이 더딘 것이 아니라 오직 주께서는 너희를 대하여 오래 참으사 아무도 멸망하지 아니하고 다 회개하기에 이르기를 원하시느니라"라고 결론짓는다. 당연하게도 인간은 왜 하나님께서 세상 속에서 거대한 악들을 더 빨리, 더 단호하게 처리하지 않으시는지에 대한 질문을 한다. 그 대답은 광범위한 규모로 이 세상의 잘못을 바로잡는 유일한 길은 우리가 현재 살아가고 자연계의 질서를 끝내고 종말을 예고하는 것이다. 그러나 물론 이것은 또한 영원한 구원을 위해 그리스도를 신뢰할 자유를 포함하여 우리가 현재 알고 있는 인간의 자유의 종말을 의미하기도 할 것이다. 하나님의 관대한 뜻은 그분의 선하심과 별개로 반역자들이 생명을 택하도록 허용하실 것이지만, 하나님은 결코 그들이 멸망해야 한다고 생각하지 않으신다.[147] 그래서 마지막 때가 오기 전에 하나님께서 신자들에게 주신 추가 시간은 은혜의 복음과 그분께 돌아오는 자들을 향한 용서를 가능한 한 널리 전파하는 것을 포함하여서 이 세상 속에서 그분께서 맡기신 임무를 수행할 기회를 더 주시는 것으로 생각해야 한다. 겉보기에 지연되는 상황은 3:11-12와 긴장관계에 놓여

146 흥미롭게도, 몇몇 기독교 이전의 유대교 자료들도 마찬가지로 기원전 8세기 이후의 여러 구약 선지자들이 예언했던 주님의 날의 지연을 설명하기 위해 이 본문 그리고/또는 원리에 호소한다. Richard Bauckham, "The Delay of the Parousia," *Tyndale Bulletin* 31 (1980): 3-36을 보라.

147 Mbuvi, *Jude and 2 Peter*, 145: "아무도 멸망하지 않는 것이 하나님의 바램이자 소원이다. 그렇다고 해서 사람들이 거짓으로 하나님의 진리를 거부하는 일과 그들에게 임하는 하나님의 심판을 막지는 못한다."

있지 않은데, 신자들의 "거룩한 행실과 경건함"은 하나님의 날의 도래를 실제로 앞당길 수 있다. 복음전도는 거룩하고 경건한 삶과 관련된 것의 일부이다.[148] 전지전능한 하나님께서는 그 시간이 언제가 될지를 정확하게 아시며, 마지막이 도래하기 전 시간이 길게 느껴질 수 있을지라도 더 연장될 수도 있다.

베드로후서의 결론

베드로후서는 60년대 중반에 그가 순교하기 직전에 영향력이 있는 사도의 생각을 잘 나타내준다. 그렇지 않다면, 그가 이 세상을 떠난 뒤에 누군가가 그가 남긴 기록을 수정했을 것이다. 베드로전서와 베드로후서 간의 유사점들은 처음 보는 것보다 훨씬 더 많다. 베드로후서에서는 베드로전서처럼 구약과 신약을 결합하는 예언-성취 구도가 직접적으로 나오지 않지만, 이 시대의 마지막에 실현될 약속들이 여전히 존재한다. 계시의 교리, 종말론, 신정론에 대한 베드로후서의 독특한 공헌들은 신약 정경에 포함시키는 것을 정당화하기에 충분하다. 특히, 제임스 밀러(James Miller)의 요약은 아주 적절하다.

> 베드로는 과거의 창조와 심판의 신적 행위와 관련된 장엄한 내러티브를 구성한다. 하나님의 성품은 미래에 일어날 모든 창조와 관련된 유사한 심판의 행위를 보장한다. 베드로는 자신의 청중들과 거짓 교사들을 이러한 광범위한 이야기 속에 배치시킨다. 그는 반복되고 주의를 환기시키는 도덕적 특징을 부여함으로써 이 두 그룹을 대조한다. 우리는 일반적으로 거룩함과 경건함, 다른 한편으로는 억제되지 않은 정욕과 부패 사이의 대조를 묘사할 수 있다.[149]

---

148 Mbuvi, *Jude and 2 Peter*, 148.

149 James C. Miller, "The Sociological Category of 'Collective Identity' and Its Implications for Understanding Second Peter," in *Reading Second Peter with New Eyes:*

더욱 간결하게 말하자면, 이 서신의 연대를 후대로 생각하고 익명의 저자가 기록했다고 보는 스트레커(Strecker)조차도 이 서신을 초기 기독교 종말론의 변증(즉, 변호)으로 본다.[150] 종말의 때가 도래하였다. 이 종말의 때가 무기한으로 연장되는 것처럼 보일지라도, 하나님의 백성이 처음에 약속의 성취를 기다리면서 직면했던 과거와 별 다를 바가 없다. 이제 그리스도께서 행하신 사건 가운데 성취가 이루어졌으므로 하나님의 백성은 앞으로 구원사 안에서 남아 있는 사건들도 일어날 것이라고 신뢰할 수 있다.

종합적인 결론

베드로전서의 배경은 비교적 투명하다. 네로의 집단학살이 시작되는 주후 64년 이전에 소아시아와 인근 지역의 대규모 이방인 그리스도인들을 향한 비공식적인 박해가 증가하고 있었다. 베드로후서의 배경은 현저하게 불투명하지만, 거짓 교사들은 베드로전서 4:3-4에 언급된 이교적인 정신에 동화되었던 것으로 보인다. 그들은 베드로가 베드로전서를 기록한 직후에 등장하였는가? 만일 히브리서가 유대교의 상대적인 안전함으로 되돌아가도록 유혹받은 유대인 출신 그리스도인들을 염두에 두었다면, 여기에서 거짓 교사들은 적어도 윤리와 관련하여서 이교주의의 상대적인 안전함으로 되돌아가도록 이방인 그리스도인들을 유혹하고 있는 상황이 아닌가?[151] 그렇지 않더라도, 베드로는 그들의 행동이 대략 20년 전에 유다가 직면하였던 상황과 충분히 유사한 것으로 인지한다. 그래서 그는 그들의 불경건한 특징을 묘사

Methodological Reassessments of the Letter of Second Peter, ed. Robert L. Webb and Duane F. Watson (London: T&T Clark, 2010), 175-76.

150 Strecker, *Theology of the New Testament*, 248.

151 이러한 진술은 "그리스도", "주님", "주인님", 그리고 "구원자"라는 호칭을 사용함으로써 "베드로후서가 독자들에게 예수님께서 제국의 통치자라는 사실을 효과적으로 상기시킨다"라는 데이비즈(*Theology of James, Peter, and Jude*, 247)의 의견과 잘 어울린다.

할 때 유다가 사용한 수사학적이고 실제적인 예가 되는 표현을 많이 빌려온다. 그러나 유다서와 다르게, 베드로전서는 이러한 거짓 교사들의 부도덕함의 신학적 배경을 폭로하고 그것을 정면으로 반박한다.

11

요한문헌

오늘날 대부분의 신약신학은 요한복음, 요한서신, 그리고 요한계시록에 각각의 장(chapter)을 따로 할애한다.[1] 때때로 이것은 세 책의 각권들 혹은 그 모음(collections)을 각각 다른 저자가 썼을 것이라는 생각 때문에 그렇다. 심지어 더욱 일반적으로는 신학의 목표 중 하나가 성경 각 권의 특징적인 부분들을 강조하는 것이기 때문이다. 그러나 이러한 과정에서 통합적인(unifying) 주제들(그 책들 내 자체적으로 공통 저술을 지지하든 그렇지 않든)은 시야에서 벗어나기 쉽다. 이 장에서 우리의 목표 중 하나는 전통적으로 요한에 의해 쓰인 것이라고 보는 문헌에 존재하는 통일성(unity)을 저작권에 대한 문제에 신경 쓰지 않고 강조하는 것이다. 주어진 주제 아래에서 우리는 요한 문헌의 각 부분들을 크게 떼어서 따로 살펴볼 것이지만, 우리는 복음서, 서신서,

---

1 심지어 틸만(Frank Thielman, *Theology of the New Testament: A Canonical and Synthetic Approach* [Grand Rapids: Zondervan, 2005], 150-80, 536-68, 612-50)은 세 서신서 각각에 대해 따로 취급하고 있다; 세 자료를 따로 다룬 후 마샬(I. Howard Marshall, *New Testament Theology: Many Witnesses, One Gospel* [Downers Grove, Ill.: IVP, 2004], 491-566)은 하나의 짧은 장(567-78)에서 이들을 다함께 다룬다; 슈넬(Udo Schnelle, *Theology of the New Testament* [Grand Rapids: Baker, 2009], 659-750)은 적어도 복음서와 서신서는 함께 붙여놓는다.

혹은 묵시문헌의 거의 모든 주요 주제가 다른 하나 혹은 두 문헌에서 반복되며 대부분은 세 문헌 모두에서 나타난다는 사실을 알게 될 것이다.[2]

저자의 이름을 요한이라고 구체화하는(계 1:1, 4, 9; 22:8) 요한계시록만이 전통적으로 유일하게 요한이라고 하는 초기 그리스도인과 결부되어 있다. 그러나 어느 요한을 말하는 것인가? 요한계시록 그 자체 안에서 저자에 대한 유일한 설명은 보는 자(seer) 혹은 예언자(prophet)이다(1:3, 22:9). 신약성경 대부분의 유대적 뿌리를 과도하게 최소화시켰던 학통 이후, 오늘날 이 책은 히브리 성경, 그리고 또 다른 유대 제 이 성전 문헌에 나오는 표현들에 깊이 스며들어 있으므로, 이 저자는 분명 유대인일 가능성이 높다는 것이 널리 인정되고 있다.[3] 교회사 대부분의 기간 동안 사람들은 이 예언자 요한이 그 이름으로 인해 세베대의 아들이라고 믿었고, 요한복음에 다섯 번 언급(13:23; 19:26; 20:2; 21:7, 20)되고 있는 예수의 사랑하는 제자와 연관된다고 생각하였다.[4] 교부 저자들은 이 요한이 에베소에서 장기간 사역한 이후에 도미티안(Domitian)의 핍박으로 밧모섬에 유배를 당하다가 도미티안의 죽음 이후 다시 에베소로 돌아와 트라야누스(Trajan)의 지배가 시작되던 시기(주후 98년) 직전까지 생을 살았다고 주장하였다.[5]

---

2 요한복음과 요한의 세 서신서들을 이어주는 핵심 단어의 빈번도에 대해 도움을 주는 표는 John Painter, *1, 2, and 3 John* (Collegeville, Minn.: Liturgical, 2002), 62-70을 보라.

3 Richard Bauckham, *The Theology of the Book of Revelation* (Cambridge: Cambridge University Press, 1993), 10-12. 누군가 "사도 요한"이 아닌 "장로 요한"이 저자라고 생각하여도 이것은 여전히 사실이다. John J. Gunther, "The Elder John, Author of Revelation," *Journal for the Study of the New Testament* 11 (1981): 3-20을 보라.

4 Justin Martyr, *Dial.* 81.15; Irenaeus, *Ag. Her.* 4.14.1, 5.26.1; Tertullian, *Ag. Marc.* 3.14, 24; Clement of Alexandria, *Misc.* 6.106-107; *Tutor* 2.119. 더 나아가 Andreas J. Köstenberger and Stephen O. Stout, "'The Disciple Jesus Loved': Witness, Author, Apostle—A Response to Richard Bauckham's *Jesus and the Eyewitnesses," Bulletin for Biblical Research* 18 (2008): 209-31 참조.

5 Irenaeus, *Ag. Her.* 5.30.3; Eusebius, *Ch. Hist.* 3.18-20, 5.8.6. 요한복음의 저작 시점이 70년 이후라는 데에 대한 좀 더 일반적인 연구로는 Andreas J. Köstenberger, "The Destruction of the Second Temple and the Composition of the Fourth Gospel," *Trinity Journal* 26 (2005): 205-42을 보라.

요한의 것으로 추정되는 신약성경의 다른 네 권의 책은 사실 그의 이름을 어느 지점에서도 언급하고 있지 않다. 요한일서에는 저자에 대해서 이름이나 어떤 호칭도 나오지 않는 반면, 요한이서와 요한삼서의 저자는 자신을 단순히 "장로"라고 부른다. 요한복음 21:24a는 사랑받는 제자가 복음서의 내용을 썼다고 말하지만 이 내용을 삼인칭 단수의 시점으로 기술한다("이 일들을 증언하고 이 일들을 기록한 제자가 이 사람이라"). 이어 24b에서 "우리는 그의 증언이 참된 줄 아노라"라고 말하며 일인칭 복수로 전환한다. 그리고 마침내 25절에서 "예수께서 행하신 일이 이 외에도 많으니 [만일 낱낱이 기록된다면] 이 세상이라도 이 기록된 책을 두기에 부족할 줄 아노라"라고 일인칭 단수 시점으로 선언하면서 마무리한다(영어 번역본은 "I suppose"["내가 아노라"]로 시작-옮긴이). 비록 이 현상을 다루는 수많은 이론들이 채택되기 위해 애쓰고 있으나(compete)[6] 가장 자연스러운 것은 사도 요한에게서 복음서 내용의 대부분이 왔지만 개인을, 그리고 개개인-아마도 요한의 죽음 이후 그를 가장 가깝게 따르던 이-들로 구성된 한 집단을 대표해서 초대 교회의 다른 누군가가 복음서의 기원과 진실성을 주는 최종본을 편집하였다는 것이다.[7] 그러므로 요

6 일인칭 단수, 복수, 그리고 삼인칭 단수 모두가 요한의 것이라고 이해하려는 시도는 Howard M. Jackson, "Ancient Self-Referential Conventions and Their Implications for the Authorship and Integrity of the Gospel of John," *Journal of Theological Studies* 50 (1999): 1-34와Charles E. Hill, "The Authentication of John: Self-Disclosure, Testimony, and Verification in John 21:24," in *The Language and Literature of the New Testament: Essays in Honor of Stanley E. Porter's 60th Birthday*, ed. Lois K. Fuller Dow, Craig A. Evans, and Andrew W. Pitts (Leiden: Brill, 2016), 398-437을 보라. 이러한 경우들도 가능하나 분명 본문을 가장 확실하게(straightforward) 읽는 것을 반영하지는 못할 것이다.

7 특히 Armin D. Baum, "The Original Epilogue (John 20:30-31), the secondary Appendix (21:1-23), and the Editorial Epilogue (21:24-25) of John's Gospel," in *Earliest Christian History: History, Literature and Theology—Essays from the Tyndale Fellowship in Honor of Martin Hengel*, ed. Michael F. Bird and Jason Maston (Tübingen: Mohr Siebeck, 2012), 227-70을 보라. 또한 Paul N. Anderson, *The Riddles of the Fourth Gospel: An Introduction to John* (Minneapolis: Fortress, 2011), 69-70; John W. Pryor, *John: Evangelist of the Covenant People* (London: Darton, Longman & Todd; Downers Grove, Ill.: IVP, 1992), 94; George R. Beasley-Murray, *John*, 2nd ed. (Nashville: Nelson, 1999), 412; Colin G. Kruse, John (Downers Grove, Ill.: IVP, 2008), 28-29을 참조.

한복음, 요한 일, 이, 삼서, 그리고 요한계시록의 저자에 대한 다양한 이론들의 여지가 있다. 그러나 만약 주제적 일치(unity)가 충분히 많이 나타난다면 이들이 서로 아주 다른 세 장르(복음서, 서신서, 묵시록)임에도 불구하고 통일된 저자에 의해 기록되었다는 전통을 한층 더 강화해 줄 수 있을 것이다.

이 다섯 책들의 순서도 역시 논쟁이 되어 왔으나 정경적 순서가 역시 시간적 순서와 일치함을 지지하는 꽤 훌륭한 증거가 있다. 브라운(Raymond Brown)의 가설은 재론의 여지가 있으나 그럴듯하다.[8] 영지주의의 영향들이(초대 교회의 전통과 함께) 에베소 안팎에 있던 대부분의 요한 공동체에 침투하기 시작하고 있었다. 또한 일 세기 말 이 즈음에는 예수를 메시아로 따르기 때문에 회당에서부터 쫓겨나는 유대인들이 점점 늘어나고 있었다(예를 들어 요 9:22).[9] 요한은 예수가 완전한 하나님이라는 것에 영지주의자들과 동의하지만(예를 들어 1:1) 그가 또한 완전한 인간임을 강조한다(특히 14절). 또한 그는 종종 예수의 말을 인용하면서 예수를 거부하고 그리스도인들을 핍박하는 유대인들에 대한 강한 용어들을 사용한다(특히 8:44에서 가장 강하게).[10] 그

8 Raymond E. Brown, *Community of the Beloved Disciple* (New York: Paulist, 1979). 물론 자료를 배치하는 데에 수많은 다른 방법들이 있고 어떤 것이 다른 것보다 더 설득력 있기도 하다. 이러한 복잡성을 인지하고 있는 신중한 제안들은 Judith Lieu, *The Second and Third Epistles of John: History and Background* (Edinburgh: T&T Clark, 1986)을 보라. 마찬가지로 요한복음에 대한 출전비평(source criticism)은 보통 생각하는 것보다 더욱 복잡하다. Paul N. Anderson, *The Fourth Gospel and the Quest for Jesus: Modern Foundations Reconsidered* (London: T&T Clark, 2008), 특히 101-25와 Craig L. Blomberg, "The Sayings of Jesus in Mark: Does Mark Ever Rely on a Pre-Johannine Tradition?" in *The Origins of John's Gospel*, ed. Stanley E. Porter and Hughson T. Ong (Leiden: Brill, 2016), 81-98을 보라.

9 이것이 J. Louis Martyn, *History and Theology in the Fourth Gospel*, 3rd ed. (Louisville: Westminster John Knox, 2003)의 요한복음 이중 읽기(two-level reading)라는 유명한 학설로 이끌었다: 역사로 등장하는 부분은 종종 예수의 사역 기간 동안에가 아니라 일 세기 말 요한의 시대 때 있었던 사건으로 받아들여진다. 이에 대한 효과적인 반박은 Tobias Hägerland, "John's Gospel: A Two-Level Drama?" *Journal for the Study of the New Testament* 25 (2003): 309-22을 보라.

10 이에 대해서는 특히 Steven Motyer, *Your Father the Devil? A New Approach to John and "the Jews"* (Carlisle: Paternoster, 1997)을 보라.

가 요한일서를 쓸 때는 이 두 가지 내용들이 모두 나오지만 영지주의적 영향이 커지면서 여기에 좀 더 무게를 두고 다루고 있다. 심지어 거짓 교사들은 교회로부터 나가기 시작했다(요일 2:19). 요한이서의 시기에 이르러는 그들이 더 많은 이들을 유혹하여 떠나게 하려고 다시 돌아온다(요이 10-11). 요한삼서에서는 우위를 점하여 바깥 사람들을 맞아들이지도 않고 맞아들이고자 하는 정통 기독교인들을 교회에서 내쫓기도 한다(요삼 9-10). 만약 우리가 브라운(Brown)을 넘어서 이 연장선 마지막에 요한계시록을 추가한다면 우리는 에베소 교회가 이단보다 우위를 점하지만, 형제 사랑이라는 관점에서 잃는 것도-아마도 예수를 위해, 하지만 분명히 서로를 위해서-있음을 알게 된다(계 2:1-5).[11]

이것을 훨씬 넘어서는 곳은 우리가 감히 가지 않으려고 한다. 브라운(Brown) 자신이 요한복음 자체의 저술에 대한 여러 단계의 이론들을 많이 계발했으며[12] 다른 이들이 여기에 다른 단계들을 더하거나 빼기도 하였다.[13] 클링크(Edward Klink)는 요한 공동체에 대한 가설 대부분에 대하여 비판하면서 이에 대해 분명히 맞대응하였다.[14] 초대 교회 교부들을 포함하여 누구라도, 요한이 자신의 저술이 그에 앞선 다른 복음서들과 마찬가지로 더 넓은 독자층에게 신속하게 회람되기를 기대하는 와중에도, 그가 오랫동안 관계를 지속해 온 에베소 안팎의 특정 교회들에게 썼다는 개연성으로 시작할 때에 가장 좋은 판단을 내릴 수 있다.[15] 그러므로 요한복음부터 시작하여 어떤

---

11 특히 제멋대로인 교회 구성원들을. Frederick J. Murphy, *Fallen Is Babylon: The Revelation of John* (Harrisburg, Pa.: Trinity Press International, 1998), 115-16을 보라.

12 Raymond E. Brown, *The Gospel according to John I-XII* (Garden City, N.Y.: Doubleday, 1966), xxxiv-xxxix.

13 특히 John Ashton, *Understanding the Fourth Gospel* (Oxford: Oxford University Press, 2007)와 Urban C. von Wahlde, *The Gospel and Letters of John*, 3 vols. (Grand Rapids: Eerdmans, 2010)을 보라.

14 Edward W. Klink III, *The Sheep of the Fold: The Audience and Origin of the Gospel of John* (Cambridge: Cambridge University Press, 2007).

15 Craig L. Blomberg, "The Gospels for Specific Communities *and* All Christians," in *The*

핵심 주제들이 등장하는지 살펴보면서 순차적으로 진행해 나가는 것이 합당하지만, 우리는 서신서와 묵시록 각각의 경우에서도 그 주제들이 등장하는 곳을 계속 추적해 나갈 것이다. 그러고 나서 우리는 복음서에만, 서신서에만, 혹은 계시록에만 확연히 구분되는 어떤 주제들이 있다면 그것이 무엇인지 알아 볼 것이다.

기독론

다른 공관복음서들보다 요한복음은 예수 자신이 누구인지 드러날 수 있는 다양한 방법들 전체를 강조하는 데 초점이 맞춰져있다. 가장 첫 구절에서 이 과정이 시작된다.

로고스(말씀)

창세기 1:1을 되풀이하듯 요한은 "태초에"로 시작한다(요 1:1).[16] 그러나 바로 장소를 언급하는 대신 그는 그때 "하나님과 함께" 있었고 "하나님"인 "말씀"이 있었다고 선언한다. 주기적으로 존재해 온 반대의견에도 불구하고 이것은 우리가 신약 어디에서든 찾을 수 있는 것과 같이 예수의(17절을 보라) 신성 혹은 신격에 대한 고상하고 단도직입적인 선언이다.[17] 게다가 1-2

Audience of the Gospels: The Origin and Function of the Gospels in Early Christianity, ed. Edward W. Klink III (London: T&T Clark, 2010), 111-33.

16 특히 Masanobu Endo, *Creation and Christology: A Study in the Johannine Prologue in the Light of Early Jewish Creation Accounts* (Tübingen: Mohr Siebeck, 2002), 특히 206-16을 보라. 또한 Dan Lioy, *The Search for Ultimate Reality: Intertextuality between the Genesis and Johannine Prologues* (Bern: Peter Lang, 2005), 특히 65-70 참조.

17 Murray J. Harris, Jesus as God: The New Testament Use of Theos in Reference to Jesus (Grand Rapids: Baker, 1992), 59-67. 요한이 예수를 신성하다고 일컫는 다양한 표현들은 Daniel B. Wallace, *Greek Grammar beyond the Basics: An Exegetical Syntax of the New*

절의 작은 ABCBA 구조는("태초에," "하나님과 함께 계셨으니," "하나님이시니라," "하나님과 함께 계셨고," "태초에") 이 말씀이 하나님 자신이라고 선언하는 절정적인 주목에 초점을 둔다. 그러고 나서 요한은 하나님이 모든 것을 만들었다 하더라도 그 모든 것들은 말씀을 통하여 만들어졌음을 설명하면서 창조로 계속 진행한다(3절).[18] 비록 오늘날 예수의 신성 자체가 더 놀라운 것으로 받아들여지지만, 요한의 정황에서는 일 세기 말 에베소 안팎에서 영지주의가 나타나면서 14절이 더욱 쟁점이 되었다: "말씀이 육신이 되어." 영지주의자들은 예수의 완전한 인성을 거부했는데 왜냐하면 그들에게 물질적 세계는 본래 악한 것이기 때문이다. 그러므로 하나님 혹은 다른 신들은 참 인간이 될 수 없었다.[19] 그러나 진짜 기독교적 생각에는 이것이 장애물이 아니라 오히려 예수가 희생 제물이 되게 하는 중요한 것이다(요일 2:2, 4:10). 4세기의 그레고리(Gregory of Nazianzus)가 강조했듯이 전제되지 않은 것(that which is not assumed)은 교환될 수 없다(cannot be redeemed, 서신 101).

말씀으로써의 예수는 요한문헌 나머지에서는 다시 나오지 않으나 요한일서의 서문은 분명 복음서의 서문을 되풀이하고 있다. 다시금 예수는 "태초부터 있"던 것으로 표현되나 강조점은 곧바로 그의 진짜 인성에 둔다. 그는 "우리가 들은 바요 눈으로 본 바요 자세히 보고 우리의 손으로 만진 바"이며 이 "생명의 말씀에 관하여" "우리가 보았고 증언하여 너희에게 전하"는 것이다(요일 1:1-2). 이 확언은 예수가 단지 인간으로 보이기만 했던 것이라고 하는 영지주의적 가현설과 단호하게 맞닥뜨린다.[20] 신약성경의 다른

Testament (Grand Rapids: Zondervan, 1996), 266-70을 보라.

18 "세상의 창조를 시작으로 신적 존재가 신적 행동에 길을 내준다." J. Ramsey Michaels, *The Gospel of John* (Grand Rapids: Eerdmans, 2010), 51.

19 혹은 몇몇의 경우에 인성은 존재하지만 관련성은 없다(irrelevant). Riemer Roukema, *Gnosis and Faith in Early Christianity: An Introduction to Gnosticism* (London: SCM; Harrisburg, Pa.: Trinity Press International, 1999), 113-14을 보라.

20 요한복음의 경우에서 이에 대하여는 특히 Udo Schnelle, *Antidocetic Christology in the Gospel of John* (Minneapolis: Fortress, 1992)을 보라. 복음서로부터 강조점을 전환하는 것은 Thielman, *Theology of the New Testament*, 544을 보라.

곳에서 "말씀"이 분명하게 예수를 가리키고 있는 곳은 요한계시록 19:13이 유일하다. 재림 때의 그리스도를 상징하는 백마를 탄 자의 이름은 "하나님의 말씀"이다.[21]

그럼에도 불구하고 하나님의 말씀은 "말씀"을 가리키는 단어 없이도 요한계시록의 다른 곳에서 묘사된다. 이것은 요한이 "일곱 우레"가 소리를 내어 말하는 것을 들으나 기록하는 것이 허락되지 않는 10:1-4에 나오는 것처럼 선포된 말(spoken word)일 수 있다. 또는 이것은 요한이 이 일 직후에 구약의 에스겔처럼(겔 3:3) 쓰지만 단(bittersweet) 두루마리를 받고 그 내용에 근거하여 예언을 하는 것과 같이 기록된 형태일 수도 있다(계 10:8-11). 이 메시지는 구원을 받는 이들에게는 달(sweet) 것이지만 그것을 거부하는 이들에게는 쓸(bitter) 것이고 아마도 신자들에게도 쓸 것인데 왜냐하면 모든 것들이 완성(consummation)되기 전에 그들이 견뎌야 할 시련 때문이다.[22] 또한 요한계시록 여러 곳에서 "하나님의 말씀"이 예수에 대한 메시지를 가리키는 표현이 나오는데(또한 요 10:35와 요일 2:14 참조), 특히 그리스도인들이 바로 이 말씀을 붙들고 있음으로 해서 고통을 겪는 맥락에서 그러하다(계 1:2, 9; 2; 6:9; 20:4). 이렇게 '로고스'(*logos*)를 구별되게 사용하는 것은 요한문헌 전체를 하나로 다같이 묶어주는 중요한 요소들 중 하나이다.[23]

하지만 요한은 왜 예수를 "말씀"이라고 불렀고 이에 대해 가능한 여러 표현들(특히 '레마' [*rhēma*]) 중 '로고스'(*logos*)를 사용하기로 선택했을까? 이 용

21 이 호칭은 특히 17:17의 맥락에서 볼 때 "그리스도가 하나님에 대해 남아 있는 원수들에 대한 최종 심판을 집행한다는 구약과 신약의 예언을 성취하는 것"을 연상시킬 수도 있다. G. K. Beale, *The Book of Revelation* (Grand Rapids: Eerdmans, 1999), 958. David A. Thomas, *Revelation 19 in Historical and Mythological Context* (New York: Peter Lang, 2008), 151-54 참조.

22 Beale, *Book of Revelation*, 958. 홀베르다(David E. Holwerda, "The Church and the Little Scroll [Revelation 10, 11]," *Calvin Theological Journal* 34 [1999]: 154)는 여기서 계시록과 에스겔의 가장 큰 차이는 에스겔의 예언이 이스라엘에게만 연관되는 반면 계시록은 모든 사람들과 나라들을 염두에 두는 것이라고 말한다.

23 George R. Beasley-Murray, *The Book of Revelation* (London: Marshall, Morgan & Scott, 1978; Grand Rapids: Eerdmans, 1981), 34.

어가 유대와 그리스 로마 세계 모두에서 철학적이자 종교적으로 사용된 것에 대한 방대한 분량의 배경 연구를 되풀이하는 것은 지면이 허락하지 않는다.[24] 스토아 철학(Stoicism)에서 이것은 세계의 영혼 혹은 전 우주에 스며있는 생명체의 힘을 가리키는 것이었다. 영지주의자들은 이것이 신의 충만함과 피조물 사이의 매개체로 작용한다고 생각했다. 필로(Philo)에게 있어서 이것은 하나님과 인간의 생각(reason) 사이의 틈을 인격적 그리고 비인격적으로 연결한다. 칠십인경에서 이것은 히브리어 '다바르'(*dabar*)를 번역하여 하나님의 선포된 말씀을 가리킬 수 있었고 아람어 탈굼에서는 이에 상응하는 단어인 '메므라'(*memra*)가 특히 창세기에서 종종 하나님의 이름을 대체하여 사용되었다.[25] 다양한 용례들을 하나로 묶어낼 정도로 '로고스'(*logos*)는 하나님 혹은 신들이 인간에게 자신을 드러내고 그들과 소통하는 방법을 가리키는 표현의 하나로 통용되고 있었다고 충분히 말할 수 있다.[26] 중간기 문헌에서 하나님의 말씀은 때로 인격화되어, 요한이 이것을 인간을 가리키는 표현으로 사용한 것이 좀 더 이해할 만하게 된다. 그러나 이것은 여전히 '로고스'(*logos*)를(혹은 지혜나 토라와 같은 다른 중요한 배경적 개념을) 신인(God-man)과 동등화시키는 전례 없는 발걸음을 앞으로 내딛는 것이었다.[27]

---

24 가장 최근에 나온 자세한 연구는 Jan G. van der Watt, R. Alan Culpepper, and Udo Schnelle, eds., *The Prologue of the Gospel of John: Its Literary, Theological, and Philosophical Contexts* (Tübingen Mohr Siebeck, 2016)이다. 또한 Craig A. Evans, *Word and Glory: On the Exegetical and Theological Background of John's Prologue* (Sheffield: JSOT Press, 1993)와 Elizabeth Harris, *Prologue and Gospel: The Theology of the Fourth Evangelist* (Sheffield: Sheffield Academic Press, 1994) 참조. 다양한 배경들의 가능성들을 다루는 수많은 일차 자료들은 Craig S. Keener, *The Gospel of John: A Commentary*, 2 vols. (Peabody, Mass.: Hendrickson, 2003), 1:339-66을 보라.

25 이에 대하여는 특히 John Ronning, *The Jewish Targums and John's Logos Theology* (Peabody, Mass.: Hendrickson, 2010)와 Daniel Boyarin, "The Gospel of the Memra: Jewish Binitarianism and the Prologue to John," *Harvard Theological Review* 94 (2001): 243-84을 보라.

26 Peter M. Phillips, *The Prologue of the Fourth Gospel: A Sequential Reading* (London: T&T Clark, 2006), 139 참조.

27 특히 Richard Bauckham, *Jesus and the God of Israel: God Crucified and Other Studies*

생명

생명 혹은 생명의 원천이나 주재로써의 하나님의 개념은 풍부한 성경적 배경을 갖고 있다(특히 창 1-2; 왕하 5:7; 시 42:8, 56:13; 전 5:18; 단 5:23). 그러나 요한이 하나님의 창조의 역할을 예수에게 두고 있는 것과 마찬가지로 그는 더 나아가 예수 안에 "생명이 있었"다고 말한다(1:4). 대개 요한의 이런 언급들은 특별히 그가 기록하는 예수의 가르침에서의 "영생"을 말하는 것이다. 사실 요한복음에는 영생을 일컫는 열일곱 개의 언급들이 있는 반면 공관복음에는 모두 합쳐도 아홉 개이다. "영생"은 죽음 이후에도 끝나지 않는 영구한(everlasting) 삶이다.[28] 그러나 요한에게 있어서 이것은 그 이상이다: 이것은 이미 (부분적으로) 이 삶에 있는 새로운 시대의 삶을 산다는 특성을 지닌다.[29] 그러므로 예수는 요한복음 10:10에서 "내가 온 것은 양으로 생명을 얻게 하고 더 풍성히 얻게 하려는 것이라"고 말할 수 있다. 요한복음을 포함하여(특히 15:18-25를 보라) 하나님의 백성들이 겪게 될 고난을 강조하는 성경의 모든 가르침들을 고려해 볼 때 이것이 안녕과 복지의 차원에서 해석되어서는 안 된다. 즉, 이것은 세상이 줄 수 없는 평화를 가져오는 이해에 대한 영적인 깊

---

on the New Testament Christology of Divine Identity (Milton Keynes: Paternoster, 2008; Grand Rapids: Eerdmans, 2009) 전체를 두루 보라. 인격화된 신성을 신격 자체를 의미하는 표현과 얼마나 가깝게 사용하는지에 대해서는 Larry W. Hurtado, *One God, One Lord: Early Christian Devotion and Ancient Jewish Monotheism*, 3rd ed. (London: Bloomsbury T&T Clark, 2015)을 보라. '로고스'(*logos*)에 대하여는 44-51을 보라.

28 Moisés Silva, *New International Dictionary of New Testament Theology and Exegesis*, rev. ed., 5 vols. (Grand Rapids: Zondervan, 2014), 1:196. 이것은 "영원한"에 해당하는 헬라어가 단지 질적인 것이지 양적인 것은 아니라는 주장과 반대되는 것이다. 사실 그것은 둘 다이다. 발즈(Horst Balz, "αἰώνιος," in *Exegetical Dictionary of the New Testament*, ed. Horst Balz and Gerhard Schneider [Grand Rapids: Eerdmans, 1990], 1:46-47)는 이것이 "원래 (구약성경에서) "'영원'이라는 차원에서의 먼 시간"만을 가리켰던 표현의 의미를 불어넣고 있다"고 설명한다.

29 Silva, *New International Dictionary*, 1:197. Ben Witherington III, *The Indelible Image: The Theological and Ethical Thought World of the New Testament*, vol. 1, *The Individual Witnesses* (Downers Grove, Ill.: IVP, 2009), 476 참조.

이를 가리키는데, 우리가 이것을 가지고 있다면 우리의 삶과 주위의 환경이 "매우 험난한" 때에도 이것은 우리를 지탱해 줄 수 있다. 당연코 요한이 영생을 사용한 가장 유명한 표현은 요한복음 3:16이다: "하나님이 세상을 이처럼 사랑하사 독생자를 주셨으니 이는 그를 믿는 자마다 멸망하지 않고 영생을 얻게 하려 하심이라."[30] 이보다 훨씬 덜 알려진 것은 "내 말을 듣고 또 나 보내신 이를 믿는 자는 영생을 얻었고 심판에 이르지 아니하나니 사망에서 생명으로 옮겼느니라"라고 설명하는 5:24이다. 다른 말로 하면, 영생은 누군가 자기의 믿음을 예수에게 두고 자기의 인생을 그에게 맡길 때, 이미 이 세상에서 시작된다(또한 17:3 참조).[31]

"영생"은 요한일서에도 여섯 번 나오지만, 신약의 나머지 부분에서는 단지 바울저작이 의심되지 않는 서신서에서 다섯 번, 목회서신에서 네 번, 사도행전에서 두 번, 그리고 유다서에 한 번 나올 뿐이다. 요한복음에서 좀 더 나은 상황에 있던 베드로는 "영생의 말씀"이 예수에게 있기 때문에 돌아갈 수 있는 다른 사람이 없음을 인정한다(요 6:68). 이것이 요한이 요한일서 1:1에서 예수를 가리킬 때 "생명의 말씀"이라고 쓰는데 일부 영감을 주었을까?[32] 반대로 요일 3:14는 "우리는 형제를 사랑함으로 사망에서 옮겨 생명으로 들어간 줄을 알거니와"라고 단언하면서 요한복음 5:24의 핵심적 표현

30 이에 대하여는 특히 Murray J. Harris, *John 3:16: What's It All About?* (Eugene, Ore.: Cascade, 2015)를 보라. 건드리와 하웰(Robert H. Gundry and Russell W. Howell, "The Sense and Syntax of John 3:14-17 with Special Refence to the Use of Οὕτως ⋯ ὥστε in John 3:16," *Novum Testamentum* 41 [1999] 24-39)은 16절의 "이는"(so)이 "이 같은 정도"(in this way)가 아니라 "이 같은 방식으로"(to such an extent)를 의미함을 강조한다. 특히 HCSB 참조.

31 Marianne Meye Thompson, *John: A Commentary* (Louisville: Westminster John Knox, 2015), 128-29 참조.

32 적어도 요한의 서문(요 1:1-4)에서 "말씀"과 "생명"을 모두 사용하고 있는 것이 그 배경에 있다. Gary W. Derickson, *1, 2 & 3 John* (Bellingham, Wash.: Lexham, 2014), 52. 이 표현에 중점을 두는 요한일서의 첫 번째 주요 부분에 대한 주해는 Craig F. Simeson, "Speaking God's Language: The 'Word of Life' in 1 John 1:1-2: 2," *Currents in Theology and Mission* 41 (2014): 396-403을 보라.

을 반복한다. 요한일서 5:20은 "그는 참 하나님이시요 영생이시라"는 것을 확인하면서 영생을 예수의 신성과 결합시킨다.[33]

만약 우리가 우리의 초점을 "생명"을 새롭고 영적인 존재에 대해 좀 더 일반적으로 사용하는 것으로까지 확장시키면 예수가 자신을 "부활이요 생명"(11:25)이며 그리고 "길이요 진리요 생명"이라고 일컫는 것과 마주한다. 더욱이, 모세가 광야에서 이스라엘 백성들에게 만나로 먹이는 것을 연상시켰던, 오천 명을 먹이는 문맥에서 예수는 자신을 "생명의 떡"(6:35, 48)이라고 말한다. 그는 쉽게 자신을 생명의 물(the water of life)이라고 말할 수도 있었지만 그 대신 약간 의미가 다른 "생수"(living water)라는 표현을 사용했다(4:10, 11; 7:38). 요한서신에서는 "아들이 있는 자에게는 생명이 있고 하나님의 아들이 없는 자에게는 생명이 없"다(요일 5:12). 분명 "생명"이 "영생"을 표현하는 간결한 형태가 될 수 있다. 누군가 요한계시록을 볼 때에 이것을 기억하는 것은 중요한데 왜냐하면 그 책에는 "영생"이라는 자세한 표현이 나오지 않기 때문이다. 하지만 요한복음 4:10에서 예수가 사마리아 여인에게 "생수의 우물"을 공급해 주는 것과 같이, 요한계시록 7:17에서 그는 오는 세상에서 자기를 따르는 자들을 "생명수" 샘으로 인도할 것을 약속한다. 이 표현은 구약의 여러 본문들, 특히 생수가 예루살렘으로부터 솟아나서 동해와 서해 모두로 흐를 것을 약속하는 스가랴 14:8에 근간을 둔다.[34] 요한복음 7:38에서처럼 제사장들이 의식을 진행하며 실로암 못에서부터 물병을 들고 성전

---

33 야브루(Robert W. Yarbrough, *1-3 John* [Grand Rapids: Baker, 2008], 320)는 "이 자"('후토스'[*houtos*])는 예수를 가리키는 것이어야만 한다고 말한다. 그는 또한 "아마도 요한에게 있어서 아들을 가리키는 주격 표현으로 사용할 수 있는 용어로써 요일 5:20에서 묵직하게 세 번 등장하는 '알레띠노스'(ἀληθινός, [참인, 진실된])보다 더 고귀한 수식어가 없을 것이다"라고 언급한다(319쪽). 이 구절의 문법적 복합성을 다루면서 비슷한 결론을 내리는 것은 Robert L. Reymond, John, Beloved Disciple: A Survey of His Theology (Fearn, Ross-shire, U.K.: Mentor, 2001), 123-26을 보라. 또한 John A. McLean, "An Exegetical Study of 1 John 5:18-21," *Bibliotheca Sacra* 169 (2012): 77-78 참조.

34 Stephen S. Smalley, *The Revelation to John: A Commentary on the Greek Text of the Apocalypse* (Downers Grove, Ill.: IVP, 2005), 200-201.

으로 가는 장막절이 그 배경에 깔려 있는 것으로 보인다.[35]

요한의 저작들 중에서 묵시록에만 나오는 독특한 표현은 시편 69:8의 전례에 기초하고 있는 "생명책"이다(계 3:5; 13:8; 17:8; 20:12, 15; 21:7). 그리스도를 따르는 모든 이들의 이름이 이 책에 기록되어 있고 그렇지 않은 자들은 그 기록에서 빠져 있다.[36] 이 표현이 문자적이든 은유적이든 그 핵심은, 하나님이 그의 백성인 자들과 아닌 자들을 분명히 알고 있으며 모든 인류에 대한 마지막 심판의 공의는 만인 앞에 분명히 드러난다는 것이다. 계시록에서 "생명의"라는 소유격으로 구약의 다른 이미지들을 표현하고 있는 것은 "생명나무의 열매"(계 2:7; 22:2, 14, 19)와 "생명수"(21:6; 22:1, 17)이다. 아담과 하와는 선악을 알게 하는 나무의 열매를 먹은 이후 에덴동산에서 추방되어 생명나무의 열매를 먹고 영생할 수 없게 되었다(창 3:22-24). 반면에 그리스도인들은 영원히 살 것이다; 그러므로 계시록에 나오는 이러한 수사적 표현은 새 하늘과 새 땅의 일부를 말한다. "생명수"는 역시 완전한 성취를 위해 다가오는 종말을 기다리는 "생수"(렘 2:13, 17:13; 슥 14:8)와 유의어이다. 하지만 생명나무와 생명수 모두에 대한 우리의 즐거움은 오직 그리스도가 생명 자체이며 그와 관계를 맺고 있는 모든 자들에게 생명을 주기 때문에 가능하다.[37]

---

35 더 자세한 내용은 Hakan Ulfgard, *Feast and Future: Revelation 7:9-17 and the Feast of Tabernacles* (Stockholm: Almqvist & Wiksell, 1989)을 보라.

36 이 책에서 이름이 절대 빠지지 않는다는 표현은 실제로 신자의 안위를 강하게 확증시켜준다. 이것이 다른 책들과는 다르겠지만, 그리스도는 자기 사람들이 기록된 이 책에서 믿는 자를 절대로 제거하지 않을 것이다. 더 나아가 J. William Fuller, "'I Will Not Erase His Name from the Book of Life' (Revelation 3:5)," *Journal of the Evangelical Theological Society* 26 (1983): 297-306을 보라.

37 "한편으로는 물이 인간의 하나님을 향한 갈증을 해소함으로써 생명을 가져다준다. 다른 한편으로 물은 죄에서 씻겨진 것을 나타낸다(슥 13:1; 욜 3:18와 신 25:1-2 참조). … 유대 전승에 따르면 생명나무는 지혜, 그리고 이로부터 열매를 맺은 자들에 대한 은유이다(잠 3:18; 1 QHa, XVI, 5-6 참조). … 계시록에서 예수는 이 나무에의 접근을 약속하지만 바로 그 자신이 이 나무는 아니다(계 2:7)." Craig R. Koester, *Revelation* (New Haven: Yale University Press, 2014), 823.

빛

요한복음 1:4은 생명이 그리스도 안에 있었다는 것을 알리면서 시작하지만 곧 이어서 "이 생명은 사람들의 빛이라"고 말한다. 9절은 "참 빛 곧 세상에 와서 각 사람에게 비추는 빛이 있었"다고 덧붙인다. 요한이 예수를 영접하는 자들과 거절하는 자들에 대하여 한꺼번에 얘기하는 것으로 볼 때 이것은 만인구제설(universalism)-예수에 대한 그들의 반응 여부에 상관없이 모든 일들에게 주어지는 구원-에 대한 공언일 수는 없다.[38] 대신 이것은 모든 사람들이 마땅히 해야 할 회개를 선택할 수 있게 하는 우주적 가능성과 영적 조명(spiritual illumination)인 전 우주적인 제안을 가리키는 것임이 틀림없다.[39] 이러한 종류의 "빛"은 마태복음에 열 한번, 마가복음에 한번, 그리고 누가복음에 열 번 나오는 것과 비교해 볼 때 요한복음에 스물다섯 번 등장함으로써 공관복음에 비해 요한복음을 더욱 뚜렷하게 특징 짓는다. 다시 한번 은유가 예수의 "나는…이다" 언급 중 하나를 형성한다: "나는 세상의 빛이니"(8:12, 9:5). 구약은 반복해서 "생명의 빛"이라는 표현을 사용하여 이 생명을 충분히 기뻐하는 것을 가리킨다(욥 33:28, 30; 시 49:19, 56:13; 사 53:11); 오늘 예수 자신이 현재와 영원을 위한 그 생명의 충만함을 지니고 있다.[40]

빛의 주제는 독자들에게 하나님은 빛이고(1:5) 우리는 그 빛 가운데 행해야 함을(7절; 사 2:5 참조) 상기시키면서 시작하는 요한일서에서 계속 이어진다.[41] 그럼에도 불구하고 2:8에서 요한은 에베소 사람들에게 "다시 내가 너

---

38 "예수의 구원의 능력은 그 누구에게도 한계가 없다-불신자가 저항하는 것을 제외하고는. 이 선언이 지니는 만인 구제적인 어조와 의도에도 불구하고, 믿음은 여전히 그것의 한 조건으로써 포함되어 있다." Rudolf Schnackenburg, *The Gospel according to St. John* (London: Burns & Oates; New York: Seabury, 1980), 2:393.

39 Francis J. Moloney, *The Gospel of John* (Collegeville, Minn.: Liturgical, 1998), 42 참조.

40 사랑하는 사람들을 가리키는 "누군가의 생명의 빛"이라는 표현을 사용한 것은 키케로(Cicero, *Fam.* 14.5.1)까지 거슬러 올라간다. Keener, *Gospel of John*, 1:386n232.

41 빛 혹은 어둠 가운데서 "행한다"는 것은 "생명과 행동의 길을 추구해 나간다"는 의미이며 유대주의이다(Semitism). 197-98쪽에 관련된 언급들과 함께 Raymond E. Brown, *The Epistles of*

희에게 새 계명을 쓰노니 그에게와 너희에게도 참된 것이라 이는 어둠이 지나가고 참빛이 벌써 비침이니라"라고 말한다. 여기서 "그"의 선행사는 예수이므로(6절), 요한은 사실 전에 하나님 자신에 대해 말한 것과 같이 예수에 대해서도 똑같은 것을 말하고 있다.[42] 요한계시록 21-22장의 새 하늘과 새 땅의 그림에서는 주 하나님이 빛이 되어 만국이 그 빛 가운데로 다니고 어린양이 그 등불이 될 것이기에 어떤 해도 필요 없을 것이다(21:23-24; 22:5). 그러므로 요한은 계속해서 하나님과 예수 모두를 참 빛이라고 가리킨다.[43] 빛과 어둠은 요한문헌의 여러 대조들 중에서 가장 두드러져서 혹자는 그를 이원론(dualisms)에 초점을 맞추는 저자라고 묘사한다(또한 생명과 죽음, 성령/영과 육체, 위와 아래, 진리와 거짓, 사랑과 미움, 그리고 믿음/순종과 불신/불순종도 참조).[44]

영광

빛으로부터 영광으로 가는 것은 자연스럽고, 요한은 그의 복음서에서 다음으로 나오는 새로운 예수의 속성으로 이 영광을 말한다(요 1:1-14). 구약의 독자들은 쉐키나(Shekinah)-특히 광야에서 이스라엘 백성들을 인도했던 불 기둥과 구름 기둥으로 사람들에게 머물렀던 하나님의 영광-에 매우 익숙할 것이다(출 13:21-22). 하지만 이제 요한은 아버지의 독생자로 왔으나 이

John (Garden City, N.Y.: Doubleday, 1982), 197.

42 "그러므로 '조에'(ζωή, 생명)와 '포스'(φῶς, 빛)는 창조와 새 창조 모두에서 사람에게 다가오는 생명과 빛을 포함한다. Beasley-Murray, *John*, 11. 그러나 "그에게"는 또한 "이 안에"로 번역되어 8절 전체의 원리를 가리킬 수도 있다. 이 두 선택지(options)와 문제를 좀 더 복잡하게 만드는 사본들의 차이점들에 대한 자세한 논의는 Martin M. Culy, *I, II, III John: A Handbook on the Greek Text* (Waco, Tex.: Baylor University Press, 2004), 33-34을 보라. 쿨리는 원래의 해석과 의미로써 "이 안에"를 선택한다. "그"를 그리스도로 취하는 것은 Brown, *Epistles of John*, 266을 보라.

43 요한일서 1:5과의 관계는 Gordon D. Fee, *Revelation* (Eugene, Ore.: Cascade, 2011), 305을 보라.

44 George E. Ladd, *A Theology of the New Testament*, ed. Donald A. Hagner, rev. ed. (Grand Rapids: Eerdmans, 1993), 259-72 참조.

제 육신이 되어 인간으로 거하는 이에게 속한 영광에 대해 말한다(14절). 여기서 혹자는 하나님의 빛과 영광이 이르러서 사람들 위에 머물러 어둠을 뚫는(눅 1:78과 엡 5:14에서 이것을 사용하는 것과 요한서신 전체에 흐르는 빛과 어둠의 대조를 참조) 이사야 60:1-2을 생각할 수 있다. 요한이 이 "영광" 자체가 어떤 것이라고 말하지 않기에 우리는 이것이 등장하는 문맥을 통해 그 의미를 어렴풋이 유추해야 한다. 이것은 예수의 이적(2:11)에서 나타나고 다른 곳에서는 찬사나 명예와 같이 누군가로부터 받을 수 있는 것으로 나온다(5:44; 7:18; 8:50, 54 등). 요한복음 12:41에서 예수의 영광은 이사야가 이스라엘 백성들의 영적 무지를 말할 때 "보고"있었던 것이다(사 6:9-10). 요한은 이 예표적 예언이 이것에 대하여 어떤 진위적인 예언적 요소를 지니고 있었다고 생각할까? 아니면 이것은 이제 예수의 영광이 하나님의 영광이다는 것이 분명해졌으니 단지 하나님에 대한 예수의 반영(retrojection)일까?[45] 요한복음 17장에서 예수의 영광은 아버지의 영광과 함께 "상호 동경"(mutual adoration)의 교제를 형성함으로써 서로 밀접한 관련이 있다. 이것이 다른 곳에서보다 요한복음에서 훨씬 더 빈번하게 나오는 같은 어족(cognate) 동사인 "영광 돌리다"('독싸조'[*doxazō*])의 일반적인 의미이다. 비슷한 조사를 시행한 후에 보컴(Richard Bauckham)은 요한복음에서의 영광은 "하나님의 광채와 특성이요 모세가 들었던 은혜와 진리이나 예수의 제자들이 그의 인격과 삶에서 보아 온 것이다"라고 결론을 내린다.[46]

---

45 그러므로 명백하게 D. A. Carson, *The Gospel according to John* (Grand Rapids: Eerdmans; Leicester: IVP, 1991), 449-50. 링컨(Andrew T. Lincoln, *The Gospel according to Saint John* [London: Continuum; Peabody, Mass.: Hendrickson, 2005], 358)은 좀 덜 시험적이다: "8:56에서 아브라함이 마지막 때를 본 것이 기독론적 적용을 줄 수 있었던 것과 같이, 이사야가 주의 영광을 본 것 역시도 그렇게 될 수 있다. 이 경우에 그 의도는 미루어 보건대 선재하는 로고스로써의 그리스도가 하나님의 영광을 함께 지니고 있었으므로(1.1, 14; 17.5 참조), 전에 하나님의 영광을 본 모든 것 역시 그리스도의 영광에 대한 비전이었다는 것이다."

46 Richard Bauckham, *Gospel of Glory: Major Themes in Johannine Theology* (Grand Rapids: Eerdmans, 2015), 52. 코스터(Craig R. Koester, *The Word of Life: A Theology of John's Gospel* [Grand Rapids: Eerdmans, 2008], 35)는 이것을 "영광스러운 광채"라고 요약한다.

신기하게도 이와 유사한 동사나 명사 그 어느 것도 요한서신에는 나오지 않으나 요한계시록에는 이 동사가 한번, 그리고 명사는 열일곱 번 등장한다. 요한계시록 4:9-11에서 하나님은 모든 영광과 존귀를 받기에 합당한데 5:12-13에서는 예수가 이와 동일한 찬사를 받는다. 이후 요한계시록 전반에서 "영광"은 다시 하나님의 것으로 나타나며 하나님의 영광은 빛을 비추고 심지어 해가 비추는 역할을 대신하는 것으로 생각될 수 있다(21:23). 이것은 하나님의 명성이 그의 비침으로 드러나는 것과는 거의 상관이 없는 다른 종류의 영광이다. 이 같은 맥락에서 흥미롭게도 인간은 이 영광을 반영하고 심지어 이 영광을 영원한 상태로 가져올 수도 있다(21:26). 즉, 이것의 의미는 현재의 창조 세계와 장차 올 새 하늘과 새 땅 사이에 완전한 단절은 없다는 것이다. 어떤 면에서는 인간의 노력 중 가장 훌륭한 것이 새로운 세계에서도 자리를 차지하면서, 현재의 세계를 돌보는 우리의 가장 탁월한 노력을 정당화할 것이다. 보컴(Richard Bauckham)은 이것을 잘 설명했다: "새 예루살렘은 인간 문화에서 좋은 모든 것들, 즉 에덴에게 주어진 모든 자원들이 지구의 다른 생명체들로부터 잘 활용되었던 이래로, 모든 인간 존재의 본질이 새로운 피조물로 바뀌는 것이다."[47]

(하나님의) 아들

우리가 방금 보았듯이 요한이 영광을 소개할 때 그것은 본래 하나님의 "독생자"의 영광이다(1:14). 흠정역(KJV)은 '모노게네스'(*monogenēs*)를 "유일하게 낳은"(only begotten)이라고 번역(또한 NASB 참조)했으나 현대의 대부분의 번역본들은 이것을 "고유한"(unique)의 의미에서 파생된 것과 같이 "유일

47 Richard Bauckham, *The Bible and Ecology: Rediscovering the Community of Creation* (Waco, Tex.: Baylor University Press, 2010), 177. 그러므로 "직접 마주한 신적 영광은 나라들의 영광 또한 하늘 위로 가져 올라와서 그것을 *성취*한다(21:26)." John Christopher Thomas and Frank D. Macchia, *Revelation* (Grand Rapids: Eerdmans, 2016), 592(기울임은 나의 것).

한"(only, CEB, ESV, NAB, NJB, NRSV) 혹은 "오직 하나뿐인"(one and only, HCSB, NET, NIV, NLT)으로 이해한다.[48] "아들," 혹은 이보다 더 완전한 형태인 "하나님의 아들"은 마가복음에서와 마찬가지로 요한복음에 나오는 두 가지 핵심적인 기독론적 호칭 중 하나이다(20:31을 보라; 또한 11:27 참조). 이것은 넓게 보았을 때 마가복음에서와 같은 동일한 의미적 범주를 갖는다. 그리고 이것은 사실 어떤 초자연적 의미 없이 "메시아"의 유의어일 수 있다(시 2:7을 생각해 보라). 이것은 어떻게 나다나엘이 예수의 공생애 매우 이른 시기에 "랍비여 당신은 하나님의 아들이시요 당신은 이스라엘의 임금이로소이다"라고 말할 수 있었는지 설명한다(1:49). 이 두 호칭은 아마도 이 때 당시 나다나엘의 이해 단계에서, 단지 인간 메시아를 의미하는 것의 유의어(synonymous)이었을 것이다.[49] 심지어 예수도 10:36에서 "하나님의 아들"에 대한 "일반적" 의미를 거부하지 않을 수 있는데 왜냐하면 시편 82:6에서의 성경말씀도 이스라엘의 지도자들을 "신들"이라고 말했었기 때문이다. 물론, 그가 일찍이 "아들"이라고 하면서 자신에 대한 더 높은 관점에 대해 이미 암시하였으므로, 여기서 그의 논리는, 자아 인식에 대해 분명히 하기 위한 것보다는 위험한 상황에서 빠져나오기 위해 고안된 것으로 보인다.[50]

예를 들어 그 더 높은 관점은 "아들" 혹은 "하나님의 아들"이라는 아홉 번의 표현 모두와 함께 요한복음 5:19-26에 등장한다. 여기서 예수는 아들

48 특히 Gerard Pendrick, "*ΜΟΝΟΓΕΝΗΣ*," *New Testament Studies* 41 (1995): 587-600를 보라. 또한 Carson, *Gospel according to John*, 128 참조. 번역을 다시 "유일하게 낳은"으로 돌이키는 경우는 Charles L. Irons, "A Lexical Defense of the Johannine 'Only Begotten,'" in *Retrieving Eternal Generation*, ed. Fred Sanders and Scott R. Swain (Grand Rapids: Zondervan, 2017), 98-116을 보라.

49 Herman N. Ridderbos, *The Gospel of John: A Theological Commentary* (Grand Rapids: Eerdmans, 1997), 91; Lincoln, *Gospel according to Saint John*, 149.

50 이러한 논리는 또한 랍비적 논리의 전형적인 형태인 "더 작은 것에서 더 큰 것으로(from the lesser to the greater)"이다. 더 나아가 Jerome H. Neyrey, "I Said 'You Are Gods': Psalm 62:6 and John 10," *Journal of Biblical Literature* 108 (1989): 647-63을 보라. 또한 Stephen L. Homcy, "'You Are Gods'? Spirituality and a Difficult Text," *Journal of the Evangelical Theological Study* 32 (1989): 485-91 참조.

로서 하늘의 아버지가 하는 것을 본 것 외에는 아무것도 하지 않음을 다양한 방법으로 강조한다. 그러나 종속적인 형태처럼 보이는 것이 실제로는 예수가 하나님을 특히 고귀한 방면으로 반영하는 것으로 드러난다-생명을 주고(21절), 심판을 행하며(22절), 동일한 공경을 받고(23절), 심지어 하나님이 그러하듯 "자신 안에 생명"을 지님으로써(26절).[51] 이같이 그의 아버지로서의 하나님과의 더욱 친밀한 관계가 유대 지도자들로 하여금 빌라도에게, 그들에게는 자기를 하나님의 아들이라고 말하고 있는 그가 죽어야 마땅한 법이 있다는 사실을 알릴 수 있는 날을 정해야만 하게 만들었다(19:7). 다른 말로 하면, 그는 정통 유대교가 어떤 인간도 넘지 말아야 한다고 주장하는 인성과 신성 사이의 선을 넘었다. 그들의 생각에 그 결과는 신성모독으로 여겨질 뿐이었다.[52]

요한복음에 나오는 예수의 고별 담화에서 아버지와 아들 사이의 페리코레시스(perichoresis, 상호내주-옮긴이) 혹은 상호교차(interpenetration)는 교회의 삼위일체 교리의 발전을 위한 기본적인 자료를 제공하면서 등장한다.[53] 아버지 하나님은 복음서에서 이미 중요한 역할을 한다.[54] 예수는 아들이자 하

51 Urban C. von Wahlde, "He Has Given to the Son to Have Life in Himself (John 5:26)," *Biblica* 85 (2004): 409-12. Randy Rheaume, "John's Jesus on Life Support: His Filial Relationship in Jn 5:26 and 6:57," *Trinity Journal* 33 (2012): 49-75 참조.

52 18절에서 예수는 "자신을 하나님과 동등하게" 한 혐의가 있다. 그의 대적자들의 쟁점 중 일부는 메시아를 지명하고 어떤 면에서 그를 자신과 동등하게 만드는 것은 하나님의 특권이지 한 개인이 자신에게 스스로 돌릴 수 있는 것이라고 생각할 수 있는 것은 아니라는 점이었을 것이다. J. C. O'Neill, "'Making Himself Equal with God' (John 5.17-18): The Alleged Challenge to Jewish Monotheism in the Fourth Gospel," *Irish Biblical Studies* 17 (1995): 54-55을 보라.

53 Jürgen Moltmann, "God in the World—the World in God: Perichoresis in Trinity and Eschatology," in *The Gospel of John and Christian Theology*, ed. Richard Bauckham and Carl Mosser (Grand Rapids: Eerdmans, 2008), 특히 372-75. 좀 더 일반적인 연구는 Andreas Köstenberger and Scott R. Swain, *Father, Son and Spirit: The Trinity and John's Gospel* (Nottingham: Apollos; Downers Grove, Ill.: IVP, 2008) 전체를 참조.

54 이에 대하여는 Daniel R. Sadananda, *The Johannine Exegesis of God: An Exploration into the Johannine Understanding of God* (Berlin: de Gruyter, 2004)을 보라.

나님의 어린 양이다. 예수에게 있어서 하나님은 "나의 아버지"(5:17, 6:32, 8:19, 등등)이며 "나를 보내신 이"(1:33, 7:16, 8:29, 등등)이다. 하나님의 뜻은 "창조, 구원, 계시, 왕권, 주권, 그리고 심판"을 포함하는 그의 활동과 연결되어 있다.[55] 14:10-11에서 예수는 아버지가 그 안에 있고 그가 아버지 안에 있다고 선언할 수 있으며 그는 이 문맥에서 더 나아가 자신이 아버지에게로 가고 이로써 제자들이 그의 이름으로 어떤 것이든 구할 것이고 그래서 이를 통해 하나님이 아들로 말미암아 영광을 받으신다고 말한다(12-13절). 그러나 17:1에 이르러서 영화(glorification)롭게 되는 것은 예수가 아버지에게 자기를 영화롭게 하여 하나님도 그로 인해 영화롭게 되기를 구하고 있다는 면에서 상호적이다. 예수가 이미 종을 아들과 대조시킨 것은 놀랍지 않다. 전자는 후자가 한 가정 안에서 갖는 영구한 위치가 전혀 없다. 그러므로 아들은 종을 자유하게 할 수 있고 그래서 하나님의 아들로서 예수는 죄에 대해 노예의 신분인 우리를 자유하게 할 수 있는데 이것은 모든 종류의 자유 중에서 가장 좋은 것이다(8:35-36). 요한의 저술 전반에서 아버지-아들의 표현은 "하나님과 예수의 관계를 위해 사용된 은유적 표현들을 규제(controlling)하는 지배적 위치에 있다."[56]

서신서로 가 보면, "(하나님의) 아들"은 요한일서에 스물두 번 등장하는데 이것은 성경의 그 어떤 책과 확연히 다르게 이러한 표현에 대해서 가장 크게 집중하고 있는 것이다. 심지어 요한이서도 같은 표현을 두 번 사용한다(3, 9절). 특히 요한일서 2:23은 아들로서의 예수와 아버지로서의 하나님과의 관계를 적절하게 강조한다: "아들을 부인하는 자에게는 또한 아버지가 없으되 아들을 시인하는 자에게는 아버지도 있느니라."[57] "독생자"라는 표현이 4:9

55 Marianne Meye Thompson, *The God of the Gospel of John* (Grand Rapids: Eerdmans, 2001), 231.

56 Andreas J. Köstenberger, *A Theology of John's Gospel and Letters: The Word, the Christ, the Son of God* (Grand Rapids: Zondervan, 2009), 379.

57 "이러한 신학적 입장은 예수가 모든 심판이 아들에게 주어졌고 그러므로 '이는 모든 사람으로 아버지를 공경하는 것 같이 아들을 공경하게 하려 하심이라 아들을 공경하지 아니하는 자

에 다시 나타난다; 게다가 신약의 그 어떤 다른 저자들도 예수를 가리킬 때 '모노게네스'(*monogenēs*)를 사용하지 않는다. 예수를 하나님의 아들이라고 고백하는 것은 참 신자(15절)나 세상을 이기는 자(5:5)를 정의하는 중요한 요소로 자리하고 있다. 5:13에서 하나님의 아들의 이름을 믿는 자들은 그들에게 영생이 있음을 알 수 있다. 요한계시록에서 "하나님의 아들"은 한 번만 나타나지만, 이것은 설명이 필요 없는, 잘 알려진 표현이라고 말하는 맥락에서이다. 일곱 교회를 향한 편지 각각은 편지 작성자로서의 예수를 가리키는 뚜렷하게 구별되는 표현으로 시작하지만 이 모두는 예수의 높아진 본질을 강조한다. "그 눈이 불꽃 같고 그 발이 빛난 주석과 같은 하나님의 아들이 이르시되"(2:18)로 시작하는 두아디라 교회에 보내는 편지의 서문은 이것의 한 예에 불과하다. 여기서 호칭과 묘사는 1:12-20의 강렬한 묘사를 불러 일으키고 이것은 그 어떤 장관이나 능력에 대한 위엄 있는 묘사보다 더 뛰어난 것이다.[58]

진리

여전히 요한복음 1:14에서 말씀은 "은혜와 진리가 충만"하다. 17절은 율법은 모세에게서 왔으나 이와 반대로 "은혜와 진리"는 예수 그리스도에게 왔다고 하면서 이 구절을 반복한다. 하지만 16절에서 이미 은혜가 율법 아래서 작용하고 있음을 설명했다; 새 언약은 단순히 은혜를 더욱 더한다.[59]

는 그를 보내신 아버지도 공경하지 아니하느니라'(요 5:23; 12:44-45; 14:6-9; 15:23 참조)라고 말하는 복음서에 뿌리를 두고 있다." George L. Parsenios, *First, Second, and Third John* (Grand Rapids: Baker, 2014), 89.

58 Brian K. Blount, *Revelation: A Commentary* (Louisville: Westminster John Knox, 2009), 62 참조.

59 특히 Ruth B. Edwards, "ΧΑΡΙΝ ΑΝΤΙ ΧΑΡΙΤΟΣ: (John 1:16): Grace and Law in the Johannine Prologue," *Journal for the Study of the New Testament* 32 (1988): 3-15을 보라. C. Blumenthal, "χάριν ἀντὶ χάριτος (Joh 1,16)," *Zeitschrift für die neutestamentliche Wissenschaft* 92 (2001): 290-94 참조.

요한 문헌의 다른 곳에서 은혜는 별로 흔하게 나오지 않고 다만 요한이서 3장과 요한계시록 1:4와 22:21에서 모두 인사말로 나온다. 반면 "진리"는 복음서에서 스물일곱 번과 서신서에서 스물한 번(요한이서와 요한삼서 각각에서 다섯 번 나오는 것을 포함하여) 반복해서 나오면서 요한복음과 서신서를 지배한다. 물론 "진리"는 "입증," "증언," "판단," "비난," 그리고 "보증"을 포함하는, 개념적으로 상관있는 용어들의 더 큰 집합과 연관되어 있으며 이 용어들은 모두 신약의 나머지 책들에서보다 요한의 저작에서 더욱 뚜렷하게 드러난다.

구약성경에서 하나님은 진리이고 모든 진리의 근원이다(삼상 9:6, 시 25:5, 렘 42:5, 단 9:13). 요한복음에서는 탁월하게 길, 진리, 생명(요 14:6)인 이는 바로 예수이며 이것은 그가 참되고 산 길이라는 것을 말하는 다른 방법이었을 수도 있다.[60] 예수의 참된 제자는 진리를 알 것이고 그 진리가 그들을 자유롭게 할 것이다(8:32). 물론 이것은 교육 그 자체를 말하는 것이 아니고 영적인 깨달음을 말하는 것인데 왜냐하면 참된 진리는 하나님의 성품을 닮아서 이로 인해 그가 만든 실재의 구조를 따르는 모든 것이기 때문이다. 진리를 따라 사는 자들은 빛 가운데로 나온다(3:21). 우리는 예수에 대한 이 모든 언급들-길, 진리, 생명, 빛-이 어떻게 서로 연관되는지를 바로 발견할 수 있다. 7:18에서 예수는 일반적인 것을 말하지만 또한 분명 자신에 대한 것을 언급한다: "스스로 말하는 자는 자기 영광만 구하되 보내신 이의 영광을 구하는 자는 참되니 그 속에 불의가 없느니라." 마찬가지로 하나님의 말씀은 진리이며 이것으로써 예수는 그의 제자들이 거룩하게 되기를 기도한다(17:17). 예수는 빌라도에게 그의 사명은 진리에 대하여 증언하려고 세상에 온 것이

60 Ben Witherington III, John's Wisdom: A Commentary on the Fourth Gospel (Louisville: Westminster John Knox, 1995), 249-50 참조. 위더링턴(Witherington)은 여기서 핵심은 생명과 진리가 각각 요한복음의 두 가지 주요 부분을 특징 짓는 표현이라는 것과 함께 예수가 길이라는 사실이라고 말한다. 포터(Stanley E. Porter, *John, His Gospel, and Jesus: In Pursuit of the Johannine Voice* [Grand Rapids: Eerdmans, 2015], 184)는 각 명사 앞의 정관사는 세 가지 구별된 개념을 지지하나 다음과 같은 연결점을 시사한다고 말한다: 강조점은 "하나님께 이르는 길로써의 예수에게 있으나 예수를 통한 하나님의 진리의 계시가 그 수단이며 영생이 그 목적이다."

며 진리에 속한 자는 모두 자기의 음성을 듣는다고 말한다(18:37). 그러나 이것은 빌라도로 하여금 "진리가 무엇이냐"라고 거만하게 맞받아치도록 만든다(38절). 그러므로 우리는 진리는 개인적이든지 명제적이고, 인지적이든지 아니면 의지적이고 변화적(그리고 때로는 이 둘 모두)임을 본다. 요한복음에서 "진리"를 가장 마지막으로 사용하는 곳은 사랑하는 제자가 예수에 대하여 증언하는 것이 참임을 말하는 곳인데 이것은 이 복음서에 대한 이론들이 사실이라기보다는 허구적인 것이라고 생각하는 것을 어렵게 만드는 단언이다.[61]

요한서신에서 진리는 아는 것(요일 2:20)이자 행해질 수 있고 행해져야만 하는 것(1:6)이다.[62] 요한일서 3:19에서 진리는 그리스도의 인성과 교체될 수 있는 것처럼 보이는데 그것은 "우리가 진리에 속한" 것이고 "우리 마음을 주 앞에서 굳세게"(기울임은 나의 것) 할 수 있기 때문이다. 진리는 또한 예수 안에서 발견된다(2:8; 6절 참조). 요한이서와 요한삼서 모두는 "진리 안에 거하는" 신실한 제자들에 대하여 말한다(요이 4, 요삼 4). 요약하면, 복음서에서 나타난 것이 서신서에도 등장한다; 요한에게 있어 진리는 인지적 혹은 전제적이며 실존적 혹은 개인적이다. 이것은 예수가 드러내는 것이며, 그 안에 머무는 것이지만 또한 이것은 그의 인격 전체를 묘사하는 방법이기도 하다. 물론 이 용어가 등장하는 모든 곳에서 이 모든 것을 의미하는 것은 아니지만 그 개인의 본성에 대한 어떤 진실된 진술(예를 들어 그 혹은 그녀는 진실하다, 보

61 F. F. Bruce, "The Trial of Jesus in the Fourth Gospel," in *Studies of History and Tradition in the Four Gospels*, ed. R. T. France and David Wenham, vol. 1 of *Gospel Perspectives* (Sheffield: JSOT Press, 1980), 18. 그러나 이 주제는 그 자체로 매 단계마다 어떤 종류의 진리가 전달되는지 혹은 요한복음 내의 각각의 문학적 장르가 같은 식으로 진리에 대해서 말하고 있는지를 확정하지는 않는다. A. T. Lincoln, *Truth on Trial: The Lawsuit Motif in the Fourth Gospel* (Peabody, Mass.: Hendrickson, 2000) 전체를 보라. 또한 Per J. Bekken, *The Lawsuit Motif in John's Gospel from New Perspectives: Jesus Christ, Crucified Criminal and Emperor of the World* (Leiden: Brill, 2015)도 참조하라.

62 특히 요한삼서에서 진리는 "누군가 그 안에 행하는 것이고 그 안에서 사랑하는 것인데 이것은 다시금 행함 있는 진리(요삼 3, 4, 8, 12를 보라)를 가리키는 것이다." Witherington, *Indelible Image*, 1:536.

살핀다, 가난하다, 등등)을 확증하는 것으로 단언되지 않고서는 진리인 누군가와 관계를 맺기는 어렵다.[63]

요한계시록은 진리에 해당하는 명사 '알레떼이아'(*alētheia*)를 사용하지 않지만 이것의 동족 형용사인 "참된"('알레떼스'[*alēthēs*] 혹은 '알레띠노스'[*alēthinos*])으로 가득하다. "참된"은 요한복음에 열다섯 번 나오고 그의 서신서에 다섯 번, 그리고 묵시록에 열한 번 나온다. 신약성경의 그 어떤 책들도 이 발생 빈도에 조금이라도 가깝지 않다. 3:7과 6:10에서 예수는 "거룩하고 진실"하다고 언급되고 3:14과 19:11에서 그는 "진실되며 참인" 자로 소개된다. 21:5에서 하나님으로 추정되는 보좌에 앉은 이는 신실하고 참된 말을 가지고 있다(또한 22:6 참조). 그렇다면 요한이 예수를 진리라고 일컬을 때, 그는 예수와 하나님이 서로 놀랍도록 가깝게 연결되는 존재론적 주장을 하고 있다고 하는 결론을 회피하는 것은 어려운 일이다.[64]

하나님의 어린 양

요한복음에서 딱 두 번, 그것도 모두 그리스도의 사역 초기에 세례 요한의 입에서 표현되는 예수에 대한 호칭은 "하나님의 어린 양"(요 1:29, 36)이다. 처음 볼 때 이것은 요한이 강조하는 다른 호칭에 비해 거의 높아지지(exalted) 않은 것처럼 보인다. 그러나 예수의 첫 번째 제자들이 요한복음 1장에서 다른 호칭들의 묶음을 사용하여 이것이 처음에는 예수 사역의 초기 단계에 너무 고귀한 것으로 보이지만("랍비," 38절; "메시아," 41절; "모세가 율법에 기

---

63 너무 자주 히브리와 헬라 사고 사이의 잘못된 이분법(마치 유대인들은 사실에 신경 쓰지 않고 헬라인들은 개인적인 관계를 갖지 못한다고 보는)이 이 둘 사이를 이간시키는데 사용된다. 예를 들어 David J. Hawkin, "Revelation and Truth in Johannine Theology," *Churchman* 116 (2002): 105-12을 보라. 브라운(Brown, *Epistles of John*, 452)은 요한일서 전반에 나오는 진리는 "신적 존재를 가리킨다"라고 주장하면서 간결하고도 유익하게 이 둘을 합친다.

64 Graeme Goldsworthy, *The Gospel in Revelation: Gospel and Apocalypse* (Exeter: Paternoster, 1984 [= *The Lamb and the Lion: The Gospel in Revelation* (Nashville: Thomas Nelson, 1985)]), 139-40 참조.

록한 이," 45절; "하나님의 아들, 이스라엘의 왕," 49절), 곧 이 땅의 선생과 메시아라는 같은 개념으로 모두 귀결되는 것으로 보일 수 있는 반면,[65] "하나님의 어린 양"은 거의 확실히 대속 죽음을 이루는 동물 제사의 유월절 이미지에 대해 그리고 있다("세상 죄를 지고 가는," 29절). 이것은 비록 덜 분명하기는 하나 또한 이사야의 고난 받는 종(사 53:7을 보라: 그는 마치 "도수장으로 끌려 가는 어린 양"과도 같다)을 불러들일 수도 있다. 세 번째로 가능한 배경은 우선 이 중 가장 가능성이 덜한 것으로 다니엘에 나오는 용사 같은 숫양이다(단 8을 두루 살펴보라).[66] 그러나 요한복음에 나오는 어린 양('암노스'[*amnos*])은 요한계시록에서 강한 숫양('아르니온'[*arnion*])이 되고 이 이미지가 묵시록을 지배한다. 사실 이것은 그 책에서 스물 아홉 번 나오고 요한계시록의 스물 두 장 중 열한 장(정확히 절반)에서 나온다.

이 어린 양은 처음에 요한이 하늘에 대한 비전을 통해 보듯이, 죽음에 대해 승리함으로써 심판의 두루마리를 개봉할 수 있는 메시아와의 연결성을 확인시키며 "유대 지파의 사자 다윗의 뿌리"라고 소개된다(5:5). 하지만 그가 보았을 때, 요한은 비록 지금은 살아 있으나 일찍이 죽음을 당한 것 같은 모습을 본다(6절). 두 구절을 지나면 이 어린 양은 하늘의 모든 자들로부터 경배와 찬사를 받고 책 내내 이러한 모습이 계속 이어진다. 어린 양은 그의 죽음을 통하여 정복하였다. 하나님의 심판이 이 땅의 믿지 않는 자들에게 쏟아 부어지기에, 요한은 인과적 요소로써의 "어린 양의 진노"를 말하는 깜짝 놀랄만한 모순 어법(oxymoron)을 사용한다(6:16).[67] 요한은 자주 어린 양을

---

65 Richard Bauckham, "Messianism in the Gospel of John," in *Challenging Perspectives on the Gospel of John*, ed. John Lierman (Tübingen: Mohr Siebeck, 2006), 34-68.

66 고전적으로는 C. H. Dodd, *Historical Tradition in the Fourth Gospel* (Cambridge: Cambridge University Press, 1963), 270-71을 보라. 슈나이더스(Sandra M. Schneiders, "The Lamb of God and the Forgiveness of Sin(s) in the Fourth Gospel," *Catholic Biblical Quarterly* 73 [2011]: 특히 16-18쪽)는 고난 받는 종의 배경이 가장 안전하다고 생각하며 그 다음은 유월절 이미지이고 세 번째 가능성으로 이삭을 결박하는 것(창 22)을 제안한다.

67 몇몇은 여기서 신적 분노가 부드러워진 것을 본다. "결국 그 어린 양은 비폭력적인 자기 희생

하나님의 모습과 유사한 이미지로 묘사하고(6:16; 7:9-10; 14:1, 4, 10 등등), 심지어 이 어린 양은 하나님의 보좌 중심에 있는 것으로 설명된다(7:11; 5:13와 22:3 참조). 계시록에서 요한의 기독론이 신약 그 어디에서와 마찬가지로 고귀하다(exalted)는 것은 의심할 바 없다.

어린 양과 연관된, 하나는 긍정적이고 다른 하나는 부정적인 두 가지의 특별한 시각적 그림이 요한계시록 19장에 등장한다. 어린 양의 혼인 잔치에서 축하하는 이미지(7, 9절)는 이사야 25:6-8에 나오는 마지막 때의 잔치의 모습에 바탕을 두고 있다.[68] 그리스도를 따르는 모든 자들은 다같이 그의 신부(계 21:2), "어린 양의 아내"(9절; 구약에서 어떻게 이스라엘이 하나님의 아내인지 참조)가 될 것이다.[69] 그러나 유창한 비유적 언어와 요한이 본 환상의 경험은 그로 하여금 믿는 자들도 결혼식에 참석한 모든 사람들이 기대할 수 있는 연회를 비슷하게 즐기는 것으로 묘사할 수 있게 한다. 반면에 자기의 흰 말에 올라타고서 하늘의 군대들과 함께 돌아오는 용사이자 왕인 그리스도에 의해 파괴된 자들은 맹금류를 위한 썩은 고기가 될 것이다(19:21). 그를 대적하여 전투하기 위해 모였던 자들은 결국 자기들이 파멸되는 것을 볼 것이다. 이 신선한 시체들의 고기는 "하나님의 위대한 저녁 식사"라고 불리고 결혼

을 통해 승리를 쟁취한 도살당한 그리스도이고 그를 따르는 이들을 같은 길로 초대한다. 이것은 중요한 고려사항이다: 그리스도의 무기는 군사력이 아닌 말씀이고, 그의 원수들이 아닌 자신이 흘린 피이다. 그럼에도 불구하고, 혹자는 승리의 어린 양이 자기의 승리를 반대하는 모든 자들에게 참혹한 결과를 가져 온 전투에 참가한다는 사실을 경시하지 말아야 한다…지나가는 이 세상에 자기의 마음을 두는 자들에게는 어린 양의 승리의 작용이 오직 너무나도 실재적일 뿐인 진노로써 경험된다(롬 8:18 참조). 그들에게는 희생적인 어린 양이 용사 같은 어린 양의 무서운 요소들을 지닌다." Ian Boxall, *The Revelation of Saint John* (London: Continuum; Peabody, Mass.: Hendrickson, 2006), 119. 더 넓은 범위의 선택 사항들은 Rebecca Skaggs and Thomas Doyle, "Lion/Lamb in Revelation," *Currents in Biblical Research* 7 (2009): 362-75을 보라.

68 Robert H. Mounce, *The Book of Revelation*, rev. ed. (Grand Rapids: Eerdmans, 1998), 348.

69 이것이 책에 나오는 결혼 이미지의 정점인데 이에 대해서는 Ruben Zimmermann, "Nuptial Imagery in the Revelation of John," *Biblica* 84 (2003): 153-83을 보라.

식 축제의 분명한 모방(obvious parody)이다(또한 겔 39:17-20 참조).[70] 그러므로 영원한 행복과 영원한 형벌은 꼭 다니엘에서도 그런 것처럼(12:2) 요한계시록의 마지막에 나타난다. 하나님의 어린 양은 더 이상 죽임당한 양만은 아니며, 모두가 대적하는 것이 아니라 속하기를 원해야 하는 군대를 대표하는 승리한 용사와도 같은 숫양이다.

메시아-왕

"하나님의 아들"과 더불어 "그리스도"(또는 메시아)는 마가와 요한이 그들의 기독론의 요약에서 같이 쓰고 있는 예수에 대한 또 다른 칭호이다(막 1:1, 요 20:31). 다른 모든 복음서에서처럼 '크리스토스'(*Christos*)는 주로 호칭으로써의 의미를 지니고 종종 사무엘하 7:12-14의 시기부터 지속된 다윗 계통의 왕적 지도자에 대한 유대인들의 일반적인 기대를 반영한다.[71] 요한복음에 특징적인 것은 그의 출생지에 대한 예루살렘 군중의 무지에서부터 비롯된 예수의 정체성에 대한 논쟁이다. 때로 요한이 베들레헴에서의 예수의 출생에 대해 나온 Q 전통을 모르고 있었다고 주장되는데 왜냐하면 그가 군중들 중 몇몇이 메시아는 갈릴리에서 올 수 없고 그곳이 정확히 예수의 탄생지임을 모르면서 반드시 유대 베들레헴에서 와야 한다고 주장하는 모습을 그리고 있기 때문이다(7:41-42). 그러나 이것은 많은 사람들이 예수를 메시아

---

70 David E. Aune, *Revelation* 17-22 (Nashville: Nelson, 1998), 1063. 피터슨(Eugene H. Peterson, *Reversed Thunder: The Revelation of John and the Praying Imagination* [San Francisco: HarperSanFrancisco, 1988], 159)은 "구원은 결혼의 친밀함과 축제성을 지닌다; 구원은 격렬한 전투이며 악의 패배이다. 구원은 그 자체로는 이러한 것들이 아니다. 그것은 두 힘의 작용, 즉 사랑의 포용과 악의 공격이며, 양 극단의 긴장 속에서 서로가 서로를 정의하며, 각각이 다른 것을 부양한다(feeding)"라고 덧붙인다.

71 스미스(D. Moody Smith, *The Theology of the Gospel of John* [Cambridge: Cambridge University Press, 1995], 86-87)는 "그 어떤 복음서도 요한복음보다 [전통적인 유대 민족의 메시아적] 소망과 기대에서 더 많이 벗어나지 않는다; 하지만 동시에 어떤 복음서도 요한복음보다 더 분명하게 유대적, 전통적 뿌리에 관심을 두고 있지 않다"라고 진술한다.

로 받아들이지 않는 잘못된 이유를 보여주는 것으로 요한복음에 나오는 수많은 아이러니 중 하나일 뿐이다.[72]

왕적 메시아에 대한 강조는 오천 명을 먹이는 사건을 기록하는 요한복음의 특별한 구절에서 나타나는데 이것은 사복음서 모두에 나오는 유일한 기적인 요한복음 6:15이다: "그러므로 예수께서 그들이 와서 자기를 억지로 붙들어 임금으로 삼으려는 줄 아시고 다시 혼자 산으로 떠나 가시니라." 광야에서 양식을 준 모세의 기적을 반복한 이는, 그가 미리 예언한 대로 훨씬 훌륭한 마지막 때의 예언자였다(신 18:15-18). 우리가 공관복음에서 보았던 당시 만연했던 기대와도 같이, 유대 민중은 다윗 혈통의 정치적, 군사적인 왕을 그들의 메시아로 기다리고 있다.[73] 우리가 공관복음에서 보았듯이, 에스겔 34장의 선한 목자 또한 메시아적 인물이었다; 비슷하게 요한복음의 예수는 예수 당시의 유대 지도자들을 그들의 목숨을 버리지 않는 삯꾼들과 비교하면서 이 주제를 발전시킨다. 반면 그리스도는 자기 양떼를 위해 목숨을 내 줄 것이다(10:1-18).[74]

요한의 예수는 그의 유대 청중들이 그에게 밝히 말해달라고 요청하는 때에도 그들에게 계속해서 수수께끼같이 말한다(10:24-30). 심지어 제자들은 그의 생애 마지막 밤 다락방에서야 처음으로 자신에 대해 분명하게 말한다고 생각하나(16:29-30), 그러고 나서도 예수는 그들의 이해의 정도(level)에 대

---

72 두 관점 사이에서 훌륭하게 균형을 잡으면서도 조심스럽게 후자로 결론을 짓는 것은 Lincoln, *Gospel according to Saint John*, 258이다. 좀 더 일반적인 요한의 아이러니와 이에 대해 취하는 다양한 입장들은 R. Alan Culpepper, "Reading Johannine Irony," in *Exploring the Gospel of John: In Honor of D. Moody Smith*, ed. R. Alan Culpepper and C. Clifton Black (Louisville: Westminster John Knox, 1996), 193-207을 보라.

73 Dodd, *Historical Tradition in the Fourth Gospel*, 215.

74 특히 Johannes Beutler and R. T. Fortna, eds., *The Shepherd Discourse of John 10 and Its Context* (Cambridge: Cambridge University Press, 1991) 전체 참조. 또한 Jerome H. Neyrey, "The 'Noble Shepherd' in John 10: Cultural and Rhetorical Background," *Journal of Biblical Literature* 120 (2001): 267-91와 Kenneth Bailey, "The Shepherd Poems of John 10," *Near East School of Theology Theological Review* 14 (1993): 3-21를 보라.

해 회의적이다(31-32절).[75] 그러나 그에 대한 훨씬 앞선 이야기에서 요한복음의 예수는 우물에서 사마리아 여인에게 자기가 메시아라고 직접적으로 말한다(4:26). 아마도 이것은 메시아에 대한 사마리아인의 기대가 군사적 왕 보다는 법률가와 선생이었기 때문일 것이다.[76] 또한 이것은 정통 유대교의 거의 모든 규범에 의해 버림받은 자로 간주되던 이의 간절함과 민감함을 예수가 알고 있다는 것을 보여 주기도 했을 것이다. 요한은 누가가 그랬던 것처럼 "위대한 반전"을 강조하지 않았을 테지만 이것은 여전히 그곳에 있다. 이것은 예수와 여자와의 확장된 대화가 그와 "이스라엘의 선생"인(요 3:10) 니고데모의 만남에 뒤이어 가까이 나온다는 사실을 우리가 깨달을 때 더욱 놀라워진다.[77] 누군가 메시아의 본성을 이해해야만 했다면 그는 니고데모였다. 그러나 그는 사마리아 여인이 깨달았던 모든 방면에서 이것을 "깨닫지 못하"고 있다![78]

요한복음 11-12장에 나오는 마리아와 마르다의 모습은 이 여인들이 나오는 유일한 다른 복음서인 누가복음과의 비교를 불러온다. 요한복음의 이야기가 그것 자체로 읽혀져야 하지만 요한이 적어도 누가복음의 개략적인 윤곽 정도는 알고 있었을 것이라는 가능성은, 언뜻 보기에 그가 이 두 여자의 역할을 서로 바꾸려고 하는 것처럼 보이기 때문에 우리를 당황스럽게 한다. 마리아는 예수가 도와줄 수 있다는 소망이 없는 것처럼 나사로의 죽음을 슬퍼하지만 마르다는 요한복음에서 두 가지 중요한 기독론적 호칭을 구성하는 단어를 읊조린다: "주는 그리스도시요 세상에 오시는 하나님의 아들

---

75 31절에는 물음표가 찍혀야 한다: 마침표나 느낌표가 아니라(각각 CJB, 1984 NIV처럼), "이제는 너희가 믿느냐?"의 형태로(2011 NIV와 대부분의 번역본들처럼). Moloney, *Gospel of John*, 457을 보라.

76 Brown, *Gospel of John I-XII*, 172-73.

77 일반적인 의미로 했겠지만 아마도 그를 "위대하고 우주적으로 인정받는 선생"이라고 가리키는 것일 수도 있다. C. K. Barrett, *The Gospel according to St. John*, 2nd ed. (London: SPCK; Philadelphia: Westminster, 1982), 211.

78 Craig L. Blomberg, "The Globalization of Biblical Interpretation—A Test Case: John 3-4," *Bulletin for Biblical Research* 3 (1995): 1-15을 보라.

이신 줄 내가 믿나이다"(11:27). 그러나 마르다는, 마지막 날의 모든 사람들의 부활에 대하여 정통 유대교의 믿음 이상으로 이해하지 못하고 있다는 측면에서, 나사로가 살아날 것에 대해서 마리아보다 더 준비되지 않았음이 분명하다(24절; 마르다가 돌을 옮기면 무덤에서 퍼져 나올 냄새에 대해 항의[protest]하고 있는 39절 참조). 이 시점에 "그리스도"는 마르다에게 있어 그 땅에서 로마인들을 몰아낼 메시아를 기대하고 있었던 다른 이들에게 의미했던 것 그 이상을 의미하지 않았을 것이다.[79] 요한은 나사로가 살아 나온 것을 본 이후에 마르다가 무엇을 생각했는지 우리에게 말하지 않지만, 마리아는 예수가 로마에 대한 혁명을 이끄는 대신 진실로 죽게 될 것임을 완전히 이해하고 있었을 것이다. 결국 마리아가 바로 다음 장에서 예수의 장례를 위해 그의 몸에 향유를 붓는 사람이다(12:3, 7). 마리아가 예수를 따르는 이들 중 예수 자신이 메시아적 역할을 재 정의한 대로 마침내 그를 믿은 첫 번째 사람이었을까?[80]

이렇게 다양한 메시아적 기대들을 강조할 때에 우리는 유대교 내에도 존재했던 소망의 다양성에 대해 알고 있어야 한다. 몇몇이 "단순히 인간적인" 면을 찾고자 해왔다면, 다른 이들은 좀 더 고귀한 그의 본성을 이해하고 있었다. 12:34에서 이 후자에 해당하는 사람들은, 몇몇 제 이 성전 유대 문헌에서 말하고 토라의 몇 구절에서 암시하고 있듯이(특히 시89:4, 36; 110:4; 사 9:7; 단 7:14), 그들이 율법에서 그리스도가 영원히 있을 것임을 들었다고 소리 높여 항의한다.[81] 더 높아진 이 역할은 여전히 그의 죽음, 특히 십자가형을 통한 그의 죽음에 대하여 그들을 준비시키지 않는다; 어떤 것이 있더라도 그

79 Francis J. Moloney, "The Faith of Martha and Mary: A Narrative Approach to John 11, 17-40," *Biblica* 75 (1994): 특히 475-78.

80 Moloney, "Faith of Martha and Mary," 493.

81 Leon Morris, *The Gospel according to John*, rev. ed. (Grand Rapids: Eerdmans, 1995), 532n94. Bruce D. Chilton, "John XII 34 and Targum Isaiah LII 13," *Novum Testamentum* 22 (1984): 176-78. 또한 Bruce D. Chilton, "John XII 34 and Targum Isaiah LII 13," *Novum Testamentum* 22 (1984): 176-78에 의해 가능성 있게 다뤄지는 성경 이후의 (postbiblical) 자료도 참조.

것은 그들이 이것을 더욱 이해하기 어렵게 만들 뿐이다. 부활에 대해서, 심지어 제자들도, 이것이 성경 말씀을 이루는 것임을 그 사실이 있기 전까지는 이해하지 못했다(요 20:9; 예를 들어 시 16:9 참조).

예수의 대적자들이 생각했던 것은 어떤 것인지 예측하기가 더욱 어렵다. 오직 요한복음만이 로마의 통치 아래 사형이 유대인들로부터 크게 사라지고 있었고, 그래서 권력자들은 그들이 예수를 고발하는 이유를 빌라도가 중대하게 여길 수 있는 표현으로 전달해야 함을 인지하고 있었다고 설명한다: 예수는 왕권을 쟁탈하려는 제국의 위협으로 비쳐져야만 한다. 그러므로 요한이 묘사하는 수난 기사는 사건들의 왕적 이미지를, 특히 빌라도와 지도자들, 그리고 빌라도와 예수 사이의 상호작용(interactions)을 좀 더 확장되게 묘사하면서 강조하고 있다. 또한 특히 군인들이 그를 잡기 전 뒤로 물러가서 땅에 엎드러지면서(6절),[82] 이 책은 마지막 순간까지의 사건들에 대한 예수의 주권적 다스림의 내용을 돋보이게 한다. 그가 왕권에 대한 질문을 받았을 때 예수는 단지 그것이 이 세상으로부터 온 것이 아님을 단언한다(36절). 이것은 그의 가르침이 정치적인 적용점이 전혀 없다는 것을 의미하는 것이 아니라 단지 그것이 이 땅에 기원을 두지 않는다는 것이다.[83] 요한복음 19:1-5, 13-14에서 군인들은 예수에게 왕을 모방한 옷을 입힌다. 위선적으로 유대 권력자들은 반역 카드를 집어 들고서 만일 예수를 놓아주면 빌라도는 가이사의 친구가 아니라고 우긴다(12절). 심지어 그들은 하나님이 그들을 위해 신정(theocracy)을 제정했으므로 그들은 그 어떤 외국 지도자에게도 무릎을 꿇지 말아야 함을 아주 잘 알고 있었음에도 불구하고 자기들에게 가이

82 Donald P. Senior, *The Passion of Jesus in the Gospel of John* (Collegeville, Minn.: Liturgical, 1991), 144-58. 또한 Josephine M. Ford, "Jesus as Sovereign in the Passion according to John," *Biblical Theology Bulletin* 25 (1995): 110-17과 Mavis M. Leung, "The Roman Empire and John's Passion Narrative in Light of Jewish Royal Messianism," *Bibliotheca Sacra* 168 (2011): 426-42 참조.

83 Murray J. Harris, *John* (Nashville: B&H, 2015), 306. 키너(Keener, *Gospel of John*, 2:881 and n. 134)는 이 배경으로 구약에서 시 110:4와 사 9:6 그리고 후기 유대 자료에서 에녹1서 41:1, 바룩2서 40:3, 그리고 시편 미드라쉬 72:17을 인용한다.

사 외에는 왕이 없다고 주장한다.

'크리스토스'(*Christos*)는 요한서신에도 자주 등장한다. 우리가 바울과 또 다른 곳에서 보았듯이, 대부분의 학자들은 이것이 1세기 말이 다가오는 시점에는 거의 확실하게 개인의 이름과 동등한 것이 되고 있었다고 가정한다. 하지만 이 편지들은 아마도 복음서 직후에 쓰였을 것이고 요한일서 2:22a와 5:1a는 적어도 두 가지 분명한 호칭을 사용하고 있음을 시사한다. 첫 번째 경우 요한은 "거짓말하는 자가 누구냐?"라고 묻는다. 그의 대답은 분명하다: "예수께서 그리스도이심을 부인하는 자가 아니냐." 두 번째의 경우 요한은 "예수께서 그리스도이심을 믿는 자마다 하나님께로부터 난 자니"라고 선언한다.[84] 이중 목적격('예쑨 크리스톤'[*ēsoun christon*])이 나오는 4:2과 같은 구절에서는 이것을 직접 목적어와 술부 목적어로 보아서 "예수 그리스도께서 육체로 오신 것을 시인하는 영마다 하나님께 속한 것이요"라고 이해하는 것이 자연스럽다.[85] 그리고 나서 요한이서 7장은 이 형태를 따라간다: 예수 그리스도께서 육체로 오심을 부인하는 자가 미혹하는 자이다. 9절은 문자적으로 "그리스도"의 교훈을 일컫는다. 우리가 무 관사 명사 뒤에 보통 무 관사 수식어가 따라온다는 것과 요한이 예수에게 관사를 붙이지 않는 경향이 있다는 것을 깨달을 때, 남은 "예수 그리스도"의 사용의 대부분 혹은 전부 역시 "그리스도 예수"와 동등어라고 볼 수 있는 문은 우리에게 활짝 열려 있다.[86]

요한계시록은 '크리스토스'(*Christos*)를 일곱 번 사용하고, 이 중 세 번은 시작 부분의 첫 다섯 구절에 나오고 두 번은 천년왕국이 나오는 20장에 나온다. 첫 세 구절은 예수 그리스도에게서 오는 계시, 증언, 은혜, 그리고 평

---

84 특히 Karen H. Jobes, *1, 2, & 3 John* (Grand Rapids: Zondervan, 2014), 129을 보라.

85 Colin G. Kruse, *The Letters of John* (Grand Rapids: Eerdmans; Leicester: Apollos, 2000), 146n161 참조.

86 Craig L. Blomberg, "Messiah in the New Testament," in *Israel's Messiah in the Bible and the Dead Sea Scrolls*, ed. Richard S. Hess and M. Daniel Carroll R. (Grand Rapids: Baker, 2003), 137-38.

화에 대해 말한다(1:1, 2, 5). 여기서 헬라어로든 대부분의 영어 번역본으로든 "그리스도"에 관사는 붙어 있지 않다. 이것은 각각의 경우에도 역시 "예수 그리스도"와 같은 흔한 조합이다. 그러나 20장에서 요한은 문자적으로 "그리스도와 함께" 천년 동안 다스리는 부활한 성도들에 대해서 말한다(4절). 마찬가지로 6절에서 같은 이들은 각각 하나님과 "그리스도의" 제사장이 될 것이다. 이 구절들이 영어 번역본에서는 관사 없이도 이해될 수 있지만 요한계시록 중간에서 나오는 나머지 두 차례의 '크리스토스'(*Christos*)와 정당하게 비교해 본다면 이것은 더욱 어렵다. 실제로 여기서 NIV는 "그리스도"(Messiah)를 사용한다: "세상 나라가 우리 주와 그의 그리스도(Messiah)의 나라가 되어"(계 11:15); 그리고 "이제 우리 하나님의 구원과 능력과 나라와 또 그의 그리스도(Messiah)의 권세가 나타났으니"(12:10). 각각에 나오는 인칭 대명사 "그의"는 직위적(titular) 해석을 필요로 한다.[87] 그러면 이것은 같은 용어를 사용하는 요한계시록의 다른 어떤 혹은 모든 구절들 역시 어떤 직위적 의미를 가지고 있을 수 있다는 가능성을 불러일으킨다. 다시금 이것은 '크리스토스'(*Christos*)가 지닌 직위적 영향력이 완전히 제거되지 않았음을 보여준다. 이와 관련된 메시아적 호칭인 5:5의 "유대 지파의 사자"와 "다윗의 뿌리"는 이러한 결론을 강화시킨다.

게다가 요한의 저작 한 군데 이상에서 나오는 콜웰의 법칙(Colwell's rule, 연계 동사[copula, linking verb] 앞에 나오는 한정 서술 주격[definite predicate nominative]은 대개 관사[article]를 취하지 않는다는 법칙-옮긴이)을 적용하는 것은, 우리가 이 헬라어 구문을 "예수는 그리스도이다"가 아닌 "그리스도는 예수이다"라고 이해해야 함을 시사할 것이다. 다른 말로 하면, 특히 요한의 일부 유대인 청중에게, 그리고 특별히 요한복음을 통해서의 질문은 메시아-곧 예수(특히 요일 5:1을 보라)-가 누구인지 가리키는 것만큼 예수의 정체성이 긴급한 것은 아니었다. 그러나 때때로 그리스도의 영이 예수를 소유하고 있었다고 믿고 있던

87 Aune, *Revelation 17-22*, 1000 참조.

영지주의자들은, 예수의 삶과 사역 기간을 통틀어 그리스도가 예수였다는 것을 배울 필요가 있었다.[88] 신약 정경 내에서 "그리스도"가 합당한 이름이 된다는 인식은 이 모음집(collection)의 후기 저작들에 대한 위와 같은 의견들로 인해 모두 해소된다. 이 그리스도는 또한 "만주의 주시요 만왕의 왕"(계 17:14, 19:16)이다. 그는 반드시 전능한 하나님, 우주의 주권자보다 덜한 어떤 자로 다시금 인식되지 말아야 한다!

인자

공관복음에서 "인자"의 표현은 세 부류로 나뉜다: 이 땅의(earthly), 고난받는(suffering), 그리고 높아진(exalted). 여전히 예수의 입을 통해서만 발견되는 요한문헌의 "인자" 표현은 거의 대부분이 높아진 인물의 부류로 떨어진다(단 7:13을 생각해 보라).[89] 특별히 구분되는 것은 인자와 "위로 들려지는" 것과의 연계성이다. 이 표현은 그의 십자가와 부활에서의 상황과 이후 승천하여 하늘로 돌아가기 위해 그가 위로 들려지는 것을 연합한다.[90] 요한복음 3:14에서 이 표현이 처음으로 나온다: "모세가 광야에서 뱀을 든 것 같이 인자도 들려야 하리니." 여기서 뱀은 하나님이 모세에게 사람들이 쳐다보고 광야에서 원망하고 불평하는 이스라엘 백성들을 벌하기 위해 보내진 독사들의 재앙에 대항할 수 있게 세우라고 말한 구리 뱀을 가리킨다(민 21:5-9).

88 각각에 대하여 Matthew D. Jensen, "John Is No Exception: Identifying the Subject of εἰμί, and Its Implications," *Journal of Biblical Literature* 135 (2016): 341-53와 Pamela E. Kinlaw, *The Christ Is Jesus: Metamorphosis, Possession and Johannine Christology* (Atlanta: SBL, 2005), 특히 109-71을 보라.

89 특히 Benjamin E. Reynolds, *The Apocalyptic Son of Man in the Gospel of John* (Tübingen: Mohr Siebeck, 2008)을 보라. 또한 J. Harold Ellens, *The Son of Man in the Gospel of John* (Sheffield: Sheffield Phoenix, 2010); Delbert Burkett, *The Son of Man in the Gospel of John* (Sheffield: JSOT Press, 1991); Martijn Steegen, "To Worship the Johannine 'Son of Man': John 9,38 as Refocusing on the Father," *Biblica* 91 (2010): 534-54도 참조.

90 이중적 의미에 대한 총체적인 연구는 Hellen Mardaga, "The Repetitive Use of ὑψόω in the Fourth Gospel," *Catholic Biblical Quarterly* 74 (2012): 101-17을 보라.

이것은 "광야에서 죽음의 위험으로부터" 이스라엘 백성들을 구원하는 대상(object)으로써의 역할을 했고 요한은 여기서 그를 영접하는 자들을 영적인 죽음으로부터 구원하기 위해 "십자가 위에 '들려 진' 예수와의 대략적인 유사성"을 보고 있다.[91]

인자가 "들려 진" 것과 관련된 두 번째 표현은 8:28에 나온다: "너희가 인자를 든 후에 내가 그인 줄을 알고."[92] 부분적으로 이것은 공관복음에서 마가복음 9:9의 역할과 상응한다; 부활 이후에 메시아 비밀은 더 이상 필요하지 않는데 왜냐하면 사람들이 메시아의 진정한 역할을 이해할 것이기 때문이다. 다음으로 요한복음 12:32에서 예수는 그가 땅에서 들리면 모든 사람을 그에게로 이끌겠다고 약속한다.[93] 14-16장은 이 일이, 예수가 그를 보낼 수 있는 자리인 아버지께로 돌아간 이후 그가 보낼 성령의 사역을 통해 일어남을 설명할 것이다. 그러나 바로 이어지는 문맥에서 그의 말은 수수께끼가 되버린다. 34절에서 이 무리들이 의심을 가지고서 "이 '인자'는 누구냐?"라고 물어보며 대답하는 것이 의아하지 않다. 과연 예수는 그 다운 태도로 그들에게 직접적인 대답을 주지 않으나, 요한은 예수가 그들 앞에서 충분히 많은 "표적"을 행하였기 때문에 그들은 믿었어야만 했다고 설명한다(37절).

마찬가지로 요한복음의 다른 "인자" 표현은 하늘로부터 온 예수를 강조한다. 예수는 나다나엘에게 그가 하늘이 열리고 "하나님의 사자들이 인자 위에 오르락 내리락 하는 것을" 볼 것이라고 약속하는데(요 1:51) 이것은 벧엘에서 야곱의 꿈에 하늘과 땅을 연결한 사닥다리 위로 천사들이 오르락내리락 한 것을 암시한다(창 28:12). 여기서 그리스도는 그 사닥다리와도 같이

---

91 Thompson, *John*, 85, 84.

92 클링크(Edward W. Klink III, *John* [Grand Rapids: Zondervan, 2016], 412)는 58절까지 이르렀을 때 회상되어야 할 신성한 이름에 대한 가능한 암시를 가지고서 "그러면 너희가 나 임(I am)을 알 것이다"라고 좀 더 문자적으로 번역한다.

93 즉 믿는 모든 자들을, 모든 세계와 모든 민족적 경계를 넘어서. Jey J. Kanagaraj, *John* (Eugene, Ore.: Cascade, 2013), 129 참조.

등장하여 다른 상황에서는 서로 떨어진 존재의 영역을 하나로 이어주고 있다.[94] 비슷하게 3:13에서 "하늘에서 내려온 자 곧 인자 외에는 하늘에 올라간 자가 없느니라"고 단언한다. 이 문맥에서 예수는, 그가 더욱 기초적인 영적 교훈이라고 일컫는 것조차도 이해하지 못하는 니고데모에게, 하늘의 진리를 드러내는 그의 독특한 능력에 대해서 말하고 있다(12절).[95] 이후 그가 오천 명을 먹인 사건의 중요성을 설명할 때에, 그는 가버나움 회당의 그의 청중에게 이 땅의 양식을 위해 일하지 말고 "영생하도록 있는 양식을 위하여 하라"고 권고하면서 "이 양식은 인자가 너희에게 주"는 것이라고 말한다(6:27). 이 양식은 곧 그가 자신이라고 선포한 생명의 떡이다(35절). 요한복음 6:53은 인자의 살을 먹고 피를 마시는 시각적인 이미지를 사용하면서 직접적으로 하늘의 계시와 연결하지는 않는다. 그러나 생명의 떡 담화의 더 큰 맥락 안에서는 예수가 하늘에서 온 인자로서의 그의 역할에 대해서 여전히 말하고 있는 것이 분명하다. 아홉 구절 이후에, 예수가 자기의 교훈이 너무 어렵다고 말하는 자들에게 "너희는 인자가 이전에 있던 곳으로 올라가는 것을 본다면 어떻게 하겠느냐"라고 물어볼 때, 일부이기는 하나 올라가고 내려가는 주제가 다시 나온다(62절).[96] 적어도 열한 제자에게 있어서 이것은 정확히 나중에 그들에게 일어날 일이다. 그들은 선재하던 이가 왔던 곳으로

---

94 Bauckham, *Gospel of Glory*, 176. 더 나아가 "올라가는 것"과 "내려오는 것"은 "하나님이 예수의 사역 시작부터 끝까지 함께 한다는 견해"를 강조한다. Michaels, *Gospel of John*, 137-38. 또한 Christopher Rowland, "John 1,51, Jewish Apocalyptic and Targumic Tradition," *New Testament Studies* 30 (1984): 498-507 참조.

95 링컨(Lincoln, *Gospel according to Saint John*, 152)은 이미 독자에게 하늘의 것을 말하는 것처럼 보이는 것은 예수가 이 땅의 비유를 통해 하늘의 실재를 설명하려고 노력하는 것이라고 말한다. 하지만 이후 그는, 지금처럼, 만약 예수가 이러한 도움 없이 직접적으로 그것들에 대해 말했다면 어땠을까라고 질문한다.

96 올라가는 것에 더하여, 이 본문은 그의 선재(preexistence)를 단언한다. 이 사건들의 시간적 배열에 대하여는 Madison N. Pierce and Ben E. Reynolds, "The Perfect Tense-Form and the Son of Man in John 3:13: Developments in Greek Grammar as a Viable Solution to the Timing of the Ascent and Descent," *New Testament Studies* 60 (2014): 149-55을 보라.

다시 돌아가는 것을 볼 것이다.[97]

영화(glorification)의 언어는 요한이 사용하는 "위로 올라가는" 이라는 표현과 비슷한 이중 의미를 제공한다.[98] 요한복음 12:23에서 예수는 "인자가 영광을 얻을 때가 왔도다"라고 선언한다. 그는 잇따라 나오는 "죽으나" 새로운 생명을 맺는 씨앗의 이미지(24절)가 보여주는 것처럼, 십자가 죽음과 부활을 다시금 하나의 개념으로 몰아넣는다. 마찬가지로 13:31도 인자가 영광을 받아서 하나님도 인자로 인해 영광을 받는 것을 말하고 있다. 한 번 더 이 맥락은 예수가 그의 죽음과 부활 모두를 염두에 두고 있음을 보여준다(38절).[99] 십자가에서 영화로의 빠른 진행은 역사적으로 현실적인 것이기보다는 요한복음에 끼친 영지주의적 영향의 탓으로 자주 돌려지곤 했었다. 오십년 전, 불트만(Rudolf Bultmann)의 영향의 절정기에, 요한복음에 대한 그의 주요 주석이 많은 이들로 하여금 요한이 그리는 인자에 대한 묘사를 일반적으로 영지주의 구속자 이미지의 영향 때문으로 생각하게 이끌었다.[100] 오늘날에는 기독교 이전 영지주의에 이와 연관된 오르고 내리는 구속자 신화나 다른 어떤 신적 인간의 이미지가 전혀 존재하지 않으며, 유대교에서 발견되는 이와 유사한 것이 요한복음에서 예수가 사용하는 개념에 대해 적절하게 설명해 줄 수 있는 것으로 밝혀졌다.[101] 하지만 요한복음에 나오는 예수의 모든

---

97 이에 대하여 특히 Susan Elizabeth Humble, *A Divine Round Trip: The Literary and Christological Function of the Descent/Ascent Leitmotif in the Gospel of John* (Leuven: Peeters, 2016)을 보라.

98 Jesper T. Nielsen, "The Narrative Structures of Glory and Glorification in the Fourth Gospel," *New Testament Studies* 56 (2010): 364. 게다가 십자가 죽음과 부활은 요한이 그의 이야기 전반에서 예수의 신적 정체성에 대해 강조하는 것에 기여한다(343-66).

99 더 나아가 William Loader, *Jesus in John's Gospel: Structure and Issues in Johannine Christology* (Grand Rapids: Eerdmans, 2017), 224-30 참조.

100 Rudolf Bultmann, The Gospel of John (Oxford: Blackwell; Philadelphia: Westminster, 1971), 7-9와 전반에 걸쳐서.

101 Barry Blackburn, Theios Anēr *and the Markan Miracle Traditions* (Tübingen: J. C. B. Mohr, 1991); Edwin M. Yamauchi, *Pre-Christian Gnosticism: A Survey of the Proposed Evidences* (London: Tyndale, 1973).

"인자" 표현들이 요한복음에만 고유하다는 사실은 여전히 주목할 만하다. 요한은 단순히 공관복음을 개작(rehashing)하는 것이 아니라 전에 그 복음서들에서 사용되지 않았던 자료, 즉 예수가 누구인지 이해하는 데에 필수적이라고 생각하는 내용들을 추가한다.

예수의 신학을 다루는 장(chapter)에서 우리는 "인자"가 사복음서에서 예수에 해당하는 표현들에서만 나오기 때문에 특별히 독특한 것임을 발견했다. 만약 이런 유형(pattern)이 신약성경 전반에도 적용되었다면, 우리는 "인자"가 다른 곳에서도 자주 나오리라고 거의 기대하지 못했을 것이다. 사실 이러한 유형에서 유일하게 예외되는 곳이 스데반의 돌발 선언(outburst)이 나오는 사도행전 7:56이다. 이것이 더욱 놀라운 이유는 신약에서 이 표현을 사용하는 다른 나머지 두 곳이 요한문헌-요한계시록 1:13과 14:14-에 나오므로 이 호칭이 오직 요한에서 지배적이고 그에게만 고유한 것이기 때문이다. 그러나 요한계시록에서는 요한이 다니엘 7:13을 인용하고 있음이 분명한데 왜냐하면, 비록 각각의 경우에 그 맥락 속에서 가리키는 사람은 예수이지만, 그가 "인자 같은 이"라는 표현을 사용하고 있기 때문이다. 첫 번째 구절에서는, 요한이 그의 환상 속에서 마주한 사람이 왕복을 입었고 그의 입에서 좌우에 날선 검이 나온다(계 1:14-16). 여기서 인자는 돌아 온 용사 왕(Warrior-King)으로서 이제 모든 이에게 자기의 임무는 우주의 통치자임을 드러내려고 한다(단 7:13-14 참조).[102] 비슷한 이미지들의 조합이 14:14에 다시 등장한다. "인자와 같은 이"는 왕족과 같이 머리에 금 면류관이 있고 추수꾼-최후 심판을 나타내는 성경의 일관된 이미지-과 같이 손에는 예리한 낫을 들고 있다(특히 욜 3:13, 막 4:29 참조). 요한의 저작은 독창적인 하늘의 "인자" 표현들로 시작하고 이야기를 펼친 것과 같이 그 끝을 맺고 있다.

---

102 Donald Guthrie, *The Relevance of John's Apocalypse* (Exeter: Paternoster; Grand Rapids: Eerdmans, 1987), 40-42.

예수의 이적

공관복음에서 "이적"(signs)은 미심쩍은 이들이 요구하는 것, 그리고 예수는 주기를 거부하는 것이다. 요한복음에서 이것은 예수의 정체성을 나타내며 그분에게 믿음을 갖도록 장려하기 위한 것이다.[103] 이 둘은 상충하지 않는데 왜냐하면 청중들이 다르기 때문이다. 가나의 혼인 잔치에서 사회적 필요를 충족시키기 위해 예수는 물을 포도주로 변화시키고 요한은 예수가 "이 첫 표적을 갈릴리 가나에서 행하여 그의 영광을 나타내시매 제자들이 그를 믿으니라"라고 말한다(2:11). 그에게 의문을 품고 있는 자들이 그를 믿지 않고 있는 상황에서 이적을 보여 달라고 요구하는 곳은 2:18이고 예수는 그들에게 성전을 헐고 삼일 안에 다시 그것을 세운다는 수수께끼 같은 표현으로 대답한다(19절). 심지어 제자들도 오직 부활 이후에 그가 "성전된 자기 육체"를 가리켰던 것임을 이해한다(21-22절).[104]

전반적으로 요한은 일곱 개의 이적을 보여주려고 의도하는 것 같다. 일반적으로 생각해 보면 그 모두가 기적적인(miraculous) 일들이다. 어떤 이들

---

103 가장 완전하고 중요한 연구는 Willis H. Salier, *The Rhetorical Impact of Sēmeia in the Gospel of John* (Tübingen: Mohr Siebeck, 2004)이다. 또한 R. Alan Culpepper, "Cognition in John: The Johannine Signs as Recognition Scenes," *Perspectives in Religious Studies* 35 (2008): 251-60; Michael Labahn, "Between Tradition and Literary Art: The Miracle Tradition in the Fourth Gospel," *Biblica* 80 (1999): 178-203; Loren L. Johns and Douglas B. Miller, "The Signs as Witnesses in the Fourth Gospel: Reexamining the Evidence," *Catholic Biblical Quarterly* 56 (1994): 519-35; 그리고 Marinus de Jonge, "Signs and Works in the Fourth Gospel," in *Miscellanea Neotestamentica* (Leiden: Brill, 1976), 2:107-26 참조.

104 쾨스텐버거(Andreas Köstenberger, "The Seventh Johannine Sign: A Study in John's Christology," *Bulletin for Biblical Research* 5 [1995]: 87-103)는 이것이 요한복음의 일곱 가지 이적들 중 하나라고 생각하며 오천 명을 먹인 사건(6:1-15)과 물 위를 걷는 사건(16-21절)을 모아 하나의 이적으로 묶는다. 결국 니고데모는 3:2에서 예수가 이미 베푼 "이적들"(복수형으로)을 가리키고 있다. 그러나 대부분의 학자들은 이것을 반대하는데 왜냐하면 4:54 전까지는 요한이 예수의 두 번째 이적-고관의 아들을 치유한 사건(비록 요한이 가나에서 일어난 사건을 두 번째 이적으로 가리킨다고 보는 것도 가능하지만)-을 말하고 있지 않기 때문이다. 그러면 오천 명을 먹인 일과 물 위를 걸은 사건은 서로 구분되는 이적이다.

은 일곱 담화를 일곱 이적들과 짝지어 보려고 시도했지만 그 모든 연결들이 어떤 식으로든 동일하게 설득적인 것은 아니다.[105] 요한 스스로도 그것들의 수를 계속해서 매기지는 않으며 모든 기적(miracle)을 이적(a sign)이라고 부르지도 않는다. 그가 오천 명을 먹인 사건과 나사로의 부활을 이적이라고 부르고 있기는 하다(6:14, 12:18). 요한이 열거하는 다른 기적들은 베데스다 못의 병자 치유(5:1-16)와 나면서 맹인 된 자를 치유(9:1-12)한 것이나 물론 이 후자의 기적은 16절에서 일반적으로 "이적들"을 언급하는 것에 포함되어 있는 것처럼 보인다. 이적은 군중을 분열시킨다; 누군가는 이것이 예수의 메시아직을 나타내기에 충분하다고 생각하고 다른 이는 모호한 태도를 보인다(7:25-31). 이후 요한은 다소 반어적으로 예수가 "이렇게 많은 표적을 그들 앞에서 행하셨으나" 많은 사람들이 여전히 "그를 믿지 아니하니"라고 말한다(12:37).[106]

비록 다른 이들과 같이 톰슨(Marianne Meye Thompson)은 요한복음에서 이적의 기능은 공통적으로 긍정적인 것이며 사람들을 믿음으로 이끌기 위해(비록 그들이 거부한다 할지라도) 의도된 것이라고 주장해 왔으나,[107] 카이저(Robert Kysar)의 좀 더 미묘한 차이를 두는 관점이 받아들여질 만하다.[108] 더욱이 요한복음 20:31은 이적들을 포함하여 요한이 서술한 것이 예수가 그리스도이며 하나님의 아들이라고 믿을 수 있는 길을 열어주기 위한 것이라고 설명한

105 특히 Leon Morris, "The Relation of the Signs and Discourses in John," in *The New Testament Age: Essays in Honor of Bo Reicke*, ed. William C. Weinrich (Macon, Ga.: Mercer University Press, 1984), 2:363-72을 보라.

106 여기서 많은 이들은 일반적으로 예수의 말을 들은 무리를 가리킨다(29절). 마이클스(Michaels, *Gospel of John*, 708)는 "예수가 계속해서 반복적으로 그의 말을 들은 무리의 사람들이 믿지 않음을 비난했지만(3:12; 5:38, 44; 6:36, 64; 8:45-46; 10:25을 보라), 이것은 복음서 기자가 이전의 이야기에서 명백하게 나온 '자기 백성이 영접하지 아니하였'(1:11)다는 원리를 확인하며, 처음으로 그들을 완전히 일반화시키는 것이다"라고 진술한다.

107 Marianne Meye Thompson, "Signs and Faith in the Fourth Gospel," *Bulletin for Biblical Research* 1 (1991): 89-108.

108 Robert Kysar, *John, the Maverick Gospel*, 3rd ed. (Louisville: Westminster John Knox, 2007), 95-102. 또한 Keener, *Gospel of John*, 1:272-79 참조.

다. 그러나 이 복음서에 나타난 이적 중심의 믿음은 이적을 필요로 하지 않는 믿음만큼 강하거나 효과적이지 않다. 요한복음 2:23은 "많은 사람이 그의 행하시는 표적을 보고 그의 이름을 믿었으나 예수는 그의 몸을 그들에게 의탁하지 아니하셨으니 이는 친히 모든 사람을 아심이요"라고 말한다. 다른 말로 하면, 예수는 오직 기적에만 기초하는 믿음은 만약 어느 시점에 기적이 더 이상 존재하지 않는다면 변하기 쉬울지도 모른다는 사실을 알고 있었다(기적적으로 홍해를 건넜음에도 불구하고 하나님에게 대항했던 이스라엘 백성들을 참조). 요한복음 4:48은 좀 더 모호한데 예수가 가나에 있던 사람들이 "표적과 기사를 보지" 못하면 그들은 "도무지 믿지 아니"할 것이라고 공언하기 때문이다. 이것은 단순히 관찰에 불과했을 수도 있으나 모순적인 요소를 띄고 있었을 가능성이 더 높다: 심지어 기적들이 없어도 그들은 이미 믿을 수 있는 충분한 증거를 가지고 있지만, 슬프게도 그들은 추가적인 자극(impetus)이 필요하다.

분명 요한복음 20:29는 단도직입적이다. 도마가, 이보다 한 주 전 예수를 보았던 남은 열 제자들의 통일된 증언에도 불구하고, 부활한 그리스도를 만난 이후에야 그를 믿었을 때 예수는 "너는 나를 본 고로 믿느냐 보지 못하고 믿는 자들은 복되도다"라고 대답한다(20:29). 카이저(Kysar)는 이적에 기초한 믿음이 잠재적으로는 진짜 믿음이나 미성숙한 반면, 기적이 있든지 없든지 견디는 믿음은 더욱 본 받을만한 성숙한 믿음이라고 그럴듯하게 묘사한다.[109] 물론 6:26은 이 둘보다도 더욱 연약한(예를 들어, 존재하지 않는) 믿음까지 드러낸다: 오천 명을 먹인 사건을 들은 이들 중 몇몇은 예수가 참으로 하나

109 Kysar, *John, the Maverick Gospel*, 100-101. 이 결론이 William Bonney, indicated by his subtitle, in *Caused to Believe: The Doubting Thomas Story as the Climax of John's Christological Narrative* (Leiden: Brill, 2002)의 결론과 긴장 관계일 필요는 없다. 특히 요 20:24-29는 오차원적 주제의 절정을 가져온다: "예수의 신적 관점과 목적을 적절하게 이해하는 것에 대한 인간의 실패, 예수가 만나는 자들의 마음과 인생을 꿰뚫어 보는 통찰, 변화를 가져오는 이 통찰의 능력, 제자됨의 성공을 위해 인간이 신적 행동에 의지해야 하는 것, 그리고 예수의 행동이 보이는 전반적으로 독립적이고 자기 주도적인 특성"(172-73).

님으로부터 왔음을 보여주는 이적을 여전히 요구하였다. 그들이 더 원했을 수도 있는 것은 무엇인가? 아마도 그들은 모세의 때에 사십 년간 만나가 공급된 것과 같이 계속 지속되는 이적을 바라고 있었을 것이다(바룩 2서 29:5-8의 소망 참조).[110] 그러나 예수는 그들이 더 많은 기적을 보기 위해서도 아니고 어떤 수를 쓰든지 그저 음식으로 배를 불리려고 자기를 계속 찾고 있다고 응수한다![111] 그가 찾는 믿음은 그에 "적법한(legitimizing) 이적을 필요로 하지 않는 믿음"이다(6:35 참조).[112] 또한 요한복음에서 이적은 중요한데 비단 이것이 믿음과 연관된 다양한 관계 때문만이 아니라 "새로운 실재, 회복의 시작의 표시"이기 때문이기도 하다(이미 2:1-12에 나오고 있는 것을 보라).[113] 이 새로움은 새 장막과 성전, 새 탄생, 새 생명과 창조, 새 계명, 그리고 심지어는 새 무덤의 주제들과 함께 복음서에서 계속 이어진다.

요한서신에는 초자연적인 이적들에 대한 내용이 나오지 않지만 '쎄메이온'(*sēmeion*) 용어는 요한계시록에 일곱 번 다시 등장한다. 이 묵시록의 매우 놀랄만한 요소들 중 하나는 사탄의 삼위일체라 불려온 것-아버지, 아들, 성령의 관계를 사탄, 적그리스도, 그리고 거짓 선지자의 형태로 모방한 것-이다(12-13장). 이 두 장에 나오는 네 구절에서 이적 혹은 이적들이 나오는데 이것은 그들이 참된 삼위일체의 구성원이기에 경배를 받기 합당하다고 생각하도록 사람들을 속이려고 시도하는 맥락에서 등장하고 있다(12:1, 3; 13:13, 14).[114] 혹자는 바로의 궁정에서 모세의 기적 일부를 모방했던 마술가를 떠

---

110 Morris, *Gospel according to John*, 321.

111 그들은 하나님으로부터 올 수 있는 것만 원하면서 사악하게 의도되었을(diabolically inspired) 수도 있는 행동에 의해서는 만족하지 못했을 것이라고 덧붙이는 Beasley-Murray (*John*, 91) 참조, 그러나 과연 무엇이 그들을 만족하게 할 수 있었을까 하는 부분은 여전히 의문이다!

112 Georg Strecker, *Theology of the New Testament* (New York: de Gruyter; Louisville: Westminster John Knox, 2000), 488.

113 Timo Eskola, *A Narrative Theology of the New Testament: Exploring the Metanarrative of Exile and Restoration* (Tübingen: Mohr Siebeck, 2015), 406.

114 특히 Joe E. Lunceford, *Parody and Counterimaging in the Apocalypse* (Eugene, Ore.:

올린다(출 7:11, 22; 8:7). 마찬가지로 요한계시록 16:14는 악마적인 이적을 묘사하고 이후 19:20는 이것을 다시 가리킨다. 오직 15:1만이, 일곱 재앙-하나님의 진노의 잔을 상징하는-중 마지막이 이것들을 가지고 있는 천사들에 의해 이 땅에 임하려고 할 때, "이적"을 신적 근원을 가지고 있는 것으로 사용하고 있다. 그러므로 가짜 이적의 실재적 가능성은, 오로지 기적에만 믿음의 기초를 절대로 두지 말아야 할 매우 강력한 또 다른 이유를 성립시키는데, 특히 누군가 그러한 이적들의 산물이 단기간 뿐만 아니라 장기간에 걸쳐서도 좋고 경건한 것이라고 살펴 볼 수 있는 시간적 여유를 가지지 못한 경우라면 더욱 그렇다.[115]

사랑

비록 요한복음의 첫 열 두 장에서 서로 다른 종류의 사랑에 대하여 지나가는 식으로 언급하지만(5:42, 8:42, 11:3), 13장과 그의 생애 마지막 밤의 교훈에 와서 이 주제는 중심 무대를 차지한다. 요한복음에만 나오는 발을 씻는 장면 전체는 종 됨과 사랑을 보여준다.[116] 이것은 끝까지 자기의 제자들을

Wipf & Stock, 2009), 239-51을 보라.

115 계 17-18에 나오는 마지막 때 "로마"가 재물을 사악하게 사용하는 맥락에서, 피터슨(Peterson, *Reversed Thunder*, 126)은 "나라 안 어느 시점에 흥행하는 대부분의 알아보기 쉬운 종교는 땅의 짐승에서 비롯된다…. 이러한 종교는 하나님과 아무런 상관이 없다…. 이것은 신적 신비가 아니고 단지 자신감 넘치는 사람의 지껄임일 뿐이다; 이것은 쇼를 만드는 종교, 자신을 자랑하는 종교, 가난하고 고난 받으며 거룩한 그리스도에게서 우리의 눈을 떼게 하는 종교이다…. 이것은 반복하여 발생하는 이러한 땅 짐승 종교의 특성으로 상품화 되어 있다. 이것은 자기를 유지하기 위해 거대한 자금을 필요로 한다. 이것은 우리를 경제적으로 속이고, 우리가 매겨진 값으로 사거나 팔도록 유도하며, 조언, 위안, 축복, 해결책, 구원, 좋은 감정들을 판매한다. 여기서 사탄의 전략은 검은 미사(black mass)가 아니라 거대 시장(mass market)이다"라고 설명한다.

116 이 장에 대하여는 특히 John Christopher Thomas, *Footwashing in John 13 and the Johannine Community* (Sheffield: JSOT Press, 1991)와 Bincy Mathew, *The Johannine Footwashing as the Sign of Perfect Love: An Exegetical Study of John 13:1-20* (Tübingen: Mohr Siebeck, 2017)을 보라.

사랑하려는 예수의 결정의 외부적 실천(outworking)이다(13:1). 이 이야기에서 예수의 결론은 복음서에서 그가 "새 계명을 너희에게 주노니 서로 사랑하라 내가 너희를 사랑한 것 같이 너희도 서로 사랑하라"(13:34)라고 선언할 때 나오는 이중의 사랑 명령(신 6:5, 레 19:18)의 후반부-이웃을 네 몸과 같이 사랑하라-와 가장 가까운 평행 구조를 형성한다.[117] 이것은 다른 이들이 우리가 그리스도의 참 제자임을 알아 볼 수 있게 하는 탁월한 수단이다(35절). 하지만 그리스도가 한 것처럼 사랑한다는 것은 필요하다면 자기의 목숨도 희생할 준비를 하는 것을 의미한다(15:13). 요한복음에 나오는 도마에 대한 서술 비평 연구(narrative-critical study)의 제목의 일부를 사용한다면, 이것은 "죽음만큼 강한 사랑"이다.[118]

14장은 요한서신을 지배할 주제를 소개한다. 예수를 사랑하는 자들은 그의 계명을 지킬 것이다(15절). 성경의 여기 혹은 다른 곳 어디에서도 사랑이 주로 감정적 차원, 특히 낭만적 감정의 차원에서 정의되지 않는다. 사랑은 다른 사람을 예의 바르게 대하는 것을 의미하며,[119] 예수의 윤리는 이것이 그리스도인에게 어떤 의미인지, 예수가 구약의 성취자로서 구약을 재해석한 것도 포함하여, 그 완전한 정의를 제공한다. 반대로 예수를 사랑하지 않는 자들은 그의 가르침에 순종하지 않을 것이다(24절). 심지어 예수도 그가 설교하는 것을 그의 아버지가 그에게 명하는 모든 것에 순종함으로써 실천한다(14:31, 15:10). 그러나 예수는 또한 주어와 술어를 뒤집어서 그의 명령을 서로 사랑하되(15:17), 정확히 그가 자기 제자들을 사랑한 방식으로 사랑

---

117 Barnabas Lindars, *The Gospel of John* (London: Marshall, Morgan & Scott, 1972; Grand Rapids: Eerdmans, 1981), 463 참조.

118 Dennis Sylva, *Thomas—Love as Strong as Death: Faith and Commitment in the Fourth Gospel* (London: Bloomsbury T&T Clark, 2013).

119 더 나아가 Ceslas Spicq, *Theological Lexicon of the New Testament*, ed. James D. Ernest (Peabody, Mass.: Hendrickson, 1994), 1:12 참조: "이것은 깊은 존경심을 동반한 사랑… 즉, 종종 동경(admiration)과 어울리고 동경이 될 수 있는 것이다. 이 흠모와 선한 의지는 적합한 말과 행동으로 표현되는 경향이 있다. 마음속에 숨겨질 수 있는 다른 사랑과 달리, '아가페'[*agapē*]는 반드시 그 자신을 드러내며, 자신을 나타내며, 증거를 제시하며, 자신을 보여준다.

하는 것으로 정의할 수도 있다(12절). 이것은 어떤 방식인가? 아무도 이것을 알지 못하는 일이 없도록 그는 분명히 말한다: 사람이 친구를 위해 자기 목숨을 버린다(13절). 몇몇은 이 윤리가 심지어 자기 원수를 사랑한 선한 사마리아인의 윤리보다 덜 신사적이라고 비난해 왔다(눅 10:25-37). 그러나 17장에 오면 예수의 제자들이 서로 사랑하여 다른 이들도 믿게 될 것이 분명해질 것이다. 그러므로 심지어 친구를 위해 자신을 희생하라는 명령도 온 세계를 향한 하나님의 사랑을 보여주는 간접적인 역할까지 한다.[120] 17장은 주로 삼위일체의 하나님의 구성원 사이에서의 하나됨과 더불어 그리스도가 그의 제자들이 서로와 함께 갖기를 위해 기도하는 하나됨에 대한 것이다. 그러나 이 연합은 고전적으로 사랑의 관계 속에서 나타났다. 그러므로 예수는 그에 대한 하나님의 사랑이 그의 제자들에게 있기를 기도한다(26절). 우리는 여기서 다시 이중 사랑 명령(double love command)을 기억하게 된다(막 12:29-31의 단락 참조).

유명한 난제는 "사랑"에 대한 두 가지 다른 용어를 요한이 교대로 사용하는 요한복음 21:15-17에 있다. 종종 반복되는 주해는 처음에 예수가 베드로에게 순수하고 경건하게 주어진 사랑('아가파오'[*agapaō*] 동사를 사용하여)으로 자기를 사랑하는지 묻고 있다고 본다. 그러나 베드로는 친구나 형제간의 사랑만을 의미하는 동사('필레오'[*phileō*])를 사용하여 대답한다. 이러한 형태는 반복되어 마침내 세 번째로 예수가 질문을 할 때는 '필레오'(*phileō*) 형태도 사용하고 베드로 역시 그의 대답에서 이 단어를 사용한다. 기본 개념은 예수가 베드로의 차선의(second-best) 사랑에 만족한다는 것이다.[121] 그러나 이

120 모리스(Morris, *Gospel according to John*, 599)는 또한 이 본문이 원수 사랑을 배제하지 않음을 말한다; 단지 이것에 대해 말하지 않고 있을 뿐이다. 친구들 한 가운데에서 예수는 그들을 위한 가장 큰 사랑이 어떤 모습일지에 대한 정의를 내리고 있다. 보컴(Bauckham, *Gospel of Glory*, 41)은 "제자들도 세상을 사랑해야 한다고 분명하게 언급되지 않고" 있음에도, "그들은 그 사랑의 대상인 세상보다 절대 작지 않은 하나님의 사랑의 움직임에 사로잡혀 있다"고 진술한다.

121 이러한 오래된 유언비어(canard)가 부활한 것은 Stanley E. Porter, *Linguistic Analysis of the Greek New Testament* (Grand Rapids: Baker, 2015), 298-301; David Shepherd, " 'Do

러한 관점에는 여러 가지 문제점들이 있다. 첫째, 이 두 동사들이 때로 역사적인 차이점을 지니고 있으나 항상 그런 것은 아니다. 요한복음 16:27에서 예수는 "아버지께서 친히 너희를 사랑"한다고 말하지만 여기서 동사는 '필레오'(*phileō*)에서 온 것이다. 요한복음 5:20에서는 심지어 아버지도 아들을 '필레오'(*phileō*)의 형태로 사랑한다. 반대로 요한일서 2:15에서 우리는 세상을 사랑하지 말라고 요구받는데 여기서 동사는 '아가파오'(*agapaō*)에서 온다. 칠십인경에서 다말을 향한 암논의 근친상간적인 사랑은 '아가파오'(*agapaō*)의 형태이다(삼하 13:1)! 둘째, 요한복음 21:15-17은 또한 "먹이라" 혹은 "치라"에 대한 두 헬라어 용어와 "어린 양" 혹은 "양"에 대한 두 헬라어 용어를 사용하지만 아무도 이 두 쌍의 표현들 사이에서 심각한 분열을 생각하지 않는다. 셋째, 그리고 가장 중요한 점으로는, 예수가 아람어로 제자들에게 말을 했었을 것이라는 점인데 여기에는 좌우지간 이 두 헬라어 용어에 대응하는 사랑에 대한 두 개의 다른 단어가 존재하지 않는다. 요한이 자기의 번역에서 단순히 문체적인 변화(stylistic variations)를 주었을 가능성이 훨씬 높다.[122] 이 이야기의 중요점은 베드로가 주를 세 번 부인했듯이, 예수도 그를 세 번 회복시킨다는 점이다.[123] 만약 그렇다면, 그가 반신반의한 상태가 아닌 완전히 회복되는 것이 중요했을 것이다.

이것은 요한복음에 다른 종류의 사랑이 없다고 말하는 게 아니라 단지 그 의미를 결정하기 위해서는 개개의 단어가 아닌 전체 문맥을 고려해야 한다는 것이다. 심지어 바르게세(Johns Varghese)는 만약 이 사랑이 2:1-12나

You Love Me?' A Narrative-Critical Reappraisal of γαπάω and φιλέω in John 21:15-17," *Journal of Biblical Literature* 129 (2010): 777-92을 보라.

122 D. A. Carson, *Exegetical Fallacies*, 2nd ed. (Grand Rapids: Baker, 1996), 31-32, 51-53. 리(John A. L. Lee, "The Puzzle of John 21:15-17: A Formality Solution," *Novum Testamentum* 59 [2017]: 27-30)는 '필레오'(*phileō*)가 일 세기 헬라어에서 더 격식있는 용어였기 때문에 베드로는 더욱 예의바른 인물로 그려지고 있다는 흥미로운 제안을 한다. 마침내 예수 역시 이렇게 예의바른 수준으로 대답을 하지만 이 본문의 정황에서 두 동사의 의미에는 별반 차이가 없다.

123 Harris, *John*, 343.

3:27-30에 나오는 신부의 이미지나 예수가 마리아와 마르다, 그리고 사랑하는 제자와 가졌던 깊은 관계에서 보여주는 것처럼 열정적이고 성적이지 않은 사랑도 포함할 수 있다면 어떤 '에로스'(*eros*)와 같은 종류의 사랑도 찾아낸다. 만약 이것이 너무 확대해석하는 것이라면-특히 이 두 본문 중 문자적 의미의 신부가 전혀 등장하지 않고 있는 첫째 것과 관련해서-예수가 나머지 제자들과 가졌던 관계를 통해서 우리는 적어도 깊은 우정에 대해 얘기할 수는 있을 것이다.[124] 그러므로 '아가페'(*Agapē*)는 '에로스'(*eros*)나 '필리아'(*philia*) 보다 더욱 친밀한 사랑을 나타내는 것은 아니나 신적 약속과 신적 계명에 대한 순종에 더욱 분명하게 묶여있는 것이 된다. 바르게세(Varghese)는 "신랑과 신부 사이에 존재하는 사랑(친밀하고 개인적인), 친구 사이의 사랑(사회적인), 그리고 언약적 사랑(계명과 순종)이라고 하는 이 세 가지 차원을 통합해야 할 필요성은 만약 기독교가 예수의 사랑에 대한 일관된 이미지를 세상에 보여주어야 할 필요가 있다면 더욱 강조되어야 한다"라는 결론을 내린다.[125] 몰로니(Francis Moloney)는 사랑과 고난 사이에 존재하는 깊은 연관성을 더욱 단순히 강조한다. 만약 요한복음 3:16이 우리의 죄를 위한 통렬한 죽음에 그리스도를 내어줌으로써 그를 통한 하나님의 사랑을 요약하는 것이라면, 우리도 역시 우리 생명을 다른 이들을 위해 포기해야 하며 비록 막대한 고난이 따를지라도 그렇게 해야 한다.[126]

요한서신에서 사랑은 훨씬 더 중요한 역할을 맡고 있다. 신인(God-man)으로서의 예수에 대한 믿음과 그리스도의 계명을 지키는 것과 더불어 이것

124 요한복음은 분명 삼위일체에서의 격(persons)들 사이에서, 그리고 제자들과의 관계에서 친구의 개념을 발전시키는데 15:13-15와 같은 명시적인 본문을 통해서, 그리고 연합(unity)과 상호성(mutuality) 사이의 관계들을 통해서 그렇게 한다, Martin M. Culy, *Echoes of Friendship in the Gospel of John* (Sheffield: Sheffield Phoenix, 2010)을 보라.

125 Johns Varghese, *The Imagery of Love in the Gospel of John* (Rome: Gregorian Biblical Press, 2009), 365.

126 Francis J. Moloney, *Love in the Gospel of John: An Exegetical, Theological and Literary Study* (Grand Rapids: Baker, 2013), 213.

은 이 서신들을 지배하고 있는 인생의 세 가지 주요한 시험(tests)이다.[127] 요한복음에서처럼, 사랑과 순종은 거의 상호교환적이다. "누구든지 그의 말씀을 지키는 자는 하나님의 사랑이 참으로 그 속에서 온전하게 되었나니"(요일 2:5). 그러나 3:23에서 그의 계명 중 일부는 서로 사랑하는 것이다.[128] 또한 복음서에서와 마찬가지로, 예수의 희생적 죽음은 그의 제자들이 따라야 할 본보기이다. "그가 우리를 위하여 목숨을 버리셨으니 우리가 이로써 사랑을 알고 우리도 형제들을 위하여 목숨을 버리는 것이 마땅하니라"(3:16). 요한문헌이 말하는 그리스도인의 의무에 대한 모든 것은 그리스도의 가르침과 모범에 기초한 새 언약을 신실하게 붙들고 있는 것이다.[129] 또한 사랑은 모든 두려움을 내어 쫓는데 여기엔 특히 신적 형벌도 포함되어 있다(4:18).[130]

요한일서 4:8의 단어들은 신중하게 배열되어 있다: '호 떼오스 아가페 에스틴'(*ho theos agapē estin*, "하나님은 사랑이심이라"). 요한은 정관사를 "사랑"에 다시 붙여서 쓸 수 있었을 것이나 그렇게 했다면 어떤 단어가 주어이고 어떤 단어가 술어인지 훨씬 더 불확실했을 것이다.[131] 사랑이 하나님이라거나 심지어 사랑이 하나님에게 있는 모든 것이라는 것은 사실이 아니다. 하지만

---

127 이것을 처음 연구한 Robert Law, *The Tests of Life: A Study of the First Epistle of St. John* (Edinburgh: T&T Clark, 1909)을 보라. 쾨스텐버거(Köstenberger, *Theology of John's Gospel and Letters*, 480-81)는 거짓 교사들이 떠났으니, 그들이 진정으로 하나님의 자녀들이라고 요한의 회중들을 안심시키는 수단으로써 이것들을 취하기를 선호한다. 그러나 이것은 모든 분리론자들이 동시에 떠났고 그래서 남아있는 자들 중 아무도 자기의 구원에 의심을 던지게 할 만한 이단에 완전히 사로잡히지 않았다고 가정하는 것처럼 보인다.

128 Gerard S. Sloyan, *Walking in the Truth: Perseverers and Deserters* (Valley Forge, Pa.: Trinity Press International, 1995), 39-40.

129 Rekha Chennattu, *Johannine Discipleship as a Covenant Relationship* (Peabody, Mass.: Hendrickson, 2006).

130 죠베스(Jobes, *1, 2, & 3 John*, 205)는 "만약 우리를 향한 하나님의 사랑이 우리를 죄로부터 씻어주고 하나님의 심판으로부터 자유하게 하는 예수의 대속적 죽음을 통해 가장 분명하게 표현된다면 더 이상 우리가 두려워 할 것은 없는데 우리가 이미 우리에 대한 하나님의 사랑을 완전히 이해하고 있기 때문이다"라고 설명한다. 크루세(Kruse, *Letters of John*, 168)는 "만약 신자들이 하나님이 그들을 먼저 사랑하셨기 때문에 그를 사랑한다면 하나님에 대한 그들의 두려움은 사라진다"고 덧붙인다.

131 Wallace, *Greek Grammar beyond the Basics*, 264.

하나님은 완전한 사랑을 그의 주요한 성품의 일부로 지니고 있다. 또한 요한은 하나님이 각 개인 간의 사랑의 관계도 일으키기(initiates) 때문에 여전히 주권적이라고 신중하게 강조한다: "사랑은 여기 있으니 우리가 하나님을 사랑한 것이 아니요 하나님이 우리를 사랑하사 우리 죄를 속하기 위하여 화목 제물로 그 아들을 보내셨음이라"(10절). 실제적인 적용이 바로 따라온다: "하나님이 이같이 우리를 사랑하셨은즉 우리도 서로 사랑하는 것이 마땅하도다"(11절). 그러므로 우리가 "사랑 안에 거하는 자는 하나님 안에 거하고"(16절)와 같은 구절을 읽을 때, 우리는 이러한 큰 맥락을 염두에 두어야 한다. 이 사랑이라는 단어가 '아갚'(*agap-*) 계열에서 왔기 때문이 아니라(비록 이것과 전혀 상충되는 관계는 아니나), 문맥으로 보아, 우리가 하나님의 것임을 보여주는 사랑은 그가 그리스도를 통해 전해주는 사랑이지 누구나-구원을 받았든 그렇지 않든-드러낼 수 있는 친절 때문이 아니다.[132]

요한이 옛 계명과 새 계명을 쓴다고 말할 때(요일 2:7-8), 우리는 그가 토라의 중심 사상이나 예수의 희생을 통해 새롭게 구체화 된 사랑에 대하여 말하는 것이라고 추측한다.[133] 비록 요한이 그의 독자들에게 "내가 이제 네게 구하노니 서로 사랑하자"라고 할 때 우리가 처음부터 가지고 있었던 계명에 대해서만 말하고 있는 것이나, 요한이서 5절은 좀 더 구체적이다. 요한일서와 같이 "사랑은 이것이니 우리가 그 계명을 따라 행하는 것이"다(요이 5b-6a). 그러나 이 시작은 토라가 보급되기 시작하는 것이 아닌, 기독교가 시작되고 예수의 복음이 시작되는 것을 가리키는 것일 수도 있어서, 달리 본다면 새로울 것이 없는 계명에 새로운 개념이 있는 것이다.[134] 한 번 더 요한은 상호 관계적인(reciprocal) 주장을 계속 한다: "계명은 이것이니 너희가 처

---

132 더 나아가 D. A. Carson, *The Difficult Doctrine of the Love of God* (Wheaton, Ill.: Crossway, 2001)을 보라. 특히 요일 4:8, 16에 대해서는 그의 "God Is Love," *Bibliotheca Sacra* 156 (1999): 131-42을 보라.

133 Jobes, *1, 2, & 3 John*, 94-96.

134 Urban C. von Wahlde, "The Theological Foundation of the Presbyter's Argument in 2 Jn (2 Jn 4-6)," *Zeitschrift für die neutestamentliche Wissenschaft* 76 (1985): 209-24.

음부터 들은 바와 같이 그 가운데서 행하라 하심이라"(6b절). 요한삼서에서 요한은 수신자인 가이오를 "참으로" 사랑한다(1절). 그러나 그는 그에게 "으뜸 되기를 좋아하는" 디오드레베를 주의할 것을 말한다(9절).[135] 두 가지 모두의 경우 다른 사람을 자기보다 우선시하거나 자신을 다른 사람보다 우선시하는 일이 계속된다. 이 둘 모두 "사랑"이라고 불릴 수 있지만 오직 전자의 경우만 그리스도인의 사랑에 적합하다.

요한계시록에서 요한이 처음으로 사랑을 사용하는 경우에, 예수가 우리를 사랑하고 "그의 피로 우리 죄에서 우리를 해방"한 일을 순서대로 말하면서 다시금 그리스도의 희생을 가리킨다(계 1:5). 정말 흥미롭게도, 이 책에서 일곱 교회를 말할 때 세 번 나오는 사랑 중에서 두 번은 요한의 표현에 의하면 가장 훌륭한 교회와 그렇지 않은 두 교회에 대한 설명에서 나온다. 빌라델비아 교회에 대하여 예수는 그들의 원수들에게 자신이 그들을 사랑하는 줄을 알게 할 것이라는 약속을 선언한다(3:9). 라오디게아 교회에게는 예수가 사랑하는 자를 책망하여 징계한다는 내용을 설명한다(19절). 세 번째 사용은 에베소 교회가 첫 사랑-이 문맥에서는 아마도 서로에 대한 사랑일텐데 왜냐하면 분리론자들에 대한 그들의 싸움 때문이다-을 잃어버렸다는 것에 대한 탄식에서 등장한다(2:4).[136] 책의 나머지 부분에서 "사랑"은 높게 평가하거나 흠모한다는 의미로 나온다. 12:11에 나오는 이들은 순교가 횡행할 때에도, 죽기까지 자기의 생명을 사랑하지 않기 때문에 그 환난을 이겨내고 자신이 참 제자임을 나타낸다. 20:9에서 요한은 하나님이 사랑하는 도시를 언급하는데 예루살렘을 가리키는 곳이리라 짐작된다. 반대로 22:15은 거짓

135 편지에서 편지로 이어지면서 나오는 요한 공동체의 발전에 대한 브라운(Brown)의 분석에 동의하지 않는 이들은 대개 적어도 어떻게 개인의 야망 하나로 너무 많은 교회가 분열되는지를 본다. 예를 들어 Margaret M. Mitchell, " 'Diotrephes Does Not Receive Us': The Lexicographical and Social Context of 3 John 9-10," *Journal of Biblical Literature* 117 (1998): 299-320을 보라.

136 Murphy, *Fallen Is Babylon*, 115-16. 피(Fee, *Revelation*, 27)는 여기서 요한이 의도적으로 모호하게 하고 있다는 낌새를 알아차리는데 왜냐하면 하나님에 대한 사랑과 같은 신자들에 대한 사랑은 서로 매우 가깝게 연결되어 있기 때문이다.

을 좋아하고 새 예루살렘 바깥에 거하는 이들에 대해 강조한다. 그러나 우리는 요한계시록에서 하나님이나 예수가 사랑으로 정의되는 곳을 찾을 수 없다. 그렇지만 요한의 세 문헌 모두에서는 사랑에 대하여 비록 비율상으로는 조금 다르나 기본적으로 같은 방법 혹은 같은 의미로 사용하는 곳이 계속 나온다; 이들 사이를 가르거나 전반적인 개념에서 이들이 다르다든지 혹은 다른 저자에게서 왔다고 합리적으로 말하기는 어렵다.

공의와 심판

하나님(그러므로 예수)은 사랑이나 그는 또한 공의로우며 재판장이다. 성경 말씀은 창세기 18:25에서부터 하나님을 정의를 행하며 세상을 심판하는 이와 동일시한다. 복음서 저자들 중 요한이 사랑에 대하여 가장 총체적으로 접근했던 것처럼 심판에 대해서도 가장 많이 말하고 있다. 이 주제에 대한 첫 번째 내용에서 요한은 예수가 이 세상을 정죄하기 위해서가 아니라 구원하기 위해서 왔으며 하나님을 거부하는 사람은 자기의 심판에 대하여 전적인 책임이 있다고 역설한다(3:17-18). 반면 "아버지께서 아무도 심판하지 아니하시고 심판을 다 아들에게 맡기셨"고(5:22), 그래서 실제로는 예수가 심판을 한다는 의미가 있다. 물론 심판이 정죄가 아닌 단순히 평가(assessment)를 가리킬 수도 있으나 예수가 심판하는 사람들 중 몇몇은 정죄를 받게 된다. 그러므로 3:17-18을 그리스도의 우위(preference)와 목적에 대한 선언으로 보는 것이 더 낫다. 비록 그를 거절하는 이들에게서 그를 영접하는 이들을 분리시키는 것이 그의 책무이나, 그의 열망과 의도는 가능한 한 많은 이들이 믿음을 가짐으로써 영생을 얻는 것이다. 결국 그분에 대한 응답으로 그들은 하나님을 받아들이거나 거부하는 것이다(5:23-24).[137]

137 "하나님이 보낸 아들을 믿지 않는 것은 자기 정죄와 다름없다; 하나님을 탓할 것이 아니라 불신자인 자신을 탓해야 한다. 인간이 책임을 져야하는 당사자이다; 아무도 믿기를 강요받지 않는다." Andreas Köstenberger, *John* (Grand Rapids: Baker, 2004), 130. 동시에, "요한복음

예수가 실제로 심판을 할 때, 그는 오직 아버지가 하는 대로 한다(5:19). 그러므로 아무도 감히 삼위일체 중 한 구성원에 의해 수행되는 심판을 다른 이에 의해 성취되는 것과 구별하려는 시도를 해서는 안 된다. 나중에 예수는 "내가 아무 것도 스스로 할 수 없노라 듣는 대로 심판하노니 나는 나의 뜻대로 하려 하지 않고 나를 보내신 이의 뜻대로 하려 하므로 내 심판은 의로우니라"라고 설명한다(30절). 8:13-18에서 그는 그의 심판의 적법성에 대한 증인으로서의 아버지를 재차 언급한다. 법적인 문제가 두 세 명의 증인을 통해 성립되어야 함을 말하는 신명기 19:15을 창조적으로 적용하면서 예수는 그 자신의 증언과 아버지의 증언을 들어 자신의 평결이 합당함을 말한다(17-18절). 우리는 한편으로는 아무도 심판하지 않는다는 그의 주장과, 다른 한편으로는 만약 그가 심판을 하는 경우 자기를 보낸 아버지와 함께 있기 때문에 그의 결정은 올바르다고 하는 이 둘 사이의 진동(oscillation)을 다시금 발견한다(8:15-16). 누구도 이것을 모순이라고 부르거나 혹은 부주의한 편집자가 가져 온 긴장이라고 형평성 있게 말할 수 없다.[138] 역설은 의도적이다; 공관복음에서처럼 요한복음의 모든 조각들에서, 예수의 주요한 사명은 잃어버린 자들을 구원하는 것이다. 그러나 요한은 심판 날에 예수가 자신에 대한 그들의 응답에 근거하여 인간의 영원한 운명에 대한 판결을 선언할 것이라는 것에 대해서 첫 세 복음서와 동의한다.[139]

요한복음 9:39은 예수가 실제로 이 세상에 심판하러 왔음을 확인하면서 이러한 이중 책임에 대해 다시 말한다. 여기서 맥락은 안식일에 나면서부터 맹인 된 자를 고친 바로 그 일 때문에 예수를 대적하는 바리새인들을 포함

에서 마지막 심판 때의 평결은 이미 결정되었을 것이다; 아버지의 생명의 심판은 아들에게 귀속되어 있으므로 그 안에 머무는 자들은 지금 그 생명을 지니고 있다" Thompson, *John*, 129.

138 마찬가지로 바렛(Barrett, *Gospel according to St. John*, 339)이 지적하듯이.

139 더 나아가 클링크(Klink, *John*, 407)는 그리스도가 누구도 심판하지 않는다고 할 때, 15절 상반절에서와 같이 예수가 그들을 "육체를 따라" 심판하지 않는 것을 의미할 수도 있다고 주장한다. 마지막 심판 때 사실로 판결나는 것은 또한 종종 그 전에 맞이할 이 세상에서의 심판의 결과와 같을 수도 있다.

한다. 이것은 그가 일찍이 피했던 역할보다 좀 더 광범위한 종류의 심판인데, 왜냐하면 그가 "보지 못하는 자들은 보게 하고" 보는 자들은 맹인이 되게 하려 함이라고 설명하기 때문이다. 그는 목적절의 전반부에서 언급한 문자적 의미의 시력에 대한 것에서부터 후반부의 영적인 시력으로 쉽게 전환하고 있다. 물론, 맹인에게 시력을 허락하는 것은 그가 영적으로도 행하는 일이다. 분명히 보는 누군가가 맹인이 된다 함은 본다고 위선적으로 생각하나 실제로는 보지 못하고 있는 자들만을 가리킬 것이다. 그러므로 바리새인들은 즉시로 예수가 자기들을 맹인으로 분류함을 알아채고(40절), 예수는 그의 비판을 "본다고 하니 너희 죄가 그대로 있느니라"라고 환언(rewords)한다(41절).[140]

12장은 요한복음에서 심판에 대한 예수의 생각의 정점을 가져온다. 하늘나라, 혹은 영생[141]의 도래가 이미인 동시에 아직인(already and not yet) 것과 마찬가지로 이 세상에 대한 심판도 그러하다. 31절에서 우리는 "이제 이 세상에 대한 심판이 이르렀으니 이 세상의 임금이 쫓겨나리라"는 것을 읽는다(14:30-31, 16:7-11 참조).[142] 분명 예수의 죽음과 부활 이후에도 세상은 여전히 타락했고 마귀는 계속 그의 더러운 일을 한다. 그러나 모두에 대한 최종

---

140 "이것은 은혜를 가져오기 위해 죄가 성립되어야 하고 이후 심판으로 전환되어야 한다는 계시의 역설이다. 은혜가 되기 위해 죄를 드러내야 한다; 이것을 거부하는 자는 자신을 죄에 묶는 것이고 이러한 계시를 통해 죄는 처음으로 결정적인(definitive) 것이 된다." Bultmann, *Gospel of John*, 341-42.

141 요한복음에서 "하늘나라"(kingdom)가 오직 세 번만 등장하고 "영생" 역시 제법 비슷하게 기능한다(functions)는 사실이 종종 지적되어 왔다. 이미 마가복음 10:17과 23-24에서 예수는 이 둘을 동일시하는 것처럼 보인다. 그러나 처음 볼 때보다 하나님 나라의 개념은 사실 요한복음에 좀 더 만연해 있다-요한복음에 나오는 예수의 아버지와의 관계와 그의 왕적 권세라는 주제, 그리고 공관복음에 나오는 하나님 나라의 신비, 이 둘 사이의 기능적인 대응들에서 그러하다. "영생"이 여기에 포함될 수 있겠으나 이것은 하나님 나라에 대한 요한의 직접적인 대응물은 아니다. Hannah F. Robinson, "The Fourth Gospel and the Mystery of the Kingdom of God" (Ph.D. thesis, Middlesex University, London, 2015)을 보라.

142 이에 대해서는 특히 Judith L. Kovacs, " 'Now Shall the Ruler of This World Be Driven Out': Jesus' Death as Cosmic Battle in John 12:20-36," *Journal of Biblical Literature* 114 (1995): 227-47을 보라. 또한 Torsten Löfstedt, "The Ruler of This World," *Svensk Exegetisk Årsbok* 74 (2009): 55-79 참조.

심판과 사탄의 최후의 죽음을 보증하는 결정적인 순간은 십자가에서 일어났다. 예수 역시 그곳에 어떤 것도 남겨두지 않는다. 이 장은, 그의 가장 중심적인 목적은 심판하기 위함이 아니라 구원하기 위한 것이라고 강조하면서, 그가 이 주제에 대해 가르친 장소로 다시 돌아오는 것으로 끝맺는다. 그럼에도 불구하고 아버지로부터 온 것이나 불신자들이 듣기를 거부했던 그의 말은 마지막 날에 바로 그 사람들을 정죄할 것이다(12:47-50).[143]

요한서신에서 심판은 작은 역할(a minor role)을 하지만 그렇다고 이것이 완전히 배제되어 있는 것도 아니다. 요한일서 3:8은 예수가 마귀의 일을 멸하려고 나타났음을 선언한다. 4:17은 사랑이 우리 안에서 온전히 이루어진 것은 우리가 "심판 날에 담대함을 가지게 하려 함"이라고 말한다. 의심할 바 없이 이것이 여기서 이 주제(공의와 심판-옮긴이)에 대한 별다른 사항이 없는 핵심적인 이유이다; 특별히 요한일서는 거짓 교사들로부터의 위험으로 둘러싸인 환경에서 구원에 대한 확신을 유지하도록 참 신자들을 돕기 위해 쓰였다. 이것이 인생에서 부분적으로 일치하는(overlapping) 시험이 있는 이유이다. 사실 여기에는 심오한 지혜가 있다. 한 사람의 믿음의 실재나 적합성을 의심하기가 쉬워서 요한은 사람들에게 그들의 사랑과 순종 역시도 돌아볼 것을 부탁한다. 자기의 행위(performance)에 너무 치중하는 이들에게 있어서 핵심은 믿음에 초점을 맞추는 것이다. 우리 중 몇몇은 너무 민감하기 때문에 요한일서 3:19은 이러한 시험들이 "우리 마음이 혹 우리를 책망할 일이 있어도" 우리 마음을 주 앞에서 굳세게 하는 것을 돕는 것이라고 설명한다. 우리 마음이 우리를 책망하지 않는다면, 우리는 "하나님 앞에서 담대함을 얻"는다(21절).[144]

---

143 "누군가가 예수의 말에 어떻게 반응하는지가 어떤 심판이 다가올지를 결정하는데, 왜냐하면 이 말씀은 아버지로부터 왔고 하나님의 육신이 된 말씀에 의해 선포되었기 때문이다" Thompson, *John*, 277.

144 I. Howard Marshall, *The Epistles of John* (Grand Rapids: Eerdmans, 1978), 197-98. 이 본문이 격려가 아니라 경고라는 관점에 대해서는 Chang Wook-Jung, "Main Thrust of the Sentence(s) in 1 John 3:19-20: Encouragement or Warning?" *Neotestamentica* 41 (2007):

요한서신과는 정반대로 요한계시록은 심판으로 가득하다. 결국 이 책은 우리가 아는 바와 같이 세상의 마지막 때에 대하여, 그리고 그 때까지의 일들을 묘사하는 묵시록이다. 일곱 교회 중 다섯 교회에 대한 일시적인 심판의 내용들이 2-3장에 걸쳐 나온다.[145] 4-5장은 홀로 마지막 때의 심판을 담은 두루마리를 열기에 합당한 어린 양, 즉 예수를 드러낸다. 일곱 인과 일곱 나팔, 그리고 일곱 대접 이 모두는 교회사 전반과 그리스도의 재림 직전 환난이 집중되는 시기 모두에 걸쳐 믿지 않는 세상을 향해 쏟아지는 하나님의 분노를 묘사한다(6-16장). 요한계시록 14:14-20은 마지막 심판에 대한 두 환상과 함께 나오는 임시적인 심판에 대한 내용들 사이에 등장하는 삽입극(interludes)으로 땅의 수확과 포도주 틀이 짓밟히는 것에 대하여 다룬다.[146] 17-18장은 이 세상이 보아왔듯이 큰 재물, 정권, 그리고 우상 숭배에 몰두하면서 성도들을 핍박하는(사 14와 겔 28 참조)[147] 고대의 사악한 제국으로 묘사되는(혹은 더 나아가 일 세기의 경우 로마와도 같은) 바벨론의 큰 음녀에게 내려질 심판을 공개한다. 이 제국은 또한 거대한 규모로 노예를 사고 팔며 인신매매를 계속한다(계 18:13).[148] 이렇게 사악한 세상의 체계 때문에 신약의 남은 다

97-111을 보라.

145 오직 서머나 교회와 빌라델비아 교회만 심판의 위협을 받지 않는다. 그러나 서머나 교회는 빌라델비아 교회와는 다른 방법으로 핍박을 겪을 것인데 그들의 신실함의 정도와는 상관이 없어서 이것이 하나님의 주권적 선택이거나 악한 인간들의 예측 못할 행동으로 인한 것, 혹은 이 둘 모두로 인한 것일 수 있다는 점을 각인시켜 주는 중요한 내용이다!

146 혹은 아마도 14-16절은 모든 나라와 족속과 백성과 방언에서의 사람들이 회심한다는 약속의 성취로 취급되어야 할 것이다. 특히 Richard Bauckham, *The Climax of Prophecy: Studies in the Book of Revelation* (Edinburgh: T&T Clark, 1993), 238-337을 보라. 또한 Allan J. McNicol, *The Conversion of the Nations in Revelation* (London: T&T Clark, 2011) 참조.

147 수많은 연구들이 요한계시록이 반제국주의(anti-imperial)를 강조하는 것에 대해 공정하게 다루려고 애쓴다. 합리적으로 균형 잡힌 결론을 내리면서도 여전히 날카로운 가장자리를 유지하고 있는 연구로는 Michael J. Gorman, *Reading Revelation Responsibly: Uncivil Worship and Witness; Following the Lamb into the New Creation* (Eugene, Ore.: Cascade, 2011)이다. 또한 J. N. Kraybill, *Apocalypse and Allegiance: Worship, Politics and Devotion in the Book of Revelation* (Grand Rapids: Brazos, 2010)와 David A. deSilva, *Unholy Allegiances: Heeding Revelation's Warning* (Peabody, Mass.: Hendrickson, 2013) 참조.

148 이에 대하여 특히 Craig R. Koester, "Roman Slave Trade and the Critique of Babylon in

른 증언들에서보다 믿는 자들이 그들과 멀어질 것을 더욱 권고 받고 있다(계 18:4).[149] 그러나 사실 이 역시 그들이 하나님의 말씀을 타락한 세상에 전파한 이후에야 오는 일이다.[150] 마침내 그리스도의 재림은 그에 대항하여 전쟁을 벌인 군대들에 대한 심판과 살육으로 귀결된다(19:11-21). 천년왕국 이후 사악한 죽은 자들이 심판과 정죄를 받을 큰 흰 보좌 심판이 등장한다(20:11-15). 요한계시록 11:18은 이와 같은 심판을 예고하는 것으로 보인다.[151]

때때로 비평가들은 6:10에서와 같은 의견을 반 그리스도인(sub-Christian)적이라고 비난해왔다. 여기서 순교자의 영혼들은 "거룩하고 참되신 대주재여 땅에 거하는 자들을 심판하여 우리 피를 갚아 주지 아니하시기를 어느 때까지 하시려 하나이까"라고 울부짖는다. 그러나 이와 같은 성경의 모든 애가(laments)와 같이 정의를 향한 부르짖음은 그들이 하나님께 호소할 때 항상 합당한 것인데, 구약이 반복해서 증언하듯이 복수는 그에게 속한 것이기 때문이다(특히 신 32:35와 시 94:1). 오직 하나님께 속한 복수를 우리의 손으

Revelation 18," *Catholic Biblical Quarterly* 70 (2008): 766-86.

149 특히 J. Nelson Kraybill, *Imperial Cult and Commerce in John's Apocalypse* (Sheffield: Sheffield Academic Press, 1996)을 보라. 또한 Robert M. Royalty Jr., *The Streets of Heaven: The Ideology of Wealth in the Apocalypse of John* (Macon, Ga.: Mercer University Press, 1998)와 Mark D. Mathews, *Riches, Poverty, and the Faithful: Perspectives on Wealth in the Second Temple Period and the Apocalypse of John* (Cambridge: Cambridge University Press, 2013) 참조. 이 주제가 요한문헌의 나머지 부분에서는 두드러지게 나오지 않으나 요한복음에는 반제국주의적 자세에 대한 힌트들이 분명히 나온다(특히 Warren Carter, *John and Empire: Initial Explorations* [London: T&T Clark, 2008]을 보라. Lance B. Richey, *Roman Imperial Ideology and the Gospel of John* [Washington, D.C.: Catholic Biblical Association of America, 2007]와, 소유나 재물을 자신보다 더 필요한 사람을 위해 적합하게 사용할 필요에 대한 힌트가 각기 등장하는 서신서(요일 3:17-18; 신 15:7-8 참조)를 참조).

150 "요한은 외딴 곳에 있는 소규모 공동체를 위해 더 큰 사회를 포기하는 것을 옹호하지 않는다. 대신 그는 생명나무의 잎사귀의 치유하는 능력으로 표현되고 있는 하나님의 말씀이라는 수단으로 그 오류 많은 대도시를 변화시킬 것을 제안한다. 이 방법이 실패해야만 비로소 그는 그들의 믿음에 위협적인 상황에서 멀리 떨어질 것을 선택한다." Oliver O. Nwachukwu, *Beyond Vengeance and Protest: A Reflection on the Macarisms in Revelation* (New York: Peter Lang, 2005), 248.

151 Grant R. Osborne, *Revelation* (Grand Rapids: Baker, 2002), 445.

로 취하려고 할 때에만 우리가 죄를 짓는 것인데 왜냐하면 우리가 절대로 그것을 완전히 공의롭게 행할 수 없기 때문이다. 오히려 우리는 비폭력적인 저항과 비 참여(nonparticipation)로 부름을 받았다.[152] 복수를 위한 기도 역시 이것이 자신을 위해서가 아닌 고난 받는 사람들의 무리 전체를 위한 것일 때 특히 합당하다.[153] 요한문헌에서 그리스도를 통해 심판 날에 완전한 공의를 가져오는 하나님의 모습은 비록 강조점은 다르나 일관적(consistent)이다. 더욱이 요한문헌에 나오는 심판은 마지막 심판에 대한 구약의 가르침들(사 66:15-24; 겔 39; 단 12:1-4)과 깊은 지속성을 지닌다. 구약이 주로 심판에 대한 것이고 신약이 대부분 사랑에 대한 것이라고 생각하는 자들은 기독교 성경의 주요 부분 모두에 나오는 가르침의 다양성에 대해 익숙하지 않은 것이다! 게다가 심판과 은혜와 같이 사랑과 정의 모두는 서로를 필요로 한다. 스몰리(Stephen Smalley)가 설명하는 것처럼, "이 드라마를 지휘하는 신학적 역동성은 하나님의 진노는 그의 은혜와 떨어질 수 없으며 궁극적으로 그의 심판은 그의 백성들의 구원으로 인도한다는 것이다. 그러므로 요한의 마지막 단어(21절)가 차별에 대한 것이 아닌 사랑에 대한 것으로 마치는 것도 우연이 아닐 것이다.[154]

---

152 Mark Bredin, *Jesus, Revolutionary of Peace: A Nonviolent Christology in the Book of Revelation* (Carlisle: Paternoster, 2003)와 Ryan L. Hansen, *Silence and Praise: Rhetorical Cosmology and Political Theology in the Book of Revelation* (Minneapolis: Fortress, 2014) 참조. 고먼(Gorman, *Reading Revelation Responsibly*, 151)은 "역사에서 인간 존재-적어도 하나님의 백성인 자-들의 역할은 [그의] 심판에 예언적으로 선언하는 것이나 어떤 식으로든 그것을 시행하는 것은 아니다"라고 말한다.

153 재차 말하지만 *Reading Revelation Responsibly*, 156-58에 나오는 고먼(Gorman)의 빈틈없는 통찰을 참조. 무스보스비(Joel Nobel Musvosvi, *Vengeance in the Apocalypse* [Berrien Springs, Mich.: Andrews University Press, 1993])는 그의 백성들의 원수들에 대한 공의 없이는 하나님은 그들에게 신실하다고 보여질 수 없다고 덧붙인다. 하나님의 복수에 대하여 즐거워하는 것에서 "여기에는 복수하려는 태도는 전혀 존재하지 않는다. 즐거워하는 것과 영광의 노래는 신 중심이지 인간 중심인 것은 아니며, 법적(juridical)/예배적(liturgical)인 초점을 드러낸다. 하늘의 주와 성도들은 주로(primarily) 하나님의 나라가 우주적인 실재가 되었고 마침내 하나님의 원수들에게 공의가 임했다는 이유로 인해 즐거워한다"(279쪽).

154 Smalley, *Revelation to John*, 587. 또한 Richard Bauckham, "Judgment in the Book of Revelation," in *The Book of Revelation: Currents in British Research on the Apocalypse*,

속죄

사랑과 공의는 그리스도의 속죄에서 만난다. 예전 세대의 학자들은 종종 요한이 하나님의 진리를 드러내는 자신의 역할에만 초점을 맞추기 때문에 거기에 어떤 중요한 속죄의 신학이 존재한다는 것을 부정했다.[155] 오늘날에는 이 같은 관점이 매우 불완전하다는 것이 점차 인식되고 있다.[156] 예수를 하나님의 어린 양이라고 일컫는 세례 요한의 두 번의 가르침(1:29, 36)은 유대 희생 제도를 사용하여 그가 "세상 죄를 지고 가는" 자라고 말한다(29절). 그러므로 요한복음 3:16에서 하나님이 자기의 독생자를 주는 것은 20:23에서 죄 용서를 선포할 수 있는 제자들의 능력과 같이 이와 동일한 체계(system)를 전제하고 있다. 요한복음 6:51은 그가 내어 줄 "세상의 생명을 위한" 그의 살(flesh)에 대하여 말한다. 요한복음 10:15에서 예수는 자기 양을 위하여 목숨을 버릴 것을 약속한다. 그리고 예수가 "위로 들릴 것"을 말하는 구절은 십자가에서의 죽음을 넘어서 그의 부활과 승귀까지 포함하고 있지만 그렇게 해서 십자가의 현실을 생략하지는 않는다. 예수의 십자가에서의 죽음으로부터 시작하여 하늘에 있는 그의 아버지에게 되돌아가는 것으로 절정에 이르기까지의 사건들의 총체가 그에게 오는 모든 이들의 구원을 위해 필요한 전제 요소를 제공한다.[157]

---

ed. Garrick V. Allen, Ian Paul, and Simon P. Woodman (Tübingen: Mohr Siebeck, 2015), 55-79와 W. Gordon Campbell, "Facing Fire and Fury: One Reading of Revelation's Violence in the Context of Recent Interpretation," in Allen, Paul, and Woodman, *Book of Revelation*, 147-73 참조.

155 전통적으로 Rudolf Bultmann, *Theology of the New Testament* (New York: Charles Scribner's Sons, 1955), 2:54.

156 John Dennis, "Jesus' Death in John's Gospel: A Survey of Research from Bultmann to the Present with Special Reference to the Johannine Hyper-Texts," *Currents in Biblical Research* 4 (2006): 331-63에 나오는 자세한 개관을 보라.

157 이것에 대하여 책 한권 분량으로 연구한 것은 John Morgan-Wynne, *The Cross in the Johannine Writings* (Eugene, Ore.: Pickwick, 2011)을 보라. 더 나아가 D. A. Carson, "Adumbrations of Atonement Theology in the Fourth Gospel," *Journal of the*

요한일서는 신약성경에서 유일하게 '힐라스테리온'(*hilastērion*)과 어원이 같으며 "속죄" 혹은 "대속 제물"로 번역될 수 있는 '힐라스모스'(*hilasmos*, 2:2, 4:10)를 사용한다. 요한일서 2:2에서 요한은 예수가 여전히 모두 유대교 신자였던 제자들 뿐만 아니라 온 세상을 위한 구원을 가능하게 함을 강조한다. 4:10에서 요한은 이 희생을 "우리 죄를 속하기 위"한 것이라고 구체화한다. 비슷한 평행이 나오는 1:7, 9 그리고 2:1(차례로 2:2를 소개하는)은 반복해서 약속되어 있는, 우리의 죄로부터 깨끗하게 되는 것이, 동일한 방법으로 성취되었음을 시사한다. 1:9은 특히 중요한데 이 구절이 그리스도인이 죄를 범한 이후 주와의 교제를 회복하는 방법-자신의 잘못을 고백 혹은 인정(아마도 시 32:5나 잠 28:13을 암시하는)-하는 것에 대해 설명하기 때문이다.[158] 3:16은 우리로 하여금 복음이 우리에게 가르친 것을 기억하게 한다: 예수가 자기 목숨을 우리를 위해 내어 놓았으니 우리도 마땅히 다른 이를 위해 그렇게 해야 한다. 이 모든 구절들은 속죄가 요한과는 별개라는 것이 동떨어진 이야기임을 보여준다. 그러므로 우리가 3:5에서 "그가 우리 죄를 없애려고 나타나"셨다는 것을 읽을 때, 불트만(Bultmann)의 영향이 정점에 도달했을 때처럼 우리는 요한계시록을 구원과 대항시키지 말아야 한다.[159] 논의되고 있는 것은 성육신에서 십자가와 부활로 귀결되는 그리스도의 사역 전체이다.[160]

요한계시록 1:5은 예수가 십자가를 통한 그의 죽음을 가리키는 환유(metonymy)로써 기능하는 그의 피로 "우리 죄에서 우리를 해방하"였다는 사

Evangelical Theological Society 57 (2014): 513-22; Jintae Kim, "The Concept of Atonement in the Gospel of John," *Journal of Greco-Roman Christianity and Judaism* 6 (2009): 9-27; Max Turner, "Atonement and the Death of Jesus in John," *Evangelical Quarterly* 62 (1990): 99-122 그리고 Bruce Grigsby, "The Cross as an Expiatory Sacrifice in the Fourth Gospel," *Journal for the Study of the New Testament* 15 (1982): 51-80 참조.

158 Ed Glasscock, "Forgiveness and Cleansing according to 1 John 1:9," *Bibliotheca Sacra* 166 (2009): 217-31.

159 Rudolf Bultmann, *The Johannine Epistles* (Philadelphia: Fortress, 1973), 50.

160 더 나아가 Jintae Kim, "The Concept of Atonement in 1 John: A Redevelopment of the Second Temple Concept of Atonement" (Ph.D. diss., Westminster Seminary, Philadelphia, 2003)을 보라.

실을 분명하게 선언한다. 5:9에 나오는 하늘의 찬양은 죽임을 당하여 "각 족속과 방언과 백성과 나라 가운데에서 사람들을 피로" 산 어린양 예수에게 박수갈채를 보낸다. 다른 말로 하면 십자가에서 흘린 그리스도의 피 때문에 구속받은 사람들이 세상의 모든 민족적, 언어적, 그리고 지정학적 지역으로부터 나타난다.[161] 묵시 문학의 주요한 요소인 선명한 비유를 통해 이제 하나님의 백성의 옷은 어린 양의 피로 씻겨졌고 희게 되었다(7:14). 문자적으로 불가능한 것(피가 옷을 하얗게 만드는)이 정확히 요한의 환상에서 일어난 일인데 왜냐하면 핵심은 예수의 죽음이 지닌 구원의 중요성이기 때문이다. 이것은, 비록 신자들이 순교할지라도 예수가 그러했듯이 승리했는데 왜냐하면 죽음은 그들이 하나님과 영원히 사는 것을 막거나 방해하지 못하기 때문이다. 12:11은 어린양의 피로써 마귀를 밟는 그들의 승리에 대한 또 다른 선명한 선언으로 이러한 논점을 잘 이해시킨다. 다시 한번 예수가 대신 죽은 것과 그의 죽음과 부활이 성취한 승리를 강조하는 속죄에 대한 전통적인 관점 사이에 갈등은 없다; 사실 요한은 이 둘을 같이 말하고 있다.[162]

161 천국의 다민족적인 모습은 교회가 바로 이 다양성을 본받기 위해 애써야 할 필요가 있음을 암시한다. 특히 Justo L. González, *For the Healing of the Nations: The Book of Revelation in an Age of Cultural Conflict* (Maryknoll, N.Y.: Orbis, 1999)을 보라. 연구들에 대한 탁월한 모음집은 David Rhoads, ed., *From Every People and Nation: The Book of Revelation in Intercultural Perspective* (Minneapolis: Fortress, 2005)을 보라.

162 더 나아가 Craig R. Koester, "Why Was the Messiah Crucified? A Study of God, Jesus, Satan, and Human Agency in Johannine Theology," in *The Death of Jesus in the Fourth Gospel*, ed. G. van Belle (Leuven: Leuven University Press and Peeters, 2007), 179-80을 보라. 존스(Loren L. Johns, *The Lamb Christology of the Apocalypse of John: An Investigation into Its Origins and Rhetorical Force* [Tübingen: Mohr Siebeck, 2003], 204-5)는 모든 형태의 승리주의가 "악에 대한 비폭력적인 저항"으로 대체되면서 "여기에 심오한 신학적 쟁점"이 있음을 말한다. 그리스도인들이 악에 대하여 폭력적으로 대응하는 것이 바른 것인지에 대한 것은 논쟁이 되고 있으나 많은 사람들은 때때로 이것이 최후의 수단으로써 악한 선택 사항들 중에서 가장 덜 악한 것일 수 있음을 느낀다. Matthew Streett, *Here Comes the Judge: Violent Pacifism in the Book of Revelation* (London: T&T Clark, 2012) 참조.

추가적 발견들(Further Observations)

요한의 기독론은 다른 어떤 성경 저자들과 마찬가지로 풍성하다. 예수는 완전한 하나님이나 역시 완전한 인간이다. 우리는 요한의 저작들에서 이 중 어느 한 가닥으로만 치우친 곳을 거의 발견할 수 없다. 아마도 신성에 대한 예수만의 자기계시에 대한 가장 분명한 징표는 불타는 떨기나무에서 모세에게 계시(출 3:14)된 신적 이름-"스스로 있는 자"("I am")-에 대한 명백한 암시가 나오는 요한복음 8:58일 것이다.[163] 우리는 또한 유대 지도자들이 신성 모독죄로 그를 돌로 치려고 시도하게 만든 "나와 아버지는 하나이니라"는 그의 선언과[164] 마침내 부활한 그리스도를 본 도마의 결정적인 선포인 "나의 주님이시요 나의 하나님이시니이다"(20:28)도 주목해야 한다. 그렇다면 요한이 그의 복음서 도입부에서 "본래 하나님을 본 사람이 없으되 아버지 품 속에 있는 독생하신 하나님이 나타내셨느니라"라고 선언하면서 예수의 신성에 대한 그의 가르침을 요약하고 있는 것은 놀랍지 않다(요 1:18; 출 33:20을 생각해 보라).[165] 반면에 예수의 인성에 대한 그림에 추가하는 것은 4:6-7에

---

163 비록 몇몇 학자들은 사 41:4; 43:10, 13; 48:12; 51:12에 나오는 '아니 후'(*anî hû*, "내가 그이다") 선언이 예수의 말에 대한 좀 더 영향력 있는 배경으로 자리한다고 본다. 특히 Catrin H. Williams, *I Am He: The Interpretation of 'Anî Hû' in Jewish and Early Christian Literature* (Tübingen: Mohr Siebeck, 2000)을 보라. 이러한 주장에도 있는 다소 간접적인 성향에 대하여는 James F. McGrath, *John's Apologetic Christology: Legitimation and Development in Johannine Christology* (Cambridge: Cambridge University Press, 2001), 103-16을 보라. 전반적인 "나는…이다" 선언에 대하여는 특히 David M. Ball, *"I Am" in John's Gospel* (Sheffield: Sheffield Academic Press, 1996)와 Paul N. Anderson, "The Origin and Devleopment of the Johannine *Egö Eimi* Sayings in Cognitive-Critical Perspective," *Journal for the Study of the Historical Jesus* 9 (2011): 139-206을 보라.

164 이에 대하여는 Darrell L. Bock, *Blasphemy and Exaltation in Judaism and the Final Examination of Jesus* (Tübingen: Mohr Siebeck, 1998), 25을 보라. 10:30에서 쉐마(Shema)에 대한 가능성 있는 암시에 대하여는 Bauckham, *Gospel of Glory*, 32-33을 보라.

165 좀 더 문자적으로 예수는 "요한이 그를 전례 없는 방법으로 드러내는 것을 가능하게 하는, 비길 수 없는 예수와 아버지와의 친밀함"을 전달하는 차원에서 "아버지 품 속에 있다. 이러한 표현은 친밀함에 대해 가능한 한 가장 위대한 정도를 표현하는 관용어로써의 기능을 한다." Köstenberger, *Theology of John's Gospel and Letters*, 382. 마이어스(Alicia D. Myers, "'In

나오는 그의 배고픔과 갈증, 나사로의 무덤 앞에서의 분노(11:33 HCSB, NAB, NLT), 십자가 앞에서의 괴로움(12:27), "보라 이 사람이로다"(19:5 KJV)라는 빌라도의 유명한 선언, 그리고 십자가에 못 박힌 예수의 옆구리를 찌르니 이제 막 이뤄진 그의 참된 인간적 죽음을 상징하는 물과 피가 쏟아져 나온 것(19:34)이다.[166]

서신서에서 우리는 요한이 예수를 "그는 참 하나님이시요 영생이시라"고 부르는 요한일서 5:20의 마지막 부분에서 좀 더 오래 머물러야 한다. 예를 들어 마샬(I. Howard Marshall)은 이 하나님이 영지주의자들의 하나님과 다른 부분에 대하여 다차원적인 내용들을 설명한다.[167] 예수의 인성을 입증하기 위해 우리는 예수가 물로만 온 것이 아니라 물과 피로 왔다(6절)는 반영지주의적(혹은 적어도 반가현적[antidocetic]) 주장에 대해 자세히 설명해야 한다. 다른 말로 하면, 예수는 단지 자기의 세례 때 신적이게 되었고(become divine) 그의 죽음 전에 그의 신성을 포기했던 것이 아니라 그는 진실로 그의 세례 전부터 그리고 십자가에서 죽기 직전까지, 단순히 신적 존재일 뿐만 아니라 완전한 인간이었다.[168]

우리는 더 나아가 요한계시록에서 똑같은 보좌에 좌정한 아버지의 역할을 대체하지 않으면서 어떻게 어린 양이 하나님과 그리스도에 대한 요한의 환상에 나오는 보좌의 가장 중심부에 놓여져 있는지를 발견한다(5:6, 7:17).[169]

---

the Father's Bosom': Breastfeeding and Identity Formation in John's Gospel," *Catholic Biblical Quarterly* 76 [2014]: 481-97)는 여기서 '콜포스'(*kolpos*)가 이러한 위대한 친밀함의 예가 될 수 있는 (은유적인) 모유 수유를 가리키는 것이라고 믿는다.

166 요한복음의 예수의 인성에 대하여는 특히 Marianne Meye Thompson, *The Humanity of Jesus in John's Gospel* (Philadelphia: Fortress, 1988)을 보라.

167 Marshall, *Epistles of John*, 253-54.

168 Kruse, *Letters of John*, 178. 이에 대해, 물에서 온 것은 오직 개인적 계시만을 가리키는 것으로 예수의 죽음의 중요성을 제거한다는 것과 이에 반해 물과 피로써 온다는 것은 예수의 죽음의 중요성에 대한 정통적인 전통을 실현시킨다는 이 둘의 차이를 흥미있게 다루는 것으로 Tom Thatcher, " 'Water and Blood' in AntiChrist Christianity (1 John 5:60)," *Stone-Campbell Journal* 4 (2001): 235-48을 보라.

169 Osborne, *Revelation*, 255 참조.

그러나 단지 치명적인 부상을 당한 것처럼 보였으나 바로 상처가 나은 예수의 패러디인 바다에서 나온 짐승(13:3)과 달리 예수는-완전한 인간이자 하나님으로서-실제로 죽임을 당하고 부활했다. 그는 힘없는 연약한 인간 아기의 상태로 태어났지만 마귀가 그를 삼키지 못하도록 부활과 승귀를 통해 하늘로 올려졌다(12:1-6). 더 나아가 바울에서와 같이 예수의 신성은 여호와에 대한 구약의 본문들과 자기를 동일시하는 여러 번의 경우를 통해 표현된다.[170] 가장 놀랄만한 예 중의 하나는 알파와 오메가, 처음이요 나중, 즉 언제나 존재한 이로 하나님과 예수를 이중적으로 동일시하는 것이다(1:8, 17; 21:6; 22:13).

흥미롭게도 보어윈드(Stephen Voorwinde)는 요한복음에 나오는 예수의 감정들을 좀더 일반적으로 그의 신성과 인성 모두에 연결시킴으로써 다른 기독론적 분류들 역시 예수의 두 본성 중 어느 하나에만 깔끔하게(neatly) 떨어지지 않는다는 사실을 상기시켜 준다.[171] 그의 인성과 신성 모두를 아우르듯, 그는 잠언 8-9장으로부터 시작하여 유대 배경 문헌에 나오는, 의인화된 지혜의 여러 역할을 감당하는 '샬리아흐'(*shaliach*), 즉 보냄을 받은 자(요 3:34; 4:34; 5:23-24 등등)이다.[172] 그는 아버지와 구분되기에 아버지는 그의 하늘의 역할을 포기하지 않으면서 예수를 이 땅에 보낼 수 있다. 그러나 그는 오직 아버지가 하는 것과 그에게 명한 것만을 시행하므로 아버지와 하나이다. 우리가 이 결합에 성령에 대한 요한의 가르침을 추가하면, 우리는 신약성경 어디에서든 말하는 삼위일체적 사고의 시작을 위한 완전한 기본을 갖게 될

170 이 근거 중 일부는 Brandon D. Smith, "The Identification of Jesus with YHWH in the Book of Revelation: A Brief Sketch," *Criswell Theological Review* 14 n.s. (2016): 67-84을 보라.

171 Stephen Voorwinde, *Jesus' Emotions in the Fourth Gospel: Human or Divine?* (London: T&T Clark, 2005).

172 Witherington, *John's Wisdom*, 18-27을 보라. 또한 Cornelius Bennema, *The Power of Saving Wisdom: An Investigation of Spirit and Wisdom in Relation to the Soteriology of the Fourth Gospel* (Tübingen: Mohr Siebeck, 2002); Sharon H. Ringe, *Wisdom's Friends: Community and Christology in the Fourth Gospel* (Louisville: Westminster John Knox, 1999) 참조.

것이다. 슈넬(Udo Schnelle)은 결론을 내리기를,

> 전체적으로 볼 때 요한의 기독론은 종합적인 내용으로 규정된다: 선재와 성육신, 십자가로의 보냄과 승귀/영화는 사랑이라는 개념과 교차한다. 세상의 근원 이전의 아들에 대한 아버지의 사랑은 17:24-25에 나온 대로 아들이 온 것과 세상을 향한 사랑으로 동기가 된 그의 십자가로의 여정과 꼭 일치한다(3:13-14, 16; 10:17; 13:1).[173]

성취

요한복음

요한은 그렇게 풍요로운 기독론을 어디에서부터 가져오는 것일까? 바꿔 말하면, 요한이 이러한 기독론을 예수 자신에게 접목시키고 심지어 이중 일부는 나사렛에서의 역사적 인물에게까지 거슬러 올라갈 수 있나면, 예수는 이것을 어디서부터 얻을까?

조화되는 개념

다른 복음서들과 우리가 살펴 본 거의 모든 책들의 핵심 본문들에서 드러나듯이 요한복음에서도 한 구절이 두드러진다. 미심쩍어하는 회중에게 전하는 그의 첫 번째 확장된 메시지 한 가운데서 예수는 안식일에 병을 고친 그의 권위를 예루살렘의 종교 지도자들에게 변호한다(5:16-47). 예수는 그

173 Udo Schnelle, "Cross and Resurrection in the Gospel of John," in *The Resurrection of Jesus in the Gospel of John*, ed. Craig R. Koester and Reimund Bieringer (Tübingen: Mohr Siebeck, 2008), 150. 그러나 요한이 바울이나 아니면 서신서 저자들 대부분보다 성육신을 강조한다는 것은 여전히 사실이다. Frank J. Matera, *New Testament Theology: Exploring Diversity and Unity* (Louisville: Westminster John Knox, 2007), 316-17.

들이 히브리 성경에 깊은 조예가 있음을 알고 그들을 꾸짖는다: "너희가 성경에서 영생을 얻는 줄 생각하고 성경을 연구하거니와 이 성경이 곧 내게 대하여 증언하는 것이니라 그러나 너희가 영생을 얻기 위하여 내게 오기를 원하지 아니하는도다"(39-40).[174] 요한은 다른 신약 저자들과 마찬가지로 예수 사역의 매 조각들이 구약성경에 기초하고 있음을 이해한다. 관련된 표현은 다를지 모르나 개념은 마태복음 5:17에 나오는 율법과 선지자를 완전하게 한다는 예수의 말씀과 매우 비슷하다. 산상수훈에서처럼 예수는 그의 가르침과 율법 사이의 연속성(continuity)과 불연속성(discontinuity) 모두를 말하나 다시 말하지만 불연속성이 좀 더 중요한 것으로 드러난다.[175] 이 조합은 요한복음 5장에 유일한 안식일에 대해서도 적용되지 않는다. 예수는 어떻게 안식일을 어기는 것이 정당화될 수 있는지를 지적하려고, 어린 아이가 난지 팔일이 되면 그렇게 하라는 명령에 순종하기 위해 안식일에 어린 아이를 할례시키는 유대 관습에 대해 나중에 호소할 것이다(요 7:22; 창 17:10-13).

보컴(Richard Bauckham)은 요한복음이, 먼저는 구약에서 암시적인 의미로 그러고 나서는 그의 당대에 좀 더 완전하고 종말론적인 의미로 적어도 두 번 인용하는, 성취를 나타내는 아홉 가지의 개념들을 주시한다. 이들은 은혜(1:16), 율법 대(versus) 은혜와 진리(1:17), 모세 대 예수 그리스도(1:17; 5:45; 9:28-29), 모세가 쓴 것 대 예수가 말한 것(5;47), 예루살렘에서의 예배 대 영과 진리로 하는 예배(4:21-24), 내 아버지의 집(2:16, 14:2), 낮은 포도주 대 좋은

174 "육신이 되어 앞 못 보는 세상에 의해 처참하게 멸시를 받고 고난과 죽음에 놓이는, 말씀의 영광의 가장 위대한 전시를 보기 위해 왔던 그리스도인들은, 다윗의 인생에서 발견하는 비슷한 점을 강조하고 거기서 다윗의 '모형'(typology)을 구성했던 모자이크의 일부를 발견할 수 밖에 없었다." Carson, *Gospel according to John*, 470. 또한 이같이 더 큰 담화 내에 나오는 성경의 증언에 대하여는 also Urban C. von Wahlde, "The Witnesses to Jesus in John 5:31-40 and Belief in the Fourth Gospel," *Catholic Biblical Quarterly* 43 (1981): 385-404을 보라.

175 슈넬(Schnelle, *Theology of the New Testament*, 683)은 이것을 잘 설명하였다: "요한은 어떤 경우에도 성경의 지위를 상대화하지 않으나, 그리스도에 대한 사건의 시간적, 객관적 우선순위의 틀 안에서 그것을 매우 중요하게 여긴다: 그리스도에 대한 증인으로서, 성경은 하나님의 아들에 대한 참 지식을 해석하고 깊게 한다."

포도주(2:10), 만나 대 하늘로부터 온 참 양식(6:31-32), 그리고 (참) 포도나무(15:1)이다.[176] 여전히 더 많은 연속성과 불연속성이 예수가 성경을 "폐하지" 못하는 권위로 언급하는 10:35에 나오지만 이렇게 해서 남아있는 다른 권위들을 어리둥절하게 하는 본문의 창조적 해석을 지지한다. 카니(Saeed Hamid-Khani)는 요한복음 5:39이 열쇠라는 것에 동의하며 이를 사용해 요한복음 전반의 구약 사용을 요약한다.[177] 복음서의 서문에 위치한 1:17은 요한이 그리스도인에 대한 율법의 역할을 어떻게 이해하는지 소개한다. 율법은 은혜와 진리에게 자리를 내주었고 심지어 은혜는 이미 있는 은혜 위에 더하여진다. 그리고 복음서의 나머지 부분이 예수의 성육신, 죽음, 그리고 부활의 맥락에서 율법의 다양한 방면을 다시 설명하면서 이러한 개념들을 드러낸다.[178] 그러고 나서 5:39-40은 단 한 마디로 이 모든 것을 요약한다.

우리는 이미 어떻게 주요한 기독론적 분류 모두가 구약에 뿌리를 두는지 보았고 계속해서 동일하게 요한의 시대 때의 성경에 근거를 두는 복음서의 핵심 주제들을 볼 것이다. 만약 우리가 다른 중심적 본문을 고려한다면 고대 유대의 미드라쉬, 특히 '예라메데누 라베누'(*yelammedenu rabbenu*, 우리의 선생이 우리를 가르치게 하라)로 알려진 형태와 같은 맥락으로 구성되어 있는 요한복음 6:26-51에 나오는 생명의 떡 담화 전체를 발견할 수 있을 것이다.[179]

---

176 Bauckham, *Gospel of Glory*, 122. 또한 G. Charles A. Fernando, *The Relationship between "Law" and "Love" in the Gospel of John* (Frankfurt am Main: Peter Lang, 2004) 참조.

177 Saeed Hamid-Khani, *Revelation and Concealment of Christ: A Theological Enquiry into the Elusive Language of the Fourth Gospel* (Tübingen: Mohr Siebeck, 2000), 121. 슈차드(Bruce G. Schuchard, *Scripture within Scripture: The Interrelationship of Form and Function in the Explicit Old Testament Citations in the Gospel of John* [Atlanta: Scholars, 1992], 155-56)에게 "요한은, 구약 전체가 그의 복음서의 더 큰 그림을 신중하고도 확고하게 설명함으로써 예수를 증언한다는 그의 확신을 전달하기 위해 구약 본문을 사용한다(5.39, 45-46). 그러므로 예수는 성경 전체를 성취하였고 그 자신이 성경의 궁극적인 의의(significance)이다."

178 Sean F. Winter, "The Rhetorical Function of John's Portrayal of the Jewish Law," in *Torah in the New Testament: Papers Delivered at the Manchester-Lausanne Seminar of June 2008*, ed. Michael Tait and Peter Oakes (London: T&T Clark, 2009), 94-95.

179 미드라쉬로써의 이 담화에 대한 논의 전체는 Peder Borgen, *Bread from Heaven: An*

이 형태는 첫 번째 본문(주로 모세오경에서)의 간략한 주해로 시작하여 두 번째 본문(주로 선지서나 성문서에서)의 좀 더 자세한 설명으로 이어지며 이후엔 다시 원래 본문으로 돌아와 이에 대한 추가적인 간략한 주해로 마무리한다. 요한복음 6:26-51에 나오는 이 구조를 지배하는 두 본문은 출애굽기 16:4과 이사야 54:13이다. 회중 스스로 하늘에서부터 양식을 내려 백성을 먹인 모세에 대한 질문을 던진다(또한 느 9:15와 시 78:24-25 참조). 예수의 대답 모두는 자신이 그 생명의 떡-모세가 올 것이라고 예언했고(신 18:15-18) 후기 유대 전통이 광야에서 하나님의 백성들에게 떡을 준 기적을 되풀이할 것이라고 믿었던 종말적 선지자(Pesiq. Rab. Kah. 5:8, Num. Rab. 11:2, Ruth Rab. 5:6, Eccl. Rab. 1:9)-라는 그의 주장을 강화한다.[180]

개별적 본문들

실제적으로 요한복음에서 성경의 성취(fulfillment)를 가리키는 용어를 첫 번째로 사용하는 사례는 예수가 정말 많은 이적들을 행한 이후에도 그를 믿기를 거절했던 자들에 대하여 이사야 53:1("주여 우리에게서 들은 바를 누가 믿었으며 주의 팔이 누구에게 나타났나이까")을 완성하기 위함이라는 12:38에 나온다. 이 구절은 공관복음에도 나오는 몇 가지 다른 성경구절의 인용들이 나오는 장(chapter) 안에서 특별히 요한만 인용하고 있는 구절이다(요 12:13, 15, 그리고 38을 보라). 이렇게 성취에 관한 명백한 구절을 추가함으로써 요한은 그가 이어받은 전통에서부터 단순히 이러한 개념을 차용(adopting)하는 것이 아니라 그것을 완전히 이해하고 있음을 시사한다. 그는 또한 공관복음서가 그러했듯이, 메시아를 가리키기 위해 이사야서의 종의 노래의 절정(52:13-53:12)에 나오는 구절을 사용하는 적법성을 인지하고 있다.[181]

Exegetical Study of the Concept of Manna in the Gospel of John and the Writings of Philo (Leiden: Brill, 1965), 특히 28-98에 있다.

180 Keener, *Gospel of John*, 1:682n189.

181 Jonathan Lett, "The Divine Identity of Jesus as the Reason for Israel's Unbelief in John

13:18에서 예수는 시편 41:9을 왜 그의 말이 열 두 제자 모두를 가리키는 것이 아닌지를 설명하기 위해 예표론적으로(typologically) 응용한다; 그는 그들 중 하나가 자기를 배반할 것을 알고 있다.[182] 유다가 마지막 만찬에 참여했다는 것은 다윗의 아들이 역시 그와 함께 식탁 교제를 나눴던 자의 손에 의해 배신당하는 맥락에서, 다윗과 함께 먹은 그의 핵심 대적 세력에 대한 시편의 구절("내 떡을 먹는 자가 내게 발꿈치를 들었다")을 다시 인용하는 것을 더욱 통렬하고 적합하게 만든다.[183] 15:25에서 이 세상이 예수를 미워하고 거부하는 것을 통해서 성경이 성취되고 있음을 그 자신이 역설하고 있다. 예수가 "그들이 이유 없이 나를 미워하였다"고 선포할 때 그는 시편 35:19와 69:4 중 하나 혹은 둘 모두를 자유롭게 인용하고 있는 것처럼 보인다.[184]

구약을 인용하는 또 다른 덩어리는 십자가와 연관되어 19장에 등장한다. 이번에는 그들 사이에서 그의 옷을 나눠가지는 군인들과 연관하여 요한이 성취에 대해 설명한다(24절; 시 22:18 참조). 28절에서 요한은 예수가 "내가 목마르다"라고 말한 것이 성경을 응하기 위함이라고 말한다. 그것과 연관된 구체적인 구약 본문이 없지만 아마도 예수는 다윗이 심한 갈증으로 그의 혓바닥이 그의 입천장에 닿았다는 시편 22:15이나 그의 갈증을 위해 초(vinegar)를 마시게 하였다는 시편 69:21의 요점을 요약하고 있는지도 모른

12:36-43," *Journal of Biblical Literature* 135 (2016): 159-73.

182 졸라(Nicholas J. Zola, "'The One Who Eats My Bread Has Lifted His Heel against Me': Psalm 41:10 in 1QHa 13.25-26 and John 13:18," *Perspectives in Religious Studies* 37 [2010]: 407-19)는 똑같은 종류의 예표론이 쿰란 공동체 지도자에게 적용되는 내용은 사해사본의 하박국 주석에 등장한다는 것을 보여준다.

183 Carson, *Gospel according to John*, 470 참조. 대부분은 요한복음에 강조된 "다윗의 아들"을 보지 못할 것이나 단순히 용어의 빈도를 넘어서서 다윗이라는 사람이 예표론적으로 성취되는 흔적들(signs)에까지 가 본다면 훨씬 더 많이 볼 수 있을 것이다. 예를 들어 Gary T. Manning Jr., *Echoes of a Prophet: The Use of Ezekiel in the Gospel of John and in Literature of the Second Temple Period* (London: T&T Clark, 2004); Margaret Daly-Denton, *David in the Fourth Gospel: The Johannine Reception of the Psalms* (Leiden: Brill, 2000)을 보라.

184 비슬리 머레이(Beasley-Murray, *John*, 276)는 시편 69편이 신약성경 저자들에 의해 훨씬 더 많이 파헤쳐지기 때문에 여기서의 출처도 마찬가지일수 있다고 말한다.

다.[185] 마찬가지로 36절은 요한이 그리스도의 뼈가 하나도 상하지 않을 것이라는 사실과 함께 성경의 (예표론적) 성취를 선언하는 화자(narrator)임을 드러낸다(시 34:20; 또한 출 12:46과 민 9:12 참조).[186] 그러나 전반적으로 요한은 다른 공관복음서들이 그러한 것처럼 뚜렷하게 구약성경을 인용하는 많은 구절들을 가지고 있지 않다. 하지만 암시(allusions)나 반향(echoes)의 수준에서는 그가 자신의 성경을 사용하는 것이 지배적이다.[187]

종종 신약의 다른 곳에서처럼 요한도 그가 어떤 구절을 염두에 두고 있는지 드러내지 않으면서 성경이 성취됨을 가리킬 수 있다. 17:12에서 요한은 예수가 아버지에게 멸망의 자식만 빼고는 그의 제자들 모두를 지켰는데 "이는 성경을 응하게 함이니이다"라고 기도하는 장면을 묘사한다. 그가 일찍이 시편 41:9를 사용하는 것과 같은 맥락에서 그는 다시금, 열한 제자를 그가 지킨 것 보다는 성경을 성취하는 유다의 배반을 염두에 두고 있는지도 모른다.[188] 또한 요한은 두 번에 걸쳐서, 예수의 말이 그가 일찍이 가르친 것의 성취라고 생각한다. 첫 번째는 요한이 앞서 6:39에 나오는 예수가 그에게 허락된 자들 중 하나도(유다가 진실로 택함 받거나 하나님으로부터 허락되지 않았음

185 다시금 시편 69에 대한 암시가 더욱 안전한지도 모르는데 왜냐하면 비슷한 암시가 빈번하고 요한의 이야기에 초(vinegar)도 많이 등장하기 때문이다(요 19:29). 요한이 그리스도의 생애에 있었던 사건들과 부분적인 평행을 찾기 위해 성경을 면밀하게 탐색할 수 있다는 것은 그가 성경에 기반하여 자료를 개발해 내는 것이 아님을 증명한다; 그가 그렇게 했다면 그 짝들은(matches) 훨씬 더 좋았을 것이다. 그러나 주어진 역사적 사건이 그로 하여금 비록 일부에 불과하더라도 성경과의 대응 구절을 찾게 하는 것이다. Douglas J. Moo, *The Old Testament in the Gospel Passion Narratives* (Sheffield: Almond, 1983), 278 참조.

186 수난 이야기에서 성취에 대한 인용 구절이 나오는 평범하지 않은 덩어리는 왜 메시아가 죽어야 했는지에 대한 초기 유대 기독교의 변증과 연관지어야 할지도 모른다. David E. Garland, "The Fulfillment Quotations in John's Account of the Crucifixion," in *Perspectives on John: Method and Interpretation in the Fourth Gospel*, ed. Robert B. Sloan and Mikeal C. Parsons (Lewiston, N.Y.: Edwin Mellen, 1993), 229-50을 보라.

187 특히 Claus Westermann, *The Gospel of John in the Light of the Old Testament* (Peabody, Mass.: Hendrickson, 1998)와 A. T. Hanson, *The Prophetic Gospel: A Study of John and the Old Testament* (Edinburgh: T&T Clark, 1991)을 보라.

188 Beasley-Murray, *John*, 299.

을 생각하면서) 잃어버리지 않을 것이라는 약속을 다시 언급하고 있는 18:9이다. 두 번째는 유대 권력자들이 빌라도에게 자기들은 스스로 예수를 처형할 수 없음을 상기시킴으로써 로마인들이 그에게 십자가형을 주도록 하여, 이것이 예수가 자신이 어떻게 죽을 것인지에 대하여 일찍이 말한 것을 성취하는 것이라고 설명하는 18:32이다. 흥미롭게도 요한은 공관복음서에서, 그가 십자가에서 죽을 것이라고 하는 예수의 말이라고 적어도 세 번 언급하는 것을 보고하지 않는다(마 20:19, 23:34, 26:2). 이곳은 요한이, 비록 그것에 대하여 많이 말하지 않기로 결정하면서도, 공관복음 전통에 대해 잘 알고 있음이 분명해지는 많은 곳들 중 단지 한 곳이다.[189] 게다가 버틀러(Johannes Beutler)는 성취의 언어가 요한이 복음서 나머지 부분에서보다 공관복음 전통에 많이 의존하고 있는 수난 담화에 훨씬 더 많이 있다고 설명한다. 요한 자신의 신학을 위해서는 어떻게 성경 전체가 예수를 증언하는지가 이것을 개별적으로 증언하는 구절들보다 더 중요하다.[190] 하지만 동시에 요한은 히브리 성경의 개별 구절들이 예언적 성취를 형성한다는 것에 동의하며 그렇지 않았다면 그는 그러한 구절들을 그렇게 포함시키지 않았을 것이다. 그의 이야기가 그리스도의 십자가에 점점 가까워질수록 "심지어 유대인들의 거부조차도 성경을 이루는 것"이라는 사실을 더욱 강하게 강조해야 함을 요한도 알고 있었다는 것은 의심할 바 없다.[191]

예수와 유대 명절들

그렇지만 요한이 성취의 주제를 나타내는 아마도 가장 놀라운 방법은 명절 기간의 예수의 사역에 대한 그의 이야기들에 있을 것이다. 공관복음에서

189 이에 대하여는 특히 Richard Bauckham, "John for Readers of Mark," in *The Gospels for All Christians: Rethinking the Gospel Audiences*, ed. Richard Bauckham (Grand Rapids: Eerdmans, 1998), 147-72을 보라.

190 Johannes Beutler, "The Use of 'Scripture' in the Gospel of John," in Culpepper and Black, *Exploring the Gospel of John*, 147-62.

191 Köstenberger, *Theology of John's Gospel and Letters*, 301.

어른 예수가 예루살렘으로 가는 유일한 때는 그의 생애 마지막 유월절 만찬을 위해서이다. 그러나 모든 건강한 유대인 남자는, 만약 그가 실제 그곳으로 여행할 수 있을 정도로 그 곳에서부터 충분히 가깝게 살고 있다면, 일 년에 세 번 주요 명절을 지키기 위해 예루살렘에 가야 했었다. 그러므로 요한이 그랬었다고 말할 때 마다 예수가 예루살렘에 있었을 것이라는 사실은 전적으로 가능성이 있는 것이다. 그러나 먼저 그가 이 순례를 행한 우리가 아는 바 유일한 이유는 요한이 역사적으로 보충할 수 있는 자료를 전달하기 위함이 아니라 예수가 명절의 완성임을 나타내기 위함이다.[192]

첫 번째 예는 5:1의 이름이 붙여지지 않았으나 아마도 유월절이나 장막절로 추정되는 명절에서 나온다.[193] 그러나 이 여정의 중요성은 예수가 안식일에 행한 다리 저는 자를 고치는 기적(2-9절)을 둘러싸고 있다. 그의 행동에 대한 예수의 변호는 17절에 나오는 그의 경구(epigram)인 "내 아버지께서 이제까지 일하시니 나도 일한다"와 함께 요약된다. 분명히 하나님이 창조의 주간 일곱째 날에 쉬었을지라도, 이스라엘의 역사 속에서 매주 그렇게 쉬지는 않았다. 그의 섭리와 구속의 손은 다른 어느 날과 같이 토요일의 매 순간에도 강력했다. 그러나 하나님은 인간에게 매주 마지막 날에 쉴 것을 명령했고 그래서 예수가 어떤 식으로든 자신을 하나님과 동일시하지 않는다면 그의 변호는 의미가 없어진다. 그러므로 우리는 18절에서 "유대인들이 이로 말미암아 더욱 예수를 죽이고자 하니 이는 안식일을 범할 뿐만 아니라 하나님을 자기의 친 아버지라 하여 자기를 하나님과 동등으로 삼으심이러라"는 것을 읽는다.[194]

---

192 특히 Gerry Wheaton, *The Role of Jewish Feasts in John's Gospel* (Cambridge: Cambridge University Press, 2015)을 보라. 위튼(Wheaton)은 요한복음의 예수는 "종말론적 목표이자 성전 예배의 정점이며 그래서 유대교의 절정"(185쪽)인데 이것은 신적 정체성을 공유하는 이를 통해서만 가능한(186쪽) 것이라고 결론을 내린다.

193 Moloney, *Gospel of John*, 167 참조.

194 다시금 O'Neill, "Making Himself Equal with God," 50-61을 생각해 보라. 여기에 나오는 역동성을 다루는 책 한권 분량의 연구는 Michael H. Burer, *Divine Sabbath Work* (Winona

오천 명을 먹인 사건과 그 이후의 일은 예루살렘에서 일어나지 않았지만 이것은 요한이 거룩한 날 혹은 그러한 기간을 성취하는 것으로 언급하는 두 번째 이야기이다. 사복음서 모두에 기록된 기적임에도 불구하고 오직 요한만 "유대인의 명절인 유월절이 가까운지라"라고 설명한다(요 6:4). 유월절은 오직 무교병에 대한 것인데 왜냐하면 이스라엘 백성들은 그들이 만들고 있던 빵의 반죽이 부풀기 전에 이집트를 떠나야 했었기 때문이다. 예수의 생명의 떡에 대한 담화는 이러한 맥락에 맞게 만들어진 옷(tailor)이다.[195] 예루살렘 밖에서 일어난 명절 성취에 대한 이 이야기 이후에 예수는 이러한 유형의 남은 예들을 위해 예루살렘으로 돌아간다. 7:38에서 그는 생명수를 주고 8:12와 9:5에서는 자신을 세상의 빛이라고 부른다. 이 모든 일이, 예배가 암흑 속에서 진행되는 마지막 날, 예수가 그의 절정의 선언을 하는(7:37)[196] 바로 그 날을 제외하고, 거대한 나뭇가지 모양의 촛대로 비쳐지는 성전에서 드리는 매일 예배로 강조되어 일주일 동안 이어지는 축제인 장막절에 일어난다. 제사장들 역시 매일 규칙적으로 실로암 못에서부터 물병을 들고서 "그러므로 너희가 기쁨으로 구원의 우물들에서 물을 길으리로다"(사 12:3)라고 외치며 진행하였다. 예수는 그의 구속을 생명수의 공급과 연결시킬 뿐만 아니라 맹인에게 실로암 못에 가서 스스로 씻으라고 명한다(요 9:7). 예수는 정확하게 그 명절이 축하하는 것을 자신이 제공할 수 있음을 말하고 있는 것이 분명하다.[197]

Lake, Ind.: Eisenbrauns, 2012)을 보라.

195 Carson, *Gospel according to John*, 269. 그러나 유월절을 성취하는 예수는 이 주요 본문에만 국한되지 않는다. Porter, *John, His Gospel, and Jesus*, 198-224을 보라. 그러나 포터(Porter)는 19:14가 이같은 묘사의 일부라고 주장하는 흔한 실수(common mistake)를 범하고 만다.

196 아카기(Kai Akagi, "The Light from Galilee: The Narrative Function of Isaiah 8:23-9: 6 in John 8:12," *Novum Testamentum* 58 [2016]: 380-93)는 갈릴리에 대한 이사야 9:1의 예언적 언급이, 예수의 선언에 대한 배경의 일부를 형성하면서 스며있는 그 이야기의 개연성과 결합되어, 어떤 선지자도 갈릴리로부터 오지 않는다는 무리의 주장을 반하고 있다고 생각한다(요 7:52).

197 Joel Marcus, "Rivers of Living Water from Jesus' Belly (John 7:38)," *Journal of Biblical Literature* 117 (1998): 328-30; Ridderbos, *Gospel of John*, 292. 이러한 성취들에 대한 의논

마지막으로 수전절, 혹은 하누카(Hanukkah) 기간에(10:22) 예수는 성전의 무리에게 선한 목자와 그의 양에 대한 이야기를 한다. 이 이미지는 10:1-21에 이미 나오지만 예수는 26-27에서 이것을 계속 언급한다: "너희가 내 양이 아니므로 믿지 아니하는도다 내 양은 내 음성을 들으며 나는 그들을 알며 그들은 나를 따르느니라." 우리가 보았듯이, 이것은 삯꾼 혹은 고용인(요 10:12), 그리고 심지어 강도들(1, 8, 10절)과 은연중에 비교되는, 에스겔 34-36에 나오는 메시아적 목자에 대한 묘사이다.[198] 그러나 예수는 또한 양 우리의 문이다(9절, 시 118:20 참조). 그는 문지기이자 이상적인 목적지로 가는 길이다. 그리고 요한의 서문에서처럼 참 빛은 온 세상에 비추고 있었으나(1:9), 먼저는 그 자신의 민족인 유대인들에게였다. 그렇더라도 그들 중 대부분은 그를 "영접하지 아니하였"다(11절).

다른 예표론들: 성전과 "나는…이다" 선언들

유대 명절의 성취와 비슷한 것이 유대 성전의 성취이다. 정확히 이 말을 사용하지 않으면서도 요한복음 2:13-25는 새로운 혹은 참된 하나님의 성전으로써의 예수를 제시한다. 그의 죽음과 부활에서 그는 성전의 목적을 그 자신을 통해 완수한다. 이것이 만약 그의 대적자들이 "이 성전"을 헐면 그가 삼일 만에 일으킬 것이라고(19절) 말할 수 있는 이유이다. 다른 말로 하면 그는 성전-죄를 용서하는 희생을 위한 단 하나의 특별한 장소-의 궁극적인 목적을 그 자신의 대속적 희생을 통해 성취한다.[199] 그러나 이 개념은

을 포함하는 책 한권 분량의 연구는 Mary B. Spaulding, *Commemorative Identities: Jewish Social Memory and the Johannine Feast of Booths* (London: T&T Clark, 2009)을 보라.

198 제이 바룩(Second Baruch) 77:11-16은 율법을 물, 빛, 그리고 목자에 비교하는데 이것은 예수가 요한복음 7-10에서 자신을 가리켜 사용하는 세 가지 은유와 놀랍게 평행을 이룬다. 반면 데너트(Brian C. Dennert, "Hanukkah and the Testimony of Jesus' Works [John 10:22-39]," *Journal of Biblical Literature* 132 [2013]: 431-51)는 주요 평행을 예수가 기적을 행하는 자였다는 것과 하누카가 마카비 혁명을 둘러싼 기적들과 성전의 재 정결을 축하했다는 사실에서 발견한다.

199 이에 대해 특히 Paul M. Hoskins, *Jesus as the Fulfillment of the Temple in the Gospel of*

단지 이 한 구절에만 국한되지 않는다. 요한의 서문에서 말씀은 그의 사람들 가운데 "거한다"(tabernacles, 1:14). 사람들이 예수를 통해 보는 영광은 그의 성전으로 되돌아오는 하나님의 영광을 반영하는 것일 수도 있다(겔 43:1-4).[200] 예수는 야곱의 사다리를 재현할 것을 약속하면서(51절) 새로운 벧엘(하나님의 집)이 된다. 예수는 4:21-24에서 유대와 사마리아 예배를 위한 거룩한 성전 산들 모두를 대체하며 우리는 이미 어떻게 "생수"(7:38)와 "세상의 빛"(8:12)이 성전 의식과 연합될 수 있는지를 보았다. 분명히 14:2의 "내 아버지의 집"은 사람들의 마음에 성전을 불러일으킨다. 거할 곳이 많다는 것은 예수와 더불어 제자들과 그를 따르는 모든 자들에게 임하여 그들에게 영원히 거할 성령 하나님에 대한 전조(presage)이다.[201] "참된 예배는 새로운 성전에서 드린다; 임시적인 지리적 장소가 이제 예수 개인에 의해 대체되었다."[202] 성경에는 이런 구절들이 만연하여 요한복음에 나오는 이야기에 대한 커(Alan Kerr)의 행동적 분석은, "유대인들"의 반대에도 불구하고 이스라엘과 성전을 향한 구원과 심판 모두를 전달하려는 예수에 대해 탐구하는 "보조자"(Helper)로서, 그의 구조주의적 도표(diagram) 안에 히브리 성경을 위치시킬 정도이다.[203]

마지막으로, 요한복음에 나오는 유명한 "나는…이다" 언급 또한 예표론적(typological) 성취를 반영한다. 예수는 매우 쉽게 "내가 새 성전이다"라고

John (Milton Keynes: Paternoster, 2006). Jacob Chanikuzhy, *Jesus, the Eschatological Temple: An Exegetical Study of Jn 2,13-22 in the Light of the Pre-70- Eschatological Temple Hopes and the Synoptic Temple Action* (Leuven: Peeters, 2012) 참조.

200 나는 2017년 10월 개인적인 자리를 함께 가졌던 매튜슨(David L. Mathewson)에게 이 통찰의 빚을 지고 있다.

201 이것들과 또한 다른 언급들에 대하여는 Mary L. Coloe, *God Dwells with Us: Temple Symbolism in the Fourth Gospel* (Collegeville, Minn.: Liturgical, 2001) 전체를 보라.

202 Stephen T. Um, *The Theme of Temple Christology in John's Gospel* (London: T&T Clark, 2006), 190.

203 Alan R. Kerr, *The Temple of Jesus' Body: The Temple Theme in the Gospel of John* (London: Sheffield Academic Press, 2002), 100.

말할 수도 있었지만 우리는 그가 이런 특정한 용어를 사용한 기록을 가지고 있지 않다. 하지만 우리에게는 연이어 서술부가 따라오는 일곱 개의 다른 "나는…이다" 선언이 있다. 이 대부분은 성경에 분명한 뿌리를 둔다. 생명의 떡은 하나님이 이스라엘 백성들에게 공급했던 만나(출 16:4)에 그 배경이 있다. 이스라엘은 이미 세상의 빛이 되어 있었다(사 42:6, 49:6). 하나님은 이스라엘의 남은 자를 하나의 양 우리에 모으며 더욱이 예수는 이 양들의 문이며 이 우리에 들지 않은 다른 양들을 같이 데려올 것이다. 또한 그는 이스라엘의 지도자들이 자기보다 양 떼들을 돌보는 목자(시 78:70-72; 렘 23:2; 겔 34:2)로 불렸던 것처럼 선한 목자이다. 예수가 길이요 진리요 생명이듯이 "여호와의 길은 그의 진리 안에 거하는 것이며 이것은 생명의 길로 인도한다"(시 86:11; 렘 21:8). 그리고 이스라엘은 하나님의 포도원(사5:7)이며 예수는 또한 참 포도나무이다.[204] 태브(Brian Tabb)는 요한복음에 있는 완성(fulfillment)에 대한 명백하고 암묵적인 예들을 정확하게 찾아낸다: 성경 구절들은 개별적으로, 또한 하나의 연합체로써 예수의 죽음과 부활을 통하여 "그 명확하고 종말론적인 의미를 드러낸다."[205]

요한서신

요한서신은 아마 훨씬 더 영지주의적(유대 성경과 근본적으로 분리되어 있던)이기 때문에 구약의 성취 그 자체에 대한 어떤 예도 포함하지 않고 있다. 게다가 일반적으로 구약의 사용 빈도가 복음서에서부터 급격하게 줄어들고 있다. 이것은 아마도 서신서가 그만큼 유대인들과의 논쟁으로 형성되지 않아서 그런지도 모른다. 이 대신 폰 왈데(Urban von Wahlde)는 아마 "저자가 구약의 증거가 모호하다고 느꼈을 것이"라고 생각한다. 그는 "만약 반대자들의

---

204 이 모든 비교들은 Anderson, *Riddles of the Fourth Gospel*, 191을 보라.

205 Brian J. Tabb, "Johannine Fulfillment of Scripture: Continuity and Escalation," *Bulletin for Biblical Research* 21 (2011): 504.

입장이 구약의 근거에 대한 해석에 기초하고 있었다면 자기주장을 단순히 구약에 근거하여 변호하려고 하는 것은 위험했었을 것이다. 그러나 저자가 구약을 알고 있고 더욱이 이를 통해서 논지를 전개한다는 것에는 의심할 여지가 없다."라고 주장한다.[206] 여기서 폰 왈데(Urban von Wahlde)가 보여주는 예는 요한일서 3:12-18에 나오는 가인과 아벨의 이야기이다. 더욱이 요한은 세대의 전환이 도래했다는 것을 여전히 인식하고 있음을 드러낸다. 그가 "태초에"를 사용한 것은 창조로부터 거슬러 올라가 구약성경, 혹은 한편으론 율법을 주는 것, 다른 한편으론 예수가 온 것과 교회 시대의 시작까지 포함할 수 있어 의도적으로 모호하게 한 것으로 보인다.[207] 그러므로 그의 첫 번째 서신의 첫 구절부터, 요한은 아마도 창세기 1:1까지 거슬러 올라가야 하는 "태초부터 있는" 것에 대하여 말한다. 그렇다 하더라도 구약에는 없었던 새로운 무언가가 최근에 발생하기 시작했다. 하나님의 아들, "예수 그리스도"(3절)인 "생명의 말씀"(1:1)이 왔고 요한과 그와 함께했던 자들로 하여금 그를 듣고, 보고, 자세히 보고 만지는 것을 가능하게 했다(1, 2, 3절). 그러므로 서로 사랑하라는 계명은 구원사의 두 세대 모두(2:7-8)를 나타내는 옛 것과 새 것 모두이다. 요한이 그의 회중이 이것을 "처음부터" 가지고 있었다고 말할 때, 그가 율법의 시기, 성육신의 시기, 각 교회 구성원의 그리스도인으로서의 생활의 시작 시기, 아니면 이들 중 둘, 혹은 셋의 시기를 같이 보고 있었는지 확신하기는 어렵다.[208]

새 시대가 왔기 때문에 요한은 "지금은 마지막 때"(2:18a)-다니엘의 종말론과 하나님의 백성들의 대적자 사탄이 일어나는 것으로 인해 우리가 아는 바 인류사의 마지막 시기-라고 선포할 수 있다.[209] 이것은 1세기에도 거짓

---

206 Urban C. von Wahlde, *The Johannine Commandments: 1 John and the Struggle for the Johannine Tradition* (New York: Paulist Press, 1990), 203-4.

207 Georg Strecker, *The Johannine Letters* (Minneapolis: Fortress, 1996), 8-11.

208 Judith M. Lieu, *I, II & III John: A Commentary* (Louisville: Westminster John Knox, 2008), 76-79에 나오는 신중한 논의를 보라.

209 Gregory K. Beale, "The Old Testament Background of the 'Last Hour' in 1 John 2:18,"

교사들 역시 장차 올 한 명의 "적그리스도"를 기대하고 있기 때문에 "적그리스도들"이라고 불릴 수 있음을 의미한다(18b절).[210] 그러고 나서 요한은 돌아서서 이러한 교사들이 일어난 것으로 인해 마지막 때가 왔음을 추정할 수 있다(18c절). 이러한 논리는 타락한 영역(circle)을 만든다고 비난받을 수 있었으나 만약 요한이 거짓 가르침의 옹호자들(하나님의 기름 부은 자를 알고 따른다고 공언하는 자들 중에서)이 양적으로나 질적으로(다른 시기의 그런 자들과) 다르다는 것을 알고 있다면, 그 영역은 악하지 않다. 이것은 사실 어떤 영역(circle)이 아니라 나선형의 구조(spiral)이다.[211] 메시아가 마지막 때를 개시하면서 왔기 때문에, 우리는 그 자체로부터 전례 없는 적의(hostility)가 올 것을 예상해야 한다. 우리는 이제 그러한 적의를 보고서 마지막 때가 시작되었음을 더욱 확신할 수 있다. 아마도 이와 비슷한 논리가 예수를 완전한 인간으로 인정하지 않는 많은 속이는 자들이 교회를 떠났다고 하는 요한이서 7절에 깔려있을 것이다. 그러고 나서 요한은 "이런 자가 미혹하는 자요 적그리스도니"라고 선언한다. 하지만 여기에 관사(the deceiver and the antichrist-옮긴이)는 일반적이거나 분류적인 것일 것인데 왜냐하면 여러 개개인들이 문자적으로 한 사람일 수 없기 때문이다.[212] KJV, CJB, 그리고 NLT는 이에 맞춰 "미혹하는 자요 적그리스도"("a deceiver and an antichrist"[혹은 "anti-Messiah"])라고 번역한다.

요한서신의 성취에 대한 마지막 요소는 다양한 핵심 주제들의 대부분이 그 배경을 구약의 가르침에서 찾는다는 사실이다. 스몰리(Stephen Smalley)는

Biblica 92 (2011): 231-54. 다른 곳에서 그는 "요한서신은 종말이 이미 역사 속에 침투해 들어왔다는 정확한 인식을 드러낸다"고 말하는데 왜냐하면 특별히 이 구절이 적그리스도를 언급하기 때문이다. G. K. Beale, *A New Testament Biblical Theology: The Unfolding of the Old Testament in the New* (Grand Rapids: Baker, 2011), 146.

210 이 인물에 대하여는 특히 Bernard McGinn, *Antichrist: Two Thousand Years of the Human Fascination with Evil* (San Francisco: HarperSanFrancisco, 1994)을 보라.

211 William W. Klein, Craig L. Blomberg, and Robert L. Hubbard Jr., *Introduction to Biblical Interpretation*, 3rd ed. (Grand Rapids: Zondervan, 2017), 239-41 참조.

212 Yarbrough, *1-3 John*, 344. 적그리스도에 대한 요이 7과 요일 4:2의 일치(congruence)는 Matthew D. Jensen, "Jesus 'Coming' in the Flesh: 2 John 7 and Verbal Aspect," *Novum Testamentum* 56 (2014): 310-22을 보라.

요한의 회중이 당면한 두 가지 방면의 "공격"-헬라 세계로부터 온 영지주의(혹은 가현설) 뿐만 아니라 유대 세계로부터의 핍박과 추방까지-을 강조한다.[213] 그러므로 구약성경을 통해 요한의 관점을 정당화시키는 것이 중요했을 것이다. 리외(Judith Lieu)는, 이 세 편지의 여러 구절들이 죄, 고백, 그리고 용서에 대한 구약 가르침(특히 출 34:6에서)의 주해를 통해서 그러한 정당화로 볼 수 있다고 믿는다; 가인, 죄, 그리고 공의(창 4:1-16); 그리고 어둠, 무지, 그리고 넘어짐(특히 사 6:9-10). 그녀는 이 편지들이 단지 유대적인 것이 아니라 오히려 "성경의 해석과 적용에 관한 전통"을 반영하고 있음을 제안한다.[214]

요한계시록

요한계시록은 "성취"로 해석될 수 있는 단어 몇 개만 나올 뿐이고 그들 모두가 시대의 전환을 다루는 것도 아니다(예를 들어 17:17). 그러나 이 묵시록이 예수의 출현으로 야기된 역사 속 핵심적인 전환에 대해 알고 있다는 것에는 의문의 여지가 없다. 심지어, 십자가상의 그리스도의 일을 떠나서, 아버지 하나님도 타락한 인류에 대한 최후 심판이 담겨 있는 두루마리를 그리스도의 재림 직전에 열 수 없거나 열지 않을 것이다. 그러므로 요한계시록 5장은 아무도 두루마리의 인봉을 떼어서 열어 보기에 합당하지 않다는 것으로 시작하고 이것은 요한으로 하여금 대성통곡하게 만든다(3-4절). 하지만 그는 어린 양인 사자, 즉 다윗의 뿌리가 두루마리와 인봉을 열 수 있다고 들은 후 잠잠해진다(5절). 이때부터 해서 첫째로는 교회사 대부분의 특징인 심판이 나오고(6:1-8)[215] 이어서는 양적으로나 질적으로 역사 속에서 전에 보았던 것과 서로 크게 떨어져 있는(stand apart) 일들과 함께 마지막 날이 시작되

213 Stephen S. Smalley, *1, 2, 3 John* (Waco, Tex.: Word, 1984), xxiii.

214 Judith Lieu, "What Was from the Beginning: Scripture and Tradition in the Johannine Epistles," *New Testament Studies* 39 (1993): 461.

215 Mounce, *Book of Revelation*, 140.

었다(6장에서, 그리고 이미 12-17절에 나오는 것을 보라). 나팔과 대접 심판은 모세의 때 애굽에 내렸던 재앙과 유사하나, 대접 심판이 당시 살아있는 그리스도인들이 거기서부터 보호받는 것을 제외하고는 어떤 제한도 없는 반면 나팔 심판은 이 땅의 삼분의 일에 계속적으로 영향을 미친다.[216]

일곱 째 천사가 일곱 번째 대접을 쏟아 부을 때 하늘 보좌로부터 큰 음성이 "되었다(It is done)"라고 외친다(16:17).[217] 그때 하나님은 그의 마지막 심판을 "큰 성 바벨론"이라 불리는 강하고 사악한 제국에 대하여 쏟아 붓는다(19절). "성취하다"라는 단어를 전혀 사용하지 않고서 요한은 우리가 역사의 절정에 도달했음을 분명히 했다. 그러고 나서 17장은 일곱 언덕들의 도시(9절), 로마와도 연관이 되는 그 제국의 멸망을 돌아보고 18장은 무엇이 심각하게 잘못되었었는지를 반추한다. 19:17-18은 아마겟돈 전투의 준비와 함께 16:16이 떠난 곳에서 다시 시작한다. 그러나 이것은 정상적인 이 땅의 전쟁이 아니고 재림 예수가 그의 대적들을 한순간에 파멸하는 전투이다(19-21절).[218] 누군가 20장을 어떻게 이해하느냐는 이것이 그리스도의 초림을 회상하는 것으로 시작하는지의 여부에 달려있다. 하지만 이 책을 읽으면 영원한 상태-새 하늘과 새 땅-는 21-22장에 등장하고 이것은 피조물에 대한 하나님의 궁극적인 계획을 나타낸다. 여기에 이사야 65:17에 처음 소개된 미

---

216 더 나아가 Gary Hall, "The Plagues of Exodus in the Book of Revelation," in *Dragons, John, and Every Grain of Sand: Essays on the Book of Revelation*, ed. Shane J. Wood (Joplin, Mo.: College Press, 2011), 33-44을 보라.

217 이것('게고넨'[*gegonen*])은 요한복음 19:30의 '테텔레스타이'(*tetelestai*)와 같은 헬라어가 아니지만 여기서 그 누구도 십자가에서 예수의 이 울부짖음을 떠올리지 않을 수 없다. "하나님의 공의가 그의 피조 세계에 마침내 그리고 완전히 진행되게 되었다." Smalley, *Revelation to John*, 413. 또한 우리는 이것을 계 21:6에 나오는 복수형으로, 보통은 아직까지 "되었다(it is done)"라고 번역되나 아마도 "모든 것이 이루어졌다(all is done, CEB)"로 좀 더 잘 이해될 수 있는, '게고난'(*gegonan*)과 비교해 볼 필요가 있다. Koester, *Revelation*, 661-62 참조.

218 그리스도와 함께 한 군대는 "절대 싸우라는 말을 듣지 않는다. 사실 그들은 갑옷이나 전투복이 아닌 예복을 입고 있다. 필요하다면 그리스도가 모든 싸움을 하고 이 싸움도 그의 말씀으로 수행한다." Ben Witherington III, *Revelation* (Cambridge: Cambridge University Press, 2003), 243. Guthrie, *Relevance of John's Apocalypse*, 102; Gorman, *Reading Revelation Responsibly*, 143 참조.

래에 대한 그림의 완전한 성취가 있다. 그는 창세기 1-2의 원래의 피조 세계가 더 이상 타락의 영향으로 오염되지 않도록 회복시킬 뿐만 아니라 모든 것을 새롭게 함으로써 이것을 넘어선다. 게다가 이 영원한 상태는 하나님이 했던 "모든 약속을 좋게 만드는" 장소일 것이다.[219]

만약 요한서신이 신약의 책 중에서 구약을 가장 적게 인용 혹은 암시한다면 역설적이게도 요한계시록은 매 국면마다 구약의 배경에 깊이 스며있는 이미지와 더불어 약간의 직접 인용도 함께 나타난다.[220] 그가 어떻게 세부 사항들을 히브리 성경에서의 역할과 함께 나타내는지를 알지 않고서는 요한의 환상 그 어떤 것도 거의 이해할 수 없다. 제이 성전 유대교와 로마의 배경 역시 전체적인 이해를 위해 중요하지만, 성경이 언급하는 구절만으로도 혹자는 상당한 양의 진보(progress)를 이뤄낼 수 있다. 가장 직접적인 인용은 요한계시록 1:7, 13, 그리고 14:14에 등장하는 다니엘 7:13의 "인자 같은 이"다; 또한 이 땅의 모든 자들이 그로 인해서 애통하는 스가랴 12:10이 1:7에 나온다; 철장을 들고 다스리며 열국을 질그릇과 같이 깨뜨리는 시편 2:9의 메시아가 2:27, 12:5와 19:15에; 이사야 6:3에서 세 번 거룩하다고 외치는 것이 4:8에;[221] 호세아 10:8에서 산에게 우리 위에 떨어지라고 말하는 것은 6:6에; 이사야 49:10과 25:8에서 하나님이 그 백성들을 다스리고 생명수 샘으로 인도하여 그들에게 배고픔이나 목마름이 없다는 것은 7:16-17과 21:4에; 에스겔 3:3의 쓰고 단 두루마리는 11:9에;[222] 스가랴 4, 3, 11, 그리고 14

---

219 Thomas R. Schreiner, *New Testament Theology: Magnifying God in Christ* (Grand Rapids: Baker, 2008), 37.

220 특히 G. K. Beale, *John's Use of the Old Testament in Revelation* (Sheffield: Sheffield Academic Press, 1998)을 보라. 베일(Beale)은 맥시멀리스트(maximalist)적이라 불릴 수 있는 관점을 택하지만 그 대부분은 설득력이 있다. 또한 Steve Moyise, *The Old Testament in the Book of Revelation* (Sheffield: Sheffield Academic Press, 1995) 참조.

221 요한계시록이 이사야를 두루 사용하는 것에 대하여는 Jan Fekkes, *Isaiah and Prophetic Traditions in the Book of Revelation: Visionary Antecedents and their Development* (Sheffield: JSOT Press, 1994)을 보라.

222 더 나아가 서사적 흐름의 평행을 비롯하여 에스겔을 더 사용하고 있다는 가능성에 대하여는 Jean-Pierre Ruiz, *Ezekiel in the Apocalypase: The Transformation of Prophetic Language*

의 감람나무는 11:4에;[223] 예레미야 15:2의 포로, 칼, 그리고 죽음의 필연성은 13:10에; 이사야 21:9에 나오는 바벨론의 멸망은 14:8과 18:2에; 예레미야 51:45의 악한 세상으로부터 빠져나오라는 부름은 18:4에; 이사야 47:7-8의 거만하고 악한 여왕에 대한 징벌은 18:7에; 그리고 이사야 65:17과 에스겔 37:27의 새 하늘과 새 땅은 각각 21:1과 21:3에 나온다. 이렇게 이미지를 빌려 온 열 세 개의 명백한 구절에 더하여, 신중한 독자는 구약 본문을 암시하는 다른 가능한 구절들이 넘쳐나는 것을 발견할 수 있다.[224] 또한 요한이 예수의 가르침을 얼마나 많이 암시하고 있는가에 대해 폭 넓게 논쟁이 되어 왔으나 적어도 그의 표현 중 일부는 부인하기 어렵다.[225] 그러므로 요한계시록의 배경 문헌에 대해 익숙한 것은 요한이 의도한 의미를 이해하는 데까지 멀리 이르게 한다.

---

in Revelation 16,17—19,10 (Frankfurt am Main: Peter Lang, 1989)을 보라.

223 요한계시록이 스가랴를 사용하는 것에 대하여 좀 더 일반적으로 다룬 것은 Marko Jauhiainen, *The Use of Zechariah in Revelation* (Tübingen: Mohr Siebeck, 2005)을 보라. 요한계시록에 스가랴가 두드러지게 나타나는 것은 같은 책을 중요한 위치마다 사용하는 요한복음과 유사하다. William R. Bynum, "Quotations of Zechariah in the Fourth Gospel," in *Abiding Words: The Use of Scripture in the Gospel of John*, ed. Alicia D. Myers and Bruce G. Schuchard (Atlanta: SBL, 2015), 47-74을 보라. 요한복음이 이 특정한 예언서를 새 성전으로서의 예수라는 주제를 드러내기 위해 사용하고 있는 가능한 모든 것을 모아놓은 Adam Kubiś, *The Book of Zechariah in the Gospel of John* (Paris: Gabalda, 2012)을 보라.

224 로워리(Robert A. Lowery, *Revelation's Rhapsody—Listening to the Lyrics of the Lamb: How to Read the Book of Revelation* [Joplin, Mo.: College Press, 2006], 175-97)는 별도로 그가 구약 본문에 대한 암시를 포함한다고 믿는 402개의 구절 혹은 구절의 일부를 열거하는데 이 대부분에 대해 그는 여러 개의 구약 구절들을 언급한다! 또한 Külli Tõniste, *The Ending of the Canon: A Canonical and Intertextual Reading of Revelation* 21-22 (London: Bloomsbury T&T Clark, 2016), 81-122도 참조.

225 G. K. Beale, "The Use of Daniel in the Synoptic Eschatological Discourse and in the Book of Revelation," in *The Jesus Tradition outside the Gospels*, ed. David Wenham, vol. 5 of Gospel Perspectives (Sheffield: JSOT Press, 1985), 129-53 참조. 이 대신 요한은 예수의 묵시적 교훈에 대한 독립적 전통을 사용했을 수도 있다. Paul T. Penley, *The Common Tradition behind Synoptic Sayings of Judgment and John's Apocalypse: An Oral Interpretive Tradition of Old Testament Prophetic Material* (London: T&T Clark, 2010)을 보라. 또한 Louis A. Vos, *The Synoptic Traditions in the Apocalypse* (Kampen: Kok, 1965) 참조.

몰로니(Francis Moloney)와 스미스(D. Moody Smith)는 요한이 구약의 영감된 이야기의 완성을 가져오는 차원에서 자신이 성경 본문을 작성하고 있다는 사실을 지속적으로 생각했었다고 주장해 온 요한문헌의 두 전문가이다. 몰로니(Moloney)는 이것을 요한복음 19:28-30의 표현을 빌어 이렇게 말한다: "[요한복음의] 저자는 이스라엘 성경 이야기의 결말을 가져왔다고 주장한다. 이것이 적합하므로 전도자가 말하고 이후 세대가 듣고 읽은 이야기는 '헤 그라페'(ἡ γραφή), 즉 이스라엘 성경의 완성이다."[226] 브라운(Sherri Brown)은 이에 동의하나, 복음서 저자가 "그의 공동체를 위해 피조 세계에서 하나님의 말씀의 계시에서 발견되는 진리와 믿음 위에 세워진 새 공동체를 통한 하나님의 언약적 일의 연속성을 체계적으로 설명한다"고 말한다. 이런 후에야 그 공동체는 "그 이야기의 완성인 세계 속에서의 그 미래를 이해할 수 있"는데 이 이야기는 요한계시록이라는 책을 통해 요한문헌의 마지막까지 우리를 옮긴다.[227] 이 학자들이 맞다 하더라도 이것은 교회가 그렇다고 생각할 수 있는 것처럼, 요한이 "성경 본문"을 의식적으로 저술한다는 것에는 그 다시 덧붙이는 것이 없으나 그 이야기의 완성을 서술하면서 이것의 끝을 가져온다는 것은 매우 잘 들어맞는다.

성령론

복음서의 이 모든 유대 배경을 비롯하여 예수는 왜 자기 사람들에게 좀 더 지속적으로 환영받지 못했을까? 무엇이 그를 받아들인 이들과 거절한 이

---

226 Francis J. Moloney, "The Gospel of John as Scripture," *Catholic Biblical Quarterly* 67 (2005): 466. D. Moody Smith, *The Fourth Gospel in Four Dimensions: Judaism and Jesus, the Gospels and Scripture* (Columbia: University of South Carolina Press, 2008), 181-93 참조.

227 Sherri Brown, *Gift upon Gift: Covenant through Word in the Gospel of John* (Eugene, Ore.: Pickwick, 2010), 249.

들 사이의 차이점을 만들었나? 요한문헌에서 기독론에 대한 연구는 막대하다. 심지어 신약성경의 다른 어떤 곳에서도 분명하게 가르쳐지고 있는 그리스도의 신성을 보지 못하는 학자들도 이것이 요한의 글에는 존재한다고 대개 인정한다.[228] 어떻게 예수 당시 너무나 많은 이들이 그가 하늘로부터 보냄 받았다는 정말 많은 근거를 거부할 수 있었을까? 이에 대한 답은 삼위 하나님의 또 다른 위격을 포함한다. 요한은 신성의 이위일체적(binitarian) 관점에서 멈추지 않는다. 예수 자신이 우선으로 등장하는 구절들만큼은 아니다 하더라도 하나님의 영 역시 선두에 나온다.

요한복음

요한은 "(거룩한) 영([Holy] Spirit)"과 파라클레테(Paraclete) 둘 모두를 가리킨다. 이 둘을 별개로 다루는 것이 적합하다.

성령

성령이 요한복음에서 처음으로 나오는 곳은 세례 요한이 예수 위에 성령이 비둘기 같이 내려오는 것을 보고 또한 예수가 성령으로 세례를 줄 것이라고 예언하는 장면에서이다(요 1:32-33). 여기서 공관복음 전통과 분명히 겹치는 것이 있다. 이 다음에 나오는 예수가 니고데모에게 "물과 성령으로 거듭나야"만 한다고 언급하는 것은 요한에게만 고유한 것이다(3:5; 6, 8절 참조). 다른 말로 하면, 그에게는 영적 정화를 포함하는 새로운 탄생이 필요하다.[229] 요한은 이것에서 적어도 사람들을 성령으로 잠기게 하는(immersing) 다가 올

---

228 전통적으로 James D. G. Dunn, *Christology in the Making: A New Testament Enquiry into the Origins of the Doctrine of the Incarnation*, 2nd ed. (London: SCM, 1989; Grand Rapids: Eerdmans, 1996), 258과 그 전체에서.

229 특히 Linda L. Belleville, "'Born of Water and the Spirit': John 3:5," *Trinity Journal* 1 (1980): 125-41을 보라; 이후 주요 주석들 대부분이 이것을 따르고 인용하고 있다.

예수의 사역에 대한 세례 요한의 예언의 전조를 보았을 수도 있다. 구약성경에서 성령은 한 때 봉사와 권능의 일을 위해 특별한 사람들에게 내려왔다; 이제 그는 신자들에게 전혀 새로운 상태의 존재를 개시할 것이다. 그러므로 34절은 "하나님이 성령을 한량없이 주심이"라고 덧붙일 수 있다.[230] 사마리아 여자와의 대화에서 예수는 예배의 장소(시온 산 혹은 그리심 산)가 그가 시작하는 시대("때가 오나니 곧 이 때라," 4:23)에 중요할 것이라는 생각을 거절한다. 그 대신 참된 예배자는 "영과 진리로"(24절) 예배할 것이다.[231] 신자들에게 성령이 항상 함께 하기 때문에 그들은 어디에 있든지 하나님을 예배할 수 있다.

생명의 떡 담화 이후, 예수는 그의 살을 먹고 그의 피를 마시는 것에 대하여 역설한다(6:53-58). 그의 청중은 이것이 "어려운 말씀"이라고 본다(60절). 예수의 대답 중 일부는 "살리는 것은 영이니 육은 무익하니라 내가 너희에게 이른 말은 영이요 생명이라"는 사실을 강조한다(63절). 이 외에 다른 의미가 있다 해도 예수는 예를 들어 성만찬과 같은 어떤 특정한 의식을 구원의 필요사항으로 만들지 못하는데 왜냐하면 생명을 주는 것은 하나님의 영이 하는 일이기 때문이다.[232] 그러나 예수의 말은 성령을 통해 형성되고(produced) 이것으로 생명을 가져온다; 또한 우리는 여기서 하나님, 예수, 그

---

230 톰슨(Thompson, *John*, 94n170)은 성령이 예수 위에 머물러 있는 1:32-33과 예수가 하나님의 선물로써의 영생을 그 자신 안에 지니고 있는 5:25-26을 언급한다. Keener, *Gospel of John*, 1:583 참조.

231 "영으로, 말하자면, 실재(reality)에서"와 같은 표현일 수도 있다. C. John Collins, "John 4:23-24, 'In Spirit and Truth': An Idiomatic Proposal," *Presbyterion* 21 (1995): 118-21. 무엇보다도 그 실재는 예수 자신 안에 위치하고 있다; 더 나아가 Benny Thettayil, *In Spirit and Truth: An Exegetical Study of John 4:19-26 and a Theological Investigation of the Replacement Theme in the Fourth Gospel* (Leuven: Peeters, 2007)을 보라. 요한복음의 거룩한 장소가 지닌 중요성을 과감히 개정하여 좀 더 일반적으로 다룬 것은 Tod D. Swanson, "To Prepare a Place: Johannine Christianity and the Collapse of Ethnic Territory," *Journal of the American Academy of Religion* 62 (1994): 241-63을 보라.

232 Carson, *Gospel according to John*, 301. David Gibson, "Eating Is Believing: On Midrash and the Mixing of Metaphors in John 6," *Themelios* 27 (2002): 5-15 참조.

리고 성령의 역할 모두가 함께 있는 삼위일체적 사고의 시작을 보기 시작한다. 초막절에 예수는 자기에게 와서 마시라고 목마른 모든 자들을 부른다(7:37-38). 여기서 NIV 성경의 번역이 좀 더 가능성 있는 것이다: 신자보다는 그리스도에게서 생수의 강이 흘러나올 것이다.[233] 그러나 어느 곳이든 그곳에 성경 구절이 언급되며(아마도 잠 18:4와 사 58:11), 요한도 예수가 "그를 믿는 자들이 이후에 받을" 성령에 대해 말하고 있다고 설명한다. 그는 여기서 처음으로, 성령이 권능을 완전히 주는 것은 예수의 죽음과 부활 이전에는 오지 않음을 분명하게 한다("예수께서 아직 영광을 받지 않으셨으므로," 39절).

파라클레테

요한복음에서 성령이, 예수가 아버지에게 간다는 주제로 가득한 14-16장의 고별 담화 전까지 다시 나타나지 않는다는 것은 우연의 일치일까? 여기서 우리는 파라클레테('파라클레토스'[*paraklētos*])를 가리키는 유명한 다섯 번의 언급을 본다. 이 용어는 성령이 조력자(helper), 해석자(interpreter), 증인(witness), 수행자(prosecutor), 그리고 드러내는 자(revealer)로서의 역할을 하는 문맥에서 사용되나,[234] 이것의 주요한 의미는 법률적인 것-변호자(advocate) 혹은 고소자(accuser)로서-으로 보인다.[235] 요한은 그의 독자들이 그가 처음으로 이 용어를 소개할 때 성령에 대해서 말하고 있음을 알기를 확실히 한

---

233 "그리고 나를 믿는 모든 자가 마시게 하라." 성경에 이름과 같이, "그에게서 [즉, 그리스도에게서] 생수의 강이 흘러나올 것이다." Marcus, "Rivers of Living Water from Jesus' Belly (John 7:38)," 328-30을 보라. 또한 Gary Burge, *John* (Grand Rapids: Zondervan, 2000), 227-29 참조.

234 F. F. Bruce, *The Gospel of John* (Basingstoke: Pickering & Inglis; Grand Rapids: Eerdmans, 1983), 302.

235 Carson, *Gospel according to John*, 509. Eskil Frank, *Revelation Taught: The Paraclete in the Gospel of John* (Lund: Gleerup, 1985) 참조. 프랭크(Frank)는 법률적 배경이 확실히 기초적인(foundational) 것이나 요한의 글에서 그 기능은 주로 교훈적(didactic)임을 논증한다. 쉘퍼(Lochlan Shelfer, "The Legal Precision of the Term '*παράκλητος*'" *Journal for the Study of the New Testament* 32 [2009]: 131-50)는 로마 법률의 배경과 잘 들어맞을 수 있는 가능성을 보여준다.

다: "내가 아버지께 구하겠으니 그가 또 다른 보혜사-진리의 영-를 너희에게 주사 영원토록 너희와 함께 있게 하리니"(14:16). 인간으로서 예수가 이 땅에서 가지는 시간이 끝나감에 따라 그는 그의 죽음과 부활 이후 성령이 영원히 그의 제자들에게 머물도록 하는 계획을 세우고 있다. "그는 너희와 함께 거하심이요 또 너희 속에 계시겠음이라"(17절).[236]

파라클레테의 역할은 또한 제자들에게 모든 것을 가르치고 그들에게 예수가 말한 모든 것을 생각나게 하는 것을 포함할 것이다(14:26; 16:13-15 참조). 이것은 신약성경의 영감에 제한될 수 없지만 분명히 이것을 포함할 수 있는 것이다.[237] 성령의 사역은 신자들에게 새로운 것, 하지만 예수가 이미 그들에게 가르친 것과 절대 상충하지 않는 것을 가르치는 것을 포함한다. 변호자의 사역의 핵심은 예수가 이 시점까지 성령에 대해 말한 모든 것을 통합하는 15:26에 등장한다. 그는 예수를 증언할 것이고 제자들에게 능력을 주어 같은 일을 하게 할 것이다(27절). 여기서 우리는 또한 성령이 아버지에게서 나오고(26절), 이것은 마치 이후에는 예수가 성령을 보내는 것과 같은 것임을 읽는다(16:7).

요한이, 이후의 동방 정교와 로마 가톨릭 사이에 성령이 오직 아버지에게서만 오는지(정교) 혹은 또한 아들로부터도 오는 것인지(카톨릭)에 대한 논쟁의 세부 사항들 대부분을 거의 언급하지 않으나, 이 특정 주제에 대한 추는 카톨릭의 방향으로 기울어져 있는 것 같다. 한편으로 "예수는 그가 아버지께 성령을 보내 주도록 구할 것과(14:16) 아버지가 그의 이름으로 성령을 보낼 것이라고 선언한다(14:26); 아들이 아버지에게서 나온 것 같이 성령도

---

236 이 대신에 "머물다"라는 동사는 미래를 일컫는 현재로써 취해질 수도 있어서 예수는 "성령이 절대 그들을 떠나거나 버리지 않을 것이다. 성령이 그들과 동행하고 그들 안에 머물 것"을 약속한다. Thompson, *Gospel of John*, 313.

237 Bruce, *Gospel of John*, 320. 쾨스텐버거(Köstenberger, *Theology of John's Gospel and Letters*, 489)는 그들이 과거의 진리를 기억하도록 돕고 또한 그들을 상호 보완적이며 새로운 진리로 인도하는 파라클레테의 역할은 "원래 그의 첫 제자들을 가리키는 것이나 모든 가능성을 두고서 또한 나중의 믿는 이들에게까지 의도적으로 확장된다"고 말한다.

그러하다(15:26).” 반면에, “예수는 또한 그가 아버지로부터 성령을 보낼 것임을 선언하고(15:26), 그가 떠난 이후에 ‘파라클레토스’(*Paraklētos*)를 보낼 것을 약속한다(16:7); 성령은 신자들에게 예수의 가르침을 생각나게 하고 예수를 대신하여 그를 증언함으로써(15:26) 그의 뜻을 드러나게 하는(14:26; 16:13-15) 그리스도 예수의 영이다.”[238]

우리는 이 하위 항목에서 던진 원래의 질문에서 제법 벗어났다. 어떻게 해서 사람들이 예수에 대하여 전혀 다르게 반응하는가? 마침내 우리는 16:8에서 이 답의 일부에 도달한다. 파라클레테로서의 성령은 인간의 마음을 책망하는 자이다. 그가 자유의지를 짓밟는 것은 아니나 세상이 “죄, 의, 심판에 대하여 잘못되었다”는 것을 보여준다. 타락한 인간은 그 죄의 깊이, 의의 근원, 그리고 심판의 불가피성을 인식하지 못한다.[239] 그러나 그들의 마음으로부터 성령의 이끄심에 반응하기를 원하는 이들은 그리스도에게 돌아와서, 그분이 이러한 부분들에 대한 그들의 이해를 바꾸고, 자신을 향한 충성을 예수에게로 바꾸도록 자신을 내어 드릴 수 있다. 그리스도의 영은 “강간범의 야만적인 속박”이 아닌 “사랑하는 이의 부드러운 구애”를 통해 사람들을 자신에게로 “이끈다”(12:32).[240]

받아들이기(Reception)

요한복음에서 성령에 관한 마지막 구절은 아마도 가장 난해할 것이다.

---

238 Anderson, *Riddles of the Fourth Gospel*, 31. 또한 Daniel Newman, “As from the Father, So from the Son: The Procession of the Spirit in the Fourth Gospel,” *Churchman* 127 (2013): 299-309 참조.

239 더 나아가 D. A. Carson, “The Function of the Paraclete in John 16:7-11,” *Journal of Biblical Literature* 98 (1979): 547-66 참조.

240 Carson, *Gospel according to John*, 293. 칼슨(Carson)은 분명 이 표현을 Roy Clements, Introducing Jesus (London: Kingsway, 1986), 75에서 가져왔을 것이다. 구애가 마침내 원하지 않는 성적 관계로 이어지게 하는 것으로 해석되어서는 안 된다(이것은 반드시 성관계에 대한 것만은 아니다; 이것은 단순히 애정을 가리킬 수도 있다); 바로 이 부분이 강간자의 폭력, 그리고 위법과 대조되는 것이다.

부활 이후 예수는 열 제자들(유다와 도마를 제외한)에게 숨을 내쉬며 "성령을 받으라"고 말한다(20:22). 몇몇 학자들이 이것을 본질적으로 다시 시행된 "요한의 오순절"로 보았고[241] 다른 이들은 이것을 단순히 그 날에 일어날 일을 예시하는 것으로 보기도 하나[242] 이것을 오순절에 성령이 처음 그들에게 임한 것을 경험한 이후, 성령이 그리스도를 따르는 이들에게 영원히 머무는 때로 해석하는 것이 더 좋을 것이다.[243] 또한 여기에 나오는 예수의 약속은 마태복음 16:19와 18:18을 되풀이한다; 새로운 제자들을 감싸는 정상적인 구조는 교회이다. 23절 역시 우리에게 하나님의 죄 용서(또는 그로 인한 죄 없음)를 선포하는 능력은 베드로나 다른 어떤 그리스도인 개인에게 제한되지 않고 오히려 그를 따르는 모든 이들에게 부여되는 것임을 상기시킨다.

요한서신

성령의 중요성은 요한서신으로 옮겨간다. 여기서 우리는 '파라클레토스'(*paraklētos*) 용어가 쓰인 마지막 다른 사례를 요일 2:1b에서 발견한다: "만일 누가 죄를 범하여도 아버지 앞에서 우리에게 *대언자*가 있으니 곧 의로우

---

241 예를 들어 Michaels, *Gospel of John*, 1012. 그러나 만약 요한의 어느 본문이 주제적으로 칠칠절/오순절과 연관되어야만 한다면 그것은 1:19-2:12일 것이다. Mary Coloe, "The Johannine Pentecost: John 1:19-2: 12," *Australian Biblical Review* 55 (2007): 41-56을 보라.

242 예를 들어 Carson, *Gospel according to John*, 649-55.

243 예를 들어 Bruce, *Gospel of John*, 397n18; Thomas R. Hatina, "John 20,22 in Its Eschatological Context: Promise or Fulfillment?" *Biblica* 74 (1993): 196-219. 베네마(Cornelius Bennema, "The Giving of the Spirit in John's Gospel—A New Proposal?" Evangelical Quarterly 74 [2002]: 195-213)는 순전히 상징적인 것이라는 해석과 요한의 오순절이라는 해석 이 둘 사이를 그가 명명하는 대로 "사도적 사역을 위한 능력 부음의 선물," "복음 선포의 능력으로써의 선물"과 "오순절 초기의 선물"로 나누는데 이 모두가 우리의 관점과 견해를 같이 하는 것이다. 또한 그는 이 때가 제자들이 중생한 때였다고 제안하는 이들에게 이것은 요한의 오순절과 동일하지는 않으나 그와 양립하는(consistent) 것이라고 말한다. 그러나 그는 또 다른 "관계적" 제안을 하는데 나는 다시금 이것이 우리의 입장을 견지하는 것이라고 생각한다: "'성령을 받는 것'은 성령과의 새로운 관계의 시작 혹은 사람에 대한 관계 속에서 성령이 하는 사역의 새로운 연관성(nexus)의 시작을 상징한다"(209-10).

신 예수 그리스도시라"(기울임은 나의 것). 성령은 우리에게 하나님이 우리 안에 있다는 확신을 준다(3:24; 4:13 참조). 다시금 그는 "진리의 영"(4:6; 5:6 참조)이다. 성령은 예수가 단지 인간으로 보였다(5:6-7)는 영지주의적(혹은 적어도 가현설적) 주장에도 불구하고 예수 그리스도의 성육신의 진리를 증언한다. 요한이 4:2a에서 "하나님의 영"을 말하고 있는지 아니면 "하나님으로부터 온"(예언적, 인간의) "영"을 말하고 있는지는 확실하지 않은데 왜냐하면 이 구절의 후반부가 의심할 바 없이 후자를 언급하고 있기 때문이다.[244] 하지만 어떤 경우든 언어학적이고 개념적인 유사성은 이 시점에서 요한복음과 요한서신의 저자가 같음을 강하게 제안한다. 더욱이 요한일서 3:24와 4:13에서 성령은 요한복음에서 그러했듯이 우리 안에 새롭게 거한다. 레인보우(Paul Rainbow)는 다음과 같이 말한다:

> 요한의 가르침은 메시아 시대가 전례 없이 모든 육체가 하나님의 영으로 충만할 것임을 증언할 것이라는 측면에서 구약의 예언들과 함께 간다…구약에서 성령은 사람들을 약속과 율법으로 구성된 신적 계시를 향해 일깨웠다. 말씀(Logos)을 통한 하나님의 최종적이고 최고의 계시 그 자체를 통해, 그리스도가 성취한 것으로 인해 이미 만들어져 가고 있는 새 피조물의 모든 축복을 담고 있는 계시를 일깨우는 자로서의 그의 역할은 훨씬 더 위대하다.[245]

244 쿨리(*I, II, III John*, 101)는 여기서 가리키는 것이, "하나님으로부터 온 영('에크 투 떼우' [ἐκ τοῦ θεοῦ])과 그렇지 않은 것 사이의 대조에 초점을 맞추고 있는 문맥으로 인해 거의 확실히 성령"이라고 해석한다. 마찬가지로 브라운(*Epistles of John*, 491)도 이것이 요한문헌에서 "하나님의 영"이라고 표현한 유일한 경우라고 말한다.

245 Paul A. Rainbow, *Johannine Theology: The Gospel, the Epistles, and the Apocalypse* (Downers Grove, Ill.: IVP, 2014), 260.

요한계시록

성령의 중요성은 요한계시록에서도 계속 이어진다. 요한은 그가 주(the Lord)로부터 묵시로 이뤄진 환상을 받기 시작한 어느 주의 날에, 성령에 의해 촉발된 어떤 특별한 영적 경험을 하고 있었다(계 1:10; 또한 4:2, 17:3, 그리고 21:10 참조). 성령의 중요성은 2-3장에 나오는 소아시아 교회에 보낸 일곱 개의 편지 모두가 귀 있는 자는 "성령이 교회들에게 하시는 말씀을 들을지어다"로 결론을 내린다는 사실에서 분명하다. 14:13에서 성령의 말은 방금 그들에게 선포된 하늘의 음성을 재차 강조한다. 19:10에서 NIV 성경은 "예수에 대해 증언하는 이는 예언의 성령이다"("It is the Spirit of prophecy who bears testimony to Jesus," 개역 개정은 "예수의 증언은 예언의 영이라"-옮긴이)라고 번역한다. 하나님만을 경배하기 위해 부름을 받은 요한이 이제 막 그의 메신저인 천사를 부적절하게 숭배하기 시작한 상황은 다소 개연성이 없어 보인다. 하지만 핵심은 만일 천사가 참된 증언을 했다면 그것은 그가 예수-어린 양의 혼인 잔치에의 초대의 범위를 확장시키는-를 가리켰기 때문일 것이라는 데에 있다(9절).[246] 마지막으로 22:17에서 성령은 그리스도의 신부인 교회와 함께 와서 생명수의 선물을 값없이 받으라고 나머지 모두를 초대한다. 브라운(Tricia Gates Brown)은 그녀의 분석 전반에 걸쳐 요한문헌에 나오는 성령의 역할을 고대 지중해 세계에 깊이 스며있던 후원(patronage)문화에서의 중개인(broker)의 역할과 연결한다. 그는 이 세상에서의 물질적 생존이 아니라 오

246 Leon Morris, *Revelation*, 2nd ed. (Leicester: IVP; Grand Rapids: Eerdmans, 1987), 228. NLT 성경은 이러한 의미를 제법 잘 포착하는 것으로 보인다: "예언의 본질은 예수에 대한 분명한 증언을 제공하는 것에 있다." '프뉴마'(*pneuma*)가 다른 곳에서 분명하게 "본질"의 의미를 전달하지 않고 오히려 하나님의 영을 가리키는 것에 가깝다고 논쟁이 된다면, 핵심은 여전히 예언하는 성령(그가 이 문맥에서 요한에게 말하는 천사를 통해 그러했듯이)은 사람들에게 예수를 가리키고 있을 것이다. Bauckham, *Theology of the Book of Revelation*, 115-21. 그러므로 어떤 천사 조차도 경배 받기에 합당하지 않다. 이러한 이해도 사실 NIV에서 적절하게 전달되지 않고 있다; 우리는 예언의 기능을 강조하는 "왜냐하면 예언의 영은 예수에 대해 증언하기 때문에"와 같은 것이 필요할 것이다. Witherington, *Revelation*, 234 참조.

직 구원을 중개한다.[247] 반면에 와델(Robby Waddell)은 요한계시록에서 성령의 역할은 예배와 증언에 대해 유일하게 적합한 대답인 예언의 영으로 가장 잘 요약된다고 믿는다.[248]

요한계시록에서 삼위일체적인 생각은 어떤가? 여기서 우리는 아마도 칠 차원의 성령(NIV를 보라)-그의 모든 충분함 또는 완전함 가운데 있는 성령-을 대표하는 하나님의 일곱 영을 가리키는 1:4, 3:1, 4:5, 그리고 5:6의 참조 구절을 살펴 볼 필요가 있다.[249] 만약 이것이 바른 해석이라면 우리가 1:4-5에서 "이제도 계시고 전에도 계셨고 장차 오실 이"(하나님)와 "일곱 영"/칠차원의 영(성령), 그리고 "예수 그리스도로 말미암아" 은혜와 평강이 주어지는 삼위일체의 언급을 가지고 있다는 것이 중요하다. 비슷하게 4장에서 하나님의 보좌에 있는 영은 5장에 등장하는 그리스도와 함께 하나님의 삼위 모두가 존재하는 장면을 연출한다.

결론

널리 알려져 있듯이 불트만(Rudolf Bultmann)은 요한복음이 주로 예수가 가져 온 계시에 대한 것이라고 이해했다.[250] 여전히 우리는 아버지, 아들, 그리고 성령으로부터 주어진 계시, 즉 요한의 서신서와 묵시록에 보존되어 있는 이러한 이해에 대해 말하기 위해 이것을 수정해야 한다. 하지만 불트만

247 Tricia Gates Brown, *Spirit in the Writings of John: Johannine Pneumatology in Social-Scientific Perspective* (London: T&T Clark, 2003).

248 Robby Waddell, *The Spirit of the Book of Revelation* (Blandford Forum, U.K.: Deo, 2006), 191.

249 특히 Bauckham, *Theology of the Book of Revelation*, 110-15을 보라. 또한 J. C. de Smidt, "The Holy Spirit in the Book of Revelation—Nomenclature," *Neotestamentica* 28 (1994): 229-44; Waddell, *Spirit of the Book of Revelation*, 191 참조. 다른 주요한 선택지는 "일곱 영"이 하늘의 그리고 아마도 천사의 모임을 가리킨다는 것인데 이 경우 이렇게 표현하는 구절은 요한의 성령론에 기여하지는 않는다.

250 Rudolf Bultmann, *Theology of the New Testament* (New York: Charles Scribner's Sons, 1955; 재출간 Waco, Tex.: Baylor University Press, 2007), 2:49-69.

(Bultmann)도 요한이 예수의 계시에 대해 밝히는 모든 것은 그가 드러내는 이(Revealer)라는 사실이라고 주장했다.[251] 지금까지 요한의 신학에 대해 조사한 것은 이러한 주장이 얼마나 광범위한 것인지를 보여준다. 스트레커(Georg Strecker)는 "나는…이다" 선언은 "말씀을 드러내는 자(Logos-Revealer)의 뛰어난 자아 해석을 구성한다"고 말한다.[252] 코에스터(Craig Koester)는 요한복음에 드러난 역동성을 요약하며 세 위격 모두의 역할의 요점을 말하는데 이것은 요한문헌 전체를 연구한 이후 더욱 적합한 것으로 나타난다: "성령은 과거와 미래의 실재를 신자들의 현재에 가져온다. 과거에 부활한 예수는 현재에도 계속 이어진다; 장차 다시 올 예수는 이미 현재에 있다; 그리고 성령은 예수와 그의 아버지의 존재를 믿음의 공동체 안에 나타낸다."[253]

그러나 삼위 하나님의 자기 계시에 대한 적합한 응답은 무엇인가? 요한은 특히 그의 복음서에서 바울이 그러했던 것처럼 그리스도 밖의 인간의 본질에 길게 머무르지 않는다. 그 대신 그는 예수를 영접하고 하나님의 자녀가 되는 적합한 응답에 집중한다(요 1:12-13). 정확하게 말하면 그가 각 사람에게 비추는 빛을 주고 있있기 때문에(9절), 사람들은 그의 계시를 환영의 소식으로 감싸 안고 그에 적합하게 반응해야 한다. 물론 모두가 그렇게 하지는 않는다. 그러므로 다음의 두 주제는 성령을 통해 그리스도 안에서의 하나님의 자기 계시에 대한 적합한 응답으로써의 그리스도인의 생활과, 이후 그와 같은 반응을 하지 않는 이들로부터 오는 반대에 초점을 맞출 것이다.

그리스도인의 생활

요한의 글에서 그리스도인의 생활에 대해 적어도 다섯 가지 요소가 다소

251 Bultmann, *Theology of the New Testament*, 2:66.

252 Strecker, *Theology of the New Testament*, 487.

253 Koester, *Word of Life*, 151.

지배적이면서도 구별되는 것이다: 믿음과 새로운 탄생, 증언 혹은 증거, 순종과 계명을 지킴, 그리스도 안에 거함, 그리고 연합.

믿음과 새로운 탄생

"믿다" 혹은 "믿음을 가지다"에 해당하는 동사('피스튜오'[*pisteuō*])가 요한복음과 요한서신을 지배한다. 이 용어는 신약성경에 두루 걸쳐 흔하게 나오는데 예를 들어 마태복음에 열한 번, 마가복음에 열 번, 누가복음에 아홉 번, 그리고 사도행전에 서른일곱 번 등장한다. 그러나 요한복음에 이 용어는 아흔여덟 번 나온다. 흥미로운 것은 같은 어원을 가진 명사인 "신뢰" 혹은 "믿음"('피스티스'[*pistis*]) 역시 신약성경 안에 빈번하게 나타나지만(예를 들어, 마태복음에 여덟 번; 마가복음에 다섯 번; 누가복음에 열한 번; 사도행전에 열다섯 번), 요한복음에는 한 번도 나오지 않는다. 그러나 우리가 서신서로 눈을 돌리면, 이 용어가 한번 나오는 것을 볼 수 있고(요일 5:4), 요한계시록에도 네 번 나온다. 반면에 '피스튜오'(*pisteuō*)는 요한서신에 여덟 번 등장하나 요한계시록은 이 단어를 전혀 사용하지 않는다. 하지만 같은 어원의 형용사 '피스토스'(*pistos*, 신실한)는 요한서신에서(두 번) 혹은 요한복음(한 번)에서보다 요한계시록에서(여덟 번) 더 자주 나온다.[254] 우리가 단어 통계에 너무 큰 무게를 두는 것을 경계해야 하지만, 이 근거는 이러한 단어들의 집합이 요한의 글들에서 중요한 역할을 맡고 있음을 제안한다.

요한복음 1:7의 이른 시기부터, 우리는 요한이 빛(예수)에 대하여 증언하

254 이렇게 다양한 독특성들을 통해 우리가 무엇을 얻든지(심지어 의도하지 않았을 수도 있을 것도 포함하여), 요한의 의미는 그의 문헌을 통틀어 지속성을 지닌다. "듣는 이는 구원에 둘 모두가 관계되어 있음을 이해해야 한다: 증언을 받아들이는 것과 그 증언과 일치하는 개인의 응답(response)과 개혁(reformation)." Silva, *New International Dictionary of New Testament Theology and Exegesis*, 3:770. 또한 Scott Celsor, "The Human Response in the Creation and Formation of Faith: A Narrative Analysis of John 12:20-30 and Its Application to the Doctrine of Justification," *Horizons in Biblical Theology* 30 (2008): 115-35 참조.

여 "모든 사람이 자기로 말미암아 믿게 하려 함이라"는 것을 읽는다. 이것은 그리스도 사건에 대하여 사람들이 즉시로 해야 할 탁월한 반응이다. 이 단어는 신 인간으로서의 예수에 관한 근본적으로 가정적인 진리들(propositional truths)에 대해 지적으로 동의하는 확고한 인지적 기초(cognitive foundation)를 포함하지만 이것보다 훨씬 더 나아간다. 이 단어는 믿음에 관한 구약의 개념('에므나'['*emunah*'])이 "신의" 혹은 "충절"을 의미하는 것과 마찬가지로, "신뢰," "충성," 그리고 "헌신"[255]을 의미한다. 요한복음 2:21-22는 어떻게 가정적인 기초(propositional foundation)가 기능하는지를 보여준다. 예수가 부활하고 나서야 제자들이 성전을 사흘 안에 일으킨다는 그의 가르침을 기억했다(22a절; 시 69:9을 인용하는 17절 참조). 그러고 나서야 그들은 예수가 성전 된 자기 육체를 말하고 있었음을 깨달았다(21절). 그런 후에 "제자들이 이 말씀하신 것을 기억하고 성경과 예수께서 하신 말씀을 믿었"다(22b절). 사람은 자기 자신을 완성된 예언에 맡기지 않는다; 사람은 예언된 것이 실현되었음을 인정한다. 여전히 바로 다음 구절인 23-24절은 믿음의 대인 관계적 차원에 대해 설명한다. 많은 사람들이 그들이 본 기적들 때문에 예수의 이름(힘, 권세, 사람)을 믿었다. 이론적으로 이것은 예수에 대한 것을 믿거나 사람으로서의 예수를 처음 신뢰하는 것을 의미할 수 있다. 그러나 사람의 속에 있는 것(아마도 완전하고 진실된 헌신보다는 덜 한 것)을 알고 있었기 때문에 24절에서 "예수는 그의 몸을 그들에게 '에피스튜엔'(*episteuen*)하지 아니하셨으니"에서 드러나는 상호적인 표현은 "믿다"를 의미할 수 없다. 이것이 "예수는 그의 몸을 그들에게 의탁하지(*entrust*) 아니하셨"다는 의미를 전달할 때에야만 비로소 말이 된다. 그러므로 23절과 24절 사이에 나오는 정반대의 평행은 비록 예수가 믿는다(trust)는 것이 적합하지 않다고 판결하더라도 23절 역시 "의탁하다"

---

255 "요한에게 믿는다는 것은 그의 증언이 참되다고 받아들이는 것이며, 복음서에서 예수를 진실로 믿는다는 것은 단순히 그에 대한 정보에 동의한다는 의미가 아니라 그에 대한 한 개인의 전적인 충성과 온 마음을 다한 신뢰를 수반하는 것이다." Lincoln, *Gospel according to Saint John*, 100.

의 의미임을 시사한다.[256]

비슷한 대조가 요한복음 4:21과 4:39을 비교할 때도 등장한다. 첫째, 예수는 사마리아 여자에게 사람이 하나님을 예배하는 장소가 문제가 되지 않을 때가 온다고 말하면서 그를 믿으라고 초청한다(21절). 이것은 그의 주장에 담긴 내용에 대한 사실을 받아들이는 것이다. 하지만 나중에 많은 사람들은 그녀가 마을 사람들에게 증언한 것에 기초하여 "예수를 믿"었다(39절). 종종 보듯이 이 경우에는 전치사 "안에"(in)를 추가한 것이 이 모든 차이를 만든다. 하지만 문맥이 항상 결정적인 것이 되어야만 한다. 5:24와 같은 구절에서 예수는 "내 말을 듣고 또 나 보내신 이를 믿는 자는 영생을 얻었"다고 말할 수 있다. 그가 "안에"를 생략하는 것은 아마도 이것을 좀 더 믿음을 가지고 자기에게 나아오는 것을 위해 남겨두는 것일 수도 있고 혹은 그가 장차 올 메시아에 대해 말하는 성경에 나오는 하나님의 예언에 초점을 맞추기 때문일 수도 있다.[257] 어떤 경우든, 적합한 믿음에는 행동적 차원이 있음이 분명한데 왜냐하면 예수가 바로 이전 구절에서 "아들을 공경하지 아니하는 자는 그를 보내신 아버지도 공경하지 아니하느니라"라고 강조했기 때문이다(23절).

추가적인 예들이 수 없이 주어질 수 있다. 예수의 말과 행동 모두는 그가 메시아요 하나님의 아들이라고 믿도록 사람들을 이끌어서 개인적으로 그

---

256 Thompson, *Gospel of John*, 74-75 참조. "확신, 믿음, 혹은 '다른 사람을 신뢰하는 것'(1:12; 2:11; 8:30-31; 20:31)은 진실한 제자도의 지속적인 헌신을 수반한다"(75쪽). 훈(Debbie Hunn, "The Believers Jesus Doubted: John 2:23-25," *Trinity Journal* 25 [2004]: 특히 18-21)은 이들이 참 신자가 아니라는 것이 아니라 예수가 자신의 개인적 안전을 그들에게 맡길 수 없었음(그가 체포당할 때 그의 제자들도 도망을 쳤던 것에서 보여주듯이)을 제안하기 위해 성경 밖에서 나오는 평행을 사용한다.

257 해리스(Murray J. Harris, *Prepositions and Theology in the Greek New Testament* [Grand Rapids: Zondervan, 2012], 236)는 이 문맥에서 여격(dative)과 함께 쓰인 동사는 목적격에 '에이스'(*eis*)를 더한 것과 서로 맞바꿔 사용할 수 있으나 또한 종종 거기에는 차이가 있음을 나타내기도 하며, 사실 그는 이미 전자의 구조가 종종 "누구/무엇에게 신뢰를 주다"를 의미하는 것으로 정의를 내렸고 이것이 "누구/무엇을(를) 믿다"가 함축하는 충성을 포함하거나 포함하지 않을 수도 있다고 제안한다.

들이 예수를 믿거나 그에게 자신을 맡기도록 하기 위한 것이다(20:30-31). 그러나 믿음은 절대로 강요되는 것이 아니다. 어떤 이들은 예수를 통해 하나님의 손을 좀 더 직접적으로 보았기 때문에 믿는다; 다른 이들은 그를 좀 더 직접적으로 경험한 이들의 믿을만한 증언 때문에 믿게 된다(29절을 생각해 보라). 그럼에도 불구하고 믿기 원하지 않거나 자기들의 인생의 상태를 뒤집기 원하지 않는 이들에 의한 반론은 항상 제기될 수 있다. 하지만 질문들은 제자들을 믿음이 성장하는 곳으로 인도하는 반면 예수를 거절하는 자들은 종종 믿음에 대해 더욱 적대적이 될 뿐이다.[258]

믿음은 또한 충분히 주관적인 것이어서 항상 진실된 그리스도인의 헌신을 확인할 수 있는 좋은 기준이 되는 것은 아니다. 그러므로 우리는 요한서신에 나오는 인생의 세 가지 시험에 대해 살펴보았다. 심지어 믿음이나 신뢰의 시험을 사용하는 경우에도 요한은 현재의 믿음이 평가되어야 함을 안다. 요한일서 5:13은 요한이 예수를 현재 그리고 계속적으로 믿고 있는 이들에게 쓰는 것이라서 그들이 영생을 가지고 있음을 알 수 있을 것이라고 설명한다. 그는 어떤 종류이든 믿음의 고백을 한 적이 있던 모두에게, 그 고백의 시기와 현재 사이에 한 일과 상관없이, 그들이 하나님 앞에서 옳다는 사실을 약속하지 않는다.[259] 또한 그는 그의 회중들에게 거짓 선지자가 설득력이 있을 수 있기 때문에, 그들은 예수가 신인이라는 근본적인 사실-비록 이것이 유일한 기준이 아니라고 할지라도-과 함께 모든 영이 하나님에게서

---

258 Nicolas Farelly, *The Disciples in the Fourth Gospel: A Narrative Analysis of Their Faith and Understanding* (Tübingen: Mohr Siebeck, 2010).

259 "기독교 신자들에게 주어진 신성한 삶은 하나님, 그리고 형제, 자매와 함께하는 삶이어야 한다. 이것은 지속적인 경계를 요구하는 삶이다." Rudolf Schnackenburg, *The Johannine Epistles: Introduction and Commentary* (New York: Crossroad, 1992), 247. 월리스(Wallace, *Greek Grammar beyond the Basics*, 621)는 '피스튜오'(*pisteuō*)의 부정과거 분사(aorist participle)를 (흔하지 않게) 사용하고 있는 것으로 보아 요한이 이 동사의 현재 시제를 매우 빈번하게 사용한다는 것은 이 동사의 양상(aspect)을 중요하게 부각시키는 것이라고 설명한다. 아마도 그는 "*지속적인* 믿음을 구원의 필요조건으로 보았"을 가능성이 높다(기울임은 그의 것). 이것은 "모든 개별적 경우"의 의미가 아니라 하나의 "펼쳐지는"(unfolding) 경우로 이해되는 한, 동작의 양상(verbal aspect) 이론에 대한 연구의 가장 최근의 발전과 양립한다.

온 것인지 아닌지 시험해 보아야 한다고 경고한다(4:1). 신자는 하나님의 말씀을 받아들이면서 거짓 주장들을 거부해야만 한다. 문제는 심각한 것이며 부수적인 것이 아닌데 왜냐하면 "하나님을 믿지 아니하는 자는 하나님을 거짓말하는 자로 만드나니 이는 하나님께서 그 아들에 대하여 증언하신 증거를 믿지 아니하였"기 때문이다(5:10).

요한계시록에서 믿음은 박해를 통해 시험된다(tested). 요한은 서머나 교회에 그들의 헌신이 순교로 끝날지라도 충성하라('피스토스'[*pistos*])고 호소하며(계 2:10), 버가모 성도들에게는 그들 중 한 명이 순교를 당한 상황에서도 그들의 믿음을 저버리지 말라고 장려한다(13절). 여러 주요 약점들에도 불구하고 두아디라 교회는 여전히 사랑과 믿음, 봉사와 인내를 보여준다(19절). 비록 요한계시록에서 특히 인내와 참음 혹은 극복을 통해서이긴 하나 다시금 믿음(faith)은 필연적으로 충성(faithfulness)으로 인도한다. 그러므로 요한은 13:10에서 모든 하나님의 백성들을 참고 견디는 '피스티스'(*pistis*, "믿음," CSB, ESV, NET, NRSV; "충성," CEB, NIV, NLT; "신뢰" CJB)로 부른다. 이 믿음은 특별히 "예수의" 믿음이다(14:12). 바울의 핵심 구절과 마찬가지로 이것은 직접적으로 예수에게 향하는 우리의 믿음(대부분의 번역본에서 보듯이) 혹은 우리의 제자됨을 첫 번째로 가능하게 하는 그의 사명에 대한 예수의 충성("메시아의 충성을 행사하다," CJB)을 의미할 수 있다.[260]

믿음은 부침을 반복하는 것처럼 보여서 요한은 새로운 탄생(new birth)을 말한다. 사실 요한복음 3:3-8에 나오는 예수와 니고데모의 대화는 그 길이에 비례하지 않게 교회 역사 전반에 영향을 끼쳐왔다. 여기서 예수는 사

260 복솔(Boxall, *Revelation of Saint John*, 210)은 성도의 충성을 예수의 충성으로, 혹은 주격 소유격(subjective genitive)으로, 즉 "그의 사명에 대한 충절(fidelity)"로 본다. 이와 마찬가지로 복솔(Boxall)은 책 전반에 걸쳐 "예수의 증언"에 대한 다양한 언급들을 다룬다. 베일(Beale, *Book of Revelation*, 766)은, 대부분의 주석가들이 14:12의 '예수'(*Iēsou*)를 목적의 소유격(objective genitive, "예수를 믿는 믿음")으로 해석하는 것을 언급하지만, 근원의 소유격(genitive of source, "예수로부터 오는 믿음")으로 본다. 주격 소유격을 책 한권 분량으로 옹호하는 것은 Sigve K. Tonstad, *Saving God's Reputation: The Theological Function of Pistis Iesou with the Cosmic Narratives of Revelation* (Berlin: de Gruyter, 2006)을 보라.

람이 다시 태어나야(혹은 "위로부터 태어나야," '아노텐'[*anōthen*]) 한다고 선언한다. 우리가 일찍이 보았듯이, 신약성경 다른 곳에서는 오직 베드로전서만 이같은 이미지를 사용한다. 5절이 자연적 출생과 초자연적 출생의 대조를 소개하지 않는다 하더라도, 6절은 분명히 그렇게 하고 있다.[261] 육체적으로 태어나는 것으로는 충분하지 않다; 사람은 그가 그리스도를 믿고 영접하면서 또한 영적으로 새롭게 태어나야 한다. 비슷하게 요한은 그의 편지에서 일곱 번에 걸쳐 신자들을 하나님으로부터 난 자들이라고 가리킨다(요일 3:9 [두 번]; 4:7; 5:1, 4, 18 [두 번]).[262] 믿음이 지속적인 것인 반면, 출생의 비유는 불신의 문턱에서 믿음으로 한 번만 건너가는 것으로써 작용한다. 그러나 "하나님의 자녀"로서(요 1:12-13), 신자들은 어떤 특정한 방식으로 계속 행동해야 하며(그 안에서 "걷는 것"), 이것은 그들이 진정으로 하나님에게 속한 자들임을 나타낸다.

증언 혹은 증거

요한문헌의 세 장르 모두를 연결하고 예수에 대한 믿음으로부터 논리적으로 흘러가는 핵심적 개념은 그를 증거 혹은 증언하는 것이다. 신약의 나머지와 비교해 볼 때, 이 주제는 요한의 책들에 지배적이고 고유하다. 명사 '말투리아'(*marturia*, "증언" 혹은 "증거")는 마가복음에 세 번, 누가복음과 사도행전에 각각 한 번, 목회서신에 두 번 나타나고, 그리고는 요한의 것이라고 생각되는 책 이외에서 등장하지 않는다. 그러나 이 용어가 요한복음에는 열네 번, 요한일서에는 세 번, 요한삼서에는 한 번, 그리고 요한계시록에는 아홉 번 나온다. 동사 '말투레오'(*martureō*, "증언하다" 혹은 "증거하다")는 마가복음

---

261 5절이 "물로 태어난다"는 표현과 함께 자연적 출생을 가리키고 있다는 입장에 대하여는 Ben Witherington III, "The Waters of Birth: John 3:5 and 1 John 5:6-8," *New Testament Studies* 35 (1989): 155-60을 보라. Bauckham, *Gospel of Glory*, 89-90 참조.

262 요한서신에서 이러한 비유의 중요성에 대하여는 Judith Lieu, *The Theology of the Johannine Epistles* (Cambridge: Cambridge University Press, 1991), 33-38을 보라.

과 마태복음에서 한 번 나오고 누가복음에서는 전혀 나타나지 않으나 요한복음에는 서른세 번 등장한다. 이러한 불균형은 우리가 사도행전과 편지들로 옮겨 가면서 같은 정도로 유지되지 않는데, 왜냐하면 이 단어가 사도행전에서 열한 번, 바울에서 여덟 번(목회서신을 포함하여), 그리고 히브리서에서 여덟 번 나오기 때문이다. 그럼에도 불구하고 이것은 또한 요한일서에 여섯 번, 요한삼서에 세 번, 그리고 요한계시록에 네 번 등장한다.[263] 다시 말하지만, 단어 통계가 전체 이야기를 말해주는 것은 아니나 그것이 이토록 분명하게 구분되는 것이라면 감히 무시되지 말아야 할 것이다. 요한복음 전체는 이렇게, 세례 요한과 예수가 가장 중요한 두 증언으로 이야기를 형성하는 가운데, 다양한 증인들이 계속해서 복음의 진리에 대해 증언하는 맥락에서 그 윤곽이 그려질 수 있다.[264]

구약을 통틀어 증언은 특히 법적인 문맥에서 중요한 것이다. 십계명 중 한 계명은 거짓 증언하는 것을 금하고 있으며(출 20:16), 법정에서의 증언은 확증을 위해 두 세 증인이 필요하다(신 19:15). 요한의 글에서 증언하는 것은 근본적으로 다른 이들에게 예수를 가리키는 것이다.[265] 세례 요한을 묘사하는 요한복음의 주요한 구별점은 그가 메시아도 아니고 구약의 예언자 중 하나가 (혹은 하늘로부터 다시 돌아와) 살아난 것도 아니며 오직 예수를 증언하기 위해 하나님의 보냄을 받은 자라는 것이다(1:19, 32). 사마리아 여자는 예수를 믿고 그 동네 사람들에게 그에 관하여 증거한다(4:39). 예수는 자신에 대하여 증언하나 지도자들이 그가 그렇게 하는 것에 대하여 비난할 때, 그는 아버지의 증언과 더 나아가 이것의 확증을 위해 성경에 호소한다(5:31-39). 일반

---

263 특히 Alison A. Trites, *The New Testament Concept of Witness* (Cambridge: Cambridge University Press, 1977), 78-127, 154-74 참조.

264 Dorothy A. Lee, "Witness in the Fourth Gospel: John the Baptist and the Beloved Disciple as Counterparts," *Australian Biblical Review* 61 (2013): 1-17; Andrew T. Lincoln, "The Beloved Disciple as Eyewitness and the Fourth Gospel as Witness," *Journal for the Study of the New Testament* 85 (2002): 3-26 참조.

265 Silva, *New International Dictionary of New Testament Theology and Exegesis*, 3:241-43.

적으로 예수의 말과 행동은, 성령이 파라클레테로 올 때 역시 예수에 대해 증거하듯이(26절), 그의 정체성과 사명(14:11)에 대해 증언한다. 그러므로 사랑하는 제자 자신은 그의 복음서 기록 전체에 나타난 진리에 대해 증거하는 것이다(21:24).[266]

서신서에서 요한은 계속해서 예수를 증언한다; 사실 이것은 변함없는 사도적 행동양식이다(요일 1:2, 4:14). 다시금 성령은 하나님 자신이 그러하듯이(5:9-11) 이 증언의 사역을 강화한다(5:6). 요한삼서에서 신실한 그리스도인들은 서로에 대해 유익한 증언을 한다(12절). 요한계시록은 그리스도인들이 그들의 신실한 증언으로 인해 견뎌내야 할 수도 있는 고난을 잘 보여준다(11:7, 12:71, 20:4). 11장에서 특별한 임무를 맡은 두 증인은 죽임을 당하지만 부활하여 하늘로 올려진다. 이 장은 요한계시록에서 가장 신비로운 것으로 널리 알려져 있으나 두 증인이 교회 전체를 대표한다는 좋은 사례도 제시될 수 있다.[267] 마지막으로 요한은 "예수의 증언"이라는 표현을 좋아하는데 이것은 대부분의 경우에 적어도 목적의 소유격(objective genitive)-예수에 대한 증언(1:2, 9; 12:17; 17:6; 19:10; 20:4)-으로 사용되는 것으로 보인다.[268] 이 중 어떤 것도 복음의 무뚝뚝한(tactless) 제시를 정당화하지 않는다. 우리는 심지어 요한도 요한계시록에서 일곱 교회에 편지를 보내면서 그랬던 것처럼 우리의

266 하지만, 만약 24-25절이 최종 편집자에 의해 추가된 것이라면, 그는 다른 편집에 대해서도 마찬가지로 책임을 져야할 수도 있었지만 24절의 단어 배열은 사랑하는 제자의 의도와 의미와 함께 가는 선에서 되었을 것임을 시사한다. 자기 증언의 적법성에 대한 5:31과 8:14 사이의 긴장에 대해서는 Thomas W. Simpson, "Testimony in John's Gospel: The Puzzle of 5:31 and 8:14," *Tyndale Bulletin* 65 (2014): 101-18를 보라.

267 오스본(Osborne, *Revelation*, 417-24) 역시 해석들의 전체 범위를 조사하고 진단한다. 좀 더 간결한 것은 Koester, *Revelation*, 484-85 참조.

268 오스본(Osborne, *Revelation*, 82n2)은 순교자들이 유지했던 증언을 언급하는 6:9이 이것을 확증하는 것처럼 보인다고 말한다. 그러나 위의 각주 260번을 보고 1:9의 구절을 "예수에 의해 선포된 증언"이라고 번역하는 블라운트(Blount, *Revelation*, 39)를 참조하라. 딕슨(Sarah Underwood Dixon, *The Testimony of the Exalted Jesus in the Book of Revelation* [London: Bloomsbury T&T Clark, 2017])이 주장하듯이, 만약 각각의 경우에 이 표현이 실제로 요한계시록의 메시지 그 자체(예수에 대한 그리고 예수로부터 온)를 가리킨다면 모호성에 대한 이유 중 일부는 설명될 수도 있을 것이다.

길을 벗어나서 복음의 메시지를 우리 자신이 속한 문화와 정황에 맞도록 전해야 한다.[269] 그러나 만약 우리가 종교적 다원주의와 다양성을 격려하는-정확하게 일 세기 로마 제국이 그랬듯이-문화 속에서 복음의 배타성에 충성한다면, 우리의 말이 얼마나 은혜로운지는 상관없이 우리가 거절, 악의, 그리고 심지어는 순교를 예상할 수 있는 때가 올 것이다.[270] 그렇다면 이후에 헬라어 '말티로스'(*martyros*)의 의미가 "순교자(martyr)"-단순히 증인이 아니라 증언을 위해 자기 목숨으로 대가를 치르는 자-가 될 수도 있다는 것은 놀라운 일이 아니다!

순종과 계명을 지킴

우리는 이미 요한이 그의 편지에 인생의 세 가지 시험-신인으로서의 예수에 대한 믿음, 사랑, 그리고 순종 혹은 그리스도의 계명을 지키는 것-을 내포하고 있음을 보았다. 우리는 앞에 두 개에 대하여, 하나님이 그리스도를 통해 우리를 먼저 사랑하였고, 그에 대한 응답으로 하나님과 다른 이를 사랑할 수 있게 하였기 때문에, 기독론 밑에 오는 사랑과 믿음의 주제를 가지고 길게 논의하였다. 이제 우리는 세 번째 시험으로 시선을 돌린다-그리스도의 계명에 대한 순종, 즉 그리스도인의 삶의 일부로써 요한의 기독론에 대한 우리의 적합한 반응에서만 다뤄질 수 있는 것. 구약에서 하나님의 계명을 지키는 것은 핵심적이었으나 요한의 글에서 그리스도인들이 순종해야 하는 것은 주로 예수의 계명이라는 사실은 놀랍다. 요한은 그의 편지

---

269 이에 대하여는 특히 Colin J. Hemer, *The Letters to the Seven Churches of Asia in Their Local Setting* (Sheffield: JSOT Press, 1986)을 보라. 또한 Ronald H. Worth Jr., *The Seven Cities of the Apocalypse and Roman Culture* (New York: Paulist, 1999)와 Ronald H. Worth Jr., *The Seven Cities of the Apocalypse and Greco-Asian Culture* (New York: Paulist, 1999) 참조.

270 Osborne, *Revelation*, 298-99 참조. 더 나아가 Neal Windham, "'Witness' in the Book of Revelation," in Wood, *Dragons, John, and Every Grain of Sand*, 45-57을 보라.

에서 이러한 강조점을 위한 무대를 요한복음에 이미 나온 주제에 대한 예수의 가르침에 대한 몇 가지 예를 가지고 만든다. 특히 고별 담화가 나오는 14-16장에서, 예수는 "너희가 나를 사랑하면 나의 계명을 지키리라"와 같은 교훈을 포함시킨다(요 14:15). 이와는 반대로 "나의 계명을 지키는 자라야 나를 사랑하는 자"이다(21절). 마지막으로 "내가 아버지의 계명을 지켜 그의 사랑 안에 거하는 것 같이 너희도 내 계명을 지키면 내 사랑 안에 거하리라"(15:10).[271] 하지만 요한복음에 걸쳐 예수가 언급하는 신적 계명들조차도 율법 조항보다는 그가 온 목적인 그의 사명과 과제를 주로 다룬다. 심지어 요한은 예수를 따르는 자들이 여전히 율법을 어떤 변화도 없이 순종하는 것에 대해 덜 지지한다.

우리가 이미 본 것처럼 서신서에는 인생의 세 시험 모두가 한데 어우러져 중앙 무대를 차지한다. 우리는 그의 계명에 대한 우리의 순종을 통해 우리가 진실로 예수를 알게 되었음을 확인할 수 있다(요일 2:3). 그의 계명을 지키는 모든 자는 하나님 안에 거하고 성령은 이것을 우리에게 확증한다(3:24). 그러나 순종은 또한 사랑과 결합하여 우리가 하나님을 안다는 것을 보여준다(5:2). 하지만 사랑은 다시금 순종을 통해 정의된다(3절)![272] 요한계시록은 진정한 그리스도인을 그의 계명을 지키고 예수에 대한 그들의 증언과 그에 대한 믿음을 끝까지 붙잡는(계 12:17, 14:12) 이들이라고 정의한다. 이것은, 그들에 대한 다른 이들의 반응이 얼마나 짐이 되는지(onerous)에 상관없이, 그

---

271 다른 말로 하면, "나와의 교제 안에 거하면 너희를 향한 나의 사랑을 계속 경험할 것이다…아버지의 사랑 안에 머무는 것은 예수에게 수동적인 것이 아니었다; 그것은 그의 계명에 대한 순종을 포함했다. 이와 같은 것이 예수의 제자들에게도 해당된다. 그들은 예수의 계명을 지킴으로써 그의 사랑에 머문다." Kruse, *John*, 320. Lincoln, *Gospel according to Saint John*, 405 참조.

272 리외(Lieu, *I, II & III John*, 159)는 이것을 적절하게 요약한다: "만약 하나님의 계명이 그의 아들을 믿는 것이라면 이것은 필연적으로 아들 스스로 그의 계명으로써 준 다른 이에 대한 사랑을 포함할 것이다; 하지만 이것은 과거에 속한 것이 아니다: 그 선물을 받은 자들은 우리이다." 3절은 계명은 어려운 것이 아니라고 덧붙이는데 마 11:30을 생각나게 한다. 율법의 것이 아닌, 그리스도의 멍에와 짐이 쉽고 가벼운 것이다.

들이 참으라는 그리스도의 계명을 지켰다는 것이다(3:10).

그리스도 안에 거하기

다른 말로 하면, 믿는 것으로만은 충분하지 않다; 그리스도를 향한 그 믿음 안에, 그 충성 안에, 그 헌신 안에서 인내해야 한다. 이러한 행위에 대한 요한복음의 핵심 동사는 '메노'(*menō*)-머무르다 혹은 거하다-이다. 다시금 단어의 통계가 유익한 가르침을 준다. 이 동사는 마태복음에 세 번, 마가복음에 두 번, 누가복음에 일곱 번 나오지만 요한복음에는 마흔 번 등장한다. 이것은 또한 사도행전에 열두 번, 목회서신을 포함하여 바울의 모든 편지에 열일곱 번, 히브리서에 여섯 번, 그리고 베드로전서에 두 번 나온다. 하지만 이 단어는 요한일서 한 군데에서만 스물네 번 나오고 요한이서에는 두 번 나온다. 놀랍게도 요한계시록에 이 단어는 흔하지 않게 오직 한 번 등장하지만 극복하는 혹은 고난에 대해 승리한다는 개념에 대응하는 어떤 것이 있다.[273] 심지어 요한복음에서 리(Dorothy Lee)는 머문다는 것이 "고난을 통과하여 움직이는 것, 생명과 풍성함은 고통과 죽음을 통해, 절단되고 뚫린 옆구리를 통해 온다는 현실을 받아들이는 것을 의미"한다는 사실을 알아차린다(7:28; 19:34).[274]

요한문헌에서 '메노'(*menō*)를 훨씬 더 빈번하게 사용하는 것은 신자들이 그리스도(혹은 하나님, 혹은 성령, 종종 삼위 하나님의 하나 혹은 그 이상의 위격이 서로의 안에 거하는 것과 마찬가지로) 안에 거해야 할 필요를 강조하는 맥락에서 온다.[275]

---

273 특히 요한복음 14-16에 초점을 맞추고 있는 것은 Fernando F. Segovia, *The Farewell of the Word: The Johannine Call to Abide* (Minneapolis: Fortress, 1991)이다.

274 Dorothy Lee, *Flesh and Glory: Symbolism, Gender and Theology in the Gospel of John* (New York: Crossroad, 2002), 108.

275 라츠(Andrew B. Latz, "A Short Note toward a Theology of Abiding in John's Gospel," *Journal of Theological Interpretation* 4 [2010]: 168)는 여기서 거한다는 것을 "예수와 성령, 예수와 아버지, 그리고 아버지와 아들과 성령과 제자들 사이에서의 친밀하고, 인내하며, 개인

포도나무와 가지의 비유는 이것을 요한의 글에 나오는 그 어떤 것과 마찬가지로 분명하게 나타낸다. 예수는 자신이 참 포도나무이며 그의 아버지는 농부임을 선언한다(요 15:1). 아마도 이사야 5:1-7은 이스라엘로써의 포도밭을 언급하는 가장 잘 알려진 구약의 본문이겠으나 여기서 포도나무의 가지는 예수의 제자들이다. 그는 그 안에서 열매를 맺지 못하는 모든 가지를 잘라내고 열매를 맺는 가지는 여전히 더 열매를 맺게 하려고 깨끗하게 한다(2절).[276] 지금까지의 내용을 보면 주도권이 전적으로 하나님에게 있는 것처럼 보인다. 그러나 이제 예수가 그의 제자들에게 그가 그들 안에 거하는 것 같이 자기 안에 머물라고 명하여(4a절), 상황은 분명 더욱 복잡해진다. 포도나무와의 관계성이 없이 한 개인이 어떤 영적인 가치를 지닌 일을 한다는 것은 불가능하다(4b-5절). 붙어 있지 않은 자들은 버려지고 말라버리고 결국 폐기되어 불타버리는 가지들과도 같다(6절). 열매를 맺는 것은 어떤 하나의 특정한 제자도에만 제한될 수 없다. 오직 예수 자신의 돌봄을 통해 설명될 수 있는 예수에 대한 그 어떤 순종도 그들의 참된 제자도를 나타내는 것이다. 또한 이러한 이미지는 우리에게 가지들의 상호적 관계를 상기시킨다. 죽은 가지는 포도나무 전체를 약하게 한다.[277] 그러므로 그들은 살기 위해 포

적이고, 상호적인 관계"로 정의한다.

276 "잘라내다"에 해당하는 동사가 또한 "들어 올리다"('아이로'[*airō*])를 의미할 수 있기 때문에 누군가는 예수가 실제로 열매 맺지 못하는 가지를 들어 올려 특별히 관리하고 보호해 줄 것을 약속하고 있는 것이라고 제안하기를 정기적으로 시도할 것이다. 잘 알려진 것은 윌킨슨(Bruce Wilkinson)의 *Secrets of the Vine: Breaking through to Abundance* (Sisters, Ore.: Multnomah, 2006)은 이러한 관점을 널리 증진시켰다. 그러나 열매 없는 가지는 "단순히 살아있으나 생산성이 없는 것이 아니라 죽은 가지이다." Raymond E. Brown, *The Gospel according to John XIII-XXI* (Garden City, N.Y.: Doubleday, 1970), 675. 이러한 가지들은 그들 자신의 눈에는 제자이나 실제로는 그렇지 않은 이들을 나타낸다(Carson, *Gospel according to John*, 515).

277 이 구절에 대한 자세하고 문맥에 맞춰진 연구는 Musa Victor Mdabuleni Kunene, Communal Holiness in the Gospel of John: The Vine Metaphor as a Test Case with Lessons from African Hospitality and Trinitarian Theology (Carlisle: Langham Trust, 2012)를 보라. 특히 "가난하고 소외된 이들을 위한 연합, 결속, 호의, 동정, 그리고 돌봄으로 표현된 상호적 거룩함이 요한의 포도나무 비유에서 핵심이다"(217쪽). 또한 Peter D. Akpunonu, *The Vine, Israel, and the Church* (Frankfurt: Peter Lang, 2004), 특히 129-75 참조.

도나무에 연결되어 머무르거나 거해야 하며 그렇지 않으면 그들은 잘라져 버릴 것이다. 이제 이것은 전적으로 신자의 책임과도 같이 들린다.

이 두 극단 모두 요한의 전반적인 가르침에 정당한 것이 아니다. "그리스도 안에 거한다"는 개념은 동사 '메노'(*menō*)의 사용을 훨씬 넘어서까지 간다. 즉 신적 주권과 인간의 책임이라는 전체적인 문제가 함께 논의된다. 구원은 인간의 노력으로 얻는 것이 아니고 오직 인간의 삶에 하나님의 일이 그에 적합한 반응을 요구하는 것이다. 요한은 선택(election), 즉 하나님이 자기 사람이 될 특정한 자들을 결정한다는 것을 매우 잘 알고 있다. 15:16에서 예수는 "너희가 나를 택한 것이 아니요 내가 너희를 택하여 세웠나니 이는 너희로 가서 열매를 맺게 하고"라고 단호히 선언한다. 하지만 모두가 머물거나 거하기를 선택하지는 않는다. 요한일서 2:19는 모순으로 보이는 것을 해결할 실마리를 제공한다. 요한의 교회의 구성원이었고 다른 이들에게 마치 진짜 그리스도를 따르는 자들인 것처럼 나타났던 거짓 교사들이 그 교회를 떠났다. 요한은 "그들이 우리에게서 나갔으나 우리에게 속하지 아니하였나니 만일 우리에게 속하였더라면 우리와 함께 거하였으려니와 그들이 나간 것은 다 우리에게 속하지 아니함을 나타내려 함이니라"라고 설명한다. 다른 말로 하면 예리한 통찰력을 통해서만이 누가 예수의 참 제자였는지를 결정할 수 있다.[278] 각 사람은 자기의 생이 마칠 때 까지 예수에게 충성되게 남아있는가? 교회가 그 해에 얼마나 많은 이들이 눈에 보기에 믿음의 길로

---

278 신적 주권과 인간의 책임: 요한복음의 긴장에서 보여주는 성경적 관점에 대한 탁월한 연구는 이렇게 제목이 붙은 칼슨(D. A. Carson)의 책 *Divine Sovereignty and Human Responsibility: Biblical Perspectives in Tension in John*, (London: Marshall, Morgan & Scott, 1979; Atlanta: John Knox, 1981; Grand Rapids: Baker, 1994), 125-98을 보라. 선택의 주제에 대하여는 특히 Robert W. Yarbrough, "Divine Election in the Gospel of John," in *The Grace of God, the Bondage of the Will*, vol. 1, *Biblical and Practical Perspectives on Calvinism*, ed. Thomas R. Schreiner and Bruce A. Ware (Grand Rapids: Baker, 1995), 47-62 참조. 인간의 인내(perseverance)의 필요성에 대하여는 특히 Christopher D. Bass, "A Johannine Perspective of the Human Responsibility to Persevere in the Faith through the Use of *Μένω* and Other Related Motifs," *Westminster Theological Journal* 69 (2007): 305-25을 보라.

들어섰는지 보다 얼마나 많은 사람들이 믿음을 가지고 죽음을 맞이했는가에 대한 통계를 내 보는 것이 더 유익할지도 모르겠다. 우리는 눈에 보이는 회심을 기뻐하고 다수는 여전히 "붙어있다"(stick). 하지만 다른 이들은 그렇지 않다. 요한은 끝까지 남아있지 않은 이들에게 그들이 원래 처음부터 진짜가 전혀 아니었다고 말할지도 모른다.

동시에 진정으로 거듭난 자들은 하나님이 그들을 궁극적인 영적 죽음으로부터 지킬 것이라는 사실을 확신할 수 있다. 두 본문이 특히 이 부분을 분명히 한다. 요한복음 6:39에서 예수는 "나를 보내신 이의 뜻은 내게 주신 자 중에 내가 하나도 잃어버리지 아니하고 마지막 날에 다시 살리는 이것이니라"라고 선포한다. 또다시 그의 "양"들에 대해 10:28-29에서 말하면서 예수는 "내가 그들에게 영생을 주노니 영원히 멸망하지 아니할 것이요 또 그들을 내 손에서 빼앗을 자가 없느니라 그들을 주신 내 아버지는 만물보다 크시매 아무도 아버지 손에서 빼앗을 수 없느니라"라고 강조한다.[279] 이 같은 본문은, 그들의 확언(affirmations)이 지닌 완전한 본질과 그러한 확언들이 형성되는 확신의 측면에서, 로마서 8:38-39과 유사하다. 그래서 요한이 그토록 고통스럽게 유다가 예수에게 귀속된 자가 전혀 아니었음을 설명하는 것이다. 비록 예수가 열둘을 자신이 선택한 이들이라고 집합적으로 말할 수 있으나(6:70), 그는 또한 아버지에게 올리는 기도에 그가 제자들 중 아무도 잃어버리지 않았다고 말한다. 그는 "그들을 보전하고 지키었나이다… 다만 멸망의 자식뿐이오니"라고 기도한다(17:12). 이 마지막 세 단어는 헬라어 '휘오스 테이스 아폴레이아스'(*huios tēs apoleias*, 문자적으로 "멸망의 아들")를 번역한 것이다. 이 표현은 한 사람이 어떤 특정한 성향으로 특징된다고 말하는 유대적인 화법을 반영하고 여기서는 "멸망"에 해당하며, 여기서 "운명에

279 "[예수]가 하지 않을 것은 이들이 자기의 것이라고 알아보는 것에 실패하고 그들을 그의 교제권 밖으로 빼내버리는 것이다; 그가 할 것은 그들을 지키고 보전하는 것이다." Köstenberger, *Theology of John's Gospel and Letters*, 461. 톰슨(Thompson, *John*, 233)은 예수의 보전하는 능력은 결국 하나님에게 있는 것이며 그가 모든 이보다 크므로(10:29) "이 양들을 아버지의 보호로부터 빼앗을 어떤 인간 혹은 사탄의 힘이나 권세가 없다"고 말한다.

처한"(doomed)이라는 표현이 좀 거세지만(예를 들어 NLT는 "…으로 향해가는"을 선호한다) 핵심은 유다가 예수가 영생을 위해 선택한 이가 절대 아니었고 단지 열둘 중 하나였다는 사실이다.[280]

요한일서는 하나님의 주권과 인간의 책임 사이의 긴장을 유지한다.[281] 우리는 이미 성도의 견인에 대한 칼빈주의의 입장의 방향으로 눈금이 기울어지고 있는 것처럼 보이는 2:19(신 13:12-13을 반향할 수도 있는[282])을 인용했다. 그러나 단지 다섯 구절 이후에 요한은 "너희는 처음부터 들은 것을 너희 안에 거하게 하라 처음부터 들은 것이 너희 안에 거하면 너희가 아들과 아버지 안에 거하리라"라고 쓸 수 있다(24절). 여기 나오는 조건절은 저자의 관점에서 가정의 진리에 대한 약간의 의심을 허용하는[283] 세 번째 종류의 조건(third-class condition)이어서 이것은 또한 문맥이 허용하는 곳에서는 "[누군가 무엇을 했기] 때문에(*since*)"라고도 해석될 수 있는 "만약…이라면 구절"의 하나가 아니다. 아마도 요한은 그가 잃어버린 자들에 대해 그랬던 것과 똑같은 종류의 추정을 구원받은 이들에 대해서도 했었을 것이다. 그리스도 안에 머물기로 선택한 이들은 그 사실 이후에 뒤돌아보고 어떻게 하나님이 모든 기간 동안 그들을 보전하고 있었는지를 볼 수 있다. 심지어 27절은 직설문(indicative)이 명령문(imperative)으로 이끄는(너 자신이 되어라 [become what you are, 여기서 직설문은 what you are, 명령은 become이다-옮긴이]) 바울의 유명한 형식을 생각나게 한다: "너희는 주께 받은 바 기름 부음이 너희 안에 거하나니

---

280 이와 동일한 헬라어 표현이 살후 2:3에서 적그리스도를 수식하고 있으며 이러한 표현은 바울이 예수의 교훈에 대한 초대교회 전통으로부터 잘 수집한(gleaned) 것일 것이다. David Wenham, *Paul: Follower of Christ or Founder of Christianity?* (Grand Rapids: Eerdmans, 1995), 318-19을 보라.

281 특히 Christopher D. Bass, *That You May Know: Assurance of Salvation in 1 John* (Nashville: B&H, 2008)을 보라. 또한 Peter R. Jones, "A Presiding Metaphor of First John: *μένειν*," Perspectives in Religious Studies 17 (2010): 179-93 참조. 게다가 존스(Jones)는 거하는 비유가 서신서에서 얼마나 중심적인 것인지 보여준다.

282 Matthew D. Jensen, *Affirming the Resurrection of the Incarnate Christ: A Reading of 1 John* (Cambridge: Cambridge University Press, 2012), 114.

283 Culy, *I, II, III John*, 57 참조.

아무도 너희를 가르칠 필요가 없고 오직 그의 기름 부음이 모든 것을 너희에게 가르치며 또 참되고 거짓이 없으니 너희를 가르치신 그대로 주 안에 거하라."[284]

이러한 과정에 대한 요한계시록의 지배적인 언어는 "이기는 것"(overcoming) 혹은 "승리하는 것"(victorious)이다('니카오'[*nikaō*]로부터).[285] 이것은 그리스도와의 연합에 좀 더 초점을 맞추는 거하는 것(abiding)과 동일한 것을 일컫는 것이 아니다. 하지만 요한은 거하는 것과 이기는 것 모두를 가지고서, 결국은 하나님이 궁극적으로 그 모든 인내를 가능하게 하는 이임을 여전히 강조하는 와중에도, 구원을 보전하기 위한 인간의 노력을 요구하는 과정에 집중한다. 요한은 일곱 교회를 향한 각각의 편지에서 영원한 생명의 수많은 차원 중 하나를 극복하는 자 혹은 "이기는 자"(계 2:7, 11, 17, 26; 3:5, 12, 21)에게 약속한다. 다른 말로 하면, 그들은 인생의 환란 가운데 견디고 절대로 그들의 믿음을 저버리지 않는다. 이 표현은 묵시록에서 보통 신자들의 인내를 가리키면서 아홉 번 더 나온다. 또한 이것은 요한계시록을 요한서신과 연결시킨다. 요한일서는 여섯 번에 걸쳐 참된 신자들을 정복하거나(conquer) 극복한(overcome) 이들이라고('니카오'[*nikaō*]의 형태를 사용하여) 가리킨다. 그들은 거짓 교사들, 일반적인 이 세상, 그리고 심지어 사탄까지도 극복하는데 왜냐하면 "너희 안에 계신 이가 세상에 있는 자보다 크심이"기 때문이다(요일 4:4).[286] 그리고 이 모든 것은 그가 요한복음 16:33에서 넌지시 암

284 당연히 이것은 요한이 그의 회중에게 편지를 써서 그들을 가르치는 것만큼이나 상대적인 비교이다. 여기서 핵심은 영지주의가 그들에게 주었던 것과 같은 어떤 새로운 혹은 심원한 가르침을 찾을 필요가 없다는 것이다.

285 특히 Stephen Finamore, *God, Order and Chaos: René Girard and the Apocalypse* (Milton Keynes: Paternoster, 2009), 141-46 참조.

286 리외(Lieu, *I, II & III John*, 171)는 "더 큰 이"가 하나님 혹은 예수를 가리키는 남성인 반면, "이 세상"에 있는 이는 현재 기대가 되고 있는 적그리스도(3절)임을 발견한다. 하지만 여기서 핵심은 갈등이 "추상적인 세력들 사이"에서가 아니라 "회중 역시 참여하고 있는 개인적인 인물"이라는 것이다. 홈시(Stephen L. Homcy, "'To Him Who Overcomes': A Fresh Look at What 'Victory' Means for the Believer according to the Book of Revelation," *Journal of the Evangelical Theological Society* 35 [1995]: 201)는 이 참여에 대하여 자세하게 설명한

시하는 예수의 고유한 사역으로 인해서 가능해진다: "내가 세상을 이기었노라." 비록 요한복음에서 이 동사가 나오는 곳이 여기가 유일하지만 이것은 여전히 요한문헌의 세 장르 사이의 중요한 연결 고리인데 왜냐하면 특별히 이 동사는 신약의 다른 곳에서는 누가복음에 단 한 번, 그리고 로마서에 두 번 나오는 것이 전부이기 때문이다. 그러나 요한문헌 전부는 이 용어를 스물네 번 사용한다.

요한복음, 서신서, 그리고 요한계시록을 함께 이어주는 중요한 마지막 개념은 그리스도 안에 머문다는 표제어 아래 위치한다. 이것은 또한 우리가 조금 전에 논의했던 선택과 견인이라는 더욱 구체적인 쟁점과 긴밀하게 연결된다. 요한은 다른 신약성경의 저자들보다 동사 "지키다" 혹은 "보호하다"('테레오'[*tēreō*])를 더욱 많이 사용하기를 선호한다. 문맥은 신자들이 계명을 지키는 것과 예수에 대하여 신실하게 머무는 것을 포함하지만 또한 당신의 사람들을 보호하고 지키는 하나님의 능력을 의미하기도 한다. 놀랍게도 유사한 용어가 요한복음 17:15와 요한계시록 3:10을 연결한다. 전자의 본문에서 예수는 하나님에게 "그들을 세상에서 데려가시기를 위함이 아니요 다만 악에 빠지지 않게 보전하시기를 위함이니이다"라고 기도한다. "보전하다"로 번역된 동사는 '테레오'(*tēreō*)에서 왔으며 "에서"(from)로 이해되는 전치사는 '에크'(*ek*)이다. 신약성경 전체에서 '테레오'(*tēreō*)의 형태가 '에크'(*ek*)를 사용한 전치사구를 통해 수식을 받는 유일한 다른 한 경우는 그리스도가 빌라델비아 교회에게 "네가 나의 인내의 말씀을 지켰은즉 내가 또한 너를

다: "요한계시록 12:17은 우리에게 마귀는 화가 났고 '예수의 증언을 붙들고 있는 자들'을 죽이기를 구하고 있다는 것을 이야기한다. 이러한 십자포화 가운데서도 우리의 인생은 죄와 사망에 대한 예수의 승리를, 원수의 모든 세력에 대한 그의 일의 최종적 승리에 대한 확신을 가지고 선포해야만 한다. 이것은 우리가 이 세상에서의 삶을 사랑하지 않고 그 삶의 개시자를 사랑할 것임을; 우리가 성공을 인간적이고 세상적인 기준이나 개인적, 세상적인 획득으로 인한 승리로 가늠하지 않고 그의 나라의 확장을 위한 하나님의 계획에 대한 우리의 협력이라는 맥락에서 가늠할 것임을; 우리가 예수의 증언을 타협과 편리의 제단에서 희생시키지 않을 것임을 의미한다." 또한 Kenneth A. Strand, " 'Overcomer': A Study in the Macro-Dynamic of Theme Development in the Book of Revelation," *Andrews University Seminary Studies* 28 (1990): 237-54 참조.

지켜 시험의 때를 면하게 하리니 이는 장차 온 세상에 임하여 땅에 거하는 자들을 시험할 때라"라고 약속하는 요한계시록 3:10이다(기울임은 나의 것).

환난 전 환희(pretribulational rapture)를 믿는 그리스도인들은 자기들의 입장을 지지하기 위해, 비록 그 문맥은 요한의 때에 교회에 대한 핍박이 점차 증가하고 있는 것이나, 종종 이 본문에 호소해왔다.[287] 그러나 만약 이것이 나중의, 좀 더 우주적인 마지막 환난을 가리킨다면 실제로 사용된 언어는 환난 전 환희를 지지했을 것이다. 결국 예수가 하나님이 그의 제자들을 악에서부터 지켜줄 것을 놓고 기도할 때 그는 구체적으로 그들이 세상에서부터 사라지는 것이 아니라 그 안에서 보호 받기를 구하고 있었다. 그렇다면 요한계시록 본문에 적용된 똑같은 개념은 그리스도인들이 환난을 통과하며 살지만 그 기간 동안에 하나님의 진노로부터(마귀나 인간의 공격으로부터는 아니겠지만) 보호를 받는다는 것을 시사할 것이다.[288] 우리는 이러한 언급을 종말론을 다루는 곳에 이르기까지 쉽게 미뤄놓을 수도 있었으나 이것이 하나님의 백성을 보호하는 것에 대한 유사한 표현으로부터 직접적으로 발생하기 때문에 여기에 포함시키는 것이 가장 좋겠다고 생각했다.

연합

우리는 삼위 하나님의 연합에 대한 가장 강력한 선언들 중 몇몇이 요한복음에 어떻게 나타나는지를 이미 살펴보았다. 교회와 개개인의 신자들 사이의 연합도 이와 마찬가지이다. 요한복음 17장은 소위 예수의 대제사장적 기도(high-priestly prayer)가 나오는 고전적인 본문이다. 고별 담화 전체에 걸쳐

---

287 John F. Walvoord, *The Revelation of Jesus Christ: A Commentary* (Chicago: Moody, 1966), 86-88. 패터슨(Paige Patterson, *Revelation* [Nashville: B&H, 2012], 131-33)은 이 시점에서 문법적인 내용보다는 신학적인 것을 바탕으로 환난 전 환희를 선택한다.

288 Mounce, *Revelation*, 103; Boxall, *Revelation of Saint John*, 73; Guthrie, *Relevance of John's Apocalypse*, 98-99. 이것을 말하는 다른 방법은 그들이 영적으로는 보호를 받겠지만 반드시 신체적으로 보호를 받는다는 것은 아니라는 것이다.

나오는, 아버지, 아들, 그리고 성령 간의 연합에 대한 그의 모든 확언들, 그리고 심지어는 그의 기도의 처음 부분에 이에 대해 더욱 언급하고 난 이후(1-5절), 예수는 그의 제자들의 연합을 위해 기도한다(6-19절). 이것은 비단 그가 말하는 시점에 살아있는 자들뿐만 아니라 “그들의 메시지를 통해 [예수를] 믿을 자들”도 포함한다(20-26절). 구체적으로 그는 아버지에게 “그들도 다 하나가 되”기를 간구한다(21a절). 이것은 어떤 모호하고 정의가 잘 되지 않으며 눈에 보이지도 않는 연합이 아닌데 왜냐하면 예수가 바로 “아버지께서 내 안에, 내가 아버지 안에 있는 것 같이…우리 안에 있게 하사 세상으로 아버지께서 나를 보내신 것을 믿게 하옵소서”라고 구하기 때문이다(21b절). 그는 이 핵심을 강조하기 위해 다음 두 구절에서 이것을 반복한다: “그들도 하나가 되게 하려 함이니이다 곧 내가 그들 안에 있고 아버지께서 내 안에 계시어 그들로 온전함을 이루어 하나가 되게 하려 함은 아버지께서 나를 보내신 것과 또 나를 사랑하심 같이 그들도 사랑하신 것을 세상으로 알게 하려 함이로소이다”(22b-23).[289]

그리스도인으로서 우리는 세상에 복음을 전하기 위한 새로운 프로그램이나 전략이 필요하지 않다; 예수가 이미 우리에게 가장 중요한 접근법을 주었다. 우리의 분열과 내적 불일치가 아마도 오늘날 세계에 우리의 믿음을 전파하는 데 가장 큰 장애물일 것이다. 바울이 에베소에서 했던 것과 흡사하게 우리는 모든 종류의 신실한 그리스도인들과의 연합에 대한 비전을 붙잡을 필요가 있다. 초대 교회는 심지어 개종하지 않은 이들로부터도 마지못한 동경을 얻고 있었는데, 왜냐하면 경계선을 긋는 와중에도 대내외로 사랑

---

289 요한복음 17장에 대한 가장 영향력 있는 연구는 분명 Ernst Käsemann, *The Testament of Jesus: A Study of the Gospel of John in the Light of Chapter 17* (London: SCM; Philadelphia: Fortress, 1968)일 것이다. 그러나 때때로 그는 요한이 아마도 반대했을 것과 더 비슷한 가현설에 빠져든다. 그러므로 그의 연구는 Marianus P. Hera, *Christology and Discipleship in John 17* (Tübingen: Mohr Siebeck, 2013)와 Judith A. Diehl, “The Puzzle of the Prayer: A Study of John 17” (Ph.D. thesis, University of Edinburgh, 2007)에 의해 보완될 필요가 있다. 더욱 간략한 것은 특별히 John E. Staton, “A Vision of Unity: Christian Unity in the Fourth Gospel,” *Evangelical Quarterly* 69 (1997): 291-305 참조.

을 나타내고 있었기 때문이었고 그래서 그 사랑은 어떤 "모든 걸 받아들여라"라는 태도로 희석되지 않았었다. 만약 우리가 이 세기 말 터툴리안의 때와 같이 연합한다면, 이교도들까지도 "저들이 서로를 어떻게 사랑하는지 보라"고 외칠 것이다. 또한 그들은 우리가 어떻게 우리의 배우자-그 당시 이교도들이 유일하게 나누려고 애쓰고 있던!-를 제외한 모든 것을 공유하는지 볼 수 있을 것이다(변증 39). 사랑과 연합은 그 자체로 한계가 있으나 주로 우리가 그것을 성립한 곳에서가 아니라 우리가 그렇게 하지 못한 곳에서 가끔씩 그러하다.[290]

요한일서는 요한복음과 달리 하나됨에 대한 특정한 용어를 사용하지는 않지만 "교제"('코이노니아'[*koinōnia*])와 일부 유사한 내용을, 우리가 서로에 대하여 뿐만 아니라 우리가 빛에 거할 때 아버지와 아들과도 함께 갖는 것으로써, 다섯 구절에 걸쳐 네 번 나타낸다(요일 1:3-7).[291] 만약 우리가 이렇게 우리의 재물까지도 기꺼이 나누려고 하는 가까운 관계를 가지고 있지 않다면 요한은 우리가 어둠 가운데 거하고 있다고 말한다. 이런 이유 때문에 말라테스타(Edward Malatesta)는 다음과 같이 결론을 내리면서, 교제, 연합, 사랑, 머뭄, 그리고 기독론을 다함께 묶는 것에 있어서 합당하다;

> 이렇게 공동체, 성령, 예수, 그리고 아버지 사이의 상호간 교제는 그들 중에 있는 공동체의 구성원들 간의 상호간 교제에 근거하며 이를 결정한다. 그 공동체는 그들 모두가 같은 아버지의 자녀이며, 예수를 그들의 형제로 두고 있고, 같은 성령에 의해 인도함을 받는 정도의 상호간의 사랑으로 사는 형제와

290 특히 Lewis B. Smedes, *Love within Limits: Realizing Selfless Love in a Selfish World*, 2nd ed. (Grand Rapids: Eerdmans, 1989)을 보라.

291 딜로우(Joseph C. Dillow, "Abiding Is Remaining in Fellowship: Another Look at John 15:1-6," *Bibliotheca Sacra* 147 [1990]: 44-53)는 비록 여전히 구원받은 자가 거하지는 않을 수도 있다고 이후에 필연적으로 나오는 내용과 다른 것을 주장하지만, 거하는 것과 그리스도와 교제를 갖는 것 사이의 연결성을 정확하게 밝힌다.

자매들로 이뤄진 가족일 것이다.[292]

기독교에 대한 반대

심지어 가능한 최고 수준의 기독교인의 생활도 모두를 우리와 함께 동참하도록 설득하지 못할 것이다. 이미 그의 복음서 서문에서 요한은 예수가 "자기 땅에 오매 자기 백성이 영접하지 아니하였"음을 보았다(요 1:11). 이방인들의 반대에 덧붙일 때, 그리고 그 뒤에서는 사탄의 영향력과 함께 육체와 죄의 힘이 의인화되었을 때 요한은 다루어야 할 많은 자료를 가지고 있다.

유대인들

예수는 유대인으로 태어나서 유대 종교와 문화에 영향을 받았으나 그가 처형될 즈음 그 나라 대부분의 사람들은 그를 거부하고 있었다. 예수는 사마리아 여자에게 "구원이 유대인에게서 남이라"는 것을 상기시킬 수도 있었던 반면(요 4:22)[293] 요한복음 8:44에서 예루살렘의 한 유대인 회중에게 한 것처럼 저주가 담긴 비난을 할 수도 있었다: "너희는 너희 아비 마귀에게서 났으니."[294] 특별히 요한복음이 다수에게 반 유대적으로 보이게 만드는 것은

---

292 Edward Malatesta, *Interiority and Covenant: A Study of εἶναι ἐν and μένειν ἐν in the First Letter of Saint John* (Rome: Biblical Institute Press, 1978), 324.

293 이 선언은 요한복음에서 "유대인들"에 대한 다양한 부정적인 언급들이 나온다는 차원에서 훨씬 더 중요하다. 이 구절은 "극도로 긍정적인 선언으로 나타나는데 요한문헌의 그리스도인들이 아는 것이 하나님이 이스라엘과 맺은 구원 약속의 유효성을 확증하고, 그 약속들과 아버지를 예배하는 새로운 시대 사이의 연속성을 가정하고 있음을 시사하기 때문이다." Lincoln, *Gospel according to Saint John*, 177.

294 다시금 특히 Motyer, *Your Father the Devil?*을 보라. 문맥이 중요하다: 이들은 마치 예수를 따르려고 할 것처럼 하다가 거의 바로 그에게 등을 돌렸던 특정한 유대 청중들이다. 혹자는 이러한 문맥을 벗어나서 일반화하지는 못할 것이다. 사실 유대인 중 어떤 이들은 그들 중 몇몇이 다른 이들을 이런 식으로 비난하는 것을 듣곤 했었는데((Wis. Sol. 2:24), 왜냐하면 그들은 가

마치 그가 이 민족 사람들 전체를 불쾌하게 말하는 것처럼 자주 사용하는 '호이 유다이오이'(*hoi Ioudaioi*, 유대인들)라는 표현이다.[295] "유대의"('유다이오스'[*Ioudaios*])라는 용어는 마태복음에 다섯 번, 마가복음에 일곱 번, 누가복음에 다섯 번 나오지만 요한복음에는 일흔다섯 번 등장한다. 수많은 연구들이 이러한 현상을 살펴보아서 몇몇의 본문에서는 이 용어가 유대 사람들(갈릴리 사람들에 반대되는, 예를 들어 4:20, 7:35), 때로는 "유대 지도자들"의 줄임말로(예를 들어 8:48, 11:8), 이후 어떤 때는 유대 지도자들의 한 무리만을 가리키는 것으로(예를 들어 2:18, 13:33), 그리고 때로는 어떤 경우에 존재하고 있는 유대인들을 의미한다고(예를 들어 6:41, 7:15) 올바르게 설명하였다.[296] 각각의 경우는 바로 전후의 문맥 안에서 고려되어야 한다. 예수가 유대인이었을 뿐만 아니라 요한복음 전체에 걸쳐 등장하는 열 두 제자를 비롯하여 그를 따르는 모든 이들 역시 유대인이었기 때문에 후기 시대의 유대인들에 대하여는 훨씬 덜했으며 심지어 그의 시대에도 모든 유대인들을 비난할 수는 없었다. 하지만 이 모든 "유대인들"의 표현이 공통적으로 가지고 있는 것은 예수에 대한 반감이 일반적이었고 그의 생애동안 이스라엘에서 증가하는 추세여서, 비록 중요한 예외사항들이 있지만 "유대인들"이 이스라엘의 유대 사람들 전체를 의미할 수 있다는 인식이다. 역사적으로 정확하기 위해서, 우리는 "예수를 받아들이지 않았던 유대인들"을 각각의 문맥에서 지적으로(mentally) 읽어야

인의 후손과 아벨의 후손 사이를 구별했기 때문이다. 정확히 이 혐의(charge)에 대해서는 요일 3:12를 참조.

295 요한복음의 이러한 경향에 대한 통렬한 비평은 Maurice Casey, *Is John's Gospel True?* (London: Routledge, 1996), 24-27을 보라. 이러한 문제를 열정적으로 옹호하는 것은 Lars Kierspel, *The Jews and the World in the Fourth Gospel* (Tübingen: Mohr Siebeck, 2006)을 보라. 요한복음의 명백한 친 유대적 그리고 반 유대적인 본문들 모두를 자세하게 분석한 것은 Reimo Hakola, *Identity Matters: John, the Jews and Jewishness* (Leiden: Brill, 2005)이다.

296 이 관점들에 대한 총체적인 선집은 R. Bieringer, D. Pollefeyt, and F. Vandecasteele-Vanneuville, eds., *Anti-Judaism and the Fourth Gospel* (Assen: van Gorcum, 2001)을 보라. "유대 사람들"(Judeans)이 얼마나 자주 들어맞는지를 강조하는 연구는 John A. Dennis, *Jesus' Death and the Gathering of True Israel: The Johannine Appropriation of Restoration Theology in the Light of John 11.47-52* (Tübingen: Mohr Siebeck, 2006)을 보라.

하며 또한 그의 사역 마지막에는 이러한 자들이 그 나라 사람들 가운데 제법 규모가 있는 다수였다는 사실을 알아야 한다.[297]

유대인들은 요한서신에서 나타나지 않는데 의심할 바 없이 편지가 쓰인 직접적인 계기가 거의 전적으로 헬라적 기원을 두는 영지주의 혹은 가현설 이단이었기 때문이다.[298] 그러나 "유대인들"에 대한 중요한 두 번의 언급이 요한계시록 2:9와 3:9에 나온다. 요한이, 유대인이 아닐 때에 그렇다고 주장하는(예를 들어 그들이 그리스도인들을 박해하기 때문에 유대교의 진정한 정신을 지니고 있지 않으면서) 에베소와 빌라델비아의 유대인들을 사탄의 회당이라고 확인하면서, 다시금 그 표현은 매우 호되 보인다.[299] 나중에 유대인들의 그리스도인 박해에서 이러한 본문이 끔찍하게 받아들여진 역사를 부인하지 않으면서, 가장 먼저는 이러한 본문을 원래의 문맥에서 읽는 것이 중요하다. 일 세기 말 즈음, 많은 회당들이 예수를 메시아라고 인정하는 많은 회원들을 추방하였고 바로 이러한 반응이 요한이 궁극적으로 사탄적이라고 보는 것이다.

사실 요한이 종종 예수 당대의 사회적 환경보다는 일 세기 후반의 정황

---

297 특히 Porter, *John, His Gospel, and Jesus*, 149-73을 보라. 또한 Thomas M. Dowell, "Jews and Christians in Conflict," *Louvain Studies* 15 (1990): 19-37; Thomas D. Lea, "Who Killed the Lord? A Defense against the Charge of Anti-Semitism in John's Gospel," *Criswell Theological Review* 7 (1994): 103-23 그리고 Paul N. Anderson, "Anti-Semitism and Religious Violence as Flawed Interpretations of the Gospel of John," in *John and Judaism: A Contested Relationship in Context*, ed. R. Alan Culpepper and Paul N. Anderson (Atlanta: SBL, 2017), 265-311을 참조. 스미스(*Theology of the Gospel of John*, 56)는 "유대인들"은 종종 그들이 유대 사람이든 이방 민족이든 상관없이 "예수를 통해 드러난 하나님의 계시에 대한 인간의 거절의 상징"이 된다고 결론을 내린다. 셰리단(Sheridan, *Retelling Scripture: "The Jews" and the Scriptural Citations in John 1:19-12: 15* [Leiden: Brill, 2012], 238-39)은 어떻게 "유대인들"이 요한복음 1:19-12:15에서 구약의 인용이 있을 때 마다 항상 이에 대한 바른 이해를 돋보이게 해 주는 사람들로 자리하고 있음을 보여주는 유익한 도표를 제공한다.

298 유대적 기여가 조금 있었을 수도 있다. Carl B. Smith II, *No Longer Jews: The Search for Gnostic Origins* (Peabody, Mass.: Hendrickson, 2004)을 보라. 그러나 스미스(Smith)는 그러한 기여를 다소 부풀리고 있는 것 같기도 하다.

299 Beasley-Murray, *Book of Revelation*, 82 참조. 더 나아가 Philip L. Mayo, *"Those Who Call Themselves Jews": The Church and Judaism in the Apocalypse of John* (Eugene, Ore.: Pickwick, 2006) 참조.

을 좀 더 반영하고 있다고 믿어지는 이유 중 하나는 회당에서부터 축출된 신자들을 가리키는 세 번의 언급이다(9:22, 12:42, 16:2).[300] 앞의 두 구절들은 예수 생애 기간 예루살렘에서의 활동을 포함하고 있다; 마지막 구절은 장차 다가올 더 많은 것들에 대한 예언이다. 그러나 정확하게 말하면 이 구절들 중 그 어느 것도 제국 전체적으로 행해진, 아니면 적어도 널리 퍼져있던 의식(practice)을 포함하지 않고 있어서 이들은 역사적 예수의 더 나중의 시기에 좀 더 생각될 수 있다.[301] 일 세기 말 즈음에 이 의식은 훨씬 더 우주적인 것이 된다. 요한복음 16:2b-3은 그 동기를 잘 요약한다: "때가 이르면 무릇 너희를 죽이는 자가 생각하기를 이것이 하나님을 섬기는 일이라 하리라 그들이 이런 일을 할 것은 아버지와 나를 알지 못함이라." 비록 오늘날 그룹에서(circles) 이것을 말하는 것은 정치적으로 바르지는 않으나 요한의 확신은 누군가 예수를 거부한다면 하나님을 진실로 알 수 없다는 것이었다. 요한일서 2:23은 이것을 평범하게 표현한다: "아들을 부인하는 자에게는 또한 아버지가 없으되 아들을 시인하는 자에게는 아버지도 있느니라."[302]

세상

그러므로 예수를 거부하는 것은 유대 범주에만 국한되는 것이 아니다. 바울과 마찬가지로 요한은 하나님을 반대하고 있는 타락한 인류를 "세

---

300 마틴(Martyn, *History and Theology in the Fourth Gospel*)이 어떻게 이 구절들을 시작점으로 삼고 있는지 회상해 보라. 그들의 역사적 개연성을 옹호하는 것은 Edward W. Klink III, "Expulsion from the Synagogue: Rethinking a Johannine Anachronism," *Tyndale Bulletin 59* (2008): 99-118을 보라. 특히 Jonathan Bernier, *Aposynagōgos and the Historical Jesus in John: Rethinking the Historicity of the Johannine Expulsion* (Leiden: Brill, 2013) 참조.

301 Carson, *Gospel according to John*, 366-67.

302 Derickson, *1, 2 & 3 John*, 244. 파르세니오스(Parsenios, *First, Second, and Third John*, 89)는 이 의견의 일치성을 요한복음의 여러 구절들을 통해 강조한다(5:23; 12:44-45; 14:6-9; 15:23).

상"('코스모스'[*kosmos*])이라고 말할 수 있다. 마태는 이 용어를 여덟 번, 마가와 누가는 각각 세 번 사용하나 요한은 무려 일흔여덟 번씩이나 쓰고 있다. 때때로 이것은 단순히 요한복음 3:16에서와 같이 지구 인구 전체를 의미하지만("하나님이 세상을 이처럼 사랑하사") 좀 더 자주는 하나님의 계획과 목적에 대항하면서 타락한 세상의 체계를 가리킨다. 요한복음 15:18-19는 이러한 사용을 잘 요약한다: "세상이 너희를 미워하면 너희보다 먼저 나를 미워한 줄을 알라 너희가 세상에 속하였으면 세상이 자기의 것을 사랑할 것이나 너희는 세상에 속한 자가 아니요 도리어 내가 너희를 세상에서 택하였기 때문에 세상이 너희를 미워하느니라."[303] 17:11에서 예수가 기도하며 그가 세상을 떠날 것이나 제자들은 여전히 거기에 있을 것이라고 말할 때 그 의미는 좀 더 중립적이다. 여기에 세상 안에 있으나 세상에 속하지는 않았다는 공통적인 기독교 구호를 만들기 위해 필요한 블록들이 있다.[304] 구약성경 시대 거의 대부분 "세상"은 긍정적이거나 적어도 중립적이지만 부정적인 느낌은 신약 사용에 자극을 주었을 시편 17:14, 이사야 13:11, 그리고 스바냐 3:8에서 처음 발견될 수 있다.

'코스모스'(*kosmos*)는 요한서신에서 스물네 번 다시 나타난다. 이와 비슷한 빈도수로 가깝게 나타나는 또 다른 유일한 성경은 스물한 번이 두 배 이상의 구절에서 나타나는 고린도전서이다. 다시 말하지만 요한은 "세상"을 요한복음 3:16의 방식으로 사용할 수 있다: "[예수는] 우리 죄를 위한 화목 제물이니 우리만 위할 뿐 아니요 온 세상의 죄를 위하심이라"(요일 2:2).[305] 그

---

303 카나가라즈(Kanagaraj, *John*, 155)는 아주 멀리 나가서 요한이 주로 사용하는 "세상"의 의미를 "인간으로 하여금 예수를 증오하게 만드는 악의 세력들"이라고 정의한다.

304 이에 대해 특히 George L. Parsenios, "'No Longer in the World' (John 17:11): The Transformation of the Tragic in the Fourth Gospel," *Harvard Theological Review* 98 (2005): 1-21를 보라.

305 도(Toan Do, "Does *περὶ ὅλου τοῦ κόσμου* Imply 'The Sins of the Whole World' in 1 John 2,2?" *Biblica* 94 [2013]: 415-35)는 논문(article) 제목의 질문을 긍정적으로 대답한다. 이곳은 선택된 자들에게만 기회가 제공되는 곳이 아니다. 리외(Lieu, *I, II & III John*, 66)는 이 구절은 서신서가 특히 5:19에서와 같이 보통 좀 더 부정적으로 "세상"을 사용하는 것에서 벗어나며

러나 다시금 이것은 이보다는 좀 더 자주 타락한 세상의 (어그러진) 질서이다. 요한일서 2:16은 전통적으로 이렇게 '코스모스'(*kosmos*)를 사용할 때 그 구성요소를 명확히 한다: "육신의 정욕과 안목의 정욕과 이생의 자랑이니." 요한이 타락 이야기를 염두에 두고 있었는지는 분명하지 않지만 이 세 요소들이 하와(그리고 아마도 아담도 역시)의 유혹과 얼마나 가깝게 놓여 질 수 있는 것을 보는 것은 놀라운 일이다. 금지된 열매는 "먹음직도 하고 보암직도 하고 지혜롭게 할 만큼 탐스럽기도 한" 것이었다(창 3:6). 예수가 저지한(resisted) 세 유혹도 이러한 세 요소와 가깝게 상응한다-돌을 떡으로 만드는 것, 세상의 모든 나라들을 보고 얻는 것, 그리고 자신을 꼭대기에서 내던져 초자연적으로 구조되는 것(마 4:1-11, 눅 4:1-13).[306] 그러므로 타락 그리고 그 이후 모든 세상의 원래 상태는 하나님의 뜻에 대항하는 것이었다; 유대인이나 헬라인이나 그들 스스로 점하고 있는 우위가 없다! 요한계시록에서 '코스모스'(*kosmos*)는 오직 세 번 나타나며 두 번은 어떤 비난의 의미를 함축하지 않은 "세상의 토대"(13:8, 17:8)라는 표현에서 나온다. 여전히 11:15에서 일곱 나팔을 가진 천사는 "세상 나라가 우리 주와 그의 그리스도의 나라가 되어 그가 세세토록 왕 노릇 하시리로다"라고 선언한다. 여기서 부정적인 느낌은 잘 전달될 것이다.

육체

비슷하게 두 방면으로 사용하는 것이 요한이 "육체"('사르스'[*sarx*])를 발전시키는 것에 나타난다. 바울에서만큼 흔하지는 않지만, 요한복음에서는 다른 복음서들보다는 두드러질 정도로 더 많이 나온다(마태, 다섯 번; 마가, 세

공동체 밖에 있는 (적어도 몇몇에게도) 그들이 원한다면 공동체 안에 들어올 수 있다는 소망을 준다고 설명한다.

306 아킨(Daniel L. Akin, *1, 2, 3 John* [Nashville: B&H, 2001], 108)은 이러한 평행이 "중요하지 않은 것으로 취급되기에는 너무나도 놀라운 것"임을 발견한다.

번; 누가, 두 번; 요한, 열네 번). 요한일서와 요한계시록은 이것을 각각 세 번씩 쓰고 있다. 여기서 요한은 '사르스'(*sarx*)를 사용하지 않을 때 보다 더욱 자주 인간의 신체를 중립적인 형태로 가리킨다(예를 들어 요 1:13, 14; 3:6 등등).[307] 그리고 그가 사용하는 대다수는 예수가 그의 살을 먹는 것에 대한 당황스러운 이미지를 계속해서 반복하는 6장에 나온다(51-56절). 비록 그는 은유적으로 말하고 있는 것이나 분명 그는 그의 육체를 타락한 인간 본성의 일부로 생각하는 것은 아니다. 하지만 그는 좀 더 부정적인 의미도 알고 있다. 그는 8:33에서 육체를 따라-즉 더러워진 인간의 기준에 따라-판단하는 대화 상대자를 호되게 꾸짖고 6:63에서는 육체를 성령과 대조시키는데 오직 후자만 생명을 줄 수 있다. 요한계시록에서 일곱 번 '사르스'(*sarx*)는 다시 몇 사람들이 먹는 것을 의미하나, 이번에는 나라들이 바벨론/로마의 음녀에게서 등을 돌려 그의 살을 먹는 것과 같이(17:16) 먹이를 쫓는 새가 그리스도와 대적하여 싸웠던 군대의 썩은 시체를 먹어 해치운다는 좀 더 문자적인 의미에서이다(19:18, 다섯 번; 19:21). 혹자는 이러한 '사르스'(sarx)의 사용이 요한문헌의 다른 사용들과 서로 연관성을 찾기에는 너무 다르다고 보고 싶은 유혹을 받을 수도 있으나, 그들의 종말의 잔치에 대한 대응인 구약의 "위대한 하나님의 저녁식사"의 배경-그의 살을 먹고 그의 피를 마신다는 예수의 가르침을 통해 미리 예고된-은 요한의 마음속에 어떤 연관성이 충분히 있을 수도 있음을 시사한다.

죄

무엇이 하나님의 좋은 선물들을 그토록 혐오하게 만들었는가? 요한은 죄에 대해서 바울만큼은 아니지만 공관복음 혹은 비 바울(non-Pauline) 서신

307 Lee, *Flesh and Glory*, 62-64. 요한에게 있어 인간의 육신은 좋고 필요한 것이나 무능하고 연약하다.

보다는 여전히 두드러지게 많이 말하며 특히 단수 표현으로 그렇게 한다. 바울처럼 요한은 개별적 과오(transgressions)의 한 집합으로써가 아닌 힘으로써의 죄에 초점을 맞추는데 특히 죄가 믿음에 대한 압도적인 지지에 직면하여 예수 '믿는' 것을 "의지적으로 부정"하는 것을 가리키는 경우에 그러하다.[308] 메시아는 "세상 죄"를 없애려고 온다(요 1:29). 그리스도를 떠난 인간은 죄의 노예이며(8:34), 그들이 예수를 부정하는 것은 그와 그의 아버지 하나님에 대한 그들의 죄로써 함께 언급된다(15:24). 우리는 예수가 베데스다 연못 근처의 사람을 고친 이후 "더 심한 것이 생기지 않게 다시는 죄를 범하지 말라"라고 말한 것에서 보듯이(5:14), 개인적인 죄는 한 사람에게 떨어지는 악의 이유가 될 수 있다. 그러나 우리는 다른 사람의 병이 그들의 죄 때문인 것을 확신 있게 안다고 절대로 주장하지 못할 것이다. 제자들이 예수가 고친 이 못 걷는 자에게서 배운 교훈을 그들이 나중에 만나 나면서부터 소경인 사람에게 적용하려고 시도할 때, 그들은 만약 그가 소경으로 태어났다면 거기에는 무언가 다른 일이 있었을 것이라고 생각한다. 그가 자궁에 있을 때 분명 죄를 지었을 것이라고, 아니면 그가 그의 부모의 죄로 인해 벌을 받는 것이라고 이들은 추론한다(9:1-2; 출 20:5를 겔 18:20과 대조해 보라). 그러나 예수는 세 번째이자 올바른 정답을 설명해 준다: "그에게서 하나님이 하시는 일을 나타내고자 하심이라"(3절). 하나님의 주권은 고통과 악에 관하여 모든 상황에 다 들어맞는 하나의 설명을 절대 허락하지 않는다.[309]

힘으로써의 "죄"의 집합적 사용은 특히 요한일서에 주요하게 등장한다. 들어가는 장에서 세 번, 요한은 만약 우리가 죄 없다(혹은 죄를 안 지었다거나 죄를 범한 적이 없다)라고 말하면 우리는 거짓말하는 것이고 우리 자신을 속이는

---

308 G. Roger Greene, "God's Lamb: Divine Provision for Sin," *Perspectives in Religious Studies* 37 (2010): 161. 좀 더 일반적으로 이것은 "예수를 반대하는 어떤 의지 혹은 힘이다." Silva, *New International Dictionary of New Testament Theology and Exegesis*, 1:260.

309 특히 Keith Warrington, *Healing and Suffering: Biblical and Pastoral Reflections* (Milton Keynes: Paternoster, 2005)의 균형잡힌 관점을 보라. 또한 L. Ann Jervis, *At the Heart of the Gospel: Suffering in the Earliest Christian Message* (Grand Rapids: Eerdmans, 2007) 참조.

것이라고 주장한다(1:6, 8, 그리고 조금 덜 분명한 힘으로써의 죄는 10절에). 의심할 바 없이 그는 영지주의적 혹은 영지주의와 유사한 계통의 완벽주의에 대해 응답하고 있는 것이다.[310] 그러나 단지 두 장 이후에 그는 그리스도인들은 죄를 짓지 않는다고 반복해서 주장한다(3:4-6, 9). 확연하게 보이는 이러한 모순에 대한 여러 가지 해결책들이 제시되었으나 NIV 번역이 여기에 포함된 핵심적 요소를 잘 포착하고 있는 것 같다.[311] 현재 시제 동사의 양상(aspect)은 저자가 개시되고 있는 행동의 관점으로부터 주장들을 펼치고 있음을 나타낸다.[312] NIV 성경은 "그 안에 거하는 자는 계속해서 죄를 짓지 아니한다"(6a절), "계속해서 죄를 짓는 그 누구도 그를 보지도 못하였고 알지도 못하였다"(6b절), 그리고 "하나님께로부터 난 그 누구도 계속해서 죄를 짓지 않는다"(9절, 모든 기울임의 나의 것)와 같은 표현으로 이것을 나타내기 위해 노력한다. 심지어 이러한 번역들도 지나치게 완벽주의적인 것처럼(혹은 지나치게 해석적인 것처럼) 들릴 수도 있으나 요점은 참된 신자는 변화된 삶을 산다는 것이다. 그들은 오랫동안 하나의 혹은 그 이상의 특정한 죄와 힘겨운 투쟁을 할지도 모르나, 그들의 삶 전반은 더 이상 그들의 "정체성을 나타내는 요소로써"의 죄를 지닌 자로 적법하게 묘사되지는 않을 것이다.[313]

요한일서 5:17-18은 죽음으로 인도하지 않는 죄와 죽음으로 이끄는 죄

310 "완벽주의는 경건하고 지적이며 기초를 이미 터득했다고 자신하는 이들에게 항상 매력이 있었다. 요한일서는 완전함이 하나님의 말씀에 순종하는, 바로 이것으로 구성되는 것이며 다른 어떤 것이 아니라고 가르친다(2:5)." Sloyan, *Walking in the Truth*, 18. 죠베스(Karen H. Jobes (Letters to the Church: A Survey of Hebrews and the General Epistles [Grand Rapids: Zondervan, 2011], 424)는 이 세 구절이 말하는 오류는 "죄는 나에게 영향을 미치지 않는다"와 같은 주장과 맞먹는 것이라고 말한다.

311 제안들의 자세한 목록은 Brown, *Epistles of John*, 411-16을 보라.

312 David L. Mathewson and Elodie Ballantine Emig, *Intermediate Greek Grammar: Syntax for Students of the New Testament* (Grand Rapids: Baker, 2016), 125.

313 Köstenberger, *Theology of John's Gospel and Letters*, 467 참조. 또한 Marianne Meye Thompson, *1-3 John* (Downers Grove, Ill.: IVP, 1992), 95 그리고 J. G. van der Watt, "Ethics in First John: A Literary and Socio-Scientific Perspective," *Catholic Biblical Quarterly* 61 (1999): 491-511 참조.

사이의 차이점을 드러낸다. 아마도 후자(the latter)는 분리론자들(secessionists)이, 예수가 그리스도라는 것(2:22), 혹은 그가 실제 육체로 왔다는 것을(4:3) 부정함으로써 범하는 죄일 것이다. 다른 말로 하면, 공관복음의 용서받지 못하는 죄나 회개하지 않은 것, 혹은 히브리서의 완전한 배교와 같이, 인간의 죄는 예수가 정말 누구인지를 완전히 부정-그가 부인하는 것에 대한 완전한 지식을 가지고서-하는 것이다. 이것과 다소 평행하는 구약의 개념은 "남을 고려하지 않고"("with a high hand") 짓는 죄이다(민 15:30 RSV). 이 구절을 피상적으로 읽는 것은 많은 이들로 하여금 요한이 그의 회중들에게 다른 죄를 짓는 사람들을 위해서는 기도하되 용서받지 못할 죄를 지었을 수도 있는 사람들을 위해서는 기도하지 말라고 명령하는 것으로 생각하게 만든다. 본문을 자세히 읽으면 이 주장의 후반부는 거짓임이 드러난다. 요한은 그의 독자들에게 어느 누구를 위해서 기도하지 말라고 말하지 않는다; 그는 이러한 경우에 그가 (영적인) 죽음으로 이끄는 죄를 범했을 지도 모르는 자들을 언급하지 않고 있는 것이라고 말한다. "나는 너가 그것을 위해 기도해야 한다고 말하는 것이 아니다"는 "나는 너가 그것을 위해 기도하지 말아야 한다고 말한다"와 똑같은 것이 아니다![314] 그렇다면 우리가 위해서 기도해야 하는 (그리고 우리 자신이 범했다면 회개해야 하는) 죄는 무엇인가? 요한일서 3:4는 죄를 불법이라고 정의한다. 그러나 여기서 요한은 율법을 거의 그리스도의 계명들만큼 생각하고 있지 않는데 왜냐하면 그 계명들이 인생의 세 가지 시험 중 하나를 만들기 때문이다.[315]

---

314 Randall J. K. Tan, "Should We Pray for Straying Brethren? John's Confidence in 1 John 5:16-17," *Journal of the Evangelical Theological Society* 45 (2002): 599-609.

315 죠베스(Jobes, *1, 2, & 3 John*, 143)는 또한 요한에게 "불법"은 개별적 계명에 대한 개인의 과오보다 훨씬 더 한 것이나 "그들의 인생에 대한 하나님의 도덕적 요구에 분개하는 태도"임을 확인한다. 다시금, "많은 무신론자들이 하나님의 존재에 대한 생각을 거부하는 이러한 근원적 문제를 가지고 있는데 왜냐하면 그들의 마음에는 법이 없고 그들이 복종해야 하는 어떤 존재에 대한 생각을 거절하기 때문이다. '아노미아'(*anomia*)는 하나님의 권위와 그 자신의 자주성에 대한 거절이다." 브라운(Brown, *Epistles of John*, 399-400)은 요한이 이보다 훨씬 더한 것-분리론자들(secessionists)의 죄는 마지막 날을 특징짓는 "바로 그" 불법이라는 사실-을

요한복음 8:24(두 번), 34, 그리고 20:23(두 번)은 요한이 복수의 "죄들"로 인한 인간의 상태를 말하는 것을 전혀 꺼리지 않는다는 것을 보여준다. 이제 그는 "그 본질로써의 죄보다는 그 행위로써의 죄"를 언급하고 있다.[316] "불신의 주요한 죄는 사람들이 범하는 많은 '죄들' 혹은 잘못된 행동들로 표현된다."[317] 비슷하게 요한일서 4:10은 하나님이 그리스도를 "우리 죄를 속하기 위하여 화목 제물로" 보냈음을 밝힌다. 이와 같이 요한계시록 1:5b는 "우리를 사랑하사 그의 피로 우리 죄에서 우리를 해방"한 이를 언급한다. 이것은 '이것 혹은 저것'(either/or)의 사례(우리가 죄의 영향력 아래 있거나 혹은 죄의 특정한 행동을 하거나)가 아니라 '이것과 저것 모두'(both/and)의 경우에 해당한다. 특정한 죄들이 반복되지 않고는 우리가 죄의 영향력에 사로잡혔다고 말하는 것은 합리적이지 않을 것이다; 죄의 영향력 아래 있지 않고는 우리의 반복적인 죄는 여전히 설명되지 못할 것이다.

사탄과 천사

요한복음에서 사탄은 어떤 용어나 이름으로도 공관복음에서만큼 자주 나타나지는 않는다. 하지만 요한은 그의 해악성에 대해서 완전히 잘 알고 있다. 요한복음 13:27에서 사탄은 가룟 유다에게 들어가 그가 일찍이 좀 더 간접적으로 그렇게 하도록 "조장했던"(2절) 예수를 배신하는 계획을 완성할 힘을 준다. 요한계시록 12:9와 20:2는 하나님의 대적자를 가리키는 네 용어를 모아 놓는다: 용, 마귀, 뱀, 그리고 사탄. 사실 이곳이 창세기 3장의 뱀이 마귀와 확실하게 동일시되는 성경에서 유일한 곳인데 비록 이렇게 동일시되는 것(equation)이 초기 유대 전통을 반영하고 본질적으로 개연성이 있는 것이기는 해도 말이다. 그러므로 사탄은 요한계시록 12-13에서 거룩하지

말하고 있다는 가능성을 언급하는 많은 해석자들과 함께 한다.

316 Harris, *John*, 171.

317 Koester, *Word of Life*, 66.

않은 삼위에서 "아버지"의 역할을 하며, 적그리스도 혹은 첫 번째 짐승은 아들을, 그리고 거짓 선지자 혹은 두 번째 짐승은 성령을 따라하고 있다.[318] 사탄은 예수의 성육신 중 그를 없애버리려고 했던 시도가 무산된 이후에 "그의 천사들"과 함께 땅에 내던져졌다(12:9; 눅 10:18 참조). 그래서 그의 죽음이 고통스러울 때에도 그는 이 땅에 대혼란을 일으킨다. 그는 천년왕국의 기간에 지옥에 갇히며(20:2-3), 이후 마지막으로 한 번 더 나라들을 속이기 위해 풀려난다(7-8절). 그의 광범위한 성공은 이 땅에서 그리스도의 유익한 통치를 경험한 이후에도 인간들 사이에서 잔존하는 반항의 놀라운 힘을 증언한다. 그러나 하나님의 마지막 심판이 그들을 영원한 고통으로 이끌기에 사탄은 곧 그 짐승과 거짓 선지자와 불 못에서 함께 하게 된다(10절).[319] 짧은 기간 동안 이 악한 삼인조가 하나님의 백성들에게 어떤 해를 가하든지 이것은 영원의 관점에서 그 어떤 장기적인 위협이 되지 않는다.

우리는 이미 어떻게 예수가 그의 대적자들 중 일부를 그들의 아비 마귀에게 속하였다고 호되게 꾸짖으면서(요 8:44), 한편으로는 그리스도에게 오는 자들이 이 세상에 힘을 주는 마귀보다 더 큰 자와 함께 하고 있음을 보았다(요일 4:4). 이것은 그리스도가 마귀의 일을 멸하려고 등장했기 때문에 가능해졌다(3:8). 요한계시록에서 거룩하지 않은 삼인조가 나타나기 전부터, 마귀는 서머나의 그리스도인들 중 몇을 잠시 감옥에 집어넣은 로마의 박해 뒤에 있는 것으로 비쳐질 수 있다(계 2:10). 요한의 글에서 이렇게 마귀가 흔한 것

---

318 예를 들어 Bauckham, *Climax of Prophecy*, 431-41; Koester, *Revelation*, 576-88, 599-606 참조.

319 오스본(Osborne, *Revelation*, 717)은 "그러한 가르침에 불쾌감을 느끼는 사람들은 죄의 끔찍한 본질, 그리고 신성한 거룩함이 그것에 대해 가져야 하는 자연스러운 반응에 대해 너무 낮은 인식을 갖고 있다"라고 적는다. 왜 사탄이 마지막으로 한 번 더 풀려나는지에 대한 의문에 답하며 우드(Shane J. Wood ("God's Triumphal Procession: Re-examining the Release of Satan in the Light of Roman Imperial Imagery," in Allen, Paul, and Woodman, *Book of Revelation*, 209-23)는 하나님의 개선 행렬의 일부로써 공개적으로 행진을 하는 것은 요한의 시대 때 로마의 관습과 유사한 것으로써 그의 추종자들과 그 자신을 위한 일이라는 개연성 있는 제안을 한다.

으로 보아, 요한복음을 다 합쳐도 어떤 축귀 이야기가 나오지 않는다는 것은 우리가 특히 공관복음에 이것이 얼마나 주요하게 나타나는지 볼 때 다소 놀라운 일이다. 하지만 아마도 그의 청중 다수를 차지하는 이방인들에게는 이러한 것이 다양한 종류의 헬라적 마법과 너무 쉽게 연관될 수 있었기에 그는 축귀의 본질 혹은 목적에 대하여 그들을 오도(misleading)하는 일을 피하고 싶었을 것이다. 그리고 요한의 공동체가 그 지역의 유대 공동체와 논쟁 관계에 있었으므로 요한은 아마도 이 그리스도인들이 예수가 이스라엘에서 귀신을 쫓아낼 때 그랬던 것처럼 저들도 귀신이 들렸다고 오해 받는 상황에 처하지 않기를 원했을 것이다(마 12:24 삽입구절).[320] 이 대신 요한은 개인적인 축귀의 이야기를, 사탄과 적대적 관계이나 이후 그를 우주적 차원에서 정복하는 예수에 대한 묘사로 대체하고 싶어했는지도 모른다.[321] 어떤 경우든, 편집하여 추가한 것보다 뺀 것에 대해 설명하는 것이 항상 어렵다.

우리는 이미 어떻게 요한의 편지들이 단수 그리고 복수의 적그리스도를 말하고 있는지-비록 우리는 이 용어가 요한계시록에서도 다시 나오기를 기대했을지도 모르지만-살펴보았다. 다니엘 9:26에서 소개된 하나님의 적대자에 기초하고 있는 제이 성전 유대 문헌은 종종 마지막 날에 자기 사람들과 자기 메시아에 대해 맞서는 하나의 특별한 마귀적 대적자를 묘사했다. 요한문헌에 두루 걸쳐, 사탄과 그의 부하들의 주요한 특징은 특히 하나님, 예수, 그리고 성령을 가장하여 나타나는 것을 포함하여 기만하게 속이는 것이다.[322] 메시아의 사역 중 하나는 요한의 글이 분명하게 설명하듯이 그를

320 Eric Plumer, "The Absence of Exorcisms in the Fourth Gospel," *Biblica* 78 (1997): 350-68.

321 Graham H. Twelftree, "Exorcisms in the Fourth Gospel and the Synoptics," in *Jesus in Johannine Tradition*, ed. Robert T. Fortna and Tom Thatcher (Louisville: Westminster John Knox, 2001), 135-43.

322 J. Christopher Thomas, "The Role and Function of the Demonic in the Johannine Tradition," in *But These Are Written: Essays on Johannine Literature in Honor of Professor Benny C. Aker*, ed. Craig S. Keener, Jeremy S. Crenshaw, and Jordan D. May (Eugene, Ore.: Wipf & Stock, 2014), 44-45.

멸하는 일이었을 것이다. 이 대적자의 최종적인 멸망은 그리스도의 재림 때에, 사탄의 삼인조 중 첫 번째 짐승인 그가, 역시 거짓 선지자인 둘째 짐승과 함께 불 못에 던져질 때 온다(19:20).

더욱 고무적인 일은 요한문헌에 좋은 천사들이 있다는 것이다. 그들은 복음서에 몇 번 등장한다. 야곱의 꿈에 나오는 것에 더하여(요 1:51), 이후 무리 중 몇은 사실 하나님이었으나 천사가 예수에게 말했다고 생각한다(12:29). 막달라 마리아가 베드로와 그의 사랑하는 제자에게 보고한 이후 무덤에 돌아왔을 때 두 천사가 그에게 나타난다(20:12). 하지만 오직 요한계시록에 와서야 그들은 자기 본연의 모습을 드러낸다(결국 천사들은 묵시 문학의 한 특징이다). 천사는 어떤 면에서 각 일곱 교회 뒤에 서 있다(2:1, 8, 12, 18; 3:1, 7, 14).[323] 천사들은 계속해서 하나님의 메신저이자 대변인이며 그들은 요한의 환상을 그에게 설명해 주거나 그에게 해야 할 것을 알려준다(1:1, 10:9, 17:15, 19:19). 그들은 이 땅 전체에 대해 공적인 선언을 하며(8:13, 14:6), 또한 이 땅에 내리는 각 심판들을 공개한다. 그들은 그리스도와 비슷하게 보일지도 모르지만 결코 그리스도와 혼동되어서는 안 된다(19:10, 22:8).[324] 그리스도 자신이 천사와도 같은 모습으로 나타날 때에 이것은 보통 사법적 기능으로 그러한 것이며, 마치 어린 양으로서 나타나는 것이 세상을 구원하는 그의 역할을 강조하는 것과 비슷한 것이다.[325]

---

323 아마도 해당 교회에 편지를 읽어주는 자로서. 이것, 그리고 다른 선택지(options)에 대해서는 Everett Ferguson, "Angels of the Churches in Revelation 1-3: *Status Quaestionis* and Another Proposal," *Bulletin for Biblical Research* 21 (2011): 371-86을 보라.

324 둘의 유사성에 대해서는 "천사론은 묵시문학의 기독론에 영향을 미쳤다. 그 중요한 가닥 중 하나는 천사의 형태를 지닌 기독론이며 이것은 유일신 사상을 지지하는 동시에 예수가 가시적이고 영광스러운 모습으로 그의 교회에 보여지도록 하는 수단을 제공한다"라고 결론을 내리는 캐럴(Peter R. Carrell, *Jesus and the Angels: Angelology and the Christology of the Apocalypse of John* [Cambridge: Cambridge University Press, 1997], 226)을 보라,

325 Matthias R. Hoffmann, *The Destroyer and the Lamb: The Relationship between Angelomorphic and Lamb Christology in the Book of Revelation* (Tübingen: Mohr Siebeck, 2005).

교회론

한 개인의 구원으로부터 교회로써 다 같이 모이는 것으로 옮겨가는 것은 전형적이다. 몇몇 학자들은 요한에게서 교회론을 찾을 수 없다고 주장하지만 이것은 과도한 표현으로 보인다.[326]

요한복음

복음서가 예수의 세례(요 1:19-34)와 최후의 만찬(13-17장)의 많은 세부사항들을 열거하면서도 실제로는 예수가 요단강 물에 잠기는 순간이나, 빵과 잔의 요소들 그리고 다락방에서 예수가 이에 대해 강조한 중요성에 대해서는 언급하지 않고 있는 것은 흥미로운 사실이다. 몇몇은 요한이 물로 태어나는 것에 대한 예수의 교훈을(3:5) 세례로, 그의 살을 먹고 피를 마시는 것을(6:51-58) 성만찬을 가리키는 것으로 보고 있다고 주장한다.[327] 하지만 이 교훈들의 문맥으로 보아 예수는 그 당시에 세례적이고 성만찬적인 중생에 대해 가르치고 있었을 것이다-이 개별 성례가 없으면 사람이 구원을 받을 수 없다고 보는 관점. 6:63의 맥락("살리는 것은 영이니 육은 무익하니라")에서 이 결론은 상당히 가능성이 없어 보인다. 우리는 이미 "물과 성령으로 거듭나는 것"은 영적인 정화에 대한 이사일의(hendiadys)임을 보았다. 그리스도의 살('사르스'[*sarx*])을 먹는 것은 그의 육체('쏘마'[*sōma*])에 참여하는 것과 같은 것이 아니다. 그의 살을 먹고 그의 피를 마시는 것은 실제로 마지막 만찬에 참석하는 것이 아니라 아마도 죽음을 통해 그와 가깝게 연결되는 것을 가리

326 스미스(Smith, *Theology of the Gospel of John*, 136)는 교회가 "기껏해야 교회론을 추론할 수 있게 하는 요한의 신학의 전제"라고 하지만 그런 후에도 "이것에 대해 언급된 것이나 혹은 빠진 것으로부터 복음서의 기초를 이루는 교회의 개념을 너무 빨리 추론하는 것은 위험"한 것이라고 말한다.

327 주요 관점들을 잘 개관하고 있는 것은 R. Wade Paschal, "Sacramental Symbolism and Physical Imagery in the Gospel of John," *Tyndale Bulletin* 32 (1981): 151-76을 보라.

킬 것이다. 하지만 예수의 사역 이른 단계에 그의 청중 중 그 누구도 이 나중의 일어날 일의 어느 것도 알지 못했을 것이다.[328] 예수가 은유적으로 말하고 있었다 하더라도 문맥으로 보아 그들은 피에 참여하는 것을 금지하는 구약을 뒤집고 있는 것에 충격을 받았을 것이다. 이 문맥에서 예수가 그의 피를 상징하는 어떤 것을 문자적으로 마시는 새로운 의식을 생각하고 있지는 않았을 것이다.[329] 요한이 일 세기에 증가하던 성찬주의를 "카리스마적"으로 거부하는 자로서 기록하고 있었다는 것이 좀 더 가능성이 있다. 예수의 세례와 "예식의 말들" 그 자체를 기록하지 않음으로써 그는 이들의 남용이나 지나친 강조에 대해 보호막을 치는 것을 소망했었을 것이다.[330] 그러나 이것 역시 여전히 이론적이다.

종종 요한이 예수가 최후의 만찬을 기념하는 날을 바꿔서 그가 유월절 하루 뒤가 아니라 유월절 당일에 십자가에 못 박히게 한다고 추정된다. 이러한 추정의 대부분은 요한복음 1장에서 세례 요한이 예수를 하나님의 어린 양이라고 일컫는 구절에 의거하여, 그가 예수를 유월절 어린 양으로 그리고 싶어 한다는 추측과 연관되어 있다.[331] 그러나 양들이 언제 도축되었는지가

328 "그의 살을 먹고 그의 피를 마시는 것은 공공의 식사에 참석하는 것이 아니라 예수를 먹는 것(6:57), 그래서 한 개인이 예수 안에 거하고(6:56) 예수가 그 안에 거하는 것이다. 어떤 것도 우리로 하여금 이 구절에 성만찬의 교제에 대한 아이디어를 도입할 수 있도록 허락하지 않는다." Bauckham, Gospel of Glory, 18. Cf. further Meredith J. C. Warren, *My Flesh Is Meat Indeed: A Nonsacramental Reading of John 6:51-58* (Minneapolis: Fortress, 2015).

329 Roland Van Noppen, *Drinking the Blood of Jesus: A Theological Rationale from the Jewish Blood Prohibitions* (Lewiston, N.Y.: Edwin Mellen, 2015).

330 Raymond E. Brown, *An Introduction to the Gospel of John,* ed. Francis J. Moloney (New York: Doubleday, 2003), 155를 조심스럽게 참조. 요한의 공동체는 일 세기 말 증가하던 교회의 예식을 일종의 "카리스마적"으로 거부하는 것이었다는 입장을 보호하는 것은 Gary M. Burge, *The Anointed Community: The Holy Spirit in the Johannine Tradition* (Grand Rapids: Eerdmans, 1987)이다. 또한 요한이 "제례적"(cultic) 성찬학을 "성육신적인"(incarnational) 성찬학으로 대체한다고 결론을 내리는 앤더슨(Anderson, *Riddles of the Fourth Gospel*, 228-31)의 토론을 참조.

331 Kenton L. Sparks, *God's Word in Human Words: An Evangelical Appropriation of Critical-Biblical Scholarship* (Grand Rapids: Baker, 2008), 162-64 참조.

일치하지 않고 어떤 선택지도 요한이 예수의 죽음의 시간과 맞추고 있다는 이론에 잘 들어맞지 않는다. 많은 이들이 희생이 정오(제 육시)에 시작되었고 그런 후 요한이 예수의 죽음을 그 시간과 맞추고 있다고(19:14, 제 육시) 믿는 쪽을 선택한다. 그러나 이것은 요한에 의하면 예수가 죽은 시간이 아니다; 사실 그는 아직 십자가에 있지도 않다. 그는 아직 빌라도와 있다. 그러므로 어떤 이들은 양들이 오후 세 시(제 구시)에 희생되었다고 주장한다. 이 시간이 마가가 예수가 죽었다고 말하는 시간이지만(막 15:34-37), 요한은 이러한 정보를 전혀 제공하지 않는다. 비록 요한이 그의 독자들이 마가를 알고 있다고 가정한다고 해도, 더 나은 희생의 시각을 알았을 것이라고는 거의 예상되지 않던 모든 이방인들을 위한 시각을 강조하기 위해서는 무언가 하지 않았었을까?[332]

예수가 17장에서 그의 제자들뿐만 아니라 미래의 모든 추종자들을 위해 기도한다는 사실은 열둘을 위한 그의 다락방 교훈의 원리가 시간을 뛰어넘어서도 더욱 적용될 수 있음을 나타낸다. 교회는 세족(footwashing)-고대 세계의 길과 토지를 걷는 동안 쌓인 먼지, 그리고 동물과 인간의 쓰레기로 인해 때때로 집 안의 가장 비천한 종에게 남겨졌던 과제-을 통해 드러난 종 됨을 보여줘야 한다(13장).[333] 제자들은 14-16장의 이별 담화에서 너무나도 핵심인 사랑과 연합을 나타내야 한다. 그들은 교회의 권징(discipline)을 행사할 권리가 있으나 그들의 초점은 예수가 베드로를 회복시킨 것과 같이(21:15-18) 용서와 회복에 있어야 한다. 그들은 사명으로 부름을 받았고 이것을 위해 성령으로 능력을 입는다(20:22). 게다가 제자들의 사명은 예수 자신

332 더 나아가 Thompson, *John*, 388-90; Keener, *Gospel of John*, 2:1131; Rainbow, *Johannine Theology*, 215-17를 보라. 이러한 해석을 지지한다고 종종 언급되는 다른 구절들에 대한 설명은 Craig L. Blomberg, "A Constructive Traditional Response to New Testament Criticism," in *Do Historical Matters Matter to Faith? A Critical Appraisal of Modern and Postmodern Approaches to Scripture*, ed. James K. Hoffmeier and Dennis R. Magary (Wheaton, Ill.: Crossway, 2012), 355-56을 보라.

333 다양한 습관과 고대의 자료들은 Keener, *Gospel of John*, 2:903-7을 보라.

의 사명을 본받아 그를 따르든지 아니면 그에 의해 보냄을 받든지 하는 식의 큰 규모로 하는 것이다(특히 4:38; 13:36-38; 15:5, 8, 16; 17:8, 18; 20:21-22; 21:15-23을 보라). 이것은 예수보다 더 큰 일을 제자들이 한다는 문맥이 단지 질적인 것뿐만 아니라 양적인 것임을 나타낸다. 그들이 장차 다가올 세대들에서도 자신들과 같은 제자들을 재생산하여 더 멀리, 그리고 이보다 더 멀리 세상으로 퍼져 나가면서, 그들은 성령의 능력을 힘입어 예수가 3년의 짧은 기간 동안 이스라엘 안팎에서 했던 일 보다 더 많은 일을 할 기회를 갖게 될 것이다.[334] 하지만 그들은 또한 성취의 마지막 시대를 사는 특권을 가질 것이다. 천국에서 가장 작은 자가 세례 요한보다 더 큰 것처럼, "구원사에서 더 나중의 시기에 살아가는 덕분에 제자들은 '더 큰 일들'을 할 수 있을 것이다."[335]

요한은 또한 교회의 이방인 선교를 기대한다. 하나님의 선택적인 목적은 새롭고 기념비적인 방법으로 이스라엘을 넘어서 확장되고 있다.[336] 예수가 10:16에서 그 우리에 속하지 않은 다른 양들이 있어서 그에게 데리고 와야 한다고 할 때 이것은 오직 비유대인 개개인을 가리키는 것일 수도 있다.[337] 우리가 이미 보았듯이 목자 이미지의 배경은 에스겔에 나오는 이스라엘의 부패한 지도자들을 대신해야 하는 선하고 메시아적인 목자에 대한 예언이다. 메시아의 양들은 가장 첫 번째로 우선 유대인들이나 예수는 이스라엘이 회복되는 것에서 그치지 않는다. 요한복음 12:20-26은 처음 봐서는 이것과 긴장 관계에 있는 것 같다. 예수는 유월절에 예루살렘에 와서 그를 보기

---

334 Beasley-Murray, *John*, 255. 이 문단의 주제를 좀 더 일반적으로 다룬 것은 특히 Andreas J. Köstenberger, *The Missions of Jesus and the Disciples according to the Fourth Gospel* (Grand Rapids: Eerdmans, 1998), 특히 141-98을 보라.

335 Köstenberger, *Theology of John's Gospel and Letters*, 504. 505쪽에서 그는 "참된 의미로는 이 '더 큰 일들'은 신자들을 통해 나타나는 *고귀해진 그리스도*(*the exalted Christ*)의 일이다" 라고 덧붙인다(기울임은 그의 것).

336 Köstenberger, *Theology of John's Gospel and Letters*, 463.

337 "한 무리의 양" 주제의 구약 배경에 대하여는 Ridderbos, Gospel of John, 363를 보라. 또한 Andreas J. Köstenberger, "Jesus the Good Shepherd Who Will also Bring Other Sheep (John 10:1-16: The Old Testament Background of a Familiar Metaphor," *Bulletin for Biblical Research* 12 (2002): 67-96 참조.

를 드러내놓고 구하고 있는 헬라인들에게 자신을 증언할 수 있는 완벽한 기회를 무시하는 것처럼 보인다! 심지어 그는 그들에 대한 제자들의 메시지에 직접적으로 응대하지도 않으면서도 한편으로는 분명 죽지만 곧 새 생명을 탄생시키는 씨와 같은 그의 죽음과 부활에 대해 말하기 시작한다. 아마도 여기서의 요점은 제자들이 이 헬라 방문객들에게 말할 수 있는 충분한 시간이 있을 것이라는 것이다. 명절은 한 주 더 지속될 것이고 며칠 안에 그들은 예수의 부활에 대한 그들의 경험도 나눌 수 있을 것이다.[338]

무엇보다도 우리가 이미 소개했던 대로 제자들은 교회 내에서 연합된 모습을 보여주어야 한다. 하지만 바이어스(Andrew Byers)는 이 문제를 몇 단계 더 멀리 끌고 간다. 그룹 지향적 사회에서, 요한의 프롤로그에 나오는(1:12-13) 예수를 영접 혹은 영접하지 않은 이들의 언어는 우선 전체적으로 예수를 거부했던 회당을 포함하여 유대 공동체들을 염두에 두고 있다. 마찬가지로 예수를 받아들여서 하나님의 자녀가 된 이들은 단지 개인뿐만 아니라 그리스도인 공동체(예를 들어 교회)에 문의한다.[339] 예수가 신자들이 갖기를 기도했던 하나됨에 대하여 요한이 말할 때 그 표현은 의도적으로 쉐마의 언어를 반향한다. 하지만 복음서는 이스라엘의 한 분 하나님을 예수와 성령을 포함하는 것으로 다시 정의했고 이것은 하나님의 백성을 하나님의 가족에 참여하는 자들로 다시 정의를 내렸다. 그들은 하나님의 자녀들이고 예수는 하나님의 아들이며 요한복음 10:34는 시편 82:6을 인용하여 이스라엘의 지도자들을 "신들"이라고 인정하며 언급하고 있다. 이후 예수가 아버지 안에, 그리고 아버지가 그 안에 있었던 것처럼, 현재와 미래의 사람들이 서로에게, 그리고 그분 "안에" 있게 되기를 위해서 기도할 때, 이것은 '*떼오시스*'(*theōsis*,

---

338 크루세(Kruse, *John*, 269)는 "헬라인들이 오는 것은 예수로 하여금 그의 죽음 이후에 발생할 위대한 추수(유대인들에게서 뿐만 아니라 헬라인들에게서도)를 생각하게 만들었다"라고 진술한다. 20-22절을 이어지는 문맥과 같이 보아야 할 필요성에 대하여는 Johannes Beutler, "Greeks Come to See Jesus (John 12,20f.)," *Biblica* 71 (1991): 333-47을 보라.

339 Andrew J. Byers, *Ecclesiology and Theosis in the Gospel of John* (Cambridge: Cambridge University Press, 2017), 27-48.

신격화[deification])로 불리기에 적합한 맥락 안에 있다. 우리가 참여하는 곳은 "신성한 정체성 안이 아니라" 오히려 "자식됨"(아들됨)이 가져오는 파생적 개념에서의 "신성한 가족" 안이다.[340]

요한서신

함께하는 그리스도인 형제와 자매의 사랑은 요한서신에서 교회 구성원들의 의무를 이야기할 때 가장 자주 반복해서 등장하는 발언이지만 요한이서와 삼서는 이에 대하여 약간의 세부사항을 더한다. 교회를 떠났다가 다시 돌아오려고 하는 거짓 교사들은 환영받지 말거나 교회 안에서 그들에게 그들의 이단 사상을 위한 발판이 주어져서는 안 된다. 이것이 요한이 편지를 쓰는 대상인 "택하심을 받은 부녀와 그의 자녀들"(1절)이라고 일컬어지는 가정 교회가 그러한 자들을 집에 들이지도 말고 인사도 하지 말라고 하는 요한이서 10절의 문맥이자 의미이다.[341] 이와는 반대로 가이오는 디오드레베의 가정 교회를 주시해야만 하는데 왜냐하면 그가 이단의 영향을 너무나도 많이 받아서 참 신자들을 영접하기를 거절하고 그렇게 하는 자들을 교회에서 축출하기 때문이다(요삼 9-10). 그 대신, 가이오는 순회하는 교회의 지도자들을 환대하는 사역을 계속해야 하는데 특별히 그들이 나그네와 같이 돌아다니는 동안 머물 곳을 제공하고 섬기는 일을 통해서이다(5-8절).[342] 요한일서는 "너희 자신을 지켜 우상에게서 멀리하라"는 명령과 함께 갑자기 끝을 맺는다. 하지만 만약 우상이 한 사람이 그리스도 안에서 성령을 통해 나타난 한 하나님을 섬기기보다는 드러나게 혹은 은밀하게 섬기고 있는 다른 것이라면, 이 경고는 편지에 걸맞은 결말과 요약을 제공한다. 우상 숭배는 요

---

340 Byers, *Ecclesiology and Theosis in the Gospel of John*, 181 (기울임은 그의 것).

341 Akin, *1, 2, 3 John*, 233; Parsenios, *First, Second, and Third John*, 141-42 참조.

342 Smalley, *1, 2, 3 John*, xxx-xxxii; Thompson, *1-3 John*, 160.

한이 장려한 모든 것의 핵심과 정반대되는 것이다.[343]

요한계시록

요한계시록으로 넘어가면 교회론은 더욱 복잡해진다. 2-3장에 나오는 일곱 교회에 보낸 편지는 그 자체로 해석에 대한 다양한 의견이 있는데 이것은 비록 (순차적으로 등장하는 교회가 교회사에서 연속되는 시대를 대표한다는) 역사주의는, 오직 그 기간 동안에 실제로 일어난 일들의 상당 부분을 무시함으로써만 성립될 수 있다는 동의가 학계에서 통용되고 있음에도 불구하고 그러하다. 대신, 그 편지들은 매우 신실한 교회에서부터 매우 믿음이 없는 교회들에 이르기까지, 일 세기 말 소아시아의 교회들의 전체 스펙트럼을 대표하는데 이것은 이 땅에서 거의 모든 시기의 교회들의 스펙트럼과 대응될 수 있다.[344] 몇몇 해석자들은 3장 이후에 교회에 대한 개념이 더 이상 나오지 않는다고 믿으며 이 지점에서 멈추는데 왜냐하면 "교회"에 해당하는 단어가 이후 어디에서도 나타나지 않기 때문이다. 환난 전 환희(pretribulational rapture)를 지지하는 이들이 특히 이 해석으로 이끌린다.[345] 요한계시록 3장 이후에 "교회"라는 단어가 나오지 않는 더욱 당연한 이유는 4-5장은 하늘의 환상을 그리고 있고 6-22장은 일 세기 후기의 이 문자적인 일곱 교회들이 더 이상 존재하지 않는 미래의 일들을 언급하고 있기 때문이다.[346]

---

343 특히 Terry Griffith, *Keep Yourselves from Idols: A New Look at 1 John* (London: Sheffield Academic Press, 2002)을 보라. 또한 Julian Hills, " 'Little Children, Keep Yourselves from Idols': 1 John 5,21 Reconsidered," *Catholic Biblical Quarterly* 51 (1989): 285-310 참조.

344 간결하게 개관한 것은 Guthrie, *Relevance of John's Apocalypse*, 70-85을 보라. Peterson, *Reversed Thunder*, 42-56 참조.

345 Walvoord, *Revelation of Jesus Christ*, 103. 패터슨(Patterson, *Revelation*, 150)은 월보어드(Walvoord)를 인용하지만 환란 전 환희가 월보어드(Walvoord)가 주장하는 것처럼 4:1에서부터 추정될 수는 없음을 알아차린다.

346 다른 말로 하면 요한은 "교회"를 1세기 말 그가 살던 시기의 그리스도인 공동체에만 국한하여 사용한다. 건드리(Robert H. Gundry, *First the Antichrist: Why Christ Won't Come before the Antichrist Does* [Grand Rapids: Baker, 1997], 83-84)는 "교회"라는 단어는 또한 계

분명한 것은 이 마지막 일곱 장에 예수를 믿는 이들이 존재한다는 것이다. 그들의 주된 역할은 복음의 진리에 대해 증언하는 것이다.[347] 나팔 심판이 쏟아 부어지기 전까지(1-8절) 영적으로 봉인되어 있는 십사만 사천 명의 "하나님의 종들"(7:3)이 있다. 그들은 이스라엘의 각 지파에서부터 일만 이천 명으로 구성된 완전한 유대인들로 묘사된다. 바로 이후에 요한은 셀 수 없는 수많은 민족들이 함께 모여 있는 하늘의 예배자들을 본다(9-17절). 여기서, 보편 교회의 나머지가 하나님과 어린 양과 함께 하늘의 복을 즐기기 위해 고난 전에 환희를 느끼는 반면, 예수를 따르는 유대인들만이 그 고난을 통과하며 산다고 사람들이 생각하는 이유를 쉽게 알 수 있다.[348] 반면 우리는 단지 두 장 앞에서 요한이 사자의 소리를 들었고 어린 양을 보았으며 그 실체는 하나였고 같은 것-메시아 예수-이었음을 기억한다. 여기서 다시 요한은 여러 무리의 사람들의 소리를 듣지만 매우 다른 종류의 무리를 본다. 그러나 이 둘은 여전히 이스라엘에 대한 하나님의 모든 약속들의 성취로 그려지는 예수 그리스도의 보편 교회로써 하나요 같은 것일 수 있으나, 실제로는 유대 기독교인들만을 포함하는 것보다는 훨씬 더 크고 더 많은 이들을 포함하는 것으로 너무 방대하여 헤아릴 수 없는 세상 모든 민족들의 그리스도인들까지를 포함한다.[349] 14a절의 표현("이는 큰 환난에서 나오는 자들인데")은

4-22장에 나오는 하늘의 장면 어디에서도 나오지 않는다고 진술한다. 만약 이 장들(chapters)에 나오는 땅의 일을 묘사하는 곳에서 이것이 결여된 것이 이 땅에서 존재하지 않는다는 것을 의미한다면 같은 논리로 이것은 하늘에서도 존재하지 않아야만 할 것이다!

347 Olutola K. Peters, *The Mandate of the Church in the Apocalypse of John* (New York: Peter Lang, 2005). 또한 Dean Flemming, "Revelation and the Missio Dei: Toward a Missional Reading of the Apocalypse," *Journal of Theological Interpretation* 6 (2012): 161-77 참조.

348 예를 들어 Robert L. Thomas, *Revelation 1-7* (Chicago: Moody, 1992), 487.

349 예를 들어 Jürgen Roloff, *The Revelation of John: A Continental Commentary* (Minneapolis: Fortress, 1993), 98. 5-8절에 나오는 전례 없는 지파들의 목록(단은 없으나 요셉과 그의 한 아들 므낫세는 있으면서도 그의 다른 아들 에브라임은 빠져있는)에 대한 두 가지 가능한 설명에 대하여는 Christopher R. Smith, "The Portrayal of the Church as the New Israel in the Names and Order of the Tribes in Revelation 7.5-8," *Journal for the Study of the New Testament* 39 (1990): 111-18와 Richard Bauckham, "The List of the Tribes in

그들이 이 환난을 전혀 겪지 않았다는 것 보다는 그들이 이것을 통과하여 다른 쪽에서 나왔다라는 의미로써 더 자연스럽게 읽힌다.[350]

환난 전에 봉인되어 있는 사람들이 누구든지 간에 그들은 계속해서 이것을 통과하며 살아가고 계속해서 영적으로 보호를 받는다. 9:4에서 하나님은 천사들에게 나팔 심판을 보내어 "오직 이마에 하나님의 인침을 받지 아니한 사람들만" 해하라고 명령한다. 똑같은 제한 사항이 "짐승의 표를 받은 사람들과 그 우상에게 경배하는 자들에게"만 해당하는 대접 심판이 시작할 때도 있다(16:2). 이 표는 분명히 하나님의 종들의 인봉에 상응하는 것으로써 그리스도를 대적하는 이들을 확인하는 것이었음에 틀림없다. 하지만 하나님으로부터의 보호는 사탄이 그의 죽음을 통해 신자들에게 큰 고통을 주지 않을지도 모른다는 것을 의미하지 않는다. 또한 이것은 바벨론의 음녀로 인해 하나님의 백성들에게 가해지는 고통이 보여주는 것과 같이(17-18장) 우리가 모든 인간의 박해와 심지어 순교로부터 보호를 받을 것이라는 사실을 의미하지도 않는다.[351] 우리는 이미 11장의 두 증인이 그리스도인 공동체 전체를 가리킬 수도 있는 가능성에 대하여 언급했다. 그러므로 그 교회는 계속해서 요한계시록에 두루 등장한다. 하지만 요한계시록 3장 이후에 "교회"가 사용되지 않는 것은 이것이 요한복음과 요한일, 이서에서 사용되지 않고 있는 것과 유사하다. 세 종류의 요한문헌의 강조점은 '에클레시아'(*ekklēsia*)의 직임이나 단체 보다는 예수와 함께 하는 공동체, 그리고 서로에 대해 더욱 초

Revelation 7 Again," *Journal for the Study of the New Testament* 42 (1991): 99-115를 보라.

350 Mounce, *Book of Revelation*, 164; Osborne, *Revelation*, 324-25.

351 Murphy, *Fallen Is Babylon*, 260 참조. 패트모어(Stephen Pattemore, *The People of God in the Apocalypse: Discourse, Structure, and Exegesis* [Cambridge: Cambridge University Press, 2004], 276)는 요한계시록의 교회론에 대하여 세 가지 주요 사항을 확인한다: 그리스도인들은 안전하고 그들 모두의 생명은 하나님의 주권 아래 있다; 어린 양과 혼인한 이들은 그의 군대의 일부이며 반대, 그리고 심지어는 순교도 경험할 수 있다; 간통(17:1-2) 혹은 처녀(14:1-5)의 은유로 인해 그들의 선택은 양극단의 것임이 분명해진다-예수에게 충성하든지 아니면 타락한 세상의 체계에 충성하든지.

점이 맞추어져 있다.[352]

종말론

요한의 종말론 대부분은 그의 저작에 나오는 다른 주제들에 대한 우리의 논의에서 상당 부분 스며들어 있었다. 하지만 여기서 우리는 그것들을 다함께 모아 보아야 한다.

요한복음

요한복음의 종말론은 공관복음에서보다는 좀 더 실현되어(realized) 있으나(요 3:18; 4:21-23; 5:24; 6:47 등), 부활과 최종 심판을 포함하여 앞으로 반드시 일어나야 할 일들의 미래적 측면도 거의 놓치지 않는다(5:25, 28-29; 6:39-40, 44, 54, 58 등).[353] 그러므로 영생은 한 사람이 예수를 믿기 시작하고 그의 계명에 순종할 때에 이미 현재에 시작된다. 이것은 새로운 종류 혹은 차원의 인생이다; 하지만 이것은 또한 끝나지 않는 혹은 영원한 것이어서 이 세상에서의 삶이 끝난 이후에도 이어질 무한의 삶이 있다. 마찬가지로 영원한 죽음도 지금 여기서부터 시작된다.[354] 사람들은 영생을 위해 그들의 죄에서 돌

---

352 Johan Ferreira, *Johannine Ecclesiology* (Sheffield: Sheffield Academic Press, 1998). R. Alan Culpepper, "The Quest for the Church in the Gospel of John," *Interpretation* 63 (2009): 341-54와 Stephen C. Barton, "Christian Community in the Light of the Gospel of John," in *Christology, Controversy and Community*, ed. David G. Horrell and Christopher M. Tuckett (Leiden: Brill, 2000), 279-301 참조.

353 John T. Carroll, "Present and Future in Fourth Gospel 'Eschatology,'" *Biblical Theology Bulletin* 19 (1989): 63-69; R. Alan Culpepper, "Realized Eschatology in the Experience of the Johannine Community," in Koester and Bieringer, *Resurrection of Jesus in the Gospel of John*, 253-76.

354 톰슨(Thompson, *John*, 86)은 "심판의 빛이 도래한 이후로 미래에 예상되었던 심판은 믿는 자와 믿지 않는 자 모두에게 현재에 선포될 수 있다: 생명과 죽음에 대한 심판은 '이미'('에이

이켜 그리스도를 믿지 않는 이상 정죄의 자리에 서게 된다(요 3:18b). 그들은 예수와의 관계가 가져오는 삶의 질을 경험할 수 없고 그들은 오는 세상에서 그 어떤 좋거나 경건한 것을 기대할 수도 없다.

요한의 종말론이 다른 곳에서보다 더욱 실현된 것으로 나오는 또 다른 형태는 예수가 반복해서 그의 "때"-그의 죽음과 이어지는 영화의 시기-를 가리키는 것이다. 반복해서, 그가 하거나 하지 않은 일들의 타이밍은 아직 그의 때가 아니라는 사실에 의해 지배를 받는다(요 2:4, 7:30, 8:20). 그러나 결국에 그는 자기의 때가 왔다고 선언한다(12:23, 27 [두 번]; 13:1; 17:1). 다른 구절에서 우리는 때가 왔고 구원 역사에 변화가 필요한 시기가 지금이라고 (혹은 지금 왔다고)하는 것을 읽는다(4:23, 5:25, 16:32). 다니엘에서 예정된 마지막 때에 대한 표현이 반복해서 나타나는 것이 이것의 배경으로 크게 자리하고 있는 것 같다(예를 들어 단 8:17, 19; 11:35; 12:1).[355] 놀랄 것도 없이 예수의 가상 선언 "다 이루었다"('테텔레스타이'[*tetelestai*]는 오직 요한복음에서만 나타난다(19:30). 문맥상 이 말은 예수가 목마름을 표현하고 신 포도주가 그에게 주어진 이후이다(28-29절). 하지만 특히 예수가 이것을 실제로 마셨다는 내용이 거의 없기 때문에 그의 말은 그가 이 음료를 다 마셨다는 것보다 훨씬 더 큰 것을 의미해야만 할 것이다. 그가 십자가에서 죽음을 맞이했을 때 그의 사역은 끝이 났다.[356] 만약 30절이 이전의 28절을 가리키는 것이라면 '테텔레스타이'(tetelestai)의 주어 역시 단순히 "이것"이 아니라 "모든 일들"이 될 수도 있다.[357] 그리스도가 하려고 이 세상에 온 모든 일이 성취되었다; "다 이루었

데'[*ēdē*]) 결정되었다"(3:18)라고 설명한다.

355 Stefanos Mihalios, *The Danielic Eschatological Hour in the Johannine Literature* (London: T&T Clark, 2011). 이것이 적어도 유대 전통에서 더욱 일반적으로 야기된 것이라고 보여주는 것은 Craig E. Morrison, "The 'Hour of Distress' in Targum Neofiti and the 'Hour' in the Gospel of John," *Catholic Biblical Quarterly* 67 (2005): 590-603 이다.

356 L. T. Witkamp, "Jesus' Thirst in John 19:28-30: Literal or Figurative?" *Journal of Biblical Literature* 115 (1996): 489-510.

357 Floyd O. Parker, "Is the Subject of Τετέλεσται in John 19, 30 'It' or 'All Things'?" *Biblica* 96 (2015): 222-44.

다"는 "내 삶이 끝났다"보다 훨씬 더 이상의 의미를 지닌다. 이렇게 예수의 사역의 절정이 그의 재림보다 초림을 둘러싸고 있다는 것은 요한복음에 나오는 현재의 혹은 실현된 종말론을 더욱 강조하는 것이다. 그러나 그가 그들이 올 수 없는 곳으로 갈 것이고 하지만 다시 돌아와서 그들과 함께 할 것임을 반복해서 무리와 제자들에게 말했다는 사실은 요한복음에서 미래를 지향하는 차원의 종말론 역시 주목할 만하다는 사실을 확신시킨다(14:2-3, 19, 28; 16:16-22).[358] 이렇게 떠나는 것이 지닌 한 가지 구체적인 기능은 그의 제자들이 거할 방이 많이 있는 장소를 준비하는 것일 것이다(요 14:2). 예수의 원래 청중은 그러한 건물의 가장 분명한 예로써 성전을 생각했었을 것이나 "방"에 해당하는 용어('모네'[*monē*])는 또한 "중간역"(way station)과 같은 잠시 멈춰가는 곳을 의미할 수도 있다.[359] 하지만 천국은 그리스도인의 중간 상태(intermediate state)로 요한계시록이 더 자세히 밝힐 새 하늘과 새 땅으로 가는 과정(en route)이다.

요한서신

영지주의는 신학적 완벽주의로 기울기 때문에 요한서신의 강조점이 장래에 신자들에게 여전히 일어나야할 사항으로 약간 방향을 바꾸는 것에 대해 놀랄 필요는 없다. 이제 결정적인 때는 예수의 때가 아니라 "마지막 때"-구원사에서 종말이 올 수 있기 전 그 어떤 중요한 일도 남아있지 않은 때-이다. 그래서 요한은 바울이 "적그리스도"(요일 2:18; 4:3 참조)라고 부르는 "불법의 사람"과 유사한 인물이 올 것을 생각하며 당시의 거짓 교사들을 "적그리스도"라고 명명한다. 정확히 그 "장래에 어떻게 될지는 아직 나타나지 아

358 특히 이 주제에 대하여는 George L. Parsenios, *Departure and Consolation: The Johannine Farewell Discourses in Light of Greco-Roman Literature* (Leiden: Brill, 2005)을 보라.

359 책 한권 분량으로 다룬 것은 James McCaffrey, *The House with Many Rooms: The Temple Theme of Jn 14,2-3* (Rome: Pontifical Biblical Institute, 1988)을 보라.

니하였으나 그가 나타나시면 우리가 그와 같을 줄을 아는 것은 그의 참모습 그대로 볼 것이기 때문이"다(3:2). 주님이 강림할 때에는 우리의 전 존재를 영원에 맞추기 위한 개인적인 변화를 기대할 수 있다. 바로 이 소망 때문에 우리는 심판의 날 하나님 앞에서 그가 우리를 정죄하기 보다는 구원하기 위한 과정을 진행하고 있다는 담대함을 가질 수 있다.

요한계시록

물론 종말론은 요한계시록 도처에 자리하고 있다. 이 책의 신비스러운 묵시적 이미지는 수많은 다양한 해석의 입장들을 초래하였다.[360] 여기서 모든 선택지들에 대해 일일이 해설하는 것은 어렵고 대신 우리가 확신하는 바를 요약하고 그것들에 대해서 간략한 해설을 제공하고자 한다. 이 책은 90년대 중반 도미티안(Domitian)의 지배 아래 소아시아 교회에 대한 박해의 배경과 사건들로 시작한다(1-3장). 이것은 예수의 죽음과 부활과 함께 역사의 결정적인 전환점을 알아채는데 왜냐하면 죽임을 당하여 오직 홀로 인봉을 떼어 마지막 때의 심판을 담은 두루마리를 열기에 합당한 이는 어린 양이기 때문이다(4-5장). 첫 네 개의 인봉의 이미지와 내용(군국주의, 전쟁, 기아, 그리고 죽음)은 감람산 담화에서의 예수의 교훈과 평행한다는 사실은 차치하고라도 이 일들은 교회사 전반에 걸쳐 반복해서 일어나는 것임을 나타낸다(6:1-8). 두루마리 전체를 펼쳐서 마지막 때만의 일들이 어떤 것인지 알기 위해서는 모든 인봉이 떼어져야 한다.[361]

다섯 째 봉인은 앞의 네 봉인의 유형을 깨뜨린다. 이것은 새로운 심판이

360 C. Marvin Pate, ed., *Four Views on the Book of Revelation* (Grand Rapids: Zondervan, 1998)와 함께 Steve Gregg, *Revelation—Four Views: A Parallel Commentary*, rev. ed. (Nashville: Nelson, 2013) 참조.

361 더 나아가 George E. Ladd, *A Commentary on the Revelation of John* (Grand Rapids: Eerdmans, 1972), 95-98 참조. 또한 Gorman, *Reading Revelation Responsibly*, 139 참조.

아니라 순교자들의 영혼들이 얼마나 오랫동안 복수의 때를 기다려야 하는지에 대한 울부짖음이다(6:9-11).[362] 여섯 째 인봉 역시 특이한데 왜냐하면 여기서 우리가 아는 우주의 종말을 풀어놓은 듯 하나 여전히 열다섯 번의 심판이 남아있기 때문이다(12-17절). 심지어는 "진노의 큰 날이 이르렀으니"라고 선포된다(17절)! 이러한 신비에 더하는 것은 일곱 번째 봉인이 열렸을 때 다시금 거기에는 새로운 심판이 없다는 사실이다. 그 대신 요한은 하늘의 침묵을 약 반 시간 정도 듣고 이어서 허버트(George Herbert)가 "뒤집어진 천둥"이라고 부르는 것-하늘의 천둥과 번개를 인도하는 이 땅의 불-이 뒤따른다(8:1-5).[363]

이제 일곱 번의 나팔 심판은 7:14에서 소개된 것에 적합한 환난을 개시한다.[364] 이들은 한편으로 일곱 인봉들과 여전히 닮아있다: 첫 네 개는 서로 유사하게 평행하며 다섯 번째와 여섯 번째의 전환으로 이어진다. 첫 네 개는 또한 모세의 때에 애굽에 내린 재앙들을 비슷하게 보여주며 이로써 그리스도인들이 이 시기를 지날 것이지만 보호를 받을 것이라고 생각할 수 있는데 왜냐하면 정확히 이것이 애굽의 재앙의 시기에 이스라엘 백성들에게 있었던 일이기 때문이다(출 7-11). 다섯 번째와 여섯 번째의 나팔 역시 각각 세 화(woes)의 첫 번째 그리고 두 번째 것으로 불리며(계 9:12, 11:14) 명백하게 "무저갱"(11절)-사탄이 거주하는 곳을 일컫는 고대 이스라엘의 이름 중 하나-에서 올라 온 마귀적 사자(agents)를 포함한다.[365] 또 다시 여섯째 나팔과 함께(혹은 두 번째 화) 대학살로 그려지는 전투가 있는데 어떻게 세상이 계속될

362 J. Scott Duvall, *The Heart of Revelation: Understanding the 10 Essential Themes of the Bible's Final Book* (Grand Rapids: Baker, 2016), 137-56 참조.

363 피터슨(Peterson, *Reversed Thunder*, 88)에 의해 인용됨.

364 Osborne, *Revelation*, 339. 이 해석은 요한의 환상이 예수가 두 세대 전 용어(terminology)에 부여한 의미에 구속되지 않음을 가정한다. 만약 예수의 종말론적 담화가 계 7:14의 해석적 배경을 제공하는 것처럼 보인다면 중간 기간(interadvent period) 전체를 염두에 두고 있을 것이다. Koester, *Revelation*, 421-22 참조.

365 Smalley, *Revelation to John*, 226. Edward Gudeman, "The View from Below: A Study of the Abyss in John's Apocalypse" (Ph.D. thesis, University of Bristol, 2017) 참조.

수 있을지 상상하기 어려우나 명백하게 그것은 그렇게 된다(9:13-21). 이것은 아마도 문자적으로 인간의 전투보다는 좀 더 영적인 것에 해당할 것이다.[366] 또한 우리는 여기서 이렇게 끔찍한 심판의 목적이 여전히 타락한 인간에게 경종을 울려 회개할 수 있는 마지막 한 번의 기회를 더 주기 위한 것임을 생각하지만 그래도 많은 이들은 그렇게 하지 않는다(9:20-21; 또한 16:9, 11 참조). 그러므로 심판은 보복이 그 동기가 되는 것은(motivated) 아니다.[367] 마지막으로, 일곱 째 나팔은 다시금 "우주적인 소리 효과"라고 불릴 수 있는 것을 만들지만 새롭고 구별되는 심판으로 안내하는 것처럼 보이지는 않는다(11:15-19).[368] 특히 처음 여섯 번의 나팔 심판의 두드러진 것은 무엇이 두드려 맞든 삼분의 일이 그 영향을 받는다고 하는 빈도이다. 일곱 개의 봉인 안에서 어떤 비율이 나오는 것은 6:8에 땅 사 분의 일이라고 하는 언급 뿐이다. 앞에 나왔던 두 종류의 연속적인 심판들과는 대조적으로 대접 심판은 또 다시 모세의 때에 애굽에 내려진 재앙들과 많은 유사점들이 있지만 그 영향력의 범위에 있어서는 제한이 없다(16장). 여섯 번째 대접 심판은 세상의 군대들을 모아서 "하나님 곧 전능하신 이의 큰 날에" 전투를 치르도록 한다(16:14). 세 번째로 우리는 마지막의 문턱, 바로 거기에 도달했다.

다른 말로 하면 반드시 정확한 것은 아니지만 스물 한 개의 심판에는 전반적으로 시간적이고 절정에 도달한 전개가 나타난다. 내용의 반복 혹은 재현의 징후들 역시 존재한다. 아마도 이러한 현상들을 가장 잘 해석한 것은 일곱 번째 봉인이 일곱 나팔과 같은 것으로, 그리고 일곱 번째 나팔이 일곱

---

366 David E. Aune, *Revelation 6-16* (Nashville: Nelson, 1998), 539. 코에스터(Koester, *Revelation*, 472-73)는 실제로는 마귀 숭배자들이었던 이 우상 숭배자들은 자기들이 경배하던 바로 그 존재에 의해 파괴된다는 사실을 강조한다.

367 Craig S. Keener, *Revelation* (Grand Rapids: Zondervan, 2000), 272, 400; Guthrie, *Relevance of John's Apocalypse*, 115.

368 래드(Ladd, *Commentary on the Revelation of John*, 164)는 번개, 천둥, 지진, 그리고 우박은 "신적 존재의 출현을 수반하는 위엄과 능력을 나타내는 전통적인 방식이다"라고 말한다. 코에스터(*Revelation*, 512)는 일곱 째 나팔은 "세상을 다스리는 하나님의 왕권을 알리"면서 "축제적 음색을 띈다"고 말한다.

대접과 같은 것으로 보는, 때때로 거시적 관점의 접근법이라고 불리던 것이다.[369] 이것은 흡사 하늘에 있는 일곱 번째 봉인을 아주 멀리서 망원경으로 보면서 오직 이것이 일곱 나팔 심판들을 지니고 있는지, 그리고 일곱 번째 나팔 심판이 일곱 대접 심판들을 지니고 있는지 살펴보는 것과 비슷할 것이다. 그러면 이것은 왜 각 시리즈의 여섯 번째 것이 우리를 마지막의 문턱으로 데려다 주는지, 그러나 일곱 번째 것이 확대되었을 때에 여전히 거기에는 잠깐의 시간 안에 집어 넣어야 할 많은 것들이 남아 있음을 보여주는지 설명한다. 이것은 또한 영향을 받은 이 땅의 부분들-처음에 사 분의 일, 그 다음 삼분의 일, 그리고 전체-의 전개에 대해서도 정의를 시행하는데 이것은 순전히 반복된 모델이 쉽사리 설명하지 않는 것이다.

대중적 수준의 종말론은 종종 환난이 칠 년의 기간 동안 지속되는 것으로 묘사한다. 흥미로운 것은 요한계시록 어디서도 칠년을 언급하지 않는다는 사실인데 이것은 요한이 "일곱"을 책 전체에서 쉰다섯 번 사용하고 있기 때문에 더욱 놀라운 일이다. 하지만 여러 번 "셋과 절반"이라는 수는 어떤 시간의 단위를 꾸며주거나(날, 년, 혹은 단지 "시간"을), 나타나는 시간의 기간과 동일한 것이다(42개월, 혹은 한 달을 30일로 계산하여 1,260일). 12:1 이전에 나오는 삼년 반에 대한 언급을 그 이후에 나오는 이들에게 덧붙여서 칠년으로 생각하는 것도 가능하지만, 12:1이 그리스도의 탄생을 회상하고 있음을 본다면 이것은 이 기간 동안의 모든 묘사들이 같은 기간을 가리키거나 혹은 요한이 마지막 때의 환난이 삼년 반이듯이 교회의 시대도 삼년 반이라는 점을 말하고 있는 둘 중 하나일 가능성이 더 클 것이다.[370] 그렇다면 분명 이것

369 J. Ramsey Michaels, *Interpreting the Book of Revelation* (Grand Rapids: Baker, 1992), 56-58 참조. 스몰리(Smalley, *Revelation to John*, 211)는 일곱 번째 봉인이, 이미 앞의 여섯 봉인들을 통해 간략하게나마 소개가 되었던 종말론적 두루마리의 내용이, 장차 올 심판과 함께 좀 더 완전하게 묘사될 것임을 나타내는 도화선이라고 믿는다.

370 Keener, *Revelation*, 287. Felise Tavo, *Woman, Mother and Bride: An Exegetical Investigation into the "Ecclesial" Notions of the Apocalypse* (Leuven: Peeters, 2007), 351 참조.

은 문자적 의미의 연대기가 아니겠으나 요한계시록에 두루 나오는 숫자로써의 상징적 수들은 이 책의 묵시적 성향과 지속적으로 일치하고 있다. 만약 일곱이 창조의 첫 번째 주간으로 돌아가는, 하나님의 완벽하고 우주적인 수라면, 일곱의 절반인 셋과 절반은 명백히 이것의 불완전한 수일 것이다.[371] 마치 이것이 하나님의 완벽하고 최종적인 말(word)이었던 것처럼 악의 세력이 "일곱" 해를 다스린다면 정말로 아이러니였을 것이다. 대신 환난은 마지막 바로 직전(penultimate)에 있으며 이것은 그리스도의 재림으로 인해 차단이 될 것이며 그럼으로써 악의 세력은 멸망할 것이다(이와 동일하게 상징적일 수 있는 단 9:24-27 참조).

우리가 일곱 번째 대접 심판에 이르면 소개해야 하는 새로운 시리즈가 없다. 그래서 우리가 이미 보았던 것처럼, 하늘 보좌로부터의 소리가 "되었다"라고 외칠 수 있다(16:17). 16:16에서 아마겟돈 전투를 위해 준비된 무대는 예전에도 그랬듯, 19:19에서 행동이 다시 개시되기 전까지 잠시 멈춘다. 하지만 이 전투는 그리스도가 한 순간에 그의 대적들을 무찌르면서 실제로 시작되기도 전에 끝난다(20-21절).[372] 요한계시록 20:1은 성경에서 장을 나누는 가장 좋지 않은 구분들 중의 하나일 것이다. 요한은 이제 막 거짓 삼인조(trinity)의 이분의 삼이 멸망하는 것을 기술했다. 짐승과 거짓 선지자는 불 못에 던져졌다. 그러나 세 번째인 사탄 자신은 어떻게 되는가? 그가 최종적으

---

371 Roloff, *Revelation of John*, 130. 이 접근법은 13:18에 나오는 모든 불신자들에게 나타나는 "표"와 더불어 이 짐승의 신비적인 수에 대한 해결책을 제시한다. 첫 번째 짐승인 사탄과 거짓 선지자가 아버지, 아들, 그리고 성령을 따라하려고 시도하나 실패하는 것과 마찬가지로, 666은 777(세 번의 완전수)을 흉내내나 이와 비견할 수는 없다. 이 퍼즐을 풀기 위해 히브리 게마트리아(히브리어 알파벳의 숫자로 단어의 뜻을 푸는 해석법-옮긴이)나 헬라 수점술(게마트리아와 유사한 것-옮긴이)이 필요하지는 않다. 더 나아가 Beasley-Murray, *Book of Revelation*, 219-21; Peterson, *Reversed Thunder*, 126; Gorman, *Reading Revelation Responsibly*, 126-28을 보라.

372 Witherington, *Revelation*, 243. 물론 단순히 이 전투가 설명되지 않은 것일 수도 있으나 그렇다 하더라도 "말 탄자와 함께한 군대는…명백하게도 이 투쟁에서 어떤 부분도 감당하지 않는다. 신실한 자들은 어떤 역할도 맡지 않는데 이것은 유대 묵시 문학에 나오는 최종적 종말의 전투에 대한 몇몇의 언급들과는 극히 대조되는 것이다"(Aune, *Revelation 17-22*, 1065).

로 완전히 패배하는 때가 이 순간인가? 답은 20:1-3에 바로 나온다: 그는 무저갱에 던져져 사슬에 결박된 채로 천 년이 차도록 지낸다.

이것이 바로 내가 무천년설(amillennialism)이나 후천년설(postmillennialism)을 받아들일 수 없는 이유이다. 이 두 종말론적 체계는 20:1-3의 회상 장면을 예수의 초림(first coming)으로 생각하여 20장의 천년이 교회 시대-대체로 그리스도가 두 번 오는 기간 사이의 중간 시대와 같은 것-혹은 교회 시대의 마지막 부분과 각각 동일하게 되는 결과를 가져온다. 그러나 거룩하지 않은 삼인조의 구성원은 이에 대한 심판이 끝없이 펼쳐지는 것으로 인해 파괴된다.[373] 이것이 내가 전천년주의자로 남게 된 이유이지만 오직 1830년에 플리머스 형제단(Plymouth Brethren) 지파의 창시자인 다비(J. Nelson Darby)와 함께 처음으로 나타났던 세대주의적 다양성과 같은 형태로는 아니다. 대신 나는 나 자신을, 너무나도 강력하게 무천년주의적인 광경을 묘사하여 이후 천년 동안 로마 가톨릭을 지배하게 했던 어거스틴의 하나님의 도성이 나오기 전까지, 기독교의 첫 3세기 동안 무천년주의와 순위권 다툼을 벌였던 해석적 운동인 전통적 혹은 역사적 전천년주의와 함께 둔다![374]

또한 역사적 전천년주의는 환난 후(posttribulational) 전천년주의이다. 환난이 시작될 때 살아있는 신자들은 이 기간에 죽거나 죽임을 당하지 않는다면 이 환난을 지나갈 것이다. 그리스도와 함께 이미 하늘에 있는 자들은 환난 끝에 그와 함께 돌아와서 천년 왕국으로 인도될 것이다(계 19). 이 땅에서

---

373 더 나아가 Keener, *Revelation*, 464-65을 보라. 또한 Michaels, *Interpreting the Book of Revelation*, 219-21 참조.

374 더 나아가 Donald Fairbairn, "Contemporary Millennial/Tribulational Debates: Whose Side Was the Early Church On?" in *A Case for Historic Premillennialism: An Alternative to "Left Behind" Eschatology*, ed. Sung Wook Chung and Craig L. Blomberg (Grand Rapids: Baker, 2009), 105-31을 보라. 요한계시록에 대한 나 자신의 관점의 추가적인 세부 사항은 Craig L. Blomberg, "Historic Premillennialism in the Book of Revelation," in Wood, *Dragons, John, and Every Grain of Sand*, 153-66을 보라. 좀 더 일반적으로는 Craig L. Blomberg, "Why I Am a Historic Premillennialist," *Criswell Theological Review* 11 n.s. (2013): 71-87 참조.

예수가 인간 역사의 모든 기간 동안의 신자들과 함께[375] 다스리는 천년(또한 충분히 오랜 기간을 상징하는 것일 수도 있는[376])은 세상으로 하여금 전례 없는 그분의 자비를 보도록 할 것이다. 그러나 사탄이 마지막 한 번의 저항을 위해 무저갱에서 풀려나는 천년 왕국의 끝에도 살아있는 많은 불신자들은 그와 함께 다시 한번 하나님과 대항하여 싸울 것이다. 이것은 악하게 죽은 이들을 책망하는 하나님의 공의를 공적으로 나타내는 큰 백 보좌 심판으로 인도할 것이다. 나머지 모두는 이미 심판을 받았을 것이다-비록 비슷하게 생명과 죽음 모두로의 부활을 그리고 있는 요한복음(요 5:28-29)을 포함하여 신약의 다른 책들(마 24:37-25:46; 살전 4:13-5:11; 고후 5:1-10)이 이에 대한 자세한 사항을 말한다 하더라도 요한계시록은 그렇게 하지는 않지만, 죽었거나 살아있는 신자들과 예수가 돌아왔을 때 살아있는 불신자들이 이에 해당한다.

마지막으로, 다른 천년설 관점들과 같이 하나님은 영원한 상태로 안내할 것이다-모든 시대에서부터 구속된 모든 자들과 함께 삼위 하나님을 경배하는 완벽한 교제 속에서, 전례 없이 영원하고 완전한 행복으로 살아갈 신자들과 함께 하는 새 하늘과 새 땅에서의 새 예루살렘으로(21-22장). 여기에 예수를 믿은 유대 신자들과, 여기서 확장되어 이방인 신자들 역시 함께 포함하는 이스라엘을 향한 하나님의 모든 약속들의 성취가 있다.[377] 마찬가지로 요한복음에서 예수의 몸이 대체한 예루살렘 성전도 새 예루살렘에는 존재하지 않을 것인데 왜냐하면 하나님과 어린 양이 그의 백성과 계속해서 함께

375 요한계시록 20:4는 천년을 사는 동안 그리스도를 위해 순교당한 이들만을 묘사하는 것으로 읽힐 수 있다. 하지만 헬라어 문법과 더 가까이 있는 NIV 메시지와 키너(Keener, *Revelation*, 467)의 노트를 보라: "요한이 교회 전체가 세상의 체계에 맞서야 할 필요가 있음을 직시하기에, 비록 그의 언어가 짐승과 대항하였지만 구체적으로 순교하지는 않은 다른 이들을 나타낼 수도 있으나, 그는 교회를 순교자로 묘사할 수 있다."

376 비슬리 머레이(George R. Beasley-Murray, "Premillennialism," in *Revelation: Three Viewpoints* [Nashville: Broadman, 1977], 67)는 이것을 "역사의 안식일 휴식(the sabbath rest of history)이라고 부른다.

377 특히 Pilchan Lee, *The New Jerusalem in the Book of Revelation* (Tübingen: Mohr Siebeck, 2001)을 보라. 또한 Gregory Stevenson, *Power and Place: Temple and Identity in the Book of Revelation* (Berlin: de Gruyter, 2001), 특히 223-24 참조.

하겠다는 하나님의 약속을 성취하는 성전이기 때문이다. 하지만 그렇다면 에스겔 40-48에 나오는 모든 정교한 세부 사항은 어떻게 되는가? "세 번째" 성전에 대한 약속을 이루는 그 어떤 건물도 없을 것인가? 새 예루살렘의 모습이 우리에게 실마리를 준다: 예전의 지성소와 같이 그 성은 네모가 반듯하다(계 21:16). 그곳의 거주민들과 동일한 그 성은(3절) 성전과도 같다.[378] 종종 설명되어 왔듯이, 우리는 동산에서 시작했으나(창 2-3에서의 에덴) 신자들이 완벽한 공동체 안에서 사는 성(city)으로 끝난다.[379] 또한 새 예루살렘은 요한계시록의 다른 중요한 도시인 바벨론과 극적으로 대비된다. 사람들은 그들이 어떤 사회를 섬길 것인지 결정을 내려야만 한다.[380] 결국 불신자들은 전멸되지는 않으나 하나님과 모든 좋은 것들로부터 동떨어진 삶의 이미지인 불 못에 던져져 "밖에서" 존재한다.[381]

역사적 전천년주의를 가장 강하게 반대하는 두 가지 흔한 의견이 있는데 하나는 단순히 마지막 바로 직전의 즐거움을 누리기 위해 이 땅으로 돌아오는 것이 이미 천국에서 그리스도와의 완벽한 행복을 경험하고 있는 신자들

---

378 David Mathewson, *A New Heaven and a New Earth: The Meaning and Function of the Old Testament in Revelation 21.1-22.5* (London: T&T Clark, 2003), 209를 보라. Keener, *Revelation*, 497 참조.

379 Bauckham, *Theology of the Book of Revelation*, 135. 피터슨(Peterson, *Reversed Thunder*, 174)은 "성경적인 하늘나라는 힘겨운 도시 생활의 스트레스가 멀리 제거된 좋은 환경이 아니다. 이것은 바로 그 도시(the City)에 의해 한 도시(a city)를 침노(invasion)하는 것이다. 우리는 천국에 우리가 싫어하는 것으로부터 탈출함으로써가 아니라 하나님이 우리를 머물게 한 장소를 성화시킴으로써 들어가는 것이다"라고 덧붙인다. 슈넬(Schnelle, *Theology of the New Testament*, 767)은 요한계시록의 교회론를 개관하며 "이상적인 도시로써의 교회"에 대하여 말한다. 또한 Eva Maria Räpple, *The Metaphor of the City in the Apocalypse of John* (New York: Peter Lang, 2004)도 참조.

380 이에 대하여는 Barbara R. Rossing, *The Choice between Two Cities: Whore, Bride, and Empire in the Apocalypse* (Harrisburg, Pa.: Trinity Press International, 1999)에 나오는 자연, 그리고 대비(contrast)의 정도에 대한 강렬한 묘사를 보라.

381 키너(Keener, *Revelation*, 380)는 요한계시록이 "박해받는 그리스도인들에게 곧 그들이 옳다고 입증될 것임을 확신시켜주기 위해(14:12)" 계획되었음을 알려줌으로써 우리로 하여금 이러한 운명의 혹독함과 직면할 수 있도록 도와준다. 다시금 "이 구절의 영혼(spirit)을 이해하기 위해서, 우리는 이 세상 다른 곳에서 우리의 핍박 받는 형제와 자매들의 고통 안으로 들어갈 필요가 있다."

에게는 그 결말이 실망스러운(anticlimactic) 것으로 보인다는 것이며, 두 번째는 신자들의 부활 이후의 문자적인 천년 왕국은 이 땅에서 여전히 타락하고 지옥에 떨어질 불신자들과 함께 사는 변화된 인류라는 매우 이상한 상황을 만든다는 것이다. 이 두 반대 의견 중 첫 번째 것은 형상화(embodiment)되는 것이 한 인간의 정체성에 얼마나 중요한 것인지 아는 것에 실패한다. 부활체는 중간 상태가 미완성으로 남겨 놓은 인간을 위한 재창조의 과정을 완성한다.[382] 두 번째 반대 의견은 참일 수도 있으나 이렇게 이상한 문제는 부활한 예수가 한 때 (마 27:52b-53의 성도들과 더불어) 불신자들과 서로 어울렸을 때 이미 한번 일어났었기 때문에 이것이 본래적으로 불가능하지는 않다.[383] 더욱이 문자적인 천년 왕국은 하나님이 이 세상과 이 우주를 완벽하게 좋게 창조했다는 사실로부터 자연스럽게 따라온다. 그가 이 세상을 위해서 그분의 창조 목적을 포기하고 새로 다시 시작하기보다는 옹호하기를 원한다는 것이 더 이해가 된다.[384] 만약 어떤 알지 못하는 방법으로 이 땅의 왕들이 그들의 영광을 영원한 상태의 새 예루살렘에까지 가져온다면(계 21:24),[385] 우리는 하나님이 이 절정적인 기간 이전에 있었던 것과의 불연속성과 연속성(continuity as well as discontinuity)을 그의 현재의 피조 세계에서도 원할지도 모른다는 사실에 놀라서는 안 된다. 또한 전천년주의는 우리가 환경과 피조

382 특히 N. T. Wright, *Surprised by Hope: Rethinking Heaven, Resurrection, and the Mission of the Church* (New York: HarperOne, 2008)을 보라. 요한복음에 나오는 창조와 재창조에 대한 가르침의 범위에 대해서는 Jeannine K. Brown, "Creation's Renewal in the Gospel of John," *Catholic Biblical Quarterly* 72 (2010): 275-90와 Carlos R. Sosa S., *Creation Imagery in the Gospel of John* (London: Bloomsbury T&T Clark, 2015)을 보라.

383 Ladd, *Commentary on the Revelation of John*, 268. 더 나아가 Craig L. Blomberg, "The Posttribulationism of the New Testament: Leaving *Left Behind* Behind," in Chung and Blomberg, *Case for Historic Premillennialism*, 61-87을 보라.

384 Sung Wook Chung, "Toward the Reformed and Covenantal Theology of Premillennialism: A Proposal," in Chung and Blomberg, *Case for Historic Premillennialism*, 특히 142-45.

385 더 나아가 Mark Bredin, "God the Carer: Revelation and the Environment," *Biblical Theology Bulletin* 38 (2008): 76-86을 보라.

세계를 돌보는 일을 우리가 종종 하던 것 보다는 좀 더 심각하게 생각해야 함을 의미한다. 우리가 피조 세계와 함께, 그리고 피조 세계를 위해 지금 하는 좋은 일들은 장기간, 심지어 영원의 상태에까지도 지속되는 좋은 효과를 가져올 지도 모른다.[386]

그렇다면 예수를 거부한 이들의 영원한 상태는 무엇인가? 불신자들이 하늘의 도시 "바깥"에서 영원히 머무는 영원의 세계에 대해 가장 큰 반론은 그들이 제한된 양의 죄와 반역으로 인해 무제한으로 벌을 받는다는 사실일 것이다. 여기서 요한계시록 20:7-9이 깨달음을 주는 것으로 밝혀진다. 그리스도의 천년 동안의 끝임 없는 선한 다스림을 경험한 이후에 그 누가 그에게 어떤 이유로 무릎을 꿇지 않겠는가? 왜 수많은 이들이 회개할 마지막 기회가 주어졌을 때 그를 대항하는 일에 함께 하겠는가? 비록 그가 우리를 위해 가장 좋은 것을 마음에 두고 있을지라도-특별히 오늘날의 초민주적이고 평등적인 시대 속에서-전지전능한 하나님에게 다스림을 양도하는 것을 원하기를 꺼려하는 것이 핵심적인 이유이겠으나 의심할 바 없이 다른 사람들에게 서로 다른 대답들이 있을 것이다. 이유야 무엇이든, 대항한다는 단순한 사실은 루이스(C. S. Lewis)가 "나는 저주받은 자들이 한편으로는 마지막까지 성공한 반역자들이라고 의지적으로 믿는다; 지옥의 문은 *안에서부터* 잠겼다"라고 썼을 때 그가 심오한 성경적 진리를 발견했음을 나타낸다.[387] 누구

386 "또 다른 세계로 도피하라고 우리를 격려하는 것과는 차원이 다르게 천년 왕국은 이 세상을 변화시키는 것(transformation)을 힘쓰라고 우리를 도전한다." R. J. McKelvey, "The Millennium and the Second Coming," in *Studies in the Book of Revelation*, ed. Steve Moyise (Edinburgh: T&T Clark, 2001), 100.

387 C. S. Lewis, *The Problem of Pain* (London: Geoffrey Bles, 1940), 115, 기울임은 그의 것. 루이스는 바로 이어서 "나는 시샘이 많은 사람이 행복하기를 '원한다'(wishes)는 것과 같은 모호한 방법으로 유령들이(ghosts) 지옥에서 나오기를 원하지 않을지도 모른다는 것을 의미하는 것이 아니다: 하지만 그들은 분명 한 영혼이 어떤 식으로든지 선한 것에 도달할 수 있는 그 자아 부정의 첫 번째 준비의 단계에 있을지라도 그렇게 원하지 않을 것이다. 그들은 그들이 요구해 온 끔찍한 자유를 영원히 즐길 것이고 그러므로 그들은 스스로 종이 된 자들이다: 영원히 순종에 자신을 드리는 축복을 받은 이들이 모든 영원의 기간을 지나는 동안 더욱 더 자유롭게 되는 것과 마찬가지로"라고 덧붙인다(115-16).

도 자기의 뜻에 반하여 영원히 벌을 받지는 않는다; 그것이 얼마나 끔찍할지라도 그들은 그리스도를 주, 왕, 그리고 우주의 주인으로 인정하기 보다는 계속해서 자신의 운명을 다스리기를 선호한다. 하지만 내가 들은 요한계시록의 가장 짧은 요약은 결국 "예수가 이긴다"는 것이다.[388] 여기에 참된 기독교적 신의론(theodicy)의 절정이 있다: 하나님이 모든 것을 바로 잡을 것이다.[389] 하지만 우리가 그와 함께 승리하는 편에 있는 것이 중요하다. 그리고 그 복은 그 누구도 그것을 거절할 것을 상상조차 할 수 없는 놀라운 것이다.

요한계시록의 종말론에 대한 마지막 질문은 "내가 속히 오리라"(3:11; 22:7, 12, 20)는 예수의 사중적(fourfold) 선언과 함께 온다. 그가 이 말을 요한의 환상 속에서 처음으로 한 이후 일천 구백년 이상이 지나서 그 누가 이것을 속히(soon)라고 부를 수 있겠는가? 우리는 이미 이 질문에 대해 답하는 한 방법을 기독교 이전의 유대교의 대답 방법에 기반하여 주의 날의 때에 대한 질문에 답하는 베드로후서에서 보았다: 하나님의 "속히"의 개념은 우리의 것이 아니다. 빌(Greg Beale)은 두 번째 대답을 정확히 설명한다: 구속사에서 성령 강림(Pentecost) 다음으로 중요한 사항이 예수의 재림(Parousia)이므로, 이것은 비록 많은 햇수가 지난다할지라도 항상 "속히"일 것이다.[390] 이것을 표현하는 다른 방법은 마지막 때가 이미 시작되었으므로 그 외에 남은 모든 것은 이 마지막 때의 최종 완성이라는 것이다.

---

388 나는 이것을 수년 전 한 컨퍼런스에서 콜린스(Adela Yarbro Collins)로부터 처음 들었지만 이후로 이것은 이미 널리 알려진 것임을 알게 되었다; 의심할 바 없이 이것의 출처는 찾기 어렵다.

389 W. Gordon Campbell, *Reading Revelation: A Thematic Approach* (Cambridge: James Clarke, 2012), 170. Grant R. Osborne, "Theodicy in the Apocalypse," *Trinity Journal* 14 (1993): 63-77 참조.

390 Beale, *Book of Revelation*, 1135.

독특한 주제들

우리는 요한복음에서, 요한서신이나 요한계시록 그 어느 곳에서도 중요하지 않은데, 중요한 것으로 등장하는 주제들을 보지 못했으며 대부분은 이 둘 모두에 나온다. 우리가 요한복음에서 시작하여 서신서로 이동해 가면서 어떤 특정한 주제의 변화가 있을 때 강조가 되는 것은 보았지만 서신서는 이미 요한복음이나 요한계시록에 등장하지 않은 그 어떤 새로운 중심적 주제를 새로 소개하지는 않는다. 하지만 요한계시록에는 요한복음과 서신서 모두가 비교적 적게 다루는 반면[391] 묵시록 전반에 스며있는 한 가지 주제가 있다. 그 주제는 예배(worship)이다.[392] 한편, 요한복음과 서신서에는 덜 지배적이지만 고유한 주제들이 있는데 우리는 이것들도 간략히 다뤄 볼 것이다.

요한계시록의 예배

우리가 요한복음과 서신서의 필요성을 촉발한 요한의 회중들에게 있었던 잠재적인 교리적 위협을 생각해 볼 때 이 글들에 나타난 그의 강조점이 다른 곳에 있다는 것은 놀랍지 않다. 하지만 하늘과 영원한 상태에 대한 요한의 묵시적 환상을 묘사하는 책에서 예배(worship)가 지배적이지 않았다면 우리는 놀랐을지도 모른다. 게다가 매튜슨(David Mathewson)이 지적하듯이, "요한계시록이 누가 다스리는지 혹은 누가 이 세상을 지배하는지에 대해 말하면서 최종적인 충성이 하나님에게냐 시저(Caesar)에게냐에 관심을 두고 있

391 그러고 나서도 Jerome Neyrey, "Worship in the Fourth Gospel: A Cultural Interpretation of John 14-17," *Biblical Theology Bulletin* 36 (2006): 107-17의 연구와 같은 충분한 자료가 있다. 만약 누군가 기도에 대한 것을 추가한다면 이보다 훨씬 더 많아지고 앞서 요한복음 4:20-24에 대한 우리의 언급을 생각나게 한다.

392 오스본(Osborne, *Revelation*, 46-49)은 심지어 이것을 묵시록 전체를 통합시키는 주제로 본다.

기 때문에, 예배는 핵심적인 역할을 한다."[393] 고먼(Michael Gorman)은 요한계시록의 예배를 "우리와 모든 세계에 허락된 현재와 미래의 구원으로 인해 하나님과 어린양에게 존귀와 영광을 돌리는 것"이라고 적절하게 묘사한다.[394] 우리는 이 책이 예배에 대해 이해하는 것을 알 수 있게 하는 주요한 원천으로 시적이고 심지어는 성가적인(hymnic) 부분들(4:8b, 11; 5:9-10, 12, 13b; 7:10, 12, 15-17; 11:15, 17-18; 12:10-12; 15:3-4; 16:5-7; 19:1-8)을 요한계시록에서 발견한다. 헨델의 메시아에 익숙한 이들은 그의 음악에서 배경이 점차 고조되는 부분에서 "죽임을 당하신 어린 양은 능력과 부와 지혜와 힘과 존귀와 영광과 찬송을 받으시기에 합당하도다"(5:12)를 들을 수도 있을 것이다. 하나님이신 예수에게 그의 신적 완전성을 돌리는 것은 우리가 그러한 성품을 우리 자신에게로 가로채는 것으로부터 우리를 암묵적으로 구출해 준다. 이와 비슷한 반복구들이(refrains), 묵시록에서 항상 하늘의 환상이 나오는 부분에서 두루 나오면서, 우리가 참여하고 우리에게 승리가 약속된 우주적 투쟁에 대해 일깨워준다.[395] 게다가, 하나님의 보좌는, 은유적으로 말해서, 예배자들이 그 주위를 동심(concentric)으로 둘러싸고 있는 우주의 중심으로 묘사되는데 이것은 모든 피조물이 하나님의 통치에 대한 각각의 동향(orientation)이라는 맥락에서 판단될 것임을 암시한다.[396]

그러나 참된 예배자는 심지어 이 땅에서든 혹은 하늘에서든, 믿는 자들의 공동체에서 우리가 하는 것에서 훨씬 더 확장해 나간다. 살아계신 삼위하나님을 예배한다는 것은 다른 어떤 사람이나(anyone) 어떤 것(anything)을 신으로 대하는 것을 거절하는 것을 의미하는데 이것은 제국의 가장 두드러

---

393 David L. Mathewson, 2017년 10월, 사적인 편지에서.

394 Gorman, *Reading Revelation Responsibly*, 166.

395 더 나아가 그 "찬송들은 그 이야기를 차지하고 있는 갈등적인 주제에 대한 해설을 제공한다"(225)고 믿는 그라비너(Steven Grabiner, *Revelation's Hymns: Commentary on the Cosmic Conflict* [London: Bloomsbury T&T Clark, 2015])를 보라.

396 Laszlo Gallusz, *The Throne Motif in the Book of Revelation: Profiles from the History of Interpretation* (London: Bloomsbury T&T Clark, 2015)을 보라.

진 특징이며 우리의 날(day)과 시대(age)에 가장 선명하게 반영되어 있다. 세속적이고 정치적인 권력을 우상화하거나 이것을 종교라는 이름으로 받아들이는 것은 17장 전반에 걸쳐 나오는 짐승과 바벨론의 음녀 사이에 맺어진 동맹과도 같은 것이다. 어떤 인간들이 실제적이거나 혹은 거의 기정사실의 노동에 버림당해 있는 동안 이러한 정치적이고 종교적인 세력을 이 세상의 화려함의 유혹 및 사치와 합치는 것은 18장에 나오는 타락하고 악한 제국의 모습을 드러낸다. 그 나라가 망하고 난 이후 "소매 치료법(retail therapy)"은 한 번에 영원히 사라진다! 국가주의(Nationalisms)와 군국주의(militarisms)는 모든 곳에 있는 우주적 교회에 대한 충성심에 자리를 내준다. 고먼(Gorman)은 "이같이 예배에 대한 자명한 진리는 단순히 교회가 짐승과 함께 그 침대에서 얼마나 편안해져왔는지를 나타내는, 매우 이상하고, 매우 급진적인 것으로 보인다"라고 진술한다.[397]

하지만 해결책은 세상을 점령하려고 하는 정치적 권세와 협조하는 것보다 더한 정도로 이 세상에서부터 완전히 고립하여 생존하는 것과 같은 것은 아니다. 요한계시록은 하나님의 백성들이 진리를 말하기 위해 세상 권세와 가까운 거리를 유지하면서도 동시에 악한 일을 할 정도로는 거기에 말려들지 않고 있던, 구약 시대로부터 시작된 예언적 전통의 유산에 기반을 두고 있다. 옛적에 에스겔, 그리고 요한계시록 10장의 요한과 같이, 우리는 나아가 사자로 돌아 올 어린 양을 전하기 위해 계속해서 예언해야 한다. 보컴(Richard Bauckham)은 이것을 잘 표현한다:

> 요한계시록은 주요한 이데올로기(ideology)에 대하여, 이 세상을 자기 판단에 맡겨두고 천년왕국의 꿈으로 안위하는 그리스도인의 고립된 분파로의 후퇴를 선전함으로써 응답하지 않는다. 그러나 이것이 묵시 문학의 분위기에 대한 표준적인 설명이기 때문에, 이 세상 전체에 하나님의 나라가 도래한다는 것과 그

397 Gorman, *Reading Revelation Responsibly*, 179.

리스도인들이 이렇게 도래하는 하늘나라에 적극적으로 동참할 것을 요청하는 것에 뿌리를 두는 요한계시록의 정반대적인 모습이 강조되어야 한다.[398]

다시금 이것은 새 하늘에서의 그 궁극적인 목표가 하나님과 어린 양을 예배하는 것인 피조 세계 전부를 보살핀다는 것을 의미한다. 최종 상태는 전멸이 아닌 새롭게 되는 것이다. 스티븐스(Mark Stephens)가 설명하듯이 "창조는 오직 하나님으로부터의 최종 개입을 통해서만 그 종말론적 목표를 이룰 수 있다; 요한계시록의 종말론적 소망은 근본적으로 피조 세계를 향한 신적 성실함(a divine faithfulness), 즉 피조된 질서가 마지막에 부패하고 파괴되는 것을 허락하지 않을 신뢰성에 대한 믿음에 뿌리를 둔다." 결국 하나님은 "하늘과 땅을 합치고 자연과 문화 간에 조화로운 연합을 가져온다."[399]

요한복음과 서신서의 다른 사항들

한 주석가의 부수적인 주제가 다른 주석가에게는 중차대한 문제가 된다. 우리는 새 모세로서의 예수-종말론적 예언자-나 심지어 요한복음에서의 모세의 역할에 대해서 거의 말하지 않았다.[400] 소피아(Sophia) 혹은 지혜로써의 예수에 대한 부분도 마찬가지다. 비록 복음서들 가운데 마태복음이 이러한 강조점들로 인해 더욱 잘 알려져 있으나 몇몇은 이 주제가 요한복음에서도 중대하게 다뤄지고 있다고 나보다 더 생각할 지도 모른다. 만약 우

398 Bauckham, *Theology of the Book of Revelation,* 161.

399 Mark J. Stephens, *Annihilation or Renewal? The Meaning and Function of New Creation in the Book of Revelation* (Tübingen: Mohr Siebeck, 2011), 263.

400 Wayne A. Meeks, *The Prophet-King: Moses Traditions and the Johannine Christology* (Leiden: Brill, 1967) 그리고 Stan Harstine, *Moses as a Character in the Fourth Gospel: A Study of Ancient Reading Techniques* (Sheffield: Sheffield Academic Press, 2002)를 각각 보라. 복음서에 나타나지만 예수에 대한 자료 대부분을 예언자적 틀에 맞춰보려고 시도하는 것은 Sukmin Cho, *Jesus as Prophet in the Fourth Gospel* (Sheffield: Sheffield Phoenix, 2006)을 보라.

리가 "연합"에서부터 "교제"를 분리해 낸다면, 혹자는 연합이 복음서에, 그리고 교제는 서신서에 더욱 독특한 것이라고 주장할 수도 있다.[401] 다른 예들도 열거될 수 있겠으나 요한복음, 서신서, 그리고 묵시록의 주요 주제들이 얼마나 서로 유사한지는, 특히 최근 학계에서 성경 저자들 사이에서의 일치성(unity)이 아닌 다양성(diversity)이 반복해서 강조된다는 점을 고려해 볼 때 정말 놀랍다. 그럼에도 불구하고 우리가 이 구간(section)에서는 일치성에 대해 강조했기 때문에 세 문헌의 신학을 따로 구분해서 결론에서 요약하는 것은 의미 있는 일일 것이다.

결론

신약성경 전체에서 가장 가치 있고 다양한 기독론은 요한복음이 담고 있다. 예수는 말씀, 빛, 생명, 영광, 진리, 하나님의 아들, 그리고 높이 들린 인자이다. 그는 하나님의 어린 양이자 메시아 왕이다. 그는 이적과 기사를 행하여 사람들을 유익하게 하며 그들에게 믿음을 불어 넣거나 상화시키지만 사람들에게 단순히 믿음을 갖기 위해 이적을 요구하지는 말 것을 강조한다. 그의 하늘 아버지처럼, 예수는 사랑과 공의/심판의 속성을 함께 가지고 있다. 사랑과 심판은 그리스도의 속죄적이면서 또한 죽음과 사탄을 멸하는 죽음이 있던 십자가에서 교차한다. 요약하면 예수는 정경적 복음서들 가운데서, 그리고 아마도 심지어 신약의 모든 증언들 중에서도 요한복음에서 가장 완벽히 모두를 제시하는 것을 통해 알 수 있듯이 완전한 하나님이면서 완전한 인간이다. 또한 이 복음서는, 5:38-39에서 분명히 보여주는 핵심적 원리, 개별적인 성경 본문에 대한 성취를 나타내는 수많은 구절들, 그리고 특히

---

401 Mark L. Appold, *The Oneness Motif in the Fourth Gospel* (Tübingen: J. C. B. Mohr, 1976), 289 참조.

그들의 궁극적 의미를 그리스도 안에서 찾는, 유대 명절과 성전에서의 예배와 희생을 둘러싸고 나타나는 핵심적 주제들을 통해, 예수를 히브리 성경을 바르게 이해하는 열쇠로 본다. 요한의 성령론은 적어도 핵심적인 부분에서 하나님의 신격(Godhead)에 대한 그의 전반적인 이해를 이위일체(binitarian)에서 삼위일체(Trinitarian)로 옮긴다. 또한 요한복음은 성령을 파라클레테(Paraclete)-하나님의 백성들을 위한 신적 변호자-로 독특하게 드러낸다.

요한에게 있어서 이 모든 것에 대한 인간의 적절한 응답은 전제적(propositional)이고 개인적인 진리의 요소들을 적절히 연합하여 예수를 믿는 것이고 믿음은 새로운 탄생을 가져온다. 새로운 신자들은 이후 다른 이들에게, 자유하게 되었던 그들의 경험을 전해야하고 그리스도의 계명을 따라야하는데 이것은 그들의 증언에 신뢰성을 부여해준다. 하지만 제자됨은 어떤 일시적 과정이 아니고 포도나무에 붙어있는 가지와 같이 그리스도 안에, 그리고 그와 함께 머물며 자라가는 전 일대기적인 헌신이다. 제자들이 수가 증가함에 따라 이렇게 하는 것처럼, 그들은 동시에 사람에게서 기대할 수 있는 것을 능가하는 연합을 보여 주어야 한다. 설령 그렇다할지라도, 예수가 자기 주변의 유대인들로부터 심하게 거절과 거부를 당했던 것처럼 신자들도 자기들에 대한 반대를 예상할 수 있다. 마찬가지로 타락한 인간의 "세계"는 사탄과 그의 졸개들이 공격하는 것처럼 그리스도인의 노력들을 훼방하려고 시도할 것이다. 그러므로 교회는 견디는 법을 배우고 있는 그 구성원들을 지지할 필요가 있다. 요한의 회중이 성찬반대주의(antisacramental)자들이 아니었을지도 모르지만, 그의 복음서는 분명 그들에게 지나치게 제도화 된 성찬중시주의(sacramentalism)를 가볍게 여길 것을 장려한다. 특히 유월절 어린 양으로써 그리스도는 요한신학의 많은 연구들이 지나치게 과대하게 말한 주제인 것으로 보인다. 그래도 요한은 종종 경시되어 온 이방인 선교를 기대하고 있다. 마지막으로 요한의 종말론은 공관복음에서보다 좀 더 실현되어 있고 특별히 예수의 때가 그의 십자가와 그 직전에 일어난 일들과 함께 도래했음을 강조한다.

로더(William Loader)는 이 주제들의 가장 근본적인 부분들을 잘 묘사하는 훨씬 더 간결한 서술적인 요약을 제공한다: "아버지는, 아버지를 알고, 아버지로부터 오며, 아버지를 알게 하고, 빛과 생명과 진리를 가져오고, 그의 아버지의 일을 완성하며, 아버지에게로 돌아가고, 높아지고 영화롭게 되어 승천하여 제자들을 파송하고 성령을 보내어 더 큰 이해를 가능하게 하며 선교 사명과 믿음의 공동체를 세우기 위해 준비시키는, 바로 이러한 아들을 보내고 그에게 권한을 준다."[402] 불트만(Bultmann)이 강조했듯이 예수는 여전히 드러내는 자이나 실제로는 그가 자신의 인격과 일에 대하여 상당한 분량의 내용을 드러냈다는 것은 분명하다. 무엇보다도 그는 모두를 그의 죽음, 부활, 그리고 성령에 의한 승귀(exaltation)를 통해 하나님과의 관계 안으로 초대한다.

요한서신에 새로운 주제들이 중요한 것으로 드러나는 일은 없지만 요한복음에 나타나는 주제들 중 다수는 어떤 면에서 요한서신에 다시 나온다. 소위 인생의 연단이라고 불리는 사랑, 계명에의 순종, 그리고 하나님이자 사람인 예수를 믿는 것이 중심적인 것으로 판명된다. 하나님에 대한 두 가지 주요한 표지(descriptors)는 빛과 생명이다; 두 가지 핵심적인 기독론적 호칭은 하나님의 아들과 메시아이다. 예수는 마귀의 일을 멸하고 죄를 속하는 대속의 희생을 제공한다. 구약의 성취가 분명하게 드러나지는 않지만 이 서신서들은 사랑에 대한 옛 계명을 새 것으로 만들고 그리스도의 재림을 즉시는 아니더라도 여전히 임박한 것으로 만드는 시대의 전환이 일어났음을 인식하고 있다. 요한복음 외로는 오직 이곳에서 성령이 다시금 파라클레테이다. 성령의 이러한 역할은 복음에 대해 오는 두 가지 차원의 적대감 가운데 필요한 것이다: 예수를 메시아로 믿고 따르기로 작정한 이들의 출교를 포함한 유대인들의 거절, 그리고 그리스도의 완전한 인성을 받아들이지 않는 영지주의적 아니면 적어도 가현설적(docetic)인 사상이다. 요한복음에서 죄는

---

402 Loader, *Jesus in John's Gospel*, 121, 472.

단순히 죄들을 모아놓은 것이라기보다 좀 더 집합적인 힘이다. 그러나 그리스도인들은 세상을 이겼고 예수는 마귀를 정복하였으므로 우리는 더 이상 육신의 정욕, 안목의 정욕, 이생의 자랑에 의해 노예가 될 필요가 없다. 매일의 삶에서, 교회 안에서의 대인 관계는 한 사람의 믿음의 선포가 얼마나 진실된 것인지 혹은 반대로 얼마나 믿음이 없는지를 나타낸다. 종말론은 복음서에서보다 조금 더 미래 지향적이지만 이 세상의 적그리스도들은 그리스도가 재림할 때까지 얼마의 시간이 실제로 남아 있는지에 상관없이 마지막 때가 이르렀음을 보여준다.

요한계시록은 인간 역사의 종말을 가져오고 영원한 상태로 인도한다. 성경의 마지막 책을 쓴다는 것을 반드시 의식하고 있었다고 볼 수는 없으나 요한은 창세기의 처음으로 되돌아가서 하나님의 원래의 창조적 의도가 완전히 성취됨을 보여준다. 레인보우(Paul Rainbow)는 "묵시록의 주제는 예수 그리스도를 통해서 일하시는 하나님은 창조로부터 완성에 이르기까지 역사의 주권자이다"는 것을 강조한다.[403] 료이(Dan Lioy)는 보충적인 신학적 요약을 제공한다. 세 가지 주요 주제는 "삼위 하나님의 주권적 통치, 악한 자들에 대한 어린 양의 심판, 그리고 의로운 자들에 대한 그분의 변호"이다. 부수적으로 중요한 주제들은 그리스도와 사탄을 따르는 자들 간에 계속되는 전쟁, 예수와 그의 제자들에게서 나오는 증거, 그리고 비록 그것이 순교로 귀결되더라도 예수에 대한 충성을 통한 영적인 승리를 포함한다.[404] 요한계시록 전반에서 그리스도 중심적 사상은 분명하다. "요한은 그리스도가 하나님의 모든 구속적인 약속과 예언들의 성취라는 것을 강조하기 위해, 종말론

---

403 Paul A. Rainbow, *The Pith of the Apocalypse: Essential Message and Principles for Interpretation* (Eugene, Ore.: Wipf & Stock, 2008), 12. Schnelle, *Theology of the New Testament*, 752 참조: "묵시록을 통해 제시되는 근본적인 확신은 역사의 주인인 하나님이 다스리며 마침내 그가 모든 것을 결정한다는 통찰이다."

404 Dan Lioy, *The Book of Revelation in Christological Focus* (New York: Peter Lang, 2003), 90. Stevenson, *Power and Place*, 305 참조: "신실한 증언으로 인해 오는 고난, 그리고 심지어 죽음은 승리와 보상을 가져온다. 기력은 무기력을 통해, 그리고 강함은 약함을 통해 온다."

적이고 묵시적 성향의 고대 문헌에 광범위하게 의존하고 있다."[405] 마찬가지로 이러한 성취는 핵심적인 것이다. "성취의 주제는 오직 아들만이 역사의 최종 결론을 가져오고 아버지의 종말적 계획을 실현할 가치와 권세를 가지고 있음을 강조한다."[406]

이 결말에서 희생의 어린 양(sacrificial lamb)은 용사 숫양(a warrior ram)이 된다. 예수는 참된 신자들에게 환난을 견딜 수 있는 힘을 주고, 거짓된 신자들의 정체를 드러내고, 마귀를 영원한 형벌로 한 번에 영원히 보내어 그를 정복한다. 2-3장의 일곱 교회는 교회 역사 여느 때의 신실하고 그렇지 못한 교회의 모든 범위를 대표한다; 천국을 엿보면 참되고 영원한 예배를 알 수 있다; 그리고 환난 기간에 심지어 고통 받거나 순교를 겪는다 하더라도 영적으로 보호를 받는 다양한 그룹들은 교회가 환난의 시기를 살아서 통과함을 말해준다. 종말론적으로 인봉들은 교회사 전반에 반복되는 심판을 묘사한다; 나팔들은 우리에게 걸맞은 환난으로 우리를 밀어 넣으며 이집트에 내렸던 재앙을 다시 확대해 보여준다; 그리고 하나님의 진노의 대접들은 예전과는 달리 더 이상 지구에 끼치는 영향에 제한이 없는 재앙과 함께 오는 환난을 완성한다. 그리스도의 재림은 천년 왕국, 최후 심판, 그리고 영원한 상태로 안내한다. 루이스(C. S. Lewis)가 기억이 잘 나도록 표현했듯이, "마지막에는 오직 두 가지 종류의 사람이 있다: 하나님에게 '당신의 뜻이 이루어지이다(Thy will be done)'라고 말하는 사람, 그리고 하나님이 마지막에 '너의 뜻은 끝났다(thy will be done)'라고 말하는 사람."[407] 문자적인 세계가 어떻게 드러나든지 간에, 불 못의 두려움과 함께 나란히 나오는 새 하늘과 새 땅의 위엄과 영광에 대한 묘사는 모든 지각 있는 사람으로 하여금 예수를 따르고 그의 통치와 함께 하기를 열망하게 만들 것이다.[408]

---

405 Lioy, *Book of Revelation in Christological Focus*, 111.

406 Lioy, *Book of Revelation in Christological Focus*, 165.

407 C. S. Lewis, *The Great Divorce* (London: Geoffrey Bles, 1948), 90.

408 슈라이너(Schreiner, *New Testament Theology*, 163)는 "요한계시록은 심판의 말이 아니

라 새로운 창조 세계에서 그가 신자들의 하나님이 될 것이며 그들은 그분의 자녀가 될 것이라(계 21:7)는 하나님의 언약적 약속에 대한 성취의 말로 끝난다"라고 덧붙인다. Smalley, *Revelation to John*, 587 참조: "이 드라마를 조정하는 신학적 역동성은 하나님의 진노가 그의 은혜와 분리될 수 없으며 최종적으로는 그의 심판이 그의 백성들의 구원으로 인도한다는 것이다. 그러므로 아마도 요한의 마지막 단어(21절)가 차별에 대한 것이 아니라 *사랑*인 것은 우연이 아닐 것이다"(기울임은 그의 것).

결론

신약성경을 연구하는 사람들은 어디로 책장을 넘기는지에 상관없이 히브리어 성경의 성취에 관한 내용을 마주한다.[1] 신약성경을 읽다보면, 구약의 인용들, 암시들, 그리고 반향들이 더욱 끊임없이 나온다.[2] 이러한 현상들의 중요성이 여러 가지 이유로 독자들에게 필요가 없는 것처럼 보인다. 오랜 시간동안 교회를 다녔던 사람들과 성경의 독자들은 세례 요한과 나사렛 예수께서 그들의 성취를 선포하기 시작함으로써 이스라엘을 놀라게 했을 때, 히브리어 성경이 "구약" 성경이 아니라는 사실을 쉽게 잊었다. 히브리어 성경은 유대교에게 있어서 권위가 있는 종교 문서였다. 비록 그들은 새 언약을 예언하였지만(특히, 렘 31:31-34를 보라), 그 언약이 시작되었을 때 1세기 유

---

1 책별로 조사함으로 충분히 문서화된 것 이상으로서, *Commentary on the New Testament Use of the Old Testament*, ed. G. K. Beale and D. A. Carson (Grand Rapids: Baker, 2007). 이제 책별 주석 시리즈가 나오기 시작하였는데, *A Background and Application Commentary*, with Andrew T. Le Peau, *Mark through Old Testament Eyes* (Grand Rapids: Kregel, 2017)는 첫 번째 출간물로 이바지하였다.

2 이 세 가지 분류는 Richard B. Hays, *Echoes of Scripture in the Letters of Paul* (New Haven: Yale University Press, 1989)에 의해 널리 알려졌다. 헤이스(Hays)의 초기 저작은 그가 저술한 *Echoes of Scripture in the Gospels* (Waco, Tex.: Baylor University Press, 2016)에 의해 이제 보완되어야 한다.

대인들로 하여금 필연적으로 더 많은 기록된 문서들을 기대하도록 만든 것은 아무 것도 없었다. 2세기 후반에, 우리가 아는 한, 터툴리안은 만일 모세 언약이 기록된 계시와 함께 등장했다면, 새 언약이 권위 있는 문서들을 등장하게 하는 것이 자연스럽다고 암시한 첫 번째 사람이었다(*Ag. Marc.* 4.1). 설령 그렇더라도, 이 두 번째 언약이 "새"언약이라면, 옛 언약에 대한 끊임없는 언급이 없을 것이라고 생각했을 것이다. 기독교인들이 성경에는 두 개의 언약이 있고 두 번째 언약이 첫 번째 언약 위에 의도적으로 그리고 충만하게 기초를 둔다는 사실을 당연하게 생각한 것이 수 세기 동안 익숙해진 후에야 비로소 가능하게 되었다.

이러한 연속성의 중요성을 인식하지 못하는 두 번째 이유는 가장 신실한 그리스도인일지라도 구약성경을 신약성경만큼이나 잘 알지 못하므로, 그들은 실제로 신약성경이 이전에 사용된 구약의 언어로 둘러싸여 있는지를 인지하지 못한다. 20세기 중반의 끔찍한 유럽의 반유대주의(European anti-Semitism)는 기독교계에서 이러한 경향을 더욱 악화시켰으며, 드문 경우를 제외한 유대인들의 반응은 신약성경을 적대적이고 위험한 책 모음으로 멀리하는 것이 당연했다. 그러므로 대부분, 어느 종교도 구약과 신약이 얼마나 깊이 얽혀 있는지를 인정하지 않았다. 지난 이천 년 동안 두 종교의 역사는 그들의 공통적인 뿌리와 상호연관성을 확인하기보다 분리되고 서로 다른 것처럼 보이도록 여러 조취를 취해왔고, 그리하여 각자가 종종 다른 공동체의 신념과 헌신을 의식적이든 무의식적이든 희화화하고 잘못 표현하였다.[3]

셋째로, 사실상 오늘날 그것이 무엇을 의미하는지에 관한 정의(definition)에 의하여, 유대인들은 신약성경이 자신들이 가지고 있던 히브리어 성경의

---

3 서력기원(the Common Era)의 앞선 세기에 갈림길(the parting of the ways)이라고 불리게 된 것으로 이미 시작되었다. 특히 James D. G. Dunn, *The Parting of the Ways: Between Christianity and Judaism and Their Significance for the Character of Christianity*, 2nd ed. (London: SCM, 2006)를 보라. 또한 James D. G. Dunn, ed. *Jews and Christians: The Parting of the Ways A.D. 70-135-The Second Durham-Tübingen Symposium* (Tübingen: J. C. B. Mohr, 1992)을 참조하라.

열린 결말의 성취라는 사실을 인정할 수 없다. 만약 그랬다면, 그것은 아마도 일종의 기독교가 되어야할 것이다. 그렇다면 모두가 유대인들로서 히브리어 성경만을 고집하는 자들은 왜 초기 기독교 저자들이 그러한 성취에 대해 주장한 모든 것들을 자세하게 연구하기를 원하였는가? 한편 왜 이방인 그리스도인들은 메시아를 기다려 온 유대주의에 연루된 소수를 제외하고서는 신약성경의 유대적 배경에 그토록 몰두하기를 원하였는가?[4] 그들은 염려와 함께 모든 역사적인 짐을 짊어진 채로, 자신들이 유대인과는 너무 다르게 보일 수 있다는 두려움을 가진다.

성취의 개념이 명시적이든 암묵적이든 신약성경에 얼마나 널리 퍼져있는지를 인식하고 나면, 기독교 이전 시대에 하나님께서 약속하신 모든 것이 일어난 것이 아니라는 사실을 지적하는 것은 중요하다. 여전히 성취된 약속의 총량은 아직 성취되지 않은 남은 약속들이 지켜질 것이라는 믿음을 불러일으키기에 충분해야 한다. 일반적으로 인용되는 새 시대의 도래로 말미암은 "이미 그러나 아직"(already but not yet)이라는 도식은 정확하며 도움이 되는 것이다. 그러나 아마도 더 나은 요약 문구는 "이미/한층 더"(already/even more)일 것이다.[5] 일반적으로 논의가 되지 않은 것은, 남아있는 약속이 그 영광에 있어서 비할 데가 없지만, '얼마나 많이 발생하였는가'와 '얼마나 적게 남아있는가'에 대한 문제이다. 바꿔서 말하자면, 만일 하나님께서 새 언약의 시대를 시작하셨다면, 그것은 실제로 국가의 대통령이나 조직의 대표가 취임하는 것과 같다. 그 지도자들이 자신의 의제를 완수하기 위해 노력할 임기가 아직 그들 앞에 펼쳐져 있을지라도, 그들 아래 있는 사람들의 이익을 위하여 적절한 권한 전체가 실제로 그 지도자들에게 전달된다. 하지만

---

4 그러나 초기에 유대인 출신 신자들은 구약성경을 많이 사용하여 그레코-로마 세계에서 살아가던 사람들을 교육시키려고 노력하였다. 또한 Markus Bockmuehl, *Jewish Law in Gentile Churches: Halakah and the Beginning of Christian Public Ethics* (Edinburgh: T&T Clark, 2000)를 보라.

5 Søren Agersnap, *Baptism and the New Life: A Study of Romans 6.1-14* (Aarhus, Denmark: Aarhus University Press, 1997), 401.

주어진 의제들은 숭고하다. 또는 다시 말해서, 우리가 마지막 때를 살아가고 있고, 신약성경이 제시하는 것처럼 1세기 이후로 그 시대에 살아왔다면, D-day와 같은 결정적인 전쟁은 사실상 승리한 것이다. 광범위한 전투가 지속될 수는 있지만, 그것은 단지 소탕작전일 뿐이다.[6] 그러나 평화는 놀라운 복을 가져다줄 것이다.

그러나 전세계 기독교의 한 주류가 표출하는 의견을 듣거나 행동을 관찰하다보면, 예수님께서 거의 성취하지 못하셨고, 교회의 전성기가 지나갔고, 우리의 주요 임무가 빨리 재림하시라고 주님께 간구하는 것이라고 생각할 수도 있다! 서구 복음주의권(그리고 서구 복음주의권의 현대 선교 운동에 큰 영향을 받은 세계의 수많은 다른 지역에서)에서, 이러한 염세주의는 정신적으로 "종말의 때를 관전하는" 태도를 빠르게 자극하므로 모든 전쟁, 학살, 자연 재해는, 상황이 더 나빠져서 최악의 상황에 이를 것이라고 생각하는 경향과 마음가짐을 더 확실히 갖게 해준다.

서구 사회에서 불균형적으로 발견되는 기독교의 또 다른 주류는 하나님의 본성, 예수님의 독특성, 예수님 홀로 제공하시는 믿음을 통한 은혜로 말미암는 구원, 개인의 죄용서 받을 필요, 그리고 주되신 예수님께 순종하는 사람들로 변화됨에 관한, 역사적으로 중요한 믿음의 원리를 유기해왔다. 이것은 다양한 자유주의에서처럼 명시적으로 나타날 수 있거나, 간과함을 통하여 암묵적으로 일어날 수도 있다. 복음주의적 기독교는 복음의 사회적, 윤리적 차원을 회복하기 위해 지난 75년 동안 큰 진전을 이루어냈다. 그러나 오늘날 특히 젊은 백인 그리스도인들 사이에서 복음의 독특성과 그리스도에 의해 변화되어야 할 마음의 필요성을 희생하면서까지 이러한 흐름이 형성되어왔다. 나이든 백인 그리스도인들 사이에서, 그것은 옳든 그르든 종종

---

6 우리는 오스카 쿨만(Oscar Cullmann)이 저술한 중요한 책인 *Christ and Time: The Primitive Christian Conception of Time and History* (Philadelphia: Westminster, 1950; London: SCM, 1951)를 다시 한 번 기억해야 한다. 그리고 그가 저술한 또 다른 책, *Christology of the New Testament* (London: SCM; Philadelphia: Westminster, 1959); 그리고 *Salvation in History* (London: SCM; New York: Harper & Row, 1967)를 보라.

진보 진영의 정치와 함께 결합되었다는 이유로 성경에서 중심을 차지하지만 소외되었던 사안들을 전부 희생하면서 정치적으로 보수적인 복음과 관련된 것에 일방적인 초점을 맞추어 왔다.[7] 게다가, 기독교인들이 전세계에서 행하는 놀라울 정도로 선한 일에 대해 거의 보도하지 않는 많은 언론 매체에 의해서 우리의 증거에 오점을 남기고 심지어 더욱 과장되게 만드는 여러 신학적 스펙트럼에 서 있는 유명한 기독교 지도자들이 일으켰던 수많은 스캔들은 사람들에게 현재의 책임과 세계관에 대한 더 나은 대안으로서 기독교 믿음과 실천을 소개하는 것을 점점 더 어렵게 만든다.[8]

그러므로 이제 신자들은 이미 성취된 것과 그 성취로부터 찾을 수 있는 함의에 관한 신약성경의 핵심 주장을 검토하고 내면화할 시간이다. 예수님의 사역의 요점을 포착하였던 초기의 표제(headline)는 하나님 나라의 도래를 위한 시간의 성취였다. 즉, 사람들이 회개하고 하나님께 돌아오도록 인도할 매우 좋은 소식이다(막 1:15). 그러한 선언은 그의 청중이 양극화되었음에도, 예수님은 자신에게 맡겨진 사명에 충실하였다. 궁극적으로 그분은 자신의 삶을 희생하셨지만, 제자들은 예수님께서 죽은 자로부터 살아나셨다는 사실을 완전히 확신하였고 그들은 오순절 이후로 예수님께서 전하신 메시지를 담대하게 선포할 수 있도록 영적으로 권능을 받았다. 그분의 인도하심을 따라, 그리고 그들의 범위를 더 확장하면서, 메시아 또는 구원자가 나사렛 예수라는 사실을 직접적으로 또는 예표적으로 예언했다고 확신한 히브리어 성경의 구절을 제시하였으며, 그 메시지를 땅 끝까지 전하는 사명을 시작하였다(행 1-2장).

초기 기독교 서신들인 야고보서와 유다서는 율법이나 토라가 "단순히" 이웃 사랑을 통하여(약 2:8) 성취될 수 있다고 주장하는 대담함을 보인다. 그

---

7 특히 Ronald J. Sider, *The Scandal of Evangelical Politics: Why Are Christians Missing the Chance to Really Change the World?* (Grand Rapids: Baker, 2008)를 보라.

8 특히 Ronald J. Sider, *The Scandal of the Evangelical Conscience: Why Are Christians Living Just Like the Rest of the World?* (Grand Rapids: Baker, 2005)를 보라.

리고 (아마도 가끔은) 이러한 사랑에도 불구하고, 거짓 교사들은 오래전부터 예언되어왔던 것처럼 진리를 변질시키고 대적하기 위해 등장할 것이다(유 4). 바울은 전체 율법이 이웃 사랑에 대한 계명으로 성취되었다는 사실에 동의하는데(갈 5:14), 성경 역사 속에 기록된 사건들은 긍정적인 예를 제시할 뿐만 아니라 특히 "말세"에(고전 10:11; 롬 15:4를 참조) 하나님의 백성에 대한 부정적인 경고할 때에도 사용된다. 갈라디아서 4:4도 마찬가지로 예수님의 탄생이 때가 차서 이루어진 것이라고 이야기하는데, 로마서 10:4는 그리스도를 율법의 정점(목표이자 끝)으로 언급한다. 고린도후서 3:7-18은 새 언약의 언어를 선택하여(6절), 모세 언약의 일시적임과 새 언약의 영속성 사이의 대조를 나타내는 논지를 발전시켜 나간다.

바울은 이 모든 성취를 가능한 한 로마 제국의 많은 지역을 복음화하기 위하여 그에게 개인적으로 요구하는 것으로 이해하였고, 그는 아직 복음이 전파되지 않은 지역으로 빨리 이동할 수 있도록 신생 교회들을 그 지역 지도자들에게 맡긴다(롬 15:20, 고후 10:16). 데살로니가인들에게 보낸 편지들은 종말론적 미래에 일어날 일들에 대하여 가장 광범위하게 상기시켜주는 바울의 가르침과 성취에 대한 최소한의 분명한 강조를 포함하고 있다. 그럼에도 바울은 데살로니가 교회가 그 말씀을 얼마나 잘 전파하였는지에 대해서 강조한다. 바울은 선교 여행을 다니면서 데살로니가인들에게 말할 기회를 얻기도 전에 데살로니가에서 무슨 일이 있어났는지에 대해서 사람들이 그에게 말해준다고 설명한다(살전 1:8-9).

바울이 감옥에 갇혀 있는 시간은 그의 사역을 거의 방해하지 않았다. 오네시모와의 만남은 그로 하여금 빌레몬에게 편지를 쓰게 하였고, 삶이 변화된 도망한 종을 위해서 신분을 변화시켜주어 종의 신분으로부터 풀려나도록 적어도 간접적으로 요청한다. 시대의 변화는 용서받은 개인의 변화된 미래에 직접적인 영향을 미쳐야 한다. 빌립보서에서 바울은 지나치게 성취욕이 강하고 완벽주의적인 랍비가 될 사람에서 이전의 삶을 "배설물"(빌 3:8, "dung" KJV, NET; CEB: "sewer trash"를 참조)로 여기는 예수님의 제자로 변화되었다고 묘사한다. 그렇게 함으로써 그는 하늘 영광을 버리고 다시 "지극히 높" 임받기 위하여(2:5-11) 십자가의 고통과 수치를 당하신 주님의 놀라운 겸손을 본받고 있었다. 그리스도와 그분의 못 박히심을 전파하는 것이 바울의 선교에 있어서 핵심이었다는 사실은 놀라운 일이 아니다(고전 2:2). 기독교 이전의 모든 것은 장차 올 실체, 즉 그리스도 안에 있는 실재의 그림자에 불과하였다(골 2:17). 이전에 비밀이었던 것이 이제 드러났고, 유대인과 이방인은 메시아 안에서 동등한 관계로 연합되었는데(엡 3:5-6) 이는 정확히 말해서 때가 찼기 때문이다(1:9-10).

얼핏 보기보다 바울과 더 많은 유사점이 발견되는 마가복음은 일반적으로 때가 찼다고 선언하였고 수많은 구체적인 행동과 가르침을 통하여 이러한 사실을 보여주신 분이 바로 메시아이자 하나님의 아들이라고 결론짓는다(막 1:1). 마태는 마가복음에 언급된 구체적인 성취를 반복하였고, 적어도 자신의 복음에 고유한 내용을 상당 부분 추가하였다. 예수님께서 율법을 폐하러 오신 것도 아니고 변하지 않은 상태로 보존하려고 오신 것도 아니라 그것을 성취하기 위해서 오셨다는 사실을 설명할 때, 그의 일반화는 그 주인의 가르침에서 온 것이다(마 5:17-20). 그럼에도 그는 토라와의 연속성보다는 불연속성을 강조하는 여섯 가지 예를 들면서 그 성취에 대해서 설명하였다(5:21-48). 이 성취는 누가가 그의 시대에 성취된 모든 것을 강조하는 것처럼(눅 1:1과 행 1:8을 참조), 예수님의 열 두 사도들을 향한 대위임령으로 이어질 것이다(마 28:18-20). 그러나 누가복음의 특징은 예수님 안에서 성취된 메시아를 가리키는 히브리어 성경의 주요 세 부분 안에 나타난 모든 것이 예수님 안에서 성취되어야 했다는 사실을 강조하는 것이었다(눅 24:44). 오늘날 우리가 흔히 볼 수 있지만, 누가가 예수님을 가리킬 때 사용한 매우 독특한 칭호는 구원자이며, 디도서 3:4-5와 디모데후서 1:9-10에서 언급하는 것처럼 하나님은 구주로 나타나셔서 시대의 변화를 가져오신다. 또한 디모데전서는 예수님께서 우리의 유일한 중보자가 되셨을 때, 하나님께서 행하시는 구원 활동의 적절한 시기에 대해서 이야기한다(딤전 2:5-6). 마찬가지로 목회서신 전반에 걸쳐서 이 메시지는 전세계적인 복음 선포를 요구할 뿐만 아니라, 성령을 통한 그리스도 안에서의 자유에 대한 강조를 비롯하여 그리스도의 복음을 위태롭게 할 거짓 가르침에 대한 경계를 요구하였다.

히브리서의 서문은 우리의 완전한 대제사장이시기도 한 아들을 통하여 하나님께서 어떻게 말씀하셨는가에 관하여 특히 자세히 설명하고 강조한다(히 1:1-4). 사람이 할 수 있는 가장 최악의 일인 배교에 대한 경고가 자연스럽게 따라온다. 베드로전서는 무엇보다 하나님의 백성과 함께 심판의 절정을 이루는 시간이 시작된 것으로 이해하므로(벧전 4:17), 그들은 이 세상에서 여전히 매력적인 복음 증거자로 남아있으면서 스스로를 돌봐야 한다. 베드로후서 3:3-4는 지금이나 영원히 그러한 시간이 가깝게 다가올 수 있다는 사실을 부정하는 거짓 교사들의 등장을 예언한다. 베드로는 하나님께서 과거에 사건의 자연스러운 과정을 초자연적으로 중단하신 적이 있으시다는 사실을 청중들에게 상기시킨다. 그 순간에 종말의 지연의 주된 이유는 많은 사람이 구원받고, 멸망당하지 않도록 하기 위함이다.

요한 문헌은 신약의 나머지 부분과 모든 면에서 차이점이 존재함에도 불구하고 모세 율법의 시대 이후(요1:17) 예수님께서 은혜와 진리를 가져오셔서 새 시대가 도래하였기 때문에, 구약성경이 일관되게 예수님을 증거하고 그분 안에서 성취되었다는 사실(5:39)은 동일하게 확고하다. "아버지께서 나를 보내신 것 같이 나도 너희를 보내노라"라는 요한의 관용어구로 표현된다 하더라도 선교적 함의 역시 분명하게 나타난다. 요한서신은 요한복음의 도입부(prologue)를 반향함으로 시작하며, 우리는 예수 그리스도 안에서 즐거운 교제를 비롯하여 기쁨을 나누고 가능한 한 많은 사람을 이러한 교제로 들어오게 하려는 열망을 불러일으키는(요일 1:1-4), 성육신 하신 하나님에 대한 개인적인 경험과 동일한 순서를 관찰한다. 계시록 해석이 쓰나미처럼 밀려들어오는 가운데, 몇 가지는 분명하다. 참된 그리스도인들은 사탄의 공격과 제국의 핍박에도 불구하고 극복해내고 인내한다. 인간적으로 이야기하자면 상황이 점점 더 어려워져서 최악의 순간에 이르는 상황 속에서도 하나님의 말씀은 강력한 영향력을 발휘한다. 그리스도께서는 영원히 다스리신다. 어린양 희생으로 가능해진 승리는 그를 따르는 자들이 순교당한 채로 남겨져 있지 않고, 어떤 비밀스러운 방법으로 이 세상을 완전케 하는 재창조된 하늘과 땅에서 부활과 영원한 복을 보장한다. 예수님은 하나님의 적들을 완전히 무찌르시기 때문에 누구나 내릴 수 있는 가장 중요한 결정은 "이기는 자들"이 되는 것이다.

신약성경을 구성하는 역사의 절정이라는 장엄한 내러티브에 의해 압도되기는 쉽지만, 그것을 실행할 때 절망하기 쉽다. 그러나 하나님께서는 당신의 계획을 실행하기 위하여 연약하고, 오류투성이에다가, 죽을 수밖에 없는 자들에게 맡기셨고, 그들이 실패할 것에 대해서 인지하시므로 하나님은 우리에게 새로운 시작의 끝나지 않는 연속을 위하여 우리에게 능력을 베푸신다. "신약 교회"로 돌아가자는 생각을 매우 반기는 사람들은 신약교회에 대한 정보를 아주 선별적으로 반영하고 있다. 그렇다. 그들은 엄청난 복음전도의 성공을 이뤄냈다. 그러나 대부분의 시간동안 사도 저자들은 자신들의 청중이 어떻게 내적인 긴장과 이단과 싸우고 외부자로부터 오는 핍박을 견딜 수 있는지에 대한 이해를 돕고 있었다. 그럼에도, 그들은 앞으로 다가올 수 세기를 위하여 견고한 토대를 세웠다. 1세기의 예수님을 따르던 자들이 경험해야 했던 강한 적대감에도 불구하고(서구 교회는 이것을 거의 경험해본 적이 없다) 이러한 일이 이루어졌다. 우리의 삶은 너무나도 안락하기 때문에 우리의 헌신은 종종 명목상으로 이루어지곤 한다.[9] 한편, 우리는 기독교 역사 속에서 다양한 지역에서 그리고 어떤 시기에 핍박이 교회를 소멸시켰기 때문에 고난을 교회 성장의 원동력으로 경솔하게 요청해서는 안된다.

동시에, 우리는 특별한 뉴스를 만들어 내지 않는 여러 훌륭한 교회들과

---

9 특히 John de Graaf, David Wann, and Thomas H. Naylor, *Affluenza: How Overconsumption Is Killing Us-And How to Fight Back*, 3rd ed. (San Francisco: Berrett-Koehler, 2014)을 보라. 또한 David Platt, *Radical: Taking Back Your Faith from the American Dream* (Colorado Springs: Multnomah, 2010)을 참조하라.

의미상으로 파라처치 조직들을 보유하고 있다. 완벽주의를 버릴 때, 내부로는 신자들을 돌보며 외부로는 아직 그들의 공동체의 일부가 되지 않은 사람들을 향하여 사랑의 마음을 가지고 나아가는, 이중으로 헌신하는 기독교인 그룹들과 수많은 회중이 있다는 사실을 인지한다. 그들은 그러한 봉사 및 선교 활동이 사람들의 영적, 육체적(또는 물질적) 필요를 균형 있게 관심 가져야 하는 것으로 이해한다. 그들은 정통을 가르치는데 관심을 기울이면서 정당성을 장려한다. 만일 론 사이더(Ron Sider)가 "낙태에 완전히 반대하는"(completely pro-life) 의제라고 부르는 것을 인지하는, 즉 낙태를 지지하는 부류들을 향하여 투쟁을 하고 성경적 성 윤리의 가치를 추구하고 장려하는 기독교 모임을 찾다보면 그 수는 줄어있다. 그러나 동일한 이유로 전쟁(특히 핵전쟁)의 가능성이 줄고, 가난한 자들과 장애인들을 돕고, 질병과 싸우고, 모든 성, 인종, 민족의 정의와 평등을 옹호하기 위해 맞서기 위하여 가능한 모든 것을 하고 있다.[10] 그리스도인의 사회적 참여는 예를 들어, 현존하는 기억을 더듬어 볼 때 정치 정당들 가운데 어느 정당도 일률적으로 기독교적 가치를 채택하지 않았고(또는 그렇게 하는데 거의 가까이 가지도 못하였거나), 교회가 정부보다 더 일을 잘한다거나 또는 그 반대의 경우가 있으며, 어떤 도덕성이 법제화되어야 하는 동안에도 "공익"을 장려하도록 도움을 주기 위해 민간이 동원될 수 있다는(그리고 항상 그렇게 해왔다) 사안들을 다루는 것처럼 단순히 한 가지 또는 소수의 문제들에만 초점을 맞추는 것으로는 정치적인 장에 참여할 수 없다는 인식이 요구된다.[11] 그 과정에서, 교회와 관련 조직들은 죄인을 사랑하는 것과 죄를 미워하는 것을 구별하는 가운데 하나님과 이웃을 사랑함으로써(원수를 비롯하여 그 밖의 모든 사람들 사이의 사랑을 포함하여), 모든 성경적인 방식으로 외부 사회로부터 구별되고 매력적이게 보여야 할 것

---

10 Ronald J. Sider, *Completely Pro-Life: Building a Consistent Stance on Abortion, the Family, Nuclear Weapons, the Poor* (Downers Grove, Ill.: IVP, 1987).

11 Craig L. Blomberg, *Christians in an Age of Wealth: A Biblical Theology of Stewardship* (Grand Rapids: Zondervan, 2013), 173-242.

이다.[12]

필자가 독신이었을 때와 기혼자로 여러 해를 보낸 지금, 처음에는 아이들과 함께 집에 있었다가 그들이 장성하여 집을 떠난 뒤 지금은 빈 둥지를 지키고 있는데, 나와 내 가족은 항상 이러한 가치들에 합리적인 측면에서 근접해 있는 교회를 찾아다녔다. 일반적으로 다른 것들을 타협하지 않으면서 찾는 것이 가장 어려운 퍼즐 한 조각은 균형 잡힌 사회 윤리였지만, 주류 구성원보다 더 균형 잡혀져 있는 지도층, 선교 또는 아웃리치 위원회들이나 부서들을 포함한, 중요한 소수의 개인들이 항상 있었다. 가장 찾기 힘든 것은 진정으로 통합된 다민족 기독교 공동체였다. 왜냐하면 모든 인종으로 구성된 공동체들은 여전히 1970년대와 1980년대에 열정적으로 장려하였던 동질 집단화의 원리들(homogeneous grouping principles)에 여전히 묶여 있는 것처럼 보이기 때문이다. "끼리끼리 모인다"는 것이 훨씬 더 쉬운 것이 사실이지만 사람들이 신자가 되면 시간이 지남에 따라 그리스도의 몸된 교회 전체의 다양성에 통합될 필요가 있다. 그러한 일이 성공적으로 이루어졌을 때 교회 또는 관련 조직의 지도자들의 수준을 포함하여 외부자들은 앉아서 가만히 주목하면서 단지 인간적인 관계로 볼 때 모일 이유가 거의 없는 사람들이 함께 모여서 교제하고 공통적인 사명을 위해 협력하는 것을 가능하게 하는 원동력이 무엇인지에 관하여 질문하지 않을 수 없다.[13]

특히 1951년부터 2010년까지 두 번째 학장이자 총장이며 또한 나중에 명예총장 등을 맡았던 버넌 그라운즈(Vernon Grounds)의 60년 동안의 영향력 덕분에, 필자가 30년 넘게 섬겨온 덴버 신학교는 이러한 모든 교리적, 윤리적 우선순위를 놀라울 정도로 잘 유지해 오고 있다(종종 그래왔듯이 인종 관

12 여러 가능한 예들 가운데 하나를 들자면, Stanley J. Grenz, *Welcoming but Not Affirming: An Evangelical Response to Homosexuality* (Louisville: Westminster John Knox, 1998)를 보라.

13 특히, Bruce Milne, *Dynamic Diversity: The New Humanity Church for Today and Tomorrow* (Nottingham: IVP [= *Dynamic Diversity: Bridging Class, Age, Race and Gender in the Church* (Downers Grove, Ill.: IVP)], 2007)를 참조하라.

련 문제는 항상 가장 어려운 도전이다). 그리고 그가 신실하게 추구하였던 헌신들은 비록 실제적인 성과가 계속해서 타락하고 제 기능을 상실한 인간에게서 나오고 그래서 쉽게 결함이 생길 수 있다고 할지라도, 오늘날 이 곳에 굳건히 남아있다. 그가 1960년대에 쓴 글이 우리 학교 학생 회관의 벽들 중 한 곳에 선명하게 새겨져 있고 여전히 우리가 실천하고 지원하는 일의 놀라운 부분을 특징 짓는다. "여기에는 확고한 기반 없는 자유주의, 헌신 없이 생각할 자유가 없다. 여기에는 생각의 자유가 없는 독단주의, 헌신이 없다. 여기에는 생기가 넘치는 복음주의, 성경이 규정하는 한도 내에서 생각할 자유가 있다."[14] 이러한 것들이 모든 곳에 있는 그리스도인들의 목표들이 되어야 한다. 또한 이 문구들은 신약신학의 상당부분을 요약한다.

우리는 하나님께서 당신의 백성을 통하여 우리가 살아가는 세상 속에 얼마나 선한 일을 일으키시기를 원하신다는 사실을 결코 배제해서는 안된다. 우리는 악함의 강도 또는 우리에게 동의하지 않는 자들이 가하는 공격의 흉포함에 결코 놀라지 말아야 한다. 인간은 특별하게 하나님의 이미지로 창조되었기에 창조의 절정으로 남아있지만, 우리는 흠이 많고, 타락한 존재이며 우주는 정상적인 상태에서 벗어나 있다. 앤드류 커크(Andrew Kirk)는 한 세기 전에 시작된 하나님의 통치의 복음에 관한 책을 저술하였는데, 다음과 같이 기록하였다.

> 하나님의 나라는 사람들, 가족들, 집단들 사이에서 새로운 종류의 공동체를 가능하게 만듦으로써 새로운 인간을 창조하려는 하나님의 계획을 요약한다. [그것은] 예수님과의 개인적인 관계의 가능성을 피조세계 전체를 지혜롭게 관리해야할 인간의 책임과 결합시킨다. 진정한 변화는 지금 여기에서 가능하다. 하나님의 의도를 반대하는 힘에 대한 현실적인 평가가 이루어진다. 새로운 인간관계를 창조하시며, 하나님께서 피조세계 전체를 부패로부터 궁극

14 이 문구들은 1966년 이후로부터 대부분의 덴버 신학교 안내 책자에 나와 있다.

적으로 자유케 하신다.[15]

우리는 그의 언약 시대에 나타나는 하나님의 약속들과 목적들이 얼마만큼 성취되는지에 관한 질문에 그분의 말씀을 기꺼이 적용할 수 있다. 만일 우리가 우리 자신의 꿈을 품고, 하나님을 위하여 우리가 성취해 나갈 모든 일에 순진하게 낙관적인 관점을 채택한다면, 몹시 실망하게 된다. 그러나 만일 우리 자신이 어떤 일에 대해 어두운 전망을 가지고 있다면, 하나님께서 이 세상 속에 살아가는 당신의 백성을 향하여 가지고 계신 뜻의 대부분을 놓치게 되며, 지속적인 좌절의 상태에서 살아갈 것이다. 그리스도인들은 함께 결속하고, 서로를 지지해주며, 우리를 지켜보는 세상에 매력적인 복음 증거를 제시하고, 거룩한 삶을 살아가며, 다른 사람들을 진정한 마음으로 돌보아 주어야지, 하나님께서 당신의 백성에게 성취할 수 있는 능력을 얼마나 많이 베푸시기 원하는 지를 간과하면서 인위적으로 만든 한계를 설정해서는 안된다.

또는 이 모든 것이 단지 어떤 유토피아적 몽상이 아니다. 이 비전은 이미 교회 역사의 수많은 분기점에 있던 그리스도인들이 인간 사회에 선을 위한 적은 영향력을 발휘할 수 있도록 인도하였다. 그것은 자연 재해, 전쟁, 난민 위기 이후에 수많은 인도주의적 노력들의 이면에 존재한다. 그것은 하나님의 형상으로 만들어진 피조물이 이해할 수 있는 하나님께서 확립하신 질서 있는 우주에 대한 확신을 따라, 현대 의학의 토대를 놓는데 영감을 주었고, 이는 순차적으로 여러 현대 과학과 수학을 탄생시켰다. 그 원리들은 신적으로 확립된 정의의 원칙들에 기초하여 현대 법체계를 만드는데 도움이 되었다. 그것은 공립학교들을 통하여 모든 사람들이 교육에 접근할 수 있도록 영감을 주었다.[16] 물론, 우리는 이것이 신자들 자신만의 힘으로 성취된 것이

---

15 J. Andrew Kirk, *A New World Coming* (London: Marshall, Morgan & Scott [= *The Good News of the Kingdom Coming* (Downers Grove, Ill.: IVP)], 1983), 47.

16 특히, Jonathan Hill, *What Has Christianity Ever Done for Us? How It Shaped the Modern*

아님을 강조해야 한다. 신약성경 전반에 걸쳐서 동의된 것은 예수님을 죽은 자 가운데서 일으키신 살아계신 하나님의 영은 신자들이 영원한 가치를 지닌 것이면 무엇이든지 수행할 수 있도록 능력을 베푸신다는 사실이다.

또는 이것이 신약성경 저자들이 확실하게 동의하는 전부가 아니다. 필자는 신약성경의 통일성과 다양성을 세부적으로 평가하는 것이 우리의 목적이 아니라고 말하였는데, 이 책의 목차를 빠르게 보면 교훈적임을 보여준다. 주어진 신약성경의 각권이나 저자 아래의 범주들 가운데 어느 것도 단순히 그렇게 하는 것이 관례였기 때문에 포함되지 않았다. 포함된 유일한 주제들은 각 성경 본문을 철저하게 귀납적 연구를 수행한 후에 도출해낸 것들, 2차 문헌을 깊이 몰두함으로써 따라 나오는 것들, 그리고 조금 더 구체적으로 빈도수가 상당히 잦거나 일반적이지 않거나 두드러지게 보이는 것들이다. 이처럼 많은 주제들이 반복적으로 나타나는 것은 신약성경의 통일성을 증명하는 것이다. 즉, 히브리어 성경에 관한 고견, 예수님과 성령이 하나님과 긴밀하게 연결되어 있다는 이해, 그리스도의 인격과 사역에 대한 일관성 있는 초점, 구원에 대한 인간의 필요, 변화된 삶으로 이끄는 회개 또는 회심, 복음을 다른 사람에게 전하여 확장시켜 나가는 것, 기독교 공동체의 모임과 활동의 중요성, 그리고 보상과 징벌이 있을 최후 심판 가운데 그리스도의 오심으로 절정에 이를 이 시대(this age)가 그러한 주제들이다. 뿐만 아니라

World (Oxford: Lion Hudson; Downers Grove, Ill.: IVP, 2005); 그리고 David Bentley Hart, *Atheist Delusions: The Christian Revolution and Its Fashionable Enemies* (New Haven: Yale University Press, 2010), esp. 111-220을 참조하라. 하트(Hart)는 크리스토퍼 히친스(Christopher Hitchens)가 "종교는 모든 것을 독살시킨다"라는 주장을 하였기 때문에 그를 비판하면서 다음과 같이 질문한다. "그리스도와 관련된 것들, 즉 고대와 중세의 병원들, 나병 환자 보호 시설, 고아원, 빈민 구호소, 그리고 쉼터에 우리 자신을 한정시키면서 그 말을 적용한다면? '네 이웃을 사랑하라', '비판을 받지 아니하려거든 비판하지 말라'는 황금률, 가난한 자를 압제하지 말라는 예언적 훈계들, 가난한 자들을 먹이고 입히고 위로하라는 명령들에 적용한다면? 팔레스트리나(Palestrina)와 바흐(Bach)의 음악, 미켈란젤로의 피에타(*Pietà*), 아, 밝은 날개여('ah, bright wings'), 산 마르코의 모자이크(San Marco's mosaics), 아미앵의 성서(the Bible of Amiens), 그리고 샤르트르(Chartres)의 화려한 푸른색 스테인드글라스에 적용한다면? 노예 폐지론, 시민 평등권 운동, 그리고 수단의 노예 해방을 위한 현대의 노력에 적용한다면? 그리고 그밖에 다른 것들에 적용한다면?"(219).

덜 중요한 사안들만 종종 나오는데, 이는 더욱 체계적인 신학들에서 나타나지 않는 경향이 있다. 보이지 않으며 심지어 귀신에 사로잡힌 세상의 위험성은 무시할 엄두가 나지 않는다. 특히 하나님의 백성 사이에서 빈부 격차를 완화시킬, 소유에 대한 청지기 정신의 중요성이 두드러진다. 도덕적 순결에 대한 반복되는 부르심은 근본주의적인 종류와 같은 분리주의가 아니라, 긍정적 대안이 필요한 무너진 세상 속에 잠긴 채로 남아있을지라도 하나님의 백성임을 드러내는 구별된 행동을 제안한다.

게다가, 놀라운 것은 신약성경의 발전에 관한 이론들이 종종 선전하는 그 유명한 "궤적들"(trajectories)이 나타나지 않는다는 것이다. 고기독론(High Christology)은 처음부터 존재한다. 우리는 공관복음서 저자들의 신학으로부터 역사적 예수와 초기 기독교를 구별할 능력이 있는지 의심할지라도 그리고 야고보서와 유다서가 후대에 기록되었다 할지라도, 50년대 중반에 기록된 고린도전서 8:6에 나오는 바울의 언어는 하나님 한분을 언급하면서 실제적으로 야훼와 예수님의 동일한 신적 정체성을 내다보는데, 이는 놀라운 일이다.[17] 하나님의 주권과 인간의 책임은 상대를 이기려하지 않고, 함께 머리를 계속 들어 올리고 있다. 야고보와 바울은 믿음 그 자체가 자비의 행함 속에 나타나지만, 율법의 행위 그 자체로는 아무런 가치가 없다고 믿는다. 고전적으로 정의된 초기 보편주의가 설사 나온다고 할지라도 거의 나타나지 않는다. 야고보, 베드로, 그리고 유다는 다른 1세기 중반에 기록된 서신들과 모두 다 잘 어울리거나 앞선다. 1세기 후반 또는 2세기 초반의 발전에 의지할 필요가 거의 없어 보인다. 바울의 종말론은 변화를 겪지 않고, 그의 신학 안에 나타나는 다른 발전은 모순적이지 않다.[18]18) 누가의 신학은 아무리 누가가 목회서신의 대필자로 제안될 수 있다고 할지라도 바울이 사도행전

---

17 Andrew Ter Ern Loke, *The Origin of Divine Christology* (Cambridge: Cambridge University Press, 2017), esp. 26-32.

18 Thomas R. Schreiner, *Interpreting the Pauline Epistles*, 2nd ed. (Grand Rapids: Baker, 2011), 138-45를 참조하라.

을 기록하지 않았고 누가가 바울 서신들을 기록하지 않았다는 사실을 보여줄 만큼 바울신학과 충분히 다르다.[19] 그밖에도, 일부 사람들이 이 둘 사이를 보는 큰 차이점들이 모두 나타나지 않는다. 요한 문헌은 가장 독특한 자료이지만, 내부적으로 요한복음, 요한서신들, 계시록 사이의 연속성들은 독특성을 훨씬 능가한다.

외부 증거가 지지하는 각 신약성경에 대한 보다 전통적인 초기 연대들을 받아들일 때 무슨 일이 발생하는 것으로 생각할 수 있냐면 51년 말과 61년 초반부터 사도적 저술이 집중적으로 이루어지고 보존되어 온 것이다. 1세대 그리스도인에서 2세대 그리스도인으로의 전환은 중대한 것이었다. 바울의 서신 작성 활동이 끝나갈 무렵, 그는 베드로가 베드로후서에서 했던 것처럼, 특히 디모데후서에서 "그것을 전수"하려고 의식적으로 노력하고 있었다.[20] 네로의 박해로 시작된 점점 커져가던 적대감도 초기 기독교가 직면해야 했던 새로운 환경을 반영한 것이므로, 우리는 이에 대한 반응으로 문서 활동이 이루어졌던 사실에 놀라지 말아야 한다. 제자들이 살아있는 동안 파루시아에 대한 소망이 널리 퍼진 결과로, 특히 우리가 기록이 종종 의사소통에서 있어서 중요하다고 여겨지는 만큼 최소한 보존에 있어서도 중요하다는 사실을 상기할 때, 교회가 잠시 동안 존재할 수도 있을 것이라는 깨달음은 확실히 복음서 저자들이 예수님에 관한 전기들(biographies)을 기록하기로 결심하는데 박차를 가했을 것이다.[21]

각 저자와 기록도 마찬가지로 독특한 목적들을 가지고 있다. 우리가 감

---

19 David Wenham, "Acts and the Pauline Corpus II. The Evidence of Parallels," in *The Book of Acts in Its Ancient Literary Setting*, ed. Bruce W. Winter and Andrew D. Clarke, vol. 1 of *The Book of Acts in Its First-Century Setting*, ed. Bruce W. Winter (Carlisle: Paternoster; Grand Rapids: Eerdmans, 1993), 215-58.

20 또는 각각 바울의 대필자이자 베드로의 미완성 편지에 대한 사후 편집자로서의 누가(Luke).

21 주로 문화의 구전적 성격을 감안할 때. 특히 Alan Kirk and Tom Thatcher, eds., *Memory, Tradition, and Text: Uses of the Past in Early Christianity* (Atlanta: SBL, 2005)에 실린 몇몇 기고문들을 보라.

히 신약신학의 통일성을 과소평가하지 않는다면, 각 문서의 독특한 강조점들을 감히 잊지 않게 된다. 마태복음이 없었다면 우리는 예수님과 그를 따르는 자들이 얼마나 유대적인 문화 속에 살고 있었는지 또는 그들이 구약성경이 성취되는 시대를 살아가고 있는 것을 볼 수 있는 것처럼 그 때 당시 엄청난 규모의 일이 벌어지고 있었다는 사실을 깨닫지 못했을 것이다. 마가복음이 없었다면 예수님의 제자들을 지나치게 더 많이 존경하려는 유혹을 받았을 것이며, 실패한 이후에도 하나님께서 여전히 우리를 사용하실 수 있다는 격려를 덜 받았을 것이다. 누가복음-사도행전은 가장 작은 자, 나중 된 자, 잃어버린 자를 향한 그분의 깊은 사랑을 상기시켜주며 땅 끝까지 복음을 전하도록 우리에게 열정을 불러일으킨다. 요한복음은 이 시대에 시작된 영원한 생명의 영광을 강조하면서, 다가올 세기에 더욱 성숙하고 때로는 충돌을 일으키는 삼위일체 신학을 위한 무대를 마련한다.

로마서는 이스라엘의 미래적 소망을 상기시키면서, 신약성경의 다른 곳에서와 마찬가지로 복음과 그 윤리적 함의들을 체계적으로 제시한다. 고린도전서는 우리가 살아가는 세계와 놀라울 정도 유사한, 부자와 가난한 자 간의 차이들로 인하여 악화되는 문제들을 다룬다. 고린도후서는 어떻게 하나님께서 우리의 고난을 통하여 일하시는지, 그리고 옛 언약에서 새 언약으로 이동하는 시대적 변화에 대한 깊은 고찰을 담아낸다. 갈라디아서는 바울에 대한 새 관점이 존재하든 그렇지 않던 간에, 고대와 현대의 유대주의자들에게 반박할 뿐만 아니라, 반율법주의(antinomianism)에 대해서도 경고한다. 에베소서는 귀신의 세력에 맞서는 우리의 세계 선교의 성공의 열쇠로 그리스도인의 연합이 필요하다는 사실을 상기시켜주며, 빌립보서는 우리에게 그리스도의 놀라운 겸손과 그분의 수치 당하심을 본받으라고 요청한다. 골로새서는 예수님의 인성과 그분의 행하신 사역 범위의 부분적인 의미만을 포착하는 이단을 반박한다. 데살로니가전서와 데살로니가후서는 하나님의 종말론적 시간표에서 무엇을 기대해야하는지에 관하여 적절한 균형을 제시한다. 디모데전서와 디도서는 도시와 시골의 환경에 있는 각 교회에서 일어나는 거짓 가르침에 대한 해결책을 종종 제시한다. 디모데후서는 우리에게 만일 다음 세대 지도자들을 훈련시키지 않고, 다음 세대에 횃불을 계속 전달할 비전을 그들 안에 심어놓지 않는다면, 한 곳에 머무르는 교회는 한 세대 밖에 지속하지 못하고 멸절될 것임을 상기시켜준다. 빌레몬서는 진지한 서신이지만, 올바로 읽을 때에는 노예제도에 반대하는 적절한 성명서이기도 하다.

히브리서가 없었다면, 우리는 그 시기 이후로부터 이어지는 모든 것을 가지고 그리스도께서 우리의 위대한 대제사장이셨음을 간신히 짐작하였을 것이다. 또한 우리는 배교하지 않도록 충분히 엄중한 경고를 받지 않았을 수도 있다. 야고보에서 이야기하는 한 목표를 향하여 매진하는 자세(single-mindedness)는 우리가 시련당하거나 유혹받을 때에 우리의 언행을 조심하고 물질적 소유에 대한 청지기 직분을 잘 감당할 수 있도록 해야 할 것인데, 이것들 가운데 마지막 요소에 가장 강조점을 두어여 한다. 베드로전서는 교회를 통하여 이루어지는 내부와 외부활동 간의 균형을 맞추도록 요청한다. 즉, 우리 주위를 둘러싼 세계 속에서 세상 권세와 관계를 가지면서도 서로 사랑하고 거룩한 삶을 살아야 한다. 베드로후서는 세상의 모든 것이 하나님의 개입 없이 오랜 시간동안 지속되어 온 것처럼 보일지라도 다른 사람들이 회개하기에 너무 늦을 때 종말이 다가올 것이라는 사실을 우리에게 상기시켜준다. 요한서신은 기독교인이 된다는 것에 관한 단순한 정의들(definitions)이 부적절해 보일 때 우리에게 도움을 제공한다. 우리는 예수님을 하나님이신 동시에 인간이심을 믿을 뿐 아니라 그분의 계명을 사랑하고 순종해야만 한다. 별도로, 이 서신들은 거짓 교사들이 교회를 떠나서 외부에서 공격을 가할 때, 내부에서 자신들의 세력 확장을 위해 발판을 마련할 때에 대한 반응을 순서대로 기록한다. 유다서는 인내에 대한 분명한 한계를 설정한다. 마지막으로, 계시록은 하나님께서 당신의 백성이 고난당할 때에도 여전히 그들을 책임지고 계시며, 역사가 하나님께서 정하신 방향대로 진행되고 있으며, 그분은 의롭게 심판하실 것이며, 상상할 수 없고 끝없는 영광이 자신의 유익을 위한 삶의 청사진을 따르며 자신의 미래를 통제하는 자기중심적인 주장을 기꺼이 하나님께 굴복시키고자 하는 사람들에게 다가올 것임을 우리에게 확신시켜 준다. 그리고 각 신약성경에 대한 짧은 이 요약문들은 또 다른 중요한 특징들과 함께 더 자세하고 쉽게 살을 붙여 나갈 수 있다.[22]

2015년 가을, 케임브리지의 틴데일 하우스(Tyndale House)에서 이 책을 위해 연구하고 있을 때, 나는 에덴 채플(Eden Chapel)의 오랜 친구인 스탄 블레이크(Stan Blake)에게 이 책에 대해서 조금 이야기해 주었다. 이전에 틴데일 하우스의 이사였던 스탄은 수십 년 동안 많은 연구원들의 작업에 관심을 가져왔다. 그러나 그는 지금 90대가 되었고, 우리는 몇 년 동안 서로 얼굴을 보며 대화를 나눈 적이 없어서 나는 그가 무슨 말을 할지 몰랐다. 나는 그가 교회를 위한 나의 저술의 실천적 가치에 대해서 즉시로 질문하였을 때 기뻤다. 스탄은 반주지주의자(anti-intellectual)와는 거리가 멀지만, 또한 그는 수많은 케임브리지 학자들이 이 단체 외부에서 어떤 관련성도 없어 보이는 일에 참여하는 모습을 봐왔다. 그는 내가 첫 번째로 출간된 책을 위해서 연구를 하고 있었던 30년 전에도 비슷한 질문을 나에게 하였다.[23] 나는 당시 저술하고 있던 두꺼운 책이 단순히 이론적이거나 난해한 작업이 아니라, 현대적 적용에 대한 고찰로 끝마칠 것이라고 그를 확신시켰고, 그는 매우 만족해 보였다. 나는 그가 살아서 이 신약신학 책을 출간된 형태로 볼 수 있을지 알지 못하지만, 그가 이 책을 본다면 내가 했던 말에 충실하였다고 생각해 주기를 소망한다. 더 중요한 것은, 만일 전세계에 있는 예수 그리스도의 교회 구성원들이 하나님의 백성의 부르심이 무엇이며 심각하게 무너진 세상

22 Craig L. Blomberg, *Jesus and the Gospels: An Introduction and Survey*, 2nd ed. (Nashville: B&H; Nottingham: IVP, 2009); Craig L. Blomberg, *From Pentecost to Patmos: An Introduction to Acts through Revelation* (Nashville: B&H; Nottingham, IVP, 2006) 전체를 보라.

23 Craig L. Blomberg, *The Historical Reliability of the Gospels* (Leicester and Downers Grove: IVP, 1987). 두 번째 개정판은 영국 IVP가 노팅험(Nottingham)으로 옮겼던 2007년에 출간되었다.

을 위하여 지금 이 시대에 어떤 능력을 받았는지에 대한 신약성경의 비전을 조금이라도 포착한다면, 나는 내가 하기로 한 일을 수행하였다고 확신할 것이다.

"다 이루었다."

세상 밖으로 나가서 그렇게 살기를 소망한다!